U0543740

上海市级专志

宝钢集团志

上海市地方志编纂委员会　编

上海社会科学院出版社

宝钢集团总部大楼——宝钢大厦

宝钢股份厂区鸟瞰（摄于 2007 年 9 月）

1998 年 11 月 17 日，上海地区钢铁企业联合重组，上海宝钢集团公司揭牌成立

2000 年 12 月 12 日，宝钢股份股票在上海证券交易所挂牌上市

2000 年 12 月 20 日，自筹资金建设的宝钢三期工程全面建成

2001 年 5 月 15 日，宝钢三期工程竣工验收大会在宝山宾馆举行。国务院向宝钢颁发三期工程国家验收合格证书

全国先进基层党组织

证书

授予 宝山钢铁股份有限公司党委

全国先进基层党组织称号，

特颁发此证书。

中共中央组织部

2001 年 7 月 1 日

证书号：122

2001 年 7 月 1 日，宝钢股份党委被授予“全国先进基层党组织”称号

2005 年 10 月 17 日，上海宝钢集团公司被列入国务院国资委首批进行规范董事会试点的中央企业，改制为宝钢集团有限公司

2007 年 4 月 28 日，宝钢集团新疆八一钢铁有限公司揭牌成立

2007 年 11 月 27 日，中国共产党宝钢集团有限公司第三次代表大会召开

2008 年 2 月 4 日，宝钢集团首次年度人物颁奖典礼在上海东方艺术中心举行

2008 年 6 月 28 日，宝钢集团控股的广东钢铁集团有限公司揭牌成立

2008 年 12 月 22 日，宝钢集团举行建设 30 周年纪念大会。会上，表彰 6 名“宝钢功勋人物”

2009 年 1 月 27 日，宝钢集团承建的中国第一个南极内陆科学考察站——昆仑站完工

2009 年 3 月 1 日，宝钢集团与杭州钢铁集团公司签署协议，重组宁波钢铁有限公司

2011 年 3 月 18 日，宝钢集团重组福建德盛镍业有限公司，宝钢德盛不锈钢有限公司揭牌成立

2011 年 4 月 28 日，宝钢集团获第二届中国工业大奖

2012 年 4 月 18 日，宝钢集团广东韶关钢铁有限公司揭牌成立

2012 年 7 月 4 日，上海市人民政府与宝钢集团就推进上海宝山地区钢铁产业结构调整签署合作协议

2015 年 3 月 1 日，中央第十三巡视组进驻宝钢集团，开展为期 2 个月的专项巡视工作

2002 年 12 月 21 日，宝钢马迹山矿石中转深水港开港

2005 年 4 月 27 日，宝钢股份举行“十五”规划重大建设项目投产仪式

2005 年 6 月 18 日，宝钢股份三号硅钢机组生产出第一卷成品

2006 年 2 月 9 日，宝钢股份大口径直缝焊管工程打下第一桩

2007 年 4 月 6 日，宝钢股份 1730 冷轧（五冷轧）工程主轧机牌坊吊装就位

2008 年 9 月 10 日，宝钢股份生产的大口径直缝焊管（UOE）发往西气东输二线工程

2011 年 11 月 17 日，宝钢股份举行取向硅钢二期工程全线热负荷试车仪式

2012 年 4 月 19 日，由宝钢集团和广州钢铁企业集团有限公司共同出资组建的广州薄板有限公司揭牌成立

2014 年 11 月 12 日，宝钢股份四号高炉经大修后点火投产

2012 年 5 月 31 日，宝钢广东湛江钢铁基地项目举行开工仪式并打桩

2015 年 9 月 25 日，宝钢湛江钢铁有限公司举行一号高炉点火投产仪式

2016 年 7 月 15 日，宝钢湛江钢铁有限公司二号高炉点火试运行，一期工程全面建成

1998 年 12 月 15 日，宝钢集团上海梅山有限公司采矿一期工程设计规模达产庆典在地下 330 米的井下卸矿站举行

2007 年 3 月 26 日，上海梅山钢铁股份有限公司热轧产品结构调整项目开工奠基

2009年5月13日，上海梅山钢铁股份有限公司四号高炉投产出铁

2009年12月24日，上海梅山钢铁股份有限公司1420毫米冷轧机组投产

上海梅山钢铁股份有限公司酸洗机组施工现场（摄于2010年7月）

1999 年 10 月 8 日，宝钢集团上海第一钢铁有限公司 2 500 立方米高炉举行点火投产仪式

2001 年 5 月 15 日，宝钢集团上海第一钢铁有限公司不锈钢工程举行奠基仪式

2000 年 9 月 27 日，宝钢集团上海第一钢铁有限公司不锈钢工程通过国务院办公会议审批，随后展开基础施工

2005 年 6 月 28 日，宝钢股份不锈钢分公司举行不锈钢扩建工程投产仪式

2016 年 6 月 20 日，宝钢不锈钢有限公司 2 500 立方米高炉关停

2004 年 12 月 30 日，宝钢集团上海浦东钢铁有限公司搬迁罗泾工程指挥部成立

2006 年 3 月 20 日，宝钢集团上海浦东钢铁有限公司搬迁罗泾工程熔融还原炼铁装置（COREX 炉）开始炉壳吊装

为保障 2010 年上海世博会园区的建设，2006 年起，宝钢集团上海浦东钢铁有限公司开始搬迁腾地

2007 年 11 月 24 日，宝钢集团上海浦东钢铁有限公司搬迁罗泾工程热负荷试车暨 COREX 炉出铁仪式举行

宝钢集团上海浦东钢铁有限公司罗泾工程宽厚板轧机生产线（摄于 2008 年 3 月）

2000 年 8 月 30 日，宝钢集团上海五钢有限公司举行特殊钢银亮材工程开工仪式

2001 年 6 月 28 日，宝钢集团上海五钢有限公司不锈钢长型材工程打下第一根桩

2005 年 1 月 18 日，宝钢集团上海五钢有限公司举行快锻暨径锻改造工程竣工投产仪式

2007 年 9 月 3 日，宝钢股份特殊钢分公司举行炉卷热轧工程开工仪式

2008 年 1 月 9 日，宝钢股份特殊钢分公司举行热挤压钢管生产线改造工程开工典礼

2010 年 11 月 22 日，宝银特种钢管有限公司生产的首批核电蒸汽发生器用 690U 形管下线

2008 年 2 月 27 日，宝钢集团新疆八一钢铁有限公司 2 500 立方米高炉（一号高炉）点火投产

2010 年 5 月 6 日，宝钢集团新疆八一钢铁有限公司 430 平方米烧结机工程破土动工

2012 年 5 月 28 日，宝钢集团新疆八一钢铁有限公司 150 吨转炉联动试车

2013 年 3 月 28 日，宝钢集团新疆八一钢铁有限公司举行南疆拜城钢铁基地项目点火试车仪式

2015 年 2 月 28 日，满载 2 000 余吨钢材的宝钢集团新疆八一钢铁有限公司首趟西行集装箱班列发车启运，出口西亚、中亚地区

2015 年 6 月 18 日，宝钢罗泾一号 COREX 炉拆建项目在宝钢集团新疆八一钢铁有限公司点火开炉

2003年1月27日，宁波宝新不锈钢有限公司举行二期工程热负荷试车仪式

2005年年底，宁波宝新不锈钢有限公司四期工程建成，不锈钢冷轧年设计产能达到60万吨

2013 年 5 月 9 日，宁波钢铁有限公司举行烧结烟气循环工程投运仪式

2014 年 7 月 25 日，宁波钢铁有限公司新建 5 万立方米转炉煤气柜工程投产

2012 年 11 月 26 日，宝钢集团广东韶关钢铁有限公司特钢大棒线热负荷试车

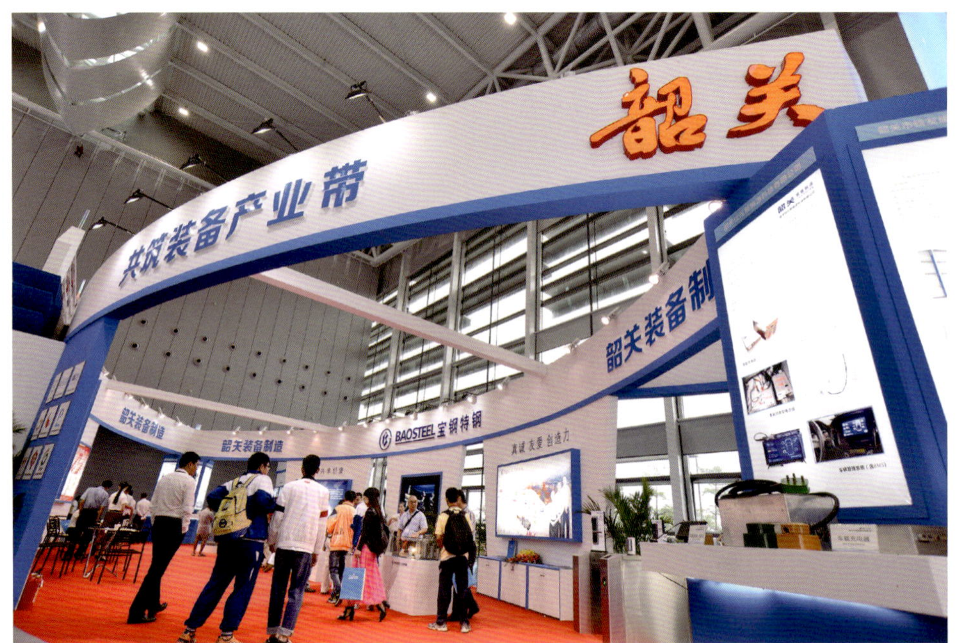

2016 年 9 月 29—30 日，宝钢集团广东韶关钢铁有限公司作为主体单位，代表广东省韶关市参加第二届珠江西岸先进装备制造业洽谈会

科技研发

2001年，宝钢集团上海五钢有限公司老专家带领青年科技人员研究不锈钢材料加工工艺

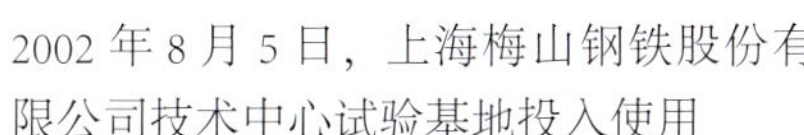

2002年8月5日，上海梅山钢铁股份有限公司技术中心试验基地投入使用

2004年5月27日，首届宝钢学术年会在宝钢研究院开幕

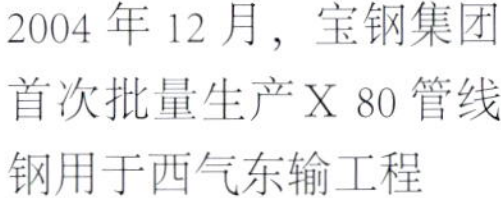

2004 年 12 月，宝钢集团首次批量生产X 80 管线钢用于西气东输工程

2006 年 1 月，“宝钢高等级汽车板品种、生产及使用技术的研究”项目获 2005 年度国家科学技术进步奖一等奖

2007 年 11 月 19 日，宝钢股份科研人员在研究汽车用钢的开发与应用技术

2008 年 5 月 15 日，宝钢股份生产出第一卷取向硅钢

2012 年 9 月 10 日，宝钢集团中央研究院揭牌成立

2013 年 5 月 9 日，宝钢薄带连铸示范工厂项目在宁波钢铁有限公司举行轧机立牌坊仪式

宝钢股份厂区一角（摄于 2004 年 7 月）

宝钢股份厂区动物园（摄于 2016 年 8 月）

上海梅山钢铁股份有限公司高炉区域（摄于2014年7月）

宝钢湛江钢铁有限公司人工湿地（摄于2015年7月）

上海梅山钢铁股份有限公司厂区一角（摄于2009年8月）

一期工程全面建成后的宝钢湛江钢铁有限公司（摄于2016年10月）

▲

宝钢股份不锈钢分公司全景（摄于 2007 年 8 月）

▲

宝钢不锈钢有限公司办公大楼（摄于 2014 年 9 月）

建设中的宝钢集团上海浦东钢铁有限公司罗泾新厂（摄于2007年6月）

宝钢集团上海浦东钢铁有限公司罗泾新厂熔融还原炼铁装置(COREX炉)外景(摄于2007年8月)

宝钢集团上海五钢有限公司厂区一角（摄于 2003 年 12 月）

宝钢股份特钢事业部厂区鸟瞰（摄于 2010 年 9 月）

宝钢集团新疆八一钢铁有限公司文化广场（摄于 2007 年 6 月）

宝钢集团新疆八一钢铁有限公司炼铁区域（摄于 2014 年 8 月）

宝钢集团新疆八一钢铁有限公司厂区（摄于 2008 年 1 月）

▲

宁波钢铁有限公司鸟瞰（摄于 2014 年 9 月）

◀

宝钢集团广东韶关钢铁有限公司炼铁区域（摄于 2012 年 8 月）

夜色中的宁波钢铁有限公司
（摄于 2011 年 12 月）

宝钢集团广东韶关钢铁有限公司
厂区（摄于 2012 年 10 月）

宝钢特种金属材料用于“长征”“神舟”等系列宇航器

宝钢产品用于制造飞机发动机

宝钢产品用于制造汽车零部件

宝钢生产的汽车用钢用于制造轿车

宝钢生产的造币钢用于制造人民币硬币

宝钢生产的镀锡板用于制造易拉罐

宝钢生产的家电用钢、不锈钢等产品用于制造厨房用品

宝钢生产的船用钢板用于建造船舶

宝钢生产的海工用钢用于建设海上石油平台

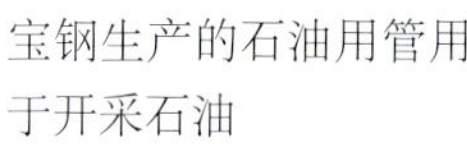

宝钢生产的石油用管用于开采石油

宝钢生产的石油用钢用于制作石油输送管

宝钢生产的钢材用于建造石油储罐

宝钢钢材用于秦山核电站建设

宝钢钢材用于长江三峡工程建设

宝钢钢材用于特高压工程建设

宝钢钢材用于中国南极科学考察站——泰山站建设

宝钢钢材用于北京国家体育场建设

宝钢钢材用于中央电视台新大楼建设

宝钢钢材用于建造云南龙江特大桥

宝钢钢材用于建造上海长江大桥

宝钢钢材用于中国 2010 年上海世界博览会中国馆建设

宝钢钢材用于上海浦东国际机场航站楼建设

宝钢钢材用于建造上海金茂大厦、上海环球金融中心、上海中心等地标性建筑

宝钢钢材用于上海洋山深水港建设

多元产业

2005 年，宝钢集团上海十钢有限公司通过保护性改造，变身为上海钢铁行业首家公共文化产业园区

上海宝钢化工有限公司梅山分公司一角（摄于 2005 年 5 月）

2009 年 1 月 7 日，宝钢工程技术集团有限公司员工正在建设南极昆仑站

2010 年 12 月 21 日，宝钢资源有限公司境外总部——宝钢资源（国际）有限公司在中国香港揭牌成立

2012 年 10 月 18 日，宝钢发展有限公司下属宝钢物流（江苏）有限公司举行海宝码头一期工程开工仪式

2013 年 5 月 15 日，上海宝钢化工有限公司下属乌海宝化万辰煤化工有限责任公司举行化产深加工（一期）项目开工典礼

2013年5月31日，由宝钢集团牵头组建的上海钢铁交易中心有限公司揭牌成立。宝钢集团财务有限责任公司推出宝融通等电子商务金融服务品牌

2015年6月11日，上海宝钢包装股份有限公司在上海证券交易所鸣锣上市

2015年6月23日，由上海宝钢包装股份有限公司投资的越南宝钢制罐顺化有限公司在越南承天顺化省香水县富牌工业园区举行开工仪式

2016 年 4 月 29 日，宝钢发展有限公司的宝乐汇生活时尚中心在上海市宝山区开业

2016 年 10 月 28 日，吴淞口创业园有限公司举行开园仪式

2016 年 11 月 29 日，宝钢金属有限公司下属上海宝钢型钢有限公司精密型材生产线投产

2001年11月2日，由德国克虏伯·蒂森不锈钢公司与宝钢浦钢合资建设的上海克虏伯不锈钢有限公司一期工程举行投产典礼。德意志联邦共和国总理格哈德·施罗德（中）参加典礼

2002年6月22日，宝钢集团与澳大利亚哈默斯利铁矿有限公司签署协议，组建宝瑞吉矿山合资企业

2004年11月9日，由宝钢集团、上海大众汽车有限公司、阿赛洛集团共同投资组建的上海宝钢阿赛洛激光拼焊有限公司激光拼焊项目建成投产。卢森堡大公国首相让·克洛德·容克（前排右二）参观该生产线

2005年11月8日，由宝钢股份、新日本制铁株式会社、阿赛洛集团共同组建的宝钢新日铁汽车板有限公司举行投产仪式

2006 年 5 月 25 日，宝钢集团聘请 7 名国内外知名专家为首批宝钢教授

2007 年 5 月 24 日，宝钢新加坡贸易有限公司成为当地“发展最快的 50 家企业”之一。新加坡贸工部政务部长（左）向公司颁发“全球贸易商计划证书”

2007 年 8 月 28 日，宝钢集团在澳大利亚独资设立宝钢冰河谷有限公司，与 FMG 公司签署冰河谷铁矿项目合资协议

宝钢资源有限公司在澳大利亚投资开采东坡铁矿（摄于2013年4月）

2014年10月14日，宝钢股份与土耳其TANAP公司签署UOE（大口径直缝焊管）管线管供货合同

社会责任

2003 年，宝钢集团医务人员宣誓参加抗击“非典”（非典型肺炎）工作

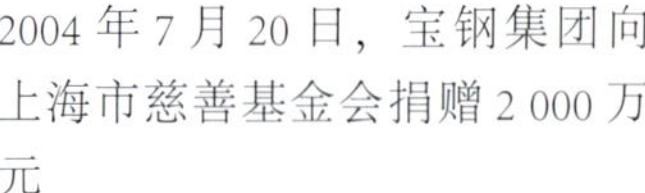

2004 年 7 月 20 日，宝钢集团向上海市慈善基金会捐赠 2 000 万元

2006 年 3 月 25 日，宝钢集团向黄帝陵整修工程捐资 500 万元

2007年2月2日，宝钢集团向奥林匹克博物馆捐赠100万美元。6月12日，宝钢的名字被镌刻在奥林匹克博物馆的“捐赠者纪念墙”上

2008年5月14日，宝钢集团向中华环保基金会捐款5 000万元

2009年11月16日，宝钢教育基金设立20周年暨2009年度宝钢教育奖颁奖大会举行

2003 年 10 月，宝钢集团援建的西藏仲巴县霍隆公路建成通车

在建中的、由宝钢集团援建的西藏仲巴县城沿街危房改造工程（摄于 2006 年 7 月）

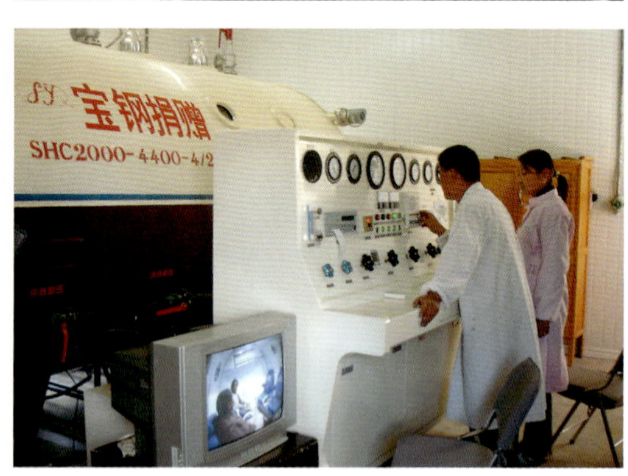

宝钢集团在西藏仲巴县人民医院援建的高压氧舱（摄于 2006 年 7 月）

2009 年 8 月，宝钢集团援建的西藏仲巴县职业技术学校交付使用

▲

2007 年 5 月 7 日，宝钢集团援建的云南省普洱市宁洱县凤阳西萨宝钢希望小学落成

◀

在建中的、由宝钢集团援建的青海玉树藏族自治州称多县宝钢儿童福利院（摄于 2011 年 9 月）

◀

2014 年 5 月 28 日，宝钢集团向青海省同德县部分小学生捐赠生活与学习用品

2008 年 5 月，宝钢集团向汶川地震灾区捐赠的彩板房材料启运。此次，宝钢集团共捐建价值 5 000 万元的彩板房

2008 年 5 月 16 日，宝钢集团一线员工为汶川地震灾区捐款。此次，宝钢集团总计捐赠 1.17 亿元，其中员工个人捐款 4 420 万元

2008 年 6 月 29 日，上海市总工会授予宝钢集团"'抗震救灾　重建家园'工人先锋号"称号

宝钢集团援建的四川都江堰"兴堰逸苑"住宅小区（摄于 2010 年 8 月）

2002 年 11 月 14 日，宝钢入选中国工业旅游示范点，成为全国第一个工业旅游点。图为宝钢向第 100 万名游客献花

2013 年 9 月 15 日，宝钢集团举行青年志愿者协会成立仪式

2016 年 7 月 29 日，宝钢集团举行社会责任报告发布会

文体活动

2006年4月26日，中央电视台心连心艺术团在宝钢慰问演出

2014年7月2日，宝钢文体协会成立

2016年6月18日，宝钢户外运动协会成立

2006 年 10 月 18 日，宝钢离退休老干部参加“纪念长征胜利 70 周年暨庆祝上海市第 19 个敬老日”主题活动

2008 年 9 月，宝钢股份宝钢分公司迎“十一”职工音乐会

2013 年 4 月 28 日，宝钢合唱团参加上海市庆祝五一国际劳动节大型歌会

2007 年 9 月 15 日，宝钢集团工会组织员工开展体育竞赛活动

2012 年 8 月 31 日，宝钢集团举行游泳比赛

2013 年 7 月 4 日，宝钢集团举行第九届职工运动会篮球比赛

2014 年 3 月 15 日，“2014 宝钢职工迎春健身日”活动在上海滨江森林公园举行

2015 年 6 月 6 日，宝钢职工团队“手拉手”龙舟赛在上海市水上运动中心举行

2016 年 9 月 10 日，宝钢集团举行第十届运动会拔河比赛

宝钢集团钢铁生产基地分布图（2016年11月）

宝钢集团新疆八一钢铁有限公司

黄石涂镀板有限公司

上海梅山钢铁股份有限公司

宝山钢铁股份有限公司

宝钢不锈钢有限公司

宝钢特钢有限公司

宁波宝新不锈钢有限公司

宝钢德盛不锈钢有限公司

宝钢广东湛江钢铁基地项目

宝钢集团广东韶关钢铁有限公司

图 例

1：11 000 000

南海诸岛

1：22 000 000

审图号：GS(2020)4635号

自然资源部 监制

《上海市级专志·宝钢集团志》
编纂委员会

主　　任　陈德荣

副 主 任　胡望明

伏中哲（2016 年 10 月—2020 年 8 月）　魏　尧（2020 年 9 月—）

主　　编　陈德荣

副 主 编　胡望明

伏中哲（2016 年 10 月—2020 年 8 月）　魏　尧（2020 年 9 月—）

执行主编　张文良

委　　员　（以姓氏笔画为序）

田　钢　朱永红　伏中哲　李庆予　邹继新　张文良　张贺雷
张锦刚　陈德荣　胡望明　侯安贵　钱建兴　郭　斌　章克勤
傅连春　魏　尧

《上海市级专志·宝钢集团志》
编纂室

主　　任　张文良

成　　员　（以姓氏笔画为序）

尹　冉　李　冰　李　洁　金　荣　张文良　张　鑫　罗耀华
周铁强　赵　琦　夏　玮　盛继军

主要撰稿人员　（以姓氏笔画为序）

尹　冉　李　冰　李　洁　金　荣　张文良　张　鑫　罗耀华
周铁强　夏　玮　盛继军

总　　纂　张文良

主要提供资料人员　（以姓氏笔画为序）

丁海霞　马步云　王一敏　王丹云　王光寰　王行兵　王劲松
王　佳　王彦杰　王海琼　仇晓磊　方岳伦　邬烈明　刘汉民
刘向捷　刘　齐　江　彪　许　军　许　勇　许徐敏　牟　志

苏晓君　苏　浩　李　于　李叶钧　李　钊　李　俊　李　洁
李晓虹　李博涛　杨　扬　杨冠鹏　来　勇　吴福民　吴翠芳
何　恩　佟玉明　沈培力　张　云　张文熙　张志超　张丽梅
张建宏　张　洁　张　津　张　翅　张　婧　张　琴　张惠明
张端阳　陆　路　陈一涓　陈立新　陈利萍　陈佩红　陈砚秋
林高平　郁　雯　金芳英　金　利　金春华　庞丽雯　单正年
赵　莹　赵　真　俞德兴　施　蔚　秦　雷　耿　晖　原秀芳
钱东静　徐　仁　殷　颖　高　薇　陶　亮　陶甄宇　黄志燕
黄　蕾　曹　炜　龚　羽　董荣胜　焦　杨　谢　放　雷锐戈

主要审稿人员　（以姓氏笔画为序）

王建跃　尤　艺　孔祥胜　石　亮　卢锡江　朱利民　朱建春
朱建祥　刘加海　刘建清　刘晓韬　江庆元　孙有力　纪　超
杜界松　李大东　李　明　李　彬　肖国栋　吴东鹰　吴章维
吴新江　汪　震　拓西梅　周　瑾　赵关林　赵昌旭　胡　宏
胡爱民　饶玉勇　饶志雄　秦长灯　贾砚林　夏建青　夏雪松
钱建兴　倪志军　翁志华　高　勇　郭小龙　黄伟良　傅建国
曾　杰　谢安宁　路巧玲　解　旗　蔡伟飞

《上海市级专志·宝钢集团志》
评议专家

组　　长　姚春海

成　　员　（以姓氏笔画为序）

史文军　任善根　庄尔康　李其世　汪国富　张永林　茅伯科

曹建华　韩国华　谭雪明

《上海市级专志·宝钢集团志》
审定专家

组　　长　俞国生

成　　员　（以姓氏笔画为序）

左山虎　朱洁士　祁崇元　李　平　赵广君　顾德骥　钱国樑

蒋斯来

《上海市级专志·宝钢集团志》
验收单位和人员

验收单位　上海市地方志办公室

验收人员　洪民荣　姜复生　王继杰　过文瀚　黄晓明

业务编辑　肖春燕　赵明明

凡　例

一、本志以马克思列宁主义、毛泽东思想、邓小平理论、“三个代表”重要思想、科学发展观、习近平新时代中国特色社会主义思想为指导，坚持实事求是原则，力求全面、准确地记述上海宝钢集团公司和宝钢集团有限公司的发展历程。

二、本志记述时限，上限自1998年11月上海宝钢集团公司揭牌成立，下限至2016年12月中国宝武钢铁集团有限公司揭牌成立。为保持记述的完整性，适当上溯。

三、本志采用述、记、志、传、图、表、录等体裁，以志为主。基于宝钢集团的实际和特色，本志设组织机构、钢铁主业、多元产业、经营管理、企业改革、科技工作、节能环保、员工队伍、党群工作、企业文化、人物与荣誉等11篇，卷首设图照、凡例、总述、大事记，卷末设专记、附录、编后记。

四、本志文体采用现代语体文、记述体。志设总述，篇设概述，章、节导言根据内容需要安排，不求一律。行文力求严谨、朴实、简洁、流畅，以第三人称记述。

五、本志人物传遵循“生不立传”原则，入传人物排列先后以卒年为序。在世人物依例不立传，以人物简介、人物表载之。

六、本志所记述的地名、机构名称、职称及币种、计量单位，一般按当时称谓。表中，应有数据但空缺的，以“—”表示；本无数据的，用空格表示。

七、本志记述企业、机构等名称以篇为单位，首次出现时用全称，再次出现时用简称，特殊情况下仍用全称。本志所记上海宝山钢铁总厂（1977年12月—1993年7月，简称宝钢或宝钢总厂）、宝山钢铁（集团）公司（1993年7月—1998年11月，简称宝钢）、宝山钢铁股份有限公司（2000年2月—2005年5月，简称宝钢股份）、宝钢股份宝钢分公司（2005年5月—2009年5月）、宝钢股份宝山基地（2009年5月—2016年12月），一脉相承，合并简称“宝山钢铁”。上海宝钢集团公司、宝钢集团有限公司，合并简称宝钢或宝钢集团。本志附录列部分单位全称、简称对照表。

八、本志资料来源于《宝钢年鉴》《宝钢日报》等公开出版的图书、报刊，以及企业内部资料、文件、档案、领导讲话、口碑资料等，均经考证核实，一般不注明出处。

九、本志行文规范均参照《〈上海市志（1978—2010）〉编纂行文规范》执行。

目　　录

CONTENTS

总 述

上海宝钢集团公司（简称宝钢、宝钢集团）、宝钢集团有限公司（简称宝钢、宝钢集团）的前身为成立于1977年12月的上海宝山钢铁总厂（简称宝钢、宝钢总厂），1993年7月更名为“宝山钢铁（集团）公司”。宝钢集团是全球现代化程度最高、钢材品种规格最齐全的特大型钢铁联合企业之一，是国务院国有资产监督管理委员会代表国务院履行出资人职责的国有独资公司，也是国有资本投资公司试点企业，注册资本527.911 01亿元。宝钢集团通过遍及全球的营销网络，为70多个国家和地区的用户提供产品和服务。总部地址：上海市浦东新区浦电路370号。

1977年1月，上海市和冶金工业部鉴于上海地方钢铁工业长期缺铁，提出建设现代化铁厂的建议。1977年年末、1978年年初，中共中央政治局和国务院领导进行两次讨论，作出在上海市宝山县境内重点投资建设现代化钢铁联合企业——宝钢的决定，以适应国民经济新发展对基础材料工业的需求。1978年12月23日，中共十一届三中全会胜利闭幕的第二天，宝钢工程打下第一桩，这是中国改革开放决策胜利实施的重要标志。

宝钢主厂区位于上海市北翼长江南岸，占地面积18.98平方公里，距上海市中心人民广场约26公里。宝钢工程为当时国内规模最大、投资最多、现代化程度最高的一个项目。1985年9月15日，宝钢一号高炉点火投产，年底宝钢一期工程全面建成投产。1991年6月29日，宝钢二号高炉点火投产，宝钢一期、二期工程建设全部完成，总投资300亿元，设计年产铁650万吨，钢（水）671万吨，商品钢坯122万吨，钢材422万吨（其中无缝钢管50万吨、冷轧板卷210万吨、商品热轧板卷162万吨）。投产不到10年，宝钢不仅提前还清75亿元贷款及全部利息（扣除贷款和外部配套建设，由国家直接投在宝钢的原始资本205亿元），而且自筹资金525.28亿元建设三期工程。1994年9月20日，宝钢三号高炉点火投产。2000年，设计总规模为年产1 100万吨钢、975万吨铁、713.60万吨钢材的一期、二期、三期工程全面建成，宝钢跻身世界千万吨级特大型现代化钢铁企业行列。宝钢一期工程的技术装备成套引进，国内制造设备仅占12%；二期工程国内制造设备占61%；三期工程总体规划和设计都由国内承担，国内制造设备提高至80.05%。

1998年11月17日，经国务院批准，以宝山钢铁（集团）公司为主，吸收上海冶金控股（集团）公司、上海梅山（集团）有限公司联合组建成立上海宝钢集团公司。宝钢集团成立后，按照国家建设钢铁精品基地和钢铁工业新技术、新工艺、新材料研究开发基地的要求，编制统一的钢铁发展规划，并投入巨资加快建设。一方面，继续建设宝钢三期工程后〔即“十五”（2001—2005年）规划、“十一五”（2006—2010年）规划〕项目。到2000年，宝钢三期工程全面建成，成为中国第一个千万吨级特大型钢铁联合企业。另一方面，对原上海冶金控股（集团）公司、上海梅山（集团）有限公司下属的老企业进行关停并转的结构性减产和改造调整，完成宝钢集团上海第一钢铁有限公司（简称宝钢一钢）不锈钢工程，宝钢集团上海五钢有限公司（简称宝钢五钢）合金模块材料专业生产线项目、特殊钢银亮材工程、不锈钢长型材工程、合金棒材改造工程，宝钢集团上海梅山有限公司（简称宝钢梅山）热轧技改工程，上海宝钢益昌薄板有限公司（简称宝钢益昌）冷轧技改工程，宝钢集团上海浦东钢铁集团有限公司（简称宝钢浦钢）搬迁罗泾工程等一大批新建或改造项目，使老企业完成脱胎换骨的巨变。针对老企业普遍存在资金短缺、污染严重、设备落后、产品缺乏竞争力、冗员多分流难、亏损面广等困难局面，发挥宝钢的资信、资源和销售网络优势，以及技术、人才、管理和企业文化等优势，仅用3年时间，就使严重亏损的老企业全部实现扭亏为盈。在推行主辅分离、辅业改制等一系列企业改革的同时，先后淘汰老企业能耗高、污染严重、技术落后的装备，累计淘汰落后炼铁产能493万吨、炼钢产能608万吨、轧钢产能500余万吨，分流安置员工11.10万人。

2000年2月3日，上海宝钢集团公司独家发起组建宝山钢铁股份有限公司（简称宝钢股份）；12月12日，在上海证券交易所挂牌上市。2005年，宝钢股份增发50亿股人民币普通股，收购宝钢集团拥有的钢铁生产、钢铁供应链及相关产业等三大体系的钢铁主业资产；2008年，收购宝钢浦钢罗泾资产，实现钢铁主业一体化经营。

2005年10月，上海宝钢集团公司依照《中华人民共和国公司法》改建为规范的国有独资公司，更名为“宝钢集团有限公司”。2007年1月16日，宝钢集团与新疆维吾尔自治区政府签署增资重组新疆八一钢铁集团有限责任公司的协议；4月28日，新疆八一钢铁集团有限责任公司加入宝钢集团。2008年6月28日，宝钢集团启动对广东省钢铁产业的重组。2011年8月22日，宝钢集团与广东省国有资产监督管理委员会、广州市国有资产监督管理委员会签署重组广东省韶关钢铁集团有限公司、广州钢铁企业集团有限公司相关协议；2012年4月18日，由宝钢集团和广东省国有资产监督管理委员会共同出资组建的宝钢集团广东韶关钢铁有限公司（简称韶关钢铁）揭牌成立；4月19日，由宝钢集团和广州钢铁企业集团有限公司共同出资组建的广州薄板有限公司在广州揭牌成立。宝钢集团在对广东省钢铁产业进行重组的同时，筹备广东湛江钢铁基地项目。2012年5月24日，国家发展和改革委员会发文核准宝钢开工建设湛江钢铁工程；5月31日，宝钢广东湛江钢铁基地项目在广东省湛江市东海岛举行开工仪式；2016年7月15日，宝钢湛江钢铁有限公司（简称湛江钢铁）一期工程全面建成。2009年3月1日，宝钢集团与杭州钢铁集团公司签署协议，重组宁波钢铁有限公司（2014年12月16日，宝钢集团调整为宁波钢铁有限公司第二大股东）。2010年12月31日，宝钢集团与福建吴钢集团有限公司签署协议，重组福建德盛镍业有限公司；2011年3月18日，宝钢德盛不锈钢有限公司揭牌成立。2015年，宝钢集团实施钢铁行业产业结构调整，提出打造“一体两翼”（以钢铁产业为主体，以绿色精品智慧制造和钢铁生态圈平台化服务为两翼）的国有资本投资运营公司。2016年7月，宝钢集团被国务院国有资产监督管理委员会列入首批国有资本投资公司试点企业名单。

2016年9月14日，经国务院批准，宝钢集团与武汉钢铁（集团）公司（简称武钢集团）实施联合重组。宝钢集团有限公司更名为“中国宝武钢铁集团有限公司”；武钢集团整体无偿划入，成为其全资子公司。12月1日，中国宝武钢铁集团有限公司揭牌成立。

至2016年11月底，宝钢集团的业务涉及钢铁及相关制造业、钢铁及相关服务业、产业链金融、不动产及城市新产业等四大领域。钢铁业是主营业务，拥有宝钢股份（含宝钢股份直属厂部、上海梅山钢铁股份有限公司、宝钢湛江钢铁有限公司等）、宝钢集团新疆八一钢铁有限公司、宝钢集团广东韶关钢铁有限公司、宝钢不锈钢有限公司、宝钢特钢有限公司等钢铁企业，生产高技术含量、高附加值钢铁精品，形成普碳钢、不锈钢、特钢等三大产品系列。这些钢铁精品通过遍布全球的营销网络，在满足国内市场需求的同时，还出口海外，广泛应用于汽车、家电、石油化工、机械制造、能源交通、金属制品、航天航空、核电、电子仪表等行业。除钢铁主业外，宝钢钢铁相关服务业包括电子商务、物流、加工、数据、资源服务、信息技术、工程、生产及生活服务等业务，拥有上海宝信软件股份有限公司（简称宝信软件）、上海宝钢包装股份有限公司两家上市公司。产业链金融包括助推钢铁产业转型升级的产业链金融业务；提升国有资本运营效率的投资融资、收购兼并等资本运营业务；支撑业务创新的创业投资业务等。不动产及城市新产业包括配合钢铁去产能、提升土地要素资源价值、拓展业务发展载体的不动产开发运营及城市新产业发展等业务。在册员工 117 093 人。其中，在岗员工 100 551 人，离岗员工 16 542 人。同年，宝钢以 2015 年营业收入 366.079 亿美元，连续第 13 年进入美国《财富》杂志评选出的世界 500 强企业榜单，列第 275 位，是美国《财富》杂志评出的“最受赞誉的中国公司”，并保持世界三大评级机构给予的全球综合类钢铁企业最优评级水平。

（一）

从 1998 年上海地区钢铁企业联合重组至 2016 年宝钢集团与武钢集团联合重组的 18 年中，宝钢引领行业技术进步，走出了一条引进、消化、吸收、创新的技术进步之路。宝钢与中国改革开放同行，彻底改变中国钢铁工业落后国外先进同行几十年的面貌，赶超世界一流，是宝钢人的初心，也是宝钢肩负的历史使命。按照邓小平题词“掌握新技术，要善于学习，更要善于创新”的要求，宝钢坚持在引进的基础上进行“高起点创新”。

宝钢立足高起点技术引进，通过引进、消化、吸收，实现自主集成创新。1998—2016 年，宝钢大力推进体系能力建设，积极探索机制和管理创新，形成了由研究开发、工程集成、持续改进 3 个子体系组成的技术创新体系；坚持“精品＋服务”的技术创新模式，开发了汽车板、硅钢、能源用钢、航空航天用钢等一批钢铁精品；拥有一大批具有自主知识产权的技术和成果。高等级汽车板、取向硅钢等多项创新成果获国家科学技术进步奖一等奖；薄带连铸、非高炉炼铁等前沿技术研究，以及铝、镁和储能材料等非钢新材料研发项目取得突破。同时，注重技术创新体系能力的系统提升，在原来钢铁研究所构架的基础上，于 1995 年组建技术中心；1999 年，整合集团内部科研开发力量成立宝钢研究院，积极进行前瞻性、独创性、能够形成专有或重大知识产权的新产品、新工艺、新装备和新技术的开发。2012 年，对整体研发体系及运作机制进行全新变革，组建宝钢集团中央研究院（简称中央研究院），形成以中央研究院为核心的研发体系。作为首批国家级技术中心，至 2016 年，中央研究院已具备钢铁生产全流程的数值模拟、物理模拟和中试试验为主的实验模拟能力，实现了以提炼模拟对象物理本质为特征的实验设备自主开发能力，拥有重大工程自主集成创新的支撑能力和以节能减排为主要研究对象的可持续发展技术研发能力。经过长期摸索和完善，宝钢集团形成了由 3 个不同层面组成的完整的技术创新队伍：以中央研究院为主体，通过产销研和产学研紧密结合的研究开发队伍；以生产现场为重点，以稳定提高和精益运营为特征的持续改进队伍；以工程项目为载体，生产、研发、设计和制造“四位一体”的工程集成队伍。同时，还构建了由技术创新委员会、专家资源库和完整技术创新队伍组成的统一指挥和科学决策、专家咨询和评估、全面执行和高效运转的宝钢技术创新体系。建有代表国内汽车用钢最高水平的汽车用钢开发与应用技术国家重点实验室、国家硅钢工程技术研究中心，分析检测能力获“国家认可实验室”和“国家实验室能力验证提供者”资质，宝信软件技术中心被认定为中国第 13 批国家级技术中心（分中心）。

宝钢强力支持“中国制造”，实现从替代进口到全球首发的跨越。建设宝钢的初衷之一是实现高端钢材的进口替代，汽车板是首个实现进口替代的战略产品。宝钢从 20 世纪 90 年代初开始自主研发，结合车身轻量化和绿色环保的要求，大力发展各类高强度汽车钢板，成为全球唯一能同时工业化生产第一代、第二代和第三代先进高强钢的企业，并通过世界知名汽车企业认证，向世界各大著名汽车厂的各种车型供货。按照汽车设计流程和规则，宝钢整合新材料、新工艺和新结构优化技术,制造的超轻型白车身更是成为国内钢厂在汽车材料研发与应用领域的里程碑。至2016年年底,宝钢集团已成为国内最大、全球第三的汽车板制造企业,覆盖从热轧、酸洗、普冷到镀锌的所有汽车板品种,年生产能力超过1 000万吨,在中国公路奔跑的车流里,每两辆轿车中就有一辆使用宝钢生产的汽车板。作为电力行业战略性基础材料的取向硅钢,其工艺技术一度被国外企业严加封锁,致使国家能源战略受制于人。宝钢历经10年艰辛,于2008年生产出第一卷合格取向硅钢,掌握了代表钢铁业顶级制造能力的取向硅钢工艺技术,实现从技术研发到产线集成、从工程建设到大生产的全线自主创新。在随后的5年里,实现了取向硅钢产品牌号全覆盖,并能批量稳定供货。2016年,实现取向硅钢顶级牌号B27R080、B30R090系列产品全球首发,标志中国硅钢产品技术达到世界顶尖水平。取向硅钢能够满足国内输配电行业的全部需求,成功应用于"西电东送"等多个国家级特高压工程项目。

宝钢坚持技术领先,致力于"成为全球钢铁业引领者",产品广泛应用于国家重大工程和核心领域,铸就"大国工程""国之重器"。中国车、中国桥、中国路、中国港和探索太空、开发深海——这一个个超级工程的背后,都有宝钢钢铁产品的身影:桥梁缆索用钢用于西堠门大桥,打破了此前国内大型桥梁缆索原材料全部进口的局面;开发研制国内第三代和第四代核电蒸汽发生器用690合金传热管、690合金水室隔板、TP405不锈钢板、核电站主泵电机屏蔽套用C276合金薄板等核电关键材料,成功应用于"华龙一号"、国家重大专项示范工程CAP1400等核电项目;为"蓝鲸一号"提供了E级、F级厚板高强钢,并应用于承重关键部位;自主研制的飞机"一类关键件"起落架用300M钢,成为国内唯一的大飞机项目A类钢种供应商;成功研制液化天然气(LNG)船最核心的材料——殷瓦合金板带,成为全球第二家薄膜型LNG船用殷瓦合金供应资质的企业;自主研发核电蒸汽发生器用690 U形管,成为世界上第四个有能力生产该项核能材料的企业;生产的高温合金材料用于神舟系列宇宙飞船、"天宫一号"空间实验室。宝钢瞄准"人无我有,人有我优"目标,源源不断地生产出高科技含量的汽车板、硅钢、厚板等一系列代表着世界制造一流水平的钢铁产品,改变了中国制造业发展中钢铁原材料严重依赖进口、受制于人的局面,强力支撑了国家改革开放、高质量发展。

宝钢持续推进开放合作,实现从产销研一体化、产学研相结合到产业链联动的机制创新。产销研一体化和产学研相结合是宝钢在技术创新中探索出来的重要运行机制。1998—2016年,宝钢先后与上海交通大学、东北大学、北京科技大学、钢铁研究总院、上海大学、武汉科技大学、华中科技大学等院校开展战略合作;与美国科罗拉多矿业学院、瑞典皇家工学院等院校建立起合作关系,建立宝钢—澳大利亚联合研发中心、宝钢—英国伯明翰大学研发中心等,推进研发资源国际化配置。不断加强与用户的战略合作,与汽车、家电、能源等行业签订长期的技术合作协议,建立"应用技术联合实验室"及技术创新联盟,构建产学研用产业链创新体系;从2000年起,与国家自然科学基金委员会共同出资设立面向全国的钢铁联合研究基金,重点资助国内钢铁工业发展迫切需要的冶金新技术及有关工艺、材料、能源、环境、装备、信息等方面具有重要科学意义和应用价值的基础研究项目。

(二)

1998—2016年,无论从工程建设到产品质量,还是从产品销售到用户服务,宝钢始终对标世界一流,以高起点、高定位、高质量产品和高质量服务赢得了巨大的经济效益和社会效益,在国内钢铁行业独占鳌头，在世界钢铁行业举足轻重，走出了一条质量效益型现代钢铁企业发展之路。

创新管理，严格苛求，实现高质量工程建设。首先，以“我”为主，建设高质量三期工程。在一期、二期工程的基础上，宝钢以“我”为主自主建设三期工程，对工程质量提出更加严格的要求，在工程设计、设备管理、施工建设、生产准备等各个方面进行全面创新。设备国产化率从一期工程时的12%，提升至三期工程的80%，实现了一流的工程质量效益和建设速度，实物质量超过一期、二期工程水平。得益于三期工程建设的自主创新，宝钢各项工艺、技术不断突破，整体实力和能力均得到大幅提升，在三期工程建成后跻身于“千万吨级”特大型现代化钢铁企业行列。其次，全面“输出”，兴建世界一流的绿色环保新钢厂。“宝钢不但要向国家归还一个宝钢，还要再新建一个宝钢。”这是宝钢在建设之初即立下的宏伟誓言。三期工程自筹资金500多亿元建成后，“归还一个宝钢”的目标已经实现。在此基础上，宝钢结合长远发展规划，提出在广东省湛江市建设一家钢铁企业的战略构想，并于2012年开工建设。湛江钢铁采用大量自主集成创新技术，从开工建设到一号高炉点火，仅用时3年，“为国家新建一个宝钢”的理想成为现实。

坚持一流，研发生产高质量精品钢材。宝钢始终坚持以世界一流为目标，坚持生产国家急需、能够替代进口、可以与国外先进企业产品媲美的精品钢材。一方面，坚持“替代进口”原则，不生产“大路货”。宝钢把品种、质量放在首位，立志要为中国工业现代化和钢铁产业结构升级提供急需的产品以替代进口。自主研发X系列高等级管线钢，打破高等级管线钢的国外垄断，成为继日本新日本制铁株式会社、日本住友株式会社和欧洲钢管集团之后，世界第四家试制成功X120管线钢的企业，产品不仅广泛应用于国内西气东输工程，还大量出口。到20世纪90年代末，不仅X系列管线钢，石油管、船板、造币钢、汽车用钢等11个系列产品均实现进口替代，极大地拉动了相关上、下游产业的发展，对国内汽车、机械制造、石油天然气、航空航天、造船、家电、桥梁、建筑等行业的发展提供了强有力的支撑，为实现国内产业结构升级和优化作出了积极贡献。另一方面，定位“双高”(高技术含量、高附加值)产品，形成差异化产品结构。三期工程建成投产后，宝钢相继研发出汽车板、镀锡板等紧缺产品，产品结构得到优化，并有力支持了国内汽车、石油、电子、家电等重点行业的发展。“双高”产品不仅使宝钢经受住了国内外钢材市场急剧波动的严峻考验，也带来了巨大的经济效益。

用户至上，以高质量的产品服务换来忠实的用户群，为应对钢材市场急剧变化和稳定占领市场打下良好的基础。首先，宝钢实施“供应商先期介入”策略，以用户为中心实施产销研一体化。成立用户技术研究中心，不断加大对汽车板、管线钢、耐候钢、家电用钢、镀锡板、高等级线材、冷轧硅钢等一批重点产品的研发力度，参与用户产品设计、模具开发、现场工艺等各个环节，与用户一起对整个过程中的影响因素进行系统分析，提前形成有效的控制措施，保证批量生产的质量稳定性，赢得了用户信任，扩大了市场份额。其次，从“用户是宝钢的衣食父母”“用户至上”的理念出发，逐步建立起以地区公司为主，包括专营公司、现货公司、直供用户和境外公司在内的全球营销服务体系。设立面向全国的用户质量咨询，在主要用户所在地建立用户技术组和办事处，在重点汽车厂派驻技术服务人员，对宝钢产品销售代理商进行技术和管理知识培训。同时，面对日趋严峻的市场竞争态势，把仓库建在用户家门口，建立钢材剪切加工配送中心，并自主研发剪切加工配送中心的管理信息系统和为用户服务的供应链管理系统，建成覆盖全国的服务网络体系，成为宝钢营销服务中难以替代的竞争优势。

(三)

1998—2016年,宝钢融入全球市场竞争,走出了一条从工厂化管理到集团化运营、国际化经营的重组改革之路。

企业管理以财务管理为中心,建立适应市场竞争的企业经营管理体制。20世纪90年代初期,宝钢在国有企业中率先提出"企业管理以财务管理为核心,财务管理以资金管理为中心"的经营理念,改变以产品生产为中心的传统工厂化管理体制,把财务管理提升到企业经营管理活动的中心地位,财务管理由"核算型"转变为"经营型",建立起贯穿于企业生产经营全过程的全面预算制度。宝钢实施全面预算管理:形成以经营规划为导向,年度预算为控制目标,滚动执行预算为控制手段,覆盖生产、销售、投资、研发的全面预算管理体系。宝钢从投资、采购、生产到销售等每一环节都处于预算控制之中,实现了战略、规划、预算三者之间的有机统一,实现了柔性控制与刚性控制的结合以及预算与标准的结合。宝钢建立标准成本管理制度:运用标准成本的原理,通过对生产技术指标的收集,结合市场行情,建立以品种、规格、牌号为明细对象的产品标准成本及小时边际贡献排序模型,利用产品小时边际贡献排序指导组织生产,引导市场定价,支持营销决策。宝钢通过现金流量监控强化资金管理:以现金流量为中心的理念,保证了货款资金安全,同时也在采购付款上树立了宝钢规范、守诺诚信的卓越信誉。通过融资权、调度权、运作权的高度集中,保证资金运用的集约高效。宝钢突出以经营贡献作为衡量企业经营业绩:在国内首创经营贡献制,以"经营贡献"这一综合指标衡量企业的经营业绩,引导和规范企业行为。

不断探索和建立适应现代企业制度要求的公司治理结构,成功实现由企业化管理体制向集团化管理体制的转型。在生产能力、销售规模、市场影响力不断扩大,跻身于国际先进钢铁企业行列的同时,宝钢从一个计划体制下的钢铁厂,转变为市场经济体制下具有强大竞争力的竞争主体,通过股份制改造,实现钢铁主业的整体上市,同时通过践行现代企业制度,建立规范的大集团治理结构。第一,实施与上海地区钢铁企业的联合重组。1998年11月17日,以宝山钢铁(集团)公司为主体,吸收上海冶金控股(集团)公司、上海梅山(集团)有限公司,联合组建上海宝钢集团公司。宝钢集团作为国家授权投资机构和国家控股公司试点企业,负责经营管理国务院授权范围内的国有资产,对有关企业的国有资产依法行使出资人权利,并相应承担国有资产保值增值的责任,自主经营、自负盈亏、自我发展、自我约束。第二,宝钢股份成功上市,规范法人治理结构,不断提高管理透明度。为推进现代企业制度建设,适应日趋激烈的国际竞争和市场环境,宝钢进行了股份制改造,把拥有的宝钢一期和二期工程原料、烧结、炼铁、炼钢、连铸、热轧、冷轧、高速线材、钢管、发电等项目,及三期工程原料、烧结、炼铁、发电项目的经营性资产投入宝钢股份,并委托其管理宝钢三期项目。2000年2月3日宝钢股份成立后,即按现代企业制度的要求,抓紧进行改制和改革。宝钢股份设立股东大会、董事会、监事会,和经理层各负其责,协调运转,形成有效的制衡机制,依照《中华人民共和国公司法》和《宝山钢铁股份有限公司章程》的规定开展工作。规范的公司法人治理体制为宝钢股份的发展提供了强大的动力。2000年12月,宝钢股份在上海证券交易所挂牌交易。第三,加快构建现代企业制度,全力推动董事会试点的有益探索。2005年,宝钢作为首批7家进行试点的国有企业,率先开展规范董事会试点,建立健全法人治理结构,探索中国特色国有企业治理模式,在建立和完善董事会制度、深化国有企业领导体制改革方面,为中央企业乃至全国国有企业提供了有益的借鉴。宝钢集团董事会由9人组成，其中5名为外部董事，成为中央企业中第一家外部董事全部到位且超过半数的董事会。外部董事凭借深厚的专业知识和丰富的实践经验，为宝钢集团国际化经营、战略决策、投融资和企业财务会计等方面提供决策支撑。外部董事制度的引入，为宝钢新一轮战略发展带来了全新的理念和有益的经验，不仅有利于董事会更多地关注决策风险，立足全局高度，客观地进行分析和决策，也有利于董事会作出独立于经理层的客观判断，增加了董事会决策的科学性和合理性。宝钢集团始终坚持规范化、制度化的董事会运作模式，修订完善了《关于落实"三重一大"（重大决策、重要人事任免、重大项目安排和大额度资金使用）决策制度的实施意见》，厘清党委和董事会、经理层、监事会等其他治理主体的权责边界，建立不同决策主体的决策清单；策划推进子公司法人治理结构优化，发挥股东作用，强化子公司董事会、监事会作用，使子公司法人治理跟上产权多元化、混合所有制改革步伐。

坚持扩大开放，加快走出去步伐。宝钢坚持每年10%的产品出口，接受国外最挑剔用户的检验，高精产品以稳定的高质量与优质的服务在用户中获得了良好的声誉。宝钢通过合资开发境外铁矿，确保资源稳定供应。宝钢90%左右的铁矿需从澳大利亚、巴西等国进口。为确保资源的稳定供应，宝钢积极探索与世界三大铁矿公司的合作，除每年签订铁矿石长期供应协议外，还通过直接投资境外铁矿锁定部分优质资源。2001年8月，宝钢与巴西淡水河谷公司（CVRD）合资组建宝华瑞矿山股份有限公司，取得每年600万吨铁矿资源的稳定供应。2002年6月，宝钢集团组建宝钢澳大利亚矿业有限公司，与澳大利亚哈默斯利铁矿有限公司合资开发宝瑞吉项目，取得了每年1 000万吨铁矿资源的稳定供应。这两个合资铁矿项目获取了良好的投资回报，与国外铁矿公司实现了"双赢"，也有力支持了宝钢打破资源垄断，提高配矿能力。同时，宝钢向境外延伸供应链，形成国内外一体化营销服务体系。从20世纪90年代起，宝钢率先在境外设立四类公司，即以销售钢材为主要业务的贸易公司，以原材料采购为主的贸易公司，承担境外原材料运输的航运公司，与铁矿公司合资设立的矿业公司。此外，还在境外设立服务于下游用户的钢材剪切加工服务中心，与境外贸易公司一起构建起完整的境外营销服务网络，包括宝钢新加坡有限公司、宝钢欧洲有限公司、宝钢美洲有限公司、宝和通商株式会社4个区域总部以及20个营销网点，为提升全球竞争力提供了强大支撑。

（四）

1998—2016年，宝钢坚持绿色低碳制造，改变传统企业"先污染后治理"的发展模式，走出了一条节能环保、可持续发展之路。即以争创世界一流环境保护为目标，以建设、生产和节能环保同步发展为原则，以严格完善的环境管理为基础，以生产工程治理和绿化工程治理相结合为综合防治对策，以融入全球、与各利益方紧密互动、开放共享的可持续发展之路。

创新发展能源环保工艺技术与装备。坚持能源环保工艺技术与装备建设高起点：宝钢在建设过程中同步引进了先进的能源环保工艺技术与装备，如干法熄焦（CDQ）、高炉煤气余压透平发电装置（TRT）、转炉配置煤气回收（OG）、转炉烟道余热蒸汽和煤气干法回收（LT）等。对所有容易造成环境污染的生产设备，宝钢都设计安装了国际先进的环保装置。宝钢一期、二期和三期环保相关设施总投资达43.40亿元，占工程总投资的5%。当主体生产设备投产时，环保设施也同时投入运行，有效控制了生产过程中的环境污染，缩小了中国钢铁企业在节能环保领域与国外的差距，为追赶世界先进水平打下了良好基础。坚持节能环保工艺技术与装备的创新发展：宝钢在做好对引进的节能环保设备“消化、吸收、用好、管好”工作的基础上，不断创新发展，开发制造了一批具有宝钢自主知识产权的高水平节能环保工艺技术与装备，为宝钢可持续发展和综合竞争力的增强作出了贡献，并确保了宝钢在钢铁节能环保领域始终处于世界先进、国内领先，成为国内钢铁企业节能环保领域的“领头羊”。宝钢主动向国内钢铁企业敞开参观、交流、学习的大门，重点推广宝钢成功应用的节能环保工艺技术，这些工艺技术在国内钢铁行业得到普及应用，有的甚至成为新建钢厂的技术门槛，有力地推动了中国钢铁行业节能环保技术进步。宝钢在研究和实践中，通过提高转炉煤气回收率、降低电耗等，在国内第一个实现了“负能炼钢”，为国内钢铁企业大力开展转炉煤气回收利用技术起到了积极作用；为解决高炉煤气富余问题，宝钢与ABB集团（Asea Brown Boveri Ltd.，艾波比集团公司）、日本三菱集团、日本川崎重工业株式会社联合开发、建设了世界上第一台150兆瓦单烧低热值高炉煤气的燃气轮机，大幅度降低了高炉煤气放散率，也为国内钢铁企业有效利用副产煤气开辟了新途径；改造能源中心集散监控装置技术，为优化能源系统平衡、高效合理使用能源介质作出了贡献，成为冶金企业和全国能源管理信息化的样板。此外，高炉热风炉余热回收技术、高炉富氧大喷吹技术、连铸坯热送热装技术、各类加热炉加热制度优化和计算机控制技术研究等，都为宝钢进一步降低能耗、改善环境提供了新途径。湛江钢铁以成为世界效率最高的绿色碳钢薄板生产基地为目标，采用海水淡化等116项先进成熟的节能环保技术，环保投入资金达80亿元。同时通过产业链设计、公用工程、物料传输、环境保护四个“一体化”，与中科（广东）炼化有限公司一体化项目合作，建立钢铁、石化基地共享的配套产业和循环经济园区，把湛江市东海岛打造成为生产清洁、资源节约、低碳发展的国家级循环经济示范区。韶关钢铁烧结脱硫废水重金属处理技术改造，不仅解决了重金属废水处理难题，也为处理同类废水提供了经验，成为国内钢铁行业第一个成功案例。上海宝钢节能环保技术有限公司承担的“焦炉荒煤气余热回收技术研究与开发”项目是国家科技支撑计划课题，通过中国炼焦行业协会专家鉴定，对破解焦炉荒煤气余热回收这一世界难题提供了新路径。

创新建设能源环保管理体系。坚持能源环保管理高标准、严要求：宝钢坚持把实现世界一流节能环保目标作为创建世界一流企业的重要内容，以高于社会标准的企业标准为依据，实现从工厂设计、施工管理、生产试运行、达标验收、纳入正常管理的一条龙管理，严格项目环评制度、工程“三同时”（环境保护设备与工程同时设计、同时施工、同时投入运行）制度，创建了以源头控制为主的环保管理模式。宝钢还根据企业运营实际和国际节能环保工作的发展趋势，多次制定和修订工程项目设计的能源环保标准，保证工程项目、生产过程能源环保管理工作的高标准、高要求。持续创新能源环保管理理念与管理模式：宝钢坚持一贯制能源管理方式，能源管理经历了由指标管理向指标与项目管理、由事后管理向事前管理、由实物量管理向价值量管理的三大工作重心转移，形成先进管理思路和体系。宝钢贯彻“控污染、节资源、兴利用”环保管理理念，全面推行清洁生产，坚持绿色制造和营销，实现了环保管理由末端治理到过程管控再到源头减量和循环经济的不断升级。由最初的能源、环保分头管理发展到现在的能源环保一体化管理模式，确立了环境经营、促进城市生态文明建设的绿色发展战略。率先建立并不断完善能源环保管理体系：1998年1月，宝钢在国内冶金行业首家获得ISO14001环境管理体系认证。经过长期探索与实践，宝钢逐步建立完善的能源管理体系，为后期通过能源管理体系认证及其他相关工作打下坚实基础。2008年，宝钢在钢铁行业率先实施以“三流一态”（能源流、制造流、价值流、设备状态）为特点的能源综合管理，并于2011年首批通过国家《能源管理体系标准》（GB/T 23331）认证。2014年，宝钢股份“现代钢铁企业‘三流一态'能源价值管理"项目获第21届全国企业管理现代化创新成果一等奖，并成为国内钢铁行业能源管理体系国家标准的编制者。

大力发展循环经济，节能环保工作取得显著成效。宝钢遵循"减量化、再利用、再循环"的原则，采用国际、国内先进的固体废物、废水处理工艺和设施，并通过不断的技术创新和管理完善，在固体废物和废水综合利用方面取得明显成效，逐渐形成了固体废物和废水综合利用产业，特别在新型建筑材料和磁性材料领域具备了一定的竞争优势。宝钢在钢铁固体废物处理与综合利用方面还开发了一批具有自主知识产权的工艺技术与装备，其中的滚筒法钢渣处理工艺技术获2007年国家科技发明奖二等奖。随着中国城市化进程加快，宝钢顺应时代发展，提出建设都市型钢厂的目标，持续推进绿色制造，在降低消耗、减少排放的同时，利用冶金装备和工艺技术消纳城市废弃物，推进城市矿山开发，为城市提供环保服务，实现钢厂和城市的和谐共生。2016年，宝钢股份利用转炉消纳城市废油漆桶等国内首创项目，取得了良好的社会效益。

与外部利益相关方紧密沟通、开放共享。厂区与社区和谐共处：宝钢在建厂初期就按照厂区绿化与工程建设同步的要求，在地被物绿化、特色园林绿化、厂区动物园等方面做了大量的投入和努力。为了让全社会了解钢铁、了解宝钢，宝钢集团坚持让用户、供应商、媒体、社会组织、社区、员工家属等社会各界走进企业，近距离了解和感受中国钢铁行业。1999年，宝钢工业旅游被上海市旅游发展委员会授予"优秀旅游产品"称号；2003年1月，宝钢被上海市人民政府命名为"上海市爱国主义教育基地"；2004年，宝钢经国家旅游局验收并被命名为"全国工业旅游示范点"；2006年1月，上海市推出工业旅游11条线路，宝钢工业旅游位列榜首；2011年，宝钢创办"厂区开放日"活动。履行企业社会责任：宝钢是首家向社会定期发布社会责任报告的中国钢铁企业。2003年，宝钢股份在冶金行业率先发布环境报告，向社会公众表明公司的社会责任感，并提请舆论监督；2006年起，宝钢股份开始发布可持续发展报告；2008年，宝钢集团开始编制、发布社会责任报告。社会责任报告的编写和发布，不仅从履行社会责任的角度为宝钢集团开展年度"体检"，促进宝钢的可持续发展，也是宝钢与外部利益相关方定期交流的重要载体和沟通工具。加强国际合作与交流：宝钢还是与国际组织互动得最频繁、最深入的中国钢铁企业。2004年，宝钢加入联合国全球契约组织。该组织倡导可持续发展的10项原则成为业界最具权威的指导性意见，宝钢是最早加入该组织的三家中国大陆企业之一。2005年，宝钢是唯一以全权会员身份参加国际钢铁协会国际民用钢结构住宅(living-steel)项目的中国企业，宝钢的研究成果成功应用于2008年汶川地震灾后重建的"幸福家园"项目。2011年，宝钢股份发布行业第一份《绿色宣言》。2012年，宝钢担任世界钢铁协会中国2020项目的主席，牵头开展需求、可持续发展和2020愿景板块等研究工作。

(五)

1998—2016年，宝钢全面落实党建责任，走出了一条加强国有企业党的建设、发挥国有企业独特优势的实践之路。宝钢始终坚持党的领导、加强党的建设，并把思想政治工作作为各级党组织一项经常性、基础性工作来抓，围绕中心工作，强化思想引领和组织保障，不断增强领导人员政治素养和业务水平，努力建设一流员工队伍，为建成具有全球竞争力的世界一流企业提供了坚强政治保障。

1998年11月上海地区钢铁企业联合重组后，宝钢集团党委统一员工思想认识，并通过宣传解读、基层调研、工作交流，切实做好结构调整、资源优化过程中的员工思想工作，切实维护员工切身利益。通过向宝钢一钢、宝钢浦钢、宝钢五钢、宝钢梅山、宝钢益昌等老企业推广用户满意等理念和文化，着力解决“三最”(最关心、最直接、最现实)问题，确保联合重组后的文化融合和大局稳定。2004年1月，宝钢确定企业文化的主线：严格苛求的精神、学习创新的道路、争创一流的目标，并确定将“诚信”作为宝钢的基本价值观(2007年8月，提出宝钢的核心价值观为“诚信、协同”)，使企业有了更高层面的思想引领。2006年，以“保持先进性，党员再登高”为目标，实施党员“登高计划”，结合党员自身和岗位实际设定登高目标，党员每年根据完成情况提出下阶段目标，实现持续改进和提高。2008年，受国际金融危机影响，钢铁行业进入“寒冬”，宝钢各级党组织不断加强自身建设，化危机为转机。宝钢集团党委从提高形势任务教育实效出发，坚持把国家发展战略、行业和企业所面临的严峻形势、企业自身的“危”与“机”以及和员工个人的关系讲清楚；多渠道调查了解员工思想状况，掌握“原生态”情况，找准关注点、利益点、需求点；加强先进典型的宣传引导，以宝钢投产30周年、湛江钢铁一号高炉点火为契机，大力宣传弘扬“85・9”(1985年9月宝钢投产)精神和宝钢文化。2015年、2016年，宝钢集团实现利润稳中有升，在行业中始终保持“领头羊”地位。

宝钢集团党委围绕中心，将党建工作贯穿改革发展。加强党的领导，把党组织内嵌到公司治理结构之中：集团党委把推进党建工作总体要求纳入公司章程，明确党组织在公司法人治理结构中的法定地位，下属全资、控股公司全部完成党建入章；厘清党委和各治理主体权责边界，把党委研究讨论作为决策“三重一大”事项的前置程序，切实履行前置把关。完善责任体系，推动全面从严治党在宝钢落地落实：集团党委牢固树立责任意识，切实履行党建工作第一责任人职责。管好关键少数，建设高素质、清正廉洁的领导干部队伍：坚持党管干部，规范选拔任用，建立直管领导人员廉洁档案；完善子公司法人治理结构，进行班子优化，系统调整派出董事、监事；深化干部人事制度改革，开展任期经营责任制工作，建立强绩效导向的领导人员能上能下机制；严格干部日常管理，把纪检监察和审计结果纳入干部管理，坚定不移地推进党风廉政建设和反腐败工作；大力营造鼓励创新的文化氛围，大力弘扬企业家精神，激励领导干部肩负起做强做优做大国有企业的历史重任。夯实党建基础，大力推进基层党组织建设：集团党委以增强组织力为重点，突出政治功能，始终抓牢抓好基本组织、基本队伍和基本制度建设，党组织生活设计、“党员登高计划”活动、责任区联创共建、党支部书记素质提升工程等工作卓有成效；通过制定下发《党建工作责任制实施办法》，层层压实党建工作责任，扎实推进基层党组织书记抓党建述职评议考核、党支部标准化规范化建设等各项重点任务，持续提升党务工作者队伍能力素质，有效发挥党支部战斗堡垒作用和党员先锋模范作用。

宝钢集团党委加强引导，将精神文明融入企业文化建设。大力选树先进典型，弘扬工匠精神和劳模精神：集团党委以社会主义核心价值观为指引，确立“诚信、协同”的核心价值观；编发《宝钢文化经典故事》《宝钢二次创业解读》等，传播优秀案例和先进人物。开展形势任务教育：集团党委通过形势任务教育，凝聚全员积极投身改革发展，确保受欢迎、全覆盖、有实效，充分发挥干部员工干事创业的积极性：充分运用新媒体手段，整合信息媒介和渠道，建设集团信息传播平台，进一步发挥舆论导向作用；各单位和各级党群组织联系实际，通过主题党课、专题组织生活、管理人员逐级授课等多种形式，把形势任务教育落到实处。加大正面宣传力度，树立宝钢品牌形象：集团党委宣传系统借助于领导专访、重大活动和重要事件报道等，主动宣传改革发展成果、创新创业典型、履行社会责任案例，讲好企业故事，树立良好形象。

宝钢集团党委创新方法，将思想工作深入基层员工。领导带头调研，掌握员工动态：集团党委落实领导人员基层联系点制度，集团班子成员带头开展调研，为基层员工加油鼓劲，解决实际困难；

加强员工思想调研，结合“管理者问卷调查”，及时掌握干部员工思想动态，有针对性地回应关切，最大限度地消除不和谐因素。筑牢统一战线，做实群团工作：集团领导带头与党外代表人士结对交友，发动统战人士建言献策；发挥工团联系群众的纽带作用，把职工民主管理事项写入公司章程；通过“职工代表看宝钢”活动等，促进职工依法有序参与公司治理；建立员工与企业共同发展推进机制，落实“三最”事项，实施职工帮困，送温暖，聚人心；加强党建带团建和青年员工队伍建设，搭建成长平台，更好地服务和引导青年成长成才。各级党组织发动全员广泛开展群众性技术创新活动：通过开展自主管理、“最佳实践者”活动，鼓励职工岗位创新，大批优秀管理人员、优秀工程技术人员和智能型优秀工人成为现代化钢铁集团的主力军，涌现出孔利明、王康健、王军等蓝领创新领军人物、大国工匠，以及一大批以工人名字命名的先进操作法、创新工作室。

从 1998 年 11 月上海地区钢铁企业联合重组、上海宝钢集团公司成立，至 2016 年 12 月中国宝武钢铁集团有限公司揭牌成立的 18 年中，宝钢集团始终对标世界一流、实施精品战略，始终遵循学习创新、追求技术引领，始终坚持改革先行、践行绿色发展，始终加强国有企业党的建设、创新文化驱动，不仅建成了中国第一个千万吨级特大型钢铁联合企业，而且实现了“新建一个宝钢”的梦想：以“开放式自主集成创新”模式在湛江东海岛上建成了一个年产铁水 823 万吨、板坯 840 万吨、钢材 689 万吨的绿色碳钢板材生产基地——宝钢湛江钢铁有限公司，印证了邓小平的预言：“历史将证明，建设宝钢是正确的。”

大事记

1998 年

8 月 6 日　国家经济贸易委员会(简称国家经贸委)在宝山宾馆友谊会堂召开上海地区钢铁企业联合筹备组成立大会,宣布上海地区钢铁企业联合筹备组成立。上海地区钢铁企业联合各项工作全面启动。

10 月 28 日　宝钢马迹山港一期工程开始打桩。马迹山港是宝钢在浙江省嵊泗县马迹山岛兴建的一座矿石中转深水港。港口分两期建设,一期、二期总规模为年吞吐量 5 000 万吨。

11 月 12 日　国务院决定,任命徐大铨为上海宝钢集团公司(简称宝钢集团)董事长、谢企华为上海宝钢集团公司总经理(法定代表人)。

是日　中共中央大型企业工作委员会研究决定,关壮民任中共上海宝钢集团公司党委书记。

11 月 17 日　经国务院批准,以宝山钢铁(集团)公司为主,吸收上海冶金控股(集团)公司、上海梅山(集团)有限公司联合组建的上海宝钢集团公司成立。中共中央政治局委员、国务院副总理吴邦国,中共中央政治局委员、上海市委书记黄菊为上海宝钢集团公司成立揭牌。

是日　上海冶金控股(集团)公司下属上海第一钢铁(集团)有限公司、上海二钢有限公司、上海浦东钢铁(集团)有限公司、上海五钢(集团)有限公司、上海钢管股份有限公司、上海第三冷轧带钢厂、上海碳素厂、上海冶金建设有限公司、上海钢铁研究所、上海钢铁工艺技术研究所、上海冶金设计研究院、上海冶金科学技术情报研究所、上海冶金老干部活动中心等 13 家企事业单位进入宝钢集团。

11 月　上海浦东钢铁(集团)有限公司更名为“宝钢集团上海浦东钢铁有限公司”(简称宝钢浦钢)。

是月　上海五钢(集团)有限公司更名为“宝钢集团上海五钢有限公司”(简称宝钢五钢)。

是月　上海梅山(集团)有限公司更名为“宝钢集团上海梅山有限公司”(简称宝钢梅山)。

12 月 6 日　国务院任命谢企华、关壮民、李其世、张思明为宝钢集团副董事长。

12 月 11 日　宁波宝新不锈钢有限公司(简称宁波宝新)不锈钢工程热负荷试车。

12 月 15 日　宝钢梅山矿业公司采矿一期工程实现设计规模达产目标——年采掘总量达 250 万吨,成为国内地下矿山单口竖井产量提升最高的矿山。

12 月 22 日　以再现宝钢 20 年发展历程为主要展示内容的宝钢展示厅开展。

12 月 23 日　宝钢集团召开宝钢工程开工建设 20 周年庆祝大会。

是日　截至上午 10 时,宝钢 300 吨转炉炼钢、250 吨转炉炼钢和 150 吨电炉炼钢 3 个单元当年累计生产钢水 1 000.10 万吨,成为中国冶金行业首家年产钢突破 1 000 万吨的企业。

1999 年

1 月 8 日　宝钢集团举行专家咨询会议,讨论《上海宝钢集团公司钢铁发展总体规划纲要》。

1月　上海第一钢铁(集团)有限公司更名为“宝钢集团上海第一钢铁有限公司”(简称宝钢一钢)。

2月11日　美国标准普尔评级公司(简称标准普尔)对外公布宝钢集团的信用评级降为“BBB-(负面)”,同时解除1998年8月列入的信用观察。

3月9—12日　宝钢集团召开五届四次职工代表大会。会议通过《上海宝钢集团公司第三期集体合同》等5项方案。宝钢集团总经理谢企华与工会主席程喜亨签订宝钢集团第三期集体合同。

3月12日　宝钢集团决定将上海宝康电子控制工程有限公司、上海宝成钢结构建筑有限公司、上海宝钢普莱克斯实用气体有限公司、上海意达彩涂钢材制品有限公司、上海宝利计算机集成技术有限公司、上海宝伟工业有限公司和上海申井钢材加工有限公司所持有的全部股权转让给上海宝钢产业发展有限公司(简称产业公司)。

3月18日　宝钢三期原料码头举行投产仪式。

3月24日　宝钢集团召开首届中国共产主义青年团工作会议,宣布组建上海宝钢集团公司团委。

3月26日　宝钢初轧扩建工程高速线材项目举行试生产仪式。

4月18日　宝钢梅山炼钢厂投料试车。4月21日,炼钢厂进行第二炉热试,并生产出合格的连铸板坯。

5月11日　上海地区最早的平炉——宝钢浦钢平炉炼完最后一炉钢后退役。

5月18日　宝钢一钢第一炼钢厂一号平炉熄火停产。

7月9日　上海宝钢运输有限公司与上海宝钢海洋运输公司合并重组,重组后的公司名称沿用“上海宝钢运输有限公司”,并保留原经营范围。

7月27日　宝钢集团决定对设计、设备成套、设备制造、工程管理力量进行重组整合,成立上海宝钢工程技术有限公司(简称宝钢工程)。8月5日,上海宝钢工程技术有限公司挂牌。

8月1日　宝钢集团决定在宝钢技术中心的基础上组建宝钢研究院。8月5日,宝钢研究院挂牌,与宝钢技术中心实行“两块牌子、一套班子”运作,称“宝钢研究院(技术中心)”。

8月19日　上海地区最后一座平炉——宝钢一钢第一炼钢厂二号平炉熄火停产。上海地区彻底淘汰平炉炼钢的落后工艺。

8月25日　《宝钢志(1993—1998)》举行第一次编委会全体会议。会议讨论通过续修《宝钢志》工作文件。2000年8月,由上海古籍出版社出版发行。

9月1日　厄瓜多尔共和国总统哈米尔·马瓦德一行访问宝钢集团。

是日　南京宝日钢丝制品有限公司注册成立。

9月13日　宝钢举行六号制氧机投产仪式。六号制氧机采用世界先进的全精馏制氧等工艺。

10月8日　宝钢一钢2500立方米高炉点火投产。该工程1995年年底动工,设计年产铁水175万吨,总投资34.54亿元。

10月11日　上海冶金设计研究院和宝钢设计研究院联合重组,成立上海宝钢设计研究总院。

10月20日　宝钢举行电厂三号发电机组建成投产仪式。

10月22日　宝钢梅山热轧卷板首次出口韩国。

11月1日　宝钢一钢第三炼钢厂最后一座化铁炉停炉熄火,彻底淘汰二次化铁炼钢的落后工艺。

11月12日　宝钢举行三期原料场建成投产仪式。

11月19日　庆祝宝钢教育基金设立十周年暨1999年宝钢教育奖颁奖大会在宝钢技术中心举

行。宝钢教育基金会始于1990年宝钢出资设立的宝钢奖学金。宝钢教育奖每年评颁一次。

12月8日　宝钢举行三期化产工程投产仪式。

12月10日　英国标准协会签发证书，宝钢集团成为中国首家通过QS9000体系认证的钢铁企业。

12月20日　宝钢五钢合金模块材料专业生产线项目开工建设。

2000年

1月14日　宝钢集团与一汽大众汽车有限公司签订《一汽捷达轿车三大块车身用钢板合作协议》。宝钢1995年开始向一汽大众汽车有限公司供应汽车板，从最初每年3 900吨增加至每年1.40万吨(有41个品种)。

1月28日　宝钢一炼钢四大技改项目〔钢水扒渣工程、钢水真空处理装置、“三电”(电气、仪表、计算机)改造、钢包精炼〕举行投产仪式。

2月3日　宝山钢铁股份有限公司(简称宝钢股份)创立。宝钢集团副董事长、总经理谢企华兼任宝钢股份董事长。

2月21日　宝钢三期炼钢单元五号转炉第三炉役炉龄达到6 024炉，创历史最好水平。

2月28日　宝钢股份一炼钢计算机控制室发生重大火灾事故(简称“2・28”事故)。

3月9日　宝钢股份1 550毫米冷连轧带钢(简称1550冷轧)工程酸洗连轧机组热荷负试车。

3月10日　宝钢股份QS9000质量体系首次通过英国标准协会复审。

3月28日　宝钢集团成立专门从事再就业工作的管理部门——上海宝钢集团公司就业管理中心。

3月　南京宝日钢丝制品有限公司一期工程破土动工，2001年7月投产。

4月5日　宝钢集团与天津汽车集团公司签订合作协议，推进宝钢股份1550冷轧镀锌板产品在夏利轿车上的应用。

4月13日　由宝钢集团投资1.53亿元的宝钢浦钢特钢改造工程开工建设。2001年3月20日投入生产。

是日　宝钢集团与苏州化工控股公司共同出资2.50亿元组建的苏州宝化炭黑有限公司(简称苏州宝化)投产仪式在江苏省苏州市举行。

4月18日　宝钢集团成立上海宝钢信息产业有限公司。

4月18—20日　由中国特钢企业协会主办的2000年全国特钢企业产品销售对策研讨会在宝钢五钢举行。全国17家特钢企业共同签署《特钢条形材价格调整、销售原则、重点突破的协议》。

4月28日　宝钢股份召开干部大会，反思“2・28”事故。会议决定将每年“2・28”定为安全教育日。

5月9日　丹麦王国首相波尔・尼鲁普・拉斯穆森访问宝钢集团。

5月11日　阿根廷正义党主席卡洛斯・萨乌尔・梅内姆访问宝钢集团。

5月28日　宝钢梅山矿业公司举行二期工程竣工仪式。该工程投资5.92亿元，历时6年建设，铁矿石采选综合能力由原来的200万吨增加至400万吨。

7月19日　总投资13.12亿元的宝钢梅山1 422毫米热轧带钢机组(简称1422热轧)技术改造项目经国务院批准，被列入国债专项资金计划。

7月21日　宝钢一钢、宝钢五钢职工医院整体划转给上海市宝山区卫生局签字仪式在上海市政府会议中心举行。

8月1日　宝钢集团与吉林碳素集团有限责任公司签订兼并协议书，上海碳素厂退出宝钢集团，由吉林碳素集团有限责任公司全面接管。

8月8日　由宝钢集团投资建设的东方钢铁电子商务有限公司（简称东方钢铁）注册成立。

8月10日　宝钢集团首次面向全国发行20亿元为期5年的中央企业债券。

8月28日　宝钢集团与国家自然科学基金委员会在北京签署共同建立“钢铁联合研究基金”协议。

8月30日　宝钢五钢特殊钢银亮材工程开工建设。2003年3月30日，银亮材工程全面建成。

9月1日　国务院首次向宝钢集团派出监事会，丁贵明任监事会主席。

9月30日　宝钢股份颁发首批“金牛奖章”和“银牛奖章”。“金牛奖章”是宝钢股份最高综合荣誉。

10月15日　东方钢铁建立的“东方钢铁在线”（网址：www.bsteel.com）投入运行。

10月31日　宝钢集团召开首届技术创新大会。

11月14日　经国务院批准，宝钢集团4家子公司（宝钢集团上海第一钢铁有限公司、上海三钢有限责任公司、宝钢集团上海五钢有限公司和上海梅山钢铁股份有限公司）实施债转股，总金额66.55亿元。

11月20日　宝钢股份A股上网发行，发行总量为18.77亿股。12月12日，宝钢股份在上海证券交易所上市交易，股票代码600019，发行价4.18元/股。

12月20日　宝钢集团召开三期工程全面建成投产暨总结大会。中共中央政治局委员、上海市委书记黄菊在会上转达中共中央总书记、国家主席、中央军委主席江泽民对宝钢的关心和祝贺。宝钢三期工程总投资623.40亿元。工程建成后，宝钢集团成为中国第一个千万吨级的钢铁生产基地。

12月21日　宝钢工程建设纪念雕塑在三期工地落成。这座铸铜雕塑主体高8.65米，由3级台阶、1根竖起的大拇指和4根紧握的手指构成。

2001年

1月2日　宝钢集团钛合金产业实行资产重组。上海钢铁研究所（简称上海钢研所）下属的钛合金超塑中心、钛合金分所与宝钢五钢特冶公司进行资产重组。

1月5日　宝钢股份首次网上招标采购取得成功。采购物资包括铁合金、耐材、有色金属、化工产品等四大类13个品种，金额达2.63亿元。参与投标的供应商有59家。

1月18日　朝鲜劳动党总书记金正日访问宝钢集团。

2月5日　宝钢工程和加拿大科德公司共同出资110万美元组建的上海科德轧辊表面加工处理有限公司投产。

2月10日　由武汉钢铁设计院设计、上海宝钢冶金建设公司承建的宝钢股份冷轧二号彩涂机组打下第一根钢管桩。

2月27日　宝钢集团在宝钢大厦召开2001年度预算计划会议。会议提出宝钢集团在“十五”（2001—2005年）期间“加强管理，优化资源，追求效益最大化；改革创新，发展精品，早日进入世界

500强”的经营总方针，全面实施钢铁规划，实现利润增长10%。

3月1日　由宝钢集团参与投资建设的中国首条磁悬浮列车工程在上海市浦东新区举行开工仪式。

3月9日　宝钢五钢第一炼钢厂整体关停。

3月19日　上海宝钢中日经济技术学院在宝钢教育培训中心成立。

3月20日　宝钢集团与武汉钢铁(集团)公司、首都钢铁集团总公司在宝钢大厦签署战略合作意向书。

3月26日　上海钢管股份有限公司第一次临时股东大会审议通过公司重组方案，与上海宝钢信息产业有限公司整体资产进行置换。3月30日，两家公司的全部资产和负债在上海产权交易所进行交割。6月14日，原上海钢管股份有限公司营业执照上的名称变更为“上海宝信软件股份有限公司”(简称宝信软件，股票代码600845)。

4月16日　宝钢股份赠建中国南极长城科学考察站(简称中国南极长城站)“宝钢楼”签字仪式，在中国极地科学考察船“雪龙”号上举行。

4月30日　宁波宝新原料、成品跨扩建工程打下第一桩，标志投资13亿元的宁波宝新二期工程开工建设。

4月　全国企业兼并破产和再就业工作领导小组批复将上海新沪钢铁有限公司列入全国企业兼并破产项目。2001年12月，上海市第二中级人民法院立案受理新沪钢铁有限公司破产案件，并于12月31日刊登公告，上海新沪钢铁有限公司宣告破产。

5月10日　宝钢梅山3 000吨热轧板卷首次从梅山码头二区直接装船出口韩国，实现海轮直装出口。

5月14日　宝钢三期工程国家验收委员会通过宝钢三期工程竣工验收。5月15日，宝钢三期工程竣工验收大会在宝山宾馆举行。

5月15日　投资110亿元的宝钢一钢不锈钢工程奠基，6月26日举行打桩仪式。该项目包括新建不锈钢炼钢连铸生产线、碳钢炼钢连铸生产线、1 780毫米热轧生产线，以及对宝钢一钢原有公辅设施进行改造完善，被列入国家重点技术改造项目计划。

5月15—16日　国家经贸委在宝山宾馆召开宝钢集团联合重组经验座谈会。

6月13日　中共中央总书记、国家主席、中央军委主席江泽民视察宝钢集团。

6月26日　上海梅山钢铁股份有限公司(简称梅钢公司)召开创立大会。

6月28日　总投资17.20亿元、设计年生产规模25万吨的宝钢五钢不锈钢长型材工程开工建设。

6月29日　4家“债转股”公司——宝钢集团上海第一钢铁有限公司、上海三钢有限责任公司、宝钢集团上海五钢有限公司和上海梅山钢铁股份有限公司揭牌成立。这是上海首批由原来国有独资有限责任公司转变为多元投资的有限责任公司。

7月1日　在中共中央召开的庆祝中国共产党成立80周年大会上，宝钢股份党委被授予“全国先进基层党组织”称号。中共中央总书记、国家主席、中央军委主席江泽民向宝钢股份党委书记欧阳英鹏颁发“全国先进基层党组织”奖牌。

7月23日　宝钢浦钢厚板厂改造项目开工建设。

8月3日　投资4.20亿元、年产90万吨连铸坯的梅钢公司二号连铸机项目引进设备签字仪式在宝钢大厦举行。

8月8日　宝钢工程常州宝菱冶金设备制造有限公司生产的可逆式轧机出口日本，实现轧机等冶金核心装备从进口到出口的历史性转折。

是日　宝钢股份首批750吨高级汽车板出口到意大利菲亚特汽车公司，进入欧洲市场，成为中国第一家出口高级汽车板的企业。

8月21日　宝钢集团与巴西淡水河谷公司(CVRD)签约，双方各出资50%，组建年产600万吨优质铁矿石的宝华瑞矿山股份有限公司，合资年限20年。

8月27日　宝钢股份铁水运输动态监测及铁水管理系统投产。该系统集先进的全球卫星定位和计算机网络管理技术于一体，填补世界冶金铁水管理领域全球卫星定位技术应用的空白。

9月20日　在上海市召开的质量工作会议上，宝钢股份获"上海市质量金奖企业"称号；在"上海市2000年名牌产品100强"中名列榜首。

9月23日　宝钢三期1550冷轧工程获中国建筑业协会授予的2001年度中国建筑工程"鲁班奖"。

10月11日　由宝钢股份自主开发研制的国内第一套全氢罩式炉，在2 030毫米冷连轧带钢机组(简称2030冷轧)一次试车成功。

10月23日　宝钢集团上海五钢有限公司合金模块材料专业生产线项目建成投产。

10月30日　由复旦大学、华东师范大学等高校专家组成的联合评审组对宝钢股份生态绿地资源进行评估。评估认为，1989—2000年，宝钢生态绿化年均创效益7.20亿元，生态总资产超过70亿元。

11月2日　由德国克虏伯·蒂森不锈钢公司与宝钢浦钢合资建设的上海克虏伯不锈钢有限公司一期工程举行投产仪式。德意志联邦共和国总理格哈德·施罗德与上海市市长徐匡迪共同启动冷轧机电动按钮，宣告投产。

11月13日　宝钢集团以宝钢集团国际经济贸易总公司为基础，组建上海宝钢国际经济贸易有限公司(简称宝钢国际)。

11月15日　宝钢股份捐赠的一幢彩板房——中国南极长城站"宝钢楼"随"雪龙"号极地考察船从浦东新华码头运往南极。"宝钢楼"所用原材料全部由宝钢股份自行生产制造。

11月21日　宝钢股份11座焦炉被中国煤焦行业协会评为"特级焦炉"，首次实现所有焦炉同时获此荣誉。

12月6日　《中国经济时报》以利润总额为主要指标，评出2000年中国上市公司100强，宝钢股份名列第一。

12月7日　在中国香港和北京举行的第12届世界生产力大会上，宝钢集团总经理谢企华被授予"世界生产力科学院院士"称号。

12月20日　宝钢集团与澳大利亚哈默斯利铁矿有限公司合资办矿框架协议签字仪式在上海国际会议中心举行。

12月21日　宝钢五钢特种冶炼技术改造项目举行开工仪式。该项目设计年新增钛锭1 700吨、特种冶炼钢材3 100吨，年生产能力达到5 000吨。

是日　在宝钢开工建设23周年前夕，宝钢集团举行《宝钢工程建设管理丛书》发行仪式。全书112.30万字，全面、系统地总结宝钢一期、二期、三期工程建设的管理经验。

12月26日　宝钢集团梅山铁矿二期扩建工程通过国家发展计划委员会竣工验收，并交付使用。

12 月 28 日　上海钢研所技术中心被批准为上海市市级企业技术中心，是宝钢集团第三家市级企业技术中心。

2002 年

1 月 1 日　全球第六大汽车制造公司——意大利菲亚特公司下属法斯特拜尔公司选用宝钢股份 O5 板（表面质量等级最高的汽车板）冲压汽车外板，与宝钢股份建立长期稳定的战略伙伴关系，并签署当年购货协议。

1 月 15 日　宝钢股份焦炭出口的第一船“海洋钻石”号轮，满载 41 191 吨焦炭驶往日本。

1 月 17 日　上海宝洋国际船舶代理公司成立。这是中国工矿企业成立的首家船舶代理公司。

1 月 28 日　以原上海冶金建设公司为基础组建的上海宝钢建设有限公司揭牌开业。

2 月 28 日　宝钢浦钢厚板厂在 3 500 毫米精轧机上轧出 28 毫米×3 320 毫米×13 050 毫米超宽钢板，这是厚板厂首次轧制出最宽板和超宽钢板。

3 月 1 日　宝钢国际在浦东海关大厦与上海海关签订协议，成为上海市首批 64 家无纸报关企业之一。

3 月 18 日　中国人民银行批准宝钢集团财务有限责任公司（简称宝钢财务公司）调整业务范围，增加有价证券、金融机构股权及成员单位股权投资等业务。

3 月 25 日　具有 43 年历史的宝钢一钢二转炉关停。这是宝钢集团成立后关闭的第一座转炉。

3 月 31 日　中国钢铁工业协会市场及进出口工作委员会在宝钢成立。工作委员会承担产品市场及进出口方面问题的协调职能。

4 月 1 日　宝钢集团成立宝钢房地产业发展筹备组。

4 月 2 日　宝钢股份三期 5A 焦炉经过 4 年冷态维护开始点火烘炉。

4 月 3 日　宝钢集团决定设立技术创新奖，出台技术创新奖管理办法及相应的实施细则，以奖励重大技术创新成果获得者，最高奖金达 100 万元。

4 月 5 日　宝钢股份建成国内先进的用户信息管理系统，实现用户信息资源化、档案管理自动化。

4 月 8 日　宝华瑞矿山股份有限公司在巴西里约热内卢开业。

4 月 10 日　宝钢党校与宝钢教育培训中心政治学校完成师资与机构整合，实行“两块牌子、一套班子”运作。

4 月 11 日　宝钢集团作出决定，产业公司和宝钢集团上海联合公司重组。宝钢集团所持有宝钢集团上海联合公司 74%的股权全部划归产业公司，由产业公司代替宝钢集团行使出资人权利。

4 月 20 日　中国上市公司“2001 十佳我心中蓝筹股”评选在“2002 上海 · 中国财经高层论坛”上揭晓，宝钢股份以业绩优良稳定、公司成长性好，入选十佳蓝筹股。

4 月 25 日　宝钢股份与中国第一汽车集团有限公司携手推进小红旗轿车钢板国产化取得成功。宝钢股份能够生产小红旗轿车所需的全部钢板，质量达到国际先进水平。

5 月 9 日　由宝钢集团和中国台湾地区“中国钢铁公司”合作开发建设的“宝钢设备维修管理信息系统”投入运行。

5 月 10 日　宝钢澳大利亚矿业有限公司在澳大利亚西澳州首府珀斯市注册成立。

5 月 27 日　宝钢股份冷轧二号彩涂机组投产，设计年产 17 万吨彩涂钢板。至此，宝钢股份成为国内最大彩涂钢板生产基地。

5月30日　装载16万余吨澳大利亚铁矿石的塞浦路斯“阿里绍斯”号轮停靠宝钢马迹山港，马迹山港进入试生产阶段。

6月4日　宝钢化工取得中华人民共和国进出口企业经营资质。

6月22日　宝钢集团与澳大利亚哈默斯利铁矿有限公司在澳大利亚珀斯市签署协议，共同出资1.24亿澳元(宝钢集团占46%)，组建年产1 000万吨成品矿的宝瑞吉矿山合资企业，合资20年。

7月1日　宝钢集团对上海宝钢房地产经营开发公司进行改制，增资组建的上海宝钢地产有限公司成立。注册资金10亿元。

7月3日　上海市名牌产品推荐委员会推出中国加入世界贸易组织(WTO)后首批上海名牌100强。宝钢集团5个品牌跻身其中。

7月4日　中国西部开发西气东输工程开工。宝钢集团是西气东输工程的管材主要供应商，共提供17万吨X70管线钢。

7月11日　宝钢国际获上海市外经贸委颁发的“自由进口技术合同登记(审计)权”证书。

7月23日　华宝信托投资有限责任公司与法国兴业银行资产管理公司共同发起设立合资企业——华宝兴业基金管理有限公司。

是日　宝钢集团与日本三井物产株式会社在宝钢大厦签署综合合作协议书。

7月30日　宝钢集团共青团系统第一个青年“创业”家——宝钢国际创业中心成立。

8月2日　作为宝钢股份“十五”规划重大建设项目之一的5米宽厚板轧机及配套工程成套设备引进合同签约仪式在宝山宾馆举行。

8月9日　宝钢股份首批66名技术、科研人员分别被聘为首席工程师、首席管理师和首席研究员。

是日　宝钢国际物资贸易公司更名为“上海宝钢住商汽车贸易有限公司”，9月28日获上海市工商局颁发的营业执照。

是日　上海宝钢建设有限公司获上海市自营进出口企业资格。

8月14日　重庆庆铃汽车公司100%用上宝钢钢材，实现汽车用钢国产化。

8月15日　宝钢科协召开宝钢集团首届科协代表大会，选举产生宝钢科协第一届委员会。

8月16日　宝钢国际控股的矿山投资项目——山东日照宝鑫矿业资源有限公司获宝钢集团批准成立，10月8日举行投产仪式，实现当年立项、当年投产、当年盈利。

8月22日　宝钢集团第一条高铝镀锌生产线——宝钢股份1 800毫米冷连轧带钢机组(简称1800冷轧)三号热镀锌生产线设备采购合同在宝山宾馆签约。12月23日，1800冷轧工程打桩，进入土建施工阶段。该生产线年生产规模170万吨。

9月6日　广州风神汽车公司生产的“蓝鸟”轿车，其车身侧围外板等20多个重要部件采用宝钢汽车板，使该公司从初期的全进口钢板改为90%由宝钢汽车板替代。

9月11日　由宝钢国际投资7 000万元兴建的青岛宝钢钢材配送公司在青岛经济技术开发区开工建设，10月投入生产。

9月25日　宝钢集团、宝钢浦钢下属上海三钢有限责任公司与上海实业集团有限公司签署股权转让协议，将宝钢所持上海浦东不锈薄板股份有限公司73.28%股权全部转让给上海实业集团有限公司。同时对上海浦东不锈薄板股份有限公司实施资产重组，将其钢铁资产和业务剥离出上市公司。

9月26日　在北京召开的第八届亚太质量组织会议上，宝钢股份被亚太质量组织授予“世界级组织奖”，这是中国企业第一次获此大奖。

10月14日　宝钢股份作为上海都市工业观光的唯一旅游景点，入选中国工业旅游示范点。

10月16日　宝钢股份当年汽车板产量达到100.60万吨，年产首次突破100万吨。

11月11日　宝钢股份300吨转炉超低磷冶炼试验取得成功。

12月8日　总投资4.50亿元的宝钢五钢快锻暨径锻改造工程开工建设。

12月21日　宝钢马迹山矿石中转深水港工程通过竣工验收，举行开港仪式。

12月23日　宝钢股份举行“十五”规划重大建设项目开工仪式。这是继宝钢一期、二期、三期工程后又一批战略性项目，主体工程包括5米宽厚板轧机工程及配套连铸工程、1800冷轧工程和四号高炉工程。

是日　宝钢股份“十五”规划重大建设项目——5米宽厚板轧机及配套连铸工程开工建设。中冶集团重庆钢铁设计研究院负责设计，上海宝钢冶金建设公司、上海十三冶金建设有限公司承担施工。

2003年

1月2日　宝钢集团实行总法律顾问制度。

1月14日　中共中央政治局常委、中央书记处书记曾庆红视察宝钢集团。

1月22日　宝钢集团与甘肃金川集团公司(简称金川集团)在宝钢大厦签署战略合作框架协议。金川集团是中国最大的镍钴生产基地和铂族金属提炼中心。

1月27日　宁波宝新二期工程热负荷试车。工程建成后，宁波宝新年生产能力增至16万吨。

2月28日　中共中央组织部宣布中央对宝钢集团领导班子调整的决定，谢企华为宝钢集团董事长、总经理，刘国胜任宝钢集团副董事长、党委书记。

是日　梅钢公司二号连铸机热负荷试车。

3月1日　宝钢股份二号高炉易地大修(四号高炉)工程开始打桩。

3月7日　华宝兴业基金管理有限公司成立。

3月27日　宝钢化工控股子公司苏州宝化二期工程开工建设。

4月3日　在首届全国企业管理创新大会上，宝钢集团获全国企业管理创新特别成就奖。

5月19日　宝钢集团被国家工商行政管理总局授予首批全国“守合同重信用”企业。

6月10日　梅钢公司举行二号高炉原地大修工程开工仪式，恢复建设二号高炉(三代炉役)。

6月13日　宝钢集团管理机构实施扁平化调整，调整后的机构设置为董事会秘书室、办公室、战略发展部、科技发展部、海外事业发展部、管理创新部、资产经营部、财务部、人力资源部、法律事务部、审计部、安全生产监督部、监察部、教育培训中心、研究院、保安部等部门。

6月21日　宝钢集团与中国第一汽车集团有限公司、日本住友商事在吉林省长春市签署合资组建宝友钢材加工配送有限公司协议。

6月25日　宝钢集团将宝山宾馆委托给宝钢集团企业开发总公司管理。

7月28日　宝钢集团与法国阿赛洛集团在宝钢大厦举行《激光拼焊金属加工有限公司合资协议》《不锈钢冷轧技术转让意向书》签字仪式。

7月29日　宁波宝新四期工程建设启动，引进设备合同签约仪式在宁波南苑饭店举行。12月

9日，举行四期工程奠基暨三期工程热负荷试车仪式。四期工程建成后，宁波宝新年生产规模达到60万吨。

8月12日　不锈钢冷轧产品系列中最高等级——首卷A类不锈钢光亮板在宁波宝新下线。宁波宝新成为国内第一家生产A类光亮板的不锈钢企业。

8月13日　宝钢股份300吨转炉首次采用国际一流水平的BRP(宝钢转炉脱磷脱碳双联工艺)冶炼技术和炉外精炼技术，冶炼第一炉2Cr13不锈钢。

8月15日　宝钢集团包揽东海大桥全部钢管桩用钢。东海大桥是中国单跨过海最长的桥梁，也是中国在外海建造的第一座跨海大桥。

8月18日　宝钢集团决定将上海钢研所委托宝钢五钢管理。

8月30日　中共中央政治局常委、国务院总理温家宝视察宝钢集团。

9月12日　宝钢股份董事会通过有关收购上海宝钢益昌薄板有限公司、烟台鲁宝钢管有限责任公司以及宝钢集团部分资产的议案。

10月14日　宝钢集团决定将宝钢二钢委托宝钢五钢管理。

10月15日　宝钢集团董事长、总经理谢企华被美国《财富》杂志评为2003年全球最富影响力的50名商业女性之一，排名第16位。

10月24日　宝钢股份1550冷轧项目获中国建设项目环境保护最高政府荣誉奖——“国家环境保护百佳工程”。

10月　宝钢五钢特种冶炼技术改造项目竣工投产。

12月18日　宝钢特钢技术中心揭牌。

是日　宝钢一钢将持有的上海矽钢有限公司股份转让给上海工业投资(集团)有限公司。

是日　宝钢一钢炼钢扩建工程开工建设。该工程总投资35.60亿元。

是日　宝钢五钢不锈钢长型材工程竣工投产。项目包括一条年产30万吨钢、35万吨材，以不锈钢长型材为主的现代化专业生产线。

12月23日　宝钢股份、新日本制铁株式会社(简称新日铁)、阿赛洛集团就1800冷轧工程组建合资公司举行合同签字仪式。

12月26日　宝钢集团与巴西淡水河谷公司在北京签署新的铁矿石长期供应协议。

2004年

1月7日　宝钢集团委托产业公司管理上海钢铁工艺技术研究所。

1月8日　宝钢集团召开干部大会、首届一次职工代表大会和预算计划会议，提出“严格苛求的精神、学习创新的道路、争创一流的目标”是宝钢企业文化的主线，“诚信”是宝钢的基本价值观。

1月13日　英国标准协会向宝钢股份颁发ISO/TS16949质量管理体系证书。宝钢股份成为中国冶金行业首家获此质量管理体系认证的企业。

1月27日　中共中央政治局常委、国务院副总理黄菊视察宝钢集团。

1月30日　宝钢集团与巴西淡水河谷公司签订在巴西合资建设钢厂的前期合同。

2月25日　宝钢数据中心投入运行。

3月23日　宝钢浦钢具有80年历史的型钢厂530生产线停产。

3月24日　宝钢集团与日本商船三井株式会社在东京签订采用30万吨级大型矿船承运宝钢

巴西进口矿20年的长期运输协议。

3月28日　梅钢公司二号高炉(三代炉役)点火投产。

是日　宝钢梅山矿业公司二期延伸工程开工建设。

4月1日　宝钢集团钢铁子公司矿石、煤炭、废钢、生铁等大宗原燃料实行集中采购。

是日　国内最大的高温合金涡轮盘饼坯在宝钢五钢4 000吨快锻机上锻制成功。

4月19日　宝钢集团与力拓集团合资组建的宝瑞吉矿山公司在澳大利亚建成投产。

4月28日　宝钢浦钢分别与上海世博土地储备中心和上海市宝山区政府就搬迁、安置等事项签约。根据上海产业布局总体规划,宝钢浦钢搬迁至宝山罗泾。

4月30日　跨度中国第一、世界第二的悬索桥——舟山西堠门跨海大桥缆索选用宝钢钢材,改变该产品由国外企业垄断的历史。

5月6日　在上海市纪念中国红十字会100周年诞辰大会上,宝钢集团向上海市红十字会捐赠2 000万元,设立"上海宝钢助老救助博爱基金"。

5月9日　宝钢一钢不锈钢工程建成投产。项目总投资117.80亿元,设计年生产能力为钢水265.60万吨,连铸板坯256.90万吨,热轧板卷239.90万吨。

5月12日　苏州宝化举行二期工程竣工仪式。至此,苏州宝化形成年产10万吨汽车轮胎所需优质炭黑能力,仅次于美国卡博特上海公司,炭黑生产规模居国内第二。

5月13日　中央电视台财经频道首次评出2003年度中国10家最具价值上市公司,宝钢股份名列榜首。

5月27—28日　首届宝钢学术年会举行,全球10多个国家和地区的30多名国际嘉宾,以及两院(中国科学院、中国工程院)院士,高等院校、科研机构学者和宝钢科技人员等400多名代表出席会议。宝钢学术年会每两年举办一届。

6月17日　宝钢股份"十五"规划重大建设项目中第一个投产项目——1550冷轧新增三号热镀锌机组热负荷试车。这是宝钢自主开发、自主建设和自主调试的第一条连续化生产主作业线。

7月8日　宝钢集团与平顶山煤业(集团)有限责任公司战略合作的两大运作平台——河南平宝煤业公司、上海宝顶能源公司揭牌成立。

7月12日　美国《财富》杂志公布2004年世界500强企业排名,宝钢集团以2003年营业收入145.48亿美元,首次进入世界500强并居第372位,成为中国竞争性行业和制造业中首批跻身世界500强的企业。至2016年,宝钢集团连续13年进入美国《财富》杂志评选出的世界500强企业榜单,排名升至第275位。

7月30日　由宝钢股份、新日铁、阿赛洛集团共同组建的宝钢新日铁汽车板有限公司(简称宝日汽车板公司)成立,8月27日揭牌。公司总投资65亿元,注册资本金30亿元,合资期限为20年。

8月2日　宝钢集团与上海绿地集团举行产权转让签字仪式,上海宝钢建设有限公司产权转入上海绿地集团。

8月3日　宝钢股份"十一五"(2006—2010年)规划第一个开工建设项目——中口径直缝焊管工程开始打桩建设,该生产线设计年产30万吨直缝焊管。

8月12日　宝钢集团在北京举行增发收购媒体见面会,宣布宝钢股份将通过增发筹资,收购宝钢集团钢铁主业优质资产。

8月25日　宝钢五钢转炉化铁炼钢生产线关停,比上海市政府要求期限提前4个月。

8月28日　宝钢股份二号高炉累计产铁4 063万吨,单位炉容产铁量达1万吨,跨入世界先进钢铁企业长寿高炉行列。

9月5日　中国企业联合会、中国企业家协会公布“2003年中国企业500强”最新排名，宝钢集团名列第13位。

9月9日　宝钢集团与中国进出口银行签订《出口信贷支持国际经营合作协议》。协议金额为100亿元。

9月27日　宝钢一钢中板生产线结束32年的生产历史，正式关停。

10月6日　宝钢集团成为世界钢铁协会正式会员。

10月　北京汇利房地产开发有限公司成立。

11月9日　由宝钢集团、上海大众汽车有限公司、阿赛洛集团共同投资组建的上海宝钢阿赛洛激光拼焊有限公司激光拼焊项目建成投产。卢森堡大公国首相让・克洛德・容克启动投产运转按钮。

11月12日　危地马拉基督教民主党主席比尼西奥・塞雷索访问宝钢集团。

11月17日　上海超级计算机中心宝钢分中心成立，曙光4000A超级计算机系统开通。

11月30日　国务院国有资产监督管理委员会(简称国务院国资委)公布包括宝钢集团在内的第一批中央企业的主业。宝钢集团主业是黑色冶金采矿、冶炼及加工、钢铁贸易、冶金工程技术服务。

12月1日　国务院授权交通运输部宣布：亚洲第一矿石中转深水港——宝钢马迹山港正式对外开放。

12月6日　国际评级机构标准普尔宣布，将宝钢集团的信用评级从“BBB”调升至“BBB+”，同时将宝钢股份的信用评级从“BBB”调升至“BBB+”。两家公司信用评级的前景展望均为“稳定”。

12月12日　宝钢股份5米宽厚板坯连铸机热负荷试车。

12月14日　宝钢股份首次实现X80管线钢批量生产。

12月30日　宝钢浦钢搬迁罗泾工程指挥部成立。

12月31日　宝钢集团全年产钢2 138万吨，成为国内首家年产钢突破2 000万吨的钢铁企业。

2005年

1月8日　在全国旅游工作会议上，宝钢集团被评为全国首批“工业旅游示范点”。

1月18日　宝钢五钢快锻暨径锻改造工程竣工投产。

1月19日　宝钢集团参股金川集团，甘肃省政府将其持有的金川集团国有股股权向宝钢转让10%。

1月29日　中国钢铁工业协会召开2005年理事(扩大)会议，宝钢集团董事长谢企华当选新一任会长。

1月31日　江西省九江市中级人民法院下发关于宝钢集团人民机械厂破产终结的裁定书。至此，长达3年多的宝钢集团人民机械厂国家计划内破产工作结束。

2月4日　《宝钢日报》电子版在互联网上开通(网址：news.baosteel.com)。

3月26日　宝钢股份X80管线钢应用于中国首条X80输气管线工程——西气东输冀宁支线。

3月　宝钢集团与中国香港嘉华国际集团有限公司、日本三菱商事株式会社、日本东急不动产株式会社合资成立上海宝地置业有限公司(简称宝地置业)。

4月14日　美国《财富》杂志公布“世界最令人尊敬工业公司”名单，韩国浦项制铁公司(简称韩国浦项)、日本钢铁工程控股公司(即日本 JFE 钢铁株式会社)、宝钢集团分列钢铁企业前三位。

4 月 15 日　宝钢股份宣布增发总数为 50 亿股的人民币普通股,收购宝钢集团优质资产,实现宝钢“钢铁主业一体化”运作。

4 月 17 日　宝钢股份二炼钢挖潜改造工程主体工程开工建设。

4 月 26 日　宝钢一钢第三炼钢厂关停。

4 月 27 日　宝钢股份四号高炉点火投产。

是日　宝钢股份举行“十五”规划重大建设项目投产仪式。

4 月 28 日　宝钢集团自主开发的国内首套薄板坯连铸试验平台投入热负荷试车。

5 月 10 日　宝钢股份为有效实施“一体化”发展战略,调整组织机构,决定成立宝钢分公司、不锈钢分公司、特殊钢分公司、贸易分公司、化工分公司;上海梅山钢铁股份有限公司、宝钢新日铁汽车板有限公司、宁波宝新不锈钢有限公司、上海宝信软件股份有限公司、黄石涂镀板有限公司等单位,被列为宝钢股份的子公司。

是日　宝钢集团上海第一钢铁有限公司完成主辅分离改制,钢铁主业资产被宝钢股份收购,更名为“宝钢股份不锈钢分公司”,存续公司沿用“宝钢集团上海第一钢铁有限公司”(简称一钢公司)名称。

是日　宝钢集团上海五钢有限公司钢铁主业资产被宝钢股份收购,更名为“宝钢股份特殊钢分公司”,存续公司沿用“宝钢集团上海五钢有限公司”(简称五钢公司)名称。

5 月 17 日　上海钢铁工艺技术研究所更名为“上海宝钢建筑工程设计研究院”。

5 月 18 日　宝钢股份宝钢分公司 1880 热轧(三热轧)工程开始打桩建设。该项目由宝钢自主集成建设,是国内第一个具备生产高牌号取向硅钢能力的热轧带钢工程,设计年产钢卷 370 万吨。

5 月 24 日　宝钢股份宝钢分公司获企业环保的最高荣誉——由国家环境保护总局授予的“国家环境友好企业”称号,成为全国冶金企业和上海市首家获此荣誉的企业。

5 月 27 日　由宝钢股份宝钢分公司生产的 7 万吨管线钢首次用于海底输气管线,标志宝钢管线钢从陆地走向海洋。

6 月 10 日　宝钢集团上海梅山有限公司完成主辅分离,退出钢铁主业。辅业沿用“宝钢集团上海梅山有限公司”(简称梅山公司)名称。

6 月 12 日　宝钢集团在上海市首次绿色电力认购活动中认购 120 万千瓦时绿色电力,成为上海市首批绿色电力认购企业。

6 月 13 日　国家发展和改革委员会下发《国家发展和改革委员会关于宝钢集团上海浦东钢铁有限公司搬迁工程项目核准的批复》。6 月 29 日,宝钢集团举行宝钢浦钢搬迁罗泾工程开工仪式。

6 月 18 日　由宝钢集团自主设计、自主技术集成、自主调试的宝钢股份宝钢分公司冷轧厂三号硅钢机组生产出第一卷成品。6 月 24 日,该机组投入热负荷试车,标志宝钢在中低牌号硅钢领域具备自主集成和成套工艺输出的能力。

是日　宝钢股份不锈钢分公司炼钢扩建工程热负荷试车。至此,不锈钢分公司具备 144 万吨不锈钢坯和 129 万吨不锈钢热轧板卷的生产能力。

6 月　宝钢股份 1800 冷轧工程四大主体机组进入试生产阶段。

7 月 6 日　宝钢冷却壁首次整套用于国外特大型高炉——日本住友金属鹿岛制铁所三号高炉。该高炉全部铸铁冷却壁指定由宝钢独家制造供应。

7 月 8 日　宝钢集团召开保持共产党员先进性教育活动动员大会,教育活动正式启动。10 月 17 日,召开保持共产党员先进性教育活动总结大会。

8月2日　国际权威钢铁咨询机构世界钢铁动态公司(WSD)公布2005年23家“世界级钢铁公司”综合竞争力排名，宝钢集团与俄罗斯谢韦尔钢铁公司并列第三位。

8月17日　由宝钢集团自主开发、设计、输出的整体产销管理系统在攀钢集团有限公司投入运行。这是宝钢首次输出具有自主知识产权的完整软件化管理技术。

是日　宝钢二钢获世界第一跨度斜拉桥——苏通大桥斜拉索用钢全部供货合同。宝钢二钢共为苏通大桥提供6 500多吨镀锌钢丝。

8月21日　在中国企业联合会、中国企业家协会举办的“2005年中国企业500强”评选中，宝钢集团位列制造业企业榜首。

8月22日　宝钢股份权证在上海证券交易所上市。

8月　宝钢集团起草的《电子背散射衍射分析方法通则》国际标准草案，成为中国企业首次在高新技术分析领域主导制定的国际标准。

9月1日　由国家质检总局和中国名牌战略推进委员会共同组织的2005年中国名牌产品评价活动揭晓，宝钢汽车板被评定为“2005年中国名牌产品”。

9月6日　宝钢股份宝钢分公司炼钢生产创出一项世界纪录，300吨转炉日产钢121炉，计3.59万吨。

9月14日　中共中央政治局常委、全国政协主席贾庆林视察宝钢集团。

9月15日　宝钢股份特殊钢分公司煤气分厂关停。

9月　由宝钢股份提供的高抗拉性、高抗扭性钻杆——双台肩高抗扭钻杆应用于舟山群岛两岛间海底穿越管道工程。该管线海底水平穿越总长度达2 350米，超2 308米吉尼斯世界纪录。

10月17日　国务院国资委在宝钢大厦召开宝钢集团董事会试点工作会议。上海宝钢集团公司更名为“宝钢集团有限公司”，并成立第一届董事会。谢企华任董事长。

10月24日　宝钢集团获中国中央电视台新台址A标段工程12万吨钢结构制作订单。

10月27日　宝钢股份中口径直缝焊管工程热负荷试车。

11月8日　由宝钢股份、新日铁、阿赛洛集团三方共同组建的宝钢新日铁汽车板有限公司举行投产仪式。

11月14日　宝钢股份宝钢分公司2030冷轧“三电”系统改造成功。这是国内首次对引进的冷连轧机进行改造。

12月9日　宝钢集团第一家专业不锈钢剪切配送中心——佛山宝钢不锈钢加工配送有限公司在广东佛山建成投产。

12月28日　宝钢马迹山港二期工程开工建设。二期工程设计年吞吐能力为3 000万吨，一期、二期综合设计年吞吐能力为5 000万吨。

12月　宝钢集团成立全资子公司——上海宝华国际招标有限公司(简称宝华招标)。

是月　南京宝日钢丝制品有限公司二期工程动工，2006年10月29日竣工投产。

2006年

1月18日　宝钢集团和马钢(集团)控股有限公司(简称马钢)签署《宝钢与马钢战略联盟框架协议》。

1月20日　宝钢股份宝钢分公司1 730毫米冷轧带钢(五冷轧)工程开工建设。

1月28日　宝钢股份宝钢分公司热轧卷产量累计突破1亿吨。宝钢分公司2050热轧和1580热轧两套轧机超设计能力30%，品种实现全覆盖。

2月9日　宝钢股份宝钢分公司大口径直缝焊管工程开工建设。该生产线设计年产能为50万吨。

2月21日　在北京人民大会堂举行的第三届中华环境奖颁奖典礼上，宝钢股份宝钢分公司获中华环境奖——绿色东方奖。

3月2日　由宝钢工程与日本三菱日立制铁株式会社、三菱商事株式会社增资组建的常州宝菱重工机械有限公司成立。

3月11日　宝钢集团和新疆八一钢铁集团有限责任公司在北京举行战略联盟框架协议签字仪式。

3月22日　宝钢股份宝钢分公司自主研究开发生产的首批1 500吨国家战略石油储罐用钢供货，并通过用户焊接审查。

3月25日　宝钢集团向黄帝陵整修工程捐资500万元。宝钢集团当选清明公祭轩辕黄帝典礼“年度主祭人”企业。

4月25日　希腊共产党总书记雅莱卡·帕帕莉卡访问宝钢集团。

4月29日　宝钢集团和太原钢铁(集团)有限公司签署战略合作框架协议。

4月　宝钢集团收购日方所占南通宝钢新日制钢有限公司25%股权，南通宝钢新日制钢有限公司更名为“宝钢集团南通宝钢钢铁有限公司”。

5月21日　宝钢集团在河北省的第一个投资项目——国内第二条钢制易拉罐生产线建成，河北宝钢制罐北方有限公司投产。

5月25日　宝钢集团聘请7名国内外知名专家为首批宝钢教授。

6月21日　宝钢浦钢搬迁工程(宝钢五钢地块)炼钢连铸工程施工合同签约。宝钢浦钢特钢产业就此被整合到宝钢股份特殊钢分公司。

6月　世界首批熔融还原炼铁装置(COREX-C3000)炉体冷却壁在上海宝钢铸造有限公司研制成功。宝钢集团在该领域的创新取得关键性突破。

7月21日　宝钢集团组建成立宝钢贸易有限公司，从事矿产资源的投资开发、贸易及物流等业务。

7月25日　总投资60亿元的宝钢股份特殊钢分公司特种金属及合金板带工程炼钢连铸项目举行开工典礼。

7月　宝钢股份发布可持续发展报告，这在国内钢铁企业中是第一家。

8月19日　国家统计局向社会公布中国制造业500强，宝钢集团位居中国制造业首位。

8月30日　宝钢股份宝钢分公司二号高炉结束一代炉龄，停炉大修，12月7日点火投产。二号高炉大修工程仅用98天，创下国内特大型高炉大修时间最短纪录。

8月31日　宝钢二钢高速线材生产线停产。

9月6日　宝钢集团首辆钢材快递车投入运行。宝钢电子商务在国内钢铁企业中率先实现从订货到送货上门的全流程在线服务。

9月26日　宝钢一钢型钢生产线停产。

9月27日　宝钢浦钢建于1958年的中国第一条2 350毫米热轧中板生产线关停。

9月28日　梅钢公司一号、二号焦炉易地大修(四号焦炉)工程开工建设。

11 月 1 日　安哥拉共和国总理费尔南多 · 多斯桑托斯访问宝钢集团。

11 月　宝钢股份宝钢分公司 5 米宽厚板轧机轧制出世界上最高强度等级的 X120 管线钢板。

12 月 7 日　由宝钢股份宝钢分公司自主集成的六号转炉实现热负荷试车，宝钢分公司二炼钢挖潜改造工程全面建成投产。

12 月 21 日　宝钢集团与世界上最大的铁矿石生产商——巴西淡水河谷公司就 2007 年度国际铁矿石基准价格达成一致，首次将谈判首发权转化为定价权。

12 月　由宝钢股份宝钢分公司自主研究开发的 L8013 铬油井管在东海平湖油气田打出 3 819 米深井。

2007 年

1 月 15 日　宝钢集团召开干部大会，中共中央组织部副部长王东明宣布党中央、国务院关于宝钢集团主要领导职务调整的决定。徐乐江任宝钢集团董事长。

1 月 16 日　宝钢集团与新疆维吾尔自治区政府签署协议，重组新疆八一钢铁集团有限责任公司。4 月 28 日，宝钢集团新疆八一钢铁有限公司（简称八一钢铁）举行揭牌仪式。

2 月 2 日　宝钢集团与奥林匹克博物馆签署捐赠 100 万美元的协议。6 月 12 日，位于瑞士洛桑的奥林匹克博物馆纪念墙上刻上“宝钢”的名字。

2 月 12 日　宝钢浦钢成为全球第二家能够生产 900 兆帕高强厚板的企业。

2 月　宝钢集团完成对富成证券经纪有限责任公司的重组。同年 6 月，将其更名为“华宝证券经纪有限责任公司”。2009 年 7 月，更名为“华宝证券有限责任公司”。

3 月 16 日　宝钢集团与中国船舶工业集团有限公司（简称中船集团）在北京签署江南长兴造船基地民品项目合资合同。宝钢集团通过增资扩股的方式向中船集团下属上海江南长兴造船有限责任公司和上海江南长兴重工有限责任公司出资 16.57 亿元，分别持有两家合资公司的 35%股权。

3 月 26 日　宝钢股份首次采用开放式自主集成创新模式建设的大型薄板连轧项目——梅钢公司 1420 冷轧工程开工建设。

3 月 30 日　宝钢股份 1880 热轧工程轧出第一卷热轧卷，4 月 18 日举行热负荷试车仪式。

3 月　宝钢集团通过股权受让方式获得上海五钢浦东国际贸易有限公司 100%股权，将其更名为“华宝投资有限公司”。

是月　北京汇利房地产开发有限公司成为宝钢集团的全资子公司。

4 月 3 日　经中国银行业监督管理委员会批准，华宝信托投资有限责任公司成为首批通过重新登记的信托公司，更名为“华宝信托有限责任公司”。

4 月 13 日　宝钢集团与山西焦煤集团有限责任公司在太原举行签约仪式，共同出资创立山西霍宝干河煤矿有限公司。

4 月　宝钢股份提供的 5 英寸 S135 钻杆在塔里木油田通过专家评审，标志宝钢钻杆能够满足世界最苛刻油田工况要求。

是月　宝钢股份宝钢分公司中标中国石油化工集团公司（简称中国石化）15 万立方米原油储罐项目，首次实现超大型原油储罐用钢的整罐供货。

5 月 10 日　宝钢集团与邯郸钢铁集团有限责任公司（简称邯钢）在河北省石家庄市签署合作建设邯钢新区协议书，双方决定各出资 50%，成立邯宝钢铁有限公司（简称邯宝公司）。5 月 31 日，邯钢新区核心工程——2250热连轧工程开工奠基。12月15日,邯宝钢铁有限公司成立并揭牌。

5月14日　宝钢股份向中华环境保护基金会捐赠5 000万元,专门用于开展“中华环境奖”相关环保公益事业。同时,“中华环境奖”组委会决定,从第四届“中华环境奖”开始,在奖项名称中冠以“宝钢”企业名,即“中华宝钢环境奖”。

5月　国内强度最高的轻型汽车板80公斤级双相高强钢在宝钢股份宝钢分公司实现批量生产,首批产品出口意大利菲亚特公司。

是月　宝钢提出,将“诚信、协同”作为基本价值观。8月,宝钢提出新一轮(2007—2012年)发展战略规划,作为战略的主要内容之一,提出宝钢的核心价值观为“诚信、协同”。

6月11日　宝钢集团在德国汉堡首次召开海外供应商会议。宝钢集团分别与达涅利集团、施瓦茨公司(ESW)和西马克·米尔公司签订长期合作协议。

6月28日　江苏宝银特种钢管有限公司(简称宝银公司)成立暨奠基仪式在江苏宜兴举行。公司注册资本2亿元,宝钢股份股权占比65%,江苏银环精密钢管股份有限公司占比35%。

7月18日　宝钢浦钢老厂最后一条生产线——中厚板生产线关停,主要设备搬迁至八一钢铁。10月,宝钢浦钢老厂拆除工作完成。

7月　宝钢股份宝钢分公司研制的TMCP(控制加热温度并实施冷却)船板获世界九大船级社认证,跻身国际先进厚板制造企业行列。

8月6日　中国南极长城站改建工程项目举行签字仪式,宝钢集团负责对长城站除“宝钢楼”以外的所有建筑进行改扩建。

8月10日　梅钢公司一号、三号高炉易地大修(四号高炉)工程开工建设。

8月　宝钢股份研制的超高强度冷轧耐候钢板在集装箱生产企业试用成功。该钢板的屈服强度达到700兆帕以上。

是月　宝钢股份收购宝钢集团上海钢管有限公司主业资产,成立宝钢股份精密钢管厂。

9月1日　“2007年中国企业500强发布暨中国大企业高峰会”公布中国企业500强排名,宝钢集团位列第12,连续3年名列中国制造企业500强第一。

9月10日　宝钢教育培训中心更名为“宝钢人才开发院”。

9月12日　宝钢集团获美国《财富》杂志“全球最受赞赏的公司”称号,2005—2007年连续3年获此称号。

9月26日　国内处理能力最大的RH真空脱气炉在宝钢股份宝钢分公司一炼钢建成。

9月30日　世界首套以熔融还原炼铁装置(COREX炉)煤气为燃料,高效、节能、环保的联合循环发电机组——宝钢浦钢罗泾燃气发电机组与上海市电网并网。

9月　由宝钢集团自主开发、覆盖建设项目全生命周期管理的工程项目管理系统(BPMS)上线。该系统开创国内工程项目管理全过程信息化之先河。

10月3日　宝钢集团和巴西淡水河谷公司合资成立的宝钢维多利亚钢铁公司在巴西圣艾斯普里图州维多利亚市揭牌,标志宝钢集团首个境外钢厂投资项目正式启动。

10月10日　国内企业首部知识产权战略蓝本——《宝钢知识产权战略(2007—2012年)》通过技术创新委员会审定。11月,完成编制,宝钢知识产权战略启动。

10月11日　国际评级机构标准普尔将宝钢集团和宝钢股份长期信用等级确认为“A-”,展望从2006年的“稳定”上调为“正面”。

10月12日　宝钢集团企业开发总公司进行改革,组建宝钢发展有限公司(简称宝钢发展);同年 12 月 17 日，按照《公司法》进行工商变更登记，注册成立“宝钢发展有限公司”。

10 月 25 日　宝钢浦钢如期完成浦东上南路厂区所有地块移交上海世博会土地储备中心工作，交付面积 210.53 万平方米。

10 月 27 日　宝钢马迹山港二期工程建成投产。宝钢马迹山港成为世界最大的矿石中转深水港。

11 月 24 日　宝钢集团举行宝钢浦钢搬迁罗泾工程热负荷试车暨 COREX 出铁仪式。

11 月 27—28 日　中国共产党宝钢集团有限公司第三次代表大会召开。大会选举产生宝钢集团新一届党委和纪委。刘国胜任党委书记。党委工作报告回顾了过去几年党组织工作，提出了今后 5 年党组织工作的指导思想、工作目标、总体要求和主要任务。

12 月 6 日　梅钢公司三号转炉开工建设。

12 月 27 日　宝钢股份 2007 年第一次临时股东大会通过收购宝钢浦钢罗泾项目相关资产、拟发行分离交易可转换公司债券等议案。宝钢浦钢罗泾新厂整体进入宝钢股份一体化运作。

12 月 28 日　宝钢集团整合上海宝钢产业发展有限公司、钢制品事业部以及汽车贸易、线材制品等业务，组建成立宝钢金属有限公司(简称宝钢金属)。

12 月 30 日　宝钢股份宝钢分公司六号转炉完成全过程自动炼钢，标志宝钢自主研发的一键式炼钢系统成功投用。

2008 年

1 月 5 日　“宝钢一钢不锈钢及碳钢热轧板卷技术改造项目”“宝钢二号高炉易地大修(四号高炉)工程”获 2007 年度国家优质工程金奖。

1 月 10 日　宝钢科协召开宝钢集团第二届科协代表大会。

1 月 20 日　宝钢股份特殊钢分公司炼钢厂二炼钢分厂八号电炉全线关停。至此，宝钢特钢生产基地 150 万吨落后炼钢产能设备全部淘汰。

2 月 4 日　宝钢集团首次年度人物颁奖典礼——“2007 宝钢年度人物颁奖典礼”在上海东方艺术中心举行。该奖项每年评颁一次，表彰在宝钢集团各领域作出突出贡献的员工。

2 月 28 日　八一钢铁首座 2 500 立方米高炉投产。

3 月 17 日　国家发展和改革委员会发文，同意广东省发展和改革委员会与宝钢集团开展广东湛江钢铁基地项目前期工作。根据国家要求，宝钢集团将在对广东省原有钢铁企业——广东省韶关钢铁集团有限公司和广州钢铁企业集团有限公司兼并重组、淘汰落后产能的基础上，在湛江建设 1 000 万吨级钢铁基地。

3 月 21 日　世界首台大容量、全燃低热值煤气的直流锅炉汽轮发电机组——宝钢股份宝钢分公司电厂四号机组并网。

3 月 25 日　宝钢股份宝钢分公司年产 50 万吨的国内首条热轧高强钢平整机组投产。

4 月 1 日　宝钢股份完成对宝钢浦钢搬迁罗泾工程资产收购，组建成立宝钢股份中厚板分公司。同时，成立新的宝钢集团上海浦东钢铁有限公司(简称浦钢公司)，浦钢公司由钢铁主业转为为宝钢股份中厚板分公司提供生产协力、后勤保障服务。

4 月 8 日　宝钢贸易有限公司更名为“宝钢资源有限公司”(简称宝钢资源)。

是日　梅钢公司四号烧结机(一号、二号烧结机易地改造)工程开工，易地建设一座 400 平方米带式烧结机。

4 月 28 日　宝钢股份宝钢分公司首台大方坯连铸机热负荷试车。

4 月　宝钢股份特殊钢分公司研制成功大型飞机起落架用钢和钛合金结构用钢。

5 月 3 日　宝钢股份宝钢分公司 150 吨交流电弧炉热负荷试车，宝钢长材坯料生产系统优化工程全面建成投产。

5 月 6 日　宝钢股份烟台宝钢钢管有限责任公司成立。

5 月 7 日　1 400 兆帕级超高强度厚板在宝钢股份试制成功，填补国内空白。

5 月 12 日　宝钢集团启动汶川大地震救灾工作。此次救灾，宝钢集团总计捐赠 1.17 亿元，其中员工个人捐款 4 420 万元。

5 月 15 日　宝钢股份宝钢分公司 1 730 毫米冷轧带钢（五冷轧）工程取向硅钢机组生产出第一卷合格取向硅钢板卷。7 月 29 日，第一卷高磁感取向硅钢下线。12 月 12 日，第一卷高磁感激光刻痕产品问世。

5 月 30 日　宝钢股份宝钢分公司冷轧薄板厂连续退火机组和二号电镀锡机组实现产量、质量、效益、能耗“四达”目标，刷新世界同类机组“四达”最快纪录。

5 月　宝钢股份宝钢分公司船板实现向国内第一艘（世界第四艘）30 万吨 FPSO 浮式储油轮和远望 5 号航天远洋测量船的整船供货。

6 月 14 日　南非非洲人国民大会主席雅各布・祖马一行到宝钢集团参观访问。

6 月 28 日　由宝钢集团控股的广东钢铁集团有限公司揭牌成立。

6 月 30 日　成都宝钢制罐有限公司开业投产。

7 月 4 日　宝钢股份发行的分离交易可转债在上海证券交易所上市。

7 月 28 日　中华人民共和国科学技术部、国务院国资委和中华全国总工会发布首批 91 家“创新型企业”名单，宝钢集团、宝信软件位列其中。

8 月 30 日　宝钢股份宝钢分公司一号高炉（二代炉役）停炉大修，翌日开始大修。11 月 18 日，大修工程完成。

是日　中国企业联合会、中国企业家协会共同发布中国企业 500 强企业排名。宝钢集团以 2 277.16 亿元的营业收入位居中国企业 500 强第 12 位。

8 月　宝钢股份特殊钢分公司形成尖端核电用钢规模化生产能力，成为国内第一家能批量供应核岛用特种钢材的制造企业。

9 月 16 日　宝钢集团第一条集钢材剪切、配送、印刷、服务于一体的高速冷轧薄板剪切线建成投产。

9 月 19 日　宝钢股份宝钢分公司大口径直缝焊管工程投产。

9 月 25 日　宝钢股份宝钢分公司八号空分出氧，标志国内首台自主集成 6 万立方米/小时级空分投入运行。

是日　由宝钢股份特殊钢分公司自主研发、独家提供的高温合金 GH4169、高温钛合金 7715D 材料，用于神舟七号载人航天飞船。

9 月 28 日　宝钢股份宝钢分公司 1 730 毫米冷轧带钢（五冷轧）工程建成投产。

10 月 16 日　国务院国资委公布中央企业 2007 年度信息化水平评价结果，宝钢集团信息化水平指数达到最高级别 A 级。

10 月 24 日　宝钢集团与日本日立金属总公司共同投资建设的宝日金属轧辊（南通）有限公司

竣工投产。

10月　宝钢集团开发的高表面质量和高表面性能耐指纹板进入国内高端家电市场，实现进口替代。

11月10日　梅钢公司三号转炉建成投产。

11月12日　宝钢集团与中国海运合资组建的香港海宝航运有限公司在中国香港举行揭牌开业仪式。

是日　宝钢集团承建的都江堰首批安居房重点项目——幸福家园・逸苑破土动工。作为四川省第一个全钢结构住宅小区，幸福家园・逸苑被世界钢铁协会指定为钢结构住宅示范小区。

11月22日　中共中央政治局常委、国务院总理温家宝视察宝钢集团。

11月25日　宝钢集团发文，成立社会责任委员会，负责对宝钢集团履行社会责任体制和工作机制建设进行总体协调。

12月1日　宝钢集团设立合作贡献奖。10名外国专家成为首批获奖者。

是日　宝钢集团获由中国企业联合会和中国企业家协会联合评选的“中国企业新纪录优秀创造单位”称号，宝钢集团30个项目入选“中国企业新纪录”。

12月5日　在中华慈善大会暨2008年度中华慈善奖评选表彰大会上，宝钢集团获“中华慈善奖——最具爱心内资企业”称号，这是宝钢集团首次被授予中华慈善奖。

12月12日　宝钢维多利亚钢铁公司项目停止。

12月13日　中共中央政治局常委、国务院副总理李克强视察宝钢集团。

12月22日　宝钢集团举行建设30周年纪念大会。会上，原宝钢集团（1992年3月成立的宝钢集团）董事长黎明等6人被授予“宝钢功勋人物”称号。

是日　利用宝钢工程指挥部旧址建成的宝钢历史陈列馆开馆。围绕纪念宝钢建设30周年，宝钢先后编纂出版资料性图书《宝钢三十年》《宝钢故事》和纪念画册《宝钢三十年》，并制作《宝钢三十年》12集大型电视专题片。

12月　宝钢股份宝钢分公司1550冷轧酸轧机组超越设备极限生产高牌号硅钢取得成功，成为国内首家拥有这项技术的企业。

2009年

1月　120毫米国内最厚高强度建筑结构用钢板在宝钢股份宝钢分公司问世。该钢板用于深圳京基金融中心大厦项目。

2月15日　宝钢股份宝钢分公司一号高炉（三代炉役）点火开炉。投产后的一号高炉炉容为4 966立方米，年设计产能405万吨，设计一代炉龄18～20年。

2月　宝钢环境监测站通过由中华人民共和国环境保护部组织的环境污染治理设施自动连续监测运营资质评审，成为国内钢铁行业首个获环境在线监测运营资质的企业环境监测站。

是月　宝钢股份宝钢分公司获得东南亚一个中口径直缝焊管X70管线管合同，填补宝钢中口径直缝焊管X70以上高钢级管线管出口海外的空白。

3月1日　宝钢集团与杭州钢铁集团公司（简称杭钢集团）签署协议，重组宁波钢铁有限公司（简称宁波钢铁），宝钢集团持有宁波钢铁56.15％的股权。

3月4日　宝钢浦钢搬迁罗泾工程（第一步工程，即一期工程）环保项目通过国家验收。

3月31日　世界最大的熔融还原炼铁装置(COREX-C3000)喷煤系统在宝钢股份中厚板分公司建成投产。宝钢集团由此成为世界第二家拥有非高炉冶炼喷煤技术的企业。

3月　中国软件行业协会公布16家首批获中国软件服务业信用评价A级以上等级的企业名单,宝信软件入选信用等级最高的AAA级企业。

5月5日　宝钢股份撤销宝钢分公司建制,由宝钢股份对宝钢分公司各项业务实行直接管理,同时对宝钢股份相关组织机构作相应调整。

5月9日　梅钢公司四号烧结机(一号、二号烧结机易地改造)工程建成投产。

5月12日　梅钢公司四号高炉点火投产,5月13日出铁。

5月19日　宝钢集团推出首个"员工创新活动日",同时设立宝钢工人发明家创新工作室,组建员工创新活动指导志愿者团队。

5月20日　宝钢集团总部管理变革举措出台。通过变革,宝钢集团采取战略控制型的管控模式,总部职能部门减至10个。

5月23日　宝钢集团在国内投资建设的第四家钢制两片罐制造企业——佛山宝钢制罐有限公司投产。至此,宝钢集团形成27亿罐钢制两片罐年生产能力。

5月29日　塞拉利昂共和国总统欧内斯特·巴伊·科罗马访问宝钢集团。

6月9日　宝钢集团首次对外发布《2008年社会责任报告》,并决定每年发布一次。

是日　"宝钢大舞台"冠名揭幕仪式在上海世博园区内举行。选址宝钢浦钢原特钢车间的"宝钢大舞台"为上海世博会7个室内演出场地之一,也是上海世博会首个以企业名字命名的场馆。

6月19日　由中船集团、宝钢集团和中国海运共同出资组建的龙穴造船有限公司揭牌。是日,该公司首制的30.80万载重吨大型原油船"新埔洋号"出坞仪式在广州中船龙穴造船有限公司举行。

6月25日　宝钢集团南通线材制品有限公司奠基仪式在江苏南通市港闸区举行。该公司以宝钢二钢为基础,致力于发展高等级、高品质、市场前景好的预应力钢丝、钢绞线和油回火弹簧钢丝等产品。

6月30日　世界钢铁协会公布全球钢铁企业2008年粗钢产量排名。宝钢集团粗钢产量2008年比2007年增加687万吨,达到3 544万吨,跃升至全球钢铁企业第三位。

6月　广泛应用于计算机机箱和服务器的宝钢股份热镀锌耐指纹板通过全球最大的信息工业公司——国际商业机器公司(IBM)总部的认证,宝钢股份成为国内首家通过IBM认证的钢铁企业。

7月6日　宝钢集团和宝钢股份分别与中国银行上海分行签订"跨境贸易人民币结算企业服务方案",成为上海市跨境贸易人民币结算首批试点企业。

7月21日　八一钢铁举行新高速线材和中厚板工程投产仪式。

7月　由宝钢股份自主研发制造的高钢级大规格高镍基合金管,应用于开采环境复杂的中国石化普光气田,打破国内高酸性腐蚀气田合金管长期依赖进口的局面。

是月　宝钢股份试制成功0.225毫米厚、1 050毫米宽的超薄、超宽规格两片易拉罐用镀锡板(DI材)。

8月23日　中共中央总书记、国家主席、中央军委主席胡锦涛视察八一钢铁。

8月27日　宝钢集团与澳大利亚阿奎拉资源有限公司签署股权合作协议,宝钢集团以2.90亿澳元收购阿奎拉资源有限公司15%的股份,成为其第二大股东。这是宝钢集团首次收购境外上市公司的股权。11月23日,股权交接仪式在北京举行。

8月　宝钢股份试制成功X80抗大应变焊管,成为国内首家具备此类抗大应变焊管批量生产能力的钢铁企业。

是月　宝钢股份试制成功包括B23R080在内的5个顶级牌号激光刻痕取向硅钢,成为世界上少数能生产此级别产品的企业之一。

是月　宝钢集团向韩国浦项输出两套自主研发的滚筒渣处理装置,用于浦项二炼钢渣处理装置的技术改造。

是月　宝钢集团出口印度热轧产品反倾销案以原告撤诉而告终。宝钢应诉获胜惠及国内多家钢铁企业。

9月15日　宝钢集团从邯宝公司退出,邯宝公司完成股东变更的工商手续。

9月27日　湛江龙腾物流球团项目热负荷联动试车仪式在广东省湛江市东海岛举行。该项目是宝钢广东湛江钢铁基地项目的起步工程,也是宝钢在湛江的首个建设项目。

9月　宝钢股份建成由国内自主集成的世界耐压最高的煤气柜。该煤气柜容量为30万立方米,最高耐压达15千帕。

是月　宝钢股份生产的700余吨高温气冷堆堆内构件用钢发往用户,用于世界首座第四代核电站的最核心部件。

是月　以宝钢集团为召集人制定的《ISO/FDIS24173电子背散射衍射取向分析方法》标准首版颁布实施,这是宝钢首次主导制定高新技术分析领域的国际标准。

10月14日　宝钢股份冶炼成功150吨中厚板低温高合金容器钢,打破该产品长期依赖进口的局面。

10月　宝钢股份1 000兆帕级热镀锌板进入上海通用汽车有限公司,实现宝钢冷轧超高强钢产品在轿车行业的首次批量应用。

11月3日　经国务院三峡工程建设委员会三峡工程重大设备制造检查组专家评审,宝钢股份高磁感取向硅钢产品具备500千伏及以上电压等级大型变压器用取向硅钢的批量、稳定供货能力。

11月11日　注册资金5 000万元人民币、由华宝投资有限公司和法兴国际融资租赁有限公司各持股50%组建的合资公司——法兴华宝汽车租赁(上海)有限公司在上海成立。

11月16日　宝钢浦钢搬迁罗泾工程(第一步工程)熔融还原炼铁装置(COREX-C3000)项目获2009年中国建筑工程“鲁班奖”。

11月　宝钢股份首次生产出10.30毫米、11.10毫米两种规格的超薄、抗氢质裂纹、抗硫化氢管线钢。

12月15日　宝钢集团首条自主集成建设的连续退火机组——宝钢股份2030冷轧新增连续退火机组投产。

12月24日　梅钢公司1420冷轧工程举行投产仪式。

12月26日　宝钢集团核电蒸汽发生器用690 U形管(简称690核电管)国产化项目投产仪式在宝银公司举行,宝钢集团成为国内首家、世界第四家能生产核电蒸汽发生器用U形合金管的企业。

12月29日　宝钢股份将宝信软件委托上海宝钢工程技术有限公司管理。

12月　宝钢集团将宝华招标委托上海宝钢工程技术有限公司管理。

2010 年

1 月 11 日　在国家科学技术奖励大会上，宝钢集团获国家首次设立的“企业创新奖”。

1 月　宝钢股份优质高等级无取向硅钢应用于亚洲首座海上风力发电工程——东海发电场 34 座风力发电机铁芯部件。

是月　宝钢股份中厚板分公司向韩国 STX 重工有限公司、韩国大宇造船公司批量供应 TMCP（控制加热温度并实施冷却）船板。

3 月 1 日　宝钢股份中标澳大利亚昆士兰柯蒂斯液化天然气管线项目。

3 月 11 日　宝钢股份特钢事业部电子束冷床炉热负荷试车。

3 月 30 日　梅钢公司五号高炉工程开工建设，有效容积达 4 070 立方米。

3 月　宝钢股份硅钢扩建工程开工建设。该工程包括取向硅钢后续工程（第一步）、取向硅钢后续工程（第二步）。

是月　由宝钢股份不锈钢事业部自主研制的新一代超纯铁素体不锈钢 T4003 实现批量供货。

4 月 2 日　梅钢公司二期炼钢连铸项目开工建设。

4 月 7 日　宝钢股份对中厚板分公司作重大调整，按照“全面覆盖，全面融合”的原则实施罗泾区域管理整合。

4 月 16 日　上海宝钢工程技术有限公司更名为“宝钢工程技术集团有限公司”（简称宝钢工程），举行揭牌成立仪式。

4 月 27 日　首届“宝钢青年文化节”拉开序幕。该活动由宝钢集团团委策划组织，每年举办一次。

4 月　宝钢股份轧制完成 8 毫米、15 毫米、27 毫米和 40 毫米 4 个规格的液化天然气储罐用 9Ni（镍）钢板，成为国内该类钢板轧制规格最多的企业。

是月　宝钢集团获民政部授予的第五届（2009 年度）中华慈善奖之“最具爱心内资企业”，这是宝钢集团第二次被授予中华慈善奖。

是月　上海宝钢设备检修有限公司成为宝钢工程下属子公司。

5 月 28 日　梅钢公司 1 780 毫米热轧工程开工建设。

5 月　宝钢股份不锈钢事业部生产出表面质量要求最高的 LB 汽车装饰用不锈钢，并实现批量供货，改变该产品长期依赖进口的局面。

是月　宝钢股份不锈钢事业部 1750 冷连轧机组批量生产出汽车排汽系统用 409L 不锈钢。宝钢由此成为国内第一家掌握五机架连续轧制不锈钢产品核心技术的钢铁企业。

是月　宝钢股份生产的高牌号无取向硅钢 B50A250、B50A270 产品，通过国务院三峡工程建设委员会办公室三峡工程重大设备制造检查组专家评审。

6 月 2 日　在首届节能中国贡献奖评选中，宝钢股份获“十大节能突出贡献企业奖”，成为国内钢铁企业中唯一获此奖项的企业。

6 月 18 日　由宝钢集团和中国海运共同出资组建的香港海宝航运有限公司首条 23 万载重吨矿砂船——“仁达”轮命名交接仪式在广州中船龙穴造船有限公司码头举行。7 月 16 日，该轮靠泊宝钢股份原料码头，首航成功。

是日　宝钢金属下属武汉宝钢制罐有限公司在武汉经济开发区宝钢工业园内奠基。至此，宝钢金属制罐业实现东、西、南、北、中战略布局。

6月25日　宝钢二钢预应力钢绞线厂停产关闭。至此，宝钢二钢所有生产线全部关停，退出钢铁制造业。

是日　宝钢集团出台《2010—2015年发展规划纲要》，明确以环境经营为抓手，以能力建设为核心，到2015年，形成6 600万吨以上产能规模，实现4 400亿元销售收入。

6月　宝钢自主研制的高等级R5级系泊链用钢用于支撑深水半潜式钻井平台建设，该产品属国际首创。

7月　宝钢股份电炉大方坯产线成功冶炼86级高等级帘线钢，宝钢成为国内首家具备全系列帘线钢制造能力的企业。

8月17日，上海宝钢工业检测公司成为宝钢工程下属子公司。

8月　采用宝钢高等级取向硅钢制造的变压器首次应用于三峡工程。至此，国内大型变压器制造依靠进口取向硅钢的历史宣告结束。

9月　年再生能力达7 000吨的再生油(一期)项目在宝钢股份建成，宝钢股份在上海地区产生的工业废油可全部得到环保处置。

10月　宝钢集团9个节能项目年节约能源折合标准煤近10万吨，获上海市财政奖励1 400万元。

是月　宝钢股份生产出一批厚100毫米的建筑抗震用低屈服点钢BLY225钢板，这是全球同类产品中的最厚钢板。

11月8日　中国共产党宝钢集团有限公司第三次代表大会举行代表会议。

11月　宝钢股份首次批量生产出自主研发的双相不锈钢。

是月　宝钢股份两片易拉罐用镀锡板(DI材)减薄至0.22毫米，厚度规格达世界领先水平。

12月9日　宝钢集团与福建吴钢集团有限公司重组福建德盛镍业有限公司的框架协议在北京签署。

12月21日　宝钢资源有限公司境外总部——宝钢资源(国际)有限公司在中国香港揭牌成立。

12月31日　宝钢集团与福建吴钢集团有限公司(简称吴钢集团)签署《关于福建德盛镍业有限公司的重组协议》。福建德盛镍业有限公司更名为“宝钢德盛不锈钢有限公司”(简称宝钢德盛)，注册资本42.53亿元，总资产逾100亿元，宝钢集团持股70%，吴钢集团持股30%。

12月　宝钢股份特殊事业部特种金属及合金板带工程全线建成投入运行。

2011年

1月4日　宝钢股份2050热轧产线累计产量突破1亿吨。

是日　宝钢股份应诉美国对中国钻杆产品的“双反”调查案，取得宝钢钻杆产品倾销幅度为零的胜利。

1月20日　包括3个产品等级的宝钢Crade3轴承钢通过世界著名轴承制造商瑞典斯凯孚(SKF)公司质量认证，其中Crade3K为高碳铬轴承钢最高等级。

1月28日　宝钢股份生产出B96LX极高强度钢帘线盘条，实现钢帘线盘条产品的全系列覆盖。

1月　宝钢股份自主研制的−50℃球罐用厚板应用成功，打破国外垄断。

2月21日　宝钢股份钻杆在塔里木油田成功钻探至地下8 023米，创造国产钻杆钻探超深井新纪录。

2月24日　宝钢股份与力拓集团签订煤炭合作长期协议，力拓集团向宝钢股份稳定供应优质焦煤。

3月11日　美国《财富》杂志（中文版）首次发布"中国企业社会责任100排行榜"。宝钢股份在本土公司50强中位列第五。

3月14日　宝钢集团与广东省湛江市政府签署合作协议，共同推进广州钢铁企业集团有限公司环保迁建湛江项目。

3月16日　宝钢股份推进绿色产业链建设，发布国内钢铁业首个《绿色采购指南》。

3月18日　宝钢集团重组福建德盛镍业有限公司，宝钢德盛不锈钢有限公司揭牌成立。

是日　宝钢股份获南海深水天然气输送管线4.30万吨合同。自此，宝钢大口径直缝焊管厚壁管线管从陆地走向海洋。

3月21日　由宝钢化工、东方钢铁和武汉平煤武钢联合焦化有限责任公司三方出资的上海化工宝电子商务有限公司成立，国内首个煤化工行业网络资讯交易平台建设拉开序幕。

3月28日　宝钢股份二号熔融还原炼铁装置（COREX炉）冶炼出第一炉铁水。

3月31日　宝钢集团收购意大利NSM剪切加工中心部分股权，布局境外剪切中心迈出第一步。

4月1日　宝钢（常熟）领导力发展中心建成投用，成为员工培养的基地与平台之一。

4月2日　八一钢铁焦煤集团艾维尔沟煤矿发生一起大型岩石、二氧化碳和甲烷延期突出的重大事故，造成中煤71工程处10名作业人员死亡。

4月9日　宝钢—澳大利亚联合研发中心成立。这是宝钢集团在境外设立的第一个联合研发中心，是宝钢实现研发资源国际化配置的重大战略举措之一。

4月18日　宝钢湛江钢铁有限公司（简称湛江钢铁）在广东省湛江市注册成立。同年5月22日，在湛江市举行揭牌仪式。

4月28日　宝钢集团获第二届中国工业大奖。

4月29日　吃水深度达13.50米、装载量达11.50万吨的超大型船舶"宝探"轮，满载进口铁矿石靠泊宝钢股份原料码头，刷新长江深水航道船舶吃水纪录。

5月16日　宝钢股份成功试制国内最大壁厚、最大管径的X100钢级大口径直缝埋弧焊钢管。

5月20日　上海市总工会命名首批20个"上海市劳模创新工作室"，宝钢股份孔利明机电技术创新工作室名列首位。

5月22日　湛江钢铁自备电厂开工建设。该项目总投资27.99亿元。

5月24日　宝钢股份在业内发布《绿色宣言》和《产品环境声明》。

是日　首台采用宝钢高磁感取向硅钢制造的84万千伏安/500千伏主变压器在三峡水利枢纽地下电站并网运行，打破国内大型变压器用高等级取向硅钢依赖进口的局面。

5月　湛江钢铁原料码头工程开工建设。项目主要是建设1个30万吨级和1个25万吨级散货泊位，设计年通过能力为1 910万吨。

7月15日　宝钢集团获民政部授予的第六届（2010年度）中华慈善奖之"最具爱心企业"称号。

7月18日　宝钢股份在国内钢铁行业首家发布《宝钢环境友好产品手册》。

7月20日　宝钢集团与上海市政府签约，成为首批入驻上海世博园区的3家中央企业之一。

7月28日　由宝钢集团发起，23家行业知名企业、高等院校和科研机构参与的国内首个装配式钢结构民用建筑产业技术创新联盟在上海成立。

8月18日　宝钢股份特钢事业部实验室检测和无损检测相继通过国际航空航天领域顶尖标准Nadcap(国家航空航天和国防承包商认证项目)认证。

8月　根据宝钢集团的决定，宝钢股份授权梅钢公司负责管理梅山公司，梅山公司与梅钢公司实行一体化运营。

9月7—8日　宝钢集团举行宝钢金属、宝钢资源任期制签约仪式，宝钢开始试点实行领导人员任期制。

9月18日　几内亚共和国总统阿尔法・孔戴一行访问宝钢集团。

9月26日　国内最大规格、最高钢级BG2250125 BGC镍基合金套管产品在宝钢股份诞生。

9月28日　朝鲜劳动党中央政治局常委、朝鲜民主主义人民共和国内阁总理崔永林一行访问宝钢集团。

9月29日　宝钢集团入选美国《财富》杂志评选的“最受赞誉的中国公司”。

是日　“天宫一号”目标飞行器成功发射升空，搭载“天宫一号”的运载火箭关键材料GH3600精细薄壁管由宝钢股份特钢事业部制造。

9月30日　2011年冶金科学技术奖评审结果揭晓，宝钢集团“特薄带钢高速酸轧工艺与成套装备研究开发”项目获唯一特等奖。

10月7日　宝钢集团首条自制船“宝航18”轮首航成功，安全停靠宝钢股份原料码头。

10月17日　美国《新闻周刊》公布“全球500绿色企业排名”，宝钢集团首次上榜，排第359名。

10月31日　宝钢股份特钢事业部100吨电炉停产退役。

11月8日　中国社会科学院发布《2011年企业社会责任蓝皮书》，宝钢社会责任发展指数排名第七。

11月17日　宝钢股份取向硅钢后续工程(第一步)热负荷试车。

11月18日　宝钢集团举行《宝钢人的爱》一书首发式。

11月22日　由联合国全球契约中国网络中心、北京融智企业社会责任研究所组织的“2010年全球契约・中国企业社会责任典范报告奖”评选结果在上海世博园联合国馆揭晓。宝钢集团《2010年社会责任报告》获“全球契约典范报告优秀创新奖”。

11月25日　宝钢集团在中国香港发行36亿元离岸人民币计价债券。2012年2月22日，宝钢集团在中国香港发行29亿元离岸人民币计价债券。这是中国内地非金融类企业首次赴港发行债券，共募集资金65亿元。

12月15日　宝钢股份总部应急预案管理系统上线。这是国内冶金系统第一个具有演练实时信息功能的预案管理系统。

12月18日　宝钢集团上海梅山有限公司矿业公司二期延伸工程竣工投入运行。

12月22日　宝钢集团和广州钢铁企业集团有限公司共同出资组建广州薄板有限公司。

12月27日　宝钢研制的一次干粉涂搪用搪瓷钢新品，通过全球最大的电力环保设备制造商——英国豪顿集团的认证。

12月　宝钢股份首次通过上海市清洁生产审核验收。

2012 年

1 月 20 日　宝钢集团发文，成立宝钢特钢有限公司（简称宝钢特钢）和上海宝钢不锈钢有限公司（简称上海不锈）。

2 月 10 日　“宝钢移动在线”上线。它是宝钢集团面向用户推出的移动商务应用平台，用户可通过智能手机、平板电脑实时查询宝钢现货资源，实现现货交易。

3 月 1 日　美国《财富》杂志发布 2012 年“全球最受赞赏公司”排行榜。宝钢集团名列亚太地区排行榜第 25 位，并再次当选“全球金属行业最受赞赏公司”。

3 月 12 日　越南宝钢制罐项目在越南平阳省 VSIP 工业园区奠基。10 月 18 日，该项目联运试车。10 月底，第一批合格成品罐下线。

是日　宝钢集团发文，成立宝钢不锈钢有限公司（简称宝钢不锈）。

3 月 15 日　宝钢股份向宝钢集团出售不锈钢和特钢相关资产和业务。

3 月 19 日　《环球钢讯》（*SBB*）公布 2011 年全球钢铁企业粗钢产量前 20 名排名，宝钢集团以 4 330 万吨产量列第四名。

3 月 27 日　宝钢集团发文，成立宝钢特种材料有限公司（简称宝钢特材）。

3 月 29 日　宝钢股份“低温高磁感取向硅钢制造技术的开发与产业化”成果通过专家组评审鉴定。

3 月　广东钢铁集团有限公司更名为“广东宝钢置业有限公司”，由宝地置业托管。

4 月 2 日　梅钢公司 1 780 毫米热轧工程热负荷试车。

4 月 10 日　宝钢集团获民政部授予的第七届（2011 年度）中华慈善奖之“最具爱心捐赠企业”称号。

4 月 11 日　宝钢不锈钢有限公司和宝钢特种材料有限公司揭牌。

4 月 18 日　由宝钢集团和广东省国有资产监督管理委员会共同出资组建的宝钢集团广东韶关钢铁有限公司（简称韶关钢铁）揭牌成立。

4 月 19 日　由宝钢集团和广州钢铁企业集团有限公司共同出资组建的广州薄板有限公司揭牌成立，标志宝钢集团重组广州钢铁企业集团有限公司取得实质性进展。

4 月 26 日　宝钢集团在韩国第一个直接投资项目——韩宝剪切加工配送中心项目签约，这是宝钢集团第一个境外新建钢材加工配送中心项目。

4 月　美国《福布斯》杂志公布 2012 年全球企业 2 000 强排名。宝钢集团以年销售额 307 亿美元、利润 20 亿美元、资产 326 亿美元，列第 329 位。

是月　宝钢集团建立官方微博“友爱的宝钢”。

5 月 3 日　梅钢公司 10 亿元中期票据及短期融资券发行，其中 3 年期中期票据发行 5 亿元，1 年期短期融资券发行 5 亿元。

5 月 9 日　宝钢股份烧结系统节能环保综合改造工程（四烧结）开工建设。2013 年 11 月 13 日，四烧结建成投产。

5 月 12 日　梅钢公司举行四号连铸机开浇仪式，梅钢公司二期炼钢连铸项目建成。

5 月 16 日　宝钢资源“废钢铁加工配送中心示范基地”揭牌。

5 月 31 日　宝钢广东湛江钢铁基地项目在广东省湛江市东海岛举行开工仪式。项目建设规模为年产铁水 823 万吨、钢水 892.80 万吨、钢材 689 万吨。

6 月 2 日　梅钢公司五号高炉点火投产。

6 月 8 日　宝钢集团与东北大学签署新一轮(2010—2018 年)全面合作协议。

6 月 19 日　宝钢集团发文,成立宝钢集团中央研究院(技术中心)(简称中央研究院)。宝钢集团中央研究院(技术中心)与宝钢股份研究院(技术中心)一体化运作。

6 月 26 日　由宝钢发展、宁波钢铁和宝钢工程共同组建的宝钢矿棉科技(宁波)有限公司揭牌。

7 月 4 日　宝钢集团与上海市政府就推进上海宝山地区钢铁产业结构调整签署合作协议,对上海宝山吴淞工业区的企业以及罗泾生产基地进行调整。

7 月 26 日　宝钢股份取向硅钢后续工程(第二步)全线贯通。宝钢股份取向硅钢具备 30 万吨的年生产能力。

8 月 17 日　宝钢股份 2030 冷轧单元累计实现 5 000 万吨轧制量。

8 月 27 日　宝钢股份决定以不超过每股 5 元的价格回购公司股票,总金额不超过 50 亿元;参股中国石油天然气集团公司西气东输三线项目,出资不超过 100 亿元。

9 月 3 日　2012 中国企业 500 强发布,宝钢集团名列第 21 位。

9 月 10 日　宝钢集团中央研究院(技术中心)揭牌。

9 月 11 日　在 2012 年中国钢铁工业科学技术大会上,宝钢集团“低温高磁感取向硅钢制造技术的开发与产业化”项目获 2012 年冶金科学技术奖唯一特等奖。宝钢股份、宝钢工程、宝钢金属被授予“中国钢铁工业科技工作先进单位”称号。

9 月 12 日　宝钢股份 1580 热轧产线“三电”改造项目全线热负荷试车。

9 月 15 日　宝钢集团举行首个“公司日”活动。活动中,《宝钢文化经典故事》(第一卷)和《宝钢二次创业解读》首发。

9 月 25 日　由宝钢特钢制造的 690 核电管在防城港核电一号机组一号蒸汽发生器上成功穿管。这是 690 核电管国产化以来首次在国内核电机组上安装应用。

9 月 26 日　美国《财富》杂志发布 2012 年“最受赞誉的中国公司”名单,宝钢集团位列第 10,是国内钢铁行业唯一上榜的企业。

9 月　宝钢集团 80 公斤级超高韧性海洋工程机械用特厚板首次实现批量供货,产品用于海上起重设备的关键部位。

是月　宝钢集团成功实现第三代高成形性超高强钢——淬火延性钢的工业化生产,向一汽轿车批量供货。

10 月 12 日　宝钢集团与上海市杨浦区签订战略合作框架协议。双方共同致力于把宝钢二钢地块打造成统一规划、功能集聚、形态新颖、生态协调的现代钢铁特色服务业产业园区。

10 月 18 日　宁波宝新不锈钢工程技术中心揭牌成立。该中心承担不锈钢产业链中技术分析、工艺研究等职责。

10 月 30 日　宝钢股份公告,将罗泾区域由经济运行转为停产,并向宝钢集团整体转让罗泾区域熔融还原炼铁装置资产及生产关键技术。

11 月 19 日　宝钢集团被工业和信息化部、财政部授予“2012 年度国家技术创新示范企业”称号。

11 月 28 日　宝钢集团首个沪外光伏项目、获国家“金太阳”政府奖金的常州市新北区工业厂房屋顶光伏发电示范项目签约仪式在常州举行。

11月　宝钢集团全面完成国内钢铁企业首个“云中心”一期项目建设，进入商业化运营阶段。

12月5日　宝钢集团与西门子奥钢联冶金技术有限公司举行首次技术日活动。

12月18日　宝钢集团上海梅山有限公司矿业公司二期延伸工程竣工投入运行。

12月　宝钢汽车用钢开发与应用技术国家重点实验室通过中华人民共和国科学技术部组织的评审和验收。

2013年

1月18日　在2012年度国家科学技术奖励大会上，由中国石化与宝钢集团等联合开发的“特大型超深高含硫气田安全高效开发技术及工业化应用”项目获国家科学技术进步奖特等奖。

1月30日　宝钢股份与浙江健力公司合资组建的宝力钢管(泰国)有限公司273毫米无缝钢管机组实现全线贯通。

1月　由宝钢特材研发的新型高锰系列耐磨钢板，打破国外企业垄断，使矿用机械整机寿命延长2倍以上。

2月25日　由国家出资、科学技术部批准，国家重点科学仪器设备开发专项“高精度光梳相干成像分析仪的应用与工程化开发”项目在宝钢集团启动。

3月1日　美国《财富》杂志公布2013年“全球最受赞赏公司”排行榜，宝钢集团再度获评“全球最受赞赏公司”。

3月20日　宝钢新加坡贸易有限公司更名为“宝钢新加坡有限公司”。

3月26日　中央研究院—宝钢发展有限公司资源综合利用联合研发中心成立。

3月28日　由中央研究院与宝钢工程联合打造的宝钢轧辊联合研发中心成立。

4月10日　八一钢铁南疆钢铁拜城有限公司一号高炉出铁。

4月12日　宝钢股份在中央研究院举行新一轮“金苹果”团队签约与授牌仪式。

4月15日　韶关钢铁首个合同能源管理项目——八号高炉鼓风脱湿节能技术改造工程完成，机组进行试运行。

4月21日　宝钢股份炼铁厂一期焦炉退役。

5月3日　宝钢技术业务专家研修会成立。

5月17日　湛江钢铁一号高炉工程开始打桩，炼铁、炼钢、热轧、冷轧、能源、物流等主体工程公辅设施同时开工。

5月18日　宝钢股份一期焦炉大修改造工程第一阶段工作启动。

5月23日　宝钢股份发布公告，公司回购方案于5月21日实施完毕，共耗资50亿元(含佣金)，累计回购规模达10.40亿股，占公司原总股本(部分回购股份注销前)的5.90%。

是日　江苏宝钢精密钢丝有限公司一期项目在江苏南通海门市海宝工业园区建成投产。

5月　第八届中华慈善奖评选揭晓。宝钢集团获“2012年度中华慈善奖·最具爱心捐赠企业”称号。

7月1日　宝钢集团启动党的群众路线教育实践活动。

是日　宝钢特钢吸收合并宝钢特材，宝钢特材不再从事生产经营活动。

7月3日　宝钢股份全天候成品码头工程开工建设。

7月15日　宝钢集团与日本三菱重工株式会社签订湛江钢铁2 030毫米冷轧轧机机械设备

合同。

7月16日　美国《财富》中文网发布2013年中国企业500强排行榜。宝钢股份以2012年营业收入1 915.12亿元，列第22位。

7月23日　湛江钢铁炼钢工程开工。该项目决算总投资27.631 7亿元。

7月30日　宝钢股份举行第三代汽车用高强钢全球首发仪式，成为世界上第一个具备第一、第二、第三代先进高强度钢供货能力的企业。

8月11日　湛江钢铁连铸工程和热轧工程同时打桩。

8月13日　2013年冶金科学技术奖揭晓，"先进高强度薄带钢制造技术与产业化"项目获唯一特等奖。

8月23日　宝钢股份发布公告，计划向湛江钢铁增资120亿元。

8月31日　由中国企业联合会发布的"2013中国企业500强"排行榜上，宝钢集团以营业收入2 882.255 3亿元，列第30位。

9月1日　宝钢股份三号高炉停炉大修。11月16日，完成大修，点火投产。

9月3日　湛江钢铁2 030毫米冷轧工程开工建设。

9月14日　宝钢特钢研发的第三代690核电管通过由国家发展和改革委员会能源局组织、中国机械工业联合会主持的鉴定，并具备批量生产能力。

9月26日　美国《财富》杂志揭晓2013年"最受赞誉的中国公司"评选结果，宝钢集团以第15名上榜，是唯一上榜的钢铁企业。

是日　宝钢集团在境外投资建设并负责经营的第一家合资钢材加工配送中心——韩宝剪切加工配送中心（BGM株式会社）在韩国京畿道举行竣工典礼。韩宝剪切加工配送中心（BGM株式会社）由宝和通商株式会社、宝钢国际与韩国GNS株式会社合资建设。

10月22日　宝钢集团召开安全生产委员会（扩大）会议，出台新版《安全生产事故问责管理办法》。

10月　宝钢股份热轧管线板、厚板管线板、大口径直缝焊管（UOE）管线管、中口径直缝焊管（HFW）管线管和管线涂层产品通过荷兰皇家壳牌公司认证。

11月15日　宝钢美洲贸易有限公司更名为"宝钢美洲有限公司"。

11月20日　宝日汽车板公司新建四号合金化热镀锌钢板（GA）生产线工程项目开工建设。项目总投资8.60亿元。

11月28日　长安—宝钢汽车用钢联合实验室在重庆揭牌成立。

12月7日　宝钢股份发布公告，公司发行5亿美元的5年期无抵押债券，票面利息3.75%，到期日为2018年12月12日，每半年付息一次。债券在中国香港联合交易所挂牌。

是日　国家钢结构工程技术研究中心"钢结构智能化制造技术中试基地"授牌仪式在宝钢钢构有限公司举行。

12月18日　宝钢科协召开宝钢集团第三届科协代表大会。

2014年

1月8日　宝钢国际与中国储运协会等单位联合发起的中国钢铁流通产学研创新联盟成立。

1月13日　宝钢集团召开领导班子扩大会议。中共中央组织部干部五局巡视员、副局长荆德建受中共中央组织部委托，宣布中央关于宝钢集团党委书记调整的决定：徐乐江任宝钢集团党委书记，免去刘国胜宝钢集团党委书记职务。同时，国务院国资委企干一局副局长肖宗辉宣布国务院国资委党委决定：免去刘国胜宝钢集团副董事长职务。

1月14日　宝钢集团成立安全专项督导组。

1月16日　宝钢股份与上海工程技术大学举行企校联合办学签约仪式。

1月23日　宝钢集团举行党的群众路线教育实践活动总结大会。

是日　宝钢集团成立全面深化改革领导小组。

1月　宝钢股份50兆瓦“金太阳”光伏发电示范项目(一期)建成投入运行。该项目预计年发电量4 500万千瓦时，年可减少排放二氧化碳3万吨。

是月　宝信软件由宝钢集团直接管理。

2月8日　由宝钢集团总包承建的中国南极泰山站竣工并投入运行。这是宝钢集团首次采用EPC(设计、采购、施工一揽子总包承建)方式，在南极科考基地建设的标志性建筑。

2月20日　在中国(上海)自由贸易试验区人民币跨境使用细则出台首日，宝钢股份成功提入7 000万元跨境人民币流动资金贷款，完成首笔跨境人民币融资业务。

是日　国家知识产权局在北京发布2013年全国发明专利有关情况。在该权威榜单中，宝钢股份以有效专利拥有量1 436件，列2013年全国企业第九位。

3月5日　宝钢集团发文，华宝投资资本运营部业务整体划转至宝钢集团资本运营部，华宝投资不再承担宝钢集团资本运营业务。

3月20日　宝钢股份营销中心组建运行。新组建的营销中心负责宝钢股份营销管理、客户价值管理、技术和客户服务体系管理、碳钢板材产品销售管理等工作。

3月25日　全国首个银行业动产质押信息平台——上海银行业动产质押信息平台，落户东方钢铁。

3月26日　中共中央政治局常委、全国政协主席俞正声视察八一钢铁。

3月27日　美国《财富》杂志发布2014年“全球最受赞赏公司”排行榜，宝钢集团再次入选“金属行业最受赞赏公司”，排名第七。

4月20日　上海市单体规模最大的云计算数据中心——“宝之云”罗泾云计算数据中心一期项目启用。

4月22—23日　由中国工程院主办，中国工程院工程管理部、宝钢集团承办的第178场中国工程科技论坛——工程思维与工程方法论，在宝钢(常熟)领导力发展中心举行。

4月26日　宝钢集团在江苏宜兴宝银公司举行新一代690核电管交付仪式。宝钢集团是国内第一家生产690核电管的企业。

6月9日　宝钢财务公司加入中国人民银行大额支付系统，成为首批允许与各商业银行直接进行电票资金清算业务的财务公司。

6月　梅钢公司被英国标准协会(BSI)授予“BSI卓越整合管理奖”。

7月4日　宝钢集团通过下属的宝钢资源(国际)有限公司完成对澳大利亚阿奎拉公司的收购。

7月22日　宝钢集团总部基地项目地上工程在上海世博园区开工。

是日　国务院国资委公布2013年度中央企业负责人经营业绩考核A级企业名单，宝钢集团名列其中。

7月23日　宝钢特钢举行CAP1400核电蒸汽发生器管子支撑板首发仪式。宝钢特钢成为国内第一家核电蒸汽发生器管子支撑板制造企业。

8月15日　宝钢集团与海洋石油工程股份有限公司(青岛)公司签订亚马尔项目12万吨厚板合同供货框架协议书。亚马尔项目是俄罗斯的一个液化天然气出口基地项目。

是日　宝钢集团采用“宝洋联动”模式,发运首批外贸集装箱,开创企业码头与地方港口实现联动的先例。

是日　“集善工程·启明行动”宝钢宁夏项目启动。该项目由中国残疾人联合会、中国残疾人福利基金会共同发起,是国内规模最大、覆盖面最广的白内障复明项目。

8月20日　宝钢集团党的群众路线教育实践活动整改落实“回头看”督导工作启动。

8月25日　宝钢集团举行向意大利2015年米兰世界博览会中国企业联合馆提供钢结构解决方案签约仪式。宝钢集团参与中国企业联合馆项目建设,包揽该馆建设所需的全部钢材。

9月1日　宝钢股份四号高炉炉缸改造大修启动。11月12日,仅用72天完成大修,点火投产,创国内大型高炉大修新纪录。

9月15日　宝钢集团举行主题为“‘绿’动宝钢·环保有我”的2014年“公司日”纪念活动。

10月14日　宝钢集团发布新一代装配式钢结构百年住宅体系——Baohouse。该体系采用建筑信息模型技术,实现建筑产品的全生命周期管理。

10月26—31日　宝钢集团承办“宝钢杯”第七届全国钢铁行业职业技能竞赛。

10月31日　宝钢资源在线交易电子商务平台“资源GO”上线运行。

10月　宝钢股份总部获国际权威认证机构——英国标准协会对公司有害物质管理体系(QC080000)的认证推荐,成为国内大型钢铁企业中首家通过该体系认证的公司。

是月　中国华能集团有限公司入资,与宝钢集团、中国广核集团有限公司、银环控股集团有限公司联合注资,完成宝银公司新一轮的资产重组。12月8日,宝银公司举行重组揭牌仪式。

是月　宝钢新闻App(手机应用程序)投入试运行,为中国钢铁行业首个新闻App。

11月17日　在中国国家主席习近平、澳大利亚总理阿博特的共同见证下,宝钢集团董事长徐乐江与Aurizon公司首席执行官霍克里奇作为主签人在澳大利亚堪培拉国会大厦签署《宝钢、Aurizon、中国国家开发银行和澳新银行金融合作谅解备忘录》。

是日　宝钢股份全天候成品码头建成投入运行。

11月28日　宝钢集团建成国内首个钢制品无人化仓库。

12月8日　宝钢集团发布公告,将其所持有的新华保险的部分A股股票作为标的股票,于12月10日公开发行可交换公司债券,发行规模为40亿元。这是中国证券市场第一单公开发行的可交换公司债券。

12月24日　宝钢可交换公司债券(交易代码为132001)在上海证券交易所挂牌上市。

12月　由宝钢承担的国家“烧结废气余热循环利用低碳排放工艺技术创新及产业化示范工程”项目通过国家验收。

2015年

1月1日　宝钢集团持有宁波钢铁的股权变更为34%,将宁波钢铁纳入参股公司管理体系。

1月21日　宝钢资源发行亚洲美元债券5亿美元,期限5年,实际利率3.989%。

1月　由宝钢股份主持制定的GB/T 28905—2012建筑用低屈服强度用钢板国家标准获2014年上海市标准化优秀成果奖一等奖。

2月2日　宝钢集团发文，决定组建欧冶云商股份有限公司（简称欧冶云商），打造集电子商务、物流、数据服务、金融服务、技术服务等功能为一体的钢铁服务平台。宝钢股份持股51%，宝钢集团持股49%。2月4日，欧冶云商股份有限公司成立，注册资金20亿元。同时，东方钢铁成为其子公司。

2月3日　宝钢股份第一卷QP1180GA钢板下线，实现全球首发。

2月5日　宝钢集团发文，组建宝钢钢铁服务平台决策管理委员会。

2月11日　上海欧冶金融信息服务股份有限公司（简称欧冶金融）成立，注册资本3亿元，从事金融数据处理、金融软件开发、产业投资及投资管理、资产管理、商务咨询、企业管理咨询、投资咨询、财务咨询等业务。

是日　欧冶云商与宝钢集团共同出资设立上海欧冶物流股份有限公司。

3月1日　根据中央统一部署，中央第十三巡视组进驻宝钢集团，开展为期2个月的专项巡视工作。

是日　宝钢德盛冷轧厂不锈钢连续轧制退火酸洗机组实现全线热负荷试车。

3月　宝钢股份钢管条钢事业部127毫米×9.19毫米S级超高韧性NC52钻杆，在新疆塔里木油田克深902井成功钻探8 038米，打破2011年宝钢钻杆在新疆塔里木油田克深7井创造的8 023米最深钻探纪录。

4月10日　湛江钢铁原料码头停靠第一艘货轮。4月20日，主原料码头正式投入使用。

4月　宝钢不锈生产的不锈钢精密带钢通过美国苹果公司的选材评估，成为制作新一代“苹果”手机原材料供货商。

是月　宝钢集团将宝地置业列为直接管理的子公司，同时成立不动产管理中心，按“一套班子、两块牌子”方式运作。

5月1日　主题为“滋养地球，生命能源”的意大利2015年米兰世界博览会开幕。宝钢集团以核心参展商的身份亮相中国企业联合馆。

5月7日　欧冶云商举行欧冶金融平台上线仪式。欧冶金融是欧冶云商旗下金融服务板块，面向欧冶云商生态圈提供融资、理财、资产管理和支付等服务。

5月10日　欧冶云商官方网站上线。

5月13日　上海宝钢包装股份有限公司（简称宝钢包装，股票代码601968）通过中国证监会新股发行审核。此次发行不超过20 833万股，发行后总股本不超过83 333万股。6月11日，宝钢包装在上海证券交易所挂牌交易，成为宝钢集团第五家上市企业。

5月18日　在2015年上海职工创新大会暨第六届上海职工科技节开幕式上，宝钢股份硅钢部员工宋俊、宝钢不锈员工卢江海获“第十届上海市十大工人发明家”称号。

5月　宝钢集团被中华环保联合会授予“中华环保爱心企业”称号。

6月9日　湛江钢铁自备电厂一号机组移交生产，进入商业发电模式。

6月15日　欧冶金融出资成立欧冶商业保理有限责任公司。

6月　宝钢集团第三代汽车用钢——中锰钢实现材料和零件全球首发。该材料系列包括冷轧CR980兆帕级、热镀锌GI980兆帕级和热镀锌GI1 180兆帕级，是一款以突破性工艺获得超高强度与良好塑性共存的新钢种。

是月　中国国际海运集装箱（集团）股份有限公司与宝钢股份成立材料应用联合实验室——海洋工程实验室。

是月　在2014年度中央企业负责人经营业绩考核中，宝钢集团获评A级企业。

7月24日　国内首台超高强钢单机架可逆式轧机在宝钢股份2030冷轧单元热负荷试车。

8月22日　在2015中国500强企业高峰论坛上，中国企业联合会、中国企业家协会连续第14次向社会发布“中国企业500强”名单，宝钢集团列第35位，并蝉联中国钢铁企业榜首。

8月24日　宝钢不锈750立方米高炉关停。

8月27日　湛江钢铁自备电厂二号机组进入商业发电模式。

8月　宝钢不锈成功试制高铬高钼超级铁素体不锈钢B446产品，成为国内首家生产超级铁素体不锈钢的厂家。

9月1日　宝钢集团将宝山宾馆委托宝地置业管理。

9月25日　湛江钢铁一号高炉点火投产，9月26日出铁。

是日　宝日汽车板公司新建四号合金化热镀锌钢板项目建成投产。

是日　湛江钢铁原料场高炉返料系统投用，原料系统实现全系统投入运行。

9月27日　湛江钢铁炼钢厂热负荷试车，冶炼出第一炉钢。

10月7日　受强台风“彩虹”影响的湛江钢铁一号高炉恢复生产，自备电厂二号机组并网，一号转炉产出钢水。10月8日，二号连铸机出坯，湛江钢铁恢复正常的试生产和建设状态。12月4日，原料码头恢复生产。

10月22日　宝钢薄带连铸技术在第六届宝钢学术年会上首次亮相。薄带连铸技术是钢铁业中最典型的高效、节能、环保、短流程技术，也是钢铁业中最具挑战性的技术。

10月31日　宝钢不锈二号烧结机关停。

10月　1700MS钢(马氏体钢，抗拉强度为1 700兆帕)在宝钢股份试制成功。1700MS钢是世界上抗拉强度最高的汽车高强钢钢种。

11月2日　由宝钢特钢研制的特种材料用于国内自主研制的C919大型客机起落架系统。

是日　宝钢集团将宝钢二钢委托宝地置业管理。2016年3月4日，宝钢二钢100%股权划转至宝地置业。

11月6日　宝钢集团与上海市杨浦区签订《共建科创中心重要承载区和“上海互联网+产业园”战略合作框架协议》。

11月11日　宝钢集团与英国伯明翰大学签署合作协议，成立伯明翰大学研发中心。

11月12日　宝钢股份自主研发的超轻型白车身BCB(Baosteel CarBody)在广东省湛江市亮相。这是国内钢铁企业首次发布完整的车身产品。

11月25日　宝钢集团在中国香港发行5亿美元可交换债券。此次债券的发行主体是宝钢集团全资持有的宝钢香港投资有限公司，标的股票为中国建设银行股份有限公司H股股票。

11月27日　宝钢股份成品码头年装卸量首次突破1 000万吨大关。

12月3日　在第八届中国企业社会责任报告国际研讨会上，宝钢集团《2014年社会责任报告》获领袖型企业社会责任报告奖。

12月17日　世界首套焦炉烟气脱硫脱硝装置在湛江钢铁炼铁厂投入使用。

12月29日　宝钢特钢长材有限公司合资协议签约，宝钢特钢长材有限公司、宝钢特钢韶关有限公司成立揭牌。宝钢特钢长材有限公司由宝钢特钢有限公司长材产线资产和广东韶钢松山股份有限公司特棒产线资产合资组建。宝钢特钢韶关有限公司为宝钢特钢长材有限公司的全资子公司。

12月31日　民政部公布第九届中华慈善奖。宝钢集团连续6次获中华慈善奖，并被授予“最具爱心捐赠企业”称号。

12月　在英国《投资者关系杂志》（*IR Magazine*）主办的大中华区投资者关系评选会上，宝钢股份获“材料行业最佳投资者关系奖”，同时获“卓越投资者关系证书”。

是月　宝钢特钢炼钢厂完成了中国石化天津液化天然气接收站项目需用的304/304 L不锈钢板铸坯500多吨的轧制，打破了该产品全部依赖进口的局面。

2016年

1月21—22日　国务院国有企业改革专项第四督查组到宝钢集团，就宝钢集团深化改革落实情况开展专项督查。

2月1日　标准普尔将宝钢集团信用评级从“A-”下调至“BBB+”，评级展望“稳定”。

2月4日　宝钢集团与上海市宝山区签订《关于宝钢特钢地块整体转型战略合作框架协议》。

2月5日　宝钢集团出台《宝钢集团深化改革实施意见》，提出深化改革目标：通过深化改革，激发企业整体活力，增强资源配置和价值创造能力。在做强做大钢铁产业的同时，加快多元产业和资本投资运营业务的发展，推动子公司优势互补和协同发展，实现“一体两翼”发展战略。

3月3日　宝钢集团自主开发并拥有自主知识产权的世界首套不锈钢滚筒渣处理装置在东方特钢股份有限公司热负荷试车。

3月18日　宝钢股份黄石涂镀板有限公司新港工业园项目在湖北省黄石新港举行开工仪式。

3月23日　宝钢集团与澳大利亚昆士兰大学、新南威尔士大学、莫纳什大学、卧龙岗大学签署《宝钢—澳大利亚联合研发中心二期合作协议》。

3月24日　互联宝地·上海“互联网＋”产业园在宝钢大厦举行揭牌签约仪式。

3月30日　欧冶国际电商有限公司挂牌成立。

是日　湛江钢铁2 030毫米冷轧工程全线贯通，进入热负荷试车阶段。

4月27日　宝钢股份屋顶光伏发电二期20兆瓦项目并网发电，年发电量1 800万千瓦时。至此，宝钢股份光伏发电装机总容量达90兆瓦。

5月4日　宝钢集团发文，设立钢铁及相关制造业发展中心、钢铁及相关服务业发展中心、产业和金融业结合发展中心，不动产管理中心更名为“不动产及城市新产业发展中心”。

是日　宝钢集团发文，组建宝钢设计院，宝钢设计院与宝钢工程技术集团有限公司实行“两块牌子、一套班子”方式运作；经济管理研究院更名为“经济与规划研究院”。

5月24日　首台采用宝钢高磁感取向硅钢制造的84万千伏安/500千伏主变压器在三峡水利枢纽地下电站并网运行。

5月　宝钢集团被DNV GL集团（挪威船级社、德国劳氏船级社）授予海底管线管制造及涂层工艺认证，成为国内唯一获该认证的钢铁企业。

6月13日　在国务院总理李克强和德国总理默克尔的见证下，宝钢集团总经理陈德荣与西门子股份公司总裁兼首席执行官凯飒在北京签署《宝钢与西门子智慧制造（工业4.0）战略协议》。

6月20日　宝钢不锈2 500立方米高炉和碳钢相关产线停产。

6月28日　上海吴淞口创业园有限公司注册成立并开始运营。

7月15日　湛江钢铁二号高炉点火，湛江钢铁一期工程全面建成。

7月18日　上海宝钢心越人力资源服务有限公司揭牌成立。公司由宝钢集团和宝信软件共同出资组建，其前身是宝钢集团人力资源服务中心。

7月25日　宝钢股份覆膜铁机组建成投产。这是国内首条高端覆膜铁机组，填补宝钢在镀锡产品大类中高端领域的空白，实现镀锡产品的全品种覆盖。

7月　中央企业改革试点工作全面铺开，宝钢集团成为首批国有资本投资公司试点企业。

8月10日　互联宝地・上海"互联网＋"产业园区项目东区工程启动。

8月18日　宝钢股份获"全国绿化先进集体"称号。该奖每5年评选一次，由全国绿化委员会、人力资源和社会保障部、国家林业局共同组织。

是日　宝钢集团与中国大连高级经理学院签署战略合作协议，双方将在管理人员培训、管理研究等领域展开合作。

9月14日　国务院国资委印发《关于宝钢集团有限公司与武汉钢铁（集团）公司重组的通知》。《通知》明确：经国务院批准，宝钢集团有限公司与武汉钢铁（集团）公司实施联合重组。宝钢集团有限公司更名为"中国宝武钢铁集团有限公司"（简称中国宝武），作为重组后的母公司。武汉钢铁（集团）公司整体无偿划入，成为其全资子公司。

9月22日　宝钢股份、武钢股份两家公司同时发布吸收合并报告书，宝钢股份向武钢股份全体换股股东发行A股股票，换股吸收合并武钢股份。宝钢股份为本次合并的合并方暨存续方，武钢股份为本次合并的被合并方暨非存续方。10月28日，宝钢股份举行2016年第三次临时股东大会，审议通过宝钢股份换股吸收合并武钢股份方案。

10月11日　美国《财富》杂志发布2016年"最受赞誉的中国公司"榜单。宝钢集团列第12位，是钢铁行业中唯一上榜企业。

10月27日　在"上海工匠"培养选树千人计划推进会上，宝钢技能专家孔利明、王康健、王军获评2016年"上海工匠"；宝钢发展许慧华、宝钢特钢杨磊、宝钢不锈方杰获2016年"上海工匠"提名奖。

10月28日　2016年冶金科学技术奖评选揭晓，宝钢集团"薄带连铸连轧工艺、装备与控制工程化技术集成及产品研发"项目获冶金科学技术奖特等奖。

是日　上海吴淞口创业园有限公司举行开园暨企业入驻仪式，20家企业和项目宣布入驻创业园。

10月31日　中共中央组织部宣布党中央、国务院关于中国宝武主要领导任职的决定：马国强任中国宝武董事长、党委书记，其武汉钢铁（集团）公司董事长、党委书记职务自然免除；陈德荣任中国宝武总经理，其宝钢集团总经理职务自然免除。徐乐江的宝钢集团董事长、党委书记职务自然免除。同时，国务院国资委党委决定：陈德荣任中国宝武董事、党委副书记。

11月12日　2016年宝钢教育奖评选揭晓。全国100余所高校的489名学生、266名教师获奖。至2016年，全国100余所高等院校22 280名师生获宝钢教育奖，用于教育奖励和资助金额累计达2.10亿元。

11月15日　由宝钢不锈、泛亚汽车技术中心有限公司、上海天纳克排气系统有限公司共同发起的汽车用不锈钢联合实验室揭牌。这是国内钢铁企业与汽车主机厂共同建立的首家汽车用不锈钢联合实验室。

12月1日　中国宝武钢铁集团有限公司成立大会在宝钢大厦举行。

第一篇

组织机构

概　述

1998—2016 年，宝钢集团历经上海宝钢集团公司、宝钢集团有限公司两个阶段，至 2016 年 12 月与武汉钢铁（集团）公司（简称武钢集团）实施联合重组，成立中国宝武钢铁集团有限公司。

宝钢集团是由国务院国有资产监督管理委员会（简称国务院国资委）代表国务院履行出资人职责的国有独资公司，经营国务院授权范围内的国有资产，并开展有关投资业务；钢铁、冶金矿产、煤炭、化工（除危险品）、电力、码头、仓储、运输与钢铁相关的业务，以及技术开发、技术转让、技术服务和技术管理咨询业务，商务部批准的进出口业务、国内外贸易（除专项规定）及其服务，是全球现代化程度最高、钢材品种规格最齐全的特大型钢铁联合企业之一。

1998—2016 年，宝钢集团先后经历 2008 年国际金融危机以及中国钢铁工业“市场寒冬”的洗礼，全体员工同心同德，瞄准规划目标，危中争机，创新转型，创造了领先全国钢铁行业的经营业绩，跻身于国际先进钢铁企业行列；企业逐步从一个钢铁厂转变为市场经济体制下具有强大竞争力的竞争主体，通过股份制改造，实现钢铁主业的整体上市；2005 年，宝钢集团作为首批七家试点国有企业之一，率先开展规范董事会试点，建立健全法人治理结构，探索中国特色国有企业治理模式；2016 年 7 月，被国务院国资委列入首批国有资本投资公司试点企业名单。

至 2016 年 12 月与武钢集团联合重组前，宝钢集团在册员工 117 093 人，业务涉及钢铁及相关制造业、钢铁及相关服务业、产业链金融、不动产及城市新产业等四大领域。同年，宝钢集团完成铁产量 3 816 万吨、钢产量 3 976 万吨、商品坯材产量 3 989 万吨，实现营业收入 2 327 亿元，实现利润总额 70 亿元；以 2015 年营业收入 366.079 亿美元，连续第 13 年进入美国《财富》杂志评选出的世界 500 强企业榜，名列第 275 位。

第一章　集团沿革

1998年11月17日，国务院批准上海地区钢铁企业实行联合重组，以宝山钢铁(集团)公司为主体，吸收上海冶金控股(集团)公司和上海梅山(集团)有限公司，组建成立上海宝钢集团公司。2005年10月，宝钢集团依照《中华人民共和国公司法》(简称《公司法》)改建为规范的国有独资公司，更名为"宝钢集团有限公司"。2016年9月14日，国务院国资委决定：宝钢集团与武钢集团实施联合重组。12月1日，新组建的中国宝武钢铁集团有限公司揭牌成立。

第一节　上海宝钢集团公司

1998年11月17日，经国务院批准，上海地区钢铁企业进行联合重组，以宝山钢铁(集团)公司为主，吸收上海冶金控股(集团)公司和上海梅山(集团)有限公司，组建成立上海宝钢集团公司，注册资金458亿元。新组建的宝钢集团通过对上海钢铁工业实施战略重组，加大结构调整和产业升级步伐，充分运用和发挥宝钢集团的资信优势、资源和销售网络优势、技术优势、人才优势和管理优势，加速钢铁精品基地和钢铁新技术、新工艺、新材料研发基地建设，梳理和规划非钢产业，推进适度相关多元化发展，实现了"老企业扭亏脱困、原宝钢不断提高"的目标，企业的整体实力得到显著增强。

一、联合重组前的企业

【宝山钢铁(集团)公司】

1993年7月前称上海宝山钢铁总厂，是由国家投资建设的特大型现代化钢铁联合企业。厂区位于上海市北翼长江沿岸，距人民广场26公里，占地面积13.75平方公里。

1977年年末、1978年年初，中共中央和国务院作出在上海建设特大型现代化钢铁厂的决策。1977年12月5日，上海新建钢铁厂工程指挥部成立。12月底，企业厂名确定为"上海宝山钢铁总厂"。1978年12月23日，宝钢一期工程动工兴建，主要设备和技术从日本和联邦德国引进。1985年9月15日，宝钢一号高炉点火，11月26日一期工程全面建成投产。

1986年1月23日，国务院批准《宝钢二期工程设计任务书的审查报告》，二期工程动工建设。冷轧、热轧、连铸工程与联邦德国和日本合作设计、制造，44%的设备国内制造。二期工程国产化率总体达到61%。1988年8月8日，以宝钢总厂为主体，组建宝山钢铁联合(集团)公司。1991年6月29日，宝钢一期、二期工程全面建成，形成年产铁650万吨、钢(水)671万吨、商品钢坯122万吨、钢材422万吨的生产能力。宝钢一期、二期工程在引进成套国际先进设备的基础上，消化吸收世界一流的技术和工艺，并在管理和流程上有所创新，打下了一个现代化企业的基础。

1992年3月17日，宝钢被列为国家第一批大型企业集团试点单位之一，国家经济体制改革委员会、国家计划委员会、国务院经济贸易办公室对宝山钢铁联合(集团)公司体制进行调整，成立宝钢集团。1993年4月17日，宝钢集团董事会决定将宝山钢铁联合(集团)公司更名为"宝钢集团联合公司”，其性质改变为在宝钢集团领导下的由核心企业（宝钢总厂）控股的紧密层成员单位；7月15日，上海宝山钢铁总厂更名为“宝山钢铁（集团）公司”。宝钢除钢铁主业外，相关的设备制造、贸易、金融、运输、建筑、服务、房地产、深加工等产业，都有了一定规模的发展，形成多元化产业雏形。1993年8月，国务院批准三期工程可行性研究报告；12月23日，以1 580毫米热轧项目打桩为标志，宝钢自筹资金525.28亿元建设三期工程。三号高炉作为国务院特批项目先于1991年1月1日开始打桩，1994年9月20日建成投产，三期工程其余27个项目于2000年12月20日全面建成投产。三期工程国产化率总体达到80%以上。三期工程建成后，主厂区扩大至18.98平方公里，加上已有的一期、二期工程，宝钢达到1 100万吨钢的生产能力，高技术含量、高附加值产品比例大幅上升，全面进入国内外高端钢铁产品的竞争市场。

1994年起，宝钢在强化钢铁生产主作业线管理的同时，提出辅助部门在服务好主体，明确产权的前提下，与钢铁主体分离，成为独立法人的经营实体，参与市场竞争。宝钢对主辅分离的子公司实行人员分流，既减轻钢铁主体负担，又能为宝钢多创效益，保证国有资产保值增值。通过对存量资产的重组和优化，对部分条件成熟的单位进行改制，组建成以资产为纽带的子公司，形成多元产业，参与国内、国际两个市场的竞争，创立新的经济增长点，发挥企业的整体效益。截至1998年11月上海地区钢铁企业联合重组时，宝钢先后组建全资子公司29家、控股子公司19家，分属服务、贸易、钢材深加工、运输、化工、设备设计和制造、远洋运输、房地产、金融等行业。宝钢钢铁主业在册员工17 529人（含三期人员）。

1993—1998年，宝钢累计产铁4 573.04万吨、钢4 862.74万吨、钢管330.32万吨、热轧带钢3 037.82万吨、冷轧带钢1 300.75万吨、化工产品153.56万吨、发电304.39亿千瓦时；实现产品销售收入1 435.63亿元、利税315.18亿元（其中利润193.24亿元）；出口钢铁产品696.54万吨，创汇34.92亿美元；生产高技术含量、高附加值产品2 082.23万吨。

【上海冶金控股（集团）公司】

前身为上海市冶金工业局。1995年8月，经中共上海市委、市政府批准，对上海钢铁行业国有资产管理体制实行改革，撤销上海市冶金工业局建制，成立上海冶金控股（集团）公司，8月10日挂牌。

上海冶金控股（集团）公司成立后，在系统内全面展开以“精干主体，分离辅助”为主要内容的企业结构改革，加强企业主体生产系统，分离辅助及生活服务等部门，成为独立核算、自负盈亏的经济实体，划清了社会管理职能和企业管理职能。同时，进一步抓大放小、扶强并弱，以大型骨干企业为核心，以资产为纽带，将上下工序连接、产品互相关联的企业进行资产重组，建立起现代企业制度。上海第一钢铁厂兼并上海第八钢铁厂改制为上海第一钢铁（集团）有限公司，与上海新沪钢铁有限公司、上海矽钢片厂组建成上海一钢集团，并承让上海冶金控股（集团）公司持有上海异型钢管股份有限公司的国家股，成为该公司的控股单位。上海第三钢铁厂改制为上海浦东钢铁（集团）有限公司。上海第五钢铁厂改制为上海五钢（集团）有限公司，与上海十钢有限公司、上海冷拉型钢厂组建成上海五钢集团，并经上海冶金控股（集团）公司授权托管上海钢管股份有限公司的国家股权。上海冶金控股（集团）公司所属的主体企业为上海第一钢铁（集团）有限公司、上海浦东钢铁（集团）有限公司、上海五钢（集团）有限公司等3家企业集团和上海二钢有限公司，这4家企业均被列入国家512家重点国有企业名单。1998年，上海冶金控股（集团）公司钢和钢材产量都超过600万吨，是国内品种比较齐全、规格基本配套的重点钢铁生产基地之一。

1998年11月17日，下属13家企事业单位进入宝钢集团。这13家企事业单位是：上海第一钢铁(集团)有限公司、上海二钢有限公司、上海浦东钢铁(集团)有限公司、上海五钢(集团)有限公司、上海钢管股份有限公司、上海第三冷轧带钢厂、上海碳素厂、上海冶金建设有限公司、上海钢铁研究所、上海钢铁工艺技术研究所、上海冶金设计研究院、上海冶金科学技术情报研究所、上海冶金老干部活动中心。

1998年11月上海地区钢铁企业联合重组前，有从业人员111 708人，其中94 042人进入宝钢集团。

【上海梅山(集团)有限公司】

是在原上海梅山冶金公司基础上发展起来的，原为上海建在江苏南京的采矿、炼铁基地，厂区地处南京梅山，占地面积907万平方米，其中矿区297万平方米。1959年10月筹建矿区；1969年4月24日筹建上海炼铁基地；1989年开始发展钢铁主业并改造原有设备；1994年热轧建成投产，并开始建设炼钢连铸工程(1999年4月投产)；同年12月30日成立上海梅山(集团)有限公司。1996年6月12日，上海梅山(集团)有限公司调整资本结构和企业组织结构，将上海梅山冶金公司改制为“梅山钢铁有限公司”，范围包括炼铁、烧结、焦化、炼钢、轧钢等主体生产厂。梅山钢铁有限公司是由上海梅山(集团)有限公司出资设立的国有独资的全资子公司。

1998年11月上海地区钢铁企业联合重组前，资产总额116.31亿元，净资产30.05亿元，资本增值率为2.63%，净资本收益率为1.12%，总资产回报率为0.81%。有员工24 183人，其中全民所有制员工23 848人、集体所有制员工335人。所属梅山铁矿具有矿体集中、储量较大、形态规整、品位较高、冶炼性能好等优点，年采矿能力达250万吨。拥有1 250立方米高炉2座、130平方米烧结机2台、58Ⅱ型65孔焦炉2座、JNX43型65孔焦炉1座、1 422毫米热连轧机1套，以及正在建设中的150吨顶底复吹氧气转炉2座、162吨LF钢包精炼炉1座和二机二流板坯连铸机1台。年设计生产能力为生铁180万吨、烧结矿300万吨、焦炭129万吨、连铸板坯120万吨、热轧板卷115.40万吨。1998年，实际生产生铁180.54万吨、烧结矿309.20万吨、焦炭107.28万吨、热轧板卷30.12万吨。

1998年，实现工业增加值11.61亿元、营业收入33.08亿元(其中主产品销售收入27.09亿元)，实现利税2.55亿元、利润5 110.89万元。1970—1998年，累计产铁3 659万吨；1995—1998年，累计生产热轧板86.80万吨。

二、联合重组后的宝钢集团

1998年11月17日，经国务院批准，上海地区钢铁企业实施联合重组，以宝山钢铁(集团)公司为主，吸收上海冶金控股(集团)公司、上海梅山(集团)有限公司联合组建上海宝钢集团公司。

联合重组后，宝钢集团按照建设钢铁精品生产基地和钢铁工业新技术、新工艺、新材料研究开发基地的要求，编制了统一的钢铁发展规划。一方面宝钢在实现三期建设目标后，继续推进三期后建设；另一方面，针对老企业普遍存在资金短缺、污染严重、设备落后、产品缺乏竞争力、冗员多分流难、亏损面广等困难局面，发挥宝钢的资信、资源和销售网络优势，以及技术、人才、管理和企业文化等优势，仅用3年时间，就将严重亏损的老企业全部实现扭亏为盈。在推行主辅分离、辅业改制等一系列企业改革的同时，先后淘汰了老企业能耗高、污染严重、技术落后的装备。1999—2005年，累计淘汰落后炼铁能力 185 万吨、炼钢能力 525 万吨、轧钢能力 413 万吨，完成固定资产投资 829.26 亿元。其中，1999 年完成固定资产投资 106.20 亿元，2000 年完成 80.60 亿元，2001 年完成 65.70 亿元，2002 年完成 91.20 亿元，2003 年完成 140 亿元，2004 年完成 175.76 亿元，2005 年完成 169.80 亿元。1999—2005 年，累计实现合并销售收入 7 436.82 亿元，实现合并利润 729.75 亿元。

2000 年 2 月 3 日，宝钢集团以原宝山钢铁(集团)公司资产为基础，独家发起组建宝山钢铁股份有限公司(简称宝钢股份)。同年 12 月 12 日在上海证券交易所挂牌交易。注册资本金 125.12 亿元，股本结构为：国家股 106.35 亿股，占 85%；社会公众股 18.77 亿股。2001—2002 年，宝钢股份向宝钢集团收购部分三期工程资产；2003 年，完成对三期工程的焦炉、码头、热电机组等生产经营性资产和租赁性资产的收购。至此，宝钢股份拥有宝钢一期、二期、三期全部生产经营性资产，从而大幅度减少了与宝钢集团的关联交易。

2004 年，宝钢集团以 2003 年营业收入 145.48 亿美元名列美国《财富》杂志评选出的世界 500 强企业榜第 372 位，从而成为中国竞争性行业和制造业中第一批进入世界 500 强的企业。同年，宝钢粗钢产量 2 141 万吨，排名世界第六位；在国际钢铁动态咨询公司的排名中，宝钢综合竞争力在全球钢铁企业中名列第三位，并被世界钢铁权威杂志《世界钢铁业指南》认为是未来最具发展潜力的钢铁企业。宝钢与钢铁主业相关联的贸易、金融、信息技术、工程技术等相关多元产业也取得相当规模的发展。

2005 年 10 月，上海宝钢集团公司依照《公司法》改建为规范的国有独资公司，更名为“宝钢集团有限公司”。

第二节 宝钢集团有限公司

2005 年 10 月，国务院国资委在宝钢集团开始进行国有独资公司建立和完善董事会试点工作。10 月 17 日，上海宝钢集团公司依照《公司法》改建为规范的国有独资公司，更名为“宝钢集团有限公司”，成立中央企业中第一家外部董事超过半数的董事会，完成政企分开的体制改革，完全按照规范建立现代企业制度。

2005 年，宝钢集团完成铁产量 1 936 万吨、钢产量 2 272.58 万吨、商品坯材产量 2 190 万吨，实现合并销售收入 1 761.70 亿元，合并利润总额 220.80 亿元，年末净资产收益率达到 10.96%。净资产 1 200.90 亿元。以 2004 年营业收入 195.433 亿美元居美国《财富》杂志评选出的世界 500 强企业榜第 309 位，排名比 2003 年上升 63 位。5 月，宝钢股份增发总数为 50 亿股人民币普通股，将钢铁生产主业、供应链及相关产业的优质资产注入上市公司，宝钢钢铁主业资产实行一体化运作。年底，宝钢“十五”(2001—2005 年)规划重点项目基本建成，四号高炉工程、5 米宽厚板轧机及配套连铸工程、1800 冷轧工程等三大项目国产化率总体达到 88%以上。

2006 年，完成铁产量 1 999 万吨、钢产量 2 253 万吨、商品坯材产量 2 343 万吨，实现合并销售收入 1 806.81 亿元，合并利润总额 225.77 亿元。以 2005 年 215.014 亿美元的营业收入位居美国《财富》杂志评选出的世界 500 强企业榜第 296 位，排名又前进了 13 位。在标准普尔企业外债信用评级复审中，宝钢集团获得“A -”的信用评级，是 1997 年以来取得的最高评级，也是国内制造业中唯一达到此信用等级的企业，国际上仅有韩国浦项和宝钢集团两家钢铁企业获此评级。同年，宝钢“十一五”(2006—2010 年)建设项目全面实施，宝钢股份下属宝钢分公司二号高炉大修工程、二炼钢挖潜改造工程等一批重点基建和技改项目按期建成投产。

2007年，完成铁产量2 431万吨、钢产量2 858万吨、商品坯材产量2 780万吨，实现合并营业收入2 277.16亿元，合并利润总额356.47亿元。钢产量、营业收入、利润总额等三大指标均创历史最好水平。同年，标准普尔评级公司宣布：宝钢集团和宝钢股份长期信用等级确认为“A -”，展望从上年的“稳定”上调为“正面”，这是继2006年12月宝钢取得历史最高评级“A -”后的又一突破。公司以2006年营业收入226.634亿美元的业绩，名列美国《财富》杂志评选出的世界500强企业榜第307位。1月16日，宝钢集团与新疆维吾尔自治区政府签署协议，重组新疆八一钢铁集团有限责任公司；4月28日，宝钢集团新疆八一钢铁有限公司（简称八一钢铁）揭牌成立。

2008年，完成铁产量2 924.97万吨、钢产量3 544.30万吨、商品坯材产量3 506.65万吨，实现合并营业收入2 468.39亿元，合并利润总额238.13亿元。在美国《财富》杂志评选出的全球500强企业排名中，以2007年营业收入299.39亿美元名列第259位。在中国企业社会责任榜评选中获“杰出企业奖”，在建设和谐社会与企业社会责任论坛上获“企业社会责任贡献奖”，首次被民政部授予中国社会公益和慈善事业中最高级别的国家政府奖——中华慈善奖（2008年度）。6月28日，宝钢集团成立广东钢铁集团有限公司，启动对广东省钢铁产业的重组。

2009年，完成铁产量3 485.40万吨、钢产量3 886.50万吨、商品坯材产量3 715.60万吨，实现合并营业收入1 953.07亿元，合并利润总额149.13亿元。在美国《财富》杂志评选出的世界500强企业排名中，以2008年营业收入355.166亿美元名列第220位。3月1日，宝钢集团与杭州钢铁集团公司签署协议，重组宁波钢铁有限公司（简称宁波钢铁）。

2010年，完成铁产量3 896万吨、钢产量4 449.51万吨、商品坯材产量4 408万吨，实现合并营业收入2 729.84亿元，合并利润总额242.30亿元。在美国《财富》杂志评选出的世界500强企业排名中，以2009年营业收入285.91亿美元名列第276位。同年4月，获第五届（2009年度）中华慈善奖之“最具爱心内资企业”。12月31日，宝钢集团与福建吴钢集团有限公司签署协议，重组福建德盛镍业有限公司，定名为“宝钢德盛不锈钢有限公司”（简称宝钢德盛）。

2011年，完成铁产量4 009.27万吨、钢产量4 427.13万吨、商品坯材产量4 360.63万吨，实现合并营业收入3 162.45亿元，合并利润总额181.51亿元。在美国《财富》杂志评选出的世界500强企业排名中，以2010年营业收入403.27亿美元名列第212位。同年3月18日，宝钢德盛不锈钢有限公司揭牌成立。4月18日，宝钢湛江钢铁有限公司（简称湛江钢铁）在广东省湛江市注册成立。7月，宝钢集团获第六届（2010年度）中华慈善奖之“最具爱心企业”。8月22日，宝钢集团和广东省国资委签署协议，重组广东省韶关钢铁集团有限公司、广州钢铁企业集团有限公司。

2012年，完成铁产量4 134.87万吨、钢产量4 383.25万吨、商品坯材产量4 413.66万吨，实现合并营业收入2 882.26亿元，合并利润总额104.15亿元。以2011年营业收入489.16亿美元名列美国《财富》杂志评选出的世界500强企业榜第197位，这也是宝钢集团连续9年上榜以来的最高排名。同年4月，获第七届（2011年度）中华慈善奖之“最具爱心捐赠企业”。4月18日，宝钢集团广东韶关钢铁有限公司（简称韶关钢铁）挂牌成立。5月24日，国家发展和改革委员会发文核准宝钢开工建设湛江钢铁工程；5月31日，宝钢广东湛江钢铁基地项目在湛江东海岛举行开工仪式，建设规模年产铁水823万吨、钢水892.80万吨、钢材689万吨。7月4日，上海市政府与宝钢集团签署《关于上海宝山地区钢铁产业结构调整的合作协议》，宝钢集团将按照“减量、增效、调整、发展”的总体原则，实施上海宝山地区钢铁产业结构调整，计划减少上海地区钢铁产能660万吨。

2013年，完成铁产量4 280.94万吨、钢产量4 503.58万吨、商品坯材产量4 448.76万吨，实现合并营业收入3 031亿元，合并利润总额101亿元。以2012年营业收入456.827亿美元名列美国

《财富》杂志评选出的世界500强企业榜第222位。5月，获第八届(2012年度)中华慈善奖之“最具爱心捐赠企业”。同年，湛江钢铁主体项目炼铁、炼钢、连铸、热轧、冷轧等相继开工。

2014年，完成铁产量4 263万吨、钢产量4 450万吨、商品坯材产量4 401万吨，实现合并营业收入2 977.43亿元，合并利润总额94.16亿元。以2013年营业收入492.973亿美元名列美国《财富》杂志评选出的世界500强企业榜第211位。12月16日，宝钢集团调整为宁波钢铁第二大股东。

2015年，完成铁产量3 491万吨、钢产量3 611万吨、商品坯材产量3 646万吨，实现合并营业收入2 300.59亿元，合并利润总额10.34亿元。以2014年营业收入483.234亿美元名列美国《财富》杂志评选出的世界500强企业榜第218位。12月，获第九届中华慈善奖之“最具爱心捐赠企业”称号，这是宝钢集团连续第六次获得该奖项。

2016年9月14日，国务院国资委颁发《关于宝钢集团有限公司与武汉钢铁(集团)公司重组的通知》，明确：经国务院批准，宝钢集团有限公司与武汉钢铁(集团)公司实施联合重组。宝钢集团有限公司更名为“中国宝武钢铁集团有限公司”，作为重组后的母公司；武汉钢铁(集团)公司整体无偿划入，成为其全资子公司。11月17日，上海市工商行政管理局核发“中国宝武钢铁集团有限公司”营业执照。12月1日，中国宝武钢铁集团有限公司揭牌成立。

至2016年12月与武钢集团联合重组前，宝钢集团在册员工117 093人，其中在岗员工100 551人，离岗员工16 542人。年底，在册员工117 710人。宝钢集团的业务涉及钢铁及相关制造业、钢铁及相关服务业、产业链金融、不动产及城市新产业等四大领域。钢铁业是主营业务，形成普碳钢、不锈钢、特钢等三大产品系列。这些钢铁精品通过遍布全球的营销网络，在满足国内市场需求的同时，出口至全球40多个国家和地区，广泛应用于汽车、家电、石油化工、机械制造、能源交通、金属制品、航天航空、核电、电子仪表等行业。在汽车板领域，宝钢成为世界上第一个具备第一、第二和第三代先进高强钢供货能力的厂商。除钢铁主业外，宝钢相关服务业包括电子商务、物流、加工、数据、资源服务、信息技术、工程、生产及生活服务等业务，拥有上海宝信软件股份有限公司、宝钢包装股份有限公司两家上市公司。产业链金融包括助推钢铁产业转型升级的产业链金融业务；提升国有资本运营效率的投资融资、收购兼并等资本运营业务；支撑业务创新的创业投资业务等。不动产及城市新产业包括配合钢铁去产能、提升土地要素资源价值、拓展业务发展载体的不动产开发运营及城市新产业发展等业务。同年，宝钢集团完成铁产量3 816万吨、钢产量3 976万吨、商品坯材产量3 989万吨，实现营业收入2 327亿元，实现利润总额70亿元；全面完成国务院国资委下达的“去产能”任务，化解过剩产能555万吨；以2015年营业收入366.079亿美元，连续13年进入美国《财富》杂志评选出的世界500强企业榜，名列第275位。7月15日，湛江钢铁一期工程全面建成。

第二章 组 织 体 系

1998年，国家经济贸易委员会在《关于印发〈上海宝钢集团公司组建方案〉和〈上海宝钢集团公司章程〉的通知》中明确：上海宝钢集团公司实行母子公司体制。宝钢集团是投资中心和资本运营中心；子公司、分公司是宝钢集团的利润中心，主要职责是执行公司的投融资决策和资本运营决策，负责日常生产经营活动。至2005年，宝钢集团建立起钢铁主业一体化运作体系，对下属业务板块采取战略管控和与此相适应的母子公司管理体制。2009年，为强化战略管控，提高运作效率，降低运营成本，宝钢集团实施总部管理变革。2016年5月4日，宝钢集团按照国有资本投资公司定位，即总部从管资产向管资本、从战略管控型向价值创造型转变的要求，对总部机构进行调整。

第一节 治 理 结 构

1998年11月，上海地区钢铁企业联合重组，成立上海宝钢集团公司，设立董事会。2005年10月，上海宝钢集团公司依照《公司法》改建为规范的国有独资公司，更名为“宝钢集团有限公司”，启动董事会试点工作，建立起与现代公司法人治理结构相适应的企业组织形式，明确董事会、监事会和经营层的权责范围和履职程序。通过发展和完善现代企业制度，构筑出资人、决策机构、监督机构和经营层之间各负其责、协调运转、有效制衡的公司治理结构。

一、董事会

【上海宝钢集团公司董事会】

1998年11月，经国务院批准，以宝山钢铁(集团)公司为主，吸收上海冶金控股(集团)公司、上海梅山(集团)有限公司，联合组建上海宝钢集团公司。宝钢集团作为国家授权投资机构和国家控股公司试点企业，负责经营管理国务院授权范围内的国有资产，对有关企业的国有资产依法行使出资人权利，并相应承担国有资产保值增值的责任。国务院设立宝钢集团董事会，任命原冶金部常务副部长徐大铨担任董事长，原宝山钢铁(集团)公司和原上海冶金控股(集团)公司主要领导担任副董事长或董事。

2003年2月，谢企华任宝钢集团董事长兼总经理。宝钢集团董事会董事均来自集团内部，组成人员基本为副总经理或党委副书记，成员7名，包括董事长谢企华、副董事长刘国胜(党委书记)，及4名董事、1名职工董事。2004年12月26日，国务院任命徐乐江为宝钢集团总经理。

【宝钢集团有限公司董事会】

2005年10月，上海宝钢集团公司依照《公司法》改建为规范的国有独资公司，更名为“宝钢集团有限公司”，启动董事会试点工作，建立与现代公司法人治理结构相适应的企业组织形式。10月17日，国务院国资委在宝钢召开董事会试点工作会议，宣布宝钢集团有限公司第一届董事会由9人组成，其中外部董事5名。宝钢集团董事会成为中央企业第一家外部董事全部到位且超过半数的董事会。宝钢集团董事会在改革与重组方面的任务是：通过董事会规范行使对宝钢股份等宝钢控股企业的国有股东权利，确保宝钢股份规范运作，促进宝钢股份“做强、做大”；以符合企业发展战略、追求企业价值最大化，确保国有资产保值、增值为原则，推进宝钢与国际战略投资者合作，与国内钢铁企业重组，为宝钢股份整合和培育优质资源；推进宝钢辅业改制，分流安置富余人员，确保企业和社会稳定。宝钢集团董事会试点工作的内容是：规范企业组织形式，经国务院国资委批准和上海市工商行政管理局变更工商登记，原上海宝钢集团公司按照《公司法》规定，规范组织形式和治理结构，由国有独资企业变更为国有独资公司，企业名称变更为“宝钢集团有限公司”；优化董事会成员结构，建立外部董事制度，提升以重大决策和风险控制为核心的董事会功能；规范董事履职程序，健全董事会运行机制，为实现制度化、规范化奠定制度基础；建立董事会专门委员会制度，完善董事会组织功能，为董事会科学决策提供支撑；建立权力机构、监督机构、决策机构和执行机构之间分权制衡的运行机制，完善公司法人治理结构；建立董事会授权制度，提高董事会决策效率，形成对市场的快速响应机制；建立董事责任追究体系和约束机制，促进董事诚信履职和勤勉尽责；规范母子公司管理关系，完善国有资产监督管理和保值增值体系。

2006年，宝钢集团形成以出资人、董事会、监事会和经营层为治理主体的规范的公司法人治理结构。各治理主体在《公司法》《宝钢集团有限公司章程》（简称《公司章程》）及《宝钢集团有限公司董事会议事规则》（简称《董事会议事规则》）所构建的运行体系内各司其职，规范运作，形成既相互制衡又高效运作的治理机制。国务院国资委作为出资人代表，通过委派和任命董事、监事方式在宝钢集团决策和监管过程中体现出资人意志；董事会切实履行《公司章程》所赋予的职责，在公司治理和重大事项决策中发挥主导作用；监事会通过对公司决策程序及重大决策事项执行的监督，履行对企业经营决策和企业国有资产保值、增值情况的监督责任；经营层执行董事会各项决议，负责公司日常经营管理，接受董事会、监事会的考核评价和监督。

2007年，宝钢集团开始探索将集团层面的公司治理经验引入下属各产业板块子公司，在各产业板块子公司层面建立规范的董事会和监事会，并在成熟的子公司董事会中配置一定比例的外部董事，确保资产经营责任层层落实。子公司董事会重点集中于本公司的业务战略和产业运营决策能力的建设，集团派出董事有权对一定权限内的对外长期投资、固定资产投资、股权转让、非股权性资产处置、资产损失认定、债权性融资等事项按照个人意见进行表决。对于超出限额的重大事项由集团决策，集团派出董事按照集团决策意见进行表决，构建起股东（宝钢集团）、子公司董事会、子公司经理层“依法行权、分类管控、授权经营、权责对等”的决策体系。宝钢集团在集团和子公司两个层面推行规范的“双层董事会”运作实践，被国务院国资委定义为“宝钢模式”。

2008年，宝钢集团董事会总结第一届董事会试点工作经验，以董事会试点实践为内容的“大型国有独资钢铁公司董事会建设”获第15届国家级企业管理现代化创新成果一等奖。围绕“钢铁主业综合竞争力成为全球前三强，成为全球500强中的优秀企业”的战略目标，董事会通过主题务虚会和专题议案审议等形式，对未来集团化发展涉及的资产重组整合、协同能力提升、风险管理防范和母子公司管控等关键环节进行研究。制定《宝钢集团有限公司高级管理人员选聘办法》。

2009年1月19日，宝钢集团董事会换届。第二届董事会成员由9人增至11人，其中外部董事人数由5人增至7人。第二届董事会实施《优化子公司重大事项决策程序有关规定》，按照战略规划决定对宁波钢铁有限公司实施战略重组，并启动宝钢2010—2015年规划编制工作。为抵御国际金融危机对钢铁行业带来的冲击和影响，董事会指导和支持经理层推行管理变革，提升决策速度和管理效率。

2010年，宝钢集团董事会成员由11人减至10人，其中外部董事6人，保持外部董事占多数的董事会成员结构。董事会加强宏观经济研究，每个季度与经理层互通信息，帮助经理层分析经营管理工作，提示要增强预算执行力，加强现金流和存货等管理。编制 2010—2015 年战略发展规划，提出“宝钢成为绿色产业的驱动者、钢铁技术的领先者、区域市场的主导者、员工与企业共同发展的公司典范”的目标愿景；通过新建和并购，走“精品＋规模”的发展战略，构建“两角一边”（长江三角洲、珠江三角洲和西北边疆）的战略布局，形成“6600＋X（万吨钢）”产能规模；构建宝钢竞争力的 5 个能力（技术领先、服务先行、数字化宝钢、绿色产业链、产融结合）。2010 年，按照《宝钢集团有限公司高级管理人员选聘办法》，董事会主导实施一名副总经理的选聘，为中央企业第一例。

2011 年 1 月 20 日，宝钢集团董事会审议批准《关于重组德盛镍业的议案》。宝钢集团重组德盛镍业后，宝钢集团占宝钢德盛不锈钢有限公司 70％的股权。7 月 20 日，董事会听取《八钢 2010—2015 年发展规划调整报告》和由第三方编制的《八钢规划风险评估报告》。调整后的八一钢铁新一轮规划目标是在 2015 年形成 1 500 万吨的钢铁产能。董事会分别听取《工程技术服务业 2011—2015 年发展规划报告》和《金融投资业 2011—2015 年发展规划报告》。董事会认为，发展工程技术服务业的重要意义在于将宝钢已有的工程技术能力市场化，提高支撑钢铁主业的技术创新能力，创新商业模式；发展金融投资业的重点是要探索产融结合的模式和路径，聚焦已有的业务板块，梳理金融资源，控制经营风险，培养用人机制和激励机制。9 月 5 日，宝钢集团召开第二届第五次职工代表大会联席会议，朱义明当选宝钢集团职工董事，汪金德不再担任宝钢集团职工董事。12 月 9 日，董事会审议通过《关于湛江钢铁项目可行性研究方案》，要求湛江钢铁项目要建成全球最具成本竞争力的钢铁基地，为宝钢二次创业打下坚实基础。

2012 年 3 月 28 日，宝钢集团第三届董事会成立。董事会成员 10 人，其中外部董事 6 人，保持外部董事占多数的董事会成员结构。董事会审议通过新修订的《公司章程》《董事会议事规则》和各专门委员会议事规则。撤销常务委员会，将原对常务委员会的授权收回至董事会；将风险管理委员会更名为“战略与风险管理委员会”，加强董事会对宝钢集团战略发展的指导和关注；将董事会对董事长和总经理的部分授权进一步细化。7 月 8 日，董事会部署宝钢集团新一轮（2013—2018 年）发展规划编制工作。审议通过《关于重组广钢、韶钢和湛江项目建设主体有关事宜的议案》，同意由宝钢股份作为宝钢湛江钢铁有限公司和湛江钢铁项目的投资主体，为宝钢股份下一步打造除上海、梅山之外的第三个生产基地打下基础。9 月 4 日，董事会听取《关于钢铁主业结构调整与转型发展的报告》，形成宝钢集团钢铁产业结构调整和转型发展思路，要求宝钢集团在新一轮规划期内聚焦“两角一边”的战略布局，全力做好上海宝山地区钢铁产业结构调整和新建湛江钢铁项目两件大事。

2013 年，宝钢集团第三届董事会成员变更为 9 名，其中外部董事和非外部董事比例为 5∶4。在 3 月 20 日召开的第三届董事会第七次会议上，宝钢集团董事长徐乐江与 5 名外部董事签署《外部董事服务合约》；董事会及时调整下属各专门委员会成员，调整后的各专门委员会继续发挥外部董事的作用，保持外部董事在战略与风险管理委员会、提名委员会中占多数，薪酬与考核委员会、审计委员会全部由外部董事组成的结构。7 月，董事会就上海宝山地区钢铁产业结构调整议题进行专项务虚，认为需结合宝钢集团新一轮六年发展规划，拓宽思路、设定底线，合理配置内部资源，加强与上海市、宝山区政府部门的互动，推进上海宝山地区钢铁产业结构的调整、转型升级。

2014 年，董事会就宝钢集团产融结合业务发展规划，宝钢股份新技术、新产品研发报告，钢铁公司竞争力分析报告等进行专题务虚。听取《关于宝钢深化改革工作情况报告》。进一步完善董事会运作机制，实施《董事会事务工作管理细则》，细化董事会事务工作管理。

2015 年 4 月，宝钢集团董事会换届。第四届董事会保持 7 名成员、外部董事与非外部董事比例为4∶3的结构。董事会根据各位董事的专长领域，对各专门委员会成员作相应调整。7月28日，董事会召开专题务虚会，指导《宝钢2016—2021年发展规划》的编制。审议通过《投资钢铁服务平台公司的议案》《不动产业务整合的议案》《向华宝证券增资的议案》等，从创新相关平台的运作体制机制、设计相应激励约束机制、拓展向资本市场融资的渠道等方面提出具体建议，为整合宝钢集团内资源，打造新的产业发展平台，加快推进实施"从制造到服务"转型创造条件。9—11月，董事会按照《董事会选聘高级管理人员管理办法》，通过公开遴选、民主考察、党委常委会讨论、提名委员会审查、董事会酝酿、向国务院国资委履行前备案程序后，主导选聘郭斌、张锦刚等2名副总经理。

2016年，董事会组织宝钢集团研究形成深化改革方案，为加入国有资本投资公司试点指明方向。听取《宝钢集团深化改革实施意见的报告》《集团总部改革初步设想的报告》，审议通过《关于宝钢集团2013—2018年总体规划的议案》《关于国有资本投资运营公司总部建设的议案》。根据《关于宝钢集团有限公司与武汉钢铁(集团)公司重组的通知》的精神，完成《中国宝武集团有限公司章程》的草案拟订和报审工作。

表1-2-1　2005—2016年宝钢集团有限公司董事会成员情况表

届　别	时　　间	董事长	董　事　会　成　员
第一届董事会	2005年10月—2007年1月	谢企华	刘国胜　徐乐江　冯国经　李庆言　吴耀文　杨贤足　夏大慰　汪金德
	2007年1—12月	徐乐江	刘国胜　艾宝俊　冯国经　李庆言　吴耀文　杨贤足　夏大慰　汪金德
	2008年1—4月	徐乐江	刘国胜　冯国经　李庆言　吴耀文　杨贤足　夏大慰　汪金德
	2008年5月—2009年1月	徐乐江	刘国胜　何文波　冯国经　李庆言　吴耀文　杨贤足　夏大慰　汪金德
第二届董事会	2009年1—9月	徐乐江	刘国胜　何文波　冯国经　李庆言　吴耀文　杨贤足　夏大慰　干　勇　经天亮　汪金德
	2009年9月—2011年9月	徐乐江	刘国胜　何文波　冯国经　李庆言　吴耀文　夏大慰　干　勇　经天亮　汪金德
	2011年9月—2012年3月	徐乐江	刘国胜　何文波　冯国经　李庆言　吴耀文　夏大慰　干　勇　经天亮　朱义明
第三届董事会	2012年3月—2013年3月	徐乐江	刘国胜　何文波　干　勇　王晓齐　贝克伟　冯国经　吴耀文　经天亮　朱义明
	2013年3月—2014年1月	徐乐江	刘国胜　何文波　干　勇　王晓齐　贝克伟　张富生　经天亮　朱义明
	2014年1—3月	徐乐江	何文波　干　勇　王晓齐　贝克伟　张富生　经天亮　朱义明
	2014年4—7月	徐乐江	何文波　干　勇　王晓齐　贝克伟　经天亮　朱义明
	2014年8月—2015年4月	徐乐江	陈德荣　干　勇　王晓齐　贝克伟　经天亮　朱义明
第四届董事会	2015年4月—2016年10月	徐乐江	陈德荣　王晓齐　贝克伟　王福成　林建清　朱义明

二、监事会

2000 年 9 月 1 日，国务院国资委向宝钢集团派出第一届监事会，丁贵明任监事会主席。监事会主要负责监督评价宝钢集团规范运作情况、财务及资产状况、内部控制情况并进行分析；监事会根据《公司法》《国有企业监事会暂行条例》等法规，依法对企业开展监督检查，将董事会运作、董事履职、经营层执行董事会决议等情况作为监督检查的重要内容，对决策过程、决策执行和重要经营活动实施当期监督，维护国有资产安全，促进企业改善经营管理，规范企业领导人员经营行为。

2003 年 1 月，陈全训接替丁贵明任宝钢集团监事会主席。8 月 13 日，宝钢集团向全资子公司派出第一批监事会，并通过董事会办公室协调派出监事会和宝钢集团其他监控机构管理活动的关系，推进公司内部监督和风险控制制度的创新。宝钢集团制定《全资子公司监事会工作制度》及实施办法，对全资子公司派出监事会作详细规定，明确界定派出监事会的组成、工作职责、监事会会议及议事方式、监事会运行管理和奖惩等事项。派出监事会通过对全资子公司的调研和检查、收集整理全资子公司的财务状况等活动，强化对经营风险的有效监督与控制。

2004 年 1 月，国务院国资委向宝钢集团派出第二届监事会，陈全训任监事会主席。2006 年 11 月，国务院国资委向宝钢集团派出第三届监事会，吴天林任监事会主席。2009 年 9 月，国务院国资委向宝钢集团派出第四届监事会，罗汉任监事会主席。2013 年 6 月，国务院国资委向宝钢集团派出第五届监事会，马力强任监事会主席。2016 年 7 月起，国有重点大型企业监事会主席赵华林任宝钢集团监事会主席。10 月起，赵华林任中国宝武钢铁集团有限公司监事会主席。

表 1-2-2　2000—2016 年宝钢集团监事会主席情况表

届　　别	时　　　间	监事会主席
第一届监事会	2000 年 9 月—2003 年 1 月	丁贵明
	2003 年 1 月—2004 年 1 月	陈全训
第二届监事会	2004 年 1 月—2006 年 11 月	陈全训
第三届监事会	2006 年 11 月—2009 年 8 月	吴天林
第四届监事会	2009 年 9 月—2013 年 6 月	罗　汉
第五届监事会	2013 年 6 月—2016 年 7 月	马力强
	2016 年 7—10 月	赵华林

三、经营层

1998 年 11 月上海宝钢集团公司成立后，宝钢集团采用董事长、党委书记、总经理 3 名主要负责人分设的领导体制，实现企业内部权力主体间的分工协作。董事长为公司党委常委、公司法定代表人，在三人协调中发挥中枢作用，负责组织董事会，检查董事会决议的执行情况；党委书记为公司副董事长，定位于“带头执行”，不与经理层“执行主体”的作用相冲突，代表党组织参与决策，支持和监督董事会、经理层的工作，在经营管理中、选聘中坚持党管干部原则与董事会、经理层有效衔接；总经理为公司党委常委，执行董事，定位于企业“执行主体”，执行董事会决策事项，对董事会负责，职权由董事会授予。总经理带领经营团队负责公司的日常经营管理，并对结果负责。

1998—2016年，宝钢集团历任经营层经受住市场大起大落的考验，企业盈利结构和经营质量显著改善，总体保持“缓中趋稳、稳中向好”的发展态势，盈利能力保持行业第一，利润增幅远超行业平均水平。

表1-2-3 1998—2016年宝钢集团经营层主要负责人情况表

时　间	总经理	副　总　经　理
1998年12月	谢企华	徐乐江　郭廉高　何文波　艾宝俊　葛红林　许志斌　戴元永　李海平
1999年12月	谢企华	徐乐江　郭廉高　何文波　艾宝俊　葛红林　许志斌　戴元永　李海平
2000年12月	谢企华	徐乐江　郭廉高　何文波　艾宝俊　葛红林　许志斌　戴元永　李海平
2001年12月	谢企华	徐乐江　何文波　葛红林　戴元永　赵　昆　马国强
2002年12月	谢企华	徐乐江　何文波　葛红林　戴元永　赵　昆　马国强
2003年12月	谢企华	徐乐江　何文波　戴元永　赵　昆　马国强
2004年12月	徐乐江	何文波　戴元永　赵　昆　马国强
2005年12月	徐乐江	何文波　赵　昆　马国强
2006年12月	徐乐江	何文波　赵　昆　马国强
2007年12月	艾宝俊	何文波　赵　昆　马国强　戴志浩　赵　峡
2008年12月	何文波	赵　昆　马国强　戴志浩　赵　峡
2009年12月	何文波	赵　昆　伏中哲　戴志浩　赵　峡　周竹平
2010年12月	何文波	赵　昆　伏中哲　戴志浩　赵　峡　周竹平　赵周礼
2011年12月	何文波	赵　昆　戴志浩　赵　峡　周竹平　赵周礼
2012年12月	何文波	赵　昆　戴志浩　赵　峡　周竹平　赵周礼
2013年12月	何文波	赵　昆　赵　峡　周竹平　赵周礼　陈　缨
2014年12月	陈德荣	赵　昆　赵　峡　周竹平　赵周礼　陈　缨　崔　健
2015年12月	陈德荣	周竹平　赵周礼　陈　缨　郭　斌　张锦刚
2016年12月	陈德荣	周竹平　郭　斌　张锦刚

第二节　职能部门

一、上海宝钢集团公司

1998年11月成立的上海宝钢集团公司，在领导体制上形成董事长、党委书记、总经理“三驾马车”模式，设宝钢集团董事会。设有办公室、人事部、规划发展部、计划财务部（资产经营部）、市场部、审计监察部、法律事务部、技术改造管理处、安全环保处、生产部、技术部、设备部、能源部、钢管分公司、炼铁部、炼钢部、条钢部、热轧部、冷轧部、电厂、三期工程指挥部、技术中心、教育培训中心、离退休职工管理处、宝钢日报社、宝钢电视台、上海冶金再就业服务中心。

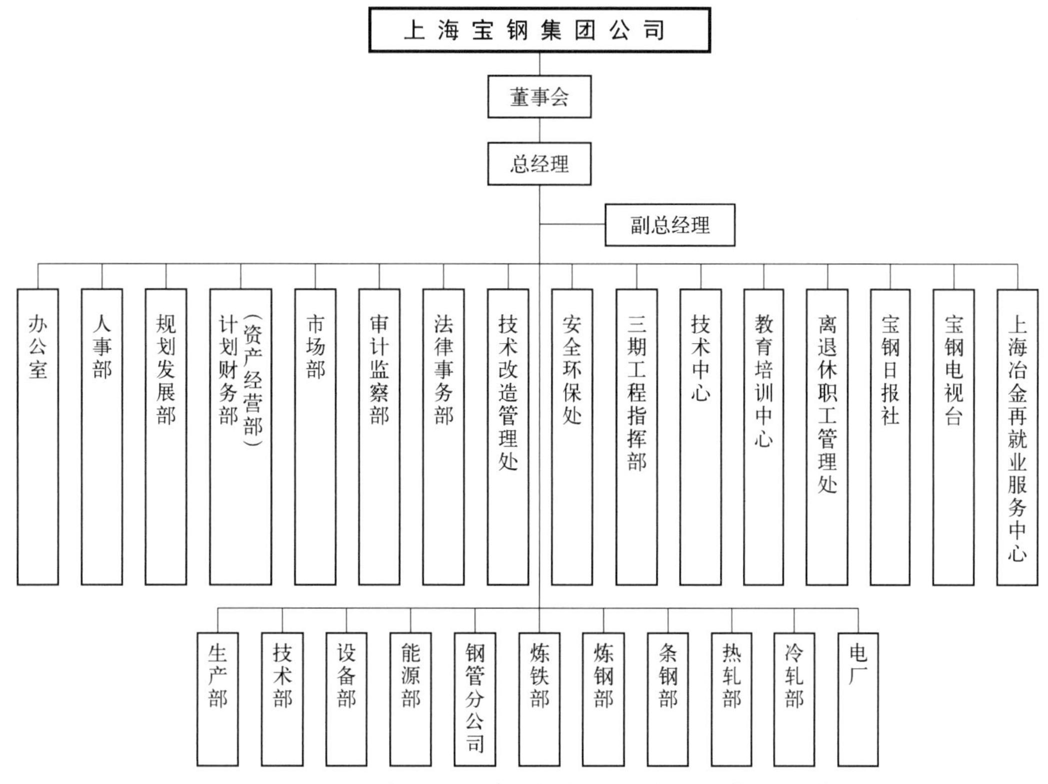

图1-2-1　1998年11月上海宝钢集团公司行政系统组织机构图

2000年宝钢股份上市后，宝钢集团作为国家出资人代表，对宝钢股份行使出资人权利，资产经营与管理成为宝钢集团管理的重要内容和职能。

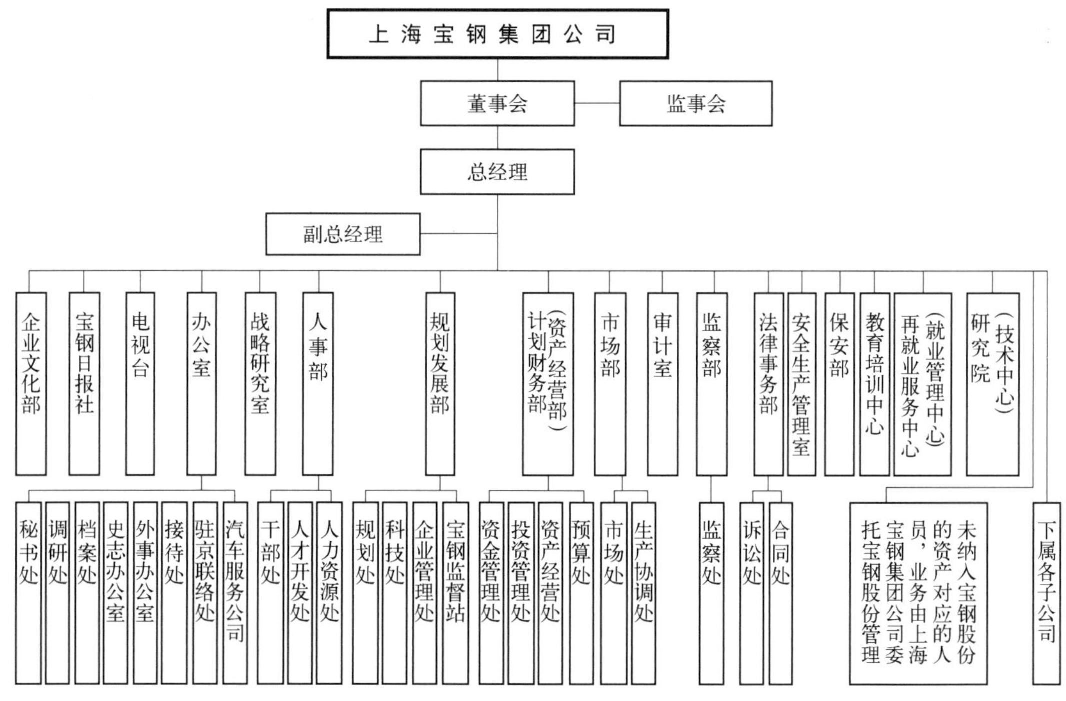

图1-2-2　2000年12月上海宝钢集团公司行政系统组织机构图

2003年6月,宝钢集团推进管理体制改革,建立健全高效的公司治理结构和经营管理制度。总部实行管理扁平化,减少组织机构层级,从原来的董事会、总经理、部、处等4个层级调整为董事会、总经理、部等3个层级,同时通过缩短汇报链、简化业务流程等方式有效提高总部的运作效率。

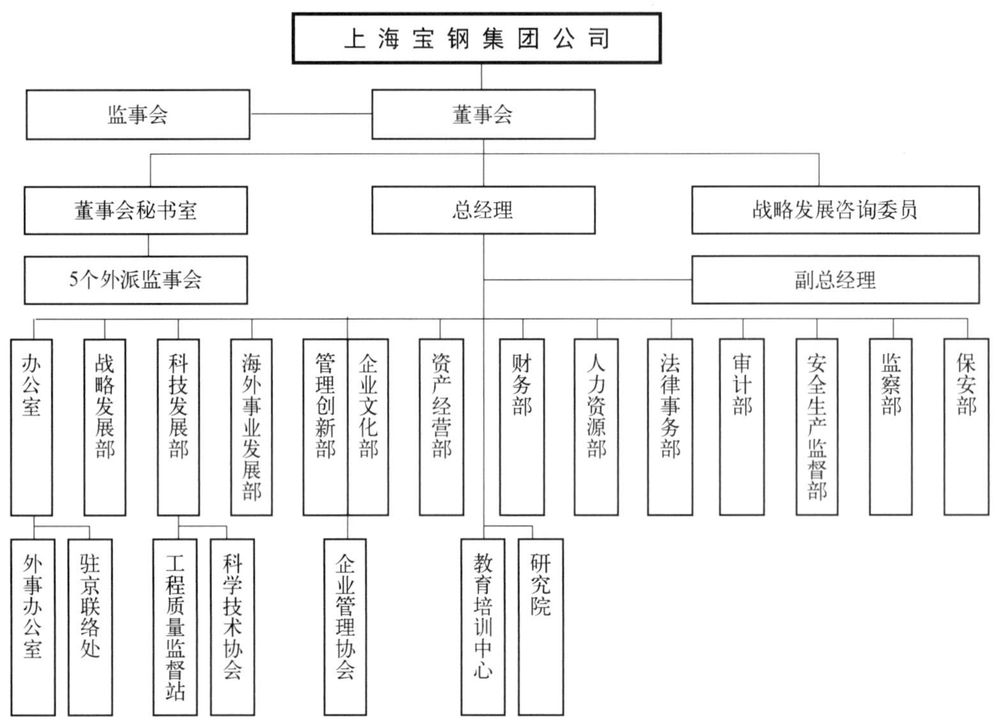

图1-2-3 2003年12月上海宝钢集团公司行政系统组织机构图

二、宝钢集团有限公司

2005年10月,宝钢集团启动董事会试点工作,通过国务院国资委对宝钢集团董事会明确授权,更有效地履行国有资产保值增值的职责。截至2016年,宝钢集团持续深化总部变革,强化总部能力建设。通过推行一体化运作的管理体制,完善法人治理结构,进一步提高宝钢集团的整体竞争力。

2007年,为适应新一轮发展战略实施的需要,宝钢集团对总部组织机构作调整:撤销事业发展部、保安部,成立系统运营改善部、经济管理研究院、公共关系部,教培中心更名为"人才开发院",安全生产监督部更名为"安全保卫监督部"。

2009年,实施总部管理变革:强化集团在战略规划、投资管理、技术创新、审计、监察等领域的管控,确保战略意图的贯彻执行;精简部门、职能设置;优化部门、职能间的职责分工,提高运作效率;实施管理扁平化,将总部职能汇报链压缩在三级;强化横向跨职能协同;分离事务工作,组建财务服务中心和人力资源服务中心;强化战略、管理的离线研究,完善离线研究的工作流程。对总部机构进行优化:将董事会办公室负责的子公司监事会运行支撑的综合管理职责划转至审计部,并设立派出监事会办公室职能;将资本运营部下属业务调整为财务顾问、资产证券化、运营管理,原资本运营、资金运作两项业务由宝钢集团委托华宝投资有限公司(简称华宝投资)管理;经济管理研究院设立宏观经济与战略研究所;规划发展部下属的钢铁规划职能与产业规划职能合并,合并后的职

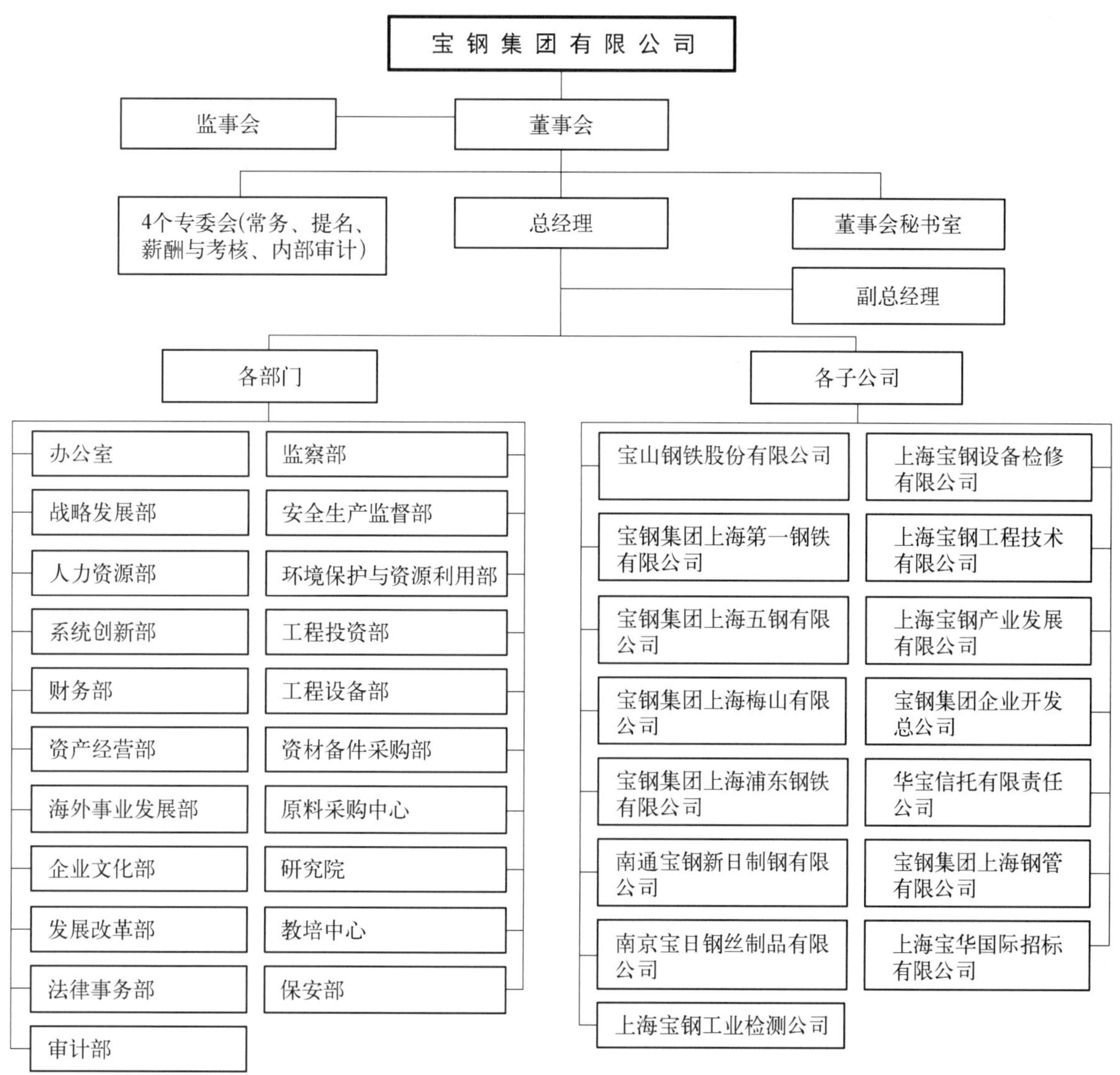

图 1－2－4　2005 年 10 月宝钢集团有限公司行政系统组织机构图

能名称为"战略规划",同时在规划发展部增设海外发展职能。

2010 年起,根据集团发展需要,部分职能部门作相应调整。3 月,集团办公室更名为"办公厅",党委办公室更名为"党委办公厅",继续与董事会办公室合署办公。2011 年 7 月,安全保卫监督部更名为"安全生产监督部"。2012 年 4 月,撤销发展改革部。6 月,成立宝钢集团中央研究院(技术中心),与宝钢股份研究院(技术中心)一体化运作。10 月,宝钢集团能源环保部独立运作,不再与宝钢股份能源环保部实行一体化运作方式。2014 年 9 月,对总部相关机构进行调整:规划发展部战略规划职能分拆为钢铁规划、多元规划职能;撤销海外发展职能,职责划转至钢铁规划职能;投资审查职能更名为"投资管理"职能。12 月,对海外代表制度进行调整,指定海外公司(机构)承担所在区域的海外职责,该公司(机构)的行政负责人作为所在区域的海外代表。2015 年 2 月,撤销全面深化改革工作小组,设立全面深化改革工作办公室。

2016 年 5 月,按照国有资本投资公司定位,即总部从管资产向管资本、从战略管控型向价值创造型转变的要求，对总部机构进行调整：设立钢铁及相关制造业发展中心（简称钢铁业发展中心）、钢铁及相关服务业发展中心（简称服务业发展中心）、产业和金融业结合发展中心（简称金融业发展中心）、不动产及城市新产业发展中心（简称不动产业发展中心）等4个业务部门。金融业发展中心、华宝投资实行“两块牌子、一套班子”运作；不动产业发展中心、宝地置业实行“两块牌子、一套班子”运作。设立科技创新部，科技创新部、安全生产监督部及能源环保部实行合署办公。保留规划发展部牌子，经济管理研究院更名为“经济与规划研究院”，规划发展部、经济与规划研究院合署办公。经营财务部更名为“财务部”，运营改善部更名为“公司治理部”，资本运营部更名为“投资管理部”。组建宝钢设计院，与宝钢工程技术集团有限公司实行“两块牌子、一套班子”方式运作。

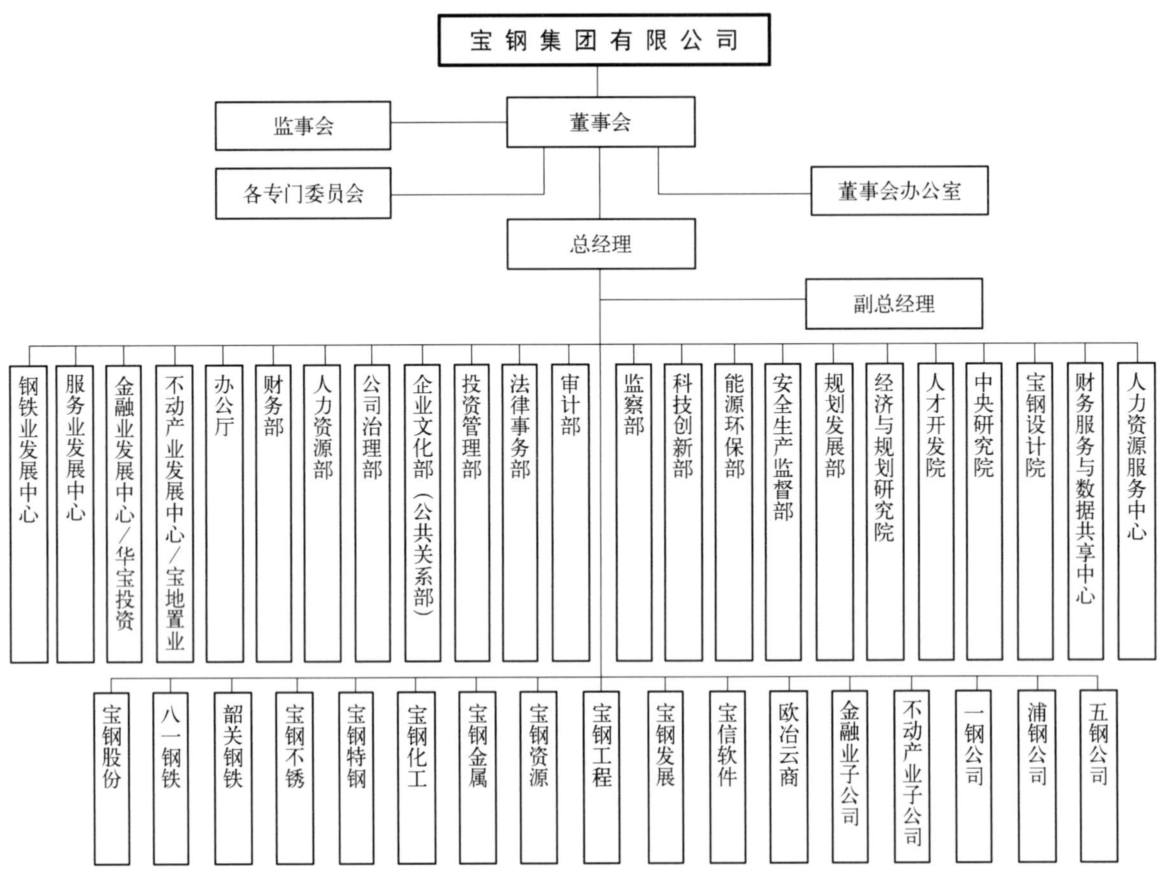

图1-2-5 2016年11月宝钢集团有限公司行政系统组织机构图

第三章 所属企业

1998年11月宝钢集团成立之初，拥有各类子公司、孙公司800多家。之后，宝钢集团从规范管理和运作、提高盈利能力出发，分别采取转让、关闭、停业、破产、合并等方式对子公司、孙公司进行清理，至2000年年底关停并转218家企业。

2000年宝钢股份成立，成为宝钢集团钢铁业核心企业。宝钢集团钢铁业子公司除宝钢股份外，还包括宝钢集团上海第一钢铁有限公司（简称宝钢一钢）、宝钢集团上海二钢有限公司（简称宝钢二钢）、宝钢集团上海浦东钢铁有限公司（简称宝钢浦钢）、宝钢集团上海五钢有限公司（简称宝钢五钢）、宝钢集团上海梅山有限公司（简称宝钢梅山）、上海宝钢益昌薄板有限公司（简称宝钢益昌）等。对非钢子公司，宝钢集团推进由优势企业兼并的措施，形成宝钢集团国际经济贸易总公司、宝钢集团财务有限责任公司、上海宝钢工程技术有限公司、上海宝钢产业发展有限公司、上海宝钢运输有限公司、宝钢集团企业开发总公司、上海宝钢信息产业有限公司、上海宝钢化工有限公司等多元产业类子公司。

2001—2016年，宝钢集团大力推行主辅分离、产业结构调整等一系列改革，做大做强钢铁主业，对多元产业进行业务整合、聚焦，创新业务模式，探索产权制度改革。截至2016年，宝钢集团拥有宝钢股份、八一钢铁、韶关钢铁、宝钢不锈钢有限公司（简称宝钢不锈）、宝钢特钢有限公司（简称宝钢特钢）等钢铁业子公司，以及宝钢金属有限公司（简称宝钢金属）、宝钢资源有限公司（简称宝钢资源）、宝钢工程技术集团有限公司（简称宝钢工程）、宝钢发展有限公司（简称宝钢发展）、上海宝信软件股份有限公司（简称宝信软件）、欧冶云商股份有限公司（简称欧冶云商）、宝钢集团上海第一钢铁有限公司（简称一钢公司）、宝钢集团浦东钢铁有限公司（简称浦钢公司）、宝钢集团五钢有限公司（简称五钢公司）等多元产业子公司。

第一节 钢铁业子公司

1998年11月，上海地区钢铁企业实施联合重组，原上海冶金控股（集团）公司下属上海第一钢铁（集团）有限公司、上海浦东钢铁（集团）有限公司、上海五钢（集团）有限公司，以及上海梅山（集团）有限公司等钢铁企业进入宝钢集团。成立伊始，宝钢集团提出钢铁业是巩固和创造战略优势的源泉，必须以钢铁精品战略为核心，形成统一的战略规划，充分利用资源优势，集中精力搞好钢铁主业。1999年，宝钢集团筹划、编制钢铁发展总体规划纲要，提出：通过重组改造、淘汰落后、优化结构和技术创新，把宝钢集团建设成中国最大的以汽车用钢、石油管、造船板、不锈钢、硅钢和高效建筑用钢等六大产品为主导的精品基地；成为中国钢铁行业新工艺、新技术、新材料研发的重要基地，带动中国钢铁工业整体水平提高。

1999—2002年，宝钢集团一方面实施大规模技术改造，另一方面对集团钢铁业子公司进行重组。2000年2月，宝钢集团发起创立宝山钢铁股份有限公司。宝钢股份成为集团钢铁业的核心公司。2001年1月1日，上海钢铁研究所和上海钢铁工艺技术研究所由地方事业型编制科研院所转制为科技型企业。2001年3月，上海钢管股份有限公司与上海宝钢信息业有限公司进行资产置换；

5月，上海钢管股份有限公司更名为“宝钢集团上海钢管有限公司”。

2003年上半年，宝钢集团提出新的战略发展目标：第一阶段，到2005年建成钢铁精品基地；第二阶段，到2010年实现一体化运作。要逐渐打破现有子公司之间的壁垒，在钢铁主业形成普碳钢、不锈钢和特殊钢等三大制造中心。同年，宝钢集团完成宝钢股份收购宝钢益昌和南通宝钢钢铁有限公司；宝钢五钢托管宝钢二钢和上海钢铁研究所。

2005年4月，宝钢股份增发50亿股人民币普通股，收购集团优质资产。宝钢一钢、宝钢五钢、宝钢梅山等钢铁主业资产进入宝钢股份。宝钢股份形成碳钢、特殊钢、不锈钢等三大制造体系和比较完善的供应链体系，成为宝钢集团钢铁生产经营主体。2007年，宝钢股份收购宝钢集团上海钢管有限公司主业资产；2008年4月1日，宝钢股份收购宝钢浦钢钢铁主业——罗泾区域资产。

2007年起，为做大做强钢铁主业，优化钢铁产品结构，宝钢集团先后重组新疆八一钢铁集团有限责任公司、宁波钢铁有限公司、福建德盛镍业有限公司、广东省韶关钢铁集团有限公司。2011年4月，在广东省湛江市注册成立宝钢湛江钢铁有限公司。

2012年7月4日，上海市政府与宝钢集团签署《关于上海宝山地区钢铁产业结构调整的合作协议》。根据协议要求，宝钢集团将按照“减量、增效、调整、发展”的总体原则，实施上海宝山地区钢铁产业结构调整，计划减少上海地区钢铁产能约660万吨。据此，2012年3月，宝钢集团整体收购宝钢股份不锈钢事业部和特钢事业部的资产，成立宝钢不锈钢有限公司和宝钢特钢有限公司。2012年11月，宝钢集团收购宝钢股份罗泾区域的熔融还原炼铁装置的资产，并将生产设备整体搬迁至八一钢铁。

截至2016年12月与武钢集团联合重组前，宝钢集团拥有宝钢股份、上海梅山钢铁股份有限公司（简称梅钢公司）、湛江钢铁、八一钢铁、韶关钢铁、宝钢不锈、宝钢特钢等钢铁企业。

表1-3-1　1998—2016年宝钢集团主要钢铁业子公司情况表

序号	公司名称	主　要　产　品	公司地址	创建时间	备　注
1	宝山钢铁股份有限公司	专业生产高技术含量、高附加值的碳钢薄板、厚板与钢管等钢铁精品	上海市宝山区富锦路885号	2000年2月3日	
2	宝钢集团上海第一钢铁有限公司	建筑用钢、船板、钢管	上海市宝山区长江路735号	1938年11月	2005年5月，钢铁主业进入宝钢股份；宝钢一钢退出钢铁主业，成为存续公司
3	宝钢不锈钢有限公司	铁素体、奥氏体、马氏体、双相钢等四大系列不锈钢产品及抗氢诱裂纹管线、高韧性管线、汽车结构、焊接气瓶等十大系列碳钢产品	总部：上海市宝山区长江路580号；宁波宝新：浙江省宁波经济技术开发区（北仑区霞浦镇）；宝钢德盛：福建省福州市罗源县罗源湾开发区金港工业区2号	2005年5月	
4	宝钢集团上海二钢有限公司	线材产品	上海市杨浦区黄兴路221号	1942年2月	2003年10月，由宝钢五钢托管；2015年11月，由宝地置业管理

〔续表〕

序号	公司名称	主　要　产　品	公司地址	创建时间	备　注
5	宝钢集团上海浦东钢铁有限公司	造船板、容器板、不锈钢宽厚板以及各类石油化工耐腐板、核电用板、高温合金板等	上海市浦东新区上南路300号	1913年3月	2008年4月，钢铁主业进入宝钢股份；宝钢浦钢退出钢铁主业，成为存续公司
6	宝钢集团上海五钢有限公司	轴承钢、结构钢、高温合金、钛合金精密合金、工模具钢、不锈钢等特殊钢产品	上海市宝山区同济路333号	1958年3月	2005年5月，钢铁主业进入宝钢股份；宝钢五钢退出钢铁主业，成为存续公司
7	宝钢特钢有限公司	特种冶金、不锈钢、结构钢等三大系列核心产品，以及模具钢、轴承钢、汽车用钢和芯棒、不锈钢等四大系列专业化产品	上海市宝山区水产路1269号	2005年5月	
8	宝钢集团上海梅山有限公司（上海梅山钢铁股份有限公司）	冷成型用钢、结构用钢、汽车结构用钢、耐腐蚀结构用钢、焊接气瓶用钢、花纹板、石油天然气输送管用钢、直缝焊套管用钢、锅炉钢	江苏省南京市中华门外新建	1969年4月	2001年8月，梅钢公司与宝钢梅山实行“一套班子、两块牌子”运作。2005年5月，梅钢公司进入宝钢股份，宝钢梅山退出钢铁主业
9	上海宝钢益昌薄板有限公司	具有“薄、特、优”特色的冷轧薄板	上海市宝山区江杨南路950号（1999年江杨南路改造后，门牌号码改为2288号）	1989年2月	2004年4月进入宝钢股份
10	宝钢集团上海钢管有限公司	生产43个大类、4 000多个品种规格的无缝钢管、高频焊接钢管和镀锌钢管	上海市宝山区逸仙路3950号	1958年3月	2007年9月进入宝钢股份
11	上海钢铁研究所	集冶金新材料、新工艺和新技术的科研、试制、生产于一体的综合性应用技术研究所	上海市宝山区泰和路1001号	1960年4月	2004年12月进入宝钢五钢
12	上海钢铁工艺技术研究所	建筑用钢的产品、技术开发和应用，异型焊管、冷弯型钢的产品开发和生产，钢铁生产新工艺、新装备应用	本部：上海市长宁区定西路1118号；试验基地：上海市闵行区华翔路3801号	1984年10月	2010年9月进入宝钢工程
13	宝钢集团南通宝钢钢铁有限公司	直径6～50毫米螺纹钢	江苏省南通市港闸区唐闸镇河东北路161号	1987年	2007年10月进入宝钢股份，2015年2月停产
14	烟台鲁宝钢管有限责任公司	输送流体用无缝钢管、液压支柱用无缝钢管、锅炉用无缝钢管、结构用无缝钢管、石油光管、氧气瓶管等10多个品种、400多个规格	山东省烟台市芝罘区幸福中路185号	1992年5月	2003年10月进入宝钢股份

〔续表〕

序号	公司名称	主　要　产　品	公司地址	创建时间	备　注
15	南京宝日钢丝制品有限公司	紧固件用冷镦钢丝和高碳钢丝	江苏省南京经济技术开发区新港片区兴文路9号	1999年9月1日	2011年4月进入宝钢金属
16	宁波宝新不锈钢有限公司	钢种SUS300、SUS400系列，表面加工等级2B、2D、No.1、No.3、No.4、HL、BA(镜面板)等，厚度为2～50毫米、宽度为650～1 320毫米的冷轧不锈钢板、卷，外径为19～76毫米、厚度为0.50～3毫米的不锈钢焊管	浙江省宁波市北仑区霞浦镇	1996年3月	
17	宝钢集团新疆八一钢铁有限公司	金属制品等钢铁延伸产品，覆盖长材、板材及管材等	新疆维吾尔自治区乌鲁木齐市头屯河区八一路	1951年9月	2007年4月进入宝钢集团
18	宁波钢铁有限公司	一般结构用碳素结构钢、制管用钢、一般结构用低合金结构钢、冷轧或深冲用低碳钢及超低碳钢(D、E料)、优质碳素结构钢、管线钢(石油天然气输送管用钢、直缝电阻焊套管用钢)、汽车结构钢(车轮钢、大梁钢、细晶粒高强度钢、汽车其他结构件用钢)、集装箱用钢、造船用钢、桥梁用钢、工程机械用钢和花纹板等	浙江省宁波市北仑区霞浦临港二路168号	2003年1月14日	2009年3月，宝钢集团控股宁波钢铁。2014年12月，宝钢集团调整为宁波钢铁第二大股东
19	宝钢德盛不锈钢有限公司	镍合金、不锈钢材料	福建省福州市罗源县罗源湾开发区金港工业区2号	2005年11月	2010年12月进入宝钢集团
20	广东钢铁集团有限公司	负责引导和带动广东省钢铁行业的发展，承担产业规划、决策、指导和协调等职能，并负责建设广东湛江钢铁基地项目	广东省广州市越秀区东风中路509号：广东省建设银行大厦24层	2008年6月28日	2011年12月，更名为“广东宝钢置业有限公司”，由宝地置业托管
21	宝钢集团广东韶关钢铁有限公司	板材、线材、优特钢棒材等	广东省韶关市曲江区	1966年8月22日	2012年4月进入宝钢集团
22	宝钢湛江钢铁有限公司	热轧薄板、普冷板、热镀锌板、宽厚板、无取向硅钢	广东省湛江经济技术开发区岛东大道18号	2011年4月18日	2013年2月，由宝钢股份控股

第二节　多元产业子公司

从1998年11月上海地区钢铁企业联合重组至2000年，宝钢集团多元产业涉及贸易业、金融业、设备设计和制造业、钢材深加工、运输业、后勤服务业、信息业、化工业、设备检测检修业、建筑房地产业、旅馆旅游业。其中，贸易业是多元产业中最重要的产业，由宝钢集团国际经济贸易总公司、东方钢铁电子商务有限公司和13家境外公司等组成，从事销售、采购、转口贸易、进出口贸易等各种业务；金融业有宝钢集团财务有限责任公司与华宝信托投资有限责任公司，从事信贷、委托贷款、委托投资、同业拆借及资产管理、证券投资、债券发行、基金管理等业务；设备设计和制造业有上海宝钢工程技术有限公司，整合宝钢原有的设计、设备成套、设备制造、工程管理业务，形成“以设计科研为中心，以设备制造为支撑，以技术总成为载体”的现代工程技术公司；钢材深加工产业由上海宝钢产业发展有限公司和宝钢集团上海联合公司组成，以对钢铁产品进行深加工为主；运输产业是将海洋运输、公路运输、铁路运输等单位整合成立上海宝钢运输有限公司，主要经营宝钢外贸进出口货物运输、国际近洋海运、仓储运输及航运咨询等业务；后勤服务业有宝钢集团企业开发总公司，主要担负集团主体的生活后勤服务、生产服务、宝钢产品深加工、废次品及废弃物综合开发利用、备品备件、机械电气设备和车辆的维修以及宾馆酒店、仓储运输、工业服装、绿化环卫、印刷等项业务；信息业由宝钢几家信息技术(IT)公司重组而成的上海宝钢信息产业有限公司承担；化工业有上海宝钢化工有限公司，是从事化工产品生产、科研、销售、贸易的经营单位；设备检测与检修产业，主要由上海宝钢设备检测公司和上海宝钢设备检修有限公司承担；建筑、房地产业主要由宝钢集团上海冶金建设有限公司和上海宝钢房地产经营开发公司组成；旅馆、旅游业以宝钢集团宝山宾馆为主，经营方向是“立足宝钢，面向社会”。

2005年，宝钢股份完成增发收购，实施钢铁主业一体化运作，宝钢一钢、宝钢五钢、宝钢梅山完成主辅分离，3家公司的钢铁主业进入宝钢股份，改制重组后的宝钢集团上海第一钢铁有限公司、宝钢集团上海五钢有限公司、宝钢集团上海梅山有限公司成为为钢铁主业服务的子公司；原由宝钢集团控股的上海宝信软件股份有限公司，变更为由宝钢股份控股。

2005年起，宝钢集团对资源、贸易、物流系统进行整合。5月10日，在上海宝钢国际经济贸易有限公司(简称宝钢国际)基础上改制建立宝钢股份贸易分公司，所有境外子公司进入宝钢股份。2006年12月，宝钢股份决定撤销贸易分公司；2007年1月，完成贸易分公司向宝钢国际的业务切换。重组后的宝钢国际充实和完善了既有的钢材贸易和加工配送服务体系，下设5家地区贸易公司、3家专营贸易公司和29家剪切加工配送中心，以及5家直属子公司和若干家控股子公司。2008年4月，宝钢集团将2006年成立的宝钢贸易有限公司更名为“宝钢资源有限公司”，主要从事矿产资源的投资、贸易及物流服务，设有矿石开发贸易部、资源规划发展部、煤炭开发贸易部等业务部门，拥有上海宝钢运输有限公司、上海宝钢钢铁资源有限公司等子公司。

2007年，宝钢集团对钢材深加工业务进行整合。12月28日，整合上海宝钢产业发展有限公司、钢制品事业部以及汽车贸易、线材制品等业务，组建成立宝钢金属有限公司，使之成为宝钢钢材延伸加工产业发展的重要平台。宝钢金属拥有22家子公司，核心业务包括钢结构、金属包装、汽车零部件、线材制品、工业气体、汽车贸易等。

同年，宝钢集团对后勤服务业进行改革。10月12日，在宝钢集团企业开发总公司的基础上，组建宝钢发展有限公司。至2009年，宝钢发展总共有33个独立法人单位，6个委托法人单位，经营范围包括冶金企业废弃物和副产品综合利用，钢铁产品包装，餐饮、物业、通勤、绿化、卫生服务、生产协力管理，建筑工程承揽，物流及钢材贸易，房地产开发，磁性材料及矿渣微粉制造、销售，模具钢加工、配送，钢材深加工，汽车修理，以及旅游等。

2009年，宝钢集团实行“一元特强，相关多元产业协同发展”战略，在突出钢铁主业发展的同时，围绕钢铁供应链、技术链和资源利用链，适度发展相关多元产业。同年，对设备设计和制造业、设备检测检修业、信息服务业等进行整合，将上海宝钢工程技术有限公司更名为“宝钢工程技术集团有限公司”。经过资源整合，形成工程技术咨询、信息服务、装备制造、钢铁技术服务、钢结构、节能技术服务等核心业务，具有国家颁发的20余项甲级资质和国(境)外承包工程经营权。至年底，宝钢集团多元产业形成资源开发及物流业、钢材延伸加工业、工程技术服务业、生产服务业、煤化工业、金融投资业等六大板块。

截至2016年12月与武钢集团联合重组前，宝钢集团多元产业拥有钢铁及相关服务业、产业链金融、不动产及城市新产业等三大板块。钢铁及相关服务业包括电商、物流、加工、数据、资源服务、信息技术、工程、生产及生活服务等业务，拥有宝钢资源、宝钢金属、宝钢工程、宝钢发展、宝信软件、欧冶云商、一钢公司、浦钢公司、五钢公司等子公司，其中宝信软件和宝钢金属下属上海宝钢包装股份有限公司为上市公司。产业链金融包括助推钢铁产业转型升级的产业链金融业务，提升国有资本运营效率的投资融资、收购兼并等资本运营业务，支撑业务创新的创业投资业务等，拥有华宝投资有限公司、华宝信托有限责任公司、华宝兴业基金管理有限公司、华宝证券有限责任公司、宝钢集团财务有限责任公司。不动产及城市新产业包括配合钢铁去产能、提升土地要素资源价值、拓展业务发展载体的不动产开发运营及城市新产业发展等业务，拥有上海宝地置业有限公司、上海吴淞口创业园有限公司等。

第二篇

钢铁主业

概　　述

1998—2016年，宝钢集团以发展钢铁精品和提高可持续发展能力为导向，对集团内钢铁主业统一编制规划、统一技术改造、统一规划资金，推进大宗原燃料采购、市场营销和海外经营业务一体化运作，大力淘汰落后工艺装备、推进结构调整，优化组织机构，提高工作效率。2016年5月4日，成立钢铁及相关制造业发展中心，围绕钢铁规划、投资管理、资本运作和运营评价等业务板块，聚焦去产能、企业扭亏增盈、产业结构调整、编制新一轮规划、加强投资管理、开展资产处置和内部资产重组、研究产业政策等重点。

宝钢集团按照建设钢铁精品基地和钢铁工业新技术、新工艺、新材料研究开发基地的要求，编制统一的钢铁发展规划，并投入巨资加快建设。一方面，宝山钢铁股份有限公司（简称宝钢股份）继续进行一批技改项目，新建汽车板、硅钢生产线等工程，建设广东湛江钢铁基地项目；另一方面，对老企业进行技术改造，先后淘汰能耗高、污染严重、技术落后的装备，完成宝钢集团上海第一钢铁有限公司（简称宝钢一钢）不锈钢工程、宝钢集团上海五钢有限公司（简称宝钢五钢）合金模块材料专业生产线项目和特殊钢银亮材工程、宝钢集团上海浦东钢铁有限公司（简称宝钢浦钢）搬迁罗泾工程等一大批新建或改造项目。截至2016年，宝钢已建成普碳钢、不锈钢、特殊钢等三大制造基地。

宝钢集团通过淘汰、技改、新建，生产装备水平大幅提升，熔融还原炼铁、高强钢、硅钢、不锈钢、银亮材等生产装备达到世界先进水平。同时，在各子公司全面推广宝钢现代企业管理制度，加强设备维护，各公司生产设备保持良好运行状态，产量稳步提高。

宝钢集团以生产高技术含量、高附加值的钢铁精品为己任，产品包括普碳钢、不锈钢和特殊钢等三大系列，覆盖汽车、家电、石油化工、机械制造、电力、造船、建筑装潢、金属制品、航空航天、核电、电子仪表等领域。宝钢生产的输油气管线钢、储油罐用钢、取向硅钢、核电蒸汽发生器用690 U形管等产品进入市场后，同类产品进口价格大幅降低，使下游企业摆脱了对进口产品的依赖，大大促进了下游产业竞争力的快速提升。在汽车板领域，宝钢成为世界上第一个具备第一、第二和第三代先进高强钢供货能力的厂商，国内市场占有率超过50%。

宝钢集团着力推进原料采购和营销一体化，建设一体化的信息系统。2005年，宝钢股份成立原料采购中心，上海地区各子公司的大宗原燃料逐步由原料采购中心负责采购，沪外子公司则由原料中心提供帮助。宝钢建立起遍布全国的营销网络，还在日本、新加坡、美国和德国成立4家贸易公司，形成宝钢境外钢铁产品的营销网络。借助于国内外营销网络优势，宝钢产品行销全国和世界各地。

2016年，宝钢集团完成铁产量3 816万吨、钢产量3 976万吨、商品坯材产量3 989万吨、商品坯材销量4 009万吨，资产总值5 647亿元，实现利润总额70亿元。

第一章 主要企业

1998—2016年，宝钢集团主要钢铁生产单元有：宝钢股份、上海梅山钢铁股份有限公司（简称梅钢公司）、宝钢湛江钢铁有限公司（简称湛江钢铁）、宝钢一钢（后更名为“宝钢不锈钢有限公司”，简称宝钢不锈）、宝钢浦钢（后更名为“宝钢股份中厚板分公司”）、宝钢五钢（后更名为“宝钢特钢有限公司”，简称宝钢特钢）、宝钢集团新疆八一钢铁有限公司（简称八一钢铁）、宁波钢铁有限公司（简称宁波钢铁）、宝钢集团广东韶关钢铁有限公司（简称韶关钢铁），其中梅钢公司和湛江钢铁分别于2005年和2012年被宝钢股份收购，成为其子公司。各生产单元以“精简、高效”为原则，对组织机构进行改革，通过撤销、合并、调整、新设等方式，大幅削减职能部门，压缩管理层级，生产厂部按照生产流程重新梳理设定，压减下属子（分）公司。各生产单元通过精简人员，提高员工素质，提高人事效率，大专及以上学历的员工比例上升，人力资源效率提升。内部改革提升了市场竞争力，各单元在严峻的市场面前，经营业绩都有不同程度的增长，特别是宝钢股份保持了国内同行业绩最优的地位。

第一节 宝山钢铁股份有限公司

宝山钢铁股份有限公司（简称宝钢股份）由宝钢集团于2000年2月3日独家发起组建。宝钢集团将宝钢一期和二期工程的原料、烧结、炼铁、炼钢、连铸、热轧、冷轧、高速线材、钢管、发电项目，以及三期工程的原料、烧结、炼铁、发电项目的经营性资产投入宝钢股份，并委托其管理宝钢三期项目。12月12日，宝钢股份在上海证券交易所挂牌上市。宝钢股份主厂区位于上海市北翼长江南岸，占地面积18.98平方公里。总部地址：上海市宝山区富锦路885号。

一、机构设置

2000年，宝钢股份下设炼铁厂、炼钢厂、条钢厂、热轧厂、冷轧厂、电厂、制造部、设备部、运输部、能源部、销售部、采购部、钢管分公司、技术中心；职能部门设人力资源部、财务部、科技部、战略部、创新部、投资处、设计处、技改处、设备采购处、安全环保处、审计处、企业文化处、办公室、董秘室、法务室、监察室等。

2004年，宝钢股份全面完成对上海宝钢益昌薄板有限公司的吸收合并。上海宝钢益昌薄板有限公司更名为“宝钢股份冷轧薄板厂”。2005年，宝钢集团主要钢铁资产进入宝钢股份。整合后的全资分公司有宝钢分公司、不锈钢分公司、特殊钢分公司、贸易分公司、化工分公司；控股子公司有上海宝信软件股份有限公司、梅钢公司、宁波宝新不锈钢有限公司（简称宁波宝新）、宝钢新日铁汽车板有限公司（简称宝日汽车板公司）、宝钢股份黄石涂镀板有限公司、烟台鲁宝钢管有限责任公司。2006年，宝钢股份对组织机构进行局部调整和完善，成立科技发展部和知识资产部，在宝钢分公司成立硅钢部。2008年，收购宝钢浦钢罗泾项目资产，并设立中厚板分公司；设立不锈钢、厚板、钢管品种管理部。2009年，撤销宝钢分公司建制，由宝钢股份直接管理原宝钢分公司各项业务；撤销销售中心建制，由宝钢股份直接管理产品营销工作。2010年，撤销中厚板分公司建制。2012年，出售不锈钢和特钢资产；收购湛江钢铁股权，湛江钢铁成为宝钢股份控股子公司。

2016年年底，宝钢股份钢铁制造板块设炼铁厂、炼钢厂、热轧厂、厚板部、硅钢部、冷轧厂、镀锡板厂、电厂、运输部等9个直属厂、部，以及钢管条钢事业部、梅钢公司、湛江钢铁、黄石公司等；职能部门设办公室、董秘室、规划与科技部、人力资源部、运营改善部、企业文化部、财务部、法律事务部、审计部、监察部、安全保卫部、投资管理部、制造管理部、设备部、能源环保部、资材备件采购部、原料采购中心、营销中心、中央研究院（技术中心）等。

二、企业发展

2000年2月3日，宝钢股份创立，上市前原有股本为106.35亿股（元），全部由宝钢集团代表国家持有。同年12月12日，宝钢股份在上海证券交易所挂牌上市，股票代码600019。2005年4月，宝钢股份增发50亿股人民币普通股，用于收购宝钢集团所拥有的钢铁生产、钢铁供应链及相关产业等三大体系的钢铁主业资产。增发收购完成后，宝钢集团主要钢铁资产进入宝钢股份，宝钢股份形成碳钢、特殊钢、不锈钢等三大生产制造体系和比较完善的供应链体系，成为宝钢集团钢铁生产经营主体。宝钢股份加快实施对新进子公司和分公司的整合融合。整合后的全资分公司有宝钢分公司、不锈钢分公司、特殊钢分公司、贸易分公司、化工分公司；控股子公司有上海宝信软件股份有限公司、上海梅山钢铁有限公司、宁波宝新不锈钢有限公司、宝钢新日铁汽车板有限公司、黄石涂镀板有限公司、烟台鲁宝钢管有限责任公司。2008年，收购宝钢浦钢罗泾项目资产，设立宝钢股份中厚板分公司。2009年，撤销宝钢分公司建制，组建各产品事业部，对宝钢分公司各项业务实行直接管理。2012年4月，向宝钢集团出售不锈钢事业部（原不锈钢分公司）、特钢事业部（原特殊钢分公司）全部资产。9月，由宝钢股份作为主体建设湛江钢铁项目获股东大会通过；2013年10月18日，以货币方式增资120亿元，持有湛江钢铁90%股权。

宝钢股份专业生产高技术含量、高附加值的碳钢薄板、厚板与钢管等钢铁精品。其中，在汽车板、硅钢、镀锡板、能源与管线用钢、高等级船舶与海洋工程用钢及其他高端薄板产品等领域处于国内市场领导地位，自主研发的新一代高强汽车板、取向硅钢处于国际先进水平。2006年，宝钢股份“宝钢高等级汽车板品种、生产及使用技术的研究”项目获2005年度国家科学技术进步奖一等奖。2009年，宝钢股份获美国《财富》杂志“全球最受尊敬企业”称号，名列福布斯2009年全球2 000强上市公司榜第263位。2012年，获“全国循环经济工作先进单位”称号、“亚洲和中国最受尊敬的知识型组织大奖”。2013年，入选美国《财富》杂志中文网中国企业社会责任100强排行榜、中国企业500强排行榜；蝉联“亚洲最受尊敬的知识型组织大奖”，成为中国制造业中唯一获此称号的企业；“低温高磁感取向硅钢制造技术的开发与产业化”获国家科学技术进步奖一等奖。2013年、2014年，连续2年获全球钢铁行业最高信用评级，标准普尔、穆迪和惠誉分别给予“A -”“A3”和“A -”的长期企业信用评级，评级展望均为“稳定”。2014年，蝉联“中国最受尊敬的知识型企业组织大奖”；宝钢股份总部获国际权威认证机构——英国标准协会对公司有害物质管理体系（QC080000）认证推荐，成为国内大型钢铁企业中首家通过该体系认证的公司。

2016年，宝钢股份下属主要钢铁制造单元有直属生产厂部、钢管条钢事业部、梅山钢铁股份有限公司、宝钢湛江钢铁股份有限公司、黄石涂镀板有限公司。10月，宝钢股份股东大会通过吸收合并武汉钢铁股份有限公司(简称武钢股份)方案(2017 年 2 月,宝钢股份完成吸收合并武钢股份,新增股份于 2 月 27 日上市,公司股票同日复牌)。全年产铁 2 661.32 万吨,产钢 2 787.53 万吨;销售商品坯材 2 744.93 万吨,实现营业总收入 1 857 亿元。同年,获国内钢铁行业首批"全国绿化先进集体"称号,当选联合国首届中国"可持续发展目标先锋企业"。年底,在册员工 17 879 人,其中在岗员工 16 784 人(均不含原武钢股份员工)。

表 2-1-1　1998—2016 年宝钢股份(宝山钢铁)员工队伍分类状况统计表　单位:人

年份	在册员工	在岗员工	岗位分布			学历结构				
			管理	技术	操作	研究生	本科	大专	中专、高中	初中及以下
1998	17 529	—	2 401	3 120	12 008	—	—	—	—	—
1999	—	—	—	—	—	—	—	—	—	—
2000	14 255	—	1 681	2 349	9 660	3 454			—	—
2001	15 745	—	1 511	2 976	11 258	4 254			—	—
2002	15 693	—	1 194	3 120	11 379	4 432			—	—
2003	15 323	—	1 182	3 111	11 032	4 752			—	—
2004	15 391	—	1 223	3 292	10 876	5 192			—	—
2005	27 168	—	2 292	6 417	18 459	11 002			—	—
2006	27 024	—	2 412	6 147	18 465	12 750			—	—
2007	25 464	—	2 326	6 101	17 037	13 135			—	—
2008	28 186	—	2 645	7 203	18 338	15 674			—	—
2009	27 374	27 321	2 468	7 162	17 691	16 889			—	—
2010	28 102	26 966	2 290	6 575	18 101	16 661			—	—
2011	27 854	26 653	2 248	6 357	18 048	1 817	6 100	9 312	9 249	175
2012	19 571	18 524	1 457	4 541	12 526	1 695	4 464	6 513	5 727	125
2013	19 059	17 995	1 410	4 459	12 126	1 793	4 438	6 373	5 312	79
2014	18 704	17 730	1 507	4 397	11 826	1 291	5 144	6 240	4 993	62
2015	18 588	17 438	1 527	4 343	11 568	1 398	5 193	6 228	4 582	37
2016	17 879	16 784	1 485	4 180	11 119	1 334	5 131	6 027	4 259	33

表 2-1-2　1998—2016 年宝钢股份(宝山钢铁)主要经济指标统计表　单位:亿元

年份	资产总值	营业收入	利润总额	年份	资产总值	营业收入	利润总额
1998	—	287.97	10.24	2001	580.42	291.71	37.10
1999	359.01	283.25	33.95	2002	614.89	338.77	59.42
2000	389.67	309.41	43.78	2003	609.18	444.60	99.29

〔续表〕

年份	资产总值	营业收入	利润总额	年份	资产总值	营业收入	利润总额
2004	642.55	586.38	135.86	2011	2 311.00	2 225.05	92.60
2005	1 420.24	1 266.08	183.10	2012	2 143.57	1 911.36	131.40
2006	1 648.47	1 621.42	192.04	2013	2 266.68	1 896.88	80.10
2007	1 883.36	1 912.73	193.08	2014	2 286.53	1 874.14	82.78
2008	2 000.21	2 003.32	81.54	2015	2 341.23	1 637.90	18.54
2009	2 011.43	1 483.26	72.95	2016	2 679.83	1 854.59	115.20
2010	2 160.65	2 021.49	170.76				

表 2-1-3　2000—2016 年宝钢股份获得荣誉情况表

序号	获 奖 单 位	获奖项目	奖项名称或等级	授 奖 单 位	获奖年份
1	宝山钢铁股份有限公司		中国上市公司 100 强第一名		2000
2	宝山钢铁股份有限公司		全国质量效益型先进企业	中国质量协会	2000
3	宝山钢铁股份有限公司		2001 年全国质量管理奖	中国质量协会	2001
4	宝山钢铁股份有限公司	宝钢 1 550 毫米冷轧工程	2001 年度中国建设工程鲁班奖(国家优质工程)	中国建筑业协会	2001
5	宝山钢铁股份有限公司		全国先进基层党组织	中国共产党中央委员会	2001
6	宝山钢铁股份有限公司		2002 年国家质量管理卓越企业	国家质检总局	2002
7	宝山钢铁股份有限公司		全球最具竞争力钢铁企业第五名	世界钢动态公司	2002
8	宝山钢铁股份有限公司		世界级组织奖		2002
9	宝山钢铁股份有限公司		全国五一劳动奖状(全国先进集体)	中华全国总工会	2003
10	宝山钢铁股份有限公司		全球世界级钢铁企业综合竞争力排名第二	世界钢动态公司	2003
11	宝山钢铁股份有限公司		全国质量效益型先进企业特别奖	中国质量协会	2003
12	宝山钢铁股份有限公司		CCTV(中央电视台)2003 十家中国最具价值上市公司年度评选第一	中央电视台	2003
13	宝山钢铁股份有限公司		全国质量管理(QC)小组活动优秀企业	中国质量协会	2003
14	宝山钢铁股份有限公司		中国企业信息化标杆企业	国家信息化测评中心	2004
15	宝山钢铁股份有限公司		全国六西格玛推广先进企业	中国质量协会	2004

〔续表〕

序号	获奖单位	获奖项目	奖项名称或等级	授奖单位	获奖年份
16	宝山钢铁股份有限公司		2004年中国上市公司企业竞争力20强	中国经济网	2004
17	宝山钢铁股份有限公司		全国五一劳动奖状	中华全国总工会	2004
18	宝山钢铁股份有限公司	面向企业价值最大化的成本管理	第十届全国企业管理现代化创新成果一等奖	全国企业管理现代化创新成果审定委员会、中国企业联合会等	2004
19	宝山钢铁股份有限公司	宝钢高等级汽车板品种、生产及使用技术的研究	国家科学技术进步奖一等奖	国务院	2005
20	宝山钢铁股份有限公司		第二届中国企业信息化500强榜首	国家信息化测评中心	2005
21	宝山钢铁股份有限公司		重大企业信息化建设成就奖	国家信息化测评中心	2005
22	宝山钢铁股份有限公司		2005CCTV(中央电视台)我最喜欢的中国品牌榜特别贡献	中央电视台	2005
23	宝山钢铁股份有限公司		中国最受尊敬上市公司	《巴菲特周刊》、《世界经济学人周刊》、世界品牌价值实验室	2005
24	宝山钢铁股份有限公司		中国十佳上市公司	中央电视台	2005
25	宝山钢铁股份有限公司		国家环境友好企业	国家环境保护总局	2005
26	宝山钢铁股份有限公司	六西格玛精益运营在宝钢的实践应用	首届中国质量协会质量技术奖一等奖	中国质量协会	2005
27	宝山钢铁股份有限公司		2005年度最优秀工业奖	"中国工业大奖"组织委员会	2005
28	宝山钢铁股份有限公司		2005年世界级钢铁公司综合竞争力排名第三	世界钢动态公司	2005
29	宝山钢铁股份有限公司		中国企业新纪录创新成就奖	中国企业联合会、中国企业家协会	2005
30	宝山钢铁股份有限公司宝钢分公司		2006年度优秀诚信企业(首届)	中国企业联合会、中国企业家协会	2006
31	宝山钢铁股份有限公司宝钢分公司		全国五一劳动奖状	中华全国总工会	2006
32	宝山钢铁股份有限公司宝钢分公司		第三届中华环境奖——绿色东方奖	国家环境保护总局	2006
33	宝山钢铁股份有限公司		国家环境友好企业	国家环境保护总局	2006
34	宝山钢铁股份有限公司		中国最受尊敬A股上市企业	投资者报社	2006
35	宝山钢铁股份有限公司		2006年度财经风云榜"2006年度最佳投资者关系奖"	和讯网、中国证券市场研究设计中心	2006

〔续表〕

序号	获 奖 单 位	获奖项目	奖项名称或等级	授 奖 单 位	获奖年份
36	宝山钢铁股份有限公司宝钢分公司、上海宝冶建设有限公司、上海十三冶建设有限公司等	宝钢宽厚板轧机工程	2006年度中国建设工程鲁班奖(国家优质工程)	中国建筑业协会	2006
37	宝山钢铁股份有限公司		2007年度中国钢铁工业清洁生环境友好企业	国家环境保护总局	2007
38	宝山钢铁股份有限公司	高等级乘用车钢	中国钢铁工业产品开发市场开拓奖	中国钢铁工业协会	2007
39	宝山钢铁股份有限公司不锈钢分公司等	一钢不锈钢及碳钢热轧板卷技术改造项目	2007年度国家优质工程金质奖	中国施工企业管理协会	2007
40	宝山钢铁股份有限公司、上海宝冶建设有限公司等	宝钢二号高炉易地大修(宝钢四号高炉)工程	2007年度国家优质工程金质奖	中国施工企业管理协会	2007
41	宝山钢铁股份有限公司、上海五冶冶金建设有限公司、中国第二十冶金建设公司等	宝钢1 800毫米冷轧带钢工程	2007年度中国建设工程鲁班奖(国家优质工程)	中国建筑业协会	2007
42	宝山钢铁股份有限公司		2007年度全国用户满意服务企业	中国质量协会、中华全国总工会、共青团中央、全国妇联、全国用户满意工程联合推进办公室	2007
43	宝山钢铁股份有限公司		中国优秀诚信企业	中国企业联合会、中国企业家协会	2007
44	宝山钢铁股份有限公司		2008年度信息化企业大奖	中国信息化测评中心	2008
45	宝山钢铁股份有限公司		重大企业信息化建设成就奖	中国信息化测评中心	2008
46	宝山钢铁股份有限公司、上海宝冶建设有限公司、中国二十冶建设有限公司等	宝钢1 880毫米热轧带钢工程	2008年度中国建设工程鲁班奖(国家优质工程)	中国建筑业协会	2008
47	宝钢集团上海浦东钢铁有限公司、上海宝冶建设有限公司等	宝钢浦钢搬迁罗泾工程COREX炼铁主体单元工程	2009年度中国建设工程鲁班奖(国家优质工程)	中国建筑业协会	2009
48	宝山钢铁股份有限公司		全国推行全面质量管理30周年优秀企业	中国质量协会	2009
49	宝山钢铁股份有限公司		全球最受尊敬企业	美国《财富》杂志	2009
50	宝山钢铁股份有限公司		2009年全球2 000强上市公司榜第263位	《福布斯》杂志	
51	宝山钢铁股份有限公司		首届节能中国贡献奖	中国节能协会	2010

〔续表〕

序号	获奖单位	获奖项目	奖项名称或等级	授奖单位	获奖年份
52	宝山钢铁股份有限公司		2010节能中国十大贡献企业	中国节能协会	2010
53	宝山钢铁股份有限公司工会		全国模范职工之家	中华全国总工会	2011
54	宝山钢铁股份有限公司工会		全国企业工会工作红旗单位	中华全国总工会	2011
55	宝山钢铁股份有限公司		全国质量工作先进单位标兵	中国质量协会	2011
56	宝山钢铁股份有限公司		首届中国最受尊敬的知识型组织大奖	知商网、香港理工大学、知识管理及创新研究中心	2011
57	宝山钢铁股份有限公司党委		全国先进基层党组织	中国共产党中央委员会	2011
58	宝山钢铁股份有限公司		全国循环经济工作先进单位	国家发展和改革委员会	2012
59	宝山钢铁股份有限公司		亚洲和中国最受尊敬知识型组织大奖	知商网、香港理工大学、知识管理及创新研究中心	2012
60	宝山钢铁股份有限公司		2013年中国企业社会责任100强	美国《财富》杂志中文网	2013
61	宝山钢铁股份有限公司		公司治理百强企业	《董事会》杂志	2013
62	宝山钢铁股份有限公司		十佳责任公司	中央电视台	2013
63	宝山钢铁股份有限公司	低温高磁感取向硅钢制造技术的开发与产业化	国家科学技术进步奖一等奖	国务院	2013
64	宝山钢铁股份有限公司工会		全国模范职工之家	中华全国总工会	2013
65	宝山钢铁股份有限公司	600℃超超临界火电机组钢管创新研制与应用	国家科学技术进步奖一等奖	国务院	2014
66	宝山钢铁股份有限公司	现代钢铁企业“三流一态”能源价值管理	第21届全国企业管理现代化创新成果一等奖	全国企业管理现代化创新成果审定委员会、中国企业联合会等	2014
67	宝山钢铁股份有限公司		中国最受尊敬的知识型企业组织大奖	知商网、香港理工大学、知识管理及创新研究中心	2014
68	宝山钢铁股份有限公司		2014年度中央企业五四红旗团委	中央企业团工委	2015
69	宝山钢铁股份有限公司		全国绿化先进集体	全国绿化委员会、人力资源和社会保障部、国家林业局	2016

（续表）

序号	获 奖 单 位	获奖项目	奖项名称或等级	授 奖 单 位	获奖年份
70	宝山钢铁股份有限公司		中国“可持续发展目标先锋企业”	联合国	2016
71	宝山钢铁股份有限公司		第二届中国（上海）上市公司企业社会责任峰会“杰出企业”	新华网、上海上市公司协会、上海市经济团体联合会、上海市浦东新区金融服务局、中国金融信息中心	2016
72	宝山钢铁股份有限公司		“供应链管理提升”卓越奖	英国标准协会	2016

第二节　上海梅山钢铁股份有限公司

上海梅山钢铁股份有限公司（简称梅钢公司）的前身为创建于1969年的九四二四工程指挥部，是上海市为解决上海钢铁企业生铁不足的状况而建在江苏省南京地区的炼铁基地。1972年更名为“梅山工程指挥部”，1984年改为“上海梅山冶金公司”。1994年，以上海梅山冶金公司为基础组建上海梅山（集团）有限公司。1998年11月上海地区钢铁企业联合重组后进入宝钢集团，更名为“宝钢集团上海梅山有限公司”（简称宝钢梅山）。2001年6月，上海梅山钢铁股份有限公司创立，宝钢梅山的钢铁主体生产单位、与主体密切相关的资产进入梅钢公司。公司位于南京市西南郊，北临长江黄金水道，东靠宁马高速公路、南京长江三桥和宁芜铁路，占地面积10.67平方公里。公司地址：江苏省南京市中华门外新建。

一、机构设置

1999年，宝钢梅山设办公室、发展规划部、财务部、资产经营部、人力资源部、监察审计部、档案馆、咨询小组等行政组织机构，钢铁公司、矿业公司、企业发展公司、联合经济发展公司、工程技术公司等5个子公司以及技术中心、培训中心。

2001年6月，梅钢公司成立，设贸易部、技改部、技质部、设备部、生产部、计财部、办公室等7个管理部室，炼铁厂、烧结厂、焦化厂、炼钢厂、热轧板厂、动力能源部、自动化部等7个生产厂、部。2005年5月，梅钢公司进入宝钢股份，下设科技部（技术中心）、制造管理部、采购部、销售部、财务部、监察审计部、企业文化部、人力资源部、企划部、办公室、技改工程部、安全环保部、设备部、能源部、运输部等15个部室，炼铁厂、炼钢厂、热轧板厂等3个生产厂。

2016年年底，梅钢公司设产业发展部、安全管理部、企业文化部、监察审计部、人力资源部、财务部、企划部、办公室、科技部（技术中心）、营销部、采购部、制造管理部、设备部、投资管理部、保卫人武部、能源环保部、运输部等17个部室，炼铁厂、炼钢厂、热轧板厂、冷轧厂、热电厂等5个生产厂。

二、企业发展

1998年，宝钢梅山初步建立起与市场经济和现代企业制度相适应的管理体制，成为集采矿、选矿、烧结、焦化、炼铁、炼钢、轧钢为一体的钢铁联合企业。全年实现工业增加值11.61亿元、营业收入33.08亿元(其中主产品销售收入27.09亿元)、利税2.55亿元、利润5 110.89万元。年底,有员工24 183人,其中全民所有制23 848人、集体所有制335人。

2000年,宝钢梅山着手债转股工作,向中国信达资产管理公司等转股29.955亿元。2001年8月23日,宝钢梅山与金融资产管理公司等债权单位合资组建上海梅山钢铁股份有限公司,宝钢梅山的钢铁主体生产单位、与主体密切相关的资产进入梅钢公司。新成立的上海梅山钢铁股份有限公司,与宝钢梅山实行"一套班子、两块牌子"运作。

1999—2004年,宝钢梅山加快技术改造步伐。1999年4月,宝钢梅山炼钢连铸项目建成投产,实现采矿、炼铁、炼钢和热轧全线贯通。2000年11月30日,宝钢梅山热轧薄板专项技改项目开工建设,采取边生产、边准备、边改造,最后突击主轧线的方法,分阶段实施,对原主轧线的精轧、卷取机等设备进行全面更新;2002年7月1日,技改项目完成,成功轧制出热轧板卷。2003年2月28日,新建的二号连铸机热负荷试车。同年6月,总投资13亿元的二号高炉系统工程开工,建设内容包括恢复1座1 280立方米高炉、新建1台180平方米烧结机、新建1座石灰窑及改造原料贮运系统等;2004年3月28日,二号高炉点火投产。至此,宝钢梅山的产量、品种和质量跃上一个新台阶,钢铁年产量突破300万吨规模,开发和生产冷成型用钢、结构用钢、汽车结构用钢、耐腐蚀结构用钢、焊接气瓶用钢、花纹板、石油天然气输送管用钢、直缝焊套管用钢、锅炉钢等九大系列66类产品。2004年,宝钢梅山生产铁精矿224.65万吨、生铁281.34万吨、连铸板坯263.17万吨、热轧板卷254.23万吨、冷轧板卷11.98万吨,发电7.84亿千瓦时,实现销售收入111.85亿元,利润21.38亿元。年底,在册员工20 471人,在岗员工17 268人(含钢铁主业4 928人)。

2005年5月1日,梅钢公司被宝钢股份收购,成为其子公司。6月10日,宝钢梅山从资产和领导体制等方面完成主辅分离,退出钢铁主业。辅业沿用"宝钢集团上海梅山有限公司"(简称梅山公司)名称。

2005—2012年,梅钢公司实施一系列工艺装备的升级改造和新增项目建设,其中包括1 422毫米热轧项目改造,四号高炉与五号高炉、四号烧结与五号烧结、四号焦炉与五号焦炉、二期炼钢连铸、1 780毫米热轧、1 420毫米冷轧工程建设,最终形成760万吨年生产规模。

2011年8月,宝钢股份根据宝钢集团将梅山公司委托宝钢股份管理的相关决议,授权梅钢公司负责管理梅山公司,梅钢公司与梅山公司实行一体化运营。

2016年,梅钢公司生产生铁601.31万吨、连铸坯618.29万吨、热轧板卷629.39万吨、酸洗产品102.27万吨、热镀锌17.91万吨、热镀铝锌27.19万吨、电镀锡产品20.49万吨、连续退火钢卷34.96万吨,铁精矿267.08万吨,新热力、余热、干熄焦、高炉煤气余压透平发电装置(TRT)共发电15.39亿千瓦时,实现营业收入242.97亿元,利润3亿元。年底,在岗员工11 185人。

表2-1-4 1998—2016年梅钢公司(宝钢梅山)员工队伍分类状况统计表 单位:人

年份	在册员工	在岗员工	岗位分布			学历结构				
			管理	技术	操作	研究生	本科	大专	中专、高中	初中及以下
1998	23 848	23 796	2 113	1 449	20 286	12	859	2 179	7 457	13 289
1999	23 442	23 206	2 128	1 359	19 719	15	887	2 349	7 682	12 273
2000	23 143	20 209	3 808	1 490	14 911	18	937	2 657	7 495	9 102

〔续表〕

年份	在册员工	在岗员工	岗位分布			学历结构				
			管理	技术	操作	研究生	本科	大专	中专、高中	初中及以下
2001	19 123	19 061	3 567	1 519	13 975	24	976	2 921	7 327	7 813
2002	18 544	18 494	1 283	3 704	13 507	46	1 536	2 404	7 039	7 469
2003	18 242	18 072	1 083	3 962	13 027	76	1 658	2 765	6 968	6 605
2004	17 401	17 268	1 401	3 127	10 644	124	1 983	2 001	6 435	6 858
2005	17 606	17 519	2 187	4 524	10 808	187	2 252	2 198	6 068	6 901
2006	17 526	17 302	1 787	5 082	12 457	218	2 790	2 702	5 959	5 857
2007	17 717	17 684	1 765	3 497	12 264	168	2 168	2 857	4 786	7 738
2008	17 910	17 074	2 035	3 315	12 560	181	1 626	3 029	4 448	8 626
2009	16 111	16 102	3 463	4 306	8 342	246	2 218	1 355	4 346	6 946
2010	16 101	16 028	3 467	2 879	9 755	265	2 561	3 885	5 555	3 738
2011	16 042	16 028	1 378	2 843	11 821	274	2 725	4 130	5 405	3 508
2012	15 517	15 481	1 238	2 903	11 376	306	2 850	4 207	5 053	3 101
2013	15 420	15 037	1 158	2 872	11 007	316	2 945	4 272	4 967	2 920
2014	14 600	14 178	1 075	2 750	10 353	488	2 791	4 075	4 593	2 231
2015	13 763	12 376	990	2 642	8 744	510	2 784	3 807	3 926	1 349
2016	12 914	11 185	945	2 282	7 958	503	2 644	3 511	3 522	1 005

表 2-1-5　1999—2016 年梅钢公司(宝钢梅山)主要经济指标统计表　单位：万元

年份	资产总值	营业收入	利润总额	年份	资产总值	营业收入	利润总额
1999	1 089 091.93	351 547	280	2008	2 025 511.70	1 356 778	32 712
2000	1 051 389.34	420 009	3 417	2009	2 384 099.94	1 067 215	—60 499
2001	1 084 848.63	462 474	4 032	2010	2 631 616.69	1 726 190	10 302
2002	1 137 858.51	429 972	9 617	2011	3 072 844.58	1 963 703	—40 448
2003	1 155 538.19	615 653	54 263	2012	3 659 711.22	2 159 404	—156 704
2004	1 303 865.31	980 826	213 860	2013	3 671 047.50	2 778 500	1 501
2005	1 246 187.80	1 192 465	285 305	2014	3 288 479.46	2 461 441	18 188
2006	1 206 614.26	1 092 576	127 326	2015	2 938 358.19	1 771 590	—118 298
2007	1 385 018.56	1 300 602	159 119	2016	3 076 339.55	2 429 700	30 000

说明：1999 年、2000 年为宝钢梅山数据，2001 年后为梅钢公司数据。

表 2-1-6　1999—2016 年梅钢公司(宝钢梅山)获得荣誉情况表

序号	获奖单位	奖项名称或等级	授奖单位	获奖年份
1	上海梅山(集团)有限公司	全国冶金系统密码保密先进单位	国家冶金工业局	1999
2	上海梅山(集团)有限公司工会委员会	全国模范职工之家	中华全国总工会	1999
3	宝钢集团上海梅山有限公司	全国绿化先进集体	全国绿化委员会、人事部、国家林业局	2001
4	上海梅山钢铁股份有限公司党委	先进基层党组织	国务院国资委党委	2006
5	上海梅山钢铁股份有限公司	2007 年全国投入产出调查先进集体	国家统计局	2008

第三节　宝钢湛江钢铁有限公司

宝钢湛江钢铁有限公司(简称湛江钢铁)由宝钢集团独家发起成立，于 2011 年 4 月 18 日在广东省湛江市注册成立，注册资本 80 亿元，5 月 22 日在湛江市举行揭牌仪式。2013 年 2 月 19 日，经过多次股权变更，湛江钢铁由宝钢股份控股，持股比例为 75%，广东恒建投资控股有限公司(简称广东恒建)持股 25%。2013 年 10 月，宝钢股份增资 120 亿元，对湛江钢铁的持股比例增至 90%，广东恒建持股比例降至 10%。湛江钢铁位于广东省湛江市东海岛，厂区占地面积 12.58 平方公里。地址：广东省湛江经济技术开发区岛东大道 18 号。

一、机构设置

2011 年，湛江钢铁设办公室、人力资源部、运营改善部、经营财务部、企业文化部、审计监察部、安全保卫部、投资管理部、工程技术部、工程管理部、工程设备部、采购部、外协管理部、制造管理部、设备部、能源环保部(能源电厂项目组)、物流部(运输项目组)，以及炼铁、炼钢、热轧、冷轧、工业配套等 5 个项目组等。

2013 年，湛江钢铁对组织机构进行调整，设办公室、人力资源部、运营改善部、企业文化部、财务部、监察部、安全保卫部、协力管理部、投资管理部、工程管理部、工程技术部、制造管理部、设备部，以及能源环保部(能源电厂项目组)、物流部(运输项目组)、炼铁厂(炼铁项目组)、炼钢厂(炼钢项目组)、热轧厂(热轧项目组)、厚板厂(厚板项目组)、冷轧厂(冷轧项目组)和工业配套项目组等。

2016 年年底，湛江钢铁设办公室、人力资源部、运营改善部、企业文化部、财务部、监察部、安全保卫部、协力管理部、后勤管理部、投资管理部、工程技术部、工程管理部、制造管理部、设备部，以及能源环保部(能源电厂项目组)、物流部(运输项目组)、炼铁厂(炼铁项目组)、炼钢厂(炼钢项目组)、热轧厂(热轧项目组)、厚板厂(厚板项目组)、冷轧厂(冷轧项目组)和检化验中心等。

二、企业发展

2012年5月24日，宝钢广东湛江钢铁基地项目经国家发展和改革委员会核准，于5月31日举行开工仪式。2013年5月17日，宝钢广东湛江钢铁基地项目炼铁、炼钢、连铸、热轧、冷轧和厚板等主体工程全面开工建设。2015年，一号高炉，一号转炉、二号转炉，一号连铸机、二号连铸机和2 250毫米热轧投产。2016年，二号高炉、三号转炉、四号连铸机、4 200毫米厚板和2 030毫米冷轧机组相继投产，湛江钢铁一期工程全面建成。

宝钢广东湛江钢铁基地项目建设规模年产铁水823万吨、钢水892.80万吨、钢材689万吨，主要品种包括热轧板、冷轧薄板、热镀锌板、宽厚板及中低牌号无取向硅钢等，同时具备热轧超高强钢生产能力。产品以华南地区为目标市场并辐射东南亚，满足目标市场中高端碳钢板材需求。湛江钢铁的目标是建成现代化、生态化、高效益，体现循环经济和节约型社会理念，简单、高效、低成本，具有国际竞争力的碳钢精品基地，并与宝钢股份直属厂部、梅钢公司协同发展；同时，成为清洁生产、资源节约、环境良好的生态工业园，成为发展循环经济的示范区。

2016年，湛江钢铁生产铁水559万吨、钢坯555万吨、商品材507万吨。年底，在册员工4 080人。

表2-1-7　2011—2016年湛江钢铁员工队伍分类状况统计表　单位：人

年份	在册员工	在岗员工	岗位分布			学历结构				
			管理	技术	操作	研究生	本科	大专	中专、高中	初中及以下
2011	283	283	1	—	—	37	163	83	0	0
2012	301	301	1	—	—	33	159	109	0	0
2013	580	580	1	—	—	29	210	215	126	0
2014	2 310	2 310	3	—	—	47	329	1 448	504	2
2015	3 576	3 576	3	—	—	74	486	2 231	782	3
2016	4 080	4 080	7	441	3 632	67	444	2 363	1 200	6

说明：数据不含宝钢股份外派支撑员工、湛江钢铁预招员工。

表2-1-8　2011—2016年湛江钢铁主要经济指标统计表　单位：万元

年份	资产总值	营业收入	利润总额	年份	资产总值	营业收入	利润总额
2011	817 172.58	29 842.15	93.67	2014	3 418 272.90	90 154.62	−18 142.55
2012	1 211 190.49	4 673.07	−175.37	2015	5 311 295.89	59 572.16	−34 961.30
2013	2 143 281.07	21 420.79	−2 177.42	2016	6 458 638.40	676 164.42	−86 082.38

说明：2015年9月一号高炉点火，进入试生产阶段；2016年7月二号高炉点火，处于生产爬坡阶段。

表 2-1-9 2011—2016 年湛江钢铁获得荣誉情况表

序号	获奖单位	奖项名称或等级	授奖单位	获奖年份
1	宝钢湛江钢铁有限公司 30 万吨码头工程项目组	广东省工人先锋号	广东省总工会	2014
2	宝钢湛江钢铁有限公司工会委员会	2014 年广东省模范职工之家	广东省总工会	2014
3	宝钢湛江钢铁有限公司	广东省五一劳动奖状	广东省总工会	2015
4	宝钢湛江钢铁有限公司团委	2015—2016 年度广东省五四红旗团委	共青团广东省委员会	2016

第四节 宝钢不锈钢有限公司

宝钢不锈钢有限公司(简称宝钢不锈)的前身是民国 27 年(1938 年)11 月日军侵华时期由日本日亚制钢株式会社在吴淞建立的炼钢工坊,1949 年后定名为“上海钢铁公司第一厂”,1957 年 3 月更名为“上海第一钢铁厂”。1995 年 12 月,由工厂制改为公司制,组建成立上海第一钢铁(集团)有限公司。1998 年 11 月上海地区钢铁企业联合重组后进入宝钢集团,成为其全资子公司,在册员工 2.10 万人。1999 年 1 月,更名为“宝钢集团上海第一钢铁有限公司”(简称宝钢一钢)。2005 年 5 月,宝钢一钢完成主辅分离改制,钢铁主业资产被宝钢股份收购,定名为“宝钢股份不锈钢分公司”。2009 年 3 月 31 日,宝钢股份在原不锈钢分公司基础上组建不锈钢事业部。同年 4 月,不锈钢事业部托管宁波宝新不锈钢有限公司;2010 年 12 月,托管宝钢德盛不锈钢有限公司(简称宝钢德盛)。2012 年 3 月 12 日,宝钢集团成立宝钢不锈钢有限公司,4 月收购宝钢股份不锈钢事业部全部资产。宝钢不锈总部地址:上海市宝山区长江路 580 号。

一、机构设置

1998 年年底,宝钢一钢设炼铁厂、一炼钢厂、二炼钢厂、三炼钢厂、轧钢厂、钢管厂、钢板厂、型钢厂、烧结厂、耐材厂、铸造厂、小型型钢厂等 12 个生产厂,机电公司、建安公司、运输公司、开发总公司等 4 个分公司,组织人事部、装备部、事业部等 3 个部,劳动工资处、行政处、教培处、卫生处、公安处、退管处、生产计划处、安全环保处、计控处、销售处、财务处、外经处、供应处、技术处、质量监督处、企管处、办公室、审计室、法律顾问室、总工程师办公室、住宅办公室、计划生育办公室等 22 个处室,以及设计院和钢铁研究所。1999 年,对管理机构作较大调整,成立公司办公室(下设秘书企管处、接待处、档案馆)、市场部(下设综合计划处、市场调研处、物资分公司、销售分公司、进出口分公司)、生产部(下设生产处、安全环保处)、财务部(下设资金处、成本处、财会处、资产管理处)、装备部(下设项目计划处、设备管理处、计控处、备件分公司)、科技中心(下设规划处、技术处、科研处、理化检测所、科学技术协会办公室),原机电公司动力系统单列建立动力厂,公司法律顾问室、审计室、监察室、退管处、住宅办公室、卫生处、教培处、公安处、质监处机构不变,一钢医院与卫生处分离,计划生育办公室与卫生处合署办公,原行政处转制为生活服务公司,公司生产厂建制不变,公司人事部所属干部管理处(老干部管理处)党政共管。属机关的四部一室(市场部、生产部、人事部、财务部、办公室)处内不设科,科技部、装备部按实际需要设立必要的科级建制。2000年,对行政机构进行调整。安环处实施单列。成立不锈钢工程指挥部,下设计划合同处、设计管理处、设备材料处、工程管理处、炼钢项目组、热轧项目组、公辅项目组、三电项目组办公室。撤销烧结厂、炼铁厂建制,组建新的炼铁厂;撤销二炼钢厂、三炼钢厂建制,组建新的炼钢厂。2001年,对六部一室的管理机构进行调整和完善。在生产部下设原料管理处。撤销规划处、计控处、行政处,成立自动化处,预算处与资产经营处合并,组建新的预算处。装备部下成立新的设备管理处。撤销轧钢厂、钢管厂、小型型钢厂的建制。撤销市场部、营销管理处,物资分公司与备件分公司合并,组建新的采购分公司。通过调整和完善,部级管理机构由原六部一室变为五部一室,处级单位由34个减少至27个(含3个分公司)。2002—2004年,继续对管理机构进行整合和精简。至2004年年底,宝钢一钢设炼铁厂、炼钢厂、热轧厂、型钢厂、动力厂等5个生产厂,公司办公室、审法监察室、安环保卫处、生产技术处、计划财务处、人力资源处、设备管理处等7个处室,以及技术中心、营销分公司、不锈钢工程指挥部。

2005年,宝钢股份不锈钢分公司设办公室、人力资源部、运营改善部、财务部、企业文化部、监察部、工程管理部、制造管理部、设备部、能源部、安全环保部、采购部、不锈钢销售部等13个部室,炼铁厂、炼钢厂、热轧厂等3个生产厂及不锈钢技术中心。2009年,不锈钢事业部组建冷轧厂。

2012年宝钢不锈钢有限公司成立后,本部设炼铁厂、炼钢厂、热轧厂、冷轧厂等4个生产厂,能源环保部、设备部、制造管理部、技术质量部、工程投资部、营销部、采购部、安全保卫部、审计监察部、经营财务部、运营改善部、人力资源部、办公室(企业文化部)等13个部门及不锈钢技术中心。

2016年年底,宝钢不锈(本部)设炼铁厂、炼钢厂、热轧厂、冷轧厂等4个生产厂,能源环保部、设备部、制造管理部、营销中心、采购部、安全保卫部、审计监察部、财务发展部、人力资源部、办公室(企业文化部)等10个部门及不锈钢技术中心。

二、企业发展

1999年始,宝钢一钢全面引入宝钢现代化管理,围绕组织体制、人员配置、专业管理、基层管理、信息化建设、贯标等方面,转变管理理念,实施管理变革,完善管理体系,防范管理风险,提升管理效率。通过严格预算管理、资金管理、成本管理,按合同组织生产,对标挖潜,营销策划,对钢铁产品上下游供应链实施组合运作等措施,2000年4月止亏,8月扭亏,当年实现利润7 835万元。

2000—2005年,宝钢一钢在边关停、边生产、边改革、边解决历史遗留问题的过程中,实施不锈钢工程建设,建成国内规模最大、工艺装备水平最先进的不锈钢精品生产基地。2001年6月,宝钢一钢不锈钢工程开工。同时,结合不锈钢精品基地建设,逐步关停并拆除钢管厂、轧钢厂、铸造厂、耐材厂、二转炉、三转炉和钢板厂;钢铁主业对辅助作业进行剥离,完成上海金属软管有限公司、上海一钢设计院、上海一钢建设有限公司改制,实施上海新沪钢铁有限公司、上海钢联贸易有限公司破产及矽钢公司转让。平稳推进减员分流再就业工作,在岗员工从2000年年初的27 464人减至2004年年底的9 885人。2004年4月28日,宝钢一钢不锈钢工程全面建成投产。当年,产铁303万吨,产钢289万吨,产钢材304万吨,完成销售收入131亿元,实现利润总额20.60亿元。年底,在册员工16 890人,在岗员工9 885人。

宝钢一钢能冶炼400多个钢种,轧制800多个品种钢材。开发的高强度系列带肋钢筋、NS1耐硫酸露点腐蚀钢、10PCuRe耐大气腐蚀钢、SM490A焊接结构用钢等产品,广泛应用于上海地铁、南浦大桥、杨浦大桥、东方明珠电视塔、上海八万人体育场、浦东机场等重大工程。“克浪”牌船板获国家金质奖，“奇力”牌船用钢管获国家银质奖，“上一”牌带肋钢筋被推荐为上海市名牌产品。

2005年5月，宝钢一钢完成主辅分离改制。钢铁主业资产被宝钢股份收购，定名为“宝钢股份不锈钢分公司”。2009年3月，组建不锈钢事业部，同年4月托管宁波宝新，2010年12月托管宝钢德盛，2012年3月成立宝钢不锈钢有限公司。

宝钢不锈拥有宝钢不锈(本部)、宁波宝新和宝钢德盛三大生产基地。

宝钢不锈(本部)坐落于上海市宝山区，占地3.53平方公里，拥有炼铁、炼钢、热轧、冷轧等配套完整的不锈钢和碳钢联合生产线。全年可产不锈钢150万吨、碳钢190万吨，热轧不锈钢板卷128万吨、碳钢板卷181万吨、冷轧不锈钢66万吨、冷轧碳钢140万吨。不锈钢拥有铁素体、奥氏体、马氏体、双相钢等四大系列产品；碳钢拥有抗氢诱裂纹管线、高韧性管线、汽车结构、焊接气瓶等十大系列产品。产品广泛应用于核电、工业结构件、食品机械、化工设备、海洋运输、车辆船舶结构件、铁路货车、建筑装潢、家用电器、厨房设备等多个领域和行业，远销美国、德国、意大利、罗马尼亚、韩国等国家和中国台湾地区。

宁波宝新始建于1996年3月，由宝钢集团〔1992年3月由宝山钢铁联合(集团)公司改制成立〕、浙甬钢铁投资(宁波)有限公司、日新制钢株式会社、三井物产株式会社、阪和兴业株式会社联合投资，投资总额71.40亿元，注册资本31.88亿元，出资比例分别为54%、12%、20%、7%和7%。公司由宝钢集团控股，授权宝钢不锈管理。地处浙江省宁波经济技术开发区，占地面积65万平方米，是专业生产冷轧不锈钢板、卷和不锈钢焊管的企业。全年可生产冷轧不锈钢薄板66万吨，冷轧不锈钢焊管1万吨。产品主要特性为表面光洁、耐蚀性优良、良好的可焊性和易成型性。其质量与国际同类产品相当，广泛用于电梯、城市轨道交通、集装箱、精密电子、太阳能、汽车配件、家电制品、化工设备、建筑装潢等行业。总部地址：浙江省宁波经济技术开发区(北仑区霞浦镇)。

宝钢德盛于2010年12月9日由宝钢集团和福建吴钢集团有限公司分别出资成立，宝钢集团控股70%，授权宝钢不锈管理。公司坐落于福建省罗源湾开发区金港工业区，占地2.78平方公里，具有炼铁、炼钢、焦化、热轧带钢、固溶热处理、酸洗等完整配套的生产加工能力，年产不锈钢120万吨，产品广泛应用于餐饮厨具、卫生洁具、医疗器械、家用电器、食品机械、化工设备、汽车配件、电子元件、建筑装潢等领域。总部地址：福建省福州市罗源县罗源湾开发区金港工业区2号。

2016年，宝钢不锈(本部)完成铁产量86万吨、钢产量116万吨、热轧产量192万吨、不锈钢产品销量117万吨、碳钢产品销量81万吨，实现利润396万元；年底，在册员工1 936人，在岗员工1 429人。宁波宝新完成冷轧不锈钢产量63.18万吨、销量62.53万吨，热轧不锈钢酸洗产量0.73万吨、销量0.73万吨，焊管产量1.13万吨、销量1.13万吨，受委托加工产量0.23万吨、销量0.23万吨，营业收入67.85亿元，主营业务收入67.52亿元，实现利润15 832.57万元；年底，在册员工881人。宝钢德盛完成烧结产量222万吨、低镍铁水产量82万吨、高镍铁水产量3 947吨、炼钢产量108万吨、热轧产量31万吨、酸洗产量25万吨、冷轧产量34万吨，实现利润2 830.54万元，扭亏为盈；年底，在册员工2 085人。

表2-1-10 2005—2016年宝钢不锈(本部)员工队伍分类状况统计表

单位：人

年份	在册员工	在岗员工	岗位分布			学历结构				
			管理	技术	操作	研究生	本科	大专	中专、高中	初中及以下
2005	4 417	4 417	307	720	3 390	25	602	716	2 607	467
2006	4 343	4 334	320	684	3 330	24	588	853	2 570	299

（续表）

年 份	在册员工	在岗员工	岗位分布			学历结构				
			管理	技术	操作	研究生	本科	大专	中专、高中	初中及以下
2007	4 208	4 193	336	796	3 061	29	634	889	2 527	114
2008	4 168	4 143	309	813	3 021	18	686	1 230	2 136	67
2009	4 034	3 991	322	851	2 818	38	779	1 173	1 953	48
2010	3 887	3 805	320	784	2 701	36	782	1 169	1 778	40
2011	3 688	3 604	341	738	2 525	38	794	1 110	1 627	35
2012	3 463	3 383	344	695	2 344	38	793	1 055	1 481	16
2013	3 257	3 196	358	664	2 174	38	790	1 036	1 319	13
2014	3 104	3 041	376	645	2 020	39	812	1 008	1 174	8
2015	2 900	2 840	352	620	1 868	36	798	975	1 023	8
2016	1 936	1 429	223	373	833	28	473	503	422	3

表 2-1-11　2009—2016 年宁波宝新员工队伍分类状况统计表　单位：人

年 份	在册员工	在岗员工	岗位分布			学历结构				
			管理	技术	操作	研究生	本科	大专	中专、高中	初中及以下
2009	930	930	89	274	567	8	241	518	159	4
2010	879	879	92	270	517	8	258	461	148	4
2011	897	897	92	252	553	9	268	437	179	4
2012	898	896	89	236	571	9	270	423	190	4
2013	893	891	88	237	566	10	298	394	185	4
2014	903	901	85	240	576	9	309	398	181	4
2015	909	906	86	239	581	8	313	399	182	4
2016	881	877	82	228	567	8	320	372	173	4

表 2-1-12　2011—2016 年宝钢德盛员工队伍分类状况统计表　单位：人

年 份	在册员工	在岗员工	岗位分布			学历结构				
			管理	技术	操作	研究生	本科	大专	中专、高中	初中及以下
2011	3 295	3 295	125	230	2 940	6	101	430	1 452	1 158
2012	3 564	3 564	124	277	3 163	8	156	838	1 512	1 050
2013	3 174	3 174	143	272	2 759	11	208	614	1 281	1 060

〔续表〕

年 份	在册员工	在岗员工	岗位分布			学历结构			
			管理	技术	操作	研究生	本科	大专	中专、高中	初中及以下
2014	2 946	2 946	154	330	2 462	12	217	629	1 120	968
2015	2 665	2 665	169	361	2 135	15	245	669	915	821
2016	2 085	2 085	153	294	1 638	12	231	510	701	631

表 2－1－13 2005—2016 年宝钢不锈(本部)主要经济指标统计表 单位：万元

年份	资产总值	营业收入	利润总额	年份	资产总值	营业收入	利润总额
2005	2 400 020	1 223 539	20 380	2011	2 422 050	2 563 910	－111 247
2006	2 453 724	2 719 968	237 099	2012	908 562	1 620 943	－21 678
2007	2 456 285	2 850 625	－104 275	2013	1 014 922	2 431 069	0
2008	1 706 896	2 244 869	－245 656	2014	1 026 148	2 266 491	9 624
2009	2 169 067	1 770 685	－68 741	2015	803 404	1 798 108	－81 447
2010	2 596 721	2 470 091	3 352	2016	765 369	958 965	396

表 2－1－14 2009—2016 年宁波宝新主要经济指标统计表 单位：万元

年份	资产总值	营业收入	利润总额	年份	资产总值	营业收入	利润总额
2009	659 295.70	862 100.57	24 346.03	2013	570 665.42	884 287.30	16 813.47
2010	630 859.20	1 041 623.31	23 026.73	2014	510 341.73	912 510.01	23 931.61
2011	589 868.78	1 069 640.27	18 051.57	2015	437 069.65	773 232.53	560.38
2012	612 874.04	925 396.94	11 382.21	2016	410 198.32	678 460.44	15 832.57

表 2－1－15 2011—2016 年宝钢德盛主要经济指标统计表 单位：万元

年份	资产总值	营业收入	利润总额	年份	资产总值	营业收入	利润总额
2011	992 199.39	899 144.50	21 252.56	2014	954 854.86	770 399.02	－23 017.84
2012	972 621.81	873 678.37	16 200.39	2015	827 300.39	741 203.12	－78 914.27
2013	951 734.61	822 083.73	－59 156.47	2016	908 054.55	717 053.48	2 830.54

表 2－1－16 2005—2016 年宝钢不锈(本部)获得荣誉情况表

序号	获 奖 单 位	获 奖 项 目	奖项名称或等级	授 奖 单 位	获奖时间
1	上海宝钢集团一钢公司	不锈钢热轧板卷技术改造项目	优质投资项目	中国投资协会	2006 年 3 月

〔续表〕

序号	获 奖 单 位	获 奖 项 目	奖项名称或等级	授 奖 单 位	获奖时间
2	宝钢集团上海第一钢铁有限公司	不锈钢及碳钢热轧板卷技术改造项目	2007 年度国家优质工程金质奖	国家工程建设质量奖审定委员会	2007 年 12 月
3	宝钢股份不锈钢分公司		中央企业思想政治工作先进单位	国务院国资委党委	2008 年 12 月
4	宝钢股份不锈钢分公司		全国模范职工之家	中华全国总工会	2010 年 4 月
5	宝钢股份不锈钢事业部	高炉煤气综合资源利用暨热电联产节能改造项目	上海市节能技改示范项目	上海市经济和信息化委员会	2010 年 4 月
6	宝钢股份不锈钢事业部		2009—2010 年上海市文明单位	上海市人民政府	2011 年 3 月
7	宝钢不锈钢有限公司		2011—2012 年上海市文明单位	上海市人民政府	2013 年 4 月
8	宝钢不锈钢有限公司		2013—2014 年上海市文明单位	上海市人民政府	2015 年 4 月

表 2-1-17 2009—2016 年宁波宝新获得荣誉情况表

序号	奖项名称或等级	授 奖 单 位	获奖时间
1	浙江省工业行业龙头骨干企业	浙江省人民政府	2009 年
2	2009 年度浙江省“创建学习型组织，争做知识型职工”活动示范单位	浙江省“创争”活动领导小组	2009 年 3 月
3	2009 年度浙江省制造业百强企业	浙江省企业联合会、省企业家协会	2009 年 6 月
4	2009 年度浙江省百强企业	浙江省企业联合会、省企业家协会	2009 年 6 月
5	浙江省能源计量示范单位	浙江省质量技术监督局、省经济和信息化委员会	2009 年 11 月
6	浙江省 2008 年度营业收入十强外资企业	浙江省外商投资企业协会	2009 年 12 月
7	2009 年度浙江省最受尊敬企业	中国企业家杂志社、浙江省工业经济联合会、省企业联合会、省企业家协会	2009 年 12 月
8	2010 年浙江省百强企业	浙江省企业联合会、省企业家协会	2010 年 6 月
9	第 17 届浙江省设备管理优秀单位	浙江省设备管理协会	2010 年 8 月
10	2009 年度浙江省中外合资合作百强企业	浙江省商务厅、省财政厅、省国税局、省地税局、省工商局、省统计局、省外汇局	2010 年 9 月
11	浙江省 2009 年度营业收入十强外资企业	浙江省外商投资企业协会	2010 年 12 月
12	2011 年度浙江省百强企业	浙江省企业联合会、省企业家协会	2011 年 6 月
13	2011 年度浙江省制造业百强企业	浙江省企业联合会、省企业家协会	2011 年 6 月

〔续表〕

序号	奖项名称或等级	授　奖　单　位	获奖时间
14	2010年度浙江省中外合资·合作百强企业	浙江省商务厅、省财政厅、省国税局、省地税局、省工商局、省统计局、省外汇管理局	2011年9月
15	浙江省2010年度营业收入十强外资企业	浙江省外商投资企业协会	2011年12月
16	中国应对气候变化行动荣誉证书	中国绿色碳汇基金会	2012年4月
17	2012年浙江省制造业百强企业(第55位)	浙江省企业联合会、省企业家协会	2012年8月
18	2012年浙江省百强企业(第83位)	浙江省企业联合会、省企业家协会	2012年8月
19	2011年度浙江省中外合资·合作百强企业	浙江省商务厅、省财政厅、省国税局、省地税局、省工商局、省统计局、省外汇管理局	2012年11月
20	浙江省设备管理优秀单位	浙江省设备管理协会	2012年11月
21	2012年浙江省专利示范企业	浙江省知识产权局、省经济和信息化委员会	2012年11月
22	浙江省2011年度营业额十强外资企业	浙江省外商投资企业协会	2012年12月
23	中国外贸出口先导指数(ELI)样本企业	中华人民共和国海关总署	2014年8月
24	浙江省制造业百强企业(第84位)	浙江省企业联合会、省企业家协会	2014年8月
25	浙江省设备管理优秀单位	浙江省设备管理协会	2014年11月
26	浙江省环境监测协会理事单位	浙江省环境监测协会	2014年12月
27	浙江省制造业百强企业(第86位)	浙江省企业联合会、省企业家协会、省工业经济联合会	2015年9月
28	安全生产标准化二级企业(冶金)	浙江省安全生产监督管理局	2015年10月
29	安全生产标准化二级企业(冶金轧钢)	浙江省安全生产监督管理局	2015年12月
30	浙江省制造业百强企业(第90位)	浙江省企业联合会、省企业家协会、省工业经济联合会	2016年9月

表2-1-18　2011—2016年宝钢德盛获得荣誉情况表

序号	奖项名称或等级	授　奖　单　位	获奖时间
1	2013年福建省福州市级企业技术中心	福建省福州市经济委员会、福州市财政局	2013年12月
2	获福建省福州市直机关第八届(2012—2014年度)文明单位	福建省福州市委市直机关工作委员会	2015年7月
3	福建省福州市总工会“先进职工之家”	福建省福州市总工会	2015年7月
4	2016年福建省福州市知识产权示范企业	福建省福州市科学技术局、福州市知识产权局	2016年10月

第五节　宝钢集团上海浦东钢铁有限公司

宝钢集团上海浦东钢铁有限公司(简称宝钢浦钢)的前身为筹划于民国2年(1913年)3月、始建于民国6年(1917年)的和兴化铁厂,民国11年(1922年)4月易名为“和兴钢铁股份有限公司”(简称和兴钢铁厂),民国27年(1938年)9月被日军侵占更名为“中山钢业浦东制铁厂”,民国35年(1946年)1月恢复和兴钢铁厂厂名,民国36年(1947年)7月易名为“上海钢铁股份有限公司第三厂”,1957年3月定名为“上海第三钢铁厂”。1996年5月,由工厂制改制为公司制,组建成立上海浦东钢铁(集团)有限公司。1998年11月上海地区钢铁企业联合重组后进入宝钢集团,成为其全资子公司,更名为“宝钢集团上海浦东钢铁有限公司”,厂区占地面积2.32平方公里,西部和北部濒临黄浦江,岸线总长1 747米。总部地址:上海市浦东新区上南路300号。2008年4月1日,宝钢浦钢钢铁主业——罗泾项目资产被宝钢股份收购,成立宝钢股份中厚板分公司,2012年9月停产。

一、机构设置

1998年年底,宝钢浦钢设有技术处、市场处、设计处、公安处、劳资处、装备部、审计处、外经处、销售处、财务处、安环处、计生部、事业部(企管处)、总经理办公室、武装部、党委宣传部、党委组织部、党委办公室、公司纪委等总部机构,转炉厂、平炉厂、特钢厂、电炉厂、中板厂、厚板厂、开坯厂、型钢厂、能源部、机电部、供应处、质检处、技术中心等生产厂部,此外还设有教培处、三钢医院等后勤部门及9家子(分)公司。

2002年,宝钢浦钢对能源部、装备部、计量自动化控制处进行整合重组,建立设备运行部。对技术质量处、生产处进行整合重组,建立制造部。同年,进行机构改革,撤销处级编制3个,科级编制29个。2003年,撤销电炉厂、医院、新事业公司、经联公司、劳务中心等建制,其中新事业公司、劳务中心划并入三钢实业发展总公司,电炉厂并入转炉厂更名为“炼钢厂”,三钢医院成建制划转至上海龙华医院。2004年,宝钢浦钢搬迁罗泾工程(简称罗泾工程)指挥部成立。2005年,中板厂与厚板厂合并成立为中厚板厂;配送中心归并制造部。撤销机关科级机构,49个科级机构实行主管、主办制。

2006年罗泾工程投产前,宝钢浦钢将组织机构设置为办公室、企划部、人力资源部、财务部、审计监察部、安全环保部、设备部、制造部、采购销售部、炼铁厂、炼钢厂、厚板厂、能源部等13个厂部和59个室、车间。

二、企业发展

1998年,宝钢浦钢具备年产钢250万吨、钢材200万吨的综合生产能力,能冶炼750余个钢种,轧制1 300多个品种规格,生产品种有造船板、容器板、不锈钢宽厚板以及各类石油化工耐腐板、核电用板、高温合金板等。年底,在册员工16 945人。

2005年,为适应2010年上海世界博览会(简称上海世博会)园区建设,根据上海市城市建设总体规划和宝钢集团发展战略的需要,原地处上海浦东世博园区的宝钢浦钢需搬迁至上海宝山罗泾地区建设新厂。6月13日,罗泾工程由国家发展和改革委员会核准立项,6月29日举行开工仪式。

工程总占地面积3.22平方公里，东邻宝钢股份宝钢分公司，南接上海宝山工业园区，西临宝山罗泾老镇，北靠长江。工程分两步建设，其中第一步工程年产铁150万吨、钢157万吨、连铸坯152万吨、宽厚板169万吨，年发电量12亿千瓦时。2007年11月4日，以一号熔融还原炼铁装置(COREX炉)点火为标志，第一步工程建成投产。全年，宝钢浦钢生产钢材74.07万吨，营业总收入48.44亿元，实现利润3 771万元。年底，在册员工5 137人，在岗员工3 918人。

2007年11月5日，国家发展和改革委员会核准同意罗泾工程在建成第一步工程的基础上，建设第二步工程，包括新建年产铁水159万吨的COREX C3000炉1座，以及转炉炼钢、板坯连铸、制氧、燃气蒸汽联合循环发电机组等单元工程。2008年2月28日起，第二步工程陆续开工。2011年3月27日，二号熔融还原炼铁装置(COREX炉)点火，翌日出铁。

2008年4月1日，宝钢浦钢钢铁主业——罗泾区域资产被宝钢股份收购后成立宝钢股份中厚板分公司。

2012年9月，宝钢股份罗泾区域(原宝钢股份中厚板分公司)全部生产线停产，熔融还原炼铁装置(COREX炉)搬迁至八一钢铁，2 300毫米连铸机、4 200毫米厚板产线搬迁至湛江钢铁。

表2-1-19　1998—2007年宝钢浦钢员工队伍分类状况统计表　　单位：人

年份	在册员工	在岗员工	岗位分布		年份	在册员工	在岗员工	岗位分布	
			管理、技术	操作				管理、技术	操作
1998	16 945	13 130	648	12 482	2003	10 169	6 499	5 749	750
1999	15 657	10 991	596	10 395	2004	8 744	5 843	943	4 900
2000	14 690	9 158	520	8 638	2005	7 475	5 760	1 062	4 698
2001	13 318	9 060	695	8 365	2006	5 600	3 392	945	3 297
2002	11 789	8 000	1 124	6 876	2007	5 137	3 918	904	3 014

表2-1-20　1998—2007年宝钢浦钢主要经济指标统计表　　单位：亿元

年份	营业收入	利润总额	年份	营业收入	利润总额	年份	营业收入	利润总额
1998	48.46	0.25	2002	54.41	0.05	2006	77.72	0.99
1999	37.76	−9.06	2003	83.27	0.58	2007	40.06	0.38
2000	42.22	0.66	2004	114.73	1.32			
2001	45.74	0.07	2005	118.74	0.42			

表2-1-21　1998—2007年宝钢浦钢获得荣誉情况表

序号	获奖项目	奖项名称或等级	授奖单位	获奖年份
1		上海市节能先进企业	上海市经济委员会节能环保处	1999
2		上海市专利示范企业	上海市经济委员会、专利局	1999

〔续表〕

序号	获　奖　项　目	奖项名称或等级	授　奖　单　位	获奖年份
3		国家冶金局出口先进企业	国家冶金工业局	1999
4		上海市重合同守信用单位	上海市重合同守信用促进会	1999—2000
5	核潜艇主冷凝器用大规格钛合金钢板及圆环的研制	上海科技进步奖三等奖	上海市人民政府	1999
6	高荷重非金属炉辊的研究和应用	冶金科学技术奖三等奖	中国钢铁工业协会、中国金属学会	2000
7	GB/T 699—1999 优质碳素结构钢	冶金科学技术奖三等奖	中国钢铁工业协会、中国金属学会	2001
8		上海市文明单位	上海市人民政府	2003—2004

第六节　宝钢特钢有限公司

宝钢特钢有限公司(简称宝钢特钢)的前身为创建于1958年的大型特钢生产企业上海第五钢铁厂,1995年12月更名为“上海沪昌钢铁有限公司”,1996年12月吸收上海十钢有限公司、上海冷拉型钢厂组建上海五钢(集团)有限公司。1998年11月上海地区钢铁企业联合重组后进入宝钢集团,成为其全资子公司,更名为“宝钢集团上海五钢有限公司”(简称宝钢五钢)。2005年5月,宝钢五钢核心资产由宝钢股份收购,组建宝钢股份特殊钢分公司,2009年组建宝钢股份特钢事业部。2012年4月,宝钢集团收购宝钢股份特钢事业部资产,成立宝钢特钢有限公司。公司地处上海市宝山区吴淞地区,占地面积3.20平方公里。总部地址:上海市宝山区水产路1269号。

一、机构设置

1998年年底,宝钢五钢设办公室(下设总经理办公室、战略发展研究室、法律事务室、审计室)、信息管理部、生产经营中心(下设营销部、生产安全总调度室、炉料物资供应部门)、财务部、质量保证部、技术中心(下设装备环保部、研究一室和技术开发部、研究二室、计控处、档案处)、事业部、人力资源部。1999年,将原26个行政处室精简合并为12个。其中将生产处、销售分公司合并为产销一体化的营销部,劳资处与人事处合并为人力资源部,党委办公室、党委宣传部、党委组织部、团委、武装部合并为党委工作部等。分厂部门管理机构也从原5科1室精简为2科1室。2002年,整合重组主要管理职能:组建产品制造部,将产品制造过程关联性强的管理职能整合为一体,进一步明确营销管理部、产品制造部各自职责权限与职能接口衔接协调要求;由原动力厂改制组建能源部,完善能源管理体系,实施能源集中管理;调整安全生产管理部职能,强化安全生产管理部门专业职能;组建装备自动化部,实现装备与自动化设施配置与管理一体化。2003年,组建管理创新部;整合采购、计划供应管理职能,组建采购供应部;重组产品制造部,建立生产、质量、检测和计量等4个控制中心;整合研究一所和研究二所,组建特钢技术中心,引领特钢技术新高度;组建特种冶炼厂,体现特钢生产专业、集中优势;组建上海(国贸)销售分公司和新产品销售分公司;组建土地开发办公室,加强土地和房产资源开发利用专业管理。

2005 年，宝钢股份特殊钢分公司设办公室、人力资源部、运营改善部、财务部、科技管理部、监察部、技术改造管理部、制造管理部、质量保证部、设备部、能源部、安全环保部、采购供应部、特殊钢销售部、特殊钢技术中心、技术改造实施指挥部、信息化建设指挥部、炼钢厂、特种冶金厂、条钢厂、银亮钢厂、钢管厂、精密合金厂等。2006 年，按照"三级机构建制，二级体制管理"模式，组建特钢超塑中心，技术中心超塑研究室承担等温锻造产品工艺技术管理、产品研发及相应技术管理人员划转至特种冶金厂超塑中心。2007 年，特种冶金厂特冶部分建立特冶厂，锻造部分建立锻造厂。组建热轧厂和冷轧厂，与板带工程热轧、冷轧项目组建制共同存在，精密合金厂业务、设备、人员整合归并至冷轧厂，撤销精密合金厂建制。采购供应部职能划入股份公司相关职能部门，特殊钢采购供应部建制撤销。2008 年，技术中心、制造管理部合并组建制造管理部。

2012 年宝钢特钢有限公司成立后，设办公室（企业文化部）、人力资源部、运营改善部、经营财务部、审计监察部、安全保卫部、科技管理部（军工管理办公室）、投资管理部、质量保证部、营销部、制造管理部、设备部、能源环保部、技术中心以及炼钢厂、特材厂、条钢厂、热轧厂、冷轧厂、银亮钢厂、钢管厂和 4 家子公司。

2016 年年底，宝钢特钢设办公室、人力资源部、运营改善部、经营财务部、审计监察部、安全保卫部、科技管理部（军工管理办公室）、投资管理部、质量保证部、营销部、制造管理部、设备部、能源环保部、技术中心，以及特材事业部、炼钢厂、板带厂、钢管厂和 3 家子公司。

二、企业发展

1998 年，宝钢五钢除生产主体外，还有上海十钢有限公司、上海冷拉型钢厂等 12 个全资子公司和上海沪昌特殊钢股份有限公司、中外合资大通钢结构有限公司等 6 个控股子公司。产钢 169 万吨，其中优钢、特钢 60.19 万吨；生产钢材 113 万吨。

1999—2005 年，宝钢五钢加快技术改造、淘汰落后工艺，先后实施合金模块、特种冶金、不锈钢长型材、合金钢棒材等一系列新建和改造项目，生产技术装备得到全面更新，拥有 120 万吨钢、100 万吨钢材的特殊钢生产能力。主要装备有 100 吨超高功率直流电弧炉、60 吨交流电弧炉、特种冶炼装备以及不锈钢长型材、合金钢棒材、合金模块、银亮钢、精密冷带、高合金无缝钢管及金属制品等世界先进特殊钢专业生产线。以生产专业特殊钢品种为主，普钢为辅，普优结合。通过不断采用国际先进技术装备和工艺流程，形成结构钢、工模具钢、轴承钢、弹簧钢、不锈耐热钢、高温合金、耐蚀合金、精密合金、钛及钛合金为主导产品的生产体系。产品有棒、管、丝、带、饼、环及异型材和金属制品，广泛应用于汽车、铁路、机械、石油、电子、仪表、化工、电站、舰船、航空、航天等领域，是国家重点工程原材料生产基地和关键金属新材料研发产业化基地，在国际国内享有良好声誉。2003 年 8 月，宝钢集团将上海钢铁研究所委托宝钢五钢管理；10 月，将宝钢二钢委托宝钢五钢管理。2004 年，宝钢五钢产钢 166.70 万吨，其中电炉钢首次突破 100 万吨。销售商品坯材 149.40 万吨，其中优钢坯材销售 94.20 万吨。销售收入（主体）72 亿元，其中优钢销售收入 55.20 亿元，新品销售收入 15.80 亿元，外贸出口创汇 1.27 亿美元。年底，在册员工 22 675 人（含托管单位），其中主体 5 359 人。

2005 年 5 月，宝钢五钢钢铁主业（不包括宝钢二钢）被宝钢股份收购，组建宝钢股份特殊钢分公司。2009 年 4 月，宝钢股份为进一步明确特钢产品的经营责任主体，实现特钢产品产、供、销、研业务链的纵向整合，组建宝钢股份特钢事业部。2012 年 4 月，宝钢集团收购宝钢股份特钢事业部资产，成立宝钢特种材料有限公司、宝钢特钢有限公司。2013 年 7 月，宝钢特钢吸收合并宝钢特种材料有限公司。宝钢特钢具有百万吨级冶炼、加工能力，拥有特种冶金、不锈钢和结构钢长材、银亮材、合金板带及无缝钢管等多条现代化生产线，聚焦于航空航天、能源电站、交通运输等 3 个关键行业，生产特种冶金、不锈钢、结构钢等三大系列核心产品，其中汽车零部件用钢、模具钢、不锈钢是专业化、规模化系列品种。2015 年，“TA15 钛合金框大型模锻件制造技术及应用”获国防科学技术进步奖二等奖。

2016 年，宝钢特钢生产钢 21.16 万吨、材 78.46 万吨，销售 75.33 万吨，销售收入 79.21 亿元。年底，在册员工 3 537 人(含宝钢特钢长材有限公司、上海五钢气体有限责任公司、上海宝钢特殊金属材料有限公司等 3 家子公司)，其中本部在册员工 2 581 人。

表 2-1-22　1998—2016 年宝钢特钢(宝钢五钢)员工队伍分类状况统计表　单位：人

年份	在册员工	在岗员工	岗位分布			学历结构				
			管理	技术	操作	研究生	本科	大专	中专、高中	初中及以下
1998	16 119	14 525	1 720	592	12 213	—	—	—	—	—
1999	13 093	11 518	1 203	855	9 460	—	—	—	—	—
2000	10 483	—	—	524	7 660	—	—	—	—	—
2001	8 405	—	—	588	6 949	—	—	—	—	—
2002	7 435	—	—	—	—	—	—	—	—	—
2003	10 661	—	—	—	—	—	—	—	—	—
2004	10 725	—	—	—	—	—	—	—	—	—
2005	4 080	4 080	319	874	2 887	—	—	—	—	—
2006	4 319	4 319	440	934	2 945	64	655	1 044	2 301	255
2007	4 351	4 349	451	982	2 916	65	738	1 119	2 397	30
2008	5 205	5 200	559	1 135	3 506	78	895	1 475	2 490	262
2009	5 108	5 102	460	1 194	3 448	78	980	1 746	2 058	240
2010	4 462	4 457	412	1 027	3 018	114	921	1 589	1 814	19
2011	4 330	4 326	402	981	2 943	113	932	1 603	1 663	15
2012	4 089	4 085	395	937	2 753	120	931	1 529	1 500	5
2013	3 951	3 921	376	942	2 603	135	933	1 472	1 378	3
2014	3 807	3 774	366	925	2 483	141	952	1 403	1 276	2
2015	3 641	3 609	358	904	2 347	142	946	1 360	1 160	1
2016	2 581	2 509	274	699	1 536	123	736	946	704	0

表 2-1-23　1998—2016 年宝钢特钢(宝钢五钢)主要经济指标统计表　　单位：亿元

年份	资产总值	营业收入	利润总额	年份	资产总值	营业收入	利润总额
1998	—	42.27	0.5	2008	124.01	96.50	−9.20
1999	—	40.04	0.03	2009	150.38	64.95	−12.42
2000	—	41.30	0.08	2010	169.36	100.62	−6.93
2001	—	47.93	0.15	2011	168.37	115.96	−5.31
2002	—	51.60	0.17	2012	50.64	53.67	−2.27
2003	—	61.37	0.06	2013	150.44	89.92	−9.71
2004	—	77.84	1.65	2014	140.40	90.06	−12.82
2005	82.54	43.41	1.09	2015	127.74	66.76	−11.41
2006	104.70	86.99	3.04	2016	134.99	51.73	−11.14
2007	123.45	108.59	−5.89				

说明：2005 年数据只包含 5—12 月，1—4 月在五钢公司；2012 年数据只包含 4—12 月，1—3 月在宝钢股份。

表 2-1-24　1998—2016 年宝钢特钢(宝钢五钢)获得荣誉情况表

序号	获奖单位	获奖项目	奖项名称或等级	授奖单位	获奖年份
1	宝钢集团上海五钢有限公司	航空发动机主轴轴承用钢	国家冶金工业局科学技术进步奖二等奖	国家冶金工业局	1998
2	宝钢集团上海五钢有限公司	航天用 GH600 合金精细薄壁管	国家科学技术进步奖三等奖	国务院	1998
3	宝钢集团上海五钢有限公司		1997—1998 年度上海市文明单位	上海市人民政府	1999
4	宝钢集团上海五钢有限公司		上海市专利示范企业	上海市经济委员会、专利局	1999
5	宝钢集团上海五钢有限公司		1998—1999 年度优秀工业企业形象单位	上海市工业工作委员会、纪律检查委员会	2000
6	宝钢集团上海五钢有限公司		1999—2000 年度上海市安全生产先进单位	上海市安监局、市总工会	2001
7	宝钢集团上海五钢有限公司		1999—2000 年度上海市文明单位	上海市人民政府	2001
8	宝钢集团上海五钢有限公司		2002 年度上海工业优秀企业	建设工业新高地争先创优领导小组	2003
9	宝钢股份特殊钢分公司	不锈钢长型材轧钢系统	冶金行业优质工程奖	中国冶金建设协会	2005
10	宝钢股份特殊钢分公司	优质高强 GH4169 合金研制及合金锻件组织与性能研究	国防科学技术奖三等奖	国防科工委	2014
11	宝钢特钢有限公司(参与)	压水堆核电站核岛主设备材料技术研究与应用	冶金科学技术奖特等奖	中国钢铁工业协会、中国金属学会	2014

〔续表〕

序号	获 奖 单 位	获 奖 项 目	奖项名称或等级	授 奖 单 位	获奖年份
12	宝钢特钢有限公司	铁、镍基合金油套管产品及制造技术开发	上海市科技进步奖二等奖	上海市人民政府	2014
13	宝钢特钢有限公司	TA15 钛合金框大型模锻件制造技术及应用	2014 年国防科学技术进步奖二等奖，中航工业集团 2014 年科学技术进步奖一等奖	国防科工委	2014
14	宝钢特钢有限公司	钛合金大规格棒材等四项国行业标准制定	技术标准优秀奖（一等奖）	全国有色金属标准化技术委员会	2014
15	宝钢特钢有限公司	铁镍基合金油套管关键工艺技术及产品开发	冶金科学技术奖一等奖	中国钢铁工业协会、中国金属学会	2015
16	宝钢特钢有限公司	高品质特殊钢高温辊底式热处理炉成套装备技术研发与应用	冶金科学技术奖二等奖	中国钢铁工业协会、中国金属学会	2016
17	宝钢特钢有限公司	钢铁及合金化学成分测定电感耦合等离子体原子发射光谱法系列标准的制定	冶金科学技术奖二等奖	中国钢铁工业协会、中国金属学会	2016
18	宝钢特钢有限公司	模铸流钢砖开发与应用	安徽省科学技术奖三等奖	安徽省人民政府	2016
19	宝钢特钢有限公司	先进压水堆核电站核岛关键设备材料技术研究与工程应用	北京市科学技术奖一等奖	北京市人民政府	2016
20	宝钢特钢有限公司	压水堆核电蒸汽发生器用 690 合金 U 形管产业化制造技术及产品开发	上海市科技进步奖一等奖	上海市人民政府	2016

第七节　宝钢集团新疆八一钢铁有限公司

宝钢集团新疆八一钢铁有限公司（简称八一钢铁）始建于 1951 年 9 月，是由驻疆中国人民解放军官兵创建起来的，时称新疆军区后勤部钢铁厂。1952 年 5 月 20 日，中国人民解放军新疆军区后勤部钢铁厂与新疆军区军工部合并，定名为“新疆军区八一钢铁总厂”。1953 年 1 月，钢铁厂移交新疆工业厅，5 月 7 日更名为“新疆八一钢铁厂”，1974 年 1 月 1 日更名为“乌鲁木齐钢铁厂”。1979 年 3 月 31 日，新疆成立新疆钢铁公司，乌鲁木齐钢铁厂为该公司直属企业。1980 年 11 月 24 日，乌鲁木齐钢铁厂更名为“新疆八一钢铁总厂”，并与新疆钢铁公司实行“两块牌子、一套班子”运作。1995 年 9 月 27 日，以新疆八一钢铁总厂为主体成立新疆钢铁（集团）有限责任公司，1999 年 11 月更名为“新疆八一钢铁（集团）有限责任公司”，2001 年年底更名为“新疆八一钢铁集团有限责任公司”。2007 年 1 月 16 日，宝钢集团与新疆维吾尔自治区政府签署增资重组新疆八一钢铁集团有限责任公司协议，4 月 28 日加入宝钢集团，定名为“宝钢集团新疆八一钢铁有限公司”。公司占地面积 18 平方公里。总部地址：新疆维吾尔自治区乌鲁木齐市头屯河区八一路。

一、机构设置

2007年，八一钢铁设发展部、董事会办公室、资产监管部、财务部、组织人事部、计划部、公司办公室、安环部、设备工程部、物资采购中心、矿山管理部等11个行政部室，工会、纪委监察部、党委办公室、党委宣传部、团委青工部、机关党委、党校、武装保卫部等8个政工部门，炼铁分公司、能源中心、供应分公司、技术开发中心、冶金信息分公司、铁路运输分公司、检修中心等7个分公司以及11个子公司。

2008年，八一钢铁对组织机构进行调整，撤销计划部，资产监管部更名为“审计部”，发展部更名为“系统发展部”，组织人事部更名为“人力资源部”；供应分公司和铁路运输分公司合并为物流分公司，成立制造管理部，与技术开发中心实行“一套班子、两块牌子”运行。2011年，把安环部拆分成安全监督部和能源环保部。2012年，增设运营改善部，董事会办公室下增设法律事务部，物资采购中心业务整体并入设备工程部，取消物资采购中心的机构设置，矿山管理部更名为“矿山管理事业部”。2013—2016年，对总部机关进行整合优化，实行大部制，把下属分子公司按照业务分板块管理。

2016年年底，八一钢铁总部部门有党群工作部、设备工程部、能源环保部、安全保卫部、纪委监察部、审计法务部、人力资源部、公司企划部、经营财务部和公司办公室；业务部门有采购中心、制造管理部、铁路运输协调办公室；钢铁主业板块有能源中心、炼铁分公司、新疆八一钢铁股份有限公司、新疆八钢南疆钢铁拜城有限公司，以及资源、多元产业等板块的子(分)公司。

二、企业发展

2007年加入宝钢集团后，八一钢铁相继建成投产2座2 500立方米高炉、4座55孔焦炉、3座120吨转炉和中厚板生产线，并配套新建了高炉余压发电、干熄焦发电、滚筒渣处理等环保节能项目。

2010年7月23日，南疆拜城钢铁基地项目在新疆阿克苏地区拜城县工业园区奠基，同年8月18日开工建设，2013年3月28日点火试车。

2012年5月5日，宝钢股份罗泾区域(原宝钢浦钢)一号熔融还原炼铁装置(COREX炉)整体迁建至八一钢铁工程破土动工。2015年6月18日，罗泾区域一号熔融还原炼铁装置拆建项目——欧冶炉点火开炉。

八一钢铁在新疆哈密地区和阿勒泰地区拥有雅满苏、蒙库等2座铁矿，在乌鲁木齐艾维尔沟拥有1座以生产焦煤为主的煤矿，具有采矿、选矿、烧结、焦化、炼铁、炼钢到轧钢完整的生产工艺流程，并生产金属制品等钢铁延伸产品。年产钢能力1 100万吨，产品覆盖长材、板材及管材等，主要在新疆维吾尔自治区及国内西部省区销售，部分出口中亚地区。

2016年，八一钢铁生产铁精矿312.51万吨、焦炭183.49万吨、生铁401.87万吨、钢415.56万吨、钢材397.18万吨；完成工业总产值(现价)206.63亿元，资产总额463.81亿元；销售钢材414.36万吨，营业收入107.36亿元，主营业务收入102.87亿元。年底，在册员工20 395人，在岗员工16 830人。

表 2-1-25　2007—2016 年八一钢铁员工队伍分类状况统计表

单位：人

年份	在册员工	在岗员工	岗位分布			学历结构				
			管理	技术	操作	研究生	本科	大专	中专、高中	初中及以下
2007	25 565	21 815	825	3 720	17 270	171	1 947	5 544	11 894	2 259
2008	26 727	23 546	874	4 114	18 558	181	2 158	5 786	12 206	3 215
2009	26 341	23 552	1 066	3 641	18 845	90	2 390	5 902	12 192	2 978
2010	25 411	23 017	915	3 320	18 782	76	2 401	5 881	11 690	2 969
2011	25 796	23 544	950	3 363	19 231	74	2 698	6 106	11 788	2 878
2012	27 637	25 766	1 026	3 491	21 249	86	3 103	6 829	12 396	3 352
2013	24 421	22 671	961	2 816	18 894	81	2 721	5 354	5 988	8 527
2014	24 211	22 800	1 012	3 217	18 571	85	2 922	5 700	7 521	6 572
2015	22 225	21 030	921	3 040	17 069	101	2 638	5 212	7 024	6 055
2016	20 395	16 830	852	2 587	13 391	101	2 243	3 920	5 270	5 296

表 2-1-26　2007—2016 年八一钢铁主要经济指标统计表

单位：万元

年份	资产总值	营业收入	利润总额	年份	资产总值	营业收入	利润总额
2007	2 477 857	1 326 339	37 992	2012	5 017 633	2 913 958	5 043
2008	3 213 740	2 071 769	20 720	2013	5 472 606	2 539 075	40 099
2009	3 292 671	1 762 763	42 129	2014	5 295 854	2 195 351	—225 452
2010	3 762 691	2 504 899	144 924	2015	4 729 499	1 136 217	—498 636
2011	4 172 249	2 994 007	170 445	2016	4 644 134	1 073 636	—246 969

表 2-1-27　2007—2016 年八一钢铁获得荣誉情况表

序号	获奖单位	获奖项目	奖项名称或等级	授奖单位	获奖年份
1	八一钢铁能源中心		2006 年度全国“安康杯”竞赛优胜企业	中华全国总工会、国家安全生产监督管理总局	2007
2	八一钢铁能源中心		2008 年度全国“安康杯”竞赛优胜企业	中华全国总工会、国家安全生产监督管理总局	2009
3	富蕴蒙库铁矿有限责任公司、雅满苏矿业有限责任公司		2008 年度自治区“安康杯”竞赛先进单位和先进个人	中华全国总工会、国家安全生产监督管理总局	2009
4	新疆钢铁设计院有限责任公司	八一钢铁 430 平方米烧结机工程	冶金行业优秀工程设计奖二等奖	中国冶金建设协会	2014
5	新疆钢铁设计院有限责任公司	喀什 80 万吨/年制品基地(一期)	冶金行业优秀工程设计奖二等奖	中国冶金建设协会	2014

第八节　宁波钢铁有限公司

宁波钢铁有限公司(简称宁波钢铁)的前身为2003年1月14日成立的宁波建龙钢铁有限公司,2004年5月—2006年3月按国家宏观调控政策要求停工。2006年3月16日,国家发展和改革委员会下发《国家发展改革委关于结合杭钢结构调整对宁波钢铁项目重建及项目核准的批复》;7月7日,宁波钢铁有限公司成立,8月1日开始全面恢复建设。2009年3月,宝钢集团重组宁波钢铁。2014年12月,宝钢集团调整为宁波钢铁第二大股东。宁波钢铁坐落于浙江省宁波市北仑区,距市区38公里,西与北仑港毗邻,占地2.96平方公里。总部地址:浙江省宁波市北仑区霞浦临港二路168号。

一、机构设置

2009年3月进入宝钢集团后,宁波钢铁按照“精干、高效、压缩”的原则,整合组织机构,设人力资源部、财务部、运营改善部、法务审计部、党群工作部、工程管理部、投资管理部、采购部、销售部、安全保卫部、物流部、制造管理部、能源环保部、设备部、办公室等15个部室,焦化厂、炼铁厂、炼钢厂、热轧厂等4个生产厂,以及宽厚板项目部、热电项目部等。

2014年年底,宁波钢铁设人力资源部、经营财务部、运营改善部、法务审计监察部、党群工作部、技改管理部、采购部、销售部、安全保卫部、物流部、制造管理部、能源环保部、设备部、办公室等11个部室,焦化厂、炼铁厂、炼钢厂、热轧厂、余能发电厂等5个生产厂。

二、企业发展

2007年6月8日,宁波钢铁一期焦炉、烧结、高炉、转炉、连铸机等项目相继投产;12月26日,1 780毫米热轧工程热负荷试车。2008年5月25日,二号高炉点火开炉。2008年下半年,受国际金融危机影响,宁波钢铁生产经营和工程建设陷入困境。2009年3月1日,宝钢集团与杭州钢铁集团公司重组宁波钢铁。重组后,经增资扩股,具体股份比例为:宝钢集团56.15%,杭州钢铁集团公司34%,宁波开发投资集团有限公司7%,宁波经济技术开发区控股有限公司2.85%。

宁波钢铁项目总投资170亿元。设计规模为年产铁400万吨、钢421万吨、商品板带385万吨。产品覆盖钢坯和热轧直发卷,主要钢种有:一般结构用碳素结构钢,制管用钢,一般结构用低合金结构钢,冷轧或深冲用低碳钢及超低碳钢,优质碳素结构钢,管线钢(石油天然气输送管用钢、直缝电阻焊套管用钢),汽车结构钢(车轮钢、大梁钢、细晶粒高强度钢、汽车其他结构件用钢),集装箱用钢,造船用钢,桥梁用钢,工程机械用钢和花纹板等。

2014年12月16日,宁波钢铁召开2014年第二次股东会暨第三届董事会第五次会议,审议并通过《关于宁钢增资方案的议案》。经过此次增资,宁波钢铁的股份比例为:杭州钢铁集团公司60.29%,宝钢集团34%,宁波开发投资集团有限公司4.06%,宁波经济技术开发区控股有限公司1.65%。宝钢集团调整为宁波钢铁第二大股东。同年,宁波钢铁产铁432.62万吨、钢455.32万吨、热轧卷406.98万吨,实现营业收入142.18亿元,实现利润10.08亿元。年底,在册员工3 179人。

表 2-1-28　2009—2014 年宁波钢铁员工队伍分类状况统计表　　单位：人

年份	在册员工	在岗员工	岗位分布			学历结构				
			管理	技术	操作	研究生	大学	大专	中专高中	初中以下
2009	3 380	3 377	301	619	2 460	42	717	1 212	1 365	30
2010	3 051	3 048	325	700	2 026	39	687	1 142	1 111	35
2011	3 076	3 073	329	723	2 024	41	717	1 215	1 013	26
2012	3 213	3 210	333	742	2 138	39	721	1 295	1 137	21
2013	3 258	3 255	312	759	2 187	48	871	1 364	953	22
2014	3 179	3 176	305	785	2 086	48	855	1 326	931	19

表 2-1-29　2009—2014 年宁波钢铁主要经济指标统计表　　单位：亿元

年份	资产总值	营业收入	利润总额	年份	资产总值	营业收入	利润总额
2009	168.64	87.37	—12.50	2012	154.66	157.76	—6.29
2010	183.61	156.11	4.09	2013	169.79	162.81	3.65
2011	177.51	210.08	0.75	2014	190.04	142.18	10.08

表 2-1-30　2009—2014 年宁波钢铁获得荣誉情况表

序号	奖项名称或等级	授奖单位	获奖年份
1	浙江省能源计量示范单位	浙江省质量技术监督局、省经济和信息化委员会	2012
2	宁波市工业循环经济示范企业	浙江省宁波市经济和信息化委员会、宁波市发展和改革委员会	2012
3	绿色低碳经济标兵企业	浙江省绿色低碳经济企业评选组委会	2013
4	宁波市优势总部企业	浙江省宁波市人民政府	2013
5	浙江省第四届绿色低碳经济标兵企业	浙江省绿色低碳经济标兵企业评选组委会	2013
6	2014 年度中国钢铁工业清洁生产环境友好企业	中国钢铁工业协会	2014

第九节　宝钢集团广东韶关钢铁有限公司

宝钢集团广东韶关钢铁有限公司(简称韶关钢铁)的前身为广东省韶关钢铁集团有限公司，始建于 1966 年 8 月 22 日。2011 年 8 月 22 日，宝钢集团和广东省国资委签订股权划转协议，广东省韶关钢铁集团有限公司在分离办社会职能基础上由宝钢集团直接持股 51%。2012 年 4 月 18 日，宝钢集团广东韶关钢铁有限公司揭牌成立。公司占地面积 9.80 平方公里，地址：广东省韶关市曲江区。

一、机构设置

2012年，韶关钢铁推进大部制改革，先后撤销综合管理部、生产部、技术质量部，成立运营改善部、制造管理部和质量检测中心；合并公司办公室（董事会办公室）、党委办公室和广州办事处，成立公司办公室（董事会办公室、党委办公室）；合并人力资源部和党委组织部，成立人力资源部（党委组织部）；合并二轧厂和宽板厂，成立板材部；优化铁前物料业务流程。至年底，组织机构设有公司办公室（党委办公室）、运营改善部、财务部、人力资源部、法律事务部、规划设计部、战略发展部、企业文化部、稽核监察部、技改部、安全环保部、机动部、计控部、物流部、保卫部等16个部室，招标管理中心、技术研究中心、质量检测中心、能源管理中心等4个中心，以及22个全资、控股、参股子公司等。

2013年，韶关钢铁对供应系统、生产制造系统、产品销售系统以及职能部门组织体系进行全面优化整合；对各生产单元进行优化整合：归并相近职能、合并相近工序、纠正职能错位、精简机构设置。全年整合优化53个厂部级单位、子公司。2014年，整合优化技术研究中心、招标中心、原料采购中心等10个厂部级单位，主体生产单元五厂三部（炼铁厂、炼钢厂、炼轧厂、板材厂、特棒厂、制造管理部、设备管理部、能源环保部）的管理架构搭建完成，与宝钢股份全面对接。2015年，对部分单元进行整合。

2016年年底，韶关钢铁设公司办公室、财务部、运营改善部、人力资源部、安全保卫部、投资管理部、内控管理部（审计部、监察部）、企业文化部、设备管理部、能源环保部、物流部和技术研究中心等组织机构，并拥有12家全资子公司、4家控股子公司和7家参股子公司。

二、企业发展

2012年4月18日，宝钢集团广东韶关钢铁有限公司揭牌成立。公司年产钢能力650万吨，立足钢铁业，多元化经营，着重从价值形态上运营国有资产，是广东省重要的钢铁生产基地、国家高新技术企业，以及中国重要的船板钢、工程机械和水电站用高强钢板、高等级建筑结构用钢、桥梁板、锅炉和压力容器用钢板生产基地。其生产的板材、线材、优特钢棒材等产品，主要在珠江三角洲、华东地区及广东邻近省份销售，部分出口。

2016年，韶关钢铁产铁585.30万吨、钢578.30万吨、钢材558.60万吨（含轧制坯1.83万吨）、烧结矿849.20万吨、焦炭265.90万吨，发电18.08亿千瓦时。全年销售钢材494万吨（不含特钢），实现营业收入152亿元、利润0.35亿元。年底，在册员工11 747人，在岗员工9 836人。

表2-1-31　2013—2016年韶关钢铁员工队伍分类状况统计表　　单位：人

年份	在册员工	在岗员工	岗位分布			学历结构				
			管理	技术	操作	研究生	本科	大专	中专、高中	初中及以下
2013	14 538	12 702	1 473	1 470	9 759	253	2 004	3 176	2 528	4 741
2014	13 662	12 368	820	2 102	9 446	237	2 159	4 034	2 788	3 150
2015	12 366	11 584	770	2 080	8 735	232	2 081	3 899	2 515	2 858
2016	11 747	9 836	543	1 461	7 832	204	1 782	3 453	2 067	2 330

表 2-1-32　2012—2016 年韶关钢铁主要经济指标统计表　　单位：亿元

年份	资产总值	营业收入	利润总额	年份	资产总值	营业收入	利润总额
2012	234.07	208.22	-16.30	2015	190.76	120.30	-25.09
2013	245.74	207.54	0.78	2016	191.17	151.75	0.35
2014	214.18	209.58	-12.43				

表 2-1-33　2012—2016 年韶关钢铁获得荣誉情况表

序号	获 奖 单 位	获 奖 项 目	奖项名称或等级	授 奖 单 位	获奖时间
1	广东韶钢松山股份有限公司		用户满意企业	中国质量协会、全国用户委员会	2013 年 12 月
2	广东韶钢松山股份有限公司	低合金高强度结构钢钢板	冶金产品实物质量金杯奖	中国钢铁工业协会	2013 年 12 月
3	广东韶钢松山股份有限公司	优质碳素结构钢热轧钢板	冶金产品实物质量金杯奖	中国钢铁工业协会	2013 年 12 月
4	广东韶钢松山股份有限公司		全国工业领域电力需求侧管理示范企业	工业和信息化部	2015 年 12 月
5	宝钢集团广东韶关钢铁有限公司		全国职工教育培训示范点	中华全国总工会	2015 年 12 月

第十节　其他钢铁企业

一、宝钢集团上海二钢有限公司

宝钢集团上海二钢有限公司(简称宝钢二钢)的前身为民国 31 年(1942 年)2 月日军侵华时期由日本亚细亚钢业株式会社建立的黄兴路压延工场。民国 36 年(1947 年)2 月，作为敌伪财产被当时新成立的上海钢铁股份有限公司承购，列为该公司第二厂。1957 年 3 月更名为“上海第二钢铁厂”，1995 年 8 月 18 日改制设立上海二钢有限公司。1998 年 11 月上海地区钢铁企业联合重组后进入宝钢集团，成为其全资子公司，更名为“宝钢集团上海二钢有限公司”。公司占地面积 27.30 万平方米，建筑面积 18.70 万平方米。地址：上海市杨浦区黄兴路 221 号。

1998 年年底，宝钢二钢有 5 个生产主体、17 个全资控股企业，员工 5 896 人。拥有 45 度高速线材轧机、OTT 拉丝机等先进的生产设备，可以生产 230 多个钢种、20 个大类、1 340 多个规格的钢材产品。

2000 年起，宝钢二钢着手建设宝钢集团金属制品精品基地。同年，宝钢集团批准宝钢二钢高强度、低松弛预应力钢丝和钢绞线技改项目，项目工程概算 19 329 万元，主要工艺设备从美国、意大利、德国、加拿大引进，项目建成后年生产规模为 5 万吨光面和厚镀锌、涂塑高强度低松弛预应力钢丝及钢绞线，产品质量达到国际先进水平。

2003 年 10 月 14 日，宝钢集团将宝钢二钢委托宝钢集团上海五钢有限公司管理。

2006年8月31日，为贯彻上海市节能减排和环保要求，宝钢二钢高速线材厂关停。2010年，又先后关停3条制品生产线。同年7月，宝钢二钢的制品生产经营进入宝钢金属有限公司，组建为宝钢集团南通线材制品有限公司。至此，宝钢二钢退出制造业，完成企业转型，存续公司沿用“宝钢集团上海二钢有限公司”名称。同年，宝钢二钢完成工业总产值2.626 7亿元、销售收入7.08亿元，金属制品商品量5.83万吨、销售量8万吨，资产处置收入5 070万元。年底，在册人员935人，其中主体在岗212人；总资产9.10亿元，净资产2.75亿元。

2015年11月2日，宝钢集团将宝钢二钢委托上海宝地置业有限公司（简称宝地置业）管理。2016年3月4日，宝钢二钢100%股权划转至宝地置业。

二、上海宝钢益昌薄板有限公司

上海宝钢益昌薄板有限公司（简称宝钢益昌）的前身为始建于1989年2月的上海益昌薄板有限公司，由中国物资开发投资总公司、上海第一钢铁厂、上海国际信托投资公司、上海久事公司与美国太平洋合股有限公司等股东单位共同投资组建，是开发、生产、销售冷轧薄板和镀锡板的中外合资企业。1998年9月，宝钢集团增资控股上海益昌薄板有限公司，占注册资本的65.07%，上海益昌薄板有限公司更名为“上海宝钢益昌薄板有限公司”。占地面积31万平方米，建筑面积11.30万平方米。公司地址：上海市宝山区江杨南路950号（1999年江杨南路改造后，门牌号码改为2288号）。

上海益昌薄板有限公司工程是1990年上海市一号重点建设工程，投资总额8.40亿元，主要设备从法国、美国、奥地利、英国和德国等国家引进，包括推拉式酸洗机组、五机架冷轧机组、电解脱脂机组、全氢罩式退火炉机组、双机架平整机、纵横剪切机组和电镀锡机组等，年产钢材30万吨。产品规格为厚度0.15～0.80毫米、宽度710～1 050毫米的冷轧薄板，主要用于家电、搪瓷等行业。1990年11月，五机架连轧机组先行试车。1991年2月，七大机组全线开通。至1998年8月，累计生产冷轧薄板商品材160多万吨，向国家上缴税款7.60亿元。

1998年9月宝钢集团增资控股后，宝钢益昌导入全新的经营理念和管理方式，加大科技创新力度，完成“拓宽04机组瓶颈口工艺研究”“平整镀铬工作辊开发与应用”等项目的科研开发与鉴定，完成提升产品档次的食品罐用镀锡板攻关。2003年，向市场推出电池用钢、光亮板、邦迪管及极薄冷轧板等具有“薄、特、优”特色的高附加值产品。全年完成商品产量80.12万吨，销量80.31万吨，产销率超过100%；实现销售收入32.96亿元，利润总额2.06亿元。公司获中华全国总工会颁发的全国五一劳动奖状。同年，宝钢集团企业开发总公司分别收购宝钢益昌辅业所属的上海钢益实业发展有限公司和上海国益工贸实业发展有限公司等2家子公司，同时托管上海华昌金属材料厂；宝钢股份收购宝钢益昌部分权益。

2004年4月，宝钢股份收购宝钢益昌90%股权。上海宝钢益昌薄板有限公司更名为“宝钢股份冷轧薄板厂”。2016年3月9日，宝钢股份撤销冷轧薄板厂建制，与冷轧厂镀锡分厂进行机构整合，组建镀锡板厂，在册员工663人。整合后，镀锡板厂年产规模100万吨，其中原冷轧薄板厂60万吨，成为国内最大的镀锡板生产基地。

三、宝钢集团上海钢管有限公司

宝钢集团上海钢管有限公司（简称上海钢管）的前身为创建于1958年3月13日的上海焊接钢

管厂,同年5月24日更名为"上海钢管厂"。1993年9月,改制为上海钢管股份有限公司,1994年1月在上海证券交易所挂牌上市。1998年11月上海地区钢铁企业联合重组后进入宝钢集团,成为其全资子公司。公司地处毗邻上海吴淞口的张华浜,占地面积12万平方米。地址:上海市宝山区逸仙路3950号。

1998年年底,上海钢管股份有限公司拥有员工2 680名,有4个分厂、6个经营性子公司,年产能20万吨,能生产43个大类、4 000多个品种规格的无缝钢管、高频焊接钢管和镀锌钢管。产品广泛应用于能源、交通、化工、纺织、机械、航天、地质钻探、建筑和国防工业等领域。

2001年3月,上海钢管股份有限公司与上海宝钢信息产业有限公司进行资产置换,并在上海产权交易所签订产权转让合同,完成产权转让交割。5月,上海钢管股份有限公司更名为"宝钢集团上海钢管有限公司"。上海钢管全面推进宝钢现代化管理模式,深化内部改革,以激励机制凝聚队伍、以开发新品提升效益、以技术改造增强后劲、以精细管理夯实基础,有效规避经营风险。2006年,生产冷拔、冷轧无缝钢管8.36万吨,销售无缝钢管8.20万吨,实现销售收入9.65亿元、利润5 276万元。年底,在册员工1 191人,在岗员工866人。

2007年9月,宝钢股份收购上海钢管主业资产,成立宝钢股份精密钢管厂。同时,宝钢集团下达《关于上海钢管经营性资产被收购后委托五钢公司管理的决定》,上海钢管辅业资产由五钢公司托管。2008年1月,宝钢股份精密钢管厂作为二级厂进入宝钢股份特殊钢分公司。2009年7月,宝钢股份特钢事业部(原宝钢股份特殊钢分公司)精密钢管厂划转至宝钢股份钢管条钢事业部。2013年1月,精密钢管厂因市政动迁整体搬入宝钢股份本部。

四、上海钢铁研究所

上海钢铁研究所(简称上海钢研所)始建于1960年4月,由上海市冶金工业局中心试验室扩建而成,是一个集冶金新材料、新工艺和新技术的科研、试制、生产于一体的综合性应用技术研究所。1998年11月上海地区钢铁企业联合重组后进入宝钢集团,成为其全资子公司。全所占地面积28.48万平方米。地址:上海市宝山区泰和路1001号。

1998年,上海钢研所拥有电弧炉、真空感应炉、森吉米尔20辊轧机、连续光亮退火炉、高精度纵剪机、高精度带钢打磨机、真空电子束焊机、VOD精炼炉,以及锻造、热轧、冷轧、冷拔、拉丝等生产设备,固定资产净值1.30亿元,设有冶炼、冷带、钢管、锻轧、钢丝、焊带等6个分厂及特钢、精密、难熔、钛、装备等5个分所。主要产品为精密合金、不锈钢、电子材料、高温合金、钛合金、难熔合金、钎焊及熔焊材料、非晶态合金等,共有500多个品种、1万多种规格的带材、管材、丝材、棒材、锻轧材、冲制件及元器件。销售收入近2亿元,钢产量4 000多吨。年底,拥有员工近3 000人,其中科技人员800多人,有高级职称者近100人,博士和硕士30多人。

1999年,上海钢研所部分科研领域、相关科研人员和试验设备,有选择地划入宝钢研究院。2001年1月1日,上海钢研所由地方型事业编制科研院所转制为科技型企业。2003年8月18日,宝钢集团将上海钢研所委托宝钢五钢管理;12月,上海钢研所技术中心与宝钢五钢研究一所、研究二所合并,组建宝钢特钢技术中心,其生产辅助部门由宝钢五钢吸纳。2004年12月底,上海钢研所生产主体部门组建精密合金分公司进入宝钢五钢。2005年5月,包括土地、房屋等在内的核心资产被宝钢股份收购,上海钢研所进入存续管理。

五、上海钢铁工艺技术研究所

上海钢铁工艺技术研究所(简称上海工艺所)的前身为上海钢研所的工艺技术分所,于 1984 年 10 月分离后建立。1998 年 11 月上海地区钢铁企业联合重组后进入宝钢集团,成为其全资子公司。全所分为科研开发和试验基地两部分,本部地址在上海市长宁区定西路 1118 号,试验基地在上海市闵行区华翔路 3801 号,总占地面积 8.72 万平方米,建筑面积 4.17 万平方米。

1998 年,上海工艺所设有科技开发部、科技经营部、测试中心、型钢车间和机动车间,主要研究领域是建筑用钢的产品、技术开发和应用,异型焊管、冷弯型钢的产品开发和生产,钢铁生产新工艺、新装备应用。年底,有员工 745 人,其中专业技术人员 235 人。

2001 年 1 月 1 日,上海工艺所改制为科技型企业。2004 年 1 月 7 日,宝钢集团决定将上海工艺所委托上海宝钢产业发展有限公司管理。2005 年 5 月 17 日,上海钢铁工艺技术研究所更名为“上海宝钢建筑工程设计研究院”,并新增甲级设计总包资质,业务范围拓展到建筑设计、钢结构及公用辅助配套领域。2010 年 9 月,进入宝钢工程技术集团有限公司,成为其子公司。

六、宝钢集团南通宝钢钢铁有限公司

宝钢集团南通宝钢钢铁有限公司(简称宝通钢铁)的前身为成立于 1987 年的南通钢厂,1992 年 4 月加入宝钢集团,成为宝钢集团紧密层合营企业。1995 年 1 月,宝山钢铁(集团)公司与日本新日本制铁株式会社(简称新日铁)、南通市投资管理中心、日本三井物产株式会社合资组建南通宝钢新日制钢有限公司。2006 年 4 月,日方所占 25%股权转让,由宝钢集团收购后更名为“宝钢集团南通宝钢钢铁有限公司”。占地 67 万平方米。公司地址:江苏省南通市港闸区唐闸镇河东北路 161 号。

宝通钢铁主要装备有 60 平方米烧结机 1 座,430 立方米高炉 1 座,机械化原料场 1 座,50 吨超高功率电炉 2 座,45 吨 LF 精炼炉 2 座,40 吨双工位 VD 炉 1 座,100 吨超高功率电炉 1 座,100 吨 LF 精炼炉 1 座,100 吨双工位 VD 炉 1 座,拉矫机二段弧度 8 米、14 米四机四流连铸机各 1 台,每小时制气量为 4 500 立方米、6 500 立方米的空分系统各 1 套,公称直径 10～50 毫米螺纹钢连轧机组生产线 1 条。建有 220 千伏变电站及工厂自备码头等辅助设施,具备年产 45 万吨铁、120 万吨合金钢坯、60 万吨钢材的生产能力。

2007 年 10 月,宝钢股份收购由宝钢集团持有的宝通钢铁 92.50%股权,宝通钢铁成为宝钢股份的子公司,更名为“南通宝钢钢铁有限公司”(简称宝通钢铁)。2009 年 7 月,宝通钢铁划入宝钢股份钢管条钢事业部管理。同年 12 月,宝钢股份增加注册资本,增资后宝通钢铁注册资本为 6.21 亿元,宝钢股份和南通市投资管理有限公司分别占股 95.82%和 4.18%。2013 年,生产烧结矿 63.10 万吨、铁 40.20 万吨、钢 54.70 万吨、螺纹钢 22.60 万吨,实现销售收入 25.52 亿元。2014 年 4 月,暂停生产,进入经济运行。2015 年 10 月,由经济运行转为正式停产。2016 年 12 月,在册员工 72 人,总资产 4.46 亿元,宝钢股份将其持有的宝通钢铁全部股权转让给其全资子公司——上海宝钢资产管理有限公司。

七、烟台鲁宝钢管有限责任公司

烟台鲁宝钢管有限责任公司(简称鲁宝钢管)的前身为 1992 年 5 月由宝钢集团与山东省冶金

工业总公司、烟台钢管厂合资组建的宝钢集团鲁宝钢管厂。1999 年 5 月，改制为烟台鲁宝钢管有限责任公司，占地 15 万平方米，注册资本 1 亿元。地址：山东省烟台市芝罘区幸福中路 185 号。

鲁宝钢管引进美国制造的 Accu-Roll 轧管机，经过不断自主集成创新，机组改进为独有的、拥有自主知识产权的 ARE(Accu-Roll & Expander)高精度轧扩管机组，并拥有成熟的无缝钢管轧扩一体技术。生产能力由设计年产 7.10 万吨提升至 36 万吨。产品有输送流体用无缝钢管、液压支柱用无缝钢管、锅炉用无缝钢管、结构用无缝钢管、石油光管、氧气瓶管等 10 多个品种、400 多个规格，广泛应用于石油、化工、锅炉、建筑、煤炭、管加工等行业。

2003 年 10 月 29 日，宝钢股份股东大会审议批准收购鲁宝钢管方案，鲁宝钢管成为宝钢股份控股子公司。2008 年 5 月 6 日，宝钢股份与鲁宝钢管共同投资的烟台宝钢钢管有限责任公司揭牌并开工建设，宝钢股份控股 80%，鲁宝钢管持股 20%。2009 年 7 月，鲁宝钢管由宝钢股份授权钢管条钢事业部管理。2014 年，宝钢股份收购莱钢集团烟台钢管有限公司持有的鲁宝钢管股权，鲁宝钢管成为宝钢股份全资子公司。

2016 年，鲁宝钢管与烟台宝钢钢管有限责任公司实行“一套机构管理两个公司”的运作方式，下设综合管理部、财务部、人力资源部、安全保卫部、营销部、制造管理部、设备能环部、采购部、轧管分厂、管加工分厂、质量检查站、鲁宝作业部等。全年，鲁宝钢管销售钢管 22.02 万吨，实现销售收入 6.04 亿元。至年底，在岗员工 303 人。

八、南京宝日钢丝制品有限公司

南京宝日钢丝制品有限公司(简称南京宝日)于 1999 年 9 月 1 日注册成立，是由宝钢集团、南京新港开发总公司、日本美达王株式会社和株式会社神户制钢所合资组建的线材二次加工企业。公司位于南京经济技术开发区内，占地面积为 6 万平方米，地址：江苏省南京经济技术开发区新港片区兴文路 9 号。

2000 年 3 月，南京宝日一期工程破土动工，2001 年 7 月投产，总投资 1.133 亿元，年生产规模 2.50 万吨，占地面积 4 万平方米。2005 年 12 月，二期工程动工，新征土地 2 万平方米，2006 年 10 月 29 日竣工投产，总投资 4 076 万元，累计年生产规模 3.60 万吨。

南京宝日拥有从德国引进的拉丝设备和自动酸洗线、从日本和韩国引进的辊底式短周期热处理退火炉，采用日本先进的酸洗、磷化、热处理等工艺技术，主要生产紧固件用冷镦钢丝和高碳钢丝。下设总务部、计划财务部、生产技术部、营销部等 4 个管理部门，4 个作业区，以及机修、生产综合等 2 个班组。

2007 年，南京宝日实现生产总量 40 169 吨，销售额 1.892 9 亿元，利润 1 529 万元。年底，在岗员工 144 人。

2008 年 3 月 24 日，南京宝日由宝钢集团委托宝钢金属管理。同年 5 月，南京宝日三期工程开工建设，2009 年 9 月 16 日竣工，总投资 1.786 433 亿元，累计年生产规模 8.04 万吨。投产当年，实现生产总量 47 489 吨、销售额 23 187 万元、利润总额 1 119 万元。2011 年 4 月，宝钢金属收购宝钢集团持有的南京宝日全部股份，南京宝日成为其控股子公司。

九、宁波宝新不锈钢有限公司

宁波宝新不锈钢有限公司(简称宁波宝新)是一家专业生产冷轧不锈钢板、卷和不锈钢焊管的企业。1996 年 3 月,由宝钢集团〔1992 年 3 月由宝山钢铁联合(集团)公司改制成立〕、浙甬钢铁投资(宁波)有限公司和日本日新制钢株式会社、三井物产株式会社、阪和兴业株式会社合资组建。宝钢集团出资 54%控股,其余 4 家分别出资 12%、20%、7%和 7%。公司位于浙江省宁波经济技术开发区,地址:浙江省宁波市北仑区霞浦临港二路 168 号。

1997—2005 年,宁波宝新先后进行 4 期工程建设,总投资 71.40 亿元,占地面积 65 万平方米。不锈钢板、卷年设计产能 66 万吨,不锈钢焊管年设计产能 1 万吨。主要产品为钢种 SUS300、SUS400 系列,表面加工等级 2B、2D、No.1、No.3、No.4、HL、BA(镜面板)等,厚度为 2～50 毫米、宽度为 650～1 320 毫米的冷轧不锈钢板、卷,外径为 19～76 毫米、厚度为 0.50～3 毫米的不锈钢焊管。产品主要特性为表面光洁、耐蚀性优良,具有良好的可焊性和易成型性。其质量与国际同类产品相当,广泛用于电梯、城市轨道交通、集装箱、精密电子、太阳能、汽车配件、家用制品、化工设备、建筑装潢等行业。

2005 年 4 月,宝钢股份收购宁波宝新,宁波宝新成为宝钢股份子公司。2008 年,新建不锈钢焊管厂,年底投产。2009 年 4 月,宝钢股份成立不锈钢事业部,授权不锈钢事业部管理宁波宝新。2012 年 4 月,宝钢集团收购宝钢股份持有的宁波宝新全部股份,并授权新成立的宝钢不锈钢有限公司管理宁波宝新。

2016 年,宁波宝新完成冷轧不锈钢产量 63.18 万吨、销量 62.53 万吨,热轧不锈钢酸洗产量 0.73 万吨、销量 0.73 万吨,焊管产量 1.13 万吨、销量 1.13 万吨,受委托加工产量 0.23 万吨、销量 0.23 万吨;营业收入 67.85 亿元,主营业务收入 67.52 亿元;利润总额 15 832.57 万元。年底,在册员工 881 人。

十、广东钢铁集团有限公司

宝钢集团广东钢铁集团有限公司(简称广东钢铁)是由宝钢集团、广东省国资委和广州市国资委于 2008 年 6 月 28 日在广州市注册成立的企业集团,注册资本 358.60 亿元。宝钢集团以现金出资持股 80%,广东省国资委和广州市国资委合并持股 20%,两家国资委分别以广东省韶关钢铁集团有限公司(简称韶钢集团)、广州钢铁企业集团有限公司(简称广钢集团)的国有净资产出资。地址:广东省广州市越秀区东风中路 509 号广东省建设银行大厦 24 层。

韶钢集团 1966 年建厂,是集钢铁制造、物流、工贸为一体的国有大型企业集团。广钢集团是一个集资本、实业经营一体化,以钢铁业为主,多业并举的国有大型企业集团,由独资、控股或参股的 100 多家企业组成,其中三大主体企业是:广州钢铁股份有限公司、广州珠江钢铁有限责任公司和广州南方有色金属有限公司。

广东钢铁在广东省处于钢铁业发展的行业领导者地位,负责引导和带动广东省钢铁行业的发展,承担产业规划、决策、指导和协调等职能,并负责建设广东湛江钢铁基地项目。广东钢铁履行 5 项主要职能:负责制订广东省钢铁工业布局和战略规划(报广东省政府主管部门批准后实施);负责审批韶钢集团、广钢集团和宝钢广东湛江钢铁基地项目的重大投资;负责审批韶钢集团、广钢集团和宝钢广东湛江钢铁基地项目的钢铁年度生产计划,并负责对外发布行业统计数据;负责审批韶钢集团、广钢集团和宝钢广东湛江钢铁基地的重大合作项目;负责提出韶钢集团和广钢集团的重大人事任免建议。广东钢铁建立董事会、监事会,下设综合管理部、财务部、规划部等 3 个职能部门和湛江钢铁工程指挥部。截至 2010 年年底,广东钢铁总部有员工 490 人(其中湛江钢铁工程指挥部员工 450 人),韶钢集团员工 14 921 人,广钢集团员工 11 482 人。

2010 年起,广东钢铁进入实质性重组阶段。2011 年 4 月 18 日,宝钢湛江钢铁有限公司成立,广东钢铁向其移交对湛江钢铁工程指挥部的管理职能。2011 年 8 月 22 日,广东钢铁与宝钢集团、广东省国资委和广州市国资委签订资产重组协议,广东省国资委和广州市国资委退出对广东钢铁的持股,广东钢铁减资成为宝钢集团全资子公司,注册资本 80 亿元。韶钢集团在分离办社会职能的基础上由宝钢集团直接持股 51%,管理职能移交给宝钢集团。广钢集团存续钢铁企业(广州 JFE)通过湛江钢铁与广钢集团合资成立新公司方式重组。2012 年 3 月,广东钢铁更名为“广东宝钢置业有限公司”,由宝地置业托管。

第二章 工 程 项 目

1998—2016年，宝钢集团根据规划，投资新建了宝钢不锈钢工程、宝钢浦钢搬迁罗泾工程、八一钢铁南疆钢铁基地、宝钢广东湛江钢铁基地等重点项目。各子公司根据自身需求，新建了一批成品生产线，完善生产流程，并对老旧生产系统进行改造，提高了竞争能力。在这些工程建设中，大多采用自主集成，“点菜式引进＋国内供应相结合”的模式，既保证了生产设备及工艺处于世界先进水平，又大幅降低投资成本，促进了宝钢集团在工程建设方面创新能力的提高。

第一节 宝钢股份(宝山钢铁)主要工程项目

2000年2月3日，宝钢股份创立后，把“成为全球最具竞争力的钢铁企业和最具投资价值的上市公司”作为公司愿景。为实现这一愿景，必须使制造成本最低、产品结构优化、资本结构合理，并进一步提高技术创新能力，而优化产品结构是提升公司竞争力的一项十分紧迫的任务。2000—2016年，宝钢股份先后新建了马迹山港、5米宽厚板轧机及配套连铸、1800冷轧(宝日汽车板公司)、中口径直缝焊管、1880热轧(三热轧)、1730冷轧(五冷轧)、大口径直缝焊管、四号发电机组、高速线材、硅钢和全天候成品码头等工程，改建、扩建了一号至四号高炉、汽车板生产线、三号烧结，对焦炉系统进行升级综合改造。这些工程建成后，炼铁能力得到提升，产品结构得到优化，特别是汽车板、硅钢、镀锡板、高等级船舶能源与海洋工程用钢及其他高端薄板产品等，处于国内市场主导地位。宝钢股份自主研发的新工艺、新技术，也在工程建设中得到应用。

一、高速线材项目

1997年6月16日，宝钢初轧扩建工程高速线材项目开始打桩建设。

该项目主要包括新建原料跨、成品跨、主轧跨、主电室、轧辊间、检化验室及辅助设施。生产规模为年产40万吨线材。总投资8.31亿元。设备采取“点菜式”引进方式，轧机机械系统由美国摩根(MORGAN)公司提供，“三电”(电气、仪表、计算机)系统由ABB集团提供，加热炉系统由法国斯坦因—霍特(SH)公司提供，水处理污泥脱水系统由美国迈凯轮/哈特(M/H)公司提供，供配电由日本东芝公司提供。工程施工采用招投标方法，第十三冶金建设公司上海公司中Ⅰ标、中国第五冶金建设公司上海宝钢五冶分指挥部中Ⅱ标。

1998年11月20日，加热炉点火烘炉，项目进入设备调试阶段；12月15日，粗、中轧机进入热负荷试车。1999年2月13日，设备全线贯通；3月2日，轧制出直径25毫米最大规格盘圆线材；3月4日，轧制直径5毫米最小规格线材获得成功。1999年3月26日，举行高速线材项目试生产仪式；6月底，完成全部139项功能考核；7月，开始按合同组织生产，并实现月产达标。投产当年，线材产量28.95万吨，为年计划的119.80%，全年盈利1.55亿元；累计轧制钢种58个、规格22个(直径5～25毫米)，成为宝钢主体工程历史上第一个当年投产、当年达产、当年盈利的项目。高速线材项目获评2000年度冶金部质量样板工程。

2016 年，高速线材产量 59.27 万吨。

二、马迹山港工程

马迹山港是宝钢为适应发展需求，降低矿石运输成本，在浙江省嵊泗县马迹山岛专门兴建的一座矿石中转深水港。整个港口分两期建设，一期规模为年吞吐量 2 000 万吨，一期、二期总规模为年吞吐量 5 000 万吨。

2002 年 5 月，一期工程进入试生产阶段。2007 年 10 月，二期工程建成投产；宝钢股份运输部自主集成的马迹山港“散货堆取自动化控制系统”和“中央控制系统”同时投产，成为具有宝钢自主知识产权的创新成果，获第 17 届全国发明展览会金奖。2008 年，马迹山港吞吐量 5 081.90 万吨，突破 5 000 万吨大关。2016 年 11 月 12 日，首次实现 30 万吨级“本钢”轮、25 万吨级“仁达”轮、20 万吨级“北极星”轮和“宝诚”轮等 4 条外轮在一个潮水内靠离泊。

2016 年，马迹山港实现年吞吐量 6 221 万吨。

【马迹山港一期工程】

1998 年 10 月 28 日，马迹山港一期工程开始打桩，11 月 8 日举行开工仪式，同月开始陆域回填。

该项目主要包括建设卸船码头，装船码头，中转矿石堆场，引桥、转运站及胶带输送系统，自动化监控设施，工作船码头。其中，卸船码头：为 1 个泊位，可靠泊 25 万吨级（兼顾 30 万吨级）散货船。码头长 456 米、宽 37 米、标高 9.50 米，采用高桩梁板结构，配备每小时 2 250 吨桥式抓斗卸船机 2 台。装船码头：为 1 个泊位，可靠泊 3.50 万吨级散货船。码头长 315 米、宽 18.50 米、标高 10.30 米，配备每小时 4 500 吨移动式装船机 1 台。中转矿石堆场：面积 17.50 万平方米，设计堆高 10～12 米，矿石储存量 108 万吨。引桥、转运站及胶带输送系统：引桥由前、后引桥组成。前引桥长 103.70 米、宽 11.50 米，后引桥长 516.10 米、宽 15.20 米，桥面标高 9.50～9.60 米。胶带输送机 2 条，带宽 1.60 米，带速每秒 3.15 米，另设 5.50 米宽车道。港区 8 条胶带输送机总长 4.50 公里，与 4 座转运站组成整个港区的输送系统。自动化监控设施：由港区计算机生产管理系统、港区输送系统计算机监控系统、港区变电所电量监测系统、港区堆场照明自动控制系统、港区工业电视监控系统（包括海关部分）5 个部分组成。工作船码头：长 100 米，宽 15 米，引桥和引堤共长 165 米、宽 8 米。

一期工程总体设计由交通部第三航务工程勘察设计院负责，上海航道勘察设计研究院、中冶集团重庆钢铁设计研究院、舟山市启明电力规划设计有限公司、浙江省邮电规划设计研究院、冶金部武汉勘察研究总院、交通部第三航务工程勘察公司、国家海洋局东海海洋工程勘察设计研究院、浙江省环境保护科学研究所、大连理工大学、天津港湾工程研究所等参加设计、勘察和科研工作。概算总投资 13.22 亿元，实际决算投资 12.97 亿元，比国家发展计划委员会批准投资节约 347 万元。施工单位主要有中港集团第三航务工程局、上海宝钢冶金建设公司、中国明达化工矿业总公司连云港公司、上海海事局海测大队、宁波镇海航星航标工程公司等。

2000 年 10 月 20 日，一期工程开始设备安装。2001 年 6 月 15 日，开始受电（泗礁本岛电厂向港区供电）；10 月 25 日，开始全线负荷试车。2002 年 3 月 10 日，大陆向港区供电；4 月 14 日，设备功能考核结束。5 月 30 日，塞浦路斯籍“阿里绍斯”号轮装载 16 万吨澳大利亚铁矿石，靠泊马迹山港卸船码头，这是马迹山港接靠的第一艘外轮，标志马迹山港进入试生产阶段。11 月 4 日—12 月 5

日，马迹山港接卸外轮 11 艘、装船 33 艘、卸料 87 万余吨，码头月吞吐量 166.70 万吨，实现月产达标。12 月 21 日，正式开港。2004 年 12 月 1 日，国务院授权交通部宣布，即日起宝钢马迹山港正式对外开放。

马迹山港一期工程质量核定的综合结果为：单位工程有 75 个，合格 75 个，合格率为 100%；优良的有 66 个，优良率为 88%。马迹山港水工卸船码头单位工程和装船码头单位工程，分别被上海市港口建设工程质量监督站评为上海市优质工程结构奖，并获“申港杯”。

【马迹山港二期工程】

2004 年 9 月 28 日，马迹山港扩建围堤工程开工建设。2005 年 12 月 28 日，二期工程开工建设。

二期工程建设规模为 30 万吨级卸船泊位 1 个，5 万吨级、1 万吨级装船泊位各 1 个，设计年吞吐量 3 000 万吨，其中卸船和装船能力各 1 500 万吨。二期工程是在一期卸船码头基础上向东延伸，总长 431 米，宽 37 米，配备每小时 2 500 吨桥式卸船机 3 台。装船码头是在一期装船码头的基础上向西北延伸，长 535 米，宽 20 米，配备每小时 5 000 吨移动式装船机 2 台。工作船码头是在原有一期码头的基础上向外延伸 68 米。扩建矿石堆场 18.20 万平方米，可储存矿石量 218 万吨，配置每小时 5 000 吨堆取料机 4 台。概算总投资 23.94 亿元，实际决算总投资 18.69 亿元。工程设计由交通部第三航务工程勘察设计院负责，上海航道勘察设计研究院承担航道设计。主要施工单位有中港集团第三航务工程局、中港集团第一航务工程局、上海宝冶建设有限公司、大连重工起重集团有限公司、广东中海工程建设总局、宁波镇海航星航标工程公司等。

2006 年 11 月 20 日，堆取料机开始安装。2007 年 8 月 20 日，卸船码头和装船码头建设完工。二期工程还包括卸船码头引桥、廊道、转运站、矿石输送系统、航道工程等相应配套辅助项目，均于主体项目投产前竣工。2007 年 8 月 28 日，马迹山港二期工程经浙江省交通厅质量监督局鉴定，9 个单位工程质量均为优良。

2007 年 9 月 21 日，二期卸船码头首次接靠巴拿马籍 20 万吨散装货轮“宝升”轮。10 月 27 日，二期工程提前 2 个月建成投产。11 月，一期、二期工程联动生产，完成吞吐量 420 万吨，提前实现二期工程月达标和一期、二期工程联动运行达标，创造国内港口建设史上建造速度最快、达标时间最短两项纪录。

三、5 米宽厚板轧机及配套连铸工程

2002 年 9 月 28 日，宝钢股份 5 米宽厚板一标段、轧二标段开始试桩。12 月 23 日，宝钢股份举行“十五”(2001—2005 年)规划重大建设项目开工仪式，5 米宽厚板轧机及配套连铸工程正式开工建设。工程包括新建板加区、轧机区、冷床区、剪切线区、成品库、主电气室等。中冶集团重庆钢铁设计研究院负责设计，上海宝钢冶金建设公司、上海十三冶金建设有限公司承担施工。

5 米宽厚板轧机工程。2004 年 9 月 1 日，主轧线和剪切线单体试车；12 月 12 日，一号加热炉提前 3 天点火，宽厚板产线进入热负荷试运行阶段。2005 年 3 月 1 日，5 米宽厚板轧机轧出第一块宽厚板。5 米宽厚板轧机工程获 2006 年度冶金行业优质工程奖、国家优质工程银质奖、中国建设工程鲁班奖(国家优质工程)。

宽厚板连铸工程。设计年产 180 万吨连铸坯。2004 年 12 月 12 日，这条国内规格最大、工艺最

先进的宽厚板坯连铸机提前 18 天热负荷试车。厚板坯连铸工程获 2006 年度冶金行业优质工程奖。

【宽厚板轧机完善改造项目】

2007 年 3 月 1 日，宝钢股份宽厚板轧机完善改造项目打下第一根桩。

该项目包括新建 5 米宽厚板轧机、二号剪切机组等，大部分设备由国内自主集成，仅少量设备从国外引进，其中新建 5 米宽厚板轧机与原 5 米宽厚板轧机形成匹配能力，总投资 15 亿元。项目完成后，厚板厂年产规模扩大至 180 万吨。

2008 年 8 月 3 日，吊装第一块牌坊，设备安装、调试历时 4 个月；12 月 8 日，粗轧机比原计划提前 23 天热负荷试车。项目建成后，机组设计产量由原来的年产 140 万吨提升至 180 万吨。同时，产品的品种规格得到拓展，最大厚度达到 400 毫米。2009 年 3 月，宽厚板产线实现月轧制量 18.93 万吨，月缴库量达 16 万吨，均创历史最好成绩，提前实现宽厚板一期、二期年产 180 万吨规模的月达标。

2016 年，5 米宽厚板产线累计轧制量 171.98 万吨，缴库量 157.50 万吨。

四、1800 冷轧(宝日汽车板公司)工程

2002 年 12 月 23 日，宝钢股份 1800 冷轧(宝日汽车板公司)工程打桩，进入土建施工阶段。

1800 冷轧工程是宝钢股份“十五”规划重大建设项目中投资规模最大的一个单项工程，主要包括建设酸轧、连续退火、一号热镀锌、二号热镀锌、精整、纵切等 10 条机组，年生产规模为 170 万吨。酸轧机组由日本三菱日立制铁机械株式会社设计，其余机组由新日铁工程株式会社设计，中国第二十冶金建设公司承担施工。

2003 年 12 月 23 日，宝钢股份、新日铁、阿赛洛集团(简称阿赛洛)就 1800 冷轧工程组建合资公司举行合同签字仪式。2004 年 7 月 30 日，成立宝钢新日铁汽车板有限公司。

2004 年，1800 冷轧工程全面进入设备安装调试阶段；11 月 15 日，酸轧机组穿带完毕，进入全线冷运行试车阶段；12 月 6 日，酸轧机组生产出第一卷轧硬卷；12 月 16 日，酸轧机组进入热负荷试车阶段，比合资合同计划提前 3 个月。2005 年 2 月 27 日，1800 冷轧连续退火机组开始热负荷运行；3 月 30 日，一号热镀锌机组进入热负荷运行；6 月 28 日，二号热镀锌机组进入热负荷运行；至 6 月底，四大主体机组全部进入试生产阶段。6 月，酸轧机组和连续退火机组实现月产达标；9 月，一号热镀锌机组和二号热镀锌机组实现月产达标，创下世界 100 多条同类机组中达标速度最快纪录；11 月 8 日，举行投产仪式。1800 冷轧工程获 2006 年度冶金行业优质工程奖，获 2007 年度中国建设工程鲁班奖(国家优质工程)。

【三号热镀锌项目】

2008 年 3 月 15 日，宝钢股份宝日汽车板公司三号热镀锌项目开工建设。

该项目主要包括建设热镀锌机组 1 套、重卷检查机组 2 套及相关公辅设施。该产线专业生产高等级合金化汽车板，设计年生产规模为 45 万吨。项目总投资 15.29 亿元，由新日铁工程株式会社设计，中国二十冶建设有限公司承担施工。

2009 年年底，三号热镀锌项目完成设备安装。2010 年 2 月 1 日热负荷生产；3 月正式投产，

并按照期货合同订单组织生产；4 月 2 日，实际产量 1 455 吨，实现日达产；12 月，生产合金化热镀锌产品 41 024 吨，实现月达产，月度开始盈利。三号热镀锌项目获 2011 年度冶金行业优质工程奖。

【四号热镀锌项目】

2013 年 11 月 20 日，宝钢股份宝日汽车板公司四号热镀锌项目打桩，开工建设。

四号热镀锌生产线与一号、三号热镀锌生产线为同类型产线，主要生产汽车用高档热镀锌汽车钢板。同时新增加超高强钢(GA980DP)等产品的生产能力，年产量约 42 万吨。项目总投资 8.60 亿元，由新日铁工程株式会社设计，中国二十冶集团有限公司承担施工。2015 年 9 月 15 日，四号热镀锌项目建成投产。

2016 年，宝日汽车板公司累计销售汽车板 208.51 万吨，其中汽车用镀锌板 137.96 万吨，普通冷轧板 70.55 万吨。

五、高炉大修项目

【二号高炉易地大修(四号高炉)工程】

2003 年 1 月 29 日，宝钢股份对二号高炉易地大修(四号高炉)工程初步设计作出批复，采用招投标方式运作。

四号高炉有效炉容为 4 747 立方米，设计年产铁水 350 万吨。项目由宝钢股份炼铁厂、高炉项目组总体负责，中冶赛迪工程技术股份有限公司、宝钢设计院、鞍山焦化耐火材料设计研究总院等单位设计，上海宝冶建设有限公司、上海五冶冶金建设有限公司、上海十三冶金建设有限公司等单位承建。总投资 23.51 亿元。

2003 年 3 月 1 日，高炉本体及热风炉本体开始打桩；5 月 1 日，高炉本体及热风炉本体基础土方开挖。2004 年 8 月 31 日，中控电气室受电。2005 年 4 月 27 日点火投产；5 月 3 日，产量达 9 890 吨，实现日达产，利用系数达 2.27 吨/立方米・日，超过 2.20 吨/立方米・日稳定期指标；6 月，实现月达产，创造宝钢高炉开炉最佳技术指标。

四号高炉工程项目由中方自主技术总成，引进少量的关键技术、设备和材料，国产化率达 95%以上。获 2006 年度冶金行业优质工程奖、2007 年度国家优质工程金质奖。

【二号高炉大修工程】

2006 年 8 月 30 日，宝钢股份二号高炉停炉；9 月 1 日，实施原地大修。

二号高炉采用快速大修方式，目标总工期控制在 100 天以内。大修主要更新改造项目，包括炉体、炉顶无料钟设备、煤气清洗系统、喷煤系统、“三电”系统、能源系统以及本体框架加固改造、新增原料储运矿槽等。项目总投资 15.70 亿元。炉容从 4 063 立方米扩至 4 706 立方米，设计年产铁水 378 万吨，一代炉龄 18～20 年。大修工程由中冶赛迪工程技术股份有限公司和上海宝钢工程技术有限公司设计，上海宝冶建设有限公司、上海十三冶建设有限公司、上海五冶冶金建设有限公司等单位承担施工。

二号高炉大修工程历时 98 天。12 月 7 日，二号高炉(二代炉役)点火投产。2007 年 12 月 13 日，二号高炉铁水日产量 10 388 吨，达到并超过设计利用系数 2.20 吨/立方米・日，实现日达产。

该工程不仅填补国内大型高炉快速大修空白，而且形成以宝钢为主的高炉快速大修专有技术。大修后的高炉技术装备和控制水平较原高炉（一代炉役）有较大提高，主要设计指标达到国际先进水平。

【一号高炉（二代炉役）大修工程】

2008年9月1日，宝钢股份一号高炉（二代炉役）开始大修。采用短期化大修法，目标工期85天，实施项目3 521项。

一号高炉（三代炉役）炉容从4 063立方米扩大至4 966立方米，总投资17亿元，年设计产能405万吨，一代炉龄为18～20年。工程由中冶赛迪工程技术股份有限公司负责设计总包，上海宝钢工程技术有限公司承担碾泥机室搬迁、煤粉喷吹系统中部分设施和“三电”系统的设计改造，上海宝冶建设有限公司和中冶天工上海十三冶建设有限公司分别承担主体工程和外围工程施工。大修项目中，无料钟炉顶、出铁场炉前、高炉煤气余压发电、水渣处理和煤气干法除尘等五大关键工艺装备技术实现国内自主集成，并首次实施炉顶整体拆装工艺。主要施工技术采用旧炉体分三大段拆除，新炉体分三大段离线组装，利用模块车将三大段新炉体运输、提升就位的施工新技术，缩短施工周期。

9月1—17日，一号高炉完成旧炉顶整体拆除、新炉顶整体安装；9月20日—10月7日，完成旧炉体拆除和新炉体安装；10月25日，上料主皮带安装完成，具备试车条件；10月30日，出铁场炉前设备安装完成，开始单体试车；11月5日，炉顶、上料皮带系统联动试车结束，高炉具备烘炉条件；11月18日，大修工程结束。施工历时78天，开创国内特大型高炉大修时间最短纪录。

由于受国内外经济形势影响，一号高炉（三代炉役）延期投产，2008年11月19日—2009年1月21日进行设备维护。2009年1月22日，一号高炉（三代炉役）开始烘炉；2月15日点火投产，2月21日产铁11 158吨，实现日达产。

【三号高炉大修工程】

2013年9月1日，宝钢股份三号高炉停炉大修。

三号高炉大修范围包括高炉供电、传动、自动化控制、建筑结构等工程内容。炉容从4 350立方米扩至4 850立方米，年设计产能从325万吨提高至398万吨。大修项目是在维持高炉炉体框架、鼓风机能力不变的情况下，对相应的工艺、公辅、供电、传动、自动化控制、建筑结构等进行更新改造或原样修复，包括原料直送、焦直送系统的配合大修。项目总包设计院为中冶赛迪工程技术股份有限公司，中冶赛迪工程技术股份有限公司承担除煤粉制喷系统改造以外的全部设计任务，宝钢工程技术集团有限公司承担煤粉制喷系统改造设计，上海宝冶集团有限公司和中冶天工上海十三冶建设有限公司承担施工。

9月18日，三号高炉旧炉体完成拆除。9月22日，新炉体滑移到位。9月23日，中控电气室高压柜受电。10月1日，开始砌筑炉底炉缸耐材。10月30日，本体耐材砌筑完成。11月3日开始烘炉。11月16日点火投产。12月7日，投产第22天利用系数达到2.20吨/立方米·日，日产铁10 564吨，实现日达产。

三号高炉工程施工工期短，仅用76天；完成6 480吨旧炉体下段整体滑移拆除，创造了国内高炉大修集中载荷吨位最大物体拆除新纪录；首次单独采用大型干式煤气除尘工艺技术。

【四号高炉炉缸改造大修工程】

2014 年 9 月 1 日，宝钢股份四号高炉炉缸改造大修工程启动。

此次大修维持四号高炉炉体框架、炉容不变，主要对其炉缸及出铁场除尘等其他损坏设备进行改造。工程由宝钢股份炼铁厂负责牵头，中冶赛迪工程技术股份有限公司设计，上海宝冶集团有限公司、宝钢工程技术集团有限公司施工。工程运用新开发的“混凝土基础在线精准开设隧道技术”“湿法遥控自动喷涂机械手”“在线曲面自动化精加工工艺与装置”等六大创新技术，保证大修工期、质量、安全。

9 月 1 日，四号高炉停炉。9 月 15 日，旧炉缸拆除并滑移至卸车位。9 月 24 日，新炉缸与旧炉身对接焊接。9 月 29 日，炉缸耐材开始砌筑。10 月 27 日，本体耐材砌筑结束。10 月 31 日开始烘炉。11 月 12 日点火投产。12 月 9 日，利用系数达到 2.20 吨/立方米·日，日产铁 10 451 吨，实现日达产。仅用 72 天完成大修，创国内大型高炉大修新纪录。

六、三号硅钢机组工程

2004 年 4 月 5 日，宝钢股份三号硅钢机组工程开始打桩，建设周期 15 个月。

该机组是宝钢自主设计、自主技术集成的第一条硅钢连续退火涂层机组，包括开卷、焊接、出入口活套、前清洗、连续退火、涂层及烘烤、卷取等，设计年产硅钢 23.88 万吨，可生产 B50A470～A65A160 的中、低牌号硅钢。工程由宝钢股份冷轧厂总成，机组工艺由冷轧厂提出，90%以上设备由国内制造。上海宝菱冶金设备工程技术有限公司、上海宝菱电气控制设备有限公司分别负责机械设备设计及“三电”系统设计，上海宝钢工程技术有限公司负责工厂设计，上海五冶冶金建设有限公司承担施工。

2005 年 3 月 15 日，三号硅钢机组全线设备基本完成单体调试；6 月 18 日，生产出第一卷成品；6 月 24 日，热负荷试车；8 月 20 日—9 月 19 日，完成产量 24 186 吨，超过 2 万吨设计产能，实现月达标。

七、中口径直缝焊管工程

2004 年 8 月 3 日，宝钢股份中口径直缝焊管工程举行开工仪式，打下第一根桩。

宝钢股份中口径直缝焊管是世界上第一条集焊管线、精整线、套管线和套管热处理线(热处理线另立项)于一体的焊管生产线，设计年产量 30 万吨，以生产高钢级油气输送管线管及石油套管为主，少量生产结构用管及方矩形管。项目总投资 10.26 亿元，套管热处理线总投资为 2.62 亿元。主体设备采购方式除沿用进口、合作制造、国内制造 3 种方式外，另有 7 套设备首次采用项目化工程采购方式。焊管产线由德国西马克·米尔公司(SMS Meer)负责总成并提供主焊管产线成套设备，其余产线设备采用“点菜”方式引进后由宝钢股份总成，主要生产技术自主开发。由上海五冶冶金建设有限公司承担施工。投产后，可生产 X80 钢级及以上管线管。

2005 年 1 月 1 日，中口径直缝焊管工程开始设备基础施工；10 月 27 日，主体设备进入热负荷试车。2006 年 7 月 1 日正式投产。2006 年 12 月 26 日，中口径直缝焊管产线焊接月产量达到 2.77 万吨，提前实现月达产目标，创造国际同类机组月达产速度最快纪录。中口径直缝焊管工程获 2007 年度冶金行业优质工程奖。

2016年,中口径直缝焊管产线年产量119 602吨。

八、二炼钢挖潜改造工程

2005年4月17日,宝钢股份二炼钢挖潜改造工程主体项目开工(打桩)建设。

该工程包括建设1套铁水预处理设施,新建1座公称容量为250吨转炉(六号转炉),1座多功能RH精炼装置(五号RH精炼装置),年处理铁水量263万吨,年生产能力285万吨。生产的合格钢水供给二炼钢连铸机浇铸板坯。项目总投资16.56亿元。由中冶京诚工程技术有限公司负责工厂设计,同时承担技术总集成,上海宝钢工程技术有限公司负责五号RH精炼装置的工厂设计。上海宝信软件股份有限公司承担自动化系统设计和软件开发。上海宝冶建设有限公司和中国第二十冶金建设公司承担施工。

2004年4月20日,二炼钢挖潜改造工程前期项目原水处理易地重建开工,2005年1月17日投入运行,为主体工程按期开工铺平道路。2004年10月20日,二炼钢挖潜改造工程先行项目450吨起重机与铁水扒渣机、除尘系统等改造项目开工,2005年4月15日完工。2005年4月17日,二炼钢挖潜改造工程主体项目开工(打桩)建设;2006年12月7日,六号转炉建成投产。

2016年,二炼钢产钢475.85万吨。

九、四号连铸机工程

2005年4月25日,宝钢股份四号连铸机工程开工(打桩)建设。

该工程包括建设1套两机两流连续弯曲、连续矫直垂直弯曲型碳钢板坯连铸生产线,设计年生产能力280万吨。总投资为13.23亿元。由中冶赛迪工程技术股份有限公司负责工厂设计,意大利达涅利集团负责主机引进设计、连铸工艺设计。由上海十三冶建设有限公司承担施工。2006年12月16日,四号连铸机工程建成投产。

2016年,四号连铸机生产连铸坯200.99万吨。

十、1880热轧(三热轧)工程

2005年5月18日,宝钢股份1880热轧(三热轧)工程开工建设。

该工程包括新建步进梁式加热炉、粗轧机组、精轧机组、带钢冷却装置等。设计年产热轧钢卷370万吨,成品钢卷369.25万吨,产品包括高牌号无取向硅钢、取向硅钢、热轧相变强化高强钢、热轧低合金高强钢等重点品种。总投资49.60亿元。主要设备由日本三菱商社提供。1880热轧(三热轧)工程体现了宝钢自主集成和技术创新能力。工程建设中采用了带钢轮廓控制与自由轧制、冷热坯分开装炉与交叉轧制、蓄热式燃烧等十大新技术。工程由中冶赛迪工程技术股份有限公司负责设计,中国第二十冶金建设公司、上海十三冶建设有限公司承担施工。

2006年5月15日,1880热轧(三热轧)加热炉设备开始安装;6月29日,主轧线精轧第一片牌坊吊装就位。2007年3月30日,轧出第一卷热轧卷,4月18日举行热负荷试车仪式,8月18日实现日达产,9月26日实现月达产。2008年3月25日,平整分卷机组投产,这是宝钢第一条自主集成的高强钢平整机组。1880热轧(三热轧)工程获2008年度冶金行业优质工程奖、中国建设工程鲁班奖(国家优质工程)。

2016年,1880热轧(三热轧)生产钢材408.93万吨。

十一、1730冷轧(五冷轧)工程

2006年1月20日,宝钢股份1730冷轧(五冷轧)工程开工建设。

该工程包括建设酸洗轧机联合机组、无取向硅钢脱碳退火机组、取向硅钢脱碳退火机组、连续热镀锌机组、连续退火机组等。项目总投资108亿元。设计年产能173万吨。其中,连续退火机组是1730冷轧(五冷轧)工程主要机组之一,年设计产能70万吨,可将前道工序的轧硬卷转化为汽车、家电等行业所需的各类软钢品种,强度级别最高可达80公斤级。机组采用世界最先进的装备,其中入口段机械设备、炉子等的生产工艺技术、"三电"控制系统由宝钢自主集成。

2008年3月24日,1730冷轧(五冷轧)酸轧机组开始热负荷试车;4月30日,硅钢机组开始热负荷试车;5月27日,连续退火机组提前2个月实现热负荷试车,生产出第一卷成品;9月28日,1730冷轧(五冷轧)全面建成投产。1730冷轧(五冷轧)工程获2010年度冶金行业优质工程奖和2011年度中国建设工程鲁班奖。

十二、大口径直缝焊管工程

2006年2月9日,宝钢股份大口径直缝焊管工程开工建设。

该工程总投资22.04亿元,生产市场急需的高等级油气专用输送管,产品规格为直径508～1 422毫米、长度6 000～18 300毫米、壁厚6～40毫米,设计年产能50万吨。主作业线由标段一和标段二组成,标段一由德国西马克·米尔公司担任技术总负责,标段二由中方技术集成。主作业线设备由德国西马克·米尔公司提供,其余设备由国内外合作制造,其中需引进设备与技术由德国西马克·米尔公司提供。国内制造由中国第一重型机器集团公司和太原重型机械集团有限公司承担。由上海五冶冶金建设有限公司承担施工。

2006年5月31日,主厂房第一根钢柱吊装就位,工程进入钢结构吊装阶段;12月31日,设备基础完工。2007年2月1日,开始设备安装;9月21日,铣边机热负荷试车;12月6日,一号预焊机开始负荷调试,焊接出第一根钢管;12月12日,标段二无负荷联动试车完成,精整线全线贯通。2008年1月31日,进入全线联动热负荷试车,2月底生产出第一根合格直缝埋弧焊管,3月底生产出第一根X80管线管,8月向用户批量供货,9月14日实现日达产,9月19日正式投产,10月产量突破3万吨。大口径直缝焊管工程获2009年度冶金行业优质工程奖。

2016年,大口径直缝焊管产线年产量204 784吨。

十三、四号发电机组项目

2006年4月29日,宝钢股份自备电厂四号发电机组项目开工建设。

该机组是宝钢股份自备电厂第五台发电机组,为世界上首台全燃低热值煤气塔式微正压直流锅炉汽轮发电机组,装机容量35万千瓦。采用的是主体设备引进、部分设备合作制造、辅机设备国内采购的拼盘式设备组合,其中引进设备的汽轮机由德国西门子股份公司提供,锅炉由欧洲巴高克日立公司提供。投资总额18.20亿元。由西北电力设计院、上海市工程设计研究院以及主要设备供应商共同承担设计，宝钢和西北电力设计院负责总成，上海电力建设有限责任公司承担施工。

2007年7月24日，四号发电机组主变压器就位；8月1日，汽轮机轴承座就位；9月3日，发电机就位；10月25日，开始调试；12月13日，通过锅炉水压试验。2008年3月8日，燃烧器首次点火成功；3月21日，机组并网；5月26日起，四号发电机组的调试及运行组织从项目组切换到宝钢股份自备电厂生产管理系统；6月28日，机组开始进入168小时功能考核；7月5日，正式投入生产。机组投入运行后，宝钢股份自备电厂总装机容量达到154.50万千瓦，有效缓解宝钢新建项目投产后的电力缺口。同时，由于四号机组可以燃用高炉煤气、焦炉煤气、熔融还原炼铁装置（COREX）煤气等工业煤气以及天然气和轻油，所以降低了宝钢高炉煤气放散率，提高了节能减排水平。

2016年，四号发电机组发电17.43亿千瓦时。

十四、长材坯料生产系统优化工程

2006年11月27日，宝钢股份长材坯料生产系统优化工程开工（打桩）建设。

该工程建设1台150吨交流电弧炉，年产钢水104.20万吨，1台150吨双工位LF炉和1台150吨双工位VD/VOD炉，建设1台4流、断面为320毫米×425毫米的大方坯连铸机，年产钢坯100万吨。总投资19亿元。由上海宝钢工程技术有限公司负责工厂设计，中冶赛迪工程技术股份有限公司承担LF炉设备设计。上海宝冶建设有限公司、中冶天工上海十三冶建设有限公司承担施工。

2008年4月28日，LF炉、VD/VOD炉及大方坯连铸机热负荷试车；5月3日，电炉热负荷试车，长材坯料生产系统优化工程全面建成投产。

十五、硅钢扩建工程

2010年3月，宝钢股份硅钢扩建工程开工建设。

硅钢扩建工程包括取向硅钢后续工程（第一步）、取向硅钢后续工程（第二步）。随着国家能源政策向高效、环保、节能方向的发展，极低损耗薄规格取向硅钢是落实国家能源战略、实现国家重大特高压输电工程与高能效配电工程中高端电力装备发展蓝图的关键基础材料，是实现核心电力装备自主设计制造的根本保障。硅钢扩建工程定位在薄规格、低损耗顶级产品的批量稳定制造，以"产品结构优化、实物质量领先、多项新产品和新技术实现世界首发，建立全球领先的用户使用技术研发能力"为目标，坚持走"自主创新"之路，新建机组取向硅钢产品薄料比100%，0.20毫米及以下厚度规格高端薄规格产品产能规模投产伊始即突破万吨。

2016年，宝钢股份生产取向硅钢30万吨。

【取向硅钢后续工程（第一步）】

2010年3月，宝钢股份取向硅钢后续工程（第一步）开工建设。

该工程主要包括建设年产能为10万吨的低温工艺取向硅钢生产线，主要机组有：三号单机架可逆轧机（RCM－3）、三号取向硅钢脱碳退火机组（DCL－3）、二号高温环形炉（RBAF－2）、二号热拉伸平整机组(FCL－2)、三号取向硅钢精整机组(RTL－3)。设计产能10万吨,工艺及技术由宝钢股份自主集成。

2011年11月17日,取向硅钢后续工程(第一步)热负荷试车,投产次月即实现单月盈利。工程投产后,宝钢股份取向硅钢的生产能力、产品档次及品种结构得到提升和优化,高等级取向硅钢和激光刻痕产品比例扩大。

【取向硅钢后续工程(第二步)】

2011年6月21日,宝钢股份取向硅钢后续工程(第二步)开工建设。主要包括新建轧前准备机组、单机架可逆轧机、取向硅钢脱碳退火机组、高温环形炉机组、热拉伸平整机组、硅钢精整机组等。设计产能10万吨,产品种类以高端产品为主。

2012年4月5日,三号环形炉热负荷试车;5月20日,三号热拉伸机组、四号脱碳退火机组无取向工艺热负荷试车;7月26日,取向硅钢后续工程(第二步)全线贯通。宝钢股份取向硅钢具备30万吨的年生产能力。

十六、焦炉系统升级综合改造项目

2011年3月1日,宝钢股份焦炉系统升级综合改造项目开始桩基施工。

该项目主要包括建设2座55孔7米焦炉、化工煤气精制以及干熄焦发电等配套项目。其中,焦炉设计年产焦炭135万吨。项目选用技术含量高、环境影响小、能源消耗低的大型焦炉炉型。炭化室容积变大,每炉产量增加,减少了炉门的开闭次数;采用煤塔受煤、煤车装煤、出焦等多项焦炉烟尘控制技术;首次采用推焦地面除尘,消除开启机侧炉门及推焦过程中的烟尘外溢,降低了环境污染;首次选用涂釉预制块炉门,使焦炉更具保温性能和便于清扫的功能;采用二段燃烧和废气循环技术并配备自动加热控制系统,有效控制煤气燃烧速度,减少了氮氧化物排放量。项目总投资11.709亿元。主要设备由大连华锐重工集团股份有限公司制造和提供。中冶焦耐工程技术有限公司负责设计,上海宝信软件股份有限公司负责"三电"设计和集成,五冶集团上海有限公司承担施工。

2012年6月30日,7B焦炉点火投产。2012年9月10日,7A焦炉点火投产,宝钢股份焦炉升级综合改造项目全面建成。

在实施焦炉升级综合改造项目的同时,宝钢股份对化工煤气系统进行升级改造。同时建设的废水处理装置为国内首套焦化废水零排放示范装置,2012年6月29日投产,达产后实现废水深度回用。

2016年,七号焦炉(7A焦炉和7B焦炉)生产焦炭136.47万吨。

十七、全天候成品码头工程

2013年7月3日,宝钢股份全天候成品码头工程开工建设。

码头位于长江口宝山水道南岸,处于宝钢股份综合码头和大件码头的上游侧,距吴淞口约6 000米。项目主要包括:在宝钢股份圈围地块江侧建设5万吨级(满载)的成品码头1个,码头长度420米,可同时靠泊5万吨级和5 000吨级船舶各1艘;内档引桥下游建设5 000吨级全天候码头

1个，码头总长282.50米；建设长294.30米、宽15米的引桥1座；建设大跨度钢结构船库1座。项目配备5台港机，设计年吞吐量282万吨。投入运行后，可实现雨天作业和接靠5万吨级船舶进港作业。

该工程建设中的最大亮点是矗立于码头上一座长111米、宽51米、高30多米的大跨度钢结构船库，总建筑面积达6 010平方米，其间长达282米的距离，可停靠1艘5 000吨级的船舶，具有不受下雨条件影响，对钢铁产品实施全天候装卸作业等优点。项目总投资3.567亿元，由中国交通建设集团第三航务工程局有限公司设计、施工，大连重工起重集团有限公司提供设备。

2013年7月3日，成品码头单位工程开工建设，2014年9月20日建成；全天候码头单位工程同日建成。2013年7月3日，引桥单位工程开工建设，2014年9月15日建成。2014年3月6日，全天候船库单位工程开工建设，10月10日建成。2014年10月10日，其他辅助工程建成。11月17日，全天候成品码头投入运行，成功试靠3 000吨级船舶——“嘉华1号”轮。2015年6月28日，全天候成品码头对外开通启用，全天候成品码头口岸正式开放。

2016年，全天候成品码头装卸量437.278万吨。

十八、三号烧结大修改造工程

2014年6月17日，宝钢股份三号烧结机停机大修改造，拆除并重建1座600平方米烧结机，设计年产成品烧结矿733万吨。同步配套建设活性炭烟气净化设施。

该工程采用烧结烟气活性炭吸附净化工艺、环冷废气梯级回收利用、1 000毫米厚料层烧结、主抽风机变频运行、立式成品筛分设备等系列新工艺与新装备。总投资15.095亿元。国内设备供应商有中冶长天国际工程有限责任公司、中国有色(沈阳)冶金机械有限公司、浙江菲达环保科技股份有限公司、上海天洲电器集团有限公司等，国际设备供应商有法国CMD公司、德国TLT公司、日本东芝三菱电机工业系统公司等。由宝钢股份总成，中冶长天国际工程有限责任公司设计，上海宝信软件股份有限公司负责“三电”设计和集成，中冶天工上海十三冶建设有限公司承担施工。

2014年9月27日，原三号烧结主厂房和配料室爆破拆除；11月3日，原三号烧结烟囱和脱硫烟囱爆破拆除。2015年1月8日，新建三号烧结机工程开始打桩施工，2016年4月18日框架封顶，8月31日完成设备安装。2015年9月15日，活性炭烟气净化设施开始基础施工，2016年10月31日施工完毕。10月14日，开始全系统大联动试车，10月17日冷负荷联试，10月28日热负荷试车。12月2日，三号烧结大修改造工程建成，配套活性炭烟气净化设施同步建成。

2016年，三号烧结生产成品烧结矿90.30万吨。

第二节　梅钢公司(宝钢梅山)主要工程项目

2005年，按照宝钢集团一体化战略，梅钢公司调整实施一系列工艺装备的升级改造和新增项目建设，其中包括炼钢连铸、1422热轧项目改造、四号高炉与五号高炉、四号烧结与五号烧结、四号焦炉与五号焦炉、二炼钢连铸、1780热轧、1420冷轧的建设，对梅钢公司形成760万吨年生产规模以及拓宽产品品种、提升产品质量、扩大市场空间起到关键作用。

一、梅山铁矿工程

【梅山铁矿二期扩建工程】

1994 年 11 月，梅山铁矿二期扩建工程开工建设。

该工程主要包括：建设采矿系统的二号主井、主斜坡道、北风井、东南风井扩帮、－318 米水平通风系统、－330 米水平四号和五号穿脉巷、地下破碎硐室等，选矿系统的主厂房、中破碎车间、磁重车间、筛洗干选间、降磷系统等。二期扩建工程的开采范围为－198 米至－330 米，年采、选规模由 200 万吨扩大至 400 万吨，年产铁精矿由 125 万吨增加至 233 万吨，副产硫精矿由 7.62 万吨增加至 15.24 万吨。工程总投资 5.923 亿元，由鞍山冶金设计研究总院设计，梅山铁矿矿山建设工程处、中国第十七冶金建设公司、中国建筑第三工程局等单位承建。

1994 年 11 月，井巷开拓工程在一期延伸基础上陆续展开。1996 年 8 月 23 日，降磷工程开工，1997 年 8 月 7 日投料联动试车，完成新旧工艺的平稳过渡。1998 年 2 月 10 日，二号主井塔楼开工，1999 年 9 月 28 日建成启用。1998 年 5 月 26 日，尾矿管线工程开工。1999 年 5 月 28 日，新尾矿库建成启用。2000 年 3 月 9 日，总长 1 971.70 米的主斜坡道贯通，梅山铁矿形成竖井、斜坡道联合开拓的新模式。同年 5 月 28 日，梅山铁矿二期扩建工程竣工。2001 年 12 月 26 日，梅山铁矿二期扩建工程通过国家发展计划委员会竣工验收，并交付使用。

【梅山铁矿二期延伸工程】

2004 年 3 月 28 日，梅山铁矿二期延伸工程开工建设。

该工程重点围绕二号主井系统优化和一号主井系统延伸降段两条主线展开，主要包括：一号主井、二号主井、副井、北风井、西南井、南风井、西风井、东南井等 8 个竖井延伸，－420 米运输水平井工程施工，新建副井及西南井中央变电室、副井及西南井水泵房室，新建东区和西区采区电梯井、炸药库、果区变电室、牵引变电硐室、电机车修理铜室等，新建 1 套地下破碎系统和粉矿清理及粉矿提升系统。工程总投资 5.40 亿元，由鞍山冶金设计研究总院设计，中冶集团华冶资源有限公司马万水分公司、温州通业建设工程有限公司、二十三冶集团矿业工程有限公司承建。

2004 年 7 月，南风井井筒延伸完成。同年 12 月，北风井井筒延伸完成。2005 年 2 月，西风井井筒延伸完成。同年 11 月，西南井井筒延伸完成。2007 年 3 月，副井井筒延伸完成。2008 年 12 月，－420 米上盘运输大巷贯通。2009 年 11 月，二号主井井筒延伸到底。2010 年 10 月，一号主井井筒延伸到底。2012 年 12 月 18 日，二期延伸工程竣工投入运行。

2016 年，梅山铁矿生产原矿 516.72 万吨、精铁矿 267.07 万吨，尾矿再选 46.58 万吨。

二、焦炉项目

【四号焦炉(一号、二号焦炉易地大修)工程】

2006 年 9 月 28 日，梅钢公司四号焦炉(一号、二号焦炉易地大修)工程开工建设。

该工程主要包括新建 2 座 55 孔 JN60－6 型复热式 6 米焦炉，以及相配套的备煤、筛焦、1×140 吨/小时干熄焦装置、煤气净化系统和辅助设施。生产规模为焦炭 100 万吨/年，主要产品有：焦炭 100 万吨/年、发电 9 532 万千瓦时/年、煤气 36 897 万立方米/年、蒸汽 19.63 万吨/年，以及化工产品焦油、粗苯等。四号焦炉位于炼铁厂炼焦分厂北部，征用土地34.80万平方米，总投资10.29亿元，由中冶焦耐工程技术有限公司设计，大连华锐重工集团股份有限公司、中冶焦耐工程技术有限公司、太原重工股份有限公司等提供设备，中冶实久建设有限公司承担施工。项目管理采用以项目组为核心实施主体、职能处室提供专业技术支撑及服务相结合的矩阵式管理模式，改变以往由工程指挥部为实施主体的管理模式。

2006年11月15日，四号焦炉（A座）本体开始施工。2007年9月28日，开始烘炉；12月20日，举行试生产仪式，出焦投入运行。投产后，四号焦炉（A座）改称为“1A焦炉”。

2007年1月30日，一号干熄焦装置开工建设；2008年3月27日，热负荷试车（红焦投入）；6月19日，正式并网发电。

2007年2月25日，四号焦炉（B座）本体开始施工；11月28日，开始烘炉。2008年2月18日，开始装煤进入试生产，翌日生产出第一炉焦。投产后，四号焦炉（B座）改称为“1B焦炉”。

JN60－6型6米焦炉为采用双联火道、废气循环、焦炉煤气下喷、高炉煤气侧入的复热式焦炉，单孔装煤量是老4.30米焦炉的近2倍。采用先进的计算机生产控制系统，实现焦炉四大车自动定位和作业、自动连锁控制、加热液压交换机自动控制，达到了节能、降耗、高效生产。采用的干熄焦、装煤出焦地面站除尘、废水A2/O2深度处理等先进的清洁生产工艺技术，每年可减少粉尘无组织排放5 000余吨，废水处理效果大幅提高，各类污染物排放量大幅度削减。

2016年，1A焦炉生产焦炭50.35万吨，1B焦炉生产焦炭50.16万吨。

【五号焦炉项目】

2009年3月28日，梅钢公司举行炼焦二期工程五号焦炉项目开工仪式。

该项目主要包括建设60孔JNX3701焦炉2座（炭化室高度7米、宽度500毫米的多段加热、废气循环、复热式单集气管顶装焦炉），配置相应的装煤车、推焦车、拦焦车、电机车和熄焦车；处理能力为190吨/小时干熄焦装置1套；2万千瓦抽凝发电机组1套，最大低压蒸汽抽气量为每小时40吨，并配每小时20吨减温减压装置1套；湿熄焦装置1套；扩建脱盐水制备站、汽机循环泵站；新建与原有系统衔接的上煤、出焦皮带通廊和转运站，以及电气室和综合管线等。同时，配套建设煤气处理能力为5万立方米/小时的煤气净化装置1套。设计年产焦炭150万吨。概算投资89 676万元，实际完成投资95 571万元。由中冶焦耐工程技术有限公司设计，中冶实久建设有限公司、中冶焦耐工程技术有限公司、大连大重机电安装工程有限公司施工。

2009年3月28日，五号焦炉（A座）开工建设。其间，从大生产的总体平衡考虑，决定暂停建设。同年9月16日，项目重新启动。2012年4月20日，装煤投产，翌日出焦。投产后，五号焦炉（A座）改称为“2A焦炉”。

2009年7月5日，五号焦炉（B座）开始筑炉，2010年3月14日建成投产。投产后，五号焦炉（B座）改称为“2B焦炉”。

2016年，2A焦炉生产焦炭72.02万吨，2B焦炉生产焦炭72.85万吨。

三、烧结项目

【四号烧结机（一号、二号烧结机易地改造）工程】

2008年4月8日，梅钢公司四号烧结机（一号、二号烧结机易地改造）工程开工建设。

该工程包括建设1台面积为400平方米烧结机以及相应的公辅设施。烧结机设计利用系数1.30吨/平方米・小时、主工艺系统作业率90.50%，年产烧结矿411万吨。四号烧结机采用高负压(16 500帕)、厚料层(700毫米)、小球烧结、热风烧结、布袋除尘、余热回收和烟气脱硫等一系列新工艺、新技术、新装备，具有较高的自主集成创新水平。工程总投资5.707亿元，采用“设计＋设备采购＋施工”(EPC)总承包模式，由中冶长天国际工程有限责任公司负责承建。2009年5月9日，四号烧结机建成投产。

2016年，四号烧结机生产烧结矿342.94万吨。

【五号烧结机项目】

2010年8月20日，梅钢公司五号烧结机项目开工建设。

该项目主要包括新建1台450平方米烧结机，及相应配套的除尘设施、转运站、“三电”控制系统、区域管线等公辅设施。生产规模为年产烧结矿463.32万吨。总投资4.578亿元。采用“设计＋设备采购＋施工”(EPC)模式，由中冶长天国际工程有限责任公司负责承建。

2011年4月1日，主厂房设备开始安装。8月1日，设备开始单机调试。10月26日，设备开始联动调试。12月6日，五号烧结机投产。

2016年，五号烧结机生产烧结矿390.50万吨。

四、高炉项目

【二号高炉(二代炉役)大修工程】

1997年9月13日，梅钢公司二号高炉(二代炉役)停炉。2003年6月10日，在二号高炉原地举行高炉大修开工仪式，恢复建设二号高炉(三代炉役)。

二号高炉(三代炉役)包括建设1座1 280立方米高炉、1条180平方米烧结生产线、2个原料场及皮带运输通廊、1座石灰窑等18个子项目。高炉利用系数为2.00～2.20吨/立方米・日，生铁生产能力为98.56万吨/年。项目总投资15.797亿元。二号高炉系统工程运用了一批先进的工艺技术、装备。由重庆钢铁设计研究院、鞍山冶金设计研究院、马鞍山钢铁设计研究院、梅山设计院等设计。第十九冶金建设公司、上海宝钢冶金建设公司、中建八局工业设备安装公司等单位施工。引进设备主要为：高炉煤气清洗项目设备，供应商达涅利・康利斯加拿大公司；喷煤系统设备，供应商德国福乐斯多公司；活性石灰窑项目设备，供应商德国施瓦普公司；烧结主抽风机，供应商美国罗宾逊公司；“三电”自动化控制系统设备，供应商美国罗克韦尔公司等。

2004年3月28日，二号高炉点火投产，标志梅钢公司实现铁、钢、轧全流程配套，具备年产300万吨钢的能力。

2016年，二号高炉产铁水88.25万吨。

【四号高炉(一号、三号高炉易地大修)工程】

2007年8月10日，梅钢公司四号高炉(一号、三号高炉易地大修)工程开工建设。

该工程主要项目包括3 200立方米高炉本体、热风炉系统、供料系统、上料系统、高炉渣处理系统、热力鼓风站系统、煤粉制备及喷吹系统、“三电”控制系统，以及燃气、供配电、水道等公用辅助设施。生产能力为246.40万吨/年铁水。四号高炉工程在设计上瞄准世界先进水平，采用烟煤浓相喷吹、干法除尘技术、国产化的高炉炉顶及炉前设备等一系列新工艺、新技术、新装备,具有一定的自主知识产权和较高的集成创新水平。工程总投资13.689亿元,由西安陕鼓动力股份有限公司、中钢集团西安重机有限公司、大连重工起重集团有限公司等提供设备,中冶赛迪工程技术股份有限公司设计,上海宝冶建设有限公司承担施工。

2007年11月30日,高炉本体土建结束。2009年4月25日,完成调试、烘炉;5月12日,点火开炉,标志梅钢公司具备350万吨钢生产能力。

2016年,四号高炉产铁228.48万吨。

【五号高炉项目】

2010年3月30日,梅钢公司五号高炉开工建设。

五号高炉位于工农河以南24号路以北、四号高炉西侧。项目主要包括建设4 070立方米高炉本体1座,以及相应的矿焦槽系统、上料系统、新型环保炉渣处理系统、粗煤气处理系统、干法煤气除尘及高炉煤气余压透平发电装置(TRT)系统、外燃式热风炉系统、煤粉制备及喷吹系统、汽动鼓风站、软水密闭循环及净环水系统、通风除尘设施、"三电"控制系统,供配电、电讯、燃气、水道、热力等公用辅助设施。设计年产生铁327万吨,一代炉龄为18年。五号高炉采用了一系列新技术,主要有:煤气干法除尘,热风炉双预热技术,炉体软水密闭循环冷却,新型环保高炉渣处理技术,高炉浓相喷吹,炉前液压开口机、泥炮、移盖机,高炉煤气余压发电及炉顶压力控制,鼓风机远程检测和诊断技术,炉缸及炉体热负荷、高炉配料、热风炉燃烧等数学模型。项目总投资16.218亿元,由中冶赛迪工程技术股份有限公司负责设计,上海宝冶集团有限公司承担施工。

2010年8月1日,高炉炉壳第一段吊装。2011年8月15日—11月23日,高炉主体耐材施工。2011年3月1日—12月27日,热风炉主体耐材施工。2012年6月2日,五号高炉点火投产,标志梅钢公司二期项目全面建成投入运行,实现760万吨钢规模的历史性跨越,具备年产500万吨原矿、262万吨铁精矿、730万吨铁、760万吨钢、750万吨热轧板卷、100万吨酸洗卷及85万吨冷轧产品(热镀锌、热镀铝锌、电镀锡)的生产能力。

2016年,五号高炉产铁332.16万吨。

五、炼钢连铸工程

【一炼钢连铸建设工程】

1995年12月26日,梅钢公司一炼钢连铸建设工程举行开工仪式。

该工程是梅山利用外资改造扩建、加快发展的一个重要项目,设计规模为年产钢200万吨、连铸坯200万吨。包括建设150吨顶吹转炉2座(改造为顶底复吹转炉)、162吨钢包精炼炉1座、1 320毫米两机两流板连铸机1台。工程总投资29.57亿元。炼钢车间设备总重量14 969吨,电气设备总装机容量27 376千瓦,由马鞍山钢铁设计研究院设计,中国第十七冶金建设公司施工。其中,转炉为墨西哥方迪多拉(Fundidora)钢厂二手设备,主体设备由新日铁设计制造;钢包精炼炉为意大利巴尼奥利(Bagnoli)钢厂二手设备,由瑞典通用电机公司(ASEA)设计制造。连铸车间设备总重量11 065吨,电气设备总装机容量17 595千瓦,由重庆钢铁设计研究院设计,中国第十九冶金建设公司施工。其中,连铸机为意大利巴尼奥利钢厂二手设备。冶金石灰车间由1座日产500吨活性石灰套筒式竖窑以及相应的公辅设施组成,主要工艺设备和控制系统从德国贝肯巴赫公司

(BWST)引进,由马鞍山钢铁设计院和中国国际工程咨询公司合作设计,上海宝钢冶金建设公司施工。

1997 年,炼钢连铸项目进入设备安装阶段;1999 年 4 月 18 日热负荷试车;2000 年 7 月 10 日,通过工程生产达标验收。

【一炼钢连铸改造项目】

2002 年 1 月,宝钢集团批准梅钢公司板坯连铸机改造项目,新建 1 台一机一流(预留一流位置)垂直弯曲型板坯连铸机(二号连铸机),新增连铸坯 90 万吨/年。2002 年 8 月 3 日,二号连铸机设备基础开工,概算总投资 44 000 万元;实际完成投资 41 089.83 万元。该项目由中冶集团重庆钢铁设计研究院负责设计,中国第十九冶金建设公司承担工程建设。2002 年 10 月 15 日开始设备安装;2003 年 1 月 15 日,全面进入单机调试,2 月 28 日热负荷试车。

2007 年,宝钢股份同意梅钢公司提出的炼钢连铸改造方案。改造项目包括炼钢部分拆除混铁炉设施,改为鱼雷罐车供铁,并改造倒罐站;新增双位铁水脱硫站 1 座、150 吨脱磷转炉 1 座(三号转炉)、双工位 LF 精炼炉 1 座(二号 LF 精炼炉,LF 精炼炉也称 LF 钢水精炼装置、LF 钢包精炼炉、LF 炉);整合炼钢区域二次除尘,以及改造相应公用辅助设施。连铸部分改造,新增加 1 流连铸线(二号连铸机第二流),在原机械维修跨增设扇形段和结晶器对中台,在预留位置增设给水泵,增设污泥脱水设施,以及其他公辅设施等。

2007 年 8 月 21 日,连铸系统综合技术改造工程开工;12 月 6 日,三号转炉开工。概算总投资 62 443 万元;实际完成投资 71 413 万元。项目连铸系统综合技术改造工程由中冶赛迪工程技术股份有限公司负责工厂设计;主体施工单位为中冶实久冶金建设公司;引进设备由西门子奥钢联冶金技术有限公司(简称奥钢联)负责机械设备设计及关键设备制造;国内设备的主要供应商为常州宝菱重工机械有限公司、大连华锐重工集团股份有限公司等。三号转炉项目由中冶赛迪工程技术股份有限公司总体设计,上海宝冶建设有限公司、中冶实久冶金建设公司承担施工,主要设备由大连华锐重工集团股份有限公司、达涅利康利斯公司负责提供。2008 年 10 月 18 日,二号连铸机第二流连铸线热负荷试车;11 月 10 日,三号转炉点火烘炉;11 月 29 日,二号 LF 精炼炉热负荷试车。

2016 年,一炼钢生产钢水 181.72 万吨、板坯 175.15 万吨。

【二期炼钢工程】

2010 年 4 月 2 日,梅钢公司二期炼钢工程开工建设。

该工程主要包括建设 250 吨顶底复吹转炉 2 座(四号转炉和五号转炉)、铁水脱硫装置 2 座、双工位 LF 精炼炉 1 座、RH 真空脱气装置 2 座、倒罐站及相应的公辅设施等。设计年产钢水 400 万～450 万吨。二期炼钢采用全量铁水脱硫工艺和钝化镁粉和石灰粉混合喷吹脱硫方式;转炉顶底复吹技术;转炉炉腹空冷技术;副原料和铁合金的皮带上料、自动称量及自动加料的可编程控制器(PLC)自动控制工艺等新工艺和新技术。工程总投资 20.396 亿元。主要生产设备由中冶赛迪工程技术股份有限公司、上海上锻冶金设备制造公司、山东崇盛冶金氧枪有限公司制造,除尘设备由德国基伊埃公司提供。由中冶赛迪工程技术股份有限公司负责主要设计,上海梅山工业民用工程设计研究院有限公司负责 2 座单工位 RH 真空脱气装置及相应的水、风、气、电等公辅设施,1 座双工位 LF 钢包精炼设施及钢渣处理设施(包括相应的水、风、气、电等公辅设施)设计。所有控制系统包括 L1、L2 由上海宝信软件股份有限公司负责设计。中国十九冶集团有限公司、中国十七冶集团有限公司承担施工。

2010 年 7 月 1 日，炼钢厂房结构开始吊装；11 月 20 日，转炉区域设备开始安装。2011 年 6 月 28 日，转炉本体设备安装完成；10 月 12 日，转炉本体设备开始调试。2012 年 4 月 15 日，五号转炉开始热负荷试车；5 月 5 日，四号转炉开始热负荷试车。二期炼钢的投产，标志梅钢公司具备年产 760 万吨钢的生产能力。

2016 年，二炼钢生产钢水 459.08 万吨。

【二期连铸工程】

2010 年 6 月 18 日，梅钢公司二期连铸工程开工建设。

该工程主要包括建设 2 台 1 650 毫米两机两流常规板坯连铸机及相应的厂房、区域公辅等。设计年产板坯 410 万吨。总投资 14.324 亿元。主体设备由奥钢联设计，国内配套设备由宝钢工程技术集团有限公司设计。除引进设备外，其余主要设备由常州宝菱重工机械有限公司以“设计＋设备采购”(EP)方式总承包。中冶天工上海十三冶建设有限公司承担施工。

2012 年 4 月 15 日、5 月 12 日，2 台连铸机先后热负荷试车。二期炼钢连铸工程全面建成投入运行。

2016 年，二炼钢生产连铸坯 442.53 万吨。

六、热轧工程

【1422 热轧技改工程】

2000 年 7 月 19 日，梅钢公司 1422 热轧被列入国债专项资金计划，进行第一次技术改造，主要项目包括转炉炼钢系统钢水脱硫改造，转炉增设脱硫功能和副枪装置；增建 RH 真空精炼装置，炼钢区域公辅系统改造；热轧系统增设保温坑，新建二号加热炉；初轧增设保温罩，精轧机区、卷取区、精整区新建平整分卷机组；增设高压除鳞泵站和煤气脱硫设施；液压润滑系统、基础自动化和过程计算机系统、公辅系统改造等。总投资 12.412 亿元。11 月 30 日，宝钢梅山热轧技术改造工程开工。中冶集团重庆钢铁设计研究院为总体设计单位，负责热轧技术改造工程的系统设计及引进项目的买方设计部分。上海宝钢工程技术有限公司负责 RH 项目的设计。德国西马克德马格(SMS DEMAG)公司、美国通用电气公司(GE)分别负责热轧轧线改造机械、电气的卖方设计部分。热轧精轧、卷取区改造分别由中国第二十冶金建设公司、上海宝钢冶金建设有限公司施工，炼钢部分及外围配套设施改造由中国第十九冶金建设公司、中国建筑第八工程局有限公司承建，二号加热炉由中冶集团重庆钢铁设计研究院采用“设计＋设备采购＋施工”(EPC)总承包方式建设。工程采取边生产、边准备、边改造的施工方法。2002 年 5 月 25 日，热轧主线停产改造；7 月 1 日热负荷试车。

2005 年 11 月 23 日，1422 热轧开始第二次技术改造，项目包括拆除旧 F0 轧机、旧飞剪、旧除鳞箱等设备及设备基础，完成新热卷箱、新飞剪设备基础施工和设备安装及调试；新粗轧机设备安装以及精轧、卷取区域供配电改造；新 F1 轧机和 F2 轧机主传动更新改造、新增三号步进式加热炉 1 座。改造后年产热轧钢卷 294 万吨，热轧成品板卷 292.035 2 万吨，新增 58.761 7 万吨热轧卷产能。带钢厚度：1.20～12.70 毫米，带钢宽度：700～1 300 毫米，钢卷最大外径：2 000 毫米，钢卷最大重量：22.50 吨。项目总投资 9.474 亿元。项目由中冶赛迪工程技术股份有限公司设计；上海宝冶建设有限公司承担施工；粗轧机组主体设备由德国西马克公司供应，粗精主传动系统由日本三菱公司供应，主轧线机械配套设备由中国第一重型机器集团公司供应。2005 年 11 月 23 日—12 月 17 日，进行第一次停机改造。2006 年 6 月 15 日起，进行第二次停机改造；6 月 30 日，全线热负荷试车，完成主轧线全线更新改造。2006 年 8 月 20 日，三号加热炉工程开工；2007 年 7 月 15 日点火，8 月 15 日投产。

2016 年，1422 热轧产量 238 万吨。

【1780 热轧工程】

2010 年 5 月 28 日，梅钢公司 1780 热轧工程开工建设。

该工程主要包括新建 1 780 毫米热轧机组 1 套、板坯库 2 个、步进梁式加热炉 3 座，以及粗轧高压除鳞箱、带立辊的二辊可逆式粗轧机 E1R1、带立辊的四辊可逆式粗轧机 E2R2、保温罩、热卷箱（预留）、中间坯切头剪、精轧高压除鳞箱、精轧机 F1－F7、层流冷却、卷取机 2 台（预留 3 号卷取机）、钢卷运输系统、平整分卷机组等。工程用地面积 20.58 万平方米，总投资 32.757 亿元，设计规模年产热轧钢卷 401.80 万吨。主要产品为抗拉强度≤900 兆帕、屈服强度≤700 兆帕的高强复相钢、高强冷成型用钢、供冷轧用钢、耐大气腐蚀用钢、一般结构用钢、超低碳钢及专用钢等。1780 热轧采用宝钢集团自主创新集成的钢铁生产系统技术，只引进少量国内不能提供的关键工艺技术和关键设备，实现设备的国产化，以降低造价，节省投资。3 座加热炉采用由中冶赛迪工程技术股份有限公司以“设计＋设备采购”（EP）方式总成；粗轧机采用由中国第一重型机械股份公司以“设计＋设备采购”（EP）方式总成；精轧机由意大利达涅利集团总设计，设备以部分进口和合作制造方式提供；武汉勘察研究院有限公司、中国二十冶集团有限公司、中国十七冶集团有限公司承担施工。

2010 年 9 月 27 日，1780 热轧工程设备基础开挖。2011 年 5 月 28 日，安装第一片轧机牌坊（R1），工程全面转入设备安装阶段。2012 年 4 月 2 日热负荷试车，6 月 2 日投产。

2016 年，1780 热轧产线生产热轧板卷 393 万吨。

七、1420 冷轧工程

2007 年 3 月 26 日，梅钢公司举行 1420 冷轧工程开工奠基仪式。

该工程主要包括建设酸轧联合机组、连续退火机组、电镀锡机组、热镀锌机组、热镀铝锌机组、相应的精整机组及配套公辅设施。设计年产规模 85 万吨，其中镀锡板 20 万吨、镀锡基板 20 万吨、冷轧热镀锌卷 20 万吨、冷轧热镀铝锌卷 25 万吨，产品主要面向食品、化工、建筑、轻工、家电、结构、农业等行业。1420 冷轧位于热轧厂西侧，占地面积 33.30 万平方米，新增厂房建筑面积 10.20 万平方米，总投资 35.27 亿元。酸轧联合机组由宝钢集团进行技术创新和自主集成。热镀锌机组和热镀铝锌机组由上海宝钢工程技术有限公司和宝钢股份自主集成。轧机机械由中国第一重型机械集团公司供货，“三电”由上海宝信软件股份有限公司总包。热镀锌机组和热镀铝锌机组由上海宝钢工程技术有限公司总包。连续退火机组由法国机械设备集团和德国斯坦因公司合作供货。电镀锡机组引进新日铁设备和技术。重卷和准备机组由西安重型机械研究所总包，横切机组引进美国利特尔公司设备和技术。由上海宝钢工程技术有限公司负责项目设计，中国二十冶建设有限公司、上海宝冶建设有限公司、上海五冶冶金建设有限公司承担施工。

2008年3月25日，1420冷轧工程进入设备安装阶段。2009年6月8日，酸轧机组热负荷试车由冷轧板模式转换到镀锡板模式。6月26日，热镀锌机组热负荷试车。7月20日，电镀锡机组热负荷试车。7月30日，连续退火机组热负荷试车。8月28日，热镀铝锌机组热负荷试车。12月24日，1420冷轧工程举行投产仪式。

2016年，梅钢公司生产冷轧产品85.74万吨、酸洗产品102.26吨。

第三节　湛江钢铁主要工程项目

2012年5月31日，宝钢广东湛江钢铁基地项目在湛江东海岛举行开工仪式。2013年，《宝钢集团有限公司发展规划(2013—2018年)》发布，宝钢钢铁主业将着力打造面向未来的竞争力，湛江钢铁成为建设重点。项目主体工程占地面积12.58平方公里，钢铁工序采用焦炉、烧结、高炉、转炉、连铸生产流程，轧钢工序采用热连轧、冷连轧和厚板生产流程。项目以华南地区为目标市场并辐射东南亚，满足目标市场中高端碳钢板材产品需求，项目建设规模年产铁水823万吨、钢水892.80万吨、钢材689万吨，主要品种包括热轧板、冷轧薄板、热镀锌板及宽厚板等，同时具备热轧超高强钢生产能力。总投资概算502.60亿元，决算为446.165亿元。2013年，湛江钢铁炼铁、炼钢、连铸、热轧、冷轧等主体工程全面开工建设。2015年9月25日，一号高炉点火。2016年7月15日，二号高炉点火，湛江钢铁一期工程全面建成。

一、焦炉项目

2013年11月29日，湛江钢铁焦炉项目开工建设。

该项目主要包括建设4座65孔7米焦炉本体、4套干熄焦系统。生产规模为年产337万吨焦炭，焦炉煤气17万标准立方米/小时。项目决算总投资25.23亿元。项目设备由中冶焦耐(大连)工程技术有限公司、大连华锐重工集团股份有限公司、苏州海陆重工股份有限公司、太原重工股份有限公司等提供，设计单位为中冶焦耐(大连)工程技术有限公司，工程施工采用招投标方法，由五冶集团上海有限公司中标建设。

2015年7月13日，炼焦1B焦炉热负荷试车；10月30日，炼焦1A焦炉热负荷试车；12月20日，一号焦炉烟气脱硫脱硝装置投入使用。2016年6月30日，二号焦炉烟气脱硫脱硝装置投入使用。焦炉烟气脱硫脱硝采用“半干法脱硫＋低温脱硝除尘热解析一体化技术与工艺”，应用半干法脱硫与脱硝除尘联合等节能环保新技术。同年7月10日，炼焦2A焦炉热负荷试车；8月7日，炼焦2B焦炉热负荷试车。至此，一号高炉、二号高炉系统配套的4座焦炉(1A、1B、2A、2B)全部建成并投入运行。

2016年，湛江钢铁焦炭产量217.50万吨。

二、烧结项目

2013年12月19日，湛江钢铁烧结项目开工建设。

该项目主要是建设2台550平方米烧结机，包括燃料破碎系统、配料混合系统、烧冷系统、成品烧结矿整粒筛分系统，以及相应的配套公辅设施，设计年产烧结矿1 226万吨。项目决算总投资

17.96 亿元。项目设备由中冶长天国际工程有限责任公司、北方重工集团有限公司、沈阳有色冶金设计研究院有限公司等提供，设计单位为中冶长天国际工程有限责任公司，工程施工采用招投标方法，由中冶天工上海十三冶建设有限公司中标建设。

2014 年 8 月 31 日，一号烧结机环冷机骨架设备开始安装，标志烧结工程主体设备进入安装阶段。2015 年 8 月 25 日，一号烧结机热负荷试车。2016 年 6 月 25 日，二号烧结机热负荷试车。

2016 年，湛江钢铁烧结矿产量 806.10 万吨。

三、高炉项目

2013 年 5 月 17 日，湛江钢铁高炉项目开工建设。

该项目主要包括建设 2 座 5 050 立方米高炉及其附属设施，设计年产铁水 823 万吨。项目决算总投资 37.50 亿元。项目设备由上海宝冶集团有限公司、中冶赛迪集团有限公司、秦皇岛秦冶重工有限公司、上海宝钢铸造有限公司、中钢集团西安重机有限公司等提供，设计单位为中冶赛迪工程技术股份有限公司(其中喷煤系统、铸铁机系统由宝钢工程技术集团有限公司承担设计)，工程施工采用招投标方法，由上海宝冶集团有限公司中标建设。

2013 年 5 月 17 日，一号高炉开工建设。2014 年 4 月 1 日，炉壳第一段开始吊装。2015 年 1 月 15 日，炉缸耐材开始砌筑；7 月 21 日，热风炉点火烘炉；9 月 25 日，一号高炉点火，火种取自宝钢股份炼铁厂四号高炉，标志湛江钢铁进入试生产阶段；9 月 26 日，生产出第一炉铁水。

2014 年 5 月 15 日，二号高炉开工建设。2015 年 10 月 20 日，炉缸耐材开始砌筑。2016 年 4 月 13 日，本体耐材砌筑完成，总计历时 177 天，质量合格率达到 100%；7 月 15 日，二号高炉点火；7 月 16 日，生产出第一炉铁水。

2016 年，湛江钢铁 2 座高炉生产铁水 558.70 万吨。

四、炼钢项目

2013 年 7 月 23 日，湛江钢铁炼钢项目开工建设。

该项目主要是建设 3 座 350 吨转炉、5 套炉外精炼装备、3 套搅拌脱硫主体装置及其附属设施，设计年产钢水 892.80 万吨。项目决算总投资 27.63 亿元。项目由宝钢集团自主集成，设计单位为宝钢工程技术集团有限公司，项目核心工艺设备，即 3 套铁水搅拌脱硫装置、3 座 350 吨顶底复吹转炉、2 套 350 吨 RH 装置、2 套 350 吨 LATS 装置、1 座双工位 350 吨 LF 及炼钢水处理系统由宝钢工程技术集团有限公司采用“设计＋设备采购”(EP)模式供货；转炉汽化冷却系统、转炉一次烟气净化及煤气回收系统由国外引进；其他设备采用国内招标采购供货方式；工程施工采用招投标方法，由中国十七冶集团有限公司中标建设。

2013 年 10 月 26 日，炼钢项目开始土建施工。2015 年 2 月 2 日，一号转炉、二号转炉安装就位；5 月 28 日，炼钢项目进入设备单体试车阶段；9 月 27 日，一号转炉、二号转炉热负荷试车；10 月 9 日，一号 RH 精炼炉热负荷试车。2016 年 1 月 5 日，LF 精炼炉热负荷试车；5 月 5 日，三号转炉热负荷试车；5 月 6 日，二号 RH 精炼炉热负荷试车。

2016 年，湛江钢铁生产钢水 578 万吨。

五、连铸项目

2013 年 8 月 11 日，湛江钢铁连铸项目开工建设。

该项目主要是建设 3 台双流板坯连铸机及其附属设施，包括 2 台 2 150 毫米连铸机；从宝钢股份罗泾区域搬迁 2 台单流 2 300 毫米连铸机至湛江钢铁，改造为 1 台双流 2 300 毫米连铸机。设计年产板坯 874.91 万吨，项目决算总投资 24.74 亿元。项目采用多项先进工艺装备技术，以“专线化、恒拉速”为核心，使“铁水预处理—转炉—二次精炼”与连铸机进行合理匹配，建立合理、稳定、高质量的生产流程和顺畅的板坯物流。项目设备由中冶赛迪集团有限公司、奥钢联提供，设计单位为中冶赛迪工程技术股份有限公司，工程施工采用招投标方法，由中冶天工上海十三冶建设有限公司中标建设。

2013 年 11 月 20 日，2 150 毫米连铸项目进入土建开挖施工阶段。2014 年 10 月 5 日，大包回转台 13.50 米平台封顶浇筑；10 月 8 日，首台 32 吨行车吊装开始，连铸工程进入设备安装阶段；10 月 21 日，宝钢股份罗泾区域 2 300 毫米连铸机拆迁工程最后一批设备出厂运往湛江。2015 年 9 月 27 日，2 150 毫米连铸机热负荷试车。2016 年 5 月 15 日，2 300 毫米连铸机热负荷试车。

2016 年，湛江钢铁生产钢坯 563.09 万吨。

六、热轧项目

2013 年 8 月 11 日，湛江钢铁 2 250 毫米热轧项目开始打桩建设。

该项目主要是建设 4 座脉冲式控制节能型加热炉，并配置定宽压力机和热轧机组、平整机组等。这是宝钢集团第一条宽幅热轧生产线，设计年产热轧成品卷(板)550 万吨，定位为中高端热轧产品，包括工程机械用热轧高强钢、高强集装箱板及铁道车厢用钢、高等级管线钢、中/重型卡车用钢等，项目决算总投资 37.50 亿元。项目由中冶赛迪工程技术股份有限公司承担设计，德国西马克公司承担主轧线机械部分设计，工程施工采用招投标方法，中国二十冶集团有限公司承建。

2015 年 11 月 25 日，2 250 毫米热轧精整机组热负荷试车；11 月 29 日，轧制第一卷；12 月 15 日，主体设备安装调试完毕，举行热负荷试车仪式，正式由工程建设阶段向试运营阶段过渡。

2016 年 9 月，热轧厂首次实现月达产。当年，湛江钢铁生产热轧钢卷 403 万吨。

七、厚板项目

2014 年 3 月 1 日，湛江钢铁厚板项目开工建设。

该项目主体设备由宝钢股份罗泾区域的 4 200 毫米厚板产线搬迁至湛江钢铁，设计年产厚板 120 万吨，主要有轧钢、精整两个生产单元，包含 2 座步进梁式加热炉、双机架轧机，1 条剪切线(一号剪切线)，2 条热处理线、精整线及其他配套设施，产品以中高等级船板、高强结构及耐磨钢、高等级管线钢为主。项目决算总投资 39.30 亿元。由中冶京诚工程技术有限公司承担设计，德国西马克公司为一号冷矫设备供应方，英国普锐特公司为轧后冷却设备供应方，其余设备均为宝钢股份罗泾区域的搬迁设备。工程施工采用招投标方法，中国二十冶集团有限公司承建。

2014 年 6 月 11 日，宝钢股份召开罗泾区域厚板拆迁工程动员会；2015 年 2 月，完成设备拆卸并同步开展产线搬迁工作。2016 年 3 月 19 日，4 200 毫米厚板二号加热炉点火烘炉；5 月 27 日，热负荷试车，主轧线轧出第一块钢板；5 月 28 日，一号热处理炉点火成功。

2016 年，湛江钢铁生产厚板 38.20 万吨。

八、冷轧项目

湛江钢铁冷轧项目包括 2 030 毫米冷轧和 1 550 毫米冷轧两个工程。项目由宝钢工程技术集团有限公司总体设计，设备实施自主设计和自主集成建设，引进设备全部为“点菜式”采购。2 030 毫米冷轧连续退火炉设备由法孚集团斯坦因公司提供，酸洗轧机联合机组的轧机机械部分、连续退火机组的炉子部分、2 条热镀锌机组的炉子部分及各机组的部分关键机电一体品设备由国外引进，酸再生站和重卷机组由国内设计供货，酸洗轧机联合机组酸洗段、轧机乳化液系统、连续退火机组入出口段和 2 条热镀锌机组入出口段的设备设计供货由宝钢工程技术集团有限公司承担，四大主工艺机组的“三电”一体化自动控制系统设计供货由上海宝信软件股份有限公司承担。工程施工采用招投标方法，由上海宝冶集团有限公司和五冶集团上海有限公司共同承建。

【2 030 毫米冷轧工程】

2013 年 9 月 3 日，2 030 毫米冷轧工程开工建设，主要包括建设 1 条酸轧机组、1 条连续退火机组、2 条热镀锌机组和 3 条重卷机组，设计年产能 220 万吨成品卷。

2015 年 12 月 20 日，2 030 毫米冷轧酸轧机组开始全线冷负荷试车；12 月 25 日连续退火机组全线联动调试。2016 年 1 月 15 日，2 030 毫米冷轧酸轧机组热负荷试车；2 月 16 日，首批冷轧硬卷装船出厂；2 月 29 日，连续退火机组热负荷试车，第一卷普冷产品下线；3 月 30 日，二号热镀锌机组第一卷下线，产线全线贯通；5 月 16 日，连续退火机组生产出第一卷合格高品质汽车外板；5 月 31 日，一号热镀锌机组生产出第一卷产品；6 月 30 日，一号热镀锌机组生产出第一卷合格的合金化热镀锌外板(GA)产品，实现冷轧产品全覆盖；8 月 8 日，二号热镀锌机组实现月达产。

【1 550 毫米冷轧工程】

2014 年 8 月 30 日，1 550 毫米冷轧工程开工建设，主要包括建设 1 条酸洗机组、1 条酸连轧机组、1 条连续退火机组、1 条热镀锌机组、2 条中低牌号硅钢机组、3 条重卷机组、4 条包装机组以及相应配套公辅设施，设计年产能 255 万吨成品卷。

2015 年 12 月 1 日，1 550 毫米酸洗机组开始设备单体试车。2016 年 2 月 25 日，酸洗机组进入冷负荷试车阶段；3 月 15 日，酸洗机组热负荷试车。

2016 年，湛江钢铁生产冷轧商品材 154.88 万吨，其中普冷产品 51.06 万吨、轧硬卷产品 13.36 万吨、热镀锌产品 41.49 万吨、酸洗产品 48.98 万吨。

九、硅钢项目

硅钢项目是湛江钢铁 1 550 毫米冷轧项目中的一部分。2016 年 5 月 1 日，2 条硅钢机组同时开工建设。

湛江钢铁 2 条硅钢机组的入口段、出口段设备从宝钢股份搬迁过来，并在原有的基础上新增自动拆捆机、自动贴标签、自动取样等智慧制造机器人。炉子段设备为新建，设备供应商为苏州宝联重工股份有限公司。项目设计单位为宝钢工程技术集团有限公司，施工单位为五冶集团上海有限公司。硅钢机组机电设备最大限度地搬迁利用宝钢股份一号、二号硅钢机组旧设备，并通过整修后进一步提升机组的能力、效率、节能环保水平和设备稳定运行程度，提高硅钢产品的综合竞争力，其中二号硅钢组通过出口段配置圆盘剪、双卷取等设备，满足机组直接出成品的需求。硅钢机组退火炉采用卧式连续退火工艺，最大退火速度158米/分钟，最大小时产量44.82吨，带钢最高退火温度985℃，机组出口带钢规格：厚度0.35～0.65毫米、宽度800～1 300毫米，最大卷重26.50吨，机组出口产量60.60万吨/年。

十、配套项目

【原料场】

2013年9月13日，原料场工程打桩开工。

该项目主要是建设16条料场，其中矿石料场10条(含原龙腾料场4条)、混匀矿料场2条、煤料场4条，包括原料输入系统、发电煤输出系统、原料中控楼、原料矿石输入系统、混匀矿堆积系统、破碎筛分系统、料场输出系统、烧结矿直送系统、球团矿直送系统、焦炭直送系统等设施。总占地面积101.10万平方米，年处理量9 015万吨。项目总投资23.742 8亿元。项目主要设备提供方为中冶赛迪集团有限公司、大连华锐重工集团股份有限公司、北方重工集团有限公司、蒂森克虏伯集团等；设计单位为中冶赛迪工程技术股份有限公司；施工单位为上海宝冶集团有限公司、中冶天工上海十三冶建设有限公司。

2014年12月，码头输入系统投入运行；2015年5月30日，混匀、矿石料场投入运行；6月13日，焦煤输送系统投入运行；6月30日，码头输入系统投入运行；7月30日，焦煤输出系统投入运行。9月25日，高炉返料系统投用，原料系统实现全系统投入运行。

【原料码头】

2011年5月，原料码头工程开工建设。

该项目主要是建设1个30万吨级和1个25万吨级散货泊位，码头总长856米，设计年通过能力约1 910万吨。30万吨级原料码头工程由中国交通建设集团第四航务工程勘察设计院有限公司设计，中国交通建设集团第四航务工程局有限公司施工。3台抓斗式卸船机由大连华锐重工集团有限公司生产。

2013年6月26日，原料码头3台2 500吨/小时卸船机正式进入工艺设备安装阶段，原料码头进入主工艺设备安装阶段。2014年11月12日，原料动力煤系统投入运行。2015年4月10日，原料码头停靠第一艘货轮；4月20日，主原料码头正式投入使用。2016年8月4日，湛江钢铁码头获得长期排污许可证，通过环保验收。

2016年，湛江钢铁主原料码头完成进厂量1 290万吨，作业船舶710艘次，达到码头年设计通过能力65.16%。

【自备电厂】

2011年5月22日，自备电厂项目开工建设。

自备电厂项目规划建设3台350兆瓦掺烧煤气燃煤发电机组，首期建设2台。总投资27.990 8亿元。项目采用EPC(设计、采购、施工一揽子总承包合同)总承包方式，由广东电力设计研究院承担可研规划，并作为总承包建设单位。三大主机设备均为国内制造，锅炉和汽轮发电机分别由东方锅炉股份有限公司和上海电气集团股份有限公司生产。其中，锅炉为亚临界自然循环汽包炉，可最大掺烧30%的高炉煤气，是国产最大容量的煤、煤气混烧锅炉。

2012年6月28日，自备电厂项目安装工程开工。2015年6月9日，一号机组进入商业发电模式；8月27日，二号机组进入商业发电模式。2016年8月24日，一号、二号发电机组获得“电力业务许可证(发电类)”，一期(700兆瓦)工程取得商业运营许可。

2016年，湛江钢铁自备电厂累计发电39.07亿千瓦时。

【成品码头】

2013年9月8日，成品码头工程开工。

该项目主要是建设包括5万吨级和1万吨级件杂货泊位、厚板室外堆场等码头配套设施，码头长度662米，设计年通过能力480万吨。项目由中国交通建设集团第三航务工程勘察设计院有限公司设计、中国交通建设集团第四航务工程局有限公司承建，4台岸边装卸桥由大连华锐重工集团有限公司制造，3台门座式起重机由江苏港益重工股份有限公司制造。

2015年1月5日，成品码头首台岸边装卸桥滚装上岸；6月10日，4台安桥设备滚装上岸；7月22日，成品码头开始生产运行；8月23日，首艘万吨级废钢船只靠泊。2016年5月4日，成品码头完成湛江钢铁首次出口产成品作业；8月25日，成品码头昼夜装船出厂量达20 262.012吨，首次突破2万吨大关。

2016年，湛江钢铁成品码头完成装船总量470.287 8万吨，作业船舶13 442艘次，码头能力达到68.12%。

第四节　宝钢不锈(宝钢一钢)主要工程项目

1998年11月上海地区钢铁企业联合重组后，建设不锈钢精品基地成为宝钢集团的重要规划之一。宝钢不锈(本部)、宁波宝新、宝钢德盛先后实施一系列工程建设，特别是宝钢不锈(本部)的不锈钢工程。整个工程分不锈钢工程、炼钢扩建工程、冷轧不锈钢带钢(第一步)工程、冷轧不锈钢带钢后续工程等4个阶段建设，从2001年开工建设到2010年建成投产，总工期长达10年。工程建设完成后，宝钢不锈成为宝钢不锈钢材精品生产基地。

一、不锈钢工程

2000年9月27日，宝钢一钢不锈钢工程获国务院批准，列入国家“十五”期间重大技术改造项目。2001年5月15日，不锈钢工程举行奠基仪式。

该工程主要包括新建不锈钢炼钢连铸产线、碳钢炼钢连铸产线、1 780毫米热轧产线，以及对宝钢一钢原有公辅设施进行改造完善。工程建设用地72万平方米，主厂房面积19.66万平方米，主体工程机械设备总重量约10万吨。设计年生产能力为钢水265.60万吨(其中不锈钢水75万吨、碳钢钢水190.60万吨)，连铸板坯256.90万吨(其中不锈钢板坯72万吨、碳钢板坯184.90万吨)，热轧板卷 239.90 万吨(其中不锈钢板卷 58.70 万吨、碳钢板卷 181.20 万吨)。工程总投资 117.80 亿元。主体设备不锈钢工程碳钢冶炼成套设备由日本川崎重工业株式会社提供,不锈钢炼钢及不锈钢、碳钢连铸成套设备由德国西马克德马格公司提供,1 780 毫米热轧板卷工程(简称 1780 热轧)设备由日本三菱商事株式会社成套供应。工程勘察由冶金部武汉勘察设计研究院承担,炼钢连铸及全厂公辅设施的工程设计由上海冶金设计院承担,1780 热轧设计由中冶集团重庆钢铁设计研究院承担,国电上海勘察设计研究院、交通部第三航道设计院、宝钢一钢设计院等设计单位参加部分配套项目的工程设计工作。中国第一冶金建设公司、上海五冶冶金建设有限公司、上海十三冶金建设有限公司、中国第十七冶金建设公司、上海十九冶金建设公司、中国第二十冶金建设公司和宝钢集团上海冶金建设有限公司等分别负责不锈钢工程各项目的施工。

2001 年 11 月 18 日,1780 热轧主体工程基础开挖;12 月 28 日,炼钢主体工程基础开挖。2002 年 4 月 6 日,1780 热轧主厂房钢结构开始安装;5 月 31 日,连铸、炼钢主厂房结构开始安装;6 月 18 日,1780 热轧主厂房行车开始安装;8 月 15 日,化学水处理站投用;9 月 27 日,不锈钢工程进入设备安装阶段。2003 年 1 月 26 日,1780 热轧 35 千伏变电项目受电一次成功;3 月 28 日,炼钢公辅 35/10 千伏变电项目受电一次成功;12 月 7 日,1780 热轧热负荷试车。2004 年 2 月 18 日,不锈钢工程碳钢系统一号 150 吨转炉、连铸热负荷试车;3 月 10 日,碳钢系统二号 150 吨转炉、连铸热负荷试车;4 月 18 日,不锈钢系统 1 座 100 吨交流电炉、1 座 120 吨氩氧脱碳炉(AOD 炉)、连铸热负荷试车,不锈钢工程全面建成;5 月 9 日,举行不锈钢工程建成投产仪式。不锈钢主体工程钢结构获上海市“金钢奖”。1780 热轧工程获 2005 年度冶金行业优质工程奖、中国建设工程鲁班奖(国家优质工程)。

2016 年 6 月 20 日,碳钢炼钢产线停产。

二、炼钢扩建工程

2003 年 12 月 18 日,宝钢一钢炼钢扩建工程开工建设。

该工程主要包括建设 100 吨电炉、120 吨氩氧脱碳炉(AOD 炉)、120 吨精炼炉各 1 座,板坯连铸机 1 台,加热炉 1 座。建设规模为年产不锈钢连铸坯 72 万吨、热轧板卷 59 万吨。总投资 35.60 亿元。进口设备由德国西马克公司和西门子公司提供,国内制造设备由中国冶金科工集团有限公司、上海宝钢工程技术有限公司、大连重工起重集团有限公司等负责。由德国西马克公司负责总设计,上海十三冶建设有限公司、中国第十七冶金建设公司承担施工。

2005 年 6 月 18 日,炼钢扩建工程热负荷试车。至此,宝钢不锈具备年产 144 万吨不锈钢坯和 129 万吨不锈钢热轧板卷的生产能力。

2016 年 6 月 20 日,碳钢炼钢产线停产。当年,宝钢不锈(本部)生产钢 116 万吨、热轧产品 192 万吨。

三、冷轧不锈钢带钢工程

【冷轧不锈钢带钢(第一步)工程】

2006 年 4 月 26 日,宝钢不锈冷轧不锈钢带钢(第一步)工程开工建设。

该工程主要包括建设不锈钢全氢罩式退火炉 9 座、不锈钢热带退火酸洗机组 1 条、碳钢连续酸洗机组 1 条,混酸废酸再生站 1 座、盐酸再生站 1 座及相应配套机组等,建成后可年产不锈钢热轧酸洗卷 70 万吨、碳钢热轧酸洗卷 115 万吨。总投资 20.80 亿元。主要设备供应单位有:德国森德威格有限公司、ABB集团(Asea Brown Boveri Ltd.，艾波比集团公司)电气事业部、上海宝钢工程技术有限公司、上海宝信软件股份有限公司、宝川自控成套设备有限公司、上海宝菱电气控制设备有限公司、西仪集团有限责任公司、德国米巴赫公司等。由上海宝钢工程技术有限公司设计，中国第二十冶金建设公司、上海十三冶建设有限公司承担施工。

2007年6月28日，罩式炉热负荷试车；8月28日，冷轧不锈钢酸洗机组热负荷试车；12月15日，冷轧碳钢酸洗机组热负荷试车；12月18日，冷轧不锈钢带钢(第一步)工程举行建成投产仪式。

【冷轧不锈钢带钢后续工程】

2007年12月18日，宝钢不锈冷轧不锈钢带钢后续工程开工建设。

该工程主要包括建设20辊1 750毫米可逆式冷轧机组、不锈钢修磨机组、不锈钢冷带退火酸洗机组、不锈钢平整机组、碳钢热镀锌机组、碳钢连续退火机组、五机架冷连轧机组，及相应配套的重卷机组、磨辊间和打包机组等。设计总产能206万吨，其中碳钢140万吨、不锈钢66万吨。总投资58.198亿元。进口设备主要由法国机械设备集团、德国森德威格有限公司、法布里卡·姆皮安蒂·麦金尼工业公司、施泰因赫夫特里公司、意大利达涅利冶金设备公司等提供；国内制造设备由上海宝信软件股份有限公司、上海宝钢工程技术有限公司、中国第一重型机械集团公司、上海重型机械厂有限公司、江苏科林集团有限公司等提供。由上海宝钢工程技术有限公司负责设计，中国二十冶建设有限公司、中冶成工上海五冶建设有限公司、中冶天工上海十三冶建设有限公司、上海宝冶建设有限公司等承担施工。

2009年7月，不锈钢产线热负荷试车。2010年3月26日，碳钢产线冷连轧机组热负荷试车；6月11日，连续退火机组热负荷试车；8月31日，热镀锌机组热负荷试车。至此，冷轧不锈钢带钢后续工程全面建成投产。

2016年，宝钢不锈(本部)不锈钢产品销量117万吨。

四、宝钢德盛工程项目

【镍25工程】

2009年10月，宝钢德盛镍25工程开始基础打桩施工。

该工程采用“回转窑—矿热炉”(RKEF)冶炼工艺，新建4条生产线，主要设备包括矿热炉系统〔矿热炉2×25.50兆伏安(MVA)，2×33兆伏安(MVA)〕、回转窑系统(4台直径4.85米×75米回转窑)、干燥窑系统、公辅等相关辅助设施。总投资12.89亿元(决算金额)。主要设备供应商为大连重工机电设备成套有限公司、北京首钢机电有限公司机电成套设备分公司。设计单位为中钢集团工程设计研究院有限公司，由中冶天工上海十三冶建设有限公司、中国二十冶建设有限公司承担建设。项目建设过程中，由于建设场地地质情况复杂，采用了滩涂回填淤泥土地基基础开挖及施工技术、超高超重高大模板支撑体系施工技术、大跨度大角度钢结构皮带通廊吊装作业技术等施工技术。

2012年10月20日，四号生产线投产。2013年1月15日，三号生产线投产；6月25日，二号生产线投产；8月14日，一号生产线投产。

宝钢德盛矿热炉是国内建设的首台矿热炉，设计及主要设备采购工作在宝钢德盛进入宝钢集团前已经完成。其技术为乌克兰专有技术，但后期合同执行过程未能持续，主体工艺装备均为国内转化设计、制造。加之对工艺设计方案研究不深、不细，设计变更多，现场改造大，建设周期一再延长。四号、三号矿热炉投产后暴露出较多问题，生产总体不顺，分别于2013年8月、2014年1月停产，后再未复产。二号、一号矿热炉未投产即进行改造，改造后分别于2013年6月、8月投产。2015年下半年，不锈钢市场急剧恶化，宝钢德盛实行经济运营，9月，一号、二号矿热炉全部停产。后随着不锈钢市场回暖，一号、二号矿热炉分别于2016年11月、12月复产。

【全连续直接轧制退火酸洗项目】

2010年10月17日，宝钢德盛全连续直接轧制退火酸洗项目开工建设。

该项目主要包括新建1条直接轧制、退火、酸洗不锈钢的全连续生产线（Direct Rolling, Annealing and Pickling Line，简称DRAP），新建厂房建筑面积47 635平方米。主要设备包括4台18辊冷连轧机组1套，连续退火炉1套，在线酸洗机组1套，在线平整机组1套，以及配套的公辅设施。总投资13.62亿元（决算金额）。主要设备供应商为普锐特奥钢联、Drever International S.A、CMI－UVK GmbH、普锐特国际贸易（上海）有限公司、普锐特冶金技术（中国）有限公司、宝钢苏冶重工有限公司、江苏兴隆防腐设备有限公司、赛默飞世尔科技（中国）有限公司、Tenova S.p.A.等。项目可行性研究报告由北京钢研新冶工程设计有限公司完成，初步设计由中冶南方工程技术有限公司完成，由中国二十冶集团有限公司承担建设。

2010年10月17日，全连续直接轧制退火酸洗项目开始管桩施工。2012年12月19日，开始立1A列104轴厂房立柱。2013年4月28日，开始安装机械设备。2015年3月1日投产。

2016年，全连续直接轧制退火酸洗产线生产不锈钢冷轧产品34.50万吨。

五、宁波宝新工程项目

【新增光亮退火机组和平整机组项目】

2011年7月16日，宁波宝新新增光亮退火机组和平整机组项目开工。

该项目主要是新建1条光亮退火机组和1条平整机组，设计产能为6万吨不锈钢光亮板。总投资30 518万元。该项目是宁波宝新首个采用“设计＋设备采购＋施工”（EPC）项目管理模式的工程项目，首个电气、工艺和部分设备自主集成的不锈钢机组项目，新增平整机组也是国内制造的第一条用于宽幅光亮退火（BA）板生产的关键机组。由宝钢工程技术集团有限公司采用“设计＋设备采购＋施工”（EPC）模式总承包建设，中冶天工上海十三冶建设有限公司施工，二号光亮退火机组机械设备从法孚集团引进，其余设备由宝钢工程技术集团有限公司、上海宝信软件股份有限公司提供。

2011年9月28日，光亮退火机组热负荷试车，10月28日生产出第一卷带钢；11月15日，平整机组热负荷试车。

2016年，宁波宝新生产光亮退火板75 613.775吨。

【宁波宝新二期工程建设】

2001年4月30日，宁波宝新二期工程开工建设。同年9月8日举行开工典礼。

二期工程共建设3座罩式退火炉、1套冷轧机组、1套光亮退火机组、1套冷带退火酸洗机组，并改造热、冷带退火酸洗机组及平整机组，新建工业厂房4万平方米。总投资12.50亿元。设备主要供应商有法国法孚(DMS)公司、法国阿尔斯通(ALSTON)公司、奥地利艾伯纳(EBNER)公司、奥地利安德里兹(ANDRITZ)公司、德国洛伊(LOI)公司、德国赫克里斯(HERKULES)公司、比利时炬威(DREVER)公司、常州宝菱设备制造公司、常州冶金设备制造公司、苏州冶金设备有限公司、扬州冶金设备有限公司、武汉冶金机械厂。工程由上海冶金设计研究院设计，宁波五冶建设有限公司、中国第十九冶金建设公司、中国第二十冶金建设公司施工。

2003年1月27日，宁波宝新举行二期工程热负荷试车庆典仪式，二期工程全面建成。宁波宝新年产量增至16万吨，其中新增4.80万吨高光泽度的光亮板，并可供热轧不锈钢酸洗白卷4万吨。

【宁波宝新三期工程建设】

2002年9月28日，宁波宝新三期工程开工建设。

三期工程新增1台轧机、1条拉矫分卷机组、1条修磨机组。新建厂房1万平方米。总投资5.80亿元。设备主要供应商有德国森德威(SUNDWIG)公司、美国法塔(FATA)公司、ABB集团。工程由上海冶金设计研究院设计，上海五冶冶金建设有限公司、中国第十九冶金建设公司施工。

2003年12月9日，三期工程全线热负荷试车。宁波宝新年产量增至24万吨。

【宁波宝新四期工程建设】

2003年12月9日，宁波宝新四期工程奠基。

四期工程新增6座罩式炉、1条热带退火酸洗机组、1条冷带退火酸洗机组、4台轧机、1条修磨机组、1台平整机组、1条拉矫分卷机组、1条重卷机组、1条横切机组以及配套的磨床。总投资37亿多元。设备主要供应商有法国法孚(DMS)公司、法国阿尔斯通(ALSTON)公司、德国森德威(SUNDWIG)公司、ABB集团、意大利飞米(FIMI)公司、德国赫克里斯(HERKULES)公司。工程由上海冶金设计研究院设计，中国第五冶金建设公司、中国第十九冶金建设公司、中国第二十冶金建设公司施工。

2005年4月28日，四期工程全线热负荷试车，宁波宝新年产量增至60万吨。

2016年，宁波宝新冷轧不锈钢产量65.04万吨。

第五节　宝钢浦钢(中厚板分公司)主要工程项目

宝钢浦钢搬迁罗泾工程是2010年上海世博会城市发展建设的前期项目，也是宝钢建设钢铁精品基地新一轮战略目标规划的重要组成部分。该工程采用熔融还原技术建设的COREX－C3000装置，是世界上最大的用于实际生产、年产铁水150万吨的短流程先进冶炼项目，其最大限度地实现能源循环利用，是对中国钢铁工业推进清洁生产和促进资源再利用的有益探索。

一、宝钢浦钢搬迁罗泾工程(第一步工程)

2005年6月13日，罗泾工程由国家发展和改革委员会核准立项；6月29日，举行开工仪式。

罗泾工程采用熔融还原炼铁→炼钢→100%连铸→轧钢紧凑型现代钢厂生产流程，总占地3.20平方公里。工程分两步(即两期)建设，其中罗泾第一步工程(即一期工程)主要建设COREX－C3000炼铁炉1座及相关配套设施、500吨/天套筒竖窑生产线1条、150吨双工位铁水脱硫脱磷预处理装置(KR法)1套、150吨顶底复吹转炉2座、150吨LF钢包精炼炉1座、150吨RH真空脱气炉1座、一机一流250毫米厚直弧型板坯连铸机1台、2×4 200毫米宽厚板轧制线1条、16万千瓦等级燃气蒸汽联合循环发电机组1套、6万标准立方米/小时制氧机组2套等。年产铁150万吨、钢157万吨、连铸坯152万吨、宽厚板160万吨,年发电量12亿千瓦时。总投资139.79亿元。

罗泾工程采用熔融还原炼铁法。熔融还原炼铁是一种用煤和铁矿生产铁水的"非焦炼铁"新工艺,与传统的高炉炼铁流程相比,熔融还原炼铁技术的优越性体现在可以不用焦煤,不需要焦化、烧结等工序,可明显降低能耗,减少污染物排放,体现清洁生产和循环经济的特点。

罗泾第一步工程由奥钢联、美国通用电气公司(GE)、德国西马克公司等提供主要技术和主体设备,二重集团(德阳)重型装备有限公司、中国冶金设备总公司等提供其他设备,上海宝钢工程技术有限公司设计总包,中冶赛迪工程技术股份有限公司负责熔融还原(COREX)、直接还原(MIDREX)设计,北京钢铁研究总院负责4 200毫米宽厚板轧机设计,上海宝冶建设有限公司、上海五冶冶金建设有限公司、中国第十七冶金建设公司、上海十三冶建设有限公司、中国第二十冶金建设公司等承担施工。

2005年6月29日,一号熔融还原炼铁装置(COREX炉)打桩。11月15日,连铸及轧钢成品库打桩;11月28日,炼钢区域打桩;12月26日,轧钢轧机区及精整区打桩。4个主体单元均按总进度计划开工。2006年1月10日,首座35千伏施工变电站一次受电成功;3月13日,罗泾工程被列入上海市重大工程项目;7月31日,一号熔融还原炼铁装置(COREX炉)熔融气化炉炉壳封顶,炉体基本安装完毕。

2007年7月中旬,一号熔融还原炼铁装置(COREX炉)开始联动试车;7月底、8月初,炼钢、连铸联动试车开始;8月13日,炼铁厂原料系统开始联合负荷试车;8月28日,铁区原料输送系统全面贯通;8月31日,炼铁项目原燃料上料系统物流、信息流全面贯通;9月28日,炼钢完成无负荷联动试车,标志罗泾工程炼铁、炼钢、连铸项目全面建成。9月,每小时生产6万立方米氧气和6万立方米氮气的一号制氧机投产,生产出液体氧,氧浓度99.6%、氮浓度99.999%;10月26日,与一号制氧机相同规模的二号制氧机投产出氧。9月30日,发电总功率为16万千瓦、世界第一套采用COREX煤气作为燃料的联合循环发电机组——罗泾燃气发电机组与上海市电网并网;11月4日,一号熔融还原炼铁装置(COREX炉)一次点火成功,11月8日出铁;11月13日,炼出第一炉钢水,并通过连铸产线出坯,罗泾第一步工程基本建成。11月24日,宝钢集团举行宝钢浦钢搬迁罗泾工程热负荷试车暨COREX出铁仪式。

2007年12月31日,4 200毫米宽厚板工程全面进入单机调试和联动调试阶段。2008年2月27日,4 200毫米宽厚板轧机轧制出第一块28毫米厚热轧板;3月18日,罗泾第一步工程全线贯通投产。

罗泾工程一号熔融还原炼铁装置(COREX炉)主体单元获2009年度全国冶金行业优质工程奖、中国建设工程鲁班奖(国家优质工程),连铸、轧钢单元获2009年度全国冶金行业优质工程奖。

二、宝钢浦钢搬迁罗泾工程(第二步工程)

2007年11月5日,国家发展和改革委员会核准同意罗泾工程在建成第一步工程的基础上,建设第二步工程(即二期工程)。罗泾第二步工程包括新建年产铁水150万吨的COREX-C3000炉1座,以及转炉炼钢、板坯连铸、制氧、燃气蒸汽联合循环发电机组等单元工程。总投资49.86亿元。

罗泾第二步工程实施项目秉承了技术先进、节约资源、环境友好的理念,并以COREX炼铁技术、直弧型板坯连铸机等新工艺为主要代表，配套建设发电、制氧等公辅项目。熔融还原炼铁装置（COREX炉）炉架由奥钢联设计并提供主要设备，其余均由中冶赛迪工程技术股份有限公司、上海宝钢工程技术有限公司完成。国内设备由大连重工起重集团有限公司、上海兆建自动化集成设备有限公司等提供，由上海宝冶建设有限公司、中国第十七冶金建设有限公司、中冶天工上海十三冶金建设有限公司、上海上电电力工程有限公司等施工。

2008年2月28日，罗泾第二步工程连铸项目开工建设；4月20日，二号熔融还原炼铁装置（COREX炉）项目开工建设；6月19日，制氧项目开工建设；7月1日，炼钢项目开工建设；7月23日，二号燃气蒸汽联合循环发电机组开工建设。2010年4月，二号燃气蒸汽联合循环发电机组并网发电；9月20日，通过168小时的连续运行试验，完成各项功能考核，进入商业运行阶段；10月，连铸工程开始热负荷试车；11月，炼钢工程LF精炼系统热负荷试车；12月，RH真空精炼系统热负荷试车。2011年3月28日，二号熔融还原炼铁装置（COREX炉）点火投产。

2012年9月，罗泾区域全部生产线停产。

第六节　宝钢特钢（宝钢五钢）主要工程项目

1998年11月上海地区钢铁企业联合重组后，宝钢特钢开始加快技术改造、淘汰落后工艺。1999—2009年，累计投资100亿元，先后实施合金模块、不锈钢长型材、特种冶炼、高温合金钢、特种金属及合金板带工程等一系列新建和改造项目，使宝钢特钢的生产技术装备得到全面更新，形成特钢生产新格局。

一、合金模块材料专业生产线项目

1999年12月20日，宝钢五钢合金模块材料专业生产线项目开工建设。

该项目以德国引进2 000吨快锻设备为核心，配齐工艺流程，扩建成专业生产大型、精密、长寿命模块材料生产线，其中包括新建机加工及配售中心、新增加热、退火能力和热处理及粗加工车间，建设规模年产高品位合金模块材料3.80万吨。总投资2.29亿元，属国家财政贴息技术改造项目。项目由德国ALD公司和西安电磁机械厂提供设备，上海冶金设计研究院和五钢工业设计院联合设计，上海宝钢建设有限公司承建。

2000年9月20日，精加工成品车间、配售中心建成投入试生产；2001年5月30日，快锻车间、热加工车间配套改造投入试生产；9月30日，热处理粗加工车间投入试生产；10月23日，电渣中心投入试生产。至此，合金模块材料专业生产线项目全面竣工，投入生产。

2016年，3台电渣炉产量3 436吨，其中高品质合金工具钢1 440吨。

二、特殊钢银亮材工程

2000年8月30日，宝钢五钢特殊钢银亮材工程开工建设。

该工程是为适应机械、汽车和轴承、铁路、精密加工工业对各类表面无缺陷钢材需求而新建的专业生产线，采用世界先进的银亮材生产工艺技术，引进连拉连拔机组、棒材旋风剥皮机组、涡流探伤仪等先进设备。设计规模年产特殊钢银亮材5万吨。总投资2亿元。主要设备由美国汉川公司、中国台湾地区省权实业有限公司、日本宫崎铁工株式会社、意大利达涅利冶金设备有限公司、德国核化学冶金公司、德国洛伊公司、无锡市南洋化工机械有限公司、武汉冶金设备制造公司等提供。由北京钢铁设计研究总院总设计，上海宝钢工程技术有限公司参与设计，上海十三冶金建设有限公司、上海五钢设备工程有限公司、中国第二十冶金建设公司、上海海盛建筑安装有限公司等承担施工。

2001年11月2日，第一套连拉连拔机组建成投产；11月30日，二号连拉连拔机组建成投产。2002年6月30日，三号和四号连拉连拔机组建成投产。2003年3月30日，最后一条连拉连拔机——五号连拉连拔机组建成投产，银亮材工程建设全面完成。

2016年，银亮材产线生产特殊钢银亮材6.65万吨。

三、不锈钢长型材工程

2001年6月28日，宝钢五钢不锈钢长型材工程开工建设。

该工程主要包括建设60吨交流电弧炉、60吨精炼炉、60吨氩氧炉、60吨真空处理炉、三流合金钢连铸机，及不锈钢和合金棒材、线材、盘卷连轧机。设计能力年产钢30万吨、材35万吨，产品包括不锈钢棒材、高速线材、盘卷和轴承钢、弹簧钢等特钢产品。总投资16.90亿元。主要连轧设备由意大利达涅利集团提供，高速线材轧机由美国摩根公司提供；主要辅助设备由北京凤凰工业炉有限公司、苏州冶金设备制造公司、陕西压延设备制造公司提供；热处理设备主要由德国洛伊公司和大陆玻璃公司提供。工厂设计由北京钢铁设计总院负责；设备设计由意大利达涅利集团和美国摩根公司负责。上海五冶冶金建设有限公司承担施工。

2002年6月10日，轧钢厂厂房打下第一根桩；11月8日，全面进入厂房钢结构吊装，同时完成电弧炉（EAF）、真空吹氧脱碳炉（VOD）、连铸部分、步进加热炉和环形炉设备基础。2003年10月31日，不锈钢长型材工程进入热负荷调试；12月18日投产，实现从炼钢、连铸到轧钢棒材线一次调试全线贯通，生产出第一批热轧棒材。

2016年，不锈钢长型材产线生产钢5.74万吨、钢材24.20万吨。

四、特种冶炼技术改造项目

2001年12月21日，宝钢五钢特种冶炼技术改造项目举行开工仪式。

该项目采用世界先进的特种冶炼技术和新材料工艺技术，从国外引进15吨和10吨真空自耗炉各1座、钛电极制备设备1套、钛电极等离子焊接设备1台；国内配置8 000吨油压机1台，以及氢气保护气氛退火炉、600吨油压机等现代装备。设计年新增钛锭1 700吨、特种冶炼钢材3 100吨，年生产能力达到5 000吨。主要产品为钛合金、镍基合金及特种合金材料。总投资1.49亿元，由美国康萨克（CONSARC）公司和中国第一重型机械集团公司提供设备，五钢工业设计院设计，上海宝钢建设有限公司承建。2003年10月，特种冶炼技术改造项目竣工投产。

2016年，真空自耗炉产量675吨，其中477吨为镍基合金；8 000吨油压机产量994吨。

五、快锻暨径锻改造工程

2002年12月8日，宝钢五钢快锻暨径锻改造工程开工建设。

该工程主要建设内容包括从德国引进的 1 300 吨径锻、2 000 吨快锻和 4 000 吨快锻 3 套主机组，以及配套的热工炉和后步精整设备等。主要生产高温合金、钛合金、特殊用途合金、工模具用钢、结构钢、不锈钢、轴承用钢和高速工具钢等。总投资 4.361 亿元，由德国西马克(SMS)公司和德国格拉马(GLAMA)公司提供设备，中冶京诚工程技术有限公司和五钢工业设计院设计，上海宝钢建设有限公司承担施工。

2003 年 10 月 31 日，4 000 吨快锻机成功锻打出一块 13.70 吨的八角钢锭；11 月下旬，成功锻打出 35 吨大钢锭；2004 年 4 月，锻制出直径达 1 950 毫米、重达 4.40 吨的特大高温合金——特大型涡轮饼坯锻件。2004 年 9 月，1 300 吨径锻机进入热负荷调试。2005 年 1 月 18 日，快锻暨径锻改造工程全部竣工投入生产。

2016 年，1 300 吨径锻机年产量 26 175 吨，2 000 吨快锻机产量 1 713 吨，4 000 吨快锻机产量 9 857 吨。

六、高温合金钢生产线项目

2005 年 8 月 15 日，宝钢特钢高温合金钢生产线项目破土动工。

该项目包括建设步进梁式加热炉、隧道式中间加热炉各 1 座，室式炉 1 座、粗轧机 1 架、16 机架连轧机 1 组，及相应飞剪、冷床收集等在线和离线装置；新建后道精整热处理设备：移罩炉 2 座、连续式退火炉 1 座、车底式退火炉 2 座，固溶炉、时效炉各 1 座；新建(或改造)抛丸机、矫直机、砂轮倒棱机、探伤仪、磨床、砂带抛光机等。年生产 10 万吨高合金钢，其中包括镍基合金、钛合金、高工磨具钢等。项目采用最新环保技术，取消酸洗工序，用天然气替代发生炉煤气，减少污染物排放。总投资 5.80 亿元。主线设备从奥钢联引进，国内设备由北京凤凰工业炉有限公司、常州冶金设备修造公司、上海五钢设备工程有限公司和天津赛瑞机器设备有限公司等提供；热处理设备主要由中国联合工程公司、上海五钢设备工程有限公司等提供。由中冶京诚工程技术有限公司设计，中国第一冶金建设公司承担施工。

2006 年 5 月，完成厂房建设和基础建设，进入设备安装、调试阶段，12 月 15 日投产。

2016 年，高温合金钢产线产量 5.48 万吨。

七、特种金属及合金板带工程

宝钢特钢特种金属及合金板带工程由炼钢连铸、炉卷热轧、冷床炉冶炼和冷轧钛镍特种金属板带产线等项目组成，设计年产钢材 36 万吨，其中板 17.30 万吨、热卷 11.23 万吨、冷卷 7.50 万吨。主要生产钛及钛合金、高温合金、镍基耐蚀合金、精密合金、特种不锈钢、合金结构钢、合金工具钢等 7 类钢种，满足军工、航空航天、核电等特殊领域的发展需要。总投资 60 亿元。

2006 年 7 月 25 日，炼钢连铸项目举行开工典礼。主要建设 40 吨电炉 4 座、LF 钢包精炼炉 3 座、双工位真空脱气炉(VD)1 座、双工位真空循环脱气炉(VOD)1 座、氩氧脱碳炉(AOD)1 座、垂直式连铸机 1 台。设计规模年产 26.75 万吨连铸板坯、25.51 万吨模铸钢锭。项目投资 14.69 亿元，进口设备由奥钢联提供，国内设备主要由长春电炉有限责任公司、西安鹏远重型电炉制造有限公司、西安重型机械研究所、常州宝菱重工机械有限公司等提供；上海宝钢工程技术有限公司负责总设计，上海宝信软件股份有限公司和无锡东方环保设计研究院分别负责信息化及除尘系统设计；中国第二十冶金建设公司承担施工。2007 年 6 月 15 日，模铸区投入使用；11 月 18 日，炼出第一炉钢水。2008 年年初，4 座电炉全部进入正常生产；10 月 20 日，连铸项目建成投产。

2007 年 9 月 3 日，炉卷热轧项目开工建设。项目采用国内自主集成和部分核心装备引进的方案。生产线配置拥有国际最新专利技术的炉卷轧机、卷取机、定尺剪和矫直机等关键设备。设计规模年产热轧板卷 28.22 万吨，其中成品合金板 17.30 万吨，为冷轧提供半成品合金钢卷 10.92 万吨。项目投资 21.46 亿元，进口设备由德国西马克公司、ABB 集团提供，国内设备由中国第二重型机械集团有限公司、北京钢铁研究总院、上海宝信软件股份有限公司、中冶京诚工程技术有限公司、中国联合工程有限公司、上海恒纪炉业工程有限公司提供，中冶京诚工程技术有限公司设计，上海宝冶建设有限公司承担施工。2007 年 12 月底，完成 4 000 余套桩基施工。2009 年 7 月，首块热轧合金板带下线，实现炉卷热轧项目与炼钢连铸项目的对接。2010 年 5 月，炉卷轧机轧制出第一卷不锈钢卷，炉卷热轧项目全线建成投入运行。

2007 年 11 月 26 日，冷床炉冶炼项目开工建设。前期，自耗冶炼、电渣扁锭两个部分先期投入建设。该项目主要为炉卷轧机提供所需的钛及钛合金、高温合金等特殊钢板带坯料。从国外引进等离子束冷床炉和电子束冷床炉熔炼技术和装备，建成后年产 3 500 吨扁锭和 1 000 吨圆锭。项目由美国瑞泰克（RETECH）公司提供设备，上海绿地建设设计研究院有限公司设计，上海五钢工程设备有限公司承担施工。2009 年 3 月开始设备安装，2010 年 4 月项目投入运行。

2008 年 4 月 18 日，冷轧钛镍特种金属板带项目开工建设。主要建设 20 辊轧机、退火机组、酸洗机组、光亮退火机组、修磨机组、纵切机组、真空炉、六辊轧机、平整机组、拼卷机组、引带矫直机组、清洗机组、翻卷机组等。设计规模年产特种金属冷轧板卷 7.50 万吨、热轧酸洗卷 2.35 万吨。项目投资 19.453 亿元，由德国西马克公司、美国法塔公司、德国炬威国际公司、美国吉尔德公司、日本中外炉公司、中国西安重型机械研究所、中冶南方工程技术有限公司和德国西门子公司等提供设备，上海宝钢工程技术有限公司设计，中国二十冶建设有限公司等承担施工。2008 年 6 月完成桩基施工，2009 年 10 月开始设备安装，2010 年 12 月投产。至此，特种金属及合金板带工程全线建成投入运行。

2016 年，热轧产线产量 35 500 吨，冷轧产线产量 3 700 吨。

八、热挤压钢管生产线改造工程

2008 年 1 月 9 日，宝钢特钢热挤压钢管生产线改造工程开工建设。

该工程由坯料准备、热挤压、精整、冷轧以及酸洗等工序组成。设计年产精品无缝合金、特种不锈钢管 2.30 万吨。主要品种为镍基合金钢管、钛及钛合金钢管、双相不锈钢管、奥氏体不锈钢管、马氏体不锈钢管等。总投资 9.10 亿元，由德国西马克公司、英国应达公司、天津伊洛公司、中国西安重型机械研究院等提供设备，北京钢铁研究设计总院设计，中冶成工上海五冶建设有限公司承担施工。

2008 年 3 月，热挤压钢管生产线改造工程完成桩基施工，2009 年 4 月完成设备安装，2009 年 5 月 30 日进入热调试，2010 年 5 月全面投产。

2016 年，热挤压产线生产各类钢管 1 480 吨。

第七节　八一钢铁主要工程项目

2007 年 4 月 28 日八一钢铁加入宝钢集团后，铁前新区工程进度加快，至 2015 年，新建的烧结、焦炉、高炉及配套设施相继投产，特别是罗泾一号熔融还原炼铁装置（COREX 炉）具有流程短、污染低的优势，是对传统高炉炼铁技术的一次革命。铁前新区工程的建成投产，使八一钢铁的冶炼能力大幅提升，具备年产钢 600 万吨的生产能力。高速线材与棒材工程，4 200/3 500 毫米中厚板拆建工程的建设，拓展了八一钢铁的产品线。2011—2013 年，八一钢铁投资 82 亿元在新疆拜城建设南疆钢铁基地项目，建设了烧结、焦化、高炉、转炉、连铸、高速线材、棒材、动力等八大生产区域及辅助功能区域。2013 年 3 月 28 日，南疆钢铁基地项目举行项目投产仪式。

一、八一钢铁本部重大工程

【铁前新区工程】

主要包括建设 265 平方米烧结机 2 座，430 平方米烧结机 1 座，6 米×55 孔焦炉 4 座，2 500 立方米高炉 3 座，罗泾一号熔融还原炼铁装置（COREX 炉）整体搬迁工程以及相关配套工程设施。

烧结工程　一号 265 平方米烧结机工程。2006 年 3 月 28 日破土动工，设计生产能力年产烧结矿 250 万吨。实际投资 2.62 亿元。一号烧结机应用皮带连锁、计算机控制装料、自动重量配料、双风机抽风烧结、热风烧结等先进工艺技术，使烧结机组具有自动化程度高、抗干扰能力强、运行稳定、质量高、能耗低等特点。工程由中钢设备有限公司总承包，新疆钢铁设计院有限责任公司设计，新疆冶金建设公司、上海五冶冶金建设有限公司、福建冶金安装工程公司等承担施工，2006 年 12 月 18 日点火试车。

二号 265 平方米烧结机工程。2007 年 7 月 28 日破土动工，设计年产冷烧结矿 252 万吨，利用系数 1.20 吨/平方米·小时，烧结机日历作业率 90.40%。实际投资 2.94 亿元。工程由中钢设备有限公司总承包，设计分包新疆钢铁设计院有限责任公司，施工分包福建冶金安装工程公司。2008 年 9 月 3 日联动试车，10 月 5 日 10 时投产。

430 平方米烧结机工程。2010 年 5 月 6 日动工建设，为新区三号高炉工程配套项目，年产冷烧结矿 443 万吨，利用系数 1.30 吨/平方米·小时，烧结机日历作业率 90.40%。实际投资 4.53 亿元。工程由中钢设备有限公司总承包，新疆钢铁设计院有限责任公司设计，河北省安装公司、河北省冶金建设集团有限公司、新疆冶金建设公司、福建工业安装公司等施工。2011 年 7 月 13 日点火烘炉，2011 年 7 月 26 日投产。

焦炉工程　一号焦炉和二号焦炉工程。2006 年 11 月 26 日，一号焦炉、二号焦炉工程破土动工。工程包括建设 2 座 6 米×55 孔复热顶装焦炉本体，与其配套的干熄焦装置，及 1 套湿熄焦系统、煤气净化系统。设计年生产焦炭 110 万吨。实际投资 7.80 亿元。工程由中钢设备有限公司总承包。2007 年 4 月 26 日，一号焦炉本体开始砌筑；6 月 8 日，二号焦炉本体开始砌筑。2008 年 1 月 25 日，一号焦炉本体砌筑完成；11 月 25 日，二号焦炉本体砌筑完成。2007 年 11 月 23 日，一号焦炉投产出焦；12 月 16 日，二号焦炉投产出焦。

三号焦炉和四号焦炉工程。2007 年 9 月 20 日，三号焦炉、四号焦炉工程破土动工。工程包括建设 2 座 6 米×55 孔焦炉，设计年产 110 万吨干全焦。实际投资 5.10 亿元。工程由中钢设备有限公司总承包。2008 年 3 月 22 日，三号焦炉开始筑炉，7 月 30 日开始烘炉，10 月 18 日装煤成功，翌日出焦。2008 年 4 月 12 日，四号焦炉开始筑炉，9 月 10 日开始烘炉，2009 年 1 月 23 日出焦。至此，八一钢铁形成年产焦炭 220 万吨规模。

高炉工程　一号高炉工程。2006 年 12 月 10 日破土动工。有效容积为 2 500 立方米，年平均利用系数2.00吨/立方米·日，设计生产能力175万吨。实际投资9.42亿元。工程由中冶京诚工程技术有限公司总承包，是八一钢铁第一座采用总承包形式进行建设的高炉。由中冶天工建设有限公司、中国第二冶金建设有限公司、上海五冶工业窑炉工程公司、江苏华能建设工程有限公司、宜兴天马环保工程有限公司、新疆惠源电力工程有限公司、新疆冶金安装有限公司承担施工。2008年2月28日点火开炉。

二号高炉工程。2007年8月15日破土动工。有效容积为2 500立方米，年平均利用系数2.00吨/立方米·日，设计生产能力175万吨。实际投资8.38亿元。工程由中冶京诚工程技术有限公司设计，中冶天工建设有限公司、中国第二冶金建设有限公司、上海五冶工业窑炉工程公司、江苏华能建设工程有限公司、宜兴天马环保工程有限公司、新疆惠源电力工程有限公司、新疆冶金安装有限公司等施工。2008年12月10日点火烘炉，2009年2月28日出铁。2009年10月28日，高炉煤气余压发电工程并网发电。

三号高炉工程。2010年2月6日破土动工。有效容积2 500立方米，年平均利用系数2.00吨/立方米·日，生产能力175万吨。总投资7.93亿元，由中冶赛迪工程技术股份有限公司总承包。主要设备由西安陕鼓动力股份有限公司、杭州汽轮机股份有限公司、武汉钢铁重工集团有限公司、广州白云液压机械厂有限公司、重庆赛迪重工设备有限公司等提供。中冶赛迪工程技术股份有限公司、新疆钢铁设计院有限责任公司负责设计，新疆冶金建设公司一分公司、中国二冶集团有限公司、上海宝冶建设工业炉工程有限公司、江苏华能建设工程集团有限公司等承担施工。2011年4月10日，矿焦槽系统完成施工；4月12日，热风炉系统完成施工；5月18日，高炉本体及炉顶系统完成施工；6月8日，高炉系统耐材完成施工；2011年7月29日，三号高炉点火投产。

罗泾一号熔融还原炼铁装置(COREX炉)整体搬迁工程　2012年5月5日破土动工。该工程将宝钢股份罗泾区域C3000型一号熔融还原炼铁装置及配套的2座6万立方米制氧机组、1套燃气蒸汽联合循环发电机组(CCPP)整体搬迁至八一钢铁，可年产铁水150万吨。熔融还原炼铁装置具有流程短、污染低的优势，是对传统高炉炼铁技术的一次革命。主要设备有还原竖炉、熔融气化炉、冷煤气清洗系统、顶煤气清洗系统、冷煤气加压机、直接还原铁(DRI)螺旋输送机、煤螺旋输送机等。总投资35亿元。搬迁工程由宝钢工程技术集团有限公司总负责。塔架本体部分由上海宝冶集团有限公司承担施工，原料部分由中国华电集团公司承担施工，土建部分由新疆冶金建设公司承担施工。2013年3月16日，第一段炉壳一次性吊装成功。2015年6月18日点火开炉，翌日生产出第一炉铁水。

2016年，八一钢铁生产铁水402万吨、烧结矿524.70万吨、焦炭159.90万吨。

【新建150吨转炉及配套设施工程】

2011年3月10日，新建150吨转炉及配套设施工程开工建设。

该工程包括新建1座150吨转炉及其配套设施，年产钢水160万吨；新建1台10机10流小方坯连铸机及其配套设施，年产钢坯150万吨。总投资11.16亿元。工程采用“铁水倒罐→铁水预处理→转炉炼钢→钢水精炼→连铸”的工艺路线，可实现铁水预处理、转炉顶底复吹冶炼、钢水精炼及钢水连续浇铸成合格铸坯的工艺要求。工程主体分2个标段，均采用“设计＋设备采购＋施工”(EPC)总承包模式，其中炼钢标段由宝钢工程技术集团有限公司承包，连铸标段由中冶南方工程技术有限公司承包。主要设备由太原重工股份有限公司、大连重工起重集团有限公司、国电南京自动化股份有限公司、武汉大禹阀门制造有限公司、西安西变中特电气有限责任公司等提供。河北建设工程有限公司、二十一冶建设有限公司、新疆八钢钢结构有限公司、新疆冶金建设公司一分公司、中国第五冶金建设有限公司新疆分公司、八钢冶金安装有限公司等承担施工。

2011 年 5 月 31 日，炼钢及连铸厂房钢结构开始安装；7 月 6 日，转炉设备基础施工完成；7 月下旬，方坯连铸机设备基础开始施工。2012 年 6 月 21 日，转炉及连铸标段全系统联动试车；8 月 9 日，150 吨转炉及配套设施工程项目热负荷试车。

2016 年，150 吨转炉产钢 100.87 万吨。

【高速线材与棒材工程】

2008 年 5 月 20 日，高速线材与棒材工程动工建设。

该工程包含新建 1 条年产 60 万吨的高速线材生产线和 1 条年产 60 万吨的棒材生产线，总投资 50 013.12 万元。

高速线材工程。2008 年 5 月 10 日开工建设，以生产建筑用普碳钢为主，设计年生产能力 60 万吨，总投资 3.005 亿元。设备全部国产化，由哈飞机电设备制造公司、中冶陕压重工设备有限公司、北京神雾热能技术有限公司提供。工程由北京中冶设备研究设计总院有限公司设计，北京冶金设备研究设计总院总承包，河北建设工程有限公司、二十一冶建设有限公司、新疆八钢钢结构有限公司、新疆惠源电力有限责任公司、中国第五冶金建设有限公司新疆分公司、新疆冶金建设公司一分公司、新疆八钢自动化有限责任公司等施工。2008 年 6 月 13 日，主厂房柱子基础开始浇筑。2009 年 3 月 15 日，主体设备开始安装；6 月 15 日开始联动试车；7 月 14 日热负荷试车；7 月 21 日，举行竣工投产剪彩仪式。2016 年停产。

棒材工程。2009 年 5 月 28 日开工建设，设计年产能 60 万吨建材，总投资 1.996 亿元。主要设备由河北丰华重工机电设备有限公司、南京高精传动设备制造有限公司提供。工程由中冶集团北京冶金设备研究设计总院总承包，施工由新疆冶金建设公司一分公司、中国十九冶集团机电设备安装分公司、北京神雾热能技术有限公司等分包。2010 年 2 月 24 日，加热炉点火烘炉；3 月 22 日，轧出第一支棒线材。

2016 年 1—3 月，棒材产线停产。全年生产棒线材 60.07 万吨。

【4 200/3 500 毫米中厚板迁建工程】

2007 年 8 月 30 日，4 200/3 500 毫米中厚板迁建工程开工建设。

该工程是将宝钢浦钢 4 200/3 500 毫米中厚板生产线拆迁至八一钢铁。主要装备包括 4 200 毫米粗轧机 1 套，为从蒂森克虏伯集团引进的二手设备；3 500 毫米精轧机 1 套，由中国第二重型机器厂设计制造。主要生产工艺特点是采用全轧机及国际厚板生产技术。主要产品为锅炉板、造船板、压力容器板、宽厚板、超高强度结构板、输油气管线用板等。年设计产能 65 万吨。实际投资 12.58 亿元。工程由上海宝钢工程技术有限公司总承包，新疆冶金建设公司、新疆建工安装工程有限责任公司、中冶成工上海五冶建设有限公司、中国二冶集团有限公司、八钢冶金安装有限公司、上海宝冶建设有限公司等公司施工。

2008 年 3 月 23 日，250 吨行车吊装完成；4 月 22 日，由浦钢拆迁的第一片单体高 13 米、宽 4.70 米、重 25 吨的精轧机牌坊运抵八一钢铁中厚板工程施工现场；7 月 31 日，第一片精轧机牌坊起吊安装成功；10 月 30 日，一号加热炉烘炉。2009 年 2 月 28 日，开始自动化热负荷试车，7 月 21 日建成投产。

2016 年，中厚板产线产量 50.92 万吨。

二、南疆钢铁基地项目

2010年7月23日,八一钢铁南疆钢铁基地项目在新疆阿克苏地区拜城县工业园区举行奠基仪式,2011年8月破土动工。规划包括八大生产区域及辅助功能区域。生产区域主要设施有430平方米烧结机1台、1 800立方米高炉2座、120吨转炉2座、八机八流方坯连铸机2台、棒材轧钢机组2条、高速线材轧钢机组1条。同时,配套100万吨原料场、废钢加工设施、制氧机组、供水厂、中央水处理站、10千伏安变电站和煤气发电装置,以及烧结、转炉、加热炉烟气余热回收、高炉煤气余压发电等节能环保公辅设施。总投资82亿元。

【综合料场】

2011年6月25日,南疆钢铁基地综合料场工程动工建设。

该料场占地47万平方米,原料年吞吐量693.30万吨,一次料场(矿石料场)有效堆料面积5.85万平方米,二次料场(混匀料场)有效贮量大于30万吨,混匀加工处理量401.90万吨。投资3.55亿元。主要设备由四川省自贡运输机械厂、北京太富力有限公司、上海大和衡器制造有限公司、中联重科物料输送设备有限公司、河北康达环保设备有限公司等提供。工程由中钢设备有限公司总承包,设计分包方为新疆钢铁设计院,施工分包方为中国二十三冶集团有限公司、中国通州建总集团有限公司、中联重科物料输送设备有限公司等。

2012年5月20日,一次料场开始接受汽车卸料;8月28日,一次料场系统开始投料负荷试车;11月28日,二次料场系统开始投料负荷试车,原料贮存全面启动,首批原料贮存30余万吨。

【焦炉工程】

2012年6月8日,南疆钢铁基地焦炉工程破土动工。

该工程设计年产焦炭120万吨,采用2×60孔JNDK55-07F型5.50米复热式捣固焦炉,配1套160吨/小时干熄焦装置及汽轮机发电装置,备用1套新型湿法熄焦系统,配套煤气净化、生产辅助装置及生产辅助系统。装煤、出焦除尘采用地面站除尘并设炉头烟收集装置。生产的焦炭送至南疆钢铁基地炼铁厂,煤气供给轧钢厂。实际投资11.64亿元。主要设备由大连华锐车辆设备有限公司、大连重矿设备有限公司、大连晟洋设备有限公司、安徽三联泵业有限公司、西安陕鼓动力股份有限公司、杭州中能汽轮动力有限公司等提供。工程由中冶焦耐(大连)工程有限公司总包,新疆冶金建设公司等公司分包。

2013年9月15日,一号焦炉投产出焦。2014年2月24日,二号焦炉投产出焦;7月15日,干熄焦及汽轮发电系统投产。

【烧结工程】

2011年4月25日,南疆钢铁基地430平方米烧结机工程开工建设。

430平方米烧结机设计年产烧结矿443万吨,利用系数1.30吨/平方米·小时,烧结机日历作业率90.40%。主要生产车间包括原料库、熔剂受料仓、燃料受料仓、燃料及熔剂破碎室、配料室、一混室、制粒室、主抽风机室、烧结室、环冷机、筛分室、成品矿仓,及机头除尘系统、机尾除尘系统、筛分除尘系统、配料除尘系统。总投资4.44亿元。主要设备由江苏全能机械设备有限公司、中国有色(沈阳)冶金机械有限公司、北方重工集团有限公司、武汉博诚机械工程有限公司、西安陕鼓动力股份有限公司、河北宣化冶金环保设备制造有限公司、杭州中能汽轮动力有限公司等提供。工程由中冶华天工程技术有限公司总包,新疆钢铁设计院有限责任公司、武汉博诚机械工程有限公司、河北宣化冶金环保设备制造有限公司等设计分包,中国五冶集团有限公司、中国有色(沈阳)冶金机械有限公司、武汉博诚机械工程有限公司、河北宣化冶金环保设备制造有限公司等施工分包。

2013 年 3 月 22 日,430 平方米烧结机生产系统热负荷试车,3 天后转入试生产。

【高炉工程】

2011 年 4 月 6 日,南疆钢铁基地高炉工程破土动工。

该工程主要是新建 2 座 1 800 立方米高炉,设计年产铁水 276 万吨,年平均利用系数 2.20 吨/立方米・日,设备能力 2.50 吨/立方米・日,生产能力 298.60 万吨,产量满足 2 座 120 吨转炉炼钢用量。配套项目包括矿焦槽系统、上料系统、炉顶系统、炉体系统、风口平台以及出铁场、热风炉系统、渣处理系统、喷煤系统、粗煤气系统、铸铁机及碾泥系统等。工程实际投资 17.90 亿元。主要设备由西安陕鼓动力股份有限公司、杭州汽轮机股份有限公司、石家庄石特阀门有限责任公司、上海宝钢铸造有限公司、广州白云液压机械厂有限公司、中钢集团西安重机有限公司等提供。工程由中冶赛迪工程技术股份有限公司总承包,新疆冶金建设公司五分公司、中国十九冶集团有限公司、中铁十三局集团有限公司、江苏华能建设工程集团有限公司等承担施工。

2011 年 8 月 28 日,开始炉壳吊装。2013 年 5 月 18 日,一号高炉及公辅系统点火投产。2014 年 5 月 20 日,二号高炉建成投产。

【炼钢工程】

2010 年 10 月 25 日,南疆钢铁基地炼钢工程开工建设。

该工程分两期建设。一期炼钢工程生产规模为年产 305 万吨连铸坯,主要冶炼工艺设备包括:2 套铁水脱硫装置、2 座 120 吨顶底复吹转炉、2 座在线吹氩喂丝站、2 台八机八流方坯连铸机。二期炼钢工程预留的主要工艺设备有:1 套铁水脱硫装置、1 座 120 吨顶底复吹转炉、1 座在线吹氩喂丝站、1 座双工位 LF 精炼炉、1 台连铸机。项目投资 10.28 亿元。主要设备由中冶赛迪工程技术股份有限公司、重庆赛迪重工设备有限公司、无锡巨力重工股份有限公司、重庆四联仪器仪表成套有限公司、大连华锐重工起重机有限公司、苏州海陆重工股份有限公司、中冶赛迪电气技术有限公司、四川兴成电力设备制造有限公司、江苏金通灵风机股份有限公司、江阴市鹏锦机械制造有限公司、西安西矿环保设备安装公司等提供。中国二十冶集团有限公司、中冶天工上海十三冶建设有限公司、西安西矿环保设备安装公司、四川兴成电力设备制造有限公司、攀钢信息工程技术有限公司、阿克苏鑫宏消防有限公司、武汉威仕工程监理有限公司等承担施工。工程由中冶赛迪工程技术股份有限公司总承包。

2013 年 4 月 28 日,一号转炉和一号连铸机投产;5 月 22 日,二号转炉投产。

【轧钢工程】

2011 年 3 月 31 日,南疆钢铁基地轧钢工程开工建设。

该工程主要是新建 2 条年产 85 万吨的棒材生产线及 1 条年产 60 万吨的高速线材生产线,主要建设内容包括原料区、加热炉区、轧制区、精整区和相应的生产辅助设施。实际投资 7.85 亿元。

棒材生产线为意大利达涅利集团短应力线轧机，采用多线切分、无孔型轧制技术；高速线材生产线为高速线材精轧机，从碎断剪到吐丝机，采用意大利达涅利集团进口设备，加热炉采用蓄热式加热炉，使用纯高炉煤气，燃烧充分，达到清洁能源、环保节能效果，年产高速线材60万吨。引进设备由意大利达涅利集团提供，国产设备由河北丰华重工机电设备有限公司、南京高精传动设备制造有限公司、中冶陕压重工设备有限公司、北京赛能杰高新技术有限公司、张家港长力设备制造有限公司、北京桑德斯机械有限公司等提供。工程由中钢设备有限公司总承包。中钢集团工程设计研究院有限公司负责设计，新疆冶金建设公司一分公司、中国十九冶集团机电设备安装分公司、北京赛能杰高新技术有限公司等承担施工。

2012年7月13日，一号棒材加热炉点火烘炉，8月9日轧出第一支棒材。2012年10月23日，二号棒材加热炉点火烘炉，2013年5月27日开始试生产。2012年10月11日，高速线材加热炉点火烘炉，2013年7月8日开始试生产。

【给水厂工程】

2011年6月15日，南疆钢铁基地给水厂工程破土动工。

该工程是为保障南疆钢铁基地的生产、生活用水，水源来自天山，经初步过滤后进入给水厂，给水厂经过深加工处理提供给南疆钢铁基地。项目设计规模为6.50万立方米/日，一次建成，预留规模6.50万立方米/日。工业新水处理系统主要工艺设施包括格栅、旋流沉砂池、多流向强化澄清池、清水池及配套的加药间、辅助间等。实际投资3 396万元。主要设备由天津塘沽第一阀门厂、江苏通用环保集团有限公司、中国京冶工程技术有限公司、安徽三联泵业有限公司等提供。工程由中国京冶工程技术有限公司设计，中国京冶工程技术有限公司、黑龙江省安装工程公司等施工。

2012年6月，给水厂进入设备单机调试，8月进入整体设备联动试车，10月13日投产。

【动力工程】

中央水处理系统　2011年3月15日破土动工，包括生产废水预处理、生活废水预处理和脱盐深度处理回用三大系统工程及其配套的辅助设施。生产废水处理系统规模为2.64万立方米/日，其中生活污水系统处理能力为2 400立方米/日。项目实际投资6 882万元。该系统的特点是没有外排废水，处理后的水指标可达到锅炉用水标准，真正实现南疆钢铁基地区域内生产废水、生活污水零排放的总要求，同时在不同的供水任务下，系统能够自动调整以达到最佳工况。主要设备由江苏兆盛环保集团有限公司、海斯特（青岛）泵业有限公司、南京蓝深制泵（集团）股份有限公司等提供。工程由武汉凯迪水务有限公司设计，云南宝鑫实业集团有限公司、河南省建设集团有限公司、首安工业消防有限公司、新疆八一钢铁信息科技开发公司等施工。2011年12月底，生活污水系统、生产废水系统深度处理系统开始设备安装。2012年8月中旬，加药及自控系统安装工作基本结束，进入公辅系统及设备单机调试、联动调试阶段，9月中旬开始工艺调试，10月15日投产。

煤气柜项目　主要工艺设备包括：1座10万立方米焦炉煤气柜，1座10万立方米高炉煤气柜，1座8万立方米转炉煤气柜及其配套的焦炉煤气净化系统，加压机、转炉煤气加压机及供配电、给排水、燃气热力、道路围墙、自动化微机监控系统等。总投资1.20亿元。主要设备由江苏江阴市燃气成套设备厂、四平鼓风机股份有限公司、苏州弘州机械有限公司、凯迪西北橡胶有限公司等提供。项目由宝钢工程技术集团有限公司总承包，上海宝冶集团有限公司施工。其中，焦炉煤气柜：2011年4月18日开挖地基；2012年7月5日调试完毕，7月8日投产。高炉煤气柜：2011年6月15日开挖地基；2012 年 10 月 1 日调试完毕，10 月 8 日储焦炉煤气；2013 年 4 月 29 日转储高炉煤气。转炉煤气柜：2011 年 5 月 10 日开挖地基；2013 年 5 月 10 日完成电仪设备安装和柜体调试，8 月 16 日储转炉煤气。

制氧机项目　2011 年 5 月 26 日破土动工。制氧设备包括 2 套第六代 2.20 万立方米/小时制氧机、4 个 1 000 立方米气体球罐、1 个 400 立方米气体球罐。总投资 2.99 亿元。主要设备由杭州杭氧股份有限公司、西安陕鼓动力股份有限公司、甘肃蓝科石化高新装备股份有限公司、安徽三联泵业股份有限公司、上海乐泽环境工程有限公司等提供。项目由中冶华天工程技术有限公司总承包，浙江省工业设备安装集团有限公司、中国二十三冶第二工程公司施工。2012 年 12 月 28 日，一号制氧机组联动试车；8 月，气体球罐陆续投用。2013 年 2 月 16 日，一号制氧机组投入运行；6 月 15 日，二号制氧机组联动试车。

供电系统项目　2011 年 6 月 17 日开工建设。包括建设 4 座 110 千伏变电站（原料 110 千伏变电站、动力 110 千伏变电站、冶炼 110 千伏变电站、轧钢 110 千伏变电站）及线路配套设施。实际投资 2.30 亿元。主要设备由特变电工股份有限公司新疆变压器厂、华仪电气股份有限公司、国电南京自动化股份有限公司、乌鲁木齐凯立西电力有限公司、重庆市亚东亚集团变压器有限公司等提供。项目由中冶赛迪工程技术股份有限公司设计，新疆电力建设有限公司施工。2011 年 10 月底，轧钢站开始设备安装，其中 2011 年 12 月—2012 年 2 月工程停工，3 月初再次启动。2012 年 5 月 30 日，轧钢一号主变带电 T 接成功，该变电站为智能化变电站；8 月 15 日，220 千伏变电站开始带电运行；8 月 16 日，轧钢 110 千伏变电站二号主变电站接入拜城 220 千伏变电站供电。2012 年 9 月 30 日，供电系统项目建成。

信息化建设工程　2012 年 5 月 8 日开工建设。包括建设综合安防系统、计算机网络系统、能源计量数据采集系统、管控中心智能化系统、车辆定位系统、应用软件系统、门禁管理系统、智能司磅系统、主机平台及网络安全系统、通信指挥调度电话系统等。实际投资 1.05 亿元。主要设备由杭州华三通信技术有限公司、国际商业机器公司（IBM）、华为技术有限公司、宁波 GQY 视讯股份有限公司等提供。工程由八一钢铁冶金信息分公司总承包。计算机网络系统：2012 年 5 月 8 日开始敷设外网光纤，7 月 20 日开始安装网络交换设备，2013 年 3 月 10 日完成系统调试，上线使用。综合安防系统：2012 年 7 月 6 日开始安装视频监控信号线路，10 月 11 日开始安装摄像机等监控设备，2013 年 8 月 16 日开始安装红绿灯及电子警察抓拍设备，12 月 5 日完成系统调试，上线使用。管控中心智能化系统：2012 年 11 月 5 日开始室内综合布线，2013 年 3 月 10 日开始安装大屏幕系统，4 月 7 日完成系统调试，上线使用。主机系统：2013 年 2 月 19 日开始安装设备底座，3 月 26 日完成设备安装及系统调试，上线使用。2013 年 12 月 16 日，信息化建设工程交工验收。

2013 年 3 月 28 日，南疆钢铁基地项目建成投产。2015 年 7 月 16 日，保留 1 座焦炉生产，其余主线全部停产。

第八节　宁波钢铁主要工程项目

2009 年 3 月，宝钢集团重组宁波钢铁后，利用新技术、新工艺，在宁波钢铁建设了余能发电和薄带连铸等项目，推进节能减排工作，实现绿色经营的目标。

一、余能发电项目

2010 年 1 月 28 日,宁波钢铁余能发电项目开始打桩建设。

该项目主要包括建设 1 台 135 兆瓦余能发电机组,配 1 台 400 吨/小时全烧煤气锅炉及相应附属设施,以宁波钢铁富余高炉煤气为主燃料,设计年发电量 6.60 亿千瓦时,项目总投资 7 亿元。该项目三大主机分别选用杭州锅炉集团股份有限公司 400 吨/小时全燃气锅炉和南京汽轮电机(集团)有限责任公司中间再热双缸双排汽冲动凝汽式汽轮发电机组。项目由上海协鑫电力工程有限公司设计,主体工程由浙江省工业设备安装集团有限公司、浙江省一建建设集团有限公司联合承建,海水取排水工程由上海市基础工程有限公司等承建。2014 年,宁波钢铁余能发电项目获浙江省科学技术奖三等奖。

2011 年 8 月 27 日,135 兆瓦余能发电机组并网发电。截至 2014 年年底,135 兆瓦余能发电机组累计发电 21.80 亿千瓦时。

二、薄带连铸项目

2012 年 10 月 17 日,宁波钢铁薄带连铸项目开工建设。

薄带连铸技术是将连续浇铸、轧制工艺集成为一体,可以在几十秒内一次性形成工业产品。此外,利用薄带连铸技术快速凝固特点,还可以生产出传统工艺难以轧制的材料以及具有特殊性能的新材料。宝钢历经 10 余年研究开发,相继在薄带连铸工艺、产品、设备、控制等技术方面取得了成果。宁波钢铁薄带连铸项目是在炼钢车间内新建国内第一条具有 50 万吨产能规模的薄带连铸工业化示范生产线,最终实现薄带连铸技术的稳定、可靠,生产出合格的产品,并得到市场的批量应用验证,逐步培养起薄带连铸产品的用户群,为下一步的商业化打好基础。项目总投资 5.613 亿元。进口设备由日本三菱日立制铁机械株式会社提供,国内制造设备由常州宝菱重工机械有限公司提供。由宝钢工程技术集团有限公司总承包,日本日立公司和上海宝信软件股份有限公司负责软件开发,中国二十冶集团有限公司承担施工。

2014 年 3 月 13 日,薄带连铸产线开始热负荷试车;7 月 10 日,生产出第一个铸轧成品卷;9 月 16 日,进入试生产阶段,首次实现整炉连浇。至年底,共浇铸 78 炉,完成通钢量 4 501 吨,轧制成品卷 2 910 吨。

第九节　韶关钢铁主要工程项目

2011—2016 年,韶关钢铁投入资金对铁前工序进行改造,特别是对炉料的结构优化改造,降低了生产成本。此外,根据市场的需求,对成品产线进行改造,新建、改建了厚板、棒材等生产线。

一、优质棒材生产线改建工程

2011 年 9 月 6 日,优质棒材生产线改建工程开工建设。

该工程主要建设 1 条优质钢棒材生产线(简称大棒材生产线)、1 条合金钢棒材生产线(简称中棒材生产线)和与之相配套的精整线、主厂房以及辅助建筑，主厂房建筑面积约14.38万平方米，包括原料跨、加热炉跨、轧制跨、精整跨、轧辊加工间等，辅助建筑物建筑面积2.13万平方米。设计成品产能113万吨/年，其中大棒材生产线设计产能67万吨/年，产品规格为直径70～220毫米圆钢，中棒材生产线设计产能46万吨/年，产品规格为直径20～80毫米圆钢，另外合金钢大棒材生产线生产轧坯5万吨/年。项目总投资17.587亿元。大棒材生产线步进式加热炉由重庆赛迪工业炉有限公司提供设备、承担施工；二辊可逆粗轧机由常熟达涅利冶金设备有限公司提供设备，五冶集团上海有限公司承担施工；平立中轧机组、平立精轧机组由中冶京诚工程技术有限公司提供设备，五冶集团上海有限公司承担施工。中棒材生产线步进式加热炉由重庆赛迪工业炉有限公司提供设备、承担施工；粗轧机组、中轧机组由中冶京诚工程技术有限公司提供设备，五冶集团上海有限公司承担施工；预精轧机组、精轧机组、减定径机组由奥钢联提供设备，五冶集团上海有限公司承担施工。

2012年11月28日，大棒材生产线热负荷试车。2013年5月18日，中棒材生产线热负荷试车。2014年8月27日办理交工验收，2015年8月28日办理竣工验收。

2016年，大棒材生产线生产圆钢25.78万吨，轧制坯21.66万吨，精整量5.56万吨；中棒材生产线生产圆钢16.77万吨，精整量8.81万吨。

二、炉料结构优化之焦炉建设工程

2013年5月7日，炉料结构优化之焦炉建设工程开工建设。

该工程建设规模为年产干全焦110万吨，采用BS60－2型2×55孔复热式焦炉(即六号焦炉、七号焦炉)，配套建设贮配煤槽(9个直径21米，贮量均为1万吨)、干熄焦(1×140吨/小时增强型)、煤气净化(5.50万立方米/小时)、酚氰废水处理(100立方米/小时)及公辅等系统，预留煤调湿、焦油加工车间(规模按年处理量15万吨)的建设场地。项目总投资11.265亿元。炼焦系统四大车整条轨道均采用无缝铝焊连接，保证了车辆的平稳运行，回收采用低耗高效化产尾气回收法、变频技术的广泛使用、荒煤气余热回收、硫铵尾气湿式吸收等先进节能技术，系统工艺合理、工序能耗低。工程由中冶集团武汉勘察研究院有限公司、宝钢工程技术集团有限公司等勘察设计，宝钢工程技术集团有限公司、广东韶钢工程技术有限公司等施工。

2014年9月6日，七号焦炉及煤气净化、酚氰污水处理站、备煤车间投产。2015年1月23日，干熄焦系统投产；4月21日，六号焦炉投产；6月12日，制酸系统投产。

2016年，六号焦炉、七号焦炉共生产焦炭100.64万吨。

第三章　钢 铁 生 产

宝钢集团主要钢铁生产单元的装备水平参差不齐，1998—2016 年，各生产单元对生产装备进行大规模的改造更新，淘汰高能耗、工艺落后的小高炉、平炉、小电炉等生产线，对其余生产线进行技术改造，同时新建一批生产线，使钢铁生产装备处于世界先进水平，一批新工艺、新装备在宝钢落地。其间，各生产单元依托宝钢股份的平台优势，降低原燃料的采购成本，大宗原燃料的采购逐步走向一体化；以"生产高附加值、独有产品"为目标，对产品结构进行调整，淘汰低附加值、低收益的产品，增产国家急需的高附加值产品，汽车板、硅钢、航空航天用合金材料等成为宝钢的拳头产品，高附加值、独有产品的比重逐年上升。宝钢集团钢产量从 1999 年的 1 699.30 万吨上升至 2016 年的 3 976 万吨。

第一节　宝钢股份（宝山钢铁）

一、生产装备

宝钢股份（宝山钢铁）生产装备按照工艺流程分为炼铁、炼钢、热轧、冷轧、钢管、运输、能源环保等几大系列，按照建设时间又可分为宝钢一期工程、二期工程、三期工程、三期后工程等四部分。

宝钢一期工程设计以外商为主，设备主要从日本和德国成套引进，国内制造设备仅占 12%。二期工程吸收了一期工程引进的技术，二号高炉、烧结、焦化及辅助部分的设计以国内为主，国产设备占 88%；冷轧、热轧、连铸主要与德国和日本企业合作设计、制造，其中国产设备占 43.50%。三期工程的总体规划和总体设计均由国内承担，共采用新技术、新工艺、新装备 243 项，其中由国内自行开发创新 53 项、国内外合作开发研究 28 项、引进 162 项，属世界领先水平 158 项，国产设备占 80.05%。2000 年宝钢股份成立后，一方面新建硅钢、中口径直缝焊管、高强钢生产线等，另一方面对老产线、老设备进行改造。工程采用自主集成，除一些关键设备外，大部分设备由国内提供，国产设备占比进一步提高。

二、原料采购

2000 年宝钢股份成立之初，原料采购由宝钢集团负责管理。2005 年 5 月，宝钢股份组建原料采购中心，下设原料一部、原料二部、物流运行部和采购管理部等 4 个部门，主要承担宝钢股份直属厂部、梅钢公司原料采购管理工作，此外还涉及宝钢股份外宝钢集团内的少量原料采购供应和协同支撑工作，采购品种包括铁矿石、煤炭、焦炭、副原料、废钢、生铁、铁合金等几大类，同时包括相关的远洋、江海及内河运输业务。工作职责为：采购供应规划的编制、计划和预算的编制、供应商管理、采购预案的编制及审定、采购绩效管理、市场分析与研判、金融衍生工具运作研究与推进、采购体系及流程制度等管理、采购业务的具体运作、信息系统管理和完善、采购风险控制等。2009 年起，原料采购中心开始探索策略采购新思路，推进一种可进可退的"渐进性"新策略。2010 年，建立数字化采购平台。2013 年，围绕采购供应向采购经营转变的主线，除做好日常的采购降成本工作外，还以项目化形式推进降成本项目，并持续推进绿色采购。2016 年，原料采购中心供应宝钢股份原燃料 7 988.50 万吨，金额 406 亿元。为宝钢集团（除宝钢股份外）其他子公司协同采购原燃料 1 105.41 万吨，金额 52.39 亿元。完成远洋运输量 5 076 万吨，完成配送量 7 106 万吨。

表 2-3-1 1998—2016 年宝钢股份(宝山钢铁)主要装备情况表

<table>
<tr><th rowspan="2">厂部名称</th><th rowspan="2">设备名称</th><th rowspan="2" colspan="3">型号、规格及主要参数</th><th colspan="2">生产能力</th><th rowspan="2">投产日期</th><th rowspan="2">备注</th></tr>
<tr><th>单位</th><th>设计值</th></tr>
<tr><td rowspan="14">炼铁厂</td><td>一号烧结机</td><td rowspan="4">烧结面积(平方米)</td><td>450</td><td>鲁尔基型</td><td rowspan="14">万吨/年</td><td>497.50</td><td>1985 年 9 月</td><td></td></tr>
<tr><td>二号烧结机</td><td>450</td><td>鲁尔基型</td><td>497.50</td><td>1991 年 5 月</td><td>2016 年 12 月停机改造</td></tr>
<tr><td>三号烧结机</td><td>660</td><td>鲁尔基型</td><td>733</td><td>2016 年 10 月</td><td>1998 年 3 月投产,2014 年 6 月停机改造,2016 年 10 月投产</td></tr>
<tr><td>四号烧结机</td><td>600</td><td>鲁尔基型</td><td>667</td><td>2013 年 11 月</td><td></td></tr>
<tr><td>一号焦炉</td><td rowspan="7">碳化室高(米)×孔数</td><td>7×100</td><td>JNX2-70-1,脱硝效率≥80%,脱硫效率≥85%</td><td>123.50</td><td>2015 年 5 月</td><td>2013 年 4 月停机改造</td></tr>
<tr><td>二号焦炉</td><td>7×100</td><td>JNX2-70-1,脱硝效率≥80%,脱硫效率≥85%</td><td>123.50</td><td>2015 年 5 月</td><td>2013 年 4 月停机改造</td></tr>
<tr><td>三号焦炉</td><td>6×100</td><td>JNX60-87 型</td><td>85.50</td><td>1991 年 5 月</td><td rowspan="2">2015 年 9 月停产</td></tr>
<tr><td>四号焦炉</td><td>6×100</td><td>JNX60-87 型</td><td>85.50</td><td>1991 年 5 月</td></tr>
<tr><td>五号焦炉</td><td>6×100</td><td>JNX60-2</td><td>85.50</td><td>1998 年 12 月</td><td></td></tr>
<tr><td>六号焦炉</td><td>6×100</td><td>JNX60-2</td><td>85.50</td><td>1998 年 12 月</td><td></td></tr>
<tr><td>七号焦炉</td><td>7×110</td><td>JNX70-3</td><td>135</td><td>2012 年 6 月</td><td></td></tr>
<tr><td rowspan="3">一号高炉</td><td>冶炼容积(立方米)</td><td colspan="2">4 966</td><td rowspan="3">398.70</td><td rowspan="3">2009 年 2 月</td><td rowspan="3">1985 年 9 月投产,1996 年 4 月第一次停产大修后于 1997 年 5 月投产,2008 年 9 月第二次停产大修,2009 年 2 月投产</td></tr>
<tr><td>加料方式</td><td colspan="2">无料钟并罐式</td></tr>
<tr><td>炉顶设计压力(兆帕)</td><td colspan="2">0.30</td></tr>
</table>

〔续表〕

厂部名称	设备名称		型号、规格及主要参数			生产能力		投产日期	备注
						单位	设计值		
炼铁厂	二号高炉		冶炼容积(立方米)	4 706		万吨/年	387	2006年12月	1991年6月投产，2006年9月第一次停产，2006年12月投产
			加料方式	无料钟串罐式					
			炉顶设计压力(兆帕)	0.30					
	三号高炉		冶炼容积(立方米)	4 850			398.30	2013年11月	1994年9月投产，2013年9月第一次停产大修，2013年11月投产
			加料方式	无料钟串罐式					
			炉顶设计压力(兆帕)	0.30					
	四号高炉		冶炼容积(立方米)	4 747			389.80	2014年11月	2005年4月投产，2014年9月第一次停产大修，2014年11月投产
			加料方式	无料钟串罐式					
			炉顶设计压力(兆帕)	0.30					
	一号铸铁机		双锤式 Q=300吨/小时	斜长75.68米		吨/小时	300	1985年9月	
	二号铸铁机		双锤式 Q=300吨/小时	斜长75.68米			300	1985年9月	
炼钢厂	一炼钢	一号转炉	顶底复合吹炼系统，最大供氧量8 000标准立方米/小时，配置脱硫与排渣装置炉外精炼	公称容量(吨)	300	万吨/年	671	1985年9月	
		二号转炉			300			1985年9月	
		三号转炉			300			1985年9月	
	二炼钢	四号转炉	顶底复吹，KGC底吹，气动挡渣塞，配置脱硫脱磷铁水预处理及排渣装置及炉外精炼	公称容量(吨)	250		685	1998年4月	
		五号转炉			250			1998年4月	
		六号转炉			250			2006年12月	

〔续表〕

厂部名称	设备名称	型号、规格及主要参数			生产能力		投产日期	备注
					单位	设计值		
炼钢厂	一号混铁车脱硫		公称容量(吨)	275	万吨/年	231	1985年9月	
	二号混铁车脱硫			275		231	1985年9月	
	三号混铁车脱硫			275		103.50	1998年4月	
	四号混铁车脱硫			275		103.50	1998年4月	
	五号混铁车脱硫			275		263	2006年12月	
	一炼钢一号铁水包喷吹脱硫			300		300	2005年	
	一炼钢二号铁水包喷吹脱硫			300		300	2005年	
	二炼钢一号铁水包喷吹脱硫			250		487	2014年10月	
	二炼钢二号铁水包搅拌脱硫			250			2015年2月	
	二炼钢三号铁水包搅拌脱硫			250			2015年3月	
	一号RH真空精炼炉			300		200	1985年9月	
	二号RH真空精炼炉			300		200	1989年12月	
	四号RH真空精炼炉			300		200	2008年7月	
	一号LF钢包精炼炉			300		150	1989年12月	
	二号LF钢包精炼炉			300		150	2008年7月	
	钢包密封吹氩升温装置(CAS-OB)			300		100	1989年12月	
	三号RH真空精炼炉			250		200	1998年4月	
	五号RH真空精炼炉			250		265	2006年12月	
	六号RH真空精炼炉			250		180	2013年10月	
	三号LF钢包精炼炉			250		150	1998年4月	
	喷射精炼升温装置(IR/UT)			250		150	1998年4月	

〔续表〕

厂部名称	设备名称	型号、规格及主要参数			生产能力		投产日期	备注
					单位	设计值		
炼钢厂	1930 毫米板坯连铸机	立弯式多点矫直机型，二机四流，结晶器宽度在线可调、漏钢预报及液面自动控制功能，具有电磁搅拌(EMS)功能，采用压缩铸造(CPC)技术，具有辊缝自动检测及大包下渣检测装置	坯厚×坯宽(毫米)	250×1 930	万吨/年	200	1989 年 12 月	2015 年 11 月改造
			平均浇铸速度(米/分钟)	1.19				
			坯厚×坯宽(毫米)	250×1 930		200	1989 年 12 月	2005 年 6 月改造
			平均浇铸速度(米/分钟)	1.19				
	1450 毫米双流板坯连铸机	直结晶器弧形(立弯式)多点矫直机型，双机双流，结晶器具有在浇铸过程中调宽、漏钢预报及液面自动控制与高拉速功能，具有多功能辊缝测量及大包下渣检测装置	坯厚×坯宽(毫米)	230×1 450		144	1998 年 4 月	2013 年 11 月改造
			平均浇铸速度(米/分钟)	1.25				
			坯厚×坯宽(毫米)	230×1 450		144	1998 年 4 月	
			平均浇铸速度(米/分钟)	1.25				
	2300 毫米厚板连铸机	立弯式多点矫直机型，一机二流，结晶器宽度在线可调、漏钢	坯厚×坯宽(毫米)	(220、250、3 000)×2 300		230	2004 年 12 月	

〔续表〕

厂部名称	设备名称	型号、规格及主要参数			生产能力		投产日期	备注
					单位	设计值		
炼钢厂	2300毫米厚板连铸机	预报及液面自动控制功能，采用轻压下技术，具有辊缝自动检测及大包下渣检测装置	平均浇铸速度（米/分钟）	1.12	万吨/年	230	2004年12月	
	1750板坯连铸机	立弯式多点矫直机型，一机二流，结晶器宽度在线可调、漏钢预报及液面自动控制功能，具有电磁搅拌（EMS）功能，具有辊缝自动检测及大包下渣检测装置	坯厚×坯宽（毫米）	230×1 750		280	2006年12月	
			平均浇铸速度（米/分钟）	1.14				
	一号回转窑	窑体直径（米）×长度（米）	3.36×69.925		吨/天	600	1985年8月	2014年2月停产
	二号回转窑		3.36×69.925			600	1985年1月	2012年5月停产
	三号回转窑		3.36×69.925			600	1990年12月	2013年10月停产
	悬浮窑					350	1991年7月	2013年11月拆除
	四号回转窑	窑体直径（米）×长度（米）	3.96×59.44			600	1998年3月	
	五号回转窑		4.88×70			1 000	2006年2月	

〔续表〕

厂部名称	设备名称		型号、规格及主要参数		生产能力		投产日期	备注
					单位	设计值		
热轧厂	2050热轧	加热炉	炉长（米）×炉宽（米）	57×12.6	万吨/年	400	1989年8月	
			加热能力（吨/小时）	350				
			出炉温度(℃)	1 223				
		定宽机	电机功率(千瓦)	4 400				
			最大侧压量(毫米)	350				
		粗轧机（四架带立辊，平辊辊式）	工作辊辊长(毫米)×辊径(毫米)	2 050×1 350(R1)、2 050×1 200(R2、R3、R4)				
			电机功率(千瓦)	3 000(E1)、2×600(E2)、2×380(E3、E4)、2×2 850(R1)、2×9 500(R2)、9 000(R3、R4)				
		精轧机（七架四辊，CVC辊式）	工作辊辊长(毫米)×辊径(毫米)	F1－F3：直径850/765×2 250 F4－F7：直径760/685×2 250				
			轧制力(吨)	4 500(F1－F3)、4 000(F4－F7)				
		卷取机（踏步控制，全液压三助卷辊式）	电机功率(千瓦)	850(1号)、1 200(2号、3号)				
	1580热轧	加热炉	炉长（米）×炉宽（米）	42.30×12.94	万吨/年	279	1996年12月	
			加热能力（吨/小时）	250				
			出炉温度(℃)	1 250				

〔续表〕

厂部名称	设备名称		型号、规格及主要参数		生产能力		投产日期	备注
					单位	设计值		
热轧厂	1580 热轧	定宽机	电机功率(千瓦)	3 400	万吨/年	279	1996 年 12 月	
			最大侧压量(毫米)	350				
		粗轧机(二架附着立辊(液压自动宽度控制系统),平辊辊式)	工作辊辊长(毫米)×辊径(毫米)	1 580×1 350(R1)、1 580×1 160(R2)				
			电机功率(千瓦)	2×700(E1)、2×900(E2)、2×3 500(R1)、2×6 000(R2)				
		精轧机(七机架四辊式,F1－F4 无间隙 PC 轧机、F5－7 工作辊窜辊轧机,全液压压下)	工作辊辊长(毫米)×辊径(毫米)	F1－3：1 580×直径 825/735 F4－7：1 880×直径 655/575				
			轧制力(吨)	4 000(F1－F3)、3 400(F4－F7)				
		2 台全液压地下卷取机(摆动三助卷辊液压动作式)	电机功率(千瓦)	2×440(1 号、2 号)				
	1880 热轧	加热炉	炉长(米)×炉宽(米)	40.75×11.96(1 号炉)、40.75×11.70(2～4 号炉)	万吨/年	370	2007 年 3 月	
			加热能力(吨/小时)	330				
			出炉温度(℃)	1 420(1 号炉)、1 250(2 号～4 号炉)				
		定宽机	电机功率(千瓦)	3 300				
			最大侧压量(毫米)	350				

〔续表〕

<table>
<tr><th rowspan="2">厂部名称</th><th colspan="2" rowspan="2">设　备　名　称</th><th colspan="2" rowspan="2">型号、规格及主要参数</th><th colspan="2">生产能力</th><th rowspan="2">投产日期</th><th rowspan="2">备　注</th></tr>
<tr><th>单位</th><th>设计值</th></tr>
<tr><td rowspan="9">热轧厂</td><td rowspan="9">1880 热轧</td><td rowspan="3">粗轧机（两辊不可逆 R1 和带立辊轧机的四辊可逆轧机 E2/R2）</td><td>辊长（毫米）×辊径（毫米）</td><td>R1：1 880×直径 1 350/直径 1 200
E2：440×直径 1 200/直径 1 100
R2：1 880×直径 1 250/直径 1 100
R2 支承辊：直径 1 600/直径 1 450</td><td rowspan="9">万吨/年</td><td rowspan="9">370</td><td rowspan="9">2007 年 3 月</td><td rowspan="9"></td></tr>
<tr><td>轧制力（吨）</td><td>R1：3 200
E2：700
R2：5 000</td></tr>
<tr><td>电机功率（千瓦）</td><td>R1：2×2 500,20/40
E2：2×1 200,320/680
R2：2×9 000,50/100</td></tr>
<tr><td rowspan="5">精轧机（F1－4 无间隙 PC 轧机、F5－7 工作辊窜辊轧机）</td><td>工作辊（毫米）</td><td>F1－F4：1 880×直径 835/直径 735
F5－F7：2 280×直径 695/直径 605</td></tr>
<tr><td>支承辊（毫米）</td><td>F1－3：直径 1 600/1 450×1 860
F4－7：直径 1 600/1 450×1 860</td></tr>
<tr><td>电机功率（千瓦）</td><td>F1－F5：1×AC10 000,155/460
F6－F7：1×9 000,210/620</td></tr>
<tr><td>轧制力（吨）</td><td>5 000（F1－F4）、4 000（F5－F7）</td></tr>
<tr><td></td><td></td></tr>
<tr><td>2 台全液压地下卷取机</td><td>电机功率（千瓦）</td><td>1－AC1100,330/1 100</td></tr>
<tr><td rowspan="3">厚板厂</td><td colspan="2" rowspan="3">粗轧机（四辊可逆带立辊辊式（具有自动宽度控制系统），配置自动厚度控制系统）</td><td>工作辊直径（毫米）</td><td>5 100×1 240</td><td rowspan="3">万吨/年</td><td rowspan="3">180</td><td rowspan="3">2008 年 12 月</td><td rowspan="3"></td></tr>
<tr><td>电机功率（千瓦）</td><td>8 000</td></tr>
<tr><td>一般工作轧制力（千牛）</td><td>100 000</td></tr>
</table>

〔续表〕

<table>
<tr><th rowspan="2">厂部名称</th><th rowspan="2" colspan="2">设　备　名　称</th><th rowspan="2" colspan="3">型号、规格及主要参数</th><th colspan="2">生产能力</th><th rowspan="2">投产日期</th><th rowspan="2">备　注</th></tr>
<tr><th>单位</th><th>设计值</th></tr>
<tr><td rowspan="7">厚板厂</td><td colspan="2" rowspan="2">精轧机（四辊可逆 CVC＋辊式配置 AGC）</td><td>工作辊直径（毫米）</td><td colspan="2">5 300×1 210</td><td rowspan="7">万吨/年</td><td rowspan="2">180</td><td rowspan="2">2008 年 12 月</td><td rowspan="2"></td></tr>
<tr><td>工作轧制力（千牛）</td><td colspan="2">100 000</td></tr>
<tr><td colspan="2" rowspan="3">加热炉</td><td>炉长（毫米）×炉宽（毫米）</td><td colspan="2">51 900×10 700</td><td rowspan="3">180</td><td rowspan="3">2005 年 3 月</td><td rowspan="3"></td></tr>
<tr><td>加热能力（吨/小时）</td><td colspan="2">265</td></tr>
<tr><td>出炉温度（℃）</td><td colspan="2">950～1 250</td></tr>
<tr><td colspan="2">热矫直机（四重式可逆型，具备矫直辊缝自动控制）</td><td>工作辊直径（毫米）</td><td colspan="2">5 200×360</td><td>180</td><td>2005 年 3 月</td><td></td></tr>
<tr><td colspan="2">剪切线</td><td>剪刃长度（毫米）</td><td colspan="2">5 200</td><td>140</td><td>2005 年 3 月</td><td></td></tr>
<tr><td rowspan="7">冷轧厂</td><td rowspan="3">1420 产线</td><td rowspan="2">酸轧机组（C202）</td><td rowspan="2">串列式五机架，1～3 号机架四辊工作辊 CVC 控制，4～5 号机架六辊中间辊 CVC 控制</td><td>工作辊长度（毫米）</td><td>1 510（1 号～3 号机架）～1 350（4 号～5 号机架）</td><td rowspan="3">万吨/年</td><td rowspan="2">72.28</td><td rowspan="2">1998 年 1 月</td><td rowspan="2"></td></tr>
<tr><td>机组速度</td><td>1 600 米/分钟</td></tr>
<tr><td>热镀锌机组（C208）</td><td>无铅零锌花（GI、GA），平整机，湿式四辊</td><td>锌层厚度（克/平方米）</td><td>（纯锌）45～140</td><td>35</td><td>2000 年 7 月</td><td>合金化为：30～75 克/平方米（单面镀）</td></tr>
<tr><td rowspan="4">1550 产线</td><td rowspan="4">连退机组（C312）</td><td rowspan="4">连续退火处理平整机，单机架四辊 VC</td><td>带宽×厚（毫米）</td><td>厚度：0.30～1.60，宽度：700～1 430</td><td rowspan="4">万吨/年</td><td rowspan="4">70.30</td><td rowspan="4">2000 年 6 月</td><td rowspan="4"></td></tr>
<tr><td>机组速度</td><td>420 米/分钟（最大量）</td></tr>
<tr><td>炉子最大能力（吨/小时）</td><td>180</td></tr>
<tr><td>退火温度（℃）</td><td>620～870</td></tr>
</table>

〔续表〕

厂部名称	设备名称			型号、规格及主要参数		生产能力		投产日期	备注
						单位	设计值		
冷轧厂	1550产线	热镀锌机组(C308)	镀铝锌产品GL(Al 55%),平整机,湿式四辊	锌层厚度(克/平方米)	厚度:0.19～1.30,宽度:700～1 250毫米	万吨/年	20	2004年6月	镀铝锌产品
		电镀锌机组(C211)	电镀锌机组(钝化、磷化、予磷化、涂油)		厚度:0.30～2.00,宽度:800～1 850毫米;单面镀10～110;双面镀3～90(每面);差厚镀40(最大差)		30	2000年6月	立式镀槽
		二号彩板机组(C209)	主要彩涂品种(聚酯、硅改性聚酯、氟碳、高耐侯聚酯、功能性涂料)用于建筑和家电	锌层厚度(克/平方米)	厚度0.30～1.00,宽度700～1 250毫米		17.60	2002年5月	
		三号彩板机组(C309)			厚度0.20～0.80,宽度700～1 250毫米		15	2004年6月	
		一号、二号重卷机组(C271\C272)	1 630毫米	带宽×厚(毫米)	(700～1 630)×(0.30～2.30)		30	2008年6月	
				机组速度	300米/分钟(最大量)				
	1730产线	酸轧机组(C502)	串列式、五机架、全六辊CVCPLUS	工作辊长度(毫米)	1 730	万吨/年	175	2008年3月	
				机组速度	酸洗260米/分钟(最大量)				
					轧机1 450米/分钟(最大量)				
		连续退火机组(C512)	连续退火处理平整机,单机架六辊CVC	带宽×厚(毫米)	(700～1 630)×(0.30～2.30)		70	2008年6月	
				机组速度	440米/分钟(最大量)				

〔续表〕

厂部名称	设备名称		型号、规格及主要参数			生产能力		投产日期	备注
						单位	设计值		
冷轧厂	1730 产线	连续退火机组(C512)	连续退火处理平整机，单机架六辊 CVC	炉子最大能力(吨/小时)	175	万吨/年	70	2008 年 6 月	
				退火温度(℃)	<850				
		一号、二号热镀锌机组(C608/C708)	无铅零锌花(GI)，平整机，湿式四辊	锌层厚度(克/平方米)	65～140(单面)		38	1988 年	
					60～450(双面)		70	2008 年 9 月(一号机组)，2008 年 6 月(二号机组)	
					30～150(单面)				
				机组速度	180 米/分钟(最大量)				
		一号、二号重卷机组(C471/C472)	1 630 毫米	带宽×厚(毫米)	(700～1 630)×(0.30～2.30)		30	2008 年 6 月	
				机组速度	300 米/分钟(最大量)				
	2030 产线	酸洗机组(C101)	厚度：1.80～6.00 毫米，宽度：900～1 850 毫米	带宽×厚(毫米)	厚度：1.80～6.00，宽度：900～1 850	万吨/年	220	1988 年 9 月	
				机组速度	360 米/分钟				
		连轧机组(C102)	前 4 架普通四辊末架 CVC4 或 DSR	工作辊身长度(毫米)	2 030		210	1988 年 9 月	
				机组速度	1 700 米/分钟				
		新酸洗机组(C401)	厚度：1.50～6.00 毫米，宽度：830～1 650 毫米	带宽×厚(毫米)	厚度：1.50～6.00，宽度：830～1 650		75	1998 年 1 月	
				机组速度	140 米/分钟				
		新增单机架(C602)	1 550 毫米 18 辊可逆式	工作辊身长度(毫米)	1 500		30	2015 年 8 月	
				电机功率(千瓦)	5 000(1 台)				

〔续表〕

厂部名称	设备名称		型号、规格及主要参数			生产能力 单位	生产能力 设计值	投产日期	备注
冷轧厂	2030产线	连续退火机组(C112)	连续退火处理平整机，单机架四辊	带宽×厚(毫米)	(900～1 600)×(0.50～2.00)	万吨/年	60	1988年	
				机组速度	250米/分钟(最大量)				
				炉子最大能力(吨/小时)	65				
				退火温度(℃)	750～850				
		新增连续退火机组(C612)	连续退火处理平整机，单机架六辊UCM	带宽×厚(毫米)	(900～1 630)×(0.50～2.00)		86	2009年12月	
				机组速度	420米/分钟(最大量)				
				炉子最大能力(吨/小时)	112				
				退火温度(℃)	<870				
		热镀锌机组(C108)	1 800毫米	锌层厚度(克/平方米)	65～140(单面)		38	1988年	
		电镀锌机组(C111)	电镀锌机组(钝化、磷化、耐指纹、自润滑、涂油)		厚度：0.50～2.00，宽度：900～1 500毫米		15	1989年1月	水平镀槽
		新增电镀锌机组(C311)	电镀锌机组(钝化、磷化、耐指纹、自润滑、涂油)		厚度：0.30～1.60，宽度：700～1 400毫米		30	2008年8月	立式镀槽
		一号彩板机组(C109)	1 550毫米		厚度0.30～2.00，宽度900～1 550毫米		22.70	1988年	

〔续表〕

厂部名称	设备名称		型号、规格及主要参数			生产能力		投产日期	备注
						单位	设计值		
冷轧厂	2030产线	罩式炉(C103)	直径 3 970×高 6 060 毫米	直径 3 970×高 6 060 毫米	250×490 型	万吨/年	139.10	1988 年	1996 年 6 月—1998 年 5 月分批改造
			直径 3 610×高 5 884 毫米	直径 3 610×高 5 884 毫米	205×490 型				
		平整机(C104)	(550～615)×2 030 毫米	辊径×辊长(毫米)	(550～615)×2 030		135.10	1988 年	
				机组速度	1 700 米/分钟				
				钢卷规格	0.35～3.50—900～1 850 毫米				
		一号横切机组(C151)	1 500 毫米	带宽×厚×长(毫米)	(900～1 500)×(0.30～2.00)×(1 000～4 000)		28.70	1988 年	
		二号横切机组(C152)					31.10	1988 年	
		四号横切机组(C154)					32.80	1988 年	
		五号横切机组(C155)					16.30	1988 年	
		一号纵切机组(C161)	1 850 毫米	最大纵切能力	0.30 毫米≤厚度≤3.50 毫米、900 毫米≤宽度≤1 850 毫米		18	1988 年	
		二号纵切机组(C162)	1 850 毫米				26	1988 年	
		一号重卷机组(C171)	1 850 毫米	带宽×厚(毫米)	(800～1 850)×(0.60～2.00)		15	1988 年	
		二号重卷机组(C172)	1 850 毫米		(900～1 850)×(1.50～3.50)		30	1988 年	

〔续表〕

厂部名称	设备名称		型号、规格及主要参数			生产能力		投产日期	备注
						单位	设计值		
冷轧厂	2030产线	一号重卷机组(C173)	1 630毫米	带宽×厚(毫米)	(700～1 630)×(0.30～2.00)	万吨/年	15	1988年	
		一号重卷机组(C175)	1 630毫米		(700～1 630)×(0.30～2.00)		15	2009年12月	
		二号重卷机组(C176)	1 850毫米		(800～1 850)×(0.50～2.00)		15	2009年12月	
硅钢部	常化退火机组		无取向连续退火及表面抛丸处理	—		万吨/年	24.25	2007年5月	
	1550产线	连轧机组	五机架六辊轧机，工作辊＋中间辊窜动	—			140	2000年6月	
		三号硅钢机组	无取向退火三辊涂层机组	—			23.80	2005年7月	
		四号硅钢机组	无取向退火三辊涂层机组	—			21.90	2008年3月	
		五号硅钢机组	无取向退火三辊涂层机组	—			21.40	2013年5月	
	常化酸洗机组		连续退火及表面抛丸酸洗	—			23	2008年4月	
	一号、二号单机架		20辊可逆轧机	—			18.96	2008年4月(一号机架)，2008年6月(二号机架)	
	三号单机架		20辊可逆轧机	—			9.40	2011年12月	

〔续表〕

厂部名称	设备名称	型号、规格及主要参数		生产能力		投产日期	备注
				单位	设计值		
硅钢部	四号、五号单机架	20辊可逆轧机	—	万吨/年	18.96	2012年10月（四号机架），2012年12月（五号机架）	
	轧后准备机组	轧后拼焊	—		26.30	2008年4月	
	轧前准备机组	轧前拼焊	—		40	2011年9月	
	一号脱碳退火机组	低温脱碳退火、氧化镁涂层	—		15.50	2008月4月	产品结构调整
	二号脱碳退火机组	低温脱碳退火、氧化镁涂层	—		9	2008年6月	产品结构调整
	三号脱碳退火机组	低温脱碳退火、氧化镁涂层	—		9	2013年1月	产品结构调整
	四号脱碳退火机组	低温脱碳退火、氧化镁涂层	—		9	2013年7月	
	一号高温环形炉	50工位100垛高温环形炉	—		10	2008年6月	
	二号高温环形炉	60工位120垛高温环形炉	—		12	2011年7月	
	三号高温环形炉	60工位120垛高温环形炉	—		13	2013年4月	
	高温罩式炉	带宽×厚(毫米)	—		1.50	2008年4月	
		炉子最大能力(吨/小时)	—				

〔续表〕

厂部名称	设备名称		型号、规格及主要参数			生产能力 单位	生产能力 设计值	投产日期	备注
硅钢部	一号热拉伸平整机		连续退火拉伸平整	—		万吨/年	10.40	2008年4月	
	二号热拉伸平整机		连续退火拉伸平整	—			10.60	2011年9月	
	三号热拉伸平整机		连续退火拉伸平整	—			10.60	2013年5月	
	无取向硅钢重卷机组		—				25	2008年3月	
	取向硅钢纵切机组(171)		—				7.40	2008月4月	
	取向硅钢纵切机组(172)		—				7.40	2011年4月	
	取向硅钢纵切机组(173)		—				7.10	2013年3月	
	取向硅钢纵切机组(174)		—				7.50	2012年6月	
	取向硅钢纵切机组(175)		—				8	2012年2月	
	无取向硅钢重卷机组(Q163)		—				23.40	2005年7月	
	无取向硅钢重卷机组(Q164)		—				21.90	2008年3月	
	无取向硅钢重卷机组(Q165)		—				21.40	2013年8月	
镀锡板厂	1220产线	连轧机组	五机架四辊连续式轧机	工作辊身长度(毫米)	1 220	万吨/年	77	2001年1月	
				机组速度	1 800米/分钟(最大量)				
		EBNER罩式炉	型式	全氢式罩式退火炉HOG180/440ST-H2			38	1991年3月	
			带宽×厚(毫米)	(710～1 050)×(0.18～0.80)					
			炉子最大能力(吨/小时)	60吨/炉					
		LOI罩式炉	型式	全氢式罩式退火炉			8	2001年12月	
			带宽×厚(毫米)	(710～1 050)×(0.18～0.80)					
			炉子最大能力(吨/小时)	60吨/炉					

〔续表〕

厂部名称	设备名称		型号、规格及主要参数			生产能力		投产日期	备注
						单位	设计值		
镀锡板厂	1220 产线	电镀锡机组	可溶性阳极，弗洛斯坦型	弗洛斯坦酸性镀锡 ITAM		万吨/年	10	1997 年 1 月	2005 年 11 月设备改造，12 月投产
		平整机	双机架六辊 UCM 轧机	工作辊径(毫米)	460×1 200		50	1991 年 3 月	
				机组速度	1 500 米/分钟(最大量)				
		二次冷轧兼平整机机组	双机架六辊 UCM 轧机	长度(毫米)	(340～460)×1 200		25	2004 年 12 月	
		冷轧板横切机组		定剪式	BR－4E		11	1991 年 3 月	2014 年拆除
		镀锡板横切机组	定剪式				12	1997 年 1 月	
		纵切重卷机组	配置圆盘剪、拉矫机、板形辊、涂油机				12	2005 年 12 月	
	新增酸洗机组		卧式浅槽紊流式	带宽×厚(毫米)	(550～1 100)×(1.50～4.00)	万吨/年	100	2009 年 4 月	
				机组速度	200 米/分钟(最大量)				
	二号电镀锡机组		不溶性阳极系统和传统弗罗斯坦法 PSA 镀锡工艺	带宽×厚(毫米)	(700～1 050)×(0.10～0.50)		20	2007 年 1 月	
				机组速度	500 米/分钟(最大量)				
	电镀铬机组		二步法，氟氮系列(含 NH_4F)	带宽×厚(毫米)	(700～1 050)×(0.10～0.50)		20	2007 年 9 月	
				机组速度	450 米/分钟(最大量)				
	连续退火机组		连续退火处理，双机架四辊干式平整	带宽×厚(毫米)	(700～1 050)×(0.15～0.50)		42.50	2007 年 9 月	
				机组速度	800 米/分钟(最大量)				

〔续表〕

厂部名称	设备名称		型号、规格及主要参数			生产能力		投产日期	备注
						单位	设计值		
镀锡板厂	1420产线	连续退火机组	连续退火处理，双机架六辊式平整机	带宽×厚(毫米)	(700～1 230)×(0.17～0.55)	万吨/年	42.97	1998年	
				机组速度	880米/分钟(最大量)				
				退火温度(℃)	620～740				
		一号电镀锡机组	弗洛斯坦不溶性阳极，工艺段速度最大量480米/分钟	锡层厚度(克/平方米)	2.50～5.60		20	1998年	带拉矫机
		二号电镀锡机组					20	1998年	
	C250机组		美国LITTELL公司整体引进，最大切剪速度250SPM(最大量)	带宽×厚(毫米)	(500～1 250)×(0.18～0.55)	万吨/年	36	1998年3月	
				机组速度	250SPM(最大量)				
电厂	0号机组		150兆瓦级单烧低热值高炉煤气的燃气蒸汽联合循环热电机组，横置单缸、一级抽汽凝汽式汽轮机，60 500千瓦，转速3 000转/分钟，开放循环单轴重型燃气轮机，GT11N2Lbtu，转速3 600转/分钟，144兆瓦，川崎-VOGT型G/T余热自然三段压力复合锅炉，主蒸汽额定压力6.276兆帕，温度513℃			兆瓦	149.70	1996年12月	
	一号机组		350兆瓦燃煤发电机组。型号TC2F-33.5单轴双缸双排汽抽汽再热凝汽式蒸汽轮机。额定出力350兆瓦，转速3 000转/分钟，主蒸汽额定压力170公斤/平方厘米绝压，温度538℃，亚临界压力一次再热强制循环汽包锅炉				350	1982年4月	
	二号机组		350兆瓦燃煤发电机组。型号TC2F-33.5单轴双缸双排汽抽汽再热凝汽式蒸汽轮机。额定出力35兆瓦，转速3 000转/分钟，主蒸汽额定压力170公斤/平方厘米绝压，温度538℃，亚临界压力一次再热强制循环汽包锅炉				350	1983年3月	

〔续表〕

厂部名称	设备名称	型号、规格及主要参数		生产能力		投产日期	备注
				单位	设计值		
电厂	三号机组	350 兆瓦燃煤发电机组。型号 TC2F－35.40 单轴双缸双排汽中间再热凝汽式蒸汽轮机。额定出力 35 兆瓦，转速 3 000 转/分钟，主蒸汽额定压力 16.66 兆帕，温度 538℃，亚临界压力一次再热强制循环汽包锅炉		兆瓦	350	1998 年 11 月	
	四号机组	350 兆瓦燃气发电机组，Siemens（西门子）SST5－5 000，亚临界单轴双缸双排汽中间再热反动式凝汽轮机，转速 3 000 转/分钟，主蒸汽额定压力 18.23 兆帕，温度 571℃亚临界参数变压运行直流锅炉，单炉膛、左右墙对冲燃烧、一次再热、微正压强制通风、露天布置、全悬吊结构塔式锅炉			350	2008 年 3 月	
运输部	18U1 卸船机（原料）	单悬臂式，起重量（含抓斗重量）48 吨，跨度 30 米，最大外伸距 42 米	1 800	吨/小时	1 800	2012 年 1 月	
	18U2 卸船机（原料）		1 800		1 800	2012 年 1 月	
	12U1 卸船机（原料）	单悬臂式，起重量（含抓斗重量）35 吨，跨度 22 米，最大外伸距 25 米	1 200		1 200	2012 年 10 月	
	12U2 卸船机（原料）		1 200		1 200	2012 年 10 月	
	18U4 卸船机（原料）	单悬臂式，起重量（含抓斗重量）51.40 吨，跨度 30 米，最大外伸距 37 米	1 800		1 800	1994 年 5 月	
	12U3 卸船机（原料）	单悬臂式，起重量（含抓斗重量）32 吨，跨度 30 米，最大外伸距 30 米	1 200		1 200	1998 年 6 月	
	12U4 卸船机（原料）		1 200		1 200	1998 年 6 月	

〔续表〕

厂部名称	设备名称	型号、规格及主要参数		生产能力		投产日期	备注
				单位	设计值		
运输部	18U5 卸船机(原料)	单悬臂式,起重量(含抓斗重量)45 吨,跨度 30 米,最大外伸距 30 米	1 800	吨/小时	1 800	1998 年 6 月	
	18U6 卸船机(原料)		1 800		1 800	1998 年 6 月	
	18U7 卸船机(原料)		1 800		1 800	2005 年 5 月	
	3600 连续式卸船机(原料)	臂架长度 53 米,链斗数量 65 只,跨度 30 米,料筒高度 29.02 米	3 600		3 600	2010 年 1 月	
	一号卸船机(马迹山)	单悬臂式,起重量(含抓斗重量)55 吨,跨度 30 米,最大外伸距 45 米	2 250		2 250	2001 年 1 月	
	二号卸船机(马迹山)		2 250		2 250	2001 年 1 月	
	三号卸船机(马迹山港)	单悬臂式,起重量(含抓斗重量)63 吨,跨度 30 米,最大外伸距 48 米	2 500		2 500	2007 年 9 月	
	四号卸船机(马迹山港)		2 500		2 500	2007 年 9 月	
	五号卸船机(马迹山港)		2 500		2 500	2007 年 9 月	
	一号装船机(马迹山港)	单悬臂式,轨距 12 米,最大外伸距 28.50 米	4 500		4 500	2001 年 1 月	
	二号装船机(马迹山港)	单悬臂式,轨距 12 米,最大外伸距 29.25 米	5 000		5 000	2007 年 9 月	
	三号装船机(马迹山港)		5 000		5 000	2007 年 9 月	

〔续表〕

厂部名称	设备名称	型号、规格及主要参数		生产能力		投产日期	备注
				单位	设计值		
能环部	一号制氧机	制氧能力（立方米/小时）	30 000	标准立方米/小时	30 000	1985 年 4 月	
	二号制氧机		30 000	标准立方米/小时	30 000	1985 年 8 月	
	三号制氧机		30 000	标准立方米/小时	30 000	1986 年 12 月	
	四号制氧机		30 000	标准立方米/小时	30 000	1992 年 4 月	
	六号制氧机		60 000	标准立方米/小时	60 000	1999 年	
	七号制氧机		60 000	标准立方米/小时	60 000	2007 年 2 月	
	八号制氧机		60 000	标准立方米/小时	60 000	2008 年 9 月	

〔续表〕

厂部名称	设备名称		型号、规格及主要参数			生产能力		投产日期	备注
						单位	设计值		
宝日汽车板公司	1800 产线	酸轧机组(C402)	五机架六辊连续式轧机	工作辊身长度(毫米)	1 850	万吨/年	220	2004 年 11 月	
				机组速度	1 500 米/分钟(最大量)				
		连续退火机组(C412)	连续退火处理平整机,单机架四辊 VC	带宽×厚(毫米)	(800～1 850)×(0.45～2.00)		94.05	2005 年 2 月 27 日	
				机组速度	485 米/分钟(最大量)				
			炉子最大能力(吨/小时)	214.10	立式辐射管加热				
		一号热镀锌机组(C408)	无铅零锌花(GI、GA),平整机,湿式四辊	锌锅熔锌量(吨)	350		45.43	2005 年 3 月 30 日	
			机组速度	170 米/分钟(最大量)					
		二号热镀锌机组(C508)	无铅零锌花(GI),平整机,湿式四辊	锌锅熔锌量(吨)	230		35.14	2005 年 6 月 28 日	
			机组速度	180 米/分钟(最大量)					
		三号热镀锌机组(C808)	无铅零锌花(GA),平整机,湿式四辊	锌锅熔锌量(吨)	350		45	2010 年 2 月 1 日	
			机组速度	150 米/分钟(最大量)					
		四号热镀锌机组(CA08)	无铅零锌花(GA),平整机,湿式四辊	锌锅熔锌量(吨)	350		42	2015 年 9 月 15 日	
			机组速度	150 米/分钟(最大量)					

〔续表〕

厂部名称	设备名称		型号、规格及主要参数			生产能力		投产日期	备注
						单位	设计值		
宝日汽车板公司	1800产线	横切机组	1 850毫米	剪板长度（毫米）	1 000～3 000	万吨/年	12	2005年7月8日	
		一号重卷检查机组	1 730毫米	带钢厚×宽（毫米）	0.35～1.30×800～1 850		14	2005年3月31日	
		二号重卷检查机组	1 850毫米	带钢厚×宽（毫米）	0.45～2.00×800～1 850		14.50	2005年6月6日	
		重卷剖分检查机组	1 730毫米	带钢厚×宽（毫米）	0.35～3.00×800～1 730		15	2005年4月30日	
		三号重卷检查机组	1 730毫米	带钢厚×宽（毫米）	0.45～2.00×800～1 730		12.60	2010年2月1日	
		四号重卷检查机组	1 730毫米	带钢厚×宽（毫米）	0.45～2.00×800～1 730		15.90	2010年2月1日	
		五号重卷检查机组	1 730毫米	带钢厚×宽（毫米）	0.45～3.00×800～1 730		13	2015年9月15日	
		六号重卷检查机组	1 730毫米	带钢厚×宽（毫米）	0.45～3.00×800～1 730		13	2015年9月15日	
钢管条钢事业部	直流电弧炉（7号炉、8号炉）		超高功率直流电弧炉（一电二炉形式），石墨电极直径711毫米，偏心炉底出钢方式，配置LF与VD等精炼设施	公称容量（吨）、变压器功率（千伏安）	钢包容量：150吨、炉用变压器99兆伏安，冶炼周期55～60分钟，LF变压器：22兆伏安	万吨/年	100	1996年12月	2016年改造（炉壳、底电极等改造）

〔续表〕

<table>
<tr><th rowspan="2">厂部名称</th><th rowspan="2">设备名称</th><th rowspan="2" colspan="3">型号、规格及主要参数</th><th colspan="2">生产能力</th><th rowspan="2">投产日期</th><th rowspan="2">备注</th></tr>
<tr><th>单位</th><th>设计值</th></tr>
<tr><td rowspan="7">钢管条钢事业部</td><td rowspan="2">圆(方)坯连铸机(7CC)</td><td rowspan="2">一机六流弧形多点矫直型方圆坯连铸机,配置结晶器液面自动控制及电磁搅拌系统</td><td>铸坯规格(毫米)</td><td>直径178、直径195、直径150、160×160</td><td rowspan="7">万吨/年</td><td rowspan="2">96</td><td rowspan="2">1996年12月</td><td rowspan="2">2008年改造,增加直径195规格、2014年改造,增加直径150规格</td></tr>
<tr><td>浇铸速度(米/分钟)</td><td>0.65～0.75</td></tr>
<tr><td>交流电弧炉(9号炉)</td><td>超高功率直流电弧炉,石墨电极直径610毫米,偏心炉底出钢方式,配置双工位LF与双工位VD/VOD等精炼设施</td><td>公称容量(吨)、变压器功率(千伏安)</td><td>钢包容量：150吨、炉用变压器125兆伏安,冶炼周期55～60分钟,LF变压器：28兆伏安</td><td>104.20</td><td>2008年5月</td><td></td></tr>
<tr><td rowspan="2">大方坯连铸机(8CC)</td><td rowspan="2">一机四流弧形多点矫直型大方坯连铸机,配置结晶器液面自动控制、电磁搅拌系统和拉矫机轻压下系统</td><td>坯厚×坯宽(毫米)</td><td>320×425,直径300、直径380</td><td rowspan="2">100</td><td rowspan="2">2008年5月</td><td rowspan="2">2014年改造,增加圆坯规格：直径300、直径380</td></tr>
<tr><td>平均浇铸速度(米/分钟)</td><td>2.10～3.00</td></tr>
<tr><td rowspan="2">初轧机组</td><td colspan="3">两架串联布置二辊可逆式大开口度方坯、板坯轧机,最大轧制力3 000吨,传动为低速大转矩直流电机各2台,容量5 000千瓦但转速不同,集散型自动控制方式,并配置有翻钢机、在线热火焰清理机及板坯剪切机组与均热炉、加热炉</td><td rowspan="2">344.50</td><td rowspan="2">1985年9月</td><td rowspan="2">加热炉2008年4月投入生产</td></tr>
<tr><td>一号轧机</td><td colspan="2">辊径为1 300毫米,电机转速0～35～70转/分钟</td></tr>
</table>

〔续表〕

厂部名称	设备名称	型号、规格及主要参数			生产能力		投产日期	备注
					单位	设计值		
钢管条钢事业部	初轧机组	二号轧机	辊径为 1 300 毫米，电机转速 0～50～120 转/分钟		万吨/年	344.50	1985 年 9 月	加热炉 2008 年 4 月投入生产
		均热炉	坑数	18		207	1985 年 9 月	
		加热炉	碳钢：240 吨/小时，轴承钢：141 吨/小时，加热炉为端进端出，上、下加热均采用蓄热式烧嘴供热，全液压驱动滚轮斜台面步进梁式加热炉，炉底水梁、立柱采用汽化冷却。加热炉砌体全长：48 600 毫米，有效炉长：47 000 毫米，加热炉砌体宽：10 672 毫米，加热炉内宽：9 700 毫米			100	2008 年 4 月	
	钢坯连轧机	平立辊交替式六机架（V1～H6），二辊连续式轧机，机后配置四连杆曲轴式飞剪机、冷床及抛丸、探伤等精整设备				182	1985 年 9 月	
		V1、H2 轧机	辊径 800 毫米、主电机功率 1 100 千瓦（1 台）					
		V3、H4 轧机	辊径 700 毫米、主电机功率 1 300 千瓦（1 台）					
		V5、H6 轧机	辊径 700 毫米、主电机功率 1 400 千瓦（1 台）					
	线材轧机（全连续无扭轧机，30 机架）	粗、中轧机组（1H－14V 机组）	平立交替式、14 机架、二辊式			40	1999 年 2 月	
		粗轧 1H、2V、3H 机组	辊径 600 毫米、主电机功率 400 千瓦（1 台）					
		粗轧 4V、6V 机组	辊径 450 毫米、主电机功率 400 千瓦（1 台）					

〔续表〕

厂部名称	设备名称		型号、规格及主要参数		生产能力 单位	生产能力 设计值	投产日期	备注
钢管条钢事业部	线材轧机（全连续无扭轧机，30机架）		粗轧5H机组	辊径450毫米、主电机功率600千瓦（1台）	万吨/年	40	1999年2月	
			中轧7H、9H、10V、11H、12V、13H、14V机组	辊径400毫米、主电机功率600千瓦（1台）				
			中轧8V机组	辊径400毫米、主电机功率400千瓦(1台)				
		预精轧机组（15H－18V机组）	平立交替式、四机架、悬臂辊环式 每台：辊径285毫米、主电机功率600千瓦(1台)					
		精轧机组(19V－26V机组)	顶交45。八机架、悬臂辊环式、主电机功率4800千瓦(1台)					
			19V－23V机组	辊径230毫米				
			24V－26V机组	辊径160毫米				
		减定径机组（27V－30V机组）	顶交45。四机架、悬臂辊环式、主电机功率3200千瓦(1台)					
			27V－28V机组	辊径230毫米				
			29V－30V机组	辊径150毫米				
	140连轧管机组	穿孔机组	CTP1 200型锥辊式狄塞尔穿孔机，轧辊为上下布置，管坯直径最大规格为178.50毫米			50	1985年11月	2008年穿孔组更新改造
			辊径(毫米)	1 050～1 200				
			主电机功率（千瓦）	4 600千瓦(2台)				
			轧制力(千牛)	4 500				
		空心坯减径机	六机架三辊式	轧辊直径：500毫米，最大轧制力：35千牛，第一孔最大直径216毫米，最小出口管径140毫米				

〔续表〕

厂部名称	设备名称		型号、规格及主要参数		生产能力		投产日期	备注
					单位	设计值		
钢管条钢事业部	140 连轧管机组	连轧管机组	八机架二辊式轧机，采用全浮动芯棒轧制工艺，两相邻机架相互垂直并与垂直方向成 45 度配置，二辊纵轧(2×8)		万吨/年	50	1985 年 11 月	2008 年穿孔组更新改造
			辊径(毫米)	600～490				
			主电机功率(千瓦)、主电机数目	2 200 千瓦(2 台)(1 号、2 号)，2 600 千瓦(4 台)(3 号～6 号)，1 300 千瓦(2 台)(7 号、8 号)				
			轧制速度	7.87 米/秒				
			轧制力(千牛)	300				
		张力减径机组	SRW330 型，14 台复式减速箱，14 台 C 形双位机座、28 机架、三辊交错(3×28)					
			辊径(毫米)	330				
			主电机功率(千瓦)×主电机数目	350 千瓦×28				
			轧制速度	出口 16 米/秒				
			轧制力(千牛)	18				
	精整一号线	矫直机	BRONX 型号 10CR9 冷矫 1 台，10 辊，上、下各五辊集中传动，电机功率 350 千瓦×2 台，输出转速 269 转/分钟			5	1985 年 9 月	2012 年矫直机与锯机更新改造
		锯机	MFL 型号 HKA1 350L110 硬质合金锯 3 台，最大锯片直径 1 250 毫米，锯片驱动电机功率 110 千瓦，锯片转速 18～45 转/分钟					
	精整二号线	矫直机	型号 KR150－3/3 六辊立式矫直机 1 台，上、下集中传动，电机功率 78 千瓦×2 台，输出转速 73 转/分钟			5	1985 年 9 年	2012 年增 2 台 MFL 锯
		锯机	KV6′R 冷锯 2 台 3 台，最大锯片直径 1 320 毫米，锯片驱动电机功率 22 千瓦；MFL 型号 HKA1 350L110 硬质合金锯 2 台					

〔续表〕

厂部名称	设备名称		型号、规格及主要参数		生产能力		投产日期	备注
					单位	设计值		
钢管条钢事业部	锅炉管新线	矫直机	BRONX 制造的 10 辊矫直机 1 台，型号：10CR8BW		万吨/年	2.76	2002 年	
		探伤机	NUKEM 制造的超声波探伤装置 1 台，型号：ROTA180SE。转速 1 200 转/分钟，18 个通道					
		锯机	2 台 KV6′R 冷锯，用于切头、尾 1 台 LINSINGER 硬质合金锯，型号：KSA1 250L					
	油井管一号线		管径(毫米)，定尺长度(米)，钢级，螺纹扣型	加工规格：2～3/8″～7″；长度：7.50～12.30；钢级 J55－P110；特殊扣		17.70	1986 年 10 月	2007 年一号、二号机改造
	油井管二号线		管径(毫米)，定尺长度(米)，钢级，螺纹扣型	加工规格：2～3/8″～5～1/2″；长度：7.50～12.70；钢级：J55－P110；特殊扣			1986 年 10 月	2013 年改造
	油井管三号线		管径(毫米)，定尺长度(米)，钢级，螺纹扣型	钢管规格：2～3/8"～5～1/2"；长度：7.50～12.70；钢级：J55－P110，API		7	1995 年 7 月	
	油井管四号线		管径(毫米)，定尺长度(米)，钢级，螺纹扣型	钢管规格：5～1/2"～20"；长度：7.62～14.63；钢级：J55－P110，特殊扣		12	2005 年 12 月	
	油井管六号线		管径(毫米)，定尺长度(米)，钢级，螺纹扣型	加工规格：2～3/8″～7″；长度：7.50～12.30；钢级 J55－P110；特殊扣		1.80	2012 年 5 月	
	钻杆线		管径(毫米)，壁厚(毫米)，定尺长度(米)	加工规格：2～3/8″　2～7/8″　3－1/2″　4－1/2″　5″；长度：8.23～13.72；钢级：E75　X95　G105　S135		5	1986 年 10 月	2008 年 5 月改造
	特殊扣线		管径(毫米)，定尺长度(米)，钢级，螺纹扣型	加工规格：2～3/8″～7″；长度：7.50～12.70；钢级 J55－P110；特殊扣		6	2008 年 9 月	

〔续表〕

厂部名称	设备名称		型号、规格及主要参数		生产能力		投产日期	备注
					单位	设计值		
钢管条钢事业部	610毫米直缝焊管机组		管径(毫米),壁厚(毫米),定尺长度(米),焊接类型	219～610,4～19.90(20.60),9.00～18.00,电阻焊/高频	万吨/年	30	2005年10月	
	大口径直缝埋弧焊管机组		管径(毫米),壁厚(毫米),定尺长度(米),焊接类型	508～1 422,7.90～40,8.00～18.30、埋弧焊		50	2008年1月	
	大口径直缝埋弧焊管机组	C成型机	轧制最大压力(吨),板厚(毫米),板(管)长(米),主油缸数目	3 200,6～40,6～12(18.50),柱塞缸对称布置8个				
		U成型机	轧制最大压力(吨),板厚(毫米),板(管)长(米),主油缸数目	2 350,6～40,6～12(18.50),活塞缸对称布置12个				
		O成型机	轧制最大压力(吨),板厚(毫米),板(管)长(米),主油缸数目	72 000,6～40,6～12(18.50),柱塞缸线状排布8个				

表 2-3-2　2006—2016 年宝钢股份主要原燃料采购统计表　　单位：万吨

年份	进口矿石	煤炭	焦炭	副原料	国内矿	废钢	生铁	铁合金	不锈钢原料
2006	2 400.00	953.10	33.60	394.00	25.80	176.10	9.20	18.30	48.80
2007	4 188.20	1 729.40	128.30	730.50	34.80	353.80	21.10	36.70	64.20
2008	3 826.50	1 717.40	203.40	732.70	3.10	244.50	28.10	37.60	43.50
2009	3 697.30	1 796.90	170.40	729.60	19.30	261.90	13.80	40.90	16.70
2010	4 885.50	1 899.60	202.90	753.80	24.70	374.70	25.30	45.80	0
2011	4 957.10	2 003.00	195.60	771.50	4.60	255.70	22.80	45.90	0
2012	4 129.80	1 944.20	105.20	713.60	0	179.60	7.50	33.50	0
2013	3 336.20	1 866.10	62.60	630.00	0.20	131.30	5.70	30.60	0
2014	3 310.60	1 734.80	105.40	635.00	0.10	105.10	2.90	31.60	3.50
2015	3 538.50	1 843.70	73.80	570.30	0	100.70	0.50	32.20	3.60
2016	4 538.40	2 384.10	61.80	808.50	0	152.80	0	39.10	3.90

说明：
1. 所列采购数据包含梅钢公司和宝钢特钢的采购数量，2016 年数据加入湛江钢铁采购数量。
2. 2009 年 5 月起，不锈钢原料由宝钢不锈自行采购(直属厂部和宝钢特钢的不锈钢原料也由宝钢不锈代为采购)。
3. 2014 年 4 月起，直属厂部的不锈钢原料重新划归宝钢股份采购中心采购。

三、主要产品

宝钢股份专业生产高技术含量、高附加值的碳钢薄板、厚板与钢管等钢铁精品，主要产品有汽车板、硅钢、家电用钢、热轧高强钢、镀锡板、钢管、彩涂板、条钢等，其中在汽车板、硅钢、镀锡板、能源与管线用钢、高等级船舶与海洋工程用钢及其他高端薄板产品等领域处于国内市场领导地位，产品实物质量与国际同类产品相当，自主研发的新一代高强汽车板、取向硅钢处于国际先进水平。

宝钢股份的汽车板主要产品包括车体外板、内板、结构件等，共有 150 多个牌号，基本形成冷轧高强度系列、软钢多冲压级别品种系列，具备烘烤硬化、超低碳钢(IF 钢)高强度、含磷高强度系列用钢生产能力，是国内唯一具备全品种能力的汽车板生产厂。汽车用高强钢生产能力在国内处于优势地位，引领国内汽车用高强钢的发展方向。2005 年起，宝钢股份汽车板国内市场占有率超过 50%。

宝钢股份的硅钢产品有取向硅钢和无取向硅钢两大类，具备取向硅钢年产 40 万吨、无取向硅钢年产 80 万吨的能力。取向硅钢主要应用于输电、配电行业变压器的制造，在长江三峡水利枢纽等重大工程中应用，在特高压变压器用钢领域产品市场占有率超过 70%；无取向硅钢主要应用于火力、风力、水力发电机，大中小型电动机，尤其是新能源汽车用电机的制造，在复兴号高速铁路、东海大桥 100 兆瓦海上风力发电示范工程等重大项目中应用，在新能源汽车驱动马达用钢领域市场占有率超过 50%。B30R090、B27R080、B35AP200 等牌号硅钢产品实现全球首发。

宝钢股份的家电板年产量 200 万吨，包括冷轧产品、热镀(铝)锌产品、电镀锌产品，能满足家电行业对供应商提出的所供材料不含欧盟《关于限制在电子电气设备中使用某些有害成分的指令》

(RoHS)中的有害物质、在生产过程中不人为添加有害物质的要求。空调、洗衣机、冰箱、电脑等国内主要家电产品50%以上使用宝钢股份家电板。

宝钢股份是国内最大的镀锡产品制造商，具备从冶炼、热轧、冷轧到涂镀全流程的制造能力，产品覆盖电镀锡板和电镀铬板，广泛应用于食品、饮料和工业品的包装，也是国内规模最大、品种最齐全的彩涂板生产基地，拥有3条彩涂机组，产品主要包括热镀锌彩涂板、镀铝锌彩涂板，其中涂料种类包括普通聚酯、硅改性聚酯、高耐候聚酯、氟碳等10多个品种大类；拥有2条镀铝锌生产机组，年产能45万吨。

宝钢股份自2004年开始研制热轧高强度汽车用钢，相继开发出多种满足各种特定性能要求的高强钢种，包括屈服强度550～700兆帕级的具有良好成形性能和焊接性能的低合金高强度钢，抗拉强度450～650兆帕级车轮用钢，600兆帕级桥壳用钢，以及先进高强度钢(440～780兆帕级的高扩孔钢、580和780M兆帕级的热轧双相钢、580和780M兆帕级的热轧TRIP钢)，广泛应用于轿车和卡车的整车厂、汽车零部件厂和汽车改装厂产品的制造。

表2-3-3　1998—2016年宝钢股份(宝山钢铁)主要产品及应用领域情况表

主要产品	主要应用领域
热轧板(卷)	应用于船舶、汽车、桥梁、建筑、机械、压力容器等制造行业
酸洗板	应用于船舶、汽车、桥梁、建筑、机械、压力容器等制造行业
普通冷轧板	用于生产汽车板、家电板、镀锡板、彩涂板、硅钢等高附加值产品
镀锌板	应用于家用电器、钢制家具、办公设备、汽车、建筑材料等领域
彩涂板	应用于建筑、家电、家具等行业
镀锡(铬)板	应用于食品、饮料等高档金属包装行业
硅钢	取向硅钢应用于变压器行业，无取向硅钢应用于电机行业
厚板	应用于造船、石油平台、锅炉、压力容器、管线、建筑、桥梁及重型汽车等行业
油井管	应用于石油、天然气钻采等行业
高压锅炉管	应用于电站锅炉、石油化工等行业
机械结构管	应用于机械加工、军工、车辆制造、建筑、流体输送、地质钻探等行业
焊接管线管	应用于油气输送等行业
初轧产品(包括板坯、方坯和圆钢产品)	应用于汽车零部件、家电、电子模具、海洋工程、电力、工程机械、轨道车辆等行业
线材	应用于汽车零部件、轮胎、特种绳索、核电、工程机械、桥梁工程等行业

四、钢铁产量

1998年，宝钢三期建设进入尾声，全年产铁934.11万吨、产钢986.40万吨。至2000年12月，宝钢一期、二期、三期工程全面建成，生产规模为年产975万吨铁、1 100万吨钢、756.10万吨钢材。2002年，宝钢股份启动“十五”规划重大建设项目，至2005年项目建成，宝钢股份生产能力增至年产

1 500 万吨钢。2005—2011 年,宝钢股份收购宝钢集团主要钢铁资产,2011 年钢产量达 2 664 万吨。2012 年,宝钢股份整体出售不锈钢、特钢业务,钢产量回落至 2 299.60 万吨。2016 年,湛江钢铁一期工程建成,宝钢股份钢产量为 2 787.53 万吨。

表 2-3-4　2000—2016 年宝钢股份钢铁产量统计表　　单位:万吨

年份	生铁产量	粗钢产量	商品坯材产量	年份	生铁产量	粗钢产量	商品坯材产量
2000	1 029.01	1 130.43	1 026.32	2009	2 147.00	2 386.00	2 286.00
2001	1 026.00	1 151.00	1 062.00	2010	2 325.00	2 645.00	2 593.00
2002	1 025.00	1 159.00	1 069.50	2011	2 377.60	2 664.00	2 614.00
2003	1 023.90	1 154.70	1 106.80	2012	2 207.50	2 299.60	2 312.00
2004	1 053.00	1 187.00	1 151.66	2013	2 122.00	2 199.60	2 208.60
2005	1 704.10	1 836.10	1 799.70	2014	2 098.90	2 152.90	2 190.00
2006	1 956.49	2 174.10	2 135.18	2015	2 217.40	2 264.20	2 268.80
2007	2 146.00	2 448.00	2 366.00	2016	2 661.32	2 787.53	2 744.93
2008	2 039.00	2 312.00	2 358.00				

第二节　梅钢公司(宝钢梅山)

一、生产装备

1998 年年底,宝钢梅山工序配套尚未完整,技术装备比较落后和陈旧,规模较小,制约了钢铁产品制造能力和企业经济效益。为改变这一状况,宝钢梅山投资建设了一系列工程。1999 年—2008 年 11 月,梅钢公司(宝钢梅山)先后完成炼钢、热轧和炼铁等工序的工程建设和技改项目。至 2008 年年底,梅钢公司具备年产 350 万吨钢的能力,技术装备水平、制造能力、节能环保水平大幅提升。

2006 年 9 月—2012 年 6 月,梅钢公司实施产品结构调整及工艺装备升级技术改造工程,相继对一批超期服役、工艺技术较落后、污染环境较严重的装备设施进行淘汰更新,使生产设施大型化、规模化、集约化、高效化,大幅度改善环保和节能指标。至 2012 年年底,梅钢公司具备年产 760 万吨钢的生产能力,大幅提升了企业的制造能力和市场竞争力,成为宝钢股份精品基地,成为集采矿、选矿、烧结、炼铁、炼钢、热轧、冷轧、焦化为一体的配套完整的大型钢铁联合企业。

2016 年,梅钢公司生产生铁 601.31 万吨、连铸坯 618.29 万吨、热轧板卷 629.39 万吨、酸洗产品 102.27 万吨、热镀锌 17.91 万吨、热镀铝锌 27.19 万吨、电镀锡产品 20.49 万吨、连续退火钢卷 34.96 万吨,铁精矿 267.08 万吨,新热力、余热、干熄焦、高炉煤气余压透平发电装置(TRT)共发电 15.39 亿千瓦时。

表 2-3-5　1999—2016 年梅钢公司(宝钢梅山)主要装备情况表

厂部名称	设备名称	规格		能力		投产日期	备注
				单位	设计值		
炼铁厂	一号焦炉 58-1	座	58-1 型 65 孔	万吨/年	45	1970 年	2008 年报废
	二号焦炉 58-1		58-1 型 65 孔		45	1971 年	2008 年报废
	三号焦炉 JNX-43		JNX43-2 型 65 孔		43	1996 年	2007 年报废
	1A 焦炉		JN60-6 型 55 孔		51.50	2007 年 12 月	
	1B 焦炉		JN60-6 型 55 孔		50	2008 年 2 月	
	2A 焦炉		JNX3-70-1 型 60 孔		75	2010 年 12 月	
	2B 焦炉		JNX3-70-1 型 60 孔		75	2012 年 4 月	
	一号烧结机	烧结面积（平方米）	130		104	1971 年	2009 年 6 月起停机
	二号烧结机		130		104	1971 年	2009 年 4 月起停机
	三号烧结机		180		200	2004 年 3 月	2016 年 1 月扩容至 198 平方米
	四号烧结机		400		411.80	2009 年 5 月	2012 年 4 月扩容至 450 平方米
	五号烧结机		450		463.30	2011 年 12 月	
	一号高炉	冶炼容积（立方米）	1 250		87.50	1997 年	2009 年 4 月起封炉
	二号高炉		1 280		103	2004 年	2015 年 5 月至 2016 年 3 月停产维修
	三号高炉		1 250		87.50	1995 年	2009 年 5 月起封炉
	四号高炉		3 200		246	2009 年 5 月	
	五号高炉		4 070		327	2012 年 6 月	
	一号双链铸铁机	套	双链 55 米		84	1970 年	2009 年报废
	二号双链铸铁机		双链 50 米		84	1970 年	2009 年报废
	三号双链铸铁机		双链 57 米		84	1994 年	2008 年报废
	新铸铁机		双链 70 米		131	2008 年	

〔续表〕

厂部名称	设备名称	规格		能力		投产日期	备注
				单位	设计值		
炼钢厂	一炼钢脱硫	套	200 万吨/年	万吨/年	180	1 号工位 2003 年 1 月投用，2009 年 6 月移位。2 号、3 号工位 2009 年 4 月投用	
	二炼钢脱硫		250 吨/炉		450	2012 年 4 月	
	混铁炉	吨/座	1 300	吨/炉	1 300	1999 年 4 月	2007 年报废
	一号顶底复吹转炉	吨/座	150	万吨/年	120	1999 年 4 月	2004 年 3 月更换炉壳
	二号顶底复吹转炉		150		120	1999 年 4 月	2006 年 6 月更换炉壳
	三号顶底复吹转炉		150		120	2008 年 11 月	
	四号顶底复吹转炉		250		210	2012 年 4 月	
	五号顶底复吹转炉		250		210	2012 年 5 月	
	一号 LF 钢包精炼炉	吨/炉	162	吨/炉	162	1999 年 4 月	
	一号 RH 真空精炼炉		150		150	2002 年 8 月	2006 年 2 月改造
	二号 LF 钢包精炼炉		双工位 158		158	2008 年 11 月	
	二号 RH 真空精炼炉		150		150	2010 年 5 月	
	三号 LF 钢包精炼炉		250		259	2012 年 4 月	
	四号 RH 真空精炼炉		250		180	2012 年 4 月	
	一号板坯连铸机	毫米	210×1 320	万吨/年	120	1999 年 4 月	
	二号板坯连铸机		210×1 320		200	2003 年 2 月单机单流投产	2008 年 10 月新增一流机
	三号板坯连铸机		230×1 650，半径 9 500		205	2012 年 4 月	
	四号板坯连铸机		230×1 650，半径 9 500		205	2012 年 5 月	

〔续表〕

厂部名称	设备名称	规格		能力		投产日期	备注
				单位	设计值		
热轧厂	七机架 1422 热连轧主轧线	工作辊身长度(毫米)	1 422	万吨/年	305	1996 年 3 月	2006 年 6 月改造
	七机架 1780 热轧薄板轧机		1 780		401	2012 年 4 月	
	1422 热轧平整机组	辊径×辊长(毫米)	(620～560)×1 560		60	2002 年 12 月	
	1780 热轧平整机组		(550～500)×1 850		60	2012 年 6 月	
冷轧厂	1420 冷连轧机组	工作辊身长度(毫米)	1480 五机架六辊 UCM		80	2009 年 9 月	
		机组速度	酸洗 300 米/分钟(最大) 轧机 1 700 米/分钟(最大)				
	新酸洗机组	带宽×厚(毫米)	(700～1 630)×(1.2～8.0)		100	2013 年	
		机组速度	350 米/分钟(最大)				
	1420 冷轧热镀锌机组	锌层厚度(克/平方米)	60～600(双面) 30～300(单面)		20	2009 年 6 月	2016 年改造
		机组速度	工艺段 160 米/分钟最大)				
	1420 冷轧热镀铝锌机组	锌层厚度(克/平方米)	60～450(双面) 30～225(单面)		25	2009 年 8 月	
		机组速度	工艺段 160 米/分钟(最大)				
	1420 冷轧连续退火机组	退火温度(℃)	580～740		40	2009 年 10 月	
		带宽×厚(毫米)	(700～1 050)×(0.17～0.55)				
	1420 冷轧电镀锡机组	锡层厚度(克/平方米)	1.10～5.60		20	2009 年 10 月	
		带宽×厚(毫米)	(700～1 050)×(0.17～0.55)				

二、原料采购

1999—2003年，宝钢梅山原料采购由贸易部负责。公司推行招标采购，通过比质比价降低采购成本。探索功能计价采购模式，制定《物资招标采购试行办法》《耐材功能计价考核方案》等管理制度。2004年10月，撤销贸易部建制，成立采购部。2005年5月1日，梅钢公司成为宝钢股份子公司，大部分大宗原料由宝钢股份原料采购中心负责采购供应，梅钢公司采购部负责自采梅山矿业生产的铁矿石、废钢及部分铁合金。2016年12月，梅钢公司采购部原料采购所有业务整合至宝钢股份原料采购中心。

表2-3-6　1999—2006年梅钢公司（宝钢梅山）主要原燃料采购统计表　单位：万吨

年　份	进口矿	铁矿石	梅山铁精矿	煤　炭	生　铁	连铸板坯
1999	158.06	239.99	128.81	199.75	185.11	38.75
2000	177.50	269.30	126.93	219.72	192.30	124.94
2001	165.97	281.41	136.51	220.09	193.15	160.27
2002	128.88		145.00	219.33	198.70	173.84
2003	181.16		146.61	222.50	208.15	205.08
2004	352.91		158.74	309.93	281.34	263.16
2005	382.97		144.96	300.00	324.25	285.61
2006	375.82		144.92	292.36	317.36	283.92

三、主要产品

1998年年底，宝钢梅山的钢铁主业有生铁、热轧板卷两个最终产品。1998年，年产生铁180.54万吨、热轧板卷30.12万吨。1999年4月，炼钢厂投产。2000年后，相继进行1422热轧技改、一炼钢连铸技改，产品品种不断扩展。2009年，梅钢公司冷轧厂建成，最终产品增加了镀锡板、镀锡基板、热镀锌和热镀铝锌板。

截至2016年，梅钢公司最终产品由生铁和较低端的热轧板变为中高端的热轧板、冷轧板、酸洗板。热轧主要品种（系列）有管线钢、冷压延钢、汽车钢、耐候耐蚀钢、压力容器用钢、普通结构用钢、热轧高强钢、硅钢、热轧精冲工具用钢、热轧酸洗产品，冷轧主要品种（系列）有镀锡产品、普冷产品、热镀产品，主要面向食品、石油化工、建筑、轻工、家电、汽车工程机械、管线、船舶等行业。

表2-3-7　1998—2016年梅钢公司（宝钢梅山）主要产品及应用领域情况表

序号	主要产品	主要应用领域	序号	主要产品	主要应用领域
1	热轧冷成型用钢	工业、五金、建筑、电子、机电	4	热轧汽车结构钢	汽车底盘
2	热轧结构钢	建筑	5	热轧耐腐蚀用钢	集装箱、石油井架、海港建筑
3	热轧高强钢	工程机械	6	热轧石油管线用钢	石油管线、天然气管线

（续表）

序号	主要产品	主要应用领域	序号	主要产品	主要应用领域
7	热轧焊接气瓶用钢	焊瓶	12	热镀铝锌卷	家电、液晶模组、电器柜、彩涂
8	热轧花纹板	船舶、楼梯、重型汽车	13	酸洗卷	汽车底盘、搪瓷、压缩机、工具
9	热轧工具钢	工具、汽车轮毂	14	冷轧轧硬卷	用于退火工序（经过退火和精整工序后成为冷轧卷）
10	镀锡板、卷	饮料包装、食品包装			
11	热镀锌卷	家电、彩涂、五金	15	冷轧退火卷	家电、小家电、五金、焊丝、焊管

四、钢铁产量

1998年，宝钢梅山的钢铁生产只有炼铁和热轧两个工艺流程，年产生铁180.54万吨、热轧板卷30.12万吨。1999年4月，炼钢厂投产，为热轧板厂高产稳产创造了条件。2000—2009年，梅钢公司（宝钢梅山）通过新建和技改工程，建成了从炼铁到冷轧的全流程生产体系。产品结构、工艺装备不断优化，制造能力不断增强，年产量不断提高。2016年，梅钢公司生铁和粗钢产量分别达601.30万吨、618.29万吨。

表2-3-8　1998—2016年梅钢公司（宝钢梅山）钢铁产量统计表　　单位：万吨

年份	生铁产量	粗钢产量	商品坯材产量	年份	生铁产量	粗钢产量	商品坯材产量
1998	180.54	0.12	30.12	2008	283.60	270.00	281.87
1999	185.11	38.25	155.75	2009	317.22	300.43	302.18
2000	192.30	124.93	124.03	2010	385.42	377.04	452.26
2001	193.15	160.27	148.29	2011	393.00	386.37	452.75
2002	198.70	173.84	158.16	2012	522.90	508.20	620.14
2003	208.15	205.08	216.17	2013	700.72	695.89	681.86
2004	218.34	263.17	251.94	2014	700.60	702.93	685.44
2005	324.20	285.61	283.70	2015	674.93	684.64	689.98
2006	317.36	283.90	293.01	2016	601.30	618.29	632.65
2007	308.16	291.89	328.44				

第三节　湛江钢铁

一、生产装备

2013年5月17日，宝钢广东湛江钢铁基地项目炼铁、炼钢、连铸、热轧、冷轧和厚板等主体工程全面开工建设。2015年，一号高炉，一号、二号转炉，一号、二号连铸机和2 250毫米热轧投产。2016年，二号高炉、三号转炉、四号连铸机、4 200毫米厚板和2 030毫米冷轧机组相继投产，湛江钢铁一期工程全面建成。湛江钢铁生产装备和技术符合“简单、高效、低成本”的运营理念及“节能、环保、清洁”的生产要求。

表 2-3-9　2015—2016 年湛江钢铁主要装备情况表

厂部名称	设备名称	型号、规格及主要参数			生产能力			投产日期	备注
					单位	设计值	2016 年产量		
炼铁厂	一号烧结机	烧结面积(平方米)	550	鲁尔基型	万吨/年	1 226	806.10	2015 年 8 月 25 日	
	二号烧结机		550	鲁尔基型				2016 年 6 月 25 日	
	一号焦炉	碳化室高(米)×孔数	7×130	JNX2-70-2,脱硝效率≥80%,脱硫效率≥85%		337	217.50	2015 年 7 月 13 日	
	二号焦炉		7×130	JNX2-70-2,脱硝效率≥80%,脱硫效率≥85%				2016 年 7 月 10 日	
	一号高炉	冶炼容积(立方米)	5 050;加料方式:无料钟并罐式;炉顶设计压力 0.30 兆帕			823	558.70	2015 年 9 月 25 日	
	二号高炉		5 050;加料方式:无料钟并罐式;炉顶设计压力 0.30 兆帕					2016 年 7 月 15 日	
	一号铸铁机	双链带式 Q=300 吨/小时	斜长 75 米		吨/小时	300	22 432.96	2015 年 9 月 26 日	
	二号铸铁机	双链带式 Q=300 吨/小时	斜长 75 米			300	3 352.40	2015 年 9 月 26 日	
炼钢厂	一号转炉	顶底复合吹炼系统,最大供氧量 72 000 标准立方米/小时,配置脱硫与排渣装置炉外精炼	公称容量(吨)	350	万吨/年	892.80	566.90	2015 年 9 月	
	二号转炉			350				2015 年 9 月	
	三号转炉			350				2016 年 5 月	
	一号铁水包搅拌脱硫	公称容量(吨)	350			823	533.30	2015 年 9 月	
	二号铁水包搅拌脱硫		350					2015 年 9 月	
	三号铁水包搅拌脱硫		350					2015 年 9 月	

〔续表〕

厂部名称	设备名称	型号、规格及主要参数			生产能力			投产日期	备注
					单位	设计值	2016年产量		
炼钢厂	一号 RH 真空精炼炉	公称容量(吨)		350	万吨/年	446.40	327.80	2015年10月	
	二号 RH 真空精炼炉			350				2016年5月	
	一号 LF 钢包精炼炉			350		150	51.70	2016年1月	
	一号 LATS			350		446.40	239.10	2015年9月	
	二号 LATS			350				2015年9月	
	一号2 150毫米板坯连铸机	垂直弯曲型连铸机连续弯曲连续矫直，二机二流，520吨回转台，结晶器宽度在线热调宽，结晶器漏钢预报及热成像系统，结晶器液面自动控制，结晶器电磁搅拌，结晶器液压振动，自动开浇，动态轻压下，二冷动态控制等	坯厚×坯宽(毫米)	230×(900～2 150)	万吨/年	300	563.09	2015年9月	
			平均浇铸速度(米/分钟)	1.30					
	四号2 300毫米板坯连铸机	垂直弯曲型连铸机连续弯曲连续矫直，二机二流，520吨回转台，结晶器宽度在线热调宽，结晶器漏钢预报及热成像系统，结晶器液面自动控制，结晶器液压振动，自动开浇，动态轻压下，二冷动态控制等	坯厚×坯宽(毫米)	230×(1 200～2 300)		274.91		2016年5月	
			平均浇铸速度(米/分钟)	1.25					

〔续表〕

厂部名称	设备名称	型号、规格及主要参数			生产能力			投产日期	备注
					单位	设计值	2016年产量		
炼钢厂	二号2 150毫米板坯连铸机	垂直弯曲型连铸机连续弯曲连续矫直，二机二流，520吨回转台，结晶器宽度在线热调宽，结晶器漏钢预报及热成像系统，结晶器液面自动控制，结晶器电磁搅拌，结晶器液压振动，自动开浇，动态轻压下，二冷动态控制等	坯厚×坯宽（毫米）	230×（900～2 150）	万吨/年	300	563.09	2015年9月	
			平均浇铸速度（米/分钟）	1.30					
	一号回转窑	产量+窑型	1000TPD	回转窑：预热器、回转窑、冷却器	吨/天	1 000	1 100	2015年7月25日	
	二号回转窑		1000TPD	回转窑：预热器、回转窑、冷却器		1 000	1 100	2015年7月25日	
	一号双膛窑		600TPD	悬挂缸型双膛窑		600	600	2016年7月29日	
热轧厂	2250热轧	加热炉（4座）	炉长（米）×炉宽（米）	57.70×12.74	万吨/年	550	403.21	2015年12月15日	
			加热能力（吨/小时）	320					
			出炉温度（℃）	1 280					
		定宽压力机（走停式）	主电机（千瓦）	AC4400					
			最大减宽量（毫米）	350					

〔续表〕

<table>
<tr><th rowspan="2">厂部名称</th><th rowspan="2">设备名称</th><th rowspan="2" colspan="3">型号、规格及主要参数</th><th colspan="3">生产能力</th><th rowspan="2">投产日期</th><th rowspan="2">备注</th></tr>
<tr><th>单位</th><th>设计值</th><th>2016 年产量</th></tr>
<tr><td rowspan="7">热轧厂</td><td rowspan="7">2250 热轧</td><td rowspan="2">可逆带立辊粗轧机</td><td>工作辊辊长(毫米)×辊径(毫米)</td><td>1 100/1 000×800(E1)
1 350/1 200(R1)
1 100/1 000×800(E2)
1 250/1 100(R2)</td><td rowspan="7">万吨/年</td><td rowspan="7">550</td><td rowspan="7">403.21</td><td rowspan="7">2015 年 12 月 15 日</td><td rowspan="7"></td></tr>
<tr><td>电机功率(千瓦)</td><td>2 - AC1000(E1)
2 - AC4750(R1)
2 - AC1000(E2)
2 - AC9500(R2)</td></tr>
<tr><td>切头飞剪(曲柄连杆式)</td><td>电机功率(千瓦)</td><td>2 - AC2300</td></tr>
<tr><td rowspan="2">精轧机(七机架四辊不可逆式)</td><td>工作辊辊长(毫米)×辊径(毫米)</td><td>F1～F4：850/750
F5～F7：690/600</td></tr>
<tr><td>轧制力</td><td>F1 ～ F4，最大量 50 000 千牛/机架
F5 ～ F7，最大量 40 000 千牛/机架</td></tr>
<tr><td>带钢冷却装置(加密型层流冷却)</td><td>冷却段长度(米)</td><td>103.36(共 22 组)</td></tr>
<tr><td>卷取机(全液压三助卷辊式卷取机)</td><td>卷筒电机(千瓦)</td><td>1 400</td></tr>
</table>

〔续表〕

厂部名称	设备名称	型号、规格及主要参数		生产能力			投产日期	备注
				单位	设计值	2016年产量		
厚板厂	加热炉	炉长(毫米)×炉宽(毫米)	52 700×9 400	万吨/年	120	38.20	2016年5月	
		加热能力(吨/小时)	200					
		出炉温度(℃)	900～1 250					
	粗轧机(四辊可逆)	轧制速度(米/秒)	0～2.22/5.07					
		电机功率(千瓦)	6 300					
		最大工作轧制力(千牛)	96 000					
	4 200毫米精轧机(四辊可逆)	轧制速度(米/秒)	0～2.93/7.04					
		电机功率(千瓦)	9 000					
		最大工作轧制力(千牛)	96 000					
	预矫直机	工作辊直径(毫米)	285					
	MULPIC机组	最大通板速(米/秒)	2.50					
		冷却钢板厚度(毫米)	10～100					
	热矫直机	工作辊直径(毫米)	285					
	在线超声波探伤	最大钢板探伤厚(毫米)	60					
	剪切机组(滚切式)	最大抗拉强度(牛顿/平方毫米)	1 200					
		最大剪切温度(℃)	150					
	一号冷矫	工作辊直径(毫米)	320					
	二号冷矫	工作辊直径(毫米)	220					
	淬火炉(氮气保护)	炉温(℃)	450～1 000		9.60	0		
		炉长×炉宽(毫米)	57 480×4 400					

〔续表〕

厂部名称	设备名称	型号、规格及主要参数			生产能力			投产日期	备注
					单位	设计值	2016年产量		
厚板厂	淬火机	长度(毫米)		25 815	万吨/年	9.60	0	2016年5月	
		高压最大流量(立方米/分钟)		108					
	回火炉	炉温(℃)		250～800					
		炉长×炉宽(毫米)		80 120×4 400					
冷轧厂	酸轧机组(D102)	五机架六辊式UCM轧机	工作辊长度(毫米)	2 000		220	116.66	2016年1月	
			机组速度	酸洗290米/分钟(最大量)					
				轧机1 600米/分钟(最大量)					
	酸洗机组(D401)	厚度：1.20～7.00毫米,宽度：800～1 630毫米	带宽×厚(毫米)	(800～1 630)×(1.20～7.00)		100	49.16	2016月3月	
			机组速度	350米/分钟(最大量)					
	连续退火机组(D112)	连续退火处理平整机,单机架六辊HGJC	带宽×厚(毫米)	(900～1 850)×(0.45～2.30)		100	53.42	2016年3月	
			机组速度	440米/分钟(最大量)					
			炉子最大能力(吨/小时)	247					
			退火温度(℃)	<850					
	一号～三号重卷机组(D171、D172、D173)	1 850毫米	带宽×厚(毫米)	(900～1 850)×(0.45～2.30)		46	32	2016年2月	
			机组速度	250米/分钟(最大量)					

〔续表〕

厂部名称	设备名称	型号、规格及主要参数		生产能力			投产日期	备注
				单位	设计值	2016年产量		
冷轧厂	热镀锌机组(D108)	镀锌(GA)	镀层厚度：60～180 克/平方米(两面)(无厚差涂层产品)	万吨/年	45(GA)	17.61	2016 年 5 月	
		镀锌(GI)	镀层厚度：60～300 克/平方米(两面)(无厚差涂层产品)					
			厚差涂层：30～150 克/平方米(单面)；厚差比最大量 1∶3					
		涂油产品	0.20～2.00 克/平方米(单面)					
		钝化产品	0.40～1.50 克/平方米(单面)					
		入口来料	(0.45～2.30)毫米×(900～1 860)毫米					
		出口产品	(0.45～2.30)毫米(不包括锌层厚度)×(900～1 850)毫米(1 835 毫米生产切边产品)					
	热镀锌机组(D208)	镀锌(GI)	镀层厚度：60～300 克/平方米(两面)(无厚差涂层产品)		45(GI)	26.08	2016 年 3 月	
			厚差涂层：30～150 克/平方米(单面)；厚差比最大量 1∶3					
		涂油产品	0.20～2.00 克/平方米(单面)					
		钝化产品	0.40～1.50 克/平方米(单面)					
		入口来料	(0.45～2.30)毫米×(900～1 860)毫米					
		出口产品	(0.45～2.30)毫米(不包括锌层厚度)×(900～1 850)毫米(1 835 毫米生产切边产品)					

〔续表〕

厂部名称	设备名称	型号、规格及主要参数			生产能力			投产日期	备注
					单位	设计值	2016年产量		
物流部	主码头一号卸船机	单悬臂式，起重量(含抓斗重量)72吨，跨度30米，最大外伸距52米	3 000	/	吨/小时	3 000	494万吨	2015年11月	
	主码头二号卸船机	单悬臂式，起重量(含抓斗重量)63吨，跨度30米，最大外伸距48米	2 500	/		2 500	412万吨	2016年3月	
	主码头三号卸船机						410万吨	2016年3月	
	综合码头一号卸船机	单悬臂式，起重量(含抓斗重量)40吨，跨度24米，最大外伸距30米	1 500	/		1 500	215万吨	2009年5月	
	综合码头二号卸船机	单悬臂式，起重量(含抓斗重量)40吨，跨度24米，最大外伸距30米	1 500	/		1 500	215万吨	2016年6月	
	辅料码头一号卸船机	单悬臂式，起重量(含抓斗重量)32吨，跨度22米，最大外伸距28米	1 200	/		1 200	107万吨	2016年6月	
	装船机	单悬臂式，轨距15米，最大外伸距36.50米	3 000	/		3 000	262万吨	2009年5月	
能源环保部	生活水除铁锰过滤器	处理水量(立方米)	CTM－3.0，尺寸3 024×H5 200毫米，处理水量65立方米/小时，≤0.60兆帕		立方米/小时	65	2 772 724	2008年9月	
	广东区生活水除铁锰过滤器		WB0001，3 020×4 696，处理水量55立方米/小时，进水压力0.15～0.20兆帕，设计压力0.60兆帕			55	498 392	2010年6月	

〔续表〕

厂部名称	设备名称	型号、规格及主要参数		生产能力			投产日期	备注
				单位	设计值	2016年产量		
能源环保部	一号海水淡化	海水淡化能力 15 000 立方米/天(每套)	总换热面积 7×8 500 平方米,管材 SB111 C68700 铝黄铜管、SB338(GR2)钛管;壳体材料双相钢	立方米/天	15 000	1 722 077	2015年9月	根据调度运方单机组切换,或双机运行
	二号海水淡化		总换热面积 7×8 500 平方米,管材 SB111 C68700 铝黄铜管、SB338(GR2)钛管;壳体材料双相钢		15 000	2 734 298	2015年12月	根据调度运方单机组切换,或双机运行
	一号发电机组	350 兆瓦煤—煤气混烧发电机组。型号 N350-16.70/538/538 单轴、双缸双排汽、中间再热抽汽凝汽式汽轮机。型号 QFS2-350-2 双水内冷发电机。型号 DG1165.49/17.50-Ⅱ21 亚临界压力一次再热自然循环汽包锅炉。额定出力 350 兆瓦,转速 3 000 转/分钟,主蒸汽额定压力 167 公斤/平方厘米,温度 538℃		亿千瓦时	22.75	17.44	2015年6月	
	二号发电机组	350 兆瓦煤—煤气混烧发电机组。型号 N350-16.70/538/538 单轴、双缸双排汽、中间再热抽汽凝汽式汽轮机。型号 QFS2-350-2 双水内冷发电机。型号 DG1165.49/17.50-Ⅱ21 亚临界压力一次再热自然循环汽包锅炉。额定出力 350 兆瓦,转速 3 000 转/分钟,主蒸汽额定压力 167 公斤/平方厘米绝压,温度 538℃			22.75	21.64	2015年8月	
	三号制氧机	制氧能力(立方米/小时)	60 000	标准立方米/小时	60 000	193 256 034	2015年8月	
	四号制氧机	制氧能力(立方米/小时)	60 000		60 000	447 949 148	2015年9月	

二、原料采购

湛江钢铁采用"一厂管一厂"管理模式，不设原料采购部门，生产所需原燃料由宝钢股份原料采购中心统一采购供应。

三、主要产品

湛江钢铁主要产品包括热轧板、冷轧薄板、热镀锌板、宽厚板及中低牌号无取向硅钢等，同时具备热轧超高强钢生产能力。产品以华南地区为目标市场并辐射东南亚，满足目标市场中高端碳钢板材需求。

表 2-3-10　2015—2016 年湛江钢铁主要产品及应用领域情况表

序号	主要产品	主要应用领域	序号	主要产品	主要应用领域
1	锅炉容器	石油、化工、气瓶等	6	轧硬卷	五金、货架等
2	结构用钢	建筑、桥梁、机械五金等	7	热轧酸洗	汽车、家电压缩机、工程机械等
3	管线钢	油气管道等	8	热轧高强钢	汽车大梁用等
4	汽车板	汽车内板、结构件等	9	冷轧高强钢	汽车结构加强件等
5	家电板	冰箱、洗衣机、微波炉、电梯等			

四、钢铁产量

湛江钢铁设计规模年产铁水 823 万吨、钢水 892.80 万吨、钢材 689 万吨。2015 年，一号高炉，一号、二号转炉，一号、二号连铸机和 2 250 毫米热轧投产。全年，生铁产量 75 万吨，粗钢产量 70 万吨，商品坯材产量 58 万吨。2016 年，二号高炉、三号转炉、四号连铸机、4 200 毫米厚板和 2 030 毫米冷轧机组相继投产。随着一期工程的全面建成，产量逐步提升。全年，生铁产量 559 万吨，粗钢产量 555 万吨，商品坯材产量 507 万吨。

第四节　宝钢不锈（宝钢一钢）

一、生产装备

1998 年前，宝钢一钢工艺设备陈旧。1999 年 8 月—2000 年年底，加快落后工艺淘汰步伐。1999 年 8 月 19 日，2 座平炉停产；11 月 1 日，彻底淘汰历经 49 年化铁炼钢的落后工艺，实现全高炉热装铁水炼钢。2000 年，先后淘汰 2 座 255 立方米高炉、直径 650 毫米轧机、直径 100 毫米轧管机及铸造等落后工艺装备。

2001 年 5 月 15 日，根据宝钢集团总体发展规划，宝钢一钢不锈钢项目开工，主要项目包括新建不锈钢炼钢连铸生产线、碳钢炼钢连铸生产线、1 780 毫米热轧生产线等，2004 年 4 月 18 日全面建成投产。2006 年 4 月 26 日，冷轧不锈钢带钢（第一步）工程开工；2007 年 12 月 18 日，冷轧不锈钢带钢后续工程开工;2010 年 8 月 31 日,冷轧不锈钢带钢工程全部建成。截至 2016 年年底,宝钢不锈拥有炼铁、炼钢、热轧、冷轧等配套完整的不锈钢和碳钢联合生产线,采用当代世界先进成熟工艺技术装备。不锈钢生产线可生产奥氏体、超纯铁素体、马氏体及双相钢;碳素钢生产线可生产优质碳素钢、耐大气腐蚀钢、低微合金高强度钢、焊接结构钢、X 管线钢等。

表 2-3-11　2005—2016 年宝钢不锈(本部)主要装备情况表

序号	主要装备	规格	数量	投产日期	备注
1	一号烧结机	226 平方米	1 台		2016 年 6 月停产
2	二号烧结机	132 平方米	1 台	1999 年 10 月 8 日	2015 年 10 月停产
3	三号烧结机	132 平方米	1 台	1999 年 10 月 8 日	2012 年 8 月停产
4	750 高炉	750 立方米	1 座	1991 年 3 月 21 日	2015 年 8 月停产
5	2500 高炉	2 500 立方米	1 座	1999 年 10 月 8 日	2016 年 6 月停产
6	脱硫	150 吨	2 座		2016 年 6 月停产
7	脱磷	95 吨/110 吨	2 座		2016 年 6 月停产
8	碳钢转炉	150 吨	2 座		2016 年 6 月停产
9	不锈钢转炉 AOD	120 吨	2 座	2004 年 4 月 18 日	二号 AOD2016 年 6 月停产
10	电炉	100 吨	2 座	2004 年 4 月 18 日、2005 年	二号电炉 2016 年 6 月停产
11	VOD 精炼	120 吨	1 座	2004 年 4 月 18 日	
12	LF 精炼	150 吨/120 吨	2 座		2016 年 6 月停产
13	LATS 精炼	150 吨	1 座		2016 年 6 月停产
14	RH 精炼	150 吨	1 座		2016 年 6 月停产
15	碳钢连铸机	铸坯宽度范围(毫米)750～1 650、铸坯厚度范围(毫米)200	2 座		2016 年 6 月停产
16	不锈钢连铸机	铸坯宽度范围(毫米)750～1 650、铸坯厚度范围(毫米)200	2 座		四号连铸机 2016 年 6 月停产
17	1 780 毫米热带钢连轧机组	直列式、七机架、1 780 毫米	1 座	2003 年 12 月 7 日	
18	全氢罩式退火炉	(1 300～2 100)×5 400 毫米	30 套	2007 年 6 月 28 日	
19	不锈钢热带退火酸洗	(730～1 600)×610 毫米	1 套	2007 年 8 月 28 日	
20	碳钢酸洗	(700～1 630)×610 毫米	1 套	2007 年 12 月 15 日	2016 年 7 月停产
21	不锈钢冷带退火酸洗	(900～1 600)×610 毫米	1 套		
22	不锈钢 20 辊轧机	(730～1 600)×610 毫米	1 套		2016 年 7 月停产
23	1750 五机架连轧机组	(730～1 630)×610 毫米	1 套		
24	不锈钢修磨机组	(730～1 600)×610 毫米	1 套		
25	不锈钢重卷机组	(870～1 600)×(610～508)毫米	2 套		
26	碳钢重卷机组	(700～1 630)×(610～508)毫米	2 套		2016 年 6 月停产
27	碳钢连续退火机组	(700～1 630)×(610～508)毫米	1 套	2010 年 6 月 30 日	2016 年 6 月停产

表 2-3-12　2009—2016 年宁波宝新主要装备情况表

序号	装　　备	规　　　格	数量	投 产 时 间	备　　注
1	罩式退火炉(一、二期)	钢卷厚度：2.00～5.00 毫米(400 系列热卷)，钢卷宽度：650～1 350 毫米，钢卷外径：1 300～2 000 毫米，钢卷堆垛重量：81 吨(最大)	6	1998 年 12 月	
2	罩式退火炉(四期)	钢卷厚度：2.00～5.00 毫米(400 系列热卷)，钢卷宽度：650～1 350 毫米，钢卷外径：1 300～2 000 毫米，钢卷堆垛重量：95 吨(最大)	6	2005 年 11 月	
3	罩式退火炉(新增)	钢卷厚度：2.00～6.00 毫米(400 系列热卷)，钢卷宽度：650～1 350 毫米，钢卷外径：2 000 毫米(最大)，钢卷堆垛重量：126 吨(最大)	6	2009 年 1 月	
4	一号连续退火酸洗机组	钢卷厚度：0.30～3.00 毫米(冷轧卷)，钢卷宽度：650～1 350 毫米，带钢速度：90 米/分钟(最大)	1	1998 年 12 月	
5	二号连续退火酸洗机组	钢卷厚度：0.30～3.00 毫米(冷轧卷)，钢卷宽度：650～1 350 毫米，带钢速度：80 米/分钟(最大)	1	2002 年 12 月	
6	三号连续退火酸洗机组	钢卷厚度：2.00～6.00 毫米(热轧卷)，钢卷宽度：650～1 350 毫米，带钢速度：80 米/分钟(最大)	1	2005 年 7 月	
7	四号连续退火酸洗机组	钢卷厚度：0.20～2.00 毫米(冷轧卷)，钢卷宽度：650～1 350 毫米，带钢速度：工艺段 60 米/分钟(最大)，出入口 80 米/分钟(最大)	1	2005 年 10 月	
8	一号光亮连续退火机组	钢卷厚度：0.25～2.00 毫米(冷轧卷)，钢卷宽度：650～1 350 毫米，带钢速度：80 米/分钟(最大)	1	2002 年 12 月	
9	二号光亮连续退火机组	钢卷厚度：0.20～2.00 毫米(冷轧卷)，钢卷宽度：650～1 350 毫米，带钢速度：80 米/分钟(最大)	1	2011 年 11 月	
10	一号 12 辊可逆式冷轧机组	钢卷厚度：0.30～3.00 毫米(冷成品)，钢卷宽度：650～1 350 毫米，张力：500 千牛(最大)，线速度：800 米/分钟(最大)	1	1998 年 12 月	
11	二号 20 辊森吉米尔可逆式冷轧机组	钢卷厚度：0.25～3.00 毫米，钢卷宽度：650～1 350 毫米，张力：500 千牛(最大)，线速度：800 米/分钟(最大)	1	2002 年 12 月	

（续表）

序号	装备	规格	数量	投产时间	备注
12	三号20辊分体式四立柱冷轧机组	钢卷厚度：0.20～2.00毫米，钢卷宽度：650～1 350毫米，张力：500千牛（最大），线速度：800米/分钟（最大）	1	2003年8月	
13	四号20辊分体式四立柱冷轧机组	钢卷厚度：2.00～8.00毫米（热轧）、1.00～5.00毫米（冷轧），钢卷宽度：650～1 350毫米，张力：500千牛（最大），线速度：800米/分钟（最大）	1	2005年6月	
14	五号20辊森吉米尔可逆式冷轧机组	钢卷厚度：0.25～3.00毫米，钢卷宽度：650～1 350毫米，张力：500千牛（最大），线速度：800米/分钟（最大）	1	2005年5月	
15	六号20辊森吉米尔可逆式冷轧机组	钢卷厚度：0.25～3.00毫米，钢卷宽度：650～1 350毫米，张力：500千牛（最大），线速度：800米/分钟（最大）	1	2005年8月	
16	七号20辊森吉米尔可逆式冷轧机组	钢卷厚度：0.25～3.00毫米，钢卷宽度：650～1 350毫米，张力：500千牛（最大），线速度：800米/分钟（最大）	1	2005年9月	
17	一号修磨机	钢卷厚度：0.60～5.00毫米（研磨）、0.30～3.00毫米（抛光），钢卷宽度：650～1 350毫米，张力：20 000公斤（最大），线速度：研磨20米/分钟（最大）、抛光40米/分钟（最大）	1	1998年12月	
18	二号修磨机	钢卷厚度：2.00～5.00毫米（热）、0.50～3.00毫米（冷），钢卷宽度：650～1 350毫米，张力：13 500公斤（最大），线速度：40米/分钟（最大）	1	2003年12月	
19	三号修磨机	钢卷厚度：2.00～6.00毫米（热轧）、0.50～3.00毫米（冷轧），钢卷宽度：650～1 350毫米，张力：20 000公斤（最大），线速度：30米/分钟（最大）	1	2005年4月	
20	一号平整机	钢卷厚度：0.30～3.00毫米，钢卷宽度：650～1 350毫米，带钢速度：300米/分钟（最大），带钢张力：18吨（最大），轧制力：1 200吨（最大）	1	1998年12月	
21	二号平整机	钢卷厚度：0.15～5.00毫米，钢卷宽度：650～1 350毫米，带钢速度：450米/分钟（最大），带钢张力：21吨（最大），轧制力：10 000千牛（最大）	1	2005年11月	
22	三号平整机	钢卷厚度：0.20～3.00毫米，钢卷宽度：650～1 350毫米，带钢速度：400米/分钟（最大），带钢张力：200千牛（最大），轧制力：12 000千牛（最大）	1	2011年11月	

〔续表〕

序号	装　　备	规　　格	数量	投产时间	备　　注
23	一号拉矫机	钢卷厚度：0.15～2.00 毫米，钢卷宽度：650～1 320 毫米，带钢速度：200 米/分钟(最大)，张力：开卷机 40.50 千牛、卷取机 67.50 千牛、矫直机 305 千牛	1	2003 年 12 月	
24	二号拉矫机	钢卷厚度：0.15～2.00 毫米，钢卷宽度：650～1 320 毫米，带钢速度：200 米/分钟(最大)，张力：开卷机 40.50 千牛、卷取机 67.50 千牛、矫直机 305 千牛	1	2005 年 11 月	2016 年停产
25	一号横切线	钢卷厚度：0.30～3.00 毫米，钢卷宽度：650～1 350 毫米，带钢长度：1 000～4 000 米，带钢速度：60 米/分钟(最大)	1	1998 年 12 月	
26	二号横切线	钢卷厚度：0.30～3.00 毫米，钢卷宽度：650～1 350 毫米，带钢长度：1 000～4 000 米，带钢速度：90 米/分钟(最大)	1	2005 年 11 月	2010 年停产，2012 年 4 月起出租
27	纵切线	钢卷厚度：0.30～3.00 毫米，钢卷宽度：40～1 350 毫米(最多分 15 条)，带钢速度：150 米/分钟(最大)，张力：367 千牛(最大)	1	1998 年 12 月	
28	一号重卷机组	钢卷厚度：1.00～5.00 毫米，钢卷宽度：650～1 350 毫米，带钢速度：200 米/分钟(最大)	1	2005 年 11 月	
29	二号重卷机组	钢卷厚度：0.15～1.00 毫米，钢卷宽度：650～1 350 毫米，带钢速度：200 米/分钟(最大)	1	2005 年 11 月	
30	激光焊管机组	管径：19～70 毫米，速度：12 米/分钟	1	2008 年 12 月	
31	高频焊管机组	管径：19～63 毫米，速度：120 米/分钟	1	2008 年 12 月	

表2-3-13　2011—2016年宝钢德盛主要装备情况表

序号	装　备	规　　格	数量	投 产 时 间
1	烧结机	有效面积126平方米,长42米,宽3米,速度0.90～2.70米/分钟	3	2009年9月
2	高炉	公称容积600立方米,风机型号AV45-12,Q=1 882立方米/分钟,额定转速7 050转/分钟	3	2009年8月
3	矿热炉	2台×25.50兆瓦,2台×33兆瓦	4	2013年8月
4	转炉	公称容量80吨	4	2009年8月
5	LF炉	公称容量80吨	2	2009年8月
6	连铸机	一号连铸机2×(180～200)×(730～1 250)毫米(一机两流),二号连铸机1×(200～220)×(755～1 600)毫米(一机一流)	2	一号连铸机2009年8月,二号连铸2012年1月
7	热轧	1 150毫米八机架四辊式连轧,钢卷内径:直径762毫米,钢卷外径:1 300～1 700毫米,带钢厚度:不锈钢2.50～4.00毫米、普碳钢2.00～7.50毫米,宽度:400～1 050毫米	1	2009年3月
8	冷轧不锈钢连续酸洗机组	(2.50～4.00)×(800～1 050)毫米,钢带厚度:2.50～4.00毫米,宽度:600～1 000毫米,最大卷重:13吨,钢卷最大外径:直径1 800毫米,钢卷内径:直径762毫米	6	2009年3月
9	冷轧直接轧制退火酸洗生产线(DRAPL)	(0.80～2.50)×(800～1 250)毫米,年产量40万吨,最大卷重20吨	1	2015年3月

二、原料采购

1998年11月上海地区钢铁企业联合重组后,宝钢一钢按"专业管理归口、业务关系理顺、横向协调加强、相互形成制约"原则,1999年对行政机构进行改革和调整。对原有27个管理处室实施精简、归并,组建六部一室(市场部、计财部、生产部、装备部、科技部、人事部、办公室)。新组建的市场部负责公司的采购和销售业务。2001年9月20日,撤销市场部组建采购分公司。2003年,将采购、销售合二为一,采购分公司与销售分公司合并为营销分公司,形成"以营销价格空间理论为核心纽带'购-销组合运作'的市场策划模式"。通过扩大物资采购成本和产品销售价格空间差,实现营销活动边际贡献最大化,扩大了企业盈利空间。

2005年5月,宝钢股份不锈钢分公司原材料采购业务交由宝钢股份原料采购中心负责。2009年5月,不锈钢原料由宝钢股份不锈钢事业部自行采购,宝钢股份直属厂部和特钢事业部的不锈钢原料也由不锈钢事业部代为采购。不锈钢事业部原料采购工作以"保供、降本、服务"为宗旨,以"降低不锈钢原料采购综合成本"过程管理为中心,发挥高效协同效应,抓住"策略采购+精细采购"两项重点工作,加强市场分析和判断,通过密切跟踪市场动态,建立与研究机构定期交流机制,深入分析不锈钢原料的供求情况及各方相关影响因素，探索较全面的跟踪分析数据模型等。及时把握市场行情的波动节奏，抓住策略采购机会，实施策略采购。

2012年，宝钢不锈（本部）探索原料供应新模式，做到既能实现原料库存低位运行规避市场波动风险，又能满足生产临时变化的保供需求；对不锈废钢、铬铁等原料采用寄售供应模式，有效降低了公司库存资金占用并规避了市场跌价风险。2013年起，宝钢不锈（本部）主要原燃料由宝钢不锈自行采购。2014年4月起，宝钢股份直属厂部不锈钢原料采购业务重新划归宝钢股份原料采购中心。2015年，宝钢不锈（本部）通过镍、红土镍矿、铬铁、焦炭的采购协同，实现原料采购协同降低成本8 196万元。为降低镍矿采购成本，宝钢不锈（本部）和宝钢德盛协同开发供应渠道，增强镍矿供应能力和议价能力。铬原料采购协同兼顾国内与国外市场，实现增效1 410万元。其中，进口铬铁通过国内外价格差异，并利用进口融资，实现效益1 173万元。利用本部采购烟煤的优惠价格，为宝钢德盛采购烟煤，降低宝钢德盛烟煤采购成本100元/吨；焦煤采购协同降低成本2 020万元。

表2-3-14　2006—2016年宝钢不锈（本部）主要原燃料采购统计表

年份	镍原料		铬原料		焦　炭		煤　炭		铁　矿	
	数量（万吨）	金额（万元）	数量（万吨）	金额（万元）	数量（万吨）	金额（万元）	数量（万吨）	金额（万元）	数量（万吨）	金额（万元）
2006	5.95	867 175	23.41	121 075						
2007	11.30	992 616	28.09	204 066						
2008	14.99	457 455	27.20	352 769						
2009	7.80	211 832	47.60	311 591						
2010	26.50	680 020	38.20	323 811						
2011	35.24	820 000	39.26	322 850						
2012	25.38	505 389	35.97	259 738	93	146 551				
2013	23.04	254 555	36.30	252 681	114	155 469	63	40 958	405	367 089
2014	15.60	225 324	32.27	167 075	121	156 074	50	38 025	391	266 486
2015	6.90	97 955	23.06	137 403	102	132 194	34	25 554	335	165 089
2016	0.10	7 411	15.22	98 088	39	40 253	14	7 956	108	2 641

表2-3-15　2009—2016年宁波宝新主要原燃料采购统计表

年　份	柴油（吨）	液化石油气（吨）	天然气（万立方米）	焦炉煤气（万立方米）
2009	146	19 078	2 368	
2010	203	13 652	3 254	

〔续表〕

年　份	柴油(吨)	液化石油气(吨)	天然气(万立方米)	焦炉煤气(万立方米)
2011	77	13 513	3 204	
2012	180	14 034	2 529	1 873
2013	40	5 924	3 262	2 586
2014	160		4 135	2 533
2015			4 400	1 919
2016			4 890	901

表 2-3-16　2011—2016 年宝钢德盛主要原燃料采购统计表　　单位：吨

年份	低镍红土镍矿	高镍红土镍矿	无烟煤	喷吹煤	国产高碳铬铁	进口高碳铬铁	电解锰	电解铜	低碳硅锰铁
2011	—	—	—	—	—	—	—	—	—
2012	3 516 800	770 424	129 000	74 000	193 710	35 400	93 078	4 800	36 700
2013	1 555 000	1 097 000	207 000	109 500	163 000	45 000	75 520	8 320	30 470
2014	2 223 601		229 000	113 000	141 500	132 000	80 820	10 080	34 600
2015	2 083 000	55 000	219 000	88 600	99 000	150 000	70 560	8 520	39 100
2016	2 392 000		235 000	40 000	97 300	175 000	59 100	7 250	38 900

三、主要产品

1998—2004 年，宝钢一钢具备轧制 800 多个品种钢材的能力，开发的高强度系列带肋钢筋、NS1 耐硫酸露点腐蚀钢、10PCuRe 耐大气腐蚀钢、SM490A 焊接结构用钢等新产品，广泛应用于上海地铁、南浦大桥、杨浦大桥、东方明珠电视塔、上海八万人体育场、浦东国际机场等重大工程。

2005—2016 年，随着不锈钢生产线的陆续建成，宝钢不锈的不锈钢产品形成铁素体、奥氏体、马氏体、双相钢等四大系列产品；碳钢产品形成抗氢诱裂纹（HIC）管线、高韧性管线、汽车结构、焊接气瓶等十大系列产品。广泛应用于核电、工业结构件、食品机械、化工设备、海洋运输、车辆船舶结构件、铁路货车、建筑装潢、家用电器、厨房设备等多个领域和行业，远销美国、德国、意大利、罗马尼亚、韩国等国家及中国台湾地区。

表 2-3-17 2005—2016 年宝钢不锈(本部)主要产品及应用领域情况表

序号	主要产品	主要应用领域	序号	主要产品	主要应用领域
1	热轧管线钢	石油管道	15	酸洗工业板	球罐、酒罐、工程用钢
2	热轧结构钢	各类结构、构件	16	酸洗双相不锈钢	海水淡化、桥梁等工程用钢
3	热轧焊瓶钢	各类钢瓶	17	酸洗马氏体不锈钢	刀、叉、勺等餐具、医疗器械、刹车盘
4	热轧汽车结构钢	汽车结构构件			
5	酸洗结构钢	各类结构、构件	18	沉淀硬化不锈钢	输送带
6	酸洗车轮用钢	车轮	19	轨道车辆用钢	轨道交通、运矿车辆车体
7	酸洗汽车车轮用钢	汽车结构构件	20	冷轧工业板	球罐、酒罐、工程用钢
8	酸洗搪瓷钢	装饰、制品	21	汽车排气用钢	汽车排气系统
9	普冷板	家电、制品、汽车面板	22	常规 200/300/400 系冷轧产品	家电、厨卫、制品
10	普冷高强钢	汽车构件			
11	热镀锌高强钢	汽车面板、构件	23	精密带钢产品	电脑硬盘、手机配件、刀片
12	焊丝钢	焊丝材	24	汽车装饰用钢	汽车装饰件
13	精冲钢	汽车座椅、电视支架	25	核电用钢	热交换器
14	热轧马氏体不锈钢	刀、叉、勺等餐具			

表 2-3-18 2009—2016 年宁波宝新主要产品及应用领域情况表

序号	主要产品	主要应用领域	序号	主要产品	主要应用领域
1	304 不锈钢	冲压制品、太阳能、结构件、家电	6	超纯铁素体不锈钢	汽车排气系统、家电、水处理、电梯
2	430 不锈钢	家电、厨具、冲压制品	7	精密硬态不锈钢	精密电子器件、轨道车辆
3	不锈钢 BA 板	抛光装饰、家电、电梯	8	压花不锈钢	装饰幕墙、水槽
4	不锈钢研磨品	电梯、厨具、门业、家电	9	不锈钢复合板	养殖业、电梯、门业
5	200 系不锈钢	冷藏集装箱、纺织业、电子配件			

表 2-3-19 2011—2016 年宝钢德盛主要产品及应用领域情况表

序 号	主要产品牌号	主要应用领域
1	B436L	汽车排气系统
2	B441	汽车排气系统
3	SUS430	餐具

〔续表〕

序 号	主要产品牌号	主要应用领域
4	SUS410L	餐具
5	B436M	汽车排气系统
6	304L	装饰板、家电
7	SUS304	装饰板、家电、厨卫
8	BN1	导轨、合页、制品
9	BN1G[(1 015×2.60～4.80)]	导轨、合页、制品
10	BN1G[(1 045×2.00～5.00)]	面板、装饰板
11	BFS400	油箱用钢
12	BFS600	汽车用高强钢
13	BN1TC	制管
14	BN1TP	制管
15	DSBJ4	导轨、合页、制品
16	DSJ4	水槽、保温杯
17	BNDDQ	集装箱内胆
18	B304－C9	电梯面板、洗衣机、冰箱等
19	B304－C7	洗碗机
20	B304－C6	电磁元件
21	BMF1	纺织行业、电子元器件
22	BMF2	纺织行业、电子元器件
23	BMF3	纺织行业、电子元器件
24	BN2	集装箱、制品
25	201LN	低温罐箱、槽车、管道行业
26	304J1	灶具、制品
27	301	列车、航空器、车辆及弹簧
28	301B	列车、航空器、车辆及弹簧
29	301S	列车、航空器、车辆及弹簧
30	301L	列车车辆结果及外部装饰
31	B304CQ	制品
32	B304DDQ	制品

（续表）

序号	主要产品牌号	主要应用领域
33	SUS316L	化工设备、食品器材及沿海设施
34	316L	化工设备、食品器材及沿海设施
35	321	化工、石油设备

四、钢铁产量

2000 年年底，宝钢一钢具备 260 万吨铁、240 万吨钢、140 万吨材的年生产能力。2005 年不锈钢项目建成投产后，宝钢股份不锈钢分公司具备年产钢水 340.60 万吨（其中不锈钢水 150 万吨），连铸板坯 328.90 万吨（其中不锈钢板坯 144 万吨），热轧板卷 309.70 万吨（其中不锈钢板卷 128.50 万吨）的生产能力。2010 年，冷轧不锈钢带钢工程建成，宝钢股份不锈钢事业部全年可产不锈钢 150 万吨、碳钢 190 万吨，热轧不锈钢板卷 128 万吨、碳钢板卷 181 万吨，冷轧不锈钢 66 万吨、冷轧碳钢 140 万吨。2016 年，宝钢不锈（本部）完成铁产量 85.94 万吨、钢产量 116.23 万吨、热轧产量 192 万吨。

表 2－3－20　1999—2016 年宝钢不锈（宝钢一钢）钢铁产量统计表　　单位：万吨

年份	生铁产量	粗钢产量	商品坯材产量	年份	生铁产量	粗钢产量	商品坯材产量
1999	125.08	221.69	181.16	2008	258.85	315.59	285.48
2000	251.69	225.56	164.78	2009	233.97	302.32	269.26
2001	250.07	239.33	144.31	2010	263.15	347.81	294.66
2002	250.24	214.96	201.46	2011	257.31	335.09	321.20
2003	281.71	276.96	255.21	2012	214.83	284.73	301.59
2004	303.00	289.00	304.00	2013	256.41	311.15	339.87
2005	281.71	276.95	287.06	2014	254.02	293.02	328.99
2006	295.68	334.53	295.79	2015	218.95	243.12	296.77
2007	288.52	331.28	301.99	2016	85.94	116.23	133.46

表 2－3－21　2009—2016 年宁波宝新钢铁产量统计表　　单位：万吨

年　份	商品坯材产量	年　份	商品坯材产量	年　份	商品坯材产量
2009	61.37	2012	61.62	2015	69.45
2010	63.42	2013	65.89	2016	65.04
2011	60.45	2014	70.18		

表 2-3-22 2011—2016 年宝钢德盛钢铁产量统计表 单位：万吨

年份	生铁产量	粗钢产量	商品坯材产量	年份	生铁产量	粗钢产量	商品坯材产量
2011	79.83	93.04	97.62	2014	90.15	115.36	110.67
2012	92.33	113.62	105.28	2015	89.77	116.21	114.00
2013	92.05	112.77	110.65	2016	81.95	108.26	102.89

第五节 宝钢浦钢(中厚板分公司)

一、生产装备

1998 年年底，宝钢浦钢有转炉、电炉、特钢等 3 个炼钢厂，厚板、中板、型钢等 3 个轧钢厂，生产线大多为 20 世纪 90 年代前建设的，工艺装备较为落后。1999 年 5 月起，先后淘汰年产 50 万吨的 2 座 100 吨平炉、年产 30 万吨的型钢二工场横列式轧机；2000 年，淘汰年产 80 万吨的 630 开坯厂、3 座 5 吨电炉及其他辅助落后设施。在淘汰落后产线的同时，对原有设备进行技术改造。2001 年，特种钢厂引进 1 台 30 吨氩氧转炉、新置 1 台 30 吨电弧炉、1 台 30 吨 LF 炉，改造原有 20 吨电弧炉与 VOD 精炼炉 1 座，不锈钢连铸 1 台，实现所有钢种全连铸生产模式。厚板厂从美国德列弗(Drever)公司引进 1 台辊底式热处理炉，1 台辊压式淬火机，并建设相应的水处理设施与配套设备。采用德国西马克德马格公司的新技术，由国内制造 1 台滚切式双边剪，替换使用 40 余年的老双边剪，以提高厚板剪切质量，增加剪切能力。新建 1 台 2 500 吨液压压平机，以提高厚钢板矫直能力，并改造厚板高压除鳞系统和配套系统。厚板厂成为全国最大不锈钢中厚板生产基地。2004 年，再次淘汰低效率、低效益、低档次长材生产能力 140 万吨，型钢、热叠轧薄板全部被淘汰。

2005 年 6 月 29 日，宝钢浦钢搬迁罗泾工程举行开工仪式。因搬迁罗泾区域，宝钢浦钢位于浦东老厂区的炼钢、特钢 2 个炼钢厂相继于 2006 年 1 月 16 日和 3 月 28 日停产关闭，中板生产线于 9 月 27 日关停。2007 年 7 月 18 日，老厂区最后一条生产线——厚板生产线关停。同年 11 月，罗泾工程 COREX 装置点火，罗泾第一步工程投产。工程采用熔融还原炼铁—炼钢—连铸—厚板轧机的紧凑型生产流程。由于取消了炼焦和烧结生产工艺，各种污染排放物大幅度减少。二氧化硫排放仅为高炉的 4.90%，达到钢铁行业国际先进的清洁生产水平。罗泾工程还采用多种先进的节能降耗技术，生产过程中产生的余能、余热、副产煤气、固体废物等，都可得到高效综合利用，并形成一条完整的钢铁制造业循环经济产业链。2008 年 2 月 28 日，罗泾第二步工程陆续开工。项目秉承了技术先进、节约资源、环境友好的理念，并以熔融还原炼铁技术、直弧型板坯连铸机等新工艺为主要代表。2011 年 3 月 28 日，二号熔融还原炼铁装置(COREX 炉)点火投产。2012 年 9 月，罗泾区域全部生产线停产。

表 2-3-23 1998—2007 年宝钢浦钢主要装备情况表

序号	主要装备	规格	数量	投产日期	备注
1	平炉 100 公称吨	39.96 万吨/年	2	1949 年	1999 年 5 月退役
2	转炉：复合吹炼转炉 30 公称吨	19 万吨/年	3	1988 年	2006 年 2 月退役

〔续表〕

序号	主　要　装　备	规　格	数量	投产日期	备　注
3	大铸件：一号、二号电炉 5 公称吨	1 万吨/年	2	1966 年	2002 年 2 月退役
4	特钢：三号、四号、五号电炉 5 公称吨	1 万吨/年	3	1983 年	1999 年退役
5	六号电炉 20 公称吨	3 万吨/年	1	1986 年	1999 年退役
6	大电炉：七号、八号电炉 100 公称吨	36.50 万吨/年	2	1993 年	2000 年 12 月退役
7	特钢：三号、四号 30 公称吨	16 万吨/年	2	2000 年	2006 年退役
8	转炉：一号板坯连铸机一机一流 1 600×1 200/200×1 400 毫米	30 万吨/年	1	2005 年	2006 年 2 月退役
9	二号、三号方坯连铸机 125×165/160×220 毫米	12.23 万吨/年	2	1988 年	2006 年 2 月退役
10	四号方坯连铸机二机四流 160×220/160×1 200 毫米	23 万吨/年	1	1988 年	2006 年 2 月退役
11	五号板坯连铸机一机一流 1 600×1 200/200×1 400 毫米	30 万吨/年	1	1992 年	2006 年 2 月退役
12	特钢：不锈钢板坯连铸机	10 万吨/年	1	1986 年	2006 年 3 月退役
13	大电炉：大板坯连铸机	75 万吨/年	1	1994 年	2002 年退役
14	制氧厂：一号、三号、四号制氧机 6 000 立方米/小时	6 000 立方米/小时	3	1971 年、1973 年、1977 年	2006 年 2 月退役
15	五号制氧机 10 000 立方米/小时	10 000 立方米/小时	1	1992 年	2006 年 2 月退役
16	开坯机：675 毫米×2/630 毫米×2，3 200 千瓦×1/2 300 千瓦×1	30 万吨/年	1	1974 年	2003 年退役
17	轧机：530 毫米×2/450 毫米×2，1 600 千瓦×1/1 250 千瓦×1	15 万吨/年	1	1965 年	2004 年 2 月退役
18	小型轧机：550 毫米×5/400 毫米×2/360 毫米×3/300 毫米×3，220 千瓦×1/400 千瓦×1/550 千瓦×1/650 千瓦×1/550 千瓦×1/1 000 千瓦×1/1 000 千瓦×1/1 000 千瓦×1	20 万吨/年	1	1977 年	2002 年 6 月退役
19	轧机：290 毫米×2/290 毫米×2/290 毫米×3，1 000 千瓦×1/1 000 千瓦×1/800 千瓦×1	13 万吨/年	1	1954 年	2000 年退役
20	中板轧机：三辊劳特式 2 350 毫米×(850 毫米×2/550 毫米×1)×1，2 350 千瓦×1	30 万吨/年	1	1958 年	2006 年 9 月退役
21	四辊：可逆式 2 350 毫米×(1 200 毫米×2/700 毫米×2)×1，2 200 千瓦×2/2 050 千瓦×2/5 400 千瓦×1		1	1970 年	2006 年 9 月退役
22	厚板粗轧机：四辊可逆式 4 200 毫米×(1 800 毫米×2/890 毫米×2)×1，3 500 千瓦×2	75 万吨/年	1	1993 年	2007 年 7 月退役，设备搬迁至八一钢铁

〔续表〕

序号	主　要　装　备	规　　格	数量	投产日期	备　注
23	精轧机：3 300 毫米×(2 000 毫米×2/1 020 毫米×2)×1,5 750 千瓦×2		1	1993 年	2007 年 7 月退役，设备搬迁至八一钢铁
24	热轧薄板轧机：一号、二号、三号二辊周期式 1 200 毫米×760 毫米×2/1 000 千瓦×1	3 万吨/年	3	1961 年	2002 年 5 月退役
25	热轧薄板轧机：一号二辊周期式 1 200 毫米×760 毫米×2/1 000 千瓦×1	3 万吨/年	3	1966 年	2005 年 3 月退役
26	冷轧薄板轧机：一号四辊可逆式 1 200 毫米×(1 150 毫米×2/450 毫米×2)×1,1 250 千瓦×1/1 400 千瓦×1/1 600 千瓦×1	2 万吨/年	1	1963 年	2005 年 3 月退役
27	二号四辊可逆式 1 200 毫米×(1 150 毫米×2/370 毫米×2)×1,1 000 千瓦×1/1 150 千瓦×1/1 250 千瓦	2 万吨/年	1	1963 年	2005 年 3 月退役

二、原料采购

1998 年，宝钢浦钢 90%的原辅材料、备品备件，甚至劳务等都是通过“物物串换”方式进行结算，参与串换的中间商多达 300 多家。1999 年，宝钢集团注入资金担保，宝钢浦钢借助于宝钢集团的供销网络，在采购上制止串换，对原辅材料用现钞方式，实行比价、竞价采购，使采购成本大大下降。2001—2007 年，宝钢浦钢持续推进原辅材料比价竞价采购工作，原辅材料供应比价采购率达 80%。2008 年，宝钢股份中厚板分公司的原燃料采购业务全部划归宝钢股份原料采购中心负责。

三、主要产品

1998 年，宝钢浦钢产品有薄、中、厚黑色钢板，薄、中、厚不锈钢板，及中、小异型钢材三大类。宽厚板、高效型钢、不锈钢作为宝钢浦钢的特色产品应用于国家支柱产业、重点建设工程以及国防事业，有较高的知名度和市场占有率。宽厚船板通过美国、英国、德国等 8 国船级社认证，长征系列运载火箭、西陵长江大桥、葛洲坝水电工程、秦山核电站、上海东方明珠电视塔、上海大剧院、徐浦大桥等都采用了宝钢浦钢的产品。

2000 年，宝钢浦钢以市场为导向，调整产品结构，压缩长线产品，开发高附加值产品。开发采油平台用钢、压力管用钢板、75Cr1 锯片钢等新钢种。高效型钢比例从 1998 年 14.50%提高到 22.10%。中板薄规格比例及品种结构也进行了调整。公司从原来 80%以上的产品无毛利，转变为 92%产品有毛利。2001 年，厚板厂改造完成后，专业板比例从 40%提高至 70%左右，重点生产 32～36 公斤级以上高强度船板、高压锅炉板等专用板。2004 年，淘汰型钢、热叠轧薄板产品。以造船板、锅炉容器管、优质结构钢等为主的中厚板成为其主要产品。全年中厚板产量达 240.50 万吨。

2007 年罗泾工程建成后，形成以船板、结构钢、管线钢为主的品种结构。核电用钢实现零的突破；实现 X52～X80 高等级管线钢开发和批量生产；品种规格扩展至厚 5.50 毫米船板、8 毫米高强度调质管线钢、X65抗HIC管线钢。冶炼出第一炉液化天然气储罐用9Ni钢。TMCP船板完成船级社认证和批量生产，并稳步进入高端船板市场。

表2-3-24　1998—2007年宝钢浦钢主要产品及应用领域情况表

序号	主 要 产 品	主要应用领域
1	厚钢板	石油平台、造船、高强度结构钢、建筑用钢、大型设备等
2	中钢板	结构钢、造船、汽车大梁、锅炉板、容器板等
3	薄钢板	油桶、专用钛合金板
4	特殊型材	军用球扁钢、汽车轮辋等
5	螺纹钢	建筑用钢
6	导轨	电梯
7	铸钢件	造船等
8	冷轧不锈钢板	纺织等

四、钢铁产量

1998年，宝钢浦钢具有钢200万吨、材200万吨综合生产能力。1999年起，通过淘汰落后产能及技术改造，炼钢和中厚板生产能力得到提高。2006—2007年，由于老产线陆续关闭停产，宝钢浦钢产量大幅下降。2008年3月罗泾第一步工程全面建成后，宝钢股份中厚板分公司具备年产铁150万吨、钢157万吨、连铸坯152万吨、宽厚板160万吨的生产能力。

表2-3-25　1999—2009年宝钢浦钢(中厚板分公司)钢铁产量统计表　单位：万吨

年份	生铁产量	粗钢产量	商品坯材产量	年份	生铁产量	粗钢产量	商品坯材产量
1999	0	146.41	143.48	2005	0	144.67	232.40
2000	0	140.11	168.57	2006	0	4.50	209.00
2001	0	127.69	180.36	2007	0	—	74.07
2002	0	145.92	212.35	2008	100.50	—	94.50
2003	0	152.35	240.25	2009	100.43	103.42	108.59
2004	0	175.00	241.69				

第六节　宝钢特钢(宝钢五钢)

一、生产装备

1998年11月上海地区钢铁企业联合重组前，上海五钢(集团)有限公司以生产优质钢为主、普碳钢为辅，生产设备和工艺流程较为先进。进入宝钢集团后，为优化产品结构，增加高附加值产品，宝钢五钢开始淘汰化铁炼钢、小电炉、小转炉和多火成材等落后工艺装备。2001年，按照“四线四中心”（即不锈钢长型材、合金钢棒材、特殊合金及高合金钢合金板带等4条生产线，银亮材、特种合金管、精密冷带、金属制品等4个延伸加工中心）发展规划，不锈钢长型材工程和特种冶炼技术改造项目开工。2002年12月8日，代表国际先进水平的快锻暨径锻改造工程开工建设。2004年，按照上海城市建设总体规划和宝钢集团新一轮发展战略要求，以转炉、带钢为主体的化铁炼钢生产线实行关停。2005年，宝钢股份特殊钢分公司启动高温合金钢生产线改造项目。2006年，特种金属及合金板带工程开工建设。2008年，合金板管等一批重大规划项目全面启动实施。2016年9月22日，宝钢特钢初轧厂主轧线关停，宝钢特钢生产历史最悠久的一条产线退出生产序列。年底，宝钢特钢拥有特种冶金、不锈钢和结构钢长材、银亮材、合金板带及钢管等多条现代化生产线。

表2-3-26 2005—2016年宝钢特钢主要装备情况表

序号	主要装备	规格	数量	投产时间	备注
1	交流电弧炉	公称容量60吨	1	2003年	
2	交流电弧炉	公称容量30吨	4	2007年	
3	直流电弧炉	公称容量100吨	1	1996年	2011年9月关停
4	方坯连铸机	MCC220-180-160-140	1	2003年	
5	垂直板坯连铸机	CCM150-200/600-1300	1	2009年	
6	真空感应炉	公称容量1吨	2	2009年	
7	真空感应炉	公称容量6吨	2	1996年	
8	真空感应炉	公称容量1吨	1	1982年	
9	真空感应炉	公称容量12吨	1	2004年	
10	非真空感应炉	公称容量1吨	1	1980年	
11	真空自耗炉	公称容量5吨	1	1966年	2003年改造
12	真空自耗炉	公称容量10、15吨	2	2003年	
13	真空自耗炉	公称容量8、10、12吨	3	2007年	
14	真空自耗炉	公称容量12吨	2	2010年	
15	电渣重熔炉	公称容量1吨	1	2000年	
16	电渣重熔炉	公称容量2吨	4	2000年	
17	电渣重熔炉	公称容量3吨	2	2000年	
18	电渣重熔炉	公称容量4吨	4	2004年	
19	电渣重熔炉	公称容量5吨	1	2000年	
20	电渣重熔炉	公称容量7吨	2	2010年	
21	电渣重熔炉	公称容量20吨	1	2002年	

〔续表〕

序号	主 要 装 备	规　　格	数量	投产时间	备　注
22	电渣重熔炉	公称容量 20 吨	4	2008 年	
23	电子束冷床炉(EB)	电子束枪功率共 3 200 千瓦	1	2011 年	
24	等离子冷床炉(PAM)	等离子枪功率共 3 300 千瓦	1	2011 年	
25	1 300 吨精锻机	13/16 兆牛	1	2004 年	
26	2 000 吨快锻机	20/25 兆牛	1	1987 年	
27	4 000 吨快锻机	40/45 兆牛	1	2003 年	
28	6 000 吨快锻机	60/65 兆牛	1	2011 年	
29	方坯初轧机	800 毫米两辊可逆式	1	1962 年	2016 年 9 月关停
30	炉卷初轧机	2 800 毫米四辊可逆式	1	2009 年	
31	炉卷精轧机	2 300 毫米四辊可逆式	1	2010 年	
32	六辊轧机	六辊可逆式冷轧机	1	2011 年	
33	20 辊轧机	20 辊可逆式冷轧机	1	2011 年	
34	棒材连轧机	辊径：800/630/500/320 毫米	1	1992 年	2004 年改造
35	型钢轧机	550 毫米二辊可逆预应力轧机	1	1973 年	2013 年关停
36	棒线材轧机	辊径：700/630/500/380 毫米	1	2003 年	
37	高合金棒材轧机	辊径：738/530/450/380/320 毫米	1	2007 年	
38	钢管热穿孔机	100 毫米	1	1982 年	2010 年 9 月关停
39	钢管冷轧高速轧机	KPW－50VMR	1	1988 年	
40	钢管冷轧高速轧机	SKW－75VMR	1	1996 年	
41	钢管冷轧机	LG30、LG60H、LG110H 钢管冷轧机	3	2007 年	
42	钢管热挤压机	公称吨位 6 000 吨	1	2010 年	

二、原料采购

1998 年年底，宝钢五钢将原有 5 个分公司采购权进行归并，实行一个口子对外统一采购方式，制定统一采购、仓储保管、物资发放等管理办法。此外，还从生铁采购入手，改变过去以物易物、钢材换生铁方式，在宝钢集团资金支撑下，实行现金招标比价采购。1999 年，生铁采购成本比 1998 年每吨下降 99.33 元，全年生铁采购降低成本 1.20 亿元。2003 年，宝钢五钢整合采购、计划供应管理职能，组建采购供应部。2005 年，宝钢股份特殊钢分公司主要原燃料采购由宝钢股份原料采购中心负责。2007 年，特殊钢分公司撤销采购部建制。2009 年 5 月起，特殊钢分公司不锈钢原料由不锈钢事业部负责采购。

表 2-3-27　2005—2016 年宝钢特钢原燃料采购统计表　　单位：吨

年　份	生　铁	废　钢	合　金	原　煤	焦　炭
2005	217 081	688 850	62 662	158 337	1 067
2006	250 751	746 315	80 356	40 198	176
2007	242 012	730 244	101 624	44 536	0
2008	187 607	460 995	78 059	40 848	853
2009	54 633	306 042	81 339	31 069	451
2010	183 800	720 856	184 948	44 882	717
2011	136 995	470 413	185 239	35 222	580
2012	40 559	204 033	105 656	0	355
2013	42 841	277 951	120 031	0	505
2014	27 861	219 600	95 112	0	469
2015	16 789	119 858	57 204	0	163
2016	19 952	160 999	60 034	0	0

三、主要产品

1998—2001 年，宝钢五钢形成轴承钢、汽车零部件用钢、工模具钢、不锈钢、高温合金、钛合金等特殊钢和特种合金为主力产品的生产体系。产品有棒、管、丝、带、饼、环及异型材，其中轴承钢产量占全国近 1/4，产品质量居全国领先地位，是中国第一家通过斯凯孚(SKF)公司无条件质量认可的轴承钢生产工厂；汽车零部件用钢主要为上海大众汽车有限公司配套，提供桑塔纳轿车曲轴、连杆、转向器等主要部件用钢，并获上海大众汽车公司和德国大众汽车公司、英国吉凯恩集团(GKN)、美国罗克韦尔(Rockwell)公司等认可；不锈钢品种以不锈无缝钢管最为著名，除一般不锈钢外，能生产核级、尿素级和双相不锈钢管，并为秦山核电站等国家重点工程提供管材；工模具钢品种多、规格齐、质量水平处于国内领先，部分产品达到国际先进水平，H13、D2、5CrNiMo 等钢种内在质量达到美国 ASTMA681 规范。高温合金、钛合金技术质量与技术能力在国内具有一定优势，在国内航空、航天专业部件领域占有率超过 1/3。同时，宝钢五钢依靠科技进步，大力发展新试产品。汽车用钢、高质量轴承钢、弹簧钢、高性能冷轧辊坯锻材、油田用钢、不锈钢及航空、航天领域用高科技材料等新产品研究开发取得新的突破。

2005 年，宝钢股份特殊钢分公司发挥特殊钢生产工艺、技术、装备等优势，明确以特种冶金为抓手，使高温合金、钛合金、叶片钢、高速工具钢、模具钢等高端产品产销不断扩大；加快新品开发、市场开拓力度，做大做强不锈钢长型材及合金钢棒材产品，提高市场占有率。

截至 2016 年年底，经过近 60 年的发展，宝钢特钢产品系列已由当初的“优特钢”逐步向“高品质特殊钢及特种合金”转型，构建了以高温合金、耐蚀合金、精密合金、钛及钛合金、特殊不锈钢、特种结构钢六大战略产品族群，以及长材、扁平材、管材、锻件等四大重点品种系列的专业生产营销格局。产品广泛应用于航空航天、国防军工、能源电站、石油化工、交通运输、工程机械、特种船舶、节能环保等领域。

表 2-3-28　2005—2016 年宝钢特钢主要产品及应用领域情况表

序号	主要产品	主要应用领域
	特冶系列	
1	高温合金锻件、棒材、钢管、带	航空航天领域
2	钛合金等温锻件	航空航天领域
3	高强钢、超高强钢	航空航天领域
4	叶片钢	航空航天领域、火电领域汽轮机
	工模具钢系列	
5	模具钢	汽车塑料件领域、家电、塑料制品领域
6	热作模具钢	压铸、挤压模具，大型锤锻模
7	冷作模具钢	深冲、挤压模具
8	高速工具钢	高速机床刀具
9	芯棒	无缝钢管制造
10	冷轧辊	冷轧钢板制造
11	工具钢	机床刀具、测量工具、五金工具
	特冶(精密)系列	
12	倍频输电线	电网工程
13	双金属、精密合金	航空航天电器设备
	不锈钢系列	
14	不锈钢管、管坯	化工(石油化工、煤化工、化学工业)、医药、发电锅炉
15	不锈钢棒线材	家电、办公用品、日用品、紧固件
16	医用不锈钢棒材	人体植入
17	合金钢线材	紧固件、汽车用紧固件、弹簧、五金
18	气阀钢	汽车进出气阀门
	结构钢系列	
19	曲轴用钢	乘用车
20	连杆用钢	乘用车
21	传动轴、齿轮用钢	乘用车、汽车、机车、矿山机械
22	合金结构钢	乘用车变速与传动系统、悬架与转向系统
23	悬架弹簧用钢	乘用车
24	弹簧钢	钟表、机械设备、矿山机械

〔续表〕

序 号	主 要 产 品	主要应用领域
25	履带钢	矿山机械
26	轴承钢	航空航天、电力能源、装备制造业
	钢管系列	
27	镍基油气井管	恶劣地质条件下石油开采用
28	耐蚀合金无缝钢管	化学工业、石油化工、煤化工、氟化工,多晶硅、海洋平台
29	超级奥氏体不锈无缝钢管	化肥工业、环保领域脱硫脱硝
30	双相不锈无缝钢管	化学工业、石油化工、造纸、印染
31	电站锅炉用无缝钢管	超超临界发电机组
32	镍基合金传热管	核电蒸汽发生器(核电一级)
33	高温合金管	航天发动机用管、飞机发动机燃油管
34	航空不锈钢管	飞机发动机燃油管
	核电系列	
35	镍基螺旋盘管	高温气冷堆核1级蒸汽发生器
36	镍基合金水室隔板	核电蒸汽发生器
37	不锈钢支撑板	核电蒸汽发生器
38	合金传热管	核电蒸汽发生器(核电二、三级)
39	不锈钢棒材、管材	核电核岛对内控制机构
40	镍基合金板、带材	核电燃料组件
	钢板系列	
41	耐蚀合金板	化学品运输船、化工机械装备、电站能源、环保
42	不锈钢板	化学品运输船、化工机械装备、电站能源
43	耐磨板	矿山机械
44	双相不锈钢船用板	化学品船
45	殷瓦合金	液化气船用
46	无磁、低磁钢板	国防工业

四、钢铁产量

1998年,宝钢五钢拥有200万吨钢、140万吨材生产能力。1998年11月—2000年年底,共产钢344万吨、钢材286万吨。其中,重点品种轴承材24.90万吨、不锈钢3.85万吨、高速工具钢0.55万吨、模具材2.31万吨。2001年起,逐步淘汰落后生产工艺和生产装备,新建改建一批先进生产线。2016年,宝钢特钢拥有120万吨钢、128万吨材的生产能力,当年实际产钢21.16万吨。

表 2－3－29　1999—2016 年宝钢特钢(宝钢五钢)钢铁产量统计表　　单位：万吨

年份	粗钢产量	商品坯材产量	年份	粗钢产量	商品坯材产量	年份	粗钢产量	商品坯材产量
1999	161.99	141.03	2005	51.21	64.53	2011	81.79	94.93
2000	151.84	119.25	2006	103.49	87.20	2012	36.07	67.25
2001	188.80	121.60	2007	104.69	93.22	2013	40.35	83.27
2002	193.30	211.00	2008	77.82	84.75	2014	37.97	82.22
2003	192.10	116.50	2009	45.85	75.64	2015	21.64	65.79
2004	166.70	149.40	2010	93.87	98.03	2016	21.16	46.51

第七节　八 一 钢 铁

一、生产装备

2007 年，八一钢铁拥有炼钢、棒线、型材、冷轧薄板、热轧薄板生产线。同时，在建铁前新区、炼钢、新棒材生产线、新高速线材生产线、4 200/3 500 毫米中厚板迁建工程等重点项目。2011 年，南疆钢铁基地项目开工建设。2012 年，南疆钢铁基地基本建成，形成年产 300 万吨钢产能。同年，罗泾一号熔融还原炼铁装置整体搬迁工程破土动工，2015 年建成投产。

表 2－3－30　2007—2016 年八一钢铁主要装备情况表

序号	主要装备	规　格	数量	投　产　时　间	备　注
1	烧结	20 平方米	3	1992 年 11 月	2011 年拆除
		一号 265 平方米	1	2006 年 12 月 18 日	
		二号 265 平方米	1	2008 年 10 月 5 日	
		430 平方米	1	2011 年 7 月 26 日	
		430 平方米	1	2013 年 2 月 25 日	南疆钢铁
2	球团	8 平方米竖炉	1	1998 年 10 月 13 日	2008 年停产并拆除
		雅满苏矿业公司 10 平方米竖炉	1	2000 年	2014 年 11 月停产
		60 万吨链篦机回转窑	2	一线：2005 年 二线：2008 年 12 月	雅满苏矿业公司
		60 万吨链篦机回转窑	2	一线：2005 年 7 月 二线：2007 年 12 月	富蕴蒙库铁矿公司
3	高炉	350 立方米	1	一号高炉：1992 年 6 月	2014 年停产并拆除
		380 立方米(430 立方米)	5	二号高炉：1999 年 6 月 26 日 三号高炉：1995 年 11 月 25 日 四号高炉：2004 年 4 月 18 日 五号高炉：2004 年 11 月 11 日 0 号高炉：2005 年 6 月 12 日	2014 年停产，保留 2 座，其余拆除

〔续表〕

序号	主要装备	规　　格	数量	投　产　时　间	备　　注
3	高炉	2 500 立方米	3	A 高炉：2008 年 2 月 28 日 B 高炉：2009 年 2 月 28 日 C 高炉：2011 年 7 月 29 日	
		1 800 立方米	2	一号高炉：2013 年 5 月 18 日 二号高炉：2014 年 5 月 20 日	南疆钢铁
4	熔融还原炼铁装置	C3000	1	2015 年 6 月 18 日	
5	转炉	20 吨	2	0 号转炉：2003 年 6 月 25 日 一号转炉：1995 年 7 月	2012 年停产并拆除
		40 吨	2	二号转炉：2005 年 6 月 2 日 三号转炉：2004 年 12 月 18 日	
		120 吨	3	一号转炉：2008 年 1 月 11 日 二号转炉：2008 年 9 月 30 日 三号转炉：2008 年 12 月 24 日	
		120 吨	2	一号转炉：2013 年 4 月 28 日 二号转炉：2013 年 5 月 22 日	南疆钢铁
		150 吨	1	2012 年 8 月 9 日	
6	电炉	70 吨	1	1999 年 10 月 27 日	
		110 吨	1	2006 年 4 月 26 日	2011 年拆除
7	连铸机	小方坯四机四流	3	0 号连铸机：2004 年 12 月 28 日 二号连铸机：2005 年 4 月 20 日 电炉：1999 年 10 月 27 日	
		小方坯八机八流	2	一号连铸机：2013 年 4 月 28 日 二号连铸机：2013 年 5 月 22 日	南疆钢铁
		小方坯 10 机 10 流	1	2012 年 8 月 9 日	
		板坯 1 800 毫米	4	一号连铸机：2011 年 3 月 25 日 二号连铸机：2006 年 4 月 26 日 三号连铸机：2008 年 1 月 11 日 四号连铸机：2008 年 9 月 22 日	
8	热轧带钢轧机	1 750 毫米	1	2006 年 7 月 15 日	
9	中厚板轧机	4 200 毫米/3 500 毫米	1	2009 年 2 月 28 日	
10	冷轧机组	700～1 270 毫米	1	2005 年 11 月 25	
11	彩涂镀锌机组	720～1 250 毫米	1	2004 年 6 月 19 日	
12	棒材机组	直径 10～40 毫米	2	一号棒材机组：2005 年 5 月 二号棒材机组：2010 年 3 月 22 日	60 万吨
		直径 10～40 毫米	2	一号棒材机组：2012 年 8 月 9 日 二号棒材机组：2013 年 7 月 8 日	南疆钢铁，85 万吨

〔续表〕

序号	主要装备	规　　格	数量	投　产　时　间	备　　注
13	高速线材机组	直径5～20毫米	2	一号机组：2001年9月15日 二号机组：2009年7月14日	60万吨
		直径5～20毫米	1	2013年7月8日	南疆钢铁，60万吨
14	连续小型机组		1	1997年9月	30万吨
15	焦炉	6米55孔	4	一号焦炉：2007年11月23日 二号焦炉：2007年12月16日 三号焦炉：2008年10月19日 四号焦炉：2009年1月23日	
		5.50米60孔捣固	2	一号焦炉：2013年9月15日 二号焦炉：2014年2月24日	南疆钢铁
		4.30米42孔	4	一号焦炉：1986年8月4日 二号焦炉：1996年6月18日 三号焦炉：2004年1月21日 四号焦炉：2004年11月27日	2015年停产并拆除
		4.30米49孔捣固	1	2005年9月26日	2015年停产并拆除
16	制氧机	一号6 000标准立方米/小时	1	1993年8月1日	2011年4月29日停运
		二号6 000标准立方米/小时	1	2002年8月27日	2016年1月11日停运
		2万标准立方米/小时	2	一号制氧机：2005年6月13日 二号制氧机：2007年3月	
		4万标准立方米/小时	2	一号制氧机：2008年12月1日 二号制氧机：2009年9月26日	
		4万标准立方米/小时	2	一号制氧机：2014年9月28日 二号制氧机：未投产	专供熔融还原炼铁装置
		2.20万标准立方米/小时	2	一号制氧机：2012年12月28日 二号制氧机：2013年6月15日	南疆钢铁
17	煤气柜	2万立方米	2	1992年6月	
		5万立方米	1	1992年6月	
		8万立方米	1	2008年6月	
		10万立方米	2	2008年1月6日	
		12万立方米	1	2013年	
		20万立方米	1	2014年	
		8万立方米	1	2013年8月16日	南疆钢铁
		10万立方米	2	焦炉煤气柜：2012年7月8日 高炉煤气柜：2013年4月29日	

二、原料采购

2007年，八一钢铁物资采购中心负责原燃料采购。针对原燃料供应紧张的局面，多方统筹，在铁精粉组织量不足的情况下，加大入烧矿的组织量；在进口废钢不足的情况下，加大新疆维吾尔自治区内部(简称疆内)废钢、疆内生铁块、河西走廊废钢的组织量；在新疆焦煤(集团)有限责任公司2130煤矿煤炭供应量不足的情况下，加大配煤研究工作，充分利用疆内焦煤和疆内优质气煤。通过定期召开原料计划协调平衡会，加大组织协调力度，做到原燃料按计划使用。2008年，八一钢铁根据资源战略和企业发展的需要，成立资源公司，负责大宗原燃料采购。加大疆内铁料资源采购，做好外购铁精粉工作，在宝钢集团的支持下，成功从日照港发运澳大利亚矿到八一钢铁，完成进口矿61.41万吨，缓解了铁料供应的紧张局面。为缓解白云石供应紧张的局面，运输、物流部门配合，启动汽车短线、长线运输，引进有实力的供应商，逐步解决石灰阶段性供应紧张的局面。2009年，为确保焦炭质量，八一钢铁调增疆内焦煤的配入比例，充分利用自有或区内低价焦煤资源，逐步降低区外高价焦煤配入量。全年，铁前新区焦炉自产煤配比较上年提高。与国外供应商重新商谈原燃料合同价格，降低铁精粉采购价格。2012年，八一钢铁取消物资采购中心的机构设置。2013年，八一钢铁成立原料采购管理事业部，主要负责八一钢铁国内、国际大宗原燃料(包括铁原料、煤炭、焦炭、合金、熔剂、废钢等)采购等业务管理，后更名为“资源采购部”。2014年12月，重新成立采购中心。2015年，八一钢铁建立并形成以月度经营分析会、价格评审、招标评审、业务流程变更评审、年度供应商评审等为平台的采购管理体系，规范采购流程。创新采购模式，对具备条件的耐材、药剂等物料实施“大包”(指需方将生产工序所需的材料交给供货单位施工操作、结算方式简单明晰的一种采购模式)，油品、轴承、电器元件采购国产化，品牌统一归类，有效降低采购成本。采购中心、销售部强化协同，通过中标供应商使用八一钢铁钢材、供应商协助购买或销售八一钢铁钢材等方式，开展供应链互供业务，促进两个市场协同增效。2016年，八一钢铁采购中心采取各种措施控制采购成本，通过与主要原料厂家签订战略合作协议，构建疆内原料采购模式，达到高效运行、降低成本的目的。

表2-3-31　2007—2016年八一钢铁原燃料采购统计表

年份	铁矿石(万吨)	球团矿(万吨)	铁精粉(万吨)	废钢(万吨)	焦炭(万吨)	洗精煤(万吨)	原煤(万吨)	汽油(吨)	柴油(吨)
2007	155.51	174.16	114.43	118.14		227.07	68.35	1 516	6 937
2008	187.57	211.72	151.35	107.20		361.68	90.15	1 226	7 963
2009	158.35	257.91	214.92	35.43		347.50	98.29	977	7 159
2010	185.84	268.56	250.42	51.81		444.28	126.57	970	7 329
2011	167.08	294.99	245.83	54.74	26.98	444.41	142.39	401	3 391
2012	165.74	357.31	297.76	66.61	75.64	381.26	139.41	321	4 099
2013	157.20	424.91	395.76	31.08	78.97	383.15	116.62	487	6 583
2014	96.01	376.74	373.40	30.46	43.52	386.99	113.89	669	6 138
2015	28.28	169.15	292.83	10.80	17.30	292.75	72.13	398	4 540
2016	33.79	128.86	463.03	17.21	52.84	228.97	71.15	329	4 384

三、主要产品

2007年，八一钢铁产品覆盖棒、型、线、带、板和涂镀板卷等。生产的钢种有普碳钢、优碳钢、低合金结构钢、焊条钢、棉花打包丝钢、抽油杆钢、弹簧钢、合金结构钢。开发和稳定生产煤炭机械用钢、汽车大梁用钢、风电用钢、油气输送管线用钢、压力容器用钢等。2009年，随着新生产线的建成，八一钢铁采用产销研一体化方式研发新产品，开发管线钢、汽车大梁钢，填补自治区内的空白。全年新开发产品14个，累计生产50多万吨。中厚板产能和产品规格有较大突破，轧制出厚度8毫米规格的钢板。2012年，八一钢铁重点推广高强钢筋产品，HRB400级以上高强钢筋占抗震钢筋的50%以上，其中最高级500E高强钢筋年产3.70万吨，在中国西部地区实现螺纹钢全部抗震化。热轧成功开发50Mn2V合金结构钢和HP295焊接气瓶用钢。中厚板产线在管线钢、桥梁用钢、低合金结构正火钢、低合金高强钢开发上取得突破，部分产品实现批量生产。

表2-3-32　2007—2016年八一钢铁主要产品及应用领域情况表

序号	主要产品	主要应用领域	序号	主要产品	主要应用领域
1	条钢	建筑、机械	8	高建钢	建筑
2	钢管	建筑、水利、电力	9	型钢	建筑、机械、电力
3	管线钢	输油(气、水)管线	10	阴极扁钢	冶金(有色)
4	热轧高强钢	机械、煤炭、建筑、石油	11	弹簧钢	交通、汽车、机械
5	汽车板	汽车	12	冷轧板	机械、汽车
6	镀锌版	建筑、化工、交通、包装、建筑	13	酸洗板	机械、汽车
7	彩涂板	建筑、交通、包装			

四、钢铁产量

2007年，新区一号高炉、一号120吨转炉等项目投产，八一钢铁具备年产钢600万吨生产能力。2008—2010年，一批新项目陆续建成投产，八一钢铁具备年产钢700万吨的生产能力。2013—2015年，随着南疆钢铁基地及罗泾一号熔融还原炼铁装置整体搬迁工程建成，八一钢铁具备年产1 100万吨钢的能力。2016年，八一钢铁调整产能，关停一部分产线，年产钢能力降为800万吨，当年实际产铁401.87万吨、钢415.56万吨。

表2-3-33　2007—2016年八一钢铁钢铁产量统计表　单位：吨

年份	生铁产量	粗钢产量	商品坯材产量
2007	2 754 529	4 043 589	商品连铸、轧制、锻造钢坯：72 200，钢材：3 873 828
2008	3 702 658	4 840 242	商品连铸、轧制、锻造钢坯：72 313，钢材：4 611 820

〔续表〕

年份	生铁产量	粗钢产量	商品坯材产量
2009	5 253 231	5 404 327	商品连铸、轧制、锻造钢坯：105 043，钢材：5 085 014
2010	6 010 054	6 713 068	商品连铸、轧制、锻造钢坯：94 367，钢材：6 334 412
2011	5 903 497	6 714 963	商品连铸、轧制、锻造钢坯：729，钢材：6 409 186
2012	7 146 569	7 548 470	商品连铸、轧制、锻造钢坯：18 015，钢材：7 198 177
2013	7 684 752	7 698 435	商品连铸、轧制、锻造钢坯：45 103，钢材：7 284 326
2014	7 703 676	7 670 049	商品连铸、轧制、锻造钢坯：44 177，钢材：7 226 697
2015	4 401 763	4 447 392	商品连铸、轧制、锻造钢坯：44 548，钢材：4 353 750
2016	4 018 673	4 155 604	商品连铸、轧制、锻造钢坯：16 313，钢材：3 971 795

第八节　宁 波 钢 铁

一、生产装备

宁波钢铁拥有高炉、焦炉、烧结、高炉、转炉、连铸机、热轧生产线。2009—2014年，对炼铁、炼钢系统进行扩建，新建配套辅助设施，并加强对生产设备的维护，生产装备保持良好状态。2014年，宝钢历经10余年研究开发成功的薄带连铸工业示范生产线在宁波钢铁投入试生产。薄带连铸技术将连续浇铸、轧制工艺集成为一体，可在几十秒内一次形成工业产品。

表2-3-34　2009—2014年宁波钢铁主要装备情况表

序号	主要装备	规格	数量	投产时间
1	焦炉	55孔JN60-6型复热式	2	五丰塘一号焦炉：2009年11月23日 五丰塘二号焦炉：2009年12月28日
2	高炉	2 500立方米	2	一号高炉：2007年4月30日 二号高炉：2008年5月25日
3	烧结机	430平方米、444平方米	2	一号烧结：2007年4月 二号烧结：2012年11月
4	转炉	180吨顶底复吹	3	一号转炉：2007年5月3日 二号转炉：2007年5月24日 三号转炉：2009年11月12日
5	连铸	双流板坯连铸	2	二号连铸机：2007年5月4日 一号连铸机：2007年5月18日
6	热轧	1 780毫米轧机	1	2008年1月22日
7	余能发电一号机组	装机容量135兆瓦全燃煤气—汽轮发电机组	1	2011年8月27日并网

〔续表〕

序号	主要装备	规　　格	数量	投产时间
8	RH 真空精炼炉	双工位	1	2011 年 10 月 15 日
9	LF 精炼炉	180 吨	1	2007 年 6 月 13 日
10	石灰窑	4 米×6 米	2	第一座：2008 年 5 月 4 日 第二座：2008 年 6 月 12 日

二、原料采购

2009 年，宁波钢铁建立采购管理制度，优化采购管理流程，加强供应商管理，完善采购基础管理工作。利用宝钢集团的采购平台，主动调整采购策略；通过加强市场分析，上半年以市场现货采购方式为主，下半年以长期协议采购为主、现货采购补充的方法。全年降低采购成本 1.55 亿元。2010 年，为降低采购成本，在确保供应的基础上，准确把握市场波段，研判市场走势，大胆果断及时决策，实行策略采购。2012 年，由策略采购改为稳健采购、按需采购，低库存运行，大宗原燃料库存量由最高的 206 万吨降至 125 万吨。铁矿石平均采购价全年低于普氏价格指数 4 美元，优于宝钢集团平均水平。

表 2－3－35　2009—2014 年宁波钢铁原燃料采购统计表　　单位：万吨

年　份	铁矿石	炼焦煤	喷吹煤	焦　炭
2009	469.50	90.70	62.10	62.50
2010	676.90	163.90	63.80	58.30
2011	714.60	156.60	80.10	86.50
2012	612.70	152.80	76.70	80.20
2013	773.00	158.20	101.00	74.20
2014	743.20	149.00	90.10	74.10

三、主要产品

热轧产品是宁波钢铁的主要产品。进入宝钢集团后，宁波钢铁通过拓展品种，扩大热轧品种范围。2010 年，宁波钢铁可批量接单汽车结构钢系列产品、管线钢系列产品、冷轧基板系列产品、集装箱用钢、建筑结构钢六大类 27 个钢种牌号。规格由年初的最薄规格 2.50 毫米减薄至 1.80 毫米，能稳定生产 2 毫米厚度的集装箱钢。2011 年，重点推进薄规格产品的轧制，满足市场的需求。2012 年，确立以冷轧深冲用钢为主要突破口的方针，发展优势品种，同时兼顾盈利能力较强的汽车结构系列用钢，拓展市场份额，实现产品结构从单一的中低端产品逐步向中高端产品的转变。

表 2-3-36　2009—2014 年宁波钢铁主要产品及应用领域情况表

序号	主要产品	主要应用领域	序号	主要产品	主要应用领域
1	普通碳素结构钢	管道、机械、石化、家具、城建等	5	汽车结构用钢	底盘大梁、轮毂、底盘摆臂、座椅滑轨、门铰链等
2	低合金结构钢	管道、机械、汽车、石化、电力、城建等	6	硅钢	电力、电机等
			7	焊接气瓶钢	液化气钢瓶、乙炔气瓶
3	冷轧深冲用钢	家电、汽车、五金、电子等	8	管线钢	输油、天然气、水管道等
4	优质中高碳钢	锯片、刀模、园林剪、链片等	9	集装箱板用钢	集装箱制造

四、钢铁产量

2009 年 3 月，宝钢集团重组宁波钢铁。当年，宁波钢铁形成 400 万吨钢的产能规模。2010 年，具备年产粗钢 440 万吨的生产能力。2011—2014 年，生产保持稳定顺行，粗钢产量均超过 440 万吨。

表 2-3-37　2009—2014 年宁波钢铁钢铁产量统计表　　单位：万吨

年份	生铁产量	粗钢产量	商品坯材产量	年份	生铁产量	粗钢产量	商品坯材产量
2009	281	288	265	2012	421	441	413
2010	366	387	372	2013	431	453	441
2011	421	451	444	2014	433	455	407

第九节　韶关钢铁

一、生产装备

2012 年进入宝钢集团时，韶关钢铁拥有炼铁、炼钢、板材、线材和棒材生产线，多为 2010 年之前建成投产。2013 年，开工建设炉料结构优化之焦炉建设工程；合金钢、优质棒材生产线改建工程、能源中心系统工程建成投产。2014 年，新焦炉工程、二号板坯连铸机技术改造、板材部 3 450 毫米生产线超快速冷却系统改造、六号高炉维修工程、炼轧厂棒二线控轧控冷工艺改造、环境在线监测系统改造、环保整治类工程等建成。2015 年，铁前系统经济性运行，暂时停产四号烧结机，炼钢系统关停电炉，提高转炉产能，阶段性停产高二线、中板线，关停一号、四号、五号、六号等 4 座气烧窑。通过产线瘦身和经济运行模式的调整降低成本。2016 年，淘汰一号高炉、三号高炉，压减生铁产能 75 万吨；淘汰 90 吨电炉，压减粗钢产能 90 万吨，实行产线“瘦身”，停产封存 2 500 毫米中板轧机和棒二（棒材轧机）产线。通过新建改建产线和关停落后产线，韶关钢铁的生产装备水平得到提高，老、旧产线逐步退出生产序列。

表 2-3-38　2012—2016 年韶关钢铁主要装备情况表

序号	主要装备	规　　格	数量	投　产　时　间	备　注
1	焦炉	2 座 55 孔 4.30 米,4 座 55 孔 6 米	6	4.3 米焦炉 2003 年投产,6 米(一号、二号)焦炉 2008 年投产,6 米(六号、七号)焦炉 2014 年投产	
2	烧结机	四号烧结机：105 平方米；五号烧结机：360 平方米；六号烧结机：360 平方米	3	四号烧结机 2002 年投产,五号烧结机 2005 年投产,六号烧结机 2008 年投产	2015 年,四号烧结机经济性运行,暂时停产
3	高炉	一号高炉：420 立方米；三号高炉：450 立方米；六号高炉：750 立方米；七号高炉：2 200 立方米；八号高炉：3 200 立方米	5	一号高炉 1987 年投产,三号高炉 1979 年投产,六号高炉 2002 年投产,七号高炉 2005 年投产,八号高炉 2009 年投产	2015 年,一号、三号高炉关停；六号高炉大修后扩容至 1 050 立方米
4	转炉	炼钢一分厂：3 座 120 吨转炉；炼钢二分厂：2 座 130 吨装炉	5	炼钢一分厂 2002 年投产,炼钢二分厂 2011 年投产	
5	铁水预处理	炼钢一分厂：1 套；炼钢二分厂：2 套	3	炼钢一分厂 2002 年投产,炼钢二分厂 2011 年投产	
6	精炼炉	炼钢一分厂：3 座 120 吨精炼炉；炼钢二分厂：3 座 130 吨精炼炉	6	炼钢一分厂 2002 年投产,炼钢二分厂 2011 年投产	
7	真空炉	炼钢一分厂：1 座 120 吨真空炉；炼钢二分厂：1 座 130 吨真空炉	2	炼钢一分厂 2002 年投产,炼钢二分厂 2011 年投产	
8	VD 炉	炼钢二分厂：1 座 130 吨 VD 炉	1	2016 年投产	
9	连铸机	炼钢一分厂：六机六流方坯连铸机 1 台,五机五流方坯连铸机 1 台,2300 板坯连铸机 1 台,3250 板坯连铸机 1 台；炼钢二分厂：五机五流方坯连铸机 1 台,八机八流方坯连铸机 1 台	6	炼钢一分厂：六机六流方坯连铸机 1 台,五机五流方坯连铸机 1 台,2300 板坯连铸机 2002 年投产；3250 板坯连铸机 2005 年投产。炼钢二分厂：五机五流方坯连铸机,八机八流方坯连铸机 2011 年投产	
10	板材	1 架 3 450 毫米可逆式轧机,1 架 2 500 毫米可逆式轧机	2	3 450 毫米可逆式轧机 2005 年投产	2016 年,2 500 毫米产线关停
11	线材	高一线：最高速度 110 米/秒。粗中轧 12 架轧机(550 毫米×4+450 毫米×6+350 毫米×2),预精轧 6 架轧机(350 毫米×2+285 毫米×4),精轧机 8 架轧机,减定径轧机 4 架轧机。高二线：最高速度 95 米/秒。粗中轧 12 架轧机(550 毫米×4+450 毫米×6+350 毫米×2),预精轧 6 架轧机(350 毫米×2+285 毫米×4),精轧机 10 架轧机	2	高一线 2004 年投产,高二线 2008 年投产	

〔续表〕

序号	主要装备	规　　格	数量	投　产　时　间	备　注
12	棒材	棒一：直径12～40毫米棒材轧机(700/550机组)1套,18机架连续棒材轧机;棒一2：直径12～25毫米棒材轧机(550机组)1套,19机架连续棒材轧机;棒三：直径12～50毫米棒材轧机(550机组)1套,18机架连续棒材轧机	3	棒一1996年投产,棒一2：2005年投产,棒三2011年投产	
13	特棒	大棒：直径70～180毫米,1架粗轧机,6架中轧机,4架精轧机组;中棒：直径20～80毫米,6架粗轧机,6架中轧机,4架预精轧机,4架精轧机,3机架两辊减定径机组	2	大棒2012年投产,中棒2013年投产	
14	发电机组	发电一工序：130吨/小时混合煤气锅炉1台,120吨/吨CFB锅炉1台,30兆瓦发电机组1台,25兆瓦发电机组1台;发电二工序：掺烧焦炉煤气的220吨/小时循环流化床锅炉(CFB)1台、220吨/小时煤气锅炉3台、60兆瓦发电机2台、AV80汽动鼓风机1台、AV90汽动鼓风机2台;干熄焦余热发电：15兆瓦发电机2台、18兆瓦发电机1台;烧结余热发电：25兆瓦发电机1台、双压余热锅炉2台、单压余热锅炉1台;转炉饱和蒸汽发电：60吨/小时蒸汽过热锅炉2台,9兆瓦汽轮发电机组1台	5	1. 发电一工序。30兆瓦发电机组1台：1999年投产;130吨/小时混合煤气锅炉：2014年投产;120吨/吨CFB锅炉1台,25兆瓦发电机组1台：2001年投产。 2. 发电二工序。220吨/小时CFB锅炉1台：2005年投产;220吨/小时煤气锅炉1台、60兆瓦发电机2台、AV80汽动鼓风机1台：2005年投产;220吨/小时煤气锅炉1台、AV90汽动鼓风机2台：2009年投产。 3. 干熄焦余热发电。15兆瓦发电机1台：2007年投产;15兆瓦发电机1台：2008年投产;18兆瓦发电机1台：2015年投产。 4. 烧结余热发电。25兆瓦发电机1台、双压余热锅炉2台：2011年投产。单压余热锅炉1台：2014年投产,2015年退出生产序列。 5. 转炉饱和蒸汽发电。60吨/小时蒸汽过热锅炉2台,9兆瓦汽轮发电机组1台：2013年投产	

〔续表〕

序号	主要装备	规　　格	数量	投　产　时　间	备　注
15	供配电系统	220千伏总降站2座(界牌岭站、柏山站),110千伏总降站4座(板材站、炼钢站、高炉站、松山站),35千伏开关站6座(三钢开关站、宽板开关站、高一线开关站、六号高炉开关站、新一钢开关站、二电站区域站),10千伏开关站19座(特轧厂炼钢变电所、10千伏二空压高压室、10千伏四空压高压室、高二线高压室、七号高炉喷煤高压室、五号烧结高压室、六号烧结高压室、八号高炉中控楼高压室、原料高压室、污水处理厂高压室、烧结余热发电、棒三高压室、焙烧麦尔兹高压室、10千伏四柜区高压室、大棒高压室、10千伏三空压高压室、中棒高压室、余能三号CDQ、10千伏新一空压高压室),6千伏开关站10座(棒一2线开关站、老焙烧高压室、一电站高压室、四号烧结高压室、4.3米焦炉高压室、6米焦炉高压室、余能一号/二号CDQ、炼钢变电所、LSP高压室、棒一高压室)	41	1. 220千伏总降站2座：界牌岭站2009年投产,柏山站2002年投产。 2. 110千伏总降站4座：板材站1991年投产,炼钢站1996年投产,高炉站2009年投产,松山站2011年投产。 3. 35千伏开关站6座：三钢开关站2003年投产;宽板开关站2004年投产;高一线开关站2004年投产;六号高炉开关站2003年投产,2013年改造;新一钢开关站2012年投产;二电站区域站2004年投产。 4. 10千伏开关站19座：特轧厂炼钢变电所2005年投产,10千伏二空压高压室2005年投产,10千伏四空压高压室2005年投产,高二线高压室2008年投产,七号高炉喷煤高压室2005年投产,五号烧结高压室2005年投产,六号烧结高压室2008年投产,八号高炉中控楼高压室2009年投产,原料高压室2009年投产,污水高压室2009年投产,烧结余热发电2010年投产,棒三高压室2011年投产,焙烧麦尔兹高压室2011年投产,10千伏四柜区高压室2012年投产,大棒高压室2012年投产,10千伏三空压高压室2013年投产,中棒高压室2013年投产,余能三号CDQ2015年投产,10千伏新一空压高压室2015年投产。 5. 6千伏开关站10座：棒一2线开关站2004年投产,老焙烧高压室1996年投产,一电站高压室1999年投产,四号烧结高压室2000年投产,4.3米焦炉高压室2003年投产,6米焦炉高压室2008年投产,余能一号/二号CDQ2008年投产,炼钢变电所2012年投产,LSP高压室2013年投产,棒一高压室1996年投产	
16	空压系统	新一空压站：3台250空压机;二空压站：5台离心式空压机;三空压站：4台离心式空压机;四空压站：5台离心式空压机	17	新一空压站3台250空压机2015年投产;二空压站5台离心式空压2008年投产;三空压站4台离心式空压机2000年投产;四空压站5台离心式空压机2004年投产	
17	焙烧	17座气烧窑、2座麦尔兹窑	19	1号、2号窑1986年投产,3号窑1996年投产,4～6号窑2000年投产,7～9号窑2003年投产,10～13号窑2004年投产,14～17号窑2007年投产;2座麦尔兹窑2011年投产	

二、原料采购

2012 年，韶关钢铁的原料采购由广东韶钢松山股份有限公司供应部、进出口部和废钢部负责。2013 年，进行机构改革，将广东韶钢松山股份有限公司供应部、进出口部和废钢部整合成原料采购中心，大宗原燃料采购推进制度与标准化建设，规范采购运营，全年主要采购物资同比降低成本 14.30 亿元；引进优质客户 92 家，淘汰客户 9 家。2014 年，整合采购、销售模块，成立新营销中心，营销体系统一协同管理及决策。培育优质供应商和渠道，与实力强、讲诚信的供应商建立战略合作伙伴关系，实行长期稳定的合作。建立采购策略、计划、价格、供应商管理、现货采购等公开的信息化管理平台，推进阳光采购。2015 年，原料采购实施低库存战略。对国内矿性价比分析，根据性价比，调整国内矿粉采购比例；加大进口煤采购比例，采取拼船方式批量采购，快进快出，降低库存风险；建立“采购、制造、生产、物流”四位一体的联动策划机制，完善采购工作周、月度会议机制，建立集体决策机制，对大宗原燃料进行使用后评估，提高质量，降低成本，提升原料采购能力。同年，大宗原燃料平均库存量 130 万吨/月，较 2014 年平均库存量降低 48 万吨/月。原燃料库存方面，降低成本 2.24 亿元。2016 年，优化“采购、制造、物流”三位一体的采购决策工作机制，确保采购与需求无缝对接，实施“零”断料断供、“零”超龄库存管理。以低库存运转为目标，制定低库存采购策略，实施接点与生产断点管理，原材料库存大幅下降。通过择机采购，优化辅耐材、合金、废钢的采购模式，优化进口矿、国内煤的采购策略，全年降低采购成本 2.80 亿元。

表 2-3-39　2012—2016 年韶关钢铁原燃料采购统计表　　单位：万吨

年 份	铁矿石		球团矿	废 钢	焦 炭	炼焦煤	喷吹煤
	进口矿	国内矿					
2012	504.40	253.00	85.30	25.30	92.00	251.00	111.00
2013	650.10	205.30	96.70	30.20	100.00	254.00	150.00
2014	790.50	31.30	60.80	20.70	71.00	284.00	125.00
2015	770.40	57.60	45.20	9.10	1.30	378.00	93.00
2016	867.20	26.70	52.80	9.80	0	421.00	100.00

三、主要产品

韶关钢铁是中国重要的螺纹钢、盘螺、建筑用线材、工业用线材、中厚板、特殊钢棒材生产基地。2014 年，韶关钢铁借助宝钢集团特钢协同经营平台，成立结构钢、齿轮钢、轴承钢产研销小组，开发新牌号 37 个。2015 年，确定产品转型升级目标，优化产品结构，成立板材、棒线、特钢等 3 个产销研团队。至 2016 年，钢铁主业产品涵盖板材、棒材、工业用线材以及特殊钢棒材等，广泛应用于汽车、石油化工、机械制造、工业模具、轻工五金、能源交通、航天航空、核电等行业。产品主要在广东及邻近省份、华东、华中、西南等地区销售，部分出口。

表 2-3-40　2012—2016 年韶关钢铁主要产品及应用领域情况表

序号	主要产品	主要应用领域	序号	主要产品	主要应用领域
1	冷镦钢	汽车、工程机械、家电、五金等	16	优碳板	模具、机械
2	弹簧钢	汽车、工程机械、五金、家具等	17	船板	造船、风电
3	易切削钢	机电轴、OA 办公设备等	18	低合金板	建筑、公路、桥梁
4	合金结构钢	工程机械、汽车等	19	容器板	特殊用途管道、容器制作
5	碳素机械结构钢	机电轴、家电等	20	高建板	高层建筑用板
6	低合金高强度结构钢	工程基建、异型件等	21	桥梁板	桥梁用钢
			22	合金模具板	模具制作
7	齿轮钢	机械用齿条、电镀工具、电动齿轮等	23	碳结钢	汽车、火车、工程机械、五金等
			24	合结钢	汽车、火车、工程机械、五金等
8	拉丝材	家具、家电、五金等	25	齿轮钢	汽车、火车、船舶、工程机械、海洋工程等
9	优碳钢	家具、家电、罗拉、机械零件等			
10	轴承钢	轴承、钢珠、工程机械等	26	轴承钢	汽车、火车、船舶、家电、工程机械等
11	焊线钢	工程机械			
12	PC 钢	建筑	27	非调质钢	汽车、工程机械、五金等
13	螺纹钢 HRB400、HRB400E、HRB500、HRB500E	建筑	28	易切削钢	汽车、家电、五金等
			29	弹簧钢	汽车、铁路、五金等
			30	模具钢	有色金属加工
14	普碳钢高速线材 HPB300	建筑	31	球磨钢	矿山开采
			32	管坯钢	冶金(无缝钢管)
15	普板	机械加工、建筑、模具	33	锚链钢	船舶、海洋工程

四、钢铁产量

2012 年 4 月,韶关钢铁进入宝钢集团。当年,韶关钢铁具备年产钢 650 万吨的能力,全年产铁 552.46 万吨、钢 550.48 万吨。2012—2016 年,韶关钢铁加强设备管理,按市场需求组织生产,生产保持稳定顺行。2016 年,韶关钢铁产铁 585.30 万吨、钢 578.34 万吨、钢材 558.62 万吨(含轧制坯 1.83 万吨)。

表 2-3-41　2012—2016 年韶关钢铁钢铁产量统计表　单位:万吨

年份	生铁产量	粗钢产量	商品坯材产量	年份	生铁产量	粗钢产量	商品坯材产量
2012	552.46	550.48	535.86	2015	524.92	520.49	501.80
2013	615.72	616.80	591.43	2016	585.30	578.34	558.62
2014	618.47	628.44	616.26				

第四章　钢 铁 贸 易

1998 年 11 月上海地区钢铁企业联合重组后，宝钢集团确立以市场为中心、以销定产的经营模式，销售部门探索市场经济条件下的现代销售服务模式，通过理顺业务流程，促进经营机制转换，加强市场预测，优化产品结构，增加高难度、高附加值产品，以多种形式建立并拓展产品销售主渠道；开拓国际市场，扩大产品出口，逐步确立宝钢产品的主体、层次、区域在市场的定位。宝钢境外公司开拓国际市场，使“宝钢”这一品牌在世界主要钢材市场树立起来，并逐步为世界级跨国公司认识和接受。至 2016 年，宝钢集团国内外营销网络互相呼应，共同构筑起遍布全球的营销平台，成为一体化战略的重要支撑体系，宝钢集团的整体营销能力成为企业核心竞争力的重要组成部分。2016 年，宝钢集团销售商品坯材 4 009 万吨。

第一节　宝钢股份(宝山钢铁)

一、国内贸易

1998 年 11 月上海宝钢集团公司成立后，即成立销售处、营销处、采购处和设备采购处，形成采购—生产—销售闭环管理。2000 年 6 月，宝钢股份组建用户服务管理中心，负责协调和管理宝钢股份的用户服务业务。8 月，宝钢集团下属 8 家企业出资组建东方钢铁电子商务有限公司(简称东方钢铁)，开启钢铁贸易与营销管理电子商务模式的探索与实践。2001 年 11 月 14 日，宝钢股份撤销销售处和营销管理处，组建销售部，宝钢产销系统完成一体化业务整合和体制调整。自 2004 年起，宝钢股份营销系统再次进行机构整合。同年 9 月，在武汉成立宝钢华中贸易公司，替代原西部公司武汉分公司和宝钢股份武汉销售服务中心，加强对华中地区汽车用户的服务。2005 年 4 月，宝钢股份组建销售中心，将梅钢公司、不锈钢分公司碳钢产品的市场营销管理集中，同时成立贸易分公司，将地区及专业销售公司归属贸易分公司管理。2006 年下半年至 2007 年年底，把实业公司废次材销售及汽车贸易公司、翻译公司等非钢产品销售单元从贸易分公司剥离出来，贸易分公司恢复为上海宝钢国际经济贸易有限公司(简称宝钢国际)。至此，宝钢股份形成了以销售中心为营销管理单元，以宝钢国际为销售及销售服务单元的钢铁产品销售体系。2007 年，宝钢股份推行品种管理部制，7 月、8 月相继成立钢管品种管理部和不锈钢品种管理部，2008 年 5 月成立厚板品种管理部。2014 年，宝钢股份对营销系统进行整合，成立营销中心，系统设计与梳理了营销各项管理职责、流程与协调能力。

宝钢股份创立后，营销系统首先改革服务模式，将之前“一对一”服务转变成“一对多”的服务方式；建立一站式销售管理体制，整合内部资源、改造流程，实现一个窗口对外，加快响应速度。同时采取一系列措施，推进钢材销售一体化，实现宝钢股份、宝钢国际、钢铁子公司之间的信息共享；推进以地区公司为主体的营销区域一体化管理，加强区域贸易与加工配送的业务协调，形成面向用户快速响应的一体化服务体系；推进钢材加工配送中心一体化管理，提升加工中心生产管理、财务管理和信息化管理水平，加速钢材加工配送中心的区域布局。截至 2016 年，拥有 5 家地区贸易公司、3 家专营贸易公司、108 家营销网点和 29 家剪切加工配送中心。

宝钢股份注重高附加值、高技术含量产品的生产和销售，汽车板、家电产品、硅钢、彩涂产品、镀锡产品和热轧产品被明确为宝钢的战略产品。同时，由销售部牵头开展产销研一体化工作，产销研一体化小组扩大至9个，涵盖全部战略产品。在服务用户方面，通过供应商先期介入、大客户总监负责制、电子商务交易平台、快速响应完善的营销服务体系，形成遍布全球的营销网络，为客户提供一流的产品、技术和服务。2002年起，实施和推进"供应商先期介入"项目，提前为材料的国产化作准备；至2016年，"供应商先期介入"覆盖汽车，家电与电子，输配电，金属包装与容器，工程、机械与建筑，能源与交通运输六大行业共56个项目。2004年起，宝钢股份参与国内外重大工程用钢的投标、竞标和交流活动，通过参与一系列国内重大工程建设项目的钢材供应，推进了一大批新产品的研发。同年，在整个行业中率先推出客户技术服务代表制度，为用户提供全方位服务。2015年2月4日，与宝钢集团共同出资成立欧冶云商股份有限公司（简称欧冶云商），依托互联网、物联网、大数据、移动互联等全新技术手段，加快推进生产、销售、物流、用户服务的一体化，加强线上销售的力度和能力。2016年12月21日，发布宝钢慧创平台（网址：www.ibaosteel.com）。该平台是东方钢铁为宝钢股份打造的连接宝钢与用户的全新互联网钢铁生态圈，整合了供应链及技术营销内外部服务资源，全方位对接用户需求，为用户提供一站式解决方案和全方位在线服务；同时通过建立全业务链数据中心，实现数据贯通与实时共享，为营销策划、技术服务、供应链保障提供支撑。平台功能包括慧创社区、商务智助、供应链协同等三大板块，分别完成沟通、订货和大客户服务的功能，并同步推出手机应用程序（App）软件，应用移动互联技术，满足移动办公的需求。

2016年，宝钢股份共销售商品坯材2 744.93万吨，其中独有领先产品1 453.87万吨，出口产品358.07万吨，硅钢141.11万吨；汽车板市场份额达50%。

【宝钢股份营销中心】

1998年11月上海宝钢集团公司成立后，将销售、物资采购及设备、备件采购管理职能从宝钢集团国际经济贸易总公司（简称宝钢国贸）收回，成立销售处、营销管理处、采购处及设备采购处，形成采购—生产—销售闭环管理。2000年2月3日，宝钢股份创立。2001年11月14日，宝钢股份撤销销售处和营销管理处，组建销售部，宝钢产销系统完成一体化业务整合和体制调整。2004年，宝钢股份开始筹备组建销售中心。2005年4月，组建销售中心，将梅钢公司、宝钢一钢碳钢产品的市场营销管理集中。9月，将宝钢股份不锈钢分公司、梅钢公司碳钢合同全部纳入，碳钢产品实现统一计划管理；在推进产品统一销售的同时，营销中心建立起与碳钢一体化销售相适应的计划管理体系；12月，统一销售信息系统上线，实现从合同评审到订单下发、财务结算、异议处理全过程信息贯通。2009年，宝钢股份营销管理机构重组为营销管理部、产品发展部、薄板销售部和汽车板销售部等4个部门。2013年，成立客户与产品服务部，将分散在营销管理部及产品发展部各室的相关职能进行整体策划、统一管理，统一对内、对外进行客户价值和客户服务策划管理；合并厚板销售部与重大工程销售部，成立厚板与工程材料销售部。2014年，原各自独立的汽车板销售部、薄板销售部、厚板销售部、客户与产品服务部、营销管理部合并成立营销中心，系统设计与梳理了营销各项管理职责、流程与协调能力。同年，在厚板销售部与重大工程材料销售部合并的基础上，进一步整合热轧产品的销售，成立热轧销售部。

营销中心以市场为导向开展各项营销活动。建立起完善的市场分析体系，强化市场研究分析工作，加快对市场的响应速度，为把握市场机遇、采取适时的市场策略提供依据；以市场为导向组织产品研发和技改工作，使新产品的开发更贴近市场，更好地发挥了技改的效用；同时优化资源配置，继续按效益优先来指导销售和生产，进一步提高产品市场占有率。在原有基础上，将产、销、研纳入整体营销战略体系，以强化产品整体市场的开拓能力。成立用户服务管理中心，组建用户服务工作网络；增加热线管理、投诉管理、用户满意管理等内容；重新修订产品质量异议处理办法，缩短异议处理周期；开通用户服务热线，拓宽用户信息反馈渠道，并通过网站发布方式加强信息共享；强化用户的技术服务与管理水平；推进信息化建设，利用“互联网＋”连接宝钢与用户的全新钢铁生态圈；强化产品品牌建设，逐步构建宝钢产品品牌社交媒体平台矩阵。

2016年，营销中心实现碳钢产品销售2 090.90万吨，其中出口233.70万吨、独有领先产品1 149.70万吨，冷轧汽车板市场占有率50％。全年实现销售收入878.50亿元、合同履约100％、货款回笼100％、库存受控。首次获得丰田全球供应商区域贡献奖、“一汽大众优秀供应商”称号，同时获得广汽乘用车、东风本田、长安福特、一汽海马、江铃、江淮、一汽轿车等多家客户的奖项与荣誉称号。

【上海宝钢国际经济贸易有限公司】

上海宝钢国际经济贸易有限公司(简称宝钢国际)的前身为成立于1993年的宝钢集团国际经济贸易总公司。1998年11月上海宝钢集团公司成立后，将销售、物资采购及设备、备件采购管理职能从宝钢国贸收回，成立销售处、营销处、采购处及设备采购处，形成采购—生产—销售闭环管理。宝钢国贸作为宝钢集团职能部门全面规划和管理采购、销售过程，所属各地区和专业销售公司则承担最直接的销售和用户服务工作。

2001年11月13日，宝钢集团以宝钢集团国际经济贸易总公司为基础，组建上海宝钢国际经济贸易有限公司，实行事业部制运行模式，下设矿业、钢铁、设备工程、金属资源、物流等5个事业部和5家直属子公司，以及亚洲、欧洲、美洲等3个境外事业区，主要业务为矿业、钢材贸易和加工配送、废钢资源开发和销售、设备工程业务、与贸易相关的产品深加工及其出口、电子商务和物流服务。

2005年5月10日，宝钢集团在宝钢国际基础上改制建立宝钢股份贸易分公司，将地区及专业销售公司归属贸易分公司管理。2006年12月27日，宝钢股份决定撤销贸易分公司，2006年下半年至2007年年底，把实业公司废次材销售及汽车贸易公司、翻译公司等非钢产品销售单元从贸易分公司剥离出来，贸易分公司恢复为上海宝钢国际经济贸易有限公司。至此，宝钢股份形成以销售中心为营销管理单元，以宝钢国际为销售及销售服务单元的钢铁产品销售体系。重组后的宝钢国际充实和完善了既有的钢材贸易和加工配送服务体系，下设5家地区贸易公司、3家专营贸易公司和29家剪切加工配送中心，以及5家直属子公司和若干家控股子公司。2011年，基本建成经销和加工配送碳钢、不锈钢、特钢等三大类宝钢钢铁产品的营销服务网络。截至2012年年底，在全国44个大中城市设立营销网点101个，业务遍布24个省、直辖市和自治区。

2016年，宝钢国际主要业务为钢材贸易、加工配送、国际货运代理、包装钢带和汽车零部件加工等，在全国47个大中城市设立营销网点108家，投资设立运营及战略管控类子公司77家。全年实现钢材销售量2 689万吨、加工配送量663万吨、货款回笼率103.40％。

【东方钢铁电子商务有限公司】

2000年8月8日，由宝钢集团下属8家企业出资组建东方钢铁电子商务有限公司(简称东方钢铁)，开启钢铁贸易与营销管理的电子商务模式的探索与实践。东方钢铁为国内钢铁行业提供钢铁及相关产品、原材料、备件的电子商务以及信息咨询和客户技术支持。

2000年10月10日，东方钢铁建立的“东方钢铁在线”投入试运行。2001年6月，“东方钢铁在线"联合宝钢股份销售处、上海宝信软件股份有限公司共同开发"宝钢在线",为用户提供从合同生产执行进度及出厂情况跟踪、质保书查询到合同结算信息查询等一系列快捷准确的在线服务功能,使用户更好地掌握自己所订合同的生产进程,为用户合理安排生产提供了方便。2001 年 11 月,东方钢铁划转至上海宝钢国际经济贸易有限公司。

2004 年,东方钢铁提出电子商务发展的方向,即以围绕电子商务服务为中心,以技术、服务和信息等三大核心能力为支撑,构建"面向宝钢集团提供网络商务服务"和"面向钢铁行业提供交易和信息服务"两大商务平台,形成平台建设事业、应用服务事业和网络发展事业等三大业务方向。截至 2010 年,东方钢铁网上采购物料品种涵盖废钢、通用资材、备品备件、工程设备、化工原料等领域,并完成宝钢集团范围的覆盖工作;钢材销售领域形成宝钢统一的营销服务平台及现货在线交易中心,为用户提供电子商务的交易和协同服务;服务方面,与银行共同建设供应链融资系统,实现融资 14 亿元。

2015 年 2 月欧冶云商股份有限公司成立后,东方钢铁成为其子公司,专注于钢铁及制造业领域 B2B(企业到企业的电子商务模式)电子商务服务。2016 年 12 月 21 日,东方钢铁发布宝钢慧创平台(网址:www.ibaosteel.com)。这是东方钢铁为宝钢股份打造的连接宝钢与用户的全新互联网钢铁生态圈。全年,东方钢铁运营的全电子商务平台交易规模 1 118 亿元。

【欧冶云商股份有限公司】

2015 年 2 月 4 日,宝钢集团和宝钢股份共同出资成立欧冶云商股份有限公司(简称欧冶云商)。欧冶云商是宝钢集团整合优势资源,依托互联网、物联网、大数据、移动互联等全新技术手段,在钢铁流通领域集资讯、交易、物流仓储、加工配送、融资、产业链金融服务、技术与产业特色服务等功能为一体,钢铁制造企业、钢铁贸易公司、物流仓储运输服务商、钢材用户等多方主体共生共赢的钢铁生态第三方服务平台。

2016 年年底,欧冶云商旗下拥有上海钢铁交易中心有限公司、上海欧冶物流股份有限公司、上海欧冶金融信息服务股份有限公司、上海欧冶材料技术有限责任公司、上海欧冶数据技术有限责任公司、东方钢铁电子商务有限公司、上海欧冶采购信息科技有限责任公司、欧冶国际电子商务有限公司、上海欧冶资源电子商务有限公司等子公司,并入股上海化工宝电子商务有限公司。电子商务平台形成完整的平台架构、体系和能力,构建了遍布全国的仓储、加工加盟网络。同年,实现钢材交易量 3 876 万吨,实现销售收入 387 亿元,工业品、原燃料、化工、循环物资等交易品种均实现增长。

二、国际贸易

1988 年 11 月 17 日,宝钢与中国技术进出口总公司在日本东京组建合资贸易公司——宝华贸易株式会社,这是宝钢第一家境外合资企业。1993 年年初,在宝钢进出口公司和宝钢工程指挥部外事办公室部分机构的基础上,组建宝钢集团国际经济贸易总公司,全面负责宝钢集团的进出口业务。1993 年 8 月,宝钢在日本组建专门从事进出口业务的第一家境外全资子公司——宝和通商株式会社(简称宝和通商)。1988—1998 年,累计出口钢材 814 万吨,创汇 25.08 亿美元。截至 1998 年年底,宝钢拥有 13 家境外子公司,其中宝和通商、宝钢新加坡贸易有限公司(简称宝新公司)、宝钢美洲贸易有限公司(简称宝美公司)和宝钢欧洲贸易有限公司(简称宝欧公司)等四大公司及其下属公司、代表处，形成了宝钢境外钢铁产品的销售网络。宝钢出口产品逐步转向高技术含量、高附加值产品和新产品，产品品种包括热轧板卷、冷轧板卷、镀锌板卷、彩涂板卷、镀锡板卷和无缝钢管等。

1999年，宝钢集团出口各类钢材164.64万吨。2000年，宝钢股份成立后，依托境外子公司，不断开拓高技术含量和高附加值产品的出口市场。亚洲地区一直是宝钢股份出口的传统市场。宝和通商和宝新公司在巩固对韩国、日本的热轧产品销售外，还开拓韩国的线材市场和澳大利亚的镀锌市场。同时，在东南亚地区新产品和高附加值产品的销售比重不断增加，镀锡板、钢管和轧硬卷等冷轧系列产品成为主要销售品种。在美洲地区，宝美公司在加大对高附加值热轧产品销售力度的同时，理顺钢管和线材在美国的销售体系，使钢管产品成为宝钢在北美市场的重要出口品种。在欧非市场上，宝欧公司成功出口汽车板、硅钢、酸洗涂油卷等一批以前没有出口过的高端产品。2001年，宝钢股份首次将汽车板出口到欧洲。2002年，宝钢股份出口冷轧产品41万吨。此后，宝钢股份出口产品中冷轧系列比例均超过50%，出口产品结构进一步优化。2005年，宝钢股份完成对原直属宝钢集团的各境外公司的股权收购，各境外公司作为宝钢股份独立的子公司继续开展各项经营业务。2010年，宝钢股份对产品出口定价机制进行优化。改变以往产品部按月直接报批模式，对每季度首月出口价格采用由各境外公司直接参与的价格会形式，听取境外公司对境外市场情况分析及价格政策建议，并在此基础上确定当月出口价格，以更好地适应境外市场竞争环境。2012年起，各境外公司推进境外剪切中心建设。同年12月20日，韩宝剪切加工配送中心（BGM株式会社）在韩国建成投产。2015年7月1日，宝钢在境外第一家独资建设的钢材加工中心——印度古吉拉特邦萨纳恩德（SANAND）加工中心横切、纵切产线投产；8月，落料、激光拼焊产线投产。2016年，各境外公司在稳定原有客户的基础上，拓展新客户，全年出口钢材358.07万吨。

【宝和通商株式会社】

1993年8月26日，宝钢在日本注册成立第一家境外全资子公司——宝和通商株式会社，主要从事钢材、废钢、设备、备件、资材和钢制品深加工产品贸易业务，业务覆盖日本、韩国、澳大利亚、新西兰等国家和中国台湾地区。1994年，在澳大利亚投资设立宝钢澳大利亚贸易有限公司。1995年，在韩国汉城设立汉城事务所。1997年，在国内设立上海事务所，负责公司在国内的业务联络和协调。2012年4月，在韩国设立合资的韩宝剪切加工配送中心（BGM株式会社）。2015年9月，在中国台湾地区设立高雄事务所。2016年，宝和通商实现主营业务收入700.32亿日元，出口宝钢钢材60.50万吨。

【宝钢欧洲有限公司】

1993年10月11日，宝钢欧洲贸易有限公司在德国汉堡市成立，是中国钢铁企业最早在欧洲开设的钢材贸易公司，主要负责宝钢在欧洲、非洲和中东市场的冶金原料、设备及各类零部件、钢铁制品的进出口贸易等业务。2001年10月，在意大利建立宝钢意大利钢材集散中心有限公司。2007年4月，在西班牙成立宝钢西班牙有限公司。12月，宝钢欧洲贸易有限公司更名为“宝钢欧洲有限公司”。2009年5月，在阿联酋迪拜酋长国成立宝钢中东公司。11月，在波兰成立东欧代表处。

2008年国际金融危机后，国际市场需求出现疲软，宝欧公司着重开发“双非”（非敏感、非发达）市场和“双高”（高难度、高附加值）产品市场，2010年宝欧公司“双非”市场的比重连续两年超过50%，非洲区域的客户首次跻身潜在战略用户之列；超高强钢、管线钢、取向硅钢、搪瓷钢等“双高”

产品的订货比重也超过50%，有效地提升了宝钢产品在欧非中东区域的市场竞争力。超高强钢、取向硅钢和耐磨高强厚板的市场不断呈现多元化趋势，从单一意大利市场向南欧、东欧、西北欧、非洲等多个市场辐射，同时积极参与境外工程项目，推动抗硫化氢管线钢和高端管材销售。2016年，宝欧公司在欧洲、非洲和中东市场销售钢铁产品77万吨，实现总销售收入5.53亿欧元，其中钢铁产品销售收入5.23亿欧元。

【宝钢美洲有限公司】

1996年4月9日，宝钢美洲贸易有限公司在美国休斯敦成立。公司以钢铁贸易为中心，负责在北美地区开发宝钢汽车板、冷墩钢盘条、彩涂板、镀锡板等高技术含量、高附加值产品的战略用户和长期直供用户。1998年，营业额超过1.30亿美元。2003年起，拓展美国、加拿大、墨西哥、巴西等市场，形成钢铁原材料和钢铁半成品稳定供应渠道，以及钢管、冷轧、热轧、镀锌等产品长期客户关系。2004年，设立底特律代表处，设立巴西代表处，建立加拿大代表处，初步形成以美国纽约（新泽西）为中心，包括底特律、休斯敦、洛杉矶和加拿大多伦多、巴西里约热内卢的宝钢美洲营销网络。2006年，开始向通用汽车公司供货。2009年起，加大力度开拓中南美市场，并进入北美不锈钢市场。2013年11月，更名为“宝钢美洲有限公司”。2016年，在美洲市场销售各类钢材36.54万吨，实现销售收入3.02亿美元。

【宝钢新加坡有限公司】

1997年2月25日，宝钢新加坡贸易有限公司在新加坡成立，主要从事东南亚和南亚地区的钢铁贸易，包括石油天然气用钢、家电用钢、汽车用钢、能源用钢、不锈钢和特钢产品等。截至2004年，贸易规模和贸易金额年均增长率分别达到40.56%和44.74%。2005年，开始代理宝钢股份进口煤炭、铁矿石等原料。2006年，在东南亚、南亚地区初步建立起特殊钢销售网络和用户群。2013年3月，更名为“宝钢新加坡有限公司”。2016年，钢材贸易结算量170.28万吨，实现销售收入14.25亿美元。

第二节　梅钢公司（宝钢梅山）

一、国内贸易

1998年8月，宝钢梅山将经营销售处与物资供应处合并，成立梅山钢铁有限公司贸易部，负责公司的营销业务。贸易部在营销工作中注重研究市场动态和发展趋势，建立用户档案，分析销售产品的市场辐射面和市场所占份额，提高营销工作的主动性、超前性。根据市场变化及时决策和采取营销策略，做好产品用户跟踪和售后服务工作，先后举办产品用户及代销和直供用户座谈会，听取意见，改进服务。贸易部把销售卷板作为营销工作的重中之重，巩固江浙市场，并先后开辟山东、河南、福建、广东等市场，采取代理、代销、直销相结合的方式，建立销售网点，提高市场占有率和企业知名度，将热轧产品全面推向市场，1998年，热轧卷板的销售辐射面达10个省市，年销量超过万吨的地区有6个。生铁销售寻找市场空间，在稳定上海冶金系统老客户的同时，拓展新市场，进入西南地区、江西、天津及各流通领域的市场；开辟国际市场，以来料加工方式，加大出口量，通过实施一系列营销措施，达到生铁产销平衡。为提高企业的市场竞争力，宝钢梅山以市场为导向，开发新产品。热轧产品品种结构发生明显转变，由过去单一的普碳钢系列产品，向冷轧原板、低合金高强度钢、液化气瓶用钢、汽车用钢、石油管线用钢等领域延伸，增强了企业市场竞争力和抗风险能力；同时优化营销策略，着力构建以战略直供用户为核心层、联合经销和大型经销商为紧密层、自主分销为基础层的营销网络；推行细化到品种、用户的营销策略，加快产销衔接。

2004年，梅钢公司发展直供用户15家，直供销售比例为61%、品种钢（含花纹板）销售比例为35%，销售热轧产品240万吨，实现销售收入111.85亿元，销售收入首次突破百亿元。2005年4月，宝钢股份组建销售中心，将梅钢公司、宝钢一钢碳钢产品的市场营销管理集中。梅钢公司销售人员全部进入销售中心，从第三季度起，梅钢公司内销产品全部通过宝钢地区公司平台销售。2011年8月，梅钢公司设立营销部，主要负责公司热轧产品销售工作。2011—2015年，梅钢公司营销部共销售热轧商品材1 731.52万吨。2016年年初，梅钢公司撤销营销部，相关业务和人员由宝钢股份销售中心等部门接收和管理。

二、国际贸易

1988年8月5日，梅山冶金进出口公司成立，自营进出口贸易。1997年5月，更名为“上海梅山（集团）进出口公司”。1997年，上海梅山（集团）进出口公司抓住国际生铁市场偏好的短暂时机，扩大生铁出口渠道，除保持原有的印度尼西亚市场外，尝试性地进入日本、泰国等市场。1998年，因亚洲金融危机的影响，梅山生铁出口受阻。上海梅山（集团）进出口公司在出口生铁业务越来越难做的情况下，利用“两头在外”（原料、销售在国外市场，加工生产在国内）的免税政策，扩大来料加工的经营业务范围，全年加工生铁4.30万吨。

1998—2004年，梅钢公司（宝钢梅山）主要以生铁出口、来料加工为主，随着热轧新产品的研发成功，开始向国际市场销售热轧板卷。2004年，梅钢公司出口及加工出口专用钢材比例分别为4.70%和5.70%，向意大利、韩国、泰国、越南、马来西亚等国家和地区出口热轧板卷10.52万吨，完成出口加工专用钢材13.63万吨。2005年4月，宝钢股份组建销售中心，将梅钢公司、宝钢一钢碳钢产品的市场营销管理集中。梅钢公司出口产品统一通过宝钢境外公司销售。

第三节 湛江钢铁

一、国内贸易

湛江钢铁不设销售部门，国内贸易由宝钢股份销售中心负责。随着湛江钢铁一期工程的建成投产，宝钢股份销售中心和湛江钢铁互相协作，一方面加快产品认证，另一方面向市场推销湛江钢铁产品。2016年，完成湛江钢铁产品销售430万吨，其中热轧产品243万吨、厚板产品34万吨、酸洗产品52万吨、普通冷轧产品53.50万吨、镀锌产品34.20万吨、轧硬卷10.80万吨、钢坯2.50万吨。

二、国际贸易

湛江钢铁产品依托宝钢境外子公司平台进入国际市场。2015年，宝和通商适应湛江钢铁投入试生产的新形势，开拓普通厚板和热轧产品用户，为湛江钢铁储备用户。开拓日本新日铁住金物产株式会社及韩国厚板、热轧板用户，恢复与韩国东国制钢有限公司、日本中岛钢管株式会社的合作关系，同时与金刚工业株式会社、阪和兴业株式会社等热轧用户保持密切的业务联系。针对船板等同质化竞争产品，推进差异化服务，引导客户提高高强钢船板采购比例，一批船板测试品送至韩国大宇玉浦船厂进行测试。11月11日，宝新公司收到巴基斯坦客户开来的湛江钢铁产品信用证，首批6 000吨热轧卷出口巴基斯坦。2016年，湛江钢铁一期工程投产后，宝和通商推进湛江钢铁产品的销售和试用，实现热轧产品、冷轧产品的境外首单出口。向韩国东国制钢公司、现代制铁公司等多家用户批量供应湛江钢铁产品。

第四节　宝钢不锈(宝钢一钢)

一、国内贸易

1997年，宝钢不锈的前身——上海第一钢铁(集团)有限公司将销售处改建为销售分公司，内部组织机构进行重新划分，业务部合同员从原来各专业岗位一人“坐商制”改变为“双档制”，使营销工作真正做到“改坐为行”，进入市场。1998年11月，上海第一钢铁(集团)有限公司进入宝钢集团。2000年4月，宝钢一钢按“专业管理归口、业务关系理顺、横向协调加强、相互形成制约”原则，对行政机构进行改革和调整，组建市场部，营销方式发生根本性变革，取消物物串换、实现现金交易；取消组合价销售，建立起比较规范的价格体系；扩大直供直销比例，参与重大工程投标，摆脱对流通领域过分依赖；改革营销机制，制定与业绩挂钩的激励机制；严格按合同组织生产，推行合同评审制度；加大招标力度，使采购价贴近市场；加强对供应商管理，实行优胜劣汰。2001年，宝钢一钢对行政管理机构进一步改革、精简，撤销市场部建制，成立营销管理处。2002年，宝钢一钢基本建成上海地区螺纹钢营销运作平台，提升了市场运作能力。在销售服务方面，制定“当天受理”工作程序，实行“首问负责制”，做到“五个不论”：不论用户来人来电或来函、不论产品数量多少、不论本市或外地、不论工作日或休息日、不论新老用户，均由用户约定服务时间。2003年，宝钢一钢营销部门适应市场变化，创新营销模式，将采购、销售合二为一，为上下游供应链集成化、一体化创造了条件。整个营销工作形成以营销价格空间理论为核心纽带的“购销组合运作”市场策划模式。通过扩大物资采购成本和产品销售价格空间差，实现营销活动边际贡献最大化，扩大了企业盈利空间。2005年5月，宝钢一钢钢铁主业资产被宝钢股份收购，定名为“宝钢股份不锈钢分公司”。9月，不锈钢分公司的碳钢产品销售合同全部纳入宝钢股份销售中心，整个碳钢产品实现统一计划管理。2007年8月，宝钢股份成立不锈钢品种管理部，承担宝钢股份不锈钢产品的市场营销策划和开拓、销售管理、新产品开发推进、多产线优化配置、用户服务等管理职责。不锈钢销售部划转至宝钢股份不锈钢品种管理部。2009年3月31日，宝钢股份在原不锈钢分公司基础上组建不锈钢事业部。4月，不锈钢事业部的不锈钢及部分碳钢产品销售由新设立的销售中心负责。2012年3月宝钢不锈钢有限公司成立后，以营销一体化变革为契机，整合沪、闽、浙三地营销资源，提升一体化营销管控能力。继续加强供应链协同，稳定外购板坯供应渠道；强化材料的先期介入工作，在满足用户需求的同时，实现新材料销量和效益的新增长；逐步形成稳定的碳钢产品用户群。2016年，宝钢不锈(本部)销售不锈钢产品117万吨、碳钢产品81万吨。

2009年4月，宝钢不锈托管宁波宝新。宁波宝新于1998年成立销售部，2005年年底四期工程投产后，在产能规模扩张的情况下，销售模式由"坐商"向"行商""勤商"转变。2010年，实现满产满销，年产销量61.70万吨。2011—2016年，年产销量维持在60万吨。2016年，产销量为63.30万吨。

2010年12月，宝钢不锈托管宝钢德盛。因与宝钢不锈(本部)的经营品种不重叠、不冲突，宝钢德盛自主开展销售业务。2012年，宝钢德盛引进佛山市光丰钢业集团有限公司和佛山市睿博贸易有限公司两家大型200系不锈钢工贸企业，作为战略合作伙伴。两家企业承担宝钢德盛在江苏无锡和广东揭阳、佛山的200系不锈钢分销任务。2013年，宝钢德盛营销平台由与福建吴航不锈钢制品有限公司共用的营销平台切换为"宝钢德盛自建营销平台"+"上海宝钢国际经济贸易有限公司销售平台"的方式维护区域用户，设立江苏无锡、广东陈村、浙江宁波等3个办事处。广东揭阳办事处由揭阳宝钢不锈钢贸易有限公司代为服务。全年销售量109万吨，其中300系不锈钢4.50万吨。2014年年底，宝钢不锈(本部)、宝钢德盛、宁波宝新试行一体化营销，同年300系不锈钢实现体系内互供，由宝钢德盛板坯给宝钢不锈(本部)，再由宝钢不锈(本部)热轧后供宁波宝新。2015年，宝钢德盛冷轧生产线投产。由于受轧机宽度限制，其原材料(板坯)到宝钢不锈(本部)加工后返厂自用。全年销售冷轧产品14万吨，宝钢不锈钢有限公司体系内互供300系不锈钢板坯21万吨。2016年，全年实现销售量102万吨(含板坯4.50万吨)，主要以200系不锈钢为主。其中，委托宝钢不锈(本部)、福建福欣特殊钢有限公司加工板坯成黑卷后返厂自用或加工成白卷销售62万吨。

二、国际贸易

宝钢不锈(宝钢一钢)通过与宝钢各境外公司及社会贸易商联系，拓展境外市场。2005年，完成罗马尼亚、美国和比利时客户的不锈钢出口合同。2006年，宝钢不锈汽车排气管用钢成为第一家进入德国大众全球采购名录的中国钢铁企业。冷轧不锈钢出口实现突破，宝美公司新成立的洛杉矶代表处销售不锈钢1.02万吨，宝钢不锈产品远销亚洲、欧洲、美洲的10多个国家和地区。2010年，宝钢不锈和宝美公司合作，推行"基价+合金附加费"的不锈钢产品境外市场定价新模式，实现以市场价格销售，进入北美不锈钢市场。2014年，宝和通商发挥宝钢不锈、宁波宝新等不锈钢生产基地的组合优势，开拓具有潜力的新用户，全力销售不锈钢冷轧、热轧产品，同时还在中国台湾地区和澳大利亚开拓不锈钢厚板新用户。2016年，宝和通商在宝钢不锈钢产线调整、不锈钢热轧产品销量下滑的情况下，及时调整产品方向，以不锈钢冷轧产品为重心，重点开发韩国LG集团等新用户，同时较好地维护与部分传统用户的合作关系，全年销售薄板不锈钢6 996吨，成功推动不锈钢销售业务的转型。

2000年，宁波宝新通过米兰国际控股有限公司实现第一单出口销售，出口目的地为美国。2003年，通过各平台公司和代理商的努力，出口销售量突破1万吨。2004—2007年，出口销量以平均每年30%～40%的速度增长，出口市场从最初的北美、东南亚扩展至欧盟、澳大利亚等国家和地区，年均出口量在4万吨左右。2008年年底，宝钢集团一体化系统启动，宁波宝新和宝钢不锈(本部)协同出口，宝美公司、宝欧公司、宝新公司、宝和通商共同担负宁波宝新的出口业务。2011—2015年，通过宝美公司和宝欧公司出口到北美和欧盟的销售量不断增长，宁波宝新出口到北美、欧盟总出口量占其出口总量的50%～60%。2015年年底至2016年，欧盟和北美先后对中国大陆提出不锈钢反倾销诉讼，导致出口到上述地区的数量直线下跌。2016年，宁波宝新仅有零星数量出口北美，出口欧盟的数量为零。同年，宁波宝新协同宝欧公司另辟蹊径，开拓俄罗斯市场，全年出口俄罗斯16 338吨。

第五节　宝钢浦钢(中厚板分公司)

1998 年 11 月上海地区钢铁企业联合重组后,宝钢浦钢坚持走服务增值的道路,服务于市场、服务到现场、服务到终端用户,凭借中厚板产品品种多、规格齐,型材、板材中专用钢材具有相应比例及地域优势,加强营销管理,拓展市场。开拓周边市场及直供用户,加强对重点工程项目跟踪服务。把市场做到用户门口,上门订货,上门服务。在江浙两省近 10 个地区设立经营部和经营点。对主要直供用户派出驻厂代表,使驻外点销售量逐月上升。

2001 年,宝钢浦钢抓住国内大规模基本建设带来的商机,包揽卢浦大桥桥梁用钢合同,承接舟山大桥、上海磁悬浮、广州展览中心等一系列重点工程项目合同。采取长期跟踪,两头延伸、联手投标等措施,工程结构桥梁钢销售比上年增长 100%。拓展高附加值专用材市场,开发新品种,形成系列产品,导轨、锯片钢等主要产品销量大幅提升。2002 年,抓住市场机遇,做好市场调查和信息跟踪,建立新的地区经营部,扩大直供用户销售网,利用驻外经营部优势进行直销。签订直供用户协议 70 家,直供和直销比例为 63%。在减少一般普碳钢和低合金钢板销量下,提高结构钢、锅炉板、容器板、船板、特厚板、桥梁板、不锈钢板等重点品种销售。2004 年,向加拿大、墨西哥、意大利、越南、日本等国家出口中厚板产品近 6 万吨,其中船板、结构钢等高附加值产品比例达 97%。2005 年,高端品种销售数量比 2004 年提高 7.45%,平均销售价格增长 8.97%;高端品种比例比 2004 年提高 4.50%。全年出口钢材 11.67 万吨。

2008 年 4 月 1 日,宝钢股份完成对罗泾工程资产收购,组建中厚板分公司。中厚板分公司调整职能部门,对生产组织、产品销售和各种采购、物流进行一体化改进。5 月 1 日,宝钢股份成立厚板品种管理部,厚板品种管理部负责中厚板分公司的国内及境外销售。7 月 8 日,中厚板分公司首批 5 000 多吨出口船板起运发往国外用户。

第六节　宝钢特钢(宝钢五钢)

1998 年 11 月上海地区钢铁企业联合重组后,宝钢五钢统一销售资源管理,将从事营销的“国贸”和“物贸”两家子公司并入营销部,统一销售价格和策略,统一分区划片管理,改变母子公司销售价格和策略不一状况。建立以重点直供用户为主,有经济实力的专业和规模代理为辅的销售渠道,新建和开拓联销点、分销网,扩大现货销售,并在南方地区建立模具钢材配送中心。为改变特钢市场价格恶性竞争的局面,宝钢五钢会同其他特钢企业联手规范产品销售策略与价格,采取一致的清欠行动。坚持款到发货政策和直供优先、兼顾流通、资金第一的销售原则。对直供用户采用“靠近式”营销方式,发展战略合作关系,并通过“年度打包”“网络组合”“散户集约”等营销策略,实现优钢销售的增长。在扩大老用户销售总量的同时,加强北方、西部等地区用户的开发力度,开发新的销售市场。加强与上海宝钢国际贸易有限公司在国际、国内营销体系上的合作,充分利用其营销网络、营销优势扩大销售。优化营销系统管理体制,组建上海(国贸)销售分公司和新产品销售分公司,寻找和培育一批特钢产品用户群体,尤其是针对不锈钢、工模具用钢、高温合金、钛合金、高档汽车用钢和电站设备用钢等高附加值产品的客户群体,以新产线、新品种、新用户的“三新”开发作为营销工作重点,凸显“品种规模化”组合优势。借助于宝钢集团国内外平台,开拓产品销售渠道;加强同美国通用电气公司(GE)、日本美蓓亚株式会社(NMB)等高端目标用户合作;以产销研工作小组方式，开发和研制高附加值产品，满足航天、航空及高科技产业发展对特种金属材料需求，为长征系列运载火箭、神舟系列飞船等国家重点工程提供各类优质钢材。2004 年，销售商品坯材 149.40 万吨，其中优质坯材 94.20 万吨；实现销售收入（主体）72 亿元，其中新品销售收入 15.80 亿元，外贸出口创汇 1.27 亿美元。

2005 年 5 月，宝钢五钢钢铁主业全部资产被宝钢股份收购，定名为“宝钢股份特殊钢分公司”。2006 年，特殊钢分公司产品进入汽车用钢高端市场，1 万余支长 2 米、直径 4～5.20 毫米、10 多个规格的气门钢出口美国伊顿公司。2010 年，特殊钢分公司加大外贸市场资源投放，全年累计销售重点产品 77.80 万吨、独有领先产品 26.80 万吨，实现外贸销售 9.99 万吨。

2012 年宝钢特钢有限公司成立后，发挥特殊钢生产工艺、技术、装备等优势，瞄准中高端特钢产品市场，加快转变增长方式和结构调整步伐；明确以特种冶金为抓手，使高温钛合金、叶片钢、高工钢、模具钢等高端产品产销不断扩大；加快新品开发、市场开拓力度，做大做强不锈钢长型材及合金钢棒材产品，提高市场占有率。加快特殊钢销售平台信息化建设，支持特殊钢外贸订货及物流业务；开通境外公司、地区公司上传、下载接口；完善特殊钢产品的全程合同生命周期跟踪服务等。以工程营销为主线、技术营销相结合，组建工程营销团队，推进镍基合金、双相钢、特殊不锈钢等板管产品销售。境外营销方面，高锰钢和不锈钢工业板形成批量稳定订单，区域从东南亚拓展到欧洲、美洲，累计开发新客户 17 家。2015 年，宝钢特钢核电产品销售同比增长 24%，镍基油井管继续保持国内 80%市场占有率；板带核电蒸发器用管子支撑板、690 水室隔板、690 合金 U 形管生产形成组合，成为全球唯一具备整体配套供货能力的企业。2016 年，宝钢特钢销售钢材 75.33 万吨，实现销售收入 79.21 亿元。

第七节　八一钢铁

2007 年 4 月 28 日，新疆八一钢铁集团有限责任公司加入宝钢集团，定名为“宝钢集团新疆八一钢铁有限公司”，其钢铁贸易由新疆八一钢铁股份有限公司销售部负责，贸易区域以新疆为中心，向周边延伸至西北及中亚地区。2007 年，在新疆维吾尔自治区设乌鲁木齐、北疆、南疆等 3 个经销公司，区外设西北片区和西安等 2 个经销公司。2014 年，完善区内“网格化、全覆盖”营销渠道，增加新疆昌吉州、莎车县等 2 个经销点。2015 年，增加阿拉尔、奇台等 2 个经销点，经销网点达到 28 个，覆盖新疆 12 个地州、14 个师、部分重点县市，185 个团场，销售区域遍及西北、西南、中原地区及中亚等地，半径 2 000 公里以内销售比达到 82%。

八一钢铁以疆内重点工程营销为主要抓手，建立重点工程例会制度，通过全方位、立体化跟踪重点工程，抓好售前、售中、售后服务，在大批政府重点工程、中央企业在疆投资的重点项目中标。兰新高铁新疆段、赛果高速公路、南疆土库二线、乌准铁路、奎北铁路、乌鲁木齐热电联产项目、罗布泊钾盐、库库高速公路、乌鲁木齐地铁、苏新能源煤制气等重点工程均使用八一钢铁钢材。与政府有关部门及石油石化、风电、煤炭、机械等行业 18 个单位结成战略供应联盟，保证政府工程和重点工程的供货服务。2016 年，对新疆重点工程供货 65.10 万吨，重点工程市场占有率 75.80%。

把板材销售工作作为营销工作的重中之重。2007 年，成立专门的板材销售管理机构，各片区市场组织专人进行板材销售工作，做好板材市场的调研、开发及客户管理工作。确定板材销售采用“直销为主、分销为辅”的模式，重点发展疆内直销用户，拓展疆外直供市场，直销比达到 75.82%，区外成功发展比亚迪汽车这一重点客户，并向其他汽车整车厂和重点配套厂延伸。通过实施产销研一体化，改进产品质量，提高售后服务水平，管线钢、汽车用钢、风电用钢实现实质性突破。

加强营销能力建设，推进期货销售模式。2008年3月，与成都宝钢西部贸易有限公司和武汉宝钢华中贸易有限公司选取部分品种规格对终端用户试行期货销售；6月，销售部分别对西北片区热轧直供用户，疆内冷轧、镀锌、彩涂直供用户和部分分销商采取期货销售模式，同时对成都宝钢西部贸易有限公司和武汉宝钢华中贸易有限公司加大期货销售量，2008年累计期货销售27.11万吨。

加强内部各销售单元工作协同，钢材、制品以及佳域的角槽钢产品实现协同销售，打造"移动钢材超市"，树立"钢材一站式服务"营销理念。2011年起，八一钢铁销售重心整体下移，将"钢材超市"理念提升为"全供应链服务"，深入现场搞好点对点服务，以多品种、高质量的产品保障援疆项目和各地基础设施建设的资源需求。实现全疆政府投资(采购)项目的"无缝隙覆盖"，在全疆87个县168个团场中完成市场对接。强化"以客户为中心"的管理理念，着力改善用户关系，打造产品和服务的差异化优势。2015年，八一钢铁与客户签订个性化技术协议定制产品，推出专用套裁非标规格产品、个性化单件重量及个性化包装方式，细分行业市场，推出适应不同产品的营销方式和服务，实现行业全品种用钢服务。依托"互联网＋"，推进营销模式转型。对接欧冶云商，实现在线销售和融资服务。板材现货资源在电子商务平台上挂牌、竞价、设定专区销售，实现现货交易全流程电子化。全年电子商务用户达220家，实现电子商务平台钢材销售10万吨。

注重出口钢材的营销。2007年，成立出口贸易机构，加强出口分销商管理体系建设，进一步统一规范、细化业务流程，主动了解国外市场价格，开拓优特钢市场，加强与用户的沟通协调，根据市场行情制定优特钢的价格政策，同时加强服务，稳定优特钢用户。2013年，八一钢铁销售钢材736.85万吨，创历史新高。2016年，向巴基斯坦出口钢板1 600吨，实现零的突破；与俄罗斯的镀锌、彩涂厂家合作，由新疆八钢国际贸易股份有限公司提供原料，俄罗斯工厂加工生产，将成品在当地销售；参与吉尔吉斯斯坦、塔吉克斯坦丹加拉炼油厂项目，出口储油罐用钢1.50万吨。

2016年，八一钢铁销售钢材414.36万吨。

第八节　宁波钢铁

2009年3月1日，宁波钢铁进入宝钢集团后，对营销策略进行调整。围绕"低成本、高效率"的经营策略，供、产、销联动分析研判市场。开拓终端用户，鼓励客户扩大品种范围，重点推进薄规格产品的轧制，满足市场的需求，提高经济效益。利用不同地区的价格差异，加大热轧产品在浙江地区的投放量，2011年销售热轧卷267.20万吨，占宁波钢铁热轧卷总资源比例的59.65%，按杭州市场高于上海市场60元/吨计，增效3 465万元。2014年，销售钢材439.14万吨，其中国内435.20万吨、出口3.94万吨。

第九节　韶关钢铁

2012年4月18日，韶关钢铁加入宝钢集团后，深化营销体制改革，实施以期货直销为主、现货零售为辅的销售管理模式，扭转销售工作被动局面，拉动生产。以订单保障为根本，拓展重点工程钢材直供，参与港珠澳大桥、宝钢广东湛江钢铁基地项目、中建四局项目、江顺大桥、深圳地铁、广州地铁、珠海横琴岛等省级、国家级重点工程项目直供，2012年直供钢材11.40万吨。

2014 年,韶关钢铁整合采购、销售模块,成立新营销中心,营销体系统一协同管理及决策。培育优质供应商和渠道,与实力强、讲诚信的供应商建立战略合作伙伴关系,实行长期稳定的合作。优化物流体系,对物流车队及业务管理进行优化整合,车队由原来的 55 个整合至 32 个,具备日发运 2.50 万吨物资的汽车运力规模,厂内钢材库待装时间由原来的 25.60 小时缩短至 17.40 小时,效率提升 32%。

2015 年,韶关钢铁确定产品转型升级目标,优化产品结构,成立板材、棒线、特钢等 3 个产销研团队。以市场为导向,提升效率,加快市场响应速度,特钢、板材、棒线新产品开发取得实效。针对不同品种,梳理市场定位,优化渠道及销售模式,拓展电子商务销售,对接欧冶云商等电子商务平台,全年电子商务销售突破 60 万吨,新开拓普通钢材终端客户 244 家,直销率由 20%提升至 34%。

2016 年,韶关钢铁形成日调价、市场采集价、网价三方相互推动的良性定价机制;通过"欧冶建帮"平台,实现钢铁企业与"蚂蚁"客户(指众多小客户)的对接;优化销售渠道,挖掘自营销售潜力,普通钢材自营渠道占 48%。全年销售钢材 494 万吨(不含特钢),其中出口 12.55 万吨。

第三篇

多元产业

概　述

1998年11月上海宝钢集团公司成立之初，多元产业板块由贸易业、金融业、设备设计与制造业、钢材深加工业、信息业、化工业、设备检测与检修业、建筑与房地产业、旅馆旅游业等九大业务板块组成。2009年，根据新的战略发展规划，宝钢集团进一步整合、发展多元产业，形成资源开发及物流业、钢材延伸加工业、工程技术服务业、生产服务业、煤化工业、金融投资业等六大业务板块。至2016年12月与武汉钢铁(集团)公司联合重组前，宝钢集团多元产业形成钢铁及相关服务业、产业链金融、不动产及城市新产业三大领域，拥有宝钢资源有限公司(简称宝钢资源)、宝钢金属有限公司(简称宝钢金属)、宝钢工程技术集团有限公司(简称宝钢工程)、上海宝华国际招标有限公司(简称宝华招标)、宝钢发展有限公司(简称宝钢发展)、上海宝信软件股份有限公司(简称宝信软件)、欧冶云商股份有限公司(简称欧冶云商)、宝钢集团上海第一钢铁有限公司(简称一钢公司)、宝钢集团上海浦东钢铁有限公司(简称浦钢公司)、宝钢集团上海五钢有限公司(简称五钢公司)、宝钢集团上海梅山有限公司(简称梅山公司)、华宝投资有限公司(简称华宝投资)、华宝信托有限责任公司(简称华宝信托)、华宝兴业基金管理有限公司(简称华宝兴业)、华宝证券有限责任公司(简称华宝证券)、宝钢集团财务有限责任公司(简称宝钢财务公司)、上海宝地置业有限公司(简称宝地置业)、上海吴淞口创业园有限公司(简称吴淞口创业园)等多元产业子公司。

1998—2016年，宝钢集团实行"一业特强，相关多元产业协同发展"战略，在突出钢铁主业发展的同时，围绕钢铁供应链、技术链和资源利用链，适度发展相关多元产业，业务涵盖资源开发及物流、钢材延伸加工、工程技术服务、煤化工、金融投资、信息服务、生产服务、钢铁服务、不动产开发等相关产业。

2016年，为满足向国有资本投资公司方向发展的需要，强化资本投资运营业务功能，宝钢集团在多元产业领域成立钢铁及相关服务业发展中心、产业和金融业结合发展中心、不动产及城市新产业发展中心，协同推进各业务板块子公司的转型发展。在新一轮规划基础上，服务业板块子公司按"聚焦、整合、创新"思路，对钢铁及相关服务业整合，对服务产业重大项目进行投资管理，2016年重点推进宝钢资源、宝钢金属、宝信软件及湛江钢铁项目的投资管理，努力提升资产效率，横向跨部门协同。金融业板块子公司承担金融板块的资本投资运营功能，华宝投资以符合法人治理结构的原则对旗下子公司实施管控，推进资源共享、业务互动。城市新产业板块子公司负责宝钢集团不动产资产的整合、开发及运营，对资产总量、结构和效率负责，推进投资项目的"投、融、管、退"。根据宝钢集团的愿景与发展战略，多元产业板块子公司依托宝钢集团在资本、技术、管理、人才等多方面的雄厚实力，进行改革、转型、创新，实施战略转型、调整组织机构、优化业务板块，打造现代化管理架构，构建更为成熟的产业结构，不断提升核心竞争力，实现经济效益不断提升。

第一章　服务业企业

1998—2016 年，宝钢集团多元产业服务业板块有以下子公司：宝钢资源、宝钢金属、宝钢工程、宝华招标、宝钢发展、宝信软件、欧冶云商、一钢公司、浦钢公司、五钢公司、梅山公司。服务业板块包括以下业务：作为钢铁主业供应链上游产业的资源开发及物流业，主要从事铁矿、煤炭等资源的开发经营，确保钢铁生产的资源供应；作为钢铁主业供应链下游产业的钢材延伸加工业，主要是利用宝钢的钢铁生产优势，发展钢材延伸加工产业；工程技术服务业肩负着提升宝钢自主集成创新能力、支撑着钢铁主业精干高效、推进工程技术产业化进程的使命，是承担钢铁主业工程建设、运行维检、精益运营的相关产业；信息服务业产业是宝钢在钢铁生产自动化控制和实现信息化管理两个方面的依托产业，全力拓展以大数据、云计算、物联网为代表的新兴业务；生产服务业负有为钢铁主业提供高效服务和实现再生资源利用产业化的两大战略任务。2015 年，宝钢集团顺应国家产业调整和“互联网＋钢铁”发展形势，成立电子商务平台——欧冶云商股份有限公司。

第一节　宝钢资源有限公司

宝钢资源有限公司(简称宝钢资源)的前身是 2006 年 7 月成立的宝钢贸易有限公司。2008 年 4 月 8 日，更名为“宝钢资源有限公司”，注册资金为 24 亿元，注册地址：上海市浦东新区浦电路 370 号。

一、机构设置

2008 年，宝钢资源下设矿石开发贸易部、资源规划发展部、煤炭开发贸易部等业务部门，拥有上海宝钢运输有限公司、上海宝钢钢铁资源有限公司等子公司。2010 年，宝钢资源实行境内外双总部运作后，设资源规划发展部、矿石开发贸易部、煤炭开发贸易部、合金开发贸易部、钢铁资源开发贸易部、物流业务部等部门，拥有上海宝钢航运有限公司等子公司。

2016 年年底，宝钢资源下设矿石贸易业务、煤炭贸易业务、合金贸易业务、金属贸易业务、金属再生资源业务、物流业务等单元，拥有安徽皖宝矿业有限公司、上海宝钢航运有限公司、宝钢资源澳大利亚有限公司、宝钢资源新加坡公司、宝钢资源南非公司等境内外子公司。

二、企业发展

2006 年宝钢贸易有限公司成立之初，公司主要从事钢铁相关原燃料资源的投资开发业务、贸易及物流业务、金属制品延伸加工业务。公司以服务宝钢集团钢铁主业为核心，通过对相关贸易资源的优化、重组，形成与国内外主要原燃料供应商长期稳定的战略合作资源优势，并拥有依托宝钢集团大平台进行资本运作的规模优势，拥有以港口为中心，集中转、船运、铁路和公路为一体的配送体系，成为宝钢集团资源开发、采购支撑、物流服务的业务操作和管理平台。下设矿石开发贸易部、煤炭开发贸易部、合金开发贸易部、钢铁资源开发贸易部、钢制品事业部等业务部门，拥有上海宝钢运输有限公司、上海宝钢钢铁资源有限公司等子公司。2006年，实现销售收入164.94亿元、社会贸易收入72.10亿元、利润5.50亿元。年底，在岗员工840人。

2008年4月8日，宝钢贸易有限公司更名为“宝钢资源有限公司”。公司主要从事矿产资源的投资、贸易及物流服务。年底，在岗员工901人。

2010年12月21日，宝钢资源在中国香港揭牌成立宝钢资源(国际)有限公司，开始实行境内外双总部运作。

2012年8月，宝钢资源新加坡公司成立。宝钢资源在上海、中国香港、新加坡实现三地联动，初步建立起海外资源产业发展体系。至年底，宝钢资源已与澳大利亚、巴西、印度、智利和南非等国家的知名供应商建立铁矿石长期战略合作关系；与山西煤炭运销集团有限公司、山西焦煤集团有限责任公司、河南煤业化工集团有限责任公司、冀中能源峰峰集团有限公司、淮北矿业(集团)有限责任公司等多家大型煤炭供应商建立煤炭投资与贸易战略合作关系；与中国海运(集团)总公司、日本邮船株式会社等海内外知名公司开展战略合作，共同发展远洋、沿海运输业务。在澳大利亚、南非、印度尼西亚、新加坡等国拥有子公司，在美国、加拿大、巴西、印度、菲律宾、利比里亚等国拥有网点。

2015年3月6日，宝钢集团明确宝钢资源(国际)有限公司为产业总部，为宝钢集团的全资子公司，与宝钢资源有限公司实行“一套班子、两块牌子”运作。宝钢资源在经营模式上形成以资源贸易为核心业务、以资源投资为可持续发展保障、以物流业务为配套服务的立体经营模式。依托宝钢集团雄厚的投融资能力，以资金境内外一体化联动，通过项目投资、矿权运作、产融结合等多元化运作，全面参与国际资源产业竞争。

2016年，宝钢资源完成工业总产值(现价)303.40亿元，资产总额367.37亿元，营业收入298.10亿元。年底，在岗员工709人。

表3-1-1　2008—2016年宝钢资源主要子公司情况表

名　称	地　址	主要经营范围	备　注
上海宝钢运输有限公司	上海市浦东新区德平路289号	近洋国际海运、国内沿海及长江中下游货物运输、货运代理、船舶代理、道路货物运输、仓储	2006年12月由宝钢资源托管，2009年12月由宝钢国际收回管理权
上海新华钢铁有限公司	上海市崇明县新河镇塔南村	废旧金属加工、销售(拆船)	2015年1月26日，股权转售给宝钢发展
日照宝鑫矿业资源有限公司	山东省日照市泰安路179号国际大厦B座	冶金辅料蛇纹石、白云石开采、加工、销售	2013年7月30日，股权出售，宝钢退出
宝岛贸易有限公司	中国香港湾仔港道1号会展广场办公大厦29楼	与钢铁生产相关的原燃料进口贸易及技术服务	2010年12月，更名为“宝钢资源(国际)有限公司”
江苏宝锡炉料加工有限公司	江苏省无锡市锡山区锡北镇工业园区泾瑞路3号	废旧金属回收、加工、储运、销售，金属材料销售	2016年6月起，实行经济运行
安康市宝林矿业有限公司	陕西省平利县	开发锌、铌、钽资源	2016年7月起，转为参股

〔续表〕

名　　称	地　　址	主要经营范围	备　　注
宝钢资源控股(上海)有限公司	上海市虹口区东大名路568号	货物及技术的进出口业务,道路货物运输代理,船舶代理,煤炭经营,事业投资,第三方物流业务,电子商务	
上海宝钢航运有限公司	上海市虹口区东大名路568号	航运业务咨询、仓储服务	
上海宝钢钢铁资源有限公司	上海市宝山区铁山路6号	生产性废旧金属收购、储运、加工、销售	
宝钢澳大利亚矿业有限公司	澳大利亚西澳州珀斯市圣乔治大街77号21层	矿业投资	
宝钢资源澳大利亚有限公司	澳大利亚西澳州珀斯市圣乔治大街77号21层	矿业投资	
宝钢资源南非有限公司	南非约翰内斯堡桑顿格雷斯通路95号2楼	锰、铬等矿产资源投资、勘探、开发、生产,相关产品国内、国际贸易业务及物流业务等	
宝钢资源(印尼)有限公司	印度尼西亚雅加达苏迪蔓大道28号	矿产品、采矿设备以及钢材产品进出口、经销,企业管理咨询服务	
宝钢资源新加坡有限公司	新加坡淡马锡林荫大道7号新达城第一大厦27楼2701A	铁矿、煤炭等矿产资源贸易业务	
上海宝易贸易有限公司	上海市虹口区东大名路568号	货物及技术的进出口业务,国内贸易,道路货物运输代理,实业投资,第三方物流服务(不得从事运输),自有房屋租赁	
上海矿石国际交易中心有限公司	中国(上海)自由贸易试验区荷丹路88号3幢12层01部位	为铁矿石现货交易提供场所及配套服务	
上海宝钢拆车有限公司	上海市宝山区铁山路6号2幢	小型客车拆解和报废汽车破碎业务	
江苏宝浦鑫业钢铁资源有限公司	江苏省扬州市江都区大桥镇疏港路1号	废旧金属回收、加工、仓储、销售	2013年5月起,实行经济运行
浙江宝嘉炉料加工有限公司	浙江省嘉兴市嘉善县陶庄镇工业园区	炉料加工,钢板卷板开平、剪割、冷却	2012年起,实行经济运行
上海宝洋国际船舶代理有限公司	上海市宝山区高逸路105号A楼	国际船舶代理业务	
苏尼特右旗宝德利矿业有限公司	内蒙古自治区锡林郭勒盟苏尼特右旗赛汉塔拉镇	萤石开采,矿产品加工、销售	
安徽皖宝矿业股份有限公司	安徽省池州市秋浦中路11号	非金属矿采选业(石灰石、石膏开采)	

〔续表〕

名　称	地　址	主要经营范围	备　注
青岛宝邯运输贸易有限公司	山东省青岛市东海西路15号英德隆大厦	公路、铁路货运代理,货物运输信息咨询服务,货物物资代储、批发零售;煤炭批发,船舶代理,货物运输代理	
上海全仕宝信息技术有限公司	上海市虹口区东大名路568号	销售汽车配件	
嵊泗宝捷国际船舶代理有限公司	浙江省嵊泗县菜园镇海滨东路98号	中外籍国际船舶代理业务	
上海宝晟能源有限公司	上海市虹口区东大名路568号	煤炭、焦炭、化工产品及原料	
上海宝顶能源有限公司	上海市虹口区东大名路568号	煤炭、焦炭、钢材、化工产品(除危险品)、建筑材料、矿产品、机械设备、货物和技术进出口	
宝船航运有限公司	新加坡淡马锡林荫大道7号新达城第一大厦28楼2801室	远洋运输	
香港宝豫有限公司	中国香港湾仔港湾道会议展览广场办公大楼29号2901室	从事铁矿石等矿产资源贸易业务	
上海宝江航运有限公司	上海市虹口区东大名路568号	水路运输	

表3-1-2　2008—2016年宝钢资源员工队伍分类状况统计表　单位：人

年份	在册员工	在岗员工	岗位分布			学历结构				
			管理	技术	操作	研究生	本科	大专	中专、高中	初中及以下
2008	908	901	200	495	206	119	288	201	152	141
2009	876	869	194	477	196	115	279	194	145	136
2010	749	745	171	429	145	120	270	168	118	69
2011	788	783	162	462	159	127	288	175	120	73
2012	817	815	166	484	164	133	315	172	121	75
2013	835	833	142	492	200	146	329	169	133	56
2014	805	804	142	490	172	154	332	153	118	47
2015	787	783	141	469	173	158	314	161	108	42
2016	711	709	160	393	156	146	281	149	95	38

表 3-1-3　2008—2016 年宝钢资源主要经济指标统计表　　单位：亿元

年份	资产总值	营业收入	利润总额	年份	资产总值	营业收入	利润总额
2008	97.70	323.40	9.70	2013	391.60	448.90	14.70
2009	187.50	198.70	8.70	2014	393.20	456.40	8.50
2010	235.20	374.00	18.10	2015	356.10	294.10	—2.80
2011	265.00	432.10	18.70	2016	367.37	298.10	0.20
2012	328.10	340.60	13.70				

表 3-1-4　2008—2016 年宝钢资源获得荣誉情况表

序号	获 奖 单 位	奖项名称或等级	授 奖 单 位	获奖时间
1	宝钢资源有限公司工会	上海市模范职工之家	上海市总工会	2009 年 12 月
2	宝钢资源有限公司团委	中央企业五四红旗团委	中央企业团工委	2010 年 5 月
3	宝钢资源有限公司党委	中央企业先进基层党组织	国务院国资委党委	2011 年 6 月
4	宝钢资源有限公司	上海市劳动关系和谐职工满意企事业单位	上海市总工会	2012 年 4 月
5	宝钢资源有限公司	中央企业“企业文化示范单位”	国务院国资委	2013 年 3 月
6	青岛宝邯运输贸易有限公司	中央企业先进集体	人力资源和社会保障部、国务院国资委	2013 年 9 月
7	上海宝钢航运公司船舶技术部	上海市工人先锋号	上海市总工会	2014 年 5 月

第二节　宝钢金属有限公司

2007 年 12 月 28 日，宝钢集团整合上海宝钢产业发展有限公司、钢制品事业部以及汽车贸易、线材制品等业务，组建成立宝钢金属有限公司（简称宝钢金属），总资产规模 39.40 亿元，注册资金 40.50 亿元，是宝钢钢材延伸加工产业发展的重要平台。2016 年，宝钢金属主营业务涉及工业气体、金属包装、金属制品、汽车贸易与服务等，总部地址：上海市宝山区双城路 803 弄宝莲城 2 号楼。

一、机构设置

2007 年 12 月，宝钢金属下设办公室、人力资源部、财务部、资产经营部、系统创新部、安全环保与工厂管理部、审计监察部、工程项目部、贸易部，拥有 22 家子公司，核心业务包括钢结构、金属包装、汽车零部件、线材制品、工业气体、汽车贸易等。当年实现合并营业收入 47.72 亿元、利润 9 128 万元。年底，在册员工 2 084 人，在岗员工 1 893 人。

2010 年 9 月，宝钢金属把钢结构板块相关资产及子公司股权转让给宝钢工程后，拥有 24 家子公司。

2016年年底，宝钢金属下设办公室、规划发展部、财务部、人力资源部、系统创新部、法律事务部、审计监察部、安全环保与工厂管理部、并购整合部、贸易部、新业务开发部、生态业务工作组、业务优化创新工作组。主营业务包括工业气体、金属包装、金属制品、汽车贸易与服务等，拥有20家子公司。

二、企业发展

2007年，宝钢金属承建的上海海泰时代广场大厦被评为2006年度中国钢结构建筑金奖；与同济大学等单位合作建成的以五层高频焊接H钢为主体的结构住宅，获国家科学技术进步奖二等奖。2009年，承建中国首个南极内陆科考站——昆仑站。

2010年9月，宝钢集团进行钢结构业务重组，把钢结构板块相关资产及子公司股权转让给宝钢工程技术集团有限公司。同年，承建上海世博会中国馆、世博文化中心、世博中心的钢结构建设任务，中标上海中心大厦项目，完成援建汶川地震灾区都江堰"幸福家园·逸苑"钢结构住宅小区项目。年底，宝钢金属拥有24家子公司，总资产规模79.09亿元。全年实现营业收入100.83亿元、利润2.20亿元。

2013年，宝钢金属下属上海宝钢气体有限公司首次成功收购宝钢外部企业——常州申联天辰氢气有限公司。由宝钢股份、宝钢金属等共同完成的"两片易拉罐用镀锡钢板的开发与应用"项目获国家科学技术进步奖二等奖。

2015年6月11日，宝钢金属下属上海宝钢包装股份有限公司在上海证券交易所上市。

2016年，宝钢金属主营业务包括工业气体、金属包装、金属制品、汽车贸易与服务等，实现营业收入116.10亿元、利润1.52亿元。年底，有在岗员工3 311人，另有外协员工88人。

表3-1-5　2007—2016年宝钢金属主要子公司(含参股公司)情况表

名　称	地　址	主要经营范围	备　注
上海宝印金属彩涂有限公司	上海市宝山区罗店工业园区内	金属彩涂产品设计、制造、加工、销售，货物及技术进出口业务(涉及许可证经营的凭许可证经营)	
成都宝钢制罐有限公司	四川省成都市新都区工业东区龙虎大道白云路	制造和销售钢制两片罐、盖及相关产品，提供相应的技术服务，货物进出口、技术进出口	
佛山宝钢制罐有限公司	广东省佛山市顺德高新区(容桂)建业路北	设计、制造、销售：钢制两片罐、铝制两片罐、钢制冲杯件、金属定型罐、钢制两片优化罐、金属精整坯、金属防锈坯、金属彩涂产品、金属盖及相关产品，对上述设计、制造、销售的产品提供相应的技术服务；销售金属材料；包装装潢印刷品、其他印刷品印刷；经营和代理各类商品及技术的进出口业务	
上海宝翼制罐有限公司	上海市宝山区月罗路1888号	生产钢制两片式易拉罐(即两片罐)及其他相关产品，提供相应的技术服务，货物进出口	
河北宝钢制罐北方有限公司	河北省遵化市通化西街	制造和销售钢制两片罐、盖及相关产品，提供相应的技术服务，货物进出口、技术进出口	

〔续表〕

名　称	地　址	主 要 经 营 范 围	备　注
上海宝钢建筑工程设计研究院	上海市长宁区定西路1118号	钢铁工艺、技术、装备的研制;冷弯型钢、冷轧带肋钢筋、特殊钢材、钢铁、机电、建筑钢材应用领域技术开发、技术转让、技术服务,产品经营;自有房屋出租;冶金工艺设备、电气土建设计咨询;冶金工程设计、钢铁工程咨询;建筑工程设计咨询;环保工程、市政工程设计咨询	2010年划入宝钢工程技术集团有限公司
上海宝产轻型房屋有限公司	上海市宝山区蕰川路3938号	轻型房屋(含彩板房)、轻钢〔单层钢架(专用名)、排架、多层框架〕的设计	2010年划入宝钢工程技术集团有限公司
上海冠达尔钢结构有限公司	上海市宝山区宝杨路2001号	设计、制造、安装钢结构,销售自产产品	2010年划入宝钢工程技术集团有限公司
上海大通钢结构有限公司	上海市宝山区宝杨路2056号	生产焊接成型的型钢、延伸产品;销售、制作自产产品及提供自产产品的安装服务;承接钢结构项目,提供相关技术咨询和售后服务	2010年8月划入上海宝钢型钢有限公司
上海宝产三和门业有限公司	上海市宝山区月罗路988号	开发、设计、制造工业门、高级建筑五金件及相关产品,销售自产产品并提供售后服务	2010年划入宝钢工程技术集团有限公司
上海宝钢普莱克斯实用气体有限公司	上海市宝山区月浦马泾桥工业区	生产氧、氮、氩、氢、氦气体及特种气体、混合气体,销售自产产品和提供销售服务	
上海宝钢车轮有限公司	上海市宝山区蕰川路3962号	汽车钢制车轮的生产、销售及维护,汽车部件的精密锻压、多工位压力成型及模具设计与制造	2011年划入上海宝钢国际经济贸易有限公司
上海宝钢热冲压零部件有限公司	上海市宝山区宝杨路855号	汽车部件的精密锻压、多工位压力成型及模具设计与制造;汽车高强度精密热冲压零部件的生产、销售,及系统设计与开发、技术服务	2011年划入上海宝钢国际经济贸易有限公司
上海科宝汽车传动件有限公司	上海市宝山区罗店镇工业区	生产汽车自动变速箱及液压变速阀(比例、伺服液压技术),销售自产产品,上述同类商品的进出口业务、批发业务	2011年划入上海宝钢国际经济贸易有限公司
尼亚加拉机械制品有限公司	5071KINGSTREET,BEAMSVLLE,ONTARIO,CANADA	生产汽车自动变速箱及液压变速阀	2011年划入上海宝钢国际经济贸易有限公司
深圳宝钢大西洋电焊条有限公司	广东省深圳市平湖辅城工业区工业大道99号	电焊条、焊接材料的生产、购销	2009年8月,宝钢金属持股38.10%
宝钢集团联合公司	上海市宝山区宝杨路855号	金属材料及制品,钢铁原辅料,化工产品(除危险品外),冶金生产技术,科技服务,五金交电,汽车配件,建筑材料及制品;经营自产产品的出口业务和本企业所需的机械设备、零部件、原辅料的进口业务	2008年9月关闭

〔续表〕

名　称	地　址	主 要 经 营 范 围	备　注
宝钢钢构有限公司	上海市宝山区宝杨路2001号	设计、制造、安装各种钢结构，销售自产产品；机电产品制造、销售；承包境外钢结构工程和境内国际招标工程	2010年划入宝钢工程技术集团有限公司
上海宝钢液压成形零部件有限公司	上海市宝山区罗春路188号	汽车重要部件的精密锻压、多工位压力成形；液压成形零部件、相关模具、夹具及配套部件的设计开发、生产制造；销售自产产品，并提供相关技术及服务；研究和开发液压成形用管技术；货物及技术进出口业务	2011年划入上海宝钢国际经济贸易有限公司
上海宝钢制盖有限公司	上海市宝山区长建路199号二栋D厂房	各种材质包装的盖子设计、制造、加工，销售自产产品；与上述产品同类的商品批发、进出口及相关配套业务，并提供相关技术咨询服务及售后服务	
陕西长青能源化工有限公司	陕西省宝鸡市凤翔县长青镇宝冯路19号	煤化工筹建；化工设计、科研和技术咨询；化工装备及配件加工、修理、销售；化工物资经营(易致毒、危险、监控化学品除外)；本企业自产产品及相关技术出口，本企业生产、科研所需原辅材料、机械设备、仪器仪表、零配件及技术进口	
上海贝卡尔特二钢有限公司	上海市外高桥保税区日樱北路555号	研发、生产用于混凝土的钢纤维，销售自产产品并提供相关的技术服务、技术咨询及售后服务；钢丝及钢丝产品的批发，进出口、佣金代理(拍卖除外)及其他相关配套业务；保税区内以钢丝及钢丝产品为主的仓储(除危险品)和分拨业务；国际贸易，转口贸易保税区内企业间的贸易及贸易代理；保税区内商业性简单加工及商品展示；贸易咨询服务	
宝钢金属(国际)有限公司	美国得克萨斯州休斯敦市奥尔巴尼街2808号	氦气采购、精炼提取、氦集装箱罐的采购和生产及氦气进出口贸易；货物进出口及技术进出口贸易；提供市场、技术等信息收集、市场调研、行业分析、项目寻源等商务服务	
南京南汽模具装备有限公司	江苏省南京市玄武区红山路118号	模具、检具、焊接夹具、白车身、机夹具、刀具、辅具、冲压件及总成的设计、制造、销售；汽车零部件、金属材料的制造、销售，相关服务及技术研发、咨询	
上海宝钢包装股份有限公司	上海市宝山区罗东路1818号	各类材质包装制品设计、销售；各种材质包装材料的销售；货物及技术的进出口业务；包装装潢印刷；投资咨询，在包装材料科技领域内的技术服务、技术咨询、技术开发、技术转让	
上海宝钢气体有限公司	上海市浦东新区龙阳路2277号永达国际大厦901室	压缩气体和液化气体，不燃气体的批发，货物及技术进出口业务	
上海宝钢朗泽新能源有限公司	上海市宝山区锦宏路518号508A室	无水乙醇以及其他燃料、化学品相关领域的技术开发、技术转让、技术咨询、技术服务	

〔续表〕

名　称	地　址	主要经营范围	备　注
宝钢集团南通线材制品有限公司	江苏省南通市港闸区陈桥街道宝钢路 8 号	金属材料、电线、电缆的生产、加工、销售，国内贸易，四技服务（技术开发、技术转让、技术服务、技术咨询），经营本企业自产品及技术的出口业务和本企业所需的机械设备、零配件、原辅材料及技术的进口业务，厂房租赁，设备租赁	
南京宝日钢丝制品有限公司	江苏省南京经济技术开发区新港片区兴文路 9 号	生产冷镦钢丝、弹簧钢丝等各种此线材类二次和三次加工制品，销售自产产品以及相关服务和技术开发	
江苏宝钢精密钢丝有限公司	江苏省海门市滨江街道香港路 2566 号	金属丝绳及其制品、太阳能光伏关键材料切割钢丝的生产、加工、销售，经营本企业自产产品及技术的出口业务和本企业所需的机械设备、零配件、原辅材料及技术的进口业务，钢材的批发零售，经营本企业产品及设备的技术开发、技术转让、技术服务、技术咨询	
上海宝钢型钢有限公司	上海市宝山区宝杨路 2056 号	冷弯型钢、冷轧带肋钢筋及延伸产品的生产、销售，生产焊接成型的型钢、延伸产品，销售、制作自产产品及提供自产产品的安装服务，专业承包钢结构工程，提供相关技术咨询和售后服务，在特殊钢材、钢铁、机电、建筑钢材应用领域内从事技术开发、技术转让、技术服务，从事货物及技术的进出口业务	
上海宝钢金属贸易有限公司	上海市宝山区宝杨路 2498 号综合楼	冶金炉料、旧设备收购拆解、分选、加工、销售、储存，金属材料、五金销售，货物及技术进出口业务（机械设备、钢材的进出口业务），经营进料加工和“三来一补”业务，生产性废旧金属收购	
上海宝成钢构建筑有限公司	上海市宝山区蕰川路 3962 号	生产和销售各种钢结构和其他相关的钢结构产品及产品的维护，汽车钢制车轮的生产、销售、维护，汽车部件的精密锻压、多工位压力成型及模具设计与制造，货物及技术进出口业务，物业管理，钢材销售	
上海宝钢住商汽车贸易有限公司	上海市宝山区宝杨路 1943 号 9 楼	汽车销售（不含乘用车），汽摩配件、机械产品、电气机械及器材、汽车用品、金属材料及制品的批发及零售，物业管理，汽车租赁，经济信息咨询服务，技术进出口，附设分支机构	
武汉万宝井汽车部件有限公司	湖北省武汉经济技术开发区 45MD 地块	设计、开发、生产、加工汽车驱动桥和车厢关联零部件及其模具、夹具；销售本公司产品，并提供技术咨询及售后服务	
广州万宝井汽车部件有限公司	广东省广州市花都区汽车城东风大道 28 号	设计、开发、生产、销售、加工汽车关键零部件；驱动桥总成及相关部件和汽车模具、夹具；销售本企业产品，并提供技术咨询及售后服务	
上海宝敏科汽车工程技术有限公司	中国（上海）自由贸易试验区富特北路 877 号 3 层 346 室	汽车技术领域内的技术开发、技术咨询、技术服务、汽车配件、机电设备、机械设备及配件、五金交电、金属材料的批发；进出口、佣金代理（除拍卖外），并提供相关配套服务；机械设备的安装（除特种设备）	

〔续表〕

名　称	地　址	主要经营范围	备　注
合肥宝敏科汽车零部件有限公司	安徽省合肥经济技术开发区天门湖工业厂房1幢厂房	汽车与轨道交通轻量化零部件及配件、相关模具及装备的生产和销售，汽车技术领域内的技术开发、技术咨询、技术服务，铝合金及其深加工产品销售与技术服务，自营和代理各类商品的进出口业务	
上海宝昀轻质材料科技有限公司	中国(上海)自由贸易试验区富特北路500号1栋1层124室	金属材料、碳纤维材料及其制品的加工工艺及装备的技术开发、技术转让、技术服务、技术咨询，金属材料、碳纤维材料及其制品、装备的销售，货物及技术进出口业务	
宝钢金属制品工业(香港)有限公司	RM 2103 TUNG CHIU COMM CTR 193 LOCKHART RD WAN CHAI HK	融资、投资、咨询、贸易	
上海宝武杰富意清洁铁粉有限公司	上海市宝山区蕰川路3962号	无偏析预混合铁粉生产、销售，金属材料科技领域内的技术开发、技术服务、技术咨询，货物及技术的进出口业务	
宝航环境修复有限公司	北京市顺义区高丽营镇金马园一街21号	环境修复的设计、咨询、技术服务，环境污染防治技术及工程，施工总承包，专业承包，接受委托提供环境污染治理设施运营，技术进出口、货物进出口、代理进出口，销售环境修复设备、设施、化学制剂(不含危险化学品及一类易制毒化学品)	
江苏宝京汽车部件有限公司	江苏省镇江市京口工业园区金鼎路33号	汽车轴管及其他部件的设计、生产，技术服务，自营和代理各类商品及技术的进出口业务	

表3-1-6　2009—2016年宝钢金属员工队伍分类状况统计表　单位：人

年份	在册员工	在岗员工	岗位分布			学历结构				
			管理	技术	操作	研究生	本科	大专	中专、高中	初中及以下
2009	2 488	2 315	333	894	1 088	103	472	584	796	360
2010	2 019	1 906	347	704	855	95	445	530	605	231
2011	1 992	1 924	358	713	853	90	474	560	594	206
2012	2 372	2 308	407	984	917	124	618	699	662	205
2013	2 825	2 760	392	1 189	1 179	165	723	771	861	240
2014	3 374	3 328	418	1 458	1 452	192	873	938	1 028	297
2015	3 376	3 336	406	1 456	1 474	187	951	998	971	229
2016	3 342	3 311	401	1 477	1 433	190	960	976	930	255

表 3－1－7　2009—2016 年宝钢金属主要经济指标统计表　　单位：万元

年份	资产总值	营业收入	利润总额	年份	资产总值	营业收入	利润总额
2009	624 856.69	710 000	10 154.21	2013	1 112 829.63	1 124 000	30 632.49
2010	790 930.03	1 008 255	22 015.27	2014	1 300 280.50	1 122 600	33 012.95
2011	973 172.14	1 287 000	34 295.56	2015	1 553 617.52	1 004 500	30 014.86
2012	1 049 324.75	1 147 000	30 004.76	2016	1 681 818.85	1 161 026	15 200.00

第三节　宝钢工程技术集团有限公司

宝钢工程技术集团有限公司(简称宝钢工程)的前身为 1999 年 7 月 27 日成立的上海宝钢工程技术有限公司(简称宝钢工程),2010 年 4 月 16 日更名为“宝钢工程技术集团有限公司”。2016 年 5 月,宝钢集团组建宝钢设计院,与宝钢工程实行“两块牌子、一套班子”方式运作。总部地址：上海市宝山区铁力路 2510 号。

一、机构设置

2000 年年底,上海宝钢工程技术有限公司下设综合管理部、办公室、人事部、财务部、经营计划部、冶炼部、轧钢部、通用电气部、海外事业部、档案室,拥有宝钢集团苏州冶金机械厂、宝钢设计研究总院、宝钢工程建设总公司、上海宝钢铸造有限公司、宝钢集团常州冶金机械厂、宝钢集团苏州冶金机械厂、宝钢集团常州轧辊制造公司、常州宝菱冶金设备制造有限公司、宝钢集团宝菱电气控制设备有限公司、宝菱冶金设备工程技术有限公司、西门子制造工程中心有限公司、上海江南轧辊有限公司、上海科德轧辊表面处理有限公司、上海凌桥环保设备厂和烟台鲁宝有色合金厂等 15 家分公司、子公司、合资公司和联营企业。

2009 年年底,上海宝钢工程技术有限公司更名宝钢工程技术集团有限公司后,下设冶炼、轧钢、建筑工程、环保公用和电气自动化等专业事业部,拥有独具核心装备设计与制造技术的 10 多家子公司。

2016 年,宝钢工程下设办公室、企划部、经营财务部、人力资源部、安全能环部、法律事务部、审计部、监察部、财务部共享中心、采购管理服务部、工程咨询部,拥有工程技术事业本部、上海宝钢节能环保技术有限公司、宝钢钢构有限公司、宝钢建筑系统集成有限公司、上海宝产三和门业有限公司、上海力岱结构工程技术有限公司、上海宝钢工业技术服务有限公司、常州宝菱重工机械有限公司、宝钢轧辊科技有限责任公司、上海宝钢铸造有限公司、苏州大方特种车有限公司、上海宝华国际招标有限公司、上海宝钢工程咨询有限公司等 10 多家子公司。

二、企业发展

1999 年 8 月 5 日,宝钢集团以上海宝钢设备工程技术有限公司为基础,划入上海冶金设计研究院、宝钢设计研究院和宝钢工程建设总公司,组建上海宝钢工程技术有限公司。宝钢工程由 15 家子公司、合资公司、联营企业组成，具有冶金行业工程设计、工程咨询、工程造价咨询、工程总承包、建筑设计等5项甲级资质和一级装饰设计、冶金行业环境评估资质及ISO9001认证证书。

2009年12月底，上海宝钢工程技术有限公司更名为“宝钢工程技术集团有限公司”，当年实现销售收入51.10亿元、利润2.79亿元，净资产收益率11.14%。年底，在册员工4 130人。

2010年4月16日，宝钢工程技术集团有限公司举行揭牌成立仪式。宝钢工程注册资本金9.20亿元，设有冶炼、轧钢、建筑工程、环保公用和电气自动化等专业事业部，拥有独具核心装备设计与制造技术的10多家子公司。经过资源整合，形成工程技术咨询、信息服务、装备制造、钢铁技术服务、钢结构、节能技术服务等核心业务，具有国家颁发的20余项甲级资质和国(境)外承包工程经营权。2010年，实现销售收入129.57亿元，利润总额3.67亿元，净资产收益率14.20%。年底，在册员工11 984人。

2016年5月4日，宝钢集团组建宝钢设计院，与宝钢工程实行“两块牌子、一套班子”方式运作。宝钢工程(宝钢设计院)拥有工程技术事业本部、上海宝钢节能环保技术有限公司等10多家子公司，具备集工程咨询、管理实施、设计制造、运行维检于一体的全流程解决方案的产业能力，服务领域涵盖工程总承包、项目管理和工程咨询、工程设计、工程招标、工程监理、设备设计与制造、成套设备供应、施工管理、运行维护、检修检测等。2016年，实现营业收入82.02亿元、利润8 199万元。年底，在册员工8 717人，在岗员工8 295人。

表3-1-8 1999—2016年宝钢工程主要子公司(含参股公司)情况表

名称	地址	主要经营范围	备注
宝钢集团苏州冶金机械厂	江苏省苏州市高新区浒关镇永安路122号	机械设备、备件、弹簧等制造	2010年改制成宝钢苏冶重工有限公司
宝钢集团常州轧辊制造公司	江苏省常州市新冶路41号	金属轧机轧辊、金属备件制造	2013年改制成宝钢轧辊科技有限责任公司
宝钢集团宝菱电气控制设备有限公司	上海市宝山区铁力路2501号	生产工业变频、电气传动控制设备、高低压配电柜等	
上海科德轧辊表面处理有限公司	上海市宝山区富锦路1288号	金属切削、镀铬、毛化等	
上海宝钢监理建设有限公司	上海市宝山区富锦路888号	工程建设监理、造价咨询等	2013年更名为“宝钢工程咨询有限公司”
上海江南轧辊有限公司	上海市宝山区富锦路1288号	金属切削、镀铬、毛化等	
上海宝申建筑工程技术咨询有限公司	上海市长宁区定西路1118号商务楼401号	建筑工程施工图设计、审查，建筑工程领域从事四技服务(技术开发、技术转让、技术服务、技术咨询)	
宝钢日立金属轧辊(南通)有限公司	江苏省南通经济开发区	热轧辊生产、销售	2016年停产
山东只楚民营科技园股份有限公司	山东省烟台市只楚民营科技园	铜铸件制造、汽车装饰、电线制造、服务、咨询等	

〔续表〕

名　称	地　址	主要经营范围	备　注
西门子制造工程中心有限公司	上海市宝山区宝东路887号	电气自动化控制装置的集成，开发、应用和设备成套	
西马克德马格宝钢工程有限公司	上海市虹口区西江湾路500号	成套冶金设备设计并提供制造技术、技术服务及咨询	2005年解散
上海杰出图文制作公司	上海市宝山区金石路1688号411室	打印、复印、轻印刷、晒图等	2013年清算
宝钢工程(纳米比亚)有限公司	上海市宝山区铁力路2510号	建筑安装	2015年清算
宝菱冶金设备工程技术有限公司	上海市宝山区牡丹江路1211号	冶金设备综合设计、工程技术服务、安装指导	2010年股权转让至常州宝菱重工机械有限公司
上海宝钢节能环保技术有限公司	上海市宝山区克山路550弄7号楼3楼	风能、生物能、太阳能、水能、地热、海洋能等可再生能源的生产、销售、开发，节能、环保、新能源领域的设备制造、销售，节能、环保、新能源领域的工程承包，节能、环保、新能源科技专业领域的技术开发、技术咨询、技术服务、技术转让，货物及技术的进口业务，节能评估，合同能源管理，实业投资	
宝钢钢构有限公司	上海市宝山区宝杨路2001号	设计、制造、安装各种钢结构，销售自产产品；承包境外钢结构工程和境内国际招标工程；机电产品(除专项规定)制造、销售；金属材料销售；停车场(库)的投资建设、研发、设计、施工、咨询、经营管理；停车场(库)配套设备的生产、经营、销售；自动化工程、智能化系统的管理；计算机科技领域的技术咨询、技术服务	
宝钢建筑系统集成有限公司	上海市长宁区定西路1116号	建筑工程设计、咨询和总承包，房地产开发，建材及五金销售、安装，建筑工程领域的技术开发、技术转让、技术服务，建筑装饰，货物进出口及技术进出口业务	
上海宝产三和门业有限公司	上海市宝山区月罗路988号	开发、设计、制造工业门及相关五金配件，销售自产产品并提供售后服务；以建筑工程施工承包的形式从事金属门窗工程、建筑幕墙工程、钢结构工程的施工；金属材料和钢材的批发、佣金代理(拍卖除外)，进出口及相关业务	
上海力岱结构工程技术有限公司	上海市浦东新区世纪大道1500号901-C-2	提供建筑物中的隔震、减震、抗震系统的技术咨询服务；隔减震装置及抗震装置的进出口、批发、佣金代理(拍卖除外)，并提供相关的配套服务	
常州宝菱重工机械有限公司	江苏省常州市新冶路41号	现代冶金装备、备件及制管工具制造	
上海宝钢铸造有限公司	上海市宝山区宝钢9村37号203室	冷却壁、钢锭模铸件及铸管件	
宝钢轧辊科技有限责任公司	江苏省常州市新冶路41号	高精度冷轧工作辊制造	

〔续表〕

名　　称	地　　址	主 要 经 营 范 围	备　　注
上海宝钢工程咨询有限公司	上海市宝山区克山路550弄8号楼	工程监理,设备监理,信息监理	
上海宝华国际招标有限公司	上海市宝山区克山路550弄8号楼	招标代理及咨询	
上海宝钢工业技术服务有限公司	上海市宝山区同济路3521号	状态把握与设备管理,环境监测,炉窑与节能技术,品质检验,设备备件制造,设备维修工程,起重运输服务,轧辊技术	
宝钢集团常州冶金机械厂	江苏省常州市新冶路41号	厂房、设备及房屋租赁	
苏州大方特种车股份有限公司	江苏省苏州市高新区浒关工业园浒杨路71号	设计、制造液压动力平板运输车、模块式液压全挂车、半挂车、轮胎式提梁机以及其他重型特种运输设备	
上海宝统物业管理有限公司	上海市静安区大统路988号A幢916室	物业管理,企业管理,商务信息咨询,市场营销策划,建筑专业设计,自有房屋租赁,停车场(库)经营,家用电器、电子产品、家具销售,房地产经纪	
上海宝钢建筑工程设计研究院	上海市宝山区同济路999号13号楼	建筑工程设计、咨询和总承包,房地产开发,建材及五金销售、安装,建筑工程领域内的技术开发、技术转让、技术服务,建筑装饰,货物进出口及技术进出口业务	
上海外经国际冶金工程技术有限公司	上海市宝山区金石路1688号	海外冶金工程承包,机电仪设备、金属制品、运输工具、非金属矿产品(除专项规定)、工业油(除成品油)、有色金属、轻纺产品、工艺品、冶金原材料及产品(除专项规定)销售,货物及技术进出口业务,冶金工程领域的技术咨询	

表3-1-9　2009—2016年宝钢工程员工队伍分类状况统计表

单位:人

年 份	在册员工	在岗员工	岗 位 分 布			学 历 结 构				
			管理	技术	操作	研究生	本科	大专	中专、高中	初中及以下
2009	4 130	3 861	388	2 087	1 386	324	1 302	511	1 036	688
2010	11 984	11 304	933	5 331	5 040	1 295	3 695	2 300	3 128	886
2011	11 873	11 213	896	5 526	4 791	1 337	3 749	2 282	2 945	900
2012	11 665	11 044	949	5 593	4 502	1 444	3 906	2 291	2 659	744
2013	11 156	10 460	947	5 282	4 231	1 401	3 792	2 218	2 438	611
2014	10 193	9 570	943	4 153	4 474	884	3 189	2 217	2 554	726
2015	9 360	8 859	879	3 653	4 327	827	3 008	2 190	2 360	474
2016	8 717	8 295	835	3 257	4 203	736	2 757	2 259	2 154	389

表 3-1-10　1999—2016 年宝钢工程主要经济指标统计表　单位：万元

年份	资产总值	营业收入	利润总额	年份	资产总值	营业收入	利润总额
1999	178 105	132 420	1 351	2008	628 540	497 373	39 462
2000	182 230	105 989	757	2009	615 123	513 193	27 866
2001	209 017	95 489	1 291	2010	725 411	612 950	36 699
2002	232 628	114 588	1 596	2011	1 335 988	1 089 590	41 527
2003	231 467	191 202	2 825	2012	1 547 629	1 278 273	43 986
2004	236 262	209 196	8 865	2013	1 549 956	1 230 822	−14 241
2005	307 835	250 926	13 843	2014	1 544 104	1 073 878	−39 367
2006	364 510	317 631	23 081	2015	1 267 843	1 065 785	−25 161
2007	466 436	480 711	36 833	2016	1 179 870	820 193	8 199

表 3-1-11　1999—2016 年宝钢工程获得荣誉情况表

序号	获奖单位	获奖项目	奖项名称或等级	授奖单位	获奖年份
1	上海宝钢工程技术有限公司宝钢设计院土建二组		上海市文明班组	上海市总工会	2002
2	上海宝钢工程技术有限公司质量监督站		冶金行业先进工程质量监督站	中国钢铁工业协会	2003
3	上海宝钢工程技术有限公司	一钢公司不锈钢及碳钢热轧板卷工程可行性研究报告	冶金行业优秀工程咨询成果奖一等奖	中国钢铁工业协会	2005
4	上海宝钢制造有限公司质量检验组		上海市红旗班组	上海市总工会	2005
5	上海宝钢监理建设有限公司	不锈钢分公司炼钢、连铸和 1780 热轧三大主体工程	国家建筑工程“鲁班奖”	中国建筑业协会	2007
6	上海宝钢工程技术有限公司		上海市文明单位	上海市精神文明建设委员会	2008
7	宝钢集团常州轧辊制造公司	大型特种精密轧辊技术产业化项目	江苏省科技进步奖二等奖	江苏省科技厅	2009
8	宝钢工程技术集团有限公司		上海市重大工程立功竞赛优秀公司	上海市城乡建设和管理委员会	2010
9	常州宝菱重工机械有限公司		江苏省质量诚信五星级企业	江苏省工程建设监督管理办公室	2010
10	宝钢工程技术集团有限公司		上海市创新型企业	上海市科学技术委员会	2011

〔续表〕

序号	获 奖 单 位	获 奖 项 目	奖项名称或等级	授 奖 单 位	获奖年份
11	宝钢工程技术集团有限公司工程技术事业部冶炼事业部精炼部技术经营室		上海市团队创先特色班组	上海市总工会	2011
12	宝钢工程技术集团有限公司		上海市质量管理奖	上海市建设工程咨询行业协会	2012
13	上海宝钢工程技术服务有限公司		上海市创新型企业	上海市科学技术委员会	2012
14	宝钢工程技术集团有限公司		中国钢铁工业科技工作先进单位	中国钢铁工业协会	2012
15	上海宝钢工程技术服务有限公司		全国质量信誉有保障优秀服务单位	中国设备管理协会	2012
16	宝钢工程技术集团有限公司		上海市专利示范单位	上海市知识产权局	2013
17	宝钢工程技术集团有限公司工程技术事业本部	高效RH真空精炼成套装备及工业应用项目	冶金科学技术奖一等奖	中国钢铁工业协会、中国金属学会	2013
18	宝钢钢构有限公司	中央电视台新址大楼钢结构项目	全球最佳高层建筑奖	世界高层建筑学会	2013
19	上海宝钢工程咨询有限公司		上海市先进工程监理企业	上海市建设工程咨询行业协会	2014
20	宝钢工程技术集团有限公司工程技术事业本部余热再利用青年突击队		上海市优秀青年突击队	共青团上海市委	2015
21	上海宝华国际招标有限公司		上海市高新技术企业	上海市科学技术委员会	2016
22	上海宝钢节能环保技术有限公司		上海市高新技术企业	上海市科学技术委员会	2016

第四节　上海宝华国际招标有限公司

上海宝华国际招标有限公司(简称宝华招标)成立于2005年12月,是宝钢集团全资子公司,前身为上海宝钢国际经济贸易有限公司招标办公室,注册资本1 000万元,注册地在上海市浦东新区。2009年12月,宝华招标委托宝钢工程管理。2011年5月,宝华招标与上海宝钢建设监理有限公司实行“一套班子、两块牌子”管理模式。办公地址设在上海市宝山区牡丹江路1813号宝山宾馆南楼,2013年迁至上海市宝山区克山路550弄8号楼。

一、机构设置

2005年12月,宝华招标下设冶炼室、轧钢室、通用室、工程室,主营业务包括工业气体、金属包装、金属制品、汽车贸易与服务等。

2011 年 5 月，宝华招标与上海宝钢建设监理有限公司实行“一套班子、两块牌子”管理模式，下设招标运营部、货物招标部、工程和服务招标部。

2016 年年底，宝华招标下设招标运营部、货物招标部、工程和服务招标部。

二、企业发展

2005 年，宝华招标实现招标中标金额 110 亿元，营业收入 4 397 万元，利润 3 179 万元。

2009 年 12 月，宝华招标委托宝钢工程管理。2011 年 5 月，宝华招标与上海宝钢建设监理有限公司实行“一套班子、两块牌子”管理模式，在岗员工 65 人。全年完成社会项目 101 个，中标金额 10.31 亿元，实现营业收入 6 414 万元，利润 2 177 万元。2013 年 2 月 18 日，上海宝钢建设监理有限公司更名为“上海宝钢工程咨询有限公司”（简称宝钢咨询）。

2016 年，宝华招标实现营业收入 5 266 万元，利润总额 974 万元。年底，宝华招标在岗员工 78 人，其中在册员工 64 人。

表 3-1-12　2014—2016 年宝华招标员工队伍分类状况统计表　　单位：人

年份	在册员工	在岗员工	岗位分布		学历结构		
			管理	技术	研究生	本科	大专
2014	57	73	28	45	7	56	12
2015	57	73	28	45	7	56	12
2016	64	78	15	63	9	59	10

说明：2005—2013 年相关数据缺失。

表 3-1-13　2011—2016 年宝华招标主要经济指标统计表　　单位：万元

年份	资产总值	营业收入	利润总额	年份	资产总值	营业收入	利润总额
2011	8 697	6 414	2 177	2014	20 496	6 782	1 619
2012	9 870	4 902	600	2015	18 546	7 349	2 881
2013	18 329	6 666	1 613	2016	17 634	5 266	974

说明：2005—2010 年相关数据缺失。

表 3-1-14　2005—2016 年宝华招标获得荣誉情况表

序号	奖项名称或等级	授奖单位	获奖时间
1	2008 年上海市用户满意工程先进单位	上海市质量协会	2009 年 12 月
2	2010 招标代理机构诚信创优先进单位	中国招标投标协会	2010 年 3 月
3	2011 年招标代理机构诚信创优 5A 等级	中国招标投标协会	2011 年
4	2011—2013 年度招标代理机构诚信创优 5A 等级	中国招标投标协会	2013 年

〔续表〕

序号	奖项名称或等级	授　奖　单　位	获奖时间
5	2015年度全国及上海市用户满意文明单位	全国质量协会、上海市质量协会	2015年12月
6	企业信用评级3A企业、全国招标代理机构诚信先进单位	中国招标投标协会	2016年12月

第五节　宝钢发展有限公司

宝钢发展有限公司(简称宝钢发展)的前身为成立于1981年的宝钢总厂总务处、综合服务公司,1984年更名为“宝钢总厂附属企业公司”。1986年9月12日,宝钢总厂把附属企业公司等7家单位划分出来,统一组建企业开发总公司。1992年,企业开发总公司成为宝钢集团的紧密层单位和全资子公司,企业更名为“宝钢集团企业开发总公司”。2007年10月12日,宝钢集团企业开发总公司进行改革,组建宝钢发展有限公司;12月17日,按照《公司法》进行工商变更登记,注册成立“宝钢发展有限公司”,注册资本27.49亿元。1998年年底,总部设在上海市宝山区宝杨路889号,2013年7月迁至上海市宝山区牡丹江路1813号宝钢集团宝山宾馆南楼。

一、机构设置

1998年,宝钢集团企业开发总公司下设16个全资子公司:饮食供应公司、交通运输公司、生活福利公司(房产管理公司)、厂容绿化公司、卫生处、生产协力公司、工业公司、综合开发公司、建筑维修公司、上海宝钢实业总公司、上海宝钢新事业发展总公司、宝钢民用建设公司、国际经济贸易总公司开发分公司、上海宝钢新宝工贸实业有限公司、上海中允投资发展有限公司、宝钢工程建设总公司。宝钢集团企业开发总公司承担宝钢职工的生活服务和医疗卫生方面的服务,厂区的环卫、绿化和工业卫生业务,副产品的综合利用和开发经营。

2008年1月1日,整合重组后的宝钢发展有限公司设职能部门29个,业务部10个,工厂物业、工厂作业、资源再生等三大事业部,22个一级业务单元。宝钢发展有33个独立法人单位、6个委托法人单位,经营范围包括冶金企业废弃物和副产品综合利用,钢铁产品包装,餐饮、物业、通勤、绿化、卫生服务、生产协力管理,建筑工程承揽,物流及钢材贸易,房地产开发,磁性材料及矿渣微粉制造、销售,模具钢加工、配送,钢材深加工,汽车修理及旅游等。

2016年年底,宝钢发展设有规划发展部、运营管理部、法律事务部、设备能环部、审计部、监察部(纪委)、经营财务部、办公室、人力资源部、安全生产管理部、企业文化部、技术中心等12个职能业务部门、17个业务单元。

二、企业发展

1998年年底,宝钢集团企业开发总公司已发展成为服务主体、功能齐全的宝钢集团协力单位,成为多种经济成分并存、共同发展的企业联合体。生产的主要产品有包装、建材、耐材、蓄电池、化工、金属制品、磁性材料、劳防用品、饮料食品、特种空调等十大系列,达160多个品种。同年,实现营业收入28.68亿元，利税总额1.57亿元，进出口总额470万美元。截至2006年年底，下属二级单位有后勤保障公司、交通运输公司、厂容绿化公司、卫生处、生产协力公司、工业公司、建筑维修公司、综合开发公司、工贸实业总公司、新事业发展总公司、瓷业发展有限公司、工程建设总公司、开发置业公司、新宝工贸事业有限公司，还有集团委托管理的宝山宾馆，二级单位以下的全资、控股、参股法人实体单位近100家。经营范围包括冶金企业废弃物和副产品综合利用，钢铁产品包装，餐饮、物业、通勤、绿化、卫生服务、生产协力管理，建筑工程承揽，物流及钢材贸易，房地产开发，磁性材料及矿渣微粉制造、销售，模具钢加工、配送，钢材深加工，汽车修理，以及旅游等。同年，合并实现营业收入149.43亿元、利润总额3.79亿元。在册员工15 656人，其中在岗员工10 717人。

2007年12月17日，宝钢发展有限公司注册成立。2008年1月1日，整合重组后的宝钢发展有限公司开始运行。1月21日，宝钢发展摘牌收购宝钢集团企业开发总公司的资产，原集体资产退出运营系统。随后，着手制定各类管理制度1 347项，做到全面覆盖，确保生产经营过程的平稳过渡。10月27日，宝钢发展在年初整合重组的基础上深化体制改革，内容包括管控模式、业务整合和机构重组等，整体方案立足机构设置扁平化，减少管理的中间环节，以区域化为主、专业化为辅。2009年，宝钢发展下属有33个独立法人单位、6个委托法人单位，经营范围包括冶金企业废弃物和副产品综合利用，钢铁产品包装，餐饮、物业、通勤、绿化、卫生服务、生产协力管理，建筑工程承揽，物流及钢材贸易，房地产开发，磁性材料及矿渣微粉制造、销售，模具钢加工、配送，钢材深加工，汽车修理，以及旅游等。同年，实现营业收入95.58亿元、利润总额2.44亿元。2015年，宝钢发展制订新一轮业务发展战略规划，提出“围绕一个核心产业，打造两个运营平台”的战略框架，即围绕服务业这一核心，聚焦发展以体验型服务为核心的生活服务运营平台，搭建以固体废物资源综合利用为核心的环保服务运营平台，转型退出生产服务业务。

2016年，宝钢发展设12个职能（业务）部门，下设17个业务单元。主要业务包括新型建材、磁性材料、环境改善、健康生活服务、物业管理、物流管理、生产作业等服务，致力于为大型制造企业及城市系统的固体废物资源综合利用、生活服务、生产服务提供一揽子解决方案，为宝钢集团的清洁生产和绿色发展提供支撑。同年，实现营业收入66.48亿元、利润0.26亿元，资产总额88.24亿元。年底，在册员工10 473人，其中在岗员工6 252人。

表3-1-15　1998—2016年宝钢发展（宝钢集团企业开发总公司）主要子公司情况表

名　称	地　址	主要经营范围	备　注
饮食供应公司	上海市宝山区同济路1118号	为宝钢集团、宝钢股份及各子公司等提供系统内后勤管理、设备维修、餐饮服务等	2003年并入后勤保障公司；2008年更名为“宝钢发展有限公司餐饮管理分公司”
交通运输公司	上海市宝山区同济路1592号	为宝钢提供通勤服务，为社会提供客车运输服务，拥有汽车修理、汽车配件经营、汽车贸易租赁等业务	2008年更名为“宝钢发展有限公司汽车通勤公司”
生活福利公司（房产管理公司）	上海市宝山区同济路1118号	为宝钢范围内职工住房分配与管理、单宿服务与管理、物业服务与管理、住房裙房租赁与管理、酒店服务与民用煤气输配管理，以及托儿所服务与管理及房屋装潢	2003年并入后勤保障公司；2008年更名为“宝钢发展有限公司餐饮管理分公司”

〔续表〕

名　称	地　址	主要经营范围	备　注
厂容绿化公司	上海市宝山区湄浦路330号乙1	宝钢股份厂区及生活区绿化工程设计施工养护，花卉苗木培育、销售等	2008年更名为“上海宝钢生态绿化有限公司”
卫生处	上海市宝山区湄浦路330弄乙1二楼	职工的医疗保健、体检、院前急救和老年服务等医疗卫生服务	2008年更名为“宝钢发展有限公司职业健康公司”
民用建设公司	上海市宝山区密山路676号	按照上海城市总体规划，负责生活区各项工程建设	1999年并入宝钢房产公司
生产协力公司	上海市宝山区漠河路301号	码头装卸、粉煤灰、高炉矿渣贸易及深加工、劳防用品制作洗涤等，主要产品有水渣微粉、江海专用水泥、劳防服、除尘滤袋、洗涤剂等	2008年由宝钢发展有限公司吸收合并，予以工商注销
工业公司	上海市宝山区盘古路958号	冷热轧板卷和钢管的包装，包装材料、包装设备制造，出口产品装船加固，各类电机和轴承的维修，铁、木、纸、塑等各类包装材料的制作，冷热板卷的开平剪切等	2015年更名为“上海宝钢工业有限公司”
综合开发公司	上海市宝山区同济路1118号	工业废弃物的回收综合利用、乙炔气生产、氧气充瓶、废旧油处理、印刷业务、颗粒保温剂、氧化铁黑、耐火材料生产等	2008年由宝钢发展有限公司吸收合并，予以工商注销
建筑维修公司	上海市宝山区湄浦路360号丙3	工业与民用建筑；宝钢股份厂区市政建设和维护，厂房维护，建筑装饰，钢结构网架施工及消防器材、设备、蓄电池、空调制冷设备安装维修；生产轻钢龙骨、防静电板、聚氨酯夹心板等产品	2008年由宝钢发展有限公司吸收合并，予以工商注销
工贸公司	上海市宝山区宝杨路2498号	钢材中转发运，金属材料、机电产品、化工产品(除专项规定外)、建材批发零售，钢材堆存、整理、切割，货物储存、理货、搬运、装卸、货物运输，货运代理，停车场(库)经营，煤炭批发经营，货物及技术进出口业务	2008年更名为“上海宝钢工贸有限公司”
新事业发展总公司	上海市宝山区牡丹江路1588号	钢材贸易，金属材料及制品、金属结构件制造、加工、改制，建材、百货、汽配	
上海宝钢天通磁业有限公司	上海市宝山区宝杨路2029号	利用宝钢的副产品氧化铁红和铁磷资源生产高附加值的磁性产品	1999年更名为“上海宝钢磁业有限公司”
工程建设总公司	上海市宝山区友谊支路225号	承揽建筑安装工程，及物贸、租赁、设计、技术咨询等业务	2008年改制退出
新宝工贸实业有限公司	上海市宝山区共悦路18号	钢材贸易、安大电能质量分析仪开发、模具钢生产加工配送、冷拔钢管生产销售、废旧机电设备和品件回收及修复利用等	
宝山宾馆	上海市宝山区牡丹江路1813号	下属有宝钢国旅、常熟度假村、朱家尖度假村等多家子公司，宾馆本部集食、宿、行、购物、娱乐经营于一体	2008年并入宝钢发展酒店物业管理有限公司；2015年委托宝地置业管理
新型材料公司	上海市宝山区漠河路301号	码头装卸，粉煤灰、高炉矿渣贸易及深加工，金属材料及制品加工、生产等	2008年更名为“上海宝钢新型建材科技有限公司”

〔续表〕

名　称	地　址	主要经营范围	备　注
宝钢发展上海物流分公司	上海市宝山区同济路3509号	仓储、货运代理、运输等物流服务	2008年更名为“上海宝钢物流有限公司”
宝钢发展酒店物业管理有限公司	上海市宝山区牡丹江路1813号2301室	下属有宝钢国旅、宝钢商务大厦等多家子公司，宝山宾馆本部集食、宿、行、购物、娱乐经营于一体	
上海宝钢源康物业管理有限公司	上海市宝山区海江路378号	以物业管理、水电安装、建筑装潢、房屋建筑、机械设备维修保养为主，同时从事建材、五金交电、钢材、家具、日用百货、化工产品(除专项规定外)的批发、代购代销、零售	
宝钢发展湛江有限公司	广东省湛江市人民大道中30号别墅7号	房地产开发经营，及室内外装饰和市政设施养护、防腐工程；汽车配件、五金加工；住宿，餐饮；工业与民用建筑施工等	
上海中允投资发展有限公司	上海市宝山区宝林路458号	项目开发投资，资产经营，企业管理，产权经纪，经济信息咨询服务；钢材、建材贸易等	2015年更名为“七彩生活电子商务有限公司”
宝钢发展上海置业分公司	上海市宝山区宝杨路889号	不动产投资与经营管理	
北京汇利房地产开发有限公司	北京市门头沟区石龙南路11号107室	房地产开发，销售商品房	2011年宝钢集团委托宝钢发展有限公司管理合同终止
七彩生活电子商务有限公司	上海市宝山区蕰川路5475号3098室	主要经营电子商务(不得从事增值电信、金融业务)，电子商务领域的技术、实业投资，经济咨询服务，企业管理咨询，国内贸易(专项审批除外)，物流信息咨询(以上不含证券、保险、基金、金融业务、人才中介服务及其他限制项目)，贸易及技术的进出口，旅行社业务	
上海宝发环科技术有限公司	上海市宝山区杨行镇湄浦路337弄10号	土壤及地下水调查、污染场地修复、生态修复、河湖整治及废弃物处理处置等多个业务	

表3-1-16　1998—2016年宝钢发展(宝钢集团企业开发总公司)员工队伍分类状况统计表　单位：人

年 份	在册员工	在岗员工	年 份	在册员工	在岗员工	年 份	在册员工	在岗员工
1998	13 382	—	2005	15 513	10 628	2012	14 783	12 005
1999	13 328	—	2006	15 656	10 717	2013	13 877	10 986
2000	13 576	—	2007	15 411	10 589	2014	12 937	10 203
2001	13 912	—	2008	13 523	9 925	2015	11 643	7 509
2002	14 253	—	2009	12 893	8 742	2016	10 473	6 252
2003	15 489	—	2010	13 241	10 512			
2004	15 441	10 803	2011	15 489	12 833			

表 3-1-17　1998—2016 年宝钢发展(宝钢集团企业开发总公司)主要经济指标统计表　单位：万元

年份	资产总值	营业收入	利润总额	年份	资产总值	营业收入	利润总额
1998	300 000	286 800	15 700	2008	872 537	1 531 171	3 277
1999	350 000	345 700	16 400	2009	912 175	955 804	24 400
2000	435 819	516 000	17 800	2010	1 109 016	1 458 696	67 758
2001	531 285	688 900	24 300	2011	1 020 080	1 701 939	116 959
2002	608 977	778 300	20 000	2012	939 074	1 586 807	1 117
2003	764 329	1 188 200	33 100	2013	976 972	1 127 093	20 649
2004	766 625	1 663 700	90 200	2014	936 626	891 616	5 816
2005	774 187	1 476 479	37 235	2015	912 284	715 647	—59 668
2006	857 792	1 494 321	37 900	2016	882 396	664 814	2 569
2007	994 378	1 522 436	43 564				

表 3-1-18　1998—2016 年宝钢发展(宝钢集团企业开发总公司)获得荣誉情况表

序号	获　奖　单　位	奖项名称或等级	授　奖　单　位	获奖年份
1	宝钢集团企业开发总公司厂容绿化公司一分公司四中队一班	全国模范职工小家	中华全国总工会	1998
2	宝钢集团企业开发总公司工会	全国工会干部教育培训工作先进集体	中华全国总工会	2001
3	宝钢集团企业开发总公司工会	全国模范职工之家	中华全国总工会	2003
4	宝钢发展有限公司	全国“安康杯”竞赛优胜企业	中华全国总工会、国家安全生产监督管理总局	2009
5	宝钢发展有限公司	全国“安康杯”竞赛优胜企业	中华全国总工会、国家安全生产监督管理总局	2012

第六节　上海宝信软件股份有限公司

上海宝信软件股份有限公司(简称宝信软件)的前身可追溯到 1978 年成立的宝钢总厂自动化部。2000 年 4 月 18 日，上海宝钢信息产业有限公司(简称宝信公司)成立，注册资金 1.40 亿元。2001 年 4 月，宝信公司通过与上海钢管股份有限公司整体资产置换上市，更名为“上海宝信软件股份有限公司”。2005 年，控股股东由宝钢集团变更为宝钢股份。2009 年 12 月 29 日，委托宝钢工程管理。2014 年 1 月，由宝钢集团直接管理。注册地址：上海市浦东新区张江高科技园区。

一、机构设置

2000 年，宝信公司下设人力资源部、财务部、生产策划部、应用开发部、钢铁 ERP(企业资源计划)事业部、系统服务事业部、通用软件事业部、网络通信事业部、数据分析部、硬件成套事业部、自动化工程事业部,及3家子公司、6家分公司。

2016年年底,宝信软件下设办公室、运营改善部、财务部、人力资源部、审计监察部、营销本部、产品发展部、技术中心、研发部、平台研究所、商务中心、服务中心、MES(制造执行系统)事业本部、信息服务事业本部、自动化事业本部、轨道交通事业本部、机电一体化事业本部、咨询服务事业部、ERP(企业资源计划)软件事业部、大数据事业部、云应用事业部、IDC(互联网数据中心)事业部、自动化服务事业部、无人化事业部、电子设备技术事业部、智能化系统工程事业部、化工事业部、金融事业部、水利水务事业部、离散制造事业部、智慧交通事业部。

二、企业发展

2000年4月18日,上海宝钢信息产业有限公司成立,并吸收合并上海宝钢软件有限公司、上海宝钢计算机系统工程有限公司等信息产业资产。

2001年3月26日,上海钢管股份有限公司第一次临时股东大会审议通过公司重组方案,与宝信公司整体资产进行置换。3月30日,两家公司的全部资产和负债在上海产权交易所进行交割。4月,宝信公司通过与上海钢管股份有限公司整体资产置换上市,更名为“上海宝信软件股份有限公司”。6月14日,原上海钢管股份有限公司营业执照上的名称变更为“上海宝信软件股份有限公司”(股票代码600845)。

2005年上半年,宝钢股份完成增发收购,原由宝钢集团控股的宝信软件,变更为由宝钢股份控股。股本结构为:宝钢股份持有15 004.407万元,占总股本57.22%;社会法人股1 100万元,占4.19%;社会公众股(A股)1 320万元,占5.03%;境内上市外资股(B股)8 800万元,占33.56%。2005年,完成营业收入13.37亿元,实现利润7 825.59万元。

2009年12月29日,宝钢集团整合相关工程技术业务,宝信软件与宝钢工程协同发展。2014年1月,宝信软件不再委托宝钢工程管理,由宝钢集团直接管理。

宝信软件是宝钢集团内信息服务产业的平台企业,凭借服务宝钢积累的经验和技术,秉承“信息技术(IT)服务,提升信息价值”的服务理念,为用户全面提供具有自主知识产权的工业企业信息化解决方案、自动化系统集成及运行维护服务;城市智能交通综合解决方案和路桥隧、轨道交通的综合监控;机电成套设备、机电一体化产品及运行维护等。产品与服务业绩遍及冶金、交通、装备制造(含造船)、采掘、金融、煤化工、公共服务等多个行业,并可提供基于云计算、物联网、车联网、大数据、移动办公等新技术应用的解决方案和服务。

2009年4月,中国软件行业协会公布16家首批获中国软件服务业信用评价A级以上等级的企业名单,宝信软件入选信用等级最高的AAA。2014年,宝信软件被推选为中国电子工业标准化技术协会信息技术服务分会副会长单位,获“中国信息产业领军企业”称号,成为全国首家参评国家云服务及云解决方案标准资质的企业。2015年,获“自主可靠企业核心软件品牌”“中国金服务云计算领域最具影响力服务商”“上海市明星软件企业”等称号。2016年,获“中国软件行业领军企业”“中国工业软件领军企业”“中国软件和信息技术服务业杰出云服务商”等称号,并被评为“上海市著名商标”。

2016年,宝信软件实现营业收入39.60亿元,利润4.11亿元。年底,总股本为783 249 172股。股本结构为:人民币普通股(A股)554 449 172股,占70.79%;境内上市外资股(B股)228 800 000股,占29.21%。在册员工4 291人,在岗员工4 100人。

表 3-1-19　2000—2016 年宝信软件(宝信公司)主要子(分)公司情况表

名　称	地　址	备　注
上海宝康电子控制工程有限公司	上海市浦东新区张江高科技园区郭守敬路 515 号	1994 年 1 月成立
上海宝利计算机集成技术有限公司	上海市浦东新区张江高科技园区郭守敬路 515 号	1994 年 3 月成立，2009 年 6 月注销
上海宝景信息技术发展有限公司	上海市宝山区县佑街 32 号	1998 年 5 月成立
上海宝希计算机技术有限公司	上海市浦东新区张江高科技园区郭守敬路 515 号	1999 年 3 月成立
上海梅山工业民用工程设计研究院有限公司	江苏省南京市中华门外新建	2001 年 8 月成立
深圳分公司	广东省深圳市高新区科技南十二路长虹科技大厦 12 楼 1206～1207 室	2001 年 8 月成立
宁波分公司	浙江省宁波市北仑明州路 731 号长江国际大厦 A 座 17 楼 1701～1709 室	2002 年 3 月成立
成都分公司	四川省成都市高新区世纪城南路 599 号天府软件园 200D 区 6 号楼 503 室	2002 年 4 月成立
广州分公司	广东省广州市南沙区万顷沙镇粤海大道九涌段出口加工区管委会 411 室	2002 年 4 月成立
南京分公司	江苏省南京市雨花台区雄风路 333 号梅山商业广场 6 楼	2002 年 4 月成立
海盐分公司	浙江省海盐县武原镇海丰西路 218 号	2002 年 5 月成立
日本宝信株式会社	日本东京江东区越中岛 1-2-3TK 门前中町大厦 7 楼	2003 年 1 月成立
北京分公司	北京市朝阳区建国门外大街丙 12 号宝钢大厦 7A	2003 年 4 月成立
重庆分公司	重庆市渝中区大坪龙湖时代天街 3 号写字楼 32-5、6、7 号房	2003 年 6 月成立
杭州分公司	浙江省杭州市文三路 90 号东部软件园科技大厦 1011～1012	2004 年 2 月成立
厦门分公司	福建省厦门市软件园观日路 44 号 2 层 D、E、F、G 单元	2004 年 2 月成立
大连分公司	辽宁省大连市河口工业园区汇贤街 19 号	2004 年 2 月成立，2015 年 1 月撤销
上海仁维软件有限公司	上海市浦东新区张江高科技园区松涛路 647 弄 10 号 2 楼	2004 年 3 月成立
西安分公司	陕西省西安高新技术产业开发区科技二路 77 号西安光电园 A403 室	2004 年 9 月成立
上海宝立自动化工程有限公司	上海市虹口区广灵四路 24 号甲三层	2006 年 5 月成立
山东分公司	山东省烟台经济技术开发区香山路 88 号方寅综合楼 7 楼	2008 年 7 月成立
大连宝信起重技术有限公司	辽宁省大连市甘井子区汇贤街 19 号	2010 年 7 月成立

〔续表〕

名 称	地 址	备 注
武汉宝悍焊接设备有限公司	湖北省武汉市汉阳区新长江物业香榭琴台1期3栋3单元1302室	2011年3月成立
上海宝信数字技术有限公司	上海市宝山区上大路668号101室	2012年5月成立
北京青科创通信息技术有限公司	青海省西宁市祁连路41号青海盐业大厦9楼	2012年12月成立
上海地铁电子科技有限公司	上海市徐汇区老沪闵路1号(上海轨道交通梅陇基地)3号楼	2013年4月成立
上海外服宝信信息技术有限公司	上海市黄浦区金陵西路28号金陵大厦15楼	2013年11月成立
上海宝信数据中心有限公司	上海市宝山区川纪路500号	2014年5月成立
好生活(上海)信息科技有限公司	上海市虹口区汶水东路29号榕辉大厦506室	2015年3月成立
湛江分公司	广东省湛江市东海岛镇海天路11号2楼205、206、207室	2015年6月成立

表3-1-20 2001—2016年宝信软件员工队伍分类状况统计表

单位：人

<table>
<tr><th rowspan="2">年 份</th><th rowspan="2">在册员工</th><th rowspan="2">在岗员工</th><th colspan="3">岗 位 分 布</th><th colspan="5">学 历 结 构</th></tr>
<tr><th>管理</th><th>技术</th><th>操作</th><th>研究生</th><th>本科</th><th>大专</th><th>中专、高中</th><th>初中及以下</th></tr>
<tr><td>2001</td><td>754</td><td>754</td><td>—</td><td>—</td><td>—</td><td>73</td><td>518</td><td>143</td><td>15</td><td>5</td></tr>
<tr><td>2002</td><td>927</td><td>899</td><td>—</td><td>—</td><td>—</td><td>120</td><td>514</td><td>157</td><td colspan="2">108</td></tr>
<tr><td>2003</td><td>958</td><td>923</td><td>—</td><td>—</td><td>—</td><td>190</td><td>512</td><td>170</td><td colspan="2">64</td></tr>
<tr><td>2004</td><td>1 205</td><td>1 192</td><td>—</td><td>—</td><td>—</td><td>233</td><td>686</td><td>183</td><td>65</td><td>25</td></tr>
<tr><td>2005</td><td>1 451</td><td>1 425</td><td>—</td><td>—</td><td>—</td><td>381</td><td>750</td><td>204</td><td>65</td><td>25</td></tr>
<tr><td>2006</td><td>1 788</td><td>1 768</td><td>—</td><td>—</td><td>—</td><td>395</td><td>1 016</td><td>265</td><td colspan="2">92</td></tr>
<tr><td>2007</td><td>2 020</td><td>2 003</td><td>—</td><td>—</td><td>—</td><td>435</td><td>1 104</td><td>372</td><td colspan="2">92</td></tr>
<tr><td>2008</td><td>2 220</td><td>2 213</td><td>—</td><td>—</td><td>—</td><td>553</td><td>1 329</td><td>290</td><td colspan="2">41</td></tr>
<tr><td>2009</td><td>2 325</td><td>2 318</td><td>—</td><td>—</td><td>—</td><td>588</td><td>1 417</td><td>273</td><td colspan="2">40</td></tr>
<tr><td>2010</td><td>2 590</td><td>2 582</td><td>—</td><td>—</td><td>—</td><td>758</td><td>1 519</td><td>274</td><td colspan="2">31</td></tr>
<tr><td>2011</td><td>2 616</td><td>2 609</td><td>—</td><td>—</td><td>—</td><td>695</td><td>1 627</td><td>245</td><td colspan="2">42</td></tr>
<tr><td>2012</td><td>3 596</td><td>3 587</td><td>—</td><td>—</td><td>—</td><td>719</td><td>2 045</td><td colspan="3">823</td></tr>
<tr><td>2013</td><td>4 697</td><td>4 661</td><td>—</td><td>—</td><td>—</td><td>903</td><td>2 672</td><td colspan="3">1 086</td></tr>
<tr><td>2014</td><td>4 590</td><td>4 374</td><td>—</td><td>—</td><td>—</td><td>801</td><td>2 378</td><td colspan="3">1 195</td></tr>
<tr><td>2015</td><td>4 450</td><td>4 192</td><td>313</td><td>3 791</td><td>88</td><td>769</td><td>2 310</td><td>770</td><td>198</td><td>145</td></tr>
<tr><td>2016</td><td>4 291</td><td>4 100</td><td>322</td><td>3 691</td><td>87</td><td>784</td><td>2 366</td><td>750</td><td>186</td><td>14</td></tr>
</table>

表3-1-21 2001—2016年宝信软件主要经济指标统计表 单位：万元

年份	资产总值	营业收入	利润总额	年份	资产总值	营业收入	利润总额
2001	32 179.93	39 644.58	3 845.87	2009	200 538.76	227 315.94	22 176.01
2002	41 111.74	63 969.66	5 155.26	2010	249 214.40	258 143.88	25 157.95
2003	60 301.43	96 471.79	6 130.70	2011	282 700.73	314 545.52	29 094.59
2004	70 258.08	131 148.82	6 881.31	2012	321 664.27	363 847.55	31 015.33
2005	87 293.67	133 682.24	7 825.59	2013	407 654.57	358 128.66	33 026.43
2006	108 416.25	152 718.57	9 500.76	2014	517 166.21	407 189.82	36 254.72
2007	139 867.97	182 865.01	16 683.70	2015	637 702.12	393 768.48	38 215.57
2008	179 863.92	214 681.00	20 745.89	2016	683 808.66	396 027.33	41 113.75

表3-1-22 2001—2016年宝信软件获得荣誉情况表

序号	获奖项目	奖项名称或等级	授奖单位	获奖时间
1	客户驱动的宝钢敏捷制造系统	上海市科技进步奖一等奖	上海市人民政府	2004年12月
2	宝钢二号RH的工艺与装备技术的开发和应用	国家科学技术进步奖二等奖	国务院	2005年1月
3	现代化不锈钢企业综合自动化系统的开发与集成	上海市科技进步奖二等奖	上海市人民政府	2005年11月
4	冶金工业制造执行系统(MES)架构和关键技术研究与示范应用	上海市科技进步奖二等奖	上海市人民政府	2005年11月
5		上海市知识产权示范企业	上海市经济委员会、国有资产监督管理委员会等	2006年4月
6		中国最具竞争力信息技术(IT)服务企业	中国信息产业发展研究院	2006年8月
7		上海市质量金奖	上海市发展和改革委员会、经济委员会等	2006年10月
8	城市道路智能交通系统理论体系、关键技术及工程应用	国家科学技术进步奖二等奖	国务院	2007年2月
9		上海市专利工作示范企业	上海市知识产权局	2007年10月
10		第三届中国技术市场协会“金桥奖”	中国技术市场协会	2007年12月
11	“宝信”品牌	上海名牌	上海市名牌产品推荐委员会	2008年1月
12		上海市推行全面质量管理先进单位	上海市质量协会	2008年9月
13		软件生产力十三强(第一名)	中国软件行业协会系统与软件过程改进分会	2009年1月

（续表）

序号	获奖项目	奖项名称或等级	授奖单位	获奖时间
14	以信息技术为支撑打造世界一流安全生产一体化监控平台	安全生产科技成果奖三等奖	国家安全生产监督管理总局	2009年2月
15		中国十大创新软件企业	中国软件行业协会	2009年9月
16		上海市著名商标	上海市工商行政管理局	2010年1月
17		2010中国自主品牌软件产品前十家企业	工业和信息化部运行监测协调局、工业和信息化部软件服务司	2010年5月
18		2010（第九届）中国软件业务收入前百家	工业和信息化部运行监测协调局、软件服务司	2010年5月
19		2009年上市公司“金牛”百强	中国证券报社	2010年7月
20	宝信BM2－M钢铁制造执行系统（MES）	计算机信息系统集成典型解决方案（2010年度）	工业和信息化部系统集成资质认证办公室	2010年10月
21	先进控制技术在低热值煤气发电机组自主集成与节能减排中的应用	中国机械工业科学技术奖	中国机械工业联合会、中国机械工程学会	2010年10月
22		上海市明星企业	上海软件行业协会	2010年12月
23		上海市2010年度软件收入20强企业	上海软件行业协会	2010年12月
24		推进“两化”（工业化、信息化）融合杰出贡献企业	中国计算机用户协会	2010年12月
25		中国信息产业最具社会责任感的企业	中国计算机用户协会	2010年12月
26	“宝信”品牌	上海名牌	上海市名牌推荐委员会	2011年1月
27		2011年中国软件行业（制造领域）领军企业奖	中国软件行业协会过程改进分会	2011年4月
28		2010中国制造业信息化工程创新之星	中国生产力促进中心协会	2011年4月
29		2011（第十届）中国软件业务收入前百家	工业和信息化部	2011年6月
30		2011（第十届）中国自主品牌软件产品前十家企业	工业和信息化部	2011年6月
31		2011年上海市明星软件企业（经营型）（创新型）	上海市软件行业协会	2011年11月
32		2011年上海软件收入20强企业	上海市软件行业协会	2011年11月
33	东亚银行金融中心	申慧综合奖	上海市智能建筑建设协会	2011年11月

〔续表〕

序号	获 奖 项 目	奖项名称或等级	授 奖 单 位	获奖时间
34	一体化监控指挥平台研发与应用	上海市科学技术奖三等奖	上海市人民政府	2011年11月
35		突出贡献企业	上海市人力资源和社会保障局、公务员局	2011年12月
36	工业企业“两化”融合评估规范和行业评估体系	2011中国电子学会电子信息科学技术奖三等奖	中国电子学会	2011年12月
37		中国软件研发——社会责任先进机构	中国软件行业协会系统与软件过程改进分会	2012年4月
38		2012年中国软件行业信息技术(IT)服务卓越供应商	中国软件行业协会系统与软件过程改进分会	2012年5月
39		2011年度上海市外商投资双优企业	上海市商务委员会、外商投资企业协会	2012年7月
40		2012中国十大创新软件企业	中国软件行业协会	2012年9月
41		2012年度上海市明星软件企业(经营、创新)	上海市软件行业协会	2012年11月
42		2012年上海市卓越质量管理先进企业	上海市质量协会	2012年12月
43	宝信企业信息化平台软件V3.0	国家重点新产品计划	科学技术部	2013年1月
44		2012年度上海市计算机行业最具发展潜力科技型企业“十强”	上海市计算机行业协会	2013年3月
45		中国软件企业综合50强(第26名)	工业和信息化部	2013年7月
46		中国工业软件排名第一	工业和信息化部	2013年7月
47		中国自主品牌软件企业20强排名第二	工业和信息化部	2013年7月
48	高效RH真空精炼关键技术及工业应用	2013年冶金科学技术奖一等奖	中国钢铁工业协会、中国金属学会	2013年8月
49	大型加热炉系统化高效节能技术研发与集成	2013年冶金科学技术奖二等奖	中国钢铁工业协会、中国金属学会	2013年8月
50		推进上海车联网产业发展科技创新优秀单位	上海车联网与车载信息产业联盟等	2013年9月
51		优秀工业软件服务企业	中国设备管理协会	2013年11月
52		2013年度上海市明星软件企业(经营、创新)	上海市软件行业协会	2013年11月
53	“宝信”品牌	上海名牌	上海市名牌推荐委员会	2013年12月

〔续表〕

序号	获 奖 项 目	奖项名称或等级	授 奖 单 位	获奖时间
54		2013 年度中国信息产业领军企业	中国信息化周报社、上海市计算机行业协会	2014 年 3 月
55		上海市智能建筑设计施工优秀企业	上海市智能建筑协会	2014 年 4 月
56		2013 年度上海市市长质量奖	上海市人民政府	2014 年 8 月
57		上海市创新型新兴服务业示范企业	上海市现代服务业联合会	2014 年 8 月
58		2014 年度上海市明星软件企业(经营型)(创新型)(领先型)(四新企业)	上海市软件行业协会	2014 年 10 月
59	宝信制造执行系统(MES)软件 V3.0	2014 年度上海市优秀软件产品	上海市软件行业协会	2014 年 10 月
60	宝信基础能源管理软件 V3.0	2014 年度上海市优秀软件产品	上海市软件行业协会	2014 年 10 月
61	宝信一体化监控指挥平台软件(标准版)V5.0	2014 年度上海市优秀软件产品	上海市软件行业协会	2014 年 10 月
62		2015 年上海市信息安全服务推荐机构	上海市网络与信息安全应急管理事务中心	2015 年 1 月
63		2014 中国自主可靠企业核心软件品牌	中国软件行业协会	2015 年 1 月
64		2013 年度国家技术创新示范企业	工业和信息化部	2015 年 3 月
65		2013—2014 年度上海市文明单位	上海市人民政府	2015 年 4 月
66		2015 年度中国金服务——云计算领域最具影响力服务商	中国电子信息产业发展研究院、《软件和信息服务》杂志社、赛迪智库软件与信息服务业研究所	2015 年 5 月
67	客户驱动的冶金企业全流程协同制造系统开发与应用	2015 年冶金科学技术奖一等奖	中国钢铁工业协会、中国金属学会	2015 年 7 月
68		2015 年"两化"融合管理体系优秀贯标咨询服务机构	中国"两化"融合咨询服务联盟	2015 年 9 月
69		2015 年度上海市明星软件企业(经营型)(创新型)(领先型)	上海市软件行业协会	2015 年 10 月
70	宝信采购电子商务平台软件 V2.0	2015 年度上海市优秀软件产品	上海市软件行业协会	2015 年 10 月
71	宝信过程控制平台软件 V2.0	2015 年度上海市优秀软件产品	上海市软件行业协会	2015 年 10 月

〔续表〕

序号	获 奖 项 目	奖项名称或等级	授 奖 单 位	获奖时间
72	宝信化工生产调度软件V1.0	2015年度上海市优秀软件产品	上海市软件行业协会	2015年10月
73	宝信企业高性能实时数据库软件V2.0	2015年度上海市优秀软件产品	上海市软件行业协会	2015年10月
74	宝信冶金企业产供销管理软件V1.0	2015年度上海市优秀软件产品	上海市软件行业协会	2015年10月
75	一体化质量监控平台(iQV)V2.7	2015年度上海市优秀软件产品	上海市软件行业协会	2015年10月
76	宝信企业高性能实时数据库软件	2015年度科学技术进步奖二等奖	中国自动化学会	2015年10月
77	“宝信”品牌	上海名牌	上海市名牌推荐委员会	2015年12月
78		上海市著名商标	上海市工商行政管理局	2016年1月
79		上海市信息安全服务推荐机构	上海市网络与信息安全应急管理事务中心	2016年1月
80		2015中国自主可靠企业核心软件品牌	中国软件行业协会	2016年1月
81		2015年度上海市计算机行业最具发展潜力科技型企业	上海市计算机行业协会、上海市计算机行业创新人物组委会	2016年3月
82		2016年度中国软件行业领军企业	中国软件行业协会、中国计算机报社	2016年5月
83		2016年度中国软件和信息技术服务业杰出云服务商	中国软件行业协会、中国计算机报社	2016年5月
84		2015年度上海市设备维修行业50强企业	上海市设备管理协会	2016年6月
85	板坯连铸结晶器电磁搅拌装置的研制与应用	2016年冶金科学技术奖二等奖	中国钢铁工业协会、中国金属学会	2016年8月
86		2016年度上海市明星软件企业(经营型)(创新型)(领先型)	上海软件行业协会	2016年10月
87	宝信企业高性能实时数据库软件V2.0	2016年度上海市优秀软件产品	上海软件行业协会	2016年10月
88	宝信企业信息化平台软件(iPlatware on Net)V5.0	2016年度上海市优秀软件产品	上海软件行业协会	2016年10月
89		2016年度中国工业软件领军企业	中国工业软件产业发展联盟	2016年10月
90		2016年度中国软件和信息技术服务综合竞争力百强企业(第22位)	中国电子信息行业联合会、中国软件行业协会	2016年10月

第七节 欧冶云商股份有限公司

欧冶云商股份有限公司(简称欧冶云商)于2015年2月由宝钢集团和宝钢股份共同出资成立,是宝钢集团整合优势资源,依托互联网、物联网、大数据、移动互联等全新技术手段,在钢铁流通领域集资讯、交易、物流仓储、加工配送、融资、产业链金融服务、技术与产业特色服务等功能为一体,钢铁制造企业、钢铁贸易公司、物流仓储运输服务商、钢材用户等多方主体共生共赢的钢铁生态第三方服务平台。注册资本20亿元。公司地址:上海市宝山区双城路803弄9号楼28层。

一、机构设置

2015年欧冶云商成立之初,下设钢铁交易、工业品采购、大宗原燃料交易、化工品交易、跨境电子商务交易等五大电子商务平台,并在物流、金融、技术、加工和数据等方面初步形成完整的体系服务能力。

2016年年底,欧冶云商拥有上海钢铁交易中心有限公司、上海欧冶物流股份有限公司、上海欧冶金融信息服务股份有限公司、上海欧冶材料技术有限责任公司、上海欧冶数据技术有限责任公司、东方钢铁电子商务有限公司、上海欧冶采购信息科技有限责任公司、欧冶国际电商有限公司、上海欧冶资源电子商务有限公司等子公司,并入股上海化工宝电子商务有限公司。

二、企业发展

2015年2月4日,欧冶云商股份有限公司成立。同年,电子商务平台实现钢材交易量1 018万吨,实现销售收入198亿元。至年底,拥有7家控股公司、5家地区分公司和130余家服务站点。在册员工707人,在岗员工703人。

2016年,欧冶云商电子商务平台形成完整的平台架构、体系和能力,构建了遍布全国的仓储、加工加盟网络,全年实现钢材交易量3 876万吨,实现销售收入387亿元,工业品、原燃料、化工、循环物资等交易品种均实现增长。

表3-1-23 2015—2016年欧冶云商主要子公司情况表

名 称	地 址	主 要 经 营 范 围
上海钢铁交易中心有限公司	上海市宝山区双城路803弄9号楼3001室	钢铁B2B电子商务平台,依托宝钢的营销服务网络、电子商务,打造新型贸易流通形态,优化行业资源配置,构建立足华东地区、服务全国、面向世界的国际化综合性要素市场
上海欧冶物流股份有限公司	上海市宝山区宝杨路2035号25幢	钢铁产品物流过程中的仓储服务、运输服务、加工服务、物流交易服务、融资监管服务等
上海欧冶金融信息服务股份有限公司	上海市宝山区双城路803弄9号3005室	为大宗商品产业链提供互联网金融专业化服务,为客户提供融资服务、在线支付、财富管理、资产管理等互联网金融产品,打造大宗商品行业互联网金融服务生态圈

〔续表〕

名　称	地　址	主　要　经　营　范　围
上海欧冶材料技术有限责任公司	上海市宝山区潘泾路2666号-8	重点开展欧冶加工服务平台、欧冶技术服务平台建设和运营
上海欧冶数据技术有限责任公司	上海市宝山区双城路803弄9号3002室	主要业务包括信息技术(IT)和数据处理技术(DT)两大方面：电子商务平台系统设计建设等综合服务；钢铁电子商务领域数据采集、存储、整合、分析和呈现等业务
东方钢铁电子商务有限公司	上海市宝山区漠河路600弄东鼎国际大厦B座5楼	为制造企业提供符合企业运营特点的营销供应链专属及共享电子商务应用
上海欧冶采购信息科技有限责任公司	上海市杨浦区控江路1142号23幢4051-47室	以电子商务平台为纽带，连接采购用户与供应商，提供"一站式"的电子采购交易市场
欧冶国际电商有限公司	中国(上海)自由贸易试验区荷丹路88号3幢3层302～308室	以互联网技术整合全球资源，聚焦交易、物流、单证、金融等4个服务领域，打造第三方国际贸易及服务O2O(线上线下电子商务)全供应链服务
上海欧冶资源电子商务有限公司	上海市虹口区东大名路568号205室	为大宗原燃料供应商和用户提供供应链串换、撮合交易和竞价销售等交易服务，提供寄售、代理采购等金融服务，提供物流整合、仓储监管等物流服务，提供平台专卖店、资讯服务等增值服务

表3-1-24　2015—2016年欧冶云商员工队伍分类状况统计表　　单位：人

年份	在岗员工	岗位分布			学历结构				
		管理	技术	操作	研究生	本科	大专	中专、高中	初中及以下
2015	703	96	581	26	156	421	91	23	12
2016	1 080	143	854	83	201	623	187	57	12

第八节　宝钢集团上海第一钢铁有限公司

宝钢集团上海第一钢铁有限公司(简称一钢公司)的前身为上海第一钢铁(集团)有限公司，1998年11月上海地区钢铁企业联合重组后进入宝钢集团，1999年1月更名。2005年5月完成主辅分离改制，钢铁主业资产被宝钢股份收购，存续公司沿用"宝钢集团上海第一钢铁有限公司"名称。2016年，一钢公司的不动产资产整合至宝地置业。公司地址：上海市宝山区长江路868号。

一、机构设置

2005年，改制重组后的一钢公司由型钢厂、三炼钢厂和开发公司、运输公司、机电公司、上海三冠钢铁有限公司、新光职校组成。公司下设办公室、人力资源处、安环保卫处、生技设备处、计划财务处。

2011年，一钢公司下设综合管理办公室(党群联席办公室)、维稳办公室、人力资源部、财务部、人员管理服务中心。

2016 年年底，一钢公司下设综合管理办公室、信访办公室、人员管理服务中心等 3 个部门。

二、企业发展

2005 年年底，完成改制重组后的一钢公司在册员工 2 732 人，在岗员工 704 人，总资产 118.40 亿元，净资产 91.40 亿元。

2011 年 9 月，根据宝钢集团生产服务业整合规划，一钢公司平稳完成所有经营业务向宝钢集团内外相关专业平台整合的任务，进入人员管理服务阶段。

2016 年，宝钢集团决定将一钢公司的不动产资产整合至宝地置业，由宝地置业统一经营管理。3 月 31 日，一钢公司与宝地置业签署管理移交协议。年底，一钢公司本部在册员工 244 人，另有上海三冠钢铁有限公司 169 人。

表 3-1-25　2005—2016 年一钢公司主要子公司(含参股公司)情况表

名　　称	地　　址	主要经营范围	备　　注
上海一钢企业开发有限公司	上海市宝山区长江路 735 号	钢压延、冲制件、金属结构件、杂物劳动、本厂废旧物质利用加工，油漆作业分包等	2011 年 1 月至 6 月，餐饮业务、生活后勤业务分别划转至索迪斯(上海)管理服务有限公司和宝钢发展。10 月，完成生产协力、制品业务整合，并入宝钢发展有限公司
上海一钢机电公司	上海市宝山区长江路 735 号	冶金设备及配件修理安装、调试，电机、电气设备、通信设备修理等	2008 年 7 月，进入中冶宝钢技术服务公司
上海一钢运输公司	上海市宝山区长江路 735 号	货物运输及装卸，机械设备、装卸工具维修，货物储存，杂物劳动，汽配批发兼零售	2010 年 4 月，进入宝钢发展有限公司
上海三冠钢铁有限公司	上海市宝山区铁力路 229 号	军用球扁钢生产	
宝山区新光职业进修学校	上海市宝山区长江路 735 号	外语、职业技术、成人高中	2006 年 12 月，注销办学许可证和单位登记证
上海威钢能源有限公司	上海市宝山区长江路 735 号	建设和运营高炉、煤气电厂，生产电力和蒸汽，销售自产产品	2016 年 6 月 20 日停产

表 3-1-26　2005—2016 年一钢公司员工队伍分类状况统计表　　单位：人

年　份	在册员工	在岗员工	岗　位　分　布			学　历　结　构				
			管理	技术	操作	研究生	本科	大专	高中、中专、技校	初中及以下
2005	2 732	704	44	123	537	2	21	59	250	428
2006	2 343	808	77	170	561	2	27	75	216	454

〔续表〕

年份	在册员工	在岗员工	岗位分布			学历结构				
			管理	技术	操作	研究生	本科	大专	高中、中专、技校	初中及以下
2007	1 850	683	83	155	445	3	64	88	426	312
2008	4 860	1 762	184	272	1 306	4	99	122	820	1 111
2009	4 160	1 515	166	256	1 093	6	123	224	614	342
2010	3 391	1 108	121	185	802	4	87	156	23	247
2011	1 985	103	26	74	3	3	25	43	23	9
2012	1 454	98	24	69	5	3	26	38	19	8
2013	914	91	23	64	4	3	27	34	18	8
2014	366	81	18	59	4	3	23	29	14	8
2015	304	73	18	51	4	3	22	27	12	7
2016	244	64	16	45	3	3	19	24	0	6

表 3－1－27　2005—2016 年一钢公司主要经济指标统计表　　单位：万元

年份	营业收入	利润总额	年份	营业收入	利润总额	年份	营业收入	利润总额
2005	891 727	60 938	2009	104 631	370	2013	21 270	4 567
2006	388 459	3 961	2010	85 851	4 004	2014	23 394	1 398
2007	270 739	1 294	2011	50 332	1 667	2015	21 069	4 498
2008	199 084	2 788	2012	18 164	2 855	2016	11 301	2 461

第九节　宝钢集团上海浦东钢铁有限公司

宝钢集团上海浦东钢铁有限公司（简称浦钢公司）的前身为上海浦东钢铁（集团）有限公司，1998 年 11 月进入宝钢集团后更名。2008 年 4 月，生产主体——罗泾区域资产被宝钢股份收购后，成立新的宝钢集团上海浦东钢铁有限公司，注册资金 31.44 亿元。2010 年 1 月，浦钢公司生产协力和生活后勤服务业务整合至宝钢发展有限公司。2016 年 3 月，宝地置业对浦钢公司的不动产进行专业化管理。公司地址：上海市浦东新区历城路 86 号。

一、机构设置

2008 年，浦钢公司机关设办公室、财务部、人力资源部、安保部。2012 年 4 月，设综合管理办公室、人力资源部、财务部、信访办公室、退管中心等 5 个部室。

2016 年 6 月，浦钢公司下设综合管理办公室、信访办公室、人员管理服务中心。

二、企业发展

2008年4月1日，宝钢集团上海浦东钢铁有限公司生产主体——罗泾区域资产被宝钢股份收购，按照宝钢集团规划，成立新的宝钢集团上海浦东钢铁有限公司。2010年1月，浦钢公司生产协力和生活后勤服务业务整合至宝钢发展有限公司。2011年10月，宝钢集团确定浦钢公司在退出经营后进入存续状态，职责为资产管理、人员服务(含非在册人员)和历史遗留问题处理。2015年7月，浦钢公司注册资金调减为1亿元。

2016年3月，按照宝钢集团统一规划，宝地置业与浦钢公司签署不动产委托管理协议，对浦钢公司的不动产进行专业化管理。6月，宝钢集团明确浦钢公司的主要职责为：人员服务与历史遗留(维稳信访)问题处理。同年，浦钢公司对上海克虏伯不锈钢有限公司40%股权挂牌转让，实现投资收益31.46亿元。年底，总资产54.91亿元。

表3-1-28　2005—2016年浦钢公司主要子公司(含参股公司)情况表

名　称	地　址	主要经营范围	备　注
上海三钢冶金发展总公司	上海市上南路399弄1号	金属制品，合金冶炼加工，通用设备及零件制造、加工，仓储，金属材料，机电产品，建筑材料，普通机械	2008年11月被浦钢公司吸收合并
上海三钢工贸有限公司	上海市宝山区月浦工业园区	金属材料，建筑材料，普通机械、电器机械及器材，金属制品，五金工具，办公用品，劳防用品，消防器材，渣铁、渣钢，煤和焦的筛下废弃物	2010年6月清算注销
苏州光福三钢园中苑宾馆	江苏省苏州市光福镇	住宿，餐厅；零售烟酒、冷饮、饮料、糕点、糖果、南北货、干鲜果品、粮食；冶金炉料(除焦炭外)、金属材料	2010年6月清算注销
上海克虏伯不锈钢有限公司	上海市浦东新区雪野西路101号	不锈钢生产和销售，相关技术咨询和售后服务	2016年，40%股权挂牌转让

表3-1-29　2005—2016年浦钢公司员工队伍分类状况统计表　单位：人

年份	在册员工	在岗员工	岗位分布			学历结构				
			管理	技术	操作	研究生	本科	大专	中专、高中	初中及以下
2005	9 242	6 143	383	1 062	4 698	21	460	628	1 934	3 100
2006	6 936	4 477	235	945	3 297	17	466	617	2 165	1 212
2007	5 663	3 837	316	857	2 664	17	560	694	2 108	458
2008	2 860	1 554	137	129	1 288	1	43	152	968	390
2009	2 284	1 423	83	100	1 240	1	42	148	937	295
2010	509	113	24	25	64	1	15	34	25	38
2011	418	80	21	22	37	1	13	28	8	30
2012	388	76	19	23	34	1	13	26	7	29

〔续表〕

年份	在册员工	在岗员工	岗位分布			学历结构				
			管理	技术	操作	研究生	本科	大专	中专、高中	初中及以下
2013	365	70	18	23	29	1	14	24	7	24
2014	331	62	15	22	25	1	13	21	7	20
2015	307	54	13	21	20		12	20	5	17
2016	282	53	14	20	19		15	21	2	15

表 3-1-30 2005—2016 年浦钢公司主要经济指标统计表 单位：万元

年份	资产总值	营业收入	利润总额	年份	资产总值	营业收入	利润总额
2005	1 105 463.67	1 167 654.60	—48 834.17	2011	653 398.87	103.00	22 494.90
2006	1 113 217.30	822 578.95	9 866.53	2012	1 044 922.21	100.76	733 351.86
2007	1 404 461.23	450 427.20	4 637.78	2013	643 560.77	349.52	36 974.77
2008	1 261 667.69	179 893.40	—108 156.86	2014	610 156.17	30.79	3 429.12
2009	918 488.46	18 539.40	—7 936.53	2015	246 965.07	0	2 864.55
2010	664 416.18	438.57	21 898.74	2016	549 660.86	0	315 153.07

第十节 宝钢集团上海五钢有限公司

宝钢集团上海五钢有限公司(简称五钢公司)的前身为上海五钢(集团)有限公司，1998 年 11 月进入宝钢集团后更名。2005 年 5 月，钢铁主业被宝钢股份收购，存续公司沿用“宝钢集团上海五钢有限公司”名称，注册资本为 7.81 亿元(2006 年 7 月)，总部迁入上海市宝山区同济路 303 号。

一、机构设置

2005 年 5 月，重组后的五钢公司设办公室、财务部、运营管理部、人力资源部、安全保卫部、法务部、审计部、卫生保健站、教培中心、退管办、就业保障中心以及特钢协力分公司、轧钢厂等，下属子公司有上海五钢设备工程有限公司、上海五钢物流有限责任公司、上海五钢物业有限公司、上海五洋冶金废渣利用厂、宝钢集团上海十钢有限公司、上海冷拉型钢厂、上海钢研所等。

2016 年年底，五钢公司下设综合管理(党群联席)办公室、信访管理办公室、人员管理服务中心，下属子公司有上海钢铁研究所、宝钢集团上海钢管有限公司。

二、企业发展

2005 年年底，五钢公司在册员工 15 071 人，其中在岗员工 6 552 人，非在岗员工 8 519 人；总资产 39.64 亿元，净资产 32.09 亿元。

2007 年 8 月，宝钢集团将宝钢集团上海钢管有限公司委托五钢公司管理。2015 年 11 月 2 日，宝钢集团上海二钢有限公司不再委托五钢公司管理，由宝地置业管理。2016 年 3 月 31 日，五钢公司委托宝地置业管理宝钢集团上海十钢有限公司。

2016 年年底，五钢公司在册员工 303 人，总资产 26.92 亿元，净资产 16.90 亿元，全年实现利润 1 250 万元。

表 3－1－31　2005—2016 年五钢公司主要子公司(含参股公司)情况表

名　称	地　址	主要经营范围	备　注
上海沪昌房地产发展有限公司	上海市杨浦区临青路 66 号	房地产开发经营，物业管理，房地产业务咨询(除经纪)，建筑材料销售，室内装潢	2006 年 6 月 26 日注销关闭
上海沪昌国际贸易有限公司	上海市外高桥保税区台中南路 2 号新贸楼 140 室	国际贸易，保税区企业间的贸易及区内贸易代理，区内仓储、运输、商业性简单加工及经贸咨询服务	2006 年 12 月 6 日注销关闭
上海五钢劳动服务公司	上海市宝山区同济路 251 号	劳动服务，物业管理，金属材料、建材、装潢材料、百货、五金交电、普通劳防用品零售代购代销，金属材料切削加工，机电设备修理安装(除专项规定)，家电修理，洗涤服务	2007 年 1 月 23 日注销关闭
上海五钢服务开发公司	上海市宝山区同济路 332 号	汽车零兼批、代购代销，热电偶、金属压力加工，包芯线、吹氧管、炼钢辅料(除专项规定)加工销售，二氧化碳(食品级)制造、加工，零星件胶印印刷，保密件印刷，石灰生产，二氧化碳、氮气充装	2007 年 5 月 24 日注销关闭
上海五钢生活服务公司	上海市宝山区同济路 332 号	炊事用具、百货、五金交电、汽配、金属材料批发、零售，制冷设备修理，金属材料加工销售	2006 年 11 月 22 日注销关闭
上海五钢工业公司	上海市宝山区同济支路 299 号	黑色金属压延加工，机械起重设备、冶金工业炉窑安装修理(按专项规定经营)，本厂货物运输、装卸饮料饮用水，五金加工，炼钢辅料生产，钢管环保设备制造，制冷设备修理	2006 年 11 月 29 日注销关闭
上海沪昌佘山度假村	上海市松江区佘山镇陈坊桥南	酒店管理，百货零售，自有房屋租赁	
上海沪昌佘山畜牧水产有限公司	上海市松江区佘山镇陈坊小泾队	家禽、家畜、水产养殖销售，建材、钢材销售	2006 年 12 月 12 日注销关闭
上海三鑫劳务服务有限公司	上海市卢湾区黄陂南路 700 号 C 楼 605 座	劳务服务，经济信息咨询服务	2007 年 4 月 30 日注销关闭
上海五钢设备工程有限公司	上海市宝山区同济路 332 号	各类机电设备、桥(门)式起重机、机械式停车设备、工业炉窑(不含压力炉)制造、安装、维修，机械加工、金属机构件、铸件、锻件及管道制造安装，金属热处理、电机变压器修理、电气试验、油品化验，技术咨询，动力设备检修，压力容器的制造；工业炉窑(不含压力炉)设计；制冷设备维修；货物及技术进出口业务；业务流程外包服务；普通货运；计量器具校准	

〔续表〕

名　称	地　址	主要经营范围	备　注
上海五钢物流有限责任公司	上海市宝山区宝杨路2035号	道路普通货物运输、装卸；装卸机械修理；运输装卸机械配件加工销售；货物储存；一类货运代理；金属材料加工、销售；二类机动车维修（小型车辆维修，大、中型货车维修）	2011年9月9日注销关闭
上海五钢物业有限公司	上海市宝山区同济路251号	物业管理、劳动服务（除中介）、室内装潢、房地产咨询服务（除中介）、物资储存，家电修理，普通机电设备修理安装，建筑五金、日用杂品、普通劳防用品、金属材料、建材销售，车辆寄存，绿化养护，洗涤服务，室内保洁服务	2013年4月28日注销关闭
上海五洋冶金废渣利用厂	上海市宝山区宝杨路2973号	废矿渣加工、钢渣制品加工、销售	2009年4月8日注销关闭
宝钢集团上海钢管有限公司	上海市宝山区逸仙路3950号	无缝钢管、焊接钢管、镀锌钢管制造、加工、销售、技术咨询，本公司新项目筹措、开办	
宝钢集团上海二钢有限公司	上海市杨浦区黄兴路221号	实业投资，国内贸易（除专项规定），四技服务（技术开发、技术转让、技术服务、技术咨询），为国内企业提供劳务派遣服务，自有房屋租赁，物业管理，室内装潢，停车场（库）经营	2015年11月2日，不再委托五钢公司管理，由宝地置业管理；2016年3月4日，宝钢二钢100%股权划转至宝地置业
宝钢集团上海十钢有限公司	上海市长宁区中山西路1231号裙房	生产销售热轧钢带、冷轧钢带、焊接钢管、镀层板带、钢材和钢坯及其制品，电机产品及其加工、修理，国内贸易（除专项规定）、各类投资（除专项规定），房屋租赁，物业管理，居室装潢，收费停车场，电机产品的四技服务（技术开发、技术转让、技术服务、技术咨询）	2016年3月31日，由五钢公司委托宝地置业管理
上海冷拉型钢厂	上海市徐汇区文定路204号	冷拉钢材、型钢制品产销、加工，金属轧制设备产销，机械零件加工	2006年12月15日，在上海联合产权交易所挂牌，产权整体转让
上海钢铁研究所	上海市宝山区泰和路1001号	冷轧及热轧型材、金属制品、粉末冶金、元器件制造加工，科技开发咨询	

表3-1-32　2005—2016年五钢公司员工队伍分类状况统计表　　单位：人

年份	在册员工	在岗员工	岗位分布			学历结构				
			管理	技术	操作	研究生	本科	大专	中专、高中	初中及以下
2005	15 071	6 552	802	470	5 280	7	224	796	3 864	2 461
2006	12 951	5 518	774	350	4 394	4	200	709	2 671	1 934
2007	11 030	4 853	669	455	3 729	3	180	644	2 292	1 734
2008	9 053	3 773	466	408	2 899	8	161	522	1 672	1 410

〔续表〕

年 份	在册员工	在岗员工	岗 位 分 布			学 历 结 构				
			管理	技术	操作	研究生	本科	大专	中专、高中	初中及以下
2009	7 310	3 206	390	447	2 369	18	187	563	1 702	736
2010	4 745	2 049	258	275	1 516	14	110	368	1 153	404
2011	2 870	569	148	157	264	9	59	182	260	59
2012	2 649	502	129	160	203	11	58	158	225	50
2013	2 445	485	137	151	197	11	62	148	216	48
2014	2 163	454	125	149	180	12	66	134	200	42
2015	1 372	277	66	107	104	13	46	73	117	28
2016	303	70	31	36	3	5	33	22	11	1

表 3-1-33　2005—2016 年五钢公司主要经济指标统计表　　单位：万元

年份	资产总值	营业收入	利润总额	年份	资产总值	营业收入	利润总额
2005	396 449	325 342	—31 347	2011	102 930	19 314	—5 411
2006	122 745	68 455	—356	2012	123 374	12 080	430
2007	191 408	86 167	—7 447	2013	122 290	11 163	589
2008	106 416	37 632	1 913	2014	292 220	11 247	99 221
2009	127 149	32 434	6 562	2015	245 076	11 688	41 246
2010	113 220	25 413	—256	2016	269 200	12 880	1 250

表 3-1-34　2005—2016 年五钢公司获得荣誉情况表

序号	获 奖 项 目	奖项名称或等级	授 奖 单 位	获奖时间
1	SWG 牌高碳铬轴承钢	2004 年度上海名牌产品 100 强	上海市名牌产品推荐委员会	2005 年 1 月
2		2004 年度上海市外贸出口百强企业铜奖	上海市对外经济贸易委员会	2005 年 3 月
3		2011—2012 年度诚信创建企业	上海市企业诚信创建活动组委会、上海钢铁服务业协会	2012 年 5 月

第十一节　宝钢集团上海梅山有限公司

宝钢集团上海梅山有限公司(简称梅山公司)的前身为上海梅山(集团)有限公司，1998 年 11 月进入宝钢集团后更名。2005 年 5 月 1 日，钢铁主业被宝钢股份收购，公司从资产和领导体制等方面完成主辅分离，存续公司沿用“宝钢集团上海梅山有限公司”名称，注册资金 16 亿元。2011 年 8 月，梅山公司与上海梅山钢铁股份有限公司(简称梅钢公司)实行一体化运营。注册地址：江苏南京中华门外新建。

一、机构设置

2005 年 5 月梅山公司完成主辅分离、成为存续公司时，行政组织机构设办公室、规划部、财务部、人事部、监察审计部、安全环保卫生部、设备部、企业文化部、保卫人武部。

2011 年 8 月梅山公司与梅钢公司实行一体化管理时，行政组织机构设办公室、规划部、财务部、人力资源部、监察审计部、运行管理部、安全环保卫生部、企业文化部、保卫(人武)部。

二、企业发展

2005 年 5 月，重组后的梅山公司由上海梅山矿业有限公司、上海梅山企业发展有限公司、上海梅山联合经济发展有限公司、上海梅山工程技术有限公司、南京梅山物业管理有限责任公司、上海梅山新产业开发总公司、上海梅山梅利达工业总厂、上海梅山集团(南京)冷轧板有限公司、上海梅山科技发展有限公司、上海梅翼新型材料有限公司、上海梅盛运贸有限公司、南京梅宝新型建材有限公司，宝钢集团上海梅山有限公司南京设备建筑安装分公司、新事业服务分公司、资源分公司，以及上海梅山企业发展有限公司南京汽车运输分公司、市政绿化分公司、生活服务分公司等单位组成。年底，在册员工 15 708 人，其中在岗员工 12 717 人，总资产 60 亿元，净资产 39.54 亿元。

2006 年 2 月 14 日，梅山公司对地处南京的业务进行整合，把上海梅山企业发展有限公司更名为“南京梅山冶金发展有限公司”，并在南京完成工商注册，与梅山公司实行“两块牌子、一套班子”运作。梅山公司拥有矿业、综合利用、物流等重点产业，在钢铁协力服务方面粗具规模，成为一个产品与服务并存的多元化公司。经过管理体制和业务流程的不断优化，具有健全、高效的治理结构和经营管理制度，建立了与多元化经营相适应的职能体系和管控模式。公司的矿山产业主要经济技术指标达到国内先进水平，部分技术指标接近或达到国际先进水平。在冶金设备运行维护管理、物流运输、资源综合利用等方面积累了较强的技术实力，并形成一批独特技术。公司还以支撑钢铁主业快速发展和竞争力提升为核心，在巩固和拓展梅钢内部市场的同时，发挥区位优势和比较优势，推进外部市场的拓展。

2010 年，梅山公司营业收入 51.64 亿元。年底，总资产 49.80 亿元，净资产 21.69 亿元。在册员工 11 667 人，其中在岗员工 11 014 人。

2011 年 8 月，根据宝钢集团的决定，宝钢股份授权梅钢公司负责管理梅山公司，梅山公司与梅钢公司实行一体化运营。

表 3－1－35　2005—2016 年梅山公司主要子(分)公司(含参股公司)情况表

名　称	地　址	主 要 经 营 范 围	备　注
上海梅山矿业有限公司	江苏省南京市雨花台区西善桥	矿产品销售，地质勘察测绘、工程设计，金属原料及制品、劳防用品、电子产品及通信设备、专用及普通机械、水泥制品、工矿设备及其备品配件、钎具、铸造产品、金属结构、金属线材制品、通信电缆、电线电缆制造销售，冷冻设备维修，仓储，土木工程建筑，机械化工程施工，电梯维修、保养，机电设备安装、检修工程，日用化工产品、硫酸铵销售，洗涤服务，劳务服务	2010 年 4 月更名为“南京梅山冶金发展有限公司矿业分公司”

〔续表〕

名　称	地　址	主要经营范围	备　注
上海梅山企业发展有限公司	江苏省南京市中华门外新建	铁矿开采，普通货运，工业废弃物及资源利用，地质勘察测绘，金属原料及制品、劳保用品、电子产品及通信设备、专用及普通机械、水泥制品、化工产品（不含危险品）、空分产品、金属结构件、铸件钢丝、橡胶制品、耐火及保温材料、服装、木器、塑料制品、工矿设备及其备品配件、钎具、耐磨产品、铸造产品、金属线材制品、通讯电缆、电线电缆、电子线路用镀铜、镀锌线材制造、销售，冷冻设备维修，仓储，土木工程建筑，线路、管道和设备安装，机械化工程施工，电梯维修、保养，承接机电设备、管线的安装、检修工程，钢材、机械加工，设备检测、安装、维修，内部市政环卫，园林绿化施工，电瓶维修、销售，汽车配件、建材、卫生设备、冶金及采矿设备、金属制品、机电设备销售，铁矿石、矿产品（不含煤炭）加工与销售，物业管理、房屋租赁，百货零售，装修装饰及房屋维修，渣料生产，技术服务，劳务服务（不含涉外劳务），工程设计、咨询，磁性材料生产、销售，洗涤服务，停车场服务	2006年2月更名为“南京梅山冶金发展有限公司”
上海梅山联合经济发展有限公司	上海市安远路501弄2号1607室	进出口业务，金属材料及制品，建筑材料，非危险品化工产品，机械电子设备及配件，机电成套设备，工业油脂，五金交电	
南京梅山物业管理有限责任公司	江苏省南京市中华门外新建	物业管理，房屋租赁、置换，建筑五金材料、建筑门窗加工、金属结构件制作，电气维修、安装，小区环卫工程施工，提供劳务	
上海梅山新产业开发总公司	江苏省南京中华门外新建	金属结构件制作，铸件钢丝，橡胶制品、针织品制造加工，金属机械加工，工业废弃物回收加工，机电设备维修、安装，劳务服务，冶金设备维修，废金属回收	2007年11月改制
上海梅山梅利达工业总厂	江苏省南京市中华门外新建	金属制品，橡胶制品，普通机械，化工产品，耐火制品，保温材料，水泥及制品，包装材料加工、销售，设备安装、维修，金属结构件制作、安装，服装及缝纫制品、机械、木器、塑料制品加工、生产、销售，劳务服务	
上海梅山集团（南京）冷轧板有限公司	江苏省南京市中华门外新建	钢铁冶炼、钢材加工，金属制品、金属结构件制造、销售；石油制品、五金交电、化工原料销售；公路设备安装、制造、销售	2006年8月更名为“南京梅山冷轧板有限公司”
上海梅山科技发展有限公司	上海市安远路505号1006室	计算机软硬件及网络工程、机电、冶金材料、化工、通信设备、自动化设备的四技服务（技术开发、技术转让、技术服务、技术咨询）	
上海梅翼新型材料有限公司	上海市化工区奉贤分区	金属建筑及金属品设计、制造、施工、销售及相关的技术，冶金矿山设备、环保工程设备、电力设备、电气设备设计、制造，机械设备、电力设备、电气成套设备、金属材料、化工原料及产品销售	2013年4月股权转让

〔续表〕

名　称	地　址	主要经营范围	备　注
上海梅盛运贸有限公司	上海市中山东二路230号	货物代理,船舶代理,租船业务,道路运输、仓储、冶金炉料,金属材料、机电设备、建筑材料,旅客运输,长江中下游及支流省际、本市内河普通货船运输	
南京梅宝新型建材有限公司	江苏省南京市中华门外新建	生产符合国家标准的矿渣微粉,经营矿渣及其产品、建筑及装饰材料	
宝钢集团上海梅山有限公司南京设备建筑安装分公司	江苏省南京市中华门外新建	通用及冶金机电设备制造、安装、维修,工矿配件制造,工业与民用建筑施工,工业炉窑砌筑、维修,金属热处理工程,液压装置检测、维修,工业气体充装、销售,无缝气瓶检验、改装、修理	2006年更名为“南京梅山冶金发展有限公司设备建筑安装分公司”
宝钢集团上海梅山有限公司南京新事业服务分公司	江苏省南京市中华门外新建	提供培训、劳务、咨询服务,冶金产品、金属制品(除贵金属)、五金建材、机电设备、矿产品销售	2006年更名为“南京梅山冶金发展有限公司新事业服务分公司”
宝钢集团上海梅山有限公司南京资源分公司	江苏省南京市中华门外新建	废钢、废次品利用,钢材及边角料、废铁及其制品、废有色金属、废油、废橡胶制品、废金属制品、废耐材、废电缆、废设备、钢铁渣料和泥料、工业废弃物销售、加工、综合利用及技术咨询,黑色金属、有色金属、化工产品、冶金炉料、粉煤灰、煤渣销售,磁性材料生产、销售	2006年更名为“南京梅山冶金发展有限公司资源分公司”
上海梅山企业发展有限公司南京汽车运输分公司	江苏省南京市中华门外新建	货物运输、汽车维修、汽车配件销售、商业服务	2006年更名为“南京梅山冶金发展有限公司汽车运输分公司”
南京梅山冶金发展有限公司市政绿化分公司	江苏省南京市中华门外新建	市政环卫,园林绿化,房屋防水工程施工,花卉、苗木种植、销售,普通机械修理,建筑材料销售,物业管理,房屋修缮、租赁、置换,建筑五金材料、建筑门窗加工,金属结构件制作,电气维修、安装,小区环卫工程施工,劳务服务	2006年4月与上海梅山企业发展有限公司南京房产经营服务分公司整合,组建“南京梅山冶金发展有限公司市政分公司”
南京梅山冶金发展有限公司市政分公司	江苏省南京市中华门外新建	市政环卫,园林绿化、房屋防水工程施工,花卉、苗木种植、销售,普通机械修理、建筑材料销售,自管房屋物业管理,房屋修缮	
上海梅山企业发展有限公司南京生活服务分公司	江苏省南京市中华门外新建	住宿、食堂、客运、货运管理,汽车装饰,发动机总成修理,汽车维护及小修	2008年10月改制
上海梅山进出口公司	中国(上海)自由贸易试验区美桂北路317号2幢3层3A-1室	自营和代理各类商品及技术的进出口业务,经营进料加工和“三来一补”业务,经营对外贸易和转口贸易	

〔续表〕

名称	地址	主要经营范围	备注
上海梅山计算机开发有限公司	上海市昌化路492号	主要从事软硬件项目开发，承接计算机网络工程、自动化系统工程，经销和代理计算机、打印机、仪器仪表、机电设备、微机配件、办公自动化设备，以及技术咨询服务等	2003年2月25日注销
上海梅星实业有限公司	上海市虎丘路142号5楼	机电设备、仪器仪表、黑色金属、电线电缆、化工产品、五金交电、工业油脂、家用电器、劳防用品、针织用品、文教用品、照相通信器材、电脑软硬件、商务信息咨询服务	2006年6月8日注销
上海梅山实业开发经营公司	上海市恒丰路600号1125室	金属材料，化工产品，铁矿砂，电气设施，建筑设施，汽车配件，通用机械设备，写字楼出租，技术咨询、引进	2008年12月15日注销
上海梅山房地产开发经营公司	上海市静安区安远路501弄2号2001室	房地产开发经营，建筑装潢材料	
上海梅山公房资产经营公司	上海市恒丰路600号1121室	房地产开发、经营、咨询服务，房屋租赁，建筑材料，五金交电，卫生设备	2004年12月6日注销
上海梅山贸易开发公司	上海市浦东大道2970弄93号	生铁、黑色金属、有色金属、铁矿、矿砂、硫精矿、化工产品、建材、机电设备、电讯器材，汽配，技术开发，信息咨询	2001年6月27日注销
上海梅山建设工程公司	上海市徐汇区梅陇四村95号101室	主营市政工程、绿化工程的承包建设，兼营钢结构制作安装工程等	2002年3月18日注销
上海梅山浦东储运公司	上海市长宁区万航渡路506号	销售油脂品、电线电缆、橡胶制品、汽车配件、工程配件、建筑材料、金属材料、仪器仪表、纺织制品，汽车装潢，油机设备修理等	2006年9月13日注销
上海梅山劳动经济开发有限公司	上海市静安区安远路501弄2号1602室	金属材料、建筑、器材、五金交电、汽配、电子产品、农副产品、副食、塑料及制品	2004年11月4日注销
上海梅山高乐士经贸开发有限公司	上海市恒丰路600号1128室	金属材料、矿产品、化工原料、建筑材料、经济信息中介服务、机电设备、五金交电、冶金、化工、仪器仪表、装潢材料、塑料制品、有色金属	2000年11月27日注销
上海史梯尔工贸公司	上海市静安区乌鲁木齐中路4号	普通机械、仪器仪表、建筑、装潢材料、日用五金、交电用品、汽车配件、文教用品、针织、金属材料、化工原料、电线电缆、塑料用品、零售粮、食油、信息咨询服务	2001年12月29日注销
上海梅山工程建设监理有限公司	上海市汉中路18号2303室	冶金工程建设监理，新技术开发和工程技术咨询	2002年1月1日注销
南京梅山钢渣处理有限责任公司	江苏省南京市雨花台区板桥孙家村	冶金渣处理、销售，冶金炉料、建筑材料销售	

表 3-1-36　2005—2016 年梅山公司员工队伍分类状况统计表

单位：人

年份	在册员工	在岗员工	岗位分布			学历结构						
			管理	技术	操作	研究生	本科	大专	中专	技校	高中	初中及以下
2005	15 708	12 717	970	2 317	9 434	52	1 071	1 951	1 013	1 015	2 851	4 764
2006	15 401	12 791	930	2 345	9 516	71	1 150	2 100	1 050	945	2 928	4 547
2007	—	12 803	836	2 399	9 568	99	1 230	2 155	1 170		8 149	
2008	—	11 986	1 044	1 626	9 316	104	1 051	2 018	1 005		7 808	
2009	12 151	11 091	826	1 667	8 598	130	1 105	2 058	926	752	2 648	3 472
2010	11 667	11 014	831	1 632	8 551	166	1 127	2 165	1 005	594	2 562	3 395
2011	11 330	10 844	840	1 610	8 394	190	1 225	2 237	955	572	2 476	3 189
2012	10 842	10 430	709	1 696	8 025	215	1 284	2 328	885	537	2 343	2 838
2013	10 365	10 016	654	1 691	7 671	228	1 331	2 401	838	517	2 232	2 469
2014	9 741	9 367	595	1 620	7 152	234	1 360	2 332	780	506	2 125	2 030
2015	9 218	7 896	517	1 564	5 815	241	1 341	2 167	664	426	1 824	1 233
2016	8 705	7 059	486	1 344	5 229	239	1 285	1 964	610	394	1 649	918

表 3-1-37　2005—2016 年梅山公司主要经济指标统计表

单位：万元

年份	资产总值	营业收入	利润总额	年份	资产总值	营业收入	利润总额
2005	600 234.69	873 863.03	186 043.59	2011	507 216.41	547 626.92	23 380.85
2006	416 802.53	506 97.29	18 735.07	2012	464 887.19	590 649.80	−15 411.25
2007	409 945.60	481 654.92	19 079.27	2013	526 092.02	676 743.92	341.37
2008	451 251.33	529 474.01	−3 582.37	2014	529 896.76	648 223.11	59.11
2009	422 332.26	417 152.03	−12 314.32	2015	480 483.95	490 647.65	−58 127.68
2010	498 008.69	516 423.61	12 326.41	2016	451 969.03	511 528.12	−10 541.41

表 3-1-38　2005—2016 年梅山公司获得荣誉情况表

序号	奖项名称或等级	授奖单位	获奖时间
1	2003—2004 年度上海市文明单位	上海市人民政府	2005 年 5 月
2	2005—2006 年度江苏省精神文明建设工作先进单位	江苏省精神文明建设指导委员会	2008 年 1 月
3	中央企业思想政治工作先进单位	国务院国资委党委	2008 年 12 月
4	2007—2008 年度上海市文明单位	上海市人民政府	2009 年 3 月
5	2007—2009 年度冶金治安保卫工作先进集体	国务院国资委冶金机关服务中心	2010 年 7 月
6	全国职工职业安全卫生知识竞赛优秀组织奖	全国"安康杯"竞赛组委会办公室	2010 年 12 月
7	2009—2010 年度上海市文明单位	上海市人民政府	2011 年 3 月
8	中央企业职工技能大赛先进单位	国务院国资委	2011 年

第二章　金融业企业

金融投资业是与钢铁主业密切相关的行业，实业与金融相结合，能有效促进钢铁主业的发展，提升钢铁业的综合竞争力。1998—2016年，宝钢集团多元产业金融业板块由华宝投资、华宝信托、华宝基金、华宝证券、宝钢财务公司等组成，华宝投资以符合法人治理结构的原则对旗下华宝信托、华宝基金、华宝证券、宝钢财务公司实施管控。金融投资业板块子公司始终保持创新意识，实行管理整合，推进资源共享、业务互动，多项业务处于行业领先地位。2016年，金融投资业板块实现利润19.77亿元。

第一节　华宝投资有限公司

华宝投资有限公司（简称华宝投资）的前身为上海五钢浦东国际贸易有限公司，成立于1994年11月。2007年3月，宝钢集团通过股权受让方式获得其100%股权，更名为“华宝投资有限公司”，系宝钢集团全资子公司，注册资本由1 740万元增资至30.174亿元。同年11月，宝钢集团以现金方式增资38.515 5亿元，华宝投资注册资本变更为68.689 5亿元。2015年，宝钢集团以现金方式增资25亿元，华宝投资注册资本变更为93.689 5亿元。2016年5月4日，宝钢集团设立产业和金融业结合发展中心，与华宝投资实行“两块牌子、一套班子”运作。注册地址：中国（上海）自由贸易试验区世纪大道100号59层西区。

一、机构设置

2007年成立之初，华宝投资下设综合财务部、投资管理部。

2010年，华宝投资下设综合财务部、投资管理部、产权交易部、资产管理部。2011年，下设综合财务部、投资管理部、产权交易部、资产管理部、人力资源部。2012年，下设综合财务部、投资管理部、产权交易部、资产管理部、人力资源部、资本运营部、审计监察法务部。2014年，下设行政人事部、综合财务部、审计监察法务部、投资管理部、量化投资部、资产管理部。

2016年年底，华宝投资下设行政人事部、综合财务部、审计监察法务部、权益投资部、金融市场部。

二、企业发展

2007年成立之初，华宝投资主要经营对冶金及相关行业的投资与投资管理、投资咨询、商务咨询服务。7月起，通过新股申购、增发股票认购、网下债券申购和投资二级市场证券等多种形式适度参与证券市场运作，当年实现营业收入32 652万元、净利润29 558万元。2008年12月，宝钢集团委托其对华宝信托进行管理。2011年，华宝投资在拥有信托、基金、证券、股权投资等专业金融服务公司的基础上，寻求主流金融领域和钢铁主业及相关上下游供应链产业等领域的投资机会。

同年，持有中国太平洋保险(集团)股份有限公司(简称中国太保)14.93%股份，持有华宝证券有限责任公司59.41%股份，持有法兴华宝汽车租赁(上海)有限公司50%股权。2014年起，华宝投资以符合法人治理结构的原则对华宝信托、华宝兴业、华宝证券、宝钢财务公司等宝钢金融板块公司实施管控，推进资源共享、业务互动。

2016年5月4日，宝钢集团设立产业和金融业结合发展中心，与华宝投资实行“两块牌子、一套班子”运作，承担金融板块的资本投资运营功能，对资产总量、结构和效率负责，推进资本投资项目的“投、融、管、退”，业务对口华宝信托、华宝证券、华宝兴业、上海欧冶金融信息服务股份有限公司和宝钢财务公司。华宝投资持有中国太保14.17%股份，持有华宝证券有限责任公司83.07%股份，持有法兴华宝汽车租赁(上海)有限公司50%股权，持有赛领资本管理有限公司18.18%股权，持有上海科技创业投资股份有限公司9.84%股权。全年实现营业收入4 661万元、利润16.87亿元(均不含中国太保)，管理资产规模6 998亿元。

表3-2-1　2008—2016年华宝投资员工队伍分类状况统计表　　单位：人

年份	在册员工	在岗员工	岗位分布			学历结构			
			管理	技术	操作	研究生	本科	大专	中专、高中
2008	8	8	4	4	0	6	2	0	0
2009	8	8	4	4	0	6	2	0	0
2010	19	19	4	15	0	10	8	1	0
2011	21	21	6	15	0	11	9	1	0
2012	46	46	8	38	0	24	19	2	1
2013	50	49	10	39	0	29	18	1	1
2014	37	37	9	28	0	25	12	0	0
2015	44	44	9	35	0	27	17	0	0
2016	65	65	18	46	1	39	26	0	0

表3-2-2　2007—2016年华宝投资主要经济指标统计表　　单位：万元

年份	资产总值	营业收入	利润总额	年份	资产总值	营业收入	利润总额
2007	726 757	32 652	34 703	2012	2 087 115	4 662	74 694
2008	726 309	1 801	2 220	2013	2 295 081	5 627	148 991
2009	808 962	19	63 126	2014	2 715 686	8 851	179 937
2010	868 275	55	77 096	2015	3 664 694	5 005	420 127
2011	1 721 535	1 256	117 305	2016	3 622 551	4 661	168 669

表 3-2-3　2007—2016 年华宝投资获得荣誉情况表

序号	获 奖 单 位	奖项名称或等级	授 奖 单 位	获奖时间
1	华宝投资有限公司	2013—2014 年度上海市文明单位	上海市人民政府	2015 年 4 月
2	宝钢金融系统党委	中央企业先进基层党组织	国务院国资委党委	2016 年 6 月

第二节　华宝信托有限责任公司

华宝信托有限责任公司(简称华宝信托)的前身为成立于 1988 年 4 月 22 日的浙江省舟山市信托投资公司。1998 年 6 月 5 日,经中国人民银行总行批准,由宝钢集团入股,通过增资,更名为“华宝信托投资有限责任公司”(简称华宝信托)。宝钢集团持股 98%,浙江省舟山市财政局持股 2%。2007 年 4 月 3 日,经中国银行业监督管理委员会批准,成为首批通过重新登记的信托公司,更名为“华宝信托有限责任公司”。2008 年 12 月,宝钢集团委托华宝投资对华宝信托进行管理。华宝信托注册资金 10 亿元(含 1 500 万美元),2011 年增至 20 亿元(含 1 500 万美元),2014 年增至 37.44 亿元(含 1 500 万美元)。注册地址:上海浦东新区陆家嘴金融贸易区。

一、机构设置

1998 年,华宝信托下设总经理办公室、人力资源部、计划财务部、稽核审查部、信托业务部、投资银行部、投资管理部、交易管理部、发展研究中心。2000 年,下设行政管理部、计划财务部、稽核部、债券业务部、投资管理部、客户服务部、业务管理部、发展研究中心。2002 年,下设客户服务部、信托业务部、债券业务部、投资管理部、发展研究中心、业务管理部、稽核部、行政管理部、计划财务部。2006 年,新设信托投资银行部。2009 年,新设信息技术部、运营和客服中心。

2014 年,华宝信托下设资产管理总部(含信托资产管理部、国际业务部、资本市场部、投资资金信托部),信托投资银行总部(含信托投资银行一部、二部、三部),机构业务部(含薪酬福利信托部、机构业务一部、二部),财富管理中心,西南业务部,投资管理部,产品创新与研发中心,风险管理部,法律合规部,行政人力资源部,运营和客服中心,计划财务部,信息技术部,稽核监察部,交易室。

二、企业发展

华宝信托控股华宝兴业基金管理有限公司,经营范围包括:资金信托,动产信托,不动产信托,有价证券信托,其他财产或财产权信托;作为投资基金或者基金管理公司的发起人从事投资基金业务,经营企业资产的重组、并购及项目融资、公司理财、财务顾问等业务,受托经营国务院有关部门批准的证券承销业务;办理居间、咨询、资信调查等业务,代保管及保管箱业务,以存放同业、拆放同业、贷款、租赁、投资方式运用固有财产,以固有财产为他人提供担保,从事同业拆借;法律法规规定或中国银行业监督管理委员会批准的其他业务。

华宝信托多项业务资格或行动处于行业领先地位。2003 年,在公开媒体开展信息披露,并在业内较早发起成立合资基金公司。2004 年,引入独立董事。2005 年,取得劳动和社会保障部颁发的年金受托人及账管人资格,并在业内较早开展结构化证券信托业务。2007 年,新"两规"颁布后首批获准换发金融牌照。2011 年,成为业内较早获得股指期货交易业务资格的信托公司。2012 年,推出信托产品评级,申请到以信托计划名义设立的股指期货套保交易编码和套利交易编码。2012 年 12 月,华宝信托当选中国信托业协会第三届理事会副会长单位。2013 年,推出公益性质的信托——"华宝爱心信托",建立标准化信托服务平台——华宝流通宝平台。2014 年,通过人力资源和社会保障部的企业年金管理资格延续申请,成为国内为数不多的拥有"法人受托机构"和"账户管理人"两项资格的信托公司。2015 年 1 月,入股中国信托业保障基金有限责任公司。同年,联手上海临港集团设立百亿元开发基金,发行公司首单合格境内机构投资者(QDII)集合信托计划。2016 年 11 月,入股中国信托登记有限责任公司。

2016 年,华宝信托产品线投资范围涵盖证券、投融资、产业金融深度服务等领域;信托产品利用多种结构和工具覆盖资本市场、货币市场、实体经济。开发首单家族信托业务,推出"世家华传"和"基业宝承"两个子系列服务产品,为客户提供个性化、定制化的家族财富管理综合解决方案;中诚信国际信用评级有限公司评定华宝信托的主体信用等级为"AAA"评级,评级展望为稳定,公司综合实力和发展前景得到资本市场的高度认可。年底,管理的信托资产规模逾 5 300 亿元(含年金)。

表 3-2-4 1998—2016 年华宝信托员工队伍分类状况统计表

单位:人

<table>
<tr><th rowspan="2">年份</th><th rowspan="2">在册员工</th><th rowspan="2">在岗员工</th><th colspan="3">岗位分布</th><th colspan="4">学历结构</th></tr>
<tr><th>管理</th><th>技术</th><th>操作</th><th>研究生</th><th>本科</th><th>大专</th><th>中专、高中</th></tr>
<tr><td>1998</td><td>54</td><td>54</td><td>—</td><td>—</td><td>—</td><td>10</td><td colspan="2">40</td><td>4</td></tr>
<tr><td>1999</td><td>161</td><td>161</td><td>—</td><td>—</td><td>—</td><td>17</td><td colspan="2">114</td><td>30</td></tr>
<tr><td>2000</td><td>173</td><td>173</td><td>—</td><td>—</td><td>—</td><td>17</td><td colspan="2">118</td><td>38</td></tr>
<tr><td>2001</td><td>158</td><td>158</td><td>—</td><td>—</td><td>—</td><td>20</td><td>71</td><td colspan="2">67</td></tr>
<tr><td>2002</td><td>77</td><td>77</td><td>—</td><td>—</td><td>—</td><td>26</td><td>36</td><td colspan="2">15</td></tr>
<tr><td>2003</td><td>68</td><td>68</td><td>13</td><td>46</td><td>9</td><td>26</td><td>29</td><td>6</td><td>7</td></tr>
<tr><td>2004</td><td>88</td><td>88</td><td>17</td><td>60</td><td>11</td><td>37</td><td>33</td><td>12</td><td>6</td></tr>
<tr><td>2005</td><td>95</td><td>95</td><td>19</td><td>71</td><td>5</td><td>42</td><td>36</td><td>11</td><td>6</td></tr>
<tr><td>2006</td><td>97</td><td>97</td><td>—</td><td>—</td><td>—</td><td>44</td><td>37</td><td colspan="2">16</td></tr>
<tr><td>2007</td><td>118</td><td>118</td><td>15</td><td>98</td><td>5</td><td>61</td><td>45</td><td>8</td><td>4</td></tr>
<tr><td>2008</td><td>135</td><td>135</td><td>18</td><td>112</td><td>5</td><td>65</td><td>57</td><td>7</td><td>6</td></tr>
<tr><td>2009</td><td>152</td><td>152</td><td>20</td><td>127</td><td>5</td><td>73</td><td>66</td><td>6</td><td>7</td></tr>
<tr><td>2010</td><td>158</td><td>158</td><td>23</td><td>130</td><td>5</td><td>77</td><td>68</td><td>6</td><td>7</td></tr>
<tr><td>2011</td><td>195</td><td>195</td><td>24</td><td>166</td><td>5</td><td>94</td><td>90</td><td>5</td><td>6</td></tr>
<tr><td>2012</td><td>236</td><td>236</td><td>28</td><td>203</td><td>5</td><td>109</td><td>117</td><td>4</td><td>6</td></tr>
</table>

〔续表〕

年份	在册员工	在岗员工	岗位分布			学历结构			
			管理	技术	操作	研究生	本科	大专	中专、高中
2013	282	281	28	249	5	136	133	6	7
2014	308	307	34	269	5	153	144	4	7
2015	274	272	35	234	5	134	130	3	7
2016	294	292	35	254	5	140	144	4	6

表 3-2-5　1998—2016 年华宝信托主要经济指标统计表

单位：万元

年份	资产管理规模	营业收入	利润总额	年份	资产管理规模	营业收入	利润总额
1998	6 990	1 319	188	2008	3 111 116	82 041	66 815
1999	161 246	15 496	8 028	2009	4 652 992	56 805	44 471
2000	411 015	23 478	5 750	2010	8 721 710	53 171	40 376
2001	537 411	23 660	11 938	2011	18 464 254	70 378	48 083
2002	321 673	6 381	2 110	2012	21 253 161	93 194	66 139
2003	404 860	10 110	6 661	2013	27 151 686	128 768	85 330
2004	565 988	20 780	9 519	2014	49 146 271	127 204	74 284
2005	518 387	7 348	8 149	2015	55 752 385	123 091	28 227
2006	863 303	31 056	16 581	2016	52 698 549	134 809	95 506
2007	3 363 353	110 667	99 329				

说明：收入及利润指标为华宝信托本部口径，不含华宝证券、华宝基金。

第三节　华宝兴业基金管理有限公司

2002 年 7 月 23 日，华宝信托投资有限责任公司与法国兴业银行资产管理公司共同发起设立合资企业——华宝兴业基金管理有限公司，《发起人协议暨合资经营合同》和《公司章程（草案）》签字仪式在上海金茂大厦举行。2003 年 2 月 12 日获准开业，3 月 7 日正式成立。华宝信托持股 51%，法国兴业资产管理有限责任公司持股 49%。2010 年 12 月 30 日，华宝兴业的股东变更为华宝信托（持股 51%），领先资产管理有限公司（持股 49%）。注册资本金 1 亿元，2007 年 5 月 31 日增加至 1.50 亿元。注册地址：上海市浦东新区陆家嘴金融区。

华宝兴业是国内首批中外合资基金管理公司，也是国内首家由信托公司和外方资产管理公司发起设立的中外合资基金管理公司。2003 年 4 月 28 日，经中国证券监督管理委员会（简称中国证监会）批准，华宝兴业发起设立首只基金——宝康系列开放式证券投资基金，首次发行募集资金 39 亿元。2007 年 8 月，获得 QDII 资格（合格的境内机构投资者）。2008 年 3 月，获得特定客户资产管理业务资格，成为一家向客户提供国内公募基金产品、境外投资基金产品和专户理财服务的综合性资产管理公司。2012 年 8 月，发行华宝兴业管理期货“元盛一号”资产管理计划，是国内基金公司首度联合海外商品交易顾问(CTA)巨头联合开发的 CTA 专户产品。10 月，获中国保险监督管理委员会批准的保险资金管理资格。11 月，获中国香港证券及期货事务监察委员会颁发的第四类和第九类业务牌照，获准在中国香港市场开展证券投资咨询业务及资产管理业务，华宝兴业资产管理(香港)有限公司成为华宝兴业拓展境外业务的战略平台。12 月 27 日，华宝添益交易型货币基金成立，为国内第一只交易型货币基金。2014 年 9 月，华宝兴业香港分公司发行第一只追踪 A 股市场的 RQFII-ETF 产品，并在伦敦及巴黎证券交易所上市。

2016 年，华宝兴业实现营业收入 14.11 亿元，实现净利润 4.51 亿元。年底，管理 47 只公募基金，管理规模 1 197 亿元，在 114 家公募基金中排名第 19 位。管理资产总规模(包含专户)1 305 亿元。

表 3-2-6　2003—2016 年华宝兴业员工队伍分类状况统计表

年 份	在册员工	在岗员工	岗位分布		学历结构				
			管理	技术	研究生	本科	大专	中专、高中	初中及以下
2003	47	47	14	33	30	13	2	1	1
2004	65	65	19	46	43	18	2	1	1
2005	75	75	18	57	50	20	3	1	1
2006	94	94	21	73	65	22	4	2	1
2007	108	108	25	83	69	32	5	1	1
2008	132	132	30	102	85	40	5	1	1
2009	145	145	28	117	94	43	6	1	1
2010	178	178	30	148	101	66	9	1	1
2011	182	182	40	142	105	69	6	1	1
2012	180	180	43	137	104	69	5	1	1
2013	181	181	43	138	107	66	6	1	1
2014	186	186	39	147	112	66	6	1	1
2015	217	217	41	176	131	81	3	1	1
2016	218	218	48	170	130	83	3	2	0

表 3-2-7　2003—2016 年华宝兴业主要经济指标统计表　　单位：万元

年份	资产总值	营业收入	利润总额	年份	资产总值	营业收入	利润总额
2003	41 207.16	2 439.12	−687.96	2006	19 044.26	14 620.22	4 574.39
2004	15 097.49	9 419.74	2 877.85	2007	80 615.91	80 003.13	43 145.14
2005	15 738.28	10 843.65	4 432.46	2008	89 512.66	87 162.24	51 190.49

(续表)

年份	资产总值	营业收入	利润总额	年份	资产总值	营业收入	利润总额
2009	99 323.59	75 456.28	36 843.43	2013	118 338.88	59 366.72	22 677.51
2010	105 213.34	69 737.35	32 942.43	2014	166 905.59	71 344.66	29 098.64
2011	96 993.20	58 116.32	24 028.62	2015	208 232.07	145 622.38	63 237.93
2012	103 867.61	51 124.85	18 412.33	2016	206 662.62	141 062.39	59 967.42

第四节　华宝证券有限责任公司

华宝证券有限责任公司(简称华宝证券)的前身为富成证券经纪有限责任公司。2006年,经中国证监会批准,宝钢集团对富成证券经纪有限责任公司实施重组,2007年2月完成新老股东的股权转让,2007年6月更名为“华宝证券经纪有限责任公司”,2009年7月更名为“华宝证券有限责任公司”。注册资金5亿元,华宝信托持有99.922%的股权,宝钢集团持有0.078%的股权。2010年12月,华宝证券增资,注册资本变更为15亿元,其中华宝投资持股59.41%,华宝信托持股40.56%,宝钢集团持股0.03%。2015年再次增资,注册资本增加至40亿元,其中华宝投资持股83.07%,华宝信托持股16.93%。注册地址:上海市浦东新区陆家嘴金融区。

一、机构设置

2009年,华宝证券下设证券投资部、经纪业务部、营运管理部、资产管理部、研究所、计划财务部、风险合规部、稽核部、信息技术部、行政人事部及各证券营业部。2010年,下设证券投资部、资产管理部、机构业务部、经纪业务部、营运管理部、研究所、信息技术部、风险合规部、稽核部、计划财务部、办公室、人力资源部及各分支机构。2016年,下设资产管理部、创新投资部、金融市场部、电子商务部、信用及衍生品业务管理部、财富管理部、投资银行部、资金运营部、研究创新部、销售交易部、营运管理部、信息技术部、风险合规部、计划财务部、人力资源部、办公室、稽核部及各分支机构。

二、企业发展

2007年,华宝证券客户托管资产706.81亿元,实现营业收入29 702.79万元,利润总额9 319.57万元。年底,在册员工113人。

2009年5月,华宝证券取得证券自营、证券投资咨询两项业务资格,从单一从事证券经纪业务的券商发展为拥有多项业务资格的综合型券商。在中国证监会组织的2008年度证券公司分类评审中达到BBB级。2010年12月,经中国证监会批准,华宝证券进行增资,增资后注册资本变更为15亿元,其中华宝投资持股59.41%,华宝信托持股40.56%,宝钢集团持股0.03%。年底,托管资产1 442.50亿元,市场占有率1.94‰。2014年,经中国证券业协会批准,华宝证券获互联网证券业务试点资格。2015年,华宝证券再次增资,注册资本增加至40亿元,其中华宝投资持股83.07%,华宝信托持股16.93%。2014—2015年度，华宝证券获上海市总工会授予的“上海市劳动关系和谐职工满意企事业单位”称号。

2016年，华宝证券经营范围包括证券经纪、证券投资咨询、证券自营、证券资产管理、融资融券、证券投资基金代销、金融产品代销、为期货公司提供中间介绍业务、证券承销、与证券交易和证券投资活动有关的财务顾问等，在北京设有分公司，在上海、杭州、舟山、福州、深圳、成都、武汉、盐城等地设有营业部。华宝证券的股票期权经纪业务交易量市场占比在全市场排名中连续位列第一，是全国首批获得港股通业务资格的券商。其量化产品孵化平台，吸引了国内外400多家优秀的专业投资机构。全年，实现营业收入5.97亿元，实现利润总额2.09亿元。截至年底，公司资产总值120.98亿元；期权经纪业务交易量市场占比11.40%，在上海证券交易所ETF(指数跟踪投资)期权经纪业务交易量排名中位居行业第一，公司股票基金市场占有率排名第65位；量化及PB(主经纪商)业务客户1 073户，客户资产181.38亿元。

表3-2-8　2007—2016年华宝证券员工队伍分类状况统计表　　单位：人

年份	在册员工	在岗员工	岗位分布		学历结构			
			管理	技术	研究生	本科	大专	中专、高中
2007	113	113	11	102	27	56	23	7
2008	181	181	12	169	48	91	35	7
2009	213	213	16	197	57	108	41	7
2010	290	290	23	267	73	149	61	7
2011	431	431	26	405	109	216	92	14
2012	378	378	24	354	102	185	79	12
2013	386	386	27	359	113	196	70	7
2014	384	384	25	359	122	191	64	7
2015	486	486	23	463	158	268	55	5
2016	546	546	29	517	210	284	48	4

表3-2-9　2007—2016年华宝证券主要经济指标统计表　　单位：万元

年份	资产总值	营业收入	利润总额	年份	资产总值	营业收入	利润总额
2007	376 929.00	29 702.79	9 319.57	2012	316 982.18	16 625.15	3 516.44
2008	180 234.47	28 173.09	9 263.58	2013	338 291.20	18 783.14	6 107.92
2009	331 363.04	31 649.21	14 173.93	2014	493 809.95	26 223.35	8 042.89
2010	314 854.49	23 881.72	10 050.80	2015	1 359 975.85	80 043.93	22 245.85
2011	348 408.89	20 863.95	−12 477.54	2016	1 209 822.77	59 736.30	20 931.24

第五节　宝钢集团财务有限责任公司

宝钢集团财务有限责任公司(简称宝钢财务公司)成立于1992年10月，是宝钢集团金融产业的起点。成立初期注册资本金2.92亿元，由上海宝山钢铁总厂、上海宝钢冶金建设公司、宝钢集团企业开发总公司等16家股东单位组成。1998年年底，宝钢财务公司注册资本金11.40亿元人民币(含1亿美元)，股东单位包括宝钢集团、宝钢集团企业开发总公司、上海宝钢冶金建设公司等12家，其中宝钢集团控股97.45%。公司成立初期，办公场所设在上海市宝山区宝钢生产指挥中心大楼2楼；1995年5月，搬迁至宝山区牡丹江路1588号；1998年10月，搬迁至浦东新区浦电路370号宝钢大厦。

一、机构设置

1992年，宝钢财务公司下设信贷业务部、外汇业务部、信托投资部、结算部、财务部、办公室。2005年，下设业务管理部、公司金融部、资金运用部、财务结算部、稽核部、风险管理部、办公室(人力资源部)。2013年，下设公司金融部、服务部、资金运用部、支付结算部、业务管理部、产品创新部、风险管理部、稽核部、综合管理部、运营财务部、信息科技部。

二、企业发展

1992年，宝钢集团财务有限责任公司成立，股东单位为宝钢集团、宝钢集团企业开发总公司、上海宝钢冶金建设公司、中国工商银行上海分行信托投资公司、中国人民保险公司上海分公司等16家成员企业及外部金融机构，其中宝钢集团控股85.43%。1997年，中国工商银行上海分行信托投资公司、中国人民保险(集团)公司上海分公司等外部金融机构退股，宝钢财务公司股东单位变为12家，其中宝钢集团持股97.45%。

2000年，宝钢集团将一部分股权转让给宝钢国际、上海宝钢浦东国际贸易有限公司、上海宝钢运输有限公司，宝钢集团持股比例降为70.26%，部分股东单位退出，股东单位合计13家。同年，宝钢财务公司作为“99宝钢债券”的副主承销商，完成3.512亿元额度的承销任务。2002年，宝钢财务公司参与货币市场交易，被全国银行间同业拆借中心评为“年度银行间市场优秀交易成员”。2005年，宝钢财务公司分别为宝钢集团、宝钢股份搭建现金平台，协助宝钢集团和宝钢股份实施资金集中管理，提高资金使用效率；同年实施减资，将注册资本金从11.40亿元减至5亿元，股东单位调整为7家，包括宝钢集团、上海宝钢国际经济贸易有限公司、上海宝钢浦东国际贸易有限公司、上海宝钢运输有限公司等。其中，宝钢集团持股35.18%，宝钢股份间接持股62.10%，宝钢财务公司进入宝钢股份。2006年，宝钢财务公司再次调整股权结构，将宝钢国际、上海宝钢浦东国际贸易有限公司和上海宝钢运输有限公司所持有的62.10%的股权转让给宝钢股份。宝钢财务公司股东单位为宝钢集团、宝钢股份、上海宝冶建设有限公司、宝钢集团企业开发总公司、中冶赛迪工程技术股份有限公司，其中宝钢股份持股62.10%，成为第一大股东。同年，经中国银行业监督管理委员会批准，宝钢财务公司经营范围为：对成员单位办理财务和融资顾问、信用鉴证及相关的咨询、代理业务，协助成员单位实现交易款项的收付，对成员单位提供担保，办理成员单位之间的委托贷款及委托投资，对成员单位办理票据承兑与贴现，办理成员单位之间的内部转账结算及相应的结算，清算方案设计，吸收成员单位的存款，对成员单位办理贷款及融资租赁，从事同业拆借，经批准发行财务公司债券，承销成员单位的企业债券，对金融机构的股权投资，有价证券投资，成员单位产品的买方信贷及融资租赁。2009 年 3 月，宝钢财务公司获国家外汇管理局批准的结售汇业务资质。2010 年 6 月，公司电子商业汇票系统以直连方式接入中国人民银行电子商业汇票系统，获评中国人民银行"电子商业汇票业务拓展奖。"2011 年 7 月，将 6 亿元未分配利润转增资本金，增资完成后注册资本金为 11 亿元人民币(含 2 000 万美元)。2015 年 8 月，开展首单人民币跨境融资业务，金额 1.98 亿元。11 月，通过中国人民银行专家评审和现场验收，获批中国(上海)自由贸易试验区分账核算单元业务资质。12 月，将 3 亿元未分配利润和盈余公积转增资本金，增资完成后注册资本金为 14 亿元人民币(含 2 000 万美元)。

2016 年 9 月，宝钢财务公司管理关系由宝钢股份调整至华宝投资。年底，资产规模 151 亿元，净资产 19.68 亿元；全年实现营业收入 5.29 亿元，利润总额 1.69 亿元；在册员工 61 人，在岗员工 60 人。

表 3-2-10　1998—2016 年宝钢财务公司员工队伍分类状况统计表　　单位：人

年 份	在册员工	在岗员工	岗位分布		学历结构			
			管 理	技 术	研究生	本 科	大 专	中专、高中
1998	62	62	7	55	9	39	12	2
1999	53	53	7	46	9	30	12	2
2000	44	44	6	38	7	24	11	2
2001	39	39	11	28	8	20	9	2
2002	39	39	11	28	8	20	9	2
2003	39	39	11	28	8	20	9	2
2004	42	42	13	29	14	20	8	0
2005	43	43	12	31	17	18	8	0
2006	40	40	13	27	15	17	8	0
2007	38	38	13	25	15	15	8	0
2008	45	45	13	32	15	22	8	0
2009	47	47	13	34	15	24	8	0
2010	48	48	13	35	15	25	8	0
2011	49	49	12	37	21	23	5	0
2012	49	49	12	37	21	23	5	0
2013	60	60	12	48	22	34	4	0
2014	61	60	12	48	25	31	4	0
2015	59	58	13	45	24	30	4	0
2016	61	60	13	47	21	35	4	0

表 3-2-11　1998—2016 年宝钢财务公司主要经济指标统计表　　单位：亿元

年份	资产规模	营业收入	利润总额	年份	资产规模	营业收入	利润总额
1998	54	2.21	1.32	2008	125	7.15	2.07
1999	52	2.16	1.36	2009	92	4.92	2.55
2000	96	1.68	1.05	2010	111	3.95	1.59
2001	114	1.90	0.34	2011	107	5.41	2.39
2002	124	2.15	1.01	2012	112	6.33	2.28
2003	111	1.69	0.83	2013	126	5.93	2.62
2004	54	2.06	0.96	2014	131	6.19	2.09
2005	196	4.44	1.77	2015	141	6.35	1.67
2006	227	6.17	1.96	2016	151	5.29	1.69
2007	228	14.70	9.80				

表 3-2-12　1998—2016 年宝钢财务公司获得荣誉情况表

序号	奖项名称或等级	授　奖　单　位	获奖时间
1	优秀交易成员	全国银行间同业拆借中心	2002 年
2	2003—2004 年度上海市文明单位	上海市人民政府	2005 年 4 月
3	2005—2006 年度上海市文明单位	上海市人民政府	2007 年 4 月
4	2007—2008 年度上海市文明单位	上海市人民政府	2009 年 3 月
5	电子商业汇票业务拓展奖	中国人民银行总行	2010 年
6	上海金融市场业务统计监测工作优秀机构	中国人民银行上海分行	2011 年
7	2012 年度企业征信系统数据质量工作优秀机构	中国人民银行上海分行	2013 年 10 月
8	2013 年度企业征信系统数据质量工作优秀机构	中国人民银行上海分行	2014 年 9 月

第三章　城市新产业企业

1998—2016 年，宝钢集团多元产业城市新产业板块主要有宝地置业、吴淞口创业园。宝地置业是宝钢集团专业从事不动产开发经营的全资子公司，长期致力于不动产资产盘活利用和业务发展，累计开发项目建筑面积约 400 万平方米。吴淞口创业园设立于 2016 年 4 月，是宝钢特钢转型地块的开发和运营平台，依托宝钢集团的技术资源和产业资源，为企业提供从实验研究、中试到生产所需的研发设计、检验检测认证、科技咨询、技术标准、知识产权、成果转化等服务。

第一节　上海宝地置业有限公司

上海宝地置业有限公司（简称宝地置业）的前身是宝钢民用建设公司。1993 年，宝钢集团成立上海宝钢房地产经营开发有限公司（简称宝钢房产公司），对部分市场化项目进行运作。1999 年，宝钢民用建设公司并入宝钢房产公司。2002 年 7 月，宝钢房产公司增资更名为“上海宝钢地产有限公司”（简称宝钢地产）。2005 年 3 月，宝钢集团与中国香港嘉华国际集团有限公司、日本三菱商事株式会社、日本东急不动产株式会社合资成立上海宝地置业有限公司。注册资金 71 767.48 万元。注册地址：上海市杨浦区大连路 588 号宝地广场 B 座 25 楼。2012 年 4 月，宝钢集团回购 3 家外资股东持有的宝地置业股权，委托宝钢工程管理。2015 年 4 月，宝钢集团将宝地置业列为直接管理的子公司，同时成立不动产管理中心，按“一套班子、两块牌子”方式运作。

一、机构设置

2002 年 7 月，宝钢地产设战略规划部、经营财务部、营销市场部、物业管理部、工程建设部等五大运作部门，以及人事部、审计部、海外部、总裁办、招标办等管理机构。

2005 年宝地置业成立后，设总师室、办公室、人事部、财务部、成本部、工程设计部、合约部、市场部等。2012 年，设办公室、财务部、工程技术部、市场策划部、成本合约部等。2015 年，设人力资源部、经营财务部、规划发展部、工程管理中心、商业运营中心等。

2016 年年底，宝地置业设人力资源部、规划发展部、经营财务部、工程管理中心、资产运营中心、住宅事业部、商办事业部、城市更新事业部、产业园事业部、寓舍事业部、城市服务事业部等。

二、企业发展

2002 年 7 月，宝钢地产成立宝地虹口、宝地杨浦、宝地宝山、宝地长山等 4 个项目公司。为适应公司业务快速发展的需要，从社会招聘优秀人才，当年在岗员工 100 人。

2005 年 3 月，宝钢集团与中国香港嘉华国际集团有限公司、日本三菱商事株式会社、日本东急不动产株式会社合资成立上海宝地置业有限公司。2012 年 4 月，宝钢集团回购中国香港嘉华国际集团有限公司、日本三菱商事株式会社、日本东急不动产株式会社等 3 家外资股东持有的宝地置业股权，委托宝钢工程管理。2015 年 4 月，宝钢集团明确宝地置业为直接管理的子公司，不再委托宝钢工程管理。同时，成立不动产管理中心，并与宝地置业进行整合，不动产管理中心与宝地置业按“一套班子、两块牌子”方式运作。宝地置业为宝钢集团经营性不动产开发运营平台。

2016 年 5 月，宝钢集团设立不动产及城市新产业发展中心，与宝地置业实行“两块牌子、一套班子”运作。全年实现营业收入 2.87 亿元，利润 2.64 亿元。年底，在册员工 1 824 人，在岗员工 668 人。

表 3-3-1　2002—2016 年宝地置业(宝钢地产)主要子公司情况表

名　称	注 册 地 址	主 要 经 营 范 围	备　注
宝钢集团上海十钢有限公司	上海市长宁区中山西路 1231 号裙房	生产销售热轧钢带、冷轧钢带、焊接钢管、镀层板带、钢材及钢坯及其制品，电机产品及其加工、修理、国内贸易(除专项规定)、各类投资(除专项规定)，房屋租赁、物业管理、居室装潢(非等级)，收费停车场，热轧带钢、焊接钢管、镀层板带、钢材和钢坯及其制品，电机产品的技术咨询、技术服务、技术开发、技术转让	1956 年 5 月成立；1998 年 11 月进入宝钢集团；2016 年 3 月 31 日，五钢公司将其委托宝地置业管理
宝钢集团上海二钢有限公司	上海市杨浦区黄兴路 221 号	实业投资，国内贸易，四技服务(技术开发、技术转让、技术服务、技术咨询)，为国内企业提供劳务派遣服务，自有房屋租赁，物业管理，室内装潢，停车场(库)经营，外经贸部(商务部)批准的进出口业务，下设分支机构	1957 年 3 月成立；1998 年 11 月进入宝钢集团；2016 年 3 月 4 日，100%股权划转至宝地置业
宝钢集团宝山宾馆	上海市宝山区牡丹江路 1813 号	宾馆、咖啡馆、酒吧、茶座、理发店、舞厅、商场、棋牌室、卡拉 OK，大型饭店，烟酒销售，食堂等	1990 年 9 月 28 日成立；2015 年 9 月 1 日，宝钢集团将其委托宝地置业管理
上海宝钢技术经济发展公司	中国(上海)自由贸易试验区浦电路 370 号 3S10 室	冶金深加工产品和深加工业务，国内商业及物资供销，矿山原料，技术咨询、服务、转让、开发，冶金、机电设备维修，闲置报废设备租赁，备件修复及销售，改造工程，仓储，汽车配件的销售	1993 年 4 月 8 日成立
上海申佳金属制品有限公司	上海市杨浦区黄兴路 219 号	生产销售光面、厚镀锌、高强度低松弛预应力钢丝和钢绞线及线材制品及延伸产品国内贸易(除专控)，货物及技术进出口	1993 年 4 月 13 日成立；1998 年 11 月进入宝钢集团
上海宝地杨浦房地产开发有限公司	上海市杨浦区昆明路 555 号 402 室	房地产综合开发、经营，公共停车场(库)经营	2002 年 11 月 5 日成立
上海宝地物业管理有限公司	上海市杨浦区许昌路 1212 号 503 室	物业管理，设备管理与维护，五金交电销售，资产管理，投资咨询，企业管理，商务信息咨询，市场营销策划，建筑专业设计，自有房屋租赁，停车场(库)经营，家用电器、电子产品、家具的销售，房地产经纪	2002 年 11 月 20 日成立

〔续表〕

名　称	注 册 地 址	主 要 经 营 范 围	备　注
广东宝钢置业有限公司	广东省广州市海珠区新港东路2433号	房地产投资、开发、租赁,物业管理,物业服务,商业营运和商务咨询,与上述相关的服务,货物进出口、技术进出口	2008年6月26日成立
福建宝钢置业有限公司	福建省福州市台江区鳌峰街道福光南路379号武夷绿洲23号楼2层01商铺	对房地产业投资,房地产开发,自有房屋租赁,物业管理,商务信息咨询,建材、工程机械设备批发、代购代销,自营和代理各类商品和技术的进出口	2013年1月25日成立
宝钢集团(上海)置业有限公司	中国(上海)自由贸易试验区世博大道1859号203室	房地产开发经营,物业管理,商务咨询(除经纪),货物及技术进出口	2013年2月19日成立
上海宝统物业管理有限公司	上海市静安区大统路988号A幢916室	物业管理,企业管理,商务信息咨询,市场营销策划,建筑专业设计,自有房屋租赁,停车场(库)经营,家用电器、电子产品、家具销售,房地产经纪	2014年9月26日成立
上海宝地互联众创空间管理有限公司	上海市杨浦区铁岭路32号1515～1516室	众创空间经营管理,房地产开发,物业管理,停车场(库)经营,商务信息咨询,货物与技术进出口	2016年6月7日成立
上海宝地仲量联行物业服务有限公司	上海市杨浦区大连路588号B座21层01号	物业管理,停车场(库)经营,市场营销策划(广告除外),房地产咨询,商务信息咨询,房地产经纪	2016年6月22日成立

表3-3-2　2014—2016年宝地置业员工队伍分类状况统计表　　单位:人

年 份	在册员工	在岗员工	岗 位 分 布			学 历 结 构				
			管理	技术	操作	研究生	本科	大专	中专、高中	初中及以下
2014	101	101	22	78	1	25	51	21	4	0
2015	925	466	70	223	173	33	100	166	153	14
2016	1 824	668	96	323	249	51	121	223	242	31

表3-3-3　2003—2016年宝地置业(宝钢地产)主要经济指标统计表　　单位:亿元

年份	资产总值	营业收入	利润总额	年份	资产总值	营业收入	利润总额
2003	18.05	0.03	0.006	2010	13.36	2.06	0.87
2004	18.67	2.49	0.30	2011	16.95	0.25	0.11
2005	21.61	2.20	1.17	2012	16.77	3.30	1.50
2006	19.52	5.37	1.34	2013	18.49	0.76	0.17
2007	22.89	4.91	2.43	2014	19.52	1.52	0.58
2008	14.57	11.76	2.41	2015	25.23	2.19	1.41
2009	14.86	5.00	1.51	2016	38.41	2.87	2.64

第二节　上海吴淞口创业园有限公司

2016 年 4 月 20 日，宝钢集团批复设立上海吴淞口创业园有限公司（简称吴淞口创业园），作为宝钢特钢转型地块的开发和运营平台，6 月 28 日完成工商注册，是宝钢集团全资子公司。注册资金为 5 000 万元。注册地址：上海市宝山区水产路 1269 号。

一、机构设置

2016 年，吴淞口创业园下设综合管理部、经营财务部、产业策划部、项目管理部、招商与运营服务部等。

二、企业发展

2016 年，为加快推进宝钢特钢转型地块开发和建设工作，吴淞口创业园构建以科技创新产业为主导，以文化创意产业、安全产业、金融服务业为支撑的产业发展体系，着手开展园区规划、策划相关工作，完成园区整体产业策划、功能定位及启动区概念设计方案编制，形成初步方案。其中，“wesocool 孵化器”聚焦新材料、智慧制造、3D 打印、能源环保等四大技术领域，打造“物理空间＋专业服务＋投资基金＋技术平台”四位一体的专注于硬科技的专业孵化器。同年，引入以外籍院士、教授、归国留学生、知名企业高管等为代表的创业人才。年底，入驻创业项目 24 个。吴淞口创业园获国家新型工业化产业示范基地（新材料）、上海市高新技术成果转化工作联络站、上海市宝山区创赢驿站和中国产业互联网创新实践区等资质。

2016 年年底，吴淞口创业园在册员工 15 人。公司初始团队主要来自宝钢集团中央研究院科技人员，并通过宝钢集团内部招聘，充实综合、财务、法务和项目管理等专业人员。后通过社会招聘，引入 3 名在产业园开发方面具有丰富经验的人才，形成一支核心团队。同时，宝钢集团通过产城班培训计划，为公司补充了一支 21 人的产城班学员团队。

表 3－3－4　2016 年吴淞口创业园员工队伍分类状况统计表　　单位：人

年 份	在册员工	在岗员工	岗位分布		学历结构		
			管 理	技 术	博士研究生	硕士研究生	本 科
2016	15	15	7	8	2	7	6

第四章　境 外 企 业

1998年11月上海地区钢铁企业联合重组时，宝钢集团多元产业板块有13家境外公司，主要从事销售、采购、转口贸易、进出口贸易等业务，涉及钢材销售、设备与备件采购、废钢进口、钢材深加工产品及焦炭出口、矿石采购、远洋运输等，初步形成横跨五大洲的境外营销和经营网络。至2016年年底，境外子公司有宝钢美洲有限公司、宝钢欧洲有限公司、宝和通商株式会社、宝钢新加坡有限公司、宝金企业有限公司、宝运企业有限公司等，主要从事钢铁相关产品营销，设备、备件、资材贸易，多元贸易、投融资，代理进口铁矿石、煤炭等原料，以及航运经营等业务。

第一节　宝运企业有限公司

宝运企业有限公司（简称宝运公司）由宝钢总厂和中国对外贸易运输（集团）总公司共同出资，于1992年1月9日在香港注册成立。1997年，宝钢收购中国对外贸易运输（集团）总公司占有的50%股份，宝运公司成为宝钢的全资子公司。公司地址：中国香港湾仔港湾道25号海港中心29楼。

2005年10月，宝运公司进入宝钢股份，成为宝钢股份以航运为主业的境外子公司。同年，公司下设市场部、航运部、财务部、总务部、上海办事处，有员工10人，其中宝钢在册员工4人，聘请中国香港当地员工6人。主要业务是从事宝钢进口矿砂和煤炭的海上运输，经营租船、订舱、拼装业务及矿砂贸易，协调船与货物的衔接等。航线遍及巴西、南非、澳大利亚、印度、秘鲁、智利、新西兰等国家。2006年，完成运输量813.58万吨，主营业务收入1.59亿美元，税前利润425.20万美元。2008年国际金融危机发生后，宝运公司业务性质随市场变化发生了质的改变，从以往承运宝钢货物为主的货主地位转变为以揽取承运市场货物为主的航运操作公司，总部不再提供固定的货源。2010年，宝运公司承运的货物95%通过市场揽货获得。2013年，宝运公司建立融资结算平台，宝钢股份以宝运公司为主体发行境外美元债券。同年12月，发行5亿美元的5年期无抵押债券，票面利息3.75%，到期日为2018年12月12日，每半年付息一次，债券在中国香港联合交易所挂牌。2015年2月，发行的5亿欧元3年期债，票面利率1.625%。

至2016年，宝运公司以航运为主，实现多元化发展，业务包括大宗散货（主要包括矿石和煤炭）的海上运输，铁矿石代采购销售、融资及钢材加工对外投资等业务。全年，宝钢股份在宝运公司航运平台转租运量2 595.81万吨，航运板块实现利润154万美元。宝运公司董事会由董事长及1名董事组成，公司实行董事会领导下的总经理负责制，下设财务部、航运部、矿石贸易部、运营部和上海办事处。年底，有员工16人，其中宝钢员工9人（外派中国香港6人、上海办事处3人），聘请中国香港当地员工7人。

第二节　宝金企业有限公司

1992年11月3日，宝金企业有限公司（简称宝金公司）在香港注册成立。由宝钢总厂和香港董氏集团旗下的金山轮船代理有限公司合资，双方各占50%股份，宝钢总投资额1 492.10万美元。注册资金330万港元。宝金公司利用宝钢集团在钢铁行业的实力、影响力和稳定的货源，利用香港董氏集团在国际航运市场上丰富的经验，共同投资建造船舶，以长期货物包运合同的形式，降低宝钢的运输成本，规避航运市场的波动风险，从而稳定宝钢集团的原料供应及物流服务。注册地址：中国香港湾仔湾港道25号海港中心29楼。

宝金公司成立之初，收购香港董氏集团旗下公司在江南造船厂建造的2艘6.50万吨级巴拿马型散货船——“宝敏”轮和“宝捷”轮，分别于1993年1月和8月交船。“宝敏”轮和“宝捷”轮分别于1995年8月和9月出售。为配合宝钢矿石运输船舶大型化的货运需求，宝金公司和中国船舶工业总公司合资，在大连造船厂建造2艘15万吨级海岬型散货船——“宝竞”轮和“宝业”轮，分别于1995年7月和1996年1月交船；和日本三井物产株式会社合资，在中国台湾地区“中华造船厂”建造2艘16.50万吨级海岬型散货船——“宝致”轮和“宝航”轮，分别于1996年9月和1997年1月交船。2004年后，宝金公司向日本日鲜海运株式会社租入18万吨级海岬型散货船——“宝信”轮、“宝拓”轮、“宝协”轮、“宝力”轮和“宝诚”轮，分别于2004年3月、2007年1月、2007年10月、2011年1月和2014年4月交付使用，租期均为10年。

2005年宝钢股份“增发收购”完成后，宝金公司进入宝钢股份，作为宝钢股份独立的子公司继续开展各项经营业务。2010年后，宝金公司启动4艘自有船舶——“宝竞”轮、“宝业”轮、“宝致”轮、“宝航”轮的更新计划，并在青岛北海船舶重工有限责任公司建造4艘18万吨级海岬型船舶。2013年3月和6月，新造的“宝勇”轮和“宝泰”轮交付使用。2014年4月和6月，出售处置“宝竞”轮和“宝业”轮；2015年11月，出售处置“宝致”轮和“宝航”轮。

截至2016年年底，宝金公司船队规模由成立初期的2艘船13万载重吨，扩大至6艘船110万载重吨，拥有2艘18万吨级海岬型船舶，长期租用3艘18万吨级海岬型船舶和1艘20万吨级海岬型船舶。先后于1995年和2007年与宝钢签订两轮15年矿石包运合同，每年承运铁矿石约占宝钢进口总量的10%。资产规模由初期的5 000多万美元，扩大至2016年的2.30亿美元；营业收入由初期的400多万美元，扩大至2016年的6 661万美元，其间年度最高达到1.30亿美元。

第三节　宝和通商株式会社

1993年8月26日，宝钢在日本注册成立第一家境外全资子公司——宝和通商株式会社（简称宝和通商），业务覆盖日本、韩国、澳大利亚、新西兰等国家和中国台湾地区。宝和通商主要从事钢材、废钢、设备、备件、资材和钢制品深加工产品贸易业务，同时，作为宝钢的境外窗口，为宝钢国际化战略牵线搭桥、出谋划策。注册资本8.76亿日元。注册地址：东京都千代田区一番町15番地。

1994年，宝和通商在澳大利亚投资设立宝钢澳大利亚贸易有限公司，负责公司在澳大利亚、新西兰地区的相关贸易；1995年，在韩国汉城设立汉城事务所，负责公司在韩国的业务开拓和协调；1997年，在国内设立上海事务所，负责公司在国内的业务联络和协调。1998年，贸易额2.88亿美元，其中宝钢外贸易额为5 212万美元。2004年，宝和通商实现贸易额623亿日元，钢材进出口总量80多万吨，其中出口70多万吨、进口10万吨。年底，有员工38人，其中中方员工19人。

2005年宝钢股份“增发收购”完成后，宝和通商进入宝钢股份，作为宝钢股份独立的子公司继续开展各项经营业务。2012年4月，在韩国设立合资的韩宝剪切加工配送中心（BGM株式会社）。

2015 年 9 月，在中国台湾地区设立高雄事务所。

2016 年，宝和通商实现主营业务收入 700.32 亿日元，其中钢材销售额 656.04 亿日元(出口宝钢钢材 60.50 万吨，进口钢材 52.10 万吨)，资材备件贸易额 44.28 亿日元。年底，有中外员工 88 人(含派遣员工)，其中中方员工 36 人、外籍员工 52 人。

第四节　宝钢欧洲有限公司

1993 年 10 月 11 日，宝钢欧洲贸易有限公司(简称宝欧公司)成立，为宝钢全资子公司，是中国钢铁企业最早在欧洲开设的钢材贸易公司，主要负责宝钢在欧洲、非洲和中东市场的冶金原料、设备及各类零部件、钢铁制品的进出口贸易等业务。注册资金 50 万马克，经 1995 年、1996 年和 1997 年连续 3 次 100%增资后资本金为 400 万马克(204.52 万欧元)。注册地址：德国汉堡市诺能施泰格路 1 号(Nonnenstieg 1，20149 Hamburg，Germany)。

成立之初，宝欧公司充分利用宝钢的声誉和实力，依靠世界上许多著名大公司的支持和协作，年营业额一直名列欧洲中资企业前茅。其中，钢材营业额占年营业额的 60%以上，宝钢境外贸易和第三国贸易一直维持在年营业额的 40%～70%水平。1995 年，宝欧公司从初期中小型贸易公司进入德国大型公司行列，成为在德国屈指可数的几家中资大型公司。1996 年年底，宝欧公司在汉堡购置了办公大楼。2001 年 10 月 1 日，宝欧公司和意大利卡斯特集团共同出资建立中意合资企业——宝钢意大利钢材集散中心有限公司。该公司位于意大利最大的港口城市热那亚，注册资本 450 万欧元，宝欧公司占 51%股份。公司不仅向客户提供宝钢优质的产品，特别是汽车、金属包装用钢等精品钢材，还向客户提供技术支持和解决方案。2002 年年初，宝欧公司作为宝钢欧非大区总部公司，对整个大区进行整合。2004 年，完成销售总收入 3.20 亿美元，税前利润 2 000 万美元。

2005 年宝钢股份“增发收购”完成后，宝欧公司进入宝钢股份，作为宝钢股份独立的子公司继续开展各项经营业务。2007 年 3 月 8 日，宝欧公司在中东地区最大的自由贸易港迪拜保税区挂牌成立宝钢中东代表处。4 月 26 日，在西班牙巴塞罗那成立宝钢西班牙有限公司。12 月 21 日，宝钢欧洲贸易有限公司更名为“宝钢欧洲有限公司”(简称宝欧公司)。2009 年，规划建设欧非中东大区营销网络。5 月 13 日，在位于阿联酋迪拜酋长国的杰贝阿里港自由区内成立宝钢中东公司，负责宝钢在欧非中东区域的钢管产品销售业务，协调中东区域板材类产品的市场营销活动。11 月 17 日，在波兰卡托维茨成立东欧代表处，负责宝钢在东欧地区的市场开拓，主要经营钢铁板材、长材、不锈钢及钢结构等钢铁产品。

2016 年 3 月 15 日，宝欧公司成立宝钢欧洲技术服务中心。11 月 7 日，成立宝钢沙特阿拉伯技术服务站。2016 年年底，宝欧公司下设财务管理部、钢铁部、设备备件部、新事业发展部、东欧代表处、南非代表处、上海代表处，并管理宝钢意大利钢材集散中心有限公司、宝钢西班牙有限公司和宝钢中东公司等 3 家子公司。拥有员工 72 人。全年销售钢铁产品 77 万吨，实现总销售收入 5.53 亿欧元，其中钢铁产品销售收入 5.23 亿欧元，备件销售收入 3 000 万欧元，利润总额 1 279 万欧元。

第五节　宝岛贸易有限公司

1995 年 10 月 10 日，宝岛贸易有限公司(简称宝岛公司)在香港注册成立，1996 年 3 月开业，为宝钢集团全资子公司，主要从事钢铁原燃料（铁矿石、焦炭、煤炭、合金矿、废钢、生铁等）及钢铁冶金相关产品进出口贸易，来料、进料加工，转口贸易及相关海洋运输等业务。注册资本金 98 万美元，2001 年 12 月增至 800 万美元，2008 年 10 月增至 8 168 万美元。注册地址：中国香港湾仔港湾道 1 号会展广场办公大厦 29 楼 2901 室。

1997 年，按照钢铁原料集中采购原则，宝岛公司成为宝钢矿石、煤炭等原燃料进口业务的合同操作中心，年矿石贸易量 906.08 万吨、贸易额 1.84 亿美元。1998 年，矿石贸易量升至 1 603.10 万吨，贸易额达 3.09 亿美元。其中，宝钢外矿石贸易量 412 万吨，占矿石贸易总量的 25.70%；贸易额 8 621.80 万美元，占矿石贸易总额的 27.85%。2004 年，在印度筹备设立宝岛公司办事处。

2005 年宝钢股份"增发收购"完成后，宝岛公司进入宝钢股份，作为宝钢股份独立子公司继续开展各项经营活动。

2007 年 1 月，宝钢集团从宝钢股份回购宝岛公司全部股权，并对宝岛公司业务进行重新定位：为配合宝钢股份原料采购一体化集中管理，将由宝岛公司代理全部宝钢股份进口矿煤合同的操作模式，改为长期合同及大量采购的合同由宝钢股份直接对外执行，其他以零星或非长期合同方式采购的矿石合同由宝岛公司对外执行；配合宝钢贸易有限公司开展钢铁生产相关原料资源的调研开发业务，负责南亚、非洲地区的资源调研及项目推进工作；在宝钢贸易有限公司统一协调下从事钢铁原燃料社会贸易，并作为宝钢贸易有限公司原燃料进出口业务的结算操作平台。2007 年，完成钢铁原燃料采购和贸易量 562 万吨，实现销售收入 4.18 亿美元。2008 年，宝岛公司由宝钢资源托管，下设财务部、业务部、行政部、上海代表处和印度代表处，并拥有宝信科技（香港）有限公司（全资子公司）。年底，有员工 16 人，其中中国香港 12 人、印度代表处 3 人、上海代表处 1 人。

2010 年 7 月 23 日，经中国香港特别行政区政府公司注册处核准，宝岛贸易有限公司更名为"宝钢资源（国际）有限公司"，作为宝钢资源有限公司的境外总部，经营范围变更为贸易、投资及航运。

第六节　宝钢美洲有限公司

1996 年 4 月 9 日，宝钢美洲贸易有限公司（简称宝美公司）在美国得克萨斯州休斯敦市登记、在新泽西州成立，为宝钢集团全资子公司。宝美公司负责在美洲区域开发宝钢汽车板、冷墩钢盘条、彩涂板、镀锡板等高技术含量、高附加值产品营销及战略客户和长期直供客户维护。2013 年 11 月 15 日，更名为"宝钢美洲有限公司"（简称宝美公司）。注册资本 98 万美元，注册地址：新泽西州蒙特威尔市切斯纳特里奇路 85 号（No. 85 Chestnut Ridge Road, Montvale, New Jersey 07645, USA）。

1998 年，宝美公司营业额 1.30 亿美元。2002 年，经营范围为：钢铁成品、半成品的出口贸易，钢铁原材料进口贸易，成套设备、备品备件进口贸易等。钢管产品成为宝钢在北美市场的重要出口品种。2003 年，重新整合并充实业务队伍，确立以钢铁贸易为主业的指导思想和营销策略，及时调整钢铁贸易产品结构和市场战略，形成钢铁原材料和钢铁半成品稳定供应渠道，维护钢管、冷轧、热轧、镀锌等产品长期客户关系，全年完成销售收入 2.84 亿美元。2004 年，按照宝钢集团一体化经营的思路，建设营销网络，包括：设立底特律代表处，针对汽车、家电用户开展营销服务；与宝钢巴西贸易有限公司整合，设立巴西代表处，加强宝钢在南美市场的运作能力；建立加拿大代表处，稳定并发展北美市场，实现市场多元化，规避市场波动风险。同年，宝美公司初步形成以美国新泽西本部为中心，包括底特律、休斯敦、洛杉矶和加拿大多伦多、巴西里约热内卢的宝钢美洲营销网络。

2005年宝钢股份“增发收购”完成后，宝美公司进入宝钢股份，作为宝钢股份子公司继续开展各项经营活动。2006年5月，开始向通用汽车公司供货；2007年，宝钢被通用汽车评为全球优秀供应商。2009—2010年，加大力度开拓中南美市场，把高附加值的石油钢管批量推广到南美国家石油公司。2014年，开始向美国特斯拉公司供应宝钢汽车板。

2016年，宝美公司在美洲市场销售各类钢材36.54万吨，实现销售收入3.02亿美元。年底，有员工41人。同年，宝钢被恩布拉克公司授予“全球最佳供应商”称号。

第七节　宝钢巴西贸易有限公司

1995年9月18日，宝钢巴西贸易有限公司（简称宝巴公司）成立，为宝钢集团全资子公司，注册资金647 458雷亚尔，注册地址：巴西联邦共和国里约热内卢市。

宝巴公司为宝钢集团进出口贸易服务，经营铁矿、钢材、煤炭及其他物资业务；对合资公司宝华瑞矿山股份有限公司进行管理，确保投资回报，获取稳定的铁矿石资源。公司每年为宝钢进口巴西优质铁矿，代理咨询巴西钢材和物资贸易，交易对象均为巴西最大供货商，包括巴西淡水河谷公司（COMPANHIA VALE DORIO DOCE，简称CVRD）、ACOMINAS钢铁公司、CST钢铁公司等。

2004年，宝巴公司与宝美公司整合，变更为宝美公司驻巴西代表处。

第八节　宝钢新加坡有限公司

1997年2月25日，宝钢新加坡贸易有限公司（简称宝新公司）在新加坡成立，为宝钢全资子公司，负责宝钢在东南亚和南亚的贸易、投资等经营活动。注册资本金150万新加坡元。注册地址：新加坡淡马锡林荫大道7号新达城第一大厦40楼02/03室（7 Temasek Boulevard，No.40 —02/03 Suntec Tower One，Singapore038987）。

1997—2004年，宝新公司的贸易规模和贸易金额年均增长率分别达到40.56%和44.74%。2004年，贸易数量和贸易额分别达48.14万吨和2.68亿美元，比2013年增长103.29%和155.17%。同年，宝新公司被新加坡国际企业发展局授予环球贸易商计划（GTP）资格，享受10%的优惠税率。

2005年宝钢股份“增发收购”完成后，宝新公司进入宝钢股份，作为宝钢股份独立的子公司继续开展钢铁相关产品贸易活动，代理宝钢股份进口煤炭、铁矿石等原料。2006年，在东南亚、南亚地区初步建立起特殊钢销售网络和用户群。2009年，获新加坡政府授予的环球贸易商计划（GTP）下的优惠税率（5%）。2011年8月，与宝钢金属在越南联合投资注册成立越南宝钢制罐有限公司，宝新公司占30%的股份。2013年3月20日，宝钢新加坡贸易有限公司更名为“宝钢新加坡有限公司”（简称宝新公司）。

2016年，宝新公司的主要市场涵盖新加坡、马来西亚、印度尼西亚、菲律宾、泰国、越南等东南亚国家和印度、巴基斯坦、孟加拉国等南亚国家。主要用户包括印度威尔斯彭有限公司、越南莲花集团、日产汽车（泰国）有限公司、福特汽车（泰国）有限公司、通用印度汽车公司、松下新加坡有限公司、普腾（马来西亚）有限公司、志成发有限公司等。3月，注册成立宝钢印尼钢铁服务中心有限公司（PT BAOSTEEL INDONESIASTEEL SERVIECE CENTER）。2016年，下设钢铁部、财务部、物流部，以及印度子公司、越南代表处、泰国代表处、印度尼西亚代表处和上海代表处。同年，宝新公司钢材贸易结算量170.28万吨，实现销售收入14.25亿美元；连续15年入选新加坡1 000强企业，排名第201位。年底，有员工127人，其中宝钢员工32人。

第九节　宝华瑞矿山股份有限公司

2001年8月21日，宝钢集团与巴西淡水河谷公司签约组建宝华瑞矿山股份有限公司（简称宝华瑞）。10月18日，宝华瑞矿山股份有限公司在巴西里约热内卢注册，2002年3月揭牌成立。宝华瑞由宝钢和巴西淡水河谷公司各出资1 890万美元，宝钢拥有合资项目50%股权（全部为优先股），项目合作期为20年。注册地址：巴西里约热内卢RIOSUL大厦31层03室。

宝华瑞是宝钢第一个海外矿山投资项目，以铁矿石生产为主业。宝华瑞矿区主要为AguaLimpa矿区，位于巴西淡水河谷公司南部矿区铁四角的西部，距米纳斯吉拉斯州（Minas Gerais）政府所在地贝罗140公里。产品通过铁路运往图巴朗港，矿区距港口547公里。

为满足宝钢和中国市场需要，宝钢和巴西淡水河谷公司利用矿石使用技术和矿石资源优势，共同设计开发适合中国钢铁企业需要的、具有价格竞争力的高铁、低铝矿石。宝巴公司（宝美公司驻巴西代表处）作为宝华瑞合资项目宝钢管理方，监督合资项目的经营与管理，确保稳定的投资回报。

第十节　宝钢澳大利亚矿业有限公司

2002年5月10日，宝钢澳大利亚矿业有限公司（简称宝澳矿业）在澳大利亚西澳州首府珀斯市注册成立，为宝钢集团全资子公司。注册资本为1 996万澳元。注册地址：澳大利亚珀斯市圣乔治大街77号阿兰代尔广场20楼。

宝澳矿业以钢铁原料资源开发及已投资项目管理为主业，以确保已投项目的稳定运营、稳定资源供应和获取投资回报为经营目标，是宝钢集团海外矿产资源开发的主要平台之一。

2002年6月22日，宝钢集团与澳大利亚哈默斯利铁矿有限公司在澳大利亚珀斯市签署合资协议，双方投资1.24亿澳元建立非法人合资项目——宝瑞吉合资项目，共同开发位于澳大利亚西北部西澳州皮尔巴拉地区东坡和西坡矿山的高品位铁矿石。宝澳矿业作为宝钢方的投资主体参与合资，拥有宝瑞吉合资项目46%的股权。宝瑞吉合资项目合资期限为20年，其拥有的东坡和西坡矿山铁矿石储量总计超过2亿吨，项目设计年产铁矿石1 000万吨，全部销往中国市场，主要供宝钢集团生产自用。2002年9月1日，宝澳矿业投入运营。2004年4月19日，合资矿山——东坡矿山建成投产。至2012年12月，宝瑞吉合资项目向宝钢供应铁矿石共计1.10亿吨，为稳定宝钢铁矿石供应起到了巨大作用。

2007年8月28日，宝澳矿业与澳大利亚上市公司FMG公司（Fortescue Metals Group Ltd.，富特斯格金属集团有限公司）签署《冰河谷铁矿项目合资协议》，并于2009年8月实质取得该项目35%的股权。2012年7月31日，完成对该项目的重组，宝钢集团改持FMG公司在中国香港的公司——马吉龙桥公司（FMGIronBridge）12%的股权，马吉龙桥公司拥有FMG公司在澳大利亚的4个磁铁矿项目。

2009年10月29日，经宝澳矿业的推荐、参与和推动，澳大利亚外国投资者审批委员会批准宝钢集团投资澳大利亚上市公司阿奎拉资源有限公司（Aquila Resources Limited，简称阿奎拉公司）股权，持股比例不超过19.99%。该项目是宝钢集团第一项对海外资源类上市公司投资，投资成本达2.80亿澳元。2013年，宝澳矿业进一步通过公开市场收购阿奎拉公司股份，至年底，宝澳矿业购入阿奎拉公司 5.58%的股份,宝钢集团持有该公司 19.78%的股份。

2014 年 3 月,宝澳矿业与由宝钢资源(国际)有限公司全资持有的、注册在澳大利亚的宝钢资源澳大利亚有限公司实行内部重组,将宝瑞吉项目的合同权益自 3 月 1 日起由宝澳矿业转让至宝钢资源澳大利亚有限公司。重组后,除人员关系保留在宝澳矿业外,业务开展切换至宝钢资源澳大利亚有限公司。

第五章　其 他 企 业

煤化工是资源利用型产业。2009 年 4 月，宝钢集团把上海宝钢化工有限公司（简称宝钢化工）列为宝钢多元产业之一，负责宝钢煤化工产业发展，主要从事钢铁企业炼焦后的煤气精制和煤化工产品的生产、销售，通过以焦化副产品为基础的循环利用和产品转化，寻求加工增值，开拓高技术含量、高附加值下游煤化学品领域，实践环境经营理念。

宝钢集团新疆八一钢铁集团有限公司（简称八一钢铁）、宝钢集团广东韶关钢铁有限公司（简称韶关钢铁）下属还有一批多元产业子公司。八一钢铁的多种经营产业起步早，从单一的提供生活后勤服务发展延伸到生产各种钢铁主业所需的辅助材料、钢铁产品延伸加工、国际贸易、房地产开发、固体废物利用、纺织、商业及其他服务业领域。2016 年年底，八一钢铁多元产业共有 20 个分支机构。韶关钢铁 2012 年 4 月进入宝钢集团后，加速拓展多元产业，由原来的工程建设、钢铁延伸加工、钢材贸易向信息技术、环保产业、房地产开发、生活服务、物流等多元产业发展。2016 年年底，韶关钢铁多元产业形成工程技术、钢铁延伸加工、资源开发、信息技术、房地产开发、生活服务、环保产业、贸易物流等八大板块 20 余家子公司。

第一节　上海宝钢化工有限公司

上海宝钢化工有限公司（简称宝钢化工）的前身为宝钢总厂化工厂。1985 年，一期工程建成投产。1990 年 12 月改制为化工公司，是宝钢从事化工产品生产、科研、销售、贸易的经营单位；1996 年 12 月，更名为“上海宝钢化工有限公司”，注册地址：上海市宝山区盛桥镇；2005 年 5 月进入宝钢股份，组建宝钢股份化工分公司；2007 年 9 月，恢复独立运作，更名为“上海宝钢化工有限公司”，系宝钢股份全资子公司。注册资金 7.40 亿元，2001 年年底增至 19.149 5 亿元，2004 年增至 21.10 亿元。2008 年，公司总部办公地址迁至上海市宝山区同济路 3501 号，2016 年迁至同济路 1800 号。

一、机构设置

2000 年年底，宝钢化工设经理办公室、经营计划室、组织人事室、财务室、市场调研室、规划发展室、安全环保室、设备管理室、煤气精制厂、化产一厂、化产二厂、设备车间、化验室、产品开发室、产品销售公司、化工外贸部等 16 个行政厂部室，以及苏州宝化炭黑有限公司、浙江五龙化工股份有限公司、温州宝隆贸易有限公司等 4 家子公司。

2004 年 1 月，宝钢化工整合宝钢集团上海梅山有限公司焦化资源，设立宝钢化工梅山分公司；2009 年 3 月，设立南京宝宁化工有限公司；2010 年 4 月，设立宝钢化工（张家港保税区）国际贸易有限公司；2010 年 12 月，设立四川达兴宝化化工有限公司；2011 年 2 月，设立宝化炭黑（达州）有限公司；2011 年 3 月，设立上海化工宝电子商务有限公司；2013 年 3 月，设立乌海宝化万辰煤化工有限责任公司；2013 年 9 月，设立宝钢化工湛江有限公司；2015 年 8 月，设立上海宝汇环境科技有限公司。

2016年年底，宝钢化工下设办公室、人力资源部、运营改善部、财务部、规划投资部、审计监察部、安全保卫部、能源环保部、制造管理部、设备管理部、销售部、化工研究院(技术中心)、煤气精制厂、化产品一厂、化产品二厂、化验室、成品车间。拥有宝山直属厂部、梅山分公司、苏州宝化炭黑有限公司及其下属宝化炭黑(达州)有限公司、乌海宝化万辰煤化工有限责任公司、宝钢化工湛江有限公司等生产基地，南京宝宁化工有限公司、四川达兴宝化化工有限公司、宝钢化工(张家港保税区)国际贸易有限公司、上海化工宝电子商务有限公司、上海宝汇环境科技有限公司等子公司，以及东南亚代表处等机构。

二、企业发展

1998年11月上海宝钢集团公司成立后，宝钢化工作为宝钢集团多元化经营的重要组成部分，在辅助钢铁产业完成生产的同时，担负着宝钢集团化工产业发展的重要任务。一期、二期、三期国有资产原值49.70亿元，拥有年处理27.50亿立方米焦炉煤气、30万吨焦油、11万吨粗苯及生产各类化工产品43万吨的规模，主要产品有精制焦炉煤气(供应宝钢股份)、煤焦油系列、苯系列、炭黑系列、减水剂系列产品等五大类50余种产品。至2000年年底，有员工844人，其中技术人员96人。拥有苏州宝化炭黑有限公司、浙江五龙化工股份有限公司、宝钢总厂化工经营部、温州宝隆贸易有限公司等4家子公司。

2009年，宝钢化工作为宝钢多元旗舰公司之一，负责宝钢集团煤化工产业发展。除生产、供应精制焦炉煤气外，主要产品有苯类、萘类、酚类、喹啉类、油类、古马隆、硫酸铵、咔唑、沥青焦、炭黑系列产品等50余种，广泛应用于建筑、医药、农药、塑料、轮胎、染料等领域。2010年，宝钢化工被评为“2010年中国化工行业最具竞争力500强企业”。

2016年年底，宝钢化工拥有宝山直属厂部、梅山分公司、苏州宝化炭黑有限公司、乌海宝化万辰煤化工有限责任公司、宝钢化工湛江有限公司等生产基地，南京宝宁化工有限公司等子公司，以及东南亚代表处等机构。纯苯特号、精萘产品连续8年获“上海市名牌产品”称号，连续5届获全国、上海市“用户满意产品”称号；焦化苯酚连续4届获上海市、全国“用户满意产品”称号；苏州宝化炭黑有限公司的“宝马牌”炭黑连续8年被江苏省政府评为名牌产品、知名商标。同年，宝钢化工完成煤气处理量33.04亿立方米，加工焦油59.03万吨、粗苯17.62万吨，生产炭黑19.50万吨，实现营业收入76.59亿元，利润1.11亿元。年底，在册员工1 785人，在岗员工1 724人。

表3-5-1 1998—2016年宝钢化工主要子公司(含参股公司)情况表

名　　称	地　　址	主要经营范围	备　　注
苏州宝化炭黑有限公司	江苏省苏州高新区浒墅关镇	炭黑产品的生产、销售	1998年7月成立，控股60%
宝钢化工(张家港保税区)国际贸易有限公司	江苏省张家港保税区石化交易大厦701室	化工产品贸易	2010年4月成立，全资子公司
四川达兴宝化化工有限公司	四川省达州经济开发区斌郎乡金龙路19号	焦油加工企业	2011年2月成立，参股45%

〔续表〕

名　称	地　址	主要经营范围	备　注
宝化炭黑(达州)有限公司	四川省达州经济开发区化工产业园区	炭黑产品的生产、销售	2011年2月成立,控股55%
上海化工宝电子商务有限公司	上海市宝山区牡丹江路1325号3301-T室	电子商务	2011年3月成立,控股65.03%
乌海宝化万辰煤化工有限责任公司	内蒙古自治区乌海市海勃湾区千里山工业园区	焦油加工企业	2013年3月成立,控股70.25%
宝钢化工湛江有限公司	广东省湛江市东海岛湛江钢铁厂区纬五路经二路宝化湛江办公楼	焦油加工企业	2013年9月成立,全资子公司
上海宝汇环境科技有限公司	上海市宝山区牡丹江路1508号1幢106室	水处理业务	2015年8月成立,控股51%
乌海黄河亿腾色素炭黑有限公司	内蒙古自治区乌海市海勃湾区千里山工业园区	色素炭黑产品的生产、销售	2015年8月成立,乌海宝化万辰煤化工有限责任公司参股15%
浙江五龙化工股份有限公司	浙江省德清县	减水剂产品的生产、销售	2002年,股权转让给公司骨干员工
上海宝山钢铁总厂化工经营部	上海市黄浦区	化工产品贸易	2005年清算注销
温州宝隆贸易有限公司	浙江省温州市鹿城区	化工产品贸易	2005年,股权转让给温州市宝华化工公司
山西太化宝源化工有限公司	山西省太原市	粗苯加工	2010年,转让给太原化工股份有限公司
南京宝宁化工有限公司	江苏省南京市雨花台区	改质沥青产品的生产、销售	
宝化炭黑(贵阳)有限公司	贵州省贵阳市清镇市	炭黑产品的生产、销售	

表3-5-2　2009—2016年宝钢化工员工队伍分类状况统计表　　单位:人

年份	在册员工	在岗员工	岗位分布			学历结构				
			管理	技术	操作	研究生	本科	大专	中专、高中	初中及以下
2009	1 419	1 342	108	288	946	70	207	435	549	81
2010	1 392	1 335	119	296	920	71	223	455	517	69
2011	1 380	1 331	128	297	906	79	242	483	469	58
2012	1 380	1 338	133	309	896	94	265	509	417	53

〔续表〕

年 份	在册员工	在岗员工	岗 位 分 布			学 历 结 构				
			管理	技术	操作	研究生	本科	大专	中专、高中	初中及以下
2013	1 357	1 344	152	309	883	109	286	515	392	42
2014	1 928	1 894	198	426	1 270	131	464	701	527	71
2015	1 885	1 843	184	434	1 225	128	468	709	487	51
2016	1 785	1 724	185	391	1 148	122	444	649	465	44

表3-5-3　1998—2016年宝钢化工主要经济指标统计表

单位：万元

年份	资产总值	营业收入	利润总额	年份	资产总值	营业收入	利润总额
1998	85 692.12	121 676.24	8 874.90	2008	462 238.94	798 732.60	39 617.69
1999	265 003.74	124 692.52	2 346.70	2009	482 051.35	690 340.86	37 105.15
2000	292 590.89	155 626.88	23 661.24	2010	510 962.41	963 512.92	70 463.72
2001	256 571.85	153 697.79	20 872.46	2011	523 183.74	1 086 953.19	80 146.06
2002	353 945.77	177 776.71	26 510.34	2012	573 400.12	1 153 740.34	73 039.98
2003	363 243.64	204 368.98	35 904.46	2013	587 120.94	1 093 079.34	77 367.76
2004	414 641.62	386 018.53	71 971.74	2014	534 336.51	921 12.32	54 002.62
2005	212 910.52	387 886.18	66 566.36	2015	498 958.95	762 664.97	4 118.03
2006	186 970.15	452 426.53	104 554.11	2016	530 297.00	765 879.12	11 063.55
2007	422 174.99	202 991.22	24 939.94				

表3-5-4　1998—2016年宝钢化工主要产品及应用领域情况表

序 号	主 要 产 品	主 要 应 用 领 域
1	煤系针状焦	针状焦是制造高功率和超高功率电极的优质材料，主要用于炼钢用石墨电极的生产或炼铝用预焙阳极
2	纯苯、甲苯、二甲苯	苯是一种化工基本原料，用于生产苯系中间体。苯经取代反应、加成反应、氧化反应等生成的一系列化合物，可作制取塑料、橡胶、纤维、染料、去污剂、杀虫剂等的原料
3	工业萘、精萘	萘是工业上重要的稠环芳烃，可用于生产苯酐、染料的中间体、橡胶助剂和杀虫剂
4	焦化苯酚、邻甲酚、间甲酚	酚类是从煤焦油中提取的重要化工原料，主要用于生产酚醛树脂、己内酰胺、双酚A、己二酸、苯胺、烷基酚、水杨酸等，还可用作溶剂、试剂、消毒剂等，用于合成纤维、合成树脂、农药、医药、塑料、染料、香料等生产
5	硫酸铵	在农业生产上，硫酸铵是一种优良的氮肥。在工业上，可用于制造氯化铵、铵明矾，与硼酸等一起制造耐火材料。开采稀土，以硫酸铵作原料，采用离子交换形式把矿土中的稀土元素交换出来
6	炭黑系列产品	炭黑系列产品是橡胶工业中不可缺少的原材料，用于各类轮胎生产原料

表 3-5-5　1998—2016 年宝钢化工获得荣誉情况表

序号	获 奖 单 位	获 奖 项 目	授 奖 单 位	获奖时间
1	宝钢股份化工分公司	上海市文明单位	上海市人民政府	2005 年
2	宝钢股份化工分公司	全国用户满意企业	中国质量协会	2005 年
3	宝钢股份化工分公司	中国化工 500 强企业	中国石油和化学工业联合会、中国化工企业管理协会	2005 年
4	宝钢股份化工分公司	中央企业“四五”普法先进单位	国务院国资委	2006 年 4 月
5	上海宝钢化工有限公司	2010 年中国化工行业最具竞争力 500 强企业	中国石油和化学工业联合会、中国化工企业管理协会	2010 年 9 月
6	上海宝钢化工有限公司	用户满意产品、用户满意企业	中国质量协会用户委员会	2010 年 12 月
7	上海宝钢化工有限公司	上海市文明单位	上海市人民政府	2011 年 3 月
8	上海宝钢化工有限公司	全国石油和化工行业“两化”融合优秀实践奖	中国石油和化学工业联合会、中国化工企业管理协会	2011 年 11 月
9	上海宝钢化工有限公司	全国焦化行业技术创新型企业	中国炼焦行业协会	2012 年 11 月
10	上海宝钢化工有限公司	上海市文明单位	上海市人民政府	2013 年 3 月
11	上海宝钢化工有限公司	全国五一劳动奖状	中华全国总工会	2013 年 4 月
12	上海宝钢化工有限公司	中央企业先进基层党组织	国务院国资委	2014 年 6 月
13	上海宝钢化工有限公司	全国模范职工之家	中华全国总工会	2015 年 12 月
14	上海宝钢化工有限公司	全国“安康杯”优胜单位	中华全国总工会、国家安全生产监督管理总局	2016 年 4 月
15	上海宝钢化工有限公司	2011—2015 年中央企业法制宣传教育先进单位	国务院国资委	2016 年

第二节　八一钢铁下属多元产业

2007 年 4 月，新疆八一钢铁有限责任公司进入宝钢集团，更名为“宝钢集团新疆八一钢铁集团有限公司”。八一钢铁的多种经营工作从原来单一的提供生活后勤服务逐步发展到生产各种钢铁主业所需的辅助材料、钢铁产品延伸加工、国际贸易、房地产开发、固体废物利用、纺织、商业及其他服务业领域，多元产业成为生产经营中的经济增长点。2014 年 4 月，八一钢铁在规划发展部设立多元产业发展室，负责对公司多元产业的对口管理。

至 2016 年年底，八一钢铁多元产业有 20 个分支机构（不包含国际贸易板块 6 个公司），分别是：新疆八钢佳域工贸总公司（包括新疆互力佳源环保科技有限公司、新疆八钢佳域乌鲁木齐正浩材料分厂、新疆八钢佳域板材制品有限公司、新疆宝新昌佳石灰制品有限公司、新疆宝新盛源建材有限公司、新疆八钢佳域气体有限责任公司、新疆新冶华美科技有限公司）、新疆金业城市矿产开发有限公司、乌鲁木齐钢信通信息工程有限责任公司、新疆蝶王针织有限责任公司、新疆金属材料有限责任公司、新疆钢铁设计院有限责任公司、新疆八钢物业有限责任公司、新疆钢城绿化工程有限责任公司、新疆钢城房地产开发有限责任公司、新疆八钢旅行社有限公司、乌鲁木齐互利安康宝安服务有限责任公司、乌鲁木齐互力众安安全技术咨询服务有限公司、新疆德勤互力工业技术有限公司(检修中心)、新疆绿色建筑股份有限公司、新疆巨峰金属制品有限公司、物流运输分公司、新疆永盛鑫达工程项目管理有限公司、新疆八一钢铁集团有限责任公司医院、新疆钢铁学校(新疆工业职业技术学院)、退休职工服务中心。

表3-5-6　2007—2016年八一钢铁下属多元产业子公司情况表

名　称	地　址	主要经营范围	备　注
新疆维吾尔自治区冶金建设公司	新疆维吾尔自治区乌鲁木齐经济技术开发区嵩山街229号研发楼115室	工业与民用建筑施工,对外经济合作业务具体范围以外经贸部(商务部)批名为准,房屋建筑工程施工总承包一级,矿山工程、冶炼工程、市政公用工程施工总承包二级,水利水电工程施工总承包三级,管道工程、钢结构工程、炉窑工程、起重设备安装工程、机电设备安装工程专业承包二级资质等。许可经营项目:压力容器安装、维修;工作压力2.45兆帕,蒸发量不限吨/小时的散装锅炉安装	1981年1月19日成立,是新疆维吾尔自治区委托八一钢铁管理的企业
新疆维吾尔自治区钢铁运输公司	新疆维吾尔自治区乌鲁木齐市头屯河区	普通货物运输,汽车及专用机车修理,内部铁路专用线大、中修及扩建工程,铁路专用线装卸搬运服务,汽车维护,机械配件、建筑材料、五金交电、汽车配件、农副产品的销售,货运信息服务,国内货运代理,公路装卸搬运,机械租赁	1982年12月15日成立
新疆钢铁公司钢铁工人俱乐部	新疆维吾尔自治区乌鲁木齐市头屯河区八一路457号	电影放映、舞会	1988年9月9日成立
新疆八钢佳域工贸总公司	新疆维吾尔自治区乌鲁木齐头屯河区八钢八一路372号	工业商业(管理)、饮食业(管理),职业介绍,房屋租赁,机械设备租赁,销售服装、日用百货、劳保用品、户外用品、食品、钢材等	1989年3月22日成立
新疆旺德福大酒店	新疆维吾尔自治区乌鲁木齐市天山区中山路433号	住宿、房屋出租,建筑材料、装饰材料、金属材料、服装鞋帽、工艺美术品、皮具、日用百货、化妆品、炊具、农畜产品、机电产品、五交化产品销售,会展服务	1995年3月2日
新疆西域水泥有限责任公司	新疆维吾尔自治区乌鲁木齐市头屯河区八一东路	矿山开采,销售水泥、汽车配件、建材,水泥机械设备安装,编织袋的生产,石灰石制品的生产、销售,房屋租赁,机械设备的租赁及维修	1997年6月26日成立
新疆蝶王针织有限责任公司	新疆维吾尔自治区乌鲁木齐市新市区北京中路307号	针纺织品及服装的生产、销售,经营本企业自产产品及相关技术的出口业务,经营本企业或本企业成员企业生产、科研所需的原辅材料、机械设备、仪器仪表、零配件及相关的进出口业务,经营本企业的材料加工和"三来一补"业务,日用品的销售,二类医用卫生材料及敷料的生产(限分公司经营),特别劳动防护用品的生产、销售,房屋租赁,给居民供暖,钢结构加工,停车场服务	1999年1月4日成立,八一钢铁占股65.60%
新疆金业城市矿产开发有限公司	新疆维吾尔自治区乌鲁木齐市头屯河区北站路14号	矿产开发,报废汽车回收,机电产品、化工产品、金属材料、建筑材料、摩托车配件、橡胶制品、农副产品、副产品销售,水暖器材、汽车配件、电动工具、塑料制品、汽车轮胎销售,物业管理,石灰石加工,轮胎翻新,各类废钢及废旧金属的回收、加工及销售,货物配送,房屋仓储租赁,公路、铁路货物代理	前身为新疆金业报废汽车回收(拆解)有限责任公司,1999年5月8日成立;2015年2月更名为"新疆金业城市矿产开发有限公司";八一钢铁占股57.14%

〔续表〕

名　称	地　址	主要经营范围	备　注
新疆金属材料有限责任公司	新疆维吾尔自治区乌鲁木齐市新市区北站路302号	有色金属、钢材、石油制品、非金属矿石、建筑材料、化工产品、金属制品、机械设备、纺织品、机电产品、汽车销售，房屋租赁，市场开发建设，油罐租赁，物资储运，设备租赁，铁路货运代理，钢压延加工，批发兼零售：预包装食品兼散装食品，食品加工，汽车维修	1999年10月27日成立
乌鲁木齐市头屯河区八钢多经钢渣厂	新疆维吾尔自治区乌鲁木齐市头屯河区八一路372号	普通货物运输，生产、销售耐火材料、耐料、干渣、生铁、废钢废渣、高炉炉渣、矿粉、炼钢助剂、渣铁冶炼，石灰、水选铁加工，机械设备安装维修，机械设备加工制作，机械设备租赁，保洁服务，销售建筑材料、金属材料、水暖器材、机电设备、五金交电、汽车配件、办公用品、日用百货、农副产品、工业矿石、冶炼废渣、高炉水渣、锅炉炉渣、金属制品、预包装食品，物业管理，园林绿化，装卸搬运，劳务派遣	2000年1月28日成立
新疆佳域联强工贸有限责任公司	新疆维吾尔自治区乌鲁木齐市头屯河区八一路372号	餐饮、住宿，机械加工，环保设备、耐火材料、纺织品、化工产品、金属构件、塑料制品、水暖器材、五金交电产品、机电产品、铁矿石、农副产品、建筑材料、仪器仪表、计算机及耗材、百货、服装、文化用品的销售，生铁、干渣、选矿、废渣加工，渣铁冶炼，膨润土加工，耐火材料、墙体材料、地砖的生产及销售，机械设备租赁，矿渣微粉的加工、销售，房屋租赁	2000年4月11日成立
新疆钢城房地产开发有限责任公司	新疆维吾尔自治区乌鲁木齐市新市区迎宾路东三巷13号	房地产的开发及经营，房屋租赁	2001年8月15日成立
新疆钢铁设计院有限责任公司	新疆维吾尔自治区乌鲁木齐市头屯河区八一路578号	工程咨询，城乡规划编制，工程设计，对外承包工程，特种设备(压力管道)设计，测绘，房屋租赁，安全标准化咨询、安全咨询、安全顾问，能源、社会稳定风险分析评估	2001年12月27日成立
新疆八钢旅游有限责任公司	新疆维吾尔自治区乌鲁木齐市头屯河区新钢路65号	住宿，餐饮，台球，保龄球，健身服务，打字，复印(以上限分公司经营)。旅游产品开发，酒店管理，企业管理咨询服务；山地户外运动咨询服务，户外拓展训练咨询服务，户外用品及健身器械销售。以下限分公司经营：销售日用百货、工艺美术品、服装鞋帽、家用电器、花卉，干洗服务、洗车服务、停车服务，房屋租赁	2002年2月4日成立
新疆八钢旅行社有限公司	新疆维吾尔自治区乌鲁木齐市头屯河区新钢路65号	入境旅游业务，国内旅游业务，住宿、餐饮、台球、保龄球、健身服务，打字、复印，旅游产品开发，酒店管理，企业管理咨询服务，山地户外运动咨询服务，户外拓展训练咨询服务，干洗服务，洗车服务，非占道停车服务(限小车)，房屋租赁，销售食品、日用百货、工艺美术品、服装鞋帽、家用电器、花卉、旅游纪念品、机票、户外用品及健身器械	2002年5月13日成立
新疆八钢国际贸易股份有限公司	新疆维吾尔自治区乌鲁木齐经济技术开发区107号203号	生产性废旧金属收购，易燃固体、自燃物品和遇湿易燃物品的销售，煤炭批发经营，边境小额贸易，自营和代理各类商品技术的进出口，国内各类商品的代理采购与销售，装卸服务，北奔重卡、天山厂汽车系列品牌汽车销售，金属废料和碎屑的加工处理，仓储服务，销售散装食品、预包装食品、海产品、鲜肉，中药材加工、分拣和销售，汽车进口与销售；销售羊皮、羊绒、皮革、水果、蔬菜，酒类销售，饲料加工及销售，玉米、小麦加工及销售，进口木材、木浆和木制品业务	前身为新疆阿拉山口口岸工贸有限公司，2002年8月12日成立；2009年7月更名为“新疆八钢国际贸易股份有限公司”，八一钢铁占股82.77%

〔续表〕

名　称	地　址	主要经营范围	备　注
AKK有限责任公司	哈萨克斯坦阿拉木图市	哈萨克斯坦法律允许范围内的一切经营活动（主要从事钢材销售业务）	2003年11月1日成立
新疆伊犁霍尔果斯正成工贸有限公司	新疆维吾尔自治区伊犁州霍尔果斯口岸工业园区2-11-7(1)	中药材收购销售及来料加工；原料药生产加工及销售；经营本企业自产产品及相关技术的进出口业务；甘草酸和甘草酸盐类产品的加工销售；非生产性废旧金属收购；煤炭批发经营；矿产品批发与销售；钢材、建筑材料的加工与销售；五金交电、电子产品、橡胶制品、汽车配件、机电产品、机械设备及配件、畜产品、农副产品、粮食、瓜果、蔬菜、鲜花的收购、保鲜及销售；整车的进出口业务及销售；房屋租赁；货物与技术的进出口业务，并开展边境小额贸易	2003年11月14日成立；增资扩股后更名为“霍尔果斯宝信金生物科技有限公司”，2016年3月1日转为八一钢铁参股35%
新疆口岸工贸国际货运代理有限公司	新疆维吾尔自治区博州阿拉山口艾比湖南路482号	承办陆运进出口货物和过境货物的国际运输代理业务，包括：揽货、托运、仓储、中转、集装箱拼装拆箱、结算运杂费、报关、报验、保险、相关的短途运输服务及运输咨询业务；钢材经销；建材、日用百货、五金交电、包装材料、电子产品、通信器材、办公用品、针纺织品、金属制品销售	2004年8月1日成立
新疆八一钢铁集团有限责任公司医院	新疆维吾尔自治区乌鲁木齐市	医疗与护理保健服务，医学教学，卫生医疗人员培训，卫生技术人员继续教育，保健与健康教育	2005年8月11日成立
新疆八钢物业有限责任公司	新疆维吾尔自治区乌鲁木齐市头屯河区八一路	餐饮服务，托幼服务，生活饮用水供应（限分公司经营），物业管理，家政服务，家电维修，门面房经营，写字楼保洁，房屋租赁，建材、日用百货、服装鞋帽、文化用品的销售，停车场服务，冷藏服务，居民水、电、煤气、暖气设施的维修，路灯、变压器的维护，管网、房屋维修，代收代缴水、电、煤气、暖气、电话费，房屋中介服务，碳酸饮料制造、卤制品、面制品加工及销售，超级市场，预包装食品、散装食品加工及销售，体育健身活动（游泳、羽毛球、乒乓球、网球、保龄球、篮球），电影放映	2006年3月22日成立
新疆钢城绿化工程有限责任公司	新疆维吾尔自治区乌鲁木齐市头屯河区八一路	批发兼零售预包装食品、乳制品；生产销售饮料〔碳酸饮料（汽水）类〕（限所属分支机构经营）；普通货物运输；划船、滑冰；园林绿化，花卉、苗木盆景的种植和销售；树木种植、培育和销售；建筑安装；道路施工；道路彩砖、塑料管材、塑料制品、井盖的生产及销售；电气设备维修；广告牌、艺术灯杆的制作；健身器材安装；清洗服务；废旧物资回收；蔬菜种植、家禽养殖及销售，劳务派遣，家政服务；农副产品销售；摊位出租，停车场服务，房屋维修，车辆租赁，金属制品加工；农作物种植；野生动物驯养和繁殖；土地租赁；旅游开发等	2006年3月22日成立
新疆宝新昌佳石灰制品有限公司	新疆维吾尔自治区乌鲁木齐经济技术开发区兵团工业园区茉莉花街1号	石灰生产加工、销售，石灰制品销售，煅烧白云石加工、销售	2010年7月26日成立，新疆八钢佳域板材制品有限公司占股55%
乌鲁木齐钢信通信息工程有限责任公司	新疆维吾尔自治区乌鲁木齐市头屯河区八一路372号	增值电信业务；系统集成；计算机系统、通信网络工程、自动化工程、安全技术防范工程、机电工程和电子智能化工程的总体策划、设计、开发、实施、运行、服务及保障；软件开发、销售；设备维修、技术服务，广告业务；中国移动、中国联通、中国电信业务代办；计算机信息技术咨询；柜台租赁、设备租赁；销售通信器材、计算机器材、仪器仪表、机电设备、办公用品、电子产品、机票、五金交电、日用百货	2011年2月22日成立

〔续表〕

名　称	地　址	主要经营范围	备　注
八钢国际矿业公司	开曼群岛（经营地在中国香港）	铁矿石、铬铁、铬矿、蒙古焦煤、高碳、棉花、松子、甘草等产品采购及销售	2011 年 3 月 18 日成立；新疆八钢国际贸易股份有限公司占股 55%
新疆八钢佳域板材制品有限公司	新疆维吾尔自治区乌鲁木齐市头屯河区祥云西街 501 号 2 号楼 1 单元 206 室	生产销售金属制品、金属薄板、建筑模板、塑钢门窗、包装材料、板材制品、电线桥架、配电箱、文件箱柜、金属结构件、农机配件、冷拨丝、板簧、粉末冶金、铸钢、铸铁、合金、钢球、法兰、镀锌丝、标准件，机械加工；维修冶金、矿山机械设备，农业机械，除尘设备，电机、机电产品；销售钢材、建筑材料、水玻璃、办公用品、五金交电，房屋、建筑模板出租；劳务派遣	2011 年 6 月 16 日成立
新疆八钢老爷庙国际贸易有限责任公司	新疆维吾尔自治区哈密市巴里坤县景态苑小区 3 幢 3 号	进出口贸易、转口贸易、国际中转、国际货流配送服务、陆路进出口货物的国际货物运输代理业务及仓储服务，仓储区内货物分拣、包装等流通性简单加工和其他配套增值服务，土畜产品、矿产品、服装、化工产品、纺织品、工艺美术品、机械设备、建筑材料的批发及零售；货物与技术的进出口业务，称重过磅服务，冷冻食品、食用农产品、鲜冻畜禽肉仓储及销售	2012 年 4 月 20 日成立
新疆巨峰金属制品有限公司	新疆维吾尔自治区昌吉州阜康产业园阜西工业园	热轧小型 H 型钢生产，型材生产，钢材销售	2012 年 8 月 29 日成立，新疆八钢佳域工业材料有限公司占股 72.86%
新疆绿色建筑股份有限公司	新疆维吾尔自治区乌鲁木齐市头屯河区八一路 788 号	建筑工程施工，环保工程施工，市政工程施工，绿化工程施工，园林工程施工，公路工程施工，电力工程施工，机电工程施工，通信工程施工；钢结构工程施工，地基基础工程施工，防水防腐保温工程施工，消防工程施工，装饰装潢工程施工，建筑幕墙工程施工，城市及道路照明工程施工，输变电工程施工；来料加工；信息技术咨询；物业管理；建筑、景观、室内设计；建筑材料、环保建筑材料、装潢材料、木材及其制品、钢材及制品、农副产品、机械设备的销售；物业服务；场地租赁；房屋租赁；房地产经纪；工程技术开发咨询服务；工程造价咨询服务，社会经济咨询；会展服务；机电设备安装；货物与技术进出口业务；钢结构制作加工、钢结构安装；建筑工程项目管理	2015 年 4 月 1 日成立；八一钢铁参股，占股 40%
乌鲁木齐互利安康宝安服务有限责任公司	新疆维吾尔自治区乌鲁木齐市头屯河区八一路 788 号一层 109 室	门卫、巡逻、守护、随身护卫、安全检查、安全技术防范、安全风险评估和区域秩序维护，劳务派遣，电器、电梯、办公设备、房屋的维修，开锁、刻章、家政、保洁、洗车的服务，销售消防器材、通信设备、交通设施、安防设备、安保器材、防爆器材、电子产品、机械设备及配件、电器设备、五金交电、日用百货、办公用品、文体用品、装潢材料、建筑材料、汽车配件、花卉、劳保用品	2016 年 1 月 4 日成立
乌鲁木齐互力众安安全技术咨询服务有限公司	新疆维吾尔自治区乌鲁木齐市头屯河区八一路 788 号	安全生产标准化咨询，企业生产安全培训，安全事务代理，安全生产托管，消除安全隐患技术服务，安全咨询服务，安全评价，职业卫生技术服务，科技信息咨询服务，科技项目代理服务，知识产权服务，安全技术推广服务	2016 年 1 月 26 日成立

〔续表〕

名　称	地　址	主要经营范围	备　注
新疆德勤互力工业技术有限公司（检修中心）	新疆维吾尔自治区乌鲁木齐市头屯河区八一路15号	通用设备、专用设备、电气设备、仪器仪表、机械设备的修理，机械零部件加工，锅炉检验服务、产品特征特性检验服务、计量服务、一般物品鉴定服务、特种设备服务，城市空气质量监测服务、工矿企业气体监测服务，工矿企业废水监测服务、生活废水监测服务，城市废料监测服务、生产废料监测服务，工程管理服务，机电设备安装，钢结构及网架制作安装，工业与民用建筑工程、市政工程、电力工程、环保工程、防水防腐工程施工，信息系统集成服务，工业设施生产组织管理、设备管理、经营管理、技术咨询	2016年4月25日成立
新疆永盛鑫达工程项目管理有限公司	新疆维吾尔自治区乌鲁木齐市头屯河区头屯河公路4号	工程管理服务、招标代理	2016年5月30日成立

第三节　韶关钢铁下属多元产业

2012年4月，广东省韶关钢铁集团有限公司进入宝钢集团，更名为“宝钢集团广东韶关钢铁有限公司”。进入宝钢集团后，韶关钢铁加速拓展多元产业，由原来的工程建设、钢铁延伸加工、钢材贸易，向信息技术、环保产业、房地产开发、生活服务、物流等多产业发展，多元产业成为生产经营中的新经济增长点。2013年1月，韶关钢铁设立多元产业发展部，负责对公司多元产业的对口管理。

至2016年年底，韶关钢铁多元产业形成工程技术、钢铁延伸加工、资源开发、信息技术、房地产开发、生活服务、环保产业、贸易物流等八大板块，有20余家子公司。

表3-5-7　2012—2016年韶关钢铁下属多元产业子公司情况表

名　称	地　址	主要经营范围	备　注
广东韶钢工程技术有限公司	广东省韶关市曲江区马坝镇	冶金行业、建筑行业、市政行业环境工程设计，可从事资质证书许可范围内的建设工程总承包业务，以及项目管理和相关的技术及服务；工程造价和工程技术咨询；冶炼工程、房屋建筑工程、市政公用工程总承包，钢结构工程、建筑装修装饰工程、建筑机电安装工程、预拌混凝土专业承包	1979年12月10日成立
韶关市新松山劳动服务中心	广东省韶关市曲江区马坝镇	劳动服务	1989年10月30日成立
松山置业发展有限公司	中国香港	建筑材料、耐火材料及辅助材料、金属材料的制造、加工、销售，矿产品销售，固体废物回收处理、工业污水和废油回收处理、工业废气处理，钢瓶租赁，环境治理项目研发、业务咨询和技术服务	1994年1月12日成立
佛山市南海韶洲钢线制品有限公司	广东省佛山市南海区平洲新仓街6号	生产经营钢线及钢线制品系列	1994年10月18日成立

〔续表〕

名　称	地　址	主 要 经 营 范 围	备　注
广东韶钢资源有限公司	广东省韶关市曲江区马坝镇	经营和代理各类商品及技术的进出口业务，经营对销贸易和转口贸易，进口废铁、废铜、废铝、废纸、废塑料，国内外矿产品及金属再生资源贸易，国内商业贸易，销售煤炭	2001年1月10日成立
深圳市群得利投资有限公司	广东省深圳市罗湖区	兴办实业，投资信息咨询	2001年12月5日成立，2015年注销
深圳市粤钢松山物流有限公司	广东省深圳市南山区桃园路田厦国际中心A座702室	国内货运代理及相关信息咨询；钢铁销售；汽车租赁，物业租赁，其他机械与设备租赁	2002年12月25日成立
广东松山钢铁贸易有限公司	广东省广州市天河区珠江新城华普广场东座20层A、B、D号房	金属材料、矿产品、建筑材料、焦炭、化工产品销售及加工，货物进出口	2003年4月9日成立，2016年注销
广东韶钢嘉羊新型材料有限公司	广东省韶关市曲江区马坝镇	开发、生产加工粒化高炉矿渣、钢渣、粉煤灰及其他冶金固体废物资源回收、产品储存和技术咨询，产品内外销售	2003年9月12日成立
广州市韶钢港务有限公司	广东省广州市海珠区南洲路148号大院	普通货运，货物专用运输，搬运装卸，货运代理；码头设施经营，在港区内从事货物装卸、仓储经营；代办仓储	2004年3月17日成立
韶关市新韶钢嘉羊新型材料有限公司	广东省韶关市曲江区马坝镇	粒化高炉矿渣、钢渣、粉煤灰及其他冶金固体废物资源的回收、开发、生产加工与销售，产品储存、运输，技术咨询服务	2006年2月28日成立，2015年注销
广东韶钢金属制品有限公司	广东省韶关市曲江区马坝镇	研究开发、生产、加工、销售钢线及钢线制品、实芯焊丝、埋弧焊丝和药芯焊丝系列产品，并提供上述产品技术服务；货物及技术进出口	2006年11月20日成立
韶关市曲江韶钢招待所有限公司	广东省韶关市曲江区马坝镇松山下韶钢西区招待所大楼	中餐制售、糕点制售、肉及肉制品加工，住宿服务，糖、烟、酒、百货零售	2007年9月14日成立
韶关韶钢恒然锌业有限公司	广东省韶关市翁源县铁龙龙体石门后山	收集、储存、利用含锌废物，国内贸易	2009年1月20日成立，2015年转为参股
韶关市韶钢嘉羊新型建材有限公司	广东省韶关市曲江区马坝镇韶钢厂区内	粒化高炉矿渣资源的回收、开发、生产加工、销售，粒化高炉矿渣技术咨询服务	2011年1月18日成立，2015年注销
广东南华置业有限公司	广东省韶关市曲江区江畔花园1期住房公积金管理中心曲江区办事处二楼	房地产开发经营；物业管理服务；酒店管理服务；餐饮服务，中餐制售；环卫保洁、园林绿化	2011年12月26日成立
广东韶钢现代产业发展有限公司	广东省韶关市曲江区马坝镇	园林绿化，餐饮服务，物业服务，食品加工销售	2013年4月26日成立

〔续表〕

名　称	地　址	主 要 经 营 范 围	备　注
广东昆仑信息科技有限公司	广东省韶关市曲江区马坝镇文化路鞍山路东文化大楼八层B区北面2号房	计算机、自动化、网络通信系统及软硬件研究、设计、开发,集成、销售、运行维护,外包、租赁、维修、培训、咨询	2013年4月26日成立
广东华欣环保科技有限公司	广东省韶关市曲江区马坝镇文化路、鞍山路东文化大楼八层B区北面1号房	制造、加工、销售冶金炉料、建筑材料、耐火材料及辅助材料、金属材料,固体废物回收处理、工业污水和废油回收处理、工业废气处理	2013年4月26日成立
广东粤钢松山物流有限公司	广东省韶关市曲江区马坝镇环城西路物流车场综合楼218室	普通货运,一类、二类机动车维修,货运代理,装卸搬运,物流方案规划设计	2013年6月13日成立
广东宝韶东大特种材料有限公司	广东省韶关市曲江区韶钢技术研究中心中试场办公室第二层	模具钢、高温耐磨合金特殊钢研发、生产、销售及相关技术咨询、服务	2013年12月26日成立

第四节　其他多元企业

1998—2016年,宝钢集团的多元产业子公司还有上海宝钢产业发展有限公司、宝钢集团上海联合公司、上海宝钢工业检测公司、上海宝钢设备检修有限公司、东方钢铁电子商务有限公司、宝钢集团宝山宾馆、北京汇利房地产开发有限公司、上海宝钢国际经济贸易有限公司、上海宝钢运输有限公司、上海宝钢建设有限公司等。主要涉及业务有:金属包装、钢结构、工业气体;兴办管理联营企业及中外合资联营企业;设备检测、诊断、测量、测绘、检修;为钢铁行业提供钢铁及相关产品、原材料、备件的电子商务以及信息咨询和客户技术支持;矿业、钢材贸易和加工配送、废钢资源开发和销售、设备工程业务,与贸易相关的产品深加工及其出口、电子商务和物流服务;海洋、公路、铁路运输等。至2016年年底,部分子公司经集团内整合重组,归并到新成立的子公司或其他子公司;部分转让给集团外企业。

一、上海宝钢产业发展有限公司

前身为1993年1月21日成立的宝钢产业开发部。1994年8月,宝钢在产业开发部的基础上组建上海宝钢产业发展有限公司(简称产业公司),为宝钢全资子公司;12月20日,产业公司在上海浦东外高桥保税区揭牌成立,注册资本3 000万元,1997年年底资本增至31 807.29万元。1998年年底,产业公司控股外商投资企业10家、股份合作制企业2家、全资企业6家,具备30万吨钢材的年加工能力,主要产品与业务有集装箱、轻结构厂房、彩板轻型房屋、彩板家具、门窗、彩板建材系列、钢制两片式易拉罐,以及钢材剪切和工业气体配送,同时还致力于开发高新科技项目。公司地址:上海市宝山区宝杨路883-1号。

2002年,产业公司调整产业结构。宝钢集团上海联合公司归并到产业公司,产业公司下属的上海申井钢材加工有限公司、上海宝伟工业有限公司、新华钢铁有限公司划转至上海宝钢国际经济贸易有限公司，上海宝康电子控制工程有限公司50%的股权转让给上海宝信软件股份有限公司，上海宝成钢结构建筑有限公司管理权移交上海宝钢建设有限公司。结构调整后，公司资产总额79 427万元，拥有合资公司4家、独资公司4家，主要经营业务是以镀锡板制品为主的金属包装业、工业气体制品业和彩板制品及建材业。全年实现销售收入9.10亿元，利润总额2 586万元。员工人数由年初的1 045人减至年底的582人。2003年，上海冠达尔钢结构有限公司、上海大通钢结构有限公司和上海宝成钢结构建筑有限公司划转至产业公司。产业公司基本形成以金属包装、钢结构、工业气体为核心业务的产业格局，公司管理模式逐步从资产管理型向产业经营型转型。2006年，产业公司形成钢结构、金属包装、工业气体等三大核心业务，拥有11家控股子公司，总资产26亿元。全年实现销售收入22.83亿元、利润5 919万元。年底，在册员工1 791人，在岗员工1 571人。

2007年12月，宝钢集团整合产业公司、钢制品事业部，以及汽贸、线材制品等业务，组建成立宝钢金属有限公司，使之成为宝钢钢材延伸加工产业发展的重要平台。

二、宝钢集团上海联合公司

前身为创建于1988年8月8日的宝山钢铁联合(集团)公司，注册资本19 042.50万元，宝钢控股73.95%。公司地址：上海市宝山区蕰川路5065号。

1992年3月17日，宝钢被列为国家第一批大型企业集团试点单位之一，国家经济体制改革委员会、国家计划委员会、国务院经济贸易办公室对宝山钢铁联合(集团)公司体制进行调整，成立宝钢集团。

1993年4月17日，宝钢集团董事会决定将宝山钢铁联合(集团)公司更名为“宝钢集团联合公司(简称联合公司)”，其性质改变为由宝钢核心企业(宝钢总厂)控股的紧密层成员单位。7月30日，经冶金工业部批准和上海市工商行政管理局核准，正式更名。公司下设综合管理部、计划财务部、联营企业管理部、地板经销部、地板加工部、钢材贸易部、不锈钢复合管和电池钢开发部等7个部门。企业更名后，联合公司逐步由以经营钢材为主向以兴办实业为主过渡，加强对原有联营企业的管理，兴建中外合资联营企业。除了投资、管理深圳大西洋电焊条总厂、上海大众无锡特约维修站、北京宝钢焊业有限公司等中小规模联营企业，以及朝阳精密带钢公司、丹东宝钢人造板公司等中外合资企业以外，还扩大多元贸易。11月，由联合公司参股并由第一汽车集团公司、东风汽车公司、上海大众汽车公司、上海易初摩托车有限公司等6家企业共同出资组建上海宝钢集团汽车联营公司。1998年，联合公司扩大多元贸易，向宝钢供应煤16.87万吨、废钢2.30万吨，销售废次钢材3 900吨，获利285万元。1999年，经营收入5 797万元(不包括联营企业)。2000年，经营收入20 715.40万元(不包括联营企业)。2001年年底，在册员工48人(含外派到联营企业工作的干部10人，待退休2人)。

2002年，联合公司归并到产业公司。

三、上海宝钢工业检测公司

前身为组建于1994年7月的上海宝钢设备检测公司，2000年年底改制为宝钢集团直属子公司，2004年7月1日更名为“上海宝钢工业检测公司”(简称检测公司)，是全国冶金行业第一家专门从事设备检测、诊断、测量和测绘的综合性专业化技术服务公司。注册资金1 720万元，固定资产原值2 323万元。注册地址：上海市宝山区同济路3521号。

1998年11月上海宝钢集团公司成立之初，检测公司主要承担冶金备件和设备的几何量精度、硬度等物理性能测试、各类无损检测、失效分析、工业建筑物变形检测与房屋质量检测、避雷装置检测、工业无线遥控器的运用及维护、压力容器检测检验、设备动态检测与诊断，以及其他设备性能参数检测业务。下设诊断技术部、检测工程部、测绘设计部、检测工程二部、研究开发部、经营管理部、办公室、组织人事部、财务部、特种设备管理室、安全生产管理室等部室。1999年，被上海市科委认定为高新技术企业，通过ISO 9002贯标认证。2000年12月19日，宝钢集团决定，检测公司归口管理宝钢集团特种(专业)设备检验和检测业务，上海冶金装备检测总站整体划转至检测公司。年底，有员工218人，其中工程技术人员占58%。2007年，获“上海市专利创新试点企业”称号。

2009年12月29日，宝钢集团整合相关工程技术业务，委托宝钢工程管理检测公司。2010年8月17日，检测公司成为宝钢工程下属子公司。2010年，实现经营收入8.50亿元，经营利润930万元。年底，固定资产原值1.056 6亿元，员工1 934人。2011年4月，宝钢工程整合上海宝钢工业检测公司和上海宝钢设备检修有限公司，组建上海宝钢工业技术服务有限公司服务事业部；10月18日，上海宝钢工业技术服务有限公司揭牌成立。

四、上海宝钢设备检修有限公司

前身为宝钢总厂设备部的中央检修单位，1997年1月28日转制成为独立法人。上海宝钢设备检修有限公司(简称宝检公司)是宝钢集团全资子公司，注册资金5 200万元，注册地址：上海市宝山区丁家桥。

1998年11月上海宝钢集团公司成立之初，宝检公司作为宝钢设备检修和新技术基地，汇集了机械、电气、仪表、炉窑、施工机械各工种及液压、气动、计量检定、高压开关、大型电机、变压器、带压堵漏、电刷镀等几十个检修专业，拥有1 200台(套)国内一流的常规检修设备和华东地区最大的日本引进电气试验台，拥有国内独一无二的高炉长寿设备、火灾报警探测器清洗设备，相当数量的世界一流进口专用检修工器具及仪表检定最高标准器，并具备上海市设备维修企业资质证书、建筑业企业资质证书、上海市消防工程施工资质许可证、锅炉修理许可证、上海市危险性较大生产设备安装单位资质认可证等资质。1999年，完成产值1.52亿元。2000年，完成产值1.86亿元。同年底，有员工1 257人，下设经理办公室、党委办公室、组织人事部、工事管理室、经营管理室、设备管理室、财务管理室、安全环保技术室、质量技术室、保卫科、备件修复中心、点检作业区及机械、电气、仪表、炉窑、施机等检修部门。2002年12月，通过由上海质量体系审核中心(SAC)组织审核，获得ISO 9001∶2000国际质量体系CNAB证书和美国RAB证书。截至2003年，公司具有国家建筑业企业机电设备安装工程专业承包二级资质、上海市设备维修企业A级资质、上海市特种设备安装维修保养一级资格认可证、上海市车辆维修一级企业经营许可证等十余项专业资质证书。2006年，在“上海市设备维修安装行业50强”中排名第一，获全国和上海市“设备管理先进单位”称号，被确定为“上海市专利培育企业试点单位”。

2009年12月29日，宝钢集团整合相关工程技术业务，委托宝钢工程管理宝检公司。2010年4月，宝检公司成为宝钢工程下属子公司，注册资金2.87亿元，固定资产原值8.03亿元，厂房面积17.50万平方米，拥有4 000余套加工制造和设备检修专用设备。2010年，实现销售收入14.90亿元，营业利润 2 456 万元。年底，在岗员工 2 607 人。2011 年 4 月，宝钢工程整合上海宝钢工业检测公司和上海宝钢设备检修有限公司，组建上海宝钢工业技术服务有限公司服务事业部；10 月 18 日，上海宝钢工业技术服务有限公司揭牌成立。

五、东方钢铁电子商务有限公司

2000 年 8 月 8 日，由宝钢集团投资建设，注册于上海浦东张江高科技园区。东方钢铁电子商务公司（简称东方钢铁）为国内钢铁行业提供钢铁及相关产品、原材料、备件的电子商务以及信息咨询和客户技术支持。2001 年 11 月，东方钢铁划转至上海宝钢国际经济贸易有限公司。总部地址：上海市浦东新区张江高科技园区郭守敬路 515 号 4 楼。

2000 年 10 月 10 日，东方钢铁建立的"东方钢铁在线"（网址：www.bsteel.com）投入试运行，10 月 15 日投入运行。2001 年 6 月，"东方钢铁在线"联合宝钢股份销售处、宝信软件共同开发"宝钢在线"，为用户提供从合同生产执行进度及出厂情况跟踪、质保书查询到合同结算信息查询等一系列快捷准确的在线服务功能，使用户更好地掌握自己所订合同的生产进程，为用户合理安排生产提供了方便。2004 年，东方钢铁提出电子商务发展的构想，即以围绕电子商务服务为中心，以技术、服务和信息等三大核心能力为支撑，构建"面向宝钢集团提供网络商务服务"和"面向钢铁行业提供交易和信息服务"两大商务平台，形成平台建设事业、应用服务事业和网络发展事业等三大业务方向。至年底，拥有会员 20 344 家，实现网上在线交易额 81 亿元，比 2003 年增长 36%。2006 年 12 月 21 日，申报"钢材现货电子交易中心"项目通过上海市专家组评审，成为"上海市引进技术的吸收与创新计划——现代商务专项"第一批资助项目。2007 年 1 月，被评为上海市 A 类信息安全企业。同年，在中国电子商务协会举办的中国企业信用等级评价中获最高评价等级，成为电子商务领域首批 AAA 级信用企业，也是钢铁行业内唯一通过此项评价认证的电子商务公司。2008 年，与上海华夏邓白氏商业信息咨询有限公司签订合作协议，将电子交易会员资质认证工作交由该公司受理。2009 年，电子商务交易额达 1 286 亿元，比 2008 年增长 54.75%。其中，电子销售近 1 165 亿元、电子采购 93 亿元、网上竞价交易 28 亿元。2010 年，网上采购物料品种涵盖废钢、通用资材、备品备件、工程设备、化工原料等领域，并完成宝钢集团范围的覆盖工作；钢材销售领域形成宝钢统一的营销服务平台及现货在线交易中心，为用户提供电子商务的交易和协同服务；服务方面，与银行共同建设供应链融资系统，实现融资 14 亿元。全年实现电子商务交易额 1 841 亿元，其中采购额 178.50 亿元、销售额 1 662.50 亿元，比 2009 年增长 34.16%。至年底，拥有会员 32 887 家（包括交易会员和信息咨询会员）。

2015 年 2 月欧冶云商股份有限公司成立后，东方钢铁成为其子公司，专注于钢铁及制造业领域 B2B（企业到企业的电子商务模式）电子商务服务。2016 年，东方钢铁运营的全电子商务平台交易规模 1 118 亿元。

六、宝钢集团宝山宾馆

宝钢集团宝山宾馆（简称宝山宾馆）是宝钢集团下属全资子公司。前身是 1980 年 2 月建成开业的宝山宾馆，是集提供食、宿、行、购物、娱乐服务于一体的多功能大型宾馆，由南北两幢大楼组成，拥有各类客房 808 间（套），主要为宝钢工程建设提供外宾接待服务。注册资金 3 831 万元。注册地址：上海市宝山区牡丹江路1813号。

1997年1月，宝山宾馆北楼被国家旅游局评定为四星级涉外饭店。1998年，宝钢将普陀宝钢朱家尖梦园、无锡宝钢碧波园饭店、舟山宝钢海湾大酒店、北京宝钢大酒店、常熟宝钢度假村、天津路招待所、井冈山宝钢山庄、宝钢集团上海国际旅行社的资产划归宝山宾馆管理。2003年6月25日，宝钢集团将宝山宾馆委托给宝钢集团企业开发总公司管理。2008年11月，宝钢发展有限公司设立酒店物业管理有限公司，宝山宾馆成为酒店物业管理有限公司下属独立子公司。2012年，宝山宾馆以酒店业务为核心，形成酒店宾馆管理、酒店顾问管理、酒店前期开业管理、酒店全权委托管理、旅游咨询服务、旅游电子商务、差旅管理、高档写字楼物业管理、酒店物业专业设施设备维修管理等业务。

2015年9月1日，宝钢集团将宝山宾馆委托宝地置业管理。年底，在岗员工220人。

七、北京汇利房地产开发有限公司

北京汇利房地产开发有限公司（简称北京汇利）成立于2004年10月，原系北京市华远地产股份有限公司的子公司，2005年6月开始动工建设华泽大厦项目（后改名为“北京宝钢大厦”）。2007年1月和3月，宝钢集团先后受让北京汇利49%和51%的股权，北京汇利成为宝钢集团的全资子公司。注册资金为9.14万元。注册地址：北京市朝阳区建国门外大街丙12号楼20层2017室。

2011年8月，北京宝钢大厦工程完成竣工验收，进入运营出租阶段。北京汇利主要从事北京宝钢大厦的运营管理，下设物业、财务、接待、行政4个专业8个管理岗位。公司主营业务为写字楼出租、物业管理、停车场管理、会议服务等。2014年，北京宝钢大厦获得由北京市住房和城乡建设委员会评选的“北京市五星级示范大厦”称号。

2016年，北京汇利营业收入9 261.12万元，利润总额3 871.88万元。年底，在册员工8人。

八、上海宝钢国际经济贸易有限公司

前身为成立于1993年的宝钢集团国际经济贸易总公司（简称宝钢国贸）。2001年11月13日，宝钢集团以宝钢国贸为基础，组建上海宝钢国际经济贸易有限公司（简称宝钢国际）。宝钢国际依照《公司法》设立董事会、监事会，实行总裁负责制，公司实行事业部制运行模式，下设矿业、钢铁、设备工程、金属资源、物流等5个事业部和5家直属子公司，以及亚洲、欧洲、美洲等3个境外事业区，主要业务为矿业、钢材贸易和加工配送、废钢资源开发和销售、设备工程业务、与贸易相关的产品深加工及其出口、电子商务和物流服务。总部地址：上海市浦东新区浦电路370号。

2005年5月10日，宝钢集团在宝钢国际基础上改制建立宝钢股份贸易分公司。2006年12月27日，宝钢股份决定撤销贸易分公司，2007年1月1日，完成向宝钢国际的业务切换。重组后的宝钢国际充实和完善了既有的钢材贸易和加工配送服务体系，下设5家地区贸易公司、3家专营贸易公司和29家剪切加工配送中心，以及5家直属子公司和若干家控股子公司。主要业务为钢材贸易和加工配送、废钢供应、货运代理、电子商务和汽车贸易。2007年后，主要业务为钢材贸易、剪切加工配送、包装钢带业务、货运代理和电子商务。2009年，推进加工中心新建及扩建项目，完成基建、技改项目13个，新获批复加工能力59万吨，激光拼焊能力320万片。至年底，在布点的36家剪切加工配送中心中，建成投产28家；累计建设加工能力达595万吨、激光拼焊能力1.747万片。2011

年，基本建成经销和加工配送碳钢、不锈钢、特钢等三大类宝钢钢铁产品的营销服务网络。截至2012年年底，在全国44个大中城市设立营销网点101个，业务遍布24个省、直辖市和自治区，拥有各类子公司88家，其中运营管控类子公司60家，战略管控类子公司9家(包括8家钢材服务中心、1家电子商务公司)，财务管控类子公司19家。同年，宝钢国际获评“全国用户满意企业”。

2016年，宝钢国际主要业务为钢材贸易、加工配送、国际货运代理、包装钢带和汽车零部件加工等，在全国47个大中城市设立营销网点108家，投资设立运营及战略管控类子公司77家。全年实现钢材销售量2 689万吨、加工配送量663万吨、货款回笼率103.40%。年底，在册员工3 775人。

九、上海宝钢运输有限公司

1995年8月23日，由宝山钢铁(集团)公司运输部改制组建宝钢运输公司。宝钢运输公司以保证宝钢生产物流平衡为主，并利用现有运输设备与设施扩大对外经营。1997年7月15日，宝钢运输公司更名为“上海宝钢运输有限公司”，成为享有独立法人资格的宝钢全资子公司。12月15日，宝钢将由宝钢联营、控股和全资的上海宝铁储运公司、上海宝通运输实业公司、上海宝安实业发展公司、福建省连江宝琯海运实业公司和上海宝意汽车维修有限公司产权作为增资，划转给上海宝钢运输有限公司。

1995年8月，交通部和上海市人民政府交通办公室分别批复同意筹建上海宝钢海洋运输有限公司。12月，完成公司工商登记。1997年2月，完成1艘船舶(宝洋一号)的购置工作。交通部和上海市人民政府交通办公室分别在1999年9月28日和10月25日批复同意公司开业。

1999年7月9日，宝钢集团决定将上海宝钢运输有限公司与上海宝钢海洋运输有限公司合并重组。交通部和上海市人民政府交通办公室分别于1999年12月和2000年1月批复同意上海宝钢海洋运输公司更名为“上海宝钢运输有限公司”。2000年5月29日，重组后的上海宝钢运输有限公司完成工商登记。上海宝钢运输公司是宝钢集团的全资子公司，独立法人，注册资金5 000万元，承担宝钢集团的海洋运输、公路运输、铁路运输，主要经营宝钢集团外贸进出口货物运输、国际近洋海运、仓储运输及航运咨询等业务。公司地址：上海市浦东新区浦电路370号。

上海宝钢运输有限公司控股上海宝江航运有限公司、上海宝铁储运公司和上海宝通运输实业公司等3家合资子公司，长期投资2 842.95万元。2000年，3家子公司实现净利润553.60万元，宝钢在3家子公司中占有的所有者权益合计5 895万元。此外，向宝钢财务公司长期投资1 201.18万元。全年，上海宝钢运输有限公司完成外贸进出口货物运输量1 350万吨(其中宝钢集团进出口原燃料1 330万吨、市场国际货运量20万吨)，实现营业额11.31亿元、利润总额1 370.30万元、净利润929.50万元。

2001年11月13日，宝钢集团对贸易业务整合重组，决定将上海宝钢运输有限公司及其子公司划转给宝钢国际。根据业务划分，上海宝钢运输有限公司从属宝钢国际物流业。至年底，上海宝钢运输有限公司拥有上海宝江航运有限公司、上海宝铁储运公司、上海宝通运输实业有限公司、上海宝洋国际船舶代理有限公司和浙江嵊泗宝捷国际船舶代理有限公司等5家控股子公司，长期投资4 268.16万元。此外，向宝钢财务公司长期投资1 201.18万元。全年，上海宝钢运输有限公司完成国际海上货物运输量1 465万吨(其中宝钢集团进口原料1 158万吨、市场外贸进出口货物307万吨)，实现营业额10.75亿元、利润总额1 827.73万元、净利润1 757.07万元。

十、上海宝钢建设有限公司

前身为成立于1959年4月的上海冶金建筑安装大队，1979年7月更名为“上海市冶金修建安装公司”，1984年12月更名为“上海市冶金建筑安装公司”，1992年5月更名为“上海市冶金建设公司”，1996年11月转制为上海冶金建设有限公司。1998年11月上海地区钢铁企业联合重组后进入宝钢集团，成为其全资子公司，更名为“宝钢集团上海冶金建设有限公司”，注册资金8 689万元。2002年1月，按照《上海宝钢集团公司建筑业发展规划》，作为宝钢集团建筑产业的核心企业，更名为“上海宝钢建设有限公司”，注册资金2.34亿元。公司地址：上海市虹口区西江湾路500号。

公司是建设部认定的具有冶炼工程施工总承包、房屋建筑工程施工总承包、钢结构工程专业承包、炉窑工程专业承包等4个一级资质，同时具有机电设备安装、建筑装修和装饰、市政公用工程施工资质的大型综合性施工企业，施工领域涉及冶金、机电、造船、汽车、玻璃搪瓷、商贸、文教等10多个行业，参加了杨浦、南浦、徐浦等3座大桥和内环线高架、逸仙路高架、轨道交通明珠线、沪宜公路改造等重大市政工程，以及东方明珠塔、上海国际会议中心、上海大剧院等上海城市标志性建筑的建设，还参加了美国洛杉矶大桥、日本相马电厂等海外工程的建设，曾获“上海市优秀企业”“上海市文明单位”“上海市优秀施工企业”“上海重大工程立功竞赛优秀公司”等称号。

1998年进入宝钢集团时，公司员工总数2 700人，其中各类技术专业管理人员占30%，资产总额26 523万元，总产值达7亿元，人均劳动生产率居全国同行业前列。宝钢集团上海冶金建设有限公司下设安装工程分公司、炉窑工程分公司、工程总承包部、宝钢工程管理部、一钢工程管理部、上海化工区工程管理部、沪东船厂工程管理部、起重设备厂、特种设备安装处、机械施工工程分公司等分支机构，拥有冶建房产公司、力源机电设备公司、劳动服务公司等全资子公司，并拥有中外合资冠达尔钢结构有限公司、上海冶金工程承包公司等控股子公司。1999年5月，获全国五一劳动奖状。

2002年，上海宝钢建设有限公司通过宝钢集团内建筑资源优化配置，整合建筑相关企业，拥有包括上海冠达尔钢结构有限公司、上海大通钢结构有限公司、宝钢建设设计研究院、上海冶建市政绿化工程有限公司、上海冶金工程承包公司、上海宝成钢结构建筑有限公司等在内的6家控股子公司，以及钢结构安装分公司、建筑工程分公司、安装工程分公司、炉窑机电工程分公司、市政工程分公司、装饰工程分公司、特种设备安装分公司、起重设备制造厂、山东分公司、西部地区分公司等11家分公司。全年完成工程项目281个，在建项目43个。项目涵盖上海市和江浙地区，以及天津、四川、新疆等地。同时，拓展海外市场，与日本、美国、英国、德国、法国、泰国、韩国等10多个国家的著名企业建立友好合作关系。合同签约7.10亿元，钢结构产量8.90万吨，合并主营业务收入9.70亿元。承建的逸仙路高架项目被评为“2002年度全国用户满意工程”。年底，在职员工2 521人，其中管理技术骨干335人、中级及以上职称254人、项目经理86人。2003年，合同签约9.50亿元，钢结构产量12.30万吨，主营业务收入9.76亿元。

2004年8月，宝钢集团将上海宝钢建设有限公司转让给上海绿地(集团)有限公司。

第四篇

经营管理

概　　述

1998年11月上海地区钢铁企业联合重组后，宝钢集团不断探索和建立适应现代企业制度要求的公司治理结构，积极融入全球市场竞争，在生产能力、销售规模、市场影响力不断扩大，跻身国际先进钢铁企业行列的同时，在经营管理上成功实现由工厂化管理到集团化运营的转型。

宝钢集团通过围绕提高劳动生产率、降本增效、增强活力，对老企业淘汰落后产能，进行脱胎换骨的改造，对钢铁主业实施一体化管理，推广和移植宝山钢铁股份有限公司（简称宝钢股份）的管理模式，使集团内其他企业的管理水平同步提升。同时，通过积极应对信息技术发展给钢铁企业发展所带来的机遇和挑战，学习和借鉴先进的管理理念和方法，提高财务管理、资本运营、审计管理、风险控制精度，实现由企业化管理体制向集团化管理体制的转型。宝钢的企业管理以财务管理为中心，建立适应市场竞争的企业经营管理体制。在财务管理、审计管理等传统管理领域，围绕提高劳动生产率、增加效益、增强活力，在国有企业中率先提出“企业管理以财务管理为核心，财务管理以资金管理为中心”的经营理念，不断提高管理精度，并形成以经营规划为导向，年度预算为控制目标，滚动执行预算为控制手段，覆盖生产、销售、投资、研发的全面预算管理体系。积极推动信息技术发展，促进企业加快步入管理信息化时代。

宝钢集团的办公事务、法律事务、安全生产监督管理等职能管理部门坚持“PDCA（计划、实施、检查、处理）＋认真”，立足打造价值创造型总部的目标，发挥各部门的服务、参谋、调研、监督、协调、办事等功能，通过服务创新，不断拓展服务领域，提升服务水平，挖掘服务价值，为集团改革、发展、稳定提供有力支撑。在文秘管理方面，按照改进工作作风的要求，持续推进移动办公系统的开发和应用，通过“协同办公平台”改造升级，缩短批文周期，提高工作效率；在保密管理方面，从健全制度抓落实入手，逐步建立安全保密制度体系，并将落实保密工作责任制纳入党委年度重点工作内容。在信息调研和督办工作方面，通过建立健全规范运作制度，使信息工作发挥应有的作用。在信访维稳方面，各单位针对各时期各类难点和热点问题，及时准确地传递各类信息，上报下达渠道畅通，使各类历史遗留问题、突发性事件、自然灾害、生产、工伤、交通等事故发生后，能得到及时、有效的处置。在外事管理方面，按照“分级授权、严格管理、提高效率”的原则，不断优化工作流程，通过提供快捷的服务，为宝钢实施“从中国到全球”的战略规划提供有力的支撑。在内外事联络和接待服务方面，坚持按照有关规定精神，严格管控接待、会务工作的规格和开支，同时注重服务质量的提升。在法律事务管理方面，通过建立总法律顾问制度，为争创世界一流企业、增强国际竞争力、维护企业合法权益和成为国际化运作的跨国公司完善必要的制度保障。同时，通过建立法律事务管理体系，逐步提升法律事务整体管理水平，强化集团总部的战略管控能力。在安全生产监督与管理方面，通过加强安全体系建设，强化各级安全责任的落实，夯实安全基础管理，加大安全督查力度，提高安全教育培训的针对性、有效性，提高安全协同管理效应。

第一章　发 展 规 划

在宝钢集团的战略规划管理实践中，董事会和经营层各司其职、协调运转，董事会是战略规划的决策者，经营层是战略规划的制订者和实施者。按照宝钢集团的使命和愿景，经营层组织编制宝钢集团总体规划、产业规划和职能规划。战略规划在董事会决策并经国务院国有资产监督管理委员会（简称国务院国资委）审核后，由经营层负责推动实施。经营层将规划目标分解到各子公司和各职能部门，建立机制，采取措施确保规划目标的实现。1998—2016 年，在董事会的带领下，宝钢集团的战略规划不仅符合国家政策调整的要求，更是宝钢持续迈向世界一流的强大牵引。宝钢集团不仅保持了国内行业最优的市场地位，而且在《财富》世界 500 强中的排名也不断攀升，获得了国家相关部委、行业协会、同行业其他企业的好评。

第一节　战 略 规 划

宝钢集团战略发展规划由规划发展部牵头推进，宝钢集团董事会审议通过后实施。

一、机构设置

1998 年 11 月 20 日，宝钢集团规划发展部成立。至 2000 年年底，下设规划处、科技处、企业管理处、国家冶金工业局工程质量监督总站宝钢监督站（挂靠）。2000 年 5 月，宝钢集团战略研究室成立，负责集团总体发展战略及产业发展战略的研究。2003 年 6 月，宝钢集团对总部进行改革，取消规划发展部，以科技处和规划处为基础设立科技发展部；在战略研究室的基础上，组建战略发展部。主要负责战略策划、战略关系管理、战略规划编制、战略规划实施的跟踪与评估、战略项目寻源等。2004 年，宝钢集团设立海外事业发展部，2006 年改为事业发展部。2007 年 8 月，事业发展部归入战略发展部。由战略发展部负责境外钢铁及相关多元化市场发展趋势研究及境外业务规划制订等。

2009 年 5 月，集团总部机构变革，由宝钢集团战略发展部、重大工程部和宝钢股份战略管理部、工程投资部、知识资产部相关人员组成规划发展部，下设战略规划、投资审查、科技发展、海外发展等 4 个职能。2016 年 5 月 4 日，规划发展部调整下属职能和职责，与经济与规划研究院合署办公。规划发展部承担跨产业综合管理职责及对口政府部门开展工作，以宝钢集团新一轮（2016—2021 年）规划修编为契机，系统开展战略规划、战略关系、投资管理等工作。

二、战略规划编制

1998 年，宝钢集团董事会将《上海宝钢集团公司钢铁发展总体规划纲要》编制列为首项决议，从宝钢集团长远利益出发，结合资产重组和生产要素优化配置，调整布局，合理分工，以实现物流与生产专业化、合理化、规模化和效益最大化。提出发展规划编制的六项原则，即面向市场，建立钢铁精品基地的原则；采用先进技术，淘汰落后工艺的原则；改善环境，走可持续发展道路的原则；提高质量，降低成本，增强市场竞争力的原则；量力而行、最低投入和效益最大化的原则；技术创新，做高做强的原则。

1999年，宝钢集团制订《上海宝钢集团公司钢铁发展总体规划纲要》，确定：到2010年，宝钢集团将建成中国最大的汽车用钢、石油管、造船板、不锈钢、硅钢、新型建筑用材等六大精品生产和研发基地，形成汽车用板（重点是轿车用板），汽车用齿轮钢、轴承、弹簧钢为主的特殊钢，石油和电力工业专用无缝管，冷轧硅钢片，轻工、家电用板材，航空、航天工业用材及金属电子材料用材，造船、长距离输送管线、汽车冲压模具、电站高压锅炉管用中厚板，以及不锈钢薄板、新型建筑用材等若干条生产线和一个科研开发中心。对原宝山钢铁（集团）公司、上海冶金控股（集团）公司和上海梅山（集团）有限公司在战略目标、竞争策略上的差异，宝钢集团通过树立战略目标、确定发展战略、统一编制规划等举措，实现战略层面的统一，明确重组整合的目标和路径，并根据全球钢铁行业发展趋势、中国钢材市场供需结构矛盾的状况，以及原宝山钢铁（集团）公司、上海冶金控股（集团）公司和上海梅山（集团）有限公司的实际情况，重新制订统一的发展战略。在钢铁主业，宝钢坚持精品战略，致力于发展国内缺乏的、能与世界优秀钢铁企业比肩的高技术含量和高附加值钢材产品；在非钢产业，实施适度相关多元化战略，最终选择贸易服务业、煤化工业、信息业、综合利用业、工程技术业、钢材深加工业等作为战略性相关产业，金融作为相关支持产业。

2003年，宝钢集团提出新的发展战略目标：第一阶段，在2005年建成钢铁精品基地；第二阶段，到2010年实现一体化运作，直接进入国际资本市场，成为公众化公司。钢铁主业综合竞争力进入世界前三名，实现销售收入1 500亿元，成为世界一流跨国公司。总体目标是：成为一个跻身世界500强、拥有自主知识产权和强大综合竞争力、备受社会尊重的、“一业特强、适度相关多元化”发展的世界一流跨国公司。

2004年，宝钢集团明确提出：钢铁业作为战略核心产业，是宝钢未来产业投资和产出回报的重点，是哺育宝钢核心能力的源泉，要立足做大做强。宝钢钢铁业发展要与中国钢材消费增长和消费结构升级相呼应，专注于发展普碳钢、不锈钢、特钢领域中对市场影响大、在中国钢铁工业结构调整中需要战略投资的、能在国际竞争中与顶尖产品相抗衡的钢铁精品。通过研发具有自主知识产权的核心技术、实施规模化经营来持续提高综合竞争力，使宝钢成为世界一流钢铁产品供应商。

2005年，《宝钢集团战略与规划（2004—2010年）》确定宝钢“三步走”发展战略：第一步，2006年以前为战略调整期，核心任务是打造竞争力基础，重点工作是完成产业结构、组织结构和人员结构的调整，继续优化产品结构，全面推进现代化管理，构筑进一步发展的平台；第二步，2010年以前为战略发展期，核心任务是塑造综合竞争力，重点工作是通过规模扩张和技术创新，提高宝钢在国内钢铁市场的控制力和在世界钢铁市场的影响力，全面提高宝钢的综合竞争力；第三步，2010年之后为发展提高期，核心任务是提升企业的竞争力、实现世界一流，重点工作是抓住新兴国家钢铁消费快速增长和发达国家钢铁工业结构调整的机遇，实现宝钢钢铁主业的国际化布局，并向世界钢铁工业输出技术。

2007年，《宝钢集团发展规划（2007—2012年）》提出：“以规模发展为主线，从‘精品’战略向‘精品＋规模’战略转变，从新建为主向兼并重组为主转变”的战略思想，制定钢铁主业和战略性相关业务的规划目标、发展思路和关键性举措，更加清晰地界定了宝钢集团和宝钢股份的职能定位和主要任务。具体明确钢铁主业、资源开发、钢材延伸加工、工程技术服务、金融、生产服务等六大业务，并全力推进战略规划的实施。钢铁主业通过国内并购、新建以及国际化发展，实现由区域性布局向全国性布局的转变，实现在国际化布局上的突破。力争到2009年形成5 000万吨能级规模，2012年形成8 000万吨能级规模，具备较强的国内市场控制力和全球市场影响力。国内扩张主要采取并购和新建的方式。已有生产基地要按照专业化进行分工和技术改造，挖掘潜能，提升规模，持续优化品种结构，重点发展战略产品，以技术创新和强化供应链等战略举措建设精品基地。多元化产业要重点围绕钢铁供应链、技术链、资源利用链，在已形成的优势业务基础上，加大内外部资源的整合力度，提高竞争力，提高行业地位。资源贸易业要创新业务模式、培育核心能力，为集团扩张提供保障，开发资源、控制资源、经营资源，与钢铁主业协同发展。工程技术服务业要成为具有国际竞争力、国内一流的冶金工程技术集成服务商和行业信息化解决方案提供商。钢材延伸加工业重点围绕汽车用钢、镀锡板、线材、建筑结构用钢等战略性产品开展深加工业务，已具备优势的业务要扩大规模，缺乏优势的业务要改变发展方式，对于潜力较大的业务要积极跟踪、择机进入。金融业要整合现有金融业务，积极寻求新的投资机会，扩大金融产业规模，完善金融服务功能，提高金融投资效益，最终形成具有品牌和社会知名度，具有控制力和自身协同效应的金融控股产业。生产服务业不再是主业的附属品，而是宝钢未来发展的一个重要产业，要把这个产业做大，在退出非核心业务的同时，提升生产服务等领域的运作效率和服务质量，为钢铁主业的发展提供有力支撑。宝钢实施国际化经营战略，明确境外投资项目的总体思路、模式选择、区域选择和发展目标。宝钢要从区域性钢铁公司向区域领导者＋适度国际化方向发展，形成境外营销服务、境外资源保障和境外钢铁生产等三大体系。

2010年，《宝钢集团发展规划(2010—2015年)》提出：宝钢将坚持精品加规模的战略思想，在技术领先的基础上，发展服务先行的制造业，打造数字化宝钢，成为绿色产业链的驱动者，发挥产融结合的优势，在促进产业结构调整，推动二次创业的过程中，走出一条有宝钢特色的经营之路，不断推动宝钢由优秀走向卓越。规划明确了未来发展的愿景：成为钢铁技术的领先者；成为绿色产业的驱动者；成为员工与企业共同发展的公司典范。为实现新一轮(2010—2015年)规划发展，提出“三个转型”、“五大关键能力”建设和“三个保障”。“三个转型”是指从制造到服务、从钢铁到材料、从中国到全球的转型；“五大关键能力”是指技术创新、服务先行、环境经营、数字化和产融结合；“三个保障”是指“高效管理、员工发展、激励约束”。依据《宝钢集团发展规划(2010—2015年)》，宝钢进一步制定了“十二五”(2011—2015年)期间八项战略任务：着力推进国内兼并重组和新建项目建设，加快实施战略布局，促进宝钢钢铁主业大发展；着力推进管理变革，进一步优化治理结构，完善集团对子公司的管理体系，健全全面风险管理体系；着力提升技术创新能力，在技术领先的基础上，打造服务先行的制造业；着力开展环境经营，引领中国钢铁产业绿色发展，履行好企业的社会责任；着力推进相关多元产业协同发展，实行多层次的合力型产业组合；着力加快“走出去”步伐，提升宝钢产品在国际市场的竞争力和影响力，加大境外资源开发力度，开展境外生产制造体系布局；充分发挥资本市场作用，促进产融结合，提升资产运作效率，推动宝钢集团整体上市；着力深化劳动用工、人事和收入分配等三项制度改革，构建和谐的劳动关系，实现员工与企业的共同发展。

2013年，《宝钢集团发展规划(2013—2018年)》提出：在指导思想上，继续坚持以钢铁为核心、相关多元产业协同发展的既定方针，保持充足的研发投入，继续打造高效钢铁供应链，有计划地实施大规模的钢铁资产重置和跨地域的钢铁生产调整，坚决革除低效率和无效率的要素，并以世界最高效率为目标，打造新的生产基地，构建新的生产体系。核心企业要努力实现效率上的世界第一目标，区域性企业要保证在该地区的比较优势，同时加快多元产业协调健康发展，实现整体上全球最具竞争力的战略目标。在总体战略选择上，公司愿景是致力于成为“钢铁技术的领先者、绿色产业链的驱动者、员工与企业共同发展的公司典范”。在发展路径选择上，继续推动“从钢铁到材料、从制造到服务、从中国到全球”的战略转型；在能力建设上，努力提升“技术创新、服务先行、环境经营、数字化宝钢、产融结合”五项能力；在保障措施上，继续做好“高效管理、员工发展、激励约束”工作，为公司新一轮(2013—2018年)发展规划的顺利实施奠定基础。结合环境变化和竞争要求，宝钢将在发展思路、发展方式、资源配置等方面实现突破。在发展思路上，不再单纯追求规模增长，而是更加注重软实力建设，提升资产运营质量和效率将是新一轮规划的首要任务。在发展方式上，钢铁主业审慎实施国内钢铁业并购，着力打造面向未来的竞争力，投资重点是湛江钢铁基地项目；对钢铁产业结构，包括布局结构、产品结构等进行全方位的调整，并在上游资源开发、下游电子商务方面扩展能力。多元产业将进一步突出聚焦发展、转型发展和有进有退。鼓励节能环保、信息技术、城市建筑、电子商务、工业气体等5项业务快速发展，对发展模式不清晰的业务进行转型调整，择机退出没有前景的业务。将资源聚焦在优势业务上，使多元产业在未来能够形成若干个有相当品牌影响力的旗舰业务；通过深化改革，创新体制机制，采取更灵活、更高效、差异化的资源配置方法，保障规划目标的实现。本规划包括宝钢集团总体发展纲要、12个产业规划、7个职能规划。

第二节　战略与经济管理研究

宝钢集团的战略与经济管理研究工作，历经多次集团总部职能变革，整体实力不断提升，从部室到院所，日渐成为宝钢集团的智囊机构和思想库，为宝钢战略决策、产业发展、运营管理提供思想、思路和建议；通过前瞻性、独立性的研究成果，为政府钢铁相关政策的制定提供参考，对国内钢铁业的发展方向发挥影响作用。

一、机构设置

2000年5月，宝钢集团成立战略研究室，负责集团总体发展战略及产业发展战略的研究。2007年，成立经济管理研究院，为集团管理智囊机构。下设钢铁产业研究所、多元产业研究所、海外区域研究所、可持续发展研究所、综合室。2009年5月，随着集团总部职能变革，原战略发展部的战略研究、海外信息管理职能划归经济管理研究院。在经济管理研究院设立宏观经济与战略研究所。2016年5月4日，经济管理研究院改组为经济与规划研究院；规划发展部调整下属职能和职责，与经济与规划研究院合署办公。经济与规划研究院下设经营环境研究所、竞争力研究所、钢铁及相关制造业研究所、钢铁及相关服务业研究所、产业和金融业结合研究所、不动产及城市新产业研究所。

二、决策方案研究与策划

2000年，战略研究室开展非钢产业发展战略框架研究，制定《上海宝钢集团公司2000—2010年非钢产业发展战略框架》，继续保持以钢铁业为主的实业、贸易业、金融业三位一体的大产业结构。钢铁业以外的实业，围绕着提升钢铁主业竞争力展开，主要产业领域为信息技术(IT)产业、工程技术产业、采矿业、钢材深加工业、化工业、环保资源综合利用业和新材料产业。开展企业集团体制模式研究，结合国内外典型企业集团的体制模式和发展经历，提出宝钢可资借鉴的发展思路与模式。

课题获国家发展计划委员会科技进步奖一等奖。开展出口战略研究，提出宝钢出口工作实现5个战略转变的出口理念，即：从资源导向型向用户导向型转变；从检验产品质量到创造品牌与利润转变；从中间商用户向最终直供用户转变；从普通品种钢出口向特色品种钢，甚至钢材深加工出口转变；从直接出口向出口与就地加工相结合转变，以贸易带动实业投资。开展信息系统发展研究，认为宝钢应把软件信息产业作为一个重要的战略性非钢产业加以重点扶持、培育和发展。开展组建金融控股公司研究，建议先着力培育一家金融核心企业，尽快形成独具特色并在行业内有较大优势的金融"旗舰"。2001年，开展进入世界500强方案探讨，提出宝钢集团在钢铁主业、服务业(重点是金融和地产)以及其他多元产业中可能的突破方向和拟采取的措施，并提出宝钢进入全球500强的大致时间表。开展子公司业绩考核指标体系研究，引入EBITDA(税息折旧及摊销前利润)、总资产指标、战略任务(产品)指标；将财务评价与目标(预算)管理结合起来，通过对预算完成指标和适合子公司特点的管理指标设计，强化宝钢集团战略控制和管理推进职能。2002年，开展钢铁主业资源优化配置研究，提出钢铁主业资源优化配置应遵循宝钢集团整体效益最大化原则和规模化、专业化经营原则，将现有主要钢铁资源整合为普碳钢、不锈钢、特殊钢、金属制品等四大专业化钢铁经营子公司。开展国际化经营研究，通过分析宝钢钢铁主业国际化经营的战略意图和长期目标，提出总体战略设想；在全球营销、钢铁业及上下游产业对外直接投资方面提出具体建议。推进编制贸易业发展规划，以宝钢集团贸易业战略定位为指导，编制《宝钢国际战略规划(2002—2006年)》。完成《综合利用产业发展规划》，提出以宝钢集团企业开发总公司为核心，加大工业废弃物产业开发力度，形成新型建筑材料、磁性材料两大综合利用优势产业，并带动化工原料、耐火材料、废旧油等产业和产品的开发，建立资源综合利用产业体系和技术支撑体系。

2003年，战略发展部开展实现"两个世界一流"(办世界一流企业，创世界一流水平)具体目标和措施研究。对"两个世界一流"的评价标准、主要特点与表现特征进行界定。指出要达到世界一流，除了追求一流规模、很强的跨国经营能力、很高的市场占有率、众多自主知识产权(或商业秘密)和原创性技术、很高的持续盈利能力等硬指标外，还需在一些软指标方面追赶一流。提出需要建立分阶段的目标和9条具体的措施和对策。2008年，根据2007年确定的新一轮(2007—2012年)发展战略，按"1+5"(即钢铁主业+资源开发及贸易业、工程技术服务业、钢材延伸加工业务、生产服务业、金融投资业等五大相关产业)的业务架构，组织制订相关业务规划，策划多元产业发展策略和路径。

2011年，经济管理研究院开展"不锈钢需求结构及宝钢不锈钢产品结构优化方向研究""都市型钢铁企业可持续发展风险及对策研究""宝钢集团新疆八一钢铁有限公司(简称八一钢铁)竞争力提升方向与持续改善指标体系研究""广东地区钢材需求和竞争态势研究""上海经济结构转型中宝钢的产业机会研究"等相关研究。2012年，针对"从制造到服务"的转型，完成"宝钢服务转型竞争力要素及竞争战略研究"，系统分析宝钢深化服务所应具备的竞争力要素与亟须采取的竞争战略。针对"从中国到全球"的转型，完成"中国钢铁2020""全球硅钢产业发展与宝钢海外策略""日本钢铁发展轨迹与规律探析"等课题研究工作，为宝钢海外发展提供支撑建议与参考借鉴。针对"从钢铁到材料"的转型，完成"稀土永磁材料产业化研究"与"碳纤维材料产业化研究"等课题研究。围绕竞争力提升，完成"宝钢集团广东韶关钢铁有限公司(简称韶关钢铁)竞争力提升方向与持续改善指标体系研究"。

2016年，规划发展部(经济与规划研究院)围绕"一带一路"倡议，将"环印度洋"概念纳入海外发展战略，完成《"一带一路"国际产能合作宝钢行动方向》《未来五年海外钢铁项目投资合作——方向选择与初步清单》等报告。挖掘内部各生产单元之间的协同效应，围绕钢铁主业，完成宝钢集团棒线材、高端长材、中厚板等产品产线的协同方案研究策划；围绕专业化整合，完成《八一钢铁经济运行及整合发展总体方案》《宝钢发展有限公司(简称宝钢发展)业务优化方案》《上海梅山钢铁股份有限公司(简称梅钢公司)专业化整合方案》。开展转型系列方案研究和策划。产网结合方面，完成《上海国际矿石交易中心码头物流平台方案设计》《宝钢关于参与共建上海大宗商品交易中心方案设想》。产城结合方面，结合宝钢集团城市新产业的发展，组织完成《宝钢做大做强环保产业策划方案》《梅钢公司、梅山公司专业化整合发展方案》《宝钢"十三五"(2016—2020年)参与全国碳排放交易研究项目》；结合吴淞地块转型发展，开展宝钢不锈钢区域产业转型和定位研究。产融结合方面，以产业和金融耦合式发展为导向，研究探索产业金融的增长空间，完成《关于设立冶金资产管理公司的系列方案研究》《关于集团公司设立股权投资基金的方案研究》。

2000—2016年，宝钢集团战略规划部门完成决策方案研究与策划220余项。

三、前瞻性战略研究

2000年，战略发展研究室围绕新组建的宝钢集团如何科学合理地进行资源优化配置、产品结构和产能布局调整，使其成为中国钢铁生产精品基地以及钢铁工业新工艺、新技术及新材料开发的主要基地，与国家冶金局冶金经济发展研究中心合作，进行宝钢集团钢铁业战略重组研究。

2003年，战略发展部开展中国钢铁业未来发展导向研究。提出为引导中国钢铁业的良性发展，政府须积极发挥能动作用，采用主动干预和间接引导相结合的调控措施，加强和改善钢铁产业宏观调控机制，并提出宝钢在钢铁主业方面进一步发展的建议。2004年，开展钢铁主业未来持续竞争优势研究。提出宝钢持续发展战略体系，即确保成长动力(在规模和技术方面寻求突破、打造战略供应链)；保持组织活力(持续推动管理变革、追求员工与企业共同发展)；提升品牌形象(发展循环经济、建设诚信文化)。2006年，形成《钢铁产业安全与产业重组问题研究》《2010年中国钢材市场需求预测》《宝钢核电用钢发展战略研究》等专题研究报告。"钢铁产业安全与产业重组问题研究"课题，分析了国内钢铁产业组织现状及全面对外开放条件下可能产生的国家产业安全风险，提出应采取的风险防范政策建议。"2010年中国钢材市场需求预测"课题，对钢材市场需求预测方法进行研究，搭建中国钢铁业区域产能、产量与结构、需求总量与结构的分析平台。"宝钢核电用钢发展战略研究"课题，提出核电用钢在宝钢产品体系中的战略定位。

2009年，经济管理研究院开展环境经营研究，主要有：新能源行业的崛起对宝钢的影响及对策研究，二氧化碳减排对宝钢可持续发展的影响及对策研究，宝钢兼并收购活动中的环境、安全、健康和社会风险识别及对策研究等，探究新能源产业带给宝钢的产品机会、产业机会等。瞄准钢铁业未来发展方向，围绕影响未来钢厂可持续发展的资源、能源和环境问题，提出将湛江钢铁基地的循环经济规划定位于建设成为资源化、低碳化、生态化的钢铁基地。开展宝钢全球性发展研究，完成"世界主流钢铁企业国际化发展模式及其对宝钢的借鉴研究""宝钢追随下游产业国际化机会研究""宝钢在中东钢管市场产业机会、风险与策略研究""宝钢在中亚地区产业机会、风险与对策研究"等4个研究项目。2013年，加强新产业研究力度，完成《宝钢分布式能源系统盈利模式研究》《垃圾焚烧发电市场及技术发展趋势》《水锂电池新技术分析及产业化思考》等研究报告，为宝钢向新产业转型提供选择方向。完成"信息产业新业务市场及发展模式——平台经济"项目研究，为宝钢钢铁电子商务平台建设提供支持。完成"宝钢服务转型突围战略研究"项目，为宝钢从制造到服务转型提供建议。完成《环境经营：宝钢提升可持续竞争力的战略选择》《宝钢绿色制造与国家环境新标准对标分析及提升方向建议》《一个有待开发的环保产业新领域——土壤修复产业》等研究报告，为宝钢在节能、环保领域的决策提供支持。完成《中国钢铁工业阶段特征和转型发展方向》《如何成为微利时代的成功钢铁企业》等研究报告。2015 年，围绕“一带一路”倡议，完成《“一带一路”国际影响与宝钢策略》《“丝路”经济带战略中新疆产业发展机遇与宝钢产业机会研究》等研究报告。围绕并购重组战略，开展“2020 年前中国钢铁行业盈利前景和主要钢企（宝钢、武钢、首钢、鞍钢、河钢、沙钢）抗压能力的情景分析”等研究。围绕绿色发展战略，完成《碳峰值约束下宝钢碳排放总量控制对策研究》《钢铁企业转型过程中需关注的重点问题及关键要素分析研究》《低碳绿色冶金工艺模型研究》等研究报告。

2016 年，规划发展部（经济与规划研究院）开展对“一带一路”沿线国家投资环境分析研究，提交巴基斯坦、印度、泰国、印度尼西亚、马来西亚、墨西哥等国投资环境分析与建议，并提出打造中国钢铁业“一带一路”产能合作——产融结合平台基金的构想。完成《宝钢全球化总体架构设想》《中巴经济走廊——新疆调研报告》《宝钢印度钢铁发展线路图》等研究报告。完成《“十三五”时期宝钢钢铁板块实施兼并重组的战略意图》报告，为宝钢集团开展联合重组提供前期决策参考。

2000—2016 年，宝钢集团战略规划部门完成前瞻性战略研究 260 余项。

四、改革方案设计

2014 年，经济管理研究院完成对八一钢铁、韶关钢铁、宁波钢铁有限公司（简称宁波钢铁）、宝钢德盛不锈钢有限公司（简称宝钢德盛）等 4 家企业兼并重组评估报告，为宝钢未来重组兼并提供借鉴。开展“十三五”期间宝钢兼并重组策略的对象扫描，完成《宝钢是否、何时、如何开展兼并重组》报告，为宝钢集团开展联合重组提供前期决策参考。开展“国有企业改革及宝钢应对工作”研究，为宝钢集团提供决策依据。2015 年，重点研究宝钢集团网络型管理体系，策划协同管理运作方案。开展宝钢集团范围内特钢产线平台化协同运作方案研究，为宝钢特钢有限公司（简称宝钢特钢）对韶关钢铁长材的专业化整合提供支撑。

2016 年，规划发展部（经济与规划研究院）按照国有资本投资公司的定位要求，研究设计宝钢集团改革方案。先后完成招商局集团有限公司、华润（集团）有限公司、中粮集团有限公司、新兴际华集团有限公司、国家开发投资公司等国有企业改革案例研究和《国有资本投资公司能力要素分析报告》，参与《宝钢国有资本投资公司试点方案》编制。

2014—2016 年，宝钢集团战略规划部门完成改革方案设计 10 余项。

第二章 运营管理

1998年11月上海地区钢铁企业联合重组后，宝钢集团对钢铁主业实施一体化管理，推广和复制宝钢股份的管理模式，为提升宝钢集团整体竞争能力奠定了基础。同时，在管理创新、风险管控、信息化管理等方面，不断创新实践，积累了宝贵的管理经验。为强化战略管控，提高运作效率，降低运营成本，宝钢集团对总部实施管理变革，通过深化改革，激发企业整体活力，增强企业资源配置和价值创造能力。

第一节 管理创新

围绕提高劳动生产率、增加效益、增强活力，宝钢集团创新管理理念和方法。在集中一贯管理模式下，宝钢的管理流程不断优化，业务部门持续精简，人员技能稳步提高，管理费用逐年降低。在钢铁主业实施一体化管理，推广和移植宝钢股份的管理模式，使宝钢集团内其他企业的管理水平同步提升。根据发展需要，适时推进集团总部管理变革，打造高效总部。大力推进管理创新成果总结，屡获殊荣。

一、集中一贯管理

宝钢从学习日本钢铁企业管理模式入手，结合中国企业的特点进行创新，摸索出一套"集中一贯管理"的新体制。所谓"集中"，是指纵向生产管理功能的高度集中，即企业的主要管理权力和管理业务集中在公司，实行统一指挥、统一经营；所谓"一贯"，是指前后工序的有机衔接，即企业从接到合同开始到完成合同为止的管理业务，从原料进厂到成品出厂为止的所有工序，统一由生产管理部门实行一以贯之的管理。生产厂厂长只管3件事：抓好生产，带好队伍，掌握同行业信息并提出赶超世界水平的建议。宝钢根据用户的订货合同，通过计算机管理系统，对所有涉及的部门和生产线实行从原料到成品统一计划、安排生产，以保证100%完成合同。各生产厂则按公司下达的计划生产，不能欠产，也不鼓励超产。欠产意味着完不成合同，超产将造成库存积压，白白占用资金，影响企业经济效益的提高。为保证宝钢集中一贯管理体制的运行，宝钢推行"以作业长制为中心、以标准化作业为准绳、以设备点检定修制为重点、以计划值管理为目标、以自主管理为基础"的五制配套基层基础管理体系。

1998年11月上海宝钢集团公司成立后，以作业长制为中心的"五制配套"基层管理模式在宝钢集团上海第一钢铁有限公司(简称宝钢一钢)、宝钢集团上海浦东钢铁集团有限公司(简称宝钢浦钢)、宝钢集团上海五钢有限公司(简称宝钢五钢)和宝钢集团上海梅山有限公司(简称宝钢梅山)强势推进。宝钢一钢于2002年8月15日在型钢厂和动力厂部分试点推进作业长制。2003年1月—2004年9月，作业长制由点到面推进，先后在炼铁厂、炼钢厂、热轧厂、能源环保部(原动力厂)、制造管理部和先期试点的型钢厂等部门全面推进。2004年9月14日，宝钢一钢成立作业长研修会，在炼铁厂、炼钢厂、热轧厂、能源环保部、型钢厂相继成立作业长研修分会。宝钢浦钢于2000年9月在型钢厂开始推进作业长制，取消科室，实行加工费工资总量包干和工序吨钢工资承包、中小型加工标准成本细化管理、小指标竞赛激励，管理节奏明显加快。由于突出作业长地位，使问题能在基层及时解决。主要技术骨干调离科室，在一线发挥作用，加强现场力量。检修与生产的矛盾得到缓解，检修做到全天候服务。宝钢梅山于 2004 年 3 月开始推进宝钢股份基层管理经验，制造管理部负责作业长制推进工作。制造管理部和设备部牵头完成公司各生产厂生产作业区和设备点检作业区的划分以及作业长人数配置的方案，共设置生产运行作业区 159 个，设备点检作业区 50 个，配备作业长 213 名。2008 年 10 月开始，在设备公司、汽运公司、新事业分公司和资源公司推进作业长制。

2008 年 11 月 20 日，宝钢股份宝钢分公司（简称宝钢分公司）与八一钢铁就作业长推进工作进行首次视频交流，在八一钢铁推广宝钢集中一贯管理模式。

2011 年，宝钢股份下发《职能部门强化基层管理工作 2011 年度推进计划》，加强对各单位的指导和支撑服务，进一步提高基层管理“PDCA＋认真”推进机制的有效性；通过作业长教程编写等多种途径、多种手段提升作业长能力；持续推进现场可视化管理，促进员工行为养成，各事业部、子公司按照公司要求，结合各自情况，有序开展相关推进工作；以问题的根本性解决为目标，提升六西格玛精益运营项目的实效性；重点推进作业区自主管理成果发布工作，使自主管理活动真正成为现场改善活动的有效工具。

2012 年，宝钢股份推进机构精简工作。根据管理和业务需要，宝钢股份成立员工服务中心，面向员工提供统一、专业、标准化的高效服务；减少不锈钢事业部业务块设置，归并相近业务，使事业部机关职能部门的下设机构从 35 个精简为 21 个，精简幅度为 40％，管理效率得到明显提高。

2013 年，宝钢股份探索、策划宝钢湛江钢铁有限公司（简称湛江钢铁）管控模式，就子公司、分公司、分厂等 3 种基本模式分别进行利弊分析，重点设计分厂模式（即“一厂管一厂”模式）下不同的管理方式，包括延伸管理、属地化管理、直接管理，提出相关配套机制需求。根据上海宝山地区产业结构调整，实施不锈钢、特钢业务管理切换。深化管理变革，完善责任体系，推进客户中心机制建设，具体举措包括：组建工程材料销售部，探索以重大工程材料销售来巩固现有钢材产品销售，以独有产品和领先产品带动同质化产品销售；试点大客户总监，建立上海汽车工业（集团）总公司（简称上汽集团）服务团队，提升服务品质，增强跨部门、多品种协同能力；专项调研厚板销售供应链价值和效率运行状况。同时，宝钢股份着眼于提高管理运作效率，开展重点用户服务。优化厚板销售供应链，撤销船板公司并将其相关业务、资产、人员分别纳入厚板部、运输部管理，缩短产品供应链、提升运营效率。通过完善研发管理体系，推进产研结合。在炼铁、炼钢、热轧、冷轧等区域，实施产品研究所负责人兼职生产厂副职或相应职务，建立以生产厂重点关注内容为主的绩效评价管理机制。推进部门机构业务整合，通过对运营改善部、财务部、投资管理部、科技发展部等下设机构进行优化，相关职能部门精简幅度为 31％。优化海外管理业务，将宝钢美洲贸易有限公司的“设备备件部”更名为“多元业务发展部”，并拓展其业务范围。

2014 年，宝钢股份着重于优化组织管理，通过探索、建立分行业、团队化的大客户服务模式，快速响应和满足特定客户的一揽子需求，拓展服务增值空间，促进产品价值的提升。先后成立面向国内六大汽车集团和六大民族品牌按区域划分的 4 个汽车行业大客户服务团队，面向造船行业的大客户服务团队，以及面向家电行业的大客户服务团队。通过整合热轧、厚板销售业务以及相关产品的技术服务管理，成立热轧板与工程材料销售部，加强热轧与厚板产品的协同销售能力，提升内部信息共享及决策速度。通过统筹策划和调整现货销售运行模式，进一步挖掘并提升现货价值。试点将碳钢薄板现货销售从上海宝钢国际经济贸易有限公司（简称宝钢国际）调整到营销中心，加强现货、期货资源的调整以及电子商务平台的运作，并加强现货的仓储和物流管控，提升现货的仓储配送效率。通过完善组织绩效考评，推进重点工作项目管理，强化目标责任制。围绕“导向新一轮规划目标的实现”“促进湛江钢铁项目责任的落实”“强化日常绩效的沟通与辅导”和“提高绩效结果运用的有效性”等，系统策划、推进组织绩效管理，有效支撑宝钢股份规划及年度预算计划目标的实现。

2015年，宝钢股份注重提高管理运作效率。运营改善部根据国务院《关于全面深化国企改革的指导意见》，并结合公司实际情况，提出从成本削减、机构精简、人力资源效率提升等方面着手，稳妥地推进相关改革举措，以破除公司发展的体制机制障碍，激发员工活力与潜能，进一步改善公司的经营绩效，实现国有资产保值增值。同时，大力精简机构，将战略管理部和科技发展部整合为规划与科技部；将投资管理部、工程管理部整合为新的投资管理部；撤销员工服务中心机构建制；将人力资源日常管理业务，统一集中到宝钢集团人力资源服务中心，推进人事共享服务向专业化、标准化转变。推进事业部和子公司改革。钢管条钢事业部以“精干、高效”为原则，实施钢管条钢事业部下属子公司一体化运营，重点推进扁平化管理，精简二级部门、优化岗位设置；宝钢国际撤销下设的资产管理部和物流管理部，以满足业务集约化发展的需要。积极布局境外业务。从市场开拓、有效服务用户等角度出发，在宝钢新加坡有限公司新增印度尼西亚代表处；在宝和通商株式会社新设高雄事务所；在加拿大新设卡尔加里代表处；在宝钢欧洲有限公司试点成立欧洲技术服务中心。

2016年，宝钢股份对业务部门和直属厂部下设的二级机构进行精简。通过业务合并、层级压缩、专业化集中等方式，分3批实现总部二级机构的精简，精简率9.10%（年度目标为7%）。其中，运营改善部牵头，建立有关推进机制，整合公司能源管理体系；指导并参与事业部、子公司的机构精简工作。运营改善部制订下发《宝钢股份瘦身健体行动方案》，进一步明确工作目标、具体举措及推进机制。年内，宝钢股份启动梅钢公司采购、营销相关职能向集中管理模式转变工作。运营改善部按照专业集中、直接管理，模式统一、全面覆盖，精干高效、按需设岗，分步实施、平稳过渡的原则，系统策划梅钢公司营销、采购相关职能集中管理的方案，并稳步推进各项举措的实施。

宝钢在生产准备阶段就通过学习日本钢铁企业管理模式，摸索出一套“集中一贯管理”的体制，投产后在生产一线推行“以作业长制为中心、以标准化作业为准绳、以设备点检定修制为重点、以计划值管理为目标、以自主管理为基础”的五制配套基层基础管理体系，保证了生产经营全过程的稳定顺行。1998—2016年，宝钢集团顺应从以“生产为中心”“财务为中心”到“以客户为中心”等的重大战略转变，通过在基层持续不断地推进“PDCA＋认真”、机构精简、探索推广分厂模式、实行大客户服务模式、推进产销研一体化、提升人力资源效率等一系列管理变革举措，最终达成了宝钢集中一贯管理模式下“管理流程不断优化、业务部门持续精简、人员技能稳步提高、管理费用逐年降低”的良性循环。

二、钢铁主业管理一体化

1998年11月上海地区钢铁企业联合重组后，宝钢集团把建设钢铁生产精品基地和钢铁工业新技术、新工艺、新材料研究开发基地作为产业发展的战略方针。为发挥钢铁主业各单元之间在研发、采购、产销、财务等方面的协同效应，决定实行钢铁主业一体化运作。

联合重组之初，宝钢集团采取适度放权的管理模式，总部不直接从事具体的生产经营活动，而是以资产经营和管理为主，对钢铁主业各单元的管理实行6个统一：统一制订战略规划，统一制订技术创新和产品开发规划，统一协调子公司大宗原燃料的采购、产品互供和市场营销，统一安排重大技术改造项目，统一规划建设资金使用，统一协调子公司进出口业务和境外经营业务。2004 年 1 月 8 日，宝钢集团提出“加大改革力度，在一体化运作上要有实质性进展，突破各种障碍，推广宝钢股份的现代化管理模式”；3 月 19 日，宝钢集团召开推广宝钢股份现代化管理动员会，全面启动一体化推进工作。至 2005 年，宝钢集团建立起钢铁主业一体化运作体系。

【一体化运作】

2005 年 5 月，宝钢集团将宝钢一钢、宝钢五钢和宝钢梅山等子公司钢铁生产体系的资产整体注入上市公司——宝钢股份，并推进销售、采购等领域的流程整合，将这些企业整合成为一个紧密联系的有机整体。在销售领域，为发挥各钢铁制造单元之间在产品销售、联合排产、半成品互供等方面的协同效应，宝钢股份对销售流程进行整合，对钢铁产品的资源、用户、价格、渠道等进行统一管理，并推进产销研一体化运作，建立覆盖所有钢铁制造单元的钢管及长材、硅钢、厚板、热轧、不锈钢、冷轧、汽车板等 7 个产销研工作推进组，在重点产品的市场策划、产品质量提升、新建生产线的产能与品种拓展、生产线合理分工和资源优化配置，以及公司内部技术资源与经验能力的共享等方面开展工作，发挥协同效应。在采购领域，为发挥各钢铁制造单元之间在采购价格谈判、物流等方面的协同效应，宝钢股份以采购金额大、供应商谈判能力强的铁矿石等大宗原燃料为突破口推进集中采购，推行采购管理标准、采购技术标准、物流管理、信息系统和供应商管理等 5 个方面的统一。在大宗原燃料集中采购稳定运行的基础上，将集中采购的品种范围扩大至大宗物资、标准件和通用件，发挥规模经济的优势，降低总成本，保障供应。宝钢股份从战略协同、文化协同、管理协同、资源协同和产销研一体化等 5 个方面全面展开推进工作，初步形成协同工作流程和体系，初步建立钢铁主业一体化运作管理模式。形成统一、规范的采购供应管理流程：在大宗原燃料实施集中采购基础上，形成统一的原料采购供应体系，制定统一供应商评价标准、统一废钢采购与验收标准，实现各钢铁生产单元间原料统一调拨；采购供应链项目建设稳步推进，一体化采购成本效益显现。构建一体化营销服务平台：基本实现碳钢产品用户、价格、渠道、服务统一管理，在统一谈判、统一渠道、统一技术标准和统一安排生产基础上，碳钢热轧产品全部通过地区公司、境外公司平台销售，并建立起碳钢热轧产品统一销售信息系统。此外，宝钢分公司钢管厂、烟台鲁宝钢管有限责任公司(简称鲁宝钢管)实现钢管产品统一销售服务和资源优化配置。初步形成一体化财务管理体系：根据资产范围变化，建立适应一体化运营管理的预算管理模式，形成规范、有效的财务管理制度；利用现金集中管理平台，优化融资结构，降低运作成本；建立统一的外汇风险应对机制，实现外汇风险有效控制；在保障企业各项业务有序开展基础上，提高财务决策支持能力。同年，钢铁主业一体化支持系统相继投入运行，分别建成宝钢集团和宝钢股份资金管理系统、关联交易信息管理系统、合并报表系统，以及财务、人事、办公自动化、原燃料集中采购、工程设备进口、工程设备国内采购、备件资材采购业务支持系统和碳钢热轧产品统一销售支持系统。采购供应链系统进入调试阶段，原料采购物流管理控制系统、外部信息资源网投入使用。

2006 年，宝钢股份确立“集中与授权”相结合的规范、分层、信息透明的管理模式，将业务发展策略、运作模式、标准、规范、制度等涉及全局性和策略性的工作集中，由总部相关职能部门归口管理，而将各项业务的执行性工作授权子(分)公司组织实施。对组织机构进行局部调整和完善：成立科技发展部和知识资产部，强化技术创新三大体系推进，使策划与管理的效率得到提高；在财务部新设子公司管理业务块，使子公司监管体系进一步完善；在系统创新部增设设备管理业务块，负责设备管理的总体策划、协调推进与检查评估，强化设备管理协同优势；在宝钢分公司成立硅钢部，整合硅钢技术资源，确保硅钢工程投产。深化产销研一体化运作：成立钢管、长材、硅钢、厚板、热轧、不锈钢、冷轧、汽车板、特殊钢等9个产销研工作推进组，以一体化协同为目标，改变过去单一制造单元“一对一”的产销研小组工作模式，实现覆盖所有制造单元、所有产品系列“一对多”扁平化的推进模式。完善采购供应一体化管理：建立以原料价格体系为核心的采购市场分析策划平台；全面推行寻源、执行、管理“三位一体”原燃料采购模式，存货周转速度加快，采购效率提高；推进原料采购“五统一”(统一管理标准、统一技术标准、统一采购供应信息系统、统一供应商管理、统一物流运行)，建立物流系统总成本计算模型；优化供应商队伍，与大宗原材料战略供应商采购比例接近80%；统一采购代码，完善采购信息系统，促进资材备件采购一体化，基本实现大宗资材备件集中采购；完善工程设备一体化采购，健全管理体系。强势推进宝钢现代化管理：按照“系统策划、重点突破”推进原则，着重从管理体制和体系、基础管理、专业管理等方面推进宝钢现代化管理技术和经验，以点带面，由面到片，提升不同制造单元的管理水平。针对影响子(分)公司生产现场管理水平提升的薄弱环节，实施10多项重点攻关项目，打通管理瓶颈，增强协同效应。选择重点生产区域，推进系统优化和集中一贯管理，并深入推进六西格玛精益运营管理，重点在研发、生产、客户服务及采购供应等领域推进。其中，有5个项目入选“全国优秀项目”，并连续3年获“全国六西格玛推广先进企业”称号。各单元开展跨厂际、同工序对标劳动竞赛，促进了现代化管理技术的推广融合。推进信息系统建设：宝钢股份采购供应链系统成功上线，宝钢美洲贸易有限公司、宝钢欧洲有限公司企业资源规划系统相继上线试运行，物流管控、工程项目管理、财务管理、营销体系、人力资源以及经营管理一体化等信息系统稳步推进。

2007年，宝钢股份集中推进产销研一体化、集中采购、一体化销售、技术移植与推广、管理一体化、管理技术推广、信息化建设七大类43个一体化协同工作项目。

2008年，宝钢股份从营销、财务、采购、建设、人力资源、技术创新、协同办公平台、数据仓库、基础设施、运营维护和代码管理等方面，推进一体化经营管理系统及其配套项目建设，稳定并优化新上线系统的运行及功能发挥。主要有：

推进用户服务一体化协同。宝钢股份推出一系列举措，实现用户服务一体化。以碳钢体系为主形成的用户服务模式，是宝钢持续提升核心竞争力的重要手段之一。随着“精品＋规模”战略的推进，不同产品体系的用户服务能力和管理水平能否协同共进显得尤为重要。宝钢股份建立用户抱怨接收处理和协调机制，形成统一、规范的处理路径，并逐步在不锈钢、特殊钢等体系推行。同时统一组织技术交流和异议处理，规范异议录入系统，从而达到改进服务质量、提高服务效率的目的。与此同时，向用户单位派驻客户代表等特色服务向碳钢外的产品体系延伸。2004年推出客户代表制后，客户代表们坚持贴身服务，密切跟踪产品使用情况，快速解决问题，成为宝钢联系用户的重要桥梁和纽带。拓展客户代表的服务范围，全面覆盖不锈钢、特殊钢体系，碳钢体系中的用户满意度调查管理，也向不锈钢、特殊钢两大体系移植、推广，并纳入统一的管理渠道。在此基础上，探索标准化的用户服务模式，包括梳理不同品种管理部的职责和工作流程，建立相应的管理制度和服务部门以及人员评价体系；制定服务标准，建立用户服务人员与用户交往的行为规范等，提升宝钢用户服务的品牌形象。

提高财务一体化管理能力。宝钢股份启动“财务一体化信息系统三年行动方案”，并同时推出财务一体化绩效指标评价体系，以满足快速决策的需要。宝钢股份形成由若干个品种管理部组成的全新产销研管理运作体系。作为钢铁主业一体化的重要组成部分，财务一体化的推进面临着流程整合、系统集成、人力资源结构性短缺等难题。为满足多个制造单元财务管理的需要，宝钢股份以提升财务管理覆盖整合、决策支持、成本竞争、资金保障、风险控制、资产经营等六大能力为目标，推出财务一体化绩效评价指标体系。具体包括财务现代化管理推进等8项行动方案、会计报表报送及时率等10个体系绩效指标、罗泾项目收购处理及财务管理衔接和整合等12项重点工作。

仓储配送一体化整合。宝钢资材备件仓储配送系统实施一体化整合一年，实现了资源有效配置、资金合理使用，管理效率大幅提高。为推进一体化平台建设，仓储配送公司先后梳理了物料仓储供应过程控制等101份管理文件，清查了近900项固定资产；建立了覆盖一体化平台的信息自动化系统。各子(分)公司原来在铁合金、通用备品备件等资材管理中都要进行安全备库，占用了大量资金。通过一体化平台，实现了相关资源的合理灵活配置。

资材备件采购一体化协同。随着集团范围内新建项目相继投产、达产，宝钢资材备件采购业务量急剧增长，采购供应任务艰巨。为此，资材备件采购部通过推广资材备件采购供应管理体系、深化一体化协同等举措，全面完成采购供应任务，确保全年实现降本目标。

钢管销售全面实施一体化管理模式。钢管品种管理部统一制订了海外市场走访计划，为用户提供“一站式”服务。同时，以一贯制技术为支撑，对宝钢分公司钢管厂、鲁宝钢管、特殊钢分公司精密钢管厂等产线进行资源优化配置，全面提升宝钢钢管在国际市场上的竞争力。欧美地区的贸易壁垒给宝钢钢管出口增加了难度，为应对挑战，钢管品种管理部充分发挥宝钢一体化协同效应，加强与各生产单元和境外公司的沟通协作，采取建立钢管境外市场预警机制、扩大非敏感地区的出口份额等一系列有针对性的营销措施。对可能发生的贸易风险，钢管品种管理部积极与用户沟通，优化产品供应结构，将外销产品定位为高技术含量、高附加值。完成中口径直缝焊管(HFW)套管出口，其中K55高钢级HFW石油套管实现批量出口，宝钢成为国内首个具备该产品供货能力的钢铁企业。宝钢先后通过壳牌公司、沙特阿拉伯石油公司、厄瓜多尔石油公司等企业的管线管工厂认证，具备向这些用户批量供应HFW管线管的条件；通过德国GKN公司管理体系认证，解决了精密钢管厂向该公司供应汽车管管坯原材料的问题，进入其供应商名单。

棒线材产销一体化推进。宝钢股份销售中心、特殊钢分公司销售部全面实施“特殊钢分公司棒材、线材产线产销一体化推进”项目，目的在于提升营销管理水平、优化管理方法，促进宝钢同类产品产销管理的协同发展。销售中心针对薄弱环节，相继为特殊钢分公司开展了销售预案、供需平衡、产能编制等系统培训，收到良好效果。特殊钢分公司开展月度销售预案和供需平衡工作。信息收集和市场分析方法的改变，使特殊钢产品定价更具科学性；实现按资源周期订货，并制作了日生产情况跟踪表，动态掌控产销匹配情况；棒材、线材产品纳入宝钢股份统一销售平台，优化用户跟踪管理方法以及用户需求计划档案。通过项目移植，特殊钢分公司棒材和线材产能得到进一步释放，生产成本得到有效控制，直销比大幅提高。另外，特殊钢分公司和宝钢分公司的线材产品还实现了品种规格、用户群体的优势互补，为发挥一体化协同效应、提升整体竞争能力奠定了基础。

研发体系一体化整合。宝钢股份整合不锈钢领域研发力量，宝钢研究院不锈钢技术中心挂牌成立。该技术中心主要职责包括宝钢分公司、不锈钢分公司、特殊钢分公司、浦钢公司等生产单元的不锈钢新品开发和用户技术研究，支撑各不锈钢制造单元同类产品质量持续提升的冶金工艺技术优化研究，支撑各不锈钢制造单元冶金工艺开发和应用技术研究，新产品和新技术的推广应用等。通过建立以宝钢研究院为主体，产销研和产学研紧密结合的研发体系，形成“前沿、重大、基础研究”和“现场、市场产品技术研究”相结合的运作模式，提升在不锈钢领域的自主研发能力。

统一平台接受用户评判与监督。宝钢股份用户满意度调查在统一的平台上接受用户的评判与监督,提升企业整体服务水平。过去,各个制造单元都有各自独立的用户满意度调查形式,但在用户分类上存在差异。为推进一体化销售管理,宝钢股份销售中心决定将先进的碳钢用户满意度调查体系向特殊钢、不锈钢体系推广移植,并结合这两大体系的特点,有针对性地细化相关调查内容。推行用户满意度调查一体化管理,实现了对宝钢所有产品战略用户的全面覆盖,对优化用户结构、提升企业整体管理水平、构筑与用户和谐双赢的合作关系具有重要意义。

厚板"一揽子"配套供货。宝钢国际上海宝钢宝山钢材贸易有限公司探索厚板营销服务新模式,为国内重大工程项目提供不同品种、规格、数量厚板的"一揽子"配套供应服务。总部设在德国的TGE气体工程公司中标国家重点工程——镇海炼化乙烯工程首期3万立方米和2万立方米球罐项目。首期球罐项目所需厚板1 280吨,厚度从6毫米至38毫米不等,品种规格达27个。如果通过多家供应商采购,不仅周期长、成本高,而且建设工期和质量难以保证。宝钢国际上海宝钢宝山钢材贸易有限公司密切跟踪,依托承担国内多家厚板生产企业代理分销商的平台优势,承诺为用户提供整体配套供货和"一站式"服务,获得TGE气体工程公司的赞许。这种按产品规格分类,采取高端产品以宝钢为主、中低端产品以其他钢厂为辅的配套供应模式,不仅实现了国内厚板生产企业在同一工程项目中的产品互补,也避免了用户多方采购带来的不便,一次性满足了用户的多层次需求。

推进协力管理一体化。宝钢股份协力人数已超过正式员工,协力管理成为日常生产经营活动的重要组成部分。宝钢股份明确了协力管理一体化目标:2008年,厘清业务、摸清家底,加强安全管理、优化资源配置、加强信息化管理;2009年,重点推进管理优化,提升协力劳动效率和协力队伍素质。具体措施包括:组织各单位协力业务管理人员到宝钢分公司轮岗见习等专项培训;对各单位和各协力供应商安全管理体系进行评估,制订具体推进计划;各单位制订2008—2010年专业化协力推进计划;完成协力合同梳理工作,调整和优化归口管理部门;规范用工行为,加快消除混岗作业现象;规范准入标准,协力人员100%通过岗前培训和安全教育;整合协力供应商,提高资源集中度,并建立协力供应商第二方审核机制;在人力资源信息系统平台开发协力管理模块,初步实现协力业务、人员、供应商的信息化管理。不锈钢分公司、特殊钢分公司分别与宝钢分公司人力资源部、宝钢股份系统创新部等职能部门签订了协力管理一体化管理技术推广协议。

2009年,宝钢股份建立科研资源共享平台,推进一体化营销,将协力管理列入一体化推进范畴等。主要有:

建立科研资源共享平台。宝钢股份梅钢公司热轧产品黑线缺陷困扰生产。通过科研资源共享平台交流,梅钢公司得知宝钢研究院前沿所拥有一台高温成像仪能动态显示试样在高温条件下的金相组织变化,随即通过共享平台发出求助需求。宝钢研究院前沿所闻讯后积极配合,通过高温金相实验帮助梅钢公司找到了缺陷产生的原因。一体化运作使宝钢科研资源在各单位间"流动"起来,各成员单位知己知彼,一旦需要某种科研资源就可借助于共享平台互通有无,实现各类资源的充分有效利用。

一体化销售系统覆盖特钢事业部。上海汽车工业物资有限公司是上汽集团的集中采购平台,是宝钢的战略用户。在此之前,上汽集团的物资一直通过特钢事业部直接采购。3月,宝钢国际上海宝钢钢材贸易有限公司针对特钢事业部战略用户需求和采购操作模式进行了专题调研,并在"宝时达"营销平台上增加了特钢事业部期货销售项目,4月,完成对特钢事业部销售系统的切换。5月,上海汽车工业物资有限公司首次向宝钢国际上海宝钢钢材贸易有限公司订购宝钢特钢事业部期货产品近万吨,产品覆盖轴承钢、齿轮钢、弹簧钢等全部种类,标志着宝钢一体化销售系统实现了对特钢事业部的全覆盖。

发挥汽车板营销与服务一体化优势。4月，宝钢股份销售中心汽车板部召开汽车板营销与服务专题推进会，提出以区域为单位开展汽车板营销服务一体化工作的管理创新思路，即发挥销售中心、地区公司、加工中心一体化协同优势，强化合作与信息共享，稳步提高市场占有率。具体专项工作包括深入推广汽车零部件管理、提高用户期货合同重复订货率、降低合同现货比、强化汽车超高强钢市场营销、发挥高强钢专用生产线投产的优势等。

一体化营销管理系统覆盖宝钢股份黄石涂镀板有限公司(简称黄石公司)。4月，宝钢一体化销售和物流管控系统全面覆盖地处湖北的黄石公司。黄石公司经过多年发展，已建立比较独立的销售信息化系统，但管理功能相对单一。随着新建产线投用，黄石公司迫切需要改变原有模式，提升营销管理水平。宝钢股份销售中心、系统创新部、技术质量部与上海宝信软件股份有限公司(简称宝信软件)、宝钢国际组成系统开发团队，深入分析、梳理其业务流程，并对相关人员进行了现场培训和指导，不仅使黄石公司产品实现在一体化平台上的统一销售，而且促进了该公司营销管理的规范，为企业产销平衡创造了有利条件。

宝钢国际推行区域一体化管理。宝钢国际国内营销服务网点遍布全国各地，为从体制、机制上改变以往各自为政的现象，年内依托华东、南方、北方、西部、华中等五大地区公司，宝钢国际发挥已有区域营销平台在规模、产品结构、技术服务和管理等方面的综合优势，按照满足用户需求、流程驱动、资源配置最优化、销售服务绩效和管理效率最大化等五大运行原则，推出区域一体化管理模式。通过实施市场开发、资源调配、价格协调、服务模式设计等创新举措，在区域内加快形成了统一的市场营销主体和管理体系，有效提升了宝钢产品的综合竞争力。

建设能源一体化通廊。宝钢浦钢搬迁罗泾工程(简称罗泾工程)地处宝钢股份(本部)北面，罗泾工程各制造单元相继建成投产后，宝钢股份加快了直属生产厂至罗泾的能源一体化通廊系统建设，2008年建成能源大动脉。能源一体化北部通廊系统开通一年多发挥了重要作用，不仅实现了煤气、氧气等主要生产用能源介质的平衡互供和安全运行，而且还创协同效益1亿多元。

推进协力管理一体化。2月，不锈钢事业部炼铁厂与宝钢一钢协力部签订《协力管理一体化推进项目协议》。项目开展前期，双方针对协力作业运作和管理中存在的问题，结合作业、设备管理、人员绩效评价等工作，制订了具体的项目实施计划。在项目推进过程中，还建立了项目组推进例会及作业区日常沟通机制，并在各协力单位中推广员工绩效评价模式，推进协力管理一体化工作。

2005—2016年，宝钢集团将宝钢一钢、宝钢浦钢、宝钢五钢和宝钢梅山等子公司钢铁生产体系的资产整体注入上市公司——宝钢股份，并推进销售、采购等领域的流程整合，将这些企业整合成一个紧密联系的有机整体。通过集中推进产销研一体化、集中采购、一体化销售、技术移植与推广、管理一体化、管理技术推广、信息化建设七大类43个一体化协同工作项目，从营销、财务、采购、建设、人力资源、技术创新、协同办公平台、数据仓库、基础设施、运营维护和代码管理等方面，推进一体化经营管理系统及其配套项目建设，稳定并优化新上线系统的运行及功能发挥。实现了原材料、资财、资金、人员、科研、管理技术、信息等资源的灵活配置和合作共享，为在集团层面充分发挥一体化协同效应，提升宝钢集团的整体竞争能力奠定了基础。

【一体化采购】

2004年2月5日，宝钢集团成立采购中心，与宝钢国际矿业事业部、金属资源事业部、物流事业部一起实施集中采购。同时，调研并推进大宗原燃料采购供应链管理信息系统开发；培养和建立精干高效、集中采购管理专家团队和技术、业务骨干人员队伍；推进与国内外煤炭、矿石供应商进行资源开发合作项目实施，对战略资源采用投资方式确保供应；扩大和完善国内废钢资源基地建设，逐步建立不锈钢废钢资源采购与供应渠道；重点研究煤炭资源国内港口、航运及铁路运力，国外矿石航运能力、船舶资源合理配置、物流优化课题；推广宝钢股份配煤、配矿技术，在宝钢集团内部实施统一配矿方案，提高冶炼精度，降低综合采购成本。完成《废钢铁集中采购管理制度》的编制，编制《原燃料集中采购价格管理办法》《原燃料集中采购供应商管理办法》《原燃料集中采购合同管理办法》《原燃料集中采购计划管理办法》《原燃料集中采购预算管理办法》《原燃料集中采购结算管理办法》等。形成两级管理计划体系，即由采购中心负责编制和组织对大宗原燃料年度、季度计划，与各业务部门和钢铁子公司进行协商确认，并以文件形式下发各子公司；由各业务部门具体编制月度计划，并与子公司协商确认。从提升宝钢采购供应竞争力角度，提出并推进市场策划、资源开发、技术优化和物流管控等四大体系建设。市场策划体系：着力搭建信息沟通平台和市场分析团队建设，初步形成采购中心内部、采购中心与各相关子公司以及采购中心与境外公司之间信息沟通渠道，初步形成市场分析和策划工作队伍，初步建立市场分析报告系统。资源开发体系：全年重点推进战略资源合作开发大型项目，共8项；对全球资源分布研究和市场竞争环境及供应商进行分析研究，建立资源和市场专题分析资料库。技术优化体系：推广宝钢股份先进技术和操作经验，通过组建配煤、配矿推进机构和重点科研立项研究，实现配煤、配矿技术的持续优化；继续推进与《宝钢钢铁原燃料发展规划》相配套的16个重点科研项目。物流管控体系：研究物流一体化运作方案，通过集中采购，发挥马迹山港中转能力和宝钢股份码头接卸远洋船能力，为宝钢集团其他子公司减少进口矿二程、三程运输，降低物流成本。同时，对宝钢集团内部各子公司的进港航道、接卸能力、靠泊等进行专题研究，使厂区内外原燃料物流能力衔接配套。

2005年5月，宝钢股份成立原料采购中心，推进原燃料集中采购业务；10月，筹建资材备件采购部和工程设备部，建立和完善资材、备件及工程设备的集中采购组织体系。

2006年，宝钢股份加强采购管理理念、模式、方法的一体化推进，先后出台5个管理文件，以及《资材备件一体化采购供应管理办法(试行)》等3个试行办法、15个部门级采购管理文件；组织召开宝钢股份资材备件采购管理研讨会、进口资材备件采购管理研讨会和轧辊管理研讨会；在原有对宝钢分公司等实行集中采购管理、国内采购与进口业务合并的基础上，重点向不锈钢分公司和特殊钢分公司推进。由于这两家分公司仍保留相应采购部门，因此采用与其建立资材备件采购寻源组作为跨单位的运作平台，共同确定重大采购项目、招标项目、评标规则，共同参与开标评标；统一供应商管理要求，促进供应商有序竞争，优化供应商队伍结构，降低采购成本；采购标准、计划申报模式、采购策略等都随着业务的不断整合尽可能趋同，确保采购体系、采购流程和采购行为规范、透明和高效运作。集中采购品种从初期的基建工程供料、进口资材备件、零星固定资产、大型生产备件等十二大类逐步扩大。

2007年，宝钢股份提出沪内子(分)公司采购业务实施集中采购，沪外子(分)公司采购业务以协同效益最大化来划分寻源、执行集中或地域化管理原则，并系统策划原燃辅料、工程设备、资材备件等采购业务和体制的优化整合方案。3月，完成不锈钢分公司采购体制的整体切换(资材备件、工程设备)，实现采购供应链系统采购计算机系统全面覆盖；5月，完成特殊钢分公司采购体制整体切换方案(资材备件、工程设备)；6月，宝钢浦钢罗泾工程大宗原燃料、资材备件由宝钢股份原料采购中心、资材备件采购部集中采购，采购供应链系统全面覆盖宝钢浦钢罗泾工程；8月，宝钢股份全面完成上海地区钢铁主业的采购一体化工作，全年大宗原燃料集中采购比例接近80%。

2010年10月26日，宝钢股份“采购供应链系统建设与一体化推广”项目获冶金企业管理现代化创新成果一等奖。原料采购中心完善原料采购数字化平台建设，推进供应商网上协同。在电子商务平台上开发供应商网上自行录入发票的功能，有效提升了劳动生产率。进一步完善招标管理机制，并对原料采购品种精心梳理，推进实施招标和询价、比价等竞争性采购，全年招标金额和网上询比价采购金额均比2009年有明显提高。资材备件采购部优化采购方式，完善《资材备件分类采购策略指导手册》。耐材承包模式在实践中不断评估完善，耐材单耗和单位成本均领先于同行。11月，组织召开阶段性总结会，明确了继续扩大耐材承包区域，加快承包采购模式的移植和推广。水处理承包方面，对罗泾区域水处理系统优化为炼铁、炼钢、厚板和汽化等四大区域承包，通过充分竞争，选取技术、成本最优的解决方案。轴承通过梳理和整合供应资源，实现了“点菜式”供应模式，简化了流程，降低了供应风险，促进了竞争性采购。

2011年，宝钢股份按照“规范、透明”的采购供应流程，继续深入推进“阳光采购”工作。进一步完善原料采购数字化平台建设，推进供应商网上协同。策划、启动零星物料采购管理优化方案，其中包括建立市场调研比价机制，对采购物料价格、品牌、型号、规格进行验证和比对；开展采购寻源工作，寻找价低、质优的供应资源；优化零星物料供应渠道，建立生产现场领用及服务长效管理制度等。在寻源方式上，探索网络寻源和公开采购，通过宝钢电子商务平台发布公开采购信息，不断寻找和发现优秀供应商。同年，通用光源、乙酸钠、热轧H型钢、钢管、陶瓷纤维产品和截止阀等资材备件先后在宝钢电子商务平台发布采购信息，进行公开采购，引入有竞争力的供应商。

2012年，宝钢股份对新供应商的引入，以供应商通过环境管理体系认证作为优先条件，供应商环境管理体系认证率达到13%。在对拥有船舶的承运商的选择上，要求承运商通过国际安全管理(ISM)/国内安全管理(NSM)体系认证，或者其船舶必须由通过国际安全管理/国内安全管理体系认证的船舶管理公司管理。同年，重点承运商通过国际安全管理/国内安全管理体系认证的比例达到100%。资材备件采购部基于采购供应链系统和采购电子商务平台，以通用标准的工业消耗品(含低值易耗品)为突破口，建立“宝钢股份工业品采购超市”，并于年底上线试运行。这是集公开寻源、自由竞争、物品展示、物品供应、信息交流于一体的电子采购平台，具有“开放、便捷、专业”的特点，为零星品采购增加了一个发现供应商、发现价格的新机制。

2013年，宝钢股份原料采购中心围绕采购供应向采购经营转变这条主线，除做好日常的采购降成本工作外，还以项目化的形式推进降成本项目。通过国内和国际两个市场运作、新资源品种开发替代、社会矿揽货等项目实施，取得良好效益。原料采购中心先期介入，做好与湛江钢铁的对接与支撑工作。成立湛江钢铁原料采购资源保障领导小组和工作小组，明确专人负责投产前期相关工作的协调；各业务板块按照投产计划倒排资源保障计划，开展相关资源的调研和洽谈工作；每月听取一次专题汇报和讨论，及时协调相关事项，确保各项工作有条不紊地开展。

2014年，宝钢股份原料采购中心进一步开展流程及岗位梳理工作，提出岗位优化配置方案，并在此基础上修订采购业务作业指导书、岗位说明书，出台员工三年提升行动计划。在梳理的过程中使用风险辨识分析预警工具(FMEA)，对每个岗位进行岗位制度流程、风险管控的梳理和评估，并结合岗位敏感度，开展自查自纠，制定《采购廉洁风险典型风险目录》，规范业务人员行为。为应对经营风险，原料采购中心强化市场敏感性指标分析，建立预警机制，通过采购预案进行日常管控。

2015年，宝钢股份原料采购中心进一步梳理业务流程，开展岗位廉洁与经营“双风险”辨识与应对活动，梳理并规范敏感岗位管理。通过专项检查、月度问题揭示、市场分析机制完善、采购预案管控、动态库存控制等措施强化采购经营风险控制。10月，原料采购中心向宝钢股份董事会汇报《原燃料市场价格波动风险》项目报告，得到董事会的认可。资材备件采购部探索“智慧采购”模式，围绕6个方面推进：继续推进电子标签应用，工业品超市应用模式和应用范围进一步拓展，优化生产性物料信息流管理，开发移动审批功能，全面推进文本数据电子化，对劳保用品计划和发放实现系统信息协同。

2016年，宝钢项目管理系统(BPMS)新增设备付款在线审批、设备检验在线管理，有效解决了随机备件管理中的资金流、实物流、信息流不畅问题，完善设备采购在线管理和过程管控，实现备件采购与库存管理、财务系统账物同步协同。同年，宝钢股份推进3项变革。理念变革：宝钢股份原料采购中心通过完善市场情报平台、建立市场分析逻辑模型及数据库和开展供销协同等，进一步提升市场分析研判能力；开展铁矿石、煤炭、合金及有色金属等资源的业务拓展工作，强化员工对相关资源上下游市场的认识，提升市场研判和采购定价能力。加强马迹山港社会矿揽货工作，完成6 000万吨吞吐量目标，实现社会矿中转收入1.93亿元，取得效益5 800万元；协同营销部门开展与供应商抹账工作，全年累计执行9 200万元；协同集团内子公司处理与供应商之间的债权债务。管理变革：通过在铁矿石、煤焦、副原料采购业务上推进以资源为龙头的全流程成本控制相关工作，在船货平衡、协同挖潜、资源合理配置及降低外港库存等方面取得实效，业务管理流程进一步清晰，协同效能逐步显现。推进以加强队伍建设、促进能力提升为目的的人岗匹配工作，制定梳理岗位要素表90份，通过人岗匹配形成人才梯队资源池，对每位员工进行岗位匹配度分析，提升员工的素质能力。业务变革：通过创新采购方式和定价模式，提升采购的竞争性。针对年初废钢市场价格跌价周期明显缩短的新情况，改变废钢月度定价周期单一机制，尝试更为灵活的半月定价与月度定价结合的机制，规避市场跌价风险；铁合金部分品种实施淘汰式竞价采购，降低采购成本等方法，全年降成本4 841.60万元；通过“三地”不同副原料品种淘汰式竞价、季度定价和拓展供应渠道等方式，全年降成本1.95亿元。11月21日，宝钢股份资材备件采购部启动梅钢公司采购集中管理。宝钢股份在总部成立集中采购工作推进组和执行组，并以管理体系、业务运行、物品代码等3个专业小组，分头推进相关工作，同时在梅钢公司设立运行支持、运维材料和设备备件等3个业务板块，以“总部＋属地化”的方式进行运作。集中采购按照“职能切换、双系统并行、采购供应链系统(PSCS)升级系统运行”等3个阶段目标制订推进计划。12月1日，梅钢公司设备资材备件采购系统整体切换。12月13日，首单梅钢公司采购业务在属地物料系统中按新置权限实施审批流转。

1998—2016年，宝钢股份成立原料采购中心，推进原燃料集中采购业务；组建资材备件采购部和工程设备部，建立和完善资材、备件及工程设备的集中采购组织体系。在采购领域本着提高采购集中度、降低采购成本、节约采购费用、加强供应商准入管理等一系列指导思想，实施沪内外子(分)公司不同采购方式；按照“规范、透明”的采购供应流程，深入推进“阳光采购”工作；完善采购数字化平台建设，推进供应商网上协同。通过国内和国际两个市场运作，整体取得了良好效果。

【一体化营销】

2004年，宝钢股份开始筹备组建营销中心，启动宝钢集团内碳钢热轧产品联合销售工作。重大工程材料供应服务中心牵头组织宝钢集团所属企业，以一个竞争主体参与国内外重大工程材料供应竞标。在舟山大陆连岛工程——西堠门大桥项目竞标中，宝钢以产业链一体化和材料供应配套一体化全新模式的优势中标，打破该领域由国外钢铁企业长期垄断的局面。

2005 年 5 月，宝钢股份成立销售中心，推进普碳钢联合销售业务；9 月，将不锈钢分公司、梅钢公司碳钢合同全部纳入，整个碳钢产品实现统一计划管理；在推进产品统一销售同时，销售中心建立起与碳钢一体化销售相适应的计划管理体系；12 月，统一销售信息系统上线，实现从合同评审到订单下发、财务结算、异议处理全过程信息贯通。2006 年，销售中心作为宝钢股份各产销研一体化小组管理部门，制定产销研一体化小组推进考评办法、日常工作推进及产销研网站管理等制度，形成良好的工作机制。同时，重点推进宝钢股份一体化后常态化库存管理工作，在细化国内营销渠道分品种库存管理指标基础上，制订宝钢股份碳钢实物库存管理方案，初步建立起一体化库存管理模型。2007 年，销售中心在重大工程材料供应方面有新突破，全年实现产品销售 35.60 万吨，其中独有和领先产品 23 万吨，比例达 64.60％。桥梁缆索和钢结构两大产业链一体化运作得到深入推进，由宝钢组织供货的桥梁缆索成功中标，获得世界上首座独塔、单缆自锚式悬索桥——美国旧金山奥克兰海湾大桥主缆用镀锌钢丝合同。通过向武汉天兴洲大桥、中央电视台新址、温哥华国际会展中心等国内外极具影响力的工程项目供料，推进 B610E 高强度调质钢板、Q420QE 桥梁结构钢板、Q460EZ35 建筑结构钢板等一批新产品的开发和应用，扩大宝钢重大工程用钢的市场影响力。同年，宝钢股份对国内剪切配送网络及境外子公司进行一体化整合，初步形成基本覆盖全国并向国外辐射的营销与服务网络。九大品种产销研工作推进由过去单一制造单元“一对一”的产销研小组工作模式逐步过渡、优化为覆盖宝钢股份所有制造单元、所有产品系列“一对多”扁平化的工作组推进模式。

2008 年，宝钢钢管销售全面实施一体化管理模式。宝钢股份钢管品种管理部统一制订境外市场走访计划，为用户提供“一站式”服务。同时，对宝钢分公司钢管厂、鲁宝钢管、特殊钢分公司、精密钢管厂等生产线进行资源优化配置，全面提升宝钢钢管在国际市场上的竞争力。欧美地区的贸易壁垒给宝钢钢管出口增加了难度，为应对挑战，钢管品种管理部发挥宝钢一体化协同效应，加强与各生产单元和境外公司的沟通协作，采取建立钢管境外市场预警机制、扩大非敏感地区出口份额等一系列有针对性的营销措施。对可能发生的贸易风险，钢管品种管理部与用户沟通，优化产品供应结构，将外销产品定位为高技术含量、高附加值产品。完成中口径直缝焊管套管出口，其中 K55 高钢级 HFW 石油套管实现批量出口，宝钢成为国内首个具备该产品供货能力的钢铁企业。宝钢先后通过壳牌公司、沙特阿拉伯石油公司和厄瓜多尔石油公司等企业的管线管工厂认证，具备向这些用户批量供应 HFW 管线管的条件；通过德国 GKN 公司管理体系认证，解决精密钢管厂向该公司供应汽车管管坯原材料的问题，成功进入其供应商名单。同年，宝钢股份销售中心、特殊钢分公司销售部全面实施“宝钢特钢棒材、线材生产线产销一体化推进项目”，特殊钢分公司棒材、线材产品纳入宝钢股份统一销售平台，优化用户跟踪管理方法以及用户需求计划档案。通过项目移植，特殊钢分公司棒材和线材产能得到释放，生产成本得到有效控制，直销比大幅提高。特殊钢分公司和宝钢分公司的线材产品实现品种规格、用户群体的优势互补。

2009 年，宝钢国际依托华东、南方、北方、西部、华中等五大地区公司，发挥区域营销平台规模、产品结构、技术服务和管理的综合优势，按照满足用户需求、流程驱动、资源配置最优化、销售服务绩效和管理绩效最大化等五大运行原则，推出区域一体化管理模式。通过实施市场开发、资源调配、价格协调、服务模式设计等举措，在区域内加快形成统一的市场营销主体和管理体系，提升了宝钢产品综合竞争力。

2011 年，宝钢股份利用其管理和技术优势，发挥汽车板品牌效应，将不锈钢事业部热镀锌生产划转至总部管理。冷轧厂增设涂镀四分厂，负责不锈钢事业部区域热镀锌生产管理，提高冷轧产品的整体盈利能力；组建宝钢研究院板带技术中心，促进碳钢板带领域研发与市场、现场进一步结合，改善研发效率；探索厚板产品经营管理模式，撤销厚板品种管理部，组建厚板销售部，由其负责厚板产品的销售管理；梅钢公司热轧产品销售改由梅钢公司自行负责，相应批准梅钢公司成立营销部；完善钢管条钢产品经营体系，整合钢管条钢初轧、线材产品经营管理，成立条钢产品经营部，行使条钢、线材产品的经营决策权，全面负责条钢和线材产品的产、销、研及售后服务工作。

2011年上半年，宝钢股份在销售体系启动“探索‘以用户为中心’营销机制的策划方案”项目。结合“以用户为中心”的要求，对营销管理的整体职责定位、内部分工协同、整体管理运作效率与效果、综合体系支撑与信息化支持等进行重新审视与梳理。经分析及评估，发现11项缺失流程，27个缺陷流程和需提示效率的流程。经多次讨论，在销售系统内形成统一认识，并明确了改进方向。根据宝钢股份大客户经理制推进实施的情况，在大客户经理制的基础上，选取一家汽车用户，试行大客户经理实责制，即设立大客户总监，全面策划与该客户及其下属各主要整车厂的整体营销服务工作。销售系统将根据大客户总监的责、权、利定位要求，牵头设计其在营销管理中的功能，策划其所对应的大客户服务团队部门间的管理业务流程和具体运营业务管理职责。

2012年，宝钢股份营销管理部针对梳理和评估报告中的缺失与缺陷流程进行优化完善，同时还对厚板销售体系进行专题优化设计工作。推动并参与宝钢股份组织的销售体系与研发、制造、生产等体系的接口界面优化工作，进一步推进销售与现场结合、销售与研发结合的相关流程设计与优化。配合特钢、不锈钢单元分离业务，进行销售业务的调整，明确汽车板整体销售的方案。成立工程材料销售部，进一步强化宝钢重大工程“统一对外，组合销售”的能力。

2013年，宝钢股份营销体系开展提升体系能力建设。成立客户与产品服务部，将分散在营销管理部及产品发展部各室的相关职能进行整体策划、统一管理，统一对内、对外进行客户价值和客户服务策划管理。合并厚板销售部与重大工程销售部，成立厚板与工程材料销售部，进一步提升人员效率，加强销售力量。全面提升核心价值客户的服务水平。试点推出公司大客户总监工作团队，实现从订单到销售服务全过程、从操作到战略合作管理的转变，组织协调各项供应商先期介入项目实施，实现对供应链协同管理，充分调动与协调各地区与加工中心的力量，实现客户多基地的供应保障；有效推动与大客户多层次全方位的交流与合作。

2014年，宝钢股份依据“统一管理与策划、总体部署、按业务分别执行”的原则，优化组织与业务管理职能，为提升销售体系能力提供制度保障。将原来各自独立的汽车板销售部、薄板销售部、厚板销售部、客户与产品服务部及营销管理部合并成立营销中心，系统设计与梳理了营销各项管理职责、流程与协调能力。在厚板销售部与重大工程材料销售部合并的基础上，进一步整合热轧产品的销售，成立热板销售部，实现销售部门人力资源的优化与整合，客户端界面进一步清晰简化。对现货销售部的业务职能进行调整，全新设计现货销售流程(包括现货管理、资源管理、价格管理、网上交易、物流管理、支付管理和客服管理等)。完成文件修订111份，新增管理制度15项。

2015年，宝钢股份营销中心推进内控管理，做好内控自评，跟踪落实内控复评和外部审计，以规避经营风险，落实体系推进有效性，完成各项审计和体系审核工作。针对湛江钢铁销售管理准备、业务分工和职责调整，修订相应管理制度。年初，通过114项管理制度(公司管理文件49份、公司管理标准24份、营销中心内部管理制度36份、公司应急预案5份)的评审，确定需要修订或新编管理制度94项(其中新增管理制度6项)。涉及湛江钢铁相关管理制度的32份文件，年底全部完成修订或编制。营销中心针对欧盟发布的 REACH(欧盟关于化学品注册、评估、授权与限制法规),会同制造管理部、相关生产厂及宝钢原料供应商,迅速进行判断,并对宝钢产品的法律法规符合性进行评估,在此基础上,分别于 1 月和 7 月更新发布 REACH 合规性声明。

2016 年,宝钢股份营销中心与梅钢公司共同成立联合工作组,推进梅钢公司产品统一营销整合方案。按照不能给用户带来影响,而且要确保公司内部平稳顺行,并为公司未来的整合工作提供示范作用的原则,策划营销整合方案。营销中心配合宝钢集团、宝钢股份审计部门,完成中华人民共和国审计署对宝钢主要领导经济责任审计工作。完善营销管理有关制度,组织推进营销中心基础管理工作,推进内控管理,做好内控自评。跟踪落实内外部审计,完善内部管理和规避经营风险,落实体系管理有效性,完成各项审计和体系审核工作。组织开展体系审核,参与专项检查,对发现的问题进行整改落实,并组织现场验证等基础性工作。组织编制营销中心《2016 年度制度建设推进计划》,修订和完善公司管理文件 11 份、管理标准 6 份、营销中心管理文件 19 份。

1998—2016 年,宝钢集团通过组建宝钢股份营销中心,形成统一的市场主体,参与国内外竞标和市场竞争。在推进产品统一销售的同时,建立起与碳钢一体化销售相适应的管理体系。贯彻"以用户为中心"的战略,推动销售体系与研发、制造等体系的接口界面优化工作,进一步推进销售与现场结合、销售与研发结合的相关流程设计与优化。通过发挥区域营销平台规模、产品结构、技术服务和管理的综合优势,在区域内形成统一的市场营销主体和管理体系,提升宝钢产品综合竞争力。围绕客户价值管理,全面组织实施供应商先期介入项目,实现对供应链协同管理,提升对核心价值客户的服务水平,实现从订单到销售服务全过程、从操作到战略合作管理的转变。通过充分调动与协调各地区与加工中心的力量,实现客户多基地的供应保障;有效推动与客户多层次全方位的交流与合作。

三、总部管理变革

1998 年 11 月上海地区钢铁企业联合重组后,宝钢集团根据业务需要先后成立安全、三防(防讯、防台、抗震)办公室,防火安全、交通安全管理机构,档案处,宝钢信息化推进领导小组和工作小组,企业文化部。先后调整宝钢日报社内部机构,宝钢集团机构设置,审计、监察机构,三防指挥部组成人员,安全生产委员会、防火安全委员会、交通安全领导小组成员。先后组建上海宝钢高级技工学校、上海宝钢研究院。实现子公司电力等业务对外协调的归口管理和设备检测业务的归口管理。增补和细化宝钢集团管理部门职能,理顺与政府相关部门的对口关系。授权宝钢股份管理上海宝钢检修有限公司仪修大队的计量检修业务。

2002 年 3 月,宝钢集团下发《关于整合教育资源、加强党校建设的通知》,宝钢教育资源整合进入实质性启动。党校与教育培训中心政校实行"两块牌子、一套班子"运作,加强党校、政校师资建设,优化教学资源配置。8 月,下发《关于档案管理职能归口办公室秘书处的通知》,将主要承担宝钢股份档案管理工作的档案处划转到宝钢股份,宝钢集团档案管理职能归口办公室秘书处。10 月,下发《关于宝钢人口与计划生育工作实行属地化、分级管理的通知》,宝钢人口与计划生育工作实行属地化、分级管理,在沪子公司依据所在区县确定的类别、等级,直接对口所在区县人口与计划生育委员会或所在乡(镇)人民政府、街道办事处。12 月,下发《关于上海宝钢集团公司实行总法律顾问制度的通知》,设立总法律顾问,全面负责宝钢集团法律事务。

2003 年 6 月,集团总部实行管理扁平化,减少组织机构层级,从原来的董事会、总经理、部、处等

4个层级调整为董事会、总经理、部等3个层级，同时通过缩短汇报链、简化业务流程等方式有效提高总部的运作效率。2004年，进一步推进总部管理扁平化。在机构设置方面，实现宝钢集团办公室、党委办公室合署办公，宝钢日报社、宝钢电视台合并成立宝钢新闻中心。管理流程方面，优化业务流程，梳理制度体系，发布97项管理制度，废止过时制度71项。公务用车市场化改革方面，为适应一体化运作需要，出台新的公务用车管理办法和相关配套措施，取消定点车，撤销汽车服务公司。

2007年，为适应新一轮(2007—2012年)发展战略实施的需要，宝钢集团对总部组织机构作调整：撤销事业发展部，将相应职能划转至战略发展部和资产经营部。成立系统运营改善部，将发展改革部负责的组织管理、风险管理职能划转至系统运营改善部，重点强化在管控模式策划和组织流程优化、管理体系评估与改进方面的管理，同时增加信息化管理职能。成立经济管理研究院，负责钢铁行业竞争格局、上下游行业发展趋势、海外重点区域、可持续发展等领域的研究。成立公共关系部，将企业文化部负责的品牌管理、外部媒体沟通管理职能划转至公共关系部，并强化公共关系部在企业形象、对外公共关系、社会奉献、外部媒体沟通方面的管理职能。将教培中心更名为“人才开发院”，并强化员工教育培训基地、公司管理研究基地、员工创新活动基地的职能。宝钢集团安全生产监督部更名为“安全保卫监督部”；撤销保安部，其承担的宝钢分公司和其他相关子(分)公司现场的保安、消防、交通安全管理工作由宝钢分公司和其他相关子(分)公司自行负责，其余职能并入安全保卫监督部。

2008年，宝钢集团以建立战略型绩效管理体系、提高组织执行力为目标，固化绩效管理制度和流程，优化自上而下分解及自下而上支撑的绩效评价体系。下半年，为适应经营形势的急剧变化，及时调整绩效管理模式，采用“标准＋α”(即原平衡计分卡体系＋第四季度专项绩效管理)的绩效评价与考核方式。根据“将战略转换为任务、将任务转换为项目”的基本要求，从项目内容、管理组织和制度等方面进行探索，初步形成项目化管理的基本运作模式和框架。同年，在集团层面梳理并形成首批102项公司级重点工作项目，并借助于“4D工作”(虚拟会议、议案预审、议案清单、重点工作)平台，对项目执行过程进行跟踪与评估。同时，制定颁布《重点工作项目管理办法》，规范重点工作项目管理流程和相关单位的职责；在子公司层面明确“项目管理办公室”责任部门，按宝钢集团要求推进本单位项目化管理，实现“推动集团各单位运用项目管理方法推进和落实本单位工作”的要求。

2009年，为强化战略管控，提高运作效率，降低运营成本，宝钢集团实施总部管理变革。重点采取7个方面措施：强化宝钢集团在战略规划、投资管理、技术创新、审计、监察等领域的管控，确保战略意图的贯彻执行；精简部门、职能设置；优化部门、职能间的职责分工，提高运作效率；实施管理扁平化，将总部职能汇报链压缩在三级；强化横向跨职能协同；分离事务工作，组建财务服务中心和人力资源服务中心；强化战略、管理的离线研究，完善离线研究的工作流程。为进一步发挥审计体系的风险防范作用，宝钢集团对审计体系的管理方式进行优化，采取“审计机构两级设置，审计业务统一管理”的管理方式。对总部机构进行优化：将董事会办公室负责的子公司监事会运行支撑的综合管理职责划转至审计部，并设立派出监事会办公室职能；将资本运营部下属业务调整为财务顾问、资产证券化、运营管理，原资本运营、资金运作两项业务由宝钢集团委托华宝投资有限公司(简称华宝投资)管理；经济管理研究院设立宏观经济与战略研究所；规划发展部下属的钢铁规划职能与产业规划职能合并，合并后的职能名称为战略规划，同时在规划发展部增设海外发展职能。为持续深化变革成果、及时发现问题并予以改进，集团相关部门与人才开发院等组成项目团队，对总部管理变革一年的成效开展评估。

2010年3月，宝钢集团办公室更名为“办公厅”，党委办公室更名为“党委办公厅”，继续与董事会办公室合署办公。秘书职能更名为“秘书室”，驻京联络处更名为“北京办事处”。外事办公室、北京办事处由原挂靠办公室调整为办公厅下属职能部门，信访办公室继续挂靠办公厅。同时，根据国务院国资委保密管理相关规定的要求，设立保密办公室，挂靠办公厅。

2011年5月，为加强不动产经营、优化与增值，宝钢集团发文设立不动产管理中心。7月，宝钢集团安全保卫监督部更名为“安全生产监督部”，机构独立设置，安全生产监督部配置专门团队，负责集团及子公司的安全生产监督管理。10月，宝钢集团撤销生产服务业运营管理委员会，取消发展改革部生产服务业运营管理委员会办公室的职责，宝钢发展有限公司由宝钢集团直接管理。发展改革部职责相应调整为存续公司归口管理，新进公司辅业改革、分离办社会职能工作归口管理，集体企业改革管理，既有未完成改革项目的跟踪等。

2012年3月，宝钢集团在兼顾可持续发展及宝山地区钢铁产业结构调整的背景下，对不锈钢、特钢单元进行资产重组。宝钢集团组建上海宝钢不锈钢有限公司(简称上海不锈)、宝钢特钢有限公司。作为开展和实施结构调整的主体，收购宝钢股份不锈钢事业部、特钢事业部土地及相关资产，后续调整经营范围，申请房地产开发相关资质和许可。同时组建宝钢不锈钢有限公司(简称宝钢不锈)、宝钢特种材料有限公司(简称宝钢特材)，作为不锈钢、特钢产业持续运营主体，承租上海不锈、宝钢特钢相关产线并负责业务运营。4月，宝钢不锈、宝钢特材开始运作并对外经营(2013年7月，宝钢特钢吸收合并宝钢特材)。同月，宝钢集团撤销发展改革部，其承担职责由宝钢集团相关职能直接覆盖。为提高安全监管有效性，宝钢集团安全生产监督部职责调整为：侧重于安全管理体系的策划和推进，各单元安全管理工作的督查、评价和指导，为各单元安全管理工作提供管理和技术支撑，同时代表宝钢集团对口政府部门开展工作。安全生产监督部下设安全企划、安全督查职能，职能负责人职位名称为处长。6月，宝钢集团资本运营部业务及人员整体划转至华宝投资，保留资本运营部牌子，华宝投资指定人员可以资本运营部名义对外开展业务。宝钢集团直管的投行业务委托华宝投资(资本运营部)实施，集团强化在项目委托与评价、投资审查、项目后评价、风险评估等方面的管理；子公司的投行业务原则上委托华宝投资(资本运营部)实施。为强化对研发资源的统筹和管控能力，提高研发资源利用效率，6月19日，宝钢集团发文成立宝钢集团中央研究院(技术中心)，与宝钢股份研究院(技术中心)一体化运作。宝钢集团中央研究院设立理事会，实行理事会领导下的院长负责制。7月，宝钢集团按照“落实管理责任、提高工作效率、资源适度共享”的原则，对法律事务管理体系进行调整优化，主要涉及法务机构设置模式、法务体系建设及法律事务(授权)管理方式等调整内容。9月10日，宝钢集团中央研究院(技术中心)成立揭牌。10月，为进一步加强集团层面能源环保管理，宝钢集团能源环保部独立运作，不再与宝钢股份能源环保部实行一体化运作。宝钢集团能源环保部职责实行调整，并设置相应的职能，同时成立碳减排办公室，挂靠能源环保部管理。12月，为进一步提高运作效率、有效控制风险，宝钢集团对总部业务授权方案进行调整。按照经常性业务授权、临时性业务一事一批和适度控制授权范围的原则，建立总部标准化授权模板，按照岗位进行授权。宝钢集团定期对标准化授权模板进行评估。

2013年9月，为进一步提高人力资源服务中心运作效率，宝钢集团明确人力资源服务中心下设机构为：运营管理室、系统支持室、薪酬业务处理中心、员工服务受理中心、外事服务办理中心。运营改善部会同人力资源部，共同开展子公司及其总部组织效率评估工作，从管控模式、组织机构、业务流程和信息化等方面对子公司开展全面评估，并出具《子公司总部效率评估报告》，对子公司存在的共性问题进行研究，推动子公司实现新一轮（2013—2018年）规划期效率倍增目标。

2014年1月，为进一步贯彻落实中共中央关于深化改革的部署，设计、推进和协调宝钢深化改革各项工作，促进战略转型，宝钢集团成立全面深化改革领导小组和工作小组。为提高宝信软件重大事项决策效率，促进信息技术产业更快发展，宝信软件不再委托宝钢工程技术集团有限公司（简称宝钢工程）管理，由宝钢集团直接管理。7月，宝钢集团纪委、监察部下设职能部门进行更名并调整职责：纪委、监察部下属4个职能部门分别更名为“一处”“二处”“三处”“四处”；纪委、监察部合署办公，全面履行党的纪律检查和行政监察两项基本职责，其下设职能的职责相应调整。9月，为进一步提高管理效率，促进高效总部建设，宝钢集团对总部相关机构进行调整：规划发展部战略规划职能分拆为钢铁规划、多元规划职能，职能部门负责人职位名称为总监；撤销海外发展职能，职责划转至钢铁规划职能；投资审查职能更名为“投资管理”职能，增加工程建设体系能力提升的综合管理及子公司工程建设活动的指导监督职责。不动产管理中心职责调整，作为总部职能部门进行管理；不动产管理中心增设不动产综合管理、不动产专项策划职能，职能部门负责人职位名称为总监。人力资源部下属职能职责调整，其中领导力发展职能增加干部监督管理职责，人事效率职能增加协力用工规范与优化职责。12月，为更好地支撑各产业单元发展海外业务，推进宝钢“从中国到全球”战略实现，宝钢集团对海外代表制度进行调整，指定海外公司（机构）承担所在区域的海外职责，该公司（机构）的行政负责人作为所在区域的海外代表，并对海外代表职责进行相应调整。年末，宝钢集团不再对宁波钢铁控股。从2015年1月1日起，宝钢集团将宁波钢铁纳入参股公司管理体系，不再作为控股子公司进行管理。

2015年2月，为推动钢铁服务转型，打造集电子商务、物流、数据服务、金融服务、技术服务等功能为一体的钢铁服务平台，宝钢集团决定组建欧冶云商股份有限公司（简称欧冶云商），同时组建钢铁服务平台决策管理委员会，与欧冶云商董事会、监事会一体化运作。明确上海宝地置业有限公司（简称宝地置业）为经营性不动产开发运营平台，由宝钢集团直接管理，不再委托宝钢工程管理，同时组建不动产业务决策管理委员会，与宝地置业董事会、监事会一体化运作。不动产管理中心与宝地置业整合，按“一套班子、两块牌子”方式运作。不动产管理中心成为对外窗口，代表宝钢集团对口政府部门开展工作，对内不再承担管理职责；其承担的不动产基础信息管理、不动产管理体系建设、总部不动产实物管理体系策划及落实等管理职责划转至经营财务部资产管理职能，纳入宝钢整体资产管理体系；承担的业务策划功能整合至宝地置业。将宝钢集团宝山宾馆委托宝地置业管理，不再委托宝钢发展管理。将宝钢集团上海二钢有限公司（简称宝钢二钢）委托宝地置业管理，不再委托宝钢五钢管理。同月，宝钢集团撤销全面深化改革工作小组，设立全面深化改革工作办公室，与宝钢集团运营改善部实行合署办公。撤销办公厅下属调研室职能，原由调研室承担的公司会议决议督办职责划转至秘书室，调研职责划转至宝钢新闻中心；公司重要文稿及材料撰写工作，由相应的专业对口部门承担，或由公司领导指定的部门、团队、人员承担。人力资源服务中心增设大客户服务室，主要负责宝钢股份人力资源共享服务业务切换的总体协调，宝钢股份服务需求的收集、服务工作的沟通与改善，人力资源客户服务体系、运作机制的建立和完善等。

2016年5月4日，宝钢集团按照国有资本投资公司定位，即总部从管资产向管资本、从战略管控型向价值创造型转变的要求，对总部机构进行调整：设立钢铁及相关制造业发展中心（简称钢铁业发展中心）、钢铁及相关服务业发展中心（简称服务业发展中心）、产业和金融业结合发展中心（简称产业金融发展中心）、不动产及城市新产业发展中心（简称不动产业发展中心）等4个业务部门。钢铁业发展中心下设钢铁规划、投资管理、资本运作和运营评价等4个业务模块；服务业发展中心下设规划投资与海外业务、资本运作与新产业孵化、运营评价与董事(监事)业务管理等 3 个业务模块;产业金融发展中心与华宝投资实行“两块牌子、一套班子”方式运作,下设金融市场部、风控合规部;不动产业发展中心与宝地置业实行“两块牌子、一套班子”方式运作,下设规划发展部、资产管理部。设立科技创新部,作为总部职能部门。规划发展部科技发展职能所承担职责划转至科技创新部;新增工程技术、制造技术、产品技术体系建设与发展职责;下设科技发展职能;科学技术协会行政挂靠科技创新部。科技创新部、安全生产监督部、能源环保部实行合署办公。保留规划发展部牌子,承担跨产业综合管理职责及对口政府部门开展工作。规划发展部下属钢铁规划职能承担的战略综合管理、规划综合管理、战略合作综合管理、海外工作综合管理、产业政策建议的专业管理职责保留在规划发展部,环境经营日常工作推进职责划转至能源环保部,其余职责划转至钢铁业发展中心;下属多元规划职能承担的职责划转至服务业发展中心;下属科技发展职能承担的职责划转至科技创新部;下属投资管理职能承担的投资计划综合管理、国家投资政策贯彻执行的综合管理、工程建设体系能力提升的综合管理、子公司工程建设活动指导监督职责保留在规划发展部,总部固定资产投资项目审查、非生产性大修项目审查的综合管理职责划转至经营财务部,重大长期投资项目审查的综合管理、重大固定资产投资项目审查的综合管理职责按项目及子公司的业务领域分别划转至相关业务部门;工程质量监督站挂靠钢铁业发展中心。职责调整后,规划发展部撤销下属钢铁规划、多元规划、投资审查、科技发展职能设置,新设战略规划职能。规划发展部、经济管理研究院合署办公。经营财务部更名为“财务部”,下属资产管理职能承担的子公司重大事项申报的日常管理、参股股权的综合管理职责按照子公司及参股股权的业务领域分别划转至相关业务部门;下属资金管理职责进行调整:人民币资金运作管理,集团总部资金平衡管理,担保、委贷的综合管理,总部人民币定期存款管理及保本收益理财,银企战略合作管理,外汇管理,债权性融资的整体策划与管理,金融衍生产品的综合管理,宝钢集团信用评级的综合管理,宝钢集团总部银行账户及印章管理等资金管理职责划转至产业金融发展中心;人民币现金平台管理职责(包括现金平台成员单位加入与退出、透支额度核定、现金平台相关利率调整、现金平台上收下拨等)委托宝钢集团财务有限责任公司(简称宝钢财务公司)承担。财务部承担的子公司绩效评价职责划转至运营改善部,保留中央企业负责人经营业绩考核的综合管理职责。运营改善部更名为“公司治理部”,下属持续改善职能更名为“公司治理”职能,强化子公司法人治理优化的综合管理职责,所承担的兼并重组企业协同支撑、集团内部业务重组职责划转至相关业务部门;新设组织绩效职能,承担总部部门、子公司及子公司董事会、监事会组织绩效的综合管理;风险控制、信息化管理职能的职责相应调整。资本运营部更名为“投资管理部”,作为总部职能部门;原资本运营部承担的资本运作、资产证券化职责划转至相关业务部门;投资管理部下设投资风险管理职能、投行服务职能,投资风险管理职能负责重大投资项目风险审查及投资预审委员会相关事务综合管理,投行服务职能为业务部门提供投资项目专业服务。审计部下属派出监事会办公室职能撤销,所承担职责按派出子公司业务领域划转至相关业务部门。组建宝钢集团有限公司设计院(简称宝钢设计院)。宝钢设计院与宝钢工程技术集团有限公司实行“两块牌子、一套班子”方式运作,宝钢工程技术集团有限公司原有人员、资产及内部机构设置等不发生变化;宝钢设计院定位为业务平台,为集团及子公司提供规划管理的技术支撑、工程应用技术开发等专业化服务。经济管理研究院更名为“经济与规划研究院”,下设钢铁及相关制造业研究所、钢铁及相关服务业研究所、产业和金融业结合研究所、不动产及城市新产业研究所、竞争力研究所、经营环境研究所,同时可根据宝钢集团战略发展需要成立项目化研究团队,对外可称为研究所。为推动吴淞口创业园的开发和运营,全资设立上海吴淞口创业园有限公司。

四、管理创新成果

1998年11月上海地区钢铁企业联合重组后，宝钢集团及各子公司参加中国企业联合会、上海市、中国钢铁工业协会等组织的企业管理现代化创新成果评比工作，年年获奖。

2001年，宝钢集团获2001年上海市企业管理现代化创新成果一等奖1项、二等奖2项、三等奖3项；获2001年度冶金企业管理现代化创新成果一等奖2项、二等奖3项。

2002年，征集、推荐、上报2002年度中国钢铁工业协会、上海市现代化管理创新成果并参与评选工作，多项成果分获一、二、三等奖。

2006年3月26日，在中国企业联合会、中国企业家协会和全国企业管理现代化创新成果审定委员会举办的2006年全国企业管理创新大会上，宝钢集团的“打造世界级钢铁企业的重组整合”获2005年第12届国家级企业管理现代化创新成果一等奖。

2011年，宝钢集团大力推进管理成果创新和总结，多项成果获国家、地方和行业协会等不同层面的奖项，其中宝钢集团工会的“国有大型企业以‘三项核心制度’为基础的职工民主管理”和宝钢股份营销管理部的“贸易摩擦风险监测和应对体系的构建与实施”分获2011年第18届国家级企业管理现代化创新成果一等奖和二等奖；有12项成果获评上海市企业管理现代化创新成果，其中一等奖1项（为宝钢股份营销管理部“基于数据挖掘技术的营销价值分析项目”）、二等奖6项、三等奖5项；有10项成果获中国钢铁工业协会评选的冶金企业管理现代化创新成果，其中一等奖2项（分别为宝钢集团审计部的“大型钢铁联合企业管理审计模式的创新构建”、宝钢股份营销管理部的“全球视角下贸易摩擦风险监测和应对体系的构建与实施”）、二等奖4项、三等奖4项。

2012年，有14项管理创新成果获评2012年上海市企业管理现代化创新成果，其中一等奖1项（为宝钢资源有限公司的“以实施国际化运营提升资源产业竞争力的管理实践”），二等奖9项，三等奖4项；6项成果获评2012年冶金企业管理现代化创新成果，其中一等奖2项（分别为宝钢股份硅钢部的“竞争性标杆管理在创建硅钢品牌中的引擎效应”、宝钢股份财务部的“全方位提升企业风险防范能力的财务管理机制创新”）、二等奖1项、三等奖3项。

2013年，有2项管理创新成果获中国企业联合会2013年第20届全国企业管理现代化创新成果二等奖〔分别为宝钢集团的“大型钢铁企业集团风险分类管理”和宝钢金属有限公司（简称宝钢金属）的“集团企业基于星级标准的工厂管理能力提升”〕；6项成果获评2013年冶金企业管理现代化创新成果，其中一等奖2项〔分别为宝钢股份汽车板销售部、宝钢集团中央研究院的“目标成本导向的汽车先期介入服务模式实践”，宝钢国际、东方钢铁电子商务有限公司（简称东方钢铁）的“电子商务系统中大客户通道的应用研究与实践”〕、二等奖1项、三等奖3项；13项成果获评2013年上海市企业管理现代化创新成果，其中一等奖2项（分别为宝钢工程的“以战略为导向的大型企业管理系统化整合”和宝钢金属的“基于产品全生命周期的绿色制造链构建及运行”）、二等奖6项、三等奖5项。

2014年，在中国企业联合会2014年第21届全国企业管理现代化创新成果评选中，宝钢股份的“现代钢铁企业‘三流一态’能源价值管理”获一等奖；宁波宝新不锈钢有限公司（简称宁波宝新）的“国有钢铁企业基于全员经营的组织变革”和八一钢铁的“钢铁企业提升价值创造能力的管理诊断”获二等奖。8项成果获评2014年冶金企业管理现代化创新成果，其中宝钢国际的“基于多区域大数据的经营管理可视化研究与实践”、宁波宝新的“全员经营模式的组织体制变革与实践”获一等奖。14项成果获评2014年上海市企业管理现代化创新成果，其中宝钢股份的“基于信息通信技术的现代企业能源价值管理”获一等奖。

2015年，在中国企业联合会2015年第22届全国企业管理现代化创新成果评选中，宝钢获二等奖2项(宝钢金属的“金属加工企业阿米巴经营模式的应用与创新”和宝钢不锈的“钢铁企业在线直播式日经营管控体系的构建”)。6项成果获评2015年冶金企业管理现代化创新成果，其中一等奖1项(宝钢股份炼铁厂的“宝钢股份大型高炉快速大修管理实践”)、二等奖3项、三等奖2项。14项管理创新成果获评2015年上海市企业管理现代化创新成果，其中一等奖1项[宝钢金属的“阿米巴模式与标准成本相结合提升EVA(经济增加值)”]、二等奖8项、三等奖5项。1项成果获新疆维吾尔自治区企业管理现代化创新成果一等奖(八一钢铁的“基于循环经济为核心的大型国有钢企能源中心自发电精细管理”)。

2016年，宝钢集团获冶金企业管理现代化创新成果一等奖3项、二等奖2项、三等奖1项；获上海市企业管理现代化创新成果一等奖1项、二等奖6项、三等奖4项。

表4-2-1 1998—2016年宝钢企业管理创新成果全国获奖项目情况表

序号	项目名称	负责单位	奖项	获奖等级	颁奖单位
1	用户满意战略管理	宝山钢铁(集团)公司	第5届国家级企业管理现代化创新成果	二等奖	全国企业管理现代化创新成果审定委员会、中国企业联合会等
2	标准成本管理	上海宝钢集团公司	第6届国家级企业管理现代化创新成果	二等奖	全国企业管理现代化创新成果审定委员会、中国企业联合会等
3	实现价值最大化的企业财务控制	宝山钢铁股份有限公司	第7届国家级企业管理现代化创新成果	二等奖	全国企业管理现代化创新成果审定委员会、中国企业联合会等
4	钢铁企业电子商务工程	宝山钢铁股份有限公司	第8届国家级企业管理现代化创新成果	二等奖	全国企业管理现代化创新成果审定委员会、中国企业联合会等
5	面向企业价值最大化的成本管理	宝山钢铁股份有限公司	第10届国家级企业管理现代化创新成果	一等奖	全国企业管理现代化创新成果审定委员会、中国企业联合会等
6	以战略目标为导向的滚动预算管理	宝山钢铁股份有限公司	第11届国家级企业管理现代化创新成果	二等奖	全国企业管理现代化创新成果审定委员会、中国企业联合会等
7	打造世界级钢铁企业的重组整合	上海宝钢集团公司	第12届国家级企业管理现代化创新成果	一等奖	全国企业管理现代化创新成果审定委员会、中国企业联合会等
8	适应战略性结构调整的辅业分离改制	宝钢集团有限公司	第13届国家级企业管理现代化创新成果	一等奖	全国企业管理现代化创新成果审定委员会、中国企业联合会等
9	现代大型钢铁企业设备状态预知维修管理	宝钢集团有限公司	第14届国家级企业管理现代化创新成果	二等奖	全国企业管理现代化创新成果审定委员会、中国企业联合会等
10	大型国有独资钢铁公司董事会建设	宝钢集团有限公司	第15届国家级企业管理现代化创新成果	一等奖	全国企业管理现代化创新成果审定委员会、中国企业联合会等
11	钢铁设备检修企业的服务集成管理	上海宝钢设备检修有限公司	第15届国家级企业管理现代化创新成果	二等奖	全国企业管理现代化创新成果审定委员会、中国企业联合会等
12	大型企业集团公司财务共享服务与管理	宝钢集团有限公司	第17届国家级企业管理现代化创新成果	二等奖	全国企业管理现代化创新成果审定委员会、中国企业联合会等

〔续表〕

序号	项 目 名 称	负责单位	奖 项	获奖等级	颁奖单位
13	国有大型企业以“三项核心制度”为基础的职工民主管理	宝钢集团有限公司	第18届国家级企业管理现代化创新成果	一等奖	全国企业管理现代化创新成果审定委员会、中国企业联合会等
14	贸易摩擦风险监测和应对体系的构建与实施	宝山钢铁股份有限公司	第18届国家级企业管理现代化创新成果	二等奖	全国企业管理现代化创新成果审定委员会、中国企业联合会等
15	大型钢铁企业集团风险分类管理	宝钢集团有限公司	第20届全国企业管理现代化创新成果	二等奖	全国企业管理现代化创新成果审定委员会、中国企业联合会等
16	集团企业基于星级标准的工厂管理能力提升	宝钢金属有限公司	第20届全国企业管理现代化创新成果	二等奖	全国企业管理现代化创新成果审定委员会、中国企业联合会等
17	现代钢铁企业“三流一态”能源价值管理	宝山钢铁股份有限公司	第21届全国企业管理现代化创新成果	一等奖	全国企业管理现代化创新成果审定委员会、中国企业联合会等
18	国有钢铁企业基于全员经营的组织变革	宁波宝新不锈钢有限公司	第21届全国企业管理现代化创新成果	二等奖	全国企业管理现代化创新成果审定委员会、中国企业联合会等
19	钢铁企业提升价值创造能力的管理诊断	宝钢集团新疆八一钢铁有限公司	第21届全国企业管理现代化创新成果	二等奖	全国企业管理现代化创新成果审定委员会、中国企业联合会等
20	金属加工企业阿米巴经营模式的应用与创新	宝钢金属有限公司	第22届全国企业管理现代化创新成果	二等奖	全国企业管理现代化创新成果审定委员会、中国企业联合会等
21	钢铁企业在线直播式日经营管控体系的构建	宝钢不锈钢有限公司	第22届全国企业管理现代化创新成果	二等奖	全国企业管理现代化创新成果审定委员会、中国企业联合会等

第二节　风 险 控 制

2006年6月，国务院国资委要求中央企业开展全面风险管理工作。作为国务院国资委首批董事会建设试点单位之一，宝钢集团从体系、机制建设等方面推进全面风险管理工作，提升企业整体风险管理水平。

一、风险管理体系

2006年6月，国务院国资委下发《中央企业全面风险管理指引》后，全面风险管理工作在中央企业全面铺开。宝钢集团作为国务院国资委首批董事会建设试点单位之一，自国务院国资委要求开展全面风险管理工作伊始，就将其作为一项重要工作纳入董事会职责范围。董事会通过指导全面风险管理体系建设、指导建立风险分类管理框架、审议全面风险管理年度工作计划和年度报告等，起到了宝钢集团重大风险把控人的作用，并由此形成具有宝钢特色的全面风险管理工作体系。其中，董事会是宝钢集团全面风险管理组织体系的核心，是重大风险最终决策者和监督者，就全面风险管理工作的有效性向股东负责；集团经理层成立全面风险管理工作领导小组，就全面风险管理工作的有效性向董事会负责；总部风险管理部门策划推进全面风险管理体系建设，负责指导、监督有关部门和各子公司开展全面风险管理工作；各部门和各子公司共同构筑风险管控的第一道防线，是所分管业务领域风险管控的责任者。在董事会的决策和指导下，宝钢集团按照国务院国资委《中央企业全面风险管理指引》中机会风险与纯粹风险的分类，进一步将机会风险分为战略与投资风险、供应链风险两类，将纯粹风险分为内部纯粹风险、外部纯粹风险两类，在此基础上构建具有宝钢特色的风险分类管理框架。

2007 年 5 月，宝钢集团董事会坚持“完善法人治理结构和三道防线”的全面风险管理理念，落实全面风险管理体系建设、业务流程优化和风险因子识别等重点工作，以宝钢集团建立风险管理体系为起点，逐步推广和构建宝钢集团范围内的全面风险管理体系。通过收集、分析一级子公司和总部职能部门上报的风险管理报告，采取访谈和业务研讨等方式，与各单位共同识别、评估宝钢集团重大风险和重要风险，编制完成首份全面风险管理报告——《2008 年全面风险管理报告》，确定全年 29 项重大、重要风险，明确各项风险归口管理单位，并确定风险应对策略和控制措施。

2008 年 11 月，宝钢集团全面风险管理领导小组在由国务院国资委组织的董事会试点企业董事全面风险管理专题培训中，以《宝钢全面风险管理的探索与实践》为题，介绍推进全面风险管理工作的做法和体会。国务院国资委肯定了宝钢集团“把风险管理融入流程、制度，落实到岗位，固化到系统”的理念和做法。

2009 年 1 月，宝钢集团第二届董事会成立时设立风险管理委员会。在风险管控的“三道防线”中，职能部门和业务单位是第一道防线，董事会下设的风险管理委员会和风险管理职能部门是第二道防线，董事会下设的审计委员会和内部审计部门是第三道防线。风险管理委员会的职责与审计委员会的职责既有联系，又有区别。审计委员会注重财务信息的真实性、合规性，重点是事后审查；风险管理委员会侧重于事先评估，判断风险事件对公司的影响，研究避险措施，形成风险管控体系，并通过审议年度全面风险管理报告，批准年度重大、重要风险及管控计划，向董事会提供风险管控的专项意见。同年，确定年度 11 项重大风险和 11 项重要风险，经董事会二届二次会议审议通过后上报国务院国资委。

2010 年，宝钢集团进一步深化风险管理工作，明确提出风险管控要适当分层分类，突出重点；重大、重要风险要明确目标、落实责任、制订计划，重点管控；通过系统总结金融危机带给宝钢的经验教训，做好宏观形势研判，建立应对宏观风险的运行体制和机制，建立覆盖产供销研、资金、市场的风险预警机制；通过关注并购整合风险，对于兼并重组项目，形成专业化、半定量分析的风险评估报告；通过加强人力资源建设，防范人事制度改革风险；加强中国 2010 年上海世界博览会期间的安全生产和维护稳定工作。结合内外部环境及经营目标，编制 2010 年全面风险管理报告，确定 8 项重大风险和 10 项重要风险，经董事会审议通过后，上报国务院国资委。

2011 年，宝钢集团在健全风险防控机制的基础上，建立风险事件发生后的应急机制；加快国际化发展，重视媒体公共关系维护，建立应急预案，加强应急演练，防范信誉风险。制订计划培育多元板块和兼并重组单元的风险控制能力，提升公司整体风险管理水平；加强宏观形势的判断和研究，提升研判能力，快速响应市场变化；不断增强各级管理者的风险防范意识，使各级管理者正确处理好授权和受控的关系；重视职工对于劳动分配的期望，充分重视与之相关的劳动关系风险和稳定问题；加强节能环保风险的防范工作。编制 2011 年度全面风险管理报告，确定 6 项重大风险和 9 项重要风险，经董事会审议通过后，上报国务院国资委。

2012 年，钢铁行业市场严峻，宝钢集团面临的最大风险是钢铁主业的战略产品竞争力风险，落实风险管控措施;组织各生产经营单位加强安全生产管理工作,防范生产安全风险。编制 2012 年全面风险管理报告,确定年度 5 项重大风险和 5 项重要风险,经董事会审议通过后,上报国务院国资委。8 月,《宝钢全面风险管理的探索与实践》在国务院国资委主持全国风险管理提升经验交流会上发布(宝钢、中国五矿集团有限公司、中国海洋石油集团有限公司共 3 家),并纳入国务院国资委主编的《全面风险管理辅导手册》。

2013 年,宝钢集团加强宏观形势研判,合理配置存货和产能规模,防范存货贬值;全面推进对产业规划、业务模式和重大投资项目的风险评估工作;健全信用管理制度体系,明确经营纪律,建立重大经营风险事件应急报告程序;强化责任意识,重视审计成果应用,建立互动机制,切实防范经营风险。编制 2013 年全面风险管理报告,确定年度 5 项重大风险和 5 项重要风险,经董事会审议通过后,上报国务院国资委。同年,"大型钢铁企业集团风险分类管理"课题获第 20 届全国企业管理现代化创新成果二等奖。

2014 年,宝钢集团对安全管理风险和环保方面可能出现的对公司有重大影响的风险密切关注、严加控制;加大风险管控力度,完善机构、充实力量、明确风险管控的最高责任者,为宝钢集团进一步深化战略管控创造条件。编制 2014 年全面风险管理报告,确定 5 项重大风险和 6 项重要风险,经董事会审议通过后,上报国务院国资委。第三季度,根据董事会意见,按差异化风险分类的管理框架,与钢铁、贸易、金融、投资行业的世界 500 强企业进行风险管理全面对标,从公司治理、子公司风险管控、风险管理职能等 3 个方面,提出 10 项具体推进工作,向董事会作专题汇报后组织推进。

2015 年,宝钢集团在新一轮(2016—2021 年)规划的编制过程中,从战略层面严控风险;重点关注汇率风险、亏损子公司扭亏增盈、湛江项目投产工作;梳理不同类型钢铁单元的主要风险,进行风险分类管控;在资源开发尤其是境外资源开发的过程中,密切关注市场变化,合理选用适当的商业模式,防范资源开发风险。编制 2015 年全面风险管理报告,确定 4 项重大风险和 4 项重要风险,经董事会审议通过后,上报国务院国资委。

2016 年,宝钢集团通过从总部到二级单位、从产权到三项制度的全方位改革,把改革意识、管控责任和激励约束机制等落实到位,增强改革的意识和紧迫感;根据各单元特点采取有针对性的措施,加强二、三级公司的风险防范意识、提升其应对风险的能力,强化责任落实,变被动应付为积极应对;重点关注八一钢铁、韶关钢铁等重点单元的流动性风险,避免形势失控;每季度向董事会汇报重大、重要风险管控情况跟踪报告。编制 2016 年全面风险管理报告,确定 4 项重大风险和 4 项重要风险,经董事会审议通过后,上报国务院国资委。

二、风险管理机制

2007 年 2 月,宝钢集团制定《全面风险管理办法(试行)》,阐述集团和各级子公司开展全面风险管理的总体目标、基本流程、工作重点和管理程序等,明确总部各职能部门、各子公司在推进风险管理体系建设中的职责。6 月,下发《关于明确 2007 年总部推进风险管理具体工作要求的通知》《关于明确 2007 年集团公司各子公司推进风险管理具体工作要求的通知》。6 月 7 日,召开全面风险管理推进会,对全面风险管理工作作出具体部署,建立总部和子公司两级全面风险管理组织体系。同年,集团及各子公司全面风险管理体系建设工作全面启动。

2009 年,以钢铁主业供应链为切入点,推进全面风险管理工作。重点推进营销信用、产品战略、原料采购等供应链上重点环节的风险控制;采用项目化的管理方法,明确重大风险的控制目标、预警机制、风险预案和责任体系；建立相应的指标体系（先行风险指标、关键风险指标）和动态评估机制；将成熟的风险控制模式作为最佳实践，向集团内同类业务领域推广。

2010年，确定原燃料价格波动风险等14个重点风险项目年度实施方案，由项目团队专项研讨风险预警指标及防范策略，使风险得到有效控制。其中，“镍价波动风险项目”每月研判不锈钢产品市场及镍原料市场走势，“原燃料价格波动风险项目”为制订原料采购预案提供支撑；对营运资金风险和镍价波动风险等项目，从风险剖析、体系设计、指标拟定和应对方案等4个方面开展管理评价，制订持续改进措施。为防范战略与投资的决策风险，宝钢集团优化子公司董事会、监事会设置模式，强化评估论证过程的管理，提高决策的科学性；为控制供应链风险，宝钢集团加强宏观经济和钢铁市场的环境分析、预判，并推动子公司聚焦供应链重点风险，建立风险识别、应对和预警工作机制，镍采购风险规避、信用风险管理等基本形成长效机制。

2011年，依托法人治理结构，建立科学决策机制和投资约束机制，审慎经营，推进决策规范化和科学化。同年，首次开展八一钢铁新一轮（2010—2015年）规划风险评估和后续风险评估工作，发布《并购风险评估规范》，明确关键控制点和财务“出血点”，为控制并购风险提供支撑；编制《宝钢德盛并购整合与业绩改善调研报告》，包括并购后体系能力建设、主要问题、潜在风险点和业绩协同点等业绩改善情况；发布《钢铁企业并购整合与业绩改善指导手册》，为新进钢铁企业融入宝钢集团管理体系、推进业绩改善、降低经营风险提供支撑。同时，通过提高市场敏感度，建立面向重大风险的供应链管控系统，重点推进钢铁并购重组单元和多元子公司在原料采购、产品库存、信用管理等供应链重点领域的风险控制。各子公司对下半年欧债危机造成的系统性风险均有所防范，加强库存风险控制，应对市场变化；应对东日本大地震、锦湖轮胎事件等外部突发事件对供应链的冲击，审慎经营；探索通过信息系统自动发送“浮动盈亏、风险库存、逾期账款”等风险预警信息，加强风险管理的有效性。

2012年，开展新业务项目风险评估2项，重大规划风险评估及跟踪2项，专项业务风险评估1项。结合《宝钢集团2013—2018年发展规划》，以赢利模式为切入点，启动各单元的规划风险评估工作；首次开展新业务项目的独立风险评估，开展八一钢铁的后续风险跟踪评估和审计评价，组织完成《韶关钢铁规划风险评估（草案）》；配合电子商务发展，编制《宝钢发展新E捷电子商务平台风险评估报告》。加强库存、资金、汇率、利率等供应链运营风险控制，降低“钓鱼岛事件”和“钢贸商资金链断裂”等外部系统性风险的影响；新增重大地缘政治事件和重大地质灾害的风险影响评估、汇率波动风险评估等专题交流，加强对突发事件的风险评估与应对。

2013年，完善差异化风险分类管理框架。在战略与投资领域，明确独立风险评估机制，编制发布《独立风险评估管理办法》；在供应链运营领域，界定经营业务过程中需要明令禁止的高风险事项，编制发布《宝钢集团经营风险控制十条禁令》；在内部控制领域，编制发布《内部控制文档编制管理办法》；在应急预案体系，新增“经营突发事件”类别，发布《重大经营突发事件应急程序》。为加强并购风险控制，编制发布《并购操作与风险防范指导手册》，持续推进规划、重大投资项目和新业务项目的独立风险评估。发布《宝钢集团供应链重点风险检查表（2013年版）》，涵盖8个领域、226个检查项目。完成湛江钢铁、韶关钢铁、八一钢铁等3项钢铁项目规划风险评估；完成意大利印铁项目等5项重点投资项目和产业规划风险评估。

2014年，编制《宝钢集团工程建设专项禁令》，修订《工程项目投资管理关键控制点指南》（第二版）、《投资项目后评价工作指南》，更新、发布《宝钢集团经营风险控制十条禁令》，发布《宝钢集团供应链重点经营风险控制指导意见》。建立风险警示机制，对具有代表性的风险事件开展案例剖析，编制《商承保贴案》《信用违约纠纷案》《信保理赔案》《经营业绩虚增案》等4项风险警示，并要求各经营单元自查整改。建立风险案例教育长效机制，以人才开发院为平台，组织编制风险案例教育警示片，建立案例教育的移动学习、网络学习平台；依托党委中心组学习、经营例会、专业例会等开展风险案例教育，覆盖各级经营单元的管理者和采购、销售、财务专业技术骨干。

2015年，结合中央巡视整改工作，推动完善相关投资制度；根据管理变化及时调整业务授权，发布《新增投资项目引入多元投资主体工作的指导意见》《关于进一步加强资产评估管理工作的通知》《关于调整子公司重大事项决策程序的通知》。开展信用与经营禁令、合同管理等专项审计，防范经营风险。制定降低美元债务和风险的控制策略，主动采取措施，以达到控制风险、减少损失的目的，包括：结合典型经营风险案例，发布"商贸诈骗案"等7项风险警示；督促各子公司明确汇率风险管理策略；从机制体制改革、夯实基础管理、提升制造能力等方面制定20余项协同支撑项目；重点开展信用和经营禁令、合同审计等供应链领域的专项审计和监督检查等。

2016年，启动总部机构改革，组建四大业务中心，建立"投、融、管、退"的投资闭环管理，设立投资预审委员会，强化投资项目风险管理，发布《长期投资管理制度(试行)》《固定资产投资管理办法(试行)》《宝钢集团有限公司投资预审委员会运行管理办法(试行)》等。全年有效控制有息负债规模，没有发生流动性危机事件；严控信用风险，授信规模控制在预算范围内，没有发生重大信用违约事件；推进协同支撑工作，韶关钢铁扭亏为盈，八一钢铁亏损减半。

三、内部控制

2008年，宝钢集团通过开展一系列工作，完善风险管理制度体系。4月，下发《内部控制手册编制工作管理办法》，启动健全内控规范制度体系工作。8月，发布实施《内部控制基本规范》，对规范总部及子公司内部控制提出基本要求。11月，发布《全面风险管理制度》，对全面风险管理的总体目标、基本流程、工作重点、管理程序等作明确规定。12月，下发《内控体系自我评估标准》《内控体系自我评估报告(模板)》，建立起内控体系自我评估模式；启动建立重大(重要)风险档案工作，对重大(重要)风险进行跟踪管理。2009年，为适应总部体制变革，更新完善《内部控制手册》。同时以风险为导向，进一步完善《内控体系自我评估标准CSA2.0》，新增信用、加工、仓储等专项评审要求。

2010年，以风险为导向，收集典型案例，在信用、委托加工、存货、担保、财务管理等方面完善内控标准，组织培训。按照国家法规和管理需要，更新《内部控制管理制度》，细化各单位在内控审计中的流程、界面、工作事项和职能，并针对内部控制缺陷制定多种情况下的定量计算标准。根据管理变化和外部审计要求，更新《内部控制手册》中14个专业领域16个业务流程的内控综述。2011年，通过细化分析业务过程，识别业务操作的风险点，把内控要求落实到岗位。根据财政部等五部委下发的《内部控制基本规范》，制定《宝钢集团内部控制自我评估标准(2011年版)》，涉及发展战略、全面预算、财务报告、资产管理等18个领域、822项检查点，并更新、发布《宝钢集团总部内控手册(2011年版)》。2012年，在《宝钢集团内控自我评估标准(2011年版)》的基础上，新增199项检查点，形成《宝钢集团内控自我评估标准(2012年版)》，共1 021项检查点。更新、发布《宝钢集团供应链重点风险检查表(2012年版)》《宝钢集团总部内控手册(2012年版)》。2013年，在《宝钢集团内控自我评估标准(2012年版)》的基础上，新增34项、修订62项、合并4项、删除17项，形成《宝钢集团内控自我评估标准(2013年版)》，共1 034个检查项。发布《宝钢集团总部内控手册(2013年版)》。2014 年,根据内控审计《内控评价报告》、财务审计《管理建议书》中体现的共性问题及年度重点推进工作,编制发布《内控体系能力提升重点推进事项》。在《宝钢集团内控自我评估标准(2013 年版)》的基础上,新增 5 项、修订 233 项、合并 10 项、删除 32 项,形成《宝钢集团内控自我评估标准(2014 年版)》,共 1 001 个检查项。发布《宝钢集团总部内控手册(2014 年版)》。发布《宝钢集团内部控制重大缺陷量化认定标准》,新增利润评价维度,个性化确定各子公司重大内控缺陷量化认定标准。在应急预案体系方面,推进更新宝钢集团总预案,明确 15 类应急事项的专业管理部门,计划新增 5 项专业预案。2015 年,在《宝钢集团内控自我评估标准(2014 年版)》的基础上,新增 7 项、修订 120 项,形成《宝钢集团内控自我评估标准(2015 年版)》,共 1 008 个检查项。发布《宝钢集团总部内控手册(2015 年版)》。重新审视《宝钢集团内部控制重大缺陷量化认定标准》,合并纳入《宝钢集团内控自我评估标准(2015 年版)》中。

2016 年,对《宝钢集团总部内控手册》《宝钢集团内控自我评估标准》《宝钢集团内部控制重大缺陷量化认定标准》进行改版调整。

第三节　信息化管理

宝钢集团的信息化管理经历由产品产线的信息化到制造单元的信息化,由在区域管理计算机支持下的产品制造信息化到核心管理业务信息化,由核心管理业务信息化经过企业创造系统(ESI)工程,发展为“面向客户,以提升竞争力为中心”的整体产销管理信息化。2010—2016 年,宝钢集团的信息化管理进入“以支撑经营管理一体化,系统整合为中心”的发展阶段。

一、信息化规划

2005 年年初,宝钢集团按照发展战略、钢铁主业一体化目标和国内外跨地域供应链协作需求,编制《宝钢集团钢铁主业信息化建设三年(2005—2008 年)规划(草案)》;跟踪并指导钢铁主业管理信息系统改造与建设,保证信息化建设任务明确、过程规范、发挥效能。8 月,在全国企业信息化推进大会上,宝钢集团被评为“全国企业信息化建设典型示范单位”。2008 年 6 月,在“一业特强,适度相关多元化”的战略发展目标指导下,围绕企业发展和管理变革的新要求,宝钢集团成立信息化规划项目组,启动编制总部信息化规划,并对上一轮信息化规划进行调整、补充。历时半年,共建立 2 个结论性报告和 14 个专业管理规划报告分册,为信息化系统建设、运行及评价建立一个规范框架。逐步使企业信息化向集成、共享、协同转变,基本建成跨地域、多组织协同管理的核心业务应用信息系统和多产业综合经营管理系统。2009 年,发布《2010—2015 年宝钢集团信息化规划》,明确集团管控/共享系统、子公司经营管理系统、子公司制造管理系统、子公司制造执行系统的布局和分工,为未来信息化建设指明方向,避免同类信息化项目的重复投资。

2011 年,围绕经营管理目标和不断提升软实力的要求,推进数字化宝钢的建设,在国务院国资委组织的中央企业信息化水平评价中,宝钢集团获 A 级评价,总体排名第 11 名,行业排名第 1 名。在中国钢铁工业协会组织的大型钢铁企业“两化”(信息化与工业化)融合发展水平评估中,宝钢股份排名第一。宝钢股份环境监测、监视与信息管理系统被评为上海市推进“两化”融合示范项目。韶关钢铁被认定为“广东省信息化与工业化融合‘4 个 100’示范工程行业标杆企业”。2012 年,宝钢集团信息化水平领先于国内同行。在中国钢铁工业协会对钢铁行业 76 家企业进行的“两化”融合发展水平评估中,宝钢股份、韶关钢铁、宁波钢铁、八一钢铁的排名分别为第1、第16、第17、第53名。其中,宝钢股份、韶关钢铁、宁波钢铁被评估为已进入信息化最高阶段(创新突破阶段)。处于该阶段的企业,单项业务支撑系统建设比较完善,大部分或全部综合集成业务得到信息系统支撑,部分协同与创新业务的信息化支撑项目完成,信息化的重点进入协同与创新业务领域。8月始,围绕《宝钢集团2013—2018年发展规划》,运营改善部牵头启动新一轮(2013—2018年)信息化规划的编制工作。2011年11月,通过《宝钢集团有限公司2011—2015年信息安全规划》,提出:以"适度安全"为目标,按照"管理与技术并重"原则,参照GB/T 22080(ISO 27001),建立适应宝钢国内及海外发展战略、具有宝钢特色的信息安全管理体系。管理上,统一策划、分层管理、建立宝钢等级保护制度;技术上,采取统一规划、区域管理、健全信息安全综合防护。2012年3月,通过《宝钢云计算建设及发展设想》,开展"宝之云"互联网数据中心(简称"宝之云")建设,拉开宝钢云计算服务和规模应用的序幕。2013年5月,作为《宝钢集团2013—2018年发展规划》专项之一的《宝钢集团2013—2018年信息化规划》完成编制,内容包括《规划总册》和《知识管理专项》《数据仓库平台专项》《宝钢集团主要共享系统规划蓝图》等3个分册。该规划完成了与宝钢集团战略管控业务(包括战略规划、协同办公、财务、人事、审计等管理领域)相匹配的宝钢集团级信息系统的顶层设计,明确了本规划期信息化工作的重点:深入推进宝钢云计算建设;根据宝钢2013—2018年新一轮的业务发展规划要求,配套制定电子商务发展的实施策略;借助于统一通信、用户体验设计、门户集成等技术,重组以员工为中心的各类应用,搭建员工智慧工作环境;借助于大数据技术,推进宝钢数据仓库建设;持续推进宝钢集团管控与共享系统深化应用;完善信息技术治理体系,加强信息安全及基础服务建设。

2016年3月,编制完成《宝钢集团2016—2021年信息化规划》。该《规划》以国有资本投资运营公司的战略规划总体框架为指导,紧紧围绕集团总部改革发展,结合宝钢集团信息化建设现状和IT(信息技术)新技术发展趋势,利用信息化手段,有效支撑宝钢集团向国有资本投资运营公司方向发展。利用信息化手段,支撑三大业务中心的运作,加强对子公司的绩效考核和穿透式风险管理的支持,持续推进共享和协同,为公司创造价值。

二、生产自动化与管理信息化

20世纪70年代末,宝钢从日本引进全套自动化设备。投产后,通过消化、吸收,进而改造完善、自主研发和创新,宝钢实现了由产品产线的信息化到制造单元的信息化,由在区域管理计算机支持下的产品制造信息化到核心管理业务信息化,由核心管理业务信息化到整体产销管理信息化。

1998年3月,宝钢三期工程250吨转炉炼钢工程投产,该工程的"三电"(电气、仪表、计算机)软件由外方负责基本设计,中方负责详细设计、编程、调试和投入运行工作,其中宝钢主要承担铁水预处理、转炉控制的过程控制系统软件开发及转炉数学模型的移植任务,由此,宝钢开始具备自主承担炼钢自动化系统设计的能力。1999年11月,宝钢300吨转炉炼钢的"三电"改造工程投入运行,该项目的"三电"部分由宝钢自主开发。1999—2000年,宝钢研究院自动化研究所开展"转炉模型参数调整及数字仿真""冷连轧机轧制过程动态仿真和控制优化""连铸过程优化控制""KDD及其在质量控制中的应用"等4个重大项目的研究。其中,"转炉模型参数调整及数字仿真"项目研究开发出包括5个模型在内的转炉成套模型,并投入宝钢炼钢厂使用,其模型结构算法和应用效果达到国际先进水平,具备了对外输出转炉成套模型技术能力;"冷连轧机轧制过程动态仿真和控制优化"

项目以 2 030 毫米冷轧为对象进行全过程仿真，为 2 030 毫米冷轧计算机系统改造创造试验条件；“连铸过程优化控制”项目硫印图像自动分析系统获 2000 年上海市优秀发明奖一等奖；“KDD 及其在质量控制中的应用”课题研究开发出一套属宝钢知识产权的实用数据挖掘系统（Practical Miner2.0）。2001 年 12 月起，历时一年半的初轧“三电”集成项目实现了以宝钢自己的力量全面承担四级计算机体系的整体集成。该项目包括了对原 L1（一级计算机系统或者基础自动化系统）的电气控制系统（PLC）、仪表控制系统（DCS）和 L2（二级计算机系统或者过程控制系统）过程机的整体改造，以及 L3（三级计算机系统或者制造执行系统）钢区区域机和 L4（四级计算机系统或者制造管理系统）整体产销系统的功能改造，并在“三电”一体化网络的基础上，实现了各系统层次间的信息交互。2003 年 4 月 8 日，全系统实现一次投入运行，与整个初轧厂年修同步投入，并实现当天投入运行当天达产。随着装备水平的提高，宝钢在炼铁、炼钢、连铸、精炼、热轧、冷轧等各个重要工艺环节的自动化控制研发能力不断提高，逐步实现从成套引进向自主集成转变。

在生产自动化的基础上，宝钢管理信息化不断发展。1999 年 8 月，“宝钢信息资源集成系统”通过结题评审。该系统具有信息量大、界面良好、使用方便等特点，拥有数十个数据库。主干网用户可从网上直接调阅 3 000 余种中文期刊，查询馆藏纸质图书、期刊、资料及上网刊物信息等。11 月 2 日，开通 2 兆因特网邮电公用网线路，用户上网速度提高十几倍。

2000 年 10 月 17 日起，宝钢因特网带宽由 2 兆升至 4 兆。11 月，开通宝钢股份指挥中心、宝钢大厦和张江高科技园区因特网直接上网功能。12 月，在中国因特网管理中心办理“宝钢.CN”“宝钢.公司”“宝钢.中国”等中文域名注册手续，在美国因特网域名注册机构 NSI 注册“宝钢.net”等中文域名；新增 ISDN 拨号服务器和 C 类 IP 地址 256 个、拨号账户 118 个、电子信箱 245 个，开通厂区 E/1 ISDN 线路 1 条，缓解了厂区拨号上网难问题。

2001 年，创建宝钢域名系统，建立宝钢集团人事网站，开通宝钢股份指挥中心各职能部门在宝山宾馆的因特网上网功能；编制科技专题网页，完成网络实名注册系统，用户键入“bg”“宝钢”“baosteel”“baogang”等字符，即可进入宝钢主页。经过 22 个月开发的“宝钢因特网综合利用”课题，初步构建先进、快速、安全的因特网框架。

2003 年，总部及主要钢铁子公司内部主干网陆续投入运行，连接总部与各子公司主干网的宝钢专用网全面建成。在应用系统方面，宝钢集团数据中心包括财务监管、综合信息服务、人力资源管理等三大模块基本建成；宝钢股份加快推进供应链管理信息系统开发工作；宝钢一钢产销一体化应用系统和宝钢五钢、宝钢梅山、南通宝钢新日制钢有限公司企业资源计划（ERP）项目取得阶段性成果。在代码统一方面，发布首批人事、财务方面的一控代码。

2004 年，在推广宝钢股份现代化管理模式的同时，宝钢集团重点推进宝钢一钢、宝钢五钢、宝钢梅山、宁波宝新等企业的信息化建设。宝钢一钢企业资源计划系统建设与不锈钢工程建设同步进行，使基础自动化、过程计算机、企业资源计划系统与新生产线热负荷试车同步投入运行，实现了管理信息化与生产过程自动化无缝对接；11 月，宝钢一钢整体产销管理、生产控制、能源管理、统计系统完成功能考核。宝钢一钢不锈钢工程成为在老企业改造中走新型工业化道路，以信息化带动工业化，以工业化促进信息化的成功范例。宝钢梅山的产销管理、生产控制系统于 10 月 28 日上线，铁区、人事、统计、档案管理系统年底上线。宝钢五钢于 12 月实现企业资源计划系统和不锈钢长型材生产线制造执行系统（MES）、过程控制系统（PCS）、废钢收料、备件等系统上线试运行，办公自动化、人事、档案管理系统及部分统计功能也在年末上线试运行。宁波宝新产销管理、生产控制、采购、设备系统建设项目基本实现当年规划、当年实施、当年投入运行目标，2005 年元旦全部实现上线试运行。宝钢股份采购供应链项目启动；12月，产销供应链管理系统上线试运行；宽厚板连铸L3、L4系统配合热负荷试车取得成功；1800冷轧L3、L4系统上线，基本建成客户驱动快速响应制造系统。

2005年，制造管理系统覆盖全部生产单元。宝钢分公司“十五”(2001—2005年)规划项目建成投产，制造管理系统覆盖“十五”规划项目全部生产单元。不锈钢分公司扩建工程炼钢、连铸生产线系统6月18日上线，铁区管理系统9月30日投入试运行。特殊钢分公司企业资源计划系统、制造执行系统覆盖所有生产线，其中条钢厂合金棒材产线制造执行系统3月上线，覆盖特冶、锻造、钢管、银亮、老热轧等生产线的制造执行系统9月2日上线，精密合金生产线制造执行系统年底上线。梅钢公司信息化工程项目13个子系统全部投入运行，11个系统完成功能考核，运输管理系统5月10日投入试运行，设备管理系统10月27日投入试运行，产销系统(自营出口子系统)11月10日上线，采购系统12月20日投入试运行。宁波宝新不锈钢制造管理系统与四期工程主生产线热负荷试车同步，6月底上线试运行。鲁宝钢管产销管理系统10月31日上线试运行。上海宝钢产业发展有限公司下属上海宝翼制罐有限公司AIDC-ERP(具有自动数据识别采集能力的企业资源计划系统)上线，上海冠达尔钢结构有限公司建立钢结构业务企业资源计划系统，上海宝钢普莱克斯实用气体有限公司通过企业资源计划系统升级，实现气体配送和远程液位监控管理。

2006年，宝钢信息化建设在一体化经营管理信息系统和属地化制造管理信息系统两个层面上展开。支撑一体化管理的原料采购物流管控、财务管理、人力资源管理、销售管理、协同工作等信息系统相继启动。1月，国内首个设备检修企业资源计划系统在上海宝钢设备检修有限公司上线运行。2月，宝钢分公司信息化质量管理平台——一贯过程控制系统的22个开发项目完成。2月6日，采购供应链系统在资材备件采购领域投入试运行。5月、6月，采购供应链系统在原燃料采购领域投入试运行。5月22日，宝钢内部数据交换集成平台研制及应用项目、宝钢网络监控平台建设项目启动。9月，宝钢集团上海梅山有限公司(简称梅山公司)多账户核算系统全线贯通。至年底，23个植入宝钢管理和核心技术的计算机系统安全运行，各项指标均达到设计要求。

2007年3月，宝钢分公司1880热轧L3/L4系统切换上线，与自成一体的二炼钢、1580热轧L3系统实现三合一。9月，由宝钢自主开发、覆盖建设项目全生命周期管理的工程项目管理系统建成上线，开国内工程项目管理全过程信息化之先河。系统业务覆盖工程项目全生命周期管理，包括工程投资、进度、质量、设备采购、材料计划、设计、施工等管理；系统用户涵盖宝钢分公司建设体系内各职能部门、项目组、各生产厂部、相关职能部门，实现了与设计、施工、监理等外部业务单位的协同，并实现了与一体化销售管理系统、采购供应链系统、上海宝华国际招标有限公司管理信息系统等周边系统之间的集成。

2008年2月27日，宝钢分公司1730冷轧碳钢L4/L3系统在历时半年开发、调试后，一次切换上线成功。

2009年，宝钢初步形成面向市场的供应商关系管理系统、客户关系管理系统框架。6月，宝钢股份一炼钢和2050热轧L3系统同步切换，历时14个月的二合一改造项目完成。10月，宝钢股份在中国企业信息化500强调查评选中获“2008年度信息化企业大奖”“重大企业信息化建设成就奖”“最佳信息技术(IT)总体架构奖”“最佳供应链管理应用奖”“最佳电子商务应用奖”和“最佳决策支持应用奖”。在国务院国资委组织的中央企业信息化水平测评中，宝钢集团连续第二年被评为A级。12月，钢铁供应链多方业务协同平台、人力资源系统、设备综合管理信息系统等3个项目入选首批中央企业信息化示范工程。上海宝华国际招标有限公司和宝信软件联合开发的全国首个全流程网上招标平台上线，宝钢成为国内招投标行业电子信息化建设的领先者。

2010 年，宝钢股份深化大客户通道和电子数据交换应用，实现宝钢在线门户改版，推广电子单据应用。升级档案信息资源管理系统。完善产品盈利能力、采购、营销价值、成本、能源分析及决策支持手段，实现宝钢股份直属厂部数据仓库技术升级。10 月 26 日，宝钢股份"采购供应链系统建设与一体化推广"项目获冶金企业管理现代化创新成果一等奖。

2011 年，宝钢股份全面推进 9672 信息系统升级改造集群项目。截至 2012 年年底，完成新建机房的物理及网络环境的功能测试、系统软硬件平台运行环境的搭建、功能测试和交工验收，完成制造管理（原燃料模块）相关系统和数据库（第一阶段）功能上线，完成厚板产品、设备管理系统上线和老系统数据清理。

2013 年 1 月 29 日，宝钢股份实施 9672 信息系统升级改造项目第二步功能上线（薄板、硅钢制造管理系统），全面完成 9672 信息系统升级改造项目群系统切换。

三、产销系统信息化

1998 年 4 月，宝钢整体产销计算机管理系统投入运行。该系统由五大子系统、42 个功能模块组成，覆盖宝钢集团主要营销业务、生产现场管理控制及财务成本管理，主要有：销售管理子系统，包括销售资源管理、用户合同管理、用户管理、贷款管理、销售账务管理等 5 个功能模块；质量管理子系统，包括产品规范功能、冶金规范管理、检化验管理、质量判定及综合判定、质量保证书制作、质量统计分析等 6 个功能模块；生产管理子系统，包括合同处理、合同归并、合同计划、材料转用充档、材料申请与合同跟踪、准发计划、钢区作业、热区作业、冷区作业、线材作业与产能计划、方管坯存货、板坯存货、冷轧存货、钢锭存货、线材存货管理等 15 个功能模块；出厂管理子系统，包括产成品存货、成品仓库发货、月出厂计划、转库计划、出厂资源平衡、出厂环境、运输计划、发货调度、结算凭证、车船管理等 10 个功能模块；财务管理子系统，包括产副品账务、成本会计、财务会计、普通会计、报表、固定资产管理等 6 个功能模块。

2004 年，宝钢集团实施完成面向各相关子公司的"大宗原燃材料集中采购业务信息采集发布协同支持系统"建设，并于 7 月 1 日上线投入运行，与其配套的物流管控系统年底投入使用。至此，基本保证了铁矿石、煤、焦炭、废钢、生铁等五大资源集中采购的有效实现。

2005 年 5 月，宝钢股份增发收购后实施钢铁主业一体化管理。此后一段时期，宝钢信息化建设的任务是把各制造单元的销售、财务、采购、需求管理与销售计划优化，将工程建设、技术创新、人力资源、协同办公等系统功能优化整合成一体化经营管理系统，以进一步支撑钢铁主业一体化管理的目标模式，实现与管理创新的同步推进。10 月 25 日，物料代码体系、供应商代码管理系统上线。

2006 年 2 月 6 日，采购供应链系统在资材备件采购领域投入试运行；5—6 月，在原燃料采购领域投入试运行。3 月 1 日，原料采购物流管控系统上线运行；6 月，基本支撑宝钢浦钢罗泾工程采购业务。11 月，宝钢在线特钢频道整体功能上线运营，包括特钢产品的国内期货订货、辅助管理、合同进度跟踪及查询、发票信息查询、发货计划查询、发货实绩查询等核心功能，可为宝钢用户提供一条快捷、高效、经济的特钢产品服务通道。

2007 年 9 月，宝钢股份在国内钢铁业率先建成的采购供应链系统覆盖到特殊钢分公司。至此，宝钢分公司、不锈钢分公司和特殊钢分公司的资材备件采购均可通过这套系统完成。11 月 20 日，一体化销售管理系统、销售物流管控系统上线运行，功能覆盖宝钢股份内碳钢产品的销售业务，同时完成4个境外公司信息管理系统、8个地区公司信息管理系统和11家加工中心管理信息系统的配套建设和集成，初步实现一体化销售业务的跨地域协同运作。2008年3月31日，覆盖中厚板分公司的销售业务；5月20日，覆盖不锈钢分公司的不锈钢产品销售业务。

2008年，宝钢股份巩固和完善已建成的一体化经营管理系统，并将其推广和覆盖到沪内外钢铁制造单元、贸易及服务加工单元。1月1日，一体化财务管理系统一期项目上线。3月，宝钢需求管理与综合销售计划系统上线运行，功能覆盖宝钢分公司(除钢管、厚板以外的钢铁产品)、不锈钢分公司、梅钢公司。宝钢自主开发的具有国际领先水平的GPS/GIS(全球定位系统/地理信息系统)信息服务系统上线投用，实现与销售物流管控系统的集成。

2009年2月，宝钢国际通过开发应用的计算机管理集成平台，使50家子公司实现财务报表的统一生成，并在宝钢股份合并报表系统上完成数据检核及提交，实现了财务系统一体化。5月，宝钢"采购数据仓库"全面上线，宝钢销售及物流管控系统覆盖特钢事业部。至此，宝钢碳钢、不锈钢、特殊钢等三大精品的销售以统一、规范的运作流程面向广大用户，实现管理过程受控和规范。

随着八大系统(销售管理系统、销售物流管控系统、财务管理系统、工程项目管理系统、采购供应链系统、原料采购物流管控系统、人力资源管理系统、协同办公系统)一体化上线，宝钢股份一体化管控的信息化支撑架构基本形成。

四、面向用户的信息化

2000年，宝钢股份提出实施企业系统创新工程，通过贯彻"以客户需求为中心，以提高系统有效性为目标，以业务流程再造为基础，以管理的透明化为制约手段，以现代信息技术为支撑，全面实施企业系统创新"的指导思想，合理配置企业的各种有效资源，构造一个"对外充分适应、快速反应，对内高效沟通、快速决策"的企业系统。为统筹规划管理计算机系统的开发、优化等工作，促进现代信息技术在企业管理中的运用，宝钢股份撤销企业管理处，将管理信息系统推进办公室更名为"企业系统创新部"。同时，成立信息化工作推进小组。

实施企业系统创新工程后，宝钢股份集中一贯管理的内涵得到升华和延伸：由管理功能或职能的集中，演化为着重信息和知识的集中和共享；由企业内部的一贯，延伸到从客户需求开始到满足客户需求为止的产销供应链管理的一贯，从上游供应商管理开始到下游客户管理为止的全程供应链管理的一贯；使信息化建设的定位从"以财务为中心"向"面向用户，以提升竞争力为中心"转移。完善或建成了一系列子系统：企业级制造管理系统，企业级统一的数据仓库系统，客户驱动的综合销售/优化排程/快速应答系统，基于智能质量设计知识库的技术询单快速应答"宝钢在线"网上营销系统，面向战略客户的协同商务系统，初步形成对外快速响应、对内快速决策的企业经营运作系统。

【集团内推广】

2001年4月，上海宝钢益昌薄板有限公司(简称宝钢益昌)整体产销系统(第一阶段)上线。该系统第一阶段建设是以生产和质量管理为中心，功能范围覆盖从销售合同管理、合同处理、质量管理、原料采购、机组计划、生产管理直到成品发货整个生产和质量管理全过程。2003年3月，开始第二阶段建设，将成本核算、财务管理整合进整体产销系统，并开发设备管理系统，扩充原有产销系统，最终形成完整的宝钢益昌管理信息系统，12月底上线。2004年4月，上海宝钢益昌薄板有限公司更名为“宝钢股份冷轧薄板厂”，业务纳入宝钢股份统一管理范畴后，进行第三阶段的系统建设。2004年12月17日，系统整合项目上线运行。

2001年4月，宝钢一钢启动信息化工程，功能范围覆盖销售、质量、生产、财务等业务领域。2003年12月7日，宝钢一钢信息化系统配合热轧热负荷试车，一次投入运行成功。2004年2月18日、3月18日、4月18日，一号碳钢、二号碳钢、一号不锈钢生产线信息化系统相继上线运行。从2004年9月起，配合不锈钢炼钢连铸扩建工程，对该系统进行相应的调整和扩建。2005年6月18日，系统与扩建工程同步投入运行。2005年9月，启动与冷轧扩建工程配套的系统改造工作。2007年7月，整体系统功能覆盖罩式炉机组、不锈钢热退酸洗机组、碳钢酸洗机组。该公司的“现代化不锈钢企业综合自动化系统的开发与集成”项目获2006年冶金科学技术奖一等奖。

2002年10月，宝钢梅山信息化建设工程启动，整个项目包括产销管理系统、炼钢生产控制计算机系统（L3）、热轧生产控制计算机系统（L3）、铁区管理系统、设备管理系统、采购管理系统、统计管理系统、办公自动化系统、人力资源管理系统、档案管理系统、能源调度管理系统、运输管理系统、门户网站等子系统。项目的核心应用系统——产销管理系统、炼钢生产控制计算机系统（L3）、热轧生产控制计算机系统（L3）优先开始建设。2004年10月28日，产销管理系统、炼钢生产控制计算机系统（L3）、热轧生产控制计算机系统（L3）上线。系统投入运行后，合同兑现率、热送热装率、月度财务报表时间等运营指标均有显著改善，第一年所产生的经济效益达1.07亿元。宝钢梅山“板带钢集成制造执行系统的开发与应用”项目获2006年冶金科学技术奖二等奖。

2003年8月，宝钢五钢信息化系统建设启动。该系统建立在SAP公司的管理信息系统软件基础上，同时集成制造执行系统、设备管理系统、计量验收系统、理化检测系统，将销售、生产、采购、计量、质检、设备等所有业务整合在一起，完成物流、信息流集成，最终又归结到财务、成本，形成物流、信息流、资金流的实时、高度集成。2005年9月，该系统上线。

2005年年初，宝钢浦钢的信息化建设与罗泾工程建设同步启动。2006年7月7日，宝钢浦钢产销管理系统首条投入运行的财务子系统上线。8月1日，设备管理系统上线试运行；8月30日，协同办公子系统进入试运行；8月31日，原辅料管理系统、检化验管理系统上线运行；9月30日，信息化建设产销管理系统上线。2008年3月31日，宝钢股份一体化二期覆盖宝钢浦钢属地改造项目上线。自2005年年初到2008年3月，经过3年建设，宝钢浦钢的信息系统从无到有，逐步完善。

2007年八一钢铁、2012年韶关钢铁加入宝钢集团后，集团先后向其推广宝钢的信息化系统。至2016年，完成八一钢铁、韶关钢铁的存货可视化和成本管控系统等项目建设。这些系统的上线，使八一钢铁和韶关钢铁理顺存货基础管理，建立存货价值化管理，优化库存结构，减少存货资金占用。通过全过程成本管控系统建设，满足成本精细化管理的要求，促进成本相关业务的持续改善。

【集团外推广】

信息化技术支撑下的宝钢现代化管理模式成为全国钢铁行业学习借鉴的榜样。宝信软件将宝钢的信息化技术推广到行业内外。

2006年10月，由宝信软件承担的国家高技术研究发展计划（“863计划”）攻关项目“冶金工业制造执行系统（MES）关键技术研究与应用”，通过中华人民共和国科学技术部验收，并向国内冶金行业辐射。该项目的主要内容，是对宝钢的生产控制计算机系统（L3）在应用实施中新的关键技术进行研究，并对软件的扩展模块进行系统的产品化开发，增加包括新一代能源管理、面向新工艺的一体化计划，以及面向车间级的设备管理功能，形成具有自主知识产权的冶金工业制造执行系统软件。系统的主要功能包括订单管理、生产管理、质量管理、物料跟踪与实绩管理、工器具与轧辊管理、仓库管理、发货管理、历史数据管理等。项目成果应用于宝钢集团内企业的同时，推广到马鞍山钢铁股份有限公司冷轧厂生产制造执行系统、H型钢厂制造执行系统，涟源钢铁集团有限公司紧凑式热带生产线制造执行系统、三炼钢制造执行系统、冷轧制造执行系统，以及邯郸钢铁集团有限责任公司中板厂制造执行系统、包头钢铁(集团)有限责任公司炼钢厂制造执行系统、吉林通化钢铁集团有限责任公司紧凑式热带生产线制造执行系统等项目。2008年，宝信软件构建系统运营维护服务集中管理平台和集中监控平台，形成四级服务支撑体系，在对宝钢钢铁主业信息系统实现运行维护服务集中管理的同时，为上海市重点市政工程、重要公共事业管理系统建立服务站点。2009年5月，宝信软件作为唯一信息技术(IT)服务供应商，为上海申通地铁集团公司建设的网络物资供应系统项目启动。6月，与江苏华西集团签约，成为该集团财务公司信息系统建设的合作伙伴。8月，签下广州JFE钢板有限公司冷轧全厂行车定位系统项目。9月，历时2年多建设的"金信工程"(国家工商行政管理信息化建设的总称)成都工商信息系统通过专家组验收，探索了一条将信息化技术应用于工商管理的全新道路，在全国工商行政管理系统中属于首创。同月，自主研发的一体化监控指挥平台最新版本iCentroView5问世。这是一个集实时过程监控、海量数据处理和存储、报警联动、智能协同指挥等功能于一体的大型综合指挥平台，广泛应用于国内50多个大、中型工程中，为国家市政工程、工业控制、轨道交通、智能楼宇、智能交通、矿业采掘、石化应急、水利工程等行业用户提供完整、全面的综合监控管理方案，各项性能达到国际先进水平。

2010年，宝信软件建成中国首家工业软件体验中心，在宝钢外钢铁企业销售18套大型信息化应用软件；中标江苏沙钢集团有限公司、攀枝花钢铁(集团)公司集中购销管理系统，及中国商用飞机有限责任公司工程项目管理系统、郑州地铁信息化规划项目等。2012年，承接河北前进钢铁集团有限公司、江苏宝丰特钢有限公司等企业信息化管理系统。2014年，承接山西太钢不锈钢股份有限公司产销一体化系统、日照钢铁控股集团有限公司制造执行系统(MES)、广西柳州钢铁集团有限公司信息化建设等项目。2015年，承接江阴兴澄特种钢铁有限公司信息化系统升级改造制造执行系统(MES)和广西柳州钢铁集团有限公司全厂制造执行系统(MES)，以及天津新宇彩板有限公司、唐山瑞丰钢铁(集团)有限公司、河北兆建金属制品有限公司等3条冷轧酸洗轧机联合机组"三电"改造项目等。

2016年，宝信软件整合冷轧业务板块信息化技术的优势力量，形成适合民营轧钢企业的轧钢自动化解决方案。借助于云平台，将能源"云"业务从原来的大型耗能企业专有能源管理系统拓展到中小企业、园区等中小用能单位的能耗管理。为上海医药集团股份有限公司开发制药行业的企业制造执行系统(MES)，承接山东西王糖业有限公司信息化系统建设项目等。

五、云计算中心建设

2012年，宝钢云计算中心一期机房建设完成竣工验收。BigData云分析平台，完成整个软硬件环境搭建。完成互联网应用类云计算技术的验证工作，"宝之云"视频会议系统试运行。

2013年年底，宝钢云计算中心已为宝钢集团内外16个租户、50个系统提供近90套基础资源环境，其中包括宝钢集团标准财务系统、内部审计系统、人力资源系统等核心业务系统。在软件及服务方面，"宝之云"网络视频会议的服务方式逐渐运用到日常工作中。"好生活"服务平台除原有的运动健身外，还陆续开放文体欣赏、健康体检、休假疗养等服务项目。

2014年，云计算在宝钢集团范围内得到进一步推广运用，发布《成熟期云计算服务框架协议》《成熟期云计算服务费计价标准》，为各子(分)公司信息系统入云提供政策支撑。同年，91套应用系统、114套信息系统基础环境迁入“宝之云”。年底，累计139套应用系统、219套信息系统基础环境在“宝之云”运行。

2015年，宝钢集团下属各子(分)公司加速信息系统入“云”节奏，45套应用系统迁入“宝之云”。至年底，184套信息系统、311套信息系统基础环境在“宝之云”运行。“宝之云”同城灾备数据中心建成，并具备为信息系统提供最高级别(等级6)的灾备服务能力。

2016年，30套业务系统入驻“宝之云”。至年底，214套信息系统、345套信息技术(IT)基础环境运行在“宝之云”中。搭建欧冶云商专属资源池，有54套系统、77套信息技术(IT)基础环境在其中运行。在重庆建立“宝之云”分数据中心。进一步加强“宝之云”安全和规范建设，当年分别通过工业和信息化部的可信云认证、公安部信息系统安全等级保护三级评测；“宝之云”通过美国Uptime M & O(数据中心设施咨询机构)认证。

六、电子商务

2000年8月7日，宝钢集团发起组建东方钢铁电子商务有限公司。10月15日，公司运营的东方钢铁在线(网址：www.bsteel.com)开通。12月4日，Bsteel钢材交易平台上线，12月8日达成首笔网上交易。

2001年，东方钢铁实现网上交易额27.60亿元，会员数达1 772家，全年累计页面访问量为117万页。

2002年，东方钢铁实现网上在线交易额42亿元，新增会员1 801家，累计会员数达3 573家，销售收入1 636万元，当年实现盈利。

2003年，东方钢铁在线加强电子商务应用模式探索，形成以钢贸30030网站为代表的“一站式”钢材交易平台模式，电子商务的服务市场除用户服务、钢铁销售、大宗原料物资采购等环节外，还延伸到矿业、物流等新领域。

2004年，东方钢铁拥有会员20 344家，实现网上在线交易额81亿元。

2005年，宝钢集团电子商务系统通过整合，实现单点登录。下属各钢铁贸易子公司的企业资源计划系统、电子商务系统日趋完整。

2006年，东方钢铁保持和扩大宝钢在电子商务领域的领先优势，全年在线交易额420亿元，有效用户注册数2万个。

2007年，宝钢通过电子商务平台，网上交易额创下新纪录，达到887亿元，占上海市电子商务全年交易额的38.50%。

2008年7月7日，东方钢铁在线新版网上交易系统上线，并增设宝钢不锈钢专场和闲废物资专场。12月29日，宝钢集团首个通用物资网络采购电子商务平台上线运行。

2009年，东方钢铁以支撑宝钢数字化经营为导向，协同集团内各业务单元建设与完善采购、营销电子商务平台，全年实现电子商务交易额1 286亿元。4月，宝钢工程设备电子采购平台上线运行，实现网上招标、竞价、审价等功能，有1 538个设备类合格供应商完成注册，参与询报价协同流程的供应商达231家，通过电子招标中标的供应商有159家。

2010年,宝钢集团实现电子商务交易额1 842亿元,其中采购额178亿元,销售额1 664亿元。网上采购物料品种涵盖废钢、通用资材、备品备件、工程设备、化工原料、差旅等领域,并完成了集团范围的覆盖工作。在钢材销售领域,形成宝钢统一的营销服务平台及现货在线交易中心,为2万余家用户提供电子商务的交易和协同服务。在服务方面,与银行共同建设供应链融资系统,使产融结合服务的规模化具备了条件,全年实现融资14亿元。

2011年,宝钢集团采购电子商务向宝钢金属、宝钢资源有限公司(简称宝钢资源)、宝钢工程、宝钢发展等板块深入推进,新增19家采购组织,累计132家。全年电子商务服务规模达2 005亿元,服务于宝钢上下游5万余家。

2012年,宝钢集团采购电子商务平台新增13家采购组织。营销电子商务,围绕网络营销、应用安全、移动应用、服务推广等作重点提升,建立了基于行业、基于产品的知识库,面向行业用户提供对应分类的产品信息检索,在国内钢铁行业首创基于产品的网络品牌营销。完成64家大客户通道实施工作(其中新建51家),宝钢国际战略用户大客户通道覆盖率达到70%。供应链融资方面,东方付通信息技术有限公司全年在线支付流量73亿元,资金存量6 757万元,供应链融资规模达12亿元;推出供应商保理融资服务,与18家宝钢股份供应商达成合作意向,实现保理融资171万元。

2013年,宝钢集团策划通过宝钢电子商务实现产业突破的商业模式,形成宝钢电子商务产业化商业计划初步方案,电子商务产业各板块进入业务拓展期。湛江钢铁生产、经营、管理需要的信息系统完成初步设计。专属平台建设方面,巩固并提升在电子商务领域的先发优势,面向大用户的行业供应链系统覆盖汽车、家电、石油等7个行业的186家战略及潜在战略用户;面向直供及中小用户的在线自助服务实现全覆盖。社会化平台建设方面,5月31日,由宝钢集团牵头、上海市宝山区政府协助组建的上海钢铁交易中心有限公司揭牌成立。

2014年,宝钢集团电子商务产业化生态圈布局初步形成,专属的行业供应链电子商务服务能力进一步加强。上海钢铁交易中心有限公司拓展资源渠道,推进宝钢股份薄板现货直销、纸质票据异地收付、合作仓库风险监控和提货云端验证等新模式、新流程,全年在线交易451万吨。在动产权属平台、仓储监管样板库、在线仓储融资业务等新型电子商务支撑能力建设方面取得突破,其中动产权属平台成为上海银行业动产质押信息共享平台。

2015年2月4日,宝钢集团整合优势资源,注册成立欧冶云商股份有限公司。以"共建共享,值得信赖"为价值观和发展理念打造的欧冶云商,是依托互联网、物联网、大数据、移动互联等全新技术手段,在钢铁流通领域集资讯、交易、物流仓储、加工配送、融资、产业链金融服务、技术与产业特色服务等功能为一体的,钢铁制造企业、钢铁贸易公司、物流仓储运输服务商、钢材用户等多方主体共生共赢的钢铁生态第三方服务平台。下设钢铁交易、工业品采购、大宗原燃料交易、化工品交易、跨境电子商务交易等五大电子商务平台,并在物流、金融、技术、加工和数据等方面初步形成完整的体系服务能力。旗下有上海钢铁交易中心有限公司、上海欧冶物流股份有限公司、上海欧冶金融信息服务股份有限公司、上海欧冶材料技术有限责任公司、上海欧冶数据技术有限责任公司、东方钢铁电子商务有限公司、上海欧冶采购信息科技有限责任公司、欧冶国际电商有限公司、上海欧冶资源电子商务有限公司。全年,欧冶云商电子商务平台实现交易量1 018万吨,实现销售收入198亿元。

2016年6月17日,欧冶云商入股上海化工宝电子商务有限公司。全年,欧冶云商平台得到快速发展,形成完整的平台架构、体系和能力;提前完成"千仓计划",构建遍布全国的仓储、加工加盟网络,提升为终端用户服务能力;创新营销服务模式,依托加盟仓库、加盟加工中心、加盟建材零售店等代理站点，为钢铁产业链上下游用户提供贴身服务。电子商务平台钢材GMV（成交总额）交易量达到3 876万吨，实现销售收入387亿元，其中钢材结算交易量1 487万吨，比2015年增长67%，工业品、原燃料、化工、循环物资等交易品种均实现增长。

七、集团管控与共享系统

2004年，宝钢集团数据中心完成一期建设。该系统方便员工协同工作，减少"公文旅行"；建成包括预算、统计、会计、资产、资金、总部核算等模块在内的财务管理中心；建成人力资源管理中心，使总部能实时掌握各子公司具体人力资源状况。

2006年，宝钢网络监控平台，宝钢内网电子邮件、黄页、短信平台，宝钢股份一体化财务管理系统，宝钢协同办公系统项目，宝钢人力资源管理系统项目启动建设。8月，宝钢集团参加2007年度中央企业信息化水平评价，得分92.28，获评A级，名列145家中央企业第三位。

2007年3月，一体化经营管理系统网络配套平台设计与集成项目投入运行。6月，宝钢工程建设项目管理系统一期上线，宝钢内网电子邮件、黄页、短信平台系统上线。7月，宝钢人力资源管理系统基本功能上线运行，覆盖集团总部、宝钢股份总部、宝钢分公司、不锈钢分公司、特殊钢分公司、梅钢公司、中厚板分公司、鲁宝钢管、宁波宝新、宝钢股份黄石涂镀板有限公司、宝钢金属、宝钢资源总部。8月，宝钢协同办公系统基本功能在集团总部上线运行，覆盖集团总部、宝钢股份总部、中厚板分公司、上海宝钢化工有限公司（简称宝钢化工）、不锈钢分公司、宝钢国际、宝钢金属。一体化经营管理系统计算机资源平台、网络配套平台、内部数据交换集成平台、e-Pass授权管理平台和网络监控平台等信息系统，也在当年陆续上线。

2008年1月，宝钢股份一体化财务管理系统上线运行，功能覆盖宝钢股份总部和宝钢不锈，3月31日覆盖中厚板分公司。2月起，推进人力资源系统全覆盖工作，至年底完成下属177项子（分）公司人力资源管理数据的梳理和系统上线工作。5月8日，宝钢惩治和预防腐败体系管理信息系统上线，涵盖总部及下属25个纪检单位。10月16日，面向全体员工、多语言支持和集实时远程培训、在线自主培训、离线自主培训、混合式培训等多种形式于一体的远程培训系统——宝钢移动学习系统（e-Learning）平台第一阶段功能上线。9月底，完成统一会计系统标准版的开发和总部属地化财务优化改造，实现总部现金管理与宝钢财务公司资金平台的无缝连接。12月底，员工网络论坛系统投入运行。同年，完成宝钢协同办公平台二期建设，推出4D（虚拟会议、议案预审、议案清单、重点工作）工作平台，开拓移动办公业务，并完成对下属主要一级子公司的覆盖。截至年底，宝钢销售管理、销售物流管控、财务管理、工程项目管理、采购供应链、原料采购物流管控、人力资源管理、协同办公八大系统的上线，形成钢铁主业一体化管控的信息化支撑架构。

2009年4月，宝钢网络培训系统实现整体功能上线。9月，宝钢员工网络论坛（"桥"论坛）项目通过验收。同年，完成集团总部总监以上领导的信息共享工作；完成协同办公平台对集团下属198家公司的覆盖，集团总部会议因此减少40%，文件处理周期从平均10天变为4天，集团高管2天内批示完的文件从43%提高到82%；完成人力资源管理系统对下属267家公司的覆盖；完成统一会计系统对宝钢工程、宝钢金属、梅山公司、宝钢检测、八一钢铁、华宝投资的部署及接口。

2010年6月，宝钢集团信息共享平台上线试运行，实现对7个业务系统超过25万篇文档的统一搜索和共享。同年，对协同办公平台进行优化，包括实现公文流转及联络件的短流程，完成跨组织会签管理子平台搭建，完善会议抄告的后续跟踪机制。同时，向宝钢发展和宝钢化工下属子公司、华宝投资覆盖。年底，宝钢内部审计管理系统覆盖集团范围 18 家审计部门。管理系统和科技管理信息系统在多元产业推广实施。

2011 年 1 月 1 日，宝钢统一发票管理及认证系统第一阶段功能上线试运行，宝钢集团技术共享平台上线试运行。7 月 31 日，宝钢档案信息资源管理系统一期功能投入运行。系统涵盖的档案业务种类包括科技档案（工程项目资料及项目档案、科研项目档案）、文书档案（公文）、部分声像档案和实物档案，至年底积累工程项目资料 279.93 万份，工程项目档案文件 407.35 万份。同年，开展数字化宝钢规划，支持宝钢从制造到服务的转型。探索移动办公应用，设计开发统一的移动应用平台。协同办公系统覆盖湛江钢铁、宝钢德盛、上海宝钢节能环保技术有限公司、宝钢建筑系统集成有限公司；支撑梅钢公司与梅山公司的合并，上海宝钢工业检测公司与上海宝钢设备检修有限公司的整合；公文系统延伸至韶关钢铁。在宝钢集团统一会计系统及宝钢股份一体化财务系统的基础上，优化整合，建设宝钢标准财务系统。人力资源决策分析系统（HR－BI）分析功能上线。宝钢内部审计系统累计实施 412 个审计项目，涵盖管理审计、经营审计、投资审计等三大类，累计审计单位 781 家（次），形成 2 032 件审计成果。在战略规划、协同办公、财务、人事、审计、科研等管理领域，通过信息系统对子公司的覆盖实施，支撑宝钢集团管控、经营管理及共享服务。年底，宝钢集团管控/共享系统中，人力资源系统覆盖 239 家，接口 20 家；协同办公系统覆盖 412 家，接口 1 家；财务系统覆盖 314 个账套，接口 4 个账套；内部审计系统覆盖 389 个账套；电子商务系统覆盖 167 家；工程项目系统覆盖 18 家；科技管理系统覆盖 123 家；移动学习系统（e-Learning）覆盖 257 家。形成科技创新的 8 个标准业务模块（包括合理化建议、自主管理、科研项目管理、科研外协管理、科研零固管理、技术秘密管理、专利管理和软件著作权管理），并在宝钢资源、宝钢金属、宝钢化工、宝钢发展按照“标准化＋配置化”的模式推广实施，全年运作 2 万多条合理化建议、250 个科研项目。

2012 年，在战略规划、投资、财务、人事、审计、协同办公、科研、不动产等管理领域，通过信息系统对子公司的覆盖实施，支撑宝钢集团管控、经营管理及共享服务。完成与韶关钢铁公文系统的对接和对北京汇利房地产开发有限公司的覆盖。1 月，宝钢统一移动平台试运行，至年底初步形成移动办公和移动商务两类移动应用，其中移动办公覆盖的范围由总部推广至宝钢股份、宝钢资源、宝钢金属、宝钢工程、宝钢化工、宝钢发展、华宝投资等 7 家子公司，移动办公应用由公文审批、联络件流转、阅知文件查看拓展到出差审批、时间管理、信息中心应用、移动报表、厂区空气质量检测等；移动商务实现现货资源选购、网上议价、订单生成、合同跟踪、物流作业管理、全球定位系统（GPS）在途跟踪、“现金增利”理财产品销售等应用。启动标准财务系统对宝钢股份直属厂部、宝钢工程和宝钢化工的覆盖工作，完成宝钢统一发票管理与认证系统的建设，实现与供应商的结算信息协同、发票信息全流程集中监控管理和发票集中统一异地认证功能。完成宝钢集团客商统一代码服务平台升级改造项目。完成人力资源系统干部人才管理及“宝钢伯乐”功能，为宝钢领导选拔人才提供决策依据。新建人力资源系统薪酬管理与财务系统抛账接口，实施社保基数自动计算、残疾人年金个税减免等功能。完成系统功能优化工作：将审计体系管理全部工作纳入信息系统管理；完善审计项目执行过程的质量控制体系，从成本、进度、成果等方面实现对项目过程的质量管控；完善与子公司财务系统的接口，实现总账和报表数据的按月自动采集。全年，在系统中执行审计项目 426 个，跟踪各类审计问题 800 个，各类审计资料 1 900 份，采集子公司财务报表 1 500 份，总账记录 620 余万条。科技管理系统实现新产品全生命周期管理，新增国际合作项目管理、国际专利管理、知识产权异议管理业务。完成对宝钢发展有限公司不动产管理系统的优化改造，并将不动产管控子系统推广至宝钢特钢、宝钢不锈、宝钢资源、宝钢金属、宝钢化工、宝钢发展、华宝投资、一钢公司、浦钢公司等非专业经营类公司，将不动产管控子系统和租赁管理子系统推广至宝钢发展下属置业公司、五钢公司、北京汇利房地产开发有限公司等不动产专业经营类公司。启动宝钢档案信息资源管理系统对子公司的推广应用，完成对宝钢国际和宝钢发展的覆盖。

2013 年，深化推进战略规划、投资、财务、人事、审计、协同办公、科研、不动产等管理领域的管控和共享。完成协同办公系统对宝钢工程、八一钢铁下属子公司，及宝钢欧洲有限公司、宝钢新加坡有限公司的覆盖实施。推进宝钢集团财务管控系统（包括标准财务系统）覆盖八一钢铁、梅钢公司。完成人力资源系统对八一钢铁、韶关钢铁及其下属子公司的覆盖工作。建设安全生产监督管理专项应用系统，实现对各子公司安全相关领域数据的收集和报表自动生成。建设纪检监察管理信息系统，包括纪检监察网站、纪检监察工作过程跟踪管控等内容。

2014 年 2 月 17 日，宝钢员工智慧工作平台上线，宝钢办公系统跨入智慧协作办公的新阶段。该平台利用统一通信技术，将云视频、电子邮件、即时通信、短信、IP 电话、电子传真合为一体，并新开发宝钢小秘书、移动虚拟会议等移动应用功能。同年，智慧工作平台完成对宝钢股份、宝钢工程、宝钢发展、宝钢化工、华宝投资、一钢公司、五钢公司、浦钢公司、宝地置业、宝钢资源、宝钢不锈的覆盖。启动标准财务系统覆盖实施工作，完成宝钢工程下属 8 家单位、宝钢化工下属 2 家单位、宝信软件下属 8 家单位的覆盖实施。产权、金融资产、经营绩效考核、管理费用预算、资金台账管理功能及财务服务平台上线。人力资源系统完成对八一钢铁、宝钢资源、宝钢工程、宝信软件下属共 17 家子（分）公司的覆盖，实现人力资源系统对宝钢资源境外公司的全覆盖。宝钢科技管理系统完成对中央研究院的覆盖。人才开发院完成移动学习系统的功能考核和结题验收工作，推出党建与企业文化、领导力与管理、专业技术技能、安全培训、外语应用和生活常识等领域微课程 61 门、微课件 388 个，员工学习注册人数 3 434 人，累计学习次数 25 944 次。启动宝钢档案信息资源管理系统电子归档范围拓展及适应性改造项目，实现宝钢科技管理系统新产品项目资料的在线归档。

2015 年，在原有公文、联络件等移动应用的基础上，陆续拓展移动小秘书、移动任务管理、移动出差请假、移动订阅等应用，实施宝钢集团公共移动应用对全员的开放授权，使普通员工随时随地办公成为现实。实现智慧工作平台对欧冶云商、韶关钢铁的覆盖，基本实现集团范围内各子（分）公司的互联互通。标准财务系统完成对宝钢金属、韶关钢铁的覆盖工作。按照标准功能全覆盖目标，对 29 家子公司实施人力资源系统的覆盖。优化档案业务管理和档案利用功能，实现宝钢工程项目管理系统的项目资料与合同、采购供应链系统的资材备件等文件的在线归档；梅钢公司属地档案管理系统完成公文归档的试运行。

2016 年，完成党建云平台建设，覆盖宝钢集团各级党组织。宝钢云学习平台在线考试系统投入运行，并进行 11 场初中级技能等级工鉴定考试、2 场委托代理人法律知识考试。标准财务系统完成对宝钢资源、宝地置业和宝钢化工下属 3 家子公司（南京宝宁化工有限公司、乌海宝化万辰煤化工有限责任公司、宝钢化工湛江有限公司）的覆盖。人力资源系统完成对八一钢铁、宝钢工程、宝钢发展、欧冶云商等 28 家下级或新进业务单元的覆盖。开展网上共享服务平台建设，增强人力资源移动 App（手机应用程序）服务功能。宝钢股份科技管理子系统完成升级改版，全年新增科研项目立项 781 项，结题科研项目 924 项，外协合同签订 297 项，专利受理 1 028 项，采纳合理化建议 64 603 条。

八、网络与信息安全

2000 年 1 月 1 日，因计算机时间采用两位制造成“千年”无法顺利跨越（即“Y2K”问题）。为确保平稳跨越“千年”,宝钢集团组建“Y2K”领导小组和工作小组,建立“Y2K”工作责任体系,与各家子公司分别签订“Y2K”安全责任书,同时组织专家分赴各子公司提供技术咨询和技术支持,指导各家子公司解决“Y2K”问题。编写《宝钢计算机2000年工作评估实施细则》,对各子公司“Y2K”就绪情况进行检查,帮助其编订应急方案,组织专家参加各重点企业的应急演习。最终通过“Y2K”应急联络网的建立和运作,宝钢平稳跨越“千年”。

2001年,网络系统在“红色代码”、SIRCAM、尼姆达等病毒轮番侵犯宝钢因特网之际,宝钢研究院信息所与宝钢股份设备部等有关单位及时清除病毒,保证了宝钢网络的畅通。

2004年,编写《上海宝钢集团公司2005—2010年信息安全规划研究报告(草案)》。按照“谁主管谁负责、谁运营谁负责”要求,落实集团下属各子公司信息安全责任部门,并加强日常防范,落实24小时信息安全值班制度和信息安全月报制度。利用宝信软件的技术资源和服务资源,做好宝钢集团信息安全技术支持和应急响应等服务工作。

2005年,宝钢股份不锈钢分公司、梅钢公司通过上海市信息安全测评中心组织的信息系统安全测评。上海宝钢设备检修有限公司、宝钢分公司、教培中心、宝钢化工实现内部网与互联网两网合一。宝钢浦钢通过专线接入宝钢集团专用网。

2009年3月,宝钢集团完成防病毒软件部署工作。8月,发布宝钢集团网络与信息安全事件专项应急预案,并在子公司完成二次应急预案演练,初步建立起网络与信息安全应急体系。同年,先后实施集团总部、宝钢股份总部、宝钢金属总部、梅钢公司、东方钢铁等公司的上网行为监控项目。推进软件安装规范使用工作,宝钢股份、宝钢资源、宝钢金属、宝钢发展、宝钢化工、梅山公司、华宝投资等一级子公司及下属公司基本完成软件安装与使用规范推进工作。宝钢股份利用9672信息系统升级改造契机,对系统相关的机房和网络、主机、数据及应用进行安全功能设计,确保安全功能与系统建设同步进行。

2011年,在充分考虑信息安全工作特性的基础上,设计宝钢集团信息安全建设蓝图,逐步建立适应宝钢境内外发展战略、具有宝钢特色的信息安全管理体系。有序推进9672信息系统升级改造集群项目及其他信息化项目。

2012年,推进信息安全等级保护管理体系建设,编制并发布《宝钢信息系统安全等级保护管理办法》《宝钢集团信息系统安全等级保护定级指南》《宝钢集团信息安全等级保护实施指南》等7个相关文件。推进集团内部统一认证、商业秘密保护工作,年底,宝钢统一认证及网络文件保护系统项目进入用户测试阶段,中国软件评测中心完成对宝钢股份、宝钢不锈重要工业控制系统的信息安全检查。

2013年3月,基于云存储技术的宝钢网络文件保护系统(宝钢云盘)上线。同年,开展信息系统安全等级保护工作,完成等级保护制度建设。宝钢股份新建制造管理系统、东方付通信息技术有限公司电子支付系统、宝钢财务公司电子商务金融工具及产品通过国家三级测评工作;集团总部统一认证系统、华宝信托投资有限责任公司(简称华宝信托)薪酬福利系统通过国家三级外部初评工作。推进宝钢电子邮件系统、远程加密通道(VPN)系统的安全升级,并向子公司推广覆盖,建设集团总部无线上网(Wi-Fi)系统,开展802.1X认证,加强网络的准入管理。对下属18家重点子公司、35位信息安全管理人员开展信息安全管理体系、宝钢信息系统等级保护、商业秘密保护(宝钢云盘)及统一认证等培训。根据上海市政府、中国钢铁工业协会的要求,开展各子公司重要信息系统安全检查工作,对宝钢统一认证平台、移动办公系统及其他内网系统开展漏洞扫描,对检查中发现的重要问题制定相应的整改措施并进行落实。

2014 年，完善组织保障，成立宝钢集团网络安全和信息化领导小组。推进信息系统等级保护工作，7 个系统通过国家信息系统安全三级、2 个系统通过国家信息系统安全二级的外部测评。推进宝钢云盘的优化和规模使用，完成与智慧工作、财务服务平台、科技管理系统整合，推进商业秘密文件保护工作。完成宝钢集团内外网邮箱合并。

2015 年，优化商业秘密保护系统，推进宝钢云盘的使用，完成国务院国资委商业秘密保护工作试点。升级宝钢邮箱，改进虚拟专用网络（VPN）。推进软件正版化工作，完成新一轮防病毒软件的选型、需求收集、与供应商谈判等工作，平稳实施从进口防病毒软件到国产防病毒软件的迁移。

2016 年，完成商业秘密保护系统升级。开展邮箱系统安全审计，完成 11 050 个账户的禁用。调查处置 4 起安全事件，对宝钢集团门户网站、协力主机系统、统一认证系统等进行安全处置。实施人力资源系统、统一认证系统漏洞扫描及安全审计，统一认证系统完成更换国产密码体系工作。推进软件正版化工作，完成新一轮防病毒软件的选型、需求收集、与供应商谈判等工作。完成 WPS 软件升级到 WPS 2016 版本的供应商谈判及合约签订，将 WPS 软件全面扩展到宝钢集团及其下属企业。

第三章　财务与审计管理

1998 年 11 月上海地区钢铁企业联合重组后，宝钢集团经过多年的探索和实践，逐步建立了一整套具有宝钢特色的财务管理模式。宝钢集团实行以管理制度建设为保证、财务共享服务为基础、全面预算管理为大纲、现金流量控制为核心、信息化技术为支撑的集中一贯财务管理，并深入推进财务对标和资金集中管理，通过大力推行降本增效，加强扭亏专项治理和低效无效资产管理，强化现金流管控和降低"两金"（企业产成品占用资金和应收账款资金）占用等举措，持续提升财务管理水平和经营管控能力。

第一节　财 务 管 理

宝钢集团的财务管理围绕集团经营管理要求和工作重点，不断探索符合宝钢战略管控模式下的财务管理模式，形成预算管理、成本管理、资金管理、会计管理、资产管理等独特的财务管理模式，并在各子（分）公司中推进。

一、机构设置

1998 年 11 月，新成立的宝钢集团设计划财务部（资产经营部），下设成本管理处、财会处、建设计财处、预算处、资产经营处、资金管理处、投资管理处。2000 年 2 月，为适应宝钢股份改制及管理需要，将原计划财务部下属的成本管理处、财会处、建设计财处划归宝钢股份。新设立的计划财务部下设预算处、资产经营处、资金管理处、投资管理处。2003 年 6 月，宝钢集团组织机构调整，设置财务部，部内按专业管理分设预算、统计协调、会计、资金、经费等 5 个业务口，主要负责宝钢集团预算计划管理、经营协调及生产（市场）资源优化配置管理、资金管理、统计管理、会计管理和税务管理。

2005 年 5 月，按照钢铁主业一体化统一部署，宝钢集团财务部与宝钢股份财务部合署办公，下设预算管理、会计管理、资金管理、经费管理、原料采购中心财务、资材备件采购财务、工程设备财务、销售中心财务等 8 个业务块。2009 年 5 月，根据管理变革需要，财务部更名为"经营财务部"，初步构建战略管控型的财务管理体系。下设预算管理、资产管理、资金管理、会计管理、税务管理等业务块。5 月 19 日，宝钢股份成立财务服务中心，创新实施财务共享服务运作模式。12 月 30 日，宝钢集团成立财务服务与数据共享中心（简称财务共享中心）。宝钢集团财务共享中心与宝钢股份财务服务中心实行"两块牌子、一支队伍"的运作方式，为宝钢集团各级子（分）公司提供财务共享服务。2014 年 3 月，华宝投资产权交易部业务整体划转至经营财务部，经营财务部增设"产权交易"职能。2016 年 5 月，经营财务部更名为"财务部"。

二、预算管理

1998 年 11 月，新成立的宝钢集团确立以资产经营和管理为中心，以各独立法人企业预算、计划管理为基础的总体财务管理思路。1999年，宝钢集团通过组织各企业年底预算、计划编制和对子公司预算、计划的审核，初步发挥年度预算、计划管理在协调集团内整体生产经营行为和控制投资行为，优化集团内部资源配置(包括人力、资金、坯材)，为集团领导决策和对子公司的考核提供依据。同时，根据集团内部机构设置，确立集团与子公司的年度预算、计划管理实行分层管理，以及集团职能部门之间预算、计划综合管理与专业预算、计划归口管理相结合的管理方式。基本建立对主要钢铁子公司月度预算执行情况分析制度，使集团领导及时、准确掌握信息，为决策提供依据。针对宝钢一钢、宝钢浦钢、宝钢五钢和宝钢梅山等主要子公司预算管理基础薄弱及1999年各公司预算编制和执行中存在的问题，集团财务部门编写《宝钢预算管理介绍》，在各子公司全面推广预算管理。2000年，宝钢股份成立，完善原来的预算管理体系，建立宝钢股份预算管理体系，建立和理顺相关流程，深化预算管理。2001年年初，编制完成《上海宝钢集团公司2001年度计划、预算》。2002年年初，推出“以战略目标为导向的滚动预算管理”。

2005年推进一体化整合后，预算管理经历重构、磨合、整合的过程，初步搭建较为完整的预算计划管理体系雏形，构建覆盖集团总部、各子(分)公司的一体化管理体系下预算计划编制体系、框架及流程。2008年，财务部制定《预算管理制度》《年度预算编制管理办法》《总部预算管理办法》，对年度预算编制在部门职能、编制流程和编制内容上作细化规定，搭建宝钢集团预算管理的制度体系，为优化预算管理流程奠定制度基础。2009年2月起，实行月度执行预算制度。加快对市场的反应速度，及时掌控公司经营情况的变化趋势，为相关决策提供支撑。

2010年，探索战略目标预算管控的管理方法和工作流程，综合考虑资产运行效率、规划期战略目标、国务院国资委考核指标等因素，在预算管理中加强经营管理导向和资源优化配置，初步建立起适应集团战略管控、符合子公司实际发展、自上而下的预算管理方法，并对这些新做法、新流程进行整理和总结，逐步形成符合宝钢集团战略管控模式的预算管理体系。2011年，面对严峻的市场竞争态势，提出“以保持业界业绩最优”为目标，以突出“资产运营效率”为重要原则，实行目标预算管理的预算编制方案。把完成“2010—2012年度三年规划目标”作为一项基本原则和编制要求，制定具有挑战性的预算目标。同时，结合国务院国资委对宝钢集团的考核要求，以经济增加值(EVA)、投资资本周转率(ICT)、投资资本报酬率(ROIC)、净资产收益率(ROE)等指标，跟踪评价子公司资产运营效率。针对吴淞地块产业结构调整后，不锈钢、特钢单元的核算方式发生变化，提出将持续运营公司和结构调整公司模拟合并为一个绩效评价主体的建议，并以“经营贡献”作为预算管理指标，制订完善的预算管理方案。2012年，在年度预算编制方面，提高快速反应能力，密切跟踪和分析钢铁行业运行环境的变化以及国内外竞争对手的经营状况，及时总结和揭示行业运行特点。加强对经营困难的钢铁单元的调研分析工作，完成对韶关钢铁、宁波钢铁、八一钢铁的调研工作，提出经营改善建议，推进管理对接工作，协助韶关钢铁提升经营管理水平。加强预算体系建设，充分利用各种信息渠道，了解宏观环境的运行变化情况，搜集和分析竞争对手的经营动态，并结合内部各单元的日常运营情况，总结、梳理宝钢的发展机遇和经营风险，提高预算工作水平。通过“任期制”试点，探索完善考评体系，一方面引导子公司将经济增加值、累计利润和业务收入增长率作为通用考核指标，指标设置体现国务院国资委和宝钢集团整体绩效要求；另一方面按照不同行业的特色，并针对各子公司管理中的薄弱环节做到差异化考核，设置不同的分类考核指标，促进所属公司经营管理水平的提升。2014年，作为党的群众路线教育实践活动整改内容之一，经营财务部会同规划发展部，研究制订预算管理改进方案，优化和完善管理流程，加强战略规划对年度预算的引领作用，使预算管理成为战略、规划顺利实施的重要手段。同年，修订《预算管理办法》和《年度预算编制管理办法》。

三、成本管理

1998年11月上海地区钢铁企业联合重组后，宝钢集团于1999年完成首部《成本管理手册》，对集团成本管理的发展历程、成本管理理论体系、方法及发展方向作系统阐述，为深化成本管理提供操作指南。在总结现场标准成本管理方法基础上，编制《标准成本管理制度(简介本)》，下发至作业长，成为基层管理人员从事现场管理工具书。对宝钢标准成本管理制度进行全面总结，同时参加国家冶金局举办的冶金企业管理现代化创新成果评选，"宝钢标准成本管理"课题被评为唯一的一等奖。7月31日，宝钢集团召开现场成本管理推进会，会上13个单位针对各自成本管理特色进行交流发言。同年，推进成本管理重心下移。各生产厂部根据自身特点成立包括供应、生产及相关职能部门在内的成本管理控制小组，将成本指标层层分解到各分厂、作业区、班组及个人。2000年，把对标挖潜工作作为一项重要内容纳入企业管理推进计划，并在各主要钢铁子公司中全面推进。建立起成本对标相应的考核机制和成本对标信息反馈制度，推荐行业成本对标先进企业，组织学习交流。各子公司建立公司、分厂到车间全员参与的成本对标管理体系，制定相应的内部考核制度；结合全面预算管理，层层分解各项预算指标，使每个员工都树立对标挖潜观念，通过和国内同类企业先进指标对比、国际大钢厂的先进指标对比，找出不足、挖掘潜力。2001年下半年，宝钢集团启动计划值信息系统建设。同年，计划财务部组织各子公司将对标挖潜活动作为一项系统工程贯穿于生产、经营各环节。各子公司建立起全员、全方位、全过程的责任体系，做到领导、机构、人员、工作内容"四落实"；建立信息交换网络和对标挖潜数据定期编报制度；坚持按月进行各项指标对比，针对存在的具体问题和薄弱环节，进行阶段性攻关；各单位结合经济责任制考核，加大降本增效的考核力度。2002年9月，计划值信息系统上线运行，初步建立成本标准数据库，对影响成本标准的关键因素(成材率、小时产量等)实现在线数据采集。继1998年1月宝钢整体产销管理系统财务子系统(成本会计、普通会计)上线后，2006年8月，宝钢整体产销管理系统财务子系统(成本和盈利能力)上线。

2008年国际金融危机爆发后，提出"面向市场，全方位倒逼"的成本管控思路，推出"目标成本"管控模式。2009年实施这一模式后，在成本改善方面取得初步成效。5月，经营财务部组织钢铁单元财务系统开展成本对标工作，在各单元炼铁、炼钢、热轧等区域开展成本对标，组建虚拟团队，与宝钢股份内部的成本对标体系有效衔接，实现相关成本信息充分共享，并编制成本对标专题材料。当年，成本对标工作延伸至各业务层面，梅钢公司、宁波钢铁组织成本对标现场交流，宁波钢铁指派相关成本和业务人员到宝钢股份直属厂部学习。

2012年，在集团层面，关注供、产、销、研等供应链各环节，以及投资控制、资产效率、流程优化、增值服务等，将降本增效与资产运营效率提升、管理提升有机结合，拓展降本增效的内涵和外延。在各子公司层面，钢铁主业推进精益运营，提升现场改善力，加强技术和管理协同，加快成熟技术在新项目上的推广和应用；多元产业培育和加强自身的独立经营能力。同年，累计实现降本增效66亿元。2013年，进一步加大内部费用压缩力度，特别是业务招待费的管控；强化预算控制，实行零基预算，控制业务接待活动，压缩业务接待规模，调整业务接待地点；强化审批流程，规范财务核算，从严从紧控制费用支出，业务招待费同比下降20%。2015年，宝钢集团成立以总经理负责的增收节支工作领导小组并设专项办公室，经营财务部作为专项办公室的牵头部门，从开拓市场抓机遇、精益管理控成本等8个方面，梳理出57项具体任务，采取项目化管理的方式，研究制订《宝钢集团

2015 年增收节支工作方案》，并进行分解和落实，按季跟踪、年度考评，推动内部挖潜工作。

2016 年，开展以深化改革、安全生产、环境经营、扭亏增盈、降本增效为主要内容的“团队争先、岗位创优”劳动竞赛。各单位结合生产经营实际，聚焦重点和难点，层层落实，开展各类劳动竞赛 8 850 项，其中子公司级项目 506 项，厂部、车间级项目 3 438 项，作业区、班组级项目 4 906 项。全年，通过降本增效专项竞赛实现降本增效 119 亿元。

四、资金管理

【资金集中管理】

1998 年年底，宝钢集团建立起资金集中一贯和分级归口管理模式，采取收支两条线零余额和内部限额透支管理方式。通过计划财务部对资金筹措、融通、调拨、结算、运作、保值和增值实行集中统一管理，减少资金沉淀，降低资金使用成本，提高资金利用效率，使日流动资金占用额持续降至平均水平 3 亿元。1998 年上海地区钢铁企业联合重组和 2005 年宝钢股份增发收购后，宝钢集团从单一的碳钢产品制造企业，变为碳钢、不锈钢、特钢等三大钢铁产品系列的制造企业。因增发收购，宝钢股份的净资产增加 254.10 亿元，营运资金规模迅速扩大。为加强合并范围内的营运资金管理，宝钢股份建立分层级的资金分析体系，涵盖存货、应收与应付款项、货款回笼等。2000 年，宝钢集团不仅通过提供担保及落实贷款银行等方式帮助宝钢一钢、宝钢浦钢、宝钢五钢和宝钢梅山等公司融资，解决资金短缺困难，更主要的是通过向老企业推进先进的管理理念、管理经验，帮助其彻底摆脱落后观念，培养和提高企业的造血功能。针对“物物串换”“以物易物”顽症的形成原因，向老企业灌输“财务管理是企业管理的核心，资金管理是财务管理的核心”的管理理念，帮助老企业建立资金观念，重视货款回笼，敦促各企业重新制定销售政策，实行严格的销售结算政策，杜绝应收账款的增长，使老企业资金状况不断好转，从而彻底根除“物物串换”存在的土壤。推进资金集中管理，在推行资金一级管理实现账户集中的同时，要求子公司清理账户，以实现资金的集中。

2006 年，在 2005 年成功实施资金集中管理的基础上，将上海宝华国际招标有限公司、南通宝钢钢铁有限公司（简称宝通钢铁）、上海宝钢产业发展有限公司、上海宝印金属彩涂有限公司、宝钢贸易有限公司等单位纳入资金集中管理范围。通过调整管理方式，减少成员单位长期资金占用，将宝钢集团资金管理平台对成员单位资金支持的范围，从“日常流动资金缺口”缩小为“临时性资金周转所需”；加强对成员单位财务专题分析，及时跟踪、动态调整平台透支额度，当年共调整 20 次资金平台额度，既满足成员单位资金需求，又控制资金风险；根据市场利率变化和平台资金状况，两次调整平台资金利率，引导资金流向，拓宽融资渠道。全年，通过资金平台管理，减少外部借款，降低财务费用 3 857 万元；降低总体备付，提高资金收益 255 万元。整体降低财务费用 4 112 万元，发挥了资金协同的效应。2007 年，财务部在与长期占用平台资金的成员单位沟通的基础上，拟定透支额度压缩计划，通过逐月跟踪推进，减少平台透支额度 11 亿元。同时，加强对平台成员单位财务专题分析、跟踪，动态调整平台透支额度，共调整 20 家（次）平台额度。此外，根据市场利率变化和平台资金状况，5 次调整平台资金利率，引导资金流向，拓宽融资渠道。为加强境外子公司资金管理，健全境外子公司资金管理体制，财务部会同资产经营部拟订《海外（境外）子公司资金监督管理工作机制方案》及有关管理细则，将境外子公司资金管理纳入宝钢集团集中管理范围，并加强对境外资金工作的监督控制。按照新的资金监督管理要求，指导宝钢澳大利亚矿业有限公司实施外汇交易累计 9 000 万美元，有效控制了外汇风险。2008 年国际金融危机爆发后，宝钢集团实践量入为出的管理理念，将营运资金风险作为重点风险之一。经过风险剖析，将营运资金风险的内涵界定为存货占用和减值风险、货款回笼和坏账风险、采购货款的按期支付风险。财务部根据平台成员单位财务状况，调整平台资金收益率和资金成本率，引导资金向平台集中；扩大平台覆盖范围，增加成员单位9家，使集团平台扩展至29家；提高平台管理灵活性，对宝钢金属资金占用和资金贡献实行虚拟团组管理。

2010年7月，结合国家外汇管理政策变动，宝钢集团外汇资金集中管理平台方案计划按4个步骤开始逐步实施。9月30日，宝钢集团和中国工商银行签订《全球现金管理服务协议》。9月，完成境外子公司NRA账户（Non Resident Account，允许境内银行为境外机构开立境内外汇账户）的开户及相关手续。10月，实现对境外子公司账户的实时查询。第四季度开始，央行执行紧缩货币政策，宝钢集团以存货管理、经营性应收应付和信用管理作为主要抓手，继续深化营运资金管控：通过控制存货占用入手，提升资产运行效率；通过召开信用管理专题资金例会，实现信用风险统筹预警及动态跟踪。2011年，经营财务部继续优化宝钢集团现金平台管理方式，提高其覆盖面。八一钢铁总部及下属5家全资子公司、北京汇利房地产开发有限公司等加入宝钢集团资金平台。2012年，经营财务部加强营运资本管理，从定性及定量角度对营运资本进行诊断分析。以供应链整体绩效提升为根本目标导向，从具体业务流程（采购、制造、销售）出发，通过纵向和横向对标等方法深入了解国内外钢铁同行的先进做法，对各业务单元营运资本管理体系进行全面、系统的诊断与评价。加强人民币资金集中管理，资金集中管理度稳步提高。同年，宝钢集团现金平台覆盖面继续逐步扩大，涵盖除金融板块之外的各多元经营单元，平台成员单位由2009年的20多家增加至80家。通过将宝钢不锈、上海不锈、宝钢特钢、宝钢特材等子公司纳入现金平台管理，提高资金使用效率。2012年12月，宝钢集团和宝钢股份分别被批准为上海首批跨国公司总部全球外汇资金集中管理试点企业。宝钢集团选取境内16家、境外1家成员单位先行先试。2013年，全球外汇资金集中管理实行宝钢集团和宝钢股份双平台运作模式，选取境内25家和境外11家试点成员单位先行先试，所有归集资金均有效实现境内外子公司之间的融通调剂使用。此外，与境外银行签署2亿美元的授信额度协议，5月完成首笔提款，打通宝钢集团直接境外融资渠道，进一步降低平台融资成本。2014年，宝钢集团将现金流管理作为贯穿全年工作的主要经营策略，选取资产负债率、有息负债、营运周期、经营活动产生的现金流量净额、投资活动产生的现金流量净额等5项财务指标，设置管控、挑战两条线，指导子公司的经营管理活动。各经营板块现金流量明显改善，营运资金管控取得预期成效，有息负债得以合理控制。1月，宝钢集团在中国香港搭建以宝钢资源（国际）有限公司为主办企业的宝钢集团境外外汇资金池，归集境外资金，选取境外5家公司作为首批成员单位，年底增至21家。通过外汇平台，实现境内外子公司之间的融通调剂，降低整体融资成本，提高资金运行效率。为统一集团内部衍生品管理模式，有效控制金融衍生业务风险，宝钢集团以宝钢财务公司为代理操作平台，搭建货币类金融衍生品操作平台，将货币类衍生品交易集中操作，货币类衍生品交易风险集中受控。至年底，签约企业12家，其中在沪企业5家，沪外企业7家。2015年，经营财务部继续以现金流管理作为贯穿全年工作的主要经营策略，提升子公司经营风险管理能力，加快营运资金周转，改善经营现金流量。管控指标包括资产负债率、有息负债、营运周期、经营活动现金流量和投资活动现金流量等5项。全年，各经营板块现金流量明显改善，营运资金管控取得预期成效，有息负债得以合理控制。针对八一钢铁、韶关钢铁经营状况持续恶化，现金流面临较大危机，经营财务部先后通过宝钢集团现金平台给予八一钢铁、韶关钢铁临时性资金支持，协调八一钢铁、韶关钢铁与当地银行开展融资工作，确保各银行给予八一钢铁、韶关钢铁信贷支持，确保上述子公司资金链安全。根据集团对下属子公司风险把控程度、子公司对外汇资金的切实需求，经营财务部进一步扩大外汇资金集中管理平台成员单位，选取境内覆盖钢铁主业、资源开发及物流、工程技术服务、钢材延伸加工 4 个业务板块共 6 家全资和控股子公司纳入第二批成员单位。从 2012 年 12 月试点开始至 2015 年年底，宝钢集团外汇平台共有成员 20 家，累计从境外调入资金 23 亿美元，调出至境外资金 22 亿美元，实现净收益 596 万美元，境外资金池试点实现净收益 501 万美元。2015 年，宝钢货币类金融衍生品平台的运转更为顺畅、高效，平台的服务范围进一步扩大。平台成员单位有 14 家，其中在沪平台签约客户 5 家，沪外签约客户 9 家。业务品种除远期购汇与远期结汇两种常规业务外，新增利率掉期与远期外汇买卖业务。经营财务部通过资本运作、盘活存量资产等手段提高资产运营效率，拓展资金渠道。宝钢集团通过二级市场减持证券收回资金 82.90 亿元，实现投资收益近 37 亿元。

【优化资金管理】

从 20 世纪 90 年代中期，宝钢提出要狠抓以现金流量预算为核心的资金管理。在坚持集中一贯管理的基础上，逐渐形成“以资金预算为龙头，集中一贯”的资金管理模式，推动宝钢资金管理跨上一个新台阶，配合宝钢的战略目标和重组契机，起到保障资金来源、平衡资金收支、提高决策价值的作用。主要做法是：推进现金流量预算管理。通过控制现金的流向和流量来控制各部门的行为结果，并按照轻重缓急统一调度资金，合理使用资金，确保生产、建设及长期发展的资金需求；将各部门年度现金流量预算细化到每季、每月、每周、每日，使预算在不断的变化中更加贴近实际，提高预算的可信度和可操作性；通过自上而下和自下而上两种形式的结合，建立宝钢流动资产占用预算及其考核指标，推动宝钢营运资金管理跨上新台阶，提高流动资产周转效率。

2000 年宝钢股份上市后，对资金管理工作提出更高的要求，也为资金管理深层推进和开拓创新带来机遇。为确保控股公司与宝钢股份之间的资金管理体制顺畅分离，树立良好的资本市场蓝筹股形象，宝钢集团首先继承原有集中一贯管理模式的优点，随后理顺资金调度体系、强化销售收款和采购付款控制、改革费用报支体系、建立投融资和调度联动机制、完善资金管理系统等，细化和深化“以资金预算为龙头，集中一贯”的管理模式，推动宝钢资金管理步入一个持续优化的良性发展轨道。主要做法是：在原有资金集中管理、统一调度的基础上，强化银行账户的合理设置和集中管理，并通过实现和优化网上银行、规范往来结算系统、探索多元化结算方式、加强应收账款管理等多项措施，增强资金调度的效率和灵活性。同时，将外汇资金与人民币资金共同纳入资金管理体系，建立人民币、外汇统一调度系统，使资金调度更加灵活，资金成本有效降低；销售收款和采购付款控制更加规范化、制度化；建立效率更高、控制更好的费用报支体系。2001 年 7 月，宝钢集团全面推进费用报支管理体系，推行费用集中报支业务，切实加强费用预算的控制和执行。2002 年，提出“全员报支”的先进理念，强化资金保值增值意识，建立投融资和调度联动机制。在保证日常调度需要和加强预算精度的前提下，压低货币资金占用余额；对暂时闲置资金，拓展运作渠道；将综合资金成本率动态保持在最优水平，最大限度地实现资金保值、增值；引入信息化管理手段，完善资金管理系统。同年，宝钢资金管理系统上线。系统涵盖现金流量预算管理系统、票据管理系统和报支系统等，提升了宝钢集团对资金的整体调控和快速反应能力。2003 年，在广泛调查研究的基础上，提出集团总部经费财务集中管理和核算方案，调整整合总部各直属部门财务机构，有序推进并建立统一核算体系和操作平台，推行集中报支和集中付款，实现总部经费财务的集中管理。2004 年，在完善总部各项经费报支业务流程的基础上，从 6 月起总部各职能部门经费报支业务试行网上报支，7 月起全面运行。

2005年，宝钢集团在借鉴国内外企业现金集中管理经验基础上，以现金集中管理、统一运作和统一融资为目标，推进实施资金一体化管理工作。构建以网上银行系统、现金预算管理系统和票据信息管理系统为支撑的宝钢集团现金集中管理平台，同步配套建立现金集中管理办法和预算、账户、结算实施细则等制度。1月起实施现金集中管理，将14家单位纳入资金集中管理范围，5月又将42家单位纳入资金集中管理范围。建立现金集中管理平台，有效提高资金计划精度，降低了资金备付规模；通过推进账户清理、融资置换贷款、对外融资审批等一系列管理举措，进一步提高资金集中程度。当年实现降低财务费用1.23亿元。2006—2007年，宝钢集团合计实现一体化资金协同效益3亿元。至2007年年底，加入一体化资金平台的子(分)公司达80家。2008年，财务部制定《薪酬发放财务管理办法》《债权性融资管理制度》，修订《担保管理办法》《委托贷款管理办法》《现金平台管理办法》《资金支付管理办法》，规范资金管理活动。

为进一步优化外汇资金集中管理平台运营，根据宝钢集团对下属子公司风险把控程度，子公司对外汇资金的切实需求，经营财务部结合境内外利率环境变化，及时调整平台利率、优化计息方式，并会同宝钢财务公司、宝信软件开展外汇资金集中管理平台系统开发工作。从2012年12月外汇资金集中管理平台试点开始至2016年10月底，宝钢集团外汇平台共有成员20家，累计从境外调入资金约23亿美元，调出至境外资金约22亿美元，累计实现净收益596万美元，境外资金池试点至2016年10月底累计实现净收益501万美元。2014年，宝钢集团搭建货币类衍生品平台，至2016年货币类衍生品平台签约单位16家，与此同时，平台搭建主体单位——宝钢财务公司的外汇衍生品资格申请也取得重大突破，继在2015年年底获得银监会上海监管局开办普通类衍生品交易业务资格批复后，2016年获得国家外汇管理局上海分局的业务资格批复，并在外汇交易中心完成备案，具备了平台运营模式由代理模式向背靠背模式切换的技术条件。

五、会计体系

【会计管理】

2000年，为真实反映宝钢整体生产、经营状况，规范财务报告的编制和管理，及时准确提供财务信息，宝钢集团下发《上海宝钢集团公司财务报告管理制度》，并建立宝钢集团合并会计报表管理制度。建立和完善宝钢集团统计管理体系，进一步推进统计管理制度化、规范化、科学化，按照“统一归口管理、全面分级负责”管理思路，制定《上海宝钢集团统计管理制度(试行)》《上海宝钢集团公司统计报表管理办法(试行)》。为更好地实施和规范集团综合统计、子公司统计信息业务流程和各类报表报送程序，开发宝钢集团综合统计系统应用系统，建立起从宝钢大厦预算处到各子公司通信网络，并制定和下发《上海宝钢集团公司统计信息联网直报制度实施细则》，使宝钢集团统计信息收集和各类报表编报工作全面自动化、网络化。2001年，以推行《企业会计制度》为契机，推进宝钢集团会计政策的统一。一方面，为做好集团范围内执行《企业会计制度》的准备工作，组织开展2001年度资产清查工作；另一方面，进一步推进和完善集团合并会计报表管理制度。集团合并报表范围，包括子(孙)公司170余户。计划财务部对子公司之间的内部关联交易作了深入调研，并将调研结果运用到编制合并会计报表中，使合并会计报表的编制更加规范和准确。2002年，为推进子公司会计管理工作，组织开展“规范财务管理，完善财务制度”专项检查工作，并对部分子公司进行重点检查，协助和监督各子公司建立、完善各项财务制度。同时，对2001年度《会计法》检查和年度会计报表审计中发现问题的整改情况进行跟踪落实。修订《上海宝钢集团公司子公司年度会计报表审计管理办法》，进一步明确集团对子公司年度会计报表的审计要求和审计流程。2003 年，对各子公司资产损失的处置、消化情况进行动态跟踪，并结合宝钢集团整体效益，提出资产损失处理方案。在此基础上，向国务院国资委申请从 2003 年起整体执行《企业会计制度》及资产损失处置方案，得到国务院国资委的批准。2004 年，制定各项管理制度、办法和细则 14 项，修订 16 项，包括制定《资产减值准备计提管理办法》《长期股权核算管理办法》《在建工程核算管理办法》《固定资产核算管理办法》《合并报表编制管理办法》《税务管理办法》《发票管理办法》等；修订《财务报告管理办法》《年度会计报表审计管理办法》《资产清查管理办法》《总部管理费用管理办法》等管理制度。

2005 年，宝钢集团推行钢铁主业一体化。为保证实施一体化后总部会计核算正常运转，财务部研究并按照改进后的财务运作模式，组建普通会计、报支系统、票据管理、现金流量实绩管理等总部财务系统；为减少日常总部、子公司之间现金结算流量，开通内部往来系统；做好资金平台资金调拨信息与普通会计的接口，实现资金调拨信息自动抛账；提出并实施一体化销售财务管理流程和会计核算方案，为碳钢一体化销售提供财务支持；启动一体化财务信息规划项目，提出对现行体系改进的需求和初步改进建议，明确提出代码统一、财务系统整合、总部与子(分)公司系统集成等关键性问题。按照实施集中采购管理要求，将会计核算范围覆盖到新的采购业务领域。2006 年，财政部颁布新会计准则，规定上市公司从 2007 年 1 月 1 日起执行。2007 年 1 月 1 日，宝钢集团全面实施新会计准则，建立一套统一的会计报表信息模板，完善会计报表编制体系，加大对各单位报表数据审核和分析力度，保证报表数据填报的有效性和完整性，提高编报效率和质量。2 月，宝钢股份组织开展统一会计科目工作。2 月底，成立统一会计科目推进小组，完成统一会计科目及科目中文说明、科目代码的编制工作。8 月，下发统一的会计科目并要求执行。2008 年，宝钢集团成立统一会计系统推进项目组，构建统一会计系统。统一会计系统以宝钢股份一体化财务系统的总账报表模块为原型，结合宝信软件以往实施项目的经验，提炼统一会计系统的通用需求，为宝钢集团各层级公司所用，实现凭证、账务、报表的统一管理。同年，统一会计系统在集团总部、宝钢资源、生产服务业子公司上线。2009 年，为提升宝钢集团整体财务信息化水平，在宝钢工程、宝钢金属、上海宝钢工业检测公司、梅山公司、八一钢铁、华宝信托等单位推进统一会计系统的实施，统一会计核算平台。

2010 年，形成宝钢标准财务信息系统版本，年底实现宝钢股份法人范围、集团总部、一钢公司、五钢公司、梅山公司标准财务系统功能模块的覆盖。2012 年，开展财务体系评价工作，对宝钢股份、八一钢铁、韶关钢铁、宁波钢铁、宝钢工程、宝钢资源、宝钢金属、宝钢化工、华宝投资、宝钢发展等子公司进行全面且有重点的评价，并且与年度各单元绩效评价进行有效对接。同时，根据会计管理标准规范的需要，策划会计管理体系评价方案。根据国务院国资委全面开展管理提升工作的要求，将制度修订、日常财务管理和财务体系评价有机融合在一起；牵头梳理经营财务部 2009 年后发布的 57 项制度。在宝钢金属、宝钢发展和八一钢铁开展环境会计研究成果试点工作，形成试点实践报告。策划推进吴淞地块钢铁产业结构调整专项会计政策。策划推进宝钢浦钢搬迁补偿事宜专项会计处理方案。组织推进并协助实施宝钢特材成本梳理项目。2013 年，宝钢集团制定《重大和特殊会计处理事项备案管理细则》，明确重大和特殊会计处理事项的内容、备案方式、程序、备案材料等，并及时跟踪协调重大会计处理事项。组织推进财政部作为 2013 年度重大课题的产融结合研究项目，对宝钢集团的产融结合实践提出积极的指导建议。参与财政部、国际准则理事会等组织的会计准则、财务制度以及相关研究项目的研讨和培训，参与国家会计学院组织的企业管理交流等，展示宝钢集团的先进管理经验,提出宝钢的政策建议,为后续政策的发布执行起到良好的政策导向支撑。2014年,宝钢集团结合财政部企业财务管理评估要求和指标体系建议,完善原有的财务体系评价模式,形成2014年度财务体系能力评估方案。启动整体财务管理及分析系统、宝钢集团合并报表系统建设优化等项目,新建财务管理系统、财务分析系统,搭建财务服务平台,实现财务业务"一站式"服务,全面提升宝钢集团决策支持能力、专业管理能力、专业服务能力以及体系管控能力。持续评估《宝钢集团财务信息化总体规划(2013—2018年)》,动态调整标准财务系统等项目计划、推进标准财务系统的持续覆盖。2015年,策划组织财务体系评价工作,结合年度重点关注事项和重点工作,完善形成2015年度财务体系能力评估方案,通过财务体系评价,建立了清晰的重点工作标准,明确宝钢集团的管控目标,发挥集团财务管理导向作用。加快实施标准财务系统推广覆盖工作,当年启动宝钢金属、韶关钢铁、宝地置业、宝钢资源实施工作,推动各覆盖公司财务、业务流程及管理制度、内控规范的全面梳理和再造;启动及实施宝钢集团财务信息化建设相关项目,全面提升宝钢集团专业管理能力、决策支持能力、体系管控能力、专业服务能力;组织、落实国务院国资委、财政部各项监管要求,强化内部基础规范管理,优化宝钢集团财务信息化评价指标体系,推动XBRL(可扩展商业报告语言)平台研发及推广实施。

2016年,启动宝钢资源、宝地置业标准财务系统实施工作;基于宝钢集团资本投资运营定位,初步策划财务类相关风险监管信息化方案;推动XBRL平台研发,一次性通过财政部、国家认证认可监督管理委员会的XBRL软件产品认证工作。

【财务共享服务】

2001年,由宝信软件开发的宝钢集团预算统计会计综合管理息系统建成投入使用,实现集团内37家子公司的远程通信管理,使信息的传输、采集、生成、存储、处理和编报实现自动化和一体化。各子公司数据和整合处理后的数据可实现集团内部管理、各子公司数据信息共享。2002年,宝钢集团预算、统计、会计管理信息系统建成投入使用,同时对外发布信息的网站基本建成。子公司月度预算、统计、会计资料全面改由网络报送。2003年,宝钢集团财务监管中心进入全面开发阶段。2004年1月1日,集团总部核算系统和财务监管中心的会计、统计模块上线。9月底,财务监管中心各模块全部开发完成并投入使用。至此,集团总部财务核算系统与宝钢股份9672信息系统实现完全分离,形成独立、完整的核算体系;集团与子公司会计、统计、资金、预算等信息实现网络传递,部分定式化手工操作被系统处理所替代,信息收集范围和信息处理效率得以扩展和提高。

2009年,财务体系实行重大变革,成立宝钢集团财务服务中心,将财务领域中各类同质化、标准化业务进行集中处理,致力于建设集中管理、统一政策、流程标准和优质高效的专业共享服务中心,为下属各企业提供财务管理共享服务。5月19日,宝钢股份成立财务服务中心。12月30日,宝钢集团将宝钢股份财务服务中心与宝钢集团财务服务中心业务归并,组建宝钢集团财务服务与数据共享中心,实行"两块牌子、一支队伍"的运作方式。宝钢股份财务服务中心在册人员的劳动关系调整至宝钢集团财务共享中心。财务共享中心按照扁平化管理的要求,推进会计工作组织方式的转变,重塑工厂化作业流程,创建财务共享业务会计工厂化模式。2010年4月,推出新的会计质检管理、税务处理、档案管理、系统开发维护等业务流程,建立标准化作业转化管理、客户服务管理、全面会计质量管理、新支持技术管理等四大运行保障体系。通过会计工厂的有效运转,实现财务共享作业的标准化、集约化,优化业务和人力资源配置,有效控制业务风险,提高运营质量和效率。财务共享中心对宝钢集团内各板块共享目标业务制定"整体构想、分步实施、先易后难、逐步完善"的实施策略，分别选取贸易型企业——宝钢资源，生产服务型企业——一钢公司、五钢公司、梅山公司等开展直接吸纳整合工作。7 月 1 日，宝钢资源本部、一钢公司本部及其下属的上海一钢企业开发有限公司和上海昌新钢渣有限公司财务共享业务纳入财务共享中心。9 月 1 日，完成五钢公司本部及其下属 3 个单元的财务共享吸纳整合工作。12 月 31 日，完成梅山公司第一阶段费用报销、薪酬发放、销售结算、资金收付和报表编制等财务共享业务的整合工作。2011 年，财务共享中心探索不同的整合模式，按照“先易后难，获取示范效应；选取典型，积累实施经验”的指导思想，选取不同板块典型公司有针对性地开展整合业务。5 月，完成首家新设公司——湛江钢铁的财务共享整合；6 月，完成首家境外公司宝运企业有限公司一期业务（原料采购）的共享吸纳；针对宝钢化工共享整合先于标准财务系统覆盖的特点，设计了属地财务系统和标准财务系统部分模块共用的操作模式，7 月，完成首家煤化类公司宝钢化工的财务共享整合。同年，财务共享中心开展支付结算抹账业务，全年抹账金额共计 297.72 亿元，涉及共享单元 7 个账套，减少了宝钢集团资金沉淀，提高了资金使用效率。结合各板块业务和系统特点，分别采用一次性整体功能覆盖和分阶段部分功能覆盖的方式，完成宝钢发展有限公司 61 个账套标准财务系统完整功能覆盖和切换工作；完成宝钢国际下属 72 个单元固定资产、员工报支模块的系统覆盖；完成宝钢工程技术集团有限公司总部账套总账、报表、员工报支模块的系统覆盖；完成湛江钢铁账套标准财务系统完整功能覆盖和切换工作；完成宝运企业有限公司标准财务系统覆盖相关系统改造和实施工作。与建设银行、工商银行、中国银行、交通银行、农业银行、招商银行等六大银行上海分行协商，就对私业务银企直联服务内容、服务要求、费用标准达成共识，完成宝钢集团与六大银行对私业务银企直联框架协议签订工作。11 月，费用报销和薪酬发放等对私业务银企直联系统上线，实现了对私支付业务低成本高效率的共享服务。2012 年，启动 2013—2018 年宝钢集团财务信息化专项规划工作。拓展三方抹账业务，全年三方抹账涉及 17 家单位，累计实现抹账金额 4.46 亿元。推进东方钢铁“宝钢在线”对账平台建设，实现宝钢与客商网上对账电子签章模式。对集团总部账套，从专项服务的角度开展清理长期挂账项目工作。完成部分单元宝钢标准财务系统覆盖工作：完成新设账套宝钢克拉玛依钢管有限公司总账报表、应收应付等功能的覆盖；完成覆盖宝钢股份直属厂部 9672 信息系统账套总账、报支、能源及运输销售结算、固定资产及在建工程核算业务，合并 1001（宝钢股份账套）、1002（宝钢股份直属厂部账套）、1168（宝钢中厚板分公司账套）账套，实现标准财务系统与属地设备、能源、运输、安全环保、成本系统的集成；完成广东置业有限公司和宝钢工程技术集团有限公司板块的宝钢工程总部、宝信软件、宝钢技术、宝钢建筑、宝钢节能等账套的覆盖；完成宝运企业有限公司、宝钢新加坡贸易有限公司两家境外公司原料业务的系统覆盖和财务共享工作。9 月，宝钢统一发票管理与认证系统上线，实现了与供应商结算信息协同、发票信息全流程集中监控管理和发票集中统一异地认证功能，提升了采购报支业务数据准确性和财务审核工作效率。2013 年，经营财务部、财务共享中心、运营改善部和宝信软件组建项目团队，编制《宝钢集团 2013—2018 年财务信息化规划》。财务共享中心加大系统建设覆盖力度，完成 104 家公司系统上线。完成异地房地产公司——广东置业有限公司的财务共享整合。应对宝钢发展有限公司体制调整，出具配套方案，完成 9 个账套业务整合；根据宝钢特钢吸收宝钢特材整合情况，完成业务调整；配合 9672 信息系统整体切换，实现宝钢股份一系列业务核算平稳衔接。2014 年，推进财务管理信息化系统、合并报表系统上线；组织启动 XBRL（可扩展商业报告语言）专项研发及采用 XBRL 方式报送决算报表工作；继续推进标准财务系统向宝钢集团的覆盖，当年组织完成未覆盖单元实施方案和工作计划的制订及报审，启动宝钢金属、韶关钢铁覆盖项目。完成财务信息系统三年详细规划。财务共享中心以核算会计与管理会计两条主线，平行推进合并报表系统改造和宝钢集团财务管理及分析系统建设，推动数据信息的进一步整合。11月1日，合并报表系统投入试运行，第一期上线范围涉及242家单位，满足各层级单位合并报表的需求。应对会计新准则变化和税收政策变化，在共享范围内，按同一标准在同一时点完成核算切换，解决了以往各公司执行准则存在偏差的问题。2015年，加快实施标准财务系统推广覆盖工作，启动宝钢金属、韶关钢铁、宝地置业、宝钢资源等子公司的覆盖实施工作，推动各覆盖公司财务、业务流程、管理制度、内控规范的全面梳理及再造；实施宝钢集团财务信息化建设相关项目，全面提升专业管理能力、决策支持能力、体系管控能力、专业服务能力；组织、落实国务院国资委、财政部各项监管要求，优化财务信息化评价指标体系，推动可扩展商业报告语言（XBRL）平台研发及推广实施。财务共享中心平行组织标准财务系统和客商管理平台在韶关钢铁、宝钢金属、宝钢工程等共计89个账套的推广建设。重点推进合并报表项目的功能扩展和二期推广上线，宝钢股份、宝钢工程、宁波宝新、宝钢金属、韶关钢铁共计51个合并单元上线，报表数据中心和处理平台实现宝钢集团各层级公司的全覆盖，集财务处理、分析支持、财务业务于一体的宝钢财务信息系统完整架构及平台初步建成。结合湛江钢铁投产后业务特点、管控模式，配合湛江钢铁完成各专业条线从业务到财务的对接流程设计，分步完成与各业务系统的对接及配套改造功能。支撑欧冶云商设立及各二级板块业务重组转型等相关财务推进建设工作。5月，由财政部立项，上海财经大学与财务共享中心共同开展的“财务共享服务典型案例研究”专项课题结题。

2016年，财务共享中心对标准财务系统架构进行调整改造，开发建设标准财务系统海外版，满足系统覆盖境外公司的需求。标准财务系统在保留多平台、多应用模块集成的功能基础上，解决多语言间转化、代码翻译等多项难点，并兼顾系统通用性要求，使其支持多语言环境应用及语言转化，为后续境外公司标准财务系统覆盖提供技术保障。平行组织标准财务系统、合并报表系统及客商管理平台在宝钢资源板块、宝地置业板块的推广覆盖，年底涉及贸易行业、境外业务、不动产等51个账套上线。至年底，财务共享中心完成479个账套标准财务系统覆盖，对接业务系统数量126个，实现宝钢集团会计核算、财务流程及内控功能的标准规范与统一。随着国家“营改增”（营业税改增值税）、电子发票推广、金税三期上线、销售税务品名规范、三（五）证合一等政策的推出，财务共享中心全面应对从生产、采购、销售到工程建设等各条线的影响，开展政策动态跟踪评估与业务筹划，确保各项业务平稳衔接。陆续完成报支模板改造、金融服务业发票取得推进、不动产分期抵扣、销售税务品名代码建立使用、纳税申报动态调整、三（五）证合一税务及客商信息变更的财务处理流程调整、湛江钢铁网上勾选认证、学习系统及机票统结功能优化等工作。针对业务重组、调整和新设公司业务覆盖等问题，从系统覆盖、会计核算、业务流程等多方面进行综合分析，按照业务发展的不同阶段进行统筹设计，形成整体方案及推进措施。按需推进共享单元整合覆盖，完成宝钢特钢长材有限公司、上海吴淞口创业园有限公司、宝钢股份资产管理公司、宝钢发展有限公司下属不锈钢作业管理部和特钢作业管理部等多家公司的账套新增、系统覆盖及共享业务承接。

【会计政策委员会】

2007年，宝钢集团财务部组建宝钢会计政策委员会，统一宝钢集团会计政策，完善会计政策制订流程，保证宝钢集团会计政策的准确性、可执行性和延续性，聘任首批专家委员33人。宝钢会计政策委员会主要负责在财政部《企业会计准则》的框架下，根据宝钢集团所属各企业的实际情况，对会计准则中可选择的方法作进一步规定，对会计准则中原则性的规定作进一步细化，对会计准则中没有涉及的特殊业务作统一规定。2008年，宝钢集团财务部作为宝钢会计政策委员会办公室，结合《企业会计准则》和宝钢集团管理需求，兼顾各业务执行单元个性化核算的需要，制定《宝钢集团统一会计科目》《科目核算规则》《宝钢集团统一会计科目实施指导意见》。

2010年，随着宝钢集团组织结构、业务板块的重新调整和财务共享中心的成立，宝钢会计政策委员会的运作模式与新的需求之间出现了不协调。为此，经营财务部根据新的组织架构、新的业务板块、新的财务职能切分及新的财务管理体系，重新调整宝钢会计政策委员会运作办法，包括人员构成、委员会职能定位、委员责任和义务、政策信息渠道来源、政策制定流程以及政策发布程序等，使宝钢会计政策委员会的运作更加顺畅和高效。2011年，经营财务部对宝钢会计政策委员会组织架构和运作管理办法进行全面调整，包括其职能定位、组织架构、构成及选聘条件、委员责任和义务、政策信息渠道来源、政策制定流程、政策发布程序等，以适应新的财务体系管理需要。同时搭建会计政策、问题解释、案例汇编等3级层次的会计政策体系架构，为宝钢全面准确理解和实施国家层面准则搭建可靠的政策平台。5月6日，聘请内部专家委员12人、外部专家委员兼政策顾问3人。同年，宝钢会计政策委员会首次发布《宝钢集团会计案例指引汇编(第一版)》，制定《在建工程》《固定资产》等5项具体会计政策；启动财会信息共享平台建设，初步建立政策委员会专家委员评价机制；建立"啄木鸟"团队流动诊断机制，及时为各个板块答疑解惑、解决棘手的会计管理问题，分别对宝钢资源、宁波钢铁、宝钢工程、宝钢金属、宝钢股份特钢事业部等多家子公司提出的专项问题或课题进行专门研究与分析探讨。

2012年，经营财务部通过宝钢会计政策委员会的机制，制定并发布吴淞地块产业结构调整和合同能源管理两个专项政策，制定或修订主要会计政策和会计估计、专项储备、矿产资源勘探及评估、房地产企业会计政策和金融工具分类标准等5个会计政策；通过宝钢会计政策委员会"啄木鸟"团队专业服务平台，针对宝钢金属、八一钢铁、宝钢工程、宁波钢铁、宝钢股份、宝钢化工、宝钢特材、宝钢资源等子公司提出的专项问题或课题需求进行专门研究与分析探讨，解决其财务管理问题；组织专家、委员对集团内部财务人员进行专题授课与指导，参加外部专业交流。2013年，通过宝钢会计政策委员会"啄木鸟"团队专业服务平台，针对八一钢铁、韶关钢铁、宁波钢铁、梅钢公司、宝钢资源、宝钢金属、宝钢工程、宝钢特钢、宝钢德盛等子公司提出的专项问题或课题需求进行专门研究与分析探讨，解决其相关财务管理问题。2014年，针对湛江钢铁、宝钢金属、五钢公司、宝钢不锈、宝钢特钢、宁波钢铁和八一钢铁等子公司提出的特殊业务事项进行研究与分析，为子公司特殊、复杂业务提出会计处理和政策建议。同时，宝钢会计政策委员会通过参与财政部等外部政策制定机构的专业政策交流讨论，发挥委员会的政策专业引导和政策现行作用。2015年，跟踪协调上海不锈钢有限公司房地产会计政策实施情况、与中国远洋运输总公司股权划转、宝钢相关可交换债发行等重大事项。

2016年，针对碳排放交易的处理、"三去一降一补"(去产能、去库存、去杠杆、降成本、补短板)有关会计处理规定，结合宝钢集团的政策管理经验，提出专业政策建议，为后续政策的发布执行起到良好的政策导向支撑。

六、资产管理

1998—2001年，在中央企业开展清产核资的背景下，宝钢集团组织开展集团范围内清产核资，实施上海地区钢铁企业的金融债务转为股权，为上海地区钢铁企业联合重组后的轻装上阵打下基础。2002—2003年，国务院国资委出台《企业国有产权转让管理暂行办法》，国有产权市场化交易机制建立起来。宝钢集团深化上海地区老企业改革，开展低效无效资产处理，大力推进“主辅分离、辅业改制”工作。通过制定《国有产权转让管理办法》，推行国有产权的市场化交易，资产管理体系能力得到进一步强化。2004年起，宝钢集团根据战略规划，开展主业聚焦、退出非主业工作，推进内部资产整合、对外处置。至2007年，组织实施产权转让144项，全部按规定进产权交易所交易，涉及交易金额183.10亿元，其中集团内部重组171.34亿元，向集团外转让11.76亿元。以上144项交易中，5个项目经挂牌后产生多个受让意向人，最终采取招投标的方式产生受让人，转让标的评估值11 139万元，最终交易价13 990万元，溢价25.60%。2008年，完成产权交易52宗(包括资产交易)，总交易金额178.70亿元。其中主要有：宝钢浦钢罗泾资产130.30亿元转让给宝钢股份，宝钢发展有限公司收购宝钢经营开发公司的经营性资产22.20亿元。2009年，完成8宗产权转让交易项目，其中7宗为对外处置非主业产权，1宗为集团内部资产重组交易，总交易金额5.43亿元。

2010年，国务院国资委发布《关于中央企业国有产权协议转让有关事项的通知》，明确企业集团内因重组涉及的资产交易可采取非公开协议方式实施。宝钢集团及时修订《国有产权转让管理办法》，涉及产权协议转让事项24项，均属集团内部重组而实施的项目，转让金额9.27亿元。2011年，宝钢集团产权转让事项38项。其中，产权非公开协议转让26项，均属集团内部重组而实施的项目，涉及转让金额共计13.08亿元；产权公开挂牌转让12项，涉及转让金额共计11.46亿元。上海宝江燃气有限公司100%股权转让项目，评估值3 500万元，通过上海联合产权交易所竞价，最终以1.11亿元成交，为评估值的2.17倍。2012年，宝钢集团产权转让事项28项。其中，产权非公开协议转让24项，均属集团内部重组而实施的项目，涉及转让金额共计487.99亿元，主要是宝钢集团与宝钢股份之间为吴淞地区产业结构调整而进行资产重组，涉及转让金额437.36亿元；产权公开挂牌转让4项，交易金额约3.45亿元，转让增值率为17.70%，主要是退出低效无效非主业资产交易。2013年，宝钢集团对低效无效资产进行系统梳理，尤其是对亏损子公司经营情况进行深入剖析，并提出明确的工作计划。全年，国有产权转让事项22项，涉及转让金额64.13亿元。其中，产权非公开协议转让10项，涉及转让金额31.45亿元，主要是集团内部钢铁产业发生资产整合涉及交易；产权公开挂牌转让12项，涉及转让金额32.68亿元，主要是宝钢股份处置闲置的燃气蒸汽联合循环发电机组。2014年，根据国务院国资委发布的《关于中央企业资产转让进场交易有关事项的通知》，系统梳理产权管理相关制度，修订《非股权资产转让管理办法》《产权登记管理办法》《资产评估机构选聘管理办法》，进一步完善资产管理体系。全年，完成低效无效资产清理处置97项，账面净值13.40亿元。其中，阶段性完成改善运营和优化提升15项，账面净值6.37亿元；完成清理退出82项，账面净值7.03亿元，回笼资金12.97亿元，实现当期处置收益5.69亿元，主要涉及处置中船龙穴造船有限公司参股股权、低效无效房产等。对参股规模500万元的参股公司进行投资回报清查，并针对现状提出后续整改建议。开展各项优化资产结构工作，提升资产运行效率。其中：完成宝钢股份罗泾区域资产盘活处置；策划海尔集团特种钢板研制开发有限公司彩涂钢板生产线、中国石油天然气集团公司西气东输三线、宝钢印度古吉拉特邦萨纳恩德(SANAND)加工中心等项目。宁波钢铁以资源占用资金成本专项管理和结构匹配合理库存控制为载体，持续提升资产运营效率。宝钢资源实质性启动资源国际化重组，加大亏损资产的处置，实施日照宝鑫矿业资源有限公司和浙江台州、江苏江都、上海崇明等废钢基地的经营退出。推动开展多元产业股权多元化及资产重组，包括：宝钢资源资产重组及股权多元化，上海宝钢新型建材科技有限公司和上海宝钢节能环保技术有限公司引进战略投资者，宝银特种钢管有限公司(简称宝银公司)重组引资，宝信软件与民营资本合资设立互联网数据中心运营服务公司。2015 年，根据《关于加强推进低效无效资产清理处置和扭亏增盈工作的指导意见》，推动子公司加大产权清理处置力度，改善资产运营效率。相关子公司通过产权交易机构公开转让上海克虏伯不锈钢有限公司参股权、宝钢工程技术集团有限公司苏州地块等低收益不动产。全年完成低效无效资产清理处置 30 项，账面净值 2.60 亿元，其中完成清理退出的 25 项，账面净值 2.50 亿元，回笼资金 4.60 亿元，实现当期处置收益 1.50 亿元。修订《不动产管理办法》，新办法明确不动产经营业务和专业管理依托宝地置业按统一规划、统一开发、统一运营、统筹处置原则开展工作，不动产开发成本和收益由原权益单位和宝地置业分担和分享的基本管理原则，宝钢集团(含总部)、平台公司(宝地置业)和其他子公司之间的管理关系和分工界面。

2016 年，系统梳理产权管理相关制度，修订《国有产权转让管理办法》和《非股权性资产转让管理办法》，制定《增资交易管理办法》。为盘活上市公司存量股份、优化法人治理结构，完成向中国石油天然气集团公司、中国诚通控股集团有限公司和中国国新控股有限责任公司无偿划转宝钢股份的部分股份，并接收中国石油天然气集团公司无偿划入的中国石油(601857)部分 A 股股份。同年，下发《子公司清理退出管理办法》《非股权性资产转让管理办法》等。全年完成低效无效资产清理处置 48 项，账面净值 3.87 亿元。

七、绩效考核

1996—2000 年，宝钢集团从提高子公司效益、效率，加快资金流动和保持一定经营规模的角度出发，确定利润总额、减员人数、应收账款余额和销售收入等 4 项指标作为考核指标，以当年该指标的预算值作为目标值进行考核评价。2001—2003 年，将国家六部委颁发的企业综合绩效评价体系导入绩效考核中，以横向和纵向两维比较的模式考核子公司的绩效，并应用结果考核和过程评价的理念，开展资产经营管理诊断，加强对子公司的过程财务监控和风险预警。同时，开发研究的“宝钢子公司业绩考核指标体系运作”课题成果获 2002 年度上海市企业管理现代化创新成果二等奖，横向和纵向相结合的比较模式在集团内部得到广泛应用。2004—2006 年，随着国有资产管理体制的改革和宝钢集团内部绩效管理实践的深化，加强绩效考核与战略规划管理、年度计划预算管理的有机衔接，实现绩效考核从传统财务型向战略管理型转变，实行任期考核与年度考核相结合的考核体系。

2007 年起，为适应法人治理结构的变化，按照平衡计分卡的思路设计宝钢集团董事会对高管层的绩效考核方案，并按此思路和方案调整子公司考核模式，设计相应的指标体系分解落实到各子公司。2013 年，宝钢科学设计 2013—2015 年任期经营业绩考核指标，把“创造价值”作为实施任期制考核的准入条件之一；探索创新经济增加值(EVA)计算规则，动态确定各经营单元实际资本成本率；中长期激励约束机制与经济增加值改善(即 ΔEVA)直接挂钩；量化指标和能力评价相结合，以激励各子公司在业内提高管理水平、增强核心竞争能力，提高资产运营效率。同年，7 家经营单元正式实施任期制考核。2014 年，根据钢铁主业、多元产业分类设定考核指标，引导各级子公司在关注增量的同时更要注重质量的提升。此外，将量化指标与能力评价相结合，新增基于 5 个维度的能力评价体系，即以同行对标和自身纵向对比为基础的中长期能力建设分析体系，以激励各子公司在业内提高管理水平、增强核心竞争能力，并通过综合能力提升促进资产运营效率提升。

八、扭亏增盈

2013年，钢铁行业市场形势低迷，实现全行业盈利面临严峻挑战。根据国务院国资委《国资委关于清理和处置低效无效资产的通知》要求，中央企业通过3年左右的时间，基本完成对主要低效无效资产的清理处置工作，建立健全资产持续优化的长效机制，形成战略清晰、主业突出的业务结构，企业资产质量和经营效益明显提升。宝钢集团重点对低效无效资产进行系统梳理，尤其是对亏损子公司经营情况进行深入剖析，并提出明确的工作计划。全年法人单位亏损家数、亏损金额分别为116家、62.90亿元，较2012年分别下降12%、29%。尤其是韶关钢铁、梅钢公司、宁波钢铁等3家2012年出现亏损的公司实现扭亏，扭亏金额42.70亿元。全年组织完成或开展长期低效股权投资处置13项。

2015年，根据国务院国资委《关于推动中央企业进一步做好增收节支工作的通知》要求，中央企业高度重视亏损企业减亏控亏工作，强化"减亏即增效"的观念，采取有效措施实现亏损面和亏损金额双下降。宝钢集团制定《关于加强亏损子公司扭亏增盈工作的管理办法》，对重点亏损单元按照"嵌入式"支撑、项目化运作的管理方式，系统策划和推进扭亏增盈工作。制定《关于加强推进低效无效资产清理处置和扭亏增盈工作的指导意见》，推动子公司加大产权清理处置力度，改善资产运营效率。要求对长期亏损、扭亏无望的企业，坚决重组或关停；对产品无竞争优势、市场前景不明朗的亏损企业果断转型；对无战略安排、与主业发展方向不符的亏损企业尽快退出。

2016年，宝钢集团主要亏损子公司经营状况得到明显改善，八一钢铁比2015年减亏25.36亿元，减亏50%；韶关钢铁实现扭亏增盈，利润比2015年增加26.62亿元。子公司亏损户数比2015年下降48户，下降24%；亏损金额比2015年下降199亿元。根据国务院国资委相关要求，修订《关于加强亏损子公司扭亏增盈工作的管理办法》，进一步明确工作目标及相应责任。实行"嵌入式"支撑、项目化运作的管理方式，协调和调配集团内的各项资源，协同效应明显。

第二节　资本运营

宝钢集团的资本运营管理主要从资本运作和资金运作两方面，确保国有资产保值增值。资本运作方面，主要通过联合重组、上市、股权分置、境外投资，以及重组、收购与参股部分企业等途径。其间，宝山钢铁股份有限公司、上海宝信软件股份有限公司、上海宝钢包装股份有限公司成功上市，新疆八一钢铁集团有限责任公司、广东省韶关钢铁集团有限公司进入宝钢集团。资金运作方面，组建专门的资金运作团队，成功发行中央企业债券，并在境内外资本市场发行可交换公司债券等，进行金融创新。

一、机构设置

20世纪90年代初，宝钢先后在计划发展部下设立投资管理处，在计划财务部下设立国有资产管理处。国有资产管理处与会计管理处实行"两块牌子、一套班子"运作，负责投资管理和子公司管理等相关工作。

1998 年 11 月上海地区钢铁企业联合重组后，宝钢集团于 2003 年 6 月合并计划财务部下资产经营处、投资管理处、资金管理处的相关业务，成立资产经营部。资产经营部主要负责宝钢集团投资并购、资产运营和资金运作等三大业务。投资并购业务主要包括长期投资管理，企业收购、兼并、重组、上市和股权转、受让工作等；资产运营业务主要包括宝钢集团及子公司绩效评价管理、投资收益管理、重大表决事项申报管理、资产处置及评估管理、房屋土地资源管理、国有资产产权及交易管理等；资金运作业务主要包括宝钢集团资金运作策略编制，金融市场、投资产品的调研和研究，投资组合及交易运作，对投资绩效进行评估和检查等。

2009 年 5 月，宝钢集团在原资产经营部的基础上成立资本运营部。2012 年 7 月，资本运营部的业务和人员整体划转至华宝投资。2014 年 3 月，华宝投资资本运营部业务整体划转至宝钢集团资本运营部，下属业务调整为资本运作、资产证券化等 2 个业务块。2016 年 5 月 4 日，资本运营部更名为“投资管理部”，作为集团总部职能部门。原资本运营部承担的资本运作、资产证券化职责划转至相关业务部门。投资管理部下设投资风险管理职能、投行服务职能，其中投资风险管理职能负责重大投资项目风险审查及投资预审委员会相关事务综合管理，投行服务职能为业务部门提供投资项目专业服务。

二、资本运作

【联合重组、上市、收购、整体上市、股权分置】

联合重组　1998 年 11 月 17 日，经国务院批准，以宝山钢铁(集团)公司为主体，吸收上海冶金控股(集团)公司和上海梅山(集团)有限公司，联合组建上海宝钢集团公司。

2016 年 9 月 14 日，经国务院批准，宝钢集团有限公司与武汉钢铁(集团)公司实施联合重组。宝钢集团有限公司更名为“中国宝武钢铁集团有限公司”，作为重组后的母公司。武汉钢铁(集团)公司整体无偿划入，成为其全资子公司。12 月 1 日，中国宝武钢铁集团有限公司揭牌成立。

上市　2000 年 2 月 3 日，宝钢集团独家发起设立宝山钢铁股份有限公司。宝钢股份总股本 106.35 亿元，全部由宝钢集团代表国家持有。11 月 20 日，宝钢股份发行 A 股普通股 18.77 亿股，发行后总股本 125.12 亿股。12 月 12 日，在上海证券交易所挂牌交易，股票代码 600019，发行价 4.18 元/股。2016 年 10 月，宝钢股份股东大会通过吸收合并武汉钢铁股份有限公司方案。全年，宝钢股份实现利润 115.20 亿元。

2001 年 4 月，上海宝钢信息产业有限公司通过与上海钢管股份有限公司(简称上海钢管)整体资产置换，在上海证券交易所上市，并更名为“上海宝信软件股份有限公司”，股票代码 600845。2016 年，宝信软件总股本为 783 249 172 股，归属于上市公司股东的净利润 3.36 亿元。

2015 年 6 月 11 日，上海宝钢包装股份有限公司在上海证券交易所上市，股票代码 601968，首次公开发行 A 股 20 833.33 万股，发行价 3.08 元。2016 年，宝钢包装总股本 833 333 300 股，归属上市公司股东净利润 98.85 万元。

收购　2001 年，宝钢股份经股东大会批准，决定出资 179.16 亿元，收购宝钢集团三期工程部分项目。2002 年和 2003 年，两次召开临时股东大会，通过收购宝钢集团部分资产议案，完成对托管的焦炉、码头、14.50 万千瓦热电机组等共 37.33 亿元资产的收购，以及对宝钢益昌和鲁宝钢管 14.75 亿元资产的收购。

整体上市　2004 年年底，宝钢集团启动整体上市工作。宝钢股份增发 50 亿股人民币普通股，用于收购宝钢集团下属宝钢梅山、宝钢一钢、宝钢五钢等钢铁主业及与钢铁主业相关的优质资产。2005年4月13日，宝钢股份增发取得中国证监会核准。4月27日，包括定向发行部分的全部募集资金为256亿元人民币，其中向宝钢集团增发30亿股、向社会公众增发20亿股，每股增发价格为5.12元，共募集资金256亿元(其中社会募集资金，扣除相关发行手续费后的净募集资金超过100亿元)。4月28日，宝钢股份股票恢复交易。5月9日，宝钢股份新增发的股票开始上市流通。同时，根据宝钢股份与宝钢集团及相关目标公司签署的资产、股权收购协议，最终确定收购资产总价为161.02亿元，收购股权总价为180.06亿元，合计收购总价341.08亿元。至此，宝钢集团范围内的主要钢铁资产和业务均纳入宝钢股份。增发后，宝钢股份总股本为175.12亿股。2007年上半年，宝钢股份启动收购宝钢集团持有的宝通钢铁92.50%的股权、上海钢管经营性资产和浦钢罗泾在建工程资产。7月，完成宝通钢铁整体资产和上海钢管经营性资产的评估备案手续。8月8日，上海钢管经营性资产转让合同通过上海联合产权交易所签署。宝通钢铁股权以评估价为挂牌价在上海联合产权交易所挂牌，最终宝钢股份摘牌，9月6日，双方签订协议。11月，完成宝钢浦钢罗泾在建工程资产项目的审计评估工作；12月上旬，宝钢集团董事会审议通过相应的转让经济行为；12月下旬，宝钢股份董事会和股东大会审议通过相应的收购经济行为；12月28日，以备案后的评估价为底价向上海联合产权交易所申请挂牌。2008年，宝钢股份收购宝钢浦钢罗泾项目资产，并设立宝钢股份中厚板分公司，调整其内部机构设置，同步完成相关业务的管理整合，实现了销售、采购、工程投资、财务、人力资源等专业管理的覆盖和延伸，基本完成销售、采购与财务等一体化信息系统的覆盖。

股权分置　2005年8月，宝钢股份为解决股权设置上存在的流通股与非流通股并存，不同股不同价、不同权的历史问题，进行股权分置改革。8月22日，宝钢权证在上海证券交易所挂牌上市。经过与广大投资者充分有效的沟通交流，宝钢股份股权分置改革方案以99.40%的通过率获得投资者的广泛认同。按照方案，宝钢集团向流通股股东每持有10股流通股支付2.20股宝钢股份股票及一份认购权证。

【境外投资】

2001年8月21日，宝钢集团在巴西与巴西淡水河谷公司合资组建宝华瑞矿山股份有限公司，取得每年600万吨铁矿石资源的稳定供应。

2002年6月，宝钢集团组建宝钢澳大利亚矿业有限公司，通过该公司与澳大利亚哈默斯利公司合资开发宝瑞吉铁矿项目，每年获得1 000万吨铁矿石资源。

2007年年初，宝钢集团和巴西淡水河谷公司启动在巴西维多利亚投资谈判工作。10月3日，宝钢维多利亚钢铁公司在巴西维多利亚市成立。宝钢维多利亚钢铁公司拟在巴西新建一座钢厂，一期工程设计年产板坯500万吨，一期、二期工程合计1 000万吨。2008年12月12日，宝钢集团停止宝钢维多利亚钢铁公司项目。

2008年11月12日，宝钢集团与中海发展股份有限公司的合资海运公司——香港海宝航运有限公司在中国香港挂牌成立。宝钢资源有限公司作为投资主体，出资6 860万美元，持股比例为49%。

2009年8月27日，宝钢集团与澳大利亚阿奎拉资源有限公司(Aquila Resources Ltd.)签署股权合作协议，宝钢集团以现金2.90亿澳元收购阿奎拉资源有限公司15%的股份，成为其第二大股东。根据协议约定，宝钢集团同意认购阿奎拉资源有限公司新发行的不超过4 395万股股票。宝钢集团将通过自有资金为其购买阿奎拉资源有限公司的股权提供资金。

【重组、收购与参股部分企业】

2006年起，宝钢集团与广东省、广州市政府及广东省韶关钢铁集团有限公司（简称韶钢集团）、广州钢铁企业集团有限公司（简称广钢集团）协商重组事宜，并新建湛江千万吨级钢铁基地项目。2008年6月26日，广东钢铁集团有限公司（简称广东钢铁）挂牌成立，宝钢集团启动对广东省钢铁产业的重组。

2007年1月16日，宝钢集团和新疆维吾尔自治区政府在新疆乌鲁木齐签署增资重组新疆八一钢铁集团有限责任公司（简称新疆八钢）协议。4月5日，宝钢集团与新疆维吾尔自治区国资委签署增资重组补充协议。宝钢集团以现金对新疆八钢增资30亿元，持股比例为69.56%。4月28日，宝钢集团新疆八一钢铁有限公司揭牌成立。

2007年3月16日，宝钢集团与中国船舶工业集团公司（简称中船集团）在北京签署江南长兴造船基地项目合资合同，参与中船集团长兴造船基地建设。宝钢通过增资扩股的方式向中船集团下属上海江南长兴造船有限责任公司和上海江南长兴重工有限责任公司共出资16.57亿元，分别持有两家合资公司的35%股权。

2007年9月，宝钢集团和邯郸钢铁集团有限责任公司（简称邯钢）共同出资120亿元组建邯宝钢铁有限公司（简称邯宝公司），双方股权占比各为50%。12月15日，邯宝公司揭牌成立。2008年6月，由于河北省政府组建河北钢铁集团，使邯宝公司合资双方当初确定的战略合作意向和基础发生变化，宝钢决定依据合资合同的约定退出邯宝公司。2009年3月18日，宝钢集团与邯钢签署《宝钢退出邯宝公司之股权退出协议》，宝钢集团以原始出资60亿元为对价退出邯宝公司。9月15日，邯宝公司完成股东变更的工商手续，宝钢集团从邯宝公司退出。

2008年10月28日，宝钢集团、中海发展股份有限公司、烟台港集团有限公司（简称烟台港）三方签署战略合作意向书，约定宝钢集团、中海发展股份有限公司共同参与烟台港股份制改制。2009年12月21日，宝钢集团及宝钢资源有限公司共同出资10.20亿元（其中宝钢集团出资7.65亿元），合计持有烟台港20%的股权。

2009年3月1日，宝钢集团与杭州钢铁集团公司签署协议，重组宁波钢铁有限公司。宝钢集团出资20.214亿元，持有其56.15%股权。2014年12月16日，宝钢集团调整为宁波钢铁第二大股东，持有其34%股权。

2010年12月31日，宝钢集团与福建吴钢集团有限公司签署协议，重组福建德盛镍业有限公司。宝钢集团出资67.66亿元，持股70%。

2011年，为加快推进广东省钢铁产业重组和广钢集团环保搬迁，推动湛江钢铁项目开工建设，经过多轮的交流和会谈，宝钢与广东省和广州市政府就宝钢重组韶钢集团、广钢集团事宜达成了一致意见，于8月22日在广州签署有关重组的框架协议。广东省国资委和广州市国资委退出对广东钢铁的持股，广东钢铁减资成为宝钢集团全资子公司，注册资本金为80亿元。韶钢集团在分离办社会的基础上由宝钢集团直接持股51%，广钢集团存续钢铁产业通过湛江钢铁与广钢集团合资成立新公司方式重组。同年12月，宝钢股份执行董事会审议通过宝力钢管（泰国）有限公司项目。该项目是宝钢钢铁主业第一个境外实体投资项目，由宝钢股份下属宝运企业有限公司、宝钢新加坡贸易有限公司与浙江健力股份有限公司全资子公司健力企业（香港）有限公司在泰国泰中罗勇工业园区内合资设立。项目投资6.58亿元人民币，注册资本5.38亿元人民币，其中宝钢股份持股51%，浙江健力股份有限公司持股49%。公司生产直径114.30～273.10毫米的带接箍套管、平端套管、管线管和机械结构管等，设计年产能20万吨，2013年5月投产。

2012年4月18日，由宝钢集团和广东省国资委共同出资组建的宝钢集团广东韶关钢铁有限公司揭牌；9月，根据国务院国资委的批复，韶关钢铁成为宝钢集团下属公司，宝钢投资38.51亿元，持股比例51%。4月19日，由宝钢集团和广钢集团共同出资组建的广州薄板有限公司在广州揭牌成立，宝钢集团以现金出资16.58亿元，持股比例51%。至年底，宝钢集团完成广东省内相关钢铁企业的后续整合工作。同年，宝钢集团完成宝钢股份、华宝投资参股中国石油天然气集团公司西气东输三线项目，合资公司在新疆注册成立。宝钢集团与上海国际集团有限公司、上海汽车工业(集团)公司、光明食品(集团)有限公司等共同组建赛领国际投资基金，宝钢集团出资20亿元，并完成首期出资6亿元。这是宝钢成功参股的第一只产业投资基金。同时华宝投资参股赛领资本管理有限公司，投资金额为5 508万元，股权比例为20%。

2014年，宝钢发展下属子公司——上海宝钢新型建材科技有限公司实施股权多元化，引入建银城投(上海)绿色环保股权投资有限公司和上海建科科技投资发展有限公司参股，引入资金2.86亿元。同年，宝钢特钢下属子公司——宝银公司重组，引入中国华能集团有限公司、中国广核集团有限公司、银环控股集团有限公司重组宝银公司，新老股东共同现金增资6.97亿元，重组后的宝银公司推行“国有＋民营＋管理层持股”的混合所有制经营模式，建立市场化的运作机制。

2015年，宝钢集团收购广东韶钢松山股份有限公司全资持有的韶关钢铁(香港)有限公司100%股权，更名为“宝钢香港投资有限公司”。9月2日，相关股权转让、公司注册备案手续完成。宝钢集团全资控股的境外投融资平台建立。

2016年，为盘活上市公司存量股份、优化法人治理结构，宝钢集团向中国石油天然气集团公司、中国诚通控股集团有限公司和中国国新控股有限责任公司无偿划转宝钢股份的部分股份，并接收中国石油天然气集团公司无偿划入的中国石油(601857)部分A股股份。同年，宝钢集团对中国邮政储蓄银行在中国香港资本市场IPO(首次公开募股)项目进行研究，作为锚定投资人参与投资中国邮政储蓄银行H股IPO项目1.50亿美元。

三、资金运作

1998年11月上海宝钢集团公司成立后，组建专门的资金运作团队，以“流程规范、决策审慎、投资稳健、资金安全”为资金运作基本原则，确保国有资产保值增值。

2000年8月10日，发行20亿元5年期中央企业债券，年利率为4%。该债券经中诚信国际信用评级有限公司评定为AAA级别，主承销商为华宝信托。这是宝钢首次进入国内债券资本市场，改变了过去建设资金依靠银行流动资金贷款融资的格局。

2007年，宝钢集团通过内部借壳方式组建金融控股公司，打造宝钢金融产业发展平台。6月，相继完成五钢浦东国际贸易有限公司100%的股权受让、产权交割、现金增资30亿元及变更营业执照等相关手续。五钢浦东国际贸易有限公司更名为“华宝投资有限公司”。同时以华宝投资为平台，逐步整合宝钢集团金融资产。11月，通过增资和股权转让，宝钢集团将持有的中国太平洋保险(集团)股份有限公司20%股权转让给华宝投资。11月20日，增资后的华宝投资办妥新的营业执照，注册资本变更为69亿元。

2009年9月17日，宝钢股份中厚板分公司(原宝钢浦钢)罗泾项目应收账款资金信托成立。该信托对接交通银行发行的人民币理财产品，一期募集资金28.32亿元。这是宝钢集团首次将债权资产证券化。同年，宝盈稳健组合投资资金信托成立，以固定收益投资品种为主要投资方向。全年，宝钢集团资金运作规模135.86亿元，市值142.81亿元。

2010年，实施宝钢股份中厚板分公司罗泾项目应收账款二期类资产证券化项目。6月，通过华宝信托平台融资，融资后继续委托华宝信托进行宝盈二期理财。

2013年，利用华宝证券有限责任公司资金管理平台，将宝钢发展有限公司对宝钢股份3亿元应收账款实施证券化。

2014年12月10日，宝钢集团发行国内资本市场首单公募可交换公司债券，债券以新华保险A股股票为换股标的，发行规模40亿元、期限3年、票面利率1.50%；12月24日，宝钢可交换公司债券在上海证券交易所上市交易（证券代码：132001）。宝钢发行可交换公司债券，盘活了所持有的新华保险股票存量资产，提升了资产运营效率，拓展了融资渠道。同年，宝钢集团认购5亿元由中国农业银行发行的国内资本市场首单优先股，及5亿元由中国银行发行的优先股，股息率6%。

2015年，推进宝钢投资中国石油西北联合管道公司股权资产证券化。中国石油天然气集团公司拟整合旗下管道资产，设立管道平台公司，并推动管道平台公司上市，方案获国务院国资委等部门同意。宝钢集团将宝钢股份和华宝投资所持有的中国石油西北联合管道公司的股权，合计持股比例16%，转换为管道平台公司股权。宝钢股份、华宝投资合计投资中国石油西北联合管道公司100亿元，最终股权评估值为110.40亿元，实现投资收益10.40亿元。同年，宝钢集团以八一钢铁对八钢股份的铁水应收账款为基础资产，制订专项资产管理计划方案；4月29日，"八一钢铁专项资产管理计划"完成发行，发行规模10亿元，发行成本低于相同评级的类似产品，为八一钢铁拓展了新的融资渠道。10月，宝钢香港投资有限公司作为基石投资人，参与投资中国国际金融股份有限公司在中国香港首次公开募股（IPO）项目，投资金额5 000万美元，是宝钢香港投资有限公司参与境外投资的第一单。同年，宝钢集团以宝钢香港投资有限公司作为发行主体，以所持有的部分建设银行H股作为换股标的，在中国香港资本市场发行5亿美元可交换公司债券。募集资金由宝钢香港投资有限公司用于境外投资，主要投资于风险低、收益稳定的品种。12月1日，可交换公司债券完成交割；12月2日，债券于中国香港证券交易所上市交易。最终发行规模5亿美元，期限3年，转股溢价率38.50%，票面利率为零。此次债券发行是宝钢集团继境内资本市场首单公开发行可交换公司债券后的又一金融创新，是第一单以境内机构持有的H股作为换股标的境外可交换公司债券。同年，宝钢集团2014年以新华保险A股票为换股标的、发行40亿元可交换公司债券项目，获2015年宝钢集团管理创新成果三等奖和上海市企业管理现代化创新成果二等奖；在权威财经杂志《亚洲金融》(*Finance Asia*)2015年亚洲地区交易项目类大奖评选中，获最佳创新精神大奖。

第三节 审计管理

宝钢集团的审计管理主要是围绕集团经营管理要求和工作重点，有效利用审计资源，实施内部审计项目，及时发现经营管理过程中存在的风险和管理薄弱环节，发挥内部审计监督与服务的双重职能，为企业战略发展提供有效支撑。

一、机构设置

1998年11月，新成立的宝钢集团设审计监察部，下设审计处和监察处，与纪委合署办公。2000

年5月，宝钢集团撤销审计监察部，设立审计室和监察部。2003年6月13日，宝钢集团审计部成立。2009年5月，原审计部经营审计口、投资审计口、综合审计口分别改为经营审计处、投资审计处和管理审计处。同年，审计部增设管理审计职能。2010年5月，宝钢集团派出监事会办公室划至审计部。

二、管理制度

1999年，审计处制定《上海宝钢集团公司内部审计制度（试行）》《关于对集团公司全资、控股子公司实行审计的若干规定》《全资、控股子公司法人代表任期经济责任审计暂行规定》。2002年，重新制定《全资、控股子公司法定代表人任期经济责任审计暂行办法》，制定《固定资产投资项目造价审计工作操作流程》《固定资产投资项目竣工财务决算审计工作操作流程》。7月22日，宝钢集团下发《关于印发〈固定资产投资项目造价审计办法〉和〈固定资产投资项目竣工财务决算审计办法〉的通知》。2003年，审计部修订并发布《上海宝钢集团公司内部审计制度》《上海宝钢集团公司经济责任审计办法》《上海宝钢集团公司固定资产投资项目造价审计办法》《上海宝钢集团公司固定资产投资项目竣工财务决算审计办法》，建立健全《审计部印章管理制度》《审计部公文传阅制度》《审计档案借阅管理办法》等内部规章制度。2004年，结合宝钢集团对干部管理要求和业务特点，制定一套比较系统、完整、科学的经济责任审计评价体系。该评价体系分为基本情况分析、财务信息真实性、效绩指标分析、任期内经济责任目标完成情况、内部控制制度建设与执行情况等5个方面。每个方面又从若干角度展开，可基本涵盖子公司领导人员经济责任主要内容，为考核、任用干部提供依据。

2005年，完善内部审计质量控制体系。构筑以优化审计项目管理为核心的组织架构，横向组建综合审计、经营审计、投资审计等3个审计业务管理单元；纵向采用审计项目负责制管理模式，成立审计项目临时团队。结合上市公司治理特点，梳理内部审计业务流程，修订、制定审计管理9项制度和部门管理16项制度。

2010年，建立统一的审计信息化平台——宝钢内部审计管理系统（BAMS系统），实现对各子公司内部审计机构全覆盖。以此系统为基础，审计部建立了审计项目、审计文档领域的知识积累机制，形成宝钢集团自有的审计数据库。2011年，推进实施“两级设置、统一管理”的审计体系优化调整方案，按“集团和一级子公司设置审计机构，二级及二级以下子公司原则上不设审计机构”的规定，对部分审计组织进行调整。制定《固定资产投资项目审计评价管理办法》，建立审计评价指标体系。创立产品竞争力、企业盈利能力、经济增加值（EVA）等管理审计评价方法，建立宝钢自主创新的管理审计实务方法体系，以该体系为主要内容的“宝钢管理审计方法实践与创新项目”获中国钢铁工业协会颁发的2011年冶金企业管理现代化创新成果一等奖。5月，下发《派出监事会工作管理办法》，明确派出监事会功能定位和监督重点；下发《关于加强派出监事会与审计职能协同、形成合力提高监督效率的工作意见》，明确派出监事会与审计职能的协同事宜。2012年，下发《审计成果应用管理办法》，建立审计成果扩大应用的共享机制。会同人力资源部策划制定《子公司审计机构负责人的任用及绩效评价指导意见》和《关于加强审计体系员工职业生涯发展的指导意见》。2015年，修订《审计业务聘用社会中介机构管理办法》。

三、经营审计

1999—2000年，宝钢集团审计室（处）完成子公司财务收支审计113项。组织、协调并委托会计师事务所对不设内部审计机构的孙公司进行年度财务状况审计，完成 109 项；对设立内部审计机构的子公司、孙公司，由各子公司审计或自行委托社会中介组织进行年度财务状况审计，完成 227 项。对宝钢财务公司、香港宝运企业有限公司、香港宝金企业有限公司、华宝信托等 15 个法人代表或总经理进行离任审计。2001 年，审计室对所属全资及控股子公司的经营财务状况审计 25 项。委托东华会计师事务所对所属 60 家孙公司、8 家子公司和 12 家中外合资孙公司进行年度财务状况审计。对宝钢股份钢管分公司、华宝信托、上海钢管、宝山宾馆、上海冶金建设有限公司、宝钢集团上海联合公司、上海宝钢设备检修有限公司、宝钢集团南京轧钢总厂、天津路招待所、宝钢集团江西人民机械厂、南京宝日钢丝制品有限公司、宝和通商株式会社等 12 家单位的法人代表或总经理进行任期经济责任审计。2002 年，对宝和通商株式会社、宝钢美洲贸易有限公司、宝德技术贸易有限公司、鲁宝钢管、宝钢二钢、宝钢集团上海钢铁研究所、宝钢集团教育培训中心、上海宝钢产业发展有限公司、上海宝钢房地产经营开发公司、华宝信托、上海冶金老干部活动中心、宝钢集团上海联合公司等 12 家单位进行法定代表人任期经济责任审计。5 月 20 日—11 月 8 日，审计署对宝钢集团进行审计检查。除对集团总部审计外，还对所属宝钢股份、宝钢财务公司、华宝信托、宝钢国际、宝钢一钢、宝钢二钢、宝钢五钢、宝钢浦钢、宝钢梅山等 17 家子公司进行延伸审计，审计资产面达 88.19%。2003 年，审计部完成 13 家单位的经济责任审计，编制符合性测试底稿 156 份、实质性测试底稿 1 093 份(其中会计科目类 800 份、提请关注类 293 份)，在审计报告中反映问题及事项 134 个；完成专项审计 2 项，指出有关单位存在问题 35 个。2004 年，集团内部审计业务范围开始拓展到孙公司。全年完成审计 47 项。

2005 年，加大财务收支审计和经济责任审计力度，强化对子公司日常监督，促使子公司正确进行会计核算，提高财务管理水平。同时，督促子公司严格遵守国家财经法规和宝钢集团有关规章制度，真实反映其资产状况和经营成果；客观评价子公司经营指标完成情况和资产保值增值情况。全年完成子(孙)公司财务收支审计 3 项，子公司主要领导人经济责任审计 10 项，共查出问题 1 328 个，提出整改建议 614 条；提出管理建议 714 条，涉及子公司、孙公司及分公司 136 家。2006 年，对宝钢集团企业开发总公司煤气分公司和宝山宾馆财务收支审计，对宝钢股份化工分公司、宝钢集团教育培训中心、华宝信托、上海宝钢工业检测公司主要领导人员离任经济责任审计，对华宝信托和宝钢集团企业开发总公司主要领导人员任中经济责任审计。涉及单位 119 家，查出问题 455 个，提出整改建议 257 条，提出管理建议 198 条。完成产权变动审计 76 项，涉及资产总额 443.75 亿元，上报审计情况报告 34 份。审核后调增净资产 3.28 亿元，增加了集团转让收益；调减净资产 1.22 亿元，减少了集团承担的风险。2007 年，对宝钢美洲贸易有限公司、宝钢欧洲贸易有限公司、宝钢股份黄石涂镀板有限公司和成都宝钢西部贸易有限公司等进行财务收支审计，对上海宝钢设备检修有限公司、宝钢文体中心、宝钢梅山、宝钢工程、宝钢金属、宝钢发展和宝钢五钢等进行经济责任审计，提出管理建议 518 条。2008 年，对八一钢铁进行财务收支审计，提出管理建议 461 条，协助其完善内部控制，加强经营管理。完成宝钢一钢、上海宝钢工业检测公司、南京宝日钢丝制品有限公司、宝钢集团人才开发院、宝钢资源任中经济责任审计；完成宝钢一钢、宝钢梅山、上海宝钢工程技术有限公司、上海宝钢设备检修有限公司、宝岛贸易有限公司、宝钢浦钢、宝钢五钢领导人员离任经济责任审计，针对审计发现的薄弱环节，提出管理建议 577 条。2009 年，对宝钢财务公司、宝钢发展、宝钢工程、华宝投资的经济责任审计。全年完成经济责任审计 4 项、专项审计 4 项、产权变动净资产审计 41 项、后续审计 1 项，提出管理建议 258 条，按照股权比例增加集团转让收益、降低集团并购成本 8.62 亿元；对于审计中发现的问题，由相关部门对需承担管理责任的 7 位管理人员进行了处理。

2010年,完成财务收支审计66项,发现问题207个,提出管理建议315条;完成经济责任审计64项,发现问题369个,提出管理建议481条。2011年,完成财务收支审计项目5项,发现问题事项42个,提出审计建议42条。完成领导人员经济责任审计项目4项,发现问题事项327个,提出审计建议327条。2012年,完成财务收支审计和经济责任审计项目7项,发现问题事项407个,提出审计建议405条,有效促进管控提升和财务管理的规范运作,为组织部门考评领导人员、界定领导人员经济责任、完成领导人员任免程序等提供依据,强化了对领导人员的监督管理。2013年,完成领导人员经济责任审计5项、财务收支审计2项,发现管理问题491个,提出管理建议491条。基本做到审计一家企业,规范一家管理,促进一家提升,保障内部审计的基础监督功能得以发挥。2014年,完成领导人员经济责任审计6项、财务收支审计1项。通过深入流程的审计,并在审计监督过程中提供增值服务,提出改进建议,帮助子公司规范经营的同时,提升其管理水平。2015年,完成宝钢工程、宝钢浦钢、宝钢五钢、宝信软件、韶关钢铁、上海宝钢长寿工业服务公司领导人员任期经济责任审计6项,宝山宾馆、宝钢资源下属坤源航运公司和宝豫公司财务收支审计2项,宝钢发展下属上海宝钢工贸有限公司专项审计1项,提出改进建议374条。

2016年,完成宝钢化工、八一钢铁、宝钢一钢、宝信软件、华宝投资任期经济责任审计5项,提出改进建议105条;完成任期制经营目标情况审核2项;完成净资产审计38项,涉及金额13.74亿元。2—10月,审计部配合审计署开展对宝钢集团董事长徐乐江任职期间经济责任履行情况的审计、提质增效审计、社会中介机构审计报告质量核查等多项审计检查。审计期间,按审计署要求向各单位下发《审计需求单》223份、《审计取证单》230余份,上报《审计配合周报》20份。

四、投资审计

2000年,宝钢集团审计室对宝钢一钢炼铁工程项目竣工进行财务决算审计。该项目建设周期长达7年,投资额32亿元。2001年,根据国家计划委员会要求,对宝钢三期工程进行竣工决算审计,委托上海东华会计师事务所、上海东华造价财务咨询事务所有限公司、上海文汇工程造价咨询公司和上海宝钢监理公司等4家中介机构对宝钢1 550毫米冷轧带钢工程项目进行工程造价审计,核减额占工程造价的4.98%。根据国家经济贸易委员会(简称国家经贸委)发布的《国债专项资金技术改造项目竣工验收办法》,委托上海东华会计师事务所对宝钢国债资金技改项目——连续热镀锌及连续电镀锌工程项目进行竣工决算审计。对子公司固定资产投资情况进行全面调查,组织对上海梅山有限公司矿业二期项目和上海三钢—梅塞尔气体项目竣工决算审计报告进行审核确认。2002年,全面推行固定资产投资项目造价审计。全年完成固定资产投资项目造价审计1 375项,审计总核减工程投资额1.40亿元,核减率达17.39%。其中,审计室委外审价6项,总计核减投资额0.24亿元,核减率为12.15%;子公司自行或委外审价1 369项,总计核减投资额1.16亿元,核减率为19.07%。集团及各子公司对具备审计条件的工程项目进行竣工财务决算审计,全年完成审计项目6项,其中审计室审计项目2项、子公司自审或委外审计项目4项,累计决算审计金额99 215.93万元。2003年,审计部完成委托工程造价审计11项,核减项目投资支出15 011.71万元;完成工程竣工财务决算审计9项,发现调整事项13个、主要问题20个。2004年,全面推进工程造价审计,督促工程建设单位完善项目管理、制度建设、内部控制和财务核算,准确计算工程量、合理套用定额单价、正确选用工程类别、严格执行合同条款。全年完成工程项目造价审计15项,核减金额4.44亿元。

2005年，完成固定资产投资项目工程造价审计15项，核减投资项目支出2.75亿元；完成维修项目造价审计71项，核减维修项目支出1 240.21万元；完成固定资产竣工决算审计15项，提出调整事项和管理建议79条。2006年，完成对南京梅宝新型建材有限公司矿渣微粉项目、上海钢铁工艺技术研究所大规格冷弯型钢生产线等16个项目委托造价审计，建筑安装投资累计送审金额27.26亿元，累计核减金额1.67亿元，总核减率6.12%；对宝钢集团教培中心老变电所大修改造工程、宝江公安分局地下室照明电气大修工程等5个项目自主审计，累计送审金额178.59万元，累计核减金额37.41万元，总核减率20.95%；对上海宝钢产业发展有限公司宝印金属彩色涂层项目、上海钢铁工艺技术研究所大规格冷弯型钢生产线、宝钢工程技术集团有限公司苏州冶金机械厂易地搬迁等14个项目竣工财务决算审计，提出整改建议55条、管理建议62条。2007年，完成工程投资项目造价审计22项，工程维修项目造价审计7项，核减工程款10 479.81万元；完成工程项目竣工财务决算审计22项，提出管理建议277条。2008年，完成工程投资项目造价审计47项，工程维修项目造价审计4项，核减工程款4 326.91万元；完成工程项目竣工财务决算审计25项，提出管理建议267条。2009年，完成宝钢浦钢搬迁罗泾工程(第一步工程)，梅钢公司一号、二号焦炉易地大修改造等11个项目的工程造价审计，核减金额累计8.29亿元；完成宝钢浦钢搬迁罗泾工程(第一步工程)、宝钢股份冷轧薄板厂新增连续退火机组改造项目、梅钢公司新建研发综合大楼项目、宝钢金属成都宝钢制罐工程、宝钢股份特钢事业部高合金项目等22个项目的竣工财务决算审计，提出调整事项93个，管理建议310条，对项目单位建设制度、管理体系、项目审批、招投标管理、合同管理、签证管理、设备管理等投资全过程管理中存在的问题和风险进行分析与揭示；组织对宝钢金属汽车零部件3个项目的可研决策审计，提出问题与建议15条、审计观察与思考9条。

2010年，完成工程投资项目造价审计12项，核减工程款3.36亿元，综合核减率为10.08%；完成项目前期决策审计3项、竣工财务决算审计43项、项目后评价审计4项，发现问题370个，提出建议380条。2011年，完成工程造价审计项目3项，审计项目投资23.93亿元，发现问题事项107个，提出审计建议105条，节约工程投资127万元。完成竣工财务决算审计项目9项，涉及项目投资16.78亿元，发现主要问题事项9个，提出审计建议9条。按照“重点推进、分层推动、协同实施”的工作思路，启动对投资项目的审计评价。全年完成项目评价6项，项目投资41.12亿元，发现问题事项431个，提出审计建议413条。2012年，完成审计评价项目7项，涉及投资40亿元，对所涉及的项目在投资、建设等目标方面的实现情况给予客观、独立的评价，发现管理问题189个，提出审计建议129条。完成竣工财务决算审计项目8项，项目概算投资156.96亿元，发现问题事项115个。加大针对投资管理关键管控环节的项目群审计工作力度，完成审计项目3项，涉及投资项目22项，在施工采购招标、合同管理、竣工验收管理等方面发现问题事项156个，提出审计建议100余条。2013年，完成投资竣工财务决算审计17项、工程造价审计2项、重大投资项目审计评价9项、投资管理关键管控环节项目群审计1项、投资项目过程审计1项，涉及审计项目概算总投资360亿元，基本涵盖宝钢集团各业务板块和生产单元，发现相关问题744个，提出审计建议592条。2014年，完成竣工财务决算审计项目13项、过程审计4项、投资项目审计评价3项、投资专项审计5项。通过在项目建设各阶段的不同业务类型的审计，实现审计关口前移，并促进项目前期立项阶段更加审慎的研究、决策，防范发生重大投资风险。2015年，实施投资审计项目18项，包括股权投资审计2项、投资项目竣工财务决算审计8项、投资项目审计评价4项、投资项目过程审计2项、投资项目专项审计1项、后续审计1项。项目涉及投资539.28亿元，发现问题事项264个，提出审计建议190条，直接追回工程投资1 413.01万元。

2016年,完成对宝钢化工、宝信软件股权投资项目目标实现情况的审计,以及宝钢发展有限公司宁波矿棉项目、宝钢工程技术集团有限公司参股溧阳三板投资项目、宝钢特钢有限公司宝银公司重组项目、宝钢资源有限公司内蒙古萤石矿项目目标实现情况的现场审计。完成审计评价项目5项,审计项目概算投资34.26亿元,发现问题事项212个,提出审计建议152条,直接追回工程投资886.89万元。选择宝钢广东湛江钢铁基地项目、宝钢集团总部基地项目和宝钢大厦(广州)项目开展过程审计,发现各类问题81个,提出审计建议81条。完成工程造价审计项目1项,发现问题10个,提出审计建议10条,追回工程投资12.47万元。完成上海宝钢工业技术服务有限公司电修车间扩容项目、宝钢历史陈列馆项目、宝钢安全体感培训优化改造项目的竣工财务决算审计。

五、管理审计

2002年,宝钢集团审计室进一步明确要开展对集团领导和上级审计机关交办的专项审计和调查。同年,审计室完成专项审计调查4项。其中,经营与财务状况专项审计调查2项,费用开支专项审计调查2项。2003年,审计部完成2项专项审计,在审计报告中反映问题35个。

2006年,对集团职能部门开展资金运作业务和外协劳务管理内部控制审计,发现在资金运作业务和外协劳务管理中存在的内部控制薄弱环节,提出管理建议11条。对子公司工资、福利管理和管理费用管理进行专项审计,针对发现问题提出加强工资、福利管理和管理费用管理等综合性建议29条。完成并购审计2项。通过审计,对有关子公司涉及的95家单位生产经营、财务管理、未决诉讼、抵押担保等情况进行全面调查,提出管理建议33条。2007年,开展薪资福利管理专项审计,完成20家子公司、35家孙公司、6家分公司薪资福利管理现场审计,形成273份底稿,基本摸清抽查单位的薪资福利现状和管理上存在的不足,提出加强薪资福利管理的建议。2008年,开展集团总部管理费用专项审计、集团总部绩效考核管理专项审计、子公司信息系统专项审计、子公司资金管理模式专项审计、抗震救灾用款专项审计、援藏项目资金管理专项审计、上海宝印金属彩涂有限公司专项审计,并针对管理薄弱之处提出管理建议57条。组织净资产审计复核,完成基准日和交割日净资产审计37项,对审计底稿和审计报告进行复核,并提出补充审计的意见。经过审计,按产权比例增加净资产5 082.71万元。2009年,开展宝钢股份产成品库存管理审计,发现在库存管理体系中尚未形成有效的风险实物库存预警机制及明确的库存处置授权机制等九大问题,并提出针对性建议;开展重在支撑管控决策的废弃物管理的专项审计,重在支撑"数字化宝钢"的会计一体化信息系统审计。

2010年,聚焦战略管控关键领域的关键环节,完成管理审计14项,发现问题160个,提出建议162条,重点甄别体系性、结构性和隐形导向问题,为完善体系、改进流程、促进体制机制改进提供具有审计特色的增值服务。2011年,重点聚焦以提升价值管理为目标的职能管理审计,尤其强化战略、采购、营销、制造、投资等核心管理职能的管理审计;持续深化产品盈利能力、经济增加值等提升竞争力类管理审计项目;内控评价重在关注风险管理的体系能力;重大风险审计主要关注重大潜在风险点。全年完成管理审计项目21项,发现问题及提出审计建议近200条,提出审计与观察思考33条。2013年,完成管理审计项目15项,发现问题626个,提出建议682条,提出审计与观察思考29条。2014年,完成管理审计项目9项。通过开展金融衍生品管理审计、不动产利用效率管理审计、信用管理及经营禁令执行情况审计、宝钢股份研发管理审计、韶关钢铁销售系统审计等项目,聚焦高风险、高改善潜力的内部控制相关业务领域,以专项审计的形式,深入揭示潜在风险,挖掘增值空间，提出改善经营、提高流程的规范性和运作效率的系统性建议，有效促进各子公司规范经营、绩效改善及风险防范能力的加强。2015 年，完成管理审计项目 8 项。围绕管理的重点、难点，开展环保合规审计、合同审计、资产处置审计等项目，覆盖宝钢集团下属各级子公司 100 家，发现问题 450 个，建议各公司建立或完善制度及流程 30 项。

2016 年 2 月，按照中央《加强和改进企业国有资产监督防止国有资产流失的意见》的要求，完成覆盖宝钢集团的资产处置专项管理审计工作，一方面发现并堵住重要管理漏洞，帮助子公司挽回部分经济损失；另一方面揭示部分子公司在长期股权和报废生产装备处置中存在的问题。3 月，对八一钢铁、韶关钢铁协同支撑工作开展专项审计评价。下半年，围绕扭亏增盈工作目标，对 2013—2015 年持续 3 年亏损的子公司组织开展经营诊断专项审计工作，提出强化运营、重组整合、交易出售、清算关闭等建议，有效促进各子公司加快推进扭亏增盈工作。

第四章　办公事务管理

宝钢集团办公厅是宝钢集团的综合管理部门，负责宝钢集团领导文秘工作、公司级会议的综合管理，行政决定事项的跟踪、反馈、落实；宝钢集团外事外联归口管理，公司级接待活动的综合管理，宝钢集团在京业务联络和在京重要活动接待的综合管理等。宝钢集团党委办公厅是宝钢集团党委的综合管理部门，主要职责包括党委文秘、机要通讯，党委会议的安排组织、重大活动的组织，党委决定事项的跟踪、反馈、落实，信访工作、稳定工作，综合治理、国家安全、保密管理及有关事务的处理等。

第一节　机 构 设 置

1998 年 11 月上海地区钢铁企业联合重组后，新成立的宝钢集团下设办公室，宝钢集团党委下设党委办公室。办公室是宝钢集团的综合管理部门，下设秘书处、调研处、档案处、史志办公室、外事办公室、接待处、驻京联络处，汽车服务公司挂靠办公室；党委办公室是集团党委的综合办事部门，负责宝钢集团的文秘机要、督促检查、信息调研、来信来访、国家安全和保密等工作，下设秘书处，信访办公室挂靠党委办公室。2003 年 6 月，集团总部机关进行扁平化改革，撤销秘书处、调研处、接待处和史志办公室；外事办公室、驻京联络处和汽车服务公司挂靠办公室；设立宝钢集团董事会秘书室，作为宝钢集团董事会常设工作机构。2004 年 7 月，撤销汽车服务公司；在办公室下设宝钢史志编辑部。2005 年，办公室和党委办公室合署办公，下设文秘、调研、接待等 3 个业务口，信访办公室、外事办公室、驻京联络处挂靠办公室管理，宝钢史志编辑部设在办公室。2008 年，宝钢史志编辑部调整挂靠企业文化部。2009 年 7 月，宝钢集团接待中心撤销，内外事接待业务划归外事办公室；成立人力资源服务中心，外事办公室将出国派遣业务划归人力资源服务中心。2011 年 3 月，办公室更名为“办公厅”，党委办公室更名为“党委办公厅”。办公厅与党委办公厅合署办公，下设秘书室、外事办公室、北京办事处等 3 个部门，信访办公室、保密办公室挂靠办公厅。2014 年 3 月底，宝钢集团在办公厅增设调研室。2015 年，董事会秘书室与办公厅合署办公。

第二节　文 秘 管 理

宝钢集团办公厅（办公室）、党委办公厅（党委办公室）作为综合行政（党务）管理部门，负责文件跟踪、催办、督办工作。

1999 年，宝钢集团办公室根据集团领导宝山、浦东两地办公实际情况，为进一步完善管理制度，制定秘书工作分工、文件传递、集团会议和领导活动安排等制度。2000 年宝钢股份成立后，秘书处制定文书、秘书文件流程制度及规范化要求，下发《上海宝钢集团公司行政电子公文管理办法》和《上海宝钢集团公司印章用印、刻制、介绍信和法人委托书管理的规定》。办公自动化（OA）公文管理系统覆盖宝钢一钢、宝钢二钢、宝钢浦钢、宝钢五钢、宝钢梅山等子公司。党委办公室秘书处制定《上海宝钢集团公司党委会议事规则》《上海宝钢集团公司党委贯彻落实中央“三重一大”原则的规定(试行)》《上海宝钢集团公司党委工作制度》《上海宝钢集团公司党委会议制度》《上海宝钢集团公司党委中心组理论学习制度》等工作制度，制定《上海宝钢集团公司督促检查工作条例》《上海宝钢集团公司信息工作暂行条例》《上海宝钢集团公司信访工作条例》等管理制度。2001 年，重新制定《上海宝钢集团公司领导秘书的工作规定》，规范秘书处 41 项工作；下发《上海宝钢集团公司 OA 公文系统管理办法》。2002 年，执行《上海宝钢集团公司领导秘书的工作规定》，进一步完善各项工作程序，使秘书、文书工作更加规范、细致。2003 年 6 月 30 日，宝钢数据中心综合信息服务系统开通投入使用，提高了公文系统办文和传送效率，信息传递更加安全，并实现多种信息、材料、报表通过信息平台直接在网上发布。2004 年 11 月，宝钢数据中心综合信息服务系统通过项目评审。通过建立统一的计算机代码，推进信息系统一体化和标准化，实现了集团总部与各子公司之间、部门之间以及部门内各专业组之间的数据共享，加快了文件处理速度。7 天办结率由原来的 75%上升至 80%，最高达到 88%。

2008 年，对“协同办公平台”进行功能完善，并覆盖到新重组企业。文件处理周期从平均 10 天变为 4 天，集团高级管理人员 2 天内批示完的文件从 43%提高至 82%。2009 年，采取动态与定期催办相结合的办法，督办有关工作，文件办结率达到 99%。2011 年，对“协同办公平台”进行功能完善，开发移动办公平台。集团高级管理人员 2 天内批示完的文件从 82%提高至 98.30%。党内文件清退工作连续 6 年取得 100%的成绩。2012 年，继续推进移动办公系统的开发和应用，进一步缩短批文周期。全年平均在移动办公系统处理的文件达 43.40%。

2013—2016 年，按照改进工作作风的要求，减少会议数量；参会人员尽量精简；能用视频会议的非涉密会议，通过视频形式召开；推进“协同办公平台”改造升级，进一步推进移动办公。

第三节　保 密 管 理

宝钢集团保密委员会办公室设在党委办公室，具体负责宝钢日常保密工作。

1998 年 11 月上海地区钢铁企业联合重组后，宝钢集团保密委员会围绕改革开放和经济建设这个中心，从加强保密宣传教育、健全保密组织、完善保密规章制度、强化保密基础管理、坚持保密检查等着手，以抓涉外、经济、科技，特别是计算机存储信息等保密为重点，开展各项保密工作，未发生失、泄密事件。与浦东新区国家安全局配合，对下属 10 个军工、科研项目进行梳理，采取有效措施，加强保密工作。完善保密管理制度，加强计算机网络保密管理工作，印发《关于加强集团公司计算机网络拨号服务器管理的通知》《关于公司主干网用户严禁使用双网卡与擅自开通代理服务的紧急通知》。做好对外公开发表论文资料的保密审查工作，对凡是涉及国家或企业政治、经济、军事、科技等方面内容的文件、资料，需向外提供、交流或公开发表的，实行主管单位、集团主管业务部门、集团保密委员会三级审查制度，严格履行审批手续。

2005 年，宝钢集团保密工作适应钢铁主业一体化运作要求，健全组织网络，及时调整、充实各级保密委员会组成人员。完善工作制度，制定《关于对出版、提供、交流、发表论文、信息资料保密审查的规定》《技术秘密管理办法》；为加强各驻外公司保密安全，下发《关于加强安全保密工作的通知》；注重做好项目引进中安全保密工作，专门制定《罗泾项目工程建设保密制度》。2006 年，开展有关保密工作法制宣传，加强重点涉密人员的教育管理。各有关单位按照《宝钢集团重点涉密人员教育、管理办法》，制定、细化相应管理办法和实施细则。对保密废纸实行全定点、定时、统一回收处理制度。2007 年，将安全保密教育列入全员政治轮训培训课程，全年培训 12 744 人次；对驻境外机构负责人、二级单位国家安全联络员、专(兼)职保密干部、军工涉密人员进行4次专题培训。对3 657人次的出国(境)人员进行外事安全保密教育。制定下发《关于保护国家秘密、企业秘密的管理规定》《军工科研生产单位国家安全工作和保密管理规定》等7项管理制度;对已确定的235名军工涉密人员逐一签订《保密责任书》。2008年,调整充实保密委员会和国家安全小组成员。结合推进全面风险管理,把保密风险列入集团总部重要风险项目。制定或修订《保密管理办法》《重点涉密人员保密管理规定》《计算机信息系统保密管理办法》《涉及公司商业秘密员工劳动合同管理办法》《关于重申进一步规范公文、材料格式和保密标识的通知》等保密管理办法和规定,宝钢集团安全保密主要制度体系基本建立。结合《保密法》颁布20周年宣传教育活动,承办由上海市国家保密局主办的"警惕,伸向网络的黑手——网络窃密泄密案例宝钢巡展",宝钢集团有3 000余人次参观展览。总结推广宝钢股份特殊钢分公司开展军工科研生产单位安全保密管理的经验,推行宝钢集团企业秘密标识的统一规范工作。加大保密督促检查力度,先后开展军工科研生产单位安全保密工作自查和专项对口检查,涉密计算机及其存储介质专项自查和抽查,军工科研生产单位涉密计算机、移动存储介质以及电子文档的统一清理工作。2009年,做好与上级单位密码传真件的收发、流转、回收等工作,做好密码机密钥保管、更换及试报工作,确保密码万无一失。开展《保密承诺书》《保密协议书》签订工作,集团范围有1 825人签订《保密承诺书》,集团总部有135人签订《保密协议书》。组织开展集团总部和宝钢股份范围计算机等设备的登记备案工作。加强对保密管理工作的督促检查,组织开展计算机信息系统和存储介质等专项检查。加大对保密技术设备和经费的投入。

2010年,结合加强中央企业商业秘密保护工作,集团党委中心组专门组织保密工作专题讲座。集团总部开展《保密协议书》补充签订工作,290名员工补充签订《保密协议书》。完成"五五"保密法制宣传教育检查验收工作。组织开展涉密载体清理、计算机信息系统和存储介质等专项检查。下属2家军工科研生产单位全部通过军工科研生产单位保密资质复查。宝钢集团被国务院国资委评为"2009年度中央企业保密工作先进单位"。2011年,重点推进商业秘密保护工作,确定商业秘密保护工作以"业务谁主管,保密谁负责"为原则,调整宝钢集团保密委员会成员组成方式,吸纳各单位分管保密工作的领导为宝钢集团保密委员会成员,集团专门设立保密办公室(挂靠办公厅),将运营改善部、人力资源部、党委宣传部列入保密办公室成员单位。集团总部推进的商业秘密保护试点工作全部完成。结合"六五"保密法制宣传教育规划的实施,组织开展保密宣传教育,重点开展对领导人员、重点涉密人员、新进大学毕业生专项培训工作。组织开展密码电报、国家秘密载体、涉密计算机和海外公司保密工作等专项检查。宝钢集团获国务院国资委"2010年度中央企业保密工作先进单位"称号。2012年,将保密工作纳入对各单位领导班子和基层党委年度绩效考核和评价内容。保密办公室吸纳规划发展部、法务部为新成员单位。全面启动商业秘密保护推进工作,截至年底,宝钢集团各单位识密定密工作基本完成。组织开展涉密科研项目、密码电报、国家秘密载体、网络信息安全等专项检查和在沪9家子公司保密管理专项审计。在国务院国资委保密工作综合考评中,宝钢集团被评为A级企业,获"2011年度中央企业保密工作先进单位"称号。2013年10月,修订完善《保密管理办法》等6项管理制度,新制定2项管理制度。组织保密普查、保密干部全员培训。重点推进商业秘密保护工作,截至年底,各单位界定各类涉密事项7 492项,界定涉密人员22 722人。组织开展对宝钢集团在沪9家子公司核心产品商业秘密保护工作的专项管理审计。组织开展网络信息安全等专项检查。在国务院国资委保密工作综合考评中,宝钢集团被评为A级企业,获"2012年度中央企业保密工作先进单位"称号,被国务院国资委列为中央企业商业秘密信息系统安全防护体系建设第二批示范单位。2014年,将保密工作纳入对子公司领导班子考核和年度绩效考核，新增“单位保密管理体系活动”“商业秘密保护措施”两项考核内容。8月，宝钢集团保密委员会以党委中心组(扩大)学习的形式，组织保密专题党课。开展第二轮商业秘密涉密事项梳理界定工作。对韶关钢铁和八一钢铁等沪外子公司开展保密工作专项调研检查，实现了对宝钢集团各子公司年度保密工作检查的全覆盖。保密办公室获“上海市保密工作先进集体”称号。2015年，集团总部在领导人员2015年度绩效评价和民主生活会中，将履行保密工作责任制情况纳入个人述职和报告内容。集团总部实现宝钢云盘商密保护系统与协同办公系统的对接。在国务院国资委召开的中央企业商业秘密技术防护推进会上，宝钢集团受邀作《宝钢商业秘密信息系统安全防护提升项目建设》和《宝钢云盘功能介绍》专题报告。开展保密管理专项检查工作，组织集团总部和在沪子公司对照专项检查9个方面、29项内容。

2016年，宝钢集团党委常委会专题听取保密工作汇报，将落实保密工作责任制纳入党委年度重点工作内容，纳入对二级单位党委季度、年度检查考核内容。完善保密管理制度体系建设，修订《保密管理办法》《商业秘密及内部事项保密管理办法》等管理文件。完成国标加密算法在云盘系统替换工作。组织开展各单位保密工作对标评估、信息公开及信息设备保密管理专项检查、保密工作专项调研检查工作。

第四节　信息调研与督办工作

宝钢集团信息调研工作的主要任务是：起草宝钢集团的重要文件和领导在重要会议上的讲话、报告，党和国家领导人视察宝钢集团的汇报材料，做好调研工作，为有关单位提供宝钢集团信息文稿。

1999年，宝钢集团党委办公室抓住上海地区钢铁企业联合重组的契机，及时理顺各项工作关系，建立健全规范运作制度，使信息工作发挥了应有的作用。在上海市工业党委信息评比中获第一名。编写《信息快讯》164期，《信息快讯增刊》4期，《信息纵横》50期。上报上海市工业党委和上海市委办公厅信息122期。2000年，《信息快讯》和《情况反映》所刊登的生产建设、经营管理、各项改革和党建、思想政治工作、精神文明建设等方面的新情况、新经验、新问题，对领导及时掌握基层工作动态、指导基层工作和帮助基层解决实际问题起到了重要作用。编发《情况反映》28期，《信息快讯》145期，《信息专报》129期。上报信息140条，被上海市委办公厅综合处录用16条，被上海市工业党委办公室录用59条。2001年3月，开通宝钢史志信息系统。2002年，电子文件接收、还原、归档系统项目投入运行。“宝钢科技档案信息管理系统”项目获上海市档案科技成果奖一等奖、国家档案科技成果奖三等奖。2004年，宝钢集团办公室被上海市档案局评为上海市先进档案集体。

2009年，编写《宝钢内参》30期，发布信息材料1 926篇。2010年，编写《宝钢内参》44期，发布信息材料1 844篇。2011年，编写《宝钢内参》37期，发布信息材料1 560篇。2012年，编发《工作提示》13期。上报国务院国资委信息处信息材料102篇。2013年，编发《工作提示》11期，《教育实践活动工作提示》36期。2014年，在信息调研方面，策划并开展党委领导对二级单位党委和基层党支部的专题调研工作，以及长期亏损三、四级子公司调研。督办工作方面，按照“PDCA＋认真”的要求，抓好教育实践活动整改落实推进工作，策划形成《宝钢教育实践活动接受监督方案》，对宝钢集团教育实践活动整改9个方面、22个项目、40个子项的完成情况，分三批接受监督测评，确保整改落实到位。2015年，探索建立上下联动的督办工作体系，促进宝钢党政年度工作要点、日常会议决议、文件批示和领导调研活动指示要求的贯彻落实。搭建督办联络员体系，制定下发了《宝钢集团办公厅公司级重要事项督办工作管理办法(试行)》。结合巡视整改和“三严三实”(严以修身、严以用权、严以律己,谋事要实、创业要实、做人要实)专题教育活动,以项目化方式将党委 2015 年度重点工作进行责任分解,形成 9 个方面、34 个项目,按期进行督办;结合总经理工作报告,编制形成宝钢集团 2015 年度行政重点工作任务分解清单 185 项,按季督办并形成督办工作报告;对于领导日常的批示、指示和要求,采取按周立项、时时督办和到期督办相结合的方式开展跟踪督办,按月形成“督办简报”,全年督办 87 项。编写《信息汇编》6 期。定期向国务院国资委办公厅报送宝钢集团信息,其中《欧冶云商“双创”(大众创业、万众创新)项目经验介绍》一文被国务院办公厅采用。

2016 年,常态化做好公司级重点工作督办。编制宝钢集团年度党委重点工作任务分解项目 29 项 72 子项、经营管理重点工作任务分解项目 117 项,按季开展督办,并形成有关督办工作报告。对领导日常的批示、指示和要求,采取按周立项、时时督办和到期督办相结合的方式开展跟踪督办,全年督办 116 项,通过信息汇编及总经理工作例会等形式向公司领导汇报进展。优化信息工作,进一步发挥信息反映情况、解决问题、推动工作的重要作用。进一步强化信息工作,编写《信息汇编》10 期。

第五节 信访维稳

1998 年 11 月上海地区钢铁企业联合重组后,由于不少老企业面临诸多生产经营上的困难,信访工作总量增加、难度加大。1999 年,宝钢集团信访办公室直接受理各类信访 843 件,2000 年直接受理各类来信来访 1 056 件(次)。信访办公室坚持领导接待日制度,2000 年安排领导接待日 24 个,集团领导接待来访 87 批、101 人次,为 100 余名职工解忧排难。宝钢梅山、宝钢一钢、宝钢二钢、宝钢浦钢、宝钢五钢、上海钢铁研究所、上海冶金建设有限公司、上海钢铁工艺技术研究所等单位,参加接待日的党政领导 195 人次,接谈 160 批、649 人次,为避免越级上访、减少重复上访和维护企业稳定起到了积极作用。同年,宝钢集团建立总值班室,实行 24 小时值班,并组织制定《上海宝钢集团公司总值班室职责》《上海宝钢集团公司总值班室值班制度》《上海宝钢集团公司突发性事故、事件协调处理程序》《关于重申上海宝钢集团公司灾害与事故快报的规定》等有关制度,使总值班工作有章可循,及时准确地传递各类信息,上报下达渠道畅通,使各类突发性事件、自然灾害和生产、工伤、交通等事故发生后,能得到及时、有效的处置。

2005 年,信访工作针对热点问题,提前介入研究,做到将问题解决于矛盾爆发之前,初次信访和初次上访化解率提高至 86.90%。同年,制定疑难信访协调会制度,解决了一批疑难信访问题。全年信访总量减少 2%,集中上访减少 21.20%,疑难信访减少 33%,上级部门交办重要信访件减少 10.4%。2006 年,信访办公室受理各类信访 1 146 件(次),其中接待处理到访 748 批、1 399 人次,联名信 19 封。初次信访和初次上访化解率提高至 87.5%。发生到集团及上级机关集体上访 43 批、585 人次。全年妥善处理非正常信访 38 批(次)。宝钢集团信访办公室获“上海市文明信访室”称号。2007 年,信访办公室受理职工各类信访 1 176 批次。其中接待处理来访、来电 713 批、1 332 人次,包括集体上访 35 批、567 人次;信件 463 封,其中联名信 19 封。初次信访和初次上访化解率提高至 88.10%。2008 年,重点围绕北京奥运会维稳和辅业改革维稳开展维稳工作。受理职工群众信件到访 1 097 批次。全年信访总量比 2007 年减少 6.70%,重复信访和历史遗留问题明显减少,当年新产生的群体性矛盾没有积聚。2009 年,宝钢集团成立应对危机维稳工作组,每月定期研究分析群体性矛盾和潜在的不稳定因素,提出应对措施并指导基层单位开展防范和化解工作。协同各单位化解因金融危机引发的群体性和个体突出矛盾，化解集中上访 20 批。宝钢发展、宝钢五钢和宝钢二钢有效防止了可能发生的群体性事件。全年受理信访 1 084 批次，初次信访和初次上访化解率提高至 88.50%。

2010 年，重点做好以中国 2010 年上海世博会维稳为中心的维护稳定工作，实现“不发生到上海世博会区域的上访事件，不发生群体性事件和非正常集体上访，不发生恶性意外事件和有社会影响的治安案件，不发生向境外媒体诉访事件，不发生重大安全事故，不发生有社会影响的不稳定事件”的工作目标。对宝钢股份、宝钢发展、宝钢一钢、宝钢五钢、宝钢股份不锈钢事业部等单位的 12 个改革项目和政策措施进行维稳风险评估，提出建设性意见，12 个改革项目和政策措施出台后没有发生一起群体性矛盾。全年受理各类信访 1 026 批次，初次信访和初次上访化解率达 88.20%。各二级以上单位化解各类疑难信访矛盾 57 件，其中群体性矛盾 15 件。宝钢集团信访办公室被评为“上海市文明信访室”“上海世博会维稳工作先进集体”。2011 年，完善信访维稳工作制度，制定《关于建立有关重大事项稳定风险评估机制的实施意见》，完善《处置突出矛盾和群体性事件应急预案》。宝钢集团完成生产服务业 4 年改革任务，维稳工作贯穿改革全过程，实现了全程没有发生有社会影响的不稳定事件的目标。加强信访维稳工作人员队伍建设，开办信访干部培训班。全年受理各类信访 882 批次。初次信访和初次上访化解率保持在 88%以上，疑难信访矛盾化解率达 53%，新产生的群体性矛盾基本没有积压。处理中央巡视组在上海巡视期间交办的 24 件信访事项。各二级单位把矛盾控制在企业内部，到集团及以上机关的上访明显减少。2012 年，宝钢集团首次将维稳信访工作列入党委年度工作考核内容。通过抓突出矛盾(积案)的排查和化解，有效化解 33 件、缓解 13 件突出矛盾(积案)，化解缓解率达到 75.40%。受理各类信访 897 批次，集中上访减少 15 批次，信访积案减少 14 件，初次信访和初次上访化解率提高到 90.70%。2013 年，集团分管领导先后召开各种专题会议 8 次，促进突出矛盾的化解或缓解工作，各二级单位党委将维稳责任落到实处。受理各类信访 889 批次，信访总量减少，信访积案减少，初次信访和初次上访化解率保持在 90%。2014 年，初次信访和初次上访化解率为 91.50%、平均化解周期为 19 天，有效防止初次上访转重复上访、信访转上访的现象发生。信访办公室督办信访事项 64 件，化解 55 件，化解率 91.70%，平均化解天数 24 天。受理各类信访 870 批次，信访总量减少、集体上访减少、去京上访减少、信访积案减少。2015 年，办公厅建立“批阅、登记、转办、跟踪、闭环”操作流程，集团领导专题研究维稳工作 14 次，在群众来信、专题报告上批示 120 条，使一些矛盾得到有效化解。宝钢集团维稳信访体系跨前一步介入改革，通过政企共商机制先后开展专题研讨、个案研究、联合接访等活动 20 余次，对 8 件疑难矛盾进行会商和处置，其中化解 4 件；会同相关责任单位加大对突出矛盾(积案)的化解与稳控力度，9 件积案得到化解。受理各类信访 662 批次，初次信访和初次上访化解率为 92%。

2016 年，以宝钢不锈钢区域调整为重点，做好维稳工作。八一钢铁、韶关钢铁等单位的上访为零。在产业结构调整过程中，面对大幅上升的从业单位集体上访，发挥维稳信访工作体系作用，与相关职能部门协同，做好对突出矛盾(积案)的处理，实行“一案一策”，促进结案。受理各类信访 572 批次，初次信访和初次上访化解率 96.80%。

第六节　外 事 管 理

外事办公室是宝钢集团外事管理和办事机构。主要任务是外事接待和管理，出国(境)审批管理与派遣，对外邀请审批及管理，外事法规管理，涉外事件管理。

1999年1月,宝钢集团起草颁发《关于外事工作归口管理的通知》《上海宝钢集团公司出国(境)管理与派遣工作细则》《关于外事联络和接待工作的若干规定》《关于办理邀请外国人来上海宝钢集团公司等手续的若干规定》。4月25日,宝钢集团被上海市人民政府外事办公室评为"上海市外事接待先进单位"。2000年,起草颁发《关于外事工作归口管理的若干工作细则的通知》《关于进一步加强出国(境)管理与派遣工作的通知》《关于确保外国专家安全的通知》。2004年,重新制定下发《关于办理宝钢海外公司驻国内办事机构人员出国(境)手续的通知》,以及4份外事管理细则(外事接待、邀请外国人、专家管理、因公出国管理与派遣实施细则),进一步规范外事管理工作。

2005年,建立起外事工作信息平台,利用宝钢信息网络平台,将外交部、上海市外事办公室网络发布各种外事工作信息及时传送给外事专管员和涉外人员。完善外事管理制度,形成"宝钢出国人员在境外遇突发事件的处理预案"和"外国专家在宝钢遇突发事件的处理预案"等。2008年,与上海市外事办公室联合组织各国驻沪领馆官员看宝钢活动,驻沪15个领馆的27名官员参加活动。2009年,首次建立技术服务团队管理与派遣的"绿色通道"。将此类团组作为紧急团组,实行"一次审批、一年有效"的管理与派遣流程。

2010年,为给宝钢实施"从中国到全球"的战略规划创造良好条件,建立团队人员信息库,最大限度地缩短审批与办证流程。在总结技术服务团队"绿色通道"执行情况的基础上,在经贸洽谈、签订合同、工程项目招投标等领域也实施"一次审批,一年有效"管理,有力支撑了此类团组的快速派遣。进一步完善外事管理制度,规范因公出国(境)管理和派遣工作,修订《因公出国(境)团组申报审批管理细则》《因公出国(境)团组派遣管理细则》《邀请外国人的若干实施细则》《外国专家管理工作实施细则》等管理制度。做好上海世博会期间的接待工作,审批152批、1 839人次使用贵宾通道参观上海世博会,全程安排贵宾团组参观29批,邀请国际、国内的战略合作伙伴高层管理者200余人参观上海世博会。宝钢集团外事办公室被上海世博会外事工作指挥部评为"上海世博外事工作优秀集体"。2011年3月,针对因公出国(境)团组和人员逐年增长的发展趋势,按照"分级授权、严格管理、提高效率"的原则,优化宝钢集团出国(境)团组人员政审工作流程,实现出国(境)团组任务和人员政审的同步审批。5月,先后组建海外技术服务团队、海外投资团队、海外加工中心项目团队、大西洋项目团队,有力支撑了此类团组的快速派遣。9月,举行"中国领事保护与海外企业安全"专题讲座。2012年,修订《外事管理办法》《因公出国(境)团组申报审批管理细则》《因公出国(境)团组派遣管理细则》《邀请外国人来华管理细则》,制定《外国专家突发事件应急处理预案》。整合宝钢协同办公系统资源,构建外事服务平台,全面规范外事管理业务流程,实现在线申报、审批、办理以及跟踪反馈的全流程管理,提升外事业务工作效率。2013年1月,出台《境外企业机构安全生产管理办法》,并推进境外企业安全生产自查。5月,组织开展集团下属境外机构基本信息的更新与补充完善工作。通过宝钢外事服务平台,不定期发布海外安全预警信息,编撰《宝钢出国(境)行前教育》,供出国(境)人员参阅。建立因公出访领导团组信息公开制度,从8月23日起,集团领导班子成员出访团组信息必须通过协同办公系统予以公示(5个工作日),各一级子公司主要领导的出访团组参照执行。2014年,下发《关于进一步加强宝钢集团境外安全工作的意见》,统筹指导宝钢集团境外安全工作。进一步简化因公赴美派遣工作流程,提供简单、快捷的服务,即在持有有效因私赴美签证的宝钢集团员工中试行持有效因私赴美签证因公派遣。下发《关于从严规范管理跨地区、跨部门因公临时团组的通知》,严格执行组团规定、经费管理制度、因公出国信息公开制度。组织开展集团下属境外机构基本信息的更新与补充完善工作。2015年,下发《关于转发国资委办公厅〈关于加强中央企业境外安全风险防范工作的紧急通知〉的通知》《关于强化境外安全风险防范工作的紧急通知》，强化境外安全风险防范工作，完成境外安全风险情况与境外企业、境外项目情况调查工作。有效应对韩国中东呼吸综合征、法国巴黎发生多起恐怖袭击等境外突发事件，发布安全预警。

2016 年，外事办公室推进外事专管员网上学习、网上考试模式，提升外事队伍的素质与能力。通过组织开展《外事管理》课件培训，帮助外事专管员、外事专管后备人员、在日常工作中涉及外事工作的员工系统了解外事体系及职责分工，掌握因公出国（境）的流程、注意事项，以及邀请外国人来华和涉外接待的流程等，提升员工外事管理意识和业务技能。

1998—2016 年，外事办公室受理 13 294 个团组计 48 689 人（次），前往境外国家或地区的申报审批工作。接待境外团组 3 709 批、30 526 人次（不包括中国香港、澳门、台湾地区，以及下属各子公司的一般接待）。组织在宝钢工作的外籍人士参选上海市白玉兰奖，先后有 32 名外籍专家获“上海市白玉兰纪念奖”，4 名外籍专家获“上海市白玉兰荣誉奖”，1 名外籍专家获“上海市荣誉市民”称号。

第七节　内事联络与接待

外事办公室也是宝钢集团内外事联络工作的归口管理部门，其中内事联络方面主要负责中央、国家机关领导和各省、市、自治区领导，机关团体、企事业单位以及港澳台同胞来宝钢视察、参观学习的接待工作；负责有关企业来宝钢学习考察、交流接待工作；承办宝钢建设、生产、经营等各类会议组织安排接待。

1998 年 11 月上海地区钢铁企业联合重组后，宝钢集团先后制定《上海宝钢集团公司办公室接待管理职责》《上海宝钢集团公司接待处工作管理制度》《上海宝钢集团公司接待工作管理规定》《关于严格执行计划内会议费预算及严格控制计划外会议的通知》，进一步做好宝钢集团接待联络和服务工作。坚持按照中央八项规定的精神，严格管控接待、会务工作的规格和开支。同时注重服务质量的提升，主动介入会议的前期组织筹备工作，为主办单位和部门提供有力支撑，确保会议的相关安排符合有关规定和实际需求，成本受控。

1998—2016 年，宝钢集团共接待来访团组 11 859 批，接待来宾 278 009 人次。完成各类会议会务组织接待工作 681 个，接待与会人员 26 844 人次。

第八节　驻 京 联 络

宝钢驻京联络处（2005 年更名为“宝钢北京办事处”）是宝钢集团在北京的“窗口”，发挥与党中央、国务院及各政府部门之间的桥梁纽带作用，以及办理在京的各项工作事务，主要承担联络协调和接待服务两大职能。具体工作包括：与政府部门之间开展沟通联络、国家政策动态了解和反馈、宝钢集团情况汇报、党中央国务院机要文件传递、宝钢集团在京重要活动配合、各类会议会务组织、专题信息调研等，同时承担宝钢集团赴京人员接待服务工作。

2003 年 4—5 月，北京市发生传染性非典型肺炎（简称“非典”）疫情。宝钢驻京联络处加强对员工进行预防控制“非典”知识教育，提高自身健康保护，同时抓紧开展各项驻京业务，坚持每周 2 次领取、传递有关文件及资料，继续与国务院有关部委联系、协调，催办宝钢集团有关投资项目的审批事项。宝钢驻京联络处无一人感染“非典”。2003 年，宝钢驻京联络处被北京市经济贸易委员会评为“外地驻京先进单位”。

2009年，宝钢生产出第一卷高等级取向硅钢后，驻京联络处发挥在京联络作用，协调工业和信息化部、国家能源局、国务院三峡工程建设委员会办公室、中国机械联合会、中国三峡总公司、国家电网有限公司等，推进宝钢高等级取向硅钢用于84万千伏安/500千伏及以上大型变压器，并在三峡工程700兆瓦级大型水轮发电机上实现首台(套)的应用，为宝钢高等级取向硅钢打开了市场。

2007—2016年，宝钢驻京联络处(宝钢北京办事处)安全及时传递宝钢集团与党中央、国务院及在京政府部门之间的机要文件2万多份，接待宝钢集团赴京出差人员1.70万人次。

第五章　法律事务管理

宝钢集团的法律事务管理包括法务体系建设、制度建设、合同管理、对外诉讼、法律咨询等，为宝钢的合法合规经营、维护宝钢合法权益保驾护航。2002 年，宝钢开展总法律顾问制度试点，年底正式设立总法律顾问制度。通过不断建立完善总法律顾问工作制度和流程规范，强化其职权和责任，保障其参与企业重要会议、重大决策并审核把关的权利，推进总法律顾问全面参与经理层的经营管理活动，充分发挥其法律审核把关作用。2013—2016 年，宝钢集团法律事务部每年通过人才开发院组织实施全系统的委托代理人法律知识培训和考试工作，并在《业务授权和合同用章管理办法》中对委托代理人的任职资格作了明确规定，要求未经法律培训并考试合格不得担任委托代理人。这项工作是宝钢集团提升依法治企能力的一项重要尝试，不仅起到提高广大干部、员工学法用法积极性的作用，更是一项内部合规文化建设的举措。

第一节　法务体系建设

2002 年 9 月，宝钢集团被国家列为企业总法律顾问制度第一批试点企业名单后，从制度建设入手，进行法务体系建设，为企业的合规经营提供专业化服务，为完善依法治企的法律保障监督机制、防范法律风险、依法维护宝钢的合法权益起到积极作用。

一、机构设置

1986 年，宝钢总厂设立法律事务室；1994 年，宝山钢铁(集团)公司设立法律事务室；1998 年 11 月，宝钢集团设立法律事务部(简称法务部)。2013 年，宝钢集团机构改革，撤销法务部原有的合同处与诉讼处，实行扁平化管理。法务部负责集中处理宝钢集团的重大法律事务。随着宝钢集团的发展，法务部法律事务管理从传统领域扩展到反倾销、股份制改制上市、兼并破产、知识产权、房地产业务、海事诉讼和境外子公司法律事务处理等方面。通过参与重大谈判、处理重大涉诉案件、出具法律意见书和履行法律事务管理与监督等方式，为领导和企业提供服务。

二、制度建设

2002 年 7 月，国家经贸委、中共中央组织部、中共中央企业工作委员会、中共中央金融工作委员会、人事部、司法部、国务院法制办公室发布《关于在国家重点企业开展企业总法律顾问制度试点工作的指导意见》。9 月，国家经贸委发布《关于印发企业总法律顾问制度试点企业名单(第一批)的通知》，宝钢集团被列入企业总法律顾问制度第一批试点企业名单。2003 年 1 月，宝钢集团发布《关于上海宝钢集团公司实行总法律顾问制度的通知》，任命陈德林为总法律顾问。宝钢集团总法律顾问制度的建立，为宝钢争创世界一流企业、增强国际竞争力、维护企业合法权益和成为国际化运作的跨国公司完善了必要的制度保障。6 月 9 日，《上海宝钢集团公司法律事务管理制度》颁布施行。

该制度分11章，共41条，系统规定集团及其子公司、续延分支法律事务的管理体系、具体法律事务的责任单位及处理程序，为加强宝钢集团法律事务管理、完善依法治企的法律保障监督机制、防范法律风险、依法维护宝钢的合法权益起到积极作用。

至2008年，除集团设有法务部外，宝钢股份、宝钢发展也设有法律事务部，其他主要子公司也有相应的法律事务管理部门，宝钢集团基本建立起法律事务管理体系。

2012年，为进一步提升宝钢集团法律事务整体管理水平，强化集团总部的战略管控能力，法务部制订《宝钢集团法务体系调整优化方案》，上海地区的诉讼事务由法务部归口管理。子公司与宝钢集团的工作衔接顺利，各项管理措施稳步推进。2013年，法务部牵头组织实施全系统的委托代理人资格考试。该培训项目为宝钢推进持证担任委托代理人制度规定的落实、防范法律风险、建设合规文化打下良好的基础，同时为其他专业条线的培训、考试积累了经验。

2016年9月30日，根据国务院国资委《关于全面推进法治央企建设的意见》的要求，围绕国有资本投资公司定位及改革发展、转型升级中心任务，宝钢集团制订《全面推进法治央企建设方案》，明确宝钢集团推进法治央企建设的指导思想、工作原则和八项目标及任务，为全面推进法治央企建设作重要部署。

第二节　法务管理成果

1998—2016年，法务部为宝钢集团依法治理、依法经营、依法管理、依法规范权责、维护宝钢合法权益保驾护航。集团法律工作人员通过出席重要会议、参加项目组、参加商务谈判、起草或审核法律文本、出具法律意见书等形式对企业重要决策进行法律审核，为集团重大投融资项目提供良好法律支撑，以保证重大决策的合法合规；法务部通过处理或组织协调子公司处理诉讼、仲裁和贸易救济应诉、申诉等世界贸易组织（WTO）法律事务，为宝钢挽回经济损失；自执行“管理文件必须经法律事务部会签审核”后，宝钢集团规章制度的法律审核工作得到加强，规章制度的法律审核率达100%，合同的法律审核率达100%。

一、非诉讼业务

1999—2000年，法务部审核各类合同、章程和协议314份，出具法律意见书178份。2001年，审核各类合同、章程和协议等法律文件278份，出具法律意见书143份，办理法人委托书377人次。2002年，审核各类合同、章程和协议等法律文件243份，出具法律意见书206份，办理法人委托书299人次。2003年，处理非诉讼业务358项，其中投资、重组、改制等重大项目26项；商标注册、许可使用、维权等重要知识产权业务11项；土地使用权转让、房屋租赁等房地产业务15项；信托、银行等金融业务8项；出具投资、改制、重组、金融、保险等各类法律意见204件。2004年，处理非讼业务332项，其中投资、重组、改制、上市等重大项目37项；完成“宝钢”商标在9个国家和地区注册；宝钢集团获上海市企业合同信用评价最高等级AAA级；出具各类法律意见书257件。

2005年，处理投资、重组、改制、上市等非诉讼业务510项；办理“宝钢”商标在13个国家和地区注册，“宝钢”商标被国家工商总局商标评审委员会认定为中国驰名商标；出具各类法律意见书285件。2006年，处理投资、重组、改制等重大项目236项；办理“宝钢”商标在18个国家和地区注册，并在16个国家和地区获准；出具各类法律意见书87件；办理一次性法人授权委托书89份，期限性法人授权委托书 7 份。2007 年，处理投资、改制、重组等各类非诉讼业务 113 件，出具法律意见书 77 份，办理一次性法人授权委托书 86 份。2008 年，处理投资、并购重组法律事务 76 项，起草、审核各种非投资类合同 3 147 份，处理 4 个国家对企业合并的反垄断审查，办理工商设立、变更和注销登记 184 项。2009 年，处理非诉法律业务 318 件，出具各类法律意见书 114 份，办理一次性法人授权委托书 56 件，处理重大投资、并购项目 15 项，知识产权和工商法律事务 17 项，涉及金融业投资和理财项目 18 项，审核工程、招投标、咨询、担保等其他重大合同 10 余件。

2010 年，出具法律意见书 73 份，办理一次性法人授权委托书 50 件，办理投资、并购项目 46 项，知识产权和工商法律事务 25 项，涉及金融业投资和理财项目 10 余项，审核工程、担保、招投标等重大合同若干。经营者集中反垄断申报 3 项，涉及中国和韩国。2011 年，承担集团和子公司重大投资项目法律工作 40 项，完成各类合同审核工作 281 项；处理经营者集中反垄断申报工作 4 项，涉及相关企业在中国、韩国、泰国等国家或地区的申报工作。2012 年，审查各类合同文本 450 件，负责工商登记法律事务 16 件。2013 年，起草、审核各种非投资类合同 450 份。2014 年，处理或参与投资、并购重组法律事务 70 项，起草、审核各种非投资类合同 488 份，对 36 项宝钢集团管理制度进行合规审核，处理各类工商登记、备案和“宝钢”字号授权使用事项 21 项。2015 年，为 62 项投资、融资、资产处置项目提供法律服务；起草、审核各类合同 511 份，就 22 件专门事项提供咨询意见，对宝钢集团 33 项管理制度进行合规审核，处理各类工商登记、备案和“宝钢”字号授权使用事项 21 项。

2016 年，为 46 项投资、融资、资产处置项目提供法律服务；起草、审核各类合同 532 份，就 26 件专门事项提供咨询意见，对宝钢集团 98 项管理制度进行合规审核，处理各类工商登记、备案和“宝钢”字号授权使用事项 15 项。围绕宝钢集团和武汉钢铁(集团)公司联合重组，组织内外部力量深入开展境内外经营者集中反垄断排查和申报工作。

二、诉讼及贸易救济措施业务

1999—2000 年，法务部受理各类疑难案件 133 件，涉案金额 5 亿元，通过诉讼程序回收金额 1.12 亿元。2001 年，受理各类纠纷案件 40 多起，案值 3 亿多元；经过诉讼和非诉处理，收回人民币 1.18 亿元、美元 109 万元，通过法院查封、保全财产金额 2.20 亿元。办理美国、加拿大反倾销应诉案件 5 起。2002 年，受理经济纠纷新案 59 件，经过诉讼和非诉代理，收回人民币 5 053 万元、美元 53.30 万元，通过法院查封、保全财产金额 1.48 亿元。办理反倾销复审，反倾销起诉、应诉、钢铁产品保障措施等 11 起。2003 年，受理诉讼案件 72 件，涉案金额 2.10 亿元人民币、905.70 万美元，其中收回欠款总额 1.114 亿元，挽回损失 70 万元人民币、603.60 万美元。涉及反倾销应诉、起诉、保障措施调查以及《OECD(经济合作与发展组织)钢铁补贴协定》的谈判等 7 项法律事务。2004 年，受理法律纠纷案件 78 件，涉案金额 5.80 亿元(其中人民币 4.68 亿元、美元 1 376 万元)；收回金额和挽回经济损失 2.64 亿元；涉及反倾销应诉、起诉以及《OECD 钢铁补贴协定》谈判等涉外法律事务 7 项。

2005 年，受理法律纠纷案件 24 件，涉案金额 18 648 万元(其中人民币 18 162 万元、美元 60 万元)；收回金额和挽回经济损失 1 897 万元；涉及反倾销应诉、起诉、预警及其他世界贸易组织(WTO)法律事务 10 项。2006 年，受理法律纠纷案件 41 件，涉案金额 3.70 亿元；收回金额和挽回损失合计 1.14 亿元；涉及反倾销应诉、起诉、预警及其他世界贸易组织(WTO)法律事务 13 项。2007 年，受理法律纠纷案件 23 件，涉案金额 2.05 亿元(其中人民币 1.97 亿元、美元 99.98 万元)，收回欠款和挽回损失 860.30 万元(其中人民币 560.36 万元、美元 40.53 万元)；处理反倾销、反补贴应诉、起诉、预警及其他世界贸易组织(WTO)法律事务17项。2008年,处理法律纠纷案件107件,涉案金额6.14亿元,其中涉案金额超过100万元以上的重大案件26件;处理贸易救济应诉、申诉、预警及其他世界贸易组织(WTO)法律事务14项。2009年,受理诉讼案件47件,涉案金额1.36亿元人民币、11.32万美元,收回款和挽回经济损失近7 000万元;处理贸易救济应诉、申诉、预警及其他世界贸易组织(WTO)法律事务20项。

2010年,受理诉讼案件21件,涉案金额9 734.42万元,收回617.48万元,挽回损失8 913万元;处理贸易救济应诉、申诉、预警及其他世界贸易组织(WTO)法律事务12项。2011年,处理普通经济纠纷案件4起,案值350余万元;经法律诉讼,收回历史案件欠款4 273万元,挽回经济损失950余万元;对子公司上报的11.60亿元应收账款集中清理,并会同各板块法律事务机构开展集中诉讼、集中执行工作;处理“宝钢”商标注册争议案件9起,涉及“宝钢”商标在多个大类产品上的注册;帮助子公司处理商标注册争议2起;对分布于近10个省、市、自治区的30余家冒用“宝钢”字号的企业展开调查取证工作,完成对其中9家的起诉立案工作,以保护宝钢商誉;配合运营改善部处理互联网域名争议1起;处理专利侵权争议2起;处理反倾销、反补贴申诉和应诉工作6项,涉及宝钢取向硅钢、彩涂、镀锌、冷轧等产品;配合政府处理因反倾销、反补贴措施引起的行政诉讼和世界贸易组织(WTO)贸易争端解决案件各1起。2012年,处理诉讼案件80起,涉案金额近10亿元;清理历史应收账款11.50亿元,收回1亿元;处理41项投资项目中的法律事务;组织处理贸易救济应诉案件9起,申诉案件1起。2013年,处理新增法律纠纷案件(含商标异议、复审)69件,涉案金额近81 571.20万元,收回款项3 345万元,避免经济损失2.50亿元;处理42项投资、并购重组法律事务;组织处理贸易救济应诉、申诉、预警及其他世界贸易组织(WTO)法律事务9项。2014年,处理法律纠纷案件96件(其中新增案件49件),涉案金额260 310.84万元,避免经济损失8 468.65万元;组织处理贸易救济应诉、申诉、预警及其他世界贸易组织(WTO)法律事务6项。2015年,受理诉讼案件53件,涉及案件金额16.49亿元;处理贸易救济应诉、申诉、预警等世界贸易组织(WTO)法律事务11项。

2016年,处理重大法律纠纷案件50起,涉案金额17.71亿元(其中诉讼案件48起,涉案金额14.08亿元;仲裁案件2起,涉案金额3.63亿元);处理贸易救济应诉、申诉、预警等世界贸易组织(WTO)法律事务11项;组织处理“美国钢铁公司(USSC)向美国国际贸易委员会(ITC)发起的对中国多家钢铁企业对美出口的碳钢与合金钢产品提起337调查”案件,获得阶段性成果。

第六章　安全生产监督与管理

宝钢集团秉承"PDCA+认真"的精神，坚持以持续提升安全管理体系能力为主题，以转变安全管理理念和管理方式为主线，坚持体系建设和严格管理两手抓、两手硬，加强基层、基础、基本功建设，全面加强安全生产教育培训，细化落实各类各级人员安全管理责任，扎实推进安全生产标准化，有效落实危险源辨识与风险预控，着重强调重点单位、重点领域、重点时段的安全管理，加强事故隐患排查治理，完善安全生产应急管理体系，严格落实事故问责制度。通过提升管理人员履职能力与岗位员工安全技能，提高设备本质化安全程度，改善生产作业环境，全面提高整体安全管控水平，全方位筑牢安全生产防线。

第一节　机 构 设 置

1998年11月上海地区钢铁企业联合重组后，宝钢集团于2000年3月成立安全生产管理室。7月，成立宝钢集团安全生产委员会，主要职责是：负责领导宝钢集团贯彻执行国家有关安全生产的法律、法规，负责领导宝钢集团及所属企业的安全生产管理工作，负责对宝钢集团所属企业的安全生产工作第一责任人实施安全绩效考核，负责领导宝钢集团灾害防御工作，负责领导宝钢集团有关部门制定安全生产、安全技术、灾害防御等方面的规章制度。2003年，安全生产管理室更名为"安全生产监督部"。宝钢集团安全生产委员会下设3个办公室：安全生产办公室设在安全生产监督部；交通安全领导小组办公室、防火安全办公室设在宝江公安分局。安全生产监督部行使宝钢安全生产监督、管理职能。

2007年，安全生产监督部更名为"安全保卫监督部"。2008年，宝钢集团安全保卫工作体制发生变化，建立包括生产安全、消防安全、交通安全、治安防范工作在内的"大安全体系"。2011年7月19日，安全保卫监督部更名为"安全生产监督部"，履行宝钢集团安全生产委员会、防火安全委员会、交通安全领导小组办公室的职责。2012年，为提高安全监管有效性，宝钢集团对安全生产监督部职责进行调整。安全生产监督部职责侧重于安全管理体系的策划和推进，对各单元安全管理工作的督查、评价和指导，为各单元安全管理工作提供管理和技术支撑，同时代表宝钢集团与对口政府部门开展工作。下设安全企划、安全督查职能。

第二节　安全生产监督

1998—2016年，宝钢集团坚持以人为本、科学发展、安全发展，牢固树立"员工的生命、健康比利润更重要；安全风险可防可控、事故可以避免；全员参与、各尽其责、全过程安全管理精细化"的安全管理理念，弘扬以"严格苛求的精神"为第一要素的宝钢文化。随着改革力度的增大和产业快速发展，安全管理风险也随之增大，为此，宝钢集团不断优化和完善安全管理体系，大力推进安全生产标准化建设，强化安全责任的落实，严肃事故问责，加强安全培训的实效性，培育提升各级各类人员安全自主管理的意识和能力，探索安全专项管理和安全技术创新成果，提升安全管理系统整体能力。

1998年11月上海地区钢铁企业联合重组后，新成立的宝钢集团加大安全检查和监督力度。在2002年6月的“安全生产月”活动中，宝钢集团对宝钢一钢、宝钢浦钢、宝钢梅山等9家子公司进行检查，共查出安全隐患26条，要求各单位立即进行整改。2004年年初，重新修订《上海宝钢集团公司安全生产督察评价表》，从六大方面、90个子项对各子公司进行评价，同时将平时安全检查中常见的30种违章现象作为扣分依据。

2005年，出台《关于进一步加大安全违章考核力度的通知》，全年查出各类违章16 186人次，解聘24人，下岗6人。同时，加大现场安全监督检查力度。公司级检查查出各类隐患239项，整改233项；各子公司层面自查隐患6 801项，整改6 785项。2006年，在各子公司自评的基础上，对各子公司(包括沪外子公司)进行安全生产督查评价，并给予书面反馈。2007年，成立隐患排查与治理工作领导小组和工作小组，下发《关于进一步加大对管理违章考核力度的通知》《关于明确各级责任者组织参加综合安全检查的通知》。7月1日开始，从各子(分)公司和相关职能部门抽调安全专业人员成立宝钢安全督查组，每周利用2天时间对各子(分)公司安全管理制度制定、落实情况和生产、检修现场、建设工地进行安全督查。全年，开展公司级安全督查87次，检查出各类问题550项，整改完成542项，整改率98.50%。2008年年初，先后下发《关于进一步开展安全生产隐患排查治理工作的通知》《宝钢集团有限公司关于开展安全生产百日督查专项行动工作方案》，指导各单位开展安全生产隐患排查治理工作和百日督查专项行动工作。2009年，强化对子(分)公司的安全体系运行有效性的检查和评价，采取体系过程管控方式，帮助各单元进行安全管控体系的梳理、完善。同时，完善安全生产评价体系，从安全绩效、专项重点工作推进、体系运行管理等三大方面，系统、客观评价各单位在生产安全、消防安全、交通安全、治安防范等方面的管理现状，推进安全生产工作的持续改进，预防和控制各类安全生产事故的发生。

2010年，优化安全过程管理评价模式和流程。其中，“事故绩效模块针对安全绩效结果做评价”的模式基本保持不变，优化调整安全检查模块和重点工作推进评价模块的评价方法。2011年，组织各单位结合实际，对历年发生的火灾事故进行梳理分析，举一反三，对各类火灾隐患开展专项检查工作。各单位结合重大节假日和重大节庆活动，以及全国范围开展的“清剿火患”战役，制订实施方案和专项检查表，检查消除一批火险隐患，最大限度地减少了火灾事故的发生。2012年，开展“打非治违”(打击非法违法生产经营活动行为)专项行动。宝钢集团和各子公司成立“打非治违”专项行动领导小组和工作小组，进行全面动员部署。全面排查，在确保企业依法依规生产经营的基础上，明确宝钢“打非治违”专项行动的重点是“治违”。各子公司制订详细的实施方案，宝钢集团组织安全专家进行专项督查。及时总结推广宝钢股份检修安全管理和宝钢特材有限公司区域安全管理经验。2012年2月23日，梅钢公司发生一起检修单位6人死亡、8人受伤的事故；12月17日，宝钢股份炼钢厂发生一起铁水包坠落事故，致3人死亡、12人受伤。2013年，宝钢集团领导班子成员深入联系点督查指导安全工作，分管领导带队深入到58个厂部、分厂、作业区进行安全工作督查调研。宝钢股份、宝钢化工等子公司领导加大力度推进本单位的安全生产工作。党的群众路线教育实践活动开始后，就安全生产方面存在的形式主义进行了检查整改。按照“全覆盖、零容忍、严监管、重实效”的总体要求，开展安全生产大检查。宝钢集团下发整改通知书12份，要求整改问题84项。开展“高压用电”“涉及能介检修项目”“液氨安全管理”“气体切割、焊接作业和项目外包、劳务外协”等安全专项检查。开展“珍惜生命、反对违章”主题活动和事故隐患排查治理、协力安全管理、检修安全管理、治安保卫管理等4个专项行动。宝钢股份吸取“12·17”(2012年12月17日)铁水包坠落事故教训，编写《"四包一炉""液态熔融吊运行车"安全管理规范手册》，供学习借鉴。宝钢集团修订《安全生产事故问责管理办法》，子公司被问责中层以上人员57人次。7月，宝钢集团安全生产监督管理信息系统实现整体上线运行。2014年，为进一步加强对安全管理相对薄弱单元、重点专项工作的督导检查，宝钢集团成立安全管理专项督导组，并会同安全生产监督部，对重点单位、重点专项工作实施安全督导。作为宝钢集团安全生产委员会特设临时机构，安全管理专项督导组与安全生产监督部合署办公，协同开展安全管理工作。自3月起，分别进驻八一钢铁、韶关钢铁、宝钢德盛等子公司，指导、帮助被督导单位查找安全管理中存在的突出问题，从体系架构到过程管控，从制度建设到项目管理，逐一排查，被督导单位根据发现的问题分层次、分步骤、分阶段组织整改。5月，宝钢集团组建协力安全督导组，开展相关专题调查研究工作，并根据调研了解的情况，下发《关于加强公司协力安全管理的指导意见》。按照"分层、分类、分步"的方法优化协力安全管理，各单位根据指导意见，结合本单位实际情况，制定协力安全管理办法、实施细则、分步推进计划。推进安全风险月度管控工作。组织易燃易爆气体管线、有限空间作业条件确认、非煤矿山、建设技改施工项目、消防管理、出租场所、汛期安全、放射源和剧毒危险化学品管理等多项安全专项检查，确保安全管理总体受控。2015年，宝钢集团按照"四不放过"（事故原因未查清不放过，责任人员未处理不放过，责任人和群众未受教育不放过，整改措施未落实不放过）要求，查找事故深层次原因，制订切实可行的管理改善方案，严肃处理事故责任人。强化区域内事故管理，要求重伤以上事故必须做现场管理改善验证。对达到事故问责标准的2家子公司的5名直管领导人员，按照制度公开问责。安全管理专项督导组根据沪外子公司安全管理现状，对出现工亡和重大火灾险肇事故的单位，及安全管理基础较为薄弱的部分沪外子公司开展基层安全工作专项督导；对八一钢铁、韶关钢铁、宝钢德盛的381个问题进行逐条验证，整改效果明显。其中，协力专项督导组围绕《关于加强协力安全管理的指导意见》开展专项检查推进，各子公司平均得分从71.68分上升至79.75分，韶关钢铁、八一钢铁、宝钢工程等单位量化水平提升20%以上。各子公司按照"党政同责、一岗双责、失职追责"和"全覆盖、零容忍、严执法、重实效"的要求，全面开展安全生产大检查。宝钢集团按照重点安全管理区域和项目，组织冶炼区域、检修高危项目、危险化学品罐区及道路运输、化工、气体等业务的安全专项检查，将327项问题纳入重点管理和当年安全绩效评价。

2016年，宝钢集团对于较大安全管理风险开展重点防控，制订《关于开展工贸企业较大危险因素辨识管控提升防范事故能力行动计划的实施方案》和《标本兼治防范遏制较大及以上事故实施方案》，要求各子公司在开展较大危险因素辨识管控、提升防范事故能力行动过程中，聚焦现场危险源风险预控，聚焦"风险、措施、责任、效果"。针对煤矿管理，年初制订煤矿年度监管计划，重点以项目化管理、培训、现场验证等方法确保督导成果形成长效机制，提升煤矿安全管理水平。针对放射源管理，对宝钢德盛、八一钢铁等单位放射源安全管理工作进行抽查，要求各单位对放射源进行全面的排查梳理，完善技防措施，查找放射源在使用、环境、安全等方面存在的隐患问题，落实整改，做到安全可控。以梅钢公司为试点，对皮带机管理进行系统分析，优化外包业务体系，加大技术改造投入，提高机械化、自动化和智能化程度。12月9日，召开梅钢公司皮带机安全管理变革和技术进步专项工作现场会，有关子公司就皮带机智慧制造等工作进行交流研讨。安全管理专项督导组组织实施对湛江钢铁协力安全管理、宝钢化工沪外子（分）公司和宝钢金属气体业务的督导，发现问题151项，并纳入相关单位的安全绩效评价。同年，还开展对八一钢铁、韶关钢铁、宝钢德盛等3家单位的安全管理专项督导"回头看"工作。

第三节 安全生产管理

1998年11月上海地区钢铁企业联合重组后，宝钢集团建立职业健康安全管理体系。其核心内容是“重健康、守法规、控危险、降事故、持续提高职业健康安全绩效”。主要开展3个方面工作：围绕PDCA体系管理的思路，进行培训与动员，2001—2004年按照《职业健康安全管理体系规范(GB/T 28001—2001)》，对体系的整个运行情况和状态进行自我完善与改进；在各级子(分)公司和协力单位及时推进和实行安全交底、危险预知、违约记分、合署办公、风险抵押、安全措施费用单列等一系列安全体系覆盖的新举措；提出和强调“安全第一、事故为零、违章为零”的安全生产“100”管理理念，将安全管理的重心从被动应对事故转向事前预防，从关注结果转向关注过程，从事后处理向强化基础转变。2003年，起草《上海宝钢集团公司安全生产责任制度》，明确各级领导和各职能部门在安全管理中的责任，2004年1月6日起生效；起草《上海宝钢集团公司危险化学品管理办法》，理顺危险化学品安全监督的管理机制，明确危险化学品的安全管理职责。2004年，宝钢集团与各子公司签订《绩效目标责任书》，将安全生产考核作为否决指标。引导和督促各子公司开展安全质量标准化工作和职业健康安全管理体系建设工作，建立、健全安全生产自我管理、自我约束、自我提高的机制。

2005年，形成“职责明确、界面清晰、工序服从、区域管理”的安全管理一体化模式。安全例会制度化、标准化，每两个月召开一次安全生产例会，分析、总结、布置安全工作，并下发会议纪要。2007年，宝钢集团与29家子(分)公司第一负责人签订《安全目标管理责任书》。责任书中明确各单位第一负责人的工作职责、安全生产考核指标、考核办法、奖罚方式等内容。各单位将安全目标责任层层分解，逐级签订安全目标责任书。2008年，宝钢集团安全保卫工作体制发生变化，消防安全、交通安全、治安防范工作纳入“大安全体系”。集团以保障员工职业健康安全为根本出发点，强化各级安全责任的落实，夯实安全基础管理，加大安全督查力度，提高安全教育培训的针对性、有效性，探索和实践“大安全体系”运行方式。同时，重点推进职业卫生一体化管理，提高协同管理效应。建立以安全保卫监督部牵头，以宝钢职业健康中心为技术支撑的职业卫生管理模式。完成《职业卫生管理办法》的修订。2009年，系统梳理、修订完善《危险源辨识、风险评价及控制管理程序》《安全事故报告、调查处理管理程序》等10个管理文件和《安全重点部位定义、划分和管理标准》等22项管理标准。为持续优化完善安全管理信息系统，针对体制和现场需求的变化，对原有安保信息系统及周边业务管理信息系统情况进行周密调研，确定宝钢大安保信息系统构架，编制大安保信息化管理的六年规划。2001—2010年，宝钢集团共有336名员工取得注册安全工程师资格；重点推进全体员工每年不少于8学时的安全生产教育培训；建立员工安全生产记录卡75 418份；为全面提高安全专职管理人员专业技能，邀请上海市安全专家对607名安全专职管理人员分5期，每期10天、80学时进行培训；对各子(分)公司行政负责人和分管安全工作领导进行上岗安全资质初、复训；发布《关于进一步强化协力员工安全教育考核的通知》，规定所有新进生产性协力人员必须培训(如是农民工，必须取得上海市农民工安全培训证书)，并经过考核合格后方可进厂作业，特殊工种作业人员必须通过技能测试；推行“作业长安全伙伴计划”。在培训形式上由原来传统的老师课堂授课，转变为参加培训学员既是老师又是学生，互动研讨作业区现场安全管理认识和具体案例；同时把课堂延伸到生产现场，对现场进行安全诊断，增强感性认识和学习借鉴，探索出一种安全培训的新模式；深入剖析触电、灼烫、淹溺、车辆伤害、煤粉自燃等事故案例，完成触电、淹溺、叉车(含厂内机动车辆)与机械伤害、高处坠落事故案例专题分析报告，提出针对性、阶段性和季节性的事故防范措施。

2011 年，宝钢集团从新进从业人员抓起，实施安全体感式的入门培训；从管理人员素质抓起，实施管理研修式的提升培训；从带班作业长抓起，实施伙伴牵手式的互动培训；从一线班组员工抓起，实施自主管理式的班组培训。投资新建高处坠落、清辊作业和密闭受限空间作业等安全体感培训项目，设 5 个实训室、近 30 个培训项目，具备每天 50 人、每周 250 人的培训能力。通过设置具体情境让学员通过肢体、五官及内心感受来认知生产安全。搭建主题为“共筑心中防火墙，搭起生命安全网”的网上安全事故案例多媒体馆，对各类事故都设计了案例回放、要因分析、对策措施等 3 个学习环节，通过形象生动的动漫设计，提高员工对生产安全的学习兴趣。同年，国家安全生产监督管理总局将宝钢集团列为全国推进安全生产标准化 22 家示范企业之一。宝钢集团通过与《企业安全生产标准化基本规范》及炼铁、焦化、烧结、炼钢、轧钢、煤气等六大标准的对标找差、自查自改，验证了职业健康安全管理体系运行的有效性，提升了各子公司整体安全管理水平。2012 年，宝钢股份 24 个单元、宝钢不锈 5 个单元、宝钢特材 7 个单元通过冶金企业安全生产标准化一级企业评审。八一钢铁 9 个单元、宁波钢铁 3 个单元、韶关钢铁 2 个单元通过冶金企业安全生产标准化二级企业的评审；多元产业中，宝钢金属、宝钢工程、宝钢化工、宝钢发展下属部分企业通过安全生产标准化二级企业的评审。2013 年，宝钢集团转变安全管理理念和管理方式，提出“安全工作总体上从事后管理向事前管理转变，安全管理重点从管理事故向管理隐患转变，从管理应急向管理预警转变”“聚焦现场，聚焦危险源风险预控”“强化主体责任和一岗双责责任”“逐级培育提升安全管理能力”“转变作风从安全生产工作做起”等一系列要求。形成《关于优化和完善安全管理体系的指导意见》，明确宝钢安全管理理念和安全管理体系建设的指导思想、总体目标和主要措施，为有效构筑宝钢安全防线奠定基础。同年，钢铁业 6 个子公司的 75 个单元中，9 个矿山达标，66 个冶金单元达标 57 个，其中 43 个一级、14 个二级。5 个多元产业子公司的 66 个单元中，达标 54 个，其中 48 个二级、6 个三级。2014 年，宝钢集团安全生产工作以持续提升安全管理体系能力为主题，以转变安全管理理念和管理方式为主线，以推进落实党的群众路线教育实践活动整改项目为契机，以改进工作作风为突破口，坚持体系建设和严格管理两手抓、两手硬，推进实施《优化和完善安全管理体系指导意见》，加强基层、基础、基本功建设，全面加强安全生产教育培训，细化落实各类、各级人员安全管理责任，扎实推进安全生产标准化，有效落实危险源辨识与风险预控，着重强调重点单位、重点领域、重点时段的安全管理，加强事故隐患排查治理，并完善安全生产应急管理体系，严格落实事故问责制度。出台《宝钢安全管理体系规范》，共有 15 个一级要素、60 个二级要素，解决了安全碎片化管理问题，以及宝钢集团安全管理工作“管什么”“谁来管”和“怎么管”的框架问题。下发《关于开展子公司“安全正激励”实施工作的指导意见》，修订《安全生产责任制度》《安全事故报告、调查和统计管理办法》等文件。其中，《安全生产责任制度》聚焦“党政同责、一岗双责、齐抓共管”，结合“党政同责”要求，明确宝钢集团党委和各子公司党委的安全生产责任；结合“一岗双责”要求，明确宝钢集团各行政分管负责人和相关部门的安全生产责任；进一步明确“党委要管大事，发展是大事，安全生产也是大事”和“管行业必须管安全、管业务必须管安全、管生产经营必须管安全”的要求。《安全生产责任制度》还明确了宝钢集团和各子公司有关安全管理制度的建设、健全安全管理体系、完善安全管理评价能力等任务和要求。2015 年，宝钢集团颁布《安全生产“党政同责、一岗双责”暂行规定》和《子公司领导人员安全管理履职清单》。各子公司按照《宝钢安全管理体系规范》，结合本单位安全管理实际，确保每个岗位明确安全工作具体任务和目标，同时，梳理完善相应管理制度、管理标准及岗位安全规范。推进新《安全生产法》的学习与贯彻，安全生产监督部策划、人才开发院负责实施了面向全体员工的普法教育，21 070 名员工完成线上学习，88 707 名员工完成线下学习。同年，按照国家出台的专业标准和各子公司组织架构，宝钢集团划分为 223 个单元，应参加企业安全生产标准化创建的单元为 202 个。其中：一级 39 个，占 19.30%；二级 90 个，占 44.60%；三级 33 个，占 16.30%；未达标 40 个，占 19.80%。

2016 年，宝钢集团持续深入宣传落实新《安全生产法》，借助 6 月的"安全生产月"活动，围绕"强化安全发展观念，提升全民安全素质"主题，发挥传统媒体与新媒体的双重作用，多渠道、多形式加大宣传力度，确保员工全覆盖、内容无遗漏、工作见实效。根据新《安全生产法》强调企业主体责任的要求，结合钢铁子公司产能变化、多元子公司业态变化，参照世界钢铁协会的工亡频率先进指标，考虑管理幅度与管理难度，对子公司进行重新分类，修订《安全生产管理办法》《安全生产评价管理办法》《安全生产事故问责管理办法》等管理文件。持续推进安全生产标准化企业达标创建工作，宝钢德盛通过二级企业评审并定期开展自评，湛江钢铁制订相应的推进工作计划。

表 4-6-1　1998—2016 年宝钢集团生产安全事故情况表

年　份	死亡事故(起)	死亡(人)	千人工亡率(%)	百万工时工亡伤害频率(%)
1998	0	0	0	0
1999	8	8	0.05	0.024
2000	6	6	0.04	0.019
2001	3	3	0.02	0.010
2002	1	1	0.01	0.003
2003	3	3	0.02	0.011
2004	3	3	0.02	0.012
2005	2	3	0.03	0.013
2006	3	3	0.03	0.013
2007	4	4	0.03	0.015
2008	1	2	0.02	0.008
2009	1	1	0.01	0.004
2010	4	4	0.03	0.016
2011	8	9	0.08	0.039
2012	4	4	0.03	0.015
2013	7	7	0.05	0.027
2014	6	6	0.04	0.022
2015	3	3	0.02	0.012
2016	4	4	0.03	0.017

说明：本表统计范围为宝钢集团区域内所有从业人员。

第五篇

企业改革

概　述

1998年，国务院决定上海地区钢铁企业实施联合重组。11月17日，以宝山钢铁（集团）公司为主体，吸收上海冶金控股（集团）公司和上海梅山（集团）有限公司，组建上海宝钢集团公司。这是加快国有企业改革与发展，实现国有企业战略性改组的一件大事；有利于上海地区钢铁工业的统一规划，合理分工，优势互补；对加快上海地区钢铁工业发展，促进中国钢铁工业结构调整，推动国有企业战略性改组具有重要意义。

新成立的宝钢集团瞄准世界一流水平，不断探索国有企业改革发展道路。通过新建扩建和兼并重组，为国有资产保值增值；通过对老企业进行主辅分离辅业改制，淘汰落后产能，分流安置员工，平稳有序；在深化供给侧结构性改革中，去产能、调结构，促进产业与城市的融合；通过融入全球市场竞争，走出了一条从工厂化管理到集团化运营、国际化经营的重组改革之路。

中央企业改革试点方面，2005年10月，上海宝钢集团公司依照《公司法》改建为规范的国有独资公司，更名为"宝钢集团有限公司"，启动董事会试点工作，建立起与现代公司法人治理结构相适应的企业组织形式。2016年7月，宝钢集团被国务院国有资产监督管理委员会（简称国务院国资委）列入首批国有资本投资公司试点企业名单。

股份制改革方面，2000年2月，宝山钢铁股份有限公司（简称宝钢股份）创立，宝钢的发展进入一个新的历史时期。2001年6月，上海宝信软件股份有限公司（简称宝信软件）"借壳上市"；2015年6月，上海宝钢包装股份有限公司（简称宝钢包装）上市。规范的公司法人治理体制为企业发展提供了强大动力。

兼并重组方面，宝钢集团先后完成上海地区钢铁企业联合重组、集团内部资产重组和跨地区联合重组，产能规模不断扩大。截至2016年12月与武汉钢铁（集团）公司（简称武钢集团）联合重组（简称宝武联合重组）前，宝钢集团的业务涉及钢铁及相关制造业、钢铁及相关服务业、产业链金融、不动产及城市新产业等四大领域。

产业结构调整方面，宝钢集团按照统一规划和国家对钢铁工业发展总体要求，加紧淘汰落后生产工艺和装备，优化产业结构，实现对老企业脱胎换骨的改造，截至2016年12月宝武联合重组前，宝钢集团化解过剩钢铁产能555万吨。同时，推行主辅分离、辅业改制、转岗分流和减员安置等一系列企业改革措施，截至2016年年底，宝钢集团的管理层级从6级压缩至4级，主体企业轻装上阵，经营风险得到有效控制。

第一章　上海地区钢铁企业联合重组

1998 年 11 月 17 日，经国务院批准，以宝山钢铁(集团)公司为主体，吸收上海冶金控股(集团)公司和上海梅山(集团)有限公司，联合组建上海宝钢集团公司。

第一节　决 策 背 景

上海地区是国内重要的钢铁生产基地。1997 年，宝山钢铁(集团)公司、上海冶金控股(集团)公司、上海梅山(集团)有限公司等 3 家企业累计生产铁 1 047 万吨、钢 1 515 万吨、钢材 1 260 万吨，销售总额 677 亿元，总资产 1 344 亿元。但由于历史原因，各企业自成体系，产品结构不尽合理，已建成和规划建设的项目中，部分产品已有重复。要防止重复建设，最有效的办法就是实现联合重组。

联合重组，不仅可以防止重复建设所造成的浪费，而且可以通过宝钢优良资产上市筹集资金，加快企业的技术改造，最大限度地盘活存量资产。联合重组，也有利于产品优势互补，在优化工艺结构的基础上，提高质量、增加品种，形成全国规模最大、产品档次较高的汽车用钢、石油管、造船板、不锈钢、民用建筑、电磁钢等六大类产品的生产基地。联合重组后，3 家企业的优势可形成拳头，集中力量办大事，更好地发挥和挖掘科研、技术和人才的优势和潜力，把上海建成中国钢铁工业新工艺、新技术及新材料开发的主要基地，从而带动中国钢铁工业科技水平的提高，进一步增强中国钢铁工业的国际竞争力。

1998 年 1 月 12 日，由国家经济贸易委员会(简称国家经贸委)、中共中央财经工作领导小组办公室、国家计划委员会、国家经济体制改革委员会、财政部、中国人民银行、国有资产管理局等部门共同组成的国务院联合调查组专程到上海，就上海地区钢铁企业的联合进行调查研究，听取宝山钢铁(集团)公司、上海冶金控股(集团)公司及其所属的上海第一钢铁(集团)有限公司、上海二钢有限公司、上海浦东钢铁(集团)有限公司、上海五钢(集团)有限公司、上海益昌薄板有限公司，以及上海梅山(集团)有限公司等企业和上海市人民政府、冶金部的意见。4 月底，联合调查组向国务院报送调研报告，提出关于如何联合的 10 点建议。6 月初，国务院召开会议进行研究，原则同意调研组意见，明确了联合重组的指导思想、原则等有关重要问题。8 月 6 日，国家经贸委在宝山宾馆友谊会堂召开上海地区钢铁企业联合筹备组成立大会。国家经贸委党组书记、主任盛华仁宣布原冶金部副部长徐大铨为组长，由 11 名成员组成的筹备组成立。这标志着宝山钢铁(集团)公司、上海冶金控股(集团)公司、上海梅山(集团)有限公司的联合重组进入实质性启动阶段。

第二节　实施联合重组

1998 年 9 月底，上海地区钢铁企业联合筹备组起草完成《上海宝钢集团公司组建方案和公司章程》。国家经贸委向国务院报送组建方案和章程。11 月 12 日，国务院决定，任命徐大铨为上海宝钢集团公司董事长，谢企华为上海宝钢集团公司总经理(法定代表人)。同日，中共中央大型企业工作委员会研究决定，关壮民任中共上海宝钢集团公司党委书记。11 月 13 日，国务院下发《关于组建上海宝钢集团公司有关问题的批复》，指出："上海宝钢集团公司是国家以宝山钢铁(集团)公司为主体，吸收上海冶金控股(集团)公司和上海梅山(集团)有限公司参加组建的钢铁企业。"11 月 16 日，中共中央大型企业工作委员会研究决定，尹灏、欧阳英鹏任中共上海宝钢集团公司党委副书记。

11 月 17 日，上海宝钢集团公司在宝山宾馆召开成立大会。中共中央政治局委员、国务院副总理吴邦国，中共中央政治局委员、上海市委书记黄菊为上海宝钢集团公司揭牌。吴邦国、盛华仁、上海市市长徐匡迪、国家冶金工业局局长王万宾、徐大铨分别在会上讲话，出席揭牌仪式的还有中共中央、国务院、国家经贸委、上海市等有关方面的领导和代表，宝钢顾问委员会成员，宝钢老领导，上海地区钢铁企业的职工代表及新闻记者共 800 余人。

联合重组后的宝钢集团包括：原宝山钢铁(集团)公司及其全资、控股企业；原上海冶金控股(集团)公司及其所属的 13 家企事业单位，即上海第一钢铁(集团)有限公司、上海二钢有限公司、上海浦东钢铁(集团)有限公司、上海五钢(集团)有限公司、上海钢管股份有限公司、上海第三冷轧带钢厂、上海碳素厂、上海冶金建设有限公司、上海钢铁研究所、上海钢铁工艺技术研究所、上海冶金设计研究院、上海冶金科学技术情报研究所、上海冶金老干部活动中心；原上海梅山(集团)有限公司及其全资、控股企事业单位。

宝钢集团的成立是上海地区钢铁工业发展的新的里程碑，是中国冶金工业发展史上具有重大历史意义的大事，是中共中央、国务院关于冶金工业改革和发展的重大战略部署，是国家对冶金工业实施战略性调整的重大举措，也是冶金工业战线贯彻中共十五大精神的重大成果，对中国冶金工业的发展思路、战略布局和区域结构、企业结构、工艺结构、产品结构的调整都产生了重大而深远的影响。联合重组后，宝钢集团铁、钢、钢材产量在全国的比例都超过 10%，总资产占全国钢铁工业资产总额的近 20%。

第二章 中央企业改革试点

2005年,宝钢集团率先开展规范董事会试点工作,建立健全法人治理结构,探索中国特色国有企业治理模式,在建立和完善董事会制度、深化国有企业领导体制改革方面,为中央企业乃至全国国有企业提供了有益的借鉴。在董事会试点工作中,结合中国国情和企业实际,通过董事会制度的构建,优化国有企业的治理水平,建立一个有效发挥作用、科学决策的董事会,提高国有资产的运营效率。在国有资本投资公司试点工作中,坚持问题导向,积极筹划和系统安排各项全面深化改革工作;以国有资本投资运营公司为目标,推进总部变革;推进产权制度改革,激发企业经营活力;完善法人治理结构,健全现代企业制度。2016年7月,宝钢集团被国务院国资委列入首批国有资本投资公司试点企业名单。作为首批国有资本投资公司试点企业,宝钢集团积极探索投资公司"以管资本为主"的运作模式。

第一节 董事会试点

2005年10月17日,国务院国资委在宝钢大厦召开宝钢集团董事会试点工作会议,启动董事会试点工作,建立与现代公司法人治理结构相适应的企业组织形式。会议宣布成立宝钢集团有限公司第一届董事会。董事会由9人组成,其中外部董事5名。宝钢集团董事会成为中央企业第一家外部董事全部到位且超过半数的董事会。宝钢集团董事会试点工作的内容:规范企业组织形式,经国务院国资委批准和上海市工商行政管理局变更工商登记,原上海宝钢集团公司按照《公司法》规定规范组织形式和治理结构,由国有独资企业改建为规范的国有独资公司,企业名称变更为"宝钢集团有限公司";优化董事会成员结构,建立外部董事制度,提升以重大决策和风险控制为核心的董事会功能;规范董事履职程序,健全董事会运行机制,为实现制度化、规范化奠定制度基础;建立董事会专门委员会制度,完善董事会组织功能,为董事会科学决策提供支撑;建立决策机构、监督机构和执行机构之间分权制衡的运行机制,完善公司法人治理结构;建立董事会授权制度,提高董事会决策效率,形成对市场的快速响应机制;建立董事责任追究体系和约束机制,促进董事诚信履职和勤勉尽责;规范母子公司管理关系,完善国有资产监督管理和保值增值体系。

2006年,宝钢集团形成以出资人、董事会、监事会和经营层为治理主体的规范的公司法人治理结构。各治理主体在《公司法》《宝钢集团有限公司章程》(简称《公司章程》)及《宝钢集团有限公司董事会议事规则》(简称《董事会议事规则》)所构建的运行体系内各司其职,规范运作,形成既相互制衡又高效运作的治理机制。国务院国资委作为出资人代表,通过委派和任命董事、监事方式在宝钢集团决策和监管过程中体现出资人意志;董事会切实履行《公司章程》所赋予的职责,在公司治理和重大事项决策中发挥主导作用;监事会通过对公司决策程序及重大决策事项执行的监督,履行对企业经营决策和企业国有资产保值、增值情况的监督责任;经营层执行董事会各项决议,负责公司日常经营管理,接受董事会、监事会的考核评价和监督。2007年,宝钢集团开始探索将集团层面的公司治理经验引入下属各产业板块子公司,在各产业板块子公司层面建立规范的董事会和监事会,并在成熟的子公司董事会中配置一定比例的外部董事,确保资产经营责任层层落实。子公司董事会重点集中于本公司的业务战略和产业运营决策能力的建设,宝钢集团派出董事有权对一定权限内的对外长期投资、固定资产投资、股权转让、非股权性资产处置、资产损失认定、债权性融资等事项按照个人意见进行表决。对于超出限额的重大事项由集团决策，集团派出董事按照宝钢集团决策意见进行表决。构建起股东（宝钢集团）、子公司董事会、子公司经理层“依法行权、分类管控、授权经营、权责对等”的决策体系。宝钢集团在集团和子公司两个层面推行规范的“双层董事会”运作实践，被国务院国资委定义为“宝钢模式”。2008 年，宝钢集团董事会以董事会试点实践为内容的“大型国有独资钢铁公司董事会建设”，获第 15 届国家级企业管理现代化创新成果一等奖。

2009 年 1 月 19 日，宝钢集团董事会换届。第二届董事会对《公司章程》《董事会议事规则》及各专门委员会议事规则进行修改和完善，进一步明确宝钢集团董事会主要职权。修订公司注册资本、经营宗旨、董事会规模及职责、专门委员会构成及职责、董事权利和义务等方面的内容，细化出资人、董事会、常务委员会、董事长和总经理的职权。为加强董事会在全面风险管理方面的职能，第二届董事会新设风险管理委员会，制定《风险管理委员会议事规则》。结合各位董事的知识和背景结构，董事会选举产生第二届董事会常务委员会、提名委员会、薪酬与考核委员会、审计委员会、风险管理委员会等 5 个专门委员会的成员和主任。同年，根据《董事会试点中央企业董事会、董事评价办法（试行）》，国务院国资委首次开展对试点企业董事会和董事的年度评价工作，重点推进董事会、董事评价工作的科学化、制度化和规范化。经国务院国资委评定，宝钢集团董事会 2008 年度运作结果为“运行良好”，国务院国资委勉励宝钢集团继续为董事会试点工作创造经验。

至 2011 年，宝钢集团董事会经历两届共 6 年的董事会试点工作。制度建设是贯穿宝钢集团董事会试点工作的主线，为不断优化董事会运作方式、提升公司治理效果奠定了坚实的基础。第一届董事会建立了以《公司章程》《董事会议事规则》为核心的董事会制度，建立了以常务委员会、提名委员会、薪酬与考核委员会、审计委员会为主体的董事会运作机构，探索董事会决策、经理层执行、专门委员会辅助决策的董事会运作机制。宝钢集团党委积极探索国有企业党组织如何在完善法人治理结构条件下发挥政治核心作用，参与企业重大决策，并形成课题研究报告。第二届董事会健全了董事会授权机制，完善了运作机制，董事会将主要精力集中于涉及公司长远发展的大事上，严谨、科学的董事会文化氛围初步形成。作为第一批规范董事会建设试点单位，宝钢集团围绕董事会规范运作，探索形成并输出了成套制度，为国务院国资委在国有独资公司进一步扩大董事会试点提供了制度上的参考和借鉴。

至 2016 年，宝钢集团逐步形成钢铁及相关制造业、钢铁及相关服务业、产业链金融、不动产及城市新产业等四大业务板块。

第二节　国有资本投资公司试点

2016 年 7 月，宝钢集团被国务院国资委列入首批国有资本投资公司试点企业名单。根据中央深化国有企业改革有关精神，宝钢集团先后出台以《宝钢深化国企改革实施意见》为核心，以《关于积极稳妥推进子公司国有企业混合所有制改革的意见（试行）》《完善子公司法人治理结构指导意见（试行）》和《在全面深化国企改革中坚持党的领导加强党的建设实施要点（试行）》等为配套的“1＋N”文件方案，明确改革总体架构，为深化改革奠定基础。

一、深化国企改革

2014 年 1 月 23 日，宝钢集团成立全面深化改革领导小组和工作小组，宝钢集团党委书记、董事长徐乐江，总经理何文波分别担任领导小组正、副组长；副总经理周竹平担任工作小组组长。作为宝钢集团全面深化改革工作的决策机构，领导小组的主要职责是：研究确定宝钢集团全面深化改革总体思路和工作方向，统一部署宝钢集团全局性重大改革，审议批准宝钢集团及子公司深化改革各项方案，协调推进宝钢集团深化改革的重大事项，指导督促宝钢集团深化改革各项举措的落实。工作小组是宝钢集团全面深化改革的工作机构，主要职责是：对宝钢集团全面深化改革工作进行调查研究；策划宝钢集团全面深化改革整体工作方案及实施步骤；组织制订宝钢集团全面深化改革各项方案；组织宣传贯彻宝钢集团重大改革方案；协调推进宝钢集团各项改革方案实施；跟踪、协调及支撑子公司深化改革工作；组织领导小组会议，准备会议议案，做好会议记录，下发会议决议并跟踪落实情况；负责全面深化改革工作的外部沟通。

2015 年 9 月，自中共中央、国务院《关于深化国企改革的指导意见》及部分相关配套文件陆续发布后，宝钢集团起草制订《宝钢深化国企改革实施意见（征求意见稿）》。开展与国有资本投资运营公司相匹配的总部功能定位、组织架构、运作方式和能力建设的研究策划。结合深化改革中出现的党建及国资监督的新情况、新问题和中央巡视组反馈意见的整改落实，开展对宝钢集团党建、国资监督管理体系的梳理和完善。

2016 年，宝钢集团董事会加强对国资国企改革中相关问题的研究，组织研究深化改革方案，听取《宝钢集团公司深化改革实施意见的报告》《集团总部改革初步设想的报告》，审议通过《关于宝钢集团 2013—2018 年总体规划的议案》《关于国有资本投资运营公司总部建设的议案》。2 月，出台《宝钢集团深化改革实施意见》，明确提出深化改革目标：通过深化改革，激发企业整体活力，增强宝钢集团资源配置和价值创造能力。在做强、做大钢铁产业的同时，加快多元产业和资本投资运营业务的发展，推动子公司间优势互补和协同发展，实现“一体两翼”发展战略。通过深化改革，完善体制机制，坚持党的领导，加强党的建设，强化防止国有资产流失的监管体系，建成布局合理的国有资本投资运营公司，提升宝钢集团的活力、控制力、影响力和抗风险能力。根据《宝钢集团深化改革实施意见》，深化改革目标细分为 3 年目标（至 2018 年）和 5 年目标（至 2020 年）。到 2018 年，宝钢集团要初步具备国有资本投资运营公司核心能力；公司法人治理结构和企业经营管理体系更加科学、规范和完备，产权制度改革取得突破性进展；宝钢集团总部具有完备的分类管控、投资运营、整合协同及服务创新等 4 个方面的功能；推进子公司股份制改革，创造条件实现股权多元化，成为市场独立的竞争主体；国有资产监管体系基本确立完善，国有资本经营效率明显提高；钢铁主业转型升级和相关多元产业发展取得突破性进展；国有企业党组织在公司法人治理结构中的法定地位得到有效落实，党的领导和党的建设得到进一步加强；党风廉政建设和惩防体系全面落实到位。到 2020 年，宝钢集团要成为服务国家战略，带动钢铁产业发展，兼具产业投资和资本运营功能的公司；宝钢集团总部成为权责明确、监管高效、规范透明、进退有序的国有资本经营管理平台；子公司成为充满活力的市场独立竞争主体，在所处行业和领域内成为国内领先或具有国际竞争力的公司；建立创新驱动发展的体制机制，成为“中国制造 2025”钢铁行业的领先者；基本实现“一体两翼”的发展战略，成为中国钢铁企业转型升级的领跑者；国有企业党组织在公司法人治理结构中的法定地位更加巩固完善，政治核心作用更加有力充分。宝钢深化改革的主要任务是：深化体制机制改革，以集团总部改革为先导，推动子公司产权制度改革和法人治理完善，形成国有资本投资运营公司核心能力。推动供给侧改革，实施创新驱动，谋求增量效益；调整产业结构，优化存量资产；深化 3 项制度改革，激发各类人才活力；完善改革配套措施，争取国家政策支持，实现国有资本保值增值。同时，在改革过程中强化底线和红线意识，坚持党的领导，加强党的建设，强化监督体系，防止国有资产流失。最终形成服务国家战略，引领钢铁产业发展，兼具产业投资和资本运营功能的国有资本投资运营公司。

2016 年 7 月，宝钢集团被国务院国资委列入国有资本投资公司试点企业。根据中央深化国有企业改革有关精神，宝钢集团先后出台以《宝钢深化国企改革实施意见》为核心，以《关于积极稳妥推进子公司国有企业混合所有制改革的意见（试行）》《完善子公司法人治理结构指导意见（试行）》和《在全面深化国企改革中坚持党的领导加强党的建设实施要点（试行）》等为配套的“1＋N”文件方案，明确改革总体架构，为下一步深化改革奠定基础。同时，明确集团总部定位，优化业务流程。按照国有资本投资公司定位要求，总部从管资产向管资本、从战略管控型向价值创造型转变，组建钢铁及相关制造业发展中心、钢铁及相关服务业发展中心、产业和金融业结合发展中心、不动产及城市新产业发展中心等四大业务部门，着力强化“投、融、管、退”等能力建设。12 月，宝钢集团与武钢集团实施联合重组，中国宝武钢铁集团有限公司揭牌成立。同年，原宝钢集团产铁 3 816 万吨、钢 3 976 万吨、商品坯材 3 989 万吨，销售商品坯材 4 009 万吨，完成工业总产值（现行价格）2 254 亿元、工业销售产值 2 261 亿元，资产总值 5 647 亿元，实现营业总收入 2 327 亿元、利润总额 70 亿元，连续 13 年进入美国《财富》杂志世界 500 强企业排行榜。

二、混合所有制改革

宝钢集团积极推进各级子公司股权多元化和混合所有制改革。“一企一策”分类研究改革方案，通过出资人入股、收购股权、认购可转债、股权置换等方式，引入战略投资者，优化国有资本配置，放大国有企业功能。在欧冶云商股份有限公司（简称欧冶云商）、宝钢金属有限公司（简称宝钢金属）等条件比较成熟的子公司先行先试，并探索建立与管理层持股、员工持股相配套的股权流转和退出机制。

2013 年，启动宝钢资源有限公司资产重组及股权多元化工作，通过重组理顺资产结构、集中核心资产、剥离低效无效资产，分步引入战略投资者，带来更加有效的治理、运营经验及新的商业机会，提升市场化独立运作能力，构建国际化资产平台。

2014 年，组织推进宝钢发展有限公司（简称宝钢发展）下属上海宝钢新型建材科技有限公司股权多元化、引进战略投资者工作，引入建银城投（上海）绿色环保股权投资有限公司和上海建科科技投资发展有限公司参股，引入资金 2.86 亿元。推进宝钢特钢有限公司下属宝银特种钢管有限公司（简称宝银公司）重组引资工作，引入中国华能集团、银环控股集团重组宝银公司，新老股东共同现金增资 6.97 亿元，重组后的宝银公司推行“国有＋民营＋管理层持股”的混合所有制经营模式，建立市场化的运作机制。

2015 年，宝钢金属与美国华平投资集团合资组建宝平能源投资有限公司；上海欧冶金融信息服务股份有限公司与上海钢联电子商务股份有限公司合资成立诚融动产信息服务公司；宝钢发展有限公司与上海市环境保护有限公司合资成立上海宝发环科技术有限公司。

2016 年，欧冶云商完成首次岗位薪酬规范调整，构建统一定岗定薪、与目标及关键成果法（OKR）绩效强挂钩的薪酬激励体系。在股权开放引入战略投资者的同时，推动员工持股计划，建立约束与激励相结合的分配机制，以吸引和留住互联网企业发展最为重要的人才，并激励他们为欧冶云商的发展贡献才智。11 月底，欧冶云商获国务院国资委首批 10 家员工持股试点企业资格。

第三章　股份制改革

为推进现代企业制度建设，适应日趋激烈的国际竞争和市场环境，宝钢集团对条件成熟的企业进行股份制改造，宝山钢铁股份有限公司、上海宝信软件股份有限公司、上海宝钢包装股份有限公司相继上市。规范的公司法人治理体制为企业发展提供了强大动力。

宝钢股份经过多次增发收购，成为宝钢集团钢铁主业生产经营主体。在汽车板、硅钢、镀锡板、能源与管线用钢、高等级船舶与海洋工程用钢及其他高端薄板产品等领域处于国内市场领导地位，自主研发的新一代高强汽车板、取向硅钢处于国际先进水平。

宝信软件成长为宝钢集团信息服务产业的平台企业。其产品与服务遍及冶金、交通、装备制造（含造船）、采掘、金融、煤化工、公共服务等多个行业，并可提供基于云计算、物联网、车联网、大数据、移动办公等新技术应用的解决方案和服务。

上市后的宝钢包装加快了战略布局和规模化生产步伐，实现国际化、产业化发展，有效提升了公司的盈利能力和竞争能力。

第一节　宝山钢铁股份有限公司上市

2000 年 2 月 3 日，宝钢集团独家发起设立宝山钢铁股份有限公司。宝钢集团将原宝山钢铁（集团）公司一期和二期工程的原料、烧结、炼铁、炼钢、连铸、热轧、冷轧、高速线材、钢管、发电项目，以及三期工程的原料、烧结、炼铁、发电项目的经营资产投入宝钢股份，并委托其管理宝钢三期项目。宝钢股份总股本 106.35 亿元，全部由宝钢集团代表国家持有。11 月 20 日，宝钢股份发行 A 股普通股 18.77 亿股，发行后总股本 125.12 亿股。其中，国家股 106.35 亿股，占 85%；社会公众股 18.77 亿股，占 15%。宝钢股份法人投资者 461 家，有效认购 121.474 亿股；战略投资者 10 家，有效持有 4.47 亿股。12 月 12 日，在上海证券交易所挂牌交易，股票代码 600019，发行价 4.18 元/股。

2002—2003 年，宝钢股份完成对宝钢集团部分三期工程资产的收购，以及对上海宝钢益昌薄板有限公司（简称宝钢益昌）和烟台鲁宝钢管有限责任公司（简称鲁宝钢管）14.75 亿元资产的收购。2005 年 4 月，宝钢股份增发 50 亿股人民币普通股，收购宝钢集团下属宝钢集团上海梅山有限公司（简称宝钢梅山）、宝钢集团上海第一钢铁有限公司（简称宝钢一钢）、宝钢集团上海五钢集团有限公司（简称宝钢五钢）等钢铁主业及与钢铁主业相关的优质资产，使宝钢股份成为宝钢集团钢铁生产经营主体，形成普碳钢、不锈钢、特钢等三大产品制造体系。2007 年 12 月，宝钢股份收购宝钢集团上海浦东钢铁有限公司（简称宝钢浦钢）钢铁主业——罗泾区域相关资产。2009 年 5 月，宝钢股份撤销宝钢分公司建制，由宝钢股份对宝钢分公司各项业务实行直接管理。2012 年 4 月，宝钢股份向宝钢集团出售不锈钢事业部、特钢事业部全部资产。2013 年 2 月，宝钢股份控股宝钢湛江钢铁有限公司（简称湛江钢铁），控股比例为 75%。10 月，增资 120 亿元，控股比例增至 90%。

2016 年 10 月，宝钢股份股东大会通过吸收合并武汉钢铁股份有限公司方案。同年，宝钢股份产铁 2 661.32 万吨、钢 2 787.53 万吨，销售商品坯材 2 744.93 万吨，实现营业总收入 1 854.59 亿元、利润 115.20 亿元。

第二节　上海宝信软件股份有限公司上市

1993 年 9 月，上海钢管股份有限公司(简称上海钢管)先后发行 A 股 2 200 万股(其中流通股 1 200 万股)、B 股 8 000 万股。1994 年 3 月，上海钢管 A 股流通股和 B 股在上海证券交易所上市交易。宝钢为上海钢管的最大股东，持有其 57.22%股权。

2000 年 4 月 18 日，宝钢集团成立上海宝钢信息产业有限公司，此后该公司又吸收合并上海宝钢计算机系统工程有限公司和上海宝钢软件有限公司。11 月 27 日，宝钢集团董事会决定，上海宝钢信息产业有限公司与上海钢管进行整体资产置换，实现上海宝钢信息产业有限公司“借壳上市”。12 月 15 日，上海钢管在《上海证券报》刊登公司将实施重大资产重组公告。2001 年 3 月 26 日，上海钢管第一次临时股东大会审议通过公司重大资产重组方案，同意公司全部资产和负债与上海宝钢信息产业有限公司整体资产进行置换。3 月 30 日，两家公司的全部资产和负债在上海产权交易所进行交割。4 月 30 日，上海钢管第二次临时股东大会审议通过公司名称、注册地、经营范围等变更及修改公司章程等议案，选举产生新一届董事会和监事会。6 月 14 日，原上海钢管股份有限公司营业执照上的名称变更为“上海宝信软件股份有限公司”，股票代码 600845。

2005 年，宝钢集团将其所持全部宝信软件股权转让给宝钢股份。2009 年 12 月 29 日，宝钢集团整合相关工程技术业务，宝信软件与宝钢工程技术集团有限公司(简称宝钢工程)协同发展。2014 年 1 月，宝信软件不再委托宝钢工程管理，由宝钢集团直接管理。

2016 年，宝信软件实现销售收入 39.60 亿元，归属于上市公司股东的净利润 3.36 亿元。截至年底，宝信软件总股本为 783 249 172 股。股本结构为：人民币普通股(A 股)554 449 172 股，占 70.79%；境内上市外资股(B 股)228 800 000 股，占 29.21%。

第三节　上海宝钢包装股份有限公司上市

上海宝钢包装股份有限公司前身为上海宝钢包装有限公司，2010 年年底变更为“上海宝钢包装股份有限公司”，是国内专业从事生产食品、饮料等快速消费品金属包装的龙头企业，产品包括金属两片罐及配套易拉盖，以及为三片罐配套的印铁产品。

2015 年 6 月 11 日，宝钢包装在上海证券交易所上市，股票代码 601968，首次公开发行 A 股 20 833.33 万股，发行价 3.08 元。

2016 年，宝钢包装实现销售收入 4 亿元，归属上市公司股东净利润 98.85 万元。截至年底，宝钢包装总股本 833 333 300 股。

第四章　兼 并 重 组

通过兼并重组，宝钢集团的产能规模不断扩大。至 2016 年年底，宝钢集团的业务涉及钢铁及相关制造业、钢铁及相关服务业、产业链金融、不动产及城市新产业等四大领域。钢铁业为主营业务，形成普碳钢、不锈钢、特钢等三大产品系列，产品在满足国内市场需求的同时，出口至亚非欧美的 40 多个国家和地区，广泛应用于汽车、家电、石油化工、机械制造、能源交通、金属制品、航天航空、核电、电子仪表等行业。钢铁及相关服务业包括电子商务、物流、加工、数据、资源服务、信息技术、工程、生产及生活服务等业务。产业链金融包括助推钢铁产业转型升级的产业链金融业务；提升国有资本运营效率的投资融资、收购兼并等资本运营业务；支撑业务创新的创业投资业务等。不动产及城市新产业包括配合钢铁去产能、提升土地要素资源价值、拓展业务发展载体的不动产开发运营及城市新产业发展等业务。

第一节　内部资产重组

1999 年，宝钢集团进行内部企业的资产重组和改制，先后组建上海宝钢工程技术有限公司、上海宝钢减振板有限公司、上海宝钢设计研究总院；上海宝钢运输有限公司和上海宝钢海洋运输有限公司实行合并重组；上海钢铁研究所(简称上海钢研所)和上海钢铁工艺技术研究所(简称上海工艺所)分别进行企业化改制，改制后各自仍为宝钢集团全资子公司；宝钢民用建筑公司成建制划归宝钢房地产公司；上海机械加工厂和江西人民机械厂进行改制；上海二钢新业线材有限公司歇业；撤销上海冶金情报研究所。12 月 6 日，提出发起设立宝山钢铁股份有限公司的申请；12 月 28 日，国家经贸委批复同意设立宝山钢铁股份有限公司。2000 年，注销上海冶金专利事务所，组建上海宝钢信息产业有限公司和东方钢铁电子商务有限公司，撤销上海宝钢资讯有限公司和宝钢足球俱乐部，由上海宝钢运输有限公司成立宝钢国际船舶代理公司，上海宝钢信息产业有限公司、上海宝钢计算机系统工程有限公司、上海宝钢软件有限公司合并重组，上海钢研所钛分所、超塑中心资产和人员整体划转至宝钢五钢。9 月，一钢职工医院和五钢职工医院整体划转给上海市宝山区。截至年底，基本完成吉林碳素集团有限责任公司(简称吉林碳素)兼并上海碳素厂的工作。2001 年，在继续清理子公司、主辅分离工作基础上，加大产业结构调整和重组工作，先后对钛合金、贸易、建筑、检修、化工等产业进行重组或重组可行性研究，完成钛合金与贸易产业的重组。宝钢贸易产业重组聘请国际知名咨询公司进行策划，在业务流程与组织机构再造方面，引入国际全新的理念与方法，新组建上海宝钢国际贸易有限公司(简称宝钢国际)。2003 年，先后完成宝钢梅山化工分公司划转至上海宝钢化工有限公司(简称宝钢化工)，宝钢集团上海二钢有限公司(简称宝钢二钢)和上海钢研所划转至宝钢五钢，宝钢股份吸收合并宝钢益昌，鲁宝钢管划转至宝钢股份，上海工艺所及上海大通钢结构有限公司、上海冠达尔钢结构有限公司划转至上海宝钢产业发展有限公司等产业重组工作。实施资产重组对调整宝钢集团的产业结构、优化资源配置、止住亏损点、提高综合竞争能力、加速实施战略发展规划等起到推动作用。11 月 16 日，浦钢三钢医院整体划归上海龙华医院，改称上海龙华医院浦东分院。

2007年8月，将宝钢集团上海钢管有限公司委托宝钢集团上海五钢集团有限公司（简称五钢公司）管理。10月，宝钢股份收购由宝钢集团持有的宝钢集团南通宝钢钢铁有限公司（简称宝通钢铁）92.50%股权，宝通钢铁成为其控股子公司，更名为“南通宝钢钢铁有限公司”。2011年4月，宝钢金属收购宝钢集团持有的南京宝日钢丝制品有限公司（简称南京宝日）全部股份，南京宝日成为其控股子公司。12月，广东钢铁更名为“广东宝钢置业有限公司”，由上海宝地置业有限公司（简称宝地置业）托管。同年，宝钢集团将宝钢金属下属的汽车零部件板块重组至宝钢国际，12月底完成相关产权交割工作。2012年，根据上海市城市规划调整的要求，结合不锈钢、特钢和罗泾区域的经营压力，宝钢集团作出宝山地区钢铁产业结构调整、罗泾区域停产和熔融还原炼铁装置搬迁等重大决策。为完成吴淞地块产业结构调整，兼顾市场、用户需求，降低调整成本，提升调整效益，实现过渡期内结构调整和生产运营两项任务，确定分设主体、分工开展的部署方案，新设上海宝钢不锈钢有限公司（简称上海不锈）和宝钢特钢有限公司（简称宝钢特钢），收购宝钢股份不锈钢、特钢相关资产和业务，并在运营方式上进行差异化调整。上海不锈不再从事生产和运营，而是负责实施结构调整和土地开发利用等，推进生产线关闭停产、搬迁和人员安置，将资产和人员相关的成本和费用保留在该结构调整主体，同时根据宝钢特钢的后续战略定位，策划新材料研发中心的建设等调整方案。新设宝钢不锈钢有限公司（简称宝钢不锈）作为宝钢不锈钢事业持续发展的平台，过渡期间租赁不锈钢生产线，组织开展生产和运营，并寻求不锈钢新基地发展的机会。成立宝钢特种材料有限公司（简称宝钢特材），并与宝钢特钢协同发展特钢新事业。10月，考虑宝钢股份罗泾区域连续处于现金流亏损的状态，宝钢集团和宝钢股份董事会分别批准罗泾区域停产和分期处置。宝钢集团整体购买宝钢股份罗泾区域熔融还原炼铁装置资产和技术，随后将熔融还原炼铁装置资产出售给宝钢集团新疆八一钢铁有限公司（简称八一钢铁）。宝钢股份留用制氧、炼钢、厚板等后道工序资产，结合宝钢宝山地区钢铁产业结构调整涉及的相关生产线，一并论证迁建湛江或内部利用的可行性。结合宝山地区产业结构调整，将罗泾区域作为工业园区用地安排，由宝钢集团按评估值整体受让宝钢股份罗泾区域房屋建筑物、公辅设施等资产。同年4月，宝钢集团收购宝钢股份持有的宁波宝新不锈钢有限公司（简称宁波宝新）全部股份，并授权新成立的宝钢不锈钢有限公司管理宁波宝新。2013年5月，宝钢集团批准宝钢特钢吸收合并宝钢特材。吸收合并后，宝钢特材依法解散，由宝钢特钢承继宝钢特材相关债权债务及资产、业务。2014年，宝钢集团深化不锈钢产业结构调整的总体思路，就不锈钢的定位、发展与合作进行充分评估和论证。提出吴淞工业区概念性城市设计、产业发展规划和结构规划。基于对价值创造能力和严格执行国家环保法的综合考量，对南通宝钢钢铁有限公司实施经济运行。基于宁波钢铁有限公司（简称宁波钢铁）未来发展和浙江省钢铁产业调整的需要，与浙江省共同以改革的思维推动宁波钢铁重组，宝钢调整为宁波钢铁第二大股东。2015年11月2日，宝钢集团决定，宝钢二钢不再委托五钢公司管理，由宝地置业管理。12月29日，宝钢集团广东韶关钢铁有限公司（简称韶关钢铁）举行宝钢特钢长材有限公司合资协议签约暨宝钢特钢长材有限公司、宝钢特钢韶关有限公司揭牌仪式。成立宝钢特钢长材有限公司、宝钢特钢韶关有限公司，将宝钢特钢长材生产线的资产与韶关钢铁特钢事业部的资产整合，形成资产纽带，将双方的生产、经营联结在一起，提升宝钢特钢长材有限公司的质量、产能、品牌认可度及盈利空间。

2016年3月，为实现不动产专业经营管理，挖掘存量不动产增值潜力，宝钢集团将宝钢集团上海第一钢铁有限公司（简称一钢公司）的不动产资产整合至宝地置业；将宝钢集团上海浦东钢铁有限公司（简称浦钢公司）的不动产委托宝地置业管理；宝钢集团上海十钢有限公司由五钢公司委托宝地置业管理。10月起，根据“专业化、市场化、平台化”的产业发展原则，宝钢集团制订宝钢发展有限公司整体业务优化工作方案：把与钢铁主业紧密协同的包装及物流、仓储业务托管至宝钢股份；将宝钢发展有限公司归入宝钢集团不动产及城市新产业发展板块。宝钢发展有限公司明确“将上海宝钢物流有限公司(简称宝钢物流)相关业务划转进入上海宝钢工业有限公司(简称工业公司)后，工业公司再整体托管至宝钢股份”。宝钢发展有限公司调整制造服务事业部的业务定位，成立不锈钢资源服务部和人力资源开发中心，剥离市场营销业务。宝钢物流综合物流部划转至上海欧冶物流股份有限公司。

1998—2016年，宝钢集团不断加大结构调整和产业升级步伐，充分运用和发挥集团的资信优势、资源和销售网络优势、技术优势、人才优势和管理优势，加速钢铁精品基地和钢铁新技术、新工艺、新材料研发基地建设，通过集团内部资产重组，梳理和规划非钢产业，推进适度相关多元化发展，宝钢集团的整体实力得到显著增强。

第二节　跨地区联合重组

2005年，国家出台《钢铁产业发展政策》，明确提出通过钢铁产业组织结构调整，实施兼并、重组，扩大具有比较优势的骨干企业集团规模，提高产业集中度。2007年后，宝钢集团先后重组新疆八一钢铁集团有限责任公司(简称新疆八钢)、广东省钢铁产业、宁波钢铁、福建德盛镍业有限公司等。截至2016年，宝钢集团拥有宝钢股份、八一钢铁、韶关钢铁、宝钢不锈、宝钢特钢等钢铁子公司。

一、重组新疆八一钢铁集团有限责任公司

2006年，宝钢集团和新疆八一钢铁集团有限责任公司决定结成企业间跨地区战略联盟。11月23日，宝钢集团第一届董事会第五次会议批准《宝钢与新疆八钢资产重组方案》。

2007年1月16日，宝钢集团和新疆维吾尔自治区政府在乌鲁木齐市签署增资重组新疆八钢协议。4月5日，宝钢集团与新疆维吾尔自治区国资委签署增资重组补充协议，最终确定新疆维吾尔自治区国资委将其持有的新疆八钢16亿元资本金无偿划转宝钢集团，宝钢集团以现金对新疆八钢增资30亿元，成为新疆八钢的控股股东，持股比例为69.56%；新疆维吾尔自治区国资委持有新疆八钢股权比例为15%。重组后的新疆八一钢铁集团有限责任公司更名为“宝钢集团新疆八一钢铁有限公司”。4月28日，宝钢集团新疆八一钢铁有限公司揭牌。

二、重组广东省钢铁产业

2006年起，宝钢集团与广东省、广州市政府及广东省韶关钢铁集团有限公司(简称韶钢集团)、广州钢铁企业集团有限公司(简称广钢集团)协商重组韶钢集团、广钢集团，并新建湛江千万吨级钢铁基地项目。

2008年3月17日，国家发展和改革委员会同意广东省与宝钢集团开展湛江钢铁基地项目前期工作。根据《国家发展改革委办公厅关于同意广东湛江钢铁基地项目开展前期工作的函》的精神，广东省国资委、广州市国资委和宝钢集团一致同意，共同出资组建广东钢铁集团有限公司(简称广东钢铁)，引导和带动广东省钢铁工业发展，推进湛江钢铁基地项目。6月26日，广东钢铁集团有限

公司完成工商登记注册，6月28日挂牌成立。广东钢铁注册资本358.60亿元，注册地和总部所在地为广州市。宝钢集团出资286.88亿元，持股80%；广东省国资委和广州市国资委共同出资71.72亿元，持股20%。广东省国资委和广州市国资委分别以各自拥有的韶钢集团、广钢集团账面数额的国有净资产（股权）出资，宝钢集团以现金出资。

2011年8月22日，广东钢铁与宝钢集团、广东省国资委和广州市国资委签订资产重组协议，广东省国资委和广州市国资委退出对广东钢铁的持股，广东钢铁减资成为宝钢集团全资子公司，注册资本80亿元。韶钢集团在分离办社会的基础上由宝钢集团直接持股51%，广钢集团存续钢铁企业（广州JFE钢板有限公司）通过湛江钢铁与广钢集团合资成立新公司方式重组。

2012年4月18日，由宝钢集团和广东省国有资产监督管理委员会共同出资组建的宝钢集团广东韶关钢铁有限公司揭牌成立；4月19日，由宝钢集团和广州钢铁企业集团有限公司共同出资组建的广州薄板有限公司在广州揭牌成立。

三、重组宁波钢铁有限公司

2009年2月25日，宝钢集团第二届董事会常务委员会第一次会议审议批准《关于宁波钢铁重组事宜的议案》。3月1日，宝钢集团与杭州钢铁集团公司签署协议，重组宁波钢铁有限公司。根据协议，宁波钢铁注册资本36亿元，宝钢集团出资20.214亿元，持有56.15%的股权，杭州钢铁集团公司持有34%、宁波开发投资集团公司持有7%、宁波经济技术开发区控股有限公司持有2.85%的股权。

2014年年底，宝钢集团不再对宁波钢铁控股。2015年1月1日起，宝钢集团将宁波钢铁纳入参股公司管理体系，不再作为控股子公司进行管理。同年，杭州钢铁股份有限公司收购宁波钢铁股权，其中包括宝钢集团持有的宁波钢铁股权。最终，宝钢集团持有宁波钢铁34%的股权。

四、重组福建德盛镍业有限公司

2010年12月31日，宝钢集团与福建吴钢集团有限公司签署《关于福建德盛镍业有限公司的重组协议》，在福建省罗源湾开发区发展不锈钢事业。重组的福建德盛镍业有限公司改称“宝钢德盛不锈钢有限公司”，宝钢集团出资67.66亿元，持股70%，福建吴钢集团有限公司持股30%。

第五章　产业结构调整

1998 年 11 月上海地区钢铁企业联合重组后，新成立的宝钢集团按照建设钢铁生产精品基地和钢铁工业新技术、新工艺、新材料研究开发基地的要求，编制统一的钢铁发展规划；同时按照统一规划和国家对钢铁工业发展总体要求，着手实施产业结构调整，加紧淘汰落后生产工艺和装备。随着“十五”规划项目全面建成投产，宝钢集团形成普碳钢、不锈钢、特钢等三大专业制造体系，产品覆盖汽车用钢、家电用钢、不锈钢、船舶和管线用钢、硅钢和特种金属材料、石油和电力行业专用无缝钢管、新型建筑用钢等领域，产品实物质量与国际同类产品相当，形成比较完整的产品结构。同时，推行主辅分离、辅业改制等一系列企业改革措施。

第一节　淘汰落后产能与优化产业结构

1998 年 11 月上海地区钢铁企业联合重组后，宝钢集团在推行主辅分离、辅业改制等一系列企业改革的同时，逐步淘汰老企业能耗高、污染严重、技术落后的装备。上海冶金控股(集团)公司在 1998 年联合重组前拥有钢材生产能力近 700 万吨。截至 2003 年，宝钢一钢先后关停 2 座平炉、2 座小高炉、6 座化铁炉、8 座石灰窑、3 座 15 吨转炉、3 座 30 吨转炉，以及铸造、耐材、轧钢、钢管和钢板等落后工艺装备；宝钢浦钢先后淘汰平炉厂、型钢二车间、铸造厂、薄板冷轧线、石灰窑、乙炔站、燃煤锅炉等生产单元及辅助设施；宝钢五钢相继关停淘汰第一炼钢厂等落后生产线、装备。

1999—2008 年，宝钢集团累计淘汰落后炼铁生产能力 493 万吨、落后炼钢生产能力 608 万吨、落后轧钢生产能力 500 余万吨。

截至 2011 年年底，宝钢集团投入 600 多亿元将原上海冶金控股(集团)公司的近 700 万吨产能全部更新置换，更新后的产能规模虽然低于原产能，但结构更加合理，符合“精品”要求。

2012 年 7 月，宝钢集团与上海市政府就推进上海宝山地区钢铁产业结构调整签署合作协议，启动上海宝山地区钢铁产业结构调整工作。此轮调整期为 2012—2017 年。其间，宝钢集团按照国家钢铁产业规划和节能减排的要求，坚持“创新驱动、转型发展”的总方针，以“减量、增效、调整、发展”的总体原则，从有利于国家钢铁产业发展战略、有利于上海转型发展、有利于提升行业竞争力的角度出发，对上海宝山吴淞工业区的企业以及罗泾区域生产基地进行调整，以推进节能减排，促进产业与城市融合。10 月 30 日，宝钢股份第五届董事会第三次会议发布公告，审议通过《关于罗泾区域停产及资产处置利用原则的议案》《关于整体转让罗泾区域熔融还原炼铁装置(COREX)资产的议案》。11 月，宝钢集团完成收购罗泾区域熔融还原炼铁装置资产工作。

2014 年 7 月，南通宝钢钢铁有限公司暂停生产，2015 年 2 月停产。

2015 年起，宝钢集团着力优化产业结构、化解过剩产能。同年，实施上海地区不锈钢板块转型发展，关停宝钢不锈 750 立方米高炉和二号烧结机。结合宝钢特钢在品牌技术和韶关钢铁在工艺装备等方面的优势，整合宝钢特钢和韶关钢铁的长材资源，打造以汽车零部件用钢为代表的高端长材基地。韶关钢铁关闭 2 座小高炉和 1 座电炉，压缩产能 80 万吨。八一钢铁以“压产能、提效率、去杠杆”为目标，推进生产经营有序运行。受钢铁市场持续低迷影响，新疆八钢南疆钢铁拜城有限公司(简称南疆钢铁)实行季节性停产。

截至2016年12月宝武联合重组前,宝钢集团化解过剩钢铁产能555万吨。其中,韶关钢铁淘汰一号高炉、三号高炉,压减生铁产能75万吨;淘汰90吨电炉,压减粗钢产能90万吨;实行生产线“瘦身”,停产封存2 500毫米中板轧机和棒二(棒材轧机)生产线。2016年6月20日,宝钢不锈2 500立方米高炉和碳钢生产线关停。9月22日,宝钢特钢长材有限公司初轧厂主轧线关停,宝钢特钢生产历史最悠久的一条生产线退出生产序列。同年,南疆钢铁仅焦化厂一号焦炉低负荷维持性生产,二号焦炉继续停产保温,其余生产线停产(设备封存)。

表5-5-1 1999—2016年宝钢集团产业结构调整情况表

年份	企业名称	关停的工艺与装备
1999	宝钢一钢	平炉2座,255立方米小高炉1座,全部化铁炼钢工艺
	宝钢二钢	复二重轧机1组(新业线材公司一火成材生产线)
	宝钢浦钢	平炉2座,横列式型钢螺纹钢轧机
	宝钢五钢	5吨电炉2座,第一炼钢厂一号10吨电炉,430/300横列式轧机
	新沪钢铁	横列式型钢轧机
2000	宝钢一钢	255立方米小高炉1座,钢管厂、轧钢厂、铸造厂
	宝钢浦钢	5吨电炉3座,型钢厂630轧机
	新沪钢铁	部分横列式轧机
2001	宝钢五钢	耐材分公司
2002	宝钢一钢	二号转炉、热轧厂老连轧生产线
	宝钢浦钢	型钢三车间400毫米半连续纵列式轧机
2003	宝钢一钢	钢板厂五连轧生产线
	宝钢浦钢	1 200毫米热轧叠轧机6台,1 200毫米冷轧生产线
2004	宝钢一钢	热轧厂原中板生产线
	宝钢浦钢	型钢530生产线
	宝钢五钢	带钢厂、转炉厂
2005	宝钢一钢	第三炼钢厂
	宝钢五钢	老锻钢、轧钢厂轧一500轧机、煤气分厂
2006	宝钢一钢	型钢生产线
	宝钢二钢	高速线材生产线
	宝钢浦钢	转炉厂、2 350毫米横列式中板生产线
2008	上海三冠钢铁有限公司	连轧生产线
	宝钢特钢	第二电炉厂
2009	宝钢梅山	1 250立方米高炉2座
2010	宝钢二钢	全部生产线关停,部分迁至江苏南通

〔续表〕

年份	企 业 名 称	关停的工艺与装备
2011	八一钢铁	20 平方米烧结机 3 台、350 立方米高炉 1 座
2012	宝钢股份	二号回转窑；中厚板分公司（原宝钢浦钢罗泾区域）全部生产线停产，其中熔融还原炼铁装置（COREX 炉）迁往八一钢铁，宽厚板生产线迁往湛江钢铁
	宝钢不锈	三号烧结机
	宁波宝新	二号横切线出租
2013	宝钢股份（宝山钢铁）	三号回转窑，悬浮窑 1 座
	八一钢铁	20 吨转炉 2 座
2014	宝钢股份（宝山钢铁）	一号回转窑
	八一钢铁	430 立方米高炉 2 座
2015	宝钢股份（宝山钢铁）	三号焦炉、四号焦炉
	宝钢不锈	二号烧结机、750 立方米高炉
	八一钢铁	430 立方米高炉 1 座
	韶关钢铁	105 平方米烧结机 1 座、450 立方米高炉 1 座、2 300 毫米板材生产线
2016	宝钢股份（宝山钢铁）	三号制氧机
	宝钢不锈	一号烧结机、2 500 立方米高炉、碳钢炼钢生产线、碳钢热轧生产线、碳钢冷轧生产线、不锈钢 20 辊轧机 1 套
	宁波宝新	冷轧二号拉矫机

第二节　分 离 改 制

1998 年 11 月上海宝钢集团公司成立后，为降低企业经营风险，解决投资链过长、涉足行业过多、资源配置分散的问题，对下属各级全资、控股子公司进行全面清理整顿。对于不符合产业发展方针、业务重叠、长期亏损且扭亏无望、投资经营不规范的子公司，通过关闭、停业、合并、转让等方式使之退出。2005 年，宝钢股份增发收购及钢铁主业整体上市后，为实现主体的精干高效，宝钢集团实施主辅分离、辅业改制。此项工作以国家有关政策为依据，以“一业特强、适度相关多元化”产业方针为指引，合理界定经营边界，在正确处理改革、发展和稳定三者关系基础上，灵活运用多种模式清理非核心业务，实现主业核心竞争力不断提升和辅业可持续良性发展。至 2012 年，宝钢集团完成辅业分离改制工作，实现主体企业轻装上阵，经营风险得到有效控制。

一、主要钢铁企业分离改制

2005 年 5 月，宝钢集团通过宝钢股份增发新股融资收购方式，实施钢铁主业整体上市及一体化运作：宝钢股份增发 50 亿股人民币普通股，其中 30 亿股向宝钢集团定向增发，20 亿股为社会公众股，募集资金收购宝钢一钢、宝钢五钢、宝钢梅山等钢铁主业核心资产及业务，成立宝钢股份不锈钢分公司、宝钢股份特殊钢分公司、上海梅山钢铁股份有限公司。实行主辅分离后，宝钢集团上海第一钢铁有限公司、宝钢集团上海五钢有限公司、宝钢集团上海梅山有限公司退出钢铁主业，仍为宝钢集团全资子公司。

2008年4月1日，宝钢股份收购宝钢浦钢钢铁主业——罗泾区域相关资产，成立中厚板分公司；宝钢集团上海浦东钢铁有限公司由钢铁主业转为向中厚板分公司提供生产协力、后勤保障服务。2009年年底，宝钢集团上海浦东钢铁有限公司生产协力和生活后勤服务业务整合至宝钢发展有限公司。

二、其他企业分离改制

1998年11月上海宝钢集团公司成立后，将原宝山钢铁(集团)公司主辅分离的成功经验向原上海冶金控股(集团)公司、上海梅山(集团)有限公司等老企业移植，要求各企业将内部的运输、检修、生活后勤等生产、生活辅助部门从生产主体中分离出来，成为独立的法人实体，并从产权上规范母子公司关系，按市场原则建立经济合同关系，员工与独立的子公司签订新的劳动合同。

1999年9月，宝钢集团下发《关于开展清理规范子公司所属企业的通知》。在深入调查分析基础上，摸清宝钢集团下属全资、控股企业总数为836家。

2000年，按照国家关于清理整顿小钢铁企业的意见，宝钢集团对各子公司所属23家小钢铁厂实行关闭，淘汰落后轧钢能力62万吨。同时，决定从规范管理和运作、提高盈利能力出发，分别采取转让、关闭、停业、破产、合并等方式，对800多家下属公司进行清理。截至年底，共关停并转218家企业(不包括参股单位)。关停并转的企业中，按层级分，二级公司2家、三级公司73家、四级以下公司143家；按清理方式分，关闭109家、停业65家(含27家办理工商注销手续企业)、合并13家、转让31家。

2001年，宝钢集团加快推进主辅分离工作。9月，完成宝钢一钢、宝钢二钢、宝钢浦钢、宝钢五钢、宝钢梅山、宝钢益昌、上海钢管等7家子公司直属79家辅助企业的主辅分离，涉及被分离企业员工46 799人的劳动合同改签工作全部完成。资产界定分割后，这些企业成为独立核算、自主经营、自负盈亏的法人主体。12月，上海梅山储运服务部成建制退出国有企业，成为宝钢梅山首家改制企业。产权转让后，受让方出资组建民营企业上海梅山储运服务有限公司。原储运服务部9名员工与宝钢梅山协议解除劳动关系(简称协解)，并与上海梅山储运服务有限公司签订新的劳动合同。同年，宝钢集团清理子公司196家，其中关闭129家、停业25家、合并9家、转让33家。

2002年，宝钢集团完成分离项目25项，分离人员3 025人。关停并转企业46家，不取消独立法人地位的重组企业有5家，合计51家。在已清理企业中，关闭26家、停业6家、合并重组11家、转让8家、重组5家。

2003年，宝钢集团发挥整体优势，开拓新的岗位，安置下岗员工再就业。全年完成主辅分离项目33项，减员8 535人、分流2 710人，创造再就业岗位3 148个；推进子公司清理工作，清理37家企业，其中关闭15家、停业6家、合并6家、转让10家；平稳推进12个改制项目，其中包括五钢开发(生活服务)公司、上海冷拉型钢厂、上海二钢冶金设备工程有限公司、宝钢工程苏冶锻造分厂、宝钢工程常冶宾馆、宝钢工程常冶卫生所、宝钢工程苏冶铸造厂、宝钢工程苏冶职工医院、南通宝南实业有限公司、宝钢集团南京轧钢总厂、宝钢浦钢上海三钢运输装卸公司和宝钢五钢所属上海钢研所难熔业务单元。12月12日，梅山街道管理职能属地化移交协议签字仪式举行，原由宝钢梅山承担的政府管理职能移交给南京市雨花台区政府，原梅山社区 140 余名管理干部和员工同时交由区政府管理。

2004 年，宝钢集团成立"主辅分离、辅业改制"工作领导小组和工作小组，相关 11 家子公司相应成立领导小组和工作小组，形成分级负责工作网络。宝钢集团负责制订总体方案，审批子公司改制方案，协调落实有关政策，子公司负责制订和实施具体方案。全年完成关停并转、辅业改制企业 61 家，分流安置员工 5 377 人。同年，对拟改制企业资产、业务、人员进行初步清理，在对"三类资产"（非主业资产、闲置资产和关闭破产企业有效资产）进行全面摸底的基础上，制订《上海宝钢集团公司主辅分离、辅业改制总体方案》。8 月中旬，该方案得到国务院国资委、劳动和社会保障部、财政部批准。全年完成上海宝钢建设有限公司、上海金属软管公司、一钢建设公司等 7 个辅业改制项目，涉及 12 家企业，分配安置员工 1 679 人，评估后总资产 7.16 亿元、净资产 1.18 亿元，转让价格 1.22 亿元。主要改制企业有：上海宝钢建设有限公司、宝钢一钢下属企业、上海三钢运输装卸公司、宝钢五钢下属企业。上海宝钢建设有限公司改制：2003 年 10 月，宝钢集团决定对上海宝钢建设有限公司进行整体改制，改制涉及总资产 5.40 亿元、净资产 0.70 亿元，在册员工 1 252 人（其中在岗 878 人）。通过上海联合产权交易所采用部分参股产权定向转让、控股产权挂牌转让、同股同价及结合评审竞价方式实施产权交易，最后由上海绿地（集团）有限公司控股 60%、原企业管理技术骨干持股 40%，成功受让上海宝钢建设有限公司整体产权。2004 年 7 月 29 日，签订《产权转让合同》。通过公开挂牌转让，使国有资产增值 28.50%。全部员工得到妥善安置，其中愿意进新公司并签订 3 年以上劳动合同者 794 人，自谋职业者 84 人。宝钢一钢下属企业改制：2004 年，完成所属上海金属软管公司、一钢建设公司、一钢设计院等 3 个辅业改制项目和江杨混凝土公司关闭工作，分流在岗员工 343 人、移交非在岗员工 223 人，评估后总资产 1.42 亿元、净资产 0.30 亿元，转让价格 0.29 亿元。上海三钢运输装卸公司改制：2004 年 11 月，宝钢集团下达同意上海三钢运输装卸公司改制立项。经过资产重组、审计评估、召开职代会通过职工安置方案、选择受让方、工商变更等程序，至 2005 年年底，改制基本完成。上海三钢运输装卸公司 90%股权在上海联合产权交易所挂牌，上海宝钢冶金建设公司以 4 260 万元（溢价 12%）受让该部分股权。其余 10%股权定向转让给上海三钢运输装卸公司原经营层，同股同价。12 月 14 日，买卖各方签订股权转让协议。宝钢五钢下属企业改制：2004 年，宝钢五钢生活后勤业（除物业管理外）基本退出，企业后勤保障工作实现社会化运作。宝钢五钢开发（生活服务）公司实施先整合后改制方案，涉及员工 763 人（包括整合原转炉分厂员工），其中 333 人自谋职业，151 人进索迪斯餐饮公司就业，90 名与保留业务相关人员进改制企业。宝钢五钢托管企业中，宝钢二钢下属上海二钢冶金设备工程有限公司与上海二钢建筑安装公司基本完成改制，共涉及总资产 1 681 万元、净资产 290 万元，员工 388 人；上海钢研所完成难熔项目改制，涉及改制资产 72 万元，分流安置员工 25 人。

2005 年，宝钢集团完成子公司清理 30 家。南通宝南实业有限公司、上海五钢服务开发公司等 13 个辅业改制项目，涉及总资产 4 532 万元、净资产 3 039 万元，分流安置员工 1 500 人。

2006 年，宝钢集团对有关辅业的业务、资产、人员状况进行系统梳理，把子公司清理工作和主辅分离、辅业改制工作结合起来，完成子公司清理 56 家，注销"已停业难关闭"企业 24 家；完成辅业改制项目 2 个，分流安置员工 59 人，涉及总资产 596 万元、净资产 393 万元。宝钢集团南京轧钢总厂、宝钢二钢高速线材厂、宝钢一钢型钢厂、宝钢十钢青浦联营厂等生产线实现平稳退出，员工得到妥善分流安置。同年，宝钢集团与财政部、上海市、南京市等有关政府部门加强沟通，推进宝江、梅山两个公安分局和梅山普通教育学校属地移交工作。财政部审核宝江、梅山两个公安分局中央经费补贴基数，准备签署移交协议。确定梅山普通教育学校移交方案基本框架，相关数据对账工作基本完成。

2007 年,宝钢集团编制完成“辅业三年改革规划”,提出:力争在宝钢集团范围形成独立的生产服务产业板块;宝钢发展有限公司完成改制和上市后,将成为生产服务产业平台。同年,宝钢集团分离“企业办社会”工作取得突破性进展,移交工作中存在的各种难点问题得到解决,各项后续工作逐项落实。8 月 20 日,宝钢集团批复同意上海梅山新产业开发总公司改制方案;11 月 17 日,上海梅山新产业开发总公司股权在上海联合产权交易所挂牌,由南京板桥钢渣有限责任公司受让上海梅山新产业开发总公司股权;12 月 30 日办理产权交割,136 名职工参加改制,占职工总数的 76%。全年完成 48 家各级公司的清理,其中宝钢发展有限公司完成 28 家。

2008 年 3 月,宝钢集团成立生产服务业运营管理委员会,对生产服务业板块履行运营管理职责,以确保经营、改革和稳定任务的贯彻落实。制定《生产服务业运营管理委员会管理办法》,明确生产服务业运营管理委员会组织结构、职责内容、审议(决策)方式和流程、绩效考核与评价等管理方式。建立生产服务业管理会议体系及《生产服务业月度报告》编制专业协同机制,通过综合分析板块各子公司生产经营、改革项目、人力资源和维护稳定工作等情况,使宝钢集团下达生产服务业的“经营、改革、稳定”任务始终处于受控状态。同年,宝钢集团修订和颁布《子公司清理管理办法》,明确子公司清理的工作原则、工作方式、职责分工和工作流程等内容。全年完成 38 家子公司清理任务,其中关闭 28 家、合并 3 家、转让 7 家,共涉及总资产 9.24 亿元、净资产 6.75 亿元。重点包括:检修业务专业化重组,上海三冠钢铁有限公司连轧生产线和型钢生产线关停,上海梅山新产业开发总公司、南京梅山冶金发展有限公司生活服务分公司(简称梅山生活服务分公司)和上海宝钢工程建设总公司改制等。检修业务专业化重组:2008 年 7 月 28 日,上海一钢机电有限公司、上海五钢设备工程有限公司重组到中冶宝钢技术服务有限公司。重组方式是两家公司 100%股权分别以评估价为底价,通过产权交易机构联合出让。其中,上海一钢机电有限公司重组转让价格为 8 214.16 万元,涉及在册员工 1 029 人,在岗员工 1 013 人;上海五钢设备工程有限公司重组转让价格为 3 661.50 万元,涉及在册员工 808 人,在岗员工 796 人。上海三冠钢铁有限公司连轧生产线和型钢生产线关停:该项目是 2008 年上海市产业结构调整重点推进项目。根据推进计划,6 月,连轧生产线全部关停并进行相关资产处置。生产线成套设备及备品备件评估价值为 5 051.60 万元,评估增值 2 299.80 万元,通过 3 次公告拍卖,最后以 4 540 万元成交。6 月底,型钢生产线停止所有民用产品生产。截至年底,共安置分流在岗人员 543 人(其中协解 154 人),有待安置在岗人员 141 人。上海梅山新产业开发总公司、梅山生活服务分公司和上海宝钢工程建设总公司改制:当年完成 3 个改制项目,涉及评估后净资产 1.20 亿元,在岗人员 1 062 人。经宝钢集团下发改制批复、意向受让方选择、资产重组、审计评估、召开职代会、挂牌交易、劳动合同改签等程序,3 家单位全部改制为非国有制企业。在岗的 865 名员工经过改签劳动合同后进入改制企业,3 家企业转让价格合计为 1.23 亿元。

2009 年,宝钢集团子公司清理工作面临诸多困难,需要妥善解决税收优惠退回、资产损失、土地权属转移、人员分流安置以及觅求合适受让方等问题。全年清理 21 家子公司,其中关闭 13 家、转让 6 家、合并 2 家,涉及总资产 12.03 亿元、净资产 8 亿元。重点包括:宝钢一钢炉窑维修业务专业化重组、上海梅山矿业有限公司工贸公司改制、宝钢股份中厚板分公司相关业务整合到宝钢发展有限公司、宝钢二钢结构调整与企业转型。宝钢一钢炉窑维修业务专业化重组:10 月,宝钢一钢与中冶宝钢技术服务有限公司签订宝钢一钢炉窑维修部资产转让协议。项目涉及在岗员工 203 人,其中 138 人改签劳动合同,26 人协商解除劳动关系,39 人由宝钢一钢内部转岗安置。该项目是宝钢生产服务业相关检修业务整合至中冶宝钢技术服务有限公司平台的收尾项目，标志上海地区钢铁企业检修业务专业化重组工作全部完成。上海梅山矿业有限公司工贸公司改制：该项目涉及评估后总资产 1 721 万元、净资产 1 058 万元，在册人员 656 人，在岗人员 543 人。项目改制方案自 2008 年 9 月获宝钢集团批准后，经过意向受让方选择、资产评估、职代会表决通过员工分流安置方案、在上海联合产权交易所产权挂牌交易、员工劳动合同改签等规范程序，至 2009 年 3 月实现平稳改制。改制公司注册资本 919 万元，其中外部投资者持股 41%，上海梅山矿业有限公司工贸公司经营团队持股 39%，上海梅山矿业有限公司持股 20%。377 人与改制企业重新签订劳动合同。随着上海梅山矿业有限公司工贸公司改制完成，梅山区域基本完成生活后勤业务的退出任务。宝钢股份中厚板分公司相关业务整合到宝钢发展有限公司：2009 年 11 月 20 日，宝钢发展有限公司与中厚板分公司相关业务整合启动，2010 年 1 月底结束，中厚板分公司 691 名员工与宝钢发展有限公司重新签订劳动合同。这是宝钢上海区域生产服务业平台整合的第一步。宝钢二钢结构调整与企业转型：该项目是 2009 年上海市产业结构调整重点项目，获上海市产业结构调整政府扶持资金 1 160 万元。9 月，宝钢二钢高速线材厂生产线全部关停，黄兴路地块开发利用各项前期工作全面开展。10 月，与宝钢二钢结构调整相配套的宝钢集团南通线材制品有限公司项目破土动工，按照项目建设进程，宝钢二钢生产线逐步关停、搬迁。

2010 年，宝钢集团计划清理子公司 11 家，实际完成 12 家，其中关闭 5 家、转让 1 家、合并 6 家，涉及总资产 22.42 亿元、净资产 14.57 亿元。宝钢集团根据生产服务业的产业发展定位，加快固体废物资源综合利用、工厂物流和不动产集中管理运作等重点项目的推进。重点包括：上海地区物流业务整合、上海地区固体废物资源综合利用业务整合、生活后勤业务整合。上海地区物流业务整合：3 月，宝钢集团启动此项整合工作，宝钢发展有限公司以经审计确认的 3 月底净资产为基准转让价格，协议受让宝钢一钢和宝钢五钢分别持有的上海一钢运输公司、上海五钢物流有限责任公司 100%股权。4 月，平稳完成上海一钢运输公司、上海五钢物流有限责任公司向上海宝钢物流有限公司的整合工作，涉及在岗员工 1 328 人。上海地区固体废物资源综合利用业务整合：5 月，宝钢集团启动此项整合工作。宝钢发展有限公司以经审计确认的 5 月底净资产为基准确定转让价格，协议受让宝钢一钢持有的上海昌新钢渣有限公司 62.50%股权和上海开拓磁选金属有限公司 51%股权；宝钢发展有限公司以 8 月底资产账面净值，协议收购宝钢一钢下属资源利用部使用的相关非股权性资产。生活后勤业务整合：8 月，启动宝钢一钢餐饮和上海钢管生活后勤业务退出项目。11 月，宝钢一钢和上海钢管先后召开职代会，通过员工安置方案。宝钢一钢餐饮业务外包涉及员工 200 人，其中 188 人劳动合同改签到宝钢发展有限公司，并反向协力进入索迪斯公司工作，10 人协解，2 人转岗。上海钢管相关业务整合和外包涉及员工 109 人，其中 55 人劳动合同改签到宝钢发展有限公司，并以协力员工形式返入索迪斯公司工作；12 人协解，42 人劳动合同改签进入上海宝钢物流有限公司。截至 2010 年年底，宝钢发展有限公司初步形成以工厂作业、资源再生和工厂物业等三大业务板块为主的运作体系。

2011 年是实施《宝钢辅业三年改革规划》的收官之年。10 月 1 日，宝钢发展有限公司完成对一钢公司、五钢公司协力业务资产的收购，其中固定资产净值 1 936 万元，存货净值 1 956 万元。至此，宝钢集团稳妥完成一钢公司、五钢公司生活后勤业务外包索迪斯公司，以及一钢公司、五钢公司生产协力业务向宝钢发展有限公司整合的工作，实现一钢公司、浦钢公司、五钢公司“基本退出业务运行体系，平稳实现功能转移”的规划目标，形成以宝钢发展有限公司为平台的上海地区生产服务产业板块，标志宝钢上海地区辅业改革规划圆满完成。同年，宝钢集团完成子公司清理 7 家，涉及三级子公司4家,四级子公司3家。

2012年6月,宝钢发展有限公司与华润燃气(集团)有限公司签署技术支撑、房屋租赁、资产租赁和燃气管网改造等协议。7月17日,宝钢发展有限公司全部退出宝山地区燃气公用事业业务。

第三节 债务重组

1998年11月上海地区钢铁企业联合重组后,宝钢集团对上海第一钢铁有限公司、上海五钢有限责任公司、上海三钢有限责任公司、上海梅山钢铁股份有限公司实施债转股;启动吉林碳素兼并上海碳素厂,以及上海第三冷轧带钢厂(简称三冷厂)、上海新沪钢铁有限公司(简称新沪钢铁)破产工作。2012年起,开展清理处置低效无效资产工作,实现低效无效资产稳妥有序退出。

一、债转股

1999年,国家出台债转股政策,宝钢集团向国家经贸委提出4家全资子公司按国家政策实施债转股的申请。同年9月17日,与中国信达资产管理股份有限公司等资产管理公司在北京签订上海梅山有限公司债转股框架协议。2000年6月1日,与中国华融资产管理公司等资产管理公司在上海签订上海第一钢铁有限公司、上海三钢有限责任公司和上海五钢有限责任公司债转股协议;7月19日,签订上海梅山有限公司债转股补充协议;8月,4家子公司债转股方案通过各金融资产管理公司独立评审;11月14日,国务院下达批复文件。4家子公司债转股总金额为66.56亿元,其中上海第一钢铁有限公司债转股金额为10.38亿元,宝钢集团出资比例为73.48%,工商登记日期为2001年6月28日;上海五钢有限责任公司债转股金额为5.46亿元,宝钢集团出资比例为78.45%,工商登记日期为2001年6月28日;上海三钢有限责任公司债转股金额为20.76亿元,宝钢浦钢出资比例为50.18%,工商登记日期为2001年3月30日;上海梅山钢铁股份有限公司债转股金额为29.96亿元,宝钢梅山出资比例为37.45%,工商登记日期为2001年7月13日。

2001年6月29日,上海第一钢铁有限公司、上海五钢有限责任公司、上海三钢有限责任公司、上海梅山钢铁股份有限公司成立,并按《公司法》的规定,组建董事会、监事会,明确经理等领导班子成员。债转股为老企业减轻历史债务负担、轻装上阵、加快发展创造了有利条件。

2003年年初,为实现一体化战略,宝钢集团由资产经营部牵头,组织法务部等部门研究"债转股"回购工作,经与有关资产管理公司多次谈判,2004年下半年,宝钢集团收购资产管理公司所持上海第一钢铁有限公司、上海五钢有限责任公司、上海梅山钢铁股份有限公司的股权;宝钢浦钢收购资产管理公司所持上海三钢有限责任公司的股权。

二、兼并与破产

1999年9月,宝钢集团与吉林碳素集团有限责任公司达成由吉林碳素兼并上海碳素厂的意向,并立即着手开展有关筹备工作。2000年8月1日,宝钢集团与吉林碳素签订兼并协议,由吉林碳素接管上海碳素厂。该项目列入全国国有企业兼并破产计划,由国务院批准享受企业兼并的有关政策。

2000年3月17日,三冷厂破产筹备工作启动。8月18日,上海市宝山区人民法院立案受理三冷厂破产案件。9 月 10 日，宝山区人民法院宣告该厂破产。12 月 12 日，三冷厂破产终结。

2000 年 3 月，宝钢集团启动新沪钢铁破产筹备工作。2001 年 4 月，全国企业兼并破产和再就业工作领导小组批复新沪钢铁列入全国企业兼并破产项目。经过一年多筹备，员工安置分流方案、对外投资清理、债权债务清理等工作基本就绪。11 月，新沪钢铁向法院提出企业破产申请。12 月，上海市第二中级人民法院立案受理新沪钢铁破产案件。12 月 31 日刊登公告，宣布新沪钢铁破产。

三、清理处置低效无效资产

2012 年起，宝钢集团通过进场交易等方式，实现低效无效资产稳妥有序退出，加快退出长期亏损、产业前景不明、缺乏控制力的资产，推进“去产能”和处置“僵尸企业”工作。

2012 年，宝钢集团完成内部产权调整 7 项，包括为配合湛江钢铁项目的建设、改善湛江龙腾物流有限公司运营管理，由湛江钢铁收购湛江龙腾物流有限公司全部股权等。组织完成或开展低效长期股权投资处置 10 项，处置低效资产 19 项，实现低效资产利用 4 项。

2013 年，宝钢集团设计涵盖资产盈利能力、周转速度、负债程度、发展状况、人均水平五维资产效率监控指标体系，对低效资产进行定义，按照“统一策划、分级负责，自我发现与上级督导相结合”的原则，建立低效资产发现机制。全年完成或开展长期低效股权投资处置 13 项，其中控股股权 5 项，参股股权 7 项。完成 19 项低效非股权性资产转让，其中 3 项闲置房地产通过征地补偿方式实现资产盘活。

2014 年，宝钢集团各级公司完成低效无效资产清理处置 97 项，账面净值 13.40 亿元。其中，阶段性完成改善运营和优化提升 15 项，账面净值 6.37 亿元；完成清理退出 82 项，账面净值 7.03 亿元，回笼资金 12.97 亿元，实现当期处置收益 5.69 亿元。对参股规模约 500 万元的参股公司进行投资回报清查，并针对现状提出后续整改建议。宝钢集团各子公司开展各项优化资产结构工作，提升资产运行效率。其中，宝钢股份完成罗泾区域资产盘活处置；参与策划海尔集团特种钢板研制开发有限公司彩涂钢板生产线、中国石油天然气集团公司西气东输三线、宝钢印度古吉拉特邦萨纳恩德(SANAND)加工中心等项目；宁波钢铁以资源占用资金成本专项管理和结构匹配合理库存控制为载体，持续提升资产运营效率；宝钢资源有限公司实质性启动资源国际化重组，加大亏损资产的处置，实施日照宝鑫矿业资源有限公司和浙江台州、江苏江都、上海崇明等废钢基地的经营退出。同年，宝钢集团将 12 760 万股华泰保险股权以 7.52 元/股售出，比挂牌价溢价 84.31%，提升了资本运营效率。

2015 年，宝钢集团制定下发《关于加强推进低效无效资产清理处置和扭亏增盈工作的指导意见》，推动子公司加大产权清理处置力度，改善资产运营效率。要求对长期亏损、扭亏无望的企业，坚决重组或关停；对产品无竞争优势、市场前景不明朗的亏损企业果断转型；对无战略安排、与主业发展方向不符的亏损企业尽快退出。相关子公司通过产权市场退出上海克虏伯不锈钢有限公司、宝钢工程苏州地块等低收益不动产。全年完成低效无效资产清理处置 30 项，账面净值 2.60 亿元。

2016 年，宝钢集团继续加大低效无效资产清理力度，提高低效资产流动性。陆续修订下发《子公司清理退出管理办法》《非股权性资产转让管理办法》等管理办法。全年完成低效无效资产清理处置 48 项，账面净值 3.87 亿元。

第六章　分 流 安 置

1998 年 11 月上海宝钢集团公司成立之初，集团总人数达 17.65 万。其中，钢铁主业员工近 10 万人，辅助、生活后勤部门员工有 7 万余人，人均产钢不到 100 吨。宝钢集团董事会决定投入 10 多亿元，设立再就业专项资金，解决几万人的下岗分流和再就业。在用好上海市再就业政策的基础上，出台减员分流、再就业工作的具体政策和配套措施；结合资产优化、盘活存量资产、投资多元化等改革举措，引导员工转变就业观念，组织下岗员工劳务输出，为下岗员工创造新的就业岗位。2000 年年底，宝钢集团在岗员工数减至 12.50 万人，完成减员分流 5.15 万人。截至 2016 年 12 月宝武联合重组前，宝钢集团在册员工 11.71 万人，其中在岗员工 10.05 万人、离岗员工 1.65 万人。

第一节　转 岗 与 分 流

1999 年 4 月 15 日，宝钢集团成立再就业工作领导小组，主要负责指导和协调宝钢集团减员分流、再就业工作及下岗员工基本生活保障，审议和决定宝钢集团减员分流、再就业工作政策和意见。领导小组的日常工作和联络，由上海冶金再就业服务中心（宝钢集团就业管理中心）具体负责。2003 年，宝钢集团制定出台一系列支持员工创业、自主就业的政策和措施。同时，发挥整体优势，开拓新的岗位，引导员工转变就业观念，组织下岗员工劳务输出，创出劳务输出品牌，全年创造再就业岗位 3 148 个。

2006 年，宝钢集团编制《2007—2009 年宝钢集团有限公司发展规划》，提出“一业特强，适度相关多元化发展”的目标。为实现这一目标，宝钢集团在打造六大产业板块的同时，全力构建社会化、专业化的协作平台，主要包括检修业务、物流服务业、再生资源综合利用产业的重组整合。以中冶宝钢技术服务公司为平台，进行检修业务整合：2008 年，上海一钢机电有限公司、上海五钢设备工程有限公司转让给中冶宝钢技术服务公司，上海一钢机电有限公司 1 029 名在册员工、上海五钢设备工程有限公司 808 名在册员工平稳进入中冶宝钢技术服务公司。2009 年，宝钢一钢炉窑维修部整合进中冶宝钢技术服务公司机电公司，涉及在岗员工 203 人。其中，138 人改签劳动合同，26 人协解，39 人由内部转岗安置。以宝钢发展有限公司为平台，进行物流服务业整合：上海一钢运输公司、上海五钢物流有限责任公司在岗员工 1 328 人进入宝钢发展有限公司。根据国务院国资委有关精神，采用股权协议转让的方式，员工不改签劳动合同。以宝钢发展有限公司为平台，进行再生资源综合利用产业整合：宝钢发展有限公司以协议转让方式收购宝钢一钢控股的上海昌新钢渣有限公司、上海开拓磁选金属有限公司股权，并不涉及员工劳动合同改签。宝钢一钢综合资源利用部以其下属的业务室（钢材贸易室、水渣贸易室、固体废物处置室），按业务属性成建制进入宝钢发展有限公司相对应的单位或部门，人员随业务一并划转。

2010 年 6 月 25 日，宝钢二钢生产线全面关停；7 月 1 日，完成宝钢集团南通线材制品有限公司与宝钢二钢资产、业务、机构及人员的“三清”工作。结构调整、企业转型初期，宝钢二钢共有员工 1 683 人，其中在岗 836 人。至年底，宝钢二钢在岗人数为 212 人，累计安置分流 624 人。其中，宝钢集团南通线材制品有限公司吸收（招聘＋协力）96 人，宝钢集团内转岗安置 180 人，协商解除劳动关系 239 人。2012 年，宝钢股份罗泾区域产线进入停产模式。宝钢发展有限公司中厚板作业管理部配合业主单位做好停产前准备、停产过程中的配合及停产后的人员分流和安置等相关工作，至 9 月底共协解人员 320 人，转岗安置员工 442 人。2015 年，宝钢集团结合八一钢铁、韶关钢铁人事效率提升工作实际，组建八一钢铁、韶关钢铁协同支撑项目团队，参与八一钢铁和韶关钢铁转型发展、人力资源优化方案的策划与制订。同年，八一钢铁精简员工 7 111 人（其中正式员工 1 842 人、协力员工 5 269 人）；韶关钢铁精简员工 4 149 人（其中正式员工 1 127 人、协力员工 3 022 人）。

2016 年，结合落实国家化解钢铁过剩产能和宝钢集团转型发展战略规划，各子公司推进人事效率提升工作，全年精简在岗员工 11 826 人。其中，八一钢铁以钢铁主业年人均 1 000 吨钢为目标，实行人员转岗分流。以对外运营服务为主，内部退养、病退（政府政策）、协商解除劳动合同（自主创业）为辅的转岗分流模式，确保每一位有工作意愿的员工找到合适的工作，确保在岗员工中少数民族比例不变、女员工比例不变；分流员工仍保留八一钢铁员工身份，妥善解决好员工安置问题，保持员工队伍稳定。全年转岗分流近 9 000 人。

第二节　减员与安置

1998 年 11 月上海地区钢铁企业联合重组后，宝钢集团开始推进老企业改造、调整产业产品结构，相关老企业推出一系列劳动人事制度改革举措，加大减员分流力度。

2000 年 3 月 28 日，宝钢集团设立就业管理中心，与上海冶金再就业服务中心同时运作，“两块牌子、一套班子”，并下发《关于上海宝钢集团公司 2000 年减员分流、再就业工作意见和政策》，明确规定：男性 55 周岁、女性 45 周岁以上下岗人员，经本人与企业协商一致，可签订离岗退养协议，享受离岗退养政策。1984 年后社会招收的劳动合同制职工，合同期满或失去岗位后，必须与企业办理终止劳动合同或协商解除劳动合同手续，直接进入劳动力市场；原固定制职工，凡男性 40 周岁、女性 35 周岁以下的下岗人员，原则上应与企业协商解除劳动合同，进入劳动力市场；对男性 40 周岁、女性 35 周岁以上的下岗人员，应鼓励其走向劳动力市场，经双方协商一致，可与企业解除劳动合同。具体政策和配套措施主要有：对大年龄段下岗职工，原则上保障其基本生活，有条件、有期限地实施退养；对低年龄段下岗职工，鼓励其与企业解除劳动合同，直接走向劳动力市场自主就业，除按国家政策规定给予经济补偿外，另适当增加一次性补贴；对中年龄段下岗职工，组织其参加培训，增强就业竞争能力，鼓励其从事“三产”、非正规就业或自谋职业。对部分就业确有困难的下岗职工，由宝钢集团就业管理中心和各子公司帮助组织劳务输出。宝钢集团下属各子公司相应设立就业管理分中心或具有法人资格的经济实体（劳动服务公司），具体负责企业下岗人员的管理和分流工作。就业管理中心主要负责对宝钢集团下岗人员的职业指导、职业介绍、就业培训、劳务输出和再就业专项资金的管理、就业渠道的开拓及对下属各企业就业管理分中心或劳务公司的业务指导、协调和服务。

根据这一政策，宝钢集团有序推进减员分流、再就业工作。

宝钢一钢：2000 年的员工总数为 27 464 人。2000—2010 年，新进员工 2 325 人；减员分流 28 171 人，其中包括 2005 年钢铁主业实施一体化管理，4 400 人进入宝钢不锈。截至 2010 年底，宝钢一钢有员工 1 618 人。

宝钢浦钢：随着平炉等一系列落后装备的淘汰，从 1999 年开始逐步加大减员分流的力度。5 月 11 日，宝钢浦钢职代会主席团扩大会议审议通过《关于进一步推进 1999 年再就业工作的意见》

《浦钢公司1999年减员增效推进再就业工程的实施方案》和《浦钢公司1999年减员增效推进再就业工程的实施细则》，加大政策力度，形成7种渠道分流富余人员：企业内部退养；协议保留社会保险关系；协商变更劳动合同后停薪留职；下岗人员组织起来，进行生产自救或非正规就业；转岗培训分流；协商解除劳动合同，进入劳动力市场再就业；劳务输出，包括推荐给其他企业、出国劳务输出等。1998年年底，宝钢浦钢员工总数为20 771人，截至2007年年底，宝钢浦钢员工总数为5 663人（其中在岗4 282人），其间累计进员2 931人。1998—2007年，宝钢浦钢实际减员18 039人。

宝钢五钢：2000年3月31日，通过《五钢2000年减员分流再就业工作实施办法》，确定从2000—2004年的5年内，钢铁主业的员工总数降至5 000人。2001年5月17日，宝钢五钢召开各分厂、部门工会主席会议，表决通过《五钢2001年构筑人才高地推进转岗分流实施办法》。2002年4月29日，制定《2002年减员分流再就业实施办法》，确定2002年公司减员分流的重点是钢铁主业，确保年内实现分流1 300人，并在2年内实现钢铁主业降至5 000人的规划目标。2004年7月16日和8月25日，宝钢五钢带钢厂、转炉厂相继关停。截至年底，共有4 154名员工选择协商解除劳动关系，235名员工通过转岗实现再就业。

宝钢梅山：1999年，制订《宝钢集团上海梅山有限公司减员分流再就业工作方案》，着手分流安置因公司产品结构调整、机构精简等原因而产生的富余人员。全年，减员分流1 281人。2000年，减员分流3 460人。2001年，499人办理协解。2002年，减员分流1 995人。2003年，136人办理内退和内部待养，237人协解，102人辞职、终止劳动合同。2004年，宝钢梅山化工分公司划归宝钢化工和梅山街道属地，共减员730人；办理终止、解除劳动合同130人，办理退休283人。

2000—2010年，宝钢集团共投入再就业专项资金25.98亿元，分流安置1.55万余名下岗富余人员重新就业，组织各类再就业和转岗培训班900余个，参加培训人数2.765万人。1998年11月上海宝钢集团公司成立之初，集团员工总数为17.65万人。截至2000年年底，共减员分流5.15万人，在岗员工数减至12.50万人。截至2007年年底，共减员分流111 026人，其中协商解除劳动关系39 780人、到期终止劳动关系6 412人、待退休8 867人、离岗退养27 233人、协保3 400人、其他减员14 790、离退休4 156人、分流6 388人；年底，在册员工134 094人（含八一钢铁），其中在岗员工109 379人、离岗员工24 715人。截至2010年，宝钢集团上海地区员工总人数为93 016人，其中在岗员工80 938人、钢铁主业员工40 404人。

2015年，宝钢集团首次明确，将内部统筹提升为人才需求的首要途径，并制订内部人才市场的运行方案。全年通过内部统筹满足的人员需求650人，占总需求量的25%；在集团内进行公开发布的内部招聘信息数量近1 000条。在集团范围内实现了存量人力资源潜力的深度挖掘，有力支撑了欧冶云商的组建，并为宝钢不锈本部等产线关停单元的员工职业转型疏通了渠道。同年，宝钢集团顺应外部环境变化与自身发展需要，控制内退人员规模，合理调整内退人员的待遇水平。通过对宝钢集团内退政策进行全面梳理，拟订总体优化方案，制定、下发《关于优化现行待退休、离岗退养等内退政策的通知》，制定《总部员工待退休、离岗退养管理办法》。

2016年，结合落实国家化解钢铁过剩产能和宝钢集团转型发展战略规划，宝钢集团共统筹2 000余个岗位资源，3 100多名员工从钢铁主业转岗到多元产业。宝钢集团会同宝地置业、欧冶云商、金融业发展中心（华宝投资有限公司），举办产城结合班、产网结合班、产融结合班，开展人才选拔和培训工作，279名员工转型到不动产、互联网、金融等领域工作。同时，为员工分流安置、转型发展争取社会资源，会同上海市委办公厅、市人力资源和社会保障局、民政局、总工会，以及宝山、静安、杨浦、徐汇、虹口、普陀、浦东7个区，举办2场上海不锈钢区域员工转型发展专场洽谈会，283家用人单位提供4 370个招聘岗位；以“定向招聘”“社会招聘、重点关注宝钢员工”的方式，从集团员工中招聘录用居民区党支部书记19人、社区工作者163人。同年，宝钢不锈、宝钢工程、宝钢发展等3家单位涉及上海不锈钢区域去产能工作。全年，上海不锈钢区域分流安置员工1 977人，另有3 500名协力人员分流退出，区域内历史问题得以有效解决。宝钢发展有限公司通过各种政策途径实施员工结构优化，并成立人力资源开发中心，专门从事岗位寻源、转岗培训等员工职业转型发展工作，全年在册员工比2015年减少1 169人，在岗员工比2015年减少1 252人。其中，分流安置219人，自主创择业70人，到龄退休6人。

第六篇

科技工作

概　述

1998年11月上海地区钢铁企业联合重组后，新成立的宝钢集团提出建成中国钢铁行业新工艺、新技术和新材料重要开发基地的目标。

1999年8月，宝钢集团对科技研发力量进行整合重组，在宝钢技术中心基础上，组建宝钢研究院，并给予研究院一系列“特区”政策。同时，重组各子公司的技术中心，初步形成以宝钢研究院为核心的技术创新体系。2000年，形成决策层、咨询层、管理层、实施层等4个层次构成的科技管理架构。2006年4月，颁布《宝钢技术创新体系发展纲要》，提出要着重建设三大子体系（研究开发体系、工程集成体系、持续改进体系），提升十大能力（创新体系统筹策划能力、创新体系组织保证能力、技术成果转化和固化能力、研发条件保障能力、技术标准战略实施能力、创新文化渗透能力、激励机制导向能力、科技人员综合素质能力、知识产权战略运作能力、外部技术资源利用能力）。2007年10月10日，《宝钢知识产权战略（2007—2012年）》通过技术创新委员会审定。截至2010年，具有宝钢特色的涵盖研究开发、工程集成、持续改进三位一体互动协同的技术创新运行体系初具雏形。2012年，对整体研发体系及运作机制进行全新变革，组建宝钢集团中央研究院（技术中心）（简称中央研究院），形成以中央研究院为核心的研发体系。作为首批国家级技术中心，中央研究院具备钢铁生产全流程的数值模拟、物理模拟和中试试验为主的实验模拟能力，实现以提炼模拟对象物理本质为特征的实验设备自主开发能力，拥有重大工程自主集成创新的支撑能力和节能减排为主要研究对象的可持续发展技术研发能力；建有代表国内汽车用钢最高水平的汽车用钢开发与应用技术国家重点实验室、国家硅钢工程技术研究中心，分析检测能力获“国家认可实验室”和“国家实验室能力验证提供者”资质。上海宝信软件股份有限公司（简称宝信软件）技术中心被认定为中国第13批国家级技术中心（分中心）。

在工艺技术和装备研发方面，宝钢集团通过聚焦九大类关键共性技术（高产能低成本炼铁综合技术、洁净高效炼钢生产技术、精密轧制技术、表面处理技术、一贯制技术、环保技术、能源与资源再利用技术、装备与检测技术、模型技术）和五大前沿技术（非高炉炼铁技术、薄板坯连铸连轧技术、薄带连铸连轧技术、连续带钢真空镀膜技术、氧化物冶金技术），依托宝钢不锈钢工程项目、宝钢浦钢搬迁罗泾工程（简称罗泾工程）项目和上海梅山钢铁股份有限公司（简称梅钢公司）冷轧集成工程项目，逐步提升科研向工程转化的能力。在冶金新产品新材料研发方面，集聚在汽车（尤其是中高档轿车）用钢、取向硅钢、家电用钢、石油天然气长输管线钢、油井管、高压锅炉管、无取向硅钢、不锈钢、特种合金钢和高等级建筑用钢等领域十大类产品的核心技术，为神舟系列航天飞船和探月工程、中国大飞机的关键部位提供耐高温材料。宝钢集团还通过钢铁主业一体化协同运作，向薄弱单元进行产品、技术和装备推广，并逐渐通过向工艺技术集成甚至生产线的技术推广活动转移来增强技术创新的整体实力。

同时，宝钢集团围绕市场需求，推行生产—销售—科研开发部门的“业务过程再造”，以产品的实现程度和用户满意为标准，推动宝钢内部统一面向市场，建立“目标共有、责任共担、信息共享”的产销研一体化运作模式。通过利用外部科技资源——产学研合作与国际交流合作等途径，不断探索和完善“开放式自主集成创新”的组织模式，丰富“开放式自主集成创新”的内涵，增强技术创新实力和可持续发展能力。经过长期摸索和完善，宝钢的技术创新队伍也在不断探索中从无到有、从数量增长到质量飞跃的发展中不断壮大和逐渐定型。截至 2016 年年底，宝钢集团已基本形成由 3 个不同层面组成的完整的技术创新队伍（即以中央研究院为主体，通过产销研和产学研紧密结合的研究开发队伍；以生产现场为重点，以稳定提高和精益运营为特征的持续改进队伍；以工程项目为载体，生产、研发、设计和制造四位一体的工程集成队伍），逐步形成宝钢技术创新的体系能力。

2008 年 7 月，宝钢集团被命名为“国家首批创新型企业”。2009 年，宝钢技术中心获“国家认定企业技术中心成就奖”。2010 年，宝钢集团入选“中国企业自主创新 TOP100（工业）”前三强。2011 年，宝钢集团获“中国十大创新型企业”称号。

第一章 机构设置

1998年11月上海地区钢铁企业联合重组后，宝钢集团对科研力量进行整合重组，形成以决策层、咨询层、管理层、实施层等4个层次构成的科研管理架构。经过多年的实践运作，宝钢集团建立并完善了由技术创新委员会、技术专家委员会(专家资源库)、中央研究院组成的统一指挥、科学决策、专家咨询、分层管理的宝钢技术创新组织体系和科学的决策体系。宝钢集团科研机构主要有中央研究院、梅钢公司(宝钢梅山)技术中心、宝信软件技术中心、上海宝钢化工有限公司(简称宝钢化工)技术中心等。成立于1984年12月的宝钢科学技术协会更名为“宝钢集团科学技术协会”(简称宝钢科协)。

第一节 管理机构

宝钢科研管理机构中的宝钢技术创新委员会、技术专家委员会(专家资源库)分别承担科学决策、专家咨询和评估职责；宝钢集团科技创新部统筹管理集团层面的协同创新；中央研究院通过“一所对一厂”协同工作模式，支撑各钢铁制造单元新产品研发、技术降成本和重大质量协同攻关。

一、决策层

宝钢技术创新委员会是宝钢的科研决策机构。其雏形始于宝钢科技工作会议制度。1997年11月14日，宝山钢铁(集团)公司成立技术创新的决策机构——宝钢技术创新委员会，负责宝钢技术创新的战略目标和阶段目标、科技发展规划、技术创新政策、制度、年度科研计划等的审定。1998年1月24日，宝钢召开首次技术创新委员会会议。

2000年10月31日，宝钢集团成立由总经理任主任委员、20多人组成的首届技术创新委员会，主要负责审定宝钢集团技术创新工程的发展战略和实施方案；审定宝钢集团科技工作方针、政策、制度和规划；审定宝钢集团重大研究方向、重点研究开发课题及投资预算，审定宝钢集团年度重点科技开发项目支持目录，审定宝钢集团年度科技开发计划(含项目及经费预算)和执行情况；审定宝钢集团技术创新评价体系及考评结果；审定宝钢集团科技奖励的总体水平及实施方案。宝钢集团所属主要钢铁子公司宝山钢铁股份有限公司(简称宝钢股份)、宝钢集团上海第一钢铁有限公司(简称宝钢一钢)、宝钢集团上海五钢有限公司(简称宝钢五钢)、宝钢集团上海梅山有限公司(简称宝钢梅山)等也相继成立技术创新委员会。2006年10月12日，宝钢集团技术创新委员会举行全体委员会议，将技术创新委员会组成人员扩大至30多人。

2007—2016年，宝钢技术创新委员会定期召开会议，审查宝钢技术创新体系发展状况和重点科研项目的进展情况，审定新的发展规划，审定技术创新重大成果奖奖励方案。2016年，宝钢集团加速核心技术的开发和重大专有技术的形成，当年有23个项目获宝钢科技创新重大成果奖。

二、咨询层

1997年11月14日，宝钢成立技术专家委员会。该委员会是宝钢技术创新委员会的咨询、顾问机构，由宝钢技术业务专家、部分离退休专家、技术业务骨干、青年科技拔尖人才和少量客座专家所组成。其主要职责是：审议宝钢实施技术创新工程的战略、方针、规划和年度计划，审议宝钢重大技术创新项目（包括科研、技改项目等）的立项可行性报告，负责宝钢重大技术创新项目的中间评估、结题评审或后评估，参与对宝钢高层次技术人员的考核评价和审议继续工程教育方案，接受技术创新委员会委托的其他相关咨询任务。同时建立宝钢专家资源库，作为技术专家委员会活动的支撑，并根据具体情况及时调整、补充。首届技术专家委员会成员 22 人，聘期 2 年，设主任委员 1 人。1997 年 12 月 16 日，宝钢技术专家委员会召开首次会议。

1998 年 11 月上海宝钢集团公司成立后，随着内部业务范围的扩大和技术创新体系的优化，2000 年 10 月 13 日，将由原来固定的、以宝钢内部专家为主组成的技术专家委员会改进为虚拟的、包括国内外相关专业技术和经济管理等领域专家组成的专家资源库，其职责调整为对宝钢集团科技发展规划、年度重点科技开发项目支持目录和年度科技开发计划提出咨询意见，负责对宝钢集团重大技术创新项目进行评审和评估，负责向宝钢技术创新委员会提供各类审议事项的咨询报告或建议。宝钢集团下属主要钢铁子公司宝钢股份、宝钢一钢、宝钢五钢、宝钢梅山也先后建立技术专家委员会或技术创新专家库。

2016 年，宝钢专家资源库拥有相关专业技术和经济管理等领域专家 101 人。

三、管理层

宝钢早期的科技管理职能由技术部（处）承担。1995 年年底，科技处从技术部成建制划转至宝钢技术中心，宝钢技术中心设立科研管理处和知识产权处，加强科研项目和知识产权的管理职能。

1998 年 11 月上海宝钢集团公司成立后，设规划发展部科技处，归口管理科技工作。1999 年 8 月 5 日，成立宝钢研究院，与宝钢技术中心实行“两块牌子、一套班子”运作，称“宝钢研究院（技术中心）”。2003 年 6 月，以宝钢集团规划发展部下属的科技处、规划处为基础设立科技发展部，归口管理科技工作。

2005 年 5 月宝钢集团实行钢铁主业一体化运作后，对科技管理体制进行调整和完善，在宝钢研究院（技术中心）下设科技管理部，将宝钢集团科技管理职能和宝钢股份的科技管理职能统一，同时在宝钢研究院（技术中心）设知识产权部，统一归口宝钢集团和宝钢股份的知识产权管理。2006 年 3 月，在宝钢股份增设科技发展部，负责宝钢集团和宝钢股份的科研管理工作；增设知识资产部，负责宝钢集团和宝钢股份的知识产权管理工作。宝钢研究院（技术中心）科技管理部更名为“科研管理部”，负责具体科研工作。2007 年 4 月，宝钢股份对科技发展部和知识资产部进行重组，成立宝钢股份知识资产部（科技发展部），归口管理宝钢集团和宝钢股份的技术创新体系、科研、知识产权、技术交流与合作等工作。至此，宝钢集团基本形成以宝钢股份知识资产部（科技发展部）为主要管理职能部门和以宝钢研究院（技术中心）为主体的研发部门组成的技术创新组织构架。

2012 年 6 月 19 日，宝钢集团对整体研发体系及运作机制进行全新变革，组建宝钢集团中央研究院（技术中心），与宝钢股份研究院（技术中心）一体化运作。中央研究院设立理事会，实行理事会领导下的院长负责制。作为宝钢的共享研发平台，中央研究院承担三大主要任务，即面向钢铁主业，开发新一代钢铁技术和新产品，研究绿色钢铁制造技术和全产业链节能减排技术；面向多元产业，为多元产业的持续发展提供技术支撑和创新平台；聚焦国家产业振兴规划，加大前瞻性新材料、新能源技术研究，为宝钢未来的发展探索新的业务增长点。2014 年，宝钢集团进一步优化研发协同与共享模式，按照沪内钢铁“一对一”、沪外钢铁“平台共享＋项目支撑”、多元产业“联合研发中心”等多种模式，实现宝钢集团内研发协同。

2016年，宝钢集团设立科技创新部，统筹管理集团层面的协同创新；瞄准成果转化“最后一公里”问题，明确宝钢设计院成果产业化平台和桥梁作用；中央研究院完善“一所对一厂”协同工作模式，支撑各钢铁制造单元新产品研发、技术降成本和重大质量协同攻关。

第二节　主要院所

宝钢集团钢铁科研机构主要有2家，其中宝钢集团中央研究院（技术中心）/宝钢股份研究院（技术中心）主要承担宝钢股份普碳钢、不锈钢、钢管条钢、特钢等科研开发，同时为各子（分）公司提供全方位新产品、新工艺、新技术、新装备等科研开发和技术支撑服务；梅钢公司（宝钢梅山）技术中心设在梅钢公司（宝钢梅山）。另外，还有非钢企业的科研机构，主要是宝信软件技术中心、宝钢化工技术中心等。

一、宝钢集团中央研究院（技术中心）/宝钢股份研究院（技术中心）

【机构沿革】

1985年9月，宝钢中心试验室建成，隶属于宝钢总厂技术部。中心试验室的设置旨在保证宝钢生产的长期稳定，并为提高产品质量、进行品种开发提供研究场所。1988年10月19日，宝钢总厂在技术部中心试验室的基础上成立宝钢钢铁研究所（简称宝钢钢研所），下设炼铁、炼钢、钢板、钢管、物理、焊接、耐材等专业研究室。主要任务是：消化、吸收宝钢引进的工艺技术，跟踪国际发展趋势，研究开发钢铁新产品、新技术和新工艺，研究资材国产化，研究和制定相关检测方法与标准等。宝钢钢研所在提高宝钢产品质量和新品种开发方面，在宝钢从消化引进新技术逐步向开发创新的转化方面起了重要作用。1997年，宝钢钢研所隶属宝钢技术中心管理。

1994年，宝钢筹建技术中心。11月10日，宝钢技术中心被国家经济贸易委员会（简称国家经贸委）、国家税务总局和海关总署联合认定为享受国家优惠政策的企业（集团）技术中心；12月，宝钢技术中心被认定为国家级企业技术中心。1995年7月21日，宝钢技术中心成立。1997年7月4日，宝钢被确定为上海市首批9家技术创新试点单位之一；8月21日，宝钢又被确定为首批6家“全国技术创新试点企业”之一。宝钢技术中心的主要任务是：通过对钢铁工艺、技术、装备的超前研究，解决生产过程中的重大技术问题；开发具有突破性的新工艺、新技术、新装备和新产品；以产品为龙头，带动相关工艺、技术、装备和材料的研究；重视引进技术的系统消化、吸收和二次创新以及对已有科研成果的综合集成和二次开发等。

1998年11月20日，将宝钢技术中心更名为“上海宝钢集团公司技术中心”（简称宝钢技术中心）。1999年5月28日，宝钢集团向国家经贸委报送“上海宝钢集团公司技术创新试点方案”，6月21日，获国家经贸委批准。8月5日，成立宝钢研究院，与宝钢技术中心实行“两块牌子、一套班子”运作，称“宝钢研究院（技术中心）”，定位调整为：构建高层次、高水平、多学科、多功能、开放型的、研究开发和成果应用一体化的、世界一流的研究开发基地。2000年2月3日，宝钢股份成立研究院（技术中心）。年底，宝钢研究院（技术中心）/宝钢股份研究院（技术中心）下属研究机构有：冶金工艺研究所、产品研究所、用户技术研究中心、分析测试研究中心、设备研究所、自动化研究所、科技信息研究所、新型材料研究所(筹)及筹建组。至此,宝钢研究院(技术中心)/宝钢股份研究院(技术中心)作为宝钢技术创新的主体地位基本确立。2004年1月,宝钢研究院(技术中心)/宝钢股份研究院(技术中心)成立硅钢研究所。2006年6月,成立科研管理部,负责管理研究院科研工作。同年,在原学术委员会基础上,成立宝钢研究院学术工作委员会。2008年1月,组建不锈钢技术中心。6月,组建特殊钢技术中心。2009年12月,组建钢管条钢技术中心。2010年7月,撤销炼铁新技术研究所、环境与资源研究所,成立炼铁与资源环境研究所。截至2010年年底,宝钢研究院(技术中心)/宝钢股份研究院(技术中心)拥有不锈钢、钢管条钢、特钢等3个技术中心,自动化、设备、前沿技术、冶金工艺、炼铁与资源环境、硅钢、焊接与表面技术、汽车用钢用户技术研究中心、结构钢等9个专业研究所,以及分析测试研究中心、试验保障中心、情报中心等3个技术支持与支撑部门。具备薄带连铸、表面纳米等冶金前沿技术等方面的研发能力,具备高等级汽车用钢、家电用钢、建筑结构用钢等新产品研发和用户技术研发能力,具备自动控制、冶金工艺装备、资源与环境的研究能力。拥有规模较完整的冶炼、轧钢中试基地和装备先进的分析检测手段,分析测试研究中心获"中国合格评委国家认可委员会"授权的"检测实验室国家认可"和"能力验证提供者国家认可"双重资质。2011年,宝钢股份在厚板部下设厚板研究所,与宝钢研究院(技术中心)/宝钢股份研究院(技术中心)厚板研究所(原结构钢研究所)实行"一支研发队伍、两块牌子"的运行模式。同年,组建热轧产品研究所,为热轧产品提高质量、降本增效及热轧产品的市场开拓提供技术支持。

2012年6月19日,宝钢集团对整体研发体系及运作机制进行变革,组建宝钢集团中央研究院(技术中心),与宝钢股份研究院(技术中心)一体化运作,称"宝钢集团中央研究院(技术中心)/宝钢股份研究院(技术中心)"。2013年,宝钢集团推进以中央研究院为核心的"一院多中心"研发体系建设,探索实施"一厂对一所"、联合研发中心等形式,形成支撑宝钢集团的模式和机制。中央研究院完成炼铁、炼钢、厚板、热轧、冷轧、硅钢研究单元与宝钢股份直属厂部制造单元的全面对接,建立研究所所长在对口厂部兼职的工作机制。在钢管条钢事业部、宝钢不锈、宝钢特钢建立技术中心,形成服务在沪钢铁子公司的"一对一"模式。以任务化模式高效协同沪外钢铁子公司开展研发支撑工作。与多元产业共同成立"中央研究院—宝钢工程技术集团有限公司轧辊联合研发中心""中央研究院—宝钢发展有限公司资源综合利用联合研发中心",共同探索运行机制,共同策划创新项目,共同推进成果转化。2014年11月7日,中央研究院为构筑支持宝钢集团钢铁经营主体新模式,整合长材研发资源,提高宝钢长材产品的市场竞争力,组建成立长材研究所。

2016年年底,中央研究院有员工730人。其中:科研人员436人,占员工总数60%;宝钢技术业务专家38人;享受国务院政府特殊津贴人员12人;宝钢首席研究员、首席实验师63人;教授级高级工程师71人;高级工程师247人;具有博士学位的有191人,占员工的比例为26.20%。

【主要科研成果】

1999—2009年,宝钢研究院(技术中心)先后承担宝钢和国家级研究项目520项,代表国家和行业制定标准13项,形成自主集成创新技术11项,专利和技术秘密分别累计达956件和869件,完成新产品转产数300多个牌号,获国家级和行业、协会以上成果奖13项。连续3次(2005年、2007年和2009年)在全国企业技术中心排名中名列第二,并获2009年"国家认定企业技术中心成就奖"。宝钢研究院(技术中心)基本建设成为国内高层次、高水平、多学科、多功能、开放型的集研究开发和成果应用于一体的科研开发基地和科技人才高地。2010年,发表科研论文165篇,申请钢铁主业发明专利143件;实现科研经济效益1.41亿元;获冶金科学技术奖3项、上海市科技进步奖4

项、宝钢技术创新重大成果奖17项，8项新产品被认定为上海市高新技术成果，12个项目进入国家科技支撑计划。至2010年，在国家级企业技术中心考评中，宝钢研究院(技术中心)连续5年名列全国冶金行业第一。

2012年，中央研究院钢铁主业发明专利受理176件；获冶金科学技术奖3项、上海市科技进步奖2项、宝钢技术创新重大成果奖10项，11项35个牌号新产品被认定为上海市高新技术成果，4个项目纳入国家科技支撑计划。2013年，中央研究院申请发明专利203件、国际专利24件；获国家科学技术进步奖一等奖1项、冶金科学技术奖4项、宝钢技术创新重大成果奖7项；"脱硫脱硝设备用极低碳搪瓷钢板"等9项新产品37个牌号被认定为上海市高新技术成果；"能源化工用高强度不锈钢宽厚板控轧控冷关键技术研究"等科研项目获政府科研资助1 000万元。2014年，中央研究院申请发明专利221件、国际专利28件；形成用户整体技术解决方案17个；获国家科学技术进步奖一等奖1项、冶金行业及上海市科技进步奖3项、宝钢技术创新重大成果奖14项；"热镀锌超高强钢"等7项新产品32个牌号被认定为上海市高新技术成果；"厚板连铸机大压下扇形段研制与工艺应用"等项目获政府科研资助1 000万元。2015年，中央研究院申请发明专利210件、国际专利24件；"铁镍基合金油套管关键工艺技术及产品开发""高牌号无取向硅钢酸连轧工艺技术开发与应用"项目获冶金科学技术奖一等奖，另有上海市科技进步奖2项、宝钢技术创新重大成果奖14项；"高酸性深井用镍基合金油套管的制造方法"等4件专利获第21届全国发明展览会金奖、"1 000兆帕级以上汽车用超高强热镀锌双相钢"等2件专利获第27届上海市优秀发明选拔赛金奖。

2016年，中央研究院申请发明专利131件、国际专利22件；"薄带连铸连轧产品、工艺与装备一体化技术研发"项目获冶金科学技术奖特等奖；另有2个项目获冶金科学技术奖二等奖；由中央研究院负责或参与研发的11个项目获宝钢技术创新重大成果奖；"一种高磁感取向硅钢及其生产方法"获第18届中国专利优秀奖、"高酸性深井用Ni(镍)基合金油套管的制造方法"等4件专利获第21届全国发明展览会金奖。

二、梅钢公司(宝钢梅山)技术中心

【机构沿革】

1974年4月，梅山工程指挥部着手筹建中心试验室(简称梅山中试室)。1975年，梅山中试室成立。1981年，梅山中试室成立计控室。中试室与计控室实行"一套班子、两块牌子"运作。1987年1月，梅山中试室更名为"上海梅山冶金公司钢铁研究所"(简称梅山钢研所)，体制上同计控所分离。同年底，梅山钢研所下设工艺、物理、化学等3个专业研究室和1个综合性办公室，承担上海梅山冶金公司(简称梅山)钢铁生产新技术、新工艺、新产品的研究开发。1996年6月，梅山对科技体制进行改革，以梅山钢研所、技术处为基础，组建集技术管理、科研、咨询服务、工贸于一体的上海梅山(集团)有限公司科学技术中心(简称梅山技术中心)。梅山技术中心与技术处、钢研所实行"一套班子、三块牌子"运作，下设铁前工艺科、炼轧钢工艺科、技术标准科、物理研究室、化学研究室、炼轧钢工艺研究室、铁前工艺研究室、表面技术研究室、热轧检测站等14个科室。

2000年，宝钢梅山成立技术中心，初步建立以技术中心为核心、层次明晰的三层技术创新体系，即由各单位现场技术人员承担的主要解决现场生产难点和成果转化的基础层；由技术中心承担的既协助解决重大技术问题，又重点抓新工艺、新技术、新材料、新产品开发的核心层；由宝钢梅山以外的院所构成的产学研基地外协层。2001年，被上海市经济委员会认定为上海市级企业技术中心。2004 年 10 月，宝钢梅山技术中心划入梅钢公司，与科技部实行“两块牌子、一套班子”运作，负责梅钢公司技术创新管理工作。2005 年，首次评选公司十大科技成果，等级为一、二、三等奖。以后每年评选表彰十大科技成果。2006 年，推行宝钢股份现代化管理，健全技术创新机制，培育技术创新文化，推进公司技术进步，提高公司核心竞争力。2012 年，梅钢公司技术中心被认定为江苏省镀锡板工程技术中心。截至 2016 年年底，梅钢公司技术中心下设综合管理室、科技管理室、热轧产品研究所、冷轧产品研究所、炼钢技术研究所、炼铁与环境资源技术研究所、焊接与腐蚀技术研究所、检测实验室。

2016 年年底，梅钢公司技术中心共有职工 125 人。其中，专职研发人员 56 人，具有高级职称 35 人(含教授级高级工程师 2 人)，中级职称 51 人。

【主要科研成果】

1999—2016 年，梅钢公司(宝钢梅山)共申请中国专利 2 440 件，其中发明专利 1 010 件；申请国外专利 2 件；授权专利 1 540 件，其中发明专利 267 件。登记计算机软件著作权 13 项，认定企业技术秘密 2 389 项。

1999—2016 年，梅钢公司(宝钢梅山)技术中心对瓶颈环节、重点领域，以降本增效、环境经营、产线顺行和掌握核心技术为导向，开展科研攻关，加速新产品开发，重点开发了家电用钢、汽车用钢、镀铝锌高强钢、耐腐蚀钢、耐候钢、精冲钢、差异化镀锡板等 460 个牌号新品种。

表 6-1-1　2001—2015 年梅钢公司(宝钢梅山)技术中心科技成果获奖情况表

序号	获奖项目名称	奖项名称	奖项等级	授 奖 单 位	获奖时间
1	梅山无底柱分段崩落法加大结构参数的研究	冶金科学技术奖	一等奖	中国钢铁工业协会、中国金属学会	2001 年 7 月
	梅山无底柱分段崩落法加大结构参数的研究	国家科学技术进步奖	二等奖	中华人民共和国国务院	2001 年 12 月
2	板带钢集成制造执行系统的开发与应用	冶金科学技术奖	二等奖	中国钢铁工业协会、中国金属学会	2006 年 8 月
	板带钢集成制造执行系统的开发与应用	南京市科技进步奖	二等奖	南京市人民政府	2006 年 12 月
	板带钢集成制造执行系统的开发与应用	江苏省科技进步奖	三等奖	江苏省人民政府	2006 年 12 月
3	CRI2002 企业铁路智能运输调度综合信息平台	安徽省科学技术奖	一等奖	安徽省人民政府	2006 年 1 月
	CRI2002 企业铁路智能运输调度综合信息平台	国家科学技术进步奖	二等奖	中华人民共和国国务院	2007 年 12 月
4	板坯连铸机动态轻压下技术的研究、开发及应用	冶金科学技术奖	二等奖	中国钢铁工业协会、中国金属学会	2007 年 8 月
5	掺烧高炉煤气锅炉烟尘处理技术开发应用	冶金科学技术奖	三等奖	中国钢铁工业协会、中国金属学会	2008 年 11 月

〔续表〕

序号	获奖项目名称	奖项名称	奖项等级	授奖单位	获奖时间
6	梅钢转炉高效复吹技术集成	冶金科学技术奖	三等奖	中国钢铁工业协会、中国金属学会	2009年8月
7	高强度低碳贝氏体复相(细晶铁素体)热轧薄板开发研究及应用	江苏省科技进步奖	三等奖	江苏省人民政府	2009年1月
		南京市科技进步奖	三等奖	南京市人民政府	2009年5月
8	热轧板带集约化生产技术的研究开发	冶金科学技术奖	三等奖	中国钢铁工业协会、中国金属学会	2010年8月
		南京市科技进步奖	二等奖	南京市人民政府	2011年1月
9	套筒石灰窑长寿和节能生产技术自主创新	江苏省科技进步奖	三等奖	江苏省人民政府	2012年2月
		南京市科技进步奖	三等奖	南京市人民政府	2012年2月

三、宝信软件技术中心

【机构沿革】

宝信软件是宝钢集团信息服务产业的平台企业,2000年4月18日成立,2001年4月上市。同年,宝信软件设置研发部(研发实体组织)、科技管理部(科技职能管理部门)。2006年,组建集中分布式研发体系。集中研发由研发部负责,分布式研发体系由各事业本部研究所组成。2013年,成立技术中心,并投入65.20万元设立"宝信软件创新基金"。2014年,基金额度扩大至1 140万元,新设立创新基金项目4项,累计创新基金项目7项。2016年,颁布"分布式研发激励"制度,对持续产出的高效研发项目进行奖励,当年有1个项目获25万元奖励金额。

【主要科研成果】

重大项目方面。2002年,"冷连轧先进控制技术集成"被列入国家发展与改革委员会高技术产业化示范工程项目,"冶金工业制造执行系统(MES)关键技术研究与示范应用"项目被列入科学技术部国家高技术研究发展计划("863"计划);2004年,"冶金工业MES关键技术(EMS-EAM-IPS)研究与应用"项目被列入国家高技术研究发展滚动计划("863"计划);2005年,"高炉综合自动化的产业化"项目被列为国家发展和改革委员会高新技术产业化专项;2007年,宝信软件主持的《制造执行系统(MES)规范》被信息产业部批准推荐为电子行业标准,"钢铁企业产业损害智能预警监测软件平台研发与产业化"被信息产业部列入2007年度信息产业发展基金项目;2008年,2个项目被列入2008—2009年度科学技术部科技计划立项项目,其中"宝信基础能源管理系统"项目被列入国家重点新产品计划立项项目,"城市信息一体化监控指挥平台"被列入国家火炬计划立项项目;2013年,上海市重大技术改造项目——"宝之云"一期项目获政府资助;2014年,上海市现代服务业综合试点项目——"宝信软件技术研发中心云计算项目"获政府资助;2016年,上海市科委高新技术产业化处专项——"基于自主知识产权的重型装载机器人核心部件及集成系统开发项目"获政府资助。

资质奖项方面。2003年,宝信软件技术中心被认定为上海市浦东新区研发机构;2004年,宝信软件技术中心被认定为上海市级技术中心;2005年,宝信软件获"国家规划布局内重点软件企业"

称号，排名全国第三；2006年，宝信软件技术中心被认定为第三批国家级技术中心（分中心），宝信软件被中华人民共和国科学技术部、国务院国有资产监督管理委员会（简称国务院国资委）、中华全国总工会确定为首批创新型企业试点单位，宝信软件获“上海市质量金奖”企业称号；2011年，宝信软件获中国合格评定国家认可委员会（CNAS）实验室认可；2013年，宝信软件被认定为国家技术创新示范企业，宝信软件获上海市质量金奖“市长奖”。

知识产权方面。2005年，宝信软件被列入上海市第一批知识产权示范企业（培育企业）、专利试点企业，2006年被授予“上海市首批知识产权示范企业”，2013年获第一批“国家知识产权优势企业”称号。

四、宝钢化工研究院（技术中心）

【机构沿革】

前身为1995年1月成立的宝山钢铁（集团）公司化工公司中间试验厂；2001年12月，成立上海宝钢化工有限公司技术中心。

2003年1月30日，宝钢化工技术中心通过上海市级企业技术中心认证，并申报上海市高新技术企业，10月通过复评，12月获“上海市高新技术企业”称号。2005年5月，上海宝钢化工有限公司进入宝钢股份成为其下属分公司（即宝钢股份化工分公司）后不具有独立法人资格，宝钢化工技术中心因此失去上海市级企业技术中心资格。2007年9月，宝钢股份化工分公司恢复为上海宝钢化工有限公司。2012年7月26日，宝钢化工在原有公司技术中心的基础上，整合各子（分）公司（宝山分公司、梅山分公司、苏州宝化炭黑有限公司）的科研资源，成立宝钢化工研究院（技术中心），承担宝钢化工煤沥青深加工领域、新型煤化工、炭黑等领域的新产品、新工艺、新技术的开发与研究，组织科研成果工业化转化工作；负责收集相关科技信息、国家政策和产业发展等方面的信息，开展对外合作与交流，为规划建设项目提供决策依据；协助各生产单元解决重大生产技术难题、完善生产工艺流程，研究新型的节能和减排技术在公司各生产装置的推广利用；负责公司成熟的生产技术（含知识产权）对外的市场推广，提供国家认可的实验室检化验和检测分析服务等。2014年4月，宝钢化工研究院（技术中心）设立内蒙古乌海分院。

2016年年底，宝钢化工研究院（技术中心）下设煤沥青研究所、精细化学品研究所、梅山生产工艺研究所、技术推广研究所、朱永宁炭黑研发中心等5个研发部门，以及综合管理室、中间试验厂、分析检测中心等3个技术支持与支撑部门。

【主要科研成果】

2001年，宝钢化工技术中心完成科研项目11项；技改项目完成15项，创效益260万元；申报专利3件，受理3项；审定技术秘密9项。2002年，完成化工技改项目16项，科研项目7项，技术贸易1项，专利1件，技术秘密8项，产生年经济效益1 611.50万元。2003年，宝钢化工科研项目结题13项，完成技改项目10项，审定技术秘密9项，授权专利2件，科研技改投入2 741万元，产生技改效益1 645万元。2004年，科研项目结题14项，完成技改项目16项，审定技术秘密24项，申请专利7件，其中发明专利4件，授权发明专利2件。科研投入760万元，技改投入4 818万元；产生经济效益1 073.57万元。其中科研项目“低吲哚含量（＜0.02％）β-甲基萘”被认定为上海市高新技术成果转化项目。

2005年，宝钢股份化工分公司科研项目结题20项，创直接经济效益622.34万元。专利受理15件，其中发明专利6件，实用新型专利9件；获授权实用新型专利4件；评定技术秘密26项。2006年，实施科研项目38项，其中结题20项，产生经济效益838.08万元。专利受理30件，其中发明专利18件；授权专利9件，其中发明专利1件；审定技术秘密30项。

2007年，宝钢化工结题科研项目21项，产生经济效益773.63万元。专利受理301件，其中发明专利181件，授权专利9件；审定技术秘密41件；研发投入率0.91%。2008年，投入研发费用6 441.40万元，研发投入率0.81%。完成科研项目19项，科研产生经济效益436.25万元。专利申请数34件，其中发明专利数19件；专利授权数16件，其中发明专利3件、实用新型专利13件；技术秘密认定数46项。2009年，成立创新者协会，推进创新工作。实现科研项目经济效益676.63万元，合理化建议效益5 194.65万元。专利受理43件，其中发明专利25件；技术秘密认定33项。2010年，科研项目实现经济效益838.53万元，合理化建议效益4 686.10万元。获受理专利37件，其中16件发明专利；获技术秘密18项。签订技术贸易合同5项，技术贸易额226.60万元，获利174.17万元。2011年，"煤系针状焦项目"获上海市高新技术成果转化A类项目，宝山分公司的实用新型专利"一种自动沉降排渣设备"获第20届全国发明展览会银奖，"一期苯加氢工艺环保节能综合改造项目"获上海市财政补贴1 701万元。申请专利42件，实现科研效益1 090.89万元。2012年，申请专利44件，技术秘密26项，科研效益871.01万元。2013年，签订技术贸易合同1项，技术贸易额44.83万元，获利37.93万元。2014年，签订技术贸易合同4项，技术贸易额155.25万元，获利118.62万元。2015年，签订技术贸易合同3项，技术贸易额55.18万元，获利31.03万元。专利"一种测定高温高压下物料粘度的装置"获第115届巴黎国际发明展览会铜奖。

2016年，宝钢化工完成液体古马隆制备研究项目、低异味古马隆树脂技术研究和锂离子电池负极材料用针状焦(生焦)质量控制工艺技术研究。签订技术贸易合同1项，技术贸易额23.12万元，获利14.86万元。

五、上海钢铁研究所

【机构沿革】

1960年，上海市冶金工业局将原来的局中心试验室移址吴淞地区，扩建为上海钢铁研究所(简称上海钢研所)，除设置工艺技术和民用材料、自动化仪表、金相和物理检测、化学分析、技术服务、情报资料等专业研究室外，还根据国家发展军工生产和尖端技术的需要，陆续设置精密合金(金属功能材料)、高温合金及钛合金、难熔金属、军用特殊钢等研究室，连同所属中试二厂，逐步形成集钢铁金属材料和军工新型材料的科研、试制、生产于一体的科研机构。

1998年11月，上海钢研所进入宝钢集团。1999年，根据宝钢研究院按学科建设和以项目带动的组建原则，部分科研领域、相关的科研人员和试验设备，有选择地划入宝钢研究院。2001年1月1日，按照上海市政府统一布置由地方型科研院所转制为科技型企业。9月24日，上海钢研所技术中心通过上海市经济委员会组织的市级企业技术中心评审，并被批准为市级企业技术中心。2003年8月，宝钢集团委托宝钢五钢管理上海钢研所；12月，上海钢研所技术中心与宝钢五钢研究一所、研究二所合并，组建宝钢特钢技术中心。2004年12月，上海钢研所钢铁主体产业组建精密合金分公司，整体归并至宝钢五钢。

2005年5月，上海钢研所核心资产被宝钢股份收购。自此，上海钢研所成为存续公司。

【主要科研成果】

1998年,上海钢研所成功研制某航空工程多种钛合金锻件。其中,Ti6242机匣锻件投影面积达0.48平方米,创造国内钛合金最大锻件纪录。2000年11月,与南方航空311厂共同完成“等温锻造涡扇-11航空发动机TC6钛合金风扇盘工艺及其应用研究”课题,用一种全新的成型思路,实现了锻造精化,解决了风扇盘深孔、细腰的成型关键技术,成功研制出涡扇-11发动机一、二、三级风扇盘。同年,自主研发三元中间合金,研制成功航空发动机盘件、静子转子叶片用TC11钛合金棒材新产品,“大型优质钛合金盘及管坯等温锻件研制”获国防科工委国防科学技术奖二等奖。研制成功高耐磨、高记录密度用FeSiA1磁头(芯片)材料,并在ATM机、POS机磁卡、磁头上广泛使用,其采用粉末冶金技术直接压制烧结方法,属国内首创。2001年,上海钢研所超塑性研究中心并入宝钢五钢,建设国内首条完整的钛合金等温锻造生产线。

六、上海钢铁工艺技术研究所

【机构沿革】

上海钢铁工艺技术研究所(简称上海工艺所)原为上海钢研所的工艺技术分所,1984年10月从上海钢研所划出独立,成为上海市冶金工业局直属科研机构,下设3个研究室。

1998年11月,上海工艺所进入宝钢集团。2001年1月1日,改制为科技型企业。3月28日,上海工艺所技术中心被批准为上海市级企业技术中心。2003年1月7日,上海工艺所被认定为上海市高新技术企业。8月28日,上海工艺所测试中心(钢结构检测站)被中国实验室认可委员会批准为认可实验室。2004年1月7日,宝钢集团决定将上海工艺所委托上海宝钢产业发展有限公司管理。

2005年5月17日,上海钢铁工艺技术研究所更名为“上海宝钢建筑工程设计研究院”,并新增甲级设计总包资质,业务范围拓展到建筑设计、钢结构及公用辅助配套领域。

2010年9月,进入宝钢工程技术集团有限公司,成为其子公司。

【主要科研成果】

2002年,上海工艺所获国家冶金科技奖三等奖1项、上海市优秀新产品奖三等奖2项,被认定为国家重点新产品2项、上海市级新产品2项,完成科技成果鉴定4项,申请中国专利3项,审定本所技术秘密6项。起草编制1项钢筋机械连接ISO国际标准形成CD标准稿,主持修订2项冷弯型钢GB国家标准正式颁布实施,新承接主编国家建设行业标准1项。2003年,有6项课题经过评审后分别列为国家、部市级专项课题和宝钢重点科研项目。其中,“高强度大规格方矩形管及连接件研究”被列为国家“863”计划课题;“钢筋机械连接性能要求及测试方法”被列为“十五”(2001—2005年)国家重大科技专项;“FX130高精度套管用冷弯型钢”被认定为“2003年度国家重点新产品”,并获上海市优秀新产品奖;“双套筒挤压钢筋连接器”成果通过上海市科委的鉴定,成功应用于东海大桥等重大工程,被认定为“2003年度上海市高新技术成果转化项目”“2003年度上海市高新技术成果转化项目百佳”。主编《建筑结构用冷弯矩形钢管》《冷弯钢板桩》等2项建设部行业标准。

第三节　宝钢集团科学技术协会

宝钢集团科学技术协会服务于宝钢的生产经营,主要开展科学技术学术交流活动、技术咨询服务、科技与技术活动、“讲理想、比贡献”竞赛活动、科学技术普及活动、征集评选宝钢优秀科技论文、评选并对外推荐宝钢优秀科技人才、“科技工作者之家”建设等工作。

一、概况

宝钢集团科学技术协会的前身为成立于1984年12月28日的宝钢科学技术协会，1998年11月上海宝钢集团公司成立后更名。2001年12月，宝钢科协秘书机构与宝钢企业管理协会秘书机构合署办公。2002年11月，宝钢科协秘书机构与宝钢金属学会秘书机构合署办公。2003年6月，宝钢科协秘书机构与宝钢企业管理协会秘书机构分离，宝钢科协秘书机构挂靠宝钢集团科技发展部。2005年8月，宝钢科协划转挂靠宝钢研究院交流合作部。2006年8月，宝钢科协秘书机构行政挂靠宝钢股份科技发展部。2013年11月25日，宝钢科协由挂靠宝钢股份科技部调整至挂靠宝钢集团规划发展部。2016年5月，宝钢科协挂靠宝钢集团科技创新部。

宝钢科协是集团党委领导下的宝钢科技工作者群众组织，是上海市科学技术协会的基层组织，是中国科学技术协会所属全国企业科学技术协会成员单位，业务上接受中国科学技术协会、上海市科学技术协会指导。其职责是：开展科学技术学术交流活动；开展技术咨询服务；开展“讲理想、比贡献”竞赛活动；开展科学技术普及活动；征集评选宝钢优秀科技论文；评选并对外推荐宝钢优秀科技人才；协同开展宝钢科技人员的继续工程教育；搞好“科技工作者之家”建设。

表6-1-2 1998—2016年宝钢科协下属专业学会、分科学技术协会情况表

序号	名　称	成立时间	序号	名　称	成立时间
1	宝钢自动化学会	1982年8月	11	宝钢继续工程教育研究会	1990年12月
2	宝钢金属学会	1982年11月	12	宝钢钢渣研究学会	1996年12月
3	宝钢机械工程学会	1983年1月	13	韶钢科学技术协会	1981年1月
4	宝钢交通运输学会	1983年7月	14	梅钢科学技术协会	1987年10月
5	宝钢电机工程学会	1983年12月	15	宁波钢铁分科学技术协会	2011年10月
6	宝钢化学化工学会	1984年1月	16	八一钢铁分科学技术协会	2014年8月
7	宝钢环保和给排水学会	1984年3月	17	宝钢国际分科学技术协会	2014年11月
8	宝钢档案学会	1987年1月	18	宝钢金属分科学技术协会	2014年12月
9	宝钢医药卫生学会	1988年4月	19	宝钢工程分科学技术协会	2015年1月
10	宝钢科技翻译工作者协会	1990年2月			

二、组织建设

2002年8月15日，宝钢科协召开宝钢集团首届科协代表大会，选举产生宝钢科协第一届委员会，宝钢集团副总经理徐乐江当选宝钢科协主席，并成立组织、学术、科普、讲比、咨询、财务等6个工作委员会。2003年，两次召开常委会，研究和审定协会重点工作；召开学术工作委员会、科普工作委员会及若干次秘书长工作会议，讨论科协、学会有关工作；召开若干次科技人员专题工作研讨会，听取科技

人员有关意见。9月10日，宝钢科协常委会及编制领导小组审定通过《上海宝钢集团公司科学技术协会工作发展规划(2003—2007年)》。这是宝钢科协首次编制五年中期工作规划。2004年，对所属学会及子公司科学技术协会系统全体会员重新登记，共完成会员登记及颁发新会员证3 500余人。2007年，召开常委会第五次会议、各学会秘书长工作会议，并完成新会员登记1 000余人。

2008年1月10日，宝钢科协召开第二届代表大会，中国科学技术协会党组书记、常务副主席邓楠出席，宝钢集团董事长徐乐江当选第二届宝钢科协主席。2009年，宝钢科协分别建立不锈钢、特钢、中厚板、宝钢工程、宝钢金属、宝钢国际、宝钢发展、鲁宝钢管科学技术协会联络站。2010年，恢复科技工作者座谈会制度。2011年，宝钢科协成立宁波钢铁分科学技术协会。

2013年12月18日，宝钢科协召开第三届代表大会，选举产生宝钢科协第三届委员会。宝钢集团总经理何文波当选第三届宝钢科协主席。新一届宝钢科协基层组织架构设4个工作委员会、9个专业学会、10个分科学技术协会。2014年，先后组建八一钢铁、宝钢国际、宝钢金属分科学技术协会，成立深加工学会。2015年2月12日—3月15日，宝钢科协召开三届二次全委会及宝钢金属学会七届二次理事会网络会议，审议通过《宝钢科协2014年工作总结及2015年工作计划》《宝钢科协系统人员调整及增补的议案》，宝钢集团总经理陈德荣当选宝钢科协主席。同年，宝钢科协先后组建宝钢工程分科学技术协会，完成自动化学会换届。

三、学术活动

【组织决策咨询】

1998—2016年，宝钢科协开展或牵头组织的重大课题决策咨询论证主要有："上海地区钢铁企业联合技术问题""宝钢建设5米级宽厚板轧机""海砂淡化技术""宝钢原料码头系泊安全监测预警系统""探索宝钢参与上海深水港建设的可行性""宝钢股份初轧产品发展方向及改造方案研究""宝钢一钢2 500立方米高炉鼓风机故障""宽厚板铁路装载、捆扎加固方案""高压电气设备交接试验标准""大都市冶金工业区域环境空气质量分析与改善"。2006年，宝钢金属学会各专业委员会参与国内外相关行业(专业)标准的论证和制(修)订，自动化学会参与编制《国家冶金行业"十一五"(2006—2010年)信息规划》。

【主办、协办、承办科技与学术活动】

1998年11月上海宝钢集团公司成立后，宝钢科协主办、协办、承办、参与的相关科技、学术活动主要有：宝钢科技节、宝钢学术年会、宝钢科技活动周、宝钢青年科技节、"全国节能宣传周"活动、上海国际冶金技术交流会、"上海科技节"活动、上海科技博览会活动、宝钢青年学术年会、科技知识图片展、科技优惠书展、科技交流研讨会、科技知识竞赛、科技考察活动、科技演讲会、医疗咨询活动、世界钢铁协会清洁大气项目开工会、世界钢铁协会清洁大气项目研讨会、宝钢科技共享论坛等。2004年4月3—6日，中国金属学会、日本钢铁协会、韩国金属和材料学会主办，钢铁研究总院、宝钢集团承办，宝钢金属学会协办第二届先进钢铁结构材料国际会议。

2005年4月25—28日，由中国工程院发起，中国金属学会、中国钢铁工业协会组织，宝钢集团承办，宝钢金属学会协办的中国电炉流程与工程技术研讨会在宝钢举行。9月28—30日，由中国工程院主办，宝钢集团、上海市中国工程院院士咨询与学术活动中心承办，宝钢金属学会协办的中国工程院第40场工程科技论坛及2005年中国工程哲学年会在宝钢举行。2006年11月13—17日，中国钢铁协会、汽车工业协会、宝钢股份特殊钢分公司、宝钢金属学会等共同举办汽车零部件用特殊钢国际技术研讨会。2007年10月11日，宝钢承办中德炼钢技术交流会，宝钢、武钢、包钢及德国沙尔吉特、奥钢联、蒂森克虏伯集团等国内外钢铁企业代表在会上作交流发言。2008年10月13—15日，由中国金属学会电磁冶金与强磁场材料科学分会、日本学术振兴会主办，宝钢集团承办的第三届亚洲材料电磁过程学术研讨会在上海召开。2009年10月20—21日，宝钢集团与中国金属学会联合举办第五届国际炼铁科技大会。2010年6月18日，宝钢集团举办中国不锈钢年会。中国钢铁工业协会、中国特殊钢企业协会及国内各大钢铁公司等会员单位代表200余人出席会议。2011年，宝钢金属学会接待北欧钢铁代表团(瑞典哈格纳斯集团、芬兰奥托昆普公司等)来访。2014年4月22—25日，宝钢集团承办中国工程院第178场工程哲学论坛，中国工程院17名院士参加。

表6-1-3　1998—2016年宝钢科技节情况表

年份	主　　题	年份	主　　题
1999	创新——迎接知识经济的挑战	2010	携手建设创新型国家——科技·钢铁·与世博同行
2001	生物科技——为了新世纪人类的幸福		
2003	依靠科学，战胜"非典"	2011	携手建设创新型国家——科技创造美好生活
2005	科技以人为本，坚持走科学发展之路	2012	携手建设创新型国家——科技与文化融合，科技与生活同行
2007	携手建设创新型国家		
2009	携手建设创新型国家	2016	创新、协同、共享

表6-1-4　1998—2016年宝钢学术年会情况表

年份	届别	主　　题	会议主要内容
2004	第一届	可持续的钢铁、可持续的未来	宝钢集团董事长、总经理谢企华和中国金属学会理事长翁宇庆担任学术委员会主席；中国工程院院长徐匡迪，中国科学院院士、中国工程院院士、宝钢顾问委员会首席顾问李国豪和严东生，中国工程院院士殷瑞钰担任顾问；谢企华作题为《可持续发展，宝钢的实践与思考》的主旨报告
2006	第二届	技术创新与循环经济	全国政协副主席、中国工程院院长徐匡迪担任大会名誉主席；宝钢集团董事长谢企华和中国金属学会理事长翁宇庆担任大会主席；谢企华作《合作创新，开创钢铁新天地》的主旨报告
2008	第三届	更好的钢铁、更好的环境、更好的生活	中国工程院院长徐匡迪担任大会名誉主席；宝钢集团董事长徐乐江和中国金属学会理事长翁宇庆担任大会主席；徐乐江作《提升技术能力，实现企业可持续发展》的主旨报告
2010	第四届	绿色钢铁，让世界更美好	中国工程院院长徐匡迪担任大会名誉主席；宝钢集团董事长徐乐江和中国金属学会理事长、中国工程院院士翁宇庆担任大会主席；徐乐江作《新时代　新钢铁》的主旨报告
2013	第五届	新挑战、新钢铁	中国金属学会理事长、中国工程院院士徐匡迪和宝钢集团董事长徐乐江担任大会主席；徐乐江作《以创新为依托，推进宝钢由制造向服务转型》的主旨报告
2015	第六届	更好的钢铁、更好的生活	本届宝钢学术年会也是第十届中国钢铁年会。中国金属学会理事长、中国工程院院士干勇，宝钢集团董事长徐乐江担任大会执行主席；中国金属学会常务副理事长王天义担任大会秘书长；徐乐江作题为《以"互联网+"为驱动力　推进中国钢铁业的转型升级》的主旨报告

表 6-1-5　1998—2016 年宝钢科技活动周情况表

年份	主　　题	年份	主　　题
2002	科技创造未来	2006	携手建设创新型国家
2004	科技以人为本，坚持走科学发展之路	2008	增强自主创新能力，建设创新型企业

【参加国内科技与学术活动】

1998 年 11 月上海宝钢集团公司成立后，多次组团参加中国钢铁年会、中国钢铁大会、中国科学技术协会学术年会、国际钢铁大会、世界工程师大会、亚洲钢铁大会等。在 2004 年 6 月 6—10 日举行的 2004 年中国国际钢铁大会上，宝钢集团董事长、总经理谢企华作题为《企业竞争的新焦点——战略供应链》的报告。在同年 11 月 2—6 日举行的 2004 年世界工程师大会上，谢企华作题为《实现中国钢铁工业的可持续发展》报告。在 2006 年 4 月 17 日举行的第四届中国国际钢铁大会上，宝钢集团董事长谢企华致开幕词，总经理徐乐江作"宝钢发展战略"报告。在同年举行的中国金属学会第八次会员代表大会上，谢企华当选中国金属学会第八届理事会副理事长，徐乐江当选常务理事。在同年举行的中国科学技术协会第七次代表大会上，徐乐江当选中国科学技术协会常委。在 2007 年 11 月 15—17 日举行的 2007 年中国钢铁年会上，宝钢集团董事长徐乐江作题为《提升自主创新能力，实现企业持续发展》演讲。在同年举行的中国金属学会理事会会议上，徐乐江当选为中国金属学会副理事长。在 2008 年 6 月 2 日召开的第五届中国国际钢铁大会上，宝钢集团董事长徐乐江作题为《推进兼并重组，实现中国钢铁业绿色发展》演讲。在 2009 年 11 月 11—13 日召开的 2009 年中国钢铁年会上，宝钢集团董事长徐乐江作题为《勇于创新，实现重点产品技术突破》演讲。

在 2010 年 5 月 9 日召开的第六届中国国际钢铁大会上，宝钢集团董事长徐乐江作主旨演讲。同日，徐乐江在北京会见世界钢铁协会主席保罗·洛卡(Paolo Rocca)。在 2011 年 10 月 25 日召开的中国金属学会第九次代表大会上，宝钢集团董事长徐乐江当选为中国金属学会副理事长，宝钢集团原董事长谢企华当选为名誉理事，宝钢集团总经理何文波当选为常务理事。在 10 月 26—28 日召开的第八届中国钢铁年会上，徐乐江作题为《转变运营模式，迎接市场挑战》报告。在 2012 年 5 月 7—10 日举行的第七届中国国际钢铁大会上，宝钢集团董事长徐乐江作题为《直面挑战，实现转型》演讲。在 2013 年 10 月 22—25 日举行的第九届中国钢铁年会上，宝钢集团董事长徐乐江作题为《以绿色商业模式铸造绿色钢铁——宝钢的认识与实践》演讲。在 2014 年 5 月 18—20 日举行的第八届中国国际钢铁大会上，宝钢集团党委书记、董事长徐乐江作题为《改革、创新、合作——把握契机，促进可持续发展》报告。

在 2016 年 5 月 15—18 日召开的第九届中国国际钢铁大会上，宝钢集团总经理陈德荣作题为《改革再突破，平衡再出发，重塑全球钢铁发展新格局、新秩序》演讲。在 10 月 30 日举行的中国金属学会第十次会员代表大会上，宝钢集团董事长徐乐江当选为副理事长，宝钢集团总经理陈德荣当选为常务理事，原宝钢集团(1992 年 3 月成立的宝钢集团)董事长黎明获"中国金属学会冶金科技终身成就奖"，宝钢集团原董事长谢企华获"中国金属学会荣誉会员"称号。

【参加国际科技与学术活动】

2004 年，宝钢集团加入世界钢铁协会；2005 年加入国际不锈钢论坛；2006 年加入国际不锈钢论坛经济与统计、市场发展、健康与环境、长材等全部 4 个委员会，参加世界钢铁协会年会、执行理事会会议、技术委员会会议、春季会议、气候变化政策组会议、“网上钢铁大学”研讨会、钢铁副产品管理项目会议、绿色钢结构住宅(Living Steel)项目会议等,参加国际不锈钢论坛理事会、执行理事会会议等,并参与组织工作。在2006年10月1—3日举行的世界钢铁协会第40届年会和世界钢铁协会常务理事会上,宝钢集团董事长谢企华当选世界钢铁协会执行董事和常务理事。同年,宝钢首次中标国际不锈钢协会绿色钢结构住宅(Living Steel)在中国的竞赛示范项目。在2007年10月举行的世界钢铁协会执行委员会理事会上,宝钢集团董事长徐乐江当选新一届世界钢铁协会执行委员会理事和委员。2007年起,宝钢集团连续组队参加世界钢铁协会网上炼钢大赛。2008年,宝钢金属学会与上海克虏伯不锈钢有限公司在上海联合举办世界钢铁协会国际不锈钢论坛(ISSF)委员会会议。

2010年,宝钢金属学会加强“世界钢铁协会—宝钢专业委员会”虚拟团队建设,调整、优化各专业委员会主任委员、联络代表、委员会挂靠单位。为规范宝钢参加世界钢铁协会开展的各项活动,集团规划部和宝钢金属学会起草《宝钢参加世界钢铁协会活动管理办法》。2012年,宝钢集团担任世界钢铁协会经济委员会下属中国2020项目主席、技术与环境委员会下属清洁大气项目主席、可持续发展委员会下属可持续项目专家组主席。2014年5月26—28日,宝钢集团承办世界钢铁协会绿色钢结构住宅(Living Steel)论坛第二次会议。7月9日,应世界钢铁协会总干事巴松邀请,宝钢集团党委书记、董事长徐乐江通过视频形式,为在北京举办的第17期钢铁管理培训班学员作报告。10月4—8日,在世界钢铁协会第53次执行理事会上,徐乐江和韩国浦项制铁公司会长权五俊主持“如何进一步加强发达国家和发展中国家钢铁工业的互动合作”主题论坛。11月27—28日,宝钢集团与世界钢铁协会联合举办清洁大气项目第一次专家组研讨会。2015年,召开宝钢—世界钢铁协会专业委员会工作研讨会。

【参加上级科协活动】

1998年11月上海宝钢集团公司成立后,宝钢科协主持全国冶金企业科学技术协会主席联席会;协助中国工程院在宝钢科技人员中开展“技术创新”观念调查;承办全国企业科学技术协会建立“科技工作者之家”工作座谈会;参与中国科学技术协会倡导的《全民科学素质行动计划(2049计划)》(到2049年使18岁以上全体公民达到一定的科学素质标准),承担青少年科技信息资源库资料包中“走进钢铁世界”编撰工作;完成中国科学技术协会、上海市科学技术协会科技工作者调查报告、调查问卷填写、调查样本推荐入库工作。

2005年,宝钢科协被上海市科学技术协会选定为“2049计划实践基地”。2006年,在第22届全国冶金企业科学技术协会主席联席会上,宝钢集团当选新一届理事长单位。2008年6月3日,宝钢科协接待由中国科学技术协会党组成员、书记处书记宋南平带队的全国政协科协界委员考察团。2012年,接待中国科学技术协会副主席刘玠率一行到宝钢调研。2013年10月12日,接待由中国科学技术协会书记处书记王春法一行到宝钢调研企业科学技术协会在企业创新工作中的作用。

表6-1-6 1998—2016年宝钢科协、宝钢金属学会获得荣誉情况表

年份	荣誉名称
2001	全国第三届企业科学技术协会先进集体
2011	2006—2011年度中国科学技术协会“全国科协系统先进集体标兵”
	2006—2011年度中国金属学会先进集体

（续表）

年份	荣誉名称
2015	中国科学技术协会“2014年度全国科技工作者状况调查AAA级优秀站点”
2016	中国科学技术协会“2015年度全国科技工作者状况调查A级优秀站点”
	2011—2016年度中国金属学会先进集体
	2011—2016年度中国科学技术协会“全国科协系统先进集体标兵”

【开展两岸民间学术交流】

1998—2016年，宝钢金属学会14次牵头开展与中国台湾地区“中国钢铁公司”（简称“台湾中钢”）进行科技交流。

表6-1-7 1998—2016年宝钢—“台湾中钢”科技交流情况表

年份	名称	交流、研讨主题
1998	宝钢—“台湾中钢”第4次科技交流研讨	热轧、冷轧、环保
1999	宝钢—“台湾中钢”第5次科技交流研讨	设备、能源、环保
2000	宝钢—“台湾中钢”第6次科技交流研讨	设备、能源、镀锌产品
2001	宝钢—“台湾中钢”第7次科技交流研讨	炼铁、耐材、镀锌、理化检验
2002	宝钢—“台湾中钢”第8次科技交流研讨	设备、炼钢、耐材、炼铁、信息、运输
2003	宝钢—“台湾中钢”第9次科技交流研讨	炼铁、冷轧、热轧、能源环保
2008	宝钢—“台湾中钢”第10次科技交流	炼铁、冷轧、热轧、能源环保
2009	宝钢—“台湾中钢”第11次科技交流	炼铁、炼钢、镀锌、环保、设备
2011	宝钢—“台湾中钢”第12次科技交流研讨	炼钢、涂镀、环保、设备
2012	宝钢—“台湾中钢”第13次科技交流	研发管理、质量一贯制管理、厚板技术
2013	宝钢—“台湾中钢”第14次科技交流	质量一贯制管理、厚板、条钢、冷轧
2014	宝钢—“台湾中钢”第15次科技交流	综合管理、条钢、检化验、水处理
2015	宝钢—“台湾中钢”第16次科技交流	炼铁、炼钢。其间，举行宝钢—“台湾中钢”开展科技交流活动20周年庆典
2016	宝钢—“台湾中钢”第17次科技交流	炼铁、炼钢

四、“讲理想、比贡献”竞赛

1998—2016年，宝钢科协开展的“讲理想、比贡献”竞赛活动主要有：协助上海市企业科学技术协会工作调查组调研“讲理想、比贡献”竞赛活动开展情况；举办“讲理想、比贡献”竞赛活动；编辑《发展的时代，永恒的精神——宝钢“讲理想、比贡献”竞赛活动25周年文集》，并由冶金工业出版社出版；举办“先讲后评”宣讲会。

2007年，宝钢集团对“讲理想、比贡献”竞赛活动组织形式、活动内容、激励力度进行改革。在组织形式上，由过去宝钢科协一家牵头组织开展活动改革为由宝钢科协和集团人力资源部共同组织开展，加大活动开展的组织深度、广度和力度；在活动内容上，把竞赛活动与宝钢技术创新活动结合，注重创新过程和创新成果；在年终的先进评选中，加大创新成果在竞赛活动中的评优比重；在激励力度上，将竞赛活动与宝钢的人才培养结合，设立“突出贡献奖”“贡献奖”“提名奖”等3个奖项，每个奖项获评名额为10名，获奖者由集团人力资源部列入企业创新人才考察序列。2012年，宝钢集团“讲理想、比贡献”竞赛活动对象关注普通科技工作者、青年科技工作者、初露头角有潜质的科技工作者等三类群体。

1998年、2008年、2010年、2012年，宝钢集团4次获“上海市‘讲理想、比贡献’先进集体”称号，4次获“全国‘讲理想、比贡献’先进集体”称号。

五、科普工作

1998—2016年，宝钢科协举办科普工作交流研讨会；宣传贯彻《中华人民共和国科学技术普及法》；接待中国科学技术协会科普研究所前来调研；与宝钢日报社联合在《宝钢日报》开辟“对标与超越”专栏，报道宝钢科技人员先进事迹和创新成果；在宝钢集团信息门户网站开通“科技之家”栏目；增设《科协简讯》网络版；创立《科协简报》刊物；在宝钢智慧平台上创建“科技工作者之家”网页；改造宝钢学术年会网站论文征集系统；牵头开发宝钢学术年会App(手机应用程序)；利用宝钢云平台共享科技论文及相关文献资料；开通“宝钢科技工作者之家”微信公众号。

第二章 科技发展

1998年11月上海地区钢铁企业联合重组后，宝钢集团加大自主创新力度，坚持在引进的基础上进行“高起点创新”，赶超世界一流，引领行业技术进步，走出一条引进、消化、吸收、创新的技术进步之路。

宝钢集团通过大力推进体系能力建设，积极探索机制和管理创新，形成了由研究开发、工程集成、持续改进等3个子体系组成的技术创新体系；坚持“精品＋服务”的技术创新模式，开发了汽车板、硅钢、能源用钢、航空航天用钢等一批钢铁精品；拥有一大批具有自主知识产权的技术和成果。至2016年，宝钢已成为全球唯一能同时工业化生产第一代、第二代和第三代先进超高强钢的企业，并通过世界知名汽车企业认证，向世界各大著名汽车厂的各种车型供货；创新开发的极薄规格高磁感取向硅钢板带产品，其生产技术与性能均达到国际顶尖水平；研发的桥梁缆索用钢打破了国内大型桥梁缆索原材料全部进口的局面；自主研制的飞机“一类关键件”起落架用300M钢，成为国内唯一大飞机项目A类钢种供应商；研制的液化天然气(LNG)船核心材料——殷瓦合金板带，成为全球第二家薄膜型LNG船用殷瓦合金供应资质的企业；自主研发核电蒸汽发生器用690 U形管，成为世界上第四个有能力生产该项核能材料的企业。

产销研一体化和产学研相结合是宝钢在技术创新中探索出来的重要运行机制。宝钢集团先后与上海交通大学、东北大学、北京科技大学、钢铁研究总院、武汉科技大学、华中科技大学、美国科罗拉多矿业学院、瑞典皇家工学院等院校开展战略合作；建立宝钢—澳大利亚联合研发中心、宝钢—英国伯明翰大学研发中心等，推进研发资源国际化配置；加强与汽车、家电、能源等行业用户的战略技术合作，建立“应用技术联合实验室”及技术创新联盟，构建产学研用产业链创新体系。至2016年，宝钢与国家自然科学基金委员会开展5轮合作，双方共同投资9 800万元。

第一节 体系创新与激励机制

宝钢集团作为国家首批创新型企业试点单位之一，通过加快技术资源整合、体制变革和机制创新，创建了具有宝钢特色的一体化技术创新体系。同时，通过提升技术创新体系的综合运作能力，不断完善激励机制，倡导创新精神和团队合作精神，激发科技人才的创新热情，造就了一批支撑企业发展的具有行业领先水平的核心技术人才。

一、技术创新体系建设

1998年11月，新成立的上海宝钢集团公司提出建成中国钢铁行业新工艺、新技术和新材料的重要开发基地的目标。之后，宝钢集团对科研开发力量进行整合。1999年8月，在宝钢技术中心基础上组建宝钢研究院，宝钢一钢、宝钢浦钢、宝钢五钢、宝钢梅山、上海钢研所、上海工艺所也先后成立技术中心，初步形成以宝钢研究院为核心的技术创新体系。宝钢研究院是宝钢集团科技开发的核心实施部门，重点进行具有共性、前瞻性、独创性、有利于提升宝钢技术创新能力、能够促进形成专有技术或重大知识产权的新产品、新工艺、新装备和新技术的开发;组织或参与重大科研项目的国内外技术合作。各子公司的技术中心,则定位在根据市场和用户需求开发新产品和进行用户使用技术研究,并围绕提高工艺技术和产品质量水平、降低能源和物料消耗等进行持续改进和创新。2000年10月,宝钢集团召开首届技术创新大会,出台科技开发配套政策,设立5 000万元科技发展专项经费,重点用于重大科技开发,以及对科技成果的激励。下发《上海宝钢集团公司科技管理办法(试行)》,形成以决策层、咨询层、管理层、实施层等4个层次构成的科技管理架构。2001年12月31日,实施《上海宝钢集团公司"十五"及2010年钢铁科技发展规划》(简称《"十五"规划》)。《"十五"规划》确定的宝钢钢铁科技发展战略定位是:"把上海宝钢集团公司建设成为中国钢铁行业新工艺、新技术及新材料的重要开发基地,发展成为国内钢铁行业科技开发的排头兵,以带动国内钢铁工业科技水平的整体提高,使宝钢成为国内乃至世界最具竞争力的大型钢铁企业。截至2010年,要拥有在世界钢铁界具有一定影响力的重大专有技术和独创技术。"钢铁科技发展目标是:"'十五'期末,产品质量、工艺技术、装备技术要达到或接近国际同期先进水平,到2010年与世界先进钢铁企业水平相当。"2003年10月,编制《上海宝钢集团公司"十一五"(2006—2010年)钢铁科技发展规划》(简称《"十一五"规划》);2004年12月启动实施《"十一五"规划》。《"十一五"规划》确定的目标是:"至2010年,通过技术创新和超前技术的开发,拥有一批具有自主知识产权的世界一流技术及高端钢铁精品,拥有在世界钢铁界具有一定影响力的重大专有技术和独有技术。宝钢总体水平达世界一流,部分产品和技术世界领先。"2004年12月,印发实施《上海宝钢集团公司"十一五"钢铁科技发展规划》。该规划遵循宝钢"严格苛求、学习创新、争创一流"的企业文化理念,紧紧抓住中国经济高速增长发展机遇,面对资源、环境等钢铁工业发展制约因素以及钢铁工业产能大幅度增长、技术竞争主导企业生存、资产运作加快企业壮大的时代特征,提出以"精品战略、低成本竞争战略和超前发展战略"为钢铁科技进步的指导思想。实施"精品"战略,要大力开发生产洁净均质高端产品,造就享誉国际的宝钢品牌;实施低成本竞争战略和超前发展战略,要强化应用性基础技术研究和集成技术研究。在引进、消化、吸收基础上,实现二次创新跨越,全面提升关键技术水平,培育核心能力,进一步集成优化工序结构,确立宝钢技术水平世界一流地位。

2005年,宝钢集团按照推进钢铁主业一体化的统一部署,从有利于发挥科技一体化协同效应、有利于技术创新出成果、有利于学科和领域发展、有利于研发能力提升、有利于研发队伍建设出发,宝钢集团初步建立起符合一体化运作要求的科研管理体系。宝钢研究院开始承担宝钢集团科研管理与科研开发双重职能。第二季度起,重点开展科研管理体制整合工作,调整组织机构,以"统一策划、分类实施;区别对待、逐步推进;集中高效、效率最优"为原则,明确宝钢集团科研项目分级管理模式。为规范科研管理工作,制定并下发宝钢集团《科技管理制度》《科研项目管理办法》《新产品开发管理办法》和《科研外协管理办法》等,制定新的科技推进评价办法。2006年4月27日,宝钢集团召开技术创新大会。会上,颁布《宝钢技术创新体系发展纲要》,提出未来10~15年宝钢新一轮技术创新发展战略目标,明确创新战略任务,制订下一轮发展的主要措施,确定宝钢必须走"开放式自主集成创新"道路。7月21日,中华人民共和国科学技术部、国务院国资委、中华全国总工会联合下发《关于确定一批企业开展创新型企业试点的通知》,宝钢集团被确定为15家国有骨干企业试点单位之一。8月,宝钢集团组织编制《创新型企业试点方案》,10月13日通过国家创新型企业试点方案评议组的评审。2007年,围绕《宝钢技术创新体系发展纲要》和创新型企业试点方案,持续推进技术创新体系建设。全年研发投入率1.05%,科研直接新增效益14.28亿元,达历史最高水平,自主创新和自主集成能力得到提升。10月10日,《宝钢知识产权战略(2007—2012年)》通过技术创新委员会审定。2008年6月,中华人民共和国科学技术部、国务院国资委、中华全国总工会组织专家评审组对宝钢创新型企业试点工作进行评审。7月28日,在国家创新型企业命名大会上,宝钢集团被命名为"首批国家创新型企业"。2009年10月27日,召开第四届宝钢技术创新大会。推出"金苹果"计划,公布首批"金苹果"计划5个团队及核心小组成员名单。"金苹果"计划的目标是建立有共同技术领域、共同志向、共同利益、相互协同的稳定团队,确保宝钢核心产品及关键技术持续领先,培育出能够在世界钢铁发展史上留下印记的宝钢自主创新技术,以及能够漫步国际舞台的技术领军人才。

2010年,宝钢集团入选"中国企业自主创新TOP100(工业)"前三强。具有宝钢特色的涵盖研究开发、工程集成、持续改进三位一体互动协同的技术创新运行体系初具雏形。2011年,结合国家"十二五"(2011—2015年)发展规划要求,以宝钢新一轮规划实施为抓手,以体系建设为主线,探索管理机制和体制创新,持续推进技术创新工作,科技创新支撑企业经营能力进一步提升。在2011年中国自主创新年会上,宝钢集团获"中国十大创新型企业"称号。宝钢与昆士兰大学、新南威尔士大学、蒙纳士大学和卧龙岗大学在澳大利亚签署合作协议,共同建立"宝钢—澳大利亚联合研发中心",致力于研发钢铁行业可商业化的基础和应用技术。这是宝钢成立的第一个海外研发中心,标志着宝钢研发体系国际化对接迈出了实质性的一步。2012年,对整体研发体系及运作机制进行变革,组建宝钢集团中央研究院,形成以宝钢集团中央研究院为核心的研发体系。作为宝钢的共享研发平台,宝钢集团中央研究院承担三大主要任务,即面向钢铁主业,开发新一代钢铁技术和新产品,研究绿色钢铁制造技术和全产业链节能减排技术;面向多元产业,为多元产业的持续发展提供技术支撑和创新平台;聚焦国家产业振兴规划,加大前瞻性新材料、新能源技术研究,为宝钢未来的发展探索新的业务增长点等。2013年,制订"领先者计划",推进以中央研究院为核心的"一院多中心"研发体系建设,探索实施"一厂对一所"、联合研发中心等形式,形成支撑宝钢集团的模式和机制。系统总结"金苹果"团队运行经验,完善"金苹果"运行模式,组建十大技术团队,实施新一轮"金苹果"计划,并出台新版《"金苹果"计划团队运行管理办法》等一系列制度。2014年,进一步优化研发协同与共享模式,按照沪内钢铁"一对一"、沪外钢铁"平台共享+项目支撑"、多元产业"联合研发中心"等多种模式,实现宝钢集团内研发协同;针对长材技术研发相对薄弱的现状,整合长材研发资源,设立长材研究机构。强化对海外研发机构策划和布局,编制海外研发中心发展规划。2015年,加速研发中心布局,与英国伯明翰大学组建欧洲研发中心;结合国家"大众创业、万众创新"战略,探索研发与资本相结合的新机制。

2016年,宝钢集团设立科技创新部,统筹管理集团层面的协同创新;瞄准成果转化"最后一公里"问题,明确宝钢设计院成果产业化平台和桥梁作用;中央研究院完善"一所对一厂"协同工作模式,支撑各钢铁制造单元新产品研发、技术降成本和重大质量协同攻关;开展宝钢—澳大利亚联合研发中心第二轮(2016—2020年)合作,启动宝钢—伯明翰大学研发中心建设。

二、科技人员激励机制

1998年12月14日,宝钢集团颁布《宝钢操作技能专家选拔办法》,在高级技师中选拔佼佼者,给予专家待遇,聘任至高技能岗,同时实施《技术创新评价指标体系与考核激励机制实施细则》,对各部门技术创新工作进行考评并兑现奖励政策。2000年2月,宝钢研究院试行首席专家评定办法。首席专家2年一聘,连聘连任;受聘的首席专家实行年薪制,标准不低于当年项目工资最高水平。

同年，开始进行“优秀中青年科技人员”评定工作。7月，宝钢股份制定《科技成果管理办法》，加大对宝钢股份重大科技进步成果奖励力度。宝钢研究院及各钢铁子公司也完善激励机制：宝钢研究院科研人员平均项目基础工资高出宝钢股份岗薪工资平均水平30%；宝钢梅山分配制度重点从劳动量积累转向科研成果；宝钢浦钢对大专及以上学历技术人员实行技术系数，并提高生产一线工程技术人员待遇；宝钢一钢出台对优秀人才奖励办法和对大专及以上学历员工实行岗位津贴办法。2001年下半年，宝钢研究院率先在优秀中青年科研人员和宝钢技术业务专家中试行弹性工作制和学术休假制度。弹性工作制首批试行对象为11名从事非管理岗位的宝钢技术业务专家、教授级高级工程师。2002年，宝钢研究院对部分高层次技术业务及技能人才评定能级，实行能级工资制。2003年7月，宝钢研究院推出以知识产权为主线的长效激励机制——技术创新里程累计制，客观、公正、量化地评价科研人员对宝钢技术创新的贡献，体现技术要素参与分配。

2006年4月27日，宝钢集团推出5项激励举措：建立“科技人才贡献累积金”激励机制，享有宝钢首席专家、技术业务专家、技能专家称号及其他高层次骨干人才、关键人才，经宝钢审定可享受一定数额的“科技人才贡献累积金”；在宝钢研发人员中全面试行能级工资制，淡化对研发人员的即期考核，创造宽松的科研环境；推行科技人员学术休假制度，宝钢技术业务专家、首席研究员，原则上每2年可享受一次学术休假，宝钢给予一定的待遇支持，包括给予一定的学术休假交流经费；建立宝钢科技人员内部柔性流动机制，以项目为纽带，合理进行人才流动；选拔“宝钢首席专家”。同年，宝钢集团召开技术创新工作会议，审议通过“2006年宝钢技术创新重大成果奖”，并推出《宝钢技术创新奖改进方案》和《宝钢技术创新重大成果奖方案》。技术创新奖管理思路是“统一提奖、合理分类、分工管理、奖效挂钩、规范运作”；重大成果奖管理思路是“体系配套、分合评审、量化评价、分类推荐、特奖特定”。2007年，对重大成果奖设置实施改革。与宝钢技术创新体系的3个子体系相对应，设置研发奖、集成奖、精益奖。并针对涉及企业核心机密、军工机密和重大经营秘密等不宜公开的特殊重大技术成果，增设特别奖。2009年10月，开始实施“金苹果”计划，在各重点专业领域甄选首批21名高层次技术人才，建立5个领域的核心研发团队，使之成为宝钢技术创新的基本细胞，在技术创新方面发挥引领作用。

2013年，宝钢股份推出技术创新人才贡献累积金和利润分享计划。2014年，宝钢股份发布知识产权奖励管理新标准，调整专利奖励标准，新增国际专利授权奖，加大新产品、突破技术形成的发明专利及核心技术秘密的奖励力度。2016年，宝钢股份以“利益共享、风险共担”为基本原则，成立复合板产品创值团队，通过机制创新，加速新产品的规模化生产和市场化应用。按照“虚拟团队市场化运作”的模式，组建无取向硅钢产销研变革团队。

第二节 科技会议

1998年11月上海地区钢铁企业联合重组后，宝钢集团从2000年开始每3年召开一次技术创新大会，共召开4次技术创新大会。

2000年10月31日，召开首届技术创新大会，宣布《关于成立上海宝钢集团公司技术创新委员会的通知》及首届技术创新委员会成员名单；命名郑磊等15人为宝钢第三批技术业务专家，命名朱锡吾等9人为宝钢首批操作技能专家；出台《上海宝钢集团公司科技管理办法(试行)》，推出了科技开发配套政策，设立5 000万元“科技发展专项经费”，重点用于宝钢内部具有共性、前瞻性、独创性的新产品、新工艺、新装备和新技术的开发，以及对技术创新推进及科技成果的激励。

2003年9月12日，召开第二届技术创新大会，剖析在产业竞争环境和技术创新等方面存在的主要差距，确定宝钢下阶段技术创新的方向、目标和工作重点，表彰获“上海宝钢集团公司2002年度技术创新奖”的15个项目，命名101名宝钢集团技术业务专家及技能专家。

2006年4月27日，召开第三届技术创新大会，提出“以市场为导向，以不断满足用户需求为宗旨，依靠自主创新，至2020年拥有一批具有自主知识产权的世界一流技术及高端钢铁精品，拥有在世界钢铁界具有影响力的重大专有技术，成为具有技术优势、拥有核心竞争力的世界钢铁行业技术领先者”的新一轮宝钢技术创新发展战略，确定走“开放式自主集成创新”的道路；提出宝钢技术创新下一轮发展的7项措施，颁布《宝钢技术创新体系发展纲要》，表彰24项宝钢技术创新重大成果；聘任第三批75名首席师和首席研究员，推出5项人才培养和激励的具体举措。

2009年10月27日，召开第四届技术创新大会，明确下阶段技术创新工作的目标和措施，命名首批“金苹果”计划核心小组成员，出台《加大创新创业基地建设的若干意见》。

第三节　科研成果

1998—2016年，宝钢集团对科技研发投入率始终保持稳定。同时，利用国内外科研资源，探索和实践产学研合作新模式，通过设立“技术创新奖”以及面向全国的“宝钢技术创新重大成果奖”，加大对宝钢重大科技进步成果的奖励力度。2016年，宝钢集团被国务院国资委评为“2013—2015年任期科技创新优秀企业”。

一、科技进步成果

1992年，宝钢成立科技推进委员会，着手编制《宝钢中长期(至2000年)科技发展规划》。截至2000年，宝钢的科技工作进入改进提高和二次创新阶段。其间，加大对新工艺、新技术、新装备和新产品的开发，组织包括熔融还原炼铁短流程相关工艺技术研究、高炉喷煤工艺及技术开发、RH真空精炼处理工艺及装备研发、钢管水淬工艺技术的研发、渣处理工艺技术及装备开发和减震板工艺技术及机组开发等重要科研项目，逐渐形成高炉冶炼和喷煤技术、纯净钢冶炼技术、表面处理技术、全氢罩式炉技术、控轧控冷技术、数学模型技术、滚筒法渣处理技术等重大技术。在重点产品开发方面，基本形成高等级X系列管线钢、高等级汽车钢板、家电用钢、耐候钢、非调质塑料模具钢等重要品种的系列产品，不仅全面掌握了宝钢工程引进的整个工艺生产线的技术和装备，而且支撑了国家重大工程建设和国家重点行业的发展。宝钢的技术创新由过去的局部创新(点)开始向区域范围更广的(线和面)二次创新和集成创新方面转移和扩散，并通过推进产学研合作，借助于社会科技力量，加快技术创新步伐。

1999—2000年，宝钢集团安排比较大的科研及新产品开发项目306项，申报国家经贸委技术创新项目、科学技术部国家重点新产品计划项目、国家火炬计划项目以及上海市技术创新计划项目等科技项目近200项，组织省、部级科技成果鉴定60项，并在一些重要领域取得一批科研及新产品成果。宝钢高炉喷煤技术达到国际先进水平，1999年单座高炉最高喷煤比达到252.40公斤标准煤/吨铁，2000年提高到260公斤标准煤/吨铁以上。结合国家西气东输工程，宝钢股份开发成功X70管线钢等新产品；成功开发替代进口、具有高附加值和高技术含量的非调质型腔模具用钢B30；成功开发4英寸套管和4英寸直连型套管产品，填补国内空白。结合不锈钢基地建设，宝钢一钢进行高炉生产铬铁水的工艺试验并取得成功；宝钢五钢开发 SUJ2 剥皮高轴承钢，经日本精工株式会社(NSK)认可，并实现批量供货；宝钢浦钢开发成功 945 船用钢和采油平台钢等新产品；上海钢研所开发成功高磁导率软磁合金和索广彩管用复合双金属等新产品。宝钢工程技术集团有限公司在设备制造与工程技术方面取得突破，实现 1 580 毫米热轧卷取机卷筒国产化，填补国内空白。2001 年始，宝钢的产品研发开始集聚在汽车(尤其是中、高档轿车)用钢、家电用钢、石油天然气长输管线钢、油井管、高压锅炉管、冷轧硅钢、不锈钢、特种合金钢和高等级建筑用钢等领域的八大类产品的核心技术方面。汽车钢板供应量占国内市场的 50%，并具备向世界各大汽车厂家供货的能力。“宝钢高等级汽车板品种、生产及使用技术的研究”获冶金科学技术奖特等奖、国家科学技术进步奖一等奖。为神舟系列航天飞船和探月工程的关键部位提供耐高温材料。宝钢的工艺、技术和装备研发开始集聚并向工程转移，通过聚焦九大类关键共性技术(高产能低成本炼铁综合技术、洁净高效炼钢生产技术、精密轧制技术、表面处理技术、一贯制技术、环保技术、能源与资源再利用技术、装备与检测技术、模型技术)和五大前沿技术(非高炉炼铁技术、薄板坯连铸连轧技术、薄带连铸连轧技术、连续带钢真空镀膜技术、氧化物冶金技术)，依托宝钢不锈钢工程项目、罗泾工程项目和梅钢公司冷轧集成工程项目，逐步提升科研向工程转化的能力。2003 年，着眼提升产品竞争力，在降低生产成本、提高产品质量、扩大机组产能和新技术开发应用上下功夫。在家电用钢方面，成功开发彩电用荫罩带钢。高强度铁道车辆用耐候钢完成用户使用认证，成为全国独家生产供货企业。2004 年，加强用于高档轿车外板的电镀锌各向同性钢研制，成功开发国内外第一个具有完全自主知识产权的车身覆盖件冲压成形控制模型，达到国际先进水平。

2005 年，宝钢汽车板获“2005 年中国名牌产品”称号。2006 年，试制成功世界上最高强度等级 X120 管线钢，成为全球第四家有能力生产该产品的企业。2007 年，宝钢股份烧结烟气脱硫技术的开发与应用工业试验取得成功。通过宝钢二噁英污染现状及防治技术的基础研究，使宝钢具备了履行斯德哥尔摩国际公约的关键能力。2008 年 4 月，自主开发集成的取向硅钢生产线投产，5 月试制成功代表国际顶尖水平的 1 400 兆帕超高强钢。同年，宝钢特钢历经 20 余年攻关，形成尖端核电用钢规模化生产能力。2009 年，首次采用开放式自主集成创新模式建设的大型薄板连轧项目——梅钢公司冷轧工程投产。该项目集成了冷连轧生产领域的主要先进技术，技术装备、产品质量和规格、轧制速度、设备性能均达到世界一流水平。12 月，国内第一条核电蒸汽发生器用 690 U 形管专业生产线投产，宝钢成为国内首家、世界上第四家能够生产核电用管的企业。

2010 年，宝钢在国际上首次开发出低成本的经济型 13Cr 马氏体不锈钢钢种，并批量生产出具有 110ksi 高强度和优异耐腐蚀性能的 BG13Cr110 油套管。建立产品与制造过程的全生命周期评价数据平台以及评价方法体系；完成 77 类宝钢钢材相关产品、13 类能源产品的全生命周期评价；全生命周期评价应用研究达到国际领先水平，并具备输出相关国家标准的能力。生产的铁路货车用高耐蚀型耐候钢(S350EW、S450EW)在国内首个通过铁道部认证。首次成功轧制有“钢铁钻石”之称的液化天然气储罐用 9Ni 钢板，生产出 4 个规格的成品，成为国内该类钢板轧制规格最多的企业。2011 年，宝钢汽车板研发在世界上率先实现第三代先进高强钢工业化生产，成为全球第一家具备同时供应第一、第二和第三代先进高强度钢的厂家，九大类、24 种超高强钢产品实现稳定生产；高磁感取向硅钢(B27R085)实现批量生产，产品性能达到国际先进水平；掌握镍基合金油套管产品关键制造技术，实现钢种和规格的全覆盖；铁道车辆用高耐蚀钢(S450EW)实现批量供货，使宝钢成为在国内率先成功研制出第三代铁道车辆用耐候钢的企业；高性能切割钢丝研发取得突破性成果，研制出直径为0.115毫米的切割钢丝并批量生产；通过持续研发，掌握了超高纯氧化铁产业化研究关键核心技术，建成国内第一套年产1 000吨超高纯铁红中试线，产品优于进口材料，打破了国外企业的技术壁垒。新材料研发工作开始进入实施阶段，完成汽车用钢国家重点实验室筹建；薄带连铸、金属包装成功申报上海市级工程技术研究中心。2012年，在汽车板研发方面，宝钢第三代先进高强度钢980兆帕级别的QP冷轧钢板实现全球首发；在硅钢产品研发方面，持续开展高硅高磁感取向硅钢的研发，无取向硅钢顶级牌号B35A200实现首轮大生产工业试制。生产的国内最大规格(206.38毫米×16毫米)超级13Cr套管在塔里木油田下井；由宝钢制造的690 U形管在防城港核电一号机组一号蒸发器上成功穿管；完成新型高锰耐磨钢开发和首台套供货；生产出超超临界机组用材(超级304、HR3C管)，打破国外企业垄断。2013年，宝钢聚焦汽车板、硅钢、高强钢、能源用钢等重点产品领域，实现淬火延性钢QP980GI、超高效电机用无取向硅钢B50AE－2、高性能热轧耐磨钢BW300TP、超级13Cr高强高韧性钻杆BT－S13Cr110、超高强高韧性套管产品BG140V等5个新产品全球首发。超纯铁素体不锈钢产销量环比提升50%；核电蒸发器用690 U形管向CPR1000“二代加”核电站稳定供货；镍基/铁镍基合金油套管实现品种、规格、钢级的全面覆盖，超高合金油套管国内市场占有率达70%以上。历经10年，薄带连铸示范工厂项目在宁波钢铁有限公司(简称宁波钢铁)完成产线建设。韶关钢铁中棒材工程热负荷试车，重点产品齿轮钢20CrMnTiH、轴承钢GCr15批量供货。2014年，宝钢第三代先进高强钢——淬火延性钢实现系列化，冷轧中锰钢、无取向硅钢B35AP200、油气井用超高强高韧性套管BG150V、纳米自洁无铬原色板等实现全球首发；超纯铁素体不锈钢产销量同比提升13%；高品质奥氏体不锈钢316L在建筑领域实现新突破，成功用于国内第一高楼——上海中心外立面幕墙。宁波钢铁薄带连铸项目实现热负荷试车，部分商品卷向用户供货，宝钢薄带连铸技术向产业化目标迈进。“烧结废气余热循环利用研究”项目被列入国家发展和改革委员会低碳技术创新及产业化示范工程，相关技术在宁波钢铁486平方米烧结机上实现工业化应用；“全厂废水处理技术研究”项目，在行业内首次实现冷轧废水和焦化废水反渗透浓盐水的全方位达标，可满足排放新标准。宝钢工程技术集团有限公司自主开发出板坯连铸机装备技术，成功应用于宝钢股份五号连铸机和福建青拓镍业板坯连铸机；掌握大型锻钢支承辊产业化关键技术，采用差温淬火工艺技术生产的产品应用在宝钢、首钢、西马克、达涅利等企业，采用整体感应加热淬火技术制造的支承辊在宝钢股份2050热连轧机组上使用，填补国内相关领域空白。宝钢金属有限公司重点推进切割钢丝、钢帘线、镀锌钢丝等高等级线材制品制造技术及产品开发，部分产品实现批量供货。2015年，宝钢冷轧中锰钢、高磁感取向硅钢等新产品实现全球首发；冷轧马氏体钢、超轻型钢制白车身(BCB)研制成功；超级铁素体不锈钢实现批量试制，填补国内空白；核电蒸发器CAP1400用690 U形合金水室隔板产品实现全球首发；为第三代核电关键装备配套研制的耐蚀合金，特殊不锈钢板、管、锻件产品在国家示范工程得到工程化应用；700℃超超临界火电机组国家试验平台用小口径高温合金管材实现国内首次批量试制；大飞机起落架用钢通过认可，成为中国商用飞机有限责任公司大飞机项目A类钢种供应商。通过持续的研发，薄带、非高炉炼铁等技术取得突破。“薄带连铸产业化关键技术研究”项目，实现多炉钢水稳定浇铸，试制了低碳和低碳微合金系列产品，成功浇铸高锰高硅难生产钢种，进一步充实了薄带连铸产品与工艺技术；宝钢股份启动智慧制造研究，“热轧1580智能车间”项目入选工业和信息化部2015年智能制造示范试点。宝钢工程技术集团有限公司重点推进厚板坯连铸机大压下扇形段、连续退火机组在线六辊平整机等研究项目，部分成果实现工业应用。宝钢金属有限公司开发高温蒸煮202铝罐、工程胎帘线、镀锌钢丝等一批具有市场竞争力的新产品、新技术。

2016年,在高性能碳钢研发方面,宝钢高磁感取向硅钢、超高强连续油管用钢、冷轧铁素体轻质钢等新产品实现全球首发,锌铝镁镀层钢板完成首次工业试制,覆膜铁机组第一卷覆膜铁产品下线,船用2205双相不锈钢复合板通过法国船级社认证。在高端不锈钢研发方面,沉淀硬化宽幅不锈钢产品、核电用双相不锈钢超宽板产品,打破国外企业的垄断;高强不锈钢成功应用于新能源客车。在高品质特殊钢研发方面,完成核电主泵C276合金定、转子屏蔽套薄板的全流程试制,打破国外企业的市场垄断;为长征五号运载火箭配套研制高温合金系列涡轮转子锻件和高温合金精细薄壁管材。在成套设备设计能力与产线自主集成能力方面,实现国内容量最大350吨转炉的自主设计及冷轧全线工程自主集成;薄带连铸产线(薄板)首次以单块轧制的方式,连续成功生产出全球最薄热轧带钢——0.80毫米热轧卷。在固体废物处理方面,开发行业首套专门用于处理不锈钢渣的滚筒法工艺技术,实现工业化应用。

表6-2-1 1998—2016年宝钢集团获国家科学技术奖励情况表

序号	年份	奖 项	项 目 名 称	获 奖 单 位	备注
1	1998	国家科技进步奖二等奖	石油天然气输送用X42～X65高韧性热轧板卷和焊管的生产技术	宝山钢铁(集团)公司	负责
2	1999	国家科技进步奖三等奖	神经元网络连铸漏钢预报系统	上海宝钢集团公司	参与
3		国家科技进步奖三等奖	高炉硬质料压入装置	上海宝钢集团公司	负责
4	2000	国家科技进步奖二等奖	板带钢轧制过程的智能优化与数模调优	宝山钢铁股份有限公司	参与
5		国家科技进步奖二等奖	宝钢2 030毫米外耦滚筒机构协衡飞剪机	上海宝钢集团公司	负责
6	2001	国家科技进步奖二等奖	宝新1 500毫米不锈钢纵切机组和横切机组	宁波宝新不锈钢有限公司	参与
7	2002	国家科技进步奖二等奖	高温合金中痕量元素分析方法体系	上海五钢特种冶金公司	参与
8		国家科技进步奖二等奖	宝钢高炉喷煤技术	宝山钢铁股份有限公司	负责
9	2003	国家科技进步奖二等奖	延长大型轧机轴承寿命研究	宝山钢铁股份有限公司	参与
10	2004	国家科技进步奖一等奖	低碳铁素体/珠光体钢的超细晶强韧化与控制技术	宝山钢铁股份有限公司	参与
11		国家科技进步奖二等奖	宝钢二号RH(多功能钢水真空处理装置)的工艺与装备技术的开发和应用	宝山钢铁股份有限公司、上海宝钢工程技术有限公司、上海宝信软件股份有限公司、上海宝钢集团公司设计研究院	负责
12		国家科技进步奖二等奖	西气东输工程用X70板卷、螺旋埋弧焊管、涂敷作业线及涂料的研制与应用	宝山钢铁股份有限公司	参与

〔续表〕

序号	年份	奖　项	项目名称	获奖单位	备注
13	2005	国家科技进步奖一等奖	宝钢高等级汽车板品种、生产及使用技术的研究	宝山钢铁股份公司	负责
14		国家科技进步奖二等奖	轿车覆盖件精益成形技术及其应用	宝山钢铁股份有限公司	参与
15	2006	国家科技进步奖二等奖	金属检测和自动除铁新技术	宝山钢铁股份有限公司	负责
16	2007	国家技术发明奖二等奖	一种安全环保资源化的炼钢熔渣粒化新技术	宝山钢铁股份有限公司	负责
17		国家科技进步奖二等奖	CRI2002 企业铁路智能运输调度综合信息平台	上海梅山钢铁股份有限公司运输部	负责
18		国家科技进步奖二等奖	高强度全密封精整矫直机支承辊技术	宝山钢铁股份有限公司	负责
19	2008	国家科技进步奖二等奖	钢铁冶金储运与精炼设备炉衬材料长寿高效技术	宝山钢铁股份有限公司不锈钢分公司炼钢厂	参与
20		国家科技进步奖二等奖	钢铁企业副产煤气利用与减排综合技术	宝山钢铁股份有限公司	负责
21	2009	国家科技进步奖二等奖	产学研用紧密结合的钢铁精品研发基地建设	宝钢集团有限公司	负责
22		国家科技进步奖二等奖	钢铁材料及制品大气腐蚀数据积累、规律和共享服务	宝山钢铁股份有限公司	参与
23		国家科技进步奖二等奖	中薄板坯连铸机成套技术与关键设备开发及应用	宝山钢铁股份有限公司	参与
24		国家科技进步奖二等奖	高速冷轧带钢多功能在线检测技术	宝山钢铁股份有限公司	负责
25		国家技术发明奖二等奖	抗 CO_2、H_2S 腐蚀用 3Cr 系列油套管及制造工艺技术	宝山钢铁股份有限公司	负责
26	2010	国家科技进步奖一等奖	西气东输工程技术及应用	宝山钢铁股份有限公司	参与
27	2011	国家科技进步奖二等奖	洁净钢冶炼用耐火材料关键技术与工业应用	宝山钢铁股份有限公司	参与
28		国家科技进步奖二等奖	两片易拉罐用镀锡钢板的开发与应用	宝山钢铁股份有限公司、宝钢金属有限公司	负责
29	2012	国家科技进步奖特等奖	特大型超深高含硫气田安全高效开发技术及工业化应用	宝山钢铁股份有限公司	参与
30		国家技术发明奖二等奖	先进高强度薄带钢柔性制造技术和装备	宝山钢铁股份有限公司	负责
31		国家科技进步奖二等奖	现代轧制技术、装备和产品研发创新平台	宝山钢铁股份有限公司	参与

〔续表〕

序号	年份	奖　　项	项 目 名 称	获 奖 单 位	备注
32	2013	国家科技进步奖一等奖	低温高磁感取向硅钢制造技术的开发与产业化	宝钢集团有限公司、宝山钢铁股份有限公司	负责
33	2014	国家科技进步奖一等奖	600℃超超临界火电机组钢管创新研制与应用	宝山钢铁股份有限公司	负责
34	2016	国家科技进步奖二等奖	热轧带钢柱塞式层流冷却系统研发及应用	宝山钢铁股份有限公司	负责

二、产学研合作成果

1998年11月上海地区钢铁企业联合重组后，宝钢集团开展以科研项目为载体的产学研合作，提高产学研合作的质量和效果。其中，与中国科技大学合作的“穿孔机组监测及故障诊断系统”，与上海交通大学、重庆钢铁设计研究院合作的“宝钢热网计算机优化控制”，获1999年度上海市优秀产学研项目奖一等奖。2000年，先后与东北大学、西安重型机械研究所、上海交通大学共同组建电磁过程研究中心、真空喷射冶金实验室、汽车板使用技术联合研究室，联合开展高层次、高水平、超前的技术研究工作。同年8月，与国家自然科学基金委员会各出资600万元共同成立面向全国的“钢铁联合研究基金”，用于对钢铁及相关技术基础性研究项目的资助。10月，与上海交通大学联合成立“宝钢—交大汽车板使用技术联合研究室”，共同对汽车板的一系列使用技术问题进行联合研究和重点攻关，同时为宝钢培养汽车板使用技术研究方面的高层次专业人才。2001年，宝钢五钢与上海大学合作开发成功精品模具钢，实物质量基本达到国际知名品牌——瑞典“一胜百”的性能水平。2002年，宝钢与中国第一汽车集团公司联合成立“汽车板使用技术联合研究室”，就汽车板使用技术研究开展合作。2003年10月，由宝钢股份负责，上海大众汽车有限公司、上海交通大学共同参与的“轿车覆盖件新材料的研制与应用”项目的成套核心技术通过鉴定。截至2004年，通过“产学研”“产销研”虚拟团队形式，宝钢先后与国内外著名企业、科研院所建立电磁冶金、汽车板使用技术，显微、气体、光谱分析技术应用交流中心等30多个联合实验室，提升了技术创新能力。2004—2005年，宝钢集团与上海交通大学、上海大学、中国科学院等签订长期合作协议，在科研开发、人才培养、成果产业化等方面开展全面合作；与上海大学、中国钢铁研究总院共创的“先进钢铁材料技术国家工程研究中心”南方实验基地——“上海市钢铁冶金新技术开发应用重点实验室”成立，联合上海交通大学申请的“科教兴市”项目获上海市批准。

2006年1月，国家科学技术大会提出建设“以企业为主体、以市场为导向、产学研相结合的技术创新体系”。为此，宝钢集团不断深化合作方式，充分利用外部科技资源加速提升技术创新能力，合作渠道从以高校为主逐步向科研院所、行业协会、国家基金、同行及产业链企业等拓展，从以国内为主向国外拓展，合作方式逐步从以项目为载体的科研合作向实验室共建、集群式领域战略合作发展。3月，参与引入德国先进激光技术的上海交通大学激光制造实验室成立，通过国际产学研合作，快速提升在厚板船板焊接领域的研究水平。5月，举行产学研与技术创新论坛，推进与高校、研究机构的紧密合作，聘请7位国内外知名技术专家担任首批“宝钢教授”，与东北大学、上海交通大学、钢铁研究总院签订合作协议，共同推动冶金行业关键技术的开发和人才培养。2007年1月11

日，宝钢集团与太原钢铁（集团）有限公司、中国第一汽车集团公司、钢铁研究总院、北京科技大学、中信微合金化技术公司等单位签订技术合同，联合进行汽车排气系统用铁素体不锈钢的国产化攻关。1—5月，分别与安徽工业大学、上海大学、同济大学、中南大学签订科研合作协议。2007年1月8日，宝钢股份与安徽工业大学签订科研合作备忘录，确定在炼焦配煤、能源环保及资源利用、冶炼、轧制工艺技术、装备与控制等领域14个研发方向开展合作。2月7日，宝钢股份与上海大学签订科研合作协议，确定在钢铁冶金工艺与技术、钢铁材料研究与开发、能源环保与资源再利用技术领域开展研发合作。5月11日，宝钢股份与同济大学签订科研合作协议。在首轮合作指南中，双方聚焦的领域包括能源环保、建筑用钢及钢结构的创新设计与应用、新能源汽车用钢及其车身轻量化的创新设计与应用等三大部分共10个研究方向。5月12日，宝钢股份与中南大学签订合作备忘录，加强科研、人才培养等方面的合作，科研方面包括低品位矿资源应用、电炉或转炉直接使用铬矿工艺、产品及工艺控制、节能减排及资源利用研究4个领域的16个研究方向。2006—2008年，宝钢集团与40多家科研院校开展科研项目合作，合作经费超亿元，部分项目的研发水平达到国际领先水平。至2008年9月，与国内外74所高校及科研院所开展产学研合作，与上海交通大学等8家院校签订战略合作协议，先后与美、德、英、加、日等国家或地区的29家院所、企业建立科技合作关系。参加国际钢铁协会活动，与该协会的9个技术委员会开展10多个公共项目的研究。2009年，组织召开"产学研用"合作高层论坛，与全国9家战略用户、8家产学研战略合作伙伴围绕"产学研用"合作机制和模式进行研讨交流。

2010年，利用国内外科研资源，探索和实践产学研合作新模式，取得一批重要成果和荣誉。宝钢与上海交通大学合作的"汽车板精益成形技术及其应用"项目获2004年度中国机械工业科学技术进步奖一等奖。宝钢博士后科研工作站继2005年后再次获评"全国优秀博士后科研工作站"。由宝钢股份、北京科技大学、上海大众汽车有限公司、一汽大众汽车有限公司、东北大学等联合完成的"宝钢高等级汽车板品种、生产及使用技术的研究"项目，获2005年度国家科学技术进步奖一等奖。"产学研用紧密结合的钢铁精品研发基地建设"项目获2009年度国家科学技术进步奖（企业创新）二等奖、上海市科技进步奖一等奖。与东北大学共建的轧钢实验室成为国家重点实验室，宝钢—东大材料电磁过程联合实验室等成为教育部重点实验室。11月6日，聘用9名行业知名专家为第二轮"宝钢教授"。2011年，宝钢集团与昆士兰大学、新南威尔士大学、蒙纳士大学和卧龙岗大学在澳大利亚签署合作协议，共同建立"宝钢—澳大利亚联合研发中心"，致力于研发钢铁行业可商业化的基础和应用技术，研发体系向国际化方向发展。12月，宝钢股份与北京科技大学签订科研合作协议。2012年3月8日，宝钢股份与安徽工业大学签署新一轮（2012—2015年）合作协议，在节能环保和废弃物综合利用技术、焦煤质量评价及焦化工技术改进、钢管冷加工成形控制和连轧高合金钢生产技术、特种合金酸洗工艺等技术领域开展深层次的合作。6月8日，宝钢股份与东北大学签署新一轮（2012—2018年）全面合作协议，围绕人才和科研两方面开展新一轮全面合作。同年，宝钢—澳大利亚联合研发中心新增研发项目10个，重点聚焦在冶金新工艺、轻金属及新材料等领域，并申请到澳大利亚政府ARC基金项目5项、CRC基金项目1项。2013年6月7日，宝钢股份与上海大学深化校企科研战略合作，包括加强已有领域的合作，提升研发成果；拓宽新的合作，培育青年技术领军者和团队；以企业产业化研发需求为核心，加强基础研究与企业产业化技术创新的紧密性；开展高水平的科研合作，共同承担国家项目。同年，"宝钢—澳大利亚联合研发中心"新增冶金新工艺及新能源领域项目5个，申请到澳大利亚政府基金项目4项。2014年1月16日，宝钢股份与上海工程技术大学签署企校联合办学协议，借鉴德国"双元制"职教模式，联合开设"宝钢机电一体化班”。12 月 3 日，宝钢股份与上海大学签订新一轮科研合作协议，依托上海大学在冶金凝固及控制技术、高品质钢和汽车用钢等学科领域所具有的研发优势，在整体技术能力提升、现场重大问题解决等方面支撑宝钢核心产品及关键技术的持续领先。12 月 17 日，宝钢股份与中南大学签订新一轮科研合作协议，在汽车用铝合金材料、烧结和球团工艺、环境保护与治理等技术领域开展合作。同年，宝钢股份聘请东北大学王国栋院士、美国科罗拉多矿业学院斯佩尔（Speer）教授等 7 位国内外著名专家为“宝钢教授”。2015 年，宝钢股份聘请国内多位专家为“宝钢客座专家”。宝钢—澳大利亚联合研发中心首批项目完成结题，在产业化应用、新材料设计及专利布局、冶金工艺机理突破、数值模拟研发能力提升等方面取得阶段性技术成果，申请国际发明专利 10 件、国内发明专利 4 件，申请到澳大利亚联邦政府基金项目 3 项。11 月 11 日，宝钢与伯明翰大学在英国签署合作协议，成立“伯明翰大学研发中心”，研究重点为材料服役及安全性评价、航空材料制造及其他先进新技术。

2016 年，宝钢—澳大利亚联合研发中心有 10 个项目结题，在低成本炼铁、冷轧润滑、无氟保护渣开发、管线钢中心偏析检测、新材料设计及使用技术等方面取得阶段性技术成果，申请发明专利 4 件，新增 8 个研究项目。12 月 12 日，宝钢—伯明翰大学研发中心首批启动材料服役及安全性评价领域的 2 个项目。

三、钢铁联合研究基金项目

2000 年 8 月 28 日，宝钢与国家自然科学基金委员会在北京共同签署建立“钢铁联合研究基金”协议。根据协议，宝钢与国家自然科学基金委员会在 2001—2003 年共同投入 1 200 万元（双方各出资 600 万元），资助中国钢铁工业发展所需要的冶金新技术以及相关工艺、材料、设备、能源、环境和信息等基础性、应用性研究与开发项目。该基金面向全国，自由申请，由国家自然科学基金委员会组织专家评选优秀项目并予以资助。

2001 年，钢铁联合研究基金确定首批 42 个项目，研究内容涉及新型金属材料、冶金新工艺、冶金生态环境保护、冶金物理化学、冶金信息与控制和冶金装备等六大领域，负责单位涉及全国 24 所大学和研究院所，承担研究项目的科技人员中，院士 2 人，教授、博士生导师占 57%，批准总经费达 900 万元。同年 11 月 16 日，宝钢与国家自然科学基金委员会签署长期合作意向书，双方在 2002—2003 年各追加投入 400 万元，使原定的 1 200 万元基金增加到 2 000 万元。

2003 年，钢铁联合研究基金启动 29 项新项目，并组织对第一轮运行情况进行总结，提出第二轮合作方案。12 月 22 日，双方签署为期 3 年的第二期合作协议，总经费 1 800 万元，双方各出资 900 万元，分 3 年安排基金项目。

2006 年 11 月 16 日，宝钢与国家自然科学基金委员会签署第三期合作协议。经过两轮合作，共投入 3 800 万元。第三期基金从 2007 年起开始资助，3 年投入经费 3 600 万元。双方优化项目组合和管理模式，鼓励开展项目后续滚动研究，加大对项目的后评估力度，加强项目跟踪和成果挖掘，并对具有应用研究价值的项目以产学研合作模式进行后续开发，推动研究成果的产业化应用。至 2008 年，宝钢负责完成 9 期基金项目申报指南的策划，重点围绕汽车用钢、硅钢、宽厚板、不锈钢、特殊钢、低成本原料、洁净钢、先进连铸技术、带钢板形控制技术、废弃物资源化技术等研究领域，先后确定十多个重点方向和领域。

2009 年 12 月 22 日，宝钢与国家自然科学基金委员会签署第四期（2010—2014 年）合作协议。

至2016年，宝钢与国家自然科学基金委员会开展5轮合作，双方共同投资9 800万元。资助215个项目，其中资助重点项目27个；项目资助对象达50多个国内高等院校和研究机构，包括清华大学、上海交通大学、同济大学、复旦大学、哈尔滨工业大学、西安交通大学、天津大学等高校及中国科学院的所属研究所。通过基金项目的引导或参与，建成东北大学的轧制技术及连轧自动化国家重点实验室、上海大学的现代冶金与材料制备实验室、北京科技大学的高温合金挤压成型控制实验室、青岛理工大学的工业流体节能与污染控制实验室等一批颇具影响的实验室；吸引了一大批具有海外留学和研究背景的专家负责和参加基金项目的研发，广泛集聚了社会科技资源。通过基金项目的实施，为钢铁工业及相关领域培养500余名硕士、300余名博士、25名博士后；发表一批高水平的论文，仅在前5年结题的项目中，发表804篇四大检索论文，其中科学引文索引(SCI)论文314篇、工程索引(EI)论文461篇、科技会议录索引(ISTP)论文29篇；出版中文专著25本和外文专著3本，参加国际会议2 194人次；依托基金项目成果，形成一批基础和应用领域的具有自主知识产权的重要研究成果，申报120多件专利，其中发明专利70多件，获国家科学技术进步奖一等奖1项、国家科学技术进步奖二等奖2项、省级科技进步奖和自然科学奖二等奖以上奖励12项。钢铁联合研究基金成为中国钢铁领域一个重要基础研究平台，以及连接基础与应用研究的桥梁。

第三章　知识产权和技术贸易

宝钢集团重视知识产权工作，通过讲座、座谈、案例分析、答疑等方式，强化全员教育，提高员工的专利意识；通过优化专利管理体系，建立有效的运行机制，有力促进专利申请数量和质量的提升；通过落实激励措施，调动员工发明创造的积极性；充分发挥专利信息的作用，为技术人员提供启发，为下一步技术创新提供参考；专利工作渗透到技术引进工作中，为技术谈判提供依据；以知识产权为支撑，推进技术贸易的开展；战略性地运用知识产权，维护宝钢的权益，逐步摸索出融技术、法律和经济于一体的企业知识产权管理模式和以知识产权为主线的科技管理方式。

第一节　知识产权管理

宝钢集团的知识产权管理工作坚持以申报专利为重点，通过建立健全管理机构，完善和强化管理体制，促进成果转化，形成了较为完整的知识产权保护体系。管理内容涉及专利、技术秘密、技术共享平台建设、科技管理信息化平台建设等。

一、知识产权和专利管理

【知识产权管理】

1998年11月上海地区钢铁企业联合重组后，宝钢集团知识产权管理工作得到有效推进。2000年10月，出台《上海宝钢集团公司科技管理办法（试行）》，明确宝钢集团规划发展部为知识产权归口管理部门。宝钢股份、宝钢五钢、宝钢浦钢、宝钢梅山等子公司均设立专门管理部门和专职人员负责此项工作。年底，各子公司明确了知识产权主管部门和主管领导。同年，宝钢股份注册商标"宝钢"被上海市认定为著名商标。宝钢股份申请专利112件（其中国际专利1件），超计划27.5%，授权100件；审定技术秘密200项。2001年，宝钢集团出台《上海宝钢集团公司知识产权管理办法》，明确宝钢集团技术创新委员会为知识产权工作领导决策机构，并建立宝钢知识产权管理体系，规范知识产权管理工作。11月，宝钢股份成立科技发展部，下设科研管理、知识产权管理和技术贸易管理等业务，初步将知识产权的创造、确权和运用进行一体化闭环管理。2002年，宝钢集团出台《宝钢商标管理办法》，授权许可符合条件的子公司规范使用"宝钢"商标。各子公司先后建立、完善管理制度，宝钢一钢根据不锈钢项目建设的特殊性，制定《不锈钢工程引进专利技术管理实施细则》。2003年6月，宝钢集团将"拥有自主知识产权"列入新一轮战略目标。

2005年，根据钢铁主业一体化推进的要求，对科研管理体制进行整合，宝钢研究院集宝钢集团科研开发与科研管理责任于一体，下设知识产权部，负责宝钢集团知识产权管理工作。2006年3月，宝钢股份成立科技发展部、知识资产部，以知识产权为主线，推进自主技术创新工作和产品的科研开发工作。为强化知识产权管理工作，宝钢股份对知识产权管理制度、专利管理办法、技术秘密管理办法等管理制度进行修改，把各单位技术创新工作的价值取向集中统一到自主知识产权上来。2007年4月，宝钢股份对原知识资产部和科技发展部进行重组，成立知识资产部（科技发展部），对宝钢知识资产进行一体化系统管理，由知识产权管理转变成知识资产管理。10 月 10 日，《宝钢知识产权战略（2007—2012 年）》通过技术创新委员会审定，宝钢知识产权战略全面启动。《宝钢知识产权战略（2007—2012 年）》论证了宝钢实施知识产权战略的必要性，提出了宝钢知识产权战略方针、目标及管理体系、宝钢知识产权工作的策略和重点内容以及战略的实施管理等，为宝钢实现可持续发展提供了保障。2009 年 5 月，宝钢股份对技术质量、科技管理组织机构进行调整，宝钢股份知识资产部（科技发展部）更名为“科技发展部”，下设知识产权室。

至 2010 年年底，宝钢集团基本形成以知识产权为主线的知识资产运作模式和工作机制，使知识产权管理由生产型向战略型迈进。2012 年，宝钢股份实施《知识管理六年规划》创新管理模式；制定《技术知识管理办法》等一系列管理制度；组建知识管理委员会，完成知识管理从创建运营阶段向常态化运营阶段的转变。6 月 18 日，宝钢股份知识管理工程师一期培训班 26 名学员全部通过国家工业和信息化部的考评，获得资质证书。10 月 11 日，宝钢股份首获“亚洲最受尊敬的知识型组织大奖”。2013 年 8 月 28 日，宝钢知识管理部门门户上线运行，走出以属地化管理为主，向分层管理转型的第一步。10 月 16 日，“迈向知识竞争时代的知识管理——宝钢知识管理体系建设和实践”获 2013 年度上海市企业管理现代化创新成果二等奖。10 月 17 日，宝钢股份蝉联“亚洲最受尊敬的知识型组织大奖”。2014 年，宝钢股份发布知识产权奖励管理新标准，调整专利奖励标准，新增国际专利授权奖，加大新产品、突破技术形成的发明专利及核心技术秘密的奖励力度。2015 年，宝钢知识管理团队与宝钢研究院档案中心协同，将宝钢积累的 2 000 多个科研项目成果的纸质档案，扫描转化为电子文档。

2016 年，宝钢股份建立新产品、新技术研发知识产权先期介入机制，完成科研项目立项产权检索分析管理系统开发并投入运行。

【专利管理】

1998 年 11 月上海地区钢铁企业联合重组后，宝钢集团重视关键技术的培育并形成自己的专利，宝钢股份、宝钢五钢、宝钢浦钢、宝钢梅山等子公司均设有专门管理部门和专职人员负责专利管理工作，其他子公司也大多明确挂靠部门和兼职人员，专利管理制度的建设逐步走上正轨。宝钢股份的专利申请和授权数在国内企业中名列前茅。

1998—1999 年，宝钢集团各主要子公司申请专利 725 件，获授权 463 件，审定技术秘密 656 件。1999 年，宝钢集团修改《专利管理办法》和《技术秘密管理办法》，加大专利、技术秘密的奖酬力度。同年，宝钢股份、宝钢浦钢、宝钢五钢被授予“上海市专利示范企业”称号，宝钢梅山被确定为第二批上海市企业专利工作试点单位。2000 年下半年起，实施对可计算效益的专利、技术秘密变 1 年付酬为连续 5 年付酬的制度；专利、技术秘密技术贸易报酬，按公司实得经济效益的 20%～35%付酬（原为 20%），且每交易成功一次都付酬，调动了发明人的积极性。2001 年，实施《上海宝钢集团公司“专利及技术推广费”管理办法》，设立专利及技术推广费，以支持科技成果在宝钢集团内部的推广使用，避免重复开发，以利于核心技术和专有技术的培育。各子公司根据《中华人民共和国专利法》，建立“一奖两酬”（“一奖”，是指发明人或者设计人所完成的职务发明获得授权后不论是否有效益，是否实施，一次性给予的奖金。“两酬”，一是该专利在本单位应用取得利润或效益后应有的报酬；二是该专利在向外单位实施许可或转让取得利润或效益后应有的报酬）等系列激励机制。同年，宝钢股份“按工艺要求定滚筒类飞剪机构参数的方法”获上海市发明创造发明专利奖一等奖，国家知识产权局和世界知识产权组织联合颁发的“中国专利金奖”（中国专利的最高荣誉奖项）；“钢管旋转装置”获上海市实用新型专利奖二等奖。2003 年，根据《中华人民共和国专利法实施细则》的相关规定，宝钢集团将发明专利奖励从 2 000 元/件提高到 4 000 元/件，实用新型专利奖励从 1 000 元/件提高到 2 000 元/件，专利实施奖中效益酬金系数由 0.50%～2%提高到 2%～3%。宝钢股份设立“宝山钢铁股份有限公司专利金奖”，还将拥有专利作为评选“宝钢股份重大科技进步成果奖”的重点条件。同年，宝钢集团被授予“上海市专利示范企业”称号。2004 年，宝钢集团申请专利 400 件，审定技术秘密 1 093 件。截至 2004 年，宝钢集团连续 3 次(2000 年、2002 年、2004 年)被国家知识产权局评为“全国专利系统先进集体”。

2005 年起，宝钢集团把专利发展的重点放在推广实施上。2006 年 4 月，宝钢集团获“上海市知识产权示范企业”称号。2007 年，专利年受理量达到 1 000 件以上。截至 2008 年，申请专利中有 70%以上得到实施。高炉喷煤技术有 4 件专利和多件技术秘密作支撑，每年产生经济效益 3 亿多元；炼钢 RH 炉外精炼技术申请 3 件专利，为冶炼高附加值产品提供技术保障，该技术不仅在宝钢分公司得到运用，还推广到梅钢公司和不锈钢分公司；钢管水淬设备、钢管张力减径孔型、抗腐蚀油套管、滚筒渣处理、管线钢、模具钢等专利技术都得到推广应用。截至 2009 年年底，累计申请专利 7 044 件，其中发明专利 2 565 件；累计获专利授权 4 038 件，其中发明专利 749 件；拥有企业技术秘密 12 862 件；提出国外专利申请 21 件；有 70 多件(次)专利技术在国内外各类博览会上获金、银奖；有 70%以上的专利技术付诸实施和推广。

2010 年，宝钢集团申请专利 1 681 件，其中发明专利 471 件，入选“中国企业自主创新 TOP100(工业)”前三强。12 月，第六届上海市发明创造专利奖揭晓，宝钢股份有 3 件专利获奖，其中“一种高强度 13Cr 油套管用钢及其制造方法”获发明专利奖一等奖。同年，宝钢集团被国家知识产权局确定为第二批全国企事业知识产权示范创建单位。2011 年，研发投入率为 2%，专利申请 2 287 件，其中发明专利 783 件(占 34.20%)，科技政策收益额 8.87 亿元。宝钢薄带连铸专利案被国家知识产权局复审委员会评选为 2010 年度十大典型案例之一；宝钢股份“一种高强度 13Cr 油套管用钢及其制造方法”获第 13 届中国专利奖优秀奖；宝钢股份科技发展部被评为“全国专利系统先进集体”；宝钢股份获中国首届知识管理 MAKE(最受尊敬的知识型组织)奖、科技创新单项奖、亚洲 MAKE 提名奖；宝钢股份液压成形技术、产品的“倍凯”商标获得国家工商行政管理总局的注册认证，成为宝钢的专属商标。2012 年，研发投入率为 2.10%，专利申请 2 445 件，其中发明专利 816 件，科技政策收益额 10.80 亿元。宝钢集团被工业和信息化部、财政部联合认定为“国家技术创新示范企业”。2013 年，研发投入率为 1.90%，申报专利 2 592 件，其中发明专利 1 016 件，“取向硅钢”等一批科技成果获得国家与行业的认可。2014 年，研发投入率为 2%，专利申请 2 272 件，其中发明专利 1 027 件，“600℃超超临界火电机组钢管创新研制与应用”等一批科技成果获得国家与行业的认可。9 月 1 日，宝钢股份专利检索系统上线，建成科研项目全流程专利检索管理机制，科技管理系统成为适应全过程知识产权策划、布局的专利风险防范服务平台。2015 年，研发投入率为 2.10%，专利申请 1 957 件，其中发明专利 932 件。被工业和信息化部认定为“国家技术创新示范企业”。

2016 年，宝钢集团研发投入率 1.89%，申请专利 1 881 件，其中发明专利 906 件；被国务院国资委评为“2013—2015 年任期科技创新优秀企业”。

二、技术共享平台建设

自 1978 年宝钢工程开工建设起，宝钢在工程建设、生产经营、技术创新、持续改进、质量管理、市场营销等方面积累了大量宝贵的知识财富。为让这些知识财富科学、系统、规范地积累、传承与共享，宝钢开始了知识管理的探索和实践。技术共享平台建设，为建立宝钢知识管理体系提供了技术支撑。

2009年12月1日，技术共享平台技术答疑模块（网址：bkm.baogang.info）“技术百事通”专家问答平台投入试运行。该模块支持宝钢股份范围内员工与技术专家的互动问答，员工提出的涉及产品、质量、工艺、装备、管理等技术问题都能及时得到公司相关专家的回答，搭建了技术在线沟通的渠道。

2010年12月31日，技术共享平台一期上线运行。12个子项目全部完成，“三库”（知识库、专家库、标杆库）、“两社区”（项目社区和学习社区）、“一问答”（技术问答）知识管理系统基本框架建成试运行。技术共享平台具备知识采集、知识审核、知识维护、知识发布、技术答疑、全文检索、知识订阅、知识推送、知识地图等主要功能。

2011年，宝钢股份技术共享平台信息系统从一期以直属厂部为主的碳钢、板钢生产系统拓展到全碳钢生产系统，实现了碳钢系统的全覆盖，应用单位从2010年的7个厂部拓展到2011年的17个厂部、事业部、子公司。

三、科技信息化平台建设

2002年5月，宝钢集团启动开发以技术创新业务流程为主的管理系统（BaosteeleScience，简称BeS）。2004年1月1日，合理化建议模块率先上线使用，其他模块先后逐步实现部分功能上线。至2005年，形成科研项目管理、合理化建议—自主管理、知识产权管理、技术转移管理等四大子系统，基本实现相关业务的网上评审和管理。

2005—2010年，宝钢集团对原有的BeS系统进行适应性改造，对科研项目管理、外协管理、合理化建议、技术秘密等功能模块进行修改、优化与新建。完成“宝钢科技管理系统集团改造与推广项目”科技管理服务共享平台，按照“标准化＋个性化”的模式满足各子公司业务管理要求。截至2010年，宝钢科技管理信息化系统积累了40多万条合理化建议、1.50万个自主管理成果、4 000多份科研技术文档、3 000多个技术知识专利、1万多条技术秘密，以及存在于各厂务系统中的大量的规程、案例、技术攻关、六西格玛等科技信息，形成良好技术信息基础。

2011年，宝钢集团与各子公司协同，开展对科技管理业务（科研管理、知识产权、合理化建议和自主管理等）流程的标准化设计，实现了宝钢化工、宝钢金属、宝钢发展、宝钢资源等子公司的系统覆盖。2015年，宝钢情报服务平台上线，平台储存了6亿多条信息，整合了不同类资源，实现了知识发现的功能；搭建20多个情报专题库，提升了宝钢情报服务能力；平台研究与建设项目，获上海市科学技术情报成果奖一等奖。

2016年，宝钢集团“信息资源系统优化及情报服务模式研究”项目获华东六省一市科技情报成果奖二等奖。该项目建成一个面向集团内部开放的“宝钢情报服务平台”，提供七大主要功能模块，包括统一检索、资源导航、钢铁新闻、专题情报库、网络采集库、网站代理登录和电子期刊库。

第二节　技术贸易管理

1998年11月上海地区钢铁企业联合重组后，宝钢集团出台《宝钢技术贸易管理办法》，建立了宝钢技术贸易管理体制，原由宝钢技术经济贸易公司承担的技术贸易业务划归宝钢集团。1999年，宝钢集团在各二级部门设立技术贸易兼职管理员，形成技术贸易管理网络，同时以合同为纽带，与承担宝钢技术贸易实施职能的窗口子公司形成代理关系，建立合法、有效、适应市场运作的技术贸易实施机制。同年6月，宝钢签订建立技术贸易管理机制后第一个技术贸易合同——《电缆技术服务合同》。全年，签订技术贸易合同48项，实现技术贸易收益433.81万元。2000年宝钢股份成立后，为健全管理体制和职能，建立管理运行机制，编制《宝钢技术贸易项目》广告册，建立国内技术贸易的营销网络，加大重点技术贸易项目的对外交流推广力度，向攀钢集团有限公司、“台湾中钢”推广交流“滚筒法渣处理技术”，向首钢集团有限公司推广交流干熄焦技术，向鞍山钢铁集团公司推广交流全氢罩式退火炉技术。同时开始开拓技术贸易的国际市场，为波兰WRJ钢管公司培训技术人员，同德国一家公司组建磨辊维修中心等。同年，宝钢股份通过技术咨询、技术服务、技术开发、技术转让和技术培训等多种方式，把拥有自主知识产权技术项目不断推向市场，全年签订技术贸易合同119份，直接经济收益947万元。2001年7月，宝钢集团召开“技术贸易工作发展定位”研讨会，明确技术贸易职能定位，技术贸易管理人员开始集中办公。11月，宝钢股份科技发展部成立，下设技术贸易室，形成专门的技术贸易业务管理机构，技术贸易业务从知识产权室归口到技术贸易室管理。2002年2月25日，宝钢集团与马来西亚MEGASTEEL钢厂签订“新建冷轧生产线咨询及技术服务项目”合同，这是宝钢第一个国外成套技术服务贸易输出项目。10月，与南通金轮针织有限公司签订全氢罩式炉成套设备技术输出合同，这是宝钢第一个国内工程总包技术贸易项目，该项目于2003年10月完成功能考核并通过业主验收。2002年，宝钢初步建立技术贸易工作机制和管理流程，并在技术贸易方式上实现3个突破：由纯技术输出向成套技术输出的突破，宝钢的钢管水淬、制氧、喷补机、精炼、全氢罩式炉、酸再生、炉前开口机等13项成套技术成功输出到鞍山钢铁集团公司、包头钢铁（集团）有限责任公司、太原钢铁（集团）有限公司、武汉钢铁（集团）公司、马钢（集团）控股有限公司、攀钢集团有限公司、本钢集团有限公司、首钢集团有限公司、莱芜钢铁集团有限公司、广东省韶关钢铁集团有限公司、济钢集团有限公司等各大钢铁企业及其他非钢铁企业；技术输出实现由国内市场向国际市场的突破，为马来西亚MEGASTEEL钢厂冷轧二手设备提供咨询服务，同时还提供炼钢、热轧诊断咨询服务，为巴西图巴朗黑金黑色冶金公司（CST）、印度金都尔集团公司（JINDAL）、德国瓦得里西公司提供咨询培训服务，与法国拉法基公司开展研发合作等；由传统的项目管理模式向项目经理管理模式的突破，在技术输出中，13个成套类项目采用项目经理负责制。同年，召开首次科技成果展示、推介、交流暨技术贸易推进会，展示100多项成果，20多项成果获重点推介。全年，宝钢集团技术贸易额首次突破亿元。2003年，宝钢形成以“技术＋管理”的技术贸易模式，技术贸易市场不断扩大，技术贸易输出到鞍山钢铁集团公司、首钢集团有限公司、武钢钢铁（集团）公司、太原钢铁（集团）有限公司、本钢集团有限公司、攀钢集团有限公司、济钢集团有限公司、广东省韶关钢铁集团有限公司、天津钢铁集团有限公司、南京钢铁集团公司、宣化钢铁集团有限责任公司、福建省三钢（集团）有限责任公司、五矿营口中板有限责任公司等国内主要钢铁企业。全年技术贸易额1.01亿元，其中成套技术输出占年技术贸易额的70％以上。

2005年，宝钢集团建成科技管理信息化系统技术贸易业务支撑信息平台，根据技术贸易管理流程，项目实现科技管理信息化系统业务平台管理。5月，根据钢铁主业一体化需要，在宝钢研究院（技术中心）成立技术交流与合作部，全面负责并组织实施技术贸易业务。2006年，宝钢集团技术贸易形成市场规模，技术贸易合同额达7.57亿元。主要项目有：滚筒渣处理装备及技术、全氢罩式炉装备及技术、炼钢RH真空精炼技术、能源中心技术、锌渣处理装备及技术、扒渣机、喷印机、喷补机等装备技术。2007 年，宝钢股份技术推广工作着眼于系统化的制造能力提升和价值创造，以产品为主线、人才培养为目标，聚焦共性技术，形成宝钢核心技术链，并不断拓展和增强核心技术链内涵，系统策划并实施技术推广的整体解决方案，通过核心技术链在宝钢股份内的有效推广应用，实现了技术资源共享及协同效应。从 2005 年的单体项目级技术移植、2006 年的工序单元级技术移植，到 2007 年发展为产线级整体技术移植，在管理水平上 3 年跨了三大步，成功迈过了技术移植规模化程度这道坎。同年，推出“梅钢公司、不锈钢分公司碳钢生产技术移植整体解决方案”，确立以分、子公司为单位规模的全盘技术转移，建立高效工作模式和高级协同机制，提升了产线技术能力。宝钢自主集成技术贸易输出取得重大突破，实现了自主集成的钢渣处理成套装备技术、RH 精炼成套装备技术等项目的国内外输出。2008 年，宝钢集团实现技术贸易输出合同额 4.74 亿元。2009 年 5 月，宝钢股份对技术质量、科技管理组织机构进行调整，宝钢股份知识资产部(科技发展部)更名为“科技发展部”，下设推广移植室，归口管理技术贸易业务。8 月，宝钢集团与韩国浦项制铁公司(简称韩国浦项)签订输出 2 套滚筒渣处理装置合同。

2010 年 12 月 20 日，宝钢输出到韩国浦项的滚筒渣处理设备功能考核一次性成功，各项指标均得到韩国浦项的认可。2011 年，宝钢第四代滚筒渣处理装置成功落户韩国浦项二炼钢厂，各项技术指标全部达到国际标准。宝钢渣处理装置在韩国浦项的投入运行，使韩国浦项实现了渣处理的“清洁化、资源化、短流程化”，并进一步扩大了宝钢滚筒渣处理技术在国际上的影响。同年，宝钢 RH 真空精炼成套装备及技术、全氢罩式炉成套装备及技术、滚筒渣处理成套装备及技术、煤气柜技术、喷印机、扒渣机等项目进一步拓展市场，主要有：首钢集团有限公司新区 RH 真空精炼项目、广东省韶关钢铁集团有限公司 RH 真空精炼项目、包头钢铁(集团)有限公司 RH 真空精炼项目、邢台钢铁集团有限公司 RH 真空精炼项目等中标，马钢(集团)控股有限公司、南昌钢铁有限责任公司、宣化钢铁集团有限公司、印度金都尔集团公司(JINDAL)等滚筒渣处理成套装备及技术输出，广西柳州钢铁(集团)公司 24 台全氢罩式炉成套装备及技术输出项目等。在国际市场上，技术输出范围扩大到德国、法国、印度、乌克兰、日本、马来西亚、挪威、波兰等国家或地区。2012 年，宝钢输出到韩国浦项光阳钢厂、邯郸钢铁集团有限责任公司、酒泉钢铁(集团)有限责任公司的渣处理设备投产；“台湾中钢中龙钢厂”渣处理项目经过多轮谈判，签订商务合同；与日照钢铁控股集团有限公司、莱芜钢铁集团有限公司、包头钢铁(集团)有限公司进行渣处理技术交流；签订重庆钢铁(集团)有限责任公司热轧设备精度管理项目合同。2013 年，宝钢在全球钢铁市场低迷、直接影响钢铁技术交易的情况下，开拓技术贸易市场，与韩国浦项签订输出 2 套渣处理装置的商务合同。2015 年，“台湾中钢中龙钢厂”应用宝钢渣处理装置取得成功，解决了其渣处理时产生的环境污染问题。中龙钢厂确定再购买一套宝钢渣处理装备。

2016 年，随着“宝钢喷射成形技术”外部产业化项目的落地，宝钢技术贸易实现了产线技术成套输出的突破。烧结烟气循环利用技术取得市场突破，与“台湾中钢设备公司”合作，输出到俄罗斯马格尼托戈尔斯克钢厂。宝钢渣处理技术市场得到进一步扩展，与“台湾中钢中龙钢厂”签订输出第二套渣处理装置合同。

第七篇

节能环保

概 述

1998 年 11 月上海地区钢铁企业联合重组后，宝钢集团始终关注资源合理利用、环境生态友好，推进节能减排、环境保护，发展循环经济，把节能环保工作视为转变发展模式的重要内容。

建立健全统一的组织管理体系。宝钢在投产前就明确建立能源、环保的集中一贯制管理体系，并始终坚持不断完善和强化能源管理的领导机构和管理组织体系，通过三级管理把企业能源发展、节能目标、能源规划、年度计划、能源重大问题研究与协调、节能措施、新技术推广应用等一系列工作落到实处。1998—2005 年，宝钢集团层面的能源环保管理职责由规划发展部、投资管理部等部门代为行使。2005 年，宝钢集团成立环境保护与资源利用委员会，同时设立环境保护与资源利用部。2006 年，宝钢集团与宝钢股份实行一体化运作，环境保护与资源利用部行使能源环保管理工作。2012 年，宝钢集团成立能源环保部，同时成立碳减排办公室。2015 年，宝钢集团加强能源环保管理的顶层设计，成立集团层面的能源环保管理委员会，按照分层管理原则，确定了三层组织体系架构，明确各层级的管理职能与所承担的责任。

坚持节能环保工作的高标准。宝钢集团遵循“减量化、再利用、再循环”的原则，提倡“控污染、节资源、兴利用”的理念，全面推行清洁生产，坚持绿色制造和营销。通过做好对节能环保设备的“消化、吸收、用好、管好”工作，促进相关技术在国内钢铁企业的开发、推广。在环境保护管理中，制定并严格实施高于国家、上海市的企业环境保护标准。每年组织内审员对体系进行内部审核 2 次，定期接受外部审核单位的监督审核和换证审核，以确保环境管理体系的持续改进。1998 年 1 月，宝钢在国内冶金行业首家获得 ISO 14001 环境管理体系的认证；2003 年，宝山钢铁股份有限公司（简称宝钢股份）在冶金行业率先发布环境报告，介绍宝钢的环境政策、环境因素、组织机构、资源和能源消耗、污染预防和控制、环境指标等环境信息，向社会公众展示企业推进清洁生产、防治污染对策和效果，主动提请舆论监督；2004 年 6 月，宝钢股份通过综合管理体系英国标准协会（BSI）认证；2005 年 10 月通过 ISO 14001：2004 版的转版认证；2006 年起，宝钢股份开始发布可持续发展报告，从社会责任、环境保护和企业经营等三方面全面展示公司的工作业绩、承担的义务和发展远景。

不断开发、改进、完善节能环保技术装备和工艺技术。1998 年上海地区钢铁企业联合重组后，宝钢集团有计划、有组织地关停了一批高能耗、高污染的生产装备，并实施一系列技术改造，建成一批新生产线，大幅降低了能耗，改善了环境。开展冶炼渣利用、废油再生、冶金辅料、脱硫渣开发等资源利用工作，拓展非钢产业领域利用废弃物资源的外循环利用途径，实现渣、灰、泥、酸、油、气等工业废弃物和副产品资源化，形成建筑材料、磁性材料、耐火材料、化工原料、冶金辅料等冶金工业废弃物综合利用支柱产业。

通过努力，宝钢集团的节能环保工作达到国内钢铁企业的领先水平，个别领域达到世界先进水平。2005 年，宝钢股份被国家环境保护总局授予“国家环境友好企业”称号，成为中国冶金行业和上海市首家获得“国家环境友好企业”称号的企业。2010 年，宝钢股份被中国节能协会授予首届节能中国贡献奖“十大突出贡献企业奖”，是国内钢铁企业中唯一获此荣誉的企业。2011 年，宝钢集团被国务院国有资产监督管理委员会（简称国务院国资委）评为“‘十一五（2006—2010 年）’中央企业节能减排先进单位”。2016 年，宝钢股份被全国绿化委员会、人力资源和社会保障部、国家林业局授予“全国绿化先进集体”称号（该奖每 5 年评选一次，为国家绿化最高荣誉）。

第一章 节能减排

宝钢从建设开始，就从国外引进一批先进的节能技术和装备，不但为宝钢节能技术保持高起点，而且为先进节能技术在国内的推广应用起到至关重要的作用。1998年11月上海宝钢集团公司成立后，在强化指标管理的同时，通过推进节能项目的实施，促进、确保能耗稳步下降。此外，根据产品加工深度的提高，开始系统研究产品结构、产品能耗和产品能源成本课题。2003年起，随着宝钢钢铁主业一体化的逐步推进，宝钢集团开始向宝钢集团上海第一钢铁有限公司（简称宝钢一钢）、宝钢集团上海浦东钢铁集团有限公司（简称宝钢浦钢）、宝钢集团上海五钢有限公司（简称宝钢五钢）、宝钢集团上海梅山有限公司（简称宝钢梅山）等企业宣传宝钢能源管理理念。借助能源中心工程，推行"一贯制"能源管理方式。2010年，宝钢股份吨钢综合能耗仅为731公斤标准煤。2011年，宝钢集团获评"中央企业节能减排先进单位"，在"全球500绿色企业排名"中名列第359位。同年，在首届节能中国贡献奖评选中，宝钢股份获"十大节能突出贡献企业奖"，成为国内钢铁企业中唯一获此荣誉的企业。截至2016年年底，宝钢集团所属钢铁企业中，宝钢德盛不锈钢有限公司（简称宝钢德盛）完成能源管理体系外审工作，其余钢铁企业全部通过能源管理认证。

表7-1-1 1998—2016年宝钢集团节能减排主要指标统计表

年份	吨钢综合能耗（公斤/吨标准煤）	二氧化硫排放总量（万吨）	化学需氧量（COD）排放总量（吨）	备注
1998	748.00	2.39	254.89	
1999	731.00	2.63	411.57	
2000	713.00	2.30	327.46	
2001	699.00	2.02	379.58	
2002	698.00	2.08	550.33	
2003	675.00	2.06	620.51	
2004	727.50	2.42	423.94	
2005	749.00	4.92	5 159.00	宝钢不锈、宝钢特钢、梅钢公司开始纳入统计
2006	734.00	4.31	3 268.11	
2007	719.00	3.72	1 835.67	
2008	765.00	3.30	1 047.00	电力采用等价折标系数
2009	622.00	4.79	2 525.00	八一钢铁开始纳入统计，电力采用当量折标系数
2010	590.00	5.25	2 372.00	宁波钢铁开始纳入统计
2011	596.00	4.61	2 177.00	

〔续表〕

年份	吨钢综合能耗（公斤/吨标准煤）	二氧化硫排放总量（万吨）	化学需氧量(COD)排放总量（吨）	备　　注
2012	613.00	3.62	1 769.00	韶关钢铁开始纳入统计
2013	611.00	2.83	1 542.00	
2014	607.00	2.44	1 261.00	
2015	598.00	1.99	1 133.00	宁波钢铁不再纳入统计
2016	598.00	1.64	933.00	

第一节　能 源 管 理

1998—2016 年，宝钢集团在能源管理上实行集中一贯管理体制，包括制定环境保护和资源利用战略、目标、方针，成立并不断完善环境保护与资源利用职能机构，制定环境保护和资源利用管理和实施制度，将能效指标作为重要经济指标纳入企业业绩考核体系，坚持能源管理三级管理体制和运作体制，建立和完善能效指标岗位责任制，实施集团内企业间环境保护和资源利用先进管理经验方法的传输、移植，推行能源管理体系认证工作等。

一、管理制度

1998—2005 年，宝钢集团层面的能源环保管理职责由规划发展部、投资管理部等部门代为行使，主要是能源环保政策的贯彻落实、绩效指标的统计汇总与分析上报。1998 年 11 月上海宝钢集团公司成立后，就在全集团范围内推广宝钢股份的集中一贯制能源管理模式，即立足整体，坚持三级管理体制，强化能源生产、管理合一的管理体系；抓住关键环节，实施四级目标、三级管理的运作体制；发挥专业管理和生产实体的协同作用，实行高效管理。宝钢集团坚持以系统管理指导能源生产与节能工作，追求效益最大化；坚持实行固定与动态相联系的能源考评机制，对能源管理目标、重点节能项目等内容的考核评价在一定时期内保持相对稳定，但对具体的目标值、节能项目实施进度的评价则结合当年企业实际与外部环境等因素予以动态调整；坚持技术进步，依靠科技挖掘节能潜力，深入推进节能降耗。

2005 年，宝钢集团成立环境保护与资源利用委员会，是宝钢集团环境保护与资源利用工作的最高管理机构，负责制定环境保护和资源利用方针，指导、研究和确定宝钢环境保护和资源利用发展规划和计划，协调各分公司、子公司之间的关系及资源分配，对环境保护及资源利用等重大项目进行决策等。4 月，宝钢集团成立环境保护与资源利用部，下设能源管理与环保管理 2 个职能室，负责集团的能源环保管理工作。5 月 8 日，环境保护与资源利用部组建完成，开始行使相关管理职能，将能效指标作为重要经济指标纳入企业业绩考核体系，建立并完善岗位责任制。2006 年，宝钢集团与宝钢股份管理机构实行一体化运作方式，由环境保护与资源利用部行使宝钢集团与宝钢股份层面的能源环保管理工作；宝钢股份设立宝钢分公司建制，宝钢分公司等各分、子公司均设置能源环保部分别负责各分、子公司的能源环保管理工作。2007 年，宝钢集团修订《能源消耗统计数据管理办法》，明确和规范能源统计中的数据管理流程。同年，宝钢股份发布 2006 年度《宝钢能源白皮书》，以节能降耗和能源安全为主线，重点阐述到 2010 年能源发展的具体目标和措施，内容包括能源战略、能源节约、能源开发、能源管理等 4 个部分。能源发展战略是：以提高能源利用效率为核心，以加强能源供应安全为重点，以加快实施节能项目为根本手段，以推进一体化能源管理为保障，形成低投入、低能耗、低排放和高水平的企业发展模式，全面提高能源利用水平。2009 年，宝钢股份撤销宝钢分公司建制，对各项业务实行直接管理；撤销宝钢股份环境保护与资源利用部、宝钢分公司能源环保部建制，成立宝钢股份能源环保部。能源环保部下设环资管理室，受宝钢集团委托专职负责节能、环保及资源综合利用；撤销对外管理技术支持室，相关职责划转至环资管理室。

2010 年，宝钢集团出台《关于加快推行合同能源管理促进节能服务产业发展的指导意见》，宝钢股份出台《合同能源管理项目管理办法》。同年，宝钢集团已实施的 7 项合同能源项目中完成 4 项。2011 年，宝钢股份、宁波钢铁有限公司(简称宁波钢铁)、宝钢发展有限公司等子公司制定合同能源管理项目制度，宝钢集团采用滚动方式推进合同能源管理项目，全年开展合同能源管理项目 92 个，实现年节约标准煤 8 万吨，利用投资金额达 5 亿元。其中 6 个项目完工，进入效益分享期。2012 年，宝钢集团成立能源环保部，不再与宝钢股份能源环保部实行一体化运作方式。宝钢集团能源环保部下设能源管理处与环保管理处，同时成立碳减排办公室，挂靠能源环保部管理。2013 年，宝钢集团编制《2013 年宝钢集团节能减排专项计划》《环境经营驱动者计划》，对集团和各子公司的节能减排工作提出明确的目标和措施；制定对二级单位的节能减排绩效指标考核目标，纳入业绩评价考核或任期制考核中。在日常管理中，按月进行动态监控、跟踪，每季度召开能源环保工作例会，对工作进行点评，对下阶段工作进行提示，确保节能减排指标全面受控。在钢铁子公司全面开展合同能源管理的基础上，重点推进多元产业合同能源管理工作，当年基本实现合同能源管理在所有产业的全覆盖，全年新增合同能源管理项目 47 个。2014 年，编制和修订《能源管理工作评价管理办法》《能源管理状况评估报告管理办法》等一批管理文件；按照管理文件的要求对子公司进行季度和年度评价。2015 年，宝钢集团加强能源环保管理的顶层设计，成立集团层面的能源环保管理委员会，按照分层管理原则，确定三层组织体系架构，明确各层级的管理职能与所承担的责任。同年，制定《能源环保管理办法》《能源环保管理工作评价管理办法》《能源管理状况评估报告管理办法》《能源管理状况评估自查报告编制细则》。各子公司修订完善了本单位相关管理文件。

2016 年，宝钢集团发布《企业突发环境事件风险控制管理办法》《辐射污染防治和安全防护管理办法》，下发《关于加强出租场地(所)环境保护管理的指导意见》《关于加强碳排放权管理工作的指导意见》。各子公司修订完善本单位相关管理文件。

二、体系建设

宝钢集团坚持集中一贯制能源管理模式，坚持三级管理体制，持续强化能源生产、管理合一的管理体系建设。

2003 年，随着钢铁主业一体化的逐步推进，宝钢集团开始向宝钢一钢、宝钢浦钢、宝钢五钢、宝钢梅山等企业宣传宝钢能源管理理念。借助能源中心工程，推行“一贯制”能源管理方式。

2005 年宝钢股份增资收购后，宝钢集团成立环境保护与资源利用部，通过全面组织推进能源“一贯制”管理方式，使能源管理逐步实现一体化。2006 年，结合钢铁主业一体化管理的推进，着重推广宝钢分公司能源管理体制和管理技术，循环经济建设的主要指标持续改进。2008 年年初，宝钢股份推进能源一体化管理和非钢工业企业能源管理指标体系工作试点，建立大能源中心系统，对上海宝山地区的相关能源介质进行统一管理和调配。

2010年，随着《GB/T 23331—2009能源管理体系要求》的发布与实施，中国国家认证认可监督管理委员会启动能源管理体系认证试点工作。宝钢集团根据环境经营战略要求，在集团范围内的工业企业推进能源管理体系建设与认证工作。同年，宝钢发展有限公司率先在宝田新型建材有限公司开展能源管理体系认证试点。9月，依据《GB/T 23331—2009能源管理体系要求》编制的《能源管理手册》发布，10月1日开始实施。2011年1月，宝钢股份在国内钢铁企业中率先通过国家能源管理体系认证。同年，宝钢集团继续完善能源基础管理，提升集团整体能源管理体系运行水平，全面推进能源管理体系认证工作。2013年，重点推进宝钢集团韶关钢铁有限公司(简称韶关钢铁)能源管理体系建设工作。通过加强培训、建章立制、理顺管理，韶关钢铁能源管理体系能力迅速提高，于年底前通过能源管理体系现场审核。2015年，加强能源环保管理的顶层设计，在集团能源环保部下设能源处，并成立宝钢集团能源环保管理委员会，按照分层管理的原则，确定三层组织体系架构，明确各层级的管理职能与所承担的责任。

2016年，各子公司能源环保管理体系建设稳步推进。钢铁企业中，宝钢德盛完成能源管理体系外审工作，其余钢铁企业全部通过能源管理认证。非钢产业中，重点企业基本通过能源环境管理体系认证。矿业产业中，南京梅山冶金发展有限公司矿业分公司按照单独审核的要求，初步建立和修订适应矿山行业的能源管理体系文件，逐步修订各项标准及规范，为能源管理体系认证奠定基础。

第二节　碳减排管理

宝钢集团在碳减排管理方面开展的工作包括：成立碳减排管理职能机构，制定碳排放管理制度，探索并建立温室气体排放权交易制度。

一、管理制度

2011年10月，国家发展和改革委员会(简称国家发改委)下发《关于开展碳排放权交易试点工作的通知》，批准在北京、天津、上海、重庆、湖北、广东和深圳等7个省市开展碳排放权交易试点工作。2013年6月—2014年6月，7个试点省市的碳市场陆续开市。2013—2015年，宝钢集团内8家试点企业按照当地政府要求全面完成碳配额履约清缴工作，初步建立碳交易管理体系、制定有关管理文件。

2016年，为全面贯彻落实国家有关政策文件精神，促进和规范下属重点排放单位的碳排放权管理，宝钢集团制定发布《关于加强碳排放权管理工作的指导意见》，强调加强碳排放权管理工作的必要性与紧迫性，提出碳排放权管理工作的总体目标，并明确了具体举措。

二、体系建设

2012年10月，为进一步加强宝钢集团层面能源环保管理，宝钢集团能源环保部独立运作，不再与宝钢股份能源环保部实行一体化运作方式。宝钢集团能源环保部职责实行调整，并设置相应的职能。同时成立碳减排办公室，挂靠能源环保部管理，对宝钢集团的碳排放和碳交易实施归口管理和业务指导。

2013 年，宝钢集团跟踪、分析国内外碳减排和碳交易发展趋势和政策，研究碳排放、碳资产管理思路和方法，指导试点企业开展相关工作，并制定相关的管理流程和标准。上海被国家发改委确定为开展碳排放权交易试点的七个省市之一后，宝钢股份、宝钢不锈钢有限公司（简称宝钢不锈）和宝钢特钢有限公司（简称宝钢特钢）等 8 家企业列入上海市碳排放权交易试点企业。宝钢集团参与上海市碳排放交易试点政策的研究，组织碳排放交易试点单位与政府的谈判和协调，完成上海市碳排放交易试点单位 2009—2011 年的碳排放核查工作，与上海市发展和改革委员会、碳排放交易试点办公室商谈 2013—2015 年试点期间碳排放配额的分配方案。同年，上海市碳排放权交易在上海环境能源交易所开市，宝钢股份作为试点企业之一，在开市当日领取 2013—2015 年碳排放权额度证书。韶关钢铁参与广东省碳排放配额认定、分配和碳排放权交易启动工作，向广东省发展和改革委员会争取足够碳排放配额，为韶关钢铁发展和扩大生产预留了空间。

第三节　项目与成果

宝钢集团坚持高起点配套建设先进节能工艺与装置，并随着技术的进步，不断推广应用国内外成熟的节能技术，通过持续提高能源效率减少碳排放，推进钢铁行业节能减排技术进步。

1998 年，宝钢集团完成高炉喷煤攻关等公司级节能项目 6 项，实现经济效益 2 800 万元。高炉喷煤是改善能源结构、节约能源、降低炼铁成本的有效途径，全年平均喷煤 171.80 公斤/吨铁，特别是一号高炉喷煤比达到 200 公斤/吨铁的水平，使能源结构更趋合理，减少了焦炭产出量与炼焦煤的使用量，节约了能源。2003 年，推进节能技术进步，宝钢五钢一号空分节能技术改造等 3 个项目列入上海市节能技术改造项目计划；宝钢一钢 2 500 立方米高炉炉顶余压发电装置、宝钢五钢 100 吨电炉二次助熔等项目相继建成投产；重大节能示范项目（国债项目）——宝钢五钢“十五”（2001—2005 年）节水技术改造工程的炼钢水处理项目建成投产，使宝钢吨钢综合能耗达到 673 公斤标准煤、吨钢耗新水实现“破五进四”达到 4.58 立方米/吨钢，双双达到历史最好水平。2004 年，与中国石油天然气集团有限公司、鞍钢集团有限公司、中国铝业集团有限公司、中国华能集团有限公司和中国第一汽车集团有限公司等 6 家中央企业联合发出《关于在中央企业创建资源节约型企业的倡议》，号召中央企业率先落实国务院提出的“万元国内生产总值能耗下降 5%，万元国内生产总值取水量下降 10%，水的重复利用率提高 5 个百分点，再生资源回收利用率显著提高”的 3 年资源节约奋斗目标，全面创建资源节约型企业，力争经过 3～5 年持续努力，使能耗、水耗、物耗指标全部实现历史最好水平，其中 1/3 以上企业达到国际同行业先进水平。

2005 年 6 月 12 日，宝钢集团在上海市首次绿色电力认购活动中主动认购 120 万千瓦时绿色电力，认购期限为 3 年，成为上海市首批绿色电力认购企业，认购量在 15 家认购企业中与上海市电力公司并列第一，上海市经济委员会、市发展和改革委员会向宝钢颁发绿色电力标识。2006 年 5 月 10 日，在上海市节能降耗工作大会上，宝钢股份与上海市人民政府签订节能降耗责任书。在环境保护与资源利用部牵头组织下，由宝钢分公司、宝钢股份将不锈钢分公司（简称不锈钢分公司）、宝钢股份特殊钢分公司（简称特殊钢分公司）和上海梅山钢铁股份有限公司（简称梅钢公司）组建节水推进工作团队（虚拟团队），通过建立节水推进工作制度、工作档案和资料交换等制度，定期开展节水技术交流和推广工作。不锈钢分公司从技术到管理全方位与宝钢分公司开展合作，通过推广先进技术，吨钢耗新水明显减少，月最高水平达到 5.33 立方米/吨。宝钢股份全年节水 1 600 万立方米。7月26日，在全国节能工作会议上，宝钢集团与国家发改委签订节能目标责任书。“十一五”期间，宝钢集团所属企业承诺节能126.64万吨标准煤。9月20日，宝钢集团与上海市经济委员会签订节能目标责任书，承诺到“十一五”末宝钢集团万元产值能耗比“十五”期末下降40%。2007年，宝钢分公司组织实施各类节能项目92项，通过关键节能技术和项目的推进，带动节能技术水平整体提升。全年吨钢综合能耗首次降至669.80公斤标准煤，吨钢耗新水降至3.64立方米；余热回收总量达119万吨标准煤，节能总量达27.70万吨标准煤，分别占宝钢股份的79.70%和72%。不锈钢分公司实施“热电联产”“2 500立方米高炉干式除尘发电改造”“全厂污水处理废水回用”等44项节能措施。通过节能项目的实施，吨钢耗新水从8.49立方米下降至5.40立方米。特殊钢分公司实施83项节能减排措施，其中节能降耗65项，工艺降耗10项，污染减排8项。梅钢公司工业用水和生活用水分别比上年减少33万立方米和7.50万立方米，降低成本30.70万元，通过对生活用水循环利用，用水量比上年下降32%。

2010年，宝钢集团9个节能项目年节约能源折合标准煤近10万吨，获上海市财政奖励1 400万元。这是上海市设立节能专项扶持资金后企业获得的最大奖额。截至2010年10月底，宝钢集团全面完成“十一五”累计节约标准煤126.64万吨的目标。2011年，宝钢集团吨钢综合能耗优于年度计划5公斤标准煤，万元产值能耗较年度计划下降4.50%，节能量超额完成年度计划30%；二氧化硫和化学需氧量分别较年度计划少排放19.60%和31%。宝钢集团被国务院国资委评为“十一五”中央企业节能减排先进单位。2012年，利用国家“金太阳示范工程”政策，探索新能源技术的应用。3月，宝钢股份在通过合同能源管理的方式实施“能源中心大楼130千瓦光伏系统项目”的基础上，启动装机容量为50兆瓦的“金太阳”示范工程。同时，在沪外多元产业试点推进“金太阳”光伏项目。11月28日，宝钢集团首个沪外光伏项目、获得国家“金太阳”政府奖金的常州市新北区工业厂房屋顶光伏发电示范项目签约，项目系统装机容量10兆瓦，运行期为25年，以合同能源管理方式实施。全年，宝钢集团组织钢铁生产单元制订节能减排行动计划，形成367项节能减排项目，完成和实施节能项目77个。2013年，在钢铁子公司全面开展合同能源管理的基础上，重点推进多元产业合同能源管理工作，基本实现合同能源管理在宝钢集团内所有产业的全覆盖，全年新增合同能源管理项目47项。节能减排项目累计完成投资18.98亿元，其中环保项目完成8.58亿元，节能项目完成10.40亿元。通过节能技术改造项目完成年节能量17.90万吨标准煤。一批重大节能减排项目建成投产，其中宝钢股份对厚板部5米宽厚板生产线2座加热炉排放的中高温烟气进行余热利用改造，设备投入运行后排烟温度降至160℃，每年回收蒸汽5.50万吨，实现节能量5 178吨标准煤、节能效益700万元；宝钢集团新疆八一钢铁有限公司(简称八一钢铁)利用2台265平方米烧结机和1台430平方米烧结机的余热回收发电项目投入运行，实现年节能4 000吨标准煤；宁波钢铁通过实施节能改造项目实现年节能1.60万吨标准煤。2014年，宝钢集团节能减排项目(不含合同能源管理项目)投入资金11.80亿元，其中节能项目投入2亿元，形成年节能21万吨标准煤的能力。同时，依靠科技进步，利用合同能源管理新机制推进和建设节能减排项目，主要有：宝钢股份50兆瓦金太阳光伏发电示范项目(一期)全部建成投入运行，年发电量超过4 500万千瓦时；完成总部区域11座大型加热炉的烟气余热回收改造工程，每小时可生产50余吨低压蒸汽，实现了大型加热炉平均排烟温度降低到200℃以下的国际先进水平。韶关钢铁全面推进余能利用、高效炉窑和能效电厂等节能项目，投资3.23亿元；实施电炉烟气余热回收、电厂一号锅炉节能改造、炼轧厂加热炉余热回收、冷却塔风机节能改造、电机系统节能改造等合同能源管理项目9项，每年可实现节能量14.52万吨标准煤。宁波钢铁新建投入运行一座5万立方米转炉煤气柜，全年节能2万吨标准煤；

对热轧生产线3座加热炉进行余热回收，每年节能1万吨标准煤；对炼钢厂石灰窑进行烟气余热回收，每年可节能0.85万吨标准煤。上海宝钢化工有限公司（简称宝钢化工）在国内首次将膜法除氧技术应用于沥青焦余热锅炉上，当年实现节能1 358吨标准煤；在国内首创酚精制装置全连续蒸馏生产工艺，全年可节能760吨标准煤。在碳减排方面，宝钢集团继续跟踪、分析国际、国内碳减排和碳交易发展的趋势与政策，研究宝钢碳排放、碳资产管理思路和管理方法，指导试点企业开展相关工作。各试点单位完成2013年度企业碳排放报告的现场核查及碳配额清缴工作，宝钢股份和宝钢特钢分别售出二氧化碳配额11万吨和30万吨。宝钢特钢由于在上海碳交易试点工作中突出表现，被授予"积极参与交易企业"称号。韶关钢铁根据广东省有关碳交易管理办法，完成履约清缴任务并结余4.30万余吨，成为广东省第一批履约控制排放企业。

2016年，宝钢集团参与碳交易试点的8家企业全面完成试点期碳配额清缴履约工作，初步建立碳交易管理体系。试点期配额盈余894万吨碳当量，累计买卖交易金额4 751万元（含向政府有偿购买初始配额2 260万元），宝钢集团参与上海地区试点的企业碳交易收益达1 938万元。4月27日，宝钢股份屋顶光伏发电二期项目并网发电。

第二章 环境保护

宝钢从建设开始，就高度重视环境保护。宝钢一期、二期、三期工程环保相关设施总投资43.40亿元，占工程总投资的5%，工程建设与环保同步，从源头上控制污染。1998年1月，宝钢在全国冶金行业首家通过ISO 14001环境管理认证；8月，又通过国际环保界权威认证，获英国皇家认可委员会颁发的ISO 14001证书。1998年11月上海宝钢集团公司成立后，对老企业进行脱胎换骨的改造，淘汰落后炼铁、炼钢、轧钢产能，并按照统一规划，新建不锈钢、特钢等一大批具有国际先进水平的生产线，彻底改变高能耗、高污染的落后局面。同时，把环境保护的理念融入企业经营管理，2005年宝钢集团主要钢铁资产进入宝钢股份，收购后的子（分）公司依托宝钢股份的先进管理理念和管理技术，各自建立相应完整的环境管理体系，并相继通过ISO 14001环境管理体系认证。2009年，宝钢集团首次发布社会责任报告，全面展示宝钢在科学、和谐和可持续发展中的探索和实践成果。同年9月，宝钢集团提出环境经营战略。截至2015年，宝钢集团所属主要钢铁生产单元全部通过ISO 14001环境管理体系认证；多元产业中主要工业企业全部通过环境管理体系认证。

第一节 环保管理

1998年11月上海地区钢铁企业联合重组后，宝钢集团积极推进环境管理体系建设与认证工作，按照国家环境保护相关政策与ISO 14001环境管理要求，制定并逐步完善相关管理制度。

一、管理制度

1999年，宝钢集团根据体系运行需要与机构变化，重点修改《环保项目管理办法》《环境管理手册》，并将《上海宝钢集团公司厂区生活污水设施管理办法》《废钢铁采购管理程序》纳入管理体系文件中。增补适合宝钢环境保护相关法律法规2篇，编写《与宝钢有关的环境保护法律法规》。宝钢集团主要在沪钢铁企业中，宝钢股份建立了完备的环境管理制度，从专业管理和职能管理的角度制定环境保护与资源利用有关制度。同时，各子（分）公司也相应建立环境保护与资源利用管理委员会，设立环境保护与资源利用相关管理部门，协同推进环境与能源管理。主要环境管理文件有：《环境保护与资源利用管理制度》《节能环保激励考核办法》《建设项目环保报批管理办法》《环境成本管理办法》《环境监测管理办法》《环保意见和投诉管理办法》。2004年，建立环保工作例会制度和季报制度，落实宝钢集团环境保护年度目标和预算计划，促进集团内各钢铁企业制定、优化和完善环保管理制度及管理办法。

2005年，宝钢集团环境保护与资源利用部成立以后，与上海市宝山区环保局建立定期联系制度；建立和完善工作例会制度和季报制度，加强与子（分）公司沟通协调，定期组织环保整治项目进展情况检查，加强综合管理，商讨整治方案。2008年，宝钢股份制定《固定资产投资项目节能评估和审查管理办法》，将节能管理工作前移，从项目设计阶段紧抓节能；对项目设计时应该采用的环保节能技术措施及应该达到的能源、环保指标标准都提出了详尽要求；项目竣工验收时，能源环保指标作为工程达标考核指标之一，不达标不予验收。制定《宝山钢铁股份有限公司建设工程工程设计统一技术规定》（环境保护篇、节能篇），明确提出在工程项目的环境保护、节能设计中必须遵守的技术准则与技术要求，并对污染物排放限值给出严于国家和地方标准的要求，明确指出“工厂设计污染物排放除满足国家和地方标准外，还应符合宝钢股份的大气、水污染物排放限值”。

2013 年，宝钢集团能源环保部成立以后，立即着手制定相关管理文件。2014 年，根据外部形势与集团业务发展情况，编制下发《环境保护合规性管理办法》《环保事件管理办法（重大环境污染事件应急预案）》和《环保事件问责管理办法》等一批管理文件，按照管理文件的要求对子公司进行季度和年度评价。2015 年，进一步健全能源环保管理体系，制定《能源环保管理办法》《企业突发环境事件风险控制管理办法》等管理制度，以及《关于健全环境监测工作的指导意见》《关于加强危险废物管理工作的指导意见》《关于加强环保设施运行管理的指导意见》等 3 份指导意见，各子公司修订完善了本单位相关管理文件。

2016 年，宝钢集团发布《企业突发环境事件风险控制管理办法》《辐射污染防治和安全防护管理办法》，下发《关于加强出租场地（所）环境保护管理的指导意见》，各子公司修订完善本单位相关管理文件。

二、体系建设

1998 年 1 月，宝钢通过华夏审核中心 ISO 14001 环境管理体系认证，成为国内冶金行业首家获得 ISO 14001 环境管理体系认证的企业。

2005 年，宝钢集团成立环境保护与资源利用部，按照一体化运作要求加强环境保护、节能降耗与资源综合利用工作。宝钢股份坚持“控污染、节资源、兴利用，建设生态型钢铁企业”的环境方针，按照集中一贯管理模式开展环境管理，从末端排污控制扩展到生产全过程污染控制，从少数人负责管理扩展为全员共同参与，制定严于国家标准的宝钢环保标准，形成自我加压、自我完善、不断提高的良性循环机制。2006 年，按照“统一规划，分头认证”运作模式，宝钢股份各子（分）公司根据 ISO 14001 标准加强环境体系管理建设，相继通过环境管理体系认证。2009 年 9 月 15 日，宝钢集团召开环境经营研讨会，提出宝钢环境经营战略。

2011 年 3 月 16 日，宝钢股份推进绿色产业链建设，发布国内钢铁业首个《绿色采购指南》；5 月 24 日，宝钢股份在业内独家发布《绿色宣言》和《产品环境声明》，表明宝钢落实科学发展观、坚持走绿色发展之路的坚定决心，这也是中国钢铁业在产品环境绩效披露方面的重大进步；7 月 18 日，宝钢股份在国内钢铁行业首家发布《宝钢环境友好产品手册》，向广大用户传递宝钢打造绿色产业链、与用户携手推进环保发展的理念。2012 年，宝钢集团所属钢铁生产企业（除 2011 年年底进入宝钢集团的宝钢德盛外）全部通过 ISO 14001 环境管理体系认证，多元产业中大部分工业企业通过 ISO 14001 环境管理体系认证。

截至 2015 年，宝钢集团所属主要钢铁生产单元全部通过 ISO1 4001 环境管理体系认证；多元产业中主要工业企业全部通过环境管理体系认证。

第二节　项目与成果

宝钢集团坚持高起点配套建设先进环保工艺与装置，并随着环保技术的进步与国家环保政策、标准的趋严，不断推广应用国内外成熟的环保技术，持续推进污染物减排，推动钢铁行业绿色发展。

1998年11月上海地区钢铁企业联合重组后，宝钢集团结合产业结构调整，在淘汰效益差、污染重的落后工艺和装备的同时，实施上海吴淞工业区宝钢所属企业环境综合整治方案和地处浦东新区的宝钢浦钢环保治理改造方案。各钢铁子公司严格按照国家和上海市政府要求，通过实施系列环保项目，提升环保技术水平。2000年，宝钢股份被上海市环境保护局、市人事局评为“1998—1999年度上海环境保护先进集体”。

2001年，宝钢集团所属企业在全面完成国家和上海市环保任务基础上，结合宝钢集团总体规划实施，制订《吴淞工业区内宝钢有关企业2001年环境综合整治实施计划》，加快淘汰污染严重、能耗高、生产工艺落后的设备，实施关停项目5项。子公司中，宝钢股份制定“控污染、节资源、兴利用、建设生态型钢铁企业”的环境方针，编制污染防治、资源综合利用、节能降耗、节材等4个方面67项管理方案，并达到预期目标，主要污染物排放量除化学需氧量比2000年增加20.49吨(因新建1550冷轧于2000年第四季度开始投入运行)外，二氧化硫、烟尘、粉尘等污染物排放量均比2000年减少，废水排放量比2000年减少139.95万吨，污染物综合排放合格率达99.90%。宝钢股份被上海市经济委员会评为“上海市资源节约综合利用十佳企业”。宝钢一钢贯彻“立足本职、以人为本、科学管理、严格考核、预防为主、减少污染”的环保工作指导思想，主要污染因子合格率为95.97%，比2000年上升4.60个百分点。宝钢浦钢推行环保“天天查”制度，提高环境监测和环境巡检工作力度，强化环保设施运转，解决了转炉OG系统供水水质稳定问题；加强全公司污染源源头控制，油泄漏问题得到较大改善；全面淘汰石灰窑和白云石窑，污染物综合排放合格率达88.76%。宝钢五钢重点加大工业粉尘和二次烟尘等污染源治理力度，污染物综合排放合格率达90.72%。宝钢梅山环保工作以“稳定达标排放、努力控制排污总量、强化管理”为重点，加强管理、加快治理、讲求督查、严格考核等措施，污染物排放总量控制指标比2000年有较大幅度下降，污染物综合排放合格率达91.57%。宝钢集团上海二钢有限公司以“推一流文明生产，建一流清洁企业，走可持续发展道路”为环境保护方针，加大环保力度，扩大环境整治管理范围，投资450万元新建含酸废水处理中心，污染物综合排放合格率达92.50%。

2002年，上海吴淞工业区内宝钢有关企业落实环境综合整治实施计划，做好淘汰落后工艺、关停项目(生产线)和污染源治理等工作，宝钢一钢二炼钢、宝钢五钢二轧厂、上海钢铁研究所3吨电炉关停。在淘汰落后工艺装备的同时，宝钢集团继续加强对一些污染严重的污染源进行治理：宝钢一钢三炼钢转炉二次烟尘治理项目投入运行，每年可减少三炼钢转炉二次烟尘1 000吨排放总量。宝钢五钢进一步完善化铁炼钢系统的环保治理设施；对处于同济路水产路口的五钢运输公司进行搬迁，彻底解决居民生活区的噪声和废气污染问题。宝钢集团上海钢管有限公司对原有废水治理设施进一步完善，确保外排废水稳定达标排放。10月，宝钢股份作为上海都市工业观光的旅游景点向社会开放，并入围全国工业旅游示范点。同年，宝钢股份成为上海市首批获得“国家节水标志”使用权企业。2000—2002年，宝钢集团在上海吴淞工业区投资4 483.80万元，完成9个重点污染源治理项目，淘汰污染严重、能耗高、生产工艺落后的装备，实施关停项目12个，大幅度减少粉尘、烟尘、二氧化硫、化学需氧量、石油类废弃物、废水、固体废物的排放量，新增绿化面积30万平方米。

2003年，宝钢集团坚持走新型工业化道路，以建设钢铁精品基地为契机，结合宝钢发展规划、新一轮环境保护和建设三年行动计划实施，贯彻“在发展中调整，在调整中提高”的原则，通过推进技术进步和管理创新，调整产品结构和生产布局，全面推行清洁生产，从生产源头着手，实行污染源全过程控制，环境保护总体水平持续提高。全面推进有关子公司实施环境整治计划，启动宝钢一钢和宝钢五钢无组织排放烟粉尘整治项目，推进能源结构调整，推进使用天然气等清洁能源，宝钢五钢、宝钢一钢率先使用天然气；全面贯彻建设项目环境保护“三同时”(建设项目中环境保护设施必须与主体工程同步设计、同时施工、同时投产使用)，宝钢五钢精锻改造等项目通过项目环境影响评价，宝钢梅山热轧薄板技术改造工程等项目通过建设项目环境保护“三同时”竣工验收，宝钢股份1 550冷轧项目获中国建设项目环境保护最高政府荣誉奖——“国家环境保护百佳工程”称号；宝钢股份被中国钢铁工业协会评为“全国重点钢铁企业环境保护先进单位”。

2004年，宝钢集团应用高新技术把环境保护提升到国际水平。新建、改造和搬迁项目全部采用清洁生产工艺，从源头上减少消耗，控制污染排放；在生产过程中加大资金投入进行环保设施改造，严格控制生产过程中各种污染物产生、处理和排放，建设烟气脱硫工程，采用高级微生物处理焦化、含铬污水；推进使用天然气等清洁能源，实施宝钢五钢天然气转换工程、上海钢铁研究所等企业关停燃煤锅炉采取集中供热等一批项目，减少二氧化硫和烟粉尘排放量，新建和改造项目全部使用天然气。按照“上海市环境保护和环境建设三年行动计划”和“吴淞工业区环境综合整治计划”要求，结合新一轮发展战略，宝钢集团推进的一批重大环保治理项目取得实效，明显改善周边地区环境质量：6月，宝钢一钢提前关停三炼钢1座转炉，粉尘排放量明显减少；8月，宝钢五钢全线关停化铁炼钢生产线，比上海市政府确定的时间节点提前4个月，可减少粉尘排放2 772吨/年、二氧化硫10吨/年，彻底消除化铁炼钢生产线所产生污染；按照对燃煤锅炉综合整治要求，宝钢集团在上海吴淞工业区内企业26台燃煤锅炉分别采取集中供热、清洁能源替代和建设脱硫装置等措施进行改造，其中11台锅炉当年关停，其余在2005年9月底前完成改造。2004年，宝钢集团加入“全球契约”(Global Compact)，成为中国最先加入“全球契约”的三家企业之一；宝钢股份被国家环境保护总局评为“全国环境保护先进企业”，被上海市环境保护局、市人事局评为“2002—2003年度上海市环境保护先进集体”，被全国冶金绿化委员会评为“全国冶金绿化先进单位”。

2005年，按照上海吴淞工业区环境综合整治规划的要求，宝钢集团先后关闭宝钢一钢三炼钢、宝钢五钢500毫米轧机、煤气发生炉等落后生产线，全面完成列入上海市环保三年行动计划项目和上海吴淞工业区环境综合整治规划的项目。子公司中，宝钢股份采用干熄焦、高炉煤气余压发电，全燃高炉煤气、燃气、蒸汽联合循环发电，焦炉煤气全脱硫等清洁生产技术，高炉、转炉、焦炉煤气回收率接近100%，水循环利用率为97.60%，吨钢物耗、能耗、水耗及污染物排放量等部分指标处于国际领先水平。采用低废、无废技术，提升污染物综合排放合格率。宝钢股份被国家环保总局评为“国家环境友好企业”，成为全国钢铁行业唯一获此荣誉的企业。特殊钢分公司全年完成固定资产投资5.91亿元，其中2.55亿元用于环保投入，重点完成七大类环保项目建设和改造，确保环保设备与生产设备100%同步运行；关闭煤气厂，生产、生活用气全部改用清洁能源天然气，141台燃煤工业炉窑分批完成改造，彻底解决燃煤锅炉二氧化硫排放及煤堆场烟尘污染；8台20吨燃煤锅炉逐一增设脱硫装置，并实现在线监测，每年可减少二氧化硫排放409吨；原先在室外作业的废钢火焰切割搬入厂房内，并增设烟气除尘装置，每年减少粉尘排放120吨；投资1.29亿元的“十五”节水改造项目基本建成，15个生产单元产生的工业废水全部进入污水管网系统，工业水循环率提高到95%以上；投资近1 000万元完成大电炉烟尘排放综合治理项目，有效改善上海市宝山区环境质量。不锈钢分公司在建设不锈钢扩建工程的同时，确立建设“生态型花园工厂”目标，对厂区环境进行全面整治；通过实施8项环境保护整改项目，对70个控制点进行重点监管，使厂区环境大为改善。其中，通过改进2 500立方米高炉除尘装置吸罩结构，减少现场粉尘排放；通过采用信息管理系统环保模块随时监管车辆水渣装载量，避免水渣超载洒落在地污染环境。宝钢化工投入1 020万元，完成酚精制区域废气治理及一期、二期焦油氨水分离器密封改造等环保技改项目，废水、废气排放达标率分别达 99.95％和 100％，污染物排放总量得到有效控制。

2006 年，宝钢集团按“绿色宝钢”要求推进清洁生产，全年降尘量比 2005 年下降 25％，二氧化硫排放总量和烟粉尘排放量分别比 2005 年下降 12.38％和 17.87％；列入上海市宝山区环保三年行动计划的 20 个项目当年完成 10 项。宝钢五钢关停煤气厂，每年可减少二氧化碳 1 588 吨、烟尘 91 吨。在北京人民大会堂举行的第三届中华环境奖颁奖典礼上，宝钢分公司获“中华环境奖——绿色东方奖”。梅钢公司投入近 2 亿元实施西排口污水综合治理改造工程并投入试运行，每天少排工业废水 10 万吨，每年排出废水中的悬浮物、化学需氧量和石油类分别减少 1 700 吨、1 500 吨和 50 吨，低于国家工业废水排放标准，达到国家清洁生产一级标准；二号锅炉实施电除尘改造，烟气排放烟尘浓度远低于 2010 年国家标准；提高原有环保设施开动率和运转率，厂区降尘量、二氧化硫排放总量分别比 2005 年下降 25.49％和 11.12％，通过南京市清洁生产审核验收。宝钢集团加入世界可持续发展工商理事会（WBCSD），成为国内第二家加入世界可持续发展工商理事会的企业，也是全球钢铁行业的首批世界可持续发展工商理事会成员。此举显示了宝钢注重环境保护、推动循环经济及人类社会和谐发展的决心和强烈的社会责任感。

2007 年，宝钢集团完成一批环保项目：宝钢分公司二号焦炉煤气柜、均热炉蓄热式烧嘴改造，石灰窑喷煤粉改造等；不锈钢分公司 750 立方米高炉热风炉掺混转炉煤气；特殊钢分公司炼钢厂钢包烘烤改造；梅钢公司为提高焦炉煤气利用率并减少放散，增设焦炉至电厂锅炉的焦炉煤气掺混管道；梅钢公司三号烧结烟气脱硫装置作为全国首套全烟气脱硫工程投入运行，填补国内空白。宝钢股份在北京向中华环保基金会捐赠 5 000 万元。为表彰宝钢集团对环境保护作出的优异成绩和对社会公益事业的支持，“中华环境奖”组委会决定将该奖项冠名“中华宝钢环境奖”。宝钢股份被中国生态学学会授予国内首个“企业生态园区示范基地”称号，宝钢股份“一种安全环保资源化的炼钢熔渣粒化新技术”获国家技术发明奖二等奖，宝钢股份获评“2007 年度上海市节能先进单位”，被中国钢铁行业协会首批授予“清洁生产环境友好企业”称号，被中国企业家协会评为“中国绿色公司”首批标杆企业，被中国企业联合会、世界环境中心授予“节能环保最佳企业奖”。

2008 年，宝钢分公司三号烧结、不锈钢分公司一号烧结全烟气脱硫设施相继投入运行，宝钢股份二氧化硫排放量大幅下降。宝钢股份在首次中国绿色公司年度标杆企业评比中，被评为 20 家标杆企业之一，在环境认知与政策、环境绩效和社会参与等 3 项指标评价上处于领先地位，被授予“中国钢铁工业清洁生产环境友好企业”荣誉称号，这是中国钢铁工业协会首次在业内设立的奖项。

2009 年，宝钢集团环境监测实验室通过美国 APG 公司组织的全球能力验证考核，成为国内钢铁企业首个通过全球能力验证考核的环境监测实验室；环境监测站通过国家环境保护部组织的环境污染治理设施自动连续监测运营资质评审，成为国内钢铁行业首个获得环境在线监测运营资质的企业环境监测站。宝钢股份电厂三号机脱硫脱硝装置投入运行，同步实施的除尘系统改造完成，烟尘排放量降低 90％。至此，电厂 3 台燃煤发电机组脱硫改造全部完成，实现绿色发电。宝钢集团对外发布社会责任报告。宝钢股份“钢铁企业副产煤气利用与减排综合技术”获 2008 年度国家科学技术进步奖二等奖，成为国内冶金行业首个获此殊荣的节能减排项目；宝钢集团被中华环保联合会、中国企业报社评为“2008 年中国节能减排十大功勋企业”。

2010 年，宝钢股份一号和二号烧结机增设脱硫装置工程、二号烧结节能环保综合改造、烧结区域除尘系统综合改善、焦炉区域成品冷却除尘器改造、一炼钢区域除尘扩容改造等项目当年建成投入运行，有效改善了区域环境质量。二氧化硫排放总量同比下降 23.70％，化学需氧量排放总量同比下降16.40%。宝钢股份被中国节能协会授予首届节能中国贡献奖“十大突出贡献企业奖”，成为国内钢铁企业中唯一获此荣誉的企业。

2011年，宝钢集团在美国《新闻周刊》联合两家全球著名环境研究机构公布的“全球500绿色企业排名”中，排名第359位。3月，宝钢股份发布中国钢铁行业第一个《绿色采购指南》，规范了采购物品向环保化发展，并成为推动供应商选用绿色资源、实现绿色制造、强化环境管理的指导书。5月，宝钢股份在业内独家发布《绿色宣言》和《产品环境声明》，公布五大类碳钢产品的生态信息技术性文件，为公众提供可验证、可量化的产品环境绩效数据。宝钢股份被上海市资源利用协会评为“2010年度上海市资源综合利用十佳企业”，宝钢集团被国务院国资委评为“‘十一五’中央企业节能减排先进单位”。

2012年，宝钢股份进一步发布《绿色产品分类标准》，有效地促进宝钢绿色产品的开发与营销。宝钢股份被国家发改委授予“全国循环经济工作先进单位”；宝钢股份能源环保部被人力资源与社会保障部、国家发改委、环境保护部、财政部授予“全国节能先进集体”，被上海市绿化委员会、市人力资源和社会保障局、市公务员局授予“上海市绿化先进集体”；宝钢股份“产品全生命周期评价(LCA)优秀案例”和“热态高炉渣直接生产矿棉技术”分获世界钢铁协会第三届“Steelies”奖之“生命周期评价领导奖”和“可持续发展报告成就奖”；在工业和信息化部公布的第一批工业循环经济重大示范工程中，宝钢发展有限公司下属上海宝钢磁业有限公司榜上有名，成为全国钢铁行业、上海工业企业唯一获此荣誉的企业。

2013年，宝钢集团围绕《大气污染防治行动计划》和国家发布的一系列环境保护新法规、新标准，组织下属企业开展对标和检查，针对国家标准更严、范围更大、更加系统和分区域管理的特点，按污染物排放点不能稳定达标点、未建监测点进行分类排摸，查找不符合点、项，并组织各钢铁生产企业围绕不符合点、项，细化分析应对环保新标准的对策，制订项目计划，更新环保规划，确保满足国家环境保护新法规、新标准的要求。宝钢股份被上海市发展和改革委员会、市经济和信息化委员会、市环保局、市人力资源和社会保障局授予“上海市‘十一五’节能减排标兵集体”荣誉称号。

2014年，宝钢集团按照国家环保新法新规要求，开展环保对标与合规性检查工作。对部分处于临界波动的指标，实施70余条管理优化措施，使80多项环保指标稳定达到新标准要求，并进一步制定152条项目化措施，于2014—2017年分步实施，总投资44亿元。宝钢发展有限公司规划发展部被中国资源综合利用协会授予“全国循环经济科技工作先进集体”荣誉称号；宝钢集团被上海市水资源管理领导小组授予“水资源管理工作考核优秀单位”；宝钢集团超额完成节能目标，被上海市经济和信息化委员会评为“节能工作优秀企业”；宝钢股份“现代钢铁企业‘三流一态’能源价值管理”项目获评中国企业联合会、国务院国资委、工业和信息化部2014年全国企业管理现代化创新成果一等奖；宝钢集团被上海市企业联合会、市企业家协会、市经济团体联合会评为“2014年中国绿公司百强”企业。

2015年，宝钢集团重点推进8项环保科研项目，完成二噁英综合处理技术研究及工程示范、宝钢细颗粒物(PM2.5)污染特征及控制对策研究等6个项目，并达到预期效果，其余2项跨年度项目按计划推进。

2016年，宝钢股份落实《上海市大气污染防治行动计划》，完成一期和二期矿场封闭改造、四号烧结增设烟气脱硝装置等，在三号烧结建成首套烧结烟气“三脱”(脱硫、脱硝、脱二噁英)装置项目，完成发三路等厂界林带建设，新增绿化面积20.30万平方米。宝钢股份当选联合国全球契约组织“实现可持续发展目标(SDGs)首届中国先锋企业”；宝钢集团被国务院国资委授予“节能减排优秀企业”。

第三章　循环经济

宝钢从建设开始，就大力推行废弃物综合利用，变废为宝。1998 年 11 月上海宝钢集团公司成立后，不断推进循环经济建设，应用高新技术，在生产过程中高标准治理污染物，高炉渣、钢渣、粉煤灰等全部实行资源化利用。2001 年，宝钢集团在《非钢产业发展战略框架》中，明确发展综合利用业、新材料业。2006 年开始，宝钢股份发布符合国际标准的可持续发展报告，其中专门向社会介绍企业在生产过程中产生的废物的处理、处置情况，废弃产品的回收、综合利用情况等。截至 2016 年年底，宝钢集团以固体废物"减量化、不出厂、协同处置"为目标，推进资源综合利用工作，实现"内部企业间协作处置、钢厂处置城市危险废物"的新突破。

第一节　固体废物管理

宝钢集团在固体废物管理上重视管理制度和体系建设，并以产业化发展、开展环境管理体系论证等推进固体废物管理工作，在中国钢铁行业内形成示范效应。

一、管理制度

宝钢集团重视资源高效利用，不断推进钢铁副产资源的综合利用工作，把固体废物资源管理与综合利用作为环保管理的一项重要内容，按照国家环境保护相关政策与 ISO 14001 环境管理要求，并结合企业实际情况，制定并逐步完善相关管理制度。

2001 年，宝钢集团在《非钢产业发展战略框架》中，明确发展综合利用业、新材料业。2004 年，宝钢集团企业开发总公司（简称开发总公司）受宝钢集团委托，以综合利用技术开发为抓手，编制钢铁主业生产过程中产生的废弃物综合利用规划，确立"一个目的（以追求更少资源消耗，更低环境污染，更大经济、环境、社会效益，实现可持续发展为根本目的）、两个基本职能（在确保钢铁主业稳定生产和环境清洁方面，做到及时、安全、合理、有序地处置钢铁生产过程中产生的全部工业废弃物；注重对钢铁主业排放的各类冶金工业废弃物资源的再利用，不断提高冶金渣、灰的综合利用技术水平和潜在经济价值的挖掘能力）、三个层级（分类回收、有效利用，强调科研、提高附加值，合理处置、减少污染）、四个行业（新型建筑材料业、磁性材料业、冶金原辅材料业、废旧物资处理业）发展方向"的良性经济增长模式，全面提升综合利用产业的技术含量，开发自主知识产权。2005 年，宝钢集团成立环境保护与资源利用部，建立完善资源综合利用统计报表制度，完善统计口径，制定资源综合利用管理办法。2009 年，宝钢发展有限公司编制固体废物回收处置业务规划。

二、体系建设

固体废物管理体系是宝钢集团重点推进和持续完善的环保管理体系的一个重要方面。1998 年，宝钢在国内钢铁行业率先通过环境管理体系认证，并在固体废物资源方面形成较为完善的体系化管理能力。与此同时，宝钢集团通过产业化发展推进固体废物资源综合利用，在中国钢铁行业内形成示范效应。2001年，宝钢集团编制发布《非钢产业发展战略框架》，首次明确固体废物综合利用业、新材料业发展方向。2004年，开发总公司开辟固体废物资源综合利用的产业化发展道路。

2005年，环境保护与资源利用部走访各相关单位，重点调研工业固体废物种类、产生量、基本去向，摸清基本情况，明确深入开展资源综合利用工作的思路。按照一体化管理要求，组织和协调宝钢浦钢搬迁罗泾工程固体废物综合利用工作和上海五洋冶金废渣利用厂搬迁项目；研究探索工业废弃物资源集中处理的可行性，组织和推进建设含锌尘泥项目，以集中处理含锌含铁尘泥。2006年，宝钢集团通过"冶金工艺装备技术＋资源开发利用技术＋冶金节能技术"的系统整合应用，最大限度地提高资源利用率，实现有限资源的循环使用，逐步建立起"资源—生产—产品—消费—废弃物再资源化"的循环经济体系。当年编制的宝钢新一轮发展规划中，首次将"循环经济"列为四大战略重点之一。推进宝钢浦钢搬迁罗泾工程固体废物集中处置和综合利用、宝钢化工为特殊钢分公司处理含酚废水、特殊钢分公司钢渣由开发总公司集中处理等项目。2007年，以宝钢浦钢搬迁罗泾工程生产准备领导小组环保资源专业组为平台，分成5个专业小组，推进罗泾工程开工准备及环保和资源综合利用工作。

2010年，将宝钢一钢下属综合资源利用部的宝钢不锈固体废物资源的回收、处置、加工、销售及钢材贸易业务一并划转至宝钢发展有限公司，完成了宝钢集团上海地区固体废物业务整合。整合后，宝钢发展有限公司资源再生处置利用规模达到近1 000万吨/年。宝钢不锈的水渣业务归并宝钢发展有限公司新型材料公司，形成宝钢集团上海地区水渣业务的一体化运营模式。

第二节　项目与成果

钢铁生产过程中产生的固体废物主要有高炉渣、钢渣、含铁尘泥、粉煤灰等。长流程钢铁企业的吨钢固体废物产生量约为600公斤，一般的利用渠道有：企业内部返生产利用，销售给外部企业作为其生产原料，将少量危险废物委托有资质的单位进行合规化处置。宝钢集团按照可持续发展和循环经济的发展思路，一方面采取各种措施不断降低物耗；另一方面大力发展综合利用，变废为宝。

2004年，宝钢股份固体废物回收总量为669.40万吨，综合利用量达到658.10万吨(其中返回生产利用量162.10万吨，返回生产利用率为24.20％，综合利用率为98.30％)，固体废物返回生产利用获效益8.54亿元。开发总公司位于上海市宝山区月浦盛桥地区的工业废弃物综合利用基地建成投产；利用宝钢股份高炉水渣生产矿渣微粉的三期扩建工程筹备工作全面启动；组建以氧化铁红为原料生产磁性材料的产、销、研一体化公司，开发软磁铁氧体颗粒和多种高导磁率铁氧体颗粒产品，出口日本、韩国等国家，并开始进入欧洲市场。

2005年，宝钢化工投入1 020万元，完成蒸汽冷凝水回收利用优化等技改项目，使水循环率达到97.66％，固体废物综合利用率达到98.90％。宝钢贸易有限公司钢铁资源公司建成国内首条现代化"绿色拆车线"，对废旧车内有毒有害废油液进行安全回收利用。开发总公司利用宝钢股份高炉水渣生产矿渣微粉，通过秦山核电站二期工程供应资格评估。

2006年，宝钢集团工业固体废物返回生产利用率22.48％，比上年增长10.96％，实现替代效益10.24亿元。开发总公司围绕高炉水渣开发利用，与上海市建筑科学研究院等10多家科研院所合作，开发出矿渣微粉及延伸产品等一批高新技术转化成果，在重点工程中广泛应用；中标供应上海崇明越江通道——长江隧桥工程所需混凝土胶凝材料，与上海长江隧桥建设发展有限公司签订为期3年总量26万吨矿粉掺和料供货合同。开发总公司生产协力公司粉煤灰长期用户从上海宝山周边区域扩大到龙华、浦东等地区，产品广泛应用于砂浆、混凝土、水泥制品、墙体材料等方面。开发总公司综合开发公司建成一条年产3万吨压球生产线，利用宝钢股份含铁除尘灰生产冷固球团（炼钢冷却剂）和含碳球团；建成年生产能力1万吨氧化铁颜料生产线，生产的氧化铁黑、铁黄产品品质达到国外同类产品水平。开发总公司配合宝钢股份电厂二号机组烟气脱硫工程，利用原有水泥炉窑成功改造一条脱硫石膏烘干、煅烧生产线，制成可用于建筑内墙及顶板表面的粉刷石膏。

2007年，开发总公司综合开发公司冶金废弃资源利用项目——氧化铁颜料生产及废油再生利用量分别突破1万吨/年和700吨/年，刷新国内纪录。宝钢分公司与宝钢研究院开发的“一种安全环保资源化的炼钢熔渣粒化新技术”获国家技术发明奖二等奖。

2008年，宝钢分公司固体废物物返生产利用技术有新突破：含铁量在45%以上的泥饼和除尘灰被加工成生铁替代废钢，每年可减少废钢采购8.80万吨；转炉D渣、铸余渣、脱碳渣等按一定比例配置后替代炼钢辅料，每年用量近10万吨；不含铁的石灰、轻烧白云石及辅原料除尘灰，分类回收加工后，分别用于烧结炼钢当作辅料；含全铁在20%左右、含氧化钙在40%左右的钢渣经加工后返烧结利用，可有效降低烧结原料成本；炼钢废气石灰除尘粉返烧结利用技术开发成功，全年利用量1 962吨，创造效益238.86万元，每年可减少二氧化碳排放4 000多吨。宝钢发展有限公司新型材料公司成为京沪高铁工程矿粉供应商，同时在上海至南京沪宁城际铁路工程施工中使用，两个项目共提供矿粉2万吨。综合利用产品——矿渣微粉实现四大突破：长江隧桥用量破20万吨，合计应用于重大工程超30个，累计用量破200万吨，产量破600万吨。

2009年，宝钢集团资源综合利用总量达到154.20万吨。在固体废物返生产利用方面，从回收抓起，对废钢、渣钢、渣铁等实行分类回收，严格按照返生产利用渠道进行资源利用。全年利用渣钢、渣铁54.77万吨。当年，含铁量在45%以上的泥饼和除尘灰被加工成生铁替代废钢，减少废钢采购4.70万吨；转炉D渣、铸余渣、脱碳渣等按一定比例配置后替代炼钢辅料，年用量近10万吨；不含铁的石灰、轻烧白云石及辅原料除尘灰分类回收工后，分别用于烧结、炼钢当作辅料；含全铁在20%左右、含氧化钙在40%左右的钢渣经加工后返烧结利用。宝钢发展有限公司作为宝钢资源再生综合利用业务的主要单位，初步形成以新型建材、用后耐材、废油再生利用、钢渣处理等四大业务为主体的产业结构。新型材料公司对矿渣微粉、用后耐材和再生油业务进行市场调研和行业分析，启动钢渣商业计划书的编制工作，并组建矿渣微粉、用后耐材、再生油、钢渣等4个项目组，攻克COREX（熔融还原炼铁装置）炉渣、烧结脱硫石膏、电厂干法脱硫灰、电厂炉底干渣等新的废弃资源利用难题，至2010年，初步形成矿渣、钢渣、粉煤灰、用后耐材、废旧油等再生资源综合利用技术和产业化格局，初步形成矿渣微粉、复合磨细粉煤灰、海工混凝土专用掺合料、隧桥专用掺合料、SC型土体固化剂、钢矿渣复合微粉、超细矿渣粉等核心技术和高新技术产品。

2010年，宝钢发展有限公司、宝钢股份获“2010年度上海市资源综合利用十佳企业”称号。宝钢特钢开展对废酸再生工艺的研究，先后利用废硫酸聚合法、混酸减压回收法等将废酸回收再生利用；混酸再生站建成投产，使混酸摒弃了原来中和处理的落后方式，经再生站处理后返酸洗生产线再利用。

2011年，宝钢集团系统开展副产资源综合治理优化工作，主要包括：技术支撑和协同推进副产资源产业化，推进建设宝钢发展有限公司的矿渣微粉、磁性材料、废耐材、废旧油再生等产业化项目，及中冶宝钢技术服务有限公司的钢渣微粉试验线、透水砖、喷丸料等钢渣制品的深度利用；开展上海市宝山区钢渣堆场环境整治，区域内42家钢渣堆场中清理完毕27家；推进副产资源加工新技术的研究和应用，钢渣返烧结及炼钢、低锌含铁尘泥直接利用、高锌含铁尘泥加工生铁利用、石灰石泥浆返电厂及烧结脱硫等副产资源在集团内部得到有效利用。子公司中，宝钢股份本部副产资源综合利用率达98.81%；副产资源返生产利用率达27.26%。

2012年，宝钢集团加强对上海宝山地区钢铁生产单元副产资源产业化发展的技术支撑，推进宝钢发展有限公司的矿渣微粉、磁性材料、废耐材、废旧油再生等产业化项目建设，启动内河码头立磨生产线技改项目和上海宝龙建材有限公司固体废物资源综合利用环保节能改造项目；推进中冶宝钢技术服务有限公司钢渣微粉试验线建设，及透水砖、喷丸料等钢渣制品的深度利用；建成以宝钢集团副产资源为原料的绿色节能样板别墅；在宝钢股份厂区纬三路等主干道人行道铺设钢渣透水砖。

2013年，宝钢集团固体废物资源综合利用率96.92%，比2012年提高0.87%；固体废物资源自用率21.37%，比2012年降低0.30%。由宝钢集团自主研发、自主集成的国内首个直接利用高炉热态熔渣制作矿棉的工程项目开工建设。子公司中，宝钢股份直属厂部滩涂围堰地钢铁余料资源化综合加工中心项目启动；二炼钢渣处理综合改造(二期)等一批项目建成投产。八一钢铁120万吨/年矿渣微粉生产线(三期)建成投产，对高炉渣进行深加工，形成高炉渣矿渣微粉加工能力300万吨/年；15万吨/年钢渣微粉生产线(一期)项目建成投产，提高钢渣尾渣综合利用率。

2014年，宝钢集团固体废物资源综合利用率98.06%，固体废物资源自用率24.91%，分别比2013年提高1.14和3.54个百分点。子公司中，宝钢股份炼钢厂一炼钢滚筒渣处理系统综合改造(二期)工程建成投产；韶关钢铁恒然锌业工程项目二期工程等一批资源综合利用项目建成投产；湛江钢铁钢渣处理工程项目开工建设。

2016年，宝钢集团以固体废物"减量化、不出厂、协同处置"为目标，推进资源综合利用工作，实现"内部企业间协作处置、钢厂处置城市危险废物"的新突破。宝钢股份协同处置宝钢化工固体废物及部分危险废物工作取得突破性进展，119吨历史存量全部处理完毕，并与炼铁厂建立内部处置工作流程与制度，确保不产生新量。

第八篇

员工队伍

概　述

1998年11月，上海地区钢铁企业联合重组，原上海冶金控股(集团)公司、上海梅山(集团)有限公司的员工队伍进入宝钢集团。1998—2016年，宝钢集团以人为本，围绕企业战略规划与目标的调整和发展，逐步实施与完善一体化人力资源战略，不断优化人力资源配置，优化员工队伍结构，建立了一支与宝钢发展相适应的高素质员工队伍。

宝钢集团优化人力资源配置，提升人事效率，同时采取措施保障企业内部稳定。1998年11月上海地区钢铁企业联合重组时，宝钢集团总人数176 572人，其中钢铁主业近10万人，辅助、生活后勤部门7万余人。为建设钢铁精品基地，宝钢集团实施主辅分离、辅业改革，减员分流工作，通过各种渠道开拓再就业岗位。截至2007年，在岗员工88 735人，在册员工109 770人。2005年，启动钢铁主业人力资源一体化工作，形成《宝钢股份人力资源(一体化推进)大纲》。2007年后，提出新轮战略目标，确立在全球范围内开发和利用人力资源的战略目标。2012年，按照上海市要求，实行宝山地区钢铁产业结构调整。2015年，按照供给侧结构性改革要求，实施钢铁行业结构调整，推动服务转型，建立内部人才市场，搭建员工社会化转型平台。截至2016年11月中国宝武钢铁集团有限公司成立前，宝钢集团在册员工117 093人，其中在岗员工100 551人，离岗员工16 542人。

宝钢集团重视人才培养，贯彻执行《上海宝钢集团公司人才发展战略纲要》，建立选拔高层次技能人才机制，3年培养3 000名新技师，培养选拔了一批技术业务专家，培养了一批国际化人才。经营管理人才、专业技术人才和操作技能人才成为宝钢人才队伍的主体。2016年11月，宝钢集团有经营管理类人员8 899人，占8.90%；技术业务人员29 160人，占29%；操作维护人员62 492人，占62.10%。员工队伍结构逐年优化，员工平均年龄40岁，平均受教育年限14年(未计继续教育折算的年限)，中级技能人员12 322人，高级技能人员24 116人，高级工以上高技能人员31 976人。

宝钢集团加强干部管理，建立从聘任、考核、监督到后备干部培养一整套流程，尤其是干部监督力度不断加强，培养一支德才相匹配的高素质干部队伍。年轻优秀的后备干部在实践中成长起来，顺利实现干部队伍的新老交替。

宝钢集团实施全面岗位管理，设置管理岗位、技术岗位和操作岗位，分层级体系管理；推进岗位竞争，从业绩考核转而实行绩效考核到绩效管理，建立从公司高管到普通员工的全员绩效评价体系，形成针对不同群体的岗位工资制、能级工资制、绩效年薪制等薪酬激励模式。与薪酬体系改革相适应，不断完善员工福利保障体系，逐步建立具有宝钢特色的薪酬福利模式，员工敬业度稳步提升，2016年员工发展指数得分69%，处于中等发展区域。

宝钢集团对教育培训资源进行整合，由上海宝钢教育培训中心(简称宝钢教培中心，后更名为“宝钢集团人才开发院”)对集团范围内的教育培训工作实现全覆盖，形成管理人员、技术技能人员的分类分层次培训体系，并开展国际化人才培养等，提升员工的技能、技术水平。

2004年，宝钢集团被上海市委、市政府授予“人才工作先进单位”称号；2005年，宝钢博士后工作站被中华人民共和国人事部评为“全国优秀博士后工作站”；2006年，宝山钢铁股份有限公司(简称宝钢股份)获“国家技能人才培育突出贡献奖”。

第一章　人员与结构

1998年11月上海地区钢铁企业联合重组后，新加入宝钢集团的人员，主要来自高校应届毕业生，从社会招聘引进的各类专业人才，及军转干部、退伍士兵。宝钢集团各岗位人员精干，政治素质好、文化程度高，年龄结构合理。操作岗位员工掌握先进的生产技术与现代化装备设施，生产出符合国内外市场需求的优质钢铁产品；管理岗位和技术岗位员工在生产经营、工程建设、新产品研发等各专业方面，均具有较高的技术、业务水平。经营管理人才、专业技术人才和操作技能人才是宝钢人才队伍的主体。

第一节　队伍组成

来自高校的应届毕业生、从社会招聘引进人员等新进员工，为宝钢员工队伍注入了新鲜"血液"。宝钢集团对所有在岗员工按岗位分类实施管理，主要设置管理岗位、技术岗位和操作岗位。管理岗位的员工主要分布在生产经营部门和各职能部室，技术岗位员工主要分布在生产一线和科研部门，操作岗位员工主要分布在生产现场。

一、人员来源

【应届高校毕业生】

宝钢早在1996年就制定《招聘接收高校毕业生工作管理办法》，统一规范每年的高校毕业生招聘工作。2005年，钢铁主业实施一体化管理后，宝钢集团确立"集中统一组织、适度分层运作"的招聘工作模式，并在流程、标准、工具、品牌等几个方面进行统一。在招聘工作中，采取以下措施：按照规范的招聘流程，有序实施人才选拔工作；使用统一品牌，加大宣传力度，扩大招聘吸引力；按照明确的人才标准，选拔合适的优秀人才；使用科学的素质测评工具，保证人才质量；建设人才招聘网站，拓宽人才选拔渠道。为提前猎取符合宝钢发展和企业文化的"潜在员工"，宝钢集团在东北大学、北京科技大学、上海交通大学等部分高校以提前介入方式，开展提前招聘工作，并专门制订相应的暑期实习计划。新进本科及以上学历的毕业生质量总体保持较高水平，招聘的"211工程""985"院校的重点院校毕业生数量、英语六级通过率、党员比例等大幅提升，为宝钢国际化发展提供了人才保证。

1998—2016年，宝钢集团累计接收应届高校毕业生29 910人。

【社会招聘与引进人才】

2008年，宝钢集团向海内外招聘引进人才涉及六大专业领域、16个高层次人才岗位。宝钢金属有限公司（简称宝钢金属）引进7名核心经营人才和技术管理人才；宝钢资源有限公司（简称宝钢资源）引进10名从事废钢、合金、焦炭等资源类业务开发、拓展的成熟人才；华宝投资有限公司（简称华宝投资）在金融市场的投资、营销、研发等领域引进4名成熟人才；上海宝钢工程技术有限公司（简称宝钢工程）引进5名工程设计专业成熟人才，上海宝钢工业检测公司引进炉窑、振动等专业的

6名成熟人才。

1998—2016年，宝钢累计从社会招聘、引进人才26 126人。

【安置接收军转干部、退伍士兵】

根据国家和上海市有关政策，1998—2016年，宝钢集团共接收安置军转干部、退伍士兵3 384人。

二、岗位分布

宝钢集团各种岗位按照精干、高效原则，结合企业特点而设置，结构注重科学、合理。2016年年底，宝钢集团在岗员工101 287人，其中管理岗位员工8 909人，占8.79%；技术岗位员工29 257人，占28.88%；操作岗位员工63 121人，占62.32%；平均年龄40岁。大专及以上学历员工63 640人，占62.82%。

管理人员、专业技术人员、操作维护人员结构合理搭配。管理人员主要分布在生产经营部门和各职能部室；技术人员主要分布在生产一线和科研部门；操作维护人员主要分布在生产现场，具有专业化、知识化、区域化、大工种特点。

表8-1-1　1998—2016年宝钢集团员工岗位分布状况统计表　　单位：人

年份	在册员工	在岗员工	岗位分布			年份	在册员工	在岗员工	岗位分布		
			管理	技术	操作				管理	技术	操作
1998	177 434	161 131	—	—	—	2008	128 411	107 575	9 752	25 317	72 506
1999	168 035	154 921	—	—	—	2009	124 132	105 806	9 238	26 016	70 552
2000	159 582	125 247	—	—	—	2010	118 500	103 653	9 263	25 949	68 441
2001	150 485	113 522	—	—	—	2011	116 702	103 424	9 144	26 315	67 965
2002	143 179	106 727	13 196	13 121	80 410	2012	138 382	118 161	10 550	28 228	79 383
2003	134 492	100 099	11 921	13 455	74 723	2013	130 962	119 045	10 532	28 682	79 831
2004	124 272	92 896	9 427	16 356	67 113	2014	133 886	123 486	10 314	33 139	80 033
2005	119 507	91 283	8 763	19 637	62 883	2015	125 868	113 113	9 503	31 699	71 911
2006	114 817	89 724	8 887	20 550	60 287	2016	117 710	101 287	8 909	29 257	63 121
2007	109 770	88 735	9 037	21 643	58 055						

第二节　队伍素质

1998年11月上海地区钢铁企业联合重组时，宝钢集团员工总数176 572人。其中，原上海冶金控股（集团）公司94 042人，原上海梅山（集团）有限公司24 183人，原宝山钢铁（集团）公司58 347人。1998年年底，员工总数177 434人，其中在岗员工161 131人。

1998—2016年，经过18年的不断优化，宝钢集团逐步建成一支政治素质好、文化和技术素质较高、以中青年员工为主体的现代企业员工队伍。其中，共产党员的比例较高，共青团员占适龄青年的绝大多数。2016 年年底，101 287 名在岗员工中，共产党员 39 728 人，占 39.22%；民主党派 602 人，占 5%。文化水平提高明显。2016 年，大专及以上学历员工占 62.83%，是 2002 年的 3 倍；研究生人数比 2002 年增长 6 倍；初中及以下学历员工由 2002 年占员工总数的 37.20%下降至占员工总数的 10.30%。管理、技术、操作岗位员工的比例，从 2002 年的 1∶1∶6 到 2016 年的 1∶3.3∶7.1，配置渐趋合理。2016 年，员工平均受教育年限 14.10 年。

一、文化水平

1998—2016 年，宝钢集团员工学历结构优化趋势明显，具有大专、本科、研究生学历的员工人数呈逐年稳步上升趋势，操作岗位员工文化水平逐年提高。2002 年，初中及以下学历员工占总数的 37.25%，2016 年仅占 10.32%。

表 8-1-2　1998—2016 年宝钢集团员工岗位与学历结构状况统计表　　单位：人

年份	在册员工	在岗员工	岗位			学历结构				
			管理	技术	操作	研究生	本科	大专	中专、高中	初中及以下
1998	177 434	161 131	—	—	—	—	—	—	—	—
1999	168 035	154 921	—	—	—	—	—	—	—	—
2000	159 582	125 247	—	—	—	—	—	—	—	—
2001	150 485	113 522	—	—	—	—	—	—	—	—
2002	143 179	106 727	13 196	13 121	80 410	933	8 340	11 896	45 800	39 758
2003	134 492	100 099	11 921	13 455	74 723	1 228	8 875	12 826	44 851	32 319
2004	124 272	92 896	9 427	16 356	67 113	1 407	9 729	13 203	42 419	26 138
2005	119 507	91 283	8 763	19 637	62 883	1 840	11 723	15 375	40 979	21 366
2006	114 817	89 724	8 887	20 550	60 287	2 313	13 159	18 037	38 800	17 415
2007	109 770	88 735	9 037	21 643	58 055	2 809	14 714	18 932	37 619	14 661
2008	128 411	107 575	9 752	25 317	72 506	3 389	17 707	25 383	44 115	16 981
2009	124 132	105 806	9 238	26 016	70 552	3 715	19 652	27 743	41 778	12 918
2010	118 500	103 653	9 263	25 949	68 441	4 607	20 056	28 291	35 615	15 084
2011	116 702	103 424	9 144	26 315	67 965	4 921	21 094	28 744	33 876	14 789
2012	138 382	118 161	10 550	28 228	79 383	5 580	24 523	32 541	38 184	17 333
2013	130 962	119 045	10 532	28 682	79 831	5 918	25 351	32 866	37 445	17 465
2014	133 886	123 486	10 314	33 139	80 033	6 533	28 421	34 632	37 201	16 699
2015	125 868	113 113	9 503	31 699	71 911	6 735	27 819	33 887	32 199	12 473
2016	117 710	101 287	8 909	29 257	63 121	6 670	26 471	30 499	27 199	10 448

二、技术状况

在宝钢的建设、生产、经营、研发、管理实践过程中，专业技术人员的业务技术水平和创新能力不断提高，涌现一批技术业务专家和首席专家。宝钢的专家选拔制度从1995年开始建立，每2年选拔一次，形成一支在行业内享有较高声誉并作出重大贡献的科技顶尖人才和技术战略专家队伍。

宝钢集团持续推动职工素质提升，操作人员的综合素质、文化学历层次和技术等级等实现全面提高，形成一支能够匹配宝钢战略发展的队伍，涌现一批具有精干、高效、一岗多能、大工种、区域化的复合型特点的操作技能专家。2004—2006年，宝钢集团完成3 000名新技师培养计划。2006年年底，有高级技师239人，技师2 207人，高级工16 821人；高级技能人才从21.70%提高至32%；初级工占技术工人比例从22.60%下降至11.10%，初步形成宝钢技能人才高、中、初级比例结构基本合理的格局。

表8-1-3 1998—2016年宝钢集团操作岗位员工技术等级状况统计表　单位：人

年份	在岗员工	操作岗位员工	高级技师	技　师	高级工	中级工	初级工
1998	161 131	—	—	—	—	—	—
1999	154 921	—	—	—	—	—	—
2000	125 247	—	157	1 113	5 581	41 325	28 295
2001	113 522	—	139	1 034	6 164	32 655	28 294
2002	106 727	80 410	173	1 039	8 661	29 144	18 183
2003	100 099	74 723	173	1 160	11 001	28 738	18 981
2004	92 896	67 113	164	1 337	13 035	22 670	15 186
2005	91 283	62 883	183	1 665	14 903	22 136	8 532
2006	89 724	60 287	239	2 207	16 821	20 333	6 696
2007	88 735	58 055	402	2 570	18 040	18 717	5 998
2008	107 575	72 506	433	5 605	22 675	18 908	8 553
2009	105 806	70 552	592	5 074	22 561	18 633	7 736
2010	103 653	68 441	715	3 685	22 734	17 164	7 696
2011	103 424	67 965	824	3 996	24 046	15 469	7 290
2012	118 161	79 383	1 270	5 084	28 748	16 512	7 476
2013	119 045	79 831	1 493	5 252	27 958	15 852	8 339
2014	123 486	80 033	1 775	5 674	27 510	15 741	7 965
2015	113 113	71 911	1 843	5 516	26 049	13 765	6 866
2016	101 287	63 121	2 180	5 680	24 116	12 322	5 603

第二章 人力资源管理

1998年11月上海地区钢铁企业联合重组后，宝钢集团树立“以人为本”的理念，建立并逐步实施人力资源一体化管理模式。伴随着企业的发展、变革，宝钢集团不断优化人力资源管理模式，支撑企业战略规划与目标的实现。宝钢集团人力资源管理涵盖干部管理，包括干部聘任、考核、交流、监督、培养等；员工发展包括人才培养、职称评定、员工敬业度调研等。其间，形成具有宝钢特色的薪酬激励制度与福利保障体系。人事效率提升方面，实行全面岗位管理、推进岗位竞争，实行从集团高级管理人员到员工的绩效管理制度，同时加强协力工管理和再就业管理。2009年，宝钢集团调整总部职能组织机构，成立人力资源服务中心，尝试实行人力资源“管、办”分离管理模式。2016年，成立上海宝钢心越人力资源服务公司，人力资源共享服务开始向专业化、市场化转型。

第一节 员工发展

1998年11月上海地区钢铁企业联合重组后，宝钢集团始终践行以人为本，员工与企业共同发展理念，继续实行动态劳动管理，推行全员岗位合同化管理，以精干、高效、满负荷原则，科学合理配置定员。妥善安置下岗员工，成立再就业管理中心，从分流安置为主，转为促进再就业为主；2003年起，建立人力资源内部市场，实现员工在企业内部的有效流动；2016年起，开始搭建社会化转型发展平台，扩大员工就业选择范围。不断优化岗位协力工管理，通过业务回归、自动化替代、岗位整合等方式，精简协力人员。重视员工发展，制定下发《宝钢操作技能专家选拔办法》《关于加强高技能人才队伍建设实施意见》等制度与办法，2006年完成3年1 000名新技师培养计划。通过每2年定期举办一届技能大赛、推进国际化人才培养、开展教育培训等措施，促进企业与员工共同成长。2010年起，开展员工敬业度水平调研，员工敬业度水平逐年提高，从2010年的46%上升至2014年的64%；2016年，员工发展指数整体得分69%。

一、员工管理

1998年11月上海地区钢铁企业联合重组后，宝钢集团继续组织岗位分析和测评，做好岗位要素分析和数据积累，为全面实施岗位管理，促进整个员工队伍结构优化和员工整体素质提高奠定基础，同时为员工招聘、任用、培训、绩效评价、薪酬激励政策的制定提供依据。宝钢集团的岗位按“横向分类、纵向分层”的管理思想设置。在横向上，根据工作性质，按管理类、专业技术（业务）类、操作维护类划分，每一类根据职业分类原理进一步细分；在纵向上，根据岗位测评的数据（责任、知识、技能要求等要素）对岗位分级，岗级的高低直接对应不同的岗薪。在设置岗位的同时，明确岗位规范，确定岗位的工作职责和权限，提出上岗人员应具备的知识、能力、技能、身体素质等要求，作为岗位竞争的依据。岗位规范实行动态管理，上级负责直属下级的岗位规范的动态编制和修改完善工作。在实施全面岗位管理上，采取以下举措：简化管理层次，实现管理扁平化，促进快速反应机制的形成；清晰授权，强化技术类岗位的职责；扩大操作岗位的工作范围，实现岗位工作丰富化；明确重要操作岗位层次；充分利用市场资源，加大简单工种的市场化配置力度。在全面实施岗位管理的同时，规范推行岗位竞争。首先，制定岗位聘用管理办法和岗位竞争管理办法，明确提出在岗人员调整、岗位定员精简及新增设岗位等情况下，应组织岗位竞争。其次，在管理上，实行按照岗位聘用管理权限，分层实施管理。所有岗位竞争在实施前，都必须制订具体的方案，其中包括：竞争的岗位名称、上岗要求及岗位待遇，报名范围及对参与竞争人员的要求，对竞争人员的测试、考评办法，以及择优聘用办法等方面的内容，并在报名范围内公布。为保证岗位竞争工作的公正性，规定实行岗位竞争必须成立监督机构，一般由党委、行政、工会负责人和职工代表组成，对岗位竞争的过程实施监督。竞争机制提供公平、公开的环境，实现能者上、平者让、庸者下，在员工真正施展自己才华的同时，促进了员工队伍的结构优化。1999年，完成宝钢股份二炼钢、电炉、物资采购处、高速线材、设备部、运输部等152个岗位测评，并形成岗位评价说明，为定员合理化工作提供科学合理的依据。同时，推进宝钢集团上海第一钢铁有限公司（简称宝钢一钢）、宝钢集团上海浦东钢铁有限公司（简称宝钢浦钢）、宝钢集团上海五钢有限公司（简称宝钢五钢）和宝钢集团上海梅山有限公司（简称宝钢梅山）等企业的减员工作。宝钢一钢、宝钢浦钢、宝钢五钢等8家企业完成减员8 513人，宝钢梅山减员575人，宝钢（主体）减员1 004人。2000年，推进集团机关及直管部门定员合理化工作，根据机构调整后各部门的业务、岗位和人员的变化，在各部门业务整合过程中，按照精干高效的原则，核定各部门的岗位，实施减员41人。形成宝钢一钢、宝钢浦钢、宝钢五钢、宝钢梅山等23家子公司的人力资源5年规划初步方案。2001年，根据建设钢铁精品基地的战略目标，主体减员成为重点。钢铁主业减员分流9 577人（减员5 740人，分流3 837人）。需向社会招聘的紧缺专业人才要求先在宝钢内部公开招聘，控制招收录用中专技校生等一般劳动力。推进宝钢集团机关管理岗位扁平化设置及综合主管竞聘上岗工作，使机关主管岗位由原来80个减至35个，减少了管理层次。机关本部减员分流134人。

2005年，按照钢铁主业一体化工作进程，完成人力资源管理体系及职责界定原则、岗位名称序列、层级架构、岗位评估体系、干部（核心员工）管理模式及流程体系、薪酬福利管理模式及流程体系、薪酬福利制度方案、员工招聘配置管理模式及流程体系、员工培训管理模式及流程体系、人力资源整合管理等一系列方案。根据集团总部“精干高效”定员原则和实施一体化管理后各部门职能定位，设定各部门领导人员配职数和业务块，形成管理岗位、技术业务岗位设置方案，编写500多份岗位说明书。2006年5月，形成集团岗位层级体系方案。新岗位层级体系将员工从上至下分为7个层级管理，呈金字塔形分布。岗位层级体系按照人才“双通道”发展思路，将管理岗位和技术岗位有机对应起来，从框架上构建员工纵向和横向发展的通道。6月开始，针对子公司劳动用工形式不够灵活、缺乏统一劳动用工标准、劳动合同签订未能有效发挥激励和制约作用等问题，分别提出改进意见和建议，推进用工制度改革。同时，研究制订外派人员管理方案，为集团内部人才流动奠定基础。2007年，以贯彻落实《劳动合同法》为契机，完成对劳动合同签订情况的自查和整改工作，对10.98万名在册员工的劳动合同文本进行逐份检查，使在册员工应签劳动合同者的签订率达100%；对员工劳动合同文本中用工主体名称与企业实际名称不符的，进行变更或改签；各级子公司共梳理并修订人力资源管理制度148项，确保制度的合法性、合规性、时效性；加强外协用工管理，强化协力供应商的资质审核，梳理混岗岗位29 096个；制定实施《加强规范劳动关系及劳动合同管理工作的指导意见》，规范宝钢劳动合同管理。同年，宝钢二钢对258名下岗待工人员进行梳理，对有选择就职意向的135人进行分析评估，经过双向选择以及定向转岗培训考核，16名下岗待工人员被宝钢五钢协力分公司录用。宝钢浦钢109人终止在外劳务就业方式，与上海三钢冶金发展总公司改签劳动合同后上岗。2008 年，发布内部交流配置岗位需求 578 个，组织面试录用 257 人；对关停生产线的企业采取张榜公布岗位需求的做法，让符合条件的员工自主选择，促进富余劳动力的合理配置和劳动生产率的提升。2009 年 6—8 月，以集团总部变革为契机，精简总部职能部门的管理岗位和专业人员职数配置。总部职能部门管理者和技术类人员职数总体精简 30%，将职能业务岗位由原四层设置，优化为高级经理（高级专员）、经理（专员）等 2 个专业层次；同时对专业层次人员提出“绩效评价、专业能力、工作经历、职业资质、受教育年限、外语水平”等 6 项评价要素。

2010 年，推进全面开展各产业对标体系建立、全口径定岗定编、宝钢集团内统筹配置等 3 项重点工作，全面提升整体劳动效率，提升企业综合竞争力。2014 年，编制《2013 年度人事效率提升工作案例汇编》。以钢铁主业为重点，推进人事效率对标体系建设，按照“负责本级、指导下一级”的原则，形成宝钢集团、子公司、业务单元分层推进、系统整合、定期实施的对标工作流程。2015 年，引导各子公司畅通员工退出渠道，严格配置计划审核，员工退出（退休、辞职等）补充比例不得超过 70%，并通过内部挖潜、宝钢集团内统筹配置进一步压缩外部招聘规模。年底，在册员工比上年同期减少 8 816 人。

2016 年，落实国家化解钢铁过剩产能的统一部署和集团转型发展的战略规划，明确新一轮规划期人事效率水平年均提升 8%的工作目标。全年，精简在岗员工 11 826 人。

二、协力工管理

1996 年以后，宝钢逐步推进使用岗位协力工。2001 年，宝钢集团实施外协人员岗位挂牌制度、基础数据台账建设、定期现场联合检查制度等，全面推进“管理一体化”工作。同时，根据“双赢”的协作原则，以提高劳动生产率和协作单位的积极性和自觉性为基础，完善外协费用定价体系；创建甲、乙双方长期稳定的协作关系；推出岗位协力工“区域化”管理模式。同年，生产作业外协降低费用 718 万元，降低消耗定额 247 万元。2002 年，提出“风险同担、利益共享”的协作“双赢”理念，即将外协单位承包费用的一部分，与宝钢前后 2 年的利润波动率直接挂钩，从机制上将协作双方的利益捆在一起。全面实施后，外协单位更加关注宝钢的效益，出现以宝钢效益为重的现象，彻底解决多年来外协合同“拉锯式”谈判久而不决的难题，提高了双方的工作效率。2003 年，全面推进“区域化、专业化”外协管理模式，打破生产作业外协、岗位协力以及生产辅助外协的界限，按“一个作业区域一家外协”的原则，实施外协队伍与外协资源的配置组合，并借助于二级厂部健全的现场管理体系，按生产作业外协“管理一体化”的方针，全方位提高外协区域服务水平。2004 年，建立完善岗位协力工储备、培训、激励、审核、现场管理和优胜劣汰等六大机制，开展创“宝钢协力品牌”“三保一比”安全劳动竞赛，修订完善《生产作业外协乙方承包业绩考评制度》《生产作业外协五项管理提升评价标准》。同时，在推进“捆绑式”生产外协模式上，实现项目资料消化同步、人员培训同步、技术管理人员配置同步，并在新进外协人员中普遍实行军训，提高队伍的纪律意识和合作能力。

2005 年，宝钢集团以一体化推进为契机，梳理人力资源管理流程，完善《岗位协力工管理办法》。2007 年，下发《关于进一步强化协力员工安全教育考核的通知》，要求所有新进生产协力人员必须经过安全培训，考核合格后方可进厂作业，特殊工种作业人员必须通过技能测试。同时，下发《关于被清退的协力单位和人员两年内禁入宝钢从事生产和工程建设有关规定的通知》，全年因违章清退各类协力人员 548 人。2008 年，围绕实现协力用工“规范化、高效化和管理宝钢化”的目标，从协力用工的队伍、业务、供应商、信息化管理等 4 个方面系统性地制定出 10 个大项的管理标准，优化和推进了宝钢协力用工标准模式。

2010年，宝钢股份以“风险共担、共建共享”为出发点，以市场化运作为原则，优化协力费用计价模式，探索建立协力费率与公司经营业绩同向增减的弹性联动方式。明确以当年利润和前3年平均利润的增减比例为基准，设定协力费率挂钩比例，实施联动；协力型项目人工费按市场中高价位原则，参照相近工种，形成以岗位定价为基准的协力用工价格标准体系，并建立根据社会平均工资水平、最低工资变化情况，以及项目人员技能、平均岗位年限，按一定幅度进行调整的变动机制。在管理上明确职能部门、厂(部)、协力单位三者职责，优化派出协力管理者管理模式，形成基于考核评价的项目竞争机制以及区分“总包型”和“协力型”的差别化管理体系。2012年，宝钢集团全面调研协力管理优化工作，包括协力员工的岗位环境、生存状况、流失情况、党工团组织、岗位薪酬、用工风险等方面，提出总目标，明确近期、中期、远期工作目标。2014年，通过协力业务回归、自动化替代、岗位整合等方法，大幅精简协力人员；对照《劳务派遣暂行规定》，全面梳理宝钢集团内劳务派遣用工存在的问题，制定整改举措；拟定《关于加强协力管理的指导意见》；建设宝钢协力信息专项应用系统，帮助各用工单位全面、及时、准确地掌握协力用工信息。2015年，下发《关于加强协力管理的指导意见》，加强协力业务体系管理、优化协力业务结构。协调宝钢不锈钢有限公司(简称宝钢不锈)、宝钢特钢有限公司(简称宝钢特钢)、宝钢发展有限公司等相关单位妥善处理协力业务灭失涉及协力人员的安置问题。研究宝钢发展有限公司承接宝钢股份生产协力业务管理方式，以及支付作业公司员工经济补偿金等相关问题，会同相关职能部门提出专业意见。全年减少协力用工13 442人。

2016年，宝钢集团根据“合理、必要、高效”原则全面梳理用工现状，对于钢铁主业单元，采取以宝钢30年协力用工基本经验为指引，推进社会化、专业化协作；对于多元产业单元，通过持续投入资金，实施设备升级、自动化改造等多种举措，全面实施人力资源规范与优化工作，劳务派遣用工从18 286人(占比13.20%)精简为2 552人(占比2.10%)。

三、再就业管理

1998年11月上海地区钢铁企业联合重组后，宝钢集团在岗人数为17.65万人，其中钢铁主体在岗人数为10万人左右。联合初期，原上海冶金控股(集团)公司下属老企业存在产业、产品结构调整力度大、减员分流人员集中、下岗人员年龄偏大的特点。2000年3月28日，宝钢集团下发《关于下发〈关于上海宝钢集团公司2000年减员分流、再就业工作意见和政策〉通知》《〈上海宝钢集团公司就业管理中心管理办法(试行)〉的通知》。同日，成立从事再就业工作的管理职能部门——宝钢集团就业管理中心(简称就业管理中心)，主要负责拟定减员分流、再就业工作政策和实施意见，报集团再就业工作领导小组和董事会讨论；集团再就业专项资金年度预算、每月结算和对下属各子公司再就业专项资金使用的监督和检查；开发再就业项目，安置集团富余人员重新上岗；组织集团富余人员的市场就业培训，帮助企业组织在职人员的技能提升培训和新上项目的转岗培训；集团下属破产、重组企业对富余人员的分流安置等工作。1999—2000年，结合对老企业改造和调整产品结构，以钢铁主业减员为重点，宝钢集团减员3.50万多人，主要以离岗退养和待退休形式安置近2.30万多人。

2001年，确立“拓展就业渠道、创造就业岗位”的指导思想，再就业管理工作从“分流安置为主”转向“促进就业为主”，全年开拓就业岗位3 111个。就业管理中心参与上海市“4050”项目(即为上海市女性40周岁、男性50周岁以上的企业富余人员开发的再就业项目)招投标;宝钢集团投资600万元建设再就业工程重点项目——宝钢集团上海十钢有限公司淮海西路步行街项目,构建再就业示范基地(再就业创业者孵化基地、再就业职业介绍基地、再就业培训基地),在招聘用工和招商引资中优先招用宝钢集团富余人员;加强信息沟通,每天开通职介中心劳务信息"实时联网",利用网络提供配对信息8 000多条;派员进驻上海浦东新区、宝山区、虹口区职介中心大户室;建立宝钢集团内部职介网络。配合上海第三冷轧带钢厂、上海新沪钢铁有限公司破产,帮助上海第三冷轧带钢厂42名协商解除劳动合同和协议保留社会保险关系的人员重新走上工作岗位,安置34名征地农民工。利用上海市劳动和社会保障局、市总工会及市慈善基金会等政策支持,组织各类培训班(项目)140多个,培训7 000多人次,向上海市有关部门争取到培训费用140多万元。2002年,宝钢集团利用社会资金和企业内外两个市场,全面促进再就业工作,开展"金点子"活动和互助职介活动,安置上海新沪钢铁有限公司破产人员,组建上海市保安服务总公司宝江公司,255名警卫岗位稳妥转移。新创造就业岗位3 813个,其中签订劳动合同的为2 637人,劳务输出的为1 176人。组织各类培训班129个,参加培训4 144人。再就业专项资金继续加大对钢铁主体、特殊困难企业减员和促进再就业的支持,1—10月共支付专项资金3.92亿元。2001—2003年,宝钢集团连续3年实现每年创造就业岗位3 000个目标,实际创造就业岗位15 500个。2003年,提出"关于建立集团公司人力资源内部市场"的初步设想。6月,深化管理体制改革,撤销就业管理中心,人员和管理职能划转至集团人力资源部。扶持再就业带头人落实创业基金、无息借款55万余元,支付员工自主创业支助费5.50万余元。继续大力开拓就业岗位,新创造就业岗位3 148个,组织各类培训班129个,参加培训人数4 144人。

2003年后,再就业管理工作进入实施主辅分离、辅业改制,平稳转移岗位,实现再就业阶段。2003—2006年,实行辅业改制分流安置富余人员5 405人,其中进入非国有法人控股企业2 108人,实行内部退养745人,由母体企业安置625人(含伤残病休人员),职工自谋职业1 927人,累计支付职工经济补偿费3.50亿元。培育创业带头人137人,吸纳企业富余人员(与企业解除劳动关系)200余人,支付职工自主创业开业支助费134万元,帮助创业带头人落实创业基金无息贷款280万元。2004年,宝钢五钢转炉分厂停产关闭。宝钢集团通过各种渠道开拓就业岗位,按市场需求和岗位要求开展就业培训,加强针对性的职业指导和职业介绍。同年,开拓就业岗位3 169个;组织各类培训班60个,培训1 977人;帮助创业带头人落实创业基金无息借款109万元,支付员工自主创业开业支助费32万元;开展职业指导3 500余人次;2 011人通过互助职介重新找到就业岗位,支付互助职介奖励费292.70万元。

2005年,宝钢一钢三转炉关闭,宝钢集团人民机械厂破产。宝钢集团继续拓展就业渠道,妥善安置企业富余人员。提供供职业介绍信息4 368条,开展职业指导4 223人次,拓展就业岗位3 388个;组织各类培训班61个,培训1 420人;鼓励和帮助54名员工自主创业,吸纳238名下岗富余员工重新就业。同年,完成辅业改制项目10个,涉及在册人员1 488人,其中进入改制企业512人,职工自谋职业672人,符合退养条件69人,其他各种因素由母体转岗分流安置235人。2006年,安置宝钢浦钢改制分流人员,其下属上海三钢运输装卸公司实行改制,进入该改制企业重新签订劳动合同的有227人,尚未改签劳动合同的有17人。安置宝钢集团南京轧钢总厂(简称南京轧钢厂)人员,84人分流去宝钢梅山;与南京市劳动和社会保障局协调南京轧钢厂提前退休人员政策等问题。安置宝钢五钢改制分流人员,制订高速线材生产线关停后人员分流安置方案,分流安置324人。全年提供职业介绍信息1 329条,职业指导1 141人次,招工面试749人次,推荐就业561人。协助相关子公司推进待岗职工再就业，开班 39 个，培训 1 154 人，培训后上岗 885 人。2007 年，清理宝钢浦钢等企业的下属子公司，南京轧钢厂相关人员移交到宝钢梅山工作。做好宝钢二钢高速线材生产线关闭后的人员分流工作，宝钢二钢梳理 258 名下岗待工人员，16 人被宝钢五钢协力分公司录用。宝钢浦钢加强劳务输出人员的分流，有 109 人终止在外劳务就业，与上海三钢冶金发展总公司改签劳动合同后上岗，有 10 人通过协商解除劳动合同自谋职业，有 40 人进入病休人员管理。2008 年，开展集团内部招聘，发布内部交流配置岗位需求 578 个，录用 257 人；对关停生产线的企业采取张榜公布岗位需求的做法，让符合条件的员工自主选择。

2016 年，宝钢集团落实国家化解钢铁过剩产能的统一部署和集团转型发展的战略规划，明确新一轮规划期人事效率水平年均提升 8%的工作目标，盘活存量人力资源，统筹 2 000 多个岗位资源，3 100 多名员工从钢铁主业转岗到多元产业。会同上海宝地置业有限公司、欧冶云商股份有限公司及金融业发展中心(华宝投资)组织开展首期产城结合班、产网结合班、产融结合班的人才选拔、培训工作，279 名员工转型到不动产、互联网、金融等领域工作。宝钢不锈、宝钢工程和宝钢发展有限公司等 3 家单位涉及上海不锈钢有限公司区域(简称上海不锈钢区域)去产能工作，上海不锈钢区域分流安置员工 1 977 名，另有 3 500 名协力人员分流退出，解决区域内历史问题。搭建员工社会化转型发展平台，与上海市委办公厅、市委组织部、市人力资源和社会保障局、市民政局等委办局，上海市总工会及宝山、静安、杨浦、徐汇、虹口、普陀、浦东等 7 个区，联合举办 2 场上海不锈钢区域员工转型发展专场洽谈会，283 家用人单位提供 4 370 个招聘岗位；以“定向招聘”“社会招聘、重点关注宝钢员工”的方式，招聘录用居民区党支部书记 19 人、社区工作者 163 人。

四、人才队伍建设

1998 年 11 月上海地区钢铁企业联合重组后，原上海冶金控股(集团)公司、上海梅山(集团)有限公司人才队伍进入宝钢集团，人才培养任务加重。12 月 14 日，宝钢集团下发《关于印发〈宝钢操作技能专家选拔办法〉的通知》，激励技能人才成长，发挥技能人才的作用，以适应新时期生产技术发展的需要。

1999 年 6 月，出台《宝钢操作技能专家选拔办法》，规定宝钢操作技能专家每 2 年选拔一次。同年，推进青年拔尖人才与院士的结对工作，聘请 10 名院士担任青年拔尖人才的导师。拓宽境外培训人才渠道，选送科技人才和管理人才 51 人到荷兰、美国、日本等国进修或进行项目研究。组织实施宝钢人才奖励基金评选工作，首次评选出人才奖 3 人、成才奖 7 人、育才奖 3 人、育才集体奖 1 个，推动人才培养。

2000 年，建立选拔高层次人才机制，出台《上海宝钢集团公司操作技能专家管理办法》《上海宝钢集团公司技术业务专家管理办法》《上海宝钢集团公司人才专项奖实施办法》《上海宝钢集团公司专业技术(技能)后备人才管理办法》等制度。组织年轻专业技术人员参加宝钢等级英语考试。修改《出国培训管理条例》，培养国际化人才。命名第三批宝钢技术业务专家 15 人，其中青年技术专家 7 人，占总数的 47%。命名首批宝钢集团技能专家 9 人。推荐 4 名员工作为宝钢申报 2000 年享受政府特殊津贴人选，推荐 2 名员工参加第七届中国青年科技奖的评选，推荐 7 名优秀操作人员申报“上海市杰出技术能手”。

2001 年，制定《关于加快高层次人才培养的若干意见》《关于鼓励吸引海内外高层次人才到宝钢工作的若干规定》。9 月 23 日，在上海人才市场举办上海市国有企业第一家高层次人才专场招聘会，吸引268名硕士以上的高级人才应聘，与51人达成进一步洽谈的意向，并成功引进7人。10月17—31日，组团到加拿大和美国举办高层次人才招聘会。同年，举办宝钢专业人才论坛系列讲座活动，提高宝钢综合技术水平。第一讲由宝钢研究院杜斌和郭朝晖2名博士主讲“冶炼模型控制技术”。宝钢博士后科研工作站提升为宝钢集团博士后科研工作站，发挥其在科研和人才培养的优势。推进国际化人才培养，选送14名后备干部到浙江大学参加英语强化学习，并参加国际标准化考试。配合海外合资办矿的需要，选拔3人到北京外国语大学学习。选送34名优秀骨干到日本海外技术者研修学会(AOTS)、日本三菱商事株式会社、韩国浦项工科大学等国外院校和企业培训。

2002年，制定《上海宝钢集团公司人才发展战略纲要》，修改、完善《上海宝钢集团公司技术业务专家和技能专家的管理办法》。专家选拔由重“获奖证书”转向重“业绩成果”，加大对专家在为企业解决生产、技术、经营中重大技术难题，在技术成果转化和国内外刊物上发表重要论文的考核力度，选拔引入竞争机制，打破专家的终身制。首次在集团范围开展人才专项奖的评选，评选出人才奖9人、成才奖19人、育才奖6人。完善国际化人才培养程序，即首先在后备干部中选拔，经英语强化学习和国际化标准考试后，根据培养方向安排到海外基地培训；选送57名骨干人员参加国外培训；首次选送优秀员工到美国斯坦福大学攻读硕士学位；首次选派老企业骨干到国外去攻读学位和挂职培训。

2003年，加大人才培养力度，组织499名领导干部参加学习“三个代表”重要思想和中共十六大精神培训。制定《新进大学生集中培训管理办法》，培养新进员工对宝钢精神和宝钢价值观的认同感和归属感。加强海外培训工作，选派8名优秀骨干人员到美国斯坦福大学、伯克利大学和韩国浦项工科大学学习，组织20名领导人员到美国通用电气公司学习，组织13名业务骨干赴日本三菱商事株式会社和三井物产株式会社进行贸易业务专题研修。

2004年5月14日，宝钢集团召开第一届人才工作会议，出台《集团公司关于进一步加强人才工作的意见》。同年，制定《关于加强高技能人才队伍建设的实施意见》，提出通过实施“三年千名新技师培养计划”，加快培养宝钢急需的技术技能型、复合技能型和知识技能型人才，促进各类高、中、初级技能人才的梯次发展。加强国际化人才培养，选派25名骨干人员到美国斯坦福大学、伯克利大学、韩国浦项工科大学和澳大利亚哈默斯利等地培训，挑选21名优秀青年骨干到上海外贸学院学习，选拔21名管理和技术后备人员到浙江大学强化培训英语。

2005年，钢铁主业实施一体化管理后，集团人力资源部确定“集中统一组织、适度分层运作”的招聘工作模式，并在流程、标准、工具、品牌等方面进行统一。通过实施统一招聘，新进本科及以上学历毕业生的质量总体保持较高水平，宝钢股份特殊钢分公司、宝钢股份不锈钢分公司、上海梅山钢铁股份有限公司等新进宝钢股份的单元招聘到的毕业生质量明显提升。同年，宝钢集团建立分层分类教育培训体系，依据管理、技术业务、操作维护等3类专业人员的专业、能力要求和层级设置确定能力素质要求，建成一支适应宝钢战略发展及一体化推进要求的高素质人才队伍。制订《2005—2006年高技能人才培训计划》，举办轧钢、钢铁冶金、机械、电气等4个专业150人的高级技师培训班；举办轧钢、钢铁冶金、机械、动力能源、水处理、检(化)验等6个专业370人的技师培训班；举办宝钢集团业务管理层人员岗位资格培训班，内容主要包括政治素养、领导力、宝钢核心管理实务和拓展力等4个模块，36人参加培训。提出宝钢国际化能力提升及宝钢技术人员研发能力提升工作方案，制定宝钢人才国际化能力提升总目标，并逐步规范海外培训流程，拓展海外培训渠道。利用国际知名院校，有计划选送各类管理、技术及业务人员赴美国斯坦福大学、密歇根大学、韩国浦项工科大学等研修和攻读学位，选送优秀青年管理、技术骨干参加上海交通大学为期4个月的英语强化培训。

2006 年，完成“三年千名新技师培养计划”(2004—2006 年)。年底，60 287 名在岗技术工人中，有高级技师 239 人、技师 2 207 人、高级工 16 821 人，分别占技术工人总数 0.40%、3.70%和 27.90%。2004—2006 年，宝钢集团高技能人才占技术工人总数比例从 21.60%提高至 32%，初级工占技术工人总数比例从 22.60%下降至 11.10%。经过“三年千名新技师培养计划”的实施，初步形成宝钢技能人才高、中、初级比例结构基本合理的格局。在实施“三年千名新技师培养计划”过程中，宝钢每 2 年定期举办一届技能大赛，各基层单位不定期举办同工种技术练兵、技术比武，不断发现和选拔具有高超技能的人才。同时，将技能大赛中的决赛成绩与职业技能鉴定相结合，成绩合格者可获得相应的国家职业资格等级证书。2006 年职工技能大赛，有 16 个单位 450 名选手参加 10 个工种决赛阶段的比赛，其中 60 人获奖牌和证书，26 人获技师职业资格，254 人晋升为高级工。同年，各子(分)公司开展的技能操作比赛共有 62 个工种，参赛人数达 39 242 人。宝钢股份获“国家技能人才培育突出贡献奖”。

2007 年，加快对管理、技术、技能人才和其他各类专门人才的培养，全面推进以“1+5+X”(即 1 项基本制度，5 项支撑制度，多专业制度)为框架的培训开发管理制度体系相关文件的起草工作。3 月，下发实施《首席专家管理办法》，以形成一支科技和技术战略方面的首席专家队伍。宝钢“首席专家”是特定称号，实行终身制。11 月，集团总部聘任第一批 5 名首席管理师；下发《关于宝钢培训工作的指导意见》。

2008 年，宝钢集团以国务院国资委提出对境外高层次人才引进要求为契机，搭建高层次人才招聘平台，建立人才引进需求数据库，并上报国务院国资委有关宝钢六大专业领域需引进的 16 个境内外人才岗位需求。各子公司在高层次人才招聘上取得进展：宝钢金属引进 7 名核心经营和技术管理人才，宝钢资源引进 10 名从事废钢、合金、焦炭等资源类业务开发、拓展的成熟人才，华宝投资引进 4 名金融市场的投资、营销、研发人才，宝钢工程引进 5 名工程设计专业人才，上海宝钢工业检测公司引进 6 名炉窑、振动等专业人才。同年，出台《关于加强宝钢管理人员培训的实施意见》《关于加强宝钢员工教育培训经费使用管理的指导意见》，为管理、技术、技能人才和其他各类专门人才培养提供制度支撑。实施国际化培训项目，组织各类管理、技术及业务人员到国际钢铁协会、美国加州大学伯克利分校、荷兰特温特大学等培训研修，计 110 人次。

2009 年，首次实施“金苹果”计划。“金苹果”计划的目标是培养一批具备科学精神典范、专业贡献突出、引领作用显著和道德素质过硬的技术领军人才。在炼钢技术、热轧板技术、冷轧轧制技术、冷轧后处理技术、汽车板产品及使用技术等 5 个试点领域命名 21 名首批“金苹果”计划核心小组成员。实施第一批“青苹果”计划，“青苹果”计划是关注青年人才的成长，面向高潜质人才族群，培养公司未来的高级管理者和技术领军人才的计划。计划的主要内容是通过先进的人才测评技术选拔高潜质人才，纳入集团基础人才库进行为期 2 年的重点培养。同年，开办第一批“青苹果”短训班，选拔 76 名“青苹果”人员作为高潜质人才实施培养。宝钢研究院冶金工艺研究所首席研究员杨健被列入中央企业首批“千人计划”名单，成为宝钢入选“千人计划”的第一人。宝钢金属、宝钢发展有限公司、宝钢工程技术集团有限公司(简称宝钢工程)等非钢产业制订 3 年技能人才培养规划。宝钢集团在宝钢股份选拔 504 名优秀班组长参加由国务院国有资产监督管理委员会(简称国务院国资委)组织的首批中央企业班组长岗位管理能力认证培训班。推进国际化人才培养，向境外三大区派遣 3 名总代表助理，新建金融专业境外培训基地——英国曼彻斯特大学，选派 3 人参加短期培训。

2010 年，编制《宝钢集团人才队伍建设中长期发展规划(2010—2020 年)》。围绕宝钢新一轮发展战略，确定宝钢未来 10 年在人才总量、人才素质结构、人才使用效能、人才工作评价等方面的发展目标，明确“三类人才(经营管理、技术业务、操作技能)，特定族群人才(董事和监事队伍、党群工作者)，战略性紧缺人才”的具体发展目标，形成董事和监事队伍构建及发展、未来领导者培育、党群工作者“四位一体”培养、“金苹果”计划、“青苹果”计划、专业人伙伴计划、高技能人才发展计划、国际化人才发展计划、总部职能业务人才发展计划、钢铁核心产品高端人才发展计划、多元产业专有人才发展计划等 11 项人才培养工程。构建国际化人才库和后备库，有成熟人才 148 名、后备人才 232 名。

2011 年 4 月 1 日，宝钢(常熟)领导力发展中心建成投用，成为员工培养的基地与平台之一。同年，巩固推进“金苹果”计划，组织策划“金苹果”团队参加境内外学术会议、学术团体；成立“金苹果”专业学术研修会，设立研修室。“金苹果”团队取得 40 项阶段性成果，产生经济效益 9.81 亿元。

2012 年，宝钢集团中央研究院张忠铧、华宝投资郑安国被纳入上海市领军人才计划。至此，宝钢集团共计 15 人被纳入上海市领军人才计划。5 月，宝钢集团启动境外重点培训项目，首次尝试实行公开选拔。选送 26 人到哈佛商学院、斯坦福大学等海外知名大学深造研修。其中，哈佛商学院综合管理课程 3 人，斯坦福大学斯隆班 1 人，密苏里大学商学院硕士班 5 人，荷兰特温特大学 7 人，荷兰马斯特里赫特大学 8 人，哈佛高级经理人课程 2 人。加强国际化创业人才的培养，推出“点善军团”二期项目，选拔 20 名高潜质学员，点善军团学员增至 41 人。选拔 66 名青年员工纳入第四期“青苹果”计划培养，经过 4 年持续推进，至 2012 年年底，宝钢累计遴选 273 名高潜质青年员工纳入“青苹果”计划培养，学员逐步成为所在岗位技术业务骨干，16 人走上管理岗位。

2013 年，宝钢人才开发院被认定为“宝钢高技能人才培养基地”，在上海市首批高级技能人才培养基地评估中得分 95.50 分。在操作维护人员中探索实行企业与院校“双元制”培养模式，宝钢股份有 3 批 611 名新进操作维护员工参加学习。

2014 年，境外重点培训项目采用组织选送与公开选拔相结合的模式，选送 34 人到知名大学深造研修。其中，哈佛商学院综合管理项目 2 人，哈佛商学院高级经理人项目 6 人，斯坦福大学高级经理人培训项目 2 人，宝钢—曼彻斯特大学项目 5 人，加州大学伯克利分校国际证书课程 4 人，荷兰马斯特里赫特大学课程 5 人，荷兰特温特大学课程 5 人，美国密苏里州立大学硕士项目 5 人。选送 43 人到浙江大学参加托福英语强化学习。

2015 年，进一步整合境外知名院校培训资源，本着“公开公正、阳光透明、育用结合”的原则，深入推进境外重点培训项目，选派 23 人赴美国哈佛商学院、伯克利大学、英国曼彻斯特大学、荷兰特温特大学和马斯特里赫特大学进修。选送 28 人赴浙江大学参加托福英语强化学习；组织 53 人参加全球英语(Global English)网上学习，263 人参加英孚(EF)网络英语学习。

2016 年，选派 11 人赴美国哈佛商学院和伯克利大学、英国曼彻斯特大学、荷兰特温特大学和马斯特里赫特大学进修。选送 23 人到浙江大学参加托福英语强化学习。“青苹果”计划项目，从 2009 年起至 2016 年，共举办 6 期研修班，遴选 360 余名高潜质青年纳入培养计划。

五、职称评定

1987 年，宝钢成立职称改革领导小组，进行技术职称评聘工作改革。宝钢及各子公司职称评审，实行归口管理，分散实施。同时，探索职称评定社会化途径与方式，基本建立社会化的职称评定机制，实现职称评定的社会化过渡。

1999—2000 年，宝钢集团推荐评审教授级高级工程师 79 人，讨论破格晋升材料 229 份，完成申报高级职称523人的审核工作,以及钢铁企业80人的中级师推荐工作。2001年,建立社会化职称评定机构,成立冶金工程高级评审委员会,下设7个专业评审组;成立20多个中级评审委员会,进行规范化的职称评审工作。2002年,整合宝钢集团职业技能鉴定资源,将上海宝钢职业技能鉴定所改制为上海宝钢职业技能鉴定中心,下设宝钢集团上海梅山有限公司鉴定所、上海冶金建设有限公司鉴定所和宝钢集团企业开发总公司鉴定站,实行统一领导、二级管理。理顺工程系列的评审体系,规范和简化评审组织和评审材料。宝钢集团获中央企业工作委员会思想政治工作人员专业职务任职资格评审工作领导小组授予的高级政工师评审权和审定权。2003年,组织评审高级工程师160人,高级政工师22人,高级经济师9人,高级会计师3人,高级统计师3人,副主任医师1人。

2005年,完成教授级高级工程师和高级政工师任职资格推荐评审工作。61人通过教授级高级工程师评审,11人通过评审取得高级政工师任职资格。同时,完成上海市工程系列冶金专业高级专业技术职务任职资格评审委员会(简称高评委)调整工作。调整主任委员库成员2人,评委委员库成员15人,专业组成员库成员102人。调整后的高评委由主任委员库(4人)、高评委专家库(39人)、专业学科组成员库(139人,含评委库39人)组成。2006年,下发《职称(资格)管理办法》和《职称(资格)管理实施细则(试行)》,对职称(资格)管理工作作出相应调整和细分。全年分两次评审,有319名技术人员取得冶金专业高级工程师任职资格。2007年,按照"年内申报,年内评审"的要求,在第二季度和第四季度组织两次高级职称评审,有99人取得高级工程师任职资格,39人取得高级工程师(教授级)任职资格。2008年,评审通过高级工程师(教授级)34人。完成政工专业高级职务任职资格评审委员会重组,组建第三届宝钢集团高级政工师任职资格评审委员会。调整后的高评委由2名主任委员、13名委员组成。当年评审通过高级政工师15人。

2010年,评审通过高级工程师(教授级)35人,高级政工师39人。2011年,评审通过高级政工师20人。2012年,完成政工专业高级职务任职资格评审委员会重组,组建第四届宝钢集团高级政工师任职资格评审委员会。调整后的高评委由2名主任委员、13名委员组成。同年,评审通过高级政工师48人。2013年,评审通过冶金专业高级工程师154人,高级政工师48人。2014年,完成政工专业高级职务任职资格评审委员会重组,组建第五届宝钢集团政工专业高级职务任职资格评审委员。调整后的高评委由2名主任委员、11名委员组成。当年评审通过冶金专业高级工程师129人,高级工程师(教授级)36人。高级政工师52人。2015年,完成上海市工程系列冶金专业高级专业技术职务任职资格评审委员会专家库重组,组建第五届冶金高评委。调整后的高评委由主任委员库(4人)、高评委专家库(35人)、专业学科组成员库(179人,含评委库39人)组成。同年,评审通过冶金专业高级工程师124人,高级政工师31人。

2016年,评审通过冶金专业高级工程师130人,高级工程师(教授级)44人,高级政工师23人。

表8-2-1 1998—2016年宝钢集团员工职称状况统计表

单位:人

年份	在岗员工	高级职称(含正高)	中级职称	初级职称	年份	在岗员工	高级职称(含正高)	中级职称	初级职称
1998	161 131	—	—	—	2001	113 522	2 123	7 141	8 479
1999	154 921	—	—	—	2002	106 727	2 261	7 196	8 345
2000	125 247	2 494	7 551	9 366	2003	100 099	2 326	7 301	7 583

〔续表〕

年份	在岗员工	高级职称(含正高)	中级职称	初级职称	年份	在岗员工	高级职称(含正高)	中级职称	初级职称
2004	92 896	2 362	7 674	6 867	2011	103 424	3 404	10 933	7 402
2005	91 283	2 351	7 557	7 518	2012	118 161	3 938	12 935	7 946
2006	89 724	2 324	7 789	7 601	2013	119 045	4 098	13 163	7 576
2007	88 735	2 603	8 195	7 817	2014	123 486	4 441	13 964	7 197
2008	107 575	3 023	9 146	9 613	2015	113 113	4 490	13 685	6 580
2009	105 806	3 423	9 768	8 528	2016	101 287	4 429	12 840	5 800
2010	103 653	3 403	10 083	7 995					

六、员工敬业度调研

2010 年,宝钢集团首次在集团范围内开展 2010 年度员工敬业度调查,从人员、工作、全面薪酬、规程、机遇、生活质量等 6 个角度跟踪员工状态,测定员工敬业度基准值,并形成宝钢与韩国浦项制铁公司在敬业度方面的全面对标体系。

2011 年,员工敬业度调研立足"宣传、留用、努力"等 3 个关键行为,从"人员、工作、生活质量、规程、全面薪酬"等方面合理评估员工敬业状态,并为子公司提供员工敬业度的测评值及相关分析。2012 年,对集团总部、境外员工及 12 家下属单位开展员工敬业度调研,从"人员、工作、机遇、生活质量、规程、全面薪酬"等 6 个维度、16 个驱动因素合理评估员工敬业状态。根据评估结果,聚焦资源、工资福利、职业发展通道、绩效与公平等优先行动驱动因素,系统策划改进提升策略。经过 3 年持续推进,2012 年宝钢集团的员工敬业度水平为 52%,较 2011 年上升 6%。2013 年,宝钢集团整体员工敬业度水平长期处于稳定地带并向高绩效地带趋近,绝对水平从 2010 年的 46%上升至 2013 年的 54%。2014 年,宝钢集团整体员工敬业度水平长期处于稳定地带并向高绩效地带趋近,绝对水平从 2010 年的 46%上升至 2014 年的 64%。2015 年 10 月,启动对集团总部、境外员工及 14 家下属单位开展员工敬业度调研,3.50 万人参加。在电子网络问卷方式的基础上,启用手持设备调研方式,网络测评比率 91%,为 6 年来最高。宝钢集团整体得分 59%,较 2014 年下降 5 个百分点。

2016 年,启动全新的敬业度调研工具——员工发展指数(BSDI)。集团总部、境外员工及 14 家下属单位的 2.32 万人参加。全部采用网络测评方式,参与比率 97.84%,员工发展指数整体得分为 69%,员工发展水平处于中等发展区域。

第二节　干 部 管 理

宝钢集团重视领导班子和干部队伍建设,努力打造一支强有力的核心领导队伍。采用公开招聘和竞争上岗等方式,选拔优秀干部,营造"能上能下,能进能出"的用人导向和管理环境;推行绩效管理考核方式,按宝钢领导力核心要素评估干部综合素质;开展挂职锻炼、轮岗、岗位实习,"备、用"结合培养后备干部梯队;健全和实施领导干部监督制约机制,形成一套具有宝钢特色的教育、制度、监督并重的惩治和预防腐败体系。

一、干部聘任

2000年，宝钢集团在上海宝钢设备检测公司进行公开招聘经营者的试点工作。经过一系列相应程序，在应聘的36人中，录用总经理、副总经理各1人。同时，在6家单位试行干部任前公示制，增强干部选拔任用透明度，扩大职工群众在用人上的知情权、参与权、选择权和监督权。2001年4月，在上海宝钢设备检修有限公司公开招聘经营者。在22名应聘者中，录用总经理、副总经理各1人。在集团计财部、规划部及宝钢股份、宝钢五钢等子公司推行干部择优录用、竞争上岗的工作机制。2002年，深化干部选拔工作的民主化，增强干部任用的透明度，总部机关、各基层单位普遍推行干部任前公示制。2003年6月，出台《上海宝钢集团公司领导人员选拔任用管理办法(试行)》及9项配套制度，使干部选拔任用工作更具有规范性和可操作性。2004年，为适应新一轮发展战略需要，决定对集团总部各职能部室共35个主管岗位实行公开竞聘配置。通过实行公开竞聘、平等竞争、科学选拔，原岗位主管中有16人因各种原因离开主管岗位，有15人被选拔聘用到主管岗位工作，4个主管岗位因无合适人选暂时空缺。

2006年，根据《公司法》规定，按照公司治理结构特点要求，分层分类梳理宝钢集团董事、监事、经理人员聘用管理程序，整理10个类型领导人员聘任流程。2009年，按照“公开、平等、竞争、择优”的原则，分别面向全社会和宝钢内部公开选聘宝钢集团首席会计师、团委副书记人选。历经专业测试、履历分析、半结构化面试等环节后，分别从64名和93名报名人员中选聘到合适人选。

2010年6月，实施分管工程技术产业副总经理的选聘工作，这是国务院国资委董事会试点中央企业自行实施高级管理人员选聘的第一例。同时结合宝钢集团发展和机构调整需要，调整49名直管领导人员，实施5名总部重点管理岗位人员选聘工作。2011年，探索实行领导人员任期制，在宝钢资源和宝钢金属率先试点实施。领导人员任期制试点工作中注入新的内涵：突出聘任跟着经营规划走，保证集团战略规划目标的实现；强调经营者的责任交付，鼓励“凭目标上岗，按业绩取酬”，同步实施激励约束机制；党群领导人员与经营管理人员同步进入任期制；干部能上能下，建立成就自我的职业发展环境，推出干部“内部找工作”等方式，增强干部队伍的生机和活力。竞争选拔领导人员，以公开招聘的方式产生1名集团工会副主席，1名经济管理研究院宏观经济与战略研究所所长；以公开推举竞聘方式产生宝钢金属2名副总经理；以组织邀约评估方式产生集团预算总监等。形成《关于开展领导人员竞争性选拔工作的指导意见》初稿，为下属单位开展竞争性选拔工作提供指导。制定领导人员《履新手册》，明确规定干部选拔任用后的责、权、利，增强选任过程的透明度。2013年，在宝钢股份等6家子公司全面推进任期制。坚持准入机制、指标设置少而精、强调契约精神、充分落实经营者责任、注重内部传导，体现“责任落实、绩效兑现、岗位动态”的本质。2014年，修订、完善《宝钢集团有限公司领导人员到龄退出管理办法》，防止领导人员出现断层的现象，以制度的方式明确领导人员退出年龄、退出程序。持续开展子公司选人用人公信度测评，参加评议人员具有代表性，子公司班子成员、总经理助理及中层管理人员、员工代表参与评议，人数比例为1∶7∶2。选人用人公信度测评实行闭环管理，测评结果纳入各单位年度人力资源体系评审。2015年2月28日—4月3日，结合中共中央组织部派出检查组专项巡视宝钢集团选人与用人工作，组织开展选人用人突出问题专项整治，修订《宝钢集团有限公司领导人员管理制度》等一系列制度。9月，公开遴选宝钢集团副总经理；11月23日，聘请郭斌、张锦刚任宝钢集团副总经理。同年，持续开展子公司选人、用人公信度测评工作，参加评议人员有子公司班子成员、总经理助理及中层管理人员、员工代表980人，人数比例大致为1∶7∶2。

2016 年，规范做好领导人员选拔任用管理，明确要求考察对象均须通过民主推荐产生，坚持纪检监察机构意见“凡提必听”，干部档案“凡提必查”，个人有关事项报告“凡提必核”，严把选人、用人入口关，防止“带病提拔”，对 27 个宝钢集团直管岗位规范开展民主推荐工作，共有 560 人次参加会议推荐，390 人次参与谈话推荐，拟提拔使用人员通过民主推荐产生。开展子公司选人、用人公信度测评工作，子公司班子成员、总经理助理及中层管理人员、员工代表有 1 222 人参与评议，人数比例为 1∶7∶2。5 月，选拔中共中央组织部第八批援藏（西藏）干部 2 名、第二批援青（青海）干部 2 名。10 月，向云南 4 个定点扶贫县各选派 1 名干部挂职参与扶贫攻坚工作。

二、干部考核

1999 年，宝钢集团完善对领导班子和领导干部的年度考核、日常考核，推行职代会民主评议行政领导干部、党代会代表民主评议党务干部制度。对子公司实行年度审计、年度经营业绩和班子成员考核。年度考核的结果与领导班子的调整、领导干部的聘用相结合，日常考核的结果与领导干部的奖金挂钩。全年因业绩突出受到嘉奖 161 人次，因没有完成任务被扣全月奖 28 人次，被扣部分月奖 21 人次，下发整改通知书 1 人，撤职 1 人。2000 年后，宝钢集团干部考核实行绩效管理的办法，并在宝钢股份率先实行。2001 年，制定下发《宝山钢铁股份有限公司员工绩效管理办法》，从管理责任、考评内容及综合评价的全过程提出指导性意见。2002 年，下发《宝钢股份公司绩效考评工作管理办法》，成立宝钢股份考评工作小组，明确绩效考评体系和工作制度，并对各类绩效考评工作的开展提出指导性意见和要求，制定了 13 项重点工作推进办法，组织实施对基层部门和机关部门的绩效考评工作。针对干部“能上不能下”这一难点问题，出台《宝钢集团关于调整不胜任现职领导干部的暂行规定》，使干部“能下”形成制度化、规范化。同年，有 5 名领导人员因考核不够称职而退出现职领导职务。2003 年，根据《上海宝钢集团公司关于 2002 年领导人员考核办法》，考核 228 名宝钢集团现职直管干部，考核突出业绩，注重效能，从“德、能、勤、绩、廉”等 5 个方面进行综合考核和全面评价。在考核工作业绩的同时，全面考核干部的工作效能、工作作风、全局观念、群众观念和廉洁自律等情况。2004 年，与国际知名人力资源管理咨询公司——合益（HAY）公司合作，引入和运用一些新的理念、方法、工具，推进员工绩效管理的深化与完善，在宝钢股份管理人员和技术人员中推进。推出任期绩效目标评价指标体系，并由宝钢集团董事长、党委书记、总经理分别与子公司经营者和总部机关职能部门负责人签订年度和任期绩效目标责任书。

2005 年，对领导人员的绩效评价主要内容包括工作业绩、能力素质和公司领导评价等 3 个方面。通过自评、班子成员互评、职工代表评议、党委组织部和人力资源部评价等形式，对领导人员作出评价；领导人员绩效评价的综合结果作为薪酬、个人发展、培训和岗位调整的主要依据。2008 年，对领导人员年度绩效评价体系进行优化，丰富业绩评价内涵，强化领导人员职能和工作状态的评估。在关注高业绩的同时更注重领导人员素质提升，按照宝钢领导力核心要素模型，将领导人员能力素质细化为 19 项行为指标，并把“诚信”和“协同”作为关键调整指标。2009 年，对领导人员的业绩评价更强调客观性（和目标比较），业绩评价结果不再实施强制分布。同时，细化评价范围，按业务和岗位族群分类进行业绩评价。能力素质评价以“宝钢领导力核心要素”为模型，强调根据现实表现进行过程性评估。通过业绩分析和素质评估进行综合评价，最终把干部分为优秀干部（20%）、称职干部（70%）和待改进干部（10%），其业绩评价结果应用于年度薪酬结算，综合评价结果重点用于职业生涯管理。

2010年，修订并颁布《宝钢集团有限公司下属领导班子及领导人员绩效评价办法》。首次实现年度绩效评价全过程信息化。坚持领导人员“能上能下、能进能出”，对2009年绩效评价为“待改进”的人员免去管理职务。加强对新任领导人员履职情况的全面、准确了解，全面开展试用期评价，从履职评价和择优评价两方面入手，全面征询上级领导、部门员工、职能协作部门、内部客户等4个维度的评价意见，综合确定最终评价结果。全年实施35名直管和重点管理领导人试用期评价。2013年，进一步强化绩效评价杠杆作用，加大干部“能上能下”力度。重点在业绩评价个性化、强化评价主体责任、提高评价效度、完善淘汰机制等方面优化完善，并开出领导人员行为状态8条“负面清单”。2014年，结合宝钢二次创业对领导人员工作业绩、能力素质与工作状态等的要求，优化年度绩效评价，严格活力曲线分布，进一步激发领导人员的责任意识和改革动力。按照“看品行、重业绩、严奖惩”的九字方针严格干部管理，强化“无功就是过，庸碌就是错，不进则退”的价值导向，明确建立“目标清晰、考察严格、评价较真”的绩效文化。对于领导人员评价，注重业绩分析的个性化、针对性，对集团总部职能部门及业务部门，结合工作特点，设计个性化的内部客户评价机制；开展“负面清单”评估，对领导人员是否具有坚决摒弃的状态或行为进行全面检视；注重多维度评估，对财务、安全、纪检、工会等职系领导人员，从专业体系评价和班子内部评价两个维度进行分析，加强立体识别；在评价结果上，注重进一步强化绩效评价的杠杆作用，加大活力曲线“效度”，对排名相对末位的领导人员评价为“改进”或进行重点辅导谈话。对于领导班子评价，区分产业单元和总部职能、业务部门不同的评价重点，建立“业绩表现好、领导能力突出、班子凝聚力强”的优秀经营团队评价标准，并形成从“业绩成长性、业绩表现、体系能力、班子合力、员工状态、负面事项”等6个维度的全景分析模型。2014年，宝钢集团173名直管领导人员中，有20人评价为优秀，占比11.60%；138人评价为称职(其中4人重点诫勉谈话)，占比79.80%；15人被评价为改进或不称职，占比8.70%。对于新提拔的领导人员，强调不仅要加强任前的考察评估，更要关注任职后的履职效果评价。同年，制定下发《宝钢集团有限公司领导人员试用期评价办法》，从“履职评价”和“择优评价”两个角度，“上级评价”“民主测评”“内部客户评价”等多个维度对试用期领导人员履职情况进行全面评估，优化形成有效的试用期评价规范和标准。对19名试用期满的领导人员进行评价。其中，15名领导人员试用期评价为“胜任”；4名领导人员因安全问责、履职期间经营业绩等因素，实行试用期延长或进行岗位交流。2015年，进一步优化、完善年度绩效评价工作，加强领导人员履新管理，严格实施试用期评价，对于新提拔的领导人员，不仅加强任前的考察评估，更关注任职后的履职效果评价。同年，对30人开展试用期评价，其中3人试用期延期。

2016年，按照“优化薪酬模式，聚焦业绩评价，明确核定规则，完善任期激励”思路，系统更新完善董事会高级管理人员绩效评价和薪酬管理办法，并经董事会审议通过。新的制度秉持业绩为先的理念，尤其对高级管理人员副职奖金核定机制，充分考虑公司绩效和其个人绩效的结合。落实子公司班子任期考核评价，对选定的6家任期制试点单位，实施2013—2015年任期考核评价。对完成任期绩效目标的2家单位，按照设定机制给予任期激励；对绩效目标未达成的单位，按任期合同扣减风险抵押金。对2家单位扣减50%的风险抵押金，1家单位扣减100%的风险抵押金。

三、干部交流

1999年，宝钢集团在严格考核的基础上，拓宽干部交流任用的渠道。全年提拔、交流直管干部128人，占直管干部总数的29%。其中，提拔66人，占提拔交流总数的52%；交流62人，占总数的

48%。2000 年，提拔、交流直管干部 75 人，占直管干部总数的 25%。2001 年，提拔、交流直管干部 79 人，占直管干部总数的 27%。同时，完成宝钢一钢、宝钢浦钢、宝钢五钢、宝钢梅山、上海宝信软件股份有限公司（简称宝信软件）、上海宝钢国际经济贸易有限公司等公司改制、重组后高级经营管理人员的委派、推荐和任免工作。办理董事会和监事会成员及法人代表的委派、更换 73 人次，办理领导干部退休 10 人，待退休 9 人。2002 年，提拔、交流直管干部 45 人，占直管干部总数的 19%。同时，完成上海宝钢产业发展有限公司、上海宝钢房地产经营开发公司、宝钢澳大利亚矿业有限公司等公司的重组或新建后高级经营管理人员的委派、推荐和任免工作。完成宝钢集团科学技术协会、宝钢集团企业管理协会的换届改选工作。宝钢股份通过建立“二级单位提需求，主管部门搭桥梁”的服务型管理模式，以需求为导向，采用多种形式和组织方式开展轮岗交流工作，对 47 人实施轮岗锻炼，其中管理骨干 2 人，技术、业务骨干 45 人；对 9 人实施跨公司轮岗锻炼，其中 1 人派往境外公司，1 人派往原上海冶金控股（集团）公司进入宝钢集团的企业，2 人派往上海宝钢国际经济贸易有限公司，5 人派往上海宝钢设备检修有限公司。2003 年 6 月 12 日宝钢集团干部大会后，先后 2 次对领导班子和领导人员进行比较大的调整，调整领导人员 87 人，其中退出现职 31 人，提拔使用 29 人，交流 27 人。经过 2 次调整，领导班子结构和领导人员素质发生较大变化，领导人员平均年龄下降 2.10 岁，50 岁以上年龄段的领导人员比例下降 10.54 个百分点。同时，领导人员的知识结构和专业结构得到优化。同年，调整宝钢欧洲贸易有限公司、宝钢美洲贸易有限公司、宝岛贸易有限公司、宝钢澳大利亚矿业有限公司总经理及亚澳大区、美洲大区、欧非大区总代表人员，选拔 9 人到境外子公司工作，6 人离任回国，延长 10 人在境外的工作任期，调整宝岛贸易有限公司等子公司的董事会人员组成。12 月，境外子公司 73 人（包括境外工作人员及上海办事处人员）划转至宝钢集团，由人力资源部统一协调管理。

2005 年，按照钢铁主业一体化要求，人力资源部配合宝钢股份增发收购，按时间节点完成新调整集团总部业务部门和职能部门领导人员聘任工作；完成宝钢股份各分公司领导班子配备和部分子公司领导人员调整工作。2006 年 5 月，适应钢铁主业一体化体制调整，通过搭建宝钢集团领导人员交流平台，调整配置领导人员，调整比例占直管领导人员 23.30%。2009 年，结合班子优化和公司体制改革，对直管的 170 余名领导人员集中进行岗位调整，配强选优各级领导班子。

2010 年，结合宝钢集团发展和机构调整需要，调整 49 名直管领导人员。2014 年，制定下发《宝钢集团有限公司领导人员试用期评价办法》，从履职评价和择优评价两个角度，上级评价、民主测评、内部客户评价等多个维度对试用期领导人员履职情况进行全面评估，考评 19 名试用期满的领导人员。其中，4 名领导人员因安全问责、履职期间经营业绩等因素，试用期实行延长或者进行岗位交流。2015 年，加强领导人员履新管理，严格实施试用期评价，对 30 人开展试用期评价，其中 3 人试用期延期。

四、干部监督

2000 年，宝钢集团健全和实施领导干部的监督制约机制，注意了解其“社交圈、生活圈”，实行领导干部经济责任审计、离任审计和重大经济事项的审计，突出领导干部的考核与领导干部的聘用、调整、奖惩相结合。在上海宝钢设备检测公司等 6 家单位试行实行干部任前公示制，增强干部选拔任用透明度，扩大员工群众在用人上的知情权、参与权、选择权和监督权。2001 年，推进择优录用竞争上岗机制，进一步扩大干部选拔工作的民主，增强干部任用的透明度。2002 年 7 月，中共中央颁布《党政领导干部选拔任用工作条例》，宝钢集团拟定《上海宝钢集团公司关于企业领导人员选拔任用管理办法》，及《干部考察预告和差额考察实施意见》《干部选拔任用监督检查实施意见》等配套制度。在集团总部机关、各基层单位普遍推行干部任前公示制。2003 年，在考核集团直管干部，突出工作业绩的同时，全面考核工作效能、工作作风、全局观念、群众观念和廉洁自律等情况。2009 年，进一步规范、优化宝钢领导人员分层分类管理方式。将领导人员管理方式划分为直接管理、直接统筹管理、前备案管理、委托管理以及各单位自管等；明确并实施领导人员任职试用期制，进一步加强领导人员的任职考察，提升用人的谨慎性，保证用人的准确性。

2010 年 4 月，修订并颁布《宝钢集团有限公司领导人员管理制度》《宝钢集团有限公司下属领导班子及领导人员绩效评价办法》。在任用、评价、培养、监督等方面，形成完整有效的领导人员管理制度体系。2011 年，干部监督力度进一步加强。在领导人员报告个人事项中，增加“本人近亲属及配偶近亲属或其他特定关系人与本单位、本部门业务来往的有关情况”的报告内容；拟定《宝钢集团下属单位选人用人公信度评价办法(试行)》。2014 年，贯彻落实中共中央对领导人员监督管理的系列要求，开展领导人员个人有关事项报告工作，并按中共中央组织部要求开展抽查核实，加强闭环管理；系统开展配偶移居国(境)外领导人员任职岗位管理，并对配偶移居国(境)外的领导人员逐一分析，平稳做好对处于禁止任职岗位领导人员的调整工作；规范领导人员兼职和退(离)休领导人员社会团体兼职管理工作。开展子公司选人用人公信度测评工作。2015 年 2 月 28 日—4 月 3 日，配合中共中央组织部专项巡视选人与用人工作，组织开展突出问题专项治理，全面清理制度、程序、监督、档案等方面的问题。修订《宝钢集团有限公司领导人员管理制度》等一系列制度，强化领导人员因私出国(境)管理，新增登记备案人员 2 100 多人，由各级组织人事部门收管因私证件 5 000 多本，对 4 900 多条因私出境记录进行核查，指导 19 家二级单位建立因私出国(境)管理制度。同年，加强干部日常监督管理，开展领导人员个人有关事项报告；根据中共中央组织部“逢提必核”的管理要求，对 160 名拟提拔领导人员进行个人有关事项报告核实，并对存在少报、漏报等情况进行处理。全面开展干部人事档案审核工作，完成 166 名直管领导人员、54 名总部重点管理人员的档案审核登记工作；19 家二级单位完成审核登记，审核档案 1 422 卷。

2016 年，推进干部人事档案专项审核工作，审核档案 1 515 卷，在全国 100 多个地方进行原始档案信息调查核实，调阅复印原始户籍档案等证明材料 300 多份，补充收集入党材料和学历学位、工作经历等材料 6 000 份，做到“存疑必查”。在调查核实的基础上，重新认定 201 名领导人员的信息。其中，重新认定出生日期 113 人，重新认定参加工作时间 69 人，重新认定学历学位 56 人，纠正 237 名干部的入党时间、1 458 条记录偏差的情况。

五、后备干部培养

1999 年，宝钢集团后备干部平均年龄 39.70 岁。其中，1960 年后出生的有 10 人，占 63%；研究生 6 人，本科生 10 人；女干部和少数民族干部各 1 人；党务、行政、兼职三者比例为 1∶6∶1。有 7 人被委以重任或轮岗锻炼，占 44%。2000 年，按照中共中央《关于加快培养选拔跨世纪优秀中青年干部》的要求，出台《上海宝钢集团公司关于抓紧培养选拔年轻干部的意见》，在 1999 年度后备干部跟踪、考核的基础上，调整、充实宝钢集团和二级单位领导班子后备干部 200 人，平均年龄 37.80 岁，40 岁以下占 73.50%；本科及以上学历占 75%，其中博士和硕士占 24%。21 名后备干部被提拔到高一层次岗位工作，对 20 名后备干部实施轮岗锻炼，提拔使用和轮岗锻炼的后备干部比例达到

20%。2001年，21名后备干部参加为期2个月的青年干部党校培训班；40名后备干部参加财务经理培训班；14名后备干部到浙江大学参加英语强化培训，并参加国际标准化考试；34名优秀骨干到日本海外技术者研修学会（AOTS）、日本三菱商事株式会社、韩国浦项工业大学等国外院校和企业培训。出台《宝钢集团优秀年轻干部挂职锻炼实施办法》，为优秀青年、后备干部培养提供制度保证。宝钢股份选送部分年轻干部到宝钢五钢、宝钢一钢等老企业挂职锻炼。2002年，加强年轻后备干部培养，通过设计培养线路、轮岗挂职、到困难企业工作、赴国外学习深造等多种形式，探索培养年轻、后备干部的新路子，完善优秀人才脱颖而出的新机制。发挥宝钢青年干部培养基地的优势，挑选优秀中青年干部到基地进行锻炼，使其开阔视野，增长才干。选送8名优秀后备干部到宝钢股份和宝钢欧洲贸易有限公司挂职锻炼，宝钢股份继续选送部分年轻干部到宝钢五钢、宝钢一钢等老企业挂职锻炼。在后备干部中选拔人员，根据培养方向，安排到境外基地进行培养，加大国际化人才培养力度。

2006年4月，下发《关于调整2006年度领导人员后备人选的通知》。2007年，下发《宝钢集团有限公司关于加强领导人员后备人选管理工作的实施意见》及相配套的《关于加强领导人员后备人选管理工作的实施细则》，细化后备人选管理工作流程和工作标准。强调“工作范围全覆盖，广开渠道多方发现”，并重点落实由岗位选配转为层级选配、后备人选培养计划的动态管理、领导人员任职资格要求、刚性使用优秀年轻领导人员、加快培养优秀青年骨干等5项措施。2008年，制订“基于战略前瞻的领导人才发展”的后备计划，形成领导人员替补人选、高潜质后备人选培养和引进计划，提升了领导人员后备工作的针对性。2009年，为建立管理人才需求快速响应系统，分析预测集团未来可能的管理人员岗位需求，提出管理人员的“全天候信息档案”框架，将个人的基本情况、后备信息、培养信息、绩效评价情况等进行整合，完善领导人员后备管理工作。

2010年，全面实施新一轮后备领导人员工作。通过召开民主推荐会、考察访谈等工作，确定100余名宝钢集团管理的后备领导人员，各二级单位确定800余名自管后备人员。2011年，加大后备领导人员培养力度，采用“备、用结合”原则，在实务锻炼中促进后备领导人员的成长；组织宝钢集团直管的13位后备领导人员在19个岗位上进行挂职锻炼和岗位实习；策划开展“点善军团——宝钢未来创业者修炼营”项目，以集中研修和自主研修相结合的方式，提升领导人员创业素养，激发后备队伍的活力。2013年，开展选拔新一轮领导人员后备人选工作，优化选拔方式方法，坚持不唯票、不唯年龄，结合各单位新一轮战略规划实施与班子结构优化需要。经宝钢集团党委常委会决策，产生2013—2016年度新一轮领导人员后备人选。

第三节　薪 酬 福 利

1998—2016年，宝钢集团不断探索分配制度改革。2002年起，在岗效薪级工资制的基础上，实行与市场相适应、符合钢铁制造业特点的岗位工资制，尤其对高层次技术业务人才及技能专家实行能级工资制。2001年，建立、优化与市场相适应的子公司工资总额弹性机制。2005年，在宝钢股份增发收购完成后，推进钢铁主业一体化薪酬福利管理整合，建立统一薪酬激励体系。2007年，整合岗位工资和能级工资，对集团总部C层级（含）至F层级（含）管理人员，及各子公司党政负责人推行目标薪资管理。同时，不断完善员工福利保障体系建设，相继建立补充养老保险制度、补充医疗保险制度、企业年金制度、员工意外综合保险制度等一系列福利保障，成为调动员工积极性与创新能力的有力措施。

一、薪酬制度

1998年11月上海地区钢铁企业联合重组后，宝钢集团总部执行的基本工资制度为岗效薪级工资制，即以岗薪系数体现员工岗位层级的高低。宝钢集团制定《规范管理、操作维护类岗位归级体系实施细则》《规范专业技术类岗位归级体系实施细则》，规范管理、操作和技术岗位归级体系；对12个生产一线部门1 603个工程技术岗位，重新设置岗位序列和归级体系，提高工程技术人员的平均岗薪系数，增加投入255个系数，使岗薪工资每月新增214.40万元。制定《专业技术专家岗位管理办法》，将原高技能岗位规范为生产操作技能专家岗位、设备检修技能专家岗位、专业技术专家岗位和专业技术高级专家岗位，并确定相应的工资标准。2000年，制定《上海宝钢集团公司2000年工资分配改革方案》《海外子公司工资管理暂行办法》《海外子公司经营者年薪制试行办法》和对上海宝钢益昌薄板有限公司、宝钢一钢、宝钢五钢等9家子公司经营者年薪制试行方案，并发文实施。起草《上海宝钢集团公司工资分配制度改革方案》和相关配套措施。工资分配制度的深化改革进一步将经营者的责、权、利与企业的发展紧密结合在一起，顺应市场经济发展的需要。2001年，在与国家实行工效挂钩的前提下，对30家子公司分别采取"效益横比、收入纵比"的工效挂钩办法、工资总额与利润总额环比办法和工资总额包干浮动办法，制定改革创新子公司工资总量确定机制。上半年，在宝钢一钢、宁波宝新不锈钢有限公司等11家子公司进行改革试点。同时，按照中共十五大提出的按劳分配和按生产要素分配相结合的理论为指导，改革上市公司工资制度，根据员工的岗位、能力、业绩确定分配，拉开分配差距。同年，试行经营者年薪制的子公司在上年9家的基础上扩大至20家。2002年，多家子公司按照《宝钢集团工资分配改革指导意见》的要求，推行以岗位工资制为主的内部工资制度改革，并根据自身的经济承受能力，试行员工年薪计划。岗位工资制是对岗位工资实施分类管理，按照岗位价值合理确定分配关系；强化工资的投入与企业效益挂钩的理念。同时，为体现知识、能力等技术要素在企业技术创新和可持续发展过程中的价值，形成有利于技术业务和技能人才培养和发展的激励机制，对首席工程师、首席管理师、首席研究员岗位上的高层次技术业务人才和技能专家实行能级工资制。同年，对29家一级子公司推广实行新的工效挂钩方案。2003年，完善工效挂钩考核办法，引入行业工资水平的概念，使子公司（上海宝钢地产有限公司除外）的工资总额与该公司在同行业中的绩效评价、考核指标完成程度、集团整体效益及同行业工资水平挂钩，以达到引导子公司逐步达到和超过同行业先进水平的目的。2004年，修改《国（境）外子公司薪酬管理办法》《国（境）外子公司组织人事管理办法》《国（境）外子公司经营者绩效考核暂行办法》等管理制度，完善境外子公司的薪酬管理和绩效考核管理。9月6日，印发《关于加强子公司工资收入分配管理的通知》，加强对子公司工资总额的管理和工资收入分配制度改革。

2005年，修订和完善《岗位工资制实施细则》等管理制度；8月，集团总部员工首次按照统一薪酬福利模式发放月度薪酬，执行岗位工资制。12月31日，下发《关于加强薪酬管理的通知》，规范子公司薪资管理。2006年，修改、下发《工资总额管理办法》，新的工资总额管理方案按"两低于"（企业工资总额增长幅度低于企业效益增长幅度；职工实际平均收入增长幅度低于企业劳动效率增长幅度）原则，提出"双线（应提工资总额线、工资指导线）调控"思路，实现工资总额弹性控制。下发《关于强化薪资管理的意见》，规范子公司薪资管理。2007年1月，下发《目标薪资管理试行办法》，推行目标薪资管理。该办法适用范围与对象为集团总部C层级（含）至F层级（含）管理人员，以及各子公司党政负责人。目标薪资指管理人员考核年度的工资性目标薪资，由基薪和绩效薪组成；基薪是根据公司职位价值序列、个人历史绩效贡献和职位胜任能力表现等因素确定的年度固定薪资；绩效薪是根据管理人员任职岗位、职位胜任能力要求、所在单位年度经营业绩目标及年度个人绩效目标完成情况等因素综合确定的即期奖励性浮动薪资。2008年下半年爆发国际金融危机，宝钢集团根据2009年面临的严峻经营形势，建立与国内外同行业绩比较的工资总额投入联动机制，在总额投入减少的情况下，充分调动员工的积极性，有效支撑了年度经营目标的实现。

2010年，经国务院国资委批准，实施周期工资总额预算管理，成为首家试点的中央企业。新办法基于自身经营业绩纵向比较，以及与竞争对手横向比较，薪酬投入决定机制更为贴近市场竞争实际。与翰威特咨询公司（Hewitt Associates）合作，组织多元板块主要单元系统开展薪酬市场对标。中长期激励机制取得突破，《宝钢股份高级管理人员特别贡献奖励计划》《宝钢资源有限公司管理中长期激励方案》先后得以实施。2011年，在宝钢资源和宝钢金属研究拟订任期激励框架方案。在宝钢金属进行试点，将原先工资总额刚性管控的模式转变为由根据经营情况实行预算管理，以建立市场化的分配机制。2014年，制定"分享式"工资总额预算机制，实现薪酬总量投入的"能增能减"。2015年，落实中央《关于深化中央管理企业负责人薪酬制度改革的意见》、国务院国资委《关于进一步做好中央企业负责人薪酬制度改革工作的通知》等有关文件要求，自1月1日起，对宝钢集团企业负责人实施薪酬制度改革，对基本年薪标准作调整。严格执行工资效益联动机制，在薪酬总额管理方面进一步突出经营绩效导向，优化"分享式"工资总额机制，设计薪酬投放"收口"规则，从分配源头上体现"能增能减"；根据"总额受控、绩效导向、节奏管控"的总体工作思路，对业绩下降或未完成年初预算的子公司，作不同程度的工资下调，这也是宝钢集团历史上首次较大范围、较大幅度的下调薪酬。下发《积极应对市场挑战进一步加强薪酬管理的举措》，引导各子公司健全完善激励有效、约束有力的薪酬管理体系。探索实行股权激励，继宝钢股份实施"限制性股票"中长期激励计划，在上海宝钢气体有限公司等新兴业务单元探索实施核心团队出资入股，通过项目跟投共担投资风险，构筑资本和劳动所有者的利益共同体。

2016年，适应国有资本投资公司体制机制的需要，优化工资总额核定机制。把下属子公司分成制造及相关类、价值贡献类、战略成长类、非经营类等4类，并给予差异化的工资总额核定机制。完善集团高级管理人员薪酬管理办法，聚焦业绩评价。继续探索多样化中长期激励实践，欧冶云商股份有限公司成为国务院国资委十家员工持股试点企业之一。

二、福利保障

1999年，宝钢集团贯彻中共中央、国务院关于落实三条保障线和调整离退休养老金标准、机关事业单位在职人员工资标准的精神，将8万元工会拨款和50万元上海市帮困基金按时下拨到困难企业，宝钢浦钢等9家单位从中受益。根据上海市政府规定，协调好所属事业单位2次调资工作。为1 073名员工办理养老保险账户的申报、开户、转入、转出、封存和终止手续。为413名员工办理离退休或待退休手续。2000年，按照上海市劳动和保障局的安排，完成集团机关和挂靠部门5 824名员工（包括退休）的养老保险个人信息补充采集工作。集团机关发放医保卡1 500多张，补建境外子公司57名员工养老保险及住房公积金个人账户。2001年，贯彻落实上海市政府年初召开的加强职工医疗费清欠和医疗救助工作会议精神，推进子公司清欠职工医疗费的工作，解决了企业拖欠职工医疗费问题。

2007年，在与国务院国资委、上海市劳动局及相关咨询机构沟通讨论的基础上，形成宝钢企业年金计划方案，先后由总经理书记办公会、董事会原则通过。12月29日，宝钢集团二届一次职工代表大会通过《关于宝钢集团各子公司建立企业年金制度的指导意见》。年金计划，是宝钢集团范围内第一次推出的统一薪酬福利方案。2009年，整合统一各子公司的综合意外险，并采用第三方公开招标模式，选定员工意外综合团体保险的供应商。1月19日，人力资源和社会保障部备案通过宝钢企业年金方案，这标志着企业年金制度在宝钢正式建立。3月12日，完成全部审批、备案工作后，3月25日开始运行。截至年底，宝钢集团有125家独立缴费单位加入宝钢企业年金计划，参加人数为99 070人，年金基金规模为36.50亿元。

2010年1月，成立宝钢企业年金管理委员会。管理委员会主要负责审议受托人提交的企业年金运作管理年度报告以及下一年度管理计划和投资策略。12月14日，补充住房公积金方案经宝钢集团职工代表大会联席会审议通过。同年，宝钢集团统一在沪钢铁主业、生产服务业员工上下班交通补贴标准。2011年，策划、设计“海外员工救助计划(EAP)”，开设针对境外员工的网络培训课程，重点关注解决境外员工心理健康问题。建成国内冶金行业首个安全生产体感培训中心，引导员工从感性上加强生产安全重要性的认识。全年培训3 857人。2月1日起，在沪相关子公司实施补充公积金制度，缓解员工尤其是青年员工的购房和还贷压力。6月起，在宝钢工程本部、宝信软件试点实施弹性福利计划。在规定点值范围内，员工可在健康保障、家庭关爱和品位生活等三大类7个福利项目中自主选择。2012年，下发《关于组织开展安全生产体感培训的通知》，自1月起，“安全体感培训”纳入面向全员的常规培训项目计划。全年办班89个，培训4 794人。策划拟订宝钢集团弹性福利计划实施方案，引导各单位提升绩效、改善员工福利待遇。2013年，实施“爱礼”弹性福利计划方案。与中国人寿保险(集团)公司协商，完成2013—2015年度员工意外综合保险续保工作。推出青年员工租房货币补助计划，缓解青年员工购房压力。2015年，制定《外派八一钢铁、韶关钢铁项目协同支撑人员专项政策实施细则(试行)》，设计常规薪酬、年度结算、驻外补贴、通信补贴、探亲等各项待遇为一体的综合性激励举措。

2016年，继续推行企业年金制度、员工意外综合保险制度。

第四节　共享服务平台

2009年，宝钢集团进行管理变革，采取战略控制型的管控模式，调整集团总部机构设置，由14个职能部门、45项职能变革为10个职能部门、38项职能。通过精简机构与人员，使决策体系扁平化，以提高决策效率，防范重大风险。人力资源服务中心成为集团整合事务工作、人力资源业务共享服务的平台。随后，为进一步推进集团总部服务部门体制机制创新，提升人力资源服务能力，成立上海宝钢心越人力资源服务有限公司，使之成为集团总部改革后“管、办”分离、进行专业化和市场化转型的第一家创业型公司。

一、人力资源服务中心

2009年5月20日，宝钢集团调整总部职能部门组织机构，以“集总部人事、行政、员工(党员)服务为一体和服务高质量、工作高效率、运营低成本”为建设目标，设立人力资源服务中心。主要业务范围包括：负责人力资源服务中心发展规划的编制与组织实施，建立和完善内部工作机制及制度；负责宝钢集团人力资源共享服务业务领域的制度建设、标准设计、流程改善、风险管控、质量控制等体系建设；负责宝钢集团人力资源共享服务的覆盖推广工作；负责宝钢集团人力资源信息化系统建设领域的系统规划、功能开发、推广及优化，共享服务平台建设等系统支持及相关服务工作；负责集团总部及子公司委托的人力资源共享服务业务的实务处理及相关服务工作，包括员工关系、薪资发放、保险福利、职称与培训、报表统计等，以及委托的人力资源其他业务。

2013 年 9 月 29 日，宝钢集团出台《关于明确人力资源服务中心下设机构的通知》，在人力资源服务中心下设运营管理室、系统支持室、薪酬业务处理中心、员工服务受理中心及外事服务办理中心，2015 年 3 月 3 日增设大客户服务室。2015 年年底，人力资源共享服务覆盖宝钢集团下属 65 个子公司、98 个独立发薪单元，实现沪内子公司的全覆盖，服务员工人数达 5 万余人。

2016 年，人力资源服务中心完成上海宝钢国际经济贸易有限公司、宝钢特钢长材有限公司、东方钢铁电子商务有限公司、上海吴淞口创业园有限公司等 31 家子公司的人力资源共享覆盖工作。至年底，服务范围覆盖集团下属 99 个子公司、115 个独立发薪单元，服务员工 4 万余人。全年，办理员工入离职 5 740 人次，办理劳动合同续签、变更 5 153 人，办理岗位变动 5 128 人次，办理退休 1 635 人，办理居住证积分 524 人，办理居转户、引进人才落户 315 人，办理薪酬变更 53 636 人次，办理社保、公积金账户变更 21 637 人次，办理企业年金账户变更 17 128 人次，办理工伤、特殊工种业务 1 108 人次，办理意外综合险业务 26 197 人次，办理职称、资质业务 597 人次，开具在职、收入证明 4 405 人次。搭建因公出国（境）机票采购共享平台，实现机票采购资源共享。办理因公出国（境）团组 828 批次、1 948 人次。

二、上海宝钢心越人力资源服务有限公司

2016 年 6 月 20 日，宝钢集团出台《关于组建上海宝钢心越人力资源服务有限公司的通知》，决定组建上海宝钢心越人力资源服务有限公司，7 月 18 日揭牌成立，注册资本 1 000 万元，其中宝钢集团出资 850 万元，宝信软件出资 150 万元。经营范围：人才中介，信息技术领域内的技术开发、技术转让、技术服务、技术咨询，会务服务，展览展示服务，法律咨询，企业出国（境）业务中介，旅游咨询或自费出国旅游中介，数据处理，企业管理咨询。注册地址：上海市杨浦区黄兴路 2005 弄 2 号（B 楼）。上海宝钢心越人力资源服务有限公司成为集团总部改革后“管、办”分离、进行专业化和市场化转型的第一家创业型公司，是人力资源共享服务转型变革的开始。

第三章　教 育 培 训

宝钢集团提高员工技能与素质的主要措施之一，是不断安排员工接受各类教育培训。宝钢人才开发院（上海宝钢教育培训中心）、宝钢党校、宝钢（常熟）领导力发展中心实施一体化运作，是宝钢集团的员工教育培训机构和基地。

1998—2016年，宝钢集团的教育培训工作发生了3次转变。

第一次转变是1998年11月上海地区钢铁企业联合重组后，宝钢集团对教育培训资源进行整合，由宝钢教培中心对集团范围内的教育培训工作实现全覆盖，形成管理人员、技术技能人员的分类分层次培训体系，并以宝钢外语等级考试制度为抓手开展国际化人才培养。1999年，宝钢教育委员会更名为"上海宝钢集团教育委员会"。上海宝钢集团教育委员会统筹规划、全面负责宝钢集团教育培训工作，其办学实体是上海宝钢集团教育培训中心（简称宝钢教培中心）。宝钢教培中心下设宝钢经济管理研修院、宝钢继续工程教育学院、宝钢工业技术学校（宝钢高级技工培训中心、上海宝钢高级技工学校）、宝钢政治学校等4个办学实体，以及办公室、教育培训室、多媒体网络教育中心、宝钢职业技能鉴定站。2001年3月19日，上海宝钢中日经济技术学院成立，并举办首届学员开学典礼。2001年9月7日，东北大学网络学院宝钢分院举办首届2001级计算机科学与技术（专升本）开学典礼。2002年3月，宝钢党校与宝钢政治学校合并，与宝钢教培中心资源整合、一体化运作。2004年6月30日，宝钢成为中国浦东干部学院实践教学点。2006年，根据宝钢集团发展规划，宝钢工业技术学校停止中职教育招生，退出职前学历教育。

第二次转变是2007年8月17日，根据宝钢集团新的战略发展规划，宝钢集团有限公司教育培训中心更名为"宝钢集团有限公司人才开发院"（简称宝钢人才开发院），宝钢教育培训工作进入一个新的发展阶段。明确了宝钢人才开发院要强化员工教育培训基地、公司管理研究基地、员工创新活动基地的职能，下设工程技术培训中心、技师培训中心、管理研修中心、职业技能鉴定中心、网络培训中心、党校（政治学校）、培训管理部、培训服务部。

第三次转变是2011年4月1日，宝钢（常熟）领导力发展中心（也称尚湖村）开园运营。尚湖村是宝钢集团领导力培训的基地、管理变革的策源地、战略伙伴合作创新的平台和品牌形象展示的窗口。宝钢人才开发院与宝钢党校、宝钢（常熟）领导力发展中心实施一体化运作，宝钢集团的教育培训工作形成一定的规模与体系。

1998—2016年，宝钢集团的教育培训主要有学历教育与岗位技能培训、继续工程教育、管理人员研修等。其中，学历教育与岗位技能培训有职前学历教育、成人学历教育、高技能人才培训；继续工程教育有工程专业培训、国际化培训（外语等）、新进大学毕业生入职培训、研究生学历教育；管理人员研修有任职资格培训、在职研修等。此外，还有网络培训、职业技能鉴定与特种作业考核等。同时，宝钢集团致力于专兼职教师队伍建设，引导教师参加对外交流、学习、培训，参与课程开发，培养了一支专兼职相结合的企业教育培训师资队伍，为集团教育培训工作的发展提供保障与支撑。其间，宝钢集团教育培训工作获得诸多荣誉：2002年，宝钢集团被教育部、劳动和社会保障部、国家经济贸易委员会（简称国家经贸委）评为"全国职业教育先进单位"。2009年，宝钢集团获国际继续工程教育协会"马丁奖"，宝钢人才开发院获"全国企业职工教育培训先进单位""钢铁行业职工教育培训工作先进单位"称号。2010年,宝钢人才开发院负责评估和申报的集团总部管理变革案例获第四届《哈佛商业评论》"管理行动金奖"。2012年11月,宝钢人才开发院以综合得分第一名的成绩获"2012中国最佳企业大学"称号。2016年,宝钢人才开发院获中国最佳企业大学排行榜组委会颁发的"中国企业大学卓越成就奖"。

第一节　学历教育与岗位技能培训

宝钢集团的员工学历教育与岗位技能培训主要由宝钢工业技术学校、宝钢高级技工培训中心、上海宝钢高级技工学校负责。宝钢工业技术学校:前身为创办于1982年的宝钢技工学校和创办于1986年的宝钢工业学校。1992年2月,宝钢工业学校和宝钢技工学校合并,组建宝钢工业技术学校。宝钢高级技工培训中心:1999年12月设立,与宝钢工业技术学校实行一套班子管理,负责宝钢集团操作维护人员技术、技能培训和特种作业人员的安全技术培训、考证及各子公司的技术工人的培训。上海市特种作业安全技术宝钢考核站、上海市消防学校宝钢分校、上海市交通安全教育学校宝钢分校挂靠宝钢高级技工培训中心。上海宝钢高级技工学校:1999年12月,创办于1982年的宝钢技工学校更名为"上海宝钢高级技工学校",以培养具有大专文化层次和高级工职业技能的高级技能人才为目标。2007年8月,宝钢集团决定将宝钢集团有限公司教育培训中心更名为"宝钢集团有限公司人才开发院",下设管理研修中心、工程技术培训中心、技师培训中心、网络培训中心、职业技能鉴定中心和培训管理部、培训服务部。

一、职前学历教育

宝钢工业技术学校是职前学历教育主体,主要承担宝钢后备劳动力培养和操作维护人员技能培训工作。1998年上海地区钢铁企业联合重组后,成为上海地区唯一冶金专业的中等职业技术学校。1998年年底,被评为全国重点技校;1999年年底,被劳动和社会保障部批准成为上海宝钢高级技工学校;2000年年底,被评为上海市中等职业技术学校A类学校,被教育部授予"全国职教师资专业技能培训示范单位";2003年,被上海市教育委员会、市劳动与社会保障局、市经济委员会评为上海市职业教育先进单位;2004年年底,被教育部评估认定为国家级重点中等职业技术学校。2006年9月起,停止招收中等职业教育新生。

宝钢工业技术学校以"冶金工程"为特色专业、"机电技术应用""电气运行与控制"为品牌专业,全面带动工科专业发展的格局。先后开设冶金机械、轧钢、冶炼、理化检测、机电技术应用、电气运行与控制、钳工、电工、企业管理、物资管理等专业工种。2001年,"电气运行与控制"专业被上海市教育评估院评估认定为上海市重点专业;2002年年底,"机电技术应用"专业被教育部评为"全国中等职业技术学校示范专业",2003年被评为上海市重点专业。1998—2009年,累计培养毕业生2 905人。

表8-3-1　1998—2009年宝钢职前学历(中级)教育毕业生统计表　　单位:人

年份	机电技术应用	计算机及应用	电气运行与控制	冶金机械	物资管理	炼钢工艺	轧钢工艺	消防管理	电厂动力	钢铁冶炼	热力机械	钳工	钳电复合	汽车维修	烧结与原料检验
1998							78			77				32	35
1999		38	39		30				31	28	31	62			

〔续表〕

年份	机电技术应用	计算机及应用	电气运行与控制	冶金机械	物资管理	炼钢工艺	轧钢工艺	消防管理	电厂动力	钢铁冶炼	热力机械	钳工	钳电复合	汽车维修	烧结与原料检验
2000	72	36	74	29		38	34	39				39			
2001	73	39	117	38	40								40		
2002	132	38	150									40			
2003	78		68												
2004	152		155												
2005	31		77												
2006	68		69												
2007	250	76													
2008	82		84												
2009	84		82												
合计	1 022	227	915	67	70	38	112	39	31	105	31	141	40	32	35

说明：2006年后宝钢工业技术学校停止招生，2009年为最后一届毕业生。

表8-3-2　2003—2007年宝钢职前学历(高级)教育毕业生统计表　　单位：人

年份	机械电子工程	电气自动化	计算机及应用	计算机软件工程	商务文秘	旅游管理
2003	24	30	24			
2004	39	61				
2005	99	103	125			
2006	90	98	47	47	62	85
2007	82	80	51		46	
合计	334	372	247	47	108	85

二、成人学历教育

高级技能(大专)教育是宝钢特有的成建制高技能人才培养与成人学历教育模式，是在宝钢操作维护类员工职业技能培训体系基础上，充分利用优质社会资源，实施强强合作、优势互补的产学结合的高技能人才培养形式之一。

1999年，宝钢集团为加快培养企业生产实际急需的技术技能型、复合技能型高技能人才，在宝钢工业技术学校(宝钢高级技工培训中心)和上海宝钢高级技工学校的基础上，与安徽工业大学合作，成立安徽工业大学宝钢函授站；2000年9月起，开始面向宝钢生产现场在职员工进行招生。学员参加国家成人高等教育入学考试并达到当年最低录取分数线后择优录取，成为安徽工业大学在籍学生(大专)，学制4年。2002年，升级为安徽工业大学宝钢成人教育分院。2005年，根据宝钢战略发展规划与现场实际需求开设专升本专业。2006年,根据国家成人高等教育学制改革精神,对所有专业的教学计划进行改版,并按2.50年的学制要求进行培养。

1999—2016年,累计培养在职毕业生1 244人。

表8-3-3　2004—2015年宝钢职后学历教育毕业生统计表　　单位:人

年份	钢铁冶金	金属压力加工	机电技术应用	工业自动化	热能动力	给排水工程	工业分析与检验	煤化工	安全工程
2004			40	25		27			
2005	92	60	171	10	60	3		56	43
2006	99	76	210	11	91	6	123		
2015								41	
合计	191	136	421	46	151	36	123	97	43

说明:2007—2012年职后学历教育未招生。2013年招收一届学生,2015年毕业。2016年,无毕业生。

三、高技能人才培训

2004年,宝钢集团制订《2005—2006年高技能人才培训计划》,实施"三年千名新技师培养计划",加大高技能人才培训力度,探索宝钢技师和高级技师培训新模式,组织实施钢铁冶金、轧钢、机械、电气、动力能源、水处理、运输、检(化)验等专业技师和高级技师培训鉴定。

2012年,开设宝钢股份技能大师训练营(OTM训练营),持续5年培养100名大师级技能人才。开展定制式、个性化的高技能人才继续教育,初步建立高技能人才在职研修系列项目群,开展大师级技能人才培养支撑工作,开设技能诊断师研修班等。建成国家级技能大师工作室1个、上海市技能大师工作室4个,成立职工创新工作室103个。宝钢人才开发院被认定为上海市首批高技能人才培养基地,宝钢股份"技能大师训练营(OTM训练营)"被上海市成人教育协会评为"上海最有价值企业培训项目"。2014年,建成"创意实践中心",宝钢人才开发院获批建设"国家级高技能人才培训基地"。2015年,训练宝钢选手参加第五届全国数控机床装调维修工比赛,取得个人第二名。

2016年,推进智能装备应用与维护人才培训体系建设,"基于智能制造技术的智慧学习与实操训练系统的应用与开发"项目,获上海市财政资助。

表8-3-4　1998—2016年宝钢技师培训中心培训情况统计表

年份	项目(个)	班级(个)	人次	年份	项目(个)	班级(个)	人次	年份	项目(个)	班级(个)	人次
1998	112	150	14 865	2002	88	186	12 478	2006	258	375	16 767
1999	103	162	15 746	2003	128	230	11 465	2007	262	420	17 843
2000	126	185	28 206	2004	140	251	13 950	2008	279	464	19 072
2001	82	174	11 507	2005	137	289	20 073	2009	268	418	17 419

〔续表〕

年份	项目(个)	班级(个)	人次	年份	项目(个)	班级(个)	人次	年份	项目(个)	班级(个)	人次
2010	255	367	12 671	2013	288	535	16 671	2016	188	374	11 572
2011	287	558	22 591	2014	281	589	29 273				
2012	272	597	21 825	2015	233	475	20 111				

第二节　继续工程教育

1998年11月上海宝钢集团公司成立后，宝钢教培中心下属的宝钢继续工程教育学院承担宝钢工程技术培训业务，面向宝钢集团各类专业技术人员和业务管理人员，开展冶金工程各类专业技术培训、国际化专业知识培训、新进大学毕业生入职培训和研究生学历教育。2007年8月，随着宝钢集团有限公司教育培训中心更名为“宝钢集团有限公司人才开发院”，宝钢继续工程教育学院更名为“宝钢工程技术培训中心”。1998—2016年，宝钢工程技术培训中心(宝钢继续工程教育学院)累计举办各类培训班4 835期，培训194 078人次。

表8-3-5　1998—2016年宝钢工程技术培训中心(宝钢继续工程教育学院)培训情况统计表

年　份	项目数(个)	班级数(个)	人　次	年　份	项目数(个)	班级数(个)	人　次
1998—1999	215	265	11 914	2008	215	343	16 676
2000	145	178	8 023	2009	196	315	12 123
2001	154	190	7 219	2010	145	240	7 480
2002	111	206	8 602	2011	151	284	8 886
2003	160	298	9 858	2012	173	287	13 254
2004	107	217	7 575	2013	172	297	13 188
2005	151	274	11 061	2014	169	266	9 983
2006	167	294	11 730	2015	153	289	11 454
2007	182	364	16 200	2016	134	228	8 852

一、工程专业培训

宝钢工程技术培训中心(宝钢继续工程教育学院)的专业技术培训紧密结合宝钢集团生产经营、技术创新和人才战略，以提升技术业务人员的技术应用能力、创新能力和综合素质为目标，内容涉及冶金工艺、产品技术、冶金装备、计算机应用、能源环保和安全生产等专业。

1998年11月，随着原上海冶金控股(集团)公司培训业务纳入宝钢教培中心，宝钢继续工程教育学院承担起原上海冶金控股(集团)公司进入宝钢集团各子公司的专业技术培训工作，相继推出电气、仪表、数模、计算机应用等培训项目。推进计算机辅助管理体系、远程教学管理及多媒体课件制作系统、网上教学等课题的开发，先后完成“液压点检与故障分析计算机辅助教学系统”“可编程逻辑控制(PLC)模拟对象系统软件研制”“板坯连铸多媒体动态学习系统”等课题。组织编写《滚动轴承应用技术》《宝钢“三电”(电气、仪表、计算机)技术研讨文集》《离心压缩机》《设备管理工作五十年》等培训教材。2001 年，发挥全国计算机辅助设计中心宝钢培训基地、欧特克(Autodesk)有限公司授权培训中心和西门子合作单位的优势，培养了一批能从事计算机辅助设计、可编程逻辑控制设备编程开发的软件技术人员。举办“三电”技术知识普及、技能提高和新技术应用等主题的培训班。配合宝钢一钢不锈钢项目建设，举办外语、计算机、可编程逻辑控制技术和不锈钢热轧技术等培训班。2002 年，取得“全国专业技术人员计算机应用能力考试”考点资质，成为上海市北片唯一的考点。完成《上海宝钢集团公司专业技术人员继续教育科目指南(钢铁部分：2002—2006 年)》的编写。2003 年，面向宝钢股份推出 3Q 研修项目，即以现场问题(Question)为切入点、提高产品质量(Quality)为目标、对现场技术骨干快速(Quick)推送培训为宗旨的专题研修。2004 年，通过宝钢继续工程教育学院牵头，宝钢教培中心与宝钢设备供应商——日本精工株式会社(NSK)、复盛公司创建冶金装备技术培训协作联合体，为宝钢技术人员提供了一个长期、稳定、高技术含量的交流与培训平台。2005 年，提出专业技术人员“3＋α”的能力培训模型，要求在每个层级的专业技术人员培训中设置现场问题解决能力、技术创新能力、国际化能力等 3 个共性培训模块和专业技术相关的个性培训模块。编制《宝钢不锈钢培训指南》。2006 年，完成《宝钢股份员工安全教育培训体系框架》编制，开设生产经营负责人和安全生产管理人员两大安全资格类培训班。支撑宝钢浦钢搬迁罗泾工程，举办熔融还原炼铁项目技术人员培训班等。组织宝钢集团 13 名选手参加第二届国际钢铁协会(IISI)网上炼钢挑战赛，获得吨钢成本国家排名第二、成功次数国家排名第三以及吨钢成本个人排名第二、第三、第八和第十的成绩。

2007 年，宝钢工程技术培训中心重点推进工程技术人员层级培训，举办首席师岗位培训、首席师综合研修和主任师综合研修班。2008 年，经过对冶炼、压加、产品、机械、自动化等专业的课程体系的梳理，形成具有行业特征的普碳钢、不锈钢、特钢、循环经济与节能环保、数模技术的学科框架并初具课程体系。为支撑宝钢股份“系统提升公司制造能力三年行动计划(2008—2010 年)”的实施，举办“一贯质量管理”“表面质量监控”等 15 个专题培训班。新开发和实施“带钢典型产品缺陷识别与控制”“特钢产品的生产与应用”“不锈钢工艺与产品应用”“宝钢冶金装备技术现状及展望”“循环经济与宝钢可持续发展”等培训项目。2009 年，在全面推进作业长安全伙伴计划培训的同时，首次把安全工程师也纳入伙伴计划，并引入安全感应(SST)培训课程。全年，举办“安全伙伴计划”培训班 25 期。首次推出“走近大师”研修活动。2010 年，围绕集团亟须解决或重点关注的质量、技术难题，开展以问题为导向的十佳(TOP10)关键技术研修，举办“汽车外板夹杂(夹渣)”“热轧带钢板形控制技术”等 7 期专题研修。2011 年，举办“走近大师”研修活动，先后邀请潘健生、王国栋、柴天佑、钟掘等一批中国工程院院士和国际知名冶金专家到宝钢讲学。举办“能效电厂伙伴计划”“高效炉窑伙伴计划”研修班 7 期。2012 年，举办“韶关钢铁高炉伙伴计划”“宝钢感应电源专业人伙伴计划”等 5 期研修班。2013 年，首次开展全流程工程师研修和新一届宝钢技术业务专家研修，分别举办 2 期和 4 期。2014 年，举办创新方法 TRIZ(发明中遇到问题的解决方法理论)应用培训 3 期。2015 年，会同集团能源环保部推出“提升环保管理人员履职能力”培训项目，全年举办 8 期。首次开发慕课“环境保护法配套制度解读”。组织参加第九届世界钢铁协会钢铁大学炼钢挑战赛，获企业组世界冠军。

2016年，为宝钢股份“金苹果”团队举办11期研修班。研修重点围绕前瞻性技术研发、整体技术水平提升、现场重大难题解决等三方面课题开展。

二、国际化培训

宝钢国际化培训是继承宝钢实用外语培训的基础上发展起来的，结合宝钢国际化战略需要，以能力培养为重点，推进国际化人才和实用外语人才的培养。

2000年，宝钢继续工程教育学院举办宝钢实用外语培训，培训842人次。2001年，举办浙江大学英语托福(TOEFL)强化班1期、宝钢一钢不锈钢项目外语培训班1期。2002年，高级英语口语班采用影视教学的全新方式，提高学员的同步翻译能力。2005年，开展宝钢等级英语强化培训，并作为宝钢国际化人才培养工作的一个重要环节，共举办各等级英语培训班11期。2006年，举办第二届宝钢学术年会志愿者英语强化班，60名志愿者参加培训。

2007年，宝钢工程技术培训中心启动国际化培训课程体系建设；完成《宝钢商务英语》《涉外礼仪》《商务旅行》《中级口译讲义》《宝钢实用英语》等教材编写，并在相关培训项目中使用。2012年，举办宝钢—浙大英语强化培训班，60名学员在培训结束后参加英语托福考试。其中，15名学员被选送至海外院校进行为期3个月的进修。实施以“国际化意识导入”“国际化基础能力提升”“国际化视野拓展”等三大模块为核心的宝钢股份“深蓝计划”培训。2013年，举办宝钢股份“深蓝计划”第二期管理者海外研修主题英语强化培训，13人参加。组织宝钢集团10人参加海外院校游学项目。组织16人参加宝钢股份国际化视野拓展模块研修。2014年，实施宝钢印度古吉拉特邦萨纳恩德(SANAND)加工中心属地化员工培训1期，12名海外员工参加集中培训和岗位实习。2015年，组织宝钢等级外语考试19批次，2 778人次参加笔试和口试。

2016年，组织2次宝钢等级外语考试，2 570人次参加；开发《宝钢牌号知识》《西门子PLC编程》等英语版课件或电子书，支撑宝钢印度古吉拉特邦萨纳恩德(SANAND)加工中心运营阶段的培训工作。

三、新进大学毕业生入职培训

自2003年起，宝钢集团开始对各子公司新进大学毕业生开展集中入职培训。培训内容由理论学习、军事训练、现场参观、宝钢外语等级考试和宝钢综合知识考试等组成。

2007年，新进大学毕业生集中入职培训的内容有所创新，除开设宝钢发展史、宝钢文化、宝钢人行为规范、宝钢战略等相关课程外，还关注新员工的岗位素质、职业素养及心理转变等内在要素，增设初入职场的心理调节、循环经济与绿色环保等课程。2011年，464名新进大学毕业生参加入职培训。此次培训的特点是，集团领导带领宝钢海外工作团队集体授课，新增“与前辈面对面”内容。2013—2015年，分别有258名、254名和276名新进大学毕业生参加入职集中培训。培训在内容、方式、管理、服务等方面作了优化和创新，运用混合式学习方式，以学员为中心，强化了知行合一，提升了培训效果。

2016年，新进大学毕业生入职培训由宝钢集团组织转为各子公司自行组织。同年，为宝钢湛江钢铁有限公司、上海宝钢国际经济贸易有限公司举办新进大学毕业生入职培训，培训人数分别为69人和20人。

四、研究生学历教育

20 世纪 90 年代，宝钢与东北大学、北京科技大学、清华大学、复旦大学、上海交通大学、浙江大学、上海财经大学等高等院校建立合作关系，在宝钢教培中心设立研究生学历教育宝钢教学点。1993 年、1994 年，先后成立东北大学研究生院宝钢分部、北京科技大学研究生院宝钢分院，旨在为宝钢和上海地区冶金系统培养高层次科技人才。2001 年，研究生学历教育宝钢教学点改称为宝钢—东北大学继续工程教育中心，配合集团人力资源部编制研究生年度招生与培养计划，负责招生工作，开展日常教学管理。至 2016 年，研究生学历教育涉及的专业有冶金工程、材料工程、机械工程、控制工程、软件工程、工业工程、计算机、项目管理、物流工程、车辆工程等。

1998—2016 年，硕士和博士研究生毕业人数分别为 872 人和 52 人。

表 8-3-6　1998—2016 年研究生学历教育招生、毕业人数统计表　　单位：人

年　份	招收硕士生	招收博士生	毕业硕士生	毕业博士生	年　份	招收硕士生	招收博士生	毕业硕士生	毕业博士生
1999—2000	69	21	67	8	2009	125	14	38	5
2001	52	18	87	1	2010	78	8	64	1
2002	21	20	27	5	2011	82	12	101	2
2003	48	6	49	1	2012	88	8	74	2
2004	103	4	30	2	2013	109	4	89	3
2005	119	3	3	4	2014	77		47	1
2006	68	5	28	7	2015	71		84	1
2007	73	8	22	3	2016	61		47	4
2008	80	12	15	2					

第三节　管 理 研 修

宝钢集团的管理研修由宝钢教培中心下辖宝钢经济管理研修院负责。2007 年 8 月 30 日，经济管理研修院更名为“管理研修中心”。2008 年 11 月 24 日，成立管理研究所，并与管理研修中心实行“两块牌子、一支队伍”运作。

一、管理人员任职资格培训

1999 年 11 月 29 日，国家经贸委培训司下发《关于同意宝钢经济管理研修院承担工商管理培训任务的通知》，宝钢经济管理研修院成为国家经贸委授权的唯一具有工商管理培训资格的企业培训单位。

1999—2000 年，宝钢集团 201 名领导干部及后备人员接受培训，并获国家经贸委统一印制的培

训证书。其间,宝钢经济管理研修院接纳上海石化股份公司、驻上海的冶金建设公司等企业的25名领导干部参加培训。

2005—2008年,宝钢集团管理人员任职资格培训体系经历2次变化。2005年,按照宝钢集团对管理干部进行分层分类要求,构建“一般管理层、业务管理层、经营管理层、核心经营管理层、经营决策层”等5个管理人员层级培训课程体系,当年举办1期“业务管理层”任职资格培训和12期“一般管理层”任职资格培训。2008年,管理干部培训体系按照“五层三进”(“五层”为管理人员B层、C层、D层、E层、F层,“三进”为任职基础、任职资格、在职研修)进行调整。

2014年,实施宝钢集团派出董事、监事任职资格培训。培训为期5天,开设9门课程。参加培训的18名学员全部获得宝钢派出董事、监事专业资格培训结业证书。

表8-3-7 2008—2016年宝钢集团管理人员任职资格培训情况统计表

年份	任职资格	人数	期数	年份	任职资格	人数	期数
2008	E层级	37	2	2013	E层级		
	D层级	99	4		D层级	41	2
	C层级	287	8		C层级	108	5
	B层级	968	19		B层级	403	13
2009	E层级	21	1	2014	E层级	24	1
	D层级	49	2		D层级	53	2
	C层级	252	8		C层级	125	5
	B层级	980	19		B层级	675	21
2010	E层级			2015	E层级		
	D层级	37	1		D层级	18	1
	C层级	203	7		C层级	151	5
	B层级	717	18		B层级	603	16
2011	E层级	19	1	2016	E层级		
	D层级	47	2		D层级	21	1
	C层级	207	6		C层级	74	3
	B层级	698	16		B层级	405	10
2012	E层级	19	1				
	D层级	40	2				
	C层级	165	5				
	B层级	558	15				

二、管理人员在职研修

2001年,宝钢经济管理研修院首次开办质量工程师资格考试辅导班。2002年,建立培训师培训体系。同年，经上海市财税一分局同意，作为上海市会计人员继续教育培训资格点，负责宝钢集团所有会计人员继续教育培训工作。2—6 月，举办 13 期领导干部世界贸易组织(WTO)知识培训，648 名领导干部参加培训。2004 年，按照劳动和社会保障部职业与岗位标准制定规范，编写完成《宝钢作业长能力标准与岗位规范》。2008 年 7 月，开始举办决策人研修，截至 2016 年 4 月累计举办 19 期。2014 年起，承办新疆维吾尔自治区高级经营管理人才研修班，截至 2016 年累计承办 3 期培训，培训学员 148 人。2015 年 6—7 月，举办 4 期"亏损企业管理者专项研修班"，宝钢集团下属各亏损子公司管理者 133 人全部参加研修活动。2016 年，开展"产城结合业务骨干选拔培训""产融结合人员选拔培训"各 1 期，分别有 196 人、44 人参加培训。

表 8-3-8　2008—2016 年宝钢集团决策人研修情况表

期　数	日　期	主　题	课　程
第 1 期	2008 年 7 月 18—19 日	企业项目化治理——决策人项目管理	高层视角下的项目管理；企业项目化治理
第 2 期	2008 年 8 月 8—9 日	企业并购整合	新兴产业链战争时代的企业决策；运用管控的方式进行并购整合
第 3 期	2008 年 9 月 5—20 日	战略领导力	打造全球化组织；并购战略计划和实施；打造组织能力
第 4 期	2009 年 10 月 30—31 日	宏观经济解析及其对企业的影响；不确定环境下的领导力	后危机时代：我们所面临的机遇与挑战；不确定环境下的领导力——西点军校人才培养理念带给企业的启发
第 5 期	2009 年 11 月 27—28 日	高绩效的组织文化	高绩效的组织文化
第 6 期	2010 年 4 月 16—17 日	知识管理；环境经营	国际商业机器公司(IBM)全球整合人才管理实践；知识管理和协作；低碳转型的背景与路径；通用电气公司(GE)绿色创想及实践
第 7 期	2010 年 8 月 6—7 日	以卓越服务创造价值；企业危机管理及公关传播	以卓越服务创造价值；企业危机管理及公关传播
第 8 期	2011 年 4 月 1—2 日	驾驭复杂环境	来自 2 500 位首席执行官(CEO)的洞察、展现创新领导力、重塑客户关系；构建灵活的运营、成就变革
第 9 期	2011 年 6 月 17—18 日	公司品牌经营	变革的契机；基于公司/集团视角下的 B2B(企业与企业间)品牌、品牌统一与协调管理所带来的挑战；营销 3.0、基于价值观的营销
第 10 期	2011 年 9 月 16—17 日	决断：领导力的核心	决断：领导力的核心
第 11 期	2012 年 3 月 23—24 日	竞争战略	竞争战略
第 12 期	2012 年 5 月 22 日	新时代、新规则、新思维	电子商务的发展与思考；社交媒体——改变我们的生活；创新思维最佳实践分享；从世界文化看中国文化的过去、现在和将来

〔续表〕

期 数	日 期	主 题	课 程
第13期	2012年11月1—2日	转型时期的应变之道	利丰网络协作与供应链管理;决定企业边界和组织设计的关键因素;经济与企业的转型;博弈论与策略思维
第14期	2013年7月28—29日	公司治理与规划发展	攻坚克难 锐意改革——为实现宝钢新一轮规划目标而努力奋斗;我理解的管理;作风建设与宝钢新一轮规划实施;对外交往礼节和礼仪
第15期	2013年9月13—14日	创业与创新	企业战略转型与创新;第四代创新;业务授权法律知识培训
第16期	2014年4月3—4日	宝钢领导人员“能上能下”和作风建设	《深化改革、能上能下,开创宝钢干部工作新局面》专题报告;埃森哲人才制胜之道;2013年度领导人员绩效评价总结表彰
第17期	2014年8月1—2日	做有价值的事	《积聚内力 驾驭环境 做有价值的事》主题报告;国防战略报告
第18期	2014年12月19日	安全生产与环境保护	《安全生产法》专题学习;《环境保护法》专题学习;宝钢安全管理体系建设;宝钢能环管理体系建设
第19期	2016年4月28—29日	改革转型与规划发展	《宝钢集团2016—2021年发展规划纲要》专题学习;《宝钢集团深化改革实施意见》专题学习

表8-3-9 1999—2016年管理研修中心培训情况统计表

年 份	项目(个)	人 次	学 时	年 份	项目(个)	人 次	学 时
1999	91	4 472	—	2008	—	—	—
2000	150	8 611	—	2009	195	9 633	—
2001	101	5 419	4 440	2010	—	—	—
2002	175	10 192	5 529	2011	—	—	—
2003	159	8 717	6 444	2012	341	15 272	11 010
2004	213	9 271	—	2013	476	20 337	12 179
2005	267	10 711	7 521	2014	501	19 733	—
2006	—	—	—	2015	414	16 590	8 402
2007	213	9 626	6 388	2016	411	16 938	9 126

三、管理研究

2008年11月24日,宝钢集团发文,决定在宝钢人才开发院成立管理研究所,与管理研修中心实行“两块牌子、一支队伍”运作。

2009年起,管理研究所(管理研修中心)按照“管理研究、管理诊断、管理培训”三位一体工作模式运作,年度管理研究与管理培训计划结合,任职资格培训持续强化管理审计与管理实践,培训设置管理实践或管理审计的项目。2013年，开展“支撑宝钢集团劳动效率提升”3个优秀实践总结，支撑宝钢不锈钢有限公司进行部门绩效评价办法评估、技术质量部运行评估，支撑宝钢集团进行管理模式总结、总部变革效果评估、审计体系评估等。《宝钢董事会运作实践》一书出版发行。2014年，完成“高效总部建设2.0”项目、宝钢集团2009年总部变革成果总结、对标优秀企业等研究成果；编写风险案例30个、制作多媒体课件12个。2015年，完成《宝钢钢铁主业工厂管理应用研究》报告。

2016年，完成“重点钢企人力资源劳动生产率国际国内先进水平对标分析”“八一钢铁、韶关钢铁人力资源优化实践总结”等课题。

表8-3-10　2008—2016年管理研究所承担管理研究课题统计表

年　份	课题数(个)	年　份	课题数(个)	年　份	课题数(个)
2008	11	2011	16	2014	15
2009	14	2012	12	2015	8
2010	16	2013	21	2016	12

四、人才测评选拔

管理研究所(管理研修中心)按照选拔配置、评估筛选、自我认知、团队分析等4类功能定位，聚焦人才的选、用、育、留环节，优化测评工具组合，逐步完善宝钢人才测评体系。

2013—2016年，实施人才测评项目154个，20 984人次参加测评。测评项目涉及管理岗位选拔、全岗位竞聘、人才选拔培养、新员工招聘、转岗招聘等。其中，管理人员公开选拔重点项目有“宝钢集团团委副书记公开选拔测评”“宝钢股份法务部部长公开竞聘测评”“宝钢股份营销中心冷轧板销售部电工钢产品室总监竞聘测评”等；管理岗位全竞聘重点项目有“宝钢集团广东韶关钢铁有限公司中层管理全岗位竞聘测评”“宝钢集团苏州冶金机械厂中层管理全岗位竞聘测评”等；人才选拔培养测评重点项目有“宝钢集团境外重点培训项目人员选拔测评”“第六期‘青苹果’培训班人员选拔测评”“海外中短期培训”人员选拔；员工预招测评重点项目有“湛江钢铁校园预招测评”“宝信软件校园招聘在线测评”等。

第四节　网　络　培　训

宝钢网络培训起步于20世纪末，以2001年宝钢网络学习平台(e-Learning)的建成与投入运行为标志，有效打破传统企业培训中的培训内容更新缓慢、培训成本过高、培训方式单一的局限性。经过多年探索与实践，宝钢网络培训逐步建立起在线学习、移动学习和混合式学习等具有宝钢特色的网络培训学习模式，实现宝钢人不出宝钢即能进入名校学习、不出家门即能参加宝钢培训的目标。2003年，宝钢教育培训信息化建设获冶金企业管理现代化创新成果二等奖；2008年，“以E培训为手段的企业人才开发管理”成果获上海市企业管理现代化创新成果二等奖；2008年，获第四届世界钢铁协会热轧网上大赛第一名和企业组冠军；2011年，获中国企业学习信息化论坛“最佳虚拟教室应用奖”，宝钢实时远程培训成为国内同行企业e学习标杆；2012年，在第四届中国企业学习信息化论坛(CEEFE2012)中获“最佳学习管理系统应用奖”;2014年,获中国网络学习平台促进中心“中国网络学习平台行业卓越实施奖”。1998—2016年,宝钢集团累计实施网络培训项目4 120个,参加网络培训90余万人次,开发网络课程900余门。

一、平台建设

1999年,宝钢教培中心完成由光纤主干网及若干个子网所组成的校园网系统建设,通过校园网实现办公自动化、教育培训计划及实施管理、内部图书馆资料查询、视频点播和网上教学等功能,使宝钢率先在国内企业中建立起具有较高水准的网络教学系统。2001年,宝钢教培中心完成新校区千兆内部校园网和因特网的建设,完成电信综合业务数字网(ISDN)专线的实时双向远程教学网和教室的建设,完成闭路电视双向数字化改造并开通视频点播,开通因特网宝钢教育网站(网址:www.edu.baosteel.com),形成校园主干网、国际互联网、有线电视网、远程教学网等四网并举的宝钢网络教学格局。2002年,宝钢教培中心远程培训演播室投入使用,实况直播可同时通过电信网、校园计算机网和校园闭路电视网等3个网络完成,从而实现虚拟实时课堂的教学新形式,并同步实现远程培训网络向三方面的延伸:社会和高校网络培训资源进入宝钢,教育培训向子公司延伸,教育培训向员工社区、家庭延伸,有效缓解了日益凸显的异地培训与工学矛盾。截至2006年,宝钢实时远程培训网络实现对于外地子公司的全覆盖。

2013年,宝钢移动学习平台上线试运行,构建起以员工为中心的“4A”(Anyone任何人,Anytime任何时间,Anywhere任何地点,Anydevice任何终端)学习环境,实现从“正式”学习向“正式+非正式”(混合式)学习的转变。2014年后,子公司培训专区、学习社区、在线考试系统、学习地图和微课众创工具等连续投入使用,深度影响并改变了传统的学习模式,宝钢员工培训逐步从集中培训向随时随地学习转变。

二、资源建设

2001年,宝钢教育网站开通“网上学习”“网上图书馆”等栏目,宝钢教培中心自主制作1580热轧板坯定宽侧压机检修案例、纳米技术讲座等教学片,采编信息技术类网络课程16门,采编东北大学网络课程10门,采编基础课程动画教学素材3门,制作双向闭路电视点播系列教学片。2002年,宝钢教培中心建立共享教学资源库,提供宝钢案例287个、网络课程1 025小时、数字化宝钢自编教材400多本。宝钢教育网站完成与超星数字图书馆、维普和万方数字期刊数据库、上海东方网企事业频道的网络共享链接,完成与宝钢科技信息所清华同方数据库资源的网络共享链接,为宝钢教培中心内部提供数千种电子全文期刊、数十万册电子全文图书和科技信息,以及学位论文、学术年会论文等网上阅览资源。

2007年,初步形成宝钢网络培训课程体系。按照培养能力分类,网络培训课程体系分为宝钢文化与法律法规、宝钢生产与管理、技术与创新、管理知识与技能、员工能力发展、贸易与财务管理、外语应用和计算机应用等8个课程模块,共计105门、1 993学时的培训课程。2010年,实现以岗位族群、任职要求和能力模型为基础,岗位能力发展为目标的专业族群核心课程、拓展课程、推荐课程体系的网络培训,初步形成宝钢学习发展系统的雏形。2013年,宝钢移动学习平台上线,首次上线微课程体系包括党建与企业文化、领导力与管理、专业技术与技能、外语应用和通用知识等五大类、

34门、219个微课件。

至2016年年底，网络学习平台积累课程1 400门，累计6 000多学时，包含视频、动画、音频等多种形式，内容覆盖党建与企业文化、领导力与管理、专业技术技能、能源环保、安全培训和计算机、语言、工具方法等六大类，打破传统培训中单一的资源种类，以丰富的网络培训资源，满足了不同层次学习者对自主学习的需求。

三、培训实施

2006年，宝钢教培中心首次以网络培训形式为宝钢股份574名新进大学生提供为期18个月的实习阶段岗位培训，培训共设诚信建设与法律法规、宝钢生产与管理、管理知识与技能、个人技能、外语应用和计算机应用等6个课程模块、50门课程、884学时。

2010年，网络培训更加强化规范管理和模式创新。根据各子公司员工自主培训和专门化培训的需求，设计有针对性的子公司员工自主培训专门选课区（公共区）和特定员工的专项培训区；实施以手机短信、内外网邮件、培训月（年）报表为主要形式的人性化学习提醒方式；实施网络培训项目后评估，包括问卷调查、访谈送培单位领导、学员座谈会、现场抽考等评估环节。

表8-3-11 2001—2016年宝钢人才开发院（宝钢教培中心）网络培训实施情况统计表

年　份	培训项目(个)	课程数(个)	学　时	培训人次	移动学习人次	网络课件开发(个)
2001—2005	128	16	4 563	1 906		43
2006	75	75	1 626	5 376		49
2007	92	158	4 390	30 808		28
2008	172	254	7 256	42 560		71
2009	233	282	6 831	75 778		90
2010	339	311	5 607	52 062		91
2011	458	509	4 061	123 106		109
2012	427	382	6 098	147 827		76
2013	508	582	8 308	111 262		93
2014	572	700	7 206	120 425	5 501	122
2015	558	657	6 197	120 030	5 801	74
2016	558	652	6 296	65 369	7 309	57

第五节 职业技能鉴定与特种作业考核

1997年10月，宝钢职业技能鉴定站组建，2000年1月更名为“上海宝钢职业技能鉴定所”。2002年2月7日，宝钢集团成立上海宝钢职业技能鉴定中心，原上海宝钢职业技能鉴定所同时撤销。上海宝钢职业技能鉴定中心（宝钢职业技能鉴定站）是对冶金特有工种进行职业技能鉴定的专业机构,又是对通用工种进行职业技能鉴定的专业机构,主要承担宝钢集团内外部的职业技能鉴定业务。根据劳动和社会保障部制定的职业工种等级标准和鉴定规范,负责冶金特有工种、通用工种的职业技能鉴定与管理工作。同时,又是宝钢操作维护人员培训考核机构,负责宝钢操作维护人员特种(设备)作业上岗考核工作,主要业务涉及职业资格鉴定、特种(设备)作业、技能竞赛。2003 年 12 月,上海宝钢鉴定考核中心成立,下设上海宝钢职业技能鉴定中心和上海市特种(设备)作业宝钢考核站。

一、职业技能鉴定

1999 年 6 月,宝钢集团被选定为全国二十七家企业鉴定试点单位之一。10 月,宝钢建立计算机信息高新技术考试站,并授权开展全国计算机信息高新技术初级、中级、高级考试。同年,劳动和社会保障部授予宝钢"国家职业技能鉴定所"标牌,颁发"职业技能鉴定许可证"。

【技能鉴定】

1998 年 6 月,宝钢职业技能鉴定站开展 396 人考评员和考评管理员资格培训。截至 2016 年年底,累计开展冶金行业主体工种、相关行业部分工种以及相关通用工种的初级工、中级工、高级工、技师、高级技师技能鉴定 125 015 人次。1999—2002 年,根据上海市劳动和社会保障局关于原技术等级证书换发国家职业资格证书的布置,上海宝钢职业技能鉴定中心(宝钢职业技能鉴定站)对集团内的持证员工进行换证工作,其中直接换证 25 261 人、升级考 460 人、复考 5 951 人。2004—2006 年,根据宝钢集团制订的《2005—2006 年高技能人才培训计划》,上海宝钢职业技能鉴定中心探索宝钢技师和高级技师培训、鉴定新模式,完成高技能人才鉴定考核模式研究,形成 4 个模块、十大要素。完成涉及钢铁冶金、轧钢、机械、电气、动力能源、运输等 11 个专业的 1 798 名技师和 312 名高级技师的鉴定工作,其中技师鉴定合格 814 人,高级技师合格 111 人。完成"岗位应会技能考核与日常技能考核相结合的鉴定模式"课题研究。

表 8-3-12 1998—2016 年宝钢集团职业技能鉴定情况统计表

年 份	初级工(人次)	中级工(人次)	高级工(人次)	技师(人次)	高级技师(人次)	合计(人次)
1998	1 235	786	286	25	16	2 348
1999	894	451	216	31	21	1 613
2000	934	733	357	42	27	2 093
2001	972	562	243	35	19	1 831
2002	335	2 169	1 160	52	34	3 750
2003	1 297	2 376	3 632	61	37	7 403
2004	1 568	1 148	847	126	59	3 748
2005	476	698	235	84	65	1 558
2006	752	876	672	485	55	2 840

〔续表〕

年　份	初级工（人次）	中级工（人次）	高级工（人次）	技师（人次）	高级技师（人次）	合计（人次）
2007	2 001	1 384	2 475	903	233	6 996
2008	3 603	1 536	2 213	464	186	8 002
2009	1 379	1 028	2 156	415	137	5 115
2010	1 034	795	857	603	275	3 564
2011	3 084	1 593	2 809	647	129	8 262
2012	2 008	2 015	2 613	384	66	7 086
2013	1 535	1 134	820	296	149	3 934
2014	824	1 227	2 582	199	77	4 909
2015	502	821	1 970	289	150	3 732
2016	577	312	1 153	88	49	2 179

【标准与题库开发】

2000—2008年，上海宝钢职业技能鉴定中心（上海宝钢职业技能鉴定所）组织业内技术、技能专家编写《热工仪表修理工》《筑炉工》《气体深冷分离工》《带温带压堵漏工》《钢铁产品包装工》《设备点检员》等26个具有宝钢特点的工种（初级、中级和高级）标准和鉴定规范。2008年，宝钢作为首批设立的二十二家上海市内企业之一的企业高技能人才基地，又是国家级企业高技能人才基地，为充分运作好基地资源，上海宝钢职业技能鉴定中心开发《天车工》（三级），《无损检测员》（三级和二级），《炉前工》（三级），《高炉炼铁工》（三级），《转炉炼钢工》（三级），《维修电工》（三级），《机修钳工》（一级、二级、三级），《钢铁产品包装工》（四级和五级）题库和鉴定实施方案。

2010年，由宝钢人才开发院组织编制的设备点检员（电气、机械、仪表、过程控制）新职业标准经人力资源和劳动保障部审核，12月正式通过（职业代码为X6069901），纳入国家职业大典。2012年9月24—26日，全国冶金职业分类大典修订工作会议在宝钢举办。由中国钢铁工业协会组织、宝钢协同完成国家职业大典（冶金部分）修典工作，承担炼铁专业组10个职业、33个职业工种的修典工作。

【技能竞赛】

2000年，上海宝钢职业技能鉴定所提出将宝钢集团一年一度的技能操作比赛与职业技能鉴定结合起来，进而丰富技能竞赛的内涵。

2002年，上海宝钢职业技能鉴定中心提出"操作比赛工种采取年度轮换制""计算机应用比赛应与国家程序员考试接轨"的建议，给技术操作比赛注入了新的内涵。5月，在首届全国冶金行业职业技能竞赛中，组织职工代表宝钢集团参加计算机、炼铁、炼钢、炼焦、轧钢等5个工种的全国冶金行业技能操作比赛，有4人获"冶金行业操作能手"称号。

2006年9月，在第三届全国钢铁行业职业技能竞赛上，宝钢选手获"热轧宽带调整工"个人项目第一名。

二、特种作业考核

上海市特种(设备)作业宝钢考核站是上海市安全生产监督管理局和市质量技术监督局设在宝钢地区的综合性考核培训机构,下设 7 个市属考核站,具有对起重机司机(自行式、桥门式),起重指挥挂钩工(起重工),电工,进网高压/低压作业电工,电焊工(气焊、气割、电焊),压力容器(锅炉等)及厂内车辆(电瓶车、铲叉车、推土机、挖掘机等)的初、复训培训考核能力,凡经过培训、考核合格者发给由劳动和社会保障部颁发的"特种(设备)作业人员操作证"。2003 年 1 月,经上海市进网作业电工培训中心考核评估,宝钢教培中心被授予"上海市进网作业电工培训中心—宝钢考核站安全技术考核许可证";2004 年 10 月,经上海市锅炉设备检验监督研究所评估,宝钢教培中心被授予"压力容器安全技术考核许可证"。

1998 年,上海市特种(设备)作业宝钢考核站培训初次取证(简称初证)学员 2 678 人次,培训到期复审(简称复证)学员 6 879 人次。1999 年,培训初证学员 2 563 人次,复证学员 7 589 人次。2000 年,培训初证学员 2 708 人次,复证学员 16 294 人次。2001 年,培训初证学员 2 978 人次,复证学员 8 690 人次。2002 年,培训初证学员 3 861 人次,复证学员 8 933 人次;举办驾驶员日常教育、审证培训班 187 个,培训学员 15 315 人次;完成计划外培训的初训人员 2 305 人次,复训 2 529 人次。2003 年,举办特种作业培训 475 个班次,13 979 人次参加培训考核。建立进网高压电工实训室,取得上海市进网高压电工培训考核资质、上海市质量技术监督局压力容器 Ⅰ 类培训资质。首次完成进网高压电工 2 500 人次培训考核和集团压力容器管理人员 134 人培训考核。2004 年,举办特种(设备)作业培训考核 513 个班次,18 976 人次参加培训考核,其中电工高低规证书考核 4 389 人次,煤气、电焊、压力容器、起重机械驾驶、起重机械指挥、进网高压电工、压力容器等证书考核 14 587 人次。

2005 年,举办特种(设备)作业培训 578 个班次,19 126 人次参加培训考核,其中电工高低规证书考核 3 986 人次,起重机械驾驶、起重机械指挥、进网高压电工、压力容器等证书考核 15 140 人次。2006 年,举办特种(设备)作业培训 597 个班次,20 562 人次参加培训考核,主要涉及电工高低压、起重机械驾驶、起重机械指挥、进网高压电工、压力容器等初、复证考核。2007 年,为配合宝钢股份新建项目特殊岗位员工持证上岗需要,根据申报人数多、频次高的特点,安排特种作业计划,共开展 16 个项目的特种作业安全培训,开设 454 个班级,22 569 人次参加初、复证考核。2008 年,在开展压力容器和管道、司炉工等工种培训时,聘请上海市专家对宝钢集团相关人员进行培训,并针对宝钢设备工艺和宝钢员工工学矛盾突出的特点,采用业余自学辅导+部分脱产培训相结合的方式进行培训。共完成特种作业培训考核 27 057 人次,合格率 90.70%;外协人员安全测试 2 706 人,合格率 72.50%。2009 年,28 375 人次参加各工种初、复证考核,合格率 89.70%。考核涵盖进网作业电工、金属焊接、起重机械驾驶、危化品、起重指挥挂钩、燃气安全、厂内车辆、有毒有害有限空间作业、电工作业、压力管道和容器、超声波探伤、司炉等特种设备作业。开展厂内车辆、电工作业、电焊、起重机械(葫芦吊)、起重指挥(挂钩)等 5 个工种的外协人员安全测试,2 706 人次参加,合格率 72.50%。同年 2 月 19 日,获"危险化学品作业人员"项目培训资质;12 月 7 日,获"有毒有害有限空间作业"项目培训资质。

2010 年,23 648 人次参加特种作业培训考核,合格率 91.30%。开展厂内车辆、起重机械指挥、起重机械驾驶等 5 个工种的外协人员安全测试,1 673 人次参加,合格率 78.50%。2011 年,32 926

人次参加特种作业培训考核，合格率95%以上。开展厂内车辆等5个工种的外协人员安全测试，1 800人次参加，合格率98%。完成《宝钢工程机械》操作教材编写并投入使用。2012年，举办特种作业（设备）人员培训班437个，23 130人次参加培训考核，涉及项目26个。2013年，举办特种作业（设备）人员培训班331个，17 170人次参加培训考核，涉及项目28个。2014年，举办特种（设备）作业人员培训班349个，18 499人次参加培训考核，涉及项目24个。2015年，举办特种（设备）作业人员培训班431个，20 615人次参加培训考核，涉及项目40个。

2016年，举办特种（设备）作业人员培训班358个，17 862人次参加培训考核，涉及项目31个，涵盖进网作业电工、金属焊接切割作业、危险化学品作业、燃气安全作业、厂内机动车辆、有毒有害有限空间作业、电工作业等特种作业，以及起重机械司机、起重机械指挥、压力管道操作、压力容器操作、司炉工操作、电梯驾驶员等特种设备项目。

表8-3-13　1998—2016年特种（设备）作业人员培训情况统计表

年份	初证人次	复证人次	合计（人次）	年份	初证人次	复证人次	合计（人次）
1998	2 678	6 879	9 557	2008	7 412	22 351	29 763
1999	2 563	7 589	10 152	2009	6 258	22 117	28 375
2000	2 708	16 294	19 002	2010	4 983	18 665	23 648
2001	2 978	8 690	11 668	2011	7 831	25 095	32 926
2002	3 861	8 933	12 794	2012	6 108	17 022	23 130
2003	2 634	13 979	16 613	2013	4 239	12 931	17 170
2004	3 472	15 504	18 976	2014	4 571	13 928	18 499
2005	3 847	15 279	19 126	2015	4 973	15 642	20 615
2006	4 871	15 691	20 562	2016	3 716	14 146	17 862
2007	5 134	17 435	22 569				

第六节　培训管理与师资队伍建设

宝钢人才开发院（宝钢教培中心）坚持强化培训管理，推进制度建设，创新管理手段，致力于专兼职教师队伍建设，引导专兼职教师开展课程开发，扩大对外交流，鼓励师资外出学习交流，推进了培训管理水平的提升和专兼职师资队伍的成长。

一、培训管理

2005年，宝钢教培中心按照宝钢股份宝钢分公司“试行质量控制流程”管理办法，对实施的22个重点培训项目进行分析总结，从需求调研、项目策划、组织实施到效果评估等环节，对培训项目进行全过程控制，以规范培训质量监督制度，提高培训质量。

2008年，宝钢人才开发院和集团人力资源部共同开展首届“宝钢培训奖”评选。“宝钢培训奖”

设优秀培训组织、培训项目、培训课程、兼职教师、教师等5类奖项。至2016年，累计举办7届。

2009年，宝钢人才开发院制订《学习实践活动整改落实"回头看"工作方案》，梳理出整改项目51项，推进PDCA（计划、实施、检查、处理）循环，实现从项目的提出、检查、推进到评价的全流程规范管理。12月，宝钢集团、宝钢股份人力资源部和宝钢人才开发院联合完成宝钢职业资格梳理，并编制完成《宝钢员工职业资格（资质）速查手册》。

2012年1月，新建的学习管理系统投入使用。

2009—2014年，宝钢集团人力资源部、宝钢股份人力资源部和宝钢人才开发院累计联合开展培训后评估6次，46个重点培训项目参与后评估。

二、课程开发

2002年，宝钢教培中心建立宝钢首个案例教材库；6月21日，《上海宝钢集团公司专业技术人员继续教育科目指南（钢铁部分：2002—2006年）》通过鉴定；《宝钢工业技术学校优秀毕业生岗位成才案例》出版。

2006年，宝钢启动"宝钢领导力"课题研究。2010年12月，《宝钢领导力基础教程（2010版）》内部发行。2011年6月，《宝钢领导力》一书由中信出版社出版发行。2012年2月，《宝钢领导力（修订版）》出版发行。

2006年起，宝钢集团对党支部建设进行调研。2011年，组成党支部建设研究课题组，先后形成《宝钢党支部建设研究课题报告》及其附件——《宝钢"党员登高计划"100例》《宝钢党组织生活设计100例》《员工需求与关注点信息管理——党支部群众工作100例》等，在此基础上形成《宝钢党支部建设基础教程》。

2009年12月，《宝钢数模知识大全》完成开发，全书7本，共5篇22章200万字，20名宝钢专家、8名宝钢退休专家，以及复旦大学等7所高校的20余名教授参加编写。2012年8月，《宝钢党支部建设》由上海人民出版社出版发行。2013年4月，《宝钢党支部建设100例》由上海人民出版社出版发行。7月，完成《宝钢作业长教程》开发。2014年4月，《宝钢党支部建设（修订版）》由上海人民出版社出版发行。

1999—2016年，宝钢人才开发院（宝钢教培中心）会同有关部门和厂部，累计开发或改版升级培训教材和案例2 168门（册），开发网络课件266个，研发微课427个。

三、专兼职教师队伍建设

2001年，宝钢教培中心有43名教职工参加学历进修，其中攻读博士学位4人、硕士学位12人、专升本18人、大专学习9人，17人出国进修或考察，120人取得教师资格证书。2002年，61人参加上海市高校教师资格考试。完成《宝钢教培中心专业学科带头人评选考核办法》等6个制度的制定和修订。2003年1月，聘请第一批51名宝钢股份专家任兼职教授。年底，拥有高等学校教师资格者122人、中等职业学校教师资格者13人、中等职业学校实习指导教师资格者19人。2004年，6名员工在职攻读博士学位，16名员工在职攻读硕士学位，2名教师赴德国学习，2名教师赴荷兰特温特大学接受"教育培训技术应用"培训。

2005年，初步建立培训师能力模型，为教师能力转型和提升提供导向。修订《宝钢教培中心员工教育培训管理办法》，提出宝钢教培中心员工每年接受培训不少于45个学时。2006年，聘请康复、王宛山等53名宝钢内外专家、教授担任兼职教授，2007年增加至73人，2008年增加至78人，2010年增至94人。外部兼职教授有上海交通大学5人、东北大学14人、安徽工业大学6人和澳大利亚新南威尔士大学1人。2008年起，宝钢集团领导、职能部门负责人和子公司领导开始走上讲台或参与课程开发。2013—2015年，宝钢人才开发院联合宝钢股份、湛江钢铁、八一钢铁、韶关钢铁等多家子公司人力资源部门，分3批向282名员工颁发授证兼职教师证书。

2016年，兼职教师在宝钢人才开发院授课占总学时的61.60%，实训授课占总学时的79.40%。

表8-3-14　2008—2016年宝钢集团D层级及以上领导人员参与授课情况统计表

年份	2008	2009	2010	2011	2012	2013	2014	2015	2016
人	60	57	64	78	71	80	94	81	32
人次	161	165	—	159	176	138	198	192	66

说明：2016年统计对象为宝钢集团直管领导。

四、对外交流与培训

1998年，宝钢教培中心派出4名教师赴芬兰肯比（KEMPPI）公司接受培训。2000年，英国卡的夫大学教授、博士戴韦到宝钢教培中心作学术讲座。2001年，美国加州技术大学工学院院长、教授彼得·李，德国吕登沙依德职业技术学院2名教师，荷兰特温特大学博士波尔（De Boer）到宝钢教培中心讲学。2002年，美籍华人、博士李小钢，美国斯克兰顿大学博士迈克尔·C.坎恩（Michael C. Cann）和博士辛西娅·W.坎恩（Cynthia W. Cann）到宝钢作专题讲学。同年，派出5名教师赴芬兰肯比（KEMPPI）公司接受培训；派送5名教师赴德国吕登沙依德职业技术学院交流学习；派送2名教师赴荷兰特温特大学参加为期12周的"教育技术"专业短期培训。2003年，美国斯克兰顿大学教授艾伦到宝钢教培中心讲学。2004年，宝钢教培中心向第三届国际工程教育大会提交论文3篇，并派员参会发布论文；向第九届世界继续工程教育大会提交论文2篇，并派员参会发布论文。

2005年，宝钢教培中心向第四届国际工程教育大会提交论文2篇，并派员参会发布论文。2006年，德国Phoenix电气集团公司代表访问宝钢教培中心，并作专题讲座。宝钢教培中心分别向第五届国际工程教育大会和第十届世界继续工程教育大会提交论文各1篇，并派员参会发布论文。2007年，宝钢教授、美国伊利诺伊大学教授托马斯（Thomas）与宝钢53名科技人员围绕"连铸专题创新"进行交流。宝钢教培中心向第六届国际工程教育大会提交论文1篇，并派员参会发布论文。2008年6月，宝钢成为浦东干部学院第一批教学基地，截至2016年累计完成来自浦东干部学院的56批、2 401名学员的现场教学任务。

2013年，宝钢人才开发院派员参加美国人力资源管理协会第65届年会、美国培训与发展协会（ATD）2013年度会议。2014年，宝钢人才开发院2名管理者分别前往日本三井物产、荷兰马斯特里赫特管理学院参加短期研修活动。向第14届世界继续工程教育大会提交论文各1篇，并派员参会发布论文。派员参加美国培训与发展协会（ATD）2014年度会议、美国管理学会2014年年会、2014年世界钢铁协会教育与培训委员会年度会议。2015年，人才开发院派员参加美国培训与发展协会（ATD）2015年度会议、2015年世界钢铁协会教育与培训委员会年度会议。

第九篇

党群工作

概　　述

1998—2016年，宝钢集团历届党委高度重视发挥党组织的政治核心作用，创新国有企业党群工作机制，围绕生产经营做工作，进入管理起作用，把党群工作融入企业发展，促进企业和员工的共同发展，使党组织真正成为企业党群工作的组织者、推动者和实践者，发挥了党委政治核心作用、党支部战斗堡垒作用、党员先锋模范作用，把国有企业独特的政治优势转化为企业核心竞争力。

宝钢集团党委坚持党要管党、从严治党的原则，大力加强领导班子思想政治建设，提高领导班子整体素质；牢牢把握党对企业的政治领导权，充分发挥党组织政治核心、战斗堡垒作用和思想政治工作的优势；注重马克思列宁主义、毛泽东思想、邓小平理论、“三个代表”重要思想、科学发展观和习近平系列重要讲话精神的宣传贯彻；注重引导党员讲学习、讲政治、讲正气，围绕“学党章党规、学系列讲话，做合格党员”履行党员职责和义务；强化党风廉政建设，提高领导干部廉洁自律的自觉性；按照统战工作为经济建设服务、为维护稳定服务、为密切党内外联系服务、为决策的民主化和科学化服务的原则开展统战工作。

宝钢集团党委重视与各民主党派基层组织的合作共事，按照“长期共存、互相监督、肝胆相照、荣辱与共”方针，指导和支持民主党派加强思想建设、组织建设和作风建设。各民主党派宝钢基层组织经历了由小变大、逐步完善和加强的过程。

宝钢集团党委坚持对工会组织的领导。各级工会坚持走中国特色社会主义工会发展道路，坚持贯彻党的全心全意依靠工人阶级的指导方针，坚持职工和企业共同发展的理念，坚持依法维护职工权益，围绕企业改革和发展的中心任务，充分发挥党联系群众的桥梁和纽带作用，努力探索具有宝钢特色的工会工作新格局，在围绕大局、服务职工、促进发展中发挥作用。

宝钢集团党委坚持党建带团建的指导方针，指导企业共青团组织以“服务企业发展，服务青年成长”为工作主线，围绕企业党政中心工作，实现企业与青年员工的共同发展。各级团组织坚持走学习创新之路，通过不断改进学习载体和方式来增强本领，承接企业发展带来的新要求、新挑战、新变化；坚持走聚焦发展之路，团结、带领青年在企业生产、建设、经营、管理、科研、服务实践中发挥生力军和突击队作用；坚持走服务凝聚之路，把受青年欢迎作为检验工作成效的关键指标，了解青年需求，倾听青年呼声，解决他们的工作和生活问题；坚持走建设成长之路，推进团组织建设，加强和巩固团的基础工作。

宝钢集团党委和各级党组织注重领导和支持宝钢企业管理协会、宝钢文学艺术团体联合会、宝钢红十字会等群众组织，按照各自章程与特点，独立、负责、创造性地开展工作，为加强企业专业技术人员队伍建设、丰富职工的业余生活、拓展宝钢与企业外部的联系作出独特贡献，发挥不可替代的作用。

第一章　党委工作

宝钢集团各级党组织坚持党的基本路线，贯彻执行上级党组织的指示，围绕中心做工作，进入管理起作用，把国有企业独特的政治优势转化为企业的核心竞争力，带领党员和群众在企业物质文明和精神文明建设中发挥核心作用。在党组织建设方面，注重健全领导体制机制、各级领导班子建设、基层党组织建设，保证党组织有效参与企业重大决策，保证党管干部原则落到实处。在宣传思想工作方面，注重马克思列宁主义、毛泽东思想、邓小平理论、“三个代表”重要思想、科学发展观和习近平系列重要讲话精神的宣传贯彻，注重引导党员讲学习、讲政治、讲正气，围绕“学党章党规、学系列讲话，做合格党员”履行党员职责和义务。在纪检监察方面，注重建立、完善、执行各项廉洁从业规章制度，对党员和干部进行遵纪守法、廉洁从业教育，织牢织密廉洁从业的网，打造廉洁能干的党员和干部队伍。党校对党员干部和员工进行党的理论教育和党性教育。各级党组织按照统战工作为经济建设服务、为维护稳定服务、为密切党内外联系服务、为决策的民主化和科学化服务的原则开展统战工作，团结和带领党外人士、少数民族员工、归国华侨等投身企业建设。同时，加强对人民武装工作的领导。

第一节　党组织和党代会

一、党组织结构

1998 年 11 月上海地区钢铁企业联合重组后，随着企业内部体制变化和对部分单位领导班子成员的调整，宝钢集团对宝钢集团上海浦东钢铁有限公司(简称宝钢浦钢)、上海宝钢工程技术有限公司(简称宝钢工程)、宝钢研究院、宝钢集团上海第一钢铁有限公司(简称宝钢一钢)、宝山钢铁股份有限公司(简称宝钢股份)、上海宝钢信息产业有限公司、上海宝钢工业检测公司(简称检测公司)、东方钢铁电子商务有限公司、南京宝日钢丝制品有限公司(简称南京宝日)、境外子公司亚澳总部等单位党组织进行调整、组建；对 10 个基层党委进行按期换届改选，实现班子结构优化和梯次结构形成。1999 年年初，集团党委起草管理办法，对境外子公司党员组织关系管理及活动方式等作出明确规定。境外子公司分别成立亚澳党总支、欧非党支部、美洲党支部，直属集团党委。2001 年，落实南京宝日党支部和宁波宝新不锈钢有限公司(简称宁波宝新)党委组建工作。根据中共中央组织部、上海市委组织部关于党员发展工作要“优化结构、控制数量、确保质量”指示精神，宝钢集团党委在发展党员工作上坚持“十六字方针”(坚持标准、保证质量、改善结构、慎重发展)，以“一线、一流、青年”为重点，规范发展党员工作程序，改善党员队伍结构，确保新党员质量。其中，在确保新党员质量方面，创新性开展“发展党员公示制”试点。2002 年，集团党委组织部下发《关于 2002 年党员队伍分析的意见》，基层各级党组织从 5 月 13 日起，用一个月时间对本单位党员队伍现状及近两年来发展的新党员的素质进行综合分析。根据上海市委组织部提出的发展党员工作要“突出工作重点，体现分类指导，重在发展质量，强调责任落实”要求，宝钢集团党委组织部规范党员发展工作程序，改善党员队伍结构，确保新党员质量。2003 年，完成宝钢一钢、上海宝钢设备检修有限公司(简称宝检公司)党委换届改选,宝钢集团上海梅山有限公司(简称宝钢梅山)、上海宝钢化工有限公司(简称宝钢化工)、宝江公安分局等单位党委委员增补;集团机关、上海宝钢国际经济贸易有限公司(简称宝钢国际)、上海宝信软件股份有限公司(简称宝信软件)"两委"(党委、纪委)委员调整;协调落实宝钢集团宝山宾馆(简称宝山宾馆)、上海钢铁研究所(简称上海钢研所)、宝钢集团上海二钢有限公司、上海钢铁工艺技术研究所(简称上海工艺所)、上海宝钢益昌薄板有限公司(简称宝钢益昌)、宝钢集团江西人民机械厂等单位党组织隶属关系。在基层党支部建设上,推进"班长工程",加强基层党支部书记队伍建设,选好、配强党支部书记。同时,注重培养复合型党支部书记,增强党支部书记参与企业生产经营管理的能力和水平,逐步形成具有本单位特色的基层党支部工作机制。2004 年,指导、落实基层党组织换届改选和调整"两委",包括:检测公司"两委"换届改选;宝信软件"两委"成员调整;宝钢浦钢纪委班子调整;宝钢梅山等 8 家单位党委(党总支)委员增补;上海工艺所、宝钢益昌党委隶属关系改变;上海宝钢建设有限公司、上海碳素厂、宝钢集团江西人民机械厂党组织关系划转。加强沪外企业党组织建设,对南通宝钢新日制钢有限公司、宁波宝新和南京宝日调研,并与所在地上级党组织沟通,明确对沪外子公司党组织和党员的管理要求。集团党委组织部下发《关于宝欧等六个海外子公司党组织隶属关系的通知》《关于国(境)外子公司党组织管理补充要求的通知》,加强对境外公司党组织指导。

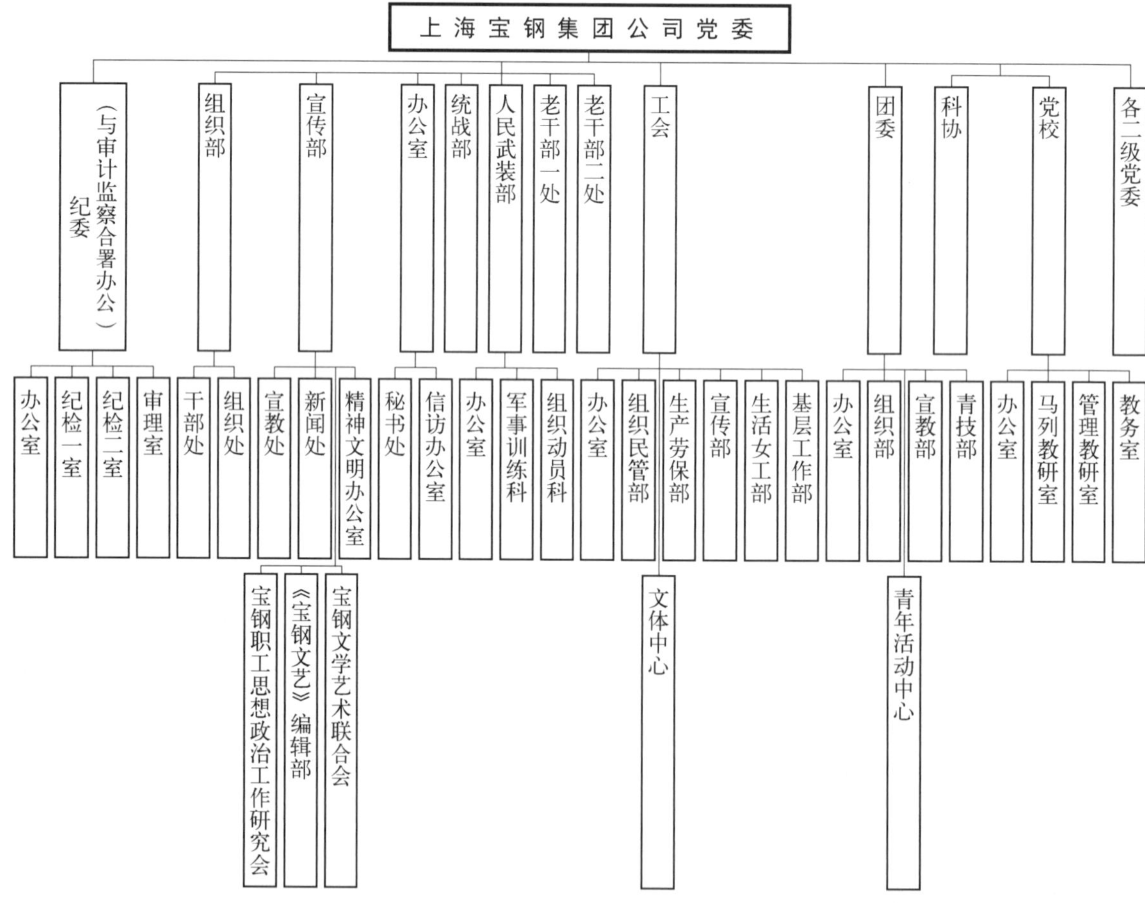

图 9-1-1　1998 年 11 月上海宝钢集团公司党委系统组织机构图

2005 年,召开首次境外公司党建工作座谈会,明确境外公司党组织和党员管理工作要求,推进境外公司党建工作。为适应宝钢实施一体化发展战略需要,5 月,宝钢集团党群机构与宝钢股份党群机构进行调整，党群各部门实行“一套班子、两块牌子”运作。落实上海碳素厂、上海宝钢地产有限公司党组织关系隶属问题，以及党组织关系转移工作；落实宝钢集团江西人民机械厂实施破产后党员组织关系归属问题；落实宝钢梅山、宝钢浦钢、宝钢股份贸易分公司、华宝信托投资有限责任公司（简称华宝信托）、宝钢集团上海钢管有限公司等单位“两委”班子调整以及增补工作。下发《关于对国（境）外子公司党组织管理补充要求的通知》，召开境外公司党建座谈会，进一步明确对宝钢境外公司党支部和党员管理要求。2006 年，指导宝钢集团企业开发总公司、宝钢工程“两委”换届改选；落实宝钢集团和宝钢股份机关、宝钢贸易有限公司等 5 家单位“两委”组建工作；完成宝钢股份特殊钢分公司、贸易分公司等 10 家单位“两委”委员增补。2007 年，指导宝检公司“两委”换届改选；落实华宝信托、宝钢股份资材备件采购部“两委”组建；成立湛江龙腾物流有限公司党总支、宝钢维多利亚钢铁公司党支部；完成宝钢股份宝钢分公司（简称宝钢分公司）、宝钢国际等 16 家基层单位“两委”委员增补、调整。2008 年，集团党委指导宝钢股份黄石涂镀板有限公司（简称黄石公司）完成“两委”换届改选；配合宝钢股份组织机构调整，落实宝钢股份中厚板分公司党委、纪委和上海宝华国际招标有限公司（简称宝华招标）党支部组建工作；完成宝钢分公司等 19 家基层单位“两委”委员增免。2009 年，落实宝钢股份本部、不锈钢事业部、特钢事业部、钢管事业部，以及宁波钢铁有限公司（简称宁波钢铁）“两委”组建工作；完成宝钢金属有限公司（简称宝钢金属）、宝钢资源有限公司（简称宝钢资源）等 12 家基层单位“两委”委员增补、调整。制订、下发《关于进一步加强和改进基层党支部建设的意见（试行）》，明确党支部工作的定位、原则等总体要求。制订并组织实施《落实加强和改进党支部建设行动方案》。成立宝钢集团党支部书记研修会。

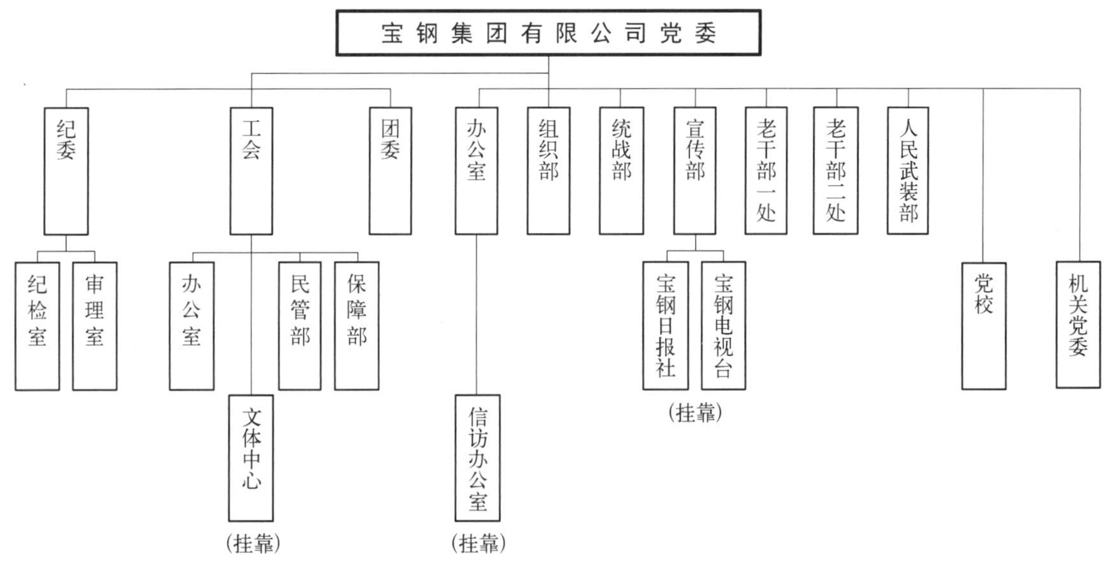

图 9-1-2　2005 年 10 月宝钢集团有限公司党委系统组织机构图

2010 年，完成宝钢股份、宝钢工程技术集团有限公司（简称宝钢工程）“两委”，金融系统党委调整和组建工作；完成烟台宝钢钢管有限责任公司党委、宝华招标党支部、宝钢集团财务有限责任公司（简称宝钢财务公司）党总支、境外直属党支部的关系划转、调整工作；督促、指导宝钢集团新疆八一钢铁有限公司（简称八一钢铁）和宝钢股份不锈钢事业部、特钢事业部等 14 家单位开展“两委”班子增补、调整工作；指导宝钢集团上海梅山有限公司、宝钢研究院召开党代会，完成党组织换届改选。2011 年，完成宝钢财务公司党总支、宝钢集团上海梅山有限公司“两委”调整；督促、指导金融系统、宝钢工程等8家单位增补、调整“两委”班子。2013年,以经验分享和问题导向相结合,完善二级单位党委书记研修制度。完善二级单位党委绩效评价办法,增加对二级单位党委基础工作评价“一票否决”的内容。完成宝钢集团韶关钢铁有限公司(简称韶关钢铁)、宝钢不锈钢有限公司(简称宝钢不锈)、宝钢工程、宝钢发展有限公司(简称宝钢发展)、宝信软件等5家单位“两委”班子增免工作。2014年,集团党委出台《宝钢加强基层服务型党组织建设实施意见》,推进基层服务型党组织建设。集团党委领导聚焦“党的工作一定要务实,做真正有价值的事”,深入基层党委和党支部,针对党支部工作中存在的形式主义、围绕中心做工作、基层领导班子建设、“党员登高计划”活动、服务群众工作、党组织生活设计等开展专题调研,并在调研基础上撰写、讨论《宝钢党支部工作专题调研评估报告》。完成宝钢发展、宝钢工程、宝信软件等15家单位“两委”班子调整工作。学习、消化中央《关于做好处置不合格党员工作的通知》等文件,对宝钢发展、宝钢资源等单位探索不合格党员处置工作给予政策指导。调研、探索和指导沪外、境外党组织管理工作:对宝钢化工湛江有限公司党委隶属关系管理进行专题研究,形成指导意见并组织实施;指导宝钢资源做好国际运营架构下党组织机构设置及工作推进;对宝钢股份、宝钢金属等单位在拓展境外业务过程中党组织如何发挥独特优势进行指导。2015年,集团党委根据党章和《中国共产党基层组织选举工作暂行条例》等有关规定,梳理未按期进行换届的直属党委,制订并落实换届工作方案,并通过举办换届选举专题培训班,开展各二级单位“两委”委员候选人资格审查工作。完成宝钢金属、宝信软件、集团机关、宝钢化工、宝钢人才开发院“两委”换届工作。开展优化宝钢党群工作体系调研,梳理宝钢党群工作体系现状,形成优化宝钢党群工作体系建议方案,并逐项推进落实。以党支部书记研修会为平台,开展“问诊党支部工作”专题研修活动,探讨进一步提高基层党支部工作有效性的方法和对策。在宝钢金属开展党代表工作室试点工作。欧冶云商股份有限公司(简称欧冶云商)、上海宝地置业有限公司(简称宝地置业)等2家二级单位建立党委。

2016年,推进宝钢股份等6家单位“两委”换届工作。制订并下发《2016年在二级单位开展基层党组织书记抓党建述职评议考核实施方案》,15家二级单位结合实际制订方案并开展述职评议考核,其中韶关钢铁、宝地置业、宝钢人才开发院、集团机关等4家党委进行现场述职评议考核。

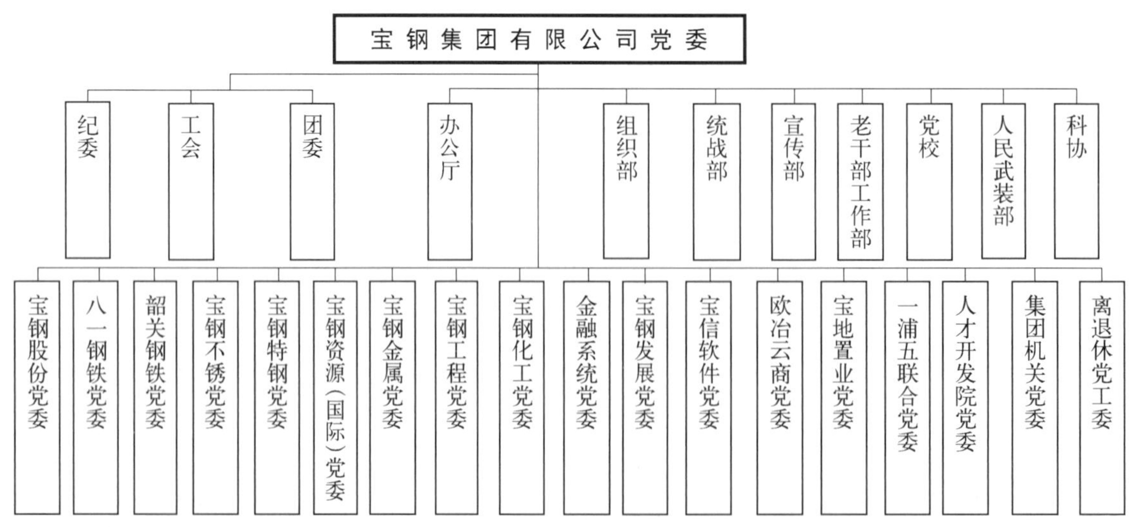

图9-1-3　2016年11月宝钢集团有限公司党委系统组织机构图

表 9-1-1　1998—2016 年宝钢集团党组织情况统计表

年　份	党员总数（人）	党组织数量（个）	党委数量（个）	党总支数量（个）	党支部数量（个）
1998	11 373	892	42	85	765
1999	30 521	1 902	142	167	1 593
2000	31 794	1 918	145	168	1 605
2001	30 771	1 629	142	149	1 338
2002	30 160	1 515	138	146	1 231
2003	29 780	1 468	136	108	1 224
2004	27 189	1 421	130	129	1 162
2005	26 607	1 414	127	105	1 182
2006	27 027	1 526	129	132	1 265
2007	27 596	1 495	128	123	1 244
2008	28 041	1 585	129	129	1 327
2009	37 317	1 948	182	142	1 624
2010	38 997	2 079	174	158	1 747
2011	42 141	2 257	170	205	1 882
2012	51 910	2 685	190	239	2 256
2013	51 875	2 485	185	223	2 077
2014	52 208	2 604	201	233	2 170
2015	51 039	2 431	197	188	2 046
2016	47 921	2 292	198	202	1 892

说明：本表含离退休党员。

二、党员代表大会

1998 年上海地区钢铁企业联合重组前，宝钢共召开 2 次党员代表大会，即 1990 年 8 月 20—21 日召开的中国共产党上海宝山钢铁总厂第一次代表大会，1995 年 8 月 22—23 日召开的中国共产党宝山钢铁(集团)公司第二次党员代表大会。1998—2016 年，宝钢集团共召开党员代表大会 1 次、党员代表大会代表会议 1 次，即 2007 年 11 月召开的中国共产党宝钢集团有限公司委员会第三次代表大会，2010 年 11 月召开的中国共产党宝钢集团有限公司第三次代表大会代表会议。

2007 年 11 月 27—28 日，中国共产党宝钢集团有限公司委员会召开第三次代表大会，393 名代表出席会议。会议期间，召开 1 次代表团召集人会议、2 次主席团常委会会议、3 次代表团会议、4 次主席团会议、4 次全体会议。大会通过“两委”(党委、纪委)工作报告，选举产生宝钢第三届党委、纪委领导班子，明确 2008—2012 年宝钢集团党建工作目标，即形成与特大型集团公司完善的公司治理结构相配套的充分发挥党组织政治核心作用的工作机制和以人为本的工作格局；建设以“四好”

(政治素质好、经营业绩好、团结协作好、作风形象好)为特色的高素质的领导班子、领导人员队伍和适应宝钢新一轮发展要求的人才队伍;建设以"具有坚定信念和严密组织的先进人力资源"为目标的"三高一流"(高觉悟、高技能、高业绩,建设一流党员队伍)的党员队伍;建设自觉坚持与弘扬宝钢文化,与世界一流企业目标相匹配的员工队伍;党风建设和反腐倡廉工作提高到一个新水平,最大限度地减少违纪违法行为;构建劳动关系和谐企业取得明显成效,确保企业稳定发展。

中国共产党宝钢集团有限公司第三届委员会委员(以姓氏笔画为序):马国强(回族)、艾宝俊、朱义明、伏中哲、刘占英、刘国胜、何文波(满族)、汪金德、宋彬、欧阳英鹏、庞远林、赵昆、赵峡、赵周礼、胡达新、莫臻、徐乐江、徐国林、郭斌、蔡伟飞、戴志浩。党委书记:刘国胜;党委副书记:欧阳英鹏。党委常委:徐乐江、刘国胜、艾宝俊、欧阳英鹏、何文波、赵昆、马国强、刘占英、伏中哲。

中国共产党宝钢集团有限公司纪律检查委员会委员(以姓氏笔画为序):王小干、王继明、朱铧、刘长威、刘占英、刘伯华、许宏钧、买买提・司马义(维吾尔族)、李娟、吴琨宗、沈雁、林怀平、周桂泉、彭俊湘、韩国钧、韩鹏根、路巧玲、蔡正青、瞿慧珠。纪委书记:刘占英;纪委副书记:周桂泉。纪委常委(以姓氏笔画为序):朱铧、刘长威、刘占英、沈雁、林怀平、周桂泉、彭俊湘、韩国钧、路巧玲。

2010年11月8日,中国共产党宝钢集团有限公司第三次代表大会举行代表会议,347名代表出席会议。会议深入阐述了党建工作与实施宝钢集团2010—2015年发展规划的关系,强调了在实施新一轮发展规划中,要加强和改进党的建设、推进以人为本的现代化管理、发挥党员的模范带头作用,实现员工与企业共同发展。会议审议通过《关于进一步加强和改进党支部建设的意见》,为宝钢集团下阶段的党建工作明确了目标,指出了工作重点,提出了具体要求。

表9-1-2 1998年11月—2016年10月宝钢集团党委书记、副书记任职情况表

姓　名	性　别	职　　务	任　职　年　月
关壮民	男	上海宝钢集团公司党委书记	1998年11月—2003年2月
尹　灏	男	上海宝钢集团公司党委副书记	1998年11月—2003年2月
欧阳英鹏	男	上海宝钢集团公司党委副书记	1998年11月—2005年10月
刘国胜	男	上海宝钢集团公司党委书记	2003年2月—2005年10月
刘国胜	男	宝钢集团有限公司党委书记	2005年10月—2014年1月
欧阳英鹏	男	宝钢集团有限公司党委副书记	2005年10月—2011年3月
伏中哲	男	宝钢集团有限公司党委副书记	2011年3月—2016年10月
徐乐江	男	宝钢集团有限公司党委书记	2014年1月—2016年10月
陈德荣	男	宝钢集团有限公司党委副书记	2016年5月—2016年10月

第二节　组织工作

宝钢集团注重企业党组织建设。在制度建设上,建立并形成"基层党委定期向党员大会或党员代表大会汇报工作""党内三会一课""民主评议党员""基层党委工作考核办法""党支部工作条例""党员管理工作条例"等制度,形成党建工作长效机制;在组织建设上,建立健全"党员教育管理""保障党员民主权利""服务群众""提高员工素质"等工作机制,拓宽了党内实现民主管理的方法和渠道；在队伍建设上，先后开展“三高一流”党员队伍建设、党员先进性教育、实施党员“登高计划”等活动。

一、制度建设

1999 年，宝钢集团党委根据新形势的要求，对原有的党建工作制度进行修订和完善，下发《关于党员组织关系转接、党费收缴和党内统计工作的通知》《基层党委工作考核办法》《党内五项制度》《“班长工程”实施意见》《关于做好宝钢主体退休干部党员党的组织关系转移到居住地党组织工作的意见》等。2000 年，下发《党员发展制度》《发展党员工作责任制》《关于改进基层党委民主生活会的若干意见》等。2001 年，修订下发《关于党员组织关系转接、党费收缴的有关规定》；修订完善《基层党委工作制度》《党支部工作制度》《党员管理工作制度》；起草下发《上海宝钢集团公司党委常委会工作制度（试行）》《上海宝钢集团公司关于加强和改进党的作风建设实施办法》。2002 年，修订下发《上海宝钢集团公司基层党委工作制度》《上海宝钢集团公司党支部工作制度》《上海宝钢集团公司党员管理工作制度》，并将这三项制度与《上海宝钢集团公司党委常委会工作制度》《上海宝钢集团公司关于加强和改进党的作风建设实施办法》汇编成《上海宝钢集团公司党的组织工作制度选编》，印发至各基层单位党组织学习和实施。2004 年，党委组织部下发《关于宝欧等六个境外子公司党组织隶属关系的通知》《关于国（境）外子公司党组织管理补充要求的通知》，加强与境外子公司党组织的沟通、指导，保证境外子公司党建工作的有效开展。

2006 年，为加强和改进党的工作，强化对二级单位党建工作的分类指导和有效跟踪，制定《宝钢党建督察工作管理办法（试行）》和《宝钢党建督察工作细则》。党委组织部配合做好党建督察的日常管理、服务和协调工作，并配备专职党建督察员，开展对基层党建工作的调研，切实履行起对基层单位党建工作的调研、指导与督察的职能。2008 年，根据中共中央组织部和上海市有关规定，结合实际制定下发《宝钢集团有限公司党代会代表任期制实施办法（试行）》，为进一步落实党内民主提供制度保证。2009 年，加强对基层党组织“两委”换届改选、组建、调整等工作的指导和服务。制定下发《关于进一步加强和改进基层党支部建设的意见（试行）》。明确党支部工作的定位、原则等总体要求；提出党支部要集中精力推进基层领导班子和基层管理者队伍建设、深入开展“党员登高计划”活动、实行员工需求与关注点信息管理、加强党组织生活设计等 4 项重点工作，制订并组织实施《落实加强和改进党支部建设行动方案》。成立宝钢集团党支部书记研修会，以研修会成员为主体，策划举办首期党支部书记研修示范班。2014 年，在总结教育实践活动好做法和形成工作流程的基础上，把用好批评和自我批评的武器固化为长效机制，制定并下发《宝钢集团有限公司领导班子民主生活会制度（试行）》；出台《宝钢加强基层服务型党组织建设实施意见》，从 3 个层面推进基层服务型党组织建设。

2016 年，制定下发《在全面深化国企改革中坚持党的领导加强党的建设实施要点（试行）》，对在全面深化国有企业改革中坚持党的领导、加强党的建设提出五大方面 18 项要求，把坚持党的领导、加强党的建设贯穿于企业改革发展稳定全过程。

二、组织建设

1998 年 11 月上海地区钢铁企业联合重组后，随着宝钢集团内部体制的变化和对部分单位领导班子成员的调整，集团党委对部分境内外子公司的党组织进行调整、组建工作；对10个基层党委进行按期换届改选工作，实现班子结构的优化和梯次结构的形成。加强基层党支部建设，实施“班长工程”，选好、配强党支部书记。基层党支部开展“达标创优”“支部工作上等级”活动。1999年年初，为加强境外子公司党组织和党员的管理，起草管理办法，对党员的组织关系管理及活动方式等作明确规定。随后，境外子公司分别成立亚澳党总支、欧非党支部和美洲党支部，直属集团党委。2001年，把基层单位党组织换届改选和组建工作作为加强党委班子建设的重要议事日程，指导子公司完成党委换届改选、党委组建、党委领导班子调整和组建等工作。2002年，把基层单位党组织换届改选和组建作为加强党委班子建设的一项重要工作，对列入党组织改选和新组建的以及需要调整的单位，给予工作指导和服务。2004年，对列入党组织换届改选和“两委”需要调整的单位，给予工作上的指导和服务。加强沪外企业党组织建设，并与所在地上级党组织沟通联系，进一步明确对沪外子公司党组织和党员的管理要求。

2005年，集团党委开展保持共产党员先进性教育活动。活动于7月8日开始，有20个直属党委、2个直属党总支、1 116个基层党支部、21 059名党员参加，其中集团和各子公司、分公司党员领导人员185名参加活动。活动分为学习动员、分析评议和整改提高3个阶段进行，历时3个多月，最终完成上级规定的各项工作任务，基本达到中央提出的“提高党员素质、加强基层组织、服务人民群众、促进各项工作”的目标要求。通过保持共产党员先进性教育活动，广大党员普遍受到了一次以“三个代表”重要思想为主要内容的马克思主义理论教育，党性意识进一步增强；党群关系和党员领导人员同职工群众的关系进一步改善；各级党组织的工作方式有所创新，工作水平有所提高；围绕生产经营建设和改革发展稳定的大局，各项工作得到有力促进。集团党委按照钢铁主业“一体化”推进的要求，提出“一体化”运作后宝钢集团党群机构、基层党组织调整设置方案，经集团党委常委会讨论，5月下发有关文件。同年，集团党委针对企业党建工作中存在的难点问题和突出问题，提出以“坚持一条基本思路，做好四项重点工作”为主要内容的建立健全党建工作长效机制的基本思路和四项重点工作。基本思路为：围绕发展抓党建，进入管理起作用；四项重点工作为：深入开展“四好”领导班子创建活动，建立健全领导班子和领导人员队伍建设工作机制；深入开展“三高一流”活动，建立健全党员教育和管理工作机制；深入开展“凝聚力工程”建设，建立健全服务职工群众的工作机制；加强党建工作督察和开展党建工作创新，建立健全党组织自身建设的工作机制。党委组织部下发《关于对国（境）外子公司党组织管理补充要求的通知》，进一步明确宝钢境外公司党支部和党员的管理要求。

2008年，集团党委开展学习实践科学发展观活动。活动从4月3日至8月15日，各级党组织以C层级以上党员领导人员（共2 015人）为重点，以“党员登高计划”活动为主要载体，聚焦“二次创业、科学发展”主题，以“三项教育”（钢铁报国使命感教育、宝钢文化教育、形势任务教育）和“两项具体活动”（保护环境、节约资源行为养成）为抓手，组织全体党员全面深入开展活动。活动分为学习调研、分析检查、解决问题和完善制度等4个阶段推进，取得了“干部受教育、发展上水平、群众得实惠”的效果。

2010年，结合宝钢2010—2015年发展规划实施，制定下发《关于聚焦宝钢二次创业，在基层党组织和党员中深入开展“创先争优”（创建先进基层党组织、争当优秀共产党员）活动的实施意见》，明确开展“创先争优”活动的指导思想、工作措施和具体要求。按照聚焦、务实、有效和统筹推进的原则，指导基层党组织按照基层党委、基层党支部、党员和员工等4个层面，以加强基层党组织建设和党员队伍建设为重点，分层分类推进“创先争优”活动。2011年，对基层党组织“两委”换届改选、组建、调整等工作开展指导和服务。2012年，密切联系宝钢二次创业实际，落实"全国基层组织建设年"要求，推进"创先争优"活动常态化、长效化。在基层党委层面，完善以"八个抓"（抓整体、抓高层、抓关键、抓体系、抓基层、抓全员、抓长远、抓根本）为主要内容的工作规范。在党支部层面，深入开展"创先争优"活动，用有效的工作规范为党支部作用的发挥提供制度保障。在"创先争优"活动中，总结实践经验并上报《加强和改进国有企业党支部建设课题研究》报告，被中共中央组织部评为2011年度组织工作全国重点课题调研成果二等奖。《在"创先争优"活动中完善党支部建设长效化机制》论文入选全国"创先争优"理论研讨会论文。宝钢党支部建设在中共中央组织部、国务院国有资产监督管理委员会（简称国务院国资委）举办的国有企业党支部书记培训示范班上作案例示范。

2013年7月1日，启动党的群众路线教育实践活动，按照"照镜子、正衣冠、洗洗澡、治治病"的总要求，以各级领导班子和领导人员为重点，以为民务实清廉为主要内容，聚焦反对形式主义、官僚主义、享乐主义和奢靡之风，在全集团范围内以自上而下"一级带一级"的方式整体推进。指导基层"两委"班子调整工作，进一步健全、完善和优化了基层党委领导班子结构。继续开展党支部书记系统培训，发挥党支部书记研修会作用，开展"创建服务型党支部大家谈"主题论坛活动，探索基层服务型党组织创建活动。2014年，抓好党的群众路线教育实践活动的整改落实，坚持"PDCA（计划、实施、检查、处理）＋认真"，标本兼治、统筹推进。同年，为进一步适应宝钢集团国际化发展，党委组织部对沪外、境外党组织管理进行了调研、探索和指导。

2015年，把"三严三实"（严以修身、严以用权、严以律己，谋事要实、创业要实、做人要实）专题教育作为年度重大政治任务，把"三严三实"专题教育与巡视整改工作相结合，与扭亏增盈工作相结合，与宝钢创新驱动、深化改革相结合，与营造良好政治生态、加强领导人员队伍建设相结合，与落实党建责任、大抓基层相结合，以学习教育促工作落实，并加强对二级单位的具体指导。落实党建工作责任制，完善二级单位党委考核评价，强化目标导向和过程跟踪，加强年度综合评价结果的运用。试点开展基层党组织书记抓党建述职评议考核工作，推动基层党建工作落地、落实、落细。宝钢集团被中共中央组织部确定为第二批中央企业基层党组织书记抓党建述职评议考核试点单位。

2016年，完善二级单位党委考核评价，下发《2016年度二级单位党委和总部党群部门绩效评价方案》，按照"季度预评价、年度综合评价"模式开展党建工作评价，以考核评价牵引责任落实。深入推进党组织书记抓基层党建述职评议考核工作，探索并建立相应长效机制，促进党组织书记履行好抓党建工作第一责任人的职责。制订并下发《2016年在二级单位开展基层党组织书记抓党建述职评议考核实施方案》。

三、党员队伍建设

宝钢集团党员队伍建设的主要内容有：加强"三高一流"党员队伍建设，实施"党员登高计划"，开展争做"四优"（政治素质优、岗位技能优、工作业绩优、群众评价优）共产党员、党员先进性教育、"两学一做"（学党章党规，学习中共中央总书记习近平系列重要讲话，做合格党员）学习教育等活动。

1998年11月上海地区钢铁企业联合重组后，宝钢集团党委提出在宝钢股份深入开展"三高一流"活动、在梅钢公司等子公司开展"三高一流"活动试点。1999年10月，宝钢召开开展"三高一流"党员队伍建设工作研讨交流会，深化并推进"三高一流"活动。2001年，在集团主体单位推进专业技术岗位、管理岗位、经营岗位和后勤服务岗位党员"三高一流"活动，并与"党员业绩排行榜""党员创新小组”“党员责任区”“党员岗位承诺制”等活动结合起来，深化活动内涵，提高活动效果。2002年，继续着力抓好党员“三高一流”活动，使开展“三高一流”活动的覆盖面达到100%。召开“三高一流”党员队伍建设工作推进会，部署下阶段深化推进的工作重点和工作目标，加强下岗党员、困难企业党员的管理，进一步加强党务干部尤其是基层党支部书记的队伍建设。2003年，在推进“三高一流”活动中，各基层党组织不断完善机制，把“三高一流”活动与推进党内教育管理、开展党员责任区活动、党内主题活动、党员个人职业生涯设计等结合起来，不断完善“三高一流”的工作体系。

2009年，把“党员登高计划”活动与争做“四优”共产党员、开展党员教育培训有机结合起来。策划实施主题党课、读书活动和“党员登高”活动等3个重点项目，形成党员教育管理长效工作机制。2011年，组织召开“‘创先争优’推进情况交流”“发挥党组织在安全生产中的作用”“进一步加强和改进党支部建设，进一步加强和改进党建带团建，提升党建科学化水平”等为主题的党委书记工作研修。组织举办宝钢党支部建设专题培训暨优秀党支部书记研修、组织工作人员研修活动。起草《关于进一步加强党支部书记队伍建设的意见(试行)》。2012年，在党员中深入开展“登高计划”活动，完善党员教育、管理、监督和服务工作机制。在“创先争优”活动中，分层分类开展培训：聚焦党建工作重点，开展党委书记季度研修，交流分享优秀实践案例；倡导党员领导人员带头读书，提升队伍的人文修养；开展宝钢党支部书记系统培训；提升“80后”(指1980—1989年出生的人)党支部书记综合素质，组织“80后”党支部书记培训班。2013年，通过深入开展“党员登高计划”活动，实行员工需求和关注点信息管理，加强和改进党性教育，提高党员的党性修养。抓好党员的理想信念和形势任务教育，各基层党组织通过各种有效载体，组织党员认真学习中共十八大精神、十八届三中全会精神、中共中央总书记习近平系列重要讲话精神。2014年，根据中共中央《2014—2016年全国党员教育培训工作规划》和《关于在领导人员教育培训中加强理想信念和道德品行教育的通知》，聚焦增强党性，制定《2014—2016年宝钢党员教育培训工作实施意见》。利用干部研修等平台，对该实施意见进行解读，督促指导各二级单位党委做好落实。加强基层党组织带头人队伍建设，在进一步做好科学选好配强基础上，重点做好基层党委书记、党支部书记队伍培训和研修工作。2015年，推进不合格党员退出机制的探索，在部分二级单位进行试点，形成相关制度，进一步优化党员队伍结构。

2016年，把“两学一做”学习教育作为党委的重大政治任务，制订并下发“两学一做”学习教育实施方案、补充方案、督导方案。集团党委班子通过中心组学习等方式，开展9次专题学习，安排4次专题研讨。领导班子成员深入各基层联系点进行“穿透式”指导或上专题党课15次。4个督导组先后4轮对下级基层党组织学习教育开展督导。

第三节　宣传思想工作

宝钢集团的宣传思想工作以党的思想政治建设为首要任务，着眼于各级领导班子与领导人员能力与素质的提升，保证宝钢改革发展的正确方向；服从服务于集团发展战略，为战略决策、战略管理和战略动员提供思想基础和文化支撑；坚持思想领先，营造创新氛围，倡导观念创新，促进、推动企业的全面创新；坚持“稳定压倒一切”，做好改革调整中的职工思想政治工作，维护职工权益，确保宝钢的大局稳定；从尊重人出发、以凝聚人为目的，探索企业党建和思想政治工作基本规律和运作机制；在继承中发展和弘扬宝钢文化，确立宝钢的文化主线和基本价值观，促进宝钢联合重组后的文化融合；在文化融合进程中，探索企业文化建设的规律，弘扬宝钢文化的工作思路；注重宣传工作、企业文化建设自身的创新，形成一系列具有宝钢特色的工作形式与手段。

一、宣传教育

1998 年 11 月上海地区钢铁企业联合重组后，宝钢集团建立新的党委中心组，其成员由宝钢集团、宝钢股份党政领导及集团工会、团委和党政主要部门负责人组成。宝钢集团各级党委都建有党委中心组。同年，宝钢集团党委中心组联系实际，围绕国有企业改革和发展主题，学习邓小平理论、中共中央总书记江泽民重要讲话和党的路线、方针、政策。集团党委继续在各厂、部、子公司党政主要领导干部中实行“述学”报告制度，各二级单位也在中层以上干部中开展“述学”活动。“述学”报告每年填写一次，促进干部加强理论学习，联系实际更好地工作。集团党委在领导干部中开展“三讲”(讲学习、讲政治、讲正气)教育，要求干部“讲学习，重在创新；讲政治，发挥优势；讲正气，搞好服务”，并开展批评和自我批评，不断改进提高。针对干部思想状况，提出开展“六观”(实施精品基地的发展观、深化改革的动力观、坚持“三讲”的政治观、锐意进取的创新观、用户满意的生存观及主动合作、艰苦奋斗的团队观)教育，并作为领导干部政治轮训的主要内容。1999 年，党委中心组学习重点是江泽民在国有企业改革和发展五次座谈会上的讲话和中共十五届四中全会精神。年初，集团党委下发《关于对全体员工进行新一轮政治轮训的安排意见》。宝钢的全员政治轮训自 1989 年开始，1998 年上海宝钢集团公司成立前完成 4 轮，1999—2000 年开始第五轮政治轮训。1999 年，提出“确立全员创新观念、推进全面创新实践”的工作思路，要求精神文明建设和思想政治工作以创新为主旋律，树立创新观念，营造创新氛围，培育创新机制，为宝钢继续走“以高起点的创新赢得竞争优势”的发展道路，建设钢铁工业精品基地，提供正确的舆论导向。同年，宝钢集团组建新一届精神文明建设委员会，下发《上海宝钢集团公司用户满意文明单位考核办法》《上海宝钢集团公司文明单位考核办法(试行)》等文件。2000 年，党委中心组学习重点是江泽民“三个代表”的重要论述和中共十五届五中全会精神。集团党委就形势任务教育进行新的部署，指出宝钢股份“2·28”事故(2000 年 2 月 28 日，宝钢股份一炼钢计算机控制室发生的重大火灾事故)后，形势任务教育要突出抓严格管理，强化基层基础工作，确保生产安全、稳定、持续、顺行。2001 年，党委中心组学习重点是联系宝钢改革和发展实际，学习邓小平理论和江泽民“三个代表”重要思想以及党的路线、方针、政策。2002 年，党委中心组学习重点是加入世界贸易组织(WTO)后的应对、现代企业制度和宝钢集团管理体制、三项制度改革、发展多元产业、加强和改进企业党建工作等 5 个方面。同年，领导干部“述学”报告与“述职”报告一起下发，“述学”与“述职”一起进行，将领导干部“述学”纳入制度化、规范化的轨道。2003 年，党委中心组成员和中心组学习制度作调整。调整后的中心组成员有所精简，由宝钢集团党政领导班子及集团党政主要部门的负责人所组成。集团党委明确：中心组学习原则上每月一次，全年不少于 12 次。学习形式采用内外结合、上下互动、课题分工、中心发言、集体研讨的办法。学习有规划、有考核，成果共享。同年，党委中心组学习主要包括：中共十六大和十六届三中全会精神专题研讨，《企业国有资产监督管理暂行条例》学习研讨，宝钢干部人事制度改革专题研讨和主辅分离、辅业改制工作专题研讨等。2004 年，党委中心组以江泽民“三个代表”重要思想和中共十六大精神为指导，学习贯彻十六届三中、四中全会精神，紧紧围绕加快推进宝钢新一轮发展战略第一阶段的目标，重点研讨迫切需要解决的重大问题，提出解决问题、推进工作的思路与对策。

2005 年，党委中心组学习内容涉及人力资源管理与职业培训、宝钢发展战略、宝钢企业文化、企业风险管理、员工关注问题与需求调查分析、正确处理各方利益关系、建成全球最具竞争力的钢铁企业——宝钢与国外钢铁企业比较、国内钢铁行业竞争态势分析、自主创新与人才培养、自主集成创新与发挥系统优势等重大课题。2006年，党委中心组学习内容涉及发挥优势，积极应对市场挑战；推进自主创新，提高核心竞争力；市场变化条件下国内外钢铁企业的动态与对策；“兼并”“收购”知识；深入推进企业调整和主辅分离、辅业改制；创新国有企业党建工作机制，充分发挥国有企业党组织政治核心作用；加强党风建设与反腐倡廉工作；推进宝钢诚信建设等重大课题。2007年，党委中心组围绕企业中心工作开展专题研讨，包括“坚持可持续发展，建成备受社会尊重企业”“蒂森克虏伯人力资源管理考察情况”“创新与变革——在硅钢技术研发中弘扬宝钢文化”等专题研讨。全员政治轮训根据新的形势及时对培训内容进行充实，把中共十七大精神列为重要内容进行专门讲授，在普法教育中增加《劳动合同法》的内容。2008年，党委中心组围绕影响和制约宝钢科学发展的突出问题和职工群众反映强烈的突出问题，组织7次中心组专题学习研讨。开辟《宝钢形势任务教育》平台，及时把宝钢集团领导有关重要讲话和有关形势任务教育材料以电子刊物的形式，通过企业内网下发各单位。2009年，党委中心组重点围绕应对危机和二次创业等中心工作，开展“提升领导力和优化领导人员工作方式”“国内外钢铁企业应对危机的对策与举措”“应对危机与最佳实践”等专题研讨；巩固和发展深入学习实践科学发展观活动的成果，专题研讨职工群众反映强烈的突出问题，提出整改思路和措施等。

2010年，党委中心组学习组织宝钢职工“三最”（最关心、最直接、最现实）问题、建设自主型员工队伍、深化管理变革效果评估、“桥”论坛与发挥网络在青年员工思想建设中的作用、优化集团领导人员工作模式和转变党群工作方式效果评估、建立知识共享管理体系等专题研讨。2011年，党委中心组开展自主型员工队伍建设与安全生产、管理者问卷调查与解决职工“三最”问题、党建带团建、党支部建设、优化领导人员工作方式等专题研讨。宝钢集团下发《关于开展“对标找差、做强做优”学习讨论活动的指导意见》，并通过宣传文化工作提示下发《关于开展“对标找差、做强做优”党委中心组系列研讨的通知》。集团层面通过“观念与创新”论坛，启动学习讨论活动，并多载体、多形式加大宣传推进力度，各单位通过学习讨论，查找不足，改进提高。2012年，党委中心组围绕持续追求技术领先、员工与企业共同发展、以用户为中心的企业运行机制等主题，组织3次“对标找差、做强做优”研讨，以及“宝钢管理者问卷调查”、解决员工“三最”问题、安全生产等专题研讨。2013年，党委中心组围绕“对标找差、做强做优”，开展“三项制度改革”“改进工作作风、密切联系群众”等专题研讨，聚焦反对“四风”，进行作风建设调查。形势任务教育针对安全生产的不利形势，开展一线走访调研，并举办安全文化论坛，以查摆和剖析问题为导向，倡导“以人为本”的安全文化。2014年，集团党委制订下发《关于进一步加强和改进党委中心组学习的意见》，对学习的定位、学风、制度、管理以及落实责任、督促检查等作出规定。2015年，党委中心组聚焦“三严三实”及深化改革等专题进行学习研讨。制订下发《宝钢集团党委贯彻落实〈党委（党组）意识形态工作责任制实施办法〉的方案》，明确宝钢落实意识形态工作责任制的目的、责任人、总体要求、责任内容、职责分工、追责情形、责任追究等，组织各二级单位重点围绕意识形态阵地等6个方面和意识形态管理的6个问题进行自查，形成督察报告上报国务院国资委。

2016年，党委中心组重点围绕“两学一做”学习教育、学习中共中央总书记习近平系列重要讲话精神、传达学习中央重要会议和文件精神等组织8次专题学习。集团党委根据“一级管一级、谁主管谁负责”的原则，起草并下发《宝钢党委意识形态工作责任制实施办法》《宝钢意识形态阵地管理办法（试行）》。《宝钢意识形态阵地管理办法（试行）》围绕新媒体平台、传统媒体及出版物、机构社团活动、课堂教学、会议、展览展示等六大类意识形态阵地，对管理流程进行系统梳理，抓住重要环节，针对重点问题，有针对性地提出管理举措。

二、政研工作

1984年，宝钢职工思想政治工作研究会成立，同年创立会刊《学习与创新》。1998年11月上海宝钢集团公司成立后，宝钢职工思想政治工作研究会挂靠宝钢集团党委宣传部，2014年起挂靠宝钢党校。

1998年，中央党校“宝钢发展研究”课题组6人到宝钢集团调研，撰写的调研报告《一个国有大企业的成功之路——宝钢发展20年》于1999年1月8日在《经济日报》发表。调研报告把宝钢20年的发展经验概括为“实现我国工业现代化的赶超之路，与市场经济接轨的必由之路，参与国际竞争的自强之路”。2001年，宝钢集团对20个子公司1 000名员工的思想状况进行问卷调查，形成《努力塑造新世纪工人阶级的新形象——关于宝钢员工队伍变化及阶级意识培育的研究报告》。同年，中共中央党校组成“宝钢发展研究”课题组两次到宝钢集团调研，撰写的课题报告共13.40万字，汇编为《以持续全面创新不断提升国际竞争力——宝钢建设与发展23年调研》一书。4月12日，中共中央党校与宝钢集团签订《关于继续开展对宝钢改革与发展进行跟踪研究的协议书》，提出中共中央党校“宝钢发展研究”课题组继续对宝钢进行为期5年的跟踪研究。2002年，集团党委把这一年定为调查研究年，确定加入世界贸易组织后如何做好党建工作、组织工作、干部工作等14个重点调研课题进行调研。2003年，集团党委落实完成2002年度14个党建重点调研课题的调研工作，其中有6个课题分别上报上海市党建研究会、上海市委组织部研究室。经评选，有4个课题获市级奖，其中1个课题获二等奖，3个课题获三等奖。对2003年党建课题进行立项并开展调研。“七一”前夕汇编完成《上海宝钢党建调研报告集》一书，共25篇，28万余字，下发至基层各级党组织。2004年，宝钢党建研究会牵头落实“凝聚力工程”9个课题的研究、推进工作，宝钢职工思想政治工作研究会邀请中央和上海市有关党建专家共同研究探讨“创新国有企业党建工作机制”课题。中央党校“宝钢发展研究”课题组到宝钢，开展“宝钢成为世界500强”专题调研，完成《持续推进管理创新——宝钢进入世界500强的强大支撑》调研报告。调研报告(摘要)以《宝钢跻身世界500强的管理创新》为题，刊登于2004年10月8日《人民日报》。

2005年，集团党委完成“加强党内民主制度建设”“党支部书记队伍建设”“多角度深入推进凝聚力工程建设”“宝钢党建工作长效运行机制研究”等党建课题研究。党建研究会牵头落实的“凝聚力工程”课题中，有8个课题上报上海市委组织部和市级机关党工委，经评选分获1个一等奖、1个二等奖、2个三等奖、2个鼓励奖。2006年，集团党委完成“宝钢‘党员登高计划’活动的实践与思考”“宝钢党内组织生活设计的实践与思考”“宝钢股份宝钢分公司党委发挥政治核心作用的实践与思考”“党务干部队伍建设问题研究”“国有企业领导人员管理制度创新问题研究”“构建基层党建工作资源支撑体系问题研究”等6个党建课题研究。由宝钢担任课题组组长的国有企业党建研究课题“发挥国企党组织的政治核心作用”结题，研究成果近9万字，包括主课题报告《关于国有企业党组织完善工作机制，充分发挥政治核心作用的研究报告》及附件《宝钢党委完善工作机制，发挥政治核心作用的情况报告》、子课题报告《关于国有企业党组织在完善公司法人治理结构条件下参与企业重大问题决策的研究报告》及附件《宝钢党委在加强董事会建设条件下参与企业重大问题决策的情况报告》。2007年，集团党委完成“基层党支部核心能力研究”“加强党员队伍先进性建设问题研究”“加强后备人才队伍建设问题研究”“拓宽党员和党组织参与党内事务的渠道问题研究”等4个党建课题研究，完成“主业与辅业利益关联问题”“在岗与离岗人员利益差异问题”等2个课题研究报告。2008 年,宝钢职工思想政治工作研究会承办中央企业党建思想政治工作研究会 2007—2008 年度课题研究第三课题组会议,“宝钢基层党支部工作调研课题研究报告”获课题研究第一名。2009 年,宝钢职工思想政治工作研究会获中央企业 2007—2008 年度课题研究优秀组织奖。同年,出版《中国国有企业的独特优势:党组织的政治核心作用》《政治核心作用论》两本书。《宝钢基层党支部工作调研报告》结题,并获中央企业党建思想政治工作研究会 2007—2008 年度课题研究一等奖。

2010 年,宝钢职工思想政治工作研究会完成《现代企业制度下职工民主管理实现途径研究报告》结题工作。撰写《把“大饼油条”做到极致、做得更好——资产重组后的宁钢文化实践》案例报告和《宝钢自主型员工队伍建设》课题研究报告。2011 年,集团党委总结提炼基层党支部建设优秀实践经验,形成《宝钢党支部建设研究课题报告》《宝钢党支部建设基础教程》,修订编写《宝钢“党员登高计划”活动 100 例》(第三版)、《宝钢党组织生活设计 100 例》(第三版)、《宝钢员工需求与关注点信息管理 100 例》、《宝钢党支部群众工作 100 例》。形成《宝钢党建带团建研究课题报告》《宝钢党建带团建基础教程》及 4 本附件材料。宝钢集团参与研究并负责申报的课题“现代企业制度下职工民主管理实现途径研究”获 2009—2010 年度中央企业党建思想政治工作优秀成果评审一等奖。同年,中国思想政治工作研究会启动“建党 90 周年思想政治工作基本经验”调查研究,宝钢集团撰写的《宝钢思想政治工作、企业文化建设 30 年回顾总结》报送中国思想政治工作研究会和中共中央宣传部思想政治工作研究所。2012 年,宝钢职工思想政治工作研究会申报的“现代企业制度下职工民主管理实现途径的研究”课题在中央企业党建思想政治工作研究会第三次会员大会上获 2009—2010 年度优秀研究成果奖一等奖。宝钢集团申报国务院国资委“2011—2012 年度党建思想政治工作研究立项课题”——《宝钢领导力研究报告》被中央企业党建思想政治工作研究会第一课题组推荐为优秀研究成果。2013 年,宝钢集团撰写的《宝钢领导力研究》获中央企业党建思想政治工作研究会颁发的“2011—2012 年度优秀研究成果”特等奖。2014 年,宝钢党校完成全国党建研究会重点课题“党的群众路线教育实践活动经验和健全改进作风常态化制度研究”子课题——“以整风精神开展批评与自我批评规范化、制度化、常态化研究”,并获全国党建研究会 2014 年度调研课题优秀成果奖二等奖。完成“员工与企业共同发展的实践探索”课题,课题报告获全国党建研究会国有企业党建研究专委会 2013 年度优秀课题成果一等奖。2015 年,宝钢党校协同完成中共中央组织部课题“中国特色现代国有企业制度研究”。完成全国党建研究会课题 3 项,其中“落实党建工作责任制研究”获全国党建研究会自选课题报告二等奖,“新形势下提高组织工作专业化能力问题研究”子课题“人才工作专业化能力研究——以宝钢人才工作实践探索为例”获全国党建研究会重点课题子课题报告优秀奖,“不合格党员认定和退出机制研究”获全国党建研究会自选课题报告优秀奖。

2016 年,宝钢党校完成全国党建研究会课题 3 项,其中自选课题“混合所有制企业党建特点和党建工作关键措施研究”获全国党建研究会自选课题报告一等奖,重点课题“严格党内政治生活、营造良好政治生态研究”的子课题“坚持和健全党内民主生活会制度和做法研究”获全国党建研究会重点课题子课题报告三等奖,“克服基层党建工作薄弱环节研究”获全国党建研究会自选课题报告三等奖。完成中央企业党建思想政治工作研究会课题 2 项,其中“落实党建工作责任制研究”获中央企业党建思想政治工作研究会课题报告一等奖,“新常态下国企党建和思想政治工作如何进一步创造价值”获中央企业党建思想政治工作研究会课题报告三等奖。撰写完成《上海不锈产业结构调整员工转型发展案例报告》。

1998 年 11 月—2016 年年底,宝钢职工思想政治工作研究会出版会刊《学习与创新》137 期。

第四节　纪检监察工作

宝钢集团的纪检监察工作坚持从企业改革发展稳定的大局和生产经营管理的实际出发，按照“围绕中心、进入管理、融入流程、发挥作用”的要求，注重和发挥宝钢改革开放和现代化管理的先发效应，不断探索和实践反腐倡廉的有效做法，拓展从源头上防治腐败工作领域，建立健全与现代企业制度相适应的教育、制度、监督并重的惩治和预防腐败体系，为宝钢建设、改革、发展、稳定和生产经营目标的完成营造良好环境。

一、制度建设

1979年12月，中共宝钢工程指挥部纪律检查委员会成立。1981年8月，中共上海宝山钢铁总厂纪律检查委员会建立。1998年11月上海宝钢集团公司成立后，设审计监察部，审计监察部与集团纪律检查委员会合署办公。

1999年，宝钢集团相继制定《上海宝钢集团公司新形势下加强党风廉政建设的若干意见》《关于加强资金管理、规范经营行为的若干规定》《上海宝钢集团公司工作人员失职类错误行政处分暂行规定》《上海宝钢集团公司行政监察工作条例(试行)》《上海宝钢集团公司关于实行党风廉政责任制的规定》等29项制度、规定。修订并下发《上海宝钢集团公司效能监察实施细则》。修订和出台《上海宝钢集团公司关于加强资金管理，规范经营行为的若干规定》等22项规范经营管理文件。2000年，按照“严格教育、严格管理、严格监督”的企业廉政要求，各单位形成并完善监管制度515个，其中新建制度157个。全年有578名党政领导与所属单位或部门签订618份《党风廉政建设责任书》，与559家业务协作单位签订664份《党风廉政共建协议书》。2001年，制定《上海宝钢集团公司领导人员廉洁自律“七个不准”的规定和实施处理意见》。聘请21名民主党派人士、无党派人士、职工代表和离退休干部担任党风廉政建设特邀监督员，并颁布《宝钢党风廉政建设监督员条例》。2002年，制定《上海宝钢集团公司关于规范领导人员廉洁自律行为及经营管理行为的规定(试行)》，并配套出台实施办法。下发《关于落实领导人员廉洁自律规定和党风廉政建设责任制的意见》。2003年，制定《上海宝钢集团公司关于贯彻落实国有企业领导人员廉洁自律“五个不准”的实施处理意见》《关于规范领导人员兼职行为的意见》《上海宝钢集团公司党风廉政建设谈话制度(暂行)》《上海宝钢集团公司关于推进管理体制和制度创新工作的若干纪律规定》等制度。2004年，集团党委常委会同意纪委、监察部提出的“关于在宝钢建立健全适应现代企业制度的教育、制度、监督并重的惩治和预防腐败体系”总体思路，要求以“进行诚信体系建设和效能建设，建立健全国有资产安全有效运行、有效监督的预警机制和规范权力运行、对权力有效监督长效机制”为内容，深入探索研究，积极开展有关工作。起草《国有资产安全有效运行有效监督的预警模式》，明确提出拟建立宝钢集团资产安全运行预警中心，集资产运行信息收集、信息分析、信息处理于一体，以对资产运行过程中发现或发生的异常情况在第一时间内发出预警报告，保证资产的安全有效运行。

2005年，集团纪委、监察部制订《建立健全惩防体系的总体设想、阶段目标和基本框架》《2006年宝钢集团“落实惩防体系实施意见”计划》，拟订集团贯彻落实中央颁布的《建立健全教育、制度、监督并重的惩治和预防腐败体系实施纲要》的总体规划和2006年责任分解方案。2006年，集团党政联合发出《宝钢集团有限公司关于建立健全教育、制度、监督并重的惩治和预防腐败体系实施意见》。宝钢集团成立治理商业贿赂领导小组和办公室，发出《关于印发〈治理产权交易中商业贿赂工作实施方案〉的通知》，对产权交易情况组织检查。建立并完善《反腐倡廉倾向性问题报告制度》《关于进一步规范廉洁从业的若干规定》《关于在宝钢内部公布行贿单位和有关离职人员名单的实施意见》《宝钢集团有限公司物资采购、工程项目合同与廉洁协议双签管理办法》等制度。2007 年，宝钢集团第三次党代会选举产生新一届中共宝钢集团有限公司纪律检查委员会和常务委员会成员，完善宝钢集团纪律检查委员会、常务委员会工作制度。宝钢集团被中国企业联合会评为“中国最佳诚信企业”，被上海市浦东新区人民检察院评为 2007 年度“廉政预防教育”先进单位，被浦东新区评为治理商业贿赂、预防职务犯罪工作示范单位。2008 年，以项目制方式编制《落实惩防体系〈工作规划〉的实施办法》《推进“阳光”采购行动方案》《推进工程建设“双优”工作实施方案》《重大事项决策监督程序》等 4 个反腐倡廉工作突出问题整改方案。制定《优化子公司重大事项决策程序有关规定》《国有产权转让管理办法》《宝钢薪酬管理八条纪律》《宝钢集团有限公司领导人员兼职管理规定》《关于将纪检、审计工作结果纳入领导人员管理的实施意见》等制度。集团纪委、监察部推进电子采购平台建设，实现宝钢通用物资材料网上采购和网上招标。2009 年，制定、修订《宝钢集团有限公司关于落实“三重一大”决策制度的实施意见》《关于印发〈工程建设创“双优”工作实施意见〉的通知》《国（境）外子公司薪酬管理办法》《全面风险管理制度》《废旧物资网上竞价销售规范》《银行账户管理办法》《管理费用管理办法》《职工奖惩管理办法（试行）》《对违纪违规人员造成经济损失实行经济赔偿的实施细则》《对违纪违规行为惩处实施细则》等制度。

2010 年，制定《宝钢领导人员问责规定（试行）》《宝钢集团有限公司廉洁承诺制度》，修订《宝钢集团有限公司领导人员报告个人有关事项实施办法》等制度和规定，完善重要案件通报、述职述廉等制度。2011 年，制定、修订《关于加强领导人员反腐倡廉教育的实施意见》《关于实行党风建设和反腐倡廉责任制的规定》《廉洁从业八条禁令》《效能监察管理办法》《效能监察项目实施细则》《关于加强招投标管理监督的指导意见》《关于强化安全管理效能监察的实施意见》等制度，完善“三重一大”（重大事项决策、重要干部任免、重要项目安排、大额资金的使用）决策、内部控制、授权受控、责任追究等相关配套制度，规范领导人员经营管理行为和廉洁从业行为。2012 年，制定、修订《宝钢集团有限公司巡视检查工作暂行规定》《关于加强宝钢廉洁风险防控工作的实施意见》《对违纪违规行为惩处实施细则》等制度、规定，完善“三重一大”决策、内部控制、职务消费、民主监督等相关配套制度。2013 年，制定、修订《宝钢集团有限公司关于落实“三重一大”决策制度的实施意见》《关于对领导人员进行任职廉洁谈话、提醒谈话、诫勉谈话和函询的实施办法（试行）》等制度。2014 年，制定《宝钢贯彻落实〈建立健全惩治和预防腐败体系 2013—2017 年工作规划〉的实施意见》，修订、完善“宝钢廉洁从业八条禁令”等制度，推进领导人员廉洁承诺、述职述廉、廉洁谈话、个人有关事项报告、礼品礼金登记管理等工作。2015 年，集团纪委协助党委进一步完善以“两个责任”（党委主体责任、纪委监督责任）为核心的党风廉政建设责任体系。制定并实施《关于进一步落实党风廉政建设责任制的意见（试行）》《2015 年宝钢党风建设和反腐败重点工作及责任分解》，明确党委履行主体责任、纪委履行监督责任的具体内容和流程，完善责任分解、监督检查、考核评价、责任追究的工作机制。

2016 年，集团纪委通过开展强化责任分解、协助召开责任制领导小组会议、强化监督检查及考核评价等工作，协助党委深入推进“两个责任”的落实。

二、廉政教育

宝钢集团将反腐倡廉教育与企业发展的不同时期、不同特点紧密结合，把思想道德、廉洁自律和诚信教育与行为规范同步推进，在党员干部中开展主题鲜明、形式多样、针对性强的教育活动，营造反腐倡廉的良好氛围。

1999—2000年，宝钢集团纪委、监察部坚持每年进行专题教育，开展"廉洁勤政、艰苦创业、拒腐防变""牢记党的宗旨、接受人民监督"和"从严治党、规范行为、廉勤从业、促进发展"等主题教育。把党员领导干部和"三管六外"（管钱、管物、管人，外销、外购、外委、外包、外协、外联）人员作为警示教育重点对象。2001年，以"从严治党、规范行为、廉勤从业、促进发展"为主题，以"三管六外"人员为重点对象开展"规范廉洁自律行为和规范经营管理行为"教育，以德治企和以法治企大讨论，严肃党的政治纪律、组织纪律、经济工作纪律和党的群众工作纪律教育。共开展党风廉政教育1 410余场，103 789人参加。2002年，集团及各子公司举办党风廉政教育轮训班、研讨班、学习班、讲座、交流会等共计170期(次)，8 800余人次参加。举办各类警示教育专题会770余场次，1.40万余人次参加。2003年8月25日—9月24日，以"六个一"（进行一次中心组专题学习、组织一次知识测试、举行一次专题座谈会、写好一篇体会文章、观看一场反腐倡廉录像、开展一次谈心活动）教育为主要形式，开展"党风廉政宣传教育月"活动。组织开展"依法经营，廉洁从业"知识测试活动。在全国钢铁企业纪检监察工作研究年会上，宝钢集团选送的6篇论文分获一等奖2个、三等奖2个和鼓励奖2个。2004年，集团纪委、监察部下发《关于开展学习宣传贯彻〈中国共产党党内监督条例（试行）〉和〈中国共产党纪律处分条例〉的意见》，开展形式多样的学习教育活动，有3万余人次参加。

2005年，以开展保持共产党员先进性教育活动为契机，开展"三不放过"（案件发生和原因不查清、责任不查明不放过，案件的责任未追究、整改措施不落实不放过，案件的当事人及其他员工未受到教育不放过）警示教育。2006年，各单位开展"依法经营、廉洁从业、诚实守信、勤奋高效"主题教育活动。宝钢集团把诚信廉洁教育与社会主义荣辱观教育相结合，与学习贯彻《国有企业领导人员廉洁从业若干规定（试行）》和"八条禁令"教育相结合。2007年，各单位开展廉洁从业主题教育活动605场次，各级领导人员讲党课或作反腐倡廉专题报告330场，有3.40万余人次参加。2008年，宝钢集团组织281场次各类反腐倡廉专题教育，有2.10万余人次参加。2009年，以各级领导人员和有业务处置权人员为重点，把贯彻落实《国有企业领导人员廉洁从业若干规定》纳入两级党委中心组学习研讨、专题教育中。各单位组织917场次反腐倡廉专题教育，5.10万余人次参加。

2010年，建立反腐倡廉案例库，把反腐倡廉教育纳入领导人员、后备领导人员培训和新进大学毕业生入厂培训中。各单位组织开展反腐倡廉教育1 051场次，4.59万余人次参加。2011年，推进、完善领导人员、管理者和有业务处置权人员、员工三级教育模式。各单位组织开展反腐倡廉教育1 064场次，4.50万余人次参加。2012年，各单位组织开展反腐倡廉专题教育1 506场次，5.50万余人次参加。2013年，宝钢集团综合运用警示教育、示范教育、岗位风险告知教育等方式，深化以"依法经营、廉洁从业、诚实守信、勤奋高效、情趣健康"为主要内容的廉洁文化建设。2014年，综合运用警示教育、示范教育、岗位风险告知性教育等方式，开展理想信念教育、诚信教育和从业道德教育，各单位组织开展反腐倡廉教育活动434场次。2015年，集团纪委协助党委加大对《关于认真学习贯彻〈中国共产党廉洁自律准则〉〈中国共产党纪律处分条例〉的通知》的教育培训力度，组织学习818场次，召开警示教育大会94场次，3.20万余人次参加。

2016年，组织党章党规党纪教育学习2 584场次，8.70万余人次参加。

三、党内监督

宝钢集团各级纪检组织围绕企业中心工作进行监督，以规范权力运行、防范道德风险为重点，加强对各级领导人员和有业务处置权人员的监督。

1999年，宝钢集团廉洁从业工作按照“严格教育、严格管理、严格监督”要求，从认真执行中共中央纪律检查委员会“五个不准”规定等方面规范领导干部行为。开展“严肃经济工作纪律，规范资金管理行为”专项检查。2000年，就对外长期投资运作中存在的“行为不规范和监管不到位”等现象，开展“加强投资管理，规范投资行为，防止资产流失”专项检查。2001年，集团纪委、监察部对宝钢集团组建3年来实施专项检查整改落实的情况，以“回头看”方式开展专项检查。2002年，针对部分子公司存在的经营行为监管不力和经济合同运作不规范等问题，开展“加强企业经营监管，规范经济合同管理，规避经营风险”专项检查。2003年，根据宝钢集团《关于进一步加强会计基础规范与内部会计控制制度工作的通知》，通过对各子公司抽查和其自查，清理出内控制度、货币资金控制、采购与销售管理、固定资产管理、存货管理等7个方面存在的共性问题。2004年，开展以“加强资产管理，规范资产管理行为”和12项重要制度落实情况为主要内容的专项检查。

2005年，集团纪委、监察部开展“加强票据和企业担保管理，规避经营风险”专项检查。开展“党风廉政建设教育进班子、到岗位”制度执行情况检查。2006年，集团纪委和各级纪检、监察组织针对查办案件和信访核查中发现的管理问题，采取发《风险防范提示书》和《监察建议书》、限期整改、信访谈话或诫勉谈话、组织处理、经济处罚等措施，纠正41个管理和制度方面存在的问题。2007年，集团纪委、监察部对集团内贯彻落实“八条禁令”“三个不得”和倾向性问题报告等制度开展专项检查。探索沪外公司巡检工作，对国有资产安全运行及反腐倡廉等10个方面工作进行检查。结合推进风险管理体系建设，开展产权交易、工程建设、物资采购等重点领域专项治理。2008年，开展廉洁自律“七项要求”专项检查和“三重一大”等制度执行情况专项督查，开展财务内控检查，开展报废资产、废旧资材处置情况专项检查，开展“薪酬管理八条纪律”执行情况专项检查。2009年，开展管理费用专项检查。

2010年，开展工程建设领域突出问题专项治理工作，对2008—2010年立项、在建、竣工的592项(500万元以上)总投资为1 125亿元的工程项目建设进行全面排查。2011年，开展加快转变经济发展方式的监督检查，从整体规划、资源战略、人才队伍、品牌管理、环境经营等5个方面进行全面梳理。制定《关于实行违纪违法案件重要线索报告制度》，与检察院建立预防职务犯罪的协调机制。2012年，协助中共中央纪律检查委员会开展宝钢贯彻落实“三重一大”决策制度专项检查。协助国务院国资委开展宝钢加快转变经济发展方式专项检查。根据国务院国资委要求，开展特殊资金(资产)专项检查。2013年，细化、分解宝钢党风建设和反腐倡廉22项重点工作。制定《宝钢集团有限公司落实党风建设和反腐倡廉责任制考核评价办法》，对16家二级单位责任制和反腐倡廉重点工作落实情况进行检查。2014年，宝钢建立查办腐败案件以上级纪委领导为主、线索处置和案件查办在向同级党委报告的同时必须向上级纪委报告的工作机制。建立督办机制，集团纪委对转交二级单位承办的信访举报案件进行实时跟踪、督促指导和催办。建立由集团纪委书记牵头对重要线索集中处置和重要信访举报核查结果集中会审的工作机制。2015年，集团纪委和各级纪检监察组织综合运用巡视、专项检查、效能监察等方式，加强对纪律执行情况的监督检查。制定《关于进一步规范领导人员及其亲属、其他特定关系人经商办企业行为的规定(试行)》,加强对供应商的管理,严格落实供应商准入制度。制定《关于进一步规范问题线索处置、加强和改进纪律审查工作的通知》,进一步规范问题线索处置标准。

2016年,监督、推动相关部门全面梳理、评估、完善投资管理、财务管理、人力资源管理、党建工作等领域的工作制度,制定、修订党风廉政建设方面制度12项。建立监督会商机制,制定《内部监督会商工作制度》,组织监事会、纪检监察、审计、投资、财务、法务等部门,研究分析管理运营、党风廉政建设和反腐败工作中的苗头性和倾向性问题。

第五节　统一战线工作

宝钢总厂成立初期,统一战线工作由党委组织部兼管。1988年8月,宝钢总厂党委成立党委统战部,各厂、部、子公司配备兼职统战干部。1998年11月上海地区钢铁企业联合重组后,宝钢集团的统一战线工作由党委统战部负责。2003年6月,宝钢集团党委统战部与党委组织部、人力资源部合署办公,对外仍保留党委统战部牌子。

一、合作共事

1998年,宝钢集团党委统战部按照集团党委提出的统战工作“四个服务”(统战工作为经济建设服务、为维护稳定服务、为密切党内外联系服务、为决策的民主化和科学化服务)要求,围绕中心开展工作。结合“保八争十”(全年完成利润8亿元,力争完成10亿元)生产经营目标,响应集团党委提出的“技术进步,技术创新”号召,分层次开展以“同舟共济”为内容的“多贡献、争效益、‘五个一’竞赛活动”,即“提一条合理化建议,开发一项新技术、新产品,完成一项技术革新,实现一项自主管理,为一项经济合作项目牵线搭桥”。1999年4月1日,宝钢集团召开部分全国、市、区三级人大代表和政协委员座谈会。集团领导出席会议并听取他们就完成全年生产经营任务及宝钢建设发展等问题的意见和建议。7月,制定《关于进一步做好部分党外代表人士留在党外工作的实施意见》,就保留在党外的主要对象及要求、措施等作明确规定。2000年5月,党委统战部对各子公司党外干部培养、推荐、使用等情况进行调研和协商。2001年1月16日,宝钢集团召开2000年“同舟共济”表彰暨2001年开展“同舟共济”主题活动动员会。3月28日,召开宝钢集团成立后的首次统战工作会议。会议回顾、总结宝钢集团成立以来统战工作开展情况,制定《关于进一步加强宝钢统战工作的若干意见》,提出进一步推进宝钢统战工作的措施。4月26日和9月29日,集团领导分别向统战人士通报、介绍宝钢各时期生产经营状况、中共中央总书记江泽民视察宝钢、宝钢三期工程竣工验收、宝钢集团成立以来的发展、国内外钢铁行业市场形势、宝钢在中国加入世界贸易组织(WTO)后所面临的机遇和挑战等情况。2002年,党委统战部按照“深入基层、深入实际、调研先行、扎实推进”工作思路,加强对统战工作的调研和指导。建立每2个月召开一次各民主党派负责人联席会议的制度,定期组织民主党派负责人学习、交流;3月27日,成立由12家子公司统战干部组成的统战工作理论与实践研究小组,研究、推广工作好思路和好做法,指导面上的统战工作;5月,调研宝钢党外知识分子情况,制订宝钢中青年知识分子联谊会筹建方案,并于12月下旬成立该联谊会;下半年,党委统战部相继走访、调研多家基层党委和各民主党派组织,形成《宝钢贯彻中共中央关于加强统一战线工作决定的实施意见的情况汇报》《宝钢党外知识分子情况的调研报告》《宝钢党外干部培养使用情况的调研报告》等，其中《宝钢党外干部培养使用情况的调研报告》获上海市委统战部2002年度统战调研和理论研究成果奖三等奖。12月，宝钢集团党委统战部获评上海市统战工作先进集体。2003年1月23日，党委统战部召开2001—2002年"同舟共济"先进集体、先进个人表彰会暨2003年开展"同舟共济"主题活动动员会。2004年年初，作为集团党委凝聚力工程调研课题之一，党委统战部成立由相关子公司统战干部、宝钢党校教师、上海市社会主义学院学者参加的"凝聚党外人士"课题小组。6月16日，在课题研究基础上，集团党委召开"凝聚党外人士"工作研讨会。党委统战部下发《关于继续在统战系统深入开展"同舟共济"主题活动的通知》。完成《宝钢培养选拔党外干部工作调研报告》《上海宝钢集团公司统战工作情况调研报告》《宝钢无党派人士工作调研报告》及"凝聚党外人士，促进企业发展"调研课题，其中"凝聚党外人士，促进企业发展"调研课题获评2004年上海市统战调研和理论研究优秀成果奖二等奖。

2005年，集团党委统战部根据宝钢集团机构变化和民主党派组织的要求，调整工作管理模式，将原来由党委统战部和基层党组织对民主党派组织的双重管理改为由党委统战部垂直管理，民主党派成员仍然由所在单位党组织管理，并明确党委统战部以协助民主党派加强组织建设为重点、民主党派成员所在单位党组织以做好所属民主党派成员工作为重点。4月，根据国务院国资委党委统战部要求，对统战机构和民主党派成员情况进行梳理、核查并建立宝钢民主党派成员数据库。5月，协助中国国民党革命委员会宝钢支部完成在宝钢梅山建立民革小组的工作。组织统战系统人士学习贯彻《中共中央关于进一步加强中国共产党领导的多党合作和政治协商制度建设的意见》，并于7月14日召开党外人士代表和统战干部学习研讨会。2006年，组织统战系统人士传达、贯彻第20次全国统战工作会议精神和《中共中央关于巩固和壮大新世纪新阶段统一战线的意见》。梳理、完善统战系统情况通报会制度，党外人士意见、建议闭环管理制度，领导干部与党外人士结对联系制度，民主党派联席会议制度，党风廉政监督员制度等10项制度。2007年，采取召开专题研讨会、举办专题学习班等形式，组织统战系统人士学习和领会中共十七大精神。6月，对子(分)公司及以上直管领导人员、党外领导人员(C层级及以上)进行调研，按照"能与中国共产党同心同德，亲密合作，有较强代表性和社会影响，有较强参政议政、民主监督和组织领导能力，有一定群众基础"的要求，调整、充实宝钢党外代表人士数据库，确定宝钢党外领导人员的发展目标。9月，配合宝钢集团第三次党员代表大会筹备工作的开展，召开宝钢党外代表人士座谈会，听取他们对集团"两委"(党委、纪委)工作报告的意见和建议。2008年，结合宝钢集团学习实践科学发展观活动试点工作的开展，制定《关于加强与党外人士沟通的工作制度》，并作为学习实践活动取得的成果之一，列入宝钢集团统战工作的重要载体和长效工作机制。2009年3月、12月，集团党委常委会两次听取党委统战部工作汇报，专题研究统战工作，确定"外为我用，内部挖潜"的统战工作新思考、新定位、新方向，即通过实施"3 I"(Information 信息、Intellect 人才、Innovation 创新)，依托政府和社会资源，提高统战工作在人才、技术寻源方面的能力；通过开展献计献策活动、建设沟通机制、选拔重点人物等内部挖潜，提升统战工作服务中心的水平。12月25日，集团党委统战部赴上海市委统战部汇报宝钢贯彻落实全国、上海市统战部长会议精神及宝钢统战工作新思考。

2010年1月18日，宝钢集团党委副书记欧阳英鹏在2010年上海市统战部长会议上作题为《围绕中心，发挥优势，服务宝钢二次创业》的经验交流。2011年6月24日，宝钢集团召开统战各界人士纪念中国共产党成立90周年座谈会。2012年3月，集团党委统战部就如何提升统战工作为经济工作服务能力，会同宝钢股份党委组织部、宝钢党校联合举办统战理论与实践研修班。2013年7月，举办以"党外人士面对面,聚焦反对'四风'听诤言"为主题的群众路线教育实践活动首次员工论坛,集团领导班子成员面对面听取党外人士对领导人员在"四风"方面的意见和建议。9月,结合学习中共十八大精神和贯彻全国、上海市统战部长会议精神,集团党委统战部会同宝钢股份党委组织部、宝钢党校联合举办宝钢党外人士专题研修班。2014年5月15—17日,举办海外留学归国人员研修班,宝钢集团党委书记、董事长徐乐江与近50名宝钢海外留学归国人员对话,勉励大家在危机中抓住机遇,发挥国际化人才优势,用全球化的视野、开放的思维,在宝钢从中国到全球的战略转型中,助力宝钢"走出去"。2015年3月,集团党委书记办公会议审议批准党委统战部制订的《宝钢集团党员领导人员与党外代表人士联谊交友的实施方案》。该《方案》规定,宝钢集团副总经理及以上党员领导人员在广交党外朋友的基础上,根据各自分管的部门和工作,普遍对应一至两名党外朋友加强联系。

2016年9月12—14日,中共中央统战工作领导小组第12调研检查组到宝钢调研、检查统战工作情况,并给予评价:"宝钢统战工作扎实,工作成效显现。在新的历史时期,宝钢较好地发挥了统一战线的法宝作用,贯彻落实中央统一战线系列重大决策的成效突出,符合企业特点,具有宝钢特色。宝钢党委重视统战工作,党委书记积极履行第一责任人职责,组织领导得力,体现了宝钢作为中央企业的高水平。宝钢统战工作机制完善,工作职责能有效落实,统战工作在制度化、规范化、有效运作、有章可循等方面作出了典范。"9—11月,党委统战部根据检查组提出的宝钢统战工作改进建议作整改,并从4个方面向检查组作书面反馈。

二、民族工作

宝钢集团以党的民族宗教政策为准则,推进民族团结进步工作。1998年12月,国家民族委员会、上海市人民政府联合召开民族团结进步表彰大会,授予宝钢"民族团结进步模范集体"称号。1999年7月13日,宝钢少数民族联合会选举产生第四届委员会。9月29日,宝钢被国务院授予"民族团结进步模范集体"称号。11月24日,在上海市民族工作会议上,宝钢民族工作受到表彰并应邀作书面交流。12月8日,集团党委召开贯彻中央和上海市民族工作会议精神座谈会,对宝钢的民族工作提出要求。2001年11月29日,上海市少数民族联合会在宝钢召开上海市各局(集团公司)少数民族联合会工作研讨会。2002年,宝钢少数民族联合会被上海市民族和宗教事务委员会吸纳为对口支援领导小组八个常务成员单位之一。3月第一周,宝钢集团开展民族、宗教政策、法规宣传教育周活动。7月,在全国民族知识竞赛上海赛区竞赛中,宝钢集团作为上海赛区唯一通过预赛进入复赛的企业,获上海市民族知识竞赛组委会颁发的优胜奖杯和证书,并被上海市民族和宗教事务委员会授予优秀组织奖。9月13日,宝钢少数民族联合会获评上海市少数民族联合会系统先进集体。2003年3月第一周,宝钢集团开展民族、宗教政策、法规宣传教育周活动,提出扩大活动覆盖面、扩大活动参与率、扩大知识知晓面、提高全员民族宗教法制意识的"三扩大一提高"工作指导思想。2004年3月初,开展民族和宗教法制宣传周活动。

2005年3月,宝钢集团开展以突出宣传《宗教事务条例》《上海市清真食品管理条例》《上海市少数民族权益保障条例》为重点的民族和宗教法制宣传周活动。2006年3月初,开展学习贯彻《宗教事务条例》民族和宗教法制宣传周活动。2007年1月,宝钢集团《创新机制　激活少数民族人才资源与优势》经验材料在上海市民族和宗教事务委员会召开的上海市大口、局(集团公司)民族工作会议上交流。11月,宝钢集团《以围绕中心、服务发展为主旋律　积极探索企业民族工作有效途径》经验材料在上海市大口、局(集团公司)少数民族联合会工作会议上交流。2009年9月,召开宝钢少数民族代表人士座谈会，通报宝钢近期开展的民族工作，并围绕“迎国庆、颂祖国、展风采、叙发展”主题进行沟通、交流。

2010年10月29日，集团党委统战部、党校联合举办民族知识讲座，邀请八一钢铁党委副书记阿皮孜·尼牙孜为200余名宝钢员工作“维吾尔文化”专场讲座。2012年7月，集团党委批准宝钢少数民族联合会换届调整方案。2013年2月，结合宝钢拓展欧洲市场和了解当地实情的需要，邀请上海市政协委员、市伊斯兰教协会副会长、浦东伊斯兰清真寺教长赵学义到宝钢欧洲公司作伊斯兰教文化讲座。

2016年7月，宝钢集团《结构调整、转型发展与宝钢民族联工作》经验材料在上海市少数民族联合会第七届理事会二次全会上交流。

三、侨台工作

1998年，宝钢归国华侨联合会以“三爱”(爱党、爱国、爱厂)教育为宗旨，提供“沪港青年企业家研讨会”信息，介绍上海宝钢产业发展有限公司与巴西中华商会副会长、华侨陈捷洽谈宝钢彩板房在巴西销售事项。1999年9月，宝钢台胞台属联谊会选举产生第四届理事会。10月，宝钢海外交流协会派员参加在澳大利亚墨尔本召开的第五届世界华商大会。2003年，宝钢集团作为中国海外交流协会理事单位，参与并完成协会第三届理事会调整、增补常务理事推荐和征集“华商格言”等工作。8月，宝钢归国华侨联合会召开第二次全委扩大会。2004年，宝钢集团获“上海市对台工作调研表彰单位”称号。

2005年，宝钢集团党委统战部获“上海对台工作调研表彰先进单位”称号。2006年，集团党委统战部获“2005—2006年度上海对台工作调研先进单位”称号。2007年，参加上海市人民政府台湾事务办公室举办的“弹指20年——我与上海对台工作”征文活动，选送2篇征文并获三等奖。宝钢集团党委统战部获“2007年上海对台工作调研表彰先进单位”称号。2008年6月，宝钢集团董事长徐乐江出任海峡两岸关系协会第二届理事会理事。宝钢集团党委统战部获“2008年上海对台工作(调研)先进单位”称号。2009年8月，宝钢集团党委统战部获“2008—2009年度上海对台工作调研先进单位”称号。

2012年7月，集团党委批准宝钢归侨侨眷联谊会、宝钢台胞台属联谊会换届调整方案。2013年11月，宝钢集团《服务宝钢二次创业　开创侨务新侨工作新局面》经验材料在上海市归国华侨联合会机关企事业新侨工作经验交流会上交流。

四、统战群众团体组织

宝钢集团的统战群众团体组织有宝钢少数民族联合会、宝钢归国华侨联合会、宝钢台胞台属联合会、上海市欧美同学会·上海市留学人员联合会宝钢分会、宝钢党外中青年知识分子联谊会等。

2002年9月30日、11月8日、11月15日，宝钢少数民族联合会、宝钢归国华侨联合会、宝钢台胞台属联合会分别召开大会，换届产生各自新一届领导班子。2007年12月，宝钢少数民族联合会、宝钢归国华侨联合会、宝钢台胞台属联谊会分别召开大会，换届产生第六届、第五届、第六届委员会(理事会)。2010年9月3日，上海市欧美同学会·上海市留学人员联合会宝钢分会成立。这是上海市欧美同学会·上海市留学人员联合会的第一个企业分会。2011年11月18日，召开宝钢党外中青年知识分子联谊会调整成立大会。2012年3月28日，建立上海市欧美同学会“宝钢集团—上海交大”分会联合论坛长效机制。10月10日，首届联合论坛在宝钢举行。2013年4月，宝钢少数民族联合会、宝钢归国华侨联合会、宝钢台胞台属联谊会换届。

2016 年，集团党委统战部协助上海市欧美同学会·上海市留学人员联合会宝钢分会换届和改组，改组后的宝钢分会以业务板块划分 9 个专业委员会。

第六节　党　　校

1998 年 11 月上海钢铁企业联合重组后，宝山钢铁(集团)公司党委党校更名为“上海宝钢集团公司党委党校”(简称宝钢党校)。宝钢党校围绕党的路线、方针、政策，对党员干部和员工进行党的理论教育和党性教育，以提高党员、干部队伍的思想政治素质、党性修养和领导能力。2002 年 3 月，宝钢党校与宝钢政治学校(简称宝钢政校)合并，与上海宝钢教育培训中心资源整合、一体化运作。2004 年，宝钢党校组建领导科学、党建、企业文化等 3 个项目室，在完善党建类培训的同时，强化对领导干部的领导力培训和对员工的企业文化培训。2005 年 10 月，上海宝钢集团公司党委党校更名为“宝钢集团有限公司党委党校”(简称宝钢党校)。2007 年，按照中央对党校工作的要求，结合宝钢人才开发院的功能定位，明确宝钢党校从重点培训项目、教材编写、课题研究等三方面拓展。

一、重点培训项目

【宝钢领导人员培训】

2002 年起，宝钢党校实施领导人员年度集中培训。该培训项目以宝钢领导人员为对象，是领导人员学习党的理论、推进年度工作、共享管理经验、提升领导能力的重要平台。

2002—2016 年，每年不定期举办宝钢领导人员培训，累计培训领导人员 5 055 人次。

【新任基层党委书记培训和新任党委委员履职培训】

自 2014 年起，宝钢党校实施新任基层党委书记、专职副书记培训。该项目以新任基层党委书记、专职副书记为培训对象，通过培训明晰基本职责、熟悉基本理论、理解基本政策、掌握基本知识和基本制度，为基层党委书记强化抓党建工作的责任意识、提升履职能力提供支撑。2014 年和 2016 年各举办 1 期，共 58 人参加培训并结业。2016 年，举办 1 期新任党委委员履职培训班，36 人参加培训。

【新任党支部书记培训】

2012 年起，宝钢党校对新任职党支部书记进行任职资格培训。该项目以《宝钢党支部建设基础教程》为培训教材，结合实际不断更新充实课程内容，运用案例教学法，全面、系统地对党支部书记进行培训，提升党支部书记履职能力。

2012—2016 年，累计举办 62 期，2 460 人参加培训。

【党员和入党积极分子培训】

宝钢党校以党的基本理论和基础知识为主要内容，以理想信念、公司使命和党员个人价值实现相统一为基本要求，有序推进党员集中培训，2003—2016 年实施党员集中培训 499 期，培训 72 650 人次。同时，宝钢党校对集团及下属各子(分)公司的入党积极分子进行统一集中培训，2003—2016 年实施入党积极分子培训 176 期，培训 9 221 人次。

【党群工作者培训】

宝钢党校按照党委各职能部门和工会、团委等群团组织的特点，区分培训族群，按需求策划、实施宣传干部、组织及统战干部、纪检监察干部、工会干部、团干部等人员的培训研修。2010年起，宝钢党校开始举办党群工作者高级研修班。研修班围绕"练好'读书、调研、思考'三项基本功""怎样写好论文"等课程进行研修，研修班结业作为参加高级政工师评审的基本条件之一。

2010—2016年，累计举办宝钢党群工作者高级研修班16期，290人次参加研修。

【员工政治轮训】

2002年3月，宝钢党校与宝钢政校合并，员工政治轮训成为宝钢党校的常规培训项目。2002—2012年，累计举办员工政治轮训336期，48 445人次参加培训。

【培训服务支撑】

宝钢党校为党群部门和二级单位提供培训服务支撑，包括服务党群部门课题研究和案例编写，服务二级单位中心组学习，组织开展宝钢委托代理人法律知识考试，支撑宝钢老干部(老年)大学开设政治理论课讲座。其中，支撑集团纪委完成《宝钢纪检监察案例》梳理编写及剖析，支撑宝钢股份企业文化部编写《宝钢人的知与行》;2013年起，支撑集团法务部组织开展宝钢委托代理人法律知识考试，至2016年，共组织6 994人次参加考试;支撑宝钢老干部(老年)大学政治理论班授课，每年提供2个学期的课程。

【函授教育】

宝钢党校坚持组织开展函授教育。2008年起，以宝钢集团范围内符合函授教育要求的党员干部为对象，组织面授，严格学籍管理、教学组织、教学监控等各项工作。

表9-1-3　1998—2016年宝钢党校(宝钢政校)培训情况统计表

年份	项目(个)	班级(个)	人次	年份	项目(个)	班级(个)	人次	年份	项目(个)	班级(个)	人次
1998	—	—	—	2005	—	193	29 441	2012	55	214	14 104
1999	—	—	—	2006	24	132	32 969	2013	49	181	9 467
2000	—	—	—	2007	36	192	23 130	2014	66	210	10 773
2001	—	—	—	2008	25	123	30 471	2015	54	225	10 352
2002	—	—	—	2009	28	106	9 550	2016	65	271	20 822
2003	—	104	12 377	2010	41	152	11 427				
2004	—	90	7 883	2011	49	167	11 535				

二、教材编写

宝钢党校的教材编写聚焦领导能力建设和党支部建设，把它作为提高领导人员培训和党支部书记培训质量的基本要求。

表 9-1-4　2011—2015 年宝钢党校参与编写教材出版情况表

序号	教材名称	出版时间	出版社	应用项目
1	《宝钢领导力》	2011 年 6 月(第一版)、2012 年 2 月(修订版)	中信出版社	宝钢领导人员培训
2	《宝钢党支部建设》	2012 年 8 月(第一版)、2014 年 4 月(修订版)	上海人民出版社	宝钢党支部书记培训
3	《宝钢党支部工作 100 例》	2013 年 4 月	上海人民出版社	宝钢党支部书记培训
4	《宝钢党支部建设书记谈》	2014 年 11 月	上海人民出版社	宝钢党支部书记培训

三、课题研究

课题研究是宝钢党校发挥思想引领和智库作用的重要环节，也是课程开发和教材建设的基础。宝钢党校坚持以党的创新理论为指导，聚焦企业发展的实际需要和党员干部关注的热点难点问题，以国有企业党建和企业文化建设为重点，推进课题研究。课题研究有两类：一类是完成全国党建研究会和中央企业党建思想政治工作研究会等机构的指定重点课题；另一类是完成宝钢集团党委指定的重点课题。

表 9-1-5　2007—2015 年宝钢党校课题研究情况表

序号	年份	课题名称	课题来源	课题应用情况
1	2007	宝钢领导力研究报告(参与撰写)	宝钢集团党委	用于宝钢领导人员培训
2	2010	宝钢领导力基础教程(2010 版)(参与撰写)、《宝钢领导力基础教程》配套案例	宝钢集团党委	用于宝钢领导人员培训
3	2010	国有企业基层党组织共建运行模式实践与思考(参与部分章节撰写)	宝钢股份党委	用于基层党建类培训
4	2010	宝钢股份“优化工作方式方法、深化干部作风建设”案例选编	宝钢股份党委	用于基层党建类培训
5	2011	宝钢党支部建设研究课题报告	宝钢集团党委	用于党支部书记培训
6	2014	求真务实　围绕中心　带好队伍——宝钢党支部工作专题调研评估报告	宝钢集团党委	用于新任职党支部书记履职培训
7	2015	聚焦、务实、有效地开展党组织生活——进一步加强和改进宝钢党组织生活设计活动的调研报告	宝钢集团党委	用于新任职党支部书记履职培训
8	2015	深化“党员登高计划”活动，充分发挥党员先锋模范作用——深化“党员登高计划”活动调研报告	宝钢集团党委	用于新任职党支部书记履职培训

表 9-1-6　2014—2016 年宝钢党校课题获奖情况表

序号	年份	课题名称	课题来源	获奖情况
1	2014	以整风精神开展批评与自我批评规范化、制度化、常态化研究	全国党建研究会	二等奖

〔续表〕

序号	年份	课 题 名 称	课 题 来 源	获奖情况
2	2015	人才工作专业化能力研究——以宝钢人才工作实践探索为例	全国党建研究会	优秀奖
3	2015	落实国有企业党建工作责任制研究	全国党建研究会	二等奖
4	2015	不合格党员认定和退出机制研究	全国党建研究会	优秀奖
5	2016	坚持和健全党内民主生活会制度和做法研究	全国党建研究会	三等奖
6	2016	混合所有制企业党建特点和党建工作关键措施研究	全国党建研究会	一等奖
7	2016	克服基层党建工作薄弱环节研究	全国党建研究会	三等奖
8	2016	落实国有企业党建工作责任制研究	中央企业党建思想政治工作研究会	一等奖

第七节　人民武装工作

1986 年 6 月 27 日，宝钢总厂人民武装部建立，接受上海警备区和宝钢总厂党委双重领导。1998 年 11 月上海地区钢铁企业联合重组后，宝钢集团人民武装部(简称人武部)接受上海警备区和宝钢集团党委双重领导。人武部是宝钢集团党委的军事参谋部门，承担宝钢集团国防动员、征兵、国防教育、拥军优属、人民防空工作机构职责，负责组织实施国防潜力调查、兵役征集、武器装备管理、国防教育、拥军优属、人民防空和民兵预备役队伍建设、军事训练、应急拉动及战备值勤、战时支前等工作。

一、国防动员工作

1998 年 6 月，宝钢集团人武部组织开展《中华人民共和国国防法》宣传月活动，并参加上海市国防教育办公室举办的国防法律法规知识竞赛，获邮电赛区二等奖。1999 年 8 月 17 日，组建上海陆军预备役高射炮兵某连。同月，组织宝钢工业学校 1 000 多名学生参加迎国庆万校国防教育活动。2001 年 8 月，宝钢集团成立国防教育办公室，开展《中华人民共和国国防教育法》知识竞赛。2002 年，根据上海市颁发的《2002 年国防教育工作意见》《关于组织开展 2002 年全民国防教育日活动的通知》，开展国防教育系列活动。2003 年，根据上海市颁发的《2003 年国防教育工作意见》《关于组织开展 2003 年全民国防教育日活动的通知》，开展国防教育系列活动。2004 年 8—9 月，开展国防教育征文、国防知识竞赛、国防读书演讲竞赛。

2007 年，在宝钢局域网开通“国防教育园地”。利用《宝钢日报》开展国防知识答题竞赛。2008 年，围绕“维护国家安全，共筑和谐家园”主题，开展第八个“全民国防教育日”活动。2009 年，结合中华人民共和国成立 60 周年和第九个“全民国防教育日”，围绕“赞颂辉煌成就，建设强大国防”主题，开展网上国防知识宣传、网络知识竞赛等活动。2010 年，围绕“富国强军，共筑长城”主题，开展全民国防教育活动。宝钢集团被上海市委宣传部、市国防教育办公室授予“全民国防教育先进单位”称号。2012 年，围绕“热爱人民军队，共筑钢铁长城”主题，开展国防教育活动。2013 年，围绕

“国家安全和国防义务”主题，开展第13个“全民国防教育日”活动。2014年5月，组织在沪单位相关人员参加全员动员、快速集结演练；宝钢集团人武部被上海市国防动员委员会评为“保障工作先进单位”。同年，围绕“关心国家安全、维护海洋权益”主题，开展第14个“全民国防教育日”活动。2015年12月，宝钢集团人武部被上海市、上海警备区评为“先进基层人武部”“民兵预备役工作先进单位”。

2016年，宝钢集团人武部被上海市、上海警备区评为“民兵预备役工作先进单位”，宝钢民兵应急连在上海警备区组织的比武竞赛中获团体综合成绩第二名，宝钢集团被评为“上海市国防教育先进单位”。

二、人民防空工作

1989年3月1日，经上海市宝山区人民防空办公室和抗震委员会办公室研究，根据《关于宝钢总厂安装防空警报器的通知》，决定在宝钢总厂范围内安装防空警报器。2001年，宝钢集团开展地下防空设施普查。2002年，根据上海市人民防空办公室要求，组织宝钢股份、宝钢一钢、宝钢浦钢、宝钢集团上海五钢有限公司（简称宝钢五钢）等子公司拟订重要经济目标单位防护预案。2003年，根据《上海民防工程建设和使用管理办法》，宝钢集团下发《关于贯彻〈上海市民防工程建设和使用管理办法〉的意见》，组织开展人防工程专项整治。

2007年8月7—10日，参加上海市人民防空指挥部组织的“民防—2007”演习，完成指挥部下达的各个演练科目及应对方案。根据上海市相关要求，人武部对宝钢重要经济目标单位提出调整意见。2008年年初，宝钢集团根据高危期工作要求，专题审议宝钢分公司等6个重要经济目标单位应急防护方案，编制、上报《宝钢集团有限公司重要经济目标战时应急防护方案》。4月下旬，组织集团内重要经济目标单位和宝信软件相关人员组成钢铁系统参演指挥组，参加上海市“民防—2008”网上演练。2009年，配合中国2010年上海世界博览会（简称上海世博会），组织宝钢股份、宝钢发展等20家单位召开宝钢人员疏散应急防护预案编制工作会议，并开展相关演练。4月下旬，中国人民解放军总参谋部作战部考察团一行50人到宝钢勘察重要经济目标单位防护工作。2012年6—9月，开展宝钢集团在沪单位民防工程（地下空间）基本情况调查摸底工作，并建立安全管理长效机制。2013年，对宝钢集团民防工程及较大地下空间开展民防工程安全管理达标创建活动。

2016年，组织、指导有关单位修订、完善重要经济目标单位防护预案。

三、拥军优属工作

2001年1月，宝钢集团下发《关于2001年开展拥军优属、拥政爱民活动的意见》。2002年10月26日，宝钢集团资助海军上海基地某部队建设的“计算机培训中心——水兵网吧”揭牌。2003年，“南京路上好八连”命名40周年前夕，宝钢集团出资10万元，赞助“好八连”连史展览馆建设；出资20万元，赞助上海“海军博览馆”扩建。1991—2008年，宝钢集团7次获“上海市拥军优属模范单位”称号。

2010年3月，宝钢集团与担负上海世博会安全保卫任务的某部队签订共建协议，制定《关于落实服务世博军民共建活动实施意见》。4月1日，宝钢集团批准该实施意见，并召开关于落实服务世博军民共建活动工作部署会。2014年,宝钢集团获评2013—2014年度上海市拥军优属模范集体。

2016年,宝钢集团被上海市命名为"爱国拥军模范集体"。

第八节　老干部工作

宝钢集团把加强老干部工作列入领导责任制,完善离退休干部管理组织机构,加强对离退休干部的思想引领,落实离退休干部政治生活待遇,为离退休干部解决后顾之忧。宝钢关心下一代协会、宝钢老干部(老年)活动中心、宝钢老干部(老年)大学等,为离退休干部搭建开展活动的"舞台"。1998年12月15日,宝钢集团党委发文,设立老干部一处,与宝钢离退休职工管理处合署办公;负责宝钢集团离退休干部的管理工作〔不含原上海冶金控股(集团)公司(简称上海冶金)离退休干部的管理工作〕。设立老干部二处,负责原上海冶金基层单位的老干部工作和原上海冶金机关离退休干部的管理服务工作。2014年3月7日,为整合老干部工作资源,宝钢集团按照"机构整合、业务整合、优化岗位、尊重历史"的原则,设立中共宝钢集团有限公司委员会老干部工作部,全面负责宝钢在沪单位的老干部管理工作。老干部工作部按照一室(办公室)、一校〔宝钢老干部(老年)大学〕、一中心(离退休人员服务管理中心)的框架运作。宝钢集团坚持从实际出发,在政治上、思想上、生活上关心照顾离退休职工,让离退休职工老有所养、老有所医、老有所乐、老有所教、老有所学、老有所为。

一、离退休干部管理

1998年11月上海地区钢铁企业联合重组后,宝钢集团坚持国庆节、春节前召开老干部座谈会,向老干部通报生产和建设情况、国际和国内形势。集团领导层坚持重大节日走访慰问离退休的老领导。每逢召开重要会议、节日纪念活动都邀请离退休的老领导参加。阅文室全天开放文件阅览。对重病住院的老领导,派工作人员送文件到医院供阅读。宝钢离退休职工管理处对离退休职工每年提供一次体检。坚持对重病住院、特困、逢五和逢十生日的离退休职工进行走访慰问,对生病住院、孤老等特困离退休职工给予不定期补助。

1999—2006年,依靠基层单位抓好各种费用的按时发放,即使是困难企业,也坚持做到企业再难也不难老干部。推广建立关心老干部特殊困难网络,建立送医送药上门巡回医疗制度,建立帮助解决老干部特殊困难的老干部基金,对有特殊困难的老干部坚持特事特办。争取上海市有关部门的支持和帮助,解决老干部的特殊医药费和特殊用药。有33名抗日战争前期参加革命的老干部按政策落实了享受单项局级医疗待遇。解决多名老干部的住房困难。面对老干部高龄多病的实际情况,开展"手拉手、结对子","依靠社区多一份关心"等活动,强化了关心老干部的氛围,使不少老干部家中装上警铃、热线电话,帮困工作有了新的进展。1999年11月起,上海市实行由社保中心负责实施社会化发放离退休职工养老金,老干部处不再每月直接向管理的离退休职工发放养老金。2000年7月4日,宝钢集团批准科级以下退休职工每年进行一次体检。2006年10月,老干部一处被中共中央组织部、人事部授予"全国老干部工作先进集体"。

2007年,针对离休老干部整体进入高龄和高发病的"双高期"特点,老干部一处和老干部二处推进社区"四个就近"(就近学习、就近活动、就近得到关心照顾、就近发挥作用)工作。2008年,老干部一处按照"四个就近"的要求,并根据老干部趋高龄、高发病期,推进社区老干部工作。社区街道卫生服务中心和宝钢老干部建立医疗就诊热线电话,建立就诊电话联系率达到95%。老干部二处与徐汇区枫林街道、虹口区广中街道社区老干部部门建立了联系网络。2009年，老干部一处在生活上建立工作人员和老干部“结对”服务制度。推进社区老干部工作，采取个性化服务，为老干部提供“六助”（助联系医院、助办转诊、助陪同看病、助挂号配药、助办出入院手续、助垫付报销医疗费）服务。做好“2009年调整本市离休干部生活补贴费”工作，按上级规定、按时间节点，做到一个不少、一个不错、一个不漏。5月，宝钢集团为101名离休干部调整并补发1—4月护理费；6月，为117名离休干部调整并补发1—6月新增加的月生活补贴费。对67名享受政府津贴退休人员进行核对和调整养老金补贴工作。根据集团工会“关于调整企业大病救助款”的精神，为2009年5月前申请大病救助的415名退休人员办理企业大病医疗救助。老干部二处主动与13个区89个街道取得联系，全面推进网络建设，与普陀区委老干部局签订《加强条块联手、推进社区老干部工作的协议》，得到市委老干部局的肯定与支持。

2010年，老干部一处走访9个区和14家二级定点医院，为未纳入市干部保健的离休干部编制《离休干部方便就医指导书》，方便离休干部就近医疗。在关心老干部生活和健康的同时，建立和完善离休干部特殊用药医药费保障机制，离休干部医保外特殊用药医药费用得到保障。为离休干部免费安装煤气报警器和安康通呼叫系统；实施家庭沐浴防滑跌实事；为离休干部举办集体祝寿活动；对行动不便的老同志，采取就近体检、就近报销的新措施。2011年，老干部一处与上海市宝山区友谊路街道宝山八村、宝林八村、宝林一村、宝钢四村等社区建立定期工作交流机制，为老干部办实事。拓展服务渠道，在有条件的居民区为老干部提供助餐服务；社区为25名行动不便的老干部提供居家养老服务；宝钢老干部活动室免费向居住在宝山地区的离休干部开放。老干部二处与普陀区委老干部局联手推进社区老干部工作，为有生活困难的老干部提供个性化服务。5月，率先在全市实现50名离休干部与子女、社区（包括街道、居委、志愿者）和单位老干部部门联系方式“一键通”。9月，老干部一处被中共中央组织部、人力资源和社会保障部授予“全国老干部工作先进集体”。同年，离退休科被评为“上海市老干部工作先进集体”。2012年，宝钢集团扩大离休干部居家养老服务补贴享受范围。老干部一处开展专业应急维修服务进离休干部家庭工作，主动和有关部门联系落实服务项目及热线电话，向上海市物业呼叫服务平台提出应急需求，实行接报应急维修。为5名已故离休干部遗属补发一次性抚恤金差额补贴。老干部二处加强与老干部子女和社区的联系，加大走访力度，严格做到“第一时间必访”。开展个性化、精细化服务，为老干部在法律维权、养老院联系、建立遗嘱、遗嘱保管、遗嘱实施、遗体捐献等方面提供帮助，做好延伸服务。把“老干部子女、单位工作者、社区工作者”的信息一并纳入上海“安康通”呼叫平台，强化对50名特困、独居老人的关心力度。同年起，离退休职工每年的春节慰问费、高温慰问费、中秋及重阳节慰问费，慰问品不再采用实物或有价券发放，全部按慰问品标准费用折价进卡。2013年，宝钢集团及时做好调整完善离休干部护工费补贴标准和离退休高级干部自雇费用调整落实等工作。老干部一处主动加强与老干部居住社区的联系和沟通，条块联手，在宽度和深度上推进社区老干部工作。8月，中共虹口区委老干部局和老干部一处共同签订《构建社区老干部工作长效机制》；市委老干部局领导和中共虹口区委领导为欧阳街道宝钢欧阳花苑老干部活动中心揭牌，为离休干部“四个就近”创造了条块结合的工作机制和条件。老干部二处分别与徐汇区枫林街道两个居委签订“助老、助医、助餐备忘录”，进行制度化、签约化形式的探索。2014年，老干部工作部及时完成离休干部特殊医疗经费的下拨，并做好离休干部护理费调整的发放工作。推出就近体检，方便了退休职工。编写《退休职工管理服务工作手册》，从8个部分（退休、查档、体检、慰问、订阅报刊、医疗、老年学习、老年活动）进行详细说明。2015年，老干部工作部落实增加离休费相关工作，通过上门走访、电话通知等方式，告知每一名离休干部。完成宝钢集团17名干部提高享受按副省(部)长级标准报销医疗费待遇工作。5月1日起,企业离休干部病故一次性抚恤金的列支由社保承担。

2016年,老干部工作部与社区联合开展主题教育活动,及时解决老干部个性化应急需求。宝钢离退休职工管理处全面实施各项业务制度化、规范化、标准化,包括:修订完善为老服务管理制度;优化退休职工大病救助工作;完善健康体检运行机制;推出《退休职工管理服务工作手册》《宝钢退管工作问答》;建立宝钢集团退管系统和"金工匠"移动服务平台,共享、融合退休职工"慰问、补助、救助、后事"四大服务体系,与人力资源管理系统衔接,强化系统提醒功能,使工作人员能够全面协同、协作,查阅方便、规范运作,实施各项业务可查询可追溯。

表9-1-7　1998—2016年宝钢离退休职工统计表　　单位:人

年份	离休干部	处级干部和1993年10月前聘任的高级工程师	科级以下退休职工	合　计	其中70岁以上
1998	150	757	2 854	3 761	301
1999—2001	142	1 085	3 886	5 113	716
2002	140	1 172	4 199	5 511	896
2003	133	1 242	4 589	5 964	904
2004	132	1 302	5 007	6 441	1 378
2005	130	1 350	5 499	6 979	1 794
2006	127	1 387	5 937	7 451	1 817
2007	125	1 403	6 542	8 070	2 311
2008	118	1 408	7 154	8 750	2 407
2009	115	1 438	7 787	9 352	2 503
2010	241	1 455	8 310	10 006	2 910
2011	232	1 467	8 839	10 538	3 181
2012	98	1 471	9 372	10 941	3 491
2013	93	1 488	11 679	11 883	3 452
2014	345	1 496	11 203	12 699	3 708
2015	307	1 494	12 603	13 557	3 571
2016	293	1 499	12 752	14 251	4 111

说明:从2014年起,离休干部数为老干部一处、老干部二处、梅钢公司合并统计人数。

二、中共宝钢离退休干部工作委员会

1994年8月,宝钢成立中共宝山钢铁(集团)公司离退休干部工作委员会(简称离退休党工委)。离退休党工委每年组织3～4次形势报告,举办一次党支部工作研讨班,交流工作经验,促进支部建设。离退休党员坚持每月1～2次党组织生活(离休干部每月2次、退休干部每月1次)。

1999—2000 年，离退休党工委加强离退休干部党支部班子建设，探索新形势下老干部思想政治工作的有效形式和途径。开展“树老干部良好形象，做好党员、好家长、好公民”等多种主题活动，发挥老干部在企业中支持现职领导、支持改革的不可替代作用。1999 年 11 月，711 名退休科级以下党员组织关系转到居住地党组织。2001 年 4 月，举办党支部工作研讨班，进一步明确党支部要发挥做离退休职工思想政治教育主渠道的作用，把“老有所学、老有所教”落到实处。老干部一处离休干部第三党支部被上海市工业党委评为“上海市工业系统老干部先进集体”；离休干部黄俊被上海市工业党委和上海市委老干部局评为“上海市工业系统老干部先进个人”和“上海市老干部先进个人”。2002 年，先后组织离退休党员深入学习中共中央总书记江泽民“5·31”重要讲话，学习中共十六大精神。离退休党员坚持每月 1～2 次组织生活（离休干部每月 2 次、退休干部每月 1 次）。2003 年，离退休党工委根据“围绕主题，把握灵魂，狠抓落实”的精神，突出学习重点，以学习贯彻“三个代表”重要思想为主线，以中共十六大精神和十届全国人大一次会议精神作为学习的主要内容。17 个党支部根据安排，坚持每月 1～2 次的政治理论学习和经常性组织生活制度，做到时间、内容、人员“三落实”。2004 年，老干部一处离休干部第三党支部被评为“全国先进离退休干部党支部”，被上海市委组织部、市委老干部局授予“上海市先进离休干部党支部”。离休干部李沛泉被评为“全国老干部先进个人”。

2005 年，按照上级党委统一部署，在离退休党员中重点开展保持共产党员先进性教育活动。在整改提高阶段，通过召开座谈会，征求到政治学习、党的建设、生活待遇、管理服务等 4 个方面的意见和建议 76 条。通过专题民主生活会，认真检查对照、自我剖析、确定整改的时限，落实整改的责任，并建立长效机制。为巩固和扩大先进性教育活动的成果，组织 1 083 人参加“喜看宝钢建设新成就”的“回娘家”参观活动。经测评，教育活动满意度为 99.96%，达到预期的目标和效果。2006 年，以庆祝建党 85 周年和红军长征胜利 70 周年为契机，开展系列活动，广大离退休职工踊跃参与。5 月，各党支部组织 220 名党员参加由中国老龄协会、中共中央组织部老干部局等 4 个单位联合举办的“纪念中国共产党成立 85 周年党史党建知识竞赛”，宝钢获优秀组织奖。8 月，开展以“和谐”为主题的“尊老爱幼和睦文明家庭”的评选活动，45 户离退休干部家庭被评为 2005—2006 年度“尊老爱幼和睦文明家庭”。2007 年 4 月，围绕创建“爱学习、讲健康、促和谐、有作为”党支部主题举办党支部工作研讨班。5 月，组织 320 名党员参加由中国老龄协会、中共中央组织部老干部局等 4 个单位联合举办的“迎接党的十七大和纪念建军 80 周年知识竞赛”，离退休党工委获优秀组织奖。6 月，各党支部按期进行换届改选。组织老领导、老干部代表出席宝钢集团第三次党代会。2008 年 4—8 月，在离退休干部党员中开展学习实践科学发展观活动的试点工作。5 月，308 名党员离退休干部通过上海市慈善基金会向汶川地震灾区捐款 51 470 元，1 042 名党员缴纳“特殊党费”36.80 万元。6 月 25 日，组织 13 支歌队近 1 000 名离退休干部参加“颂祖国赞宝钢”主题歌会。组织召开纪念改革开放 30 周年、宝钢建设 30 周年座谈会，120 名离退休职工参加会议。组织 600 余名离退休干部参加“喜看宝钢建设新成就”的“回娘家”参观活动。开展庆祝中华人民共和国成立 60 周年系列活动，组织大型座谈会、老干部歌会、“我与祖国”征文、摄影书画作品展、演讲等系列活动。加强离退休干部工作，在推进离退休干部党支部建设工作中，联系宝钢实际，以“健康、学习、有为、和谐”为模式，开展创建“五好”（支部班子好、党员队伍好、组织设置好、活动开展好、群众反映好）党支部活动。2009 年，以争创“五好”党支部为载体，加强基层党支部建设。4 月，围绕创建“五好”党支部主题举办党支部工作研讨班。6 月，召开离退休干部党支部建设经验交流会，在各党支部开展评选和表彰先进党支部和优秀共产党员的活动，表彰和奖励 4 个先进党支部和 47 名优秀共产党员。离休干部赵振山被评为全国老干部先进个人,离休干部第二党支部被评为上海市离退休干部先进党支部,离休干部第一党支部被评为上海市级机关工委离退休干部先进党支部。

2010年2月,开展“精彩世博、共创和谐——上海老干部与世博同行”主题教育活动。9月,在宝钢投产25周年之际,各党支部以专题组织生活会的形式,畅谈“我印象中的‘85·9’精神”。黄俊一次性交纳特殊党费6 000元(黄俊先后10次超出有关规定额,累计缴纳党费3.30万元)。以创建“五好”党支部为抓手,进一步加强离退休党支部工作建设,下发《关于在离退休干部基层党组织和党员中深入开展“创先争优”活动的实施意见》。举办由党支部书记、组织委员参加的党支部工作研讨班,各党支部围绕主题、联系实际,撰写研讨文章并作交流发言。下发《关于离退休干部党支部换届选举工作的意见》,经选举产生新一届党支部委员会。10月下旬,在宝钢党校举办离退休干部党支部书记(扩大)培训班。2011年,开展“纪念建党90周年系列活动”。在“与党同呼吸、共命运、心连心”征文活动中,收到征文稿95篇;组织600名老党员参加中国老年报社等4家单位联合举办“纪念中国共产党成立90周年知识竞赛活动”;6月27日,举办主题为“永远跟党走”的第18届“老年之声歌会”。2012年,开展离退休干部“创先争优”活动,进一步加强离退休干部党支部建设。以“向上海市第十次党代表大会建言献策”为主题,组织20个党支部1 300名离退休干部党员召开专题组织生活会。开展喜迎“党的十八大”系列活动,11月8日组织老领导、老干部集中收看中国共产党第十八次代表大会开幕式。组织离退休干部党员学习十八大精神,为1 300多名党员送上十八大报告读本、党章;组织20个离退休干部党支部收看中共中央宣讲团成员所作的“十八大精神辅导报告”录像;组织离退休干部党员参加由中共中央组织部党员教育中心、人民出版社、共产党员网联合开展的学习十八大报告和党章知识竞赛活动。2013年,把深入学习贯彻中共十八大精神作为主线,围绕“什么是梦、如何实现中国梦、怎样为实现中国梦贡献力量”主题,开展“争当六大员,点亮中国梦”系列活动。以“学习十八大,争当六大员”为主线,深入开展“创先争优”活动,发挥所长,融入社区。以“同心共筑中国梦”活动为载体,12支歌队近400名老干部参加“歌声放飞中国梦”歌会。引导和动员离退休干部围绕宝钢二次创业和宝钢湛江钢铁基地项目献计献策。组织近50名宝钢老领导、老专家参加宝钢湛江钢铁基地项目可研方案汇报会。2014年,在加强离退休干部党支部思想建设和组织建设的同时,不断加强党员管理服务。通过开展集中宣讲、举办报告会、收听视频辅导报告、组织生活、就近参观考察等灵活多样的方式,组织好党员学习十八届三中全会、四中全会和中共中央总书记习近平系列重要讲话精神。深入推进“争当六大员·共筑中国梦”主题活动,在践行社会主义核心价值观、追逐中国梦的行动中释放正能量;宣传先进典型,评选出“最美离退休干部党支部”“最美老干部”和“尊老爱幼和睦文明家庭”。离休干部许浩获“全国离退休干部先进个人”称号;黄长致、周维祥、陈德浩获“上海市离退休干部先进个人”称号;宝钢离退休党工委离休二支部获“上海市先进集体”称号。2015年,通过举办报告会、收听视频辅导报告等方式,组织全体离退休党员学习十八届四中、五中全会和习近平系列重要讲话精神;对年老体弱的老干部、老党员,把学习材料、重要文件精神送上门;宣传老有所学、老有所乐、老有所为先进典型,开展评选“最美老干部”“好家风、好家规”“孝亲好儿女”等活动。

2016年,围绕“加强老干部党的建设、引导老干部为党的事业增添正能量和服务好老同志”主线开展工作。通过组织开展“两学一做”100问知识竞赛活动。规范组织党支部换届选举,完成20个离退休党支部的换届工作。组织开展评选“最美离退休干部党支部”“最美老干部”等活动,5个离退休干部党支部、10名老干部受表彰。通过“两学一做”学习教育,离退休干部中涌现出一批典型。其中,参加过抗日战争的离休干部秦鸿津一次性向党组织缴纳特殊党费10万元。

三、宝钢老干部(老年)大学

宝钢老干部(老年)大学成立于1990年3月,前身为上海市老干部大学宝钢分校,是宝钢离退休职工"老有所学、老有所教"的重要阵地。上海冶金老干部活动中心,1999年3月由上海冶金老干部活动室更名,是提供原上海冶金系统老干部学习、休息、娱乐的场所,并承担原上海冶金机关离退休人员的服务管理工作。

2002年,宝钢老干部(老年)大学被评为"上海市老年教育先进集体"和"上海市老干部大学系统先进集体"。2003年10月,宝钢老年人体育协会被评为全国老年体育先进单位。2004年3月1日,宝钢老干部(老年)大学新教学楼投入使用。新教学楼可供300多名学员同时上课,总使用面积810平方米,投资191万元。教学楼位于牡丹江路宝钢文化中心映辉楼,共3层,设普通教室3间、电脑教室1间、阶梯教室1间、资料室1间、办公室2间。7月18日,宝钢老干部(老年)大学被评为全国首个企业示范校。10月,宝钢老干部(老年)大学代表出席在上海召开的国际第三年龄大学第22届代表大会,出席会议的9位外宾到宝钢老干部(老年)大学参观和交流。11月,宝钢老年人体育协会被评为上海市老年体育标兵单位。手杖操班学员参加上海市老年运动会,获一等奖。2008年10月29日,宝钢老干部(老年)大学接受由上海市教育委员会、上海市老龄工作委员会办公室委托上海市教育评估院组织的专家组评估,学校被评为"上海市示范性老年大学"。同年,按照寓教于乐、寓教于学、贴近实际、贴近时代的办学方针,冶金老干部大学和杨浦区老干部大学联手开设"宝钢冶金、杨浦老干部大学联合班"。2009年2月,被上海市教育委员会、上海市老年教育协会评为"示范性老年大学"。7月,被上海市老干部大学系统评为"示范性老干部大学"。10月,被评为"全国先进老年大学"。

2010年,在迎世博和上海世博会召开期间,宝钢老干部(老年)大学和老干部活动中心组织一系列活动:组建7支老干部参赛队参加上海市老干部世博知识竞赛,其中3支参赛队获优胜奖。2011年,重点开展红歌进班级、"入党那一刻"主题征文演讲、"党在我心中"诗歌散文征集、校园文化大家谈等一系列活动。10月,被上海市委老干部局授予"上海市老干部大学系统先进集体",被中国老年大学协会评为"全国老年教育宣传工作先进单位"。2012年11月,被中国老年大学协会评为"全国老年大学校园文化建设先进单位",被上海市老年学校素质教育指导中心设立为首批"上海市老年学校素质教育实践基地"。宝钢淞涛合唱团首次跨出国门,参加2012年韩国釜山合唱节活动。2014年3月,宝钢老干部(老年)大学吸收冶金老干部大学,发展成为1个总部和4个教学点,即宝山总部和天津路、银发大厦、胶州路、黄兴路教学点。9月15日,宝钢老干部(老年)大学总部新建教学楼投入使用,新教学楼位于漠河路101号3号楼,建筑面积5 690平方米,除用于教学的各类教室外,还专门设有阅览室、棋牌室、多功能舞厅、桌球房、小型报告厅、舞蹈房、乐队房、接待室、休闲屋顶花园等。

表9-1-8　1998—2016年宝钢老干部(老年)大学办学情况表

年　份	专业(个)	办班(个)	入学人数(人次)	年　份	专业(个)	办班(个)	入学人数(人次)
1998—2000	20	75	4 029	2002	18	58	1 400
2001	18	46	2 000	2003	19	58	1 600

〔续表〕

年 份	专业（个）	办班（个）	入学人数（人次）	年 份	专业（个）	办班（个）	入学人数（人次）
2004	22	87	3 700	2011	38	146	6 043
2005	27	95	1 826	2012	40	136	5 072
2006	29	98	2 700	2013	40	160	4 687
2007	29	101	4 568	2014	44	187	5 223
2008	31	115	5 208	2015	48	212	5 644
2009	33	118	5 201	2016	49	224	6 724
2010	37	126	5 211				

四、宝钢关心下一代工作委员会

1990 年 5 月，宝钢关心下一代协会（简称宝钢关协）成立，张子雄任会长。

2002 年 3 月，宝钢关协进行换届选举，产生第四届理事会，肖维新连任会长。8 月，肖维新带领 8 名宝钢职工子女随中国关心下一代工作委员会组团前往日本，参加中、日、韩三国儿童童话交流活动。2003 年 10 月，肖维新随中日友好幸福学校访日代表团访问日本。10 月 15 日，宝钢关协在全国钢铁企业关心下一代工作研究会年会上介绍“企业关协工作要立足基层，在探索、拓宽、深化、参与、加强上下功夫”经验。年内，配合宝钢工业技术学校开展学生思想教育工作。2004 年 10 月，全国钢铁企业关心下一代工作研究会 2004 年年会在宝钢举行。

2005 年，召开庆祝宝钢关协成立 15 周年暨关协理事会换届大会，张清朗当选会长，通过《宝钢关心下一代协会章程》。宝钢关协被上海市委老干部局、市精神文明建设委员会办公室评为“上海市关心下一代工作先进集体”；肖维新、卢金海被评为“上海市关心下一代工作先进工作者”；肖维新被评为“全国关心下一代工作先进工作者”，出席全国关心下一代工作“双先”表彰会。宝钢关协被上海市评为“集体优胜奖”，宣教组、帮教组、科技组获“优秀组织奖”。老干部张浩波应育才学校邀请为 1 700 多名学生介绍宝钢创业史。宝钢关协老专家评选青年科技论文 30 多篇。12 月，成立宝钢关协“五老宣讲团”。2010 年 10 月，宝钢关协《组织发挥老专家科技所能　尽责培育创新型青年人才》一文在中国关心下一代工作委员会《简讯》和《中国火炬》杂志刊发。中国关心下一代工作委员会主任顾秀莲作批示，赞扬“宝钢关协工作很实在，很有特色，贴近青年，服务企业，重点突出，卓有成效”。年内，召开庆祝宝钢关心下一代协会成立 20 周年大会。宝钢关协老专家配合宝钢有关部门评审青年科技论文 110 篇。

2011 年 5 月 17 日，宝钢关协举行宝钢关心下一代工作委员会（简称宝钢关工委）全委会，宝钢关心下一代协会更名为“宝钢关心下一代工作委员会”。宝钢关工委围绕企业改革发展大局，发挥科技专长，从素质教育入手，坚持主动服务团组织和推进宝钢青年职工成长成才；力所能及地为宝钢青年职工解决后顾之忧，坚持举办暑托班；坚持为未婚青年职工牵线搭桥；发挥自身政治优势，参与社区青工和中小学生主旋律教育；坚持与社区联手，与特殊青少年结对帮教，为社会做好事、办实事。“宝钢寄情老虎钩”博客在上海市关心下一代工作委员会等单位主办的“老青结对博客秀”评比中获唯一“金奖”。2012 年 10 月，在全国钢铁企业关心下一代工作研究会年会上，作题为《唱响主旋律　构建新平台——开展老青网络交流的做法与体会》的交流发言。10 月 21 日，中国关心下一代工作委员会主任顾秀莲在上述交流材料上批示：“开展老青网络交流，对青少年进行思想道德教育，这是一个很好的新平台。要培育、推广、发展。”2013 年，面向宝钢集团团员青年，围绕“坚定理想信念，实现人生价值”“爱党、爱祖国、爱宝钢、爱岗位”和“老青共筑同圆中国梦”等专题，深化“学雷锋、心向党、讲品德、见行动”和“四爱”学习教育活动，为宝钢股份、宝钢发展和宝钢化工等 10 多个基层团委宣讲交流 14 次。12 月，上海教育电视台播放开展“老青结对博客秀”活动的录像片《共筑网上家园——宝钢关工委》。年内，宝钢关工委获“全国五好基层关工委先进集体”和“上海市五好基层关工委先进集体”称号。2014 年 11 月 4—6 日，全国钢铁企业关心下一代工作研究会 2014 年年会在宝钢举行。12 月，宝钢关工委开始推进依靠退休干部党支部开展关心下一代工作试点工作。2015 年，开展纪念中国人民抗日战争胜利 70 周年主题活动，与宝钢集团团委联合开展青年志愿者关爱离休老干部工作。围绕“传承中华魂　共筑中国梦”老青结对博客秀、纪念宝钢投产 30 周年等开展主题教育。5 月，宝钢关工委名誉主任关壮民为团员青年授课。在每五年一次的全国关心下一代工作先进集体、先进工作者的评选活动中，宝钢关工委被评为“全国关心下一代工作先进集体”，张清朗、李秀华被评为“全国关心下一代工作先进工作者”。宝钢关工委、宝钢关工委基层组被评为“上海市关心下一代工作先进集体”，张清朗、沈泉根、张文惠被评为“上海市关心下一代工作先进工作者”。

2016 年，围绕纪念中国共产党成立 95 周年、红军长征胜利 80 周年主题，宝钢关工委举办“长征胜利给我们的启示”和“三代共产党员的梦”等专题报告会，向包括宝钢集团团委干部及集团总部、宝钢资源、宝钢化工的青年党员、入党积极分子、团员青年代表作 10 多场报告，900 多人参加报告会。宝钢关工委“热与光”微信公众号启用。

第二章　民主党派工作

中国国民党革命委员会(简称民革)、中国民主同盟(简称民盟)、中国民主建国会(简称民建)、中国民主促进会(简称民进)、中国农工民主党(简称农工党)、九三学社等6个民主党派在宝钢集团建有基层组织。致公党、台湾民主自治同盟因宝钢成员少而未在宝钢集团成立组织,其宝钢成员被编入地区组织。

宝钢集团党委重视与各民主党派宝钢基层组织的合作共事,按照“长期共存、互相监督、肝胆相照、荣辱与共”方针,指导和支持民主党派加强思想建设、组织建设和作风建设。各民主党派宝钢基层组织经历由小变大、逐步完善和加强的过程,其主要任务是:贯彻上级组织的决议和决定,加强思想建设和组织建设;结合基层组织所在单位、地区的中心任务,引导成员做好本职工作,立足岗位建言献策,建功立业;了解成员及所联系群众的意见、建议和要求,通过组织系统反映社情民意;组织所属成员过好组织生活,加强政治学习,做好思想政治工作;发动成员开展社会公益活动,促进社会主义物质文明和精神文明的建设;有计划地做好发展新成员工作。

表9-2-1　1998—2016年宝钢集团民主党派情况表

序号	民主党派名称	在宝钢设立组织名称	1998年成员数(人)	2016年成员数(人)
1	中国国民党革命委员会	民革宝钢一支部、民革宝钢二支部、民革梅山支部	14	50
2	中国民主同盟	民盟宝钢总支、民盟五钢特钢支部	52	74
3	中国民主建国会	民建宝钢工作委员会	13	82
4	中国民主促进会	民进宝钢委员会	23	117
5	中国农工民主党	农工党宝钢支部	33	36
6	九三学社	九三学社宝钢支社、九三学社一钢不锈钢支社、九三学社五钢特钢支社、九三学社梅山支社、九三学社上海冶金支社	38	243

第一节　中国国民党革命委员会组织

民革宝钢各基层组织坚持和发扬民革优良传统,秉承宝钢优秀企业文化,注重加强自身建设,积极参政议政,热心于参加社会活动,为社会和企业的物质文明和精神文明建设作贡献。1998年,宝钢集团有民革党员14人,2016年年底发展至50人。

一、组织建制

1993年10月15日,民革宝钢支部成立。1996年11月,民革宝钢支部召开党员大会,选举产生第二届支部委员会。2005 年 5 月，民革宝钢集团上海梅山有限公司(简称民革梅山)小组成立，组织关系挂靠民革宝钢支部。2006 年 3 月，民革宝钢支部召开党员大会，选举产生第四届支部委员会。2010 年 7 月，民革宝钢支部召开党员大会，选举产生第五届支部委员会。2011 年 1 月，民革梅山支部成立。2011 年 12 月，民革宝钢支部召开党员大会，选举产生第三届支部委员会。2015 年 7 月 1 日，民革宝钢支部选举产生第六届支部委员会。为便于开展活动，民革宝钢支部拆分为民革宝钢一支部、民革宝钢二支部，隶属于民革宝山区委员会。

二、主要工作与成果

2001 年 9 月，民革宝钢支部就民主党派如何在企业和社会开展工作向到上海调研的民革中央宣传部汇报。2004 年 12 月，民革宝钢支部举行成立十周年暨《民革宝钢支部成立十周年》纪念册编辑出版会议。

【自身建设】

1998—2016 年，民革宝钢各基层组织不断发展壮大，从 1998 年的 1 个支部 14 名党员发展至 2016 年 3 个支部(民革宝钢一支部、民革宝钢二支部和民革梅山支部)50 名党员。

民革宝钢一支部、二支部每年都有完整的全年工作安排，年初有计划，年终有总结。支部平时注重加强政治学习，以提高党员的政治素质，通过每月召开的支部生活会，及时向全体党员和联系人传达中共中央、民革中央、民革市委、民革宝山区委各类重要会议精神，通报宝钢集团重大事项和企业生产经营状况，提高全体党员的政治觉悟和参政议政能力，支持企业发展改革，坚定钢铁报国初心。支部获民革宝山区委 2010—2012 年度、2013—2014 年度先进支部。

民革梅山支部围绕民革创党初心，立足本职工作，坚持抓学习型支部建设，使党员进一步了解中国特色的政党制度、民主党派的政治地位，增强参政议政能力，促进同心同向。支部注重发展工作，保持每年发展一名新党员的速度，不断为组织注入新鲜血液。2013 年，民革梅山支部获授民革宝山区委“特色支部”称号。

【参政议政】

1998—2016 年的每年“两会”(人大会议、政协会议)期间，担任区人大代表和政协委员的民革宝钢支部党员提出议案、提案，内容涉及民生、交通、绿色环保、钢铁制造等领域。“上海再生油行业发展现状与策略研究”提案先后成为政协宝山区大会发言提案、民革上海市委政协会议组织提案、全国政协会议提案；“传史育人不辱使命：关于扩建淞沪抗战纪念馆的若干建议”提案先后成为 2013 年度政协宝山区大会发言提案、民革上海市委政协会议组织提案；“关于进一步保障上海粮食安全的建议”提案在 2014 年度政协上海市会议上成为民革市委大会发言提案。支部完成民革上海市委专题研究课题“关于深化两岸知识产权保护合作的思考与建议”的研究；2016 年，完成民革上海市委专题研究课题“提升上海餐厨垃圾资源化处置水平的有关建议”的研究，并转化为提案提交市政协及全国“两会”。

民革梅山支部积极建言献策，第一届主委田明旭兼职南京市雨花台区政协委员，连续两年被评为先进政协委员。2011 年，田明旭提出的“关于取消梅山 203 铁路道口两侧减速带的提案”获采纳。

【社会活动】

1998—2016年，民革宝钢支部组织并参与多项社会活动，包括扶贫济困、关爱老人、捐资助学、抗灾救援。组织各种形式的共建活动，与民革其他支部、中国共产党基层组织以及其他民主党派支部开展学习交流。党员马鄂云多次负责组织和参与宝钢与中国台湾地区“中国钢铁公司”间的科技交流活动，推动海峡两岸冶金界的经济、技术交流往来。

民革梅山支部定期组织党员接受爱国主义教育，参与社会慈善活动。梅山支部党员于留春发挥专业优势，担任《世界金属导报》记者，为该报提供钢铁企业基建、生产和科研等方面稿件23篇。

第二节　中国民主同盟组织

民盟宝钢各基层组织不断加强思想建设和组织建设，加强青年盟员培养，优化盟员结构，注重围绕上海市宝山区经济发展和城市建设开展调研，提出具有针对性的议案、提案。1998年，宝钢集团有民盟盟员52人，2016年年底发展至74人。

一、组织建制

1985年7月4日，民盟宝钢支部成立。1994年2月，改组成立民盟宝钢总支委员会，下辖一、二、三、四等4个支部。分别在1988年、1991年、1994年、1997年选举产生第二、三、四、五届委员会。隶属于民盟上海市委员会。

1998年11月上海宝钢集团公司成立后，民盟上海钢研所支部(后更名为“民盟五钢特钢支部”)组织关系划入宝钢，隶属于民盟宝山区委员会。2000年4月，民盟宝钢总支选举产生第六届委员会。2001年2月，民盟上海钢研所支部选举产生第一届支部委员会。2003年4月，民盟宝钢总支选举产生第七届委员会。2005年10月，民盟上海钢研所支部更名为“民盟五钢特钢支部”，并选举产生民盟五钢特钢第二届支部委员会。2006年4月，民盟宝钢总支召开第八次盟员大会，选举产生第八届委员会。2010年，民盟宝钢总支对所属4个支部开展换届，选举产生各自的新一届支部班子。民盟五钢特钢支部召开盟员大会，选举产生第三届支部委员会。2011年9月8日，民盟宝钢总支召开盟员大会，选举产生第九届委员会。2015年9月，民盟五钢特钢支部完成第四届支部换届工作。2016年9月，民盟宝钢总支选举产生第十届委员会。

二、主要工作与成果

1998年，民盟宝钢总支获1998年度民盟上海市委盟务工作先进集体和1998年度“同舟共济”主题活动组织奖。1999年，组织盟员参与宝钢集团“科技创新”活动。2001年12月，民盟宝钢总支第一支部获评民盟上海市委盟务工作先进集体。2004年3月，民盟宝钢总支第一支部获评民盟上海市委先进集体。2009年，民盟宝钢总支将年度总支建设目标定位为“进一步规范组织运行、完善各项组织制度年”，梳理、完善《民盟宝钢总支组织发展及后备干部培养制度》《民盟宝钢总支会议制度》《民盟宝钢总支考勤管理制度》《民盟宝钢总支盟费管理制度》等4项制度。

【自身建设】

1998—2016年，民盟宝钢总支每年组织盟员参加民盟上海市委召开的全国“两会”精神传达和学习报告会。加强青年盟员培养，通过接任务、压担子方式，让年轻盟员参与支部工作，培养其责任担当和组织协调能力，每年推选优秀青年盟员参加民盟上海市委青年骨干盟员培训班。10余名盟员获10余项市、区级及所属行业荣誉奖项。盟员温大威获冶金行业第九次部级优秀工程设计奖一等奖；范松年获宝钢技术创新重大成果奖二等奖，其本人被收入英国剑桥传记中心和美国传记研究所（ABI）出版的世界名人录中。民盟五钢特钢支部发展高学历员工和高级工程师加入支部，提升盟员素质，优化支部盟员结构。

【参政议政】

1998—2016年，借助于上海市宝山区人大和政协平台，民盟宝钢总支历任人大代表、政协委员，围绕宝山区经济发展和城市建设开展调研，共提出议案、提案（含社情民意）20多项。关注民生问题，组织盟员开展2件提案调研，并形成报告提交民盟上海市委。民盟五钢特钢支部组织盟员参加民盟宝山区委举办的参政议政培训班和讲座，提高撰写提案和社情民意的水平，盟员参政议政参与率逐年提升，聚焦民生和城市治理，提交多篇社情民意信息提案，其中“建造双城路停车场的建议”获评2009年度政协宝山区优秀提案；2010年“发展有机农作物生产基地，打造宝山生态农业旅游产业”社情民意信息提案提交上海市政协；2016年“关于增加公用自行车网点的建议”“关于上下班高峰时段缩短轨交一、三线往返车次间隔时间的建议”均被采纳。参与民盟宝山区委组织的课题调研，完成《宝山区小学生素质教育调研报告》《崇明生态农业发展现状调研报告》。

【社会活动】

1998—2016年，民盟宝钢总支联合盟内兄弟支部开展活动，邀请老一辈革命家子女讲述革命前辈英雄事迹和光荣传统。民盟宝钢总支和民盟五钢特钢支部参加民盟上海市委组织的“新年第一声问候”大型义卖活动等多项社会活动，向汶川地震、玉树地震灾区捐款4.56万元。民盟五钢特钢支部与上海市宝山区杨行镇杨行中心小学开展“支部一帮一”活动，自2007年起多年资助困难家庭孩子学费；2016年为贵州省黎平县龙额乡上地坪小学捐赠书籍和文具用品，向云南省宁洱县贫困山区孩子捐款。

第三节　中国民主建国会组织

民建宝钢各基层组织注重“内强素质、外塑形象”建设，坚持优化会员结构，发展新会员，做好新老会员的接替工作，坚持选拔素质高、责任心强的会员参与社会工作，建言献策，反映社情民意。1998年，宝钢集团有民建会员13人，2016年年底发展至82人。

一、组织建制

1995年11月，民建宝钢支部成立。1999年8月，结合上海地区钢铁企业联合重组，在民建上海冶金工委会、民建宝钢支部、民建梅山支部基础上改组成立民建宝钢工作委员会（简称民建宝钢工委会）。2004年7月，民建宝钢工委会选举产生第二届委员会。2006年11月，民建宝钢工委会选举产生第三届委员会。2010年，民建宝钢工委会完成各支部换届改选工作和工委会重组工作，成立民建宝钢委员会，下辖民建第一、第二、第三和梅山等4个支部，隶属于民建上海市委员会。重组后，实行退休离岗会员与在岗会员分离，退休离岗会员组建民建综合支部，直属民建上海市委领导。2011 年，原民建宝钢工委会在职会员完成组建民建宝钢委员会工作。2015 年 11 月，完成民建宝钢委员会及所属支部换届工作，选举产生第二届委员会。

二、主要工作与成果

2000 年 12 月，民建宝钢工委会获民建中央"中国民主建国会全国先进集体"称号。2001 年 2 月，民建宝钢工委会获"上海市统一战线为两个文明建设服务先进集体"称号。2003 年，民建宝钢工委会获颁民建上海市委"社会服务工作组织奖"和"民建帮困助学优秀组织奖"。

【自身建设】

1998—2016 年，民建宝钢工委会先后发展 12 名高学历宝钢员工入会；宣传、学习民建历史、民建章程，传递民建中央和民建上海市委重大部署和重要精神，宣传民建优秀会员事迹。2011 年 7 月，在新华社发起的首届"沪上金融家"评选活动中，民建宝钢工委会会员、华宝信托董事长郑安国获"沪上十大金融行业领袖"称号，体现了民建会员"内强素质、外塑形象"的风范。民建宝钢工委会注重围绕企业生产经营、科技创新等重点策划、安排组织活动，做到每期活动有主题、有目标；注重增强各支部间的联谊活动，引导会员立足本职工作，爱岗敬业，为企业作贡献。

【参政议政】

1998—2016 年，民建宝钢工委会发挥基层组织作为会员参政议政桥梁的作用，选拔一批素质高、责任心强的会员作为培养对象，为其参政议政创造条件，搭建舞台。先后有 4 名民建会员作为上海市宝山区政协、宝山区人大、市政协委员参与社会工作，建言献策，反映社情民意。民建宝钢工委会累计提交各类议案 30 余件，其中"关于宝山区级公交系统与市级交通网络有序衔接"提案等获宝山区政协优秀提案，并有 11 人次受聘于市、区两级的各类行风监督员。

【社会活动】

1998—2016 年，民建宝钢工委会各支部根据自身特点，发挥民建优良传统，参与为特困职工捐款、"一日捐"及慰问贫困家庭等活动。部分会员发挥自身特长，赴社区、学校等开展社会服务。2010 年，民建宝钢工委会全体会员响应民建上海市委向灾区捐款的倡议，捐赠善款 13 470 元。

第四节　中国民主促进会组织

民进宝钢各基层组织注重发挥本组织优势，把组织活动与参政议政、社会调研、社会服务相结合，以科学技术服务为重点，服务企业和社会。1998 年，宝钢集团有民进会员 23 人，2016 年年底发展至 117 人。

一、组织建制

1981 年 9 月，中国民主促进会在宝钢设立小组。1986 年 9 月，成立民进宝钢支部。1988 年、

1990 年、1996 年、1999 年，民进宝钢支部分别选举产生第二、三、四、五届委员会。

2002 年 4 月，民进宝钢支部、梅山支部和上海冶金支部分别召开会员大会，邀请民进上海市委领导通报民进宝钢委员会筹备情况。12 月 27 日，在原民进宝钢支部、上海冶金支部、梅山支部、综合支部基础上，联合改组成立民进宝钢委员会，下辖民进宝钢、综合、梅山和退休等 4 个支部，隶属于民进上海市委员会。2006 年 9 月，民进宝钢委员会召开第二次代表大会，选举产生第二届委员会。2010 年，民进宝钢委员会完成所属支部的换届改选工作。2011 年 8 月，民进宝钢委员会召开第三次代表大会，选举产生第三届委员会。2016 年 7 月，民进宝钢委员会换届选举产生第四届委员会。

二、主要工作与成果

1998 年，民进宝钢支部获评民进上海市委 1997—1998 年度党派工作先进支部。2004 年 4 月 10 日，民进宝钢委员会召开成立一周年纪念庆祝大会，民进中央副主席、上海市副市长、民进上海市委主委严隽琪，宝钢集团党委书记刘国胜等出席。民进宝钢委员会获评“2002—2004 年度民进上海市委先进基层组织”。

【自身建设】

1998—2016 年，民进宝钢委员会加强自身建设，吸引了一批优秀知识分子和科研骨干入会。各支部注重加强思想政治理论学习，年初制订年度重点工作安排，通过每季度例会，向成员传达中共中央、民进中央等上级组织的重要会议精神，提升会员的政治素养和参政议政能力。

【参政议政】

1998—2016 年，民进宝钢委员会履行参政党职责，在“两会”上累计提出提案、议案上百条。其中，“关于宝山教育资源优化配置与转型发展联动的建议”入选民进宝山区委大会发言提案，并被作为区重点提案进行督办；“关于在央企建立和完善公司律师制度的调研——兼论现代法人治理之公司律师管理制度”和“大力培育大学技术经理人队伍，打造上海科技成果转化新高地”课题中标民进上海市委参政议政课题；《完善上海市检察院案件流程短信内容，提升工作效率》一文被上海市政协采用。民进梅钢支部在南京市雨花台区“两会”期间提交“关于完善梅山记忆馆的建议”和“关于增加长虹南路铁路道口人行通道的建议”2 件提案，并得到立案。王静会员结合宝钢生产经营情况撰写多份提案，其中“关于全面提升国有企业抗风险能力的提案”于 2012 年 10 月获第十一届全国政协优秀提案奖。

【社会活动】

1998—2016 年，民进宝钢委员会坚持参加扶贫济困、关爱老人、捐资助学、抗灾救援等社会活动。2004 年，民进宝钢委员会宝钢支部连续 3 年参加民进宝山区委组织的宝山区海滨街道困难家庭“帮困助学”活动；汶川大地震发生后，宝钢支部捐款 3.20 万元；为民进上海市委在贵州金沙县设立的“开明书屋”捐书 150 多本。会员们还发挥民进优势，把组织活动与参政议政、社会调研、社会服务相结合，以科学技术服务为重点，服务企业和社会。

第五节　中国农工民主党组织

农工党宝钢基层组织注重建立健全组织生活制度、参政议政工作制度、学习制度、联系成员制度、经费公开制度等，注重履行参政党应有的社会责任，组织并参与社会活动。1998 年，宝钢集团有农工党党员 33 人，2016 年年底发展至 36 人。

一、组织建制

1985 年 7 月，农工党宝钢支部成立。1989 年 4 月，吸收农工党宝冶支部改组成立农工党宝钢总支委员会，并选举产生第二届委员会。1996 年 6 月，农工党宝钢总支委员会选举产生第三届委员会。1999 年 6 月，农工党宝钢总支委员会选举产生第四届委员会。2000 年 2 月，农工党宝冶支部随机构调整被划出农工党宝钢总支委员会，农工党宝钢总支委员会改组为农工党宝钢支部，隶属于农工党宝山区委员会。2002 年 12 月，农工党宝钢支部选举产生第五届委员会。2005 年 7 月，农工党宝钢支部选举产生第六届委员会。2010 年 6 月，农工党宝钢支部选举产生第七届委员会。2015 年 9 月，农工党宝钢支部选举产生第八届委员会。

二、主要工作与成果

1999 年，农工党宝钢总支委员会获“1998—1999 年度农工党上海市委先进集体”称号。2009 年，以“参与世博(上海世博会)、宣传世博”为宗旨，组织党员参与社会活动。

【自身建设】

1998—2016 年，农工党宝钢支部通过打造自主学习型支部，提高党员政治素质和业务能力，吸引了一批优秀宝钢员工入党。建立健全组织生活制度、参政议政工作制度、学习制度、联系成员制度、经费公开制度等。通过每月的支部生活会，及时向全体党员传达中共中央及农工党中央、上海市委、宝山区委的重要会议精神，通报企业重大事项和生产经营状况，提高全体党员的政治觉悟和参政议政能力。

【参政议政】

1998—2016 年，农工党宝钢支部就民生工程、节能减排、绿色制造等问题建言献策，提交提案、议案 75 件。其中，“关于加强校园安全的建议”获评 2005 年度宝山区政协优秀提案；“关于加强宝山交通管理，整治地区交通秩序的建议”“关于加快推进标准化村卫生室建设的建议”“建议将交通信号灯中的黄灯改成数字灯”分别获列 2005 年度、2007 年度、2013 年度宝山区政协重要提案。

【社会活动】

农工党宝钢支部把与宝山区友谊路街道居委会建立的长期联系作为民主党派在新形势下服务社会的新尝试；发挥党员中医务界人士多的优势，组织开展各类医疗咨询和社区精神文明建设活动。2008 年汶川大地震发生后，在“我为地震灾区重建家园献计献策”活动中，农工党宝钢支部党员向灾区捐款 18 850 元，庄祥弟被农工党中央评为“抗震救灾先进个人”。

第六节　九三学社组织

九三学社宝钢各基层组织注重发展业务素质高、参政议政能力强的宝钢员工入社，注重坚持理论学习，提高社员政治素养，注重社员参政议政能力建设，注重利用自身优势、发挥自身特点，开展社会服务活动。1998 年，宝钢集团有九三学社社员 38 人，2016 年年底发展至 243 人。

一、组织建制

1984 年 10 月，九三学社宝钢支社成立。1988 年、1992 年、1996 年，九三学社宝钢支社分别选举产生第二、三、四届委员会。

1998 年 11 月上海宝钢集团公司成立后，原上海冶金控股(集团)公司的九三学社一钢支社、上海钢研所支社、上海冶金支社，以及原上海梅山(集团)有限公司的九三学社梅山支社等 4 个九三学社基层组织的关系划入宝钢集团。九三学社上海冶金支社、梅山支社隶属于九三学社上海市委员会，九三学社宝钢支社、一钢不锈钢支社、五钢特钢支社隶属于九三学社宝山区委员会。2000 年 12 月，九三学社上海钢研所支社选举产生第五届委员会。2001 年 1 月，九三学社宝钢支社选举产生第五届委员会。2002 年 1 月，九三学社上海冶金支社选举产生第五届委员会，梅山支社选举产生第三届委员会。2004 年 8 月，九三学社宝钢支社选举产生第六届委员会；一钢支社(九三学社宝山区第三支社)成立；上海钢研所支社完成重组及换届改选，并更名为“九三学社五钢支社”。2005 年，九三学社一钢支社更名为“九三学社一钢不锈钢支社”，九三学社五钢支社更名为“九三学社五钢特钢支社”。2006 年，九三学社梅山支社召开第四次社员大会，选举产生新一届委员会；九三学社上海冶金支社召开第十次社员大会，选举产生第十一届委员会。2007 年 12 月，九三学社宝钢支社选举产生第七届委员会，一钢不锈钢支社选举产生第三届委员会。2010 年 6 月，九三学社宝钢支社选举产生第八届委员会，一钢不锈钢支社完成换届改选工作，五钢特钢支社选举产生新一届委员会。2011 年，九三学社梅山支社选举产生第五届委员会，上海冶金支社选举产生第十二届委员会。2015 年 7 月，九三学社一钢不锈钢支社完成换届改选工作。2016 年，九三学社梅山支社选举产生第六届委员会，上海冶金支社选举产生第十三届委员会。

二、主要工作与成果

【自身建设】

1998—2016 年，九三学社宝钢各基层组织注重社员发展工作，坚持发展与巩固相结合的原则，发展业务素质高、参政议政能力强的宝钢员工入社。坚持理论学习，提高社员政治素养，包括：宝钢支社与上海市社会主义学院共同举办“加强自身建设”研讨班，组织社员参加九三学社上海市委开展的“认真学习宪法，推进依法治国”活动，举办学习贯彻科学发展观培训班，设立“六论树立和践行社会主义核心价值观体系”学习栏，选送社员参加九三学社上海市委举办的中青年社员骨干培训班；五钢特钢支社定期开展组织生活，传达上级精神，通报企业生产经营形势。

【参政议政】

1998—2016年，九三学社宝钢各基层组织关注社员参政议政能力建设，注重提案、议案的收集、拟定和提交工作。宝钢支社调研上海市宝山区旅游资源后，形成“关于发展宝山区游轮经济的建议”“关于拓展宝山邮轮经济产业链的建议”等28个提案和建议；“关于建立上海市级工业园区的建议”获评宝山区政协优秀提案；在九三学社宝山区委集体提案的基础上，宝钢支社深入调研，形成《关于吴淞大桥东西两侧岸线功能置换与开发的调研报告》《加快宝山现代化服务业发展，提高区域城市功能》等4份深入调研报告。五钢特钢支社发扬社内高级知识分子多的优势，提交社情民意信息提案300余篇、政协提案100余篇。其中，“小区垃圾箱搬迁到小区之外”“加强绿化管理力度”“防止集卡和重型卡车伤害骑车人的建议”提案获宝山区政协优秀提案，“关于为顾村公园改名的建议”获评“我为世博献一计”优秀建议。

【社会活动】

1998—2016年，九三学社宝钢各基层组织注重利用自身优势、发挥自身特点来开展社会服务活动，包括参加社区公益活动和义诊活动、举办科普讲座、参加科普巡回演讲、参加相关培训、开展与其他民主党派的联谊活动、开展扶贫帮困助老救灾活动、参加爱国主义教育活动、参加旨在促进社区精细化管理的专项民主监督活动、参加专业社团活动等。

第三章　工　会　工　作

1978年9月，宝钢工程指挥部党委决定筹建指挥部工会。1979年12月，决定分别筹建基建口指挥部工会和生产口总厂工会，实行“一套班子、两块牌子”运作。1982年，宝钢总厂党委决定建立宝钢总厂工会委员会(筹)。1983年5月和6月，宝钢工程指挥部工会、宝钢总厂工会相继成立。1995年8月28日，组建宝钢集团工会联合会，制定《工会联合会章程》。1998年11月上海地区钢铁企业联合重组后，宝山钢铁(集团)公司工会、上海市冶金工会、上海梅山(集团)有限公司工会推进工会联合事宜。1999年11月1日，宝钢集团工会选举产生新领导班子，探索工会联合后的工作机制。2000年1月10日，宝钢集团工会召开四届十二次委员会全体会议，增补委员会委员和常委，至此，完成了联合的全部过程。

宝钢集团工会围绕宝钢改革发展稳定大局，深化职工素质工程建设，团结引领广大职工建功立业；深化职工民主管理体系建设，促进建立和谐稳定的劳动关系；深化职工服务体系建设，解决职工最关心、最直接、最现实的利益问题；深化工会工作改革创新，建设职工信赖的“职工之家”，促进职工与企业共同发展。

第一节　工会组织建设

宝钢集团工会注重加强工会队伍建设和工会作风建设；通过开展劳动竞赛、班组建设、经济技术创新、争当“最佳实践者”等活动，团结、动员职工投身企业生产经营活动；以厂务公开、推进职工民主管理为重点，坚持和完善职工代表大会制度，健全、完善协调劳动关系的工作机制。

1998年11月上海地区钢铁企业联合重组后，宝钢集团工会提出“高立意、高起点、高标准、高目标”工作总体要求，围绕党政中心工作，推动“全心全意依靠工人阶级”方针贯彻落实，突出和履行维护职能，发挥工会组织作用。团结、动员职工投身宝钢经济建设主战场，推进以“对标”为核心内容的劳动竞赛。以厂务公开为重点，坚持和完善职工代表大会制度，出台《在深化改革、加快发展，进一步落实全心全意依靠职工办企业的若干意见》。健全、完善协调劳动关系的工作机制。协助开展减员分流和再就业工作，包括从源头参与《减员分流再就业工作方案》的制订和修改，使减员工作保持平稳态势；各级工会履行对特困职工帮困“第一责任人”职责；参加上海市总工会保障互助会各种保险计划。2001年，围绕宝钢集团确立的战略目标，提出“重调研、重落实、重实干、重实效”工作总体要求，突出和履行工会组织的独特职能，发挥工会组织的独特作用。其中，把推进“职工素质工程”作为第一要务来抓，建立领导班子，制定推进意见，召开班组建设暨“职工素质工程”推进大会，出资100万元设立“职工素质工程”奖励基金，明确两个职工素质教育示范点。宝钢集团获全国五一劳动奖状。2002年，提出“应对新挑战，构筑新平台，力争新突破，服务新需求”工作总体要求。推进“职工素质工程”，评选、表彰宝钢集团“十佳”智能型班组和智能型职工等。推进职工民主管理、厂务公开，包括基层单位职代会预告制、表决制、免职制等3项刚性制度实施率都达90%以上，出台基层职代会质量评估制度，基本形成包括宝钢集团职代会制度在内的集团层面5项民主管理制度。建设具有宝钢特色的企业大众文化，包括举办第六届职工文化艺术节，参加首届中国职工艺术节，承办首届中国职工艺术节“宝钢杯”全国职工京剧演唱比赛，参加上海市第12届运动会。推进职工参加上海市职工保障互助会3项保障计划。推进工会自身建设，包括召开“加强工会自身建设”工作会议，开展重点工作课题招投标管理，开展对上海市高科技、支柱和新兴产业职工队伍状况调查等。2003年，提出“培育长效机制，打造特色品牌，把握关系处理，强化工作要求”工作总体要求。推进“职工素质工程”，民主管理及职工生活保障工作；加强工会自身建设，集团工会形成每年到各公司、直属工会调研制度。8月5日、8月28日、11月20日，上海市总工会、中国机冶建材工会和中国钢铁工业协会、国务院国资委分别在宝钢集团召开“职工素质工程”现场推进会。2004年，按照“求真创新、攻坚破难、维权务实、励精图治”要求开展工作。制定《关于广泛开展“创争”活动，进一步深化职工素质工程的意见》，以开展“创争”(创建学习型组织，争做知识型职工)活动和学习孔利明为重点，深化职工素质工程；制定《关于进一步完善和规范改制中职工代表大会民主程序的若干意见》，对改制中坚持严格、规范操作执行民主程序作了规定，充分发挥工会在辅业改制中的作用；以上海市厂务公开检查为契机，推进厂务公开民主管理工作，包括颁发《进一步深入推进厂务公开民主管理意见》等；开展“环保节能竞赛”和市重点实事工程立功竞赛，并以开展“安康杯”竞赛为载体，推动劳动保护工作；针对职工医保范围内自付费用增加的实际情况，及时推出大病重病救助措施；各级工会注重加强自身建设。

2005年，动员职工投入经济技术创新活动；加强民主管理，探索建立与完善职工维权机制；组织开展全员降本增效劳动竞赛；制定、实施《帮困送温暖长效机制》；组织开展系列文体活动；对工会干部提出当“四个行家”要求，即当企业基层管理行家、思想政治工作行家、劳动法律法规行家、协调与沟通行家。宝钢集团工会与宝钢股份工会实行“两块牌子、两套委员会、一套工作机构”运作。2006年，组织开展降本增效、跨厂际同工序对标、降低铁水成本对标等3项劳动竞赛；建立多级职代会制度框架，提升职工民主管理水平；开展职工经济技术创新活动。2007年，全面开展全员降本增效劳动竞赛、跨厂际同工序对标劳动竞赛、对标升级三年计划等3项劳动竞赛；推进多级职代会制度建设和厂务公开民主管理。2009年，应对国际金融危机，开展发现、培养、宣传最佳实践者活动。该活动通过组织、发动员工管好现场细节，对改善经营管理、调动职工积极性、完成生产经营任务发挥作用。完成“现代企业制度下职工民主管理实现途径”课题研究，起草《宝钢职工民主管理基本制度》，提交于2010年1月15日召开的宝钢集团二届三次职代会审议。围绕宝钢集团年度目标，开展“全员、全面、全过程成本改善”劳动竞赛。针对宝钢集团沪外子公司工会组织既隶属地方工会又接受集团工会业务领导的情况，本着分类指导原则，出台《关于对沪外子公司工会的管理意见(试行)》，对沪外子公司工会工作进行指导。

2010年，聚焦产品经营、成本改善、管理变革、环境经营等中心工作，聚焦上海市群众性“迎世博(上海世博会)、作贡献、保稳定”主题实践活动，优化体系建设，发挥系统能力，履行基本职能。围绕绩效改善和素质提升，开展职工经济技术创新活动，落实职工“三最”利益问题。“现代企业制度下职工民主管理实现途径的研究”课题获上海市总工会工运理论研究成果奖一等奖、中华全国总工会工运理论研究成果奖一等奖。首次组织开展对基层工会的年度工作评价。牵头制定宝钢集团历史上首份《宝钢集团有限公司职工董事、职工监事管理办法(试行)》。该《办法》对企业如何支持职工董事、职工监事工作，职工董事、职工监事如何履行反映职工诉求、维护职工权益的职责作了详细规定。2011年，围绕“产品经营、成本改善、环境经营、安全管理”主题，组织员工自上而下开展各类竞赛活动；开展岗位创新活动；深化“最佳实践者”活动；宣传贯彻《上海市职代会条例》，细化、规范职工民主管理工作制度；组织“职工代表看宝钢”活动，拓展职工知情权和参与权；推进工会劳动安全保护三级网络制度建设。2012年，开展“进千个班组、访万名职工，服务职工在行动”活动；聚焦市场重点、现场难点开展“振奋精神、迎接挑战、攻坚克难、争创最优”劳动竞赛；推进职工岗位创新活动；开展“最佳实践者”活动，推进自主型职工队伍建设；以全国和上海市厂务公开民主管理工作检查为契机，深化厂务公开民主管理，并先后接受全国厂务公开民主管理协调小组、上海市人大常委会检查组对宝钢厂务公开民主管理工作检查和指导；开展第七次“宝钢管理者问卷调查”；开展帮困救助，进一步规范工会保障工作；梳理职工退休管理工作职责，加强退休管理办公室的力量，制定《关于加强退休人员网块长管理工作的指导意见》，形成退休管理工作体系；开展“精彩宝钢、活力员工”主题文体活动；加强工会干部队伍职业化建设，制定、下发《宝钢集团公司二级单位工会工作评价办法》，完善工会工作评价机制。2013 年，开展以环境经营、降本增效、安全生产为主题的“团队争先、岗位创优”劳动竞赛，确立“跨厂际同工序对标竞赛”“拓展新市场创造新效益竞赛”“湛江钢铁工程建设竞赛”等 3 个集团层面的专项劳动竞赛；打造宝钢“蓝领创新”品牌；深化厂务公开民主管理工作，制定《宝钢集团 2013 年厂务公开民主管理工作要点》，聚焦厂务公开“阳光”行动、安全生产管理民主监督等重点工作，开展民主评议领导干部，召开厂情通报会，组织“职工代表看宝钢”及职工董事、职工监事研修班等活动；开展“最佳实践者”活动，推进自主型员工队伍建设；开展 2 次“宝钢管理者问卷调查”，在调查基础上确定“筹备建设宝钢职工文化中心项目”“推进宝钢‘爱礼’弹性福利计划的实施”“推广青年过渡惠租房项目”等 3 个公司级“三最”4D（讨论、审议、决策、执行）项目，实现“服务职工在行动”工作常态化；加强基层基础管理，制定《加强班组建设的指导意见》；组织开展第九届职工运动会、第八届老年人运动会等系列文体活动；以开展党的群众路线教育实践活动为契机，开展一系列加强自身建设的评价、研修和培训。2014 年，制定、下发《关于积极做好宝钢工会系统宣传思想教育工作的意见》；落实整改宝钢集团党的群众路线教育实践活动中工会负责的 5 个项目；围绕宝钢生产经营总目标，聚焦重点、难点、热点，开展以环境经营、降本增效、安全生产为主题的“团队争先、岗位创优”劳动竞赛；举办“宝钢杯”第七届全国钢铁行业职业技能竞赛；推进“最佳实践者”活动、建设自主型员工队伍工作；建立工会劳动安全保护工作体系，强化民主管理和民主监督作用；开展“服务职工在行动”活动；以举办职工艺术节为契机，开展丰富多彩的文体活动；修订《宝钢二级单位工会工作评价办法》，颁发《基层工会换届工作指南》《宝钢外派国外、境外工会会员管理办法（试行）》《宝钢集团工会财务工作评价办法》《工会信访维稳工作管理办法》。2015 年，开展以深化改革、安全生产、环境经营、降本增效为主要内容的“团队争先、岗位创优”劳动竞赛；组队参加由上海市总工会、市人社局等主办的上海市职工数控技能比武大赛，代表上海市参加“数控机床装调维修工”全国技能大赛；各单位全面推进安全“1000”（安全第一、事故为零、违章为零、隐患为零）班组创建活动；组织召开宝钢集团三届三次职代会和 2014 年度领导人员民主评议工作，通过“厂情通报会”“职工代表看宝钢”等，深化厂务公开民主管理；实施集团范围第 11 次“宝钢管理者问卷调查”。

2016 年，下发《关于做好 2016 年工会宣传教育工作的意见》，组织实施第 12 次“宝钢管理者问卷调查”；组织开展以深化改革、安全生产、环境经营、降本增效为主要内容的“团队争先、岗位创优”劳动竞赛；举办第七届职工技能大赛；组队参加“鞍钢杯”第八届全国钢铁行业技能竞赛；组织开展第十届职工运动会和第九届老年运动会。

表 9-3-1　1998—2016 年宝钢集团工会代表大会及工会委员会全体会议召开情况表

届　次	召开时间	会议主要内容
上海宝钢集团公司工会四届十一次委员会全体会议	1999 年 11 月 1 日	选举产生集团工会新领导班子，探索宝山钢铁（集团）公司工会、上海冶金控股（集团）公司工会、上海梅山（集团）有限公司工会联合后的工作机制

〔续表〕

届　　次	召开时间	会议主要内容
上海宝钢集团公司工会四届十二次委员会全体会议	2000年1月10日	增补委员会委员和常委
宝钢集团有限公司工会第五次代表大会	2008年6月2日	选举产生第五届委员会、经费审查委员会
宝钢集团有限公司工会五届一次委员会全体会议	2008年6月2日	选举产生新一届工会主席、副主席和常务委员
宝钢集团有限公司工会第六次代表大会	2013年9月23日	选举产生第六届委员会、经费审查委员会

第二节　职工民主管理

宝钢集团主要通过实施职工代表大会制度、实行厂务公开制度、实行劳动合同集体协商制度、组织“职工代表看宝钢”活动等，开展职工民主管理。

一、职工代表大会

1999年，宝钢集团制定出台《关于坚持和完善职工代表大会制度，推行厂务公开的若干意见》的文件，把推行厂务公开定位在发展、完善和延伸以职工代表大会为基本形式的民主管理上，要求各子公司把握时机，联系实际，对本企业职工代表大会制度进行规范与完善。2000年，要求各所属企业在企业管理、党风廉政建设、干部管理工作民主化、职工代表大会职权的落实、健全公开运行机制和加强监督检查等6个方面进一步深化厂务公开。2001年，进一步加强职工群众监督，建立述廉制度；加大职工群众参与力度，促进企业领导人员管理的民主化；完善职工代表大会制度建设，促进职工代表大会职权的落实。2002年，推出基层职工代表大会质量评估制度，要求对基层单位召开职工代表大会议题的确定、职权行使、民主程序、会务组织等实施审议把关和质量评估。各基层单位职工代表大会预告制、表决制、免职制等3项制度的实施率达90%以上。2003年，制定《上海宝钢集团公司职工代表大会制度》，规定了职工代表大会的职权，职工代表的权利、义务，职工代表大会的组织制度。集团工会推行基层单位职工代表大会质量评估制度，评估内容包含职工代表大会职权履行情况，职工代表大会预告制、表决制、免职制等3项制度实施情况，职工代表大会制度建设和职工代表培训工作等情况，由基层单位的职工代表大会代表实行评估。质量评估结果与企业领导班子和领导个人业绩考核挂钩，与领导个人的先进评比挂钩，与基层单位党建和工会工作的考核挂钩。2004年，分析、梳理了2002年以来实施“主辅分离辅业改制”企业民主程序情况，制定下发《关于进一步完善和规范改制中职工代表大会民主程序的若干意见》。

2006年，制定《宝钢集团有限公司规范各级职代会制度工作意见》。2010年2月，颁布《宝钢集团有限公司职工民主管理基本制度（试行）》。3月，下发《关于贯彻实施〈宝钢集团有限公司职工民主管理基本制度（试行）〉的意见》。2011年7月27日，颁发《宝钢集团有限公司职工代表大会民主评议领导人员工作细则》，从评议对象、评议内容、组织领导、参加民主评议对象、民主评议程序、工作要求等6个方面对职工代表大会民主评议领导人员工作作了规定。2012年8月24日，上海市人大常委会到宝钢召开《上海市职工代表大会条例》执法检查座谈会，检查条例在宝钢的落实情况。检查组肯定宝钢的工作成绩，认为宝钢的落实情况"规范、创新、有效"，工作中有重点、有特点、有亮点，充分体现了一家现代化一流企业紧紧依靠职工、关爱职工、全心全意依靠职工办企业的特色。2013年，"宝钢集团多级职代会制度建设"课题获上海市民主管理优秀案例一等奖。2014年6月2日—8月29日，宝钢集团工会对集团内566个各级职工代表大会进行系统梳理和检查，内容涵盖职工代表大会管理制度、职工代表产生和结构、职权落实、主席团设立和结构、职代会运行、闭会期间工作等六大类47个子项目，并在此基础上形成《宝钢2014年多级职代会运行情况专项检查报告》。2015年1月，修订《宝钢集团有限公司规范各级职代会制度工作意见》，制定《关于进一步加强多级职代会运行管理的工作意见》等制度，从加强各级职工代表大会运行管理制度建设、规范各级职工代表大会操作流程、拓展职工代表大会闭会期间的民主管理形式、推进基层职工代表大会建制工作、加强职工代表大会制度相关知识培训、探索在三项制度改革和企业混合所有制下的职工代表大会管理等方面提出具体要求。

表9-3-2　1998—2016年宝钢集团职工代表大会召开情况表

届　　次	召开时间	会　议　内　容
宝山钢铁(集团)公司第五届职工代表大会第二次会议	1998年2月23日—3月2日	通过五届二次职工代表大会决议和各项议案
宝山钢铁(集团)公司第五届职工代表大会第三次会议	1998年9月8—15日	审议通过《宝山钢铁(集团)公司依靠职工办企业条例》《宝山钢铁(集团)公司职工当好企业主人行为规范》
上海宝钢集团公司第五届职工代表大会第四次会议	1999年3月9—12日	听取行政工作报告、职工代表大会工作报告，审议通过《上海宝钢集团公司第三期集体合同》等5项方案
上海宝钢集团公司第五届职工代表大会第五次会议	1999年9月15日	审议通过《上海宝钢集团公司待聘人员管理办法》《上海宝钢集团公司职工奖惩管理办法》，表彰1999年度集团"百家标兵"
上海宝钢集团公司第五届职工代表大会第六次会议	2000年3月10日	表决通过关于工资、通勤、职工全产权房上市交易等3个改革方案
上海宝钢集团公司第一届职工代表大会第一次会议	2004年1月8日	听取和审议行政工作报告，审议、通过《上海宝钢集团公司职工代表大会制度》
上海宝钢集团公司第一届职工代表大会第二次会议	2005年1月11日	听取和审议行政工作报告，听取《上海宝钢集团公司关于厂务公开民主管理工作情况的报告》
宝钢集团有限公司第一届职工代表大会第三次会议	2006年1月13日	听取和审议行政工作报告，听取2005年度安全生产情况，听取《宝钢集团有限公司2006年开展全员降本增效劳动竞赛的方案》，职工代表大会代表向全体宝钢职工发出"实施降本增效全员行动计划"倡议
宝钢集团有限公司第一届职工代表大会第四次会议	2007年1月4日	听取和审议行政工作报告，听取2006年度安全生产情况、2006年度职工代表大会工作情况，表彰2006年度宝钢降本增效劳动竞赛先进个人

(续表)

届　次	召开时间	会　议　内　容
宝钢集团有限公司第二届职工代表大会第一次会议	2007年12月28日	听取和审议行政工作报告,审议宝钢集团《2007年职工教育经费使用情况及加强管理的报告》《2007年厂务公开民主管理工作报告》,通过《关于宝钢集团各子公司建立企业年金制度的指导意见》等
宝钢集团有限公司第二届职工代表大会第二次会议	2009年1月16日	听取并审议行政工作报告及《宝钢企业年金有关情况的说明》,审议《宝钢职工需求与关注点信息的管理情况报告》《宝钢集团有限公司2008年职工教育经费使用情况及2009年培训计划的报告》《宝钢集团有限公司2008年厂务公开民主管理工作报告及职工董事、监事工作情况报告》,向全体职工发出"坚定信心、奋发工作,风雨同舟、共渡难关"倡议
宝钢集团有限公司第二届职工代表大会第三次会议	2010年1月15日	听取并审议行政工作报告及《关于宝钢企业年金年运作和管理情况报告》,表决通过《宝钢集团有限公司职工民主管理基本制度(试行)》,审议《"宝钢管理者问卷调查"问题落实情况报告》《宝钢集团有限公司2009年职工教育经费使用情况及2010年培训计划报告》《宝钢集团有限公司2009年厂务公开民主管理工作报告及职工董事、监事工作情况报告》
宝钢集团有限公司第二届职工代表大会第四次会议	2011年1月11日	听取并审议行政工作报告、《2010年宝钢企业年金运作和管理情况报告》、《宝钢集团有限公司2010年安全生产管理情况及2011年工作计划报告》,审议《宝钢集团有限公司2010年职工教育经费使用情况及2011年培训计划报告》《2010年职工需求与关注点信息管理情况报告》《〈宝钢集团有限公司职工民主管理基本制度(试行)〉2010年贯彻落实情况报告》《宝钢集团有限公司2010年厂务公开民主管理工作综合报告》
宝钢集团有限公司第二届职工代表大会第五次会议	2012年1月16日	听取并审议行政工作报告、《2011年宝钢企业年金运作和管理情况报告》、《宝钢集团有限公司2011年安全生产管理情况及2012年工作计划报告》,审议《宝钢集团有限公司2011年职工教育经费使用情况及2012年培训计划报告》《2011年宝钢职工需求与关注点信息管理情况报告》《宝钢集团有限公司2011年厂务公开民主管理工作综合报告》
宝钢集团有限公司第三届职工代表大会第一次会议	2013年1月10日	听取并审议行政工作报告、《2012年宝钢企业年金运作和管理情况报告》、《2012年安全生产管理情况及2013年工作计划报告》,审议《2012年职工教育经费使用情况及2013年培训计划报告》《2012年宝钢职工需求与关注点信息管理情况报告》《宝钢集团第二届职代会工作总结及第三届职代会换届筹备工作报告》《宝钢集团第三届职代会代表资格审查报告》
宝钢集团有限公司第三届职工代表大会第二次会议	2014年1月10日	听取并审议行政工作报告、《2013年安全生产管理情况及2014年工作计划报告》,审议《2013年宝钢企业年金运作和管理情况报告》《2013年职工教育经费使用情况及2014年培训计划报告》《2013年弹性福利实施情况报告》《2013年宝钢职工需求与关注点信息管理情况报告》《2013年厂务公开民主管理工作综合报告》
宝钢集团有限公司第三届职工代表大会第三次会议	2015年1月16日	听取并审议行政工作报告、《2014年安全生产管理情况及2015年工作计划报告》、《2014年能源环保工作情况及2015年工作计划报告》、《2014年宝钢企业年金运作和管理情况报告》,审议《2014年职工教育经费使用情况及2015年培训计划报告》《2014年宝钢职工需求与关注点信息管理情况报告》《2014年厂务公开民主管理工作综合报告》

〔续表〕

届　　次	召开时间	会　　议　　内　　容
宝钢集团有限公司第三届职工代表大会第四次会议	2016 年 1 月 20 日	听取并审议行政工作报告、《宝钢集团 2015 年安全生产管理情况及 2016 年工作计划报告》、《宝钢集团 2015 年能源环保工作情况及 2016 年工作计划报告》、《宝钢集团 2015 年宝钢企业年金运作和管理情况报告》，审议《宝钢集团 2015 年职工教育经费使用情况及 2016 年培训计划报告》《宝钢集团 2015 年职工需求与关注点信息管理情况报告》《宝钢集团 2015 年厂务公开民主管理工作综合报告》

二、厂务公开

1998—2000 年，宝钢集团工会在推行厂务公开中，发挥职工代表大会主渠道作用，探索适合企业民主管理实际的厂务公开新途径、新方法，创新厂务公开制度，包括厂情通报制度、职工代表旁听制度、民主议决会制度、厂情议事周会制度、选拔使用干部公示制度、专题报告会制度、网上公开等，坚持专项公开、过程公开、热点公开。这些新载体在扩大职工知情权，调动职工积极性，加强基层民主决策、民主管理、民主监督等方面发挥了作用。2001 年，召开深化厂务公开工作会议，出台《关于深化厂务公开的若干意见》。宝钢集团明确：党委领导对厂务公开负总责，是第一责任人；行政是厂务公开的主体，是第一执行人；纪检监察部门对厂务公开实施监督检查，是第一监督人；工会是厂务公开工作机构，是第一组织实施人。2002 年，职工民主管理、厂务公开得到深入推进。基层单位职代会预告制、表决制、免职制等 3 项刚性制度的实施率达 90%以上，宝钢集团出台《基层职代会质量评估制度》，包括宝钢集团职工代表大会制度在内的 5 项民主管理制度基本形成。2003 年，制定深化厂务公开工作的意见，厂务公开向企业管理、干部廉政建设、干部管理、完善职工代表大会制度等方面延伸。宝钢集团对 8 家子公司执行会计基础规范和内部会计制度情况开展厂务公开专项检查。2004 年，宝钢集团厂务公开工作小组按上海市开展第二次厂务公开民主管理工作调研检查要求，拟订自查计划，提出自查要求，开展对照检查，完成专项自查报告，并接受和通过上海市总工会的综合检查。宝钢集团以接受上海市厂务公开民主管理工作检查为契机，推进厂务公开民主管理工作，包括颁发《进一步深入推进厂务公开民主管理意见》等。截至年底，90%的子公司建立集体协商制度，签订集体合同。7 月，完成《宝钢集团国有企业重组改制和关闭中维护职工合法权益专项治理情况的自查报告》，并上报国务院国资委。8 月 26 日，国务院国资委“国有企业重组改制和关闭中维护职工合法权益专项治理”综合检查组进行抽查，肯定宝钢集团维护职工权益情况。同年，宝钢集团被授予“上海市 2004 年度厂务公开民主管理工作先进单位”称号。

2005 年，制定《上海宝钢集团公司关于进一步深化厂务公开民主管理的若干意见》。2006 年，提出《2006 年推进厂务公开民主管理工作要点》，制定《关于建立健全宝钢集团有限公司厂务公开工作责任制的若干意见》《宝钢集团有限公司厂务公开工作责任追究办法(试行)》《宝钢集团有限公司厂务公开民主管理的评估制度》，进一步明确责任，强化监督，促进厂务公开民主管理工作的深化。制定、实施《职工需求和关注点信息管理办法》，对收集职工信息的内容、方法、管理、使用等作了具体规定。9 月，宝钢集团接受全国厂务公开检查小组的检查。2007 年下半年，对各单位建设劳动关系和谐企业、厂务公开民主管理工作进行专题调研，并按照《宝钢集团有限公司厂务公开民主管理的评估制度》对 19 家子(分)公司厂务公开民主管理工作进行评估。工作评价达到A级(好)的占57.89%,B级(较好)占36.84%,C级(一般)占5.26%。在职工代表对民主管理厂务公开工作的满意度调查中,表示满意和较满意的占68.42%。2008年7月30日,集团财务部就2008年下半年预算调整情况、监察部就党风廉政建设情况、办公室就领导人员职务消费情况向综合民主管理委员会作通报,各委员反映了来自一线职工群众的意见和建议。2009年9月16日,集团财务部就2009年上半年生产经营情况及下半年预算调整情况、监察部就党风廉政建设情况、办公室就领导人员职务消费情况专门向综合民主管理委员会的各委员作通报。

2010年,召开宝钢集团厂务公开专题报告会,听取集团经营财务部对上半年集团经营绩效、纪委监察部对党风廉政建设、办公室对领导人员职务消费情况、规划发展部对宝钢2010—2015发展规划的专题报告。2011年8月18日,宝钢集团职工代表大会综合民主管理委员会举办2011年厂务公开专题报告会。与会职工代表听取集团经营财务部、纪委、监察部、办公厅对上半年宝钢集团经营绩效、党风建设和反腐倡廉以及领导人员职务消费等情况的报告。与会代表就职工关心的问题与相关职能部门人员进行互动沟通。同年,由宝钢集团董事会审定的《宝钢职工民主管理的基本制度》,在集团范围内推广实施。"国有大型企业以'三项核心制度'为基础的职工民主管理"创新成果获第18届国家级企业管理现代化创新成果一等奖。2012年10月23日,由国家预防腐败局副局长崔海容率领的全国厂务公开民主管理工作调研检查组一行6人到宝钢,进行全国第七次厂务公开民主管理工作调研检查。检查组认为,宝钢的厂务公开民主管理工作体制健全、工作规范、措施有效。2013年9月5日,宝钢集团职代会综合民主管理委员会举行2013年厂务公开专题报告会,集团职能部门汇报了党风廉政建设有关情况、2013年上半年度宝钢集团经营绩效情况、领导人员职务消费情况和《宝钢集团2013—2016年发展规划》。同年,宝钢集团获"全国厂务公开民主管理示范单位"称号。2014年,制定《宝钢集团厂务公开民主管理要点》。召开厂务公开专题报告会,通报宝钢集团经营绩效、党风建设和反腐倡廉、领导人员职务消费、安全生产、节能环保情况。2015年8月,聚焦国内钢铁行业进入"严冬"给生产经营带来的新挑战,开展多层次职工形势任务教育,团结、引导职工参与改革。召开2015年厂务公开专题报告会暨厂务公开民主管理工作推进会,通报经营绩效、党风建设和反腐倡廉、领导人员履职待遇、业务支出管理、安全生产、节能环保情况。总结厂务公开民主管理各项制度在落实中存在的问题及取得的经验,邀请部分二级单位工会作经验交流,同时对进一步做好厂务公开民主管理工作,确保深化改革过程中职工的知情权、参与权、表达权、监督权提出要求。

2016年8月17日,召开2016年厂务公开专题报告会。第三届职工代表大会综合民主管理委员会委员、部分集团职工代表大会代表、各单位职工代表大会民主管理委员会主任和副主任等,听取宝钢集团上半年经营绩效、党风廉政建设工作、领导人员履职待遇、业务支出管理、安全生产和节能环保情况通报。

三、集体协商

1998年,宝钢集团工会把推进子公司建立健全职代会、平等协商、签订集体合同、依靠职工办企业作为全年工作重点,提出建立四项制度的量化指标,制订推进计划。4月6日,第二期《宝山钢铁(集团)公司集体合同》生效并公布,有效期为1998年3月1日—1999年2月28日。

1999年3月12日,《上海宝钢集团公司第三期集体合同》生效并公布。第三期集体合同共11章46条,内容包括总则、劳动用工、劳动报酬、工作时间、休息休假、劳动安全卫生、女职工特殊保护、保险和福利、岗位培训、变更解除和终止、监督检查、争议处理、附则等。

2000年开始，宝钢股份等各子公司单独建立集体协商机制并签订集体合同。集团总部自2009年开始建立集体协商机制、签订集体合同。2009—2016年，集团总部每年召开一次年度集体协商会议。集团人力资源部报告上年度总部集体合同执行情况，并对下年度集体合同（草案）作说明，双方协商代表作交流发言。

四、职工代表看宝钢

2010年，宝钢集团党委下发《宝钢基层职工"感知宝钢"活动计划指南》。"感知宝钢"活动由"职工代表看宝钢"和"班组同工序、同工种、跨厂际联谊交流"两个活动组成。同年12月2日，开展首次"职工代表看宝钢"活动，截至2016年共开展10次。该活动每次聚焦一个主题，组织不同企业、不同方面的职工代表专题巡视、考察目标企业的专项工作，并提出相关问题和建议。每次现场活动结束后，集团领导与职工代表座谈，就参观感受、宝钢管理和职工"三最"等问题进行交流。活动的开展，体现了职工代表履行民主参与、民主管理、民主监督职能的宗旨。

表9-3-3　2010—2016年宝钢集团"职工代表看宝钢"活动开展情况表

届次	时间	主题	内容
第一次	2010年12月2日	钢铁看多元	30多名钢铁主业一线职工代表巡视、考察宝钢发展、宝钢工程、宝钢金属等3个多元产业板块
第二次	2010年12月9日	多元看钢铁	来自宝钢工程、宝钢资源、宝钢发展、梅山公司等多元产业的27名职工代表参观、巡视宝钢股份炼铁、厚板、冷轧生产线及宝钢特钢有限公司（简称宝钢特钢）自耗分厂、宝钢不锈连续退火生产线
第三次	2011年3月4日	女职工代表看宝钢	20多名先进女职工代表参观宝钢历史陈列馆、宝钢股份原料码头、厚板厂和宝信软件工业软件体验中心
第四次	2011年11月17—18日	沪外看沪内	34名宝钢沪外企业职工代表参观、巡视宝钢展示厅、宝钢历史陈列馆、宝钢股份原料码头和冷轧厂、宝钢金属上海宝翼制罐有限公司、宝钢发展包装事业部、宝钢特钢事业部、宝信软件工业软件体验中心
第五次	2012年4月25日	沪内看沪外	23名宝钢在沪企业基层先进代表、"最佳实践者"代表、职工代表大会代表到宁波钢铁、宁波宝新参观，感受宝钢二次创业进程中沪外子公司的全新发展
第六次	2012年11月15日	看市场、看用户、看行动	30名职工代表参观上海宝钢钢材贸易有限公司、上海宝井钢材加工配送有限公司，了解宝钢最新的营销服务理念，感受市场信息
第七次	2013年7月24日	聚焦班组安全基础管理，畅言领导人员作风建设	30名宝钢职工代表考察宝钢新日铁汽车板有限公司、宝钢国际、宝钢化工班组安全基础管理工作
第八次	2014年9月12日	看厂容厂貌，看行为养成，看环境经营	50余名宝钢在沪企业职工代表巡视、检查宝钢股份、宝钢金属等8家子公司下属的12家基层单位；八一钢铁、宁波钢铁、韶关钢铁等沪外单位各自组织开展"职工代表看宝钢"活动

〔续表〕

届次	时间	主题	内容
第九次	2015年10月21日	看厂容厂貌，看班组管理	50余名宝钢在沪企业职工代表巡视、检查宝钢股份、宝钢工程、宝钢金属、宝钢化工、宝钢发展等9家子公司下属的基层单位；八一钢铁、韶关钢铁、宝钢资源下属安徽皖宝矿业股份有限公司等沪外单位各自组织开展“职工代表看宝钢”活动
第十次	2016年10月26日	聚焦市场看成本，立足现场看行动	近100名职工代表听取宝钢股份资材备件采购部、宝钢工程采购管理服务部、宝钢化工对于采购成本管理的专题介绍，了解宝钢在采购成本控制方面的最新进展，并赴宝钢股份、八一钢铁、宝钢特钢、宝钢金属、宝钢工程、宝钢化工、宝钢发展的基层单位，巡视各单位职工工作环境改善、降本增效、安全基础管理情况

第三节　劳动竞赛

1998年11月上海宝钢集团公司成立后，将劳动竞赛活动与技术进步、技术创新、班组建设、对标挖潜、合理化建议、“最佳实践者”活动相结合，先后开展止亏扭亏、提高产品质量、降低物料消耗、确保项目投产、促进技术进步、减少安全事故、降本增效、跨厂际同工序对标等各类劳动竞赛。

一、工作机制

1998年11月上海地区钢铁企业联合重组后，宝钢集团工会每年围绕集团中心工作和重点任务组织开展劳动竞赛，成立劳动竞赛领导小组，制定和下发劳动竞赛文件，定期组织召开劳动竞赛领导小组会议和劳动竞赛推进会，制定竞赛简报加强竞赛过程管理，并以项目化方式落实竞赛工作，组织发动广大职工投入竞赛活动，充分发挥主人翁作用，把企业发展的责任扛在肩上，助推宝钢生产经营任务的完成。

二、活动与成果

1998年，宝钢集团工会组织开展“学邯钢、降成本、反浪费、增效益”和“消灭事故，确保安全”劳动竞赛，实现“保十(亿元)争多”利润指标，并促进全年无工亡事故目标的实现。1999年，组织开展“学邯钢、降成本、反浪费、增效益”劳动竞赛。2000年，围绕应对危机、建立“倒逼机制”、深入开展全方位成本改善，组织开展“全员、全面、全过程成本改善活动劳动竞赛”和“安全基础管理劳动竞赛”。2001年，会同各子公司工会组织182个工种的岗位技能培训和技术操作比赛，参加职工达22 736人次。其中，8 978人的技能得到晋升，评出公司级及以上技术能手186人，有7人分获上海市“十大工人发明家”“十大职工技术创新标兵”“职工技术创新能手”称号。2002年，组织开展节能增效劳动竞赛。各参赛单位工会围绕企业生产经营目标，将竞赛活动与技术进步、技术创新、班组建设、对标挖潜、合理化建议活动相结合。通过开展该竞赛，节约标准煤40万吨，折合经济效益2.50亿元。宝钢集团获授中国机冶建材工会和中国钢铁工业协会“全国冶金系统节能增效竞赛优秀组织单位”称号。2003年，组织开展新一轮“环保节能劳动竞赛”。组织有关子公司的16个项目参加上海市重点工程立功竞赛，各参赛项目均按时、优质、安全完工。组织94个工种的54 325名职工参加岗位技术大练兵和技能比赛活动，2 048人获高级工资格证书，243人获技师及以上资格证书。有12个队、36名选手参加上海市技能大赛8个工种的决赛，其中中式烹调和数控机床2个参赛队均获团体第二名。2004年，组织开展环保节能劳动竞赛和上海市重点实事工程立功竞赛。举办首届职工技能大赛，设9个工种、11个项目，13个单位的346名选手参加角逐，51人获奖。其中11个第一名获授"上海宝钢集团公司岗位能手"称号，25名获奖青年获授"上海宝钢集团公司青年岗位能手"称号。

2005年，组织开展降本增效劳动竞赛，29个参赛单位累计降本增效51.29亿元。2006年4—10月，组织开展第二届职工技能大赛，设62个比赛工种，4 692人参赛。开展降本增效、跨厂际同工序对标、降低铁水成本对标等3项劳动竞赛。2007年，组织开展全员降本增效、跨厂际同工序对标、对标升级三年计划等3项劳动竞赛，实现降成本30.20亿元。其中，在宝钢股份全面开展技术经济指标和钢铁制造单元主要工序指标对标升级三年计划，设定235项指标，把对标升级工序指标分解、落实到岗位，通过对标创优缩短与世界一流水平差距。2008年，参加中国钢铁工业协会组织的"太钢杯"第四届全国钢铁行业职业技能竞赛，宝钢选手参加炼铁、炼钢、轧钢、自动化仪表、行车等全部5个工种的比赛。围绕企业生产经营中心任务，在员工中开展发现、培养、宣传"最佳实践者"活动。举办第三届职工技能大赛，设转炉炼钢、计算机系统操作工、产品质量检验工(冷板、钢管)、钢铁产品包装工等10个比赛项目。2009年，采用项目管理方法开展"全员、全面、全过程成本改善"劳动竞赛，确定子公司级项目515项，各单位形成厂(部、车间)级项目2 813项，作业区、班组级项目5 050项，各子(分)公司还适时开展一系列"短平快"竞赛。面对2008年爆发的国际金融危机，组织开展"发现、培养、宣传最佳实践者"活动。中共中央宣传部组织主流媒体联合采访、报道宝钢集团开展"最佳实践者"活动情况，中华全国总工会党组中心组邀请宝钢集团工会主席汪金德专题介绍宝钢开展"最佳实践者"活动经验，上海市总工会在宝钢集团召开"最佳实践者"活动现场推进会。

2010年，按照项目管理方式，组织开展"产品经营、成本改善、环境经营、安全管理"主题劳动竞赛，设3 840个项目，其中子公司级项目281项，厂(部)、车间级项目1 514项，作业区、班组级项目2 045项，实现降本增效55.10亿元。开展第四届职工技能大赛，35 110人次参加各层次的岗位练兵和技能大赛，其中有5 313人次参加子公司级比赛，16 059人次参加分厂级比赛，13 738人次参加作业区、班组级比赛。2011年，深化"最佳实践者"活动，推进自主型职工队伍建设。活动中，各单位通过开展对标找差劳动竞赛、职工自主管理、建立职工创造创新工作体系、培育安全自主型员工等平台，探索活动的结合点和切入点，方法上形成不同的特点。2012年，组织开展"振奋精神、迎接挑战、攻坚克难、争创最优"劳动竞赛。针对钢铁行业严峻的市场形势，以及集团内部各钢铁生产单元间生产经营能力不均衡的现状，开展跨厂际同工序对标、减亏扭亏、拓展新市场创造新效益等3项专项竞赛。年中，举办"挑战极限、超越自我"劳动竞赛最佳实践交流会。全年，实施子公司级竞赛项目227项，厂部、车间级项目1 590项，实现降本增效65.98亿元。开展第五届职工技能大赛，首次将营销模拟、多媒体制作列入比赛项目，有5 951人参加各层次的岗位比武和技能大赛。开展最佳实践案例(十佳)评选，其中宝钢股份工会"探索弹性福利，实施员工健康保障计划补充方案"等10个项目获评2012年度工会最佳实践案例(十佳)，宝钢股份工会"对最佳实践者活动的审视及优化"等8个项目获评2012年度工会最佳实践案例(十佳)提名。2013年，围绕战略转型、结构调整、产业升级，聚焦重点难点，组织开展以环境经营、降本增效、安全生产为主题的"团队争先、岗位创优"劳动竞赛。全年实施子公司级项目368项，厂部、车间级项目1 224项，作业区、班组级项目

1 216 项，实现降本增效 64.28 亿元。2014 年，组织开展第六届职工技能大赛，1.10 万人次参加不同层次的岗位比武和技能大赛，各单位结合生产现场实际设计 153 项比赛项目。宝钢集团承办“宝钢杯”第七届全国钢铁行业职业技能竞赛。竞赛设炼铁、轧钢、点检、天车等 4 个项目，来自全国 64 家单位的 469 名领队、教练、选手参加。其中，宝钢集团选手取得 4 个竞赛工种第一名、团体总分第一名，宝钢集团获“特别贡献奖”。2015 年，组织开展“团队争先、岗位创优”劳动竞赛。全年开展劳动竞赛项目 2 711 项，实现降本增效 64.38 亿元。

2016 年，组织开展以深化改革、安全生产、环境经营、降本增效为主要内容的“团队争先、岗位创优”劳动竞赛，实现降本增效 119 亿元。举办第七届职工技能大赛。各二级单位开展 55 个项目的技能比武，7 414 人次参加；各三级单位组织 227 个项目的技能比武，14 577 人次参加。宝钢集团组队参加“鞍钢杯”第八届全国钢铁行业技能竞赛。

第四节　群众性创新活动

1998 年 11 月上海宝钢集团公司成立后，通过开展群众性合理化建议、自主管理活动，开展以“比、学、赶、帮、超”为特点的经济技术创新活动，建立职工创新小组，组织能工巧匠开展技术攻关活动，开展创新工作室建设行动计划，组织职工参加国际发明展览会、全国和上海市发明选拔赛、全国职工职业技能大赛等，促进群众性创新活动的有效开展。

一、工作机制

1998—2000 年，宝钢集团工会贯彻中华全国总工会提出的实施“经济技术创新工程”及上海市总工会提出的“争创智能型班组、争做智能型职工”活动的精神，制订《进一步深入开展班组升级活动的实施意见》。2003 年，宝钢集团工会以创建职工技术创新小组为深化推进职工素质工程的新载体、新途径，要求各子公司工会搭建“职工技术创新小组”“职工创造发明协会”等平台。2004 年，宝钢股份出台《关于推进“孔利明式科技创新小组（协会）”工作实施意见》。

2005 年，以创建职工技术创新小组为抓手，全面推进群众性技术创新活动。2007 年，在宝钢股份全面开展技术经济指标和钢铁制造单元主要工序指标对标升级三年计划，设定 235 项指标，把对标升级工序指标分解落实到岗位，通过对标创优缩短与世界先进水平的差距。2008 年，颁发《宝钢工人发明家管理办法》，激励职工岗位创新、岗位成才。2009 年，设立宝钢工人发明家创新工作室，组建员工创新活动指导志愿者队伍。2012 年，出台《职工经济技术创新活动管理办法》《宝钢职工创新工作室规范化建设实施意见》，规范宝钢职工经济技术创新的组织架构、主要载体、职能分工与职责等内容，明确职工创新工作室的定位与功能、条件与保障、运行与评价、申报与评审、资助与激励等 5 个方面的内容，为岗位创新活动提供更规范的制度保障。

二、活动与成果

1999 年，宝钢集团工会组织开展学习、宣传知识型创新型工人典型——孔利明的活动，并以此为突破口，加速宝钢知识化群体的早日形成。活动内容包括：编发孔利明事迹材料，购买、下发刊有孔利明事迹期刊，在报刊上宣传孔利明事迹，摄制、收看《工人发明家孔利明》专题片，制作、巡展宣传图片展板，举办孔利明事迹报告会等。2001年，宝钢集团取得创新成果8 533项，其中46项获上海市职工优秀技术创新成果。2002年，组织评选首批"十佳"智能型班组和员工，宝钢股份炼钢厂浇钢日班生产准备组等10个班组获"'十佳'智能型班组"称号，宝钢股份钢管分公司陈杰等10人获"'十佳'智能型职工"称号。以"创新能力、合作能力双提高"为主题，开展群众性经济技术创新活动。在上海市总工会、上海市劳动和社会保障局联合命名的19项"上海市职工先进操作法"和18项"上海市职工先进操作法提名奖"中，宝钢集团分获5项、6项，分别占26.3%、33.3%。在342项上海市职工优秀技术创新成果中，宝钢集团获41项，占11.99%。宝钢集团工会获上海市"职工合理化建议和技术创新活动优秀组织单位"称号。

2006年，宝钢集团各级工会发动职工开展经济技术创新活动，提出各类合理化建议14.81万条，实施10万条，获经济效益11.20亿元；完成自主管理课题6 149项，取得成果4 082项；开展技术攻关1 246项，结题755项，取得经济效益8.60亿元。2008年，组织开展首届"宝钢工人发明家"评选。凡是工龄达5年以上、在本岗位有创新成果的操作维护岗位职工(高级工、技师等)均具参评资格。

2010年，宝钢职工提出合理化建议19万余条，实施9.70万条，创经济效益23.30亿元；建立职工经济技术创新小组2 067个，取得创新攻关成果1 610项，形成专利1 099件，技术秘密1 678件，先进操作法189项。职工创新活动基地组织40次创新论坛、209次创新成果发布、10次跨厂际操作技能交流，建立66个职工创新工作室。2011年9月23日，中共中央政治局委员、中央书记处书记、中央组织部部长李源潮对宝钢职工经济技术创新工作作批示："一线工人开展'蓝领创新'好，不仅提高了工人阶级的主人翁自豪感和责任感，而且提高了企业的核心竞争力。宝钢的经验可以推广。"为落实这一批示精神，国务院国资委在宝钢集团召开中央企业职工经济技术创新现场经验交流会，号召各中央企业学习宝钢经验，将职工经济技术创新工作作为企业转型发展的重要推手。同年，宝钢集团举办以"岗位创新与企业竞争力"为主题的首届职工经济技术创新论坛。2013年，启动员工创新工作室建设三年行动计划。通过创建规范化、标准化职工创新工作室，涌现出一批特色鲜明、成效显著的职工创新工作室。王康健创新工作室获授"国家级技能大师工作室"称号，4个创新工作室获授"上海市级技能大师工作室"称号。首次评出"宝钢十佳职工创新工作室"。

表9-3-4　2003—2016年宝钢集团职工经济技术创新成果获奖情况表

年份	竞赛名称	获奖情况
2003	上海市第17届优秀发明选拔赛	获优秀发明奖66项
	第14届全国发明展览会	获铜奖2项
2004	第5届中国国际发明展览会	获金奖2项、银奖10项、铜奖15项
	上海市第18届优秀发明选拔赛	获一等奖4个、二等奖18个、三等奖70个、四等奖3个
	第56届纽伦堡国际发明展览会	获金奖1项、银奖1项、铜奖2项
2005	第15届全国发明展览会	获金奖5项、银奖11项、铜奖12项
2007	第106届巴黎国际发明展览会	获金奖3项、银奖5项、铜奖4项
2010	第109届巴黎国际发明展览会	获金奖2项、银奖1项、铜奖3项、列宾竞赛奖2项

〔续表〕

年份	竞 赛 名 称	获 奖 情 况
2011	第 20 届全国发明展览会	获金奖 27 项、银奖 26 项、铜奖 45 项
	第 63 届纽伦堡国际发明展览会	获金奖 3 项、铜奖 1 项
	第 5 届波兰华沙国际发明展览会	获金奖 7 项、银奖 1 项
2012	第 111 届巴黎国际发明展览会	获金奖 3 项、银奖 4 项、铜奖 2 项
	第 7 届国际发明展览会	获金奖 29 项、银奖 28 项、铜奖 42 项
2013	第 112 届巴黎国际发明展览会	获金奖 2 项、银奖 5 项、铜奖 3 项，居国内参展单位之首
	第 6 届海峡两岸职工创新成果展览会	获金奖 1 项
2014	第 113 届巴黎国际发明展览会	获金奖 2 项、银奖 4 项、铜奖 3 项，是中国代表团中获奖最多的企业
	第 8 届(昆山)国际发明展览会	获金奖 23 项、银奖 28 项、铜奖 40 项，获金奖和获奖数量均列全国钢铁行业参展单位之首
2015	第 114 届巴黎国际发明展览会	获金奖 1 项、银奖 2 项、铜奖 4 项，列国内参展单位之首
	第 21 届全国发明展览会	获金奖 23 项、银奖 29 项、铜奖 36 项，是获奖数最多的参展企业
	第 27 届上海市优秀发明选拔赛	获金奖 8 项、银奖 15 项、铜奖 33 项，另获职工技术创新奖 69 项，是上海市获奖最多的企业
	上海市职工数控技能比武大赛暨第 5 届全国职工职业技能大赛上海市选拔赛	获“数控机床装调维修工”比赛团体第一名、个人第二名成绩，并代表上海市参加第 5 届全国职工职业技能大赛
2016	第 115 届巴黎国际发明展览会	获“列宾奖”3 项、银奖 1 项、铜奖 5 项
	参加第 28 届上海市优秀发明选拔赛	获金奖 5 项、银奖 12 项、铜奖 14 项，另获职工优秀技术创新成果 68 项
	第 9 届国际发明展览会	获金奖 23 项、银奖 30 项、铜奖 33 项，是获金奖最多的参展企业

表 9-3-5 2009—2016 年宝钢集团“员工创新活动日”情况表

年份	届 次	主 题	备 注
2009	第一届	—	开展创新成果与项目推介，举办首届“宝钢工人发明展”，举办“成本改善”主题论坛
2010	第二届	—	
2011	第三届	切磋创新技艺、共谋企业发展	
2012	第四届	激发创新潜能，促进共同发展	
2013	第五届	普及·分享·提升	
2014	第六届	—	同时举行创意实践中心竣工揭牌仪式
2016	第七届	智·工匠、慧·创新	

第五节　劳 动 保 护

1998 年 11 月上海宝钢集团公司成立后，在劳动保护工作上，以“群防、监督、基础”为方针，注重企业劳动保护网络建设，并构筑全方位、多层次的职工生活保障体系。同时，通过开展安全班组建设活动、安全自主管理活动、安全生产劳动竞赛活动，推进企业劳动保护工作。

一、体系建设

1998—2000 年，宝钢集团工会完善协调劳动关系的工作机制，建立集团、子公司、分厂、车间等 4 级工会劳动法律监督组织 407 个；建立包括劳动法律监督工作、劳动争议预警、平等协商集体合同工作监督检查、劳动争议调解、职工法律援助、工会法律咨询服务、工会劳动法律监督员培训、劳动法律监督结果向职工代表大会报告等 8 项制度的工会劳动法律监督体系。2001 年，构筑多层次职工补充医保体系。第一层次是参加上海市职工保障互助会的保障计划，第二层次是建立集团工会帮困救助基金，第三层次是推动各子公司建立多种类型的互助帮困基金、补充医保基金，第四层次是推动各子公司的分厂建立各种职工互助形式的保障基金。

2008 年，以“群防、监督、基础”为方针，编发《2008 年工会劳动安全保护监督工作计划》《宝钢工会劳动安全保护三级网络监督检查管理办法》等 4 项制度和《宝钢员工职业健康安全代表工作手册》，在各级工会建立 1 548 个劳动安全保护三级网络，并按照三级网络工作职责全面开展工作。落实“100 班组”（安全第一、违章为零、事故为零）建设、员工健康安全代表制度建设，在一线班组设立 11 010 名员工安全代表，并对全体员工安全代表开展专题培训。召开工会劳动安全保护三级网络推进会，表彰 26 个“100”管理示范班组、85 个三级网络“最佳实践者”。2010 年，完善安全监督三级网络制度和工会安全监督三级网络目标体系，对各级管理者履行安全管理职责进行监督、评估，普遍建立对 E 层级及以下管理人员履行安全职责的民主评议制度，促进安全隐患整改。

二、活动与成果

1998 年，宝钢集团职工代表大会劳动保护民主管理委员会共 8 次巡视宝钢三期工程建设劳动保护情况，向有关部门提出 9 个方面存在的问题和 5 条整改意见、建议。1999 年，组织开展“落实安全目标责任，减少各类人身事故，确保安全生产”劳动竞赛活动。年底，各级工会以“查隐患、保安全”为重点，发动职工开展安全生产、劳动保护监督大检查。职工代表大会劳动保护委员会共 4 次到生产现场检查，提出 5 个方面存在的问题和 7 条整改意见，并跟踪落实、改进情况。2001 年，宝钢集团 95％以上的在职职工参加上海市总工会住院保障计划，59％的职工参加特种重病保障计划，投保金额累计达 570.40 万元。各子公司建立补充医保基金 19 个，资金达 3 060.56 万元，有 127 325 名职工受到上海市、宝钢集团、企业、分厂（部门）四级补充医保网络保障。各级工会建立各种类型职工互助帮困基金 59 个，资金达 2 442.51 万元。2003 年，组织开展“查隐患、促整改”活动，查出隐患 4 989 处。2004 年，以“安康杯”为载体开展工会劳动保护工作，其中有 7 家子公司开展 OHSAS 18000职业健康安全管理体系认证，宝钢股份等 4 家子公司通过认证。6 月，国务院国资委《关于在国有企业重组改制和关闭破产中开展维护职工权益专项治理工作的通知》下发后，宝钢集团组成维护职工权益专项治理工作检查组，按文件要求开展自查。7月，完成《宝钢集团国有企业重组改制和关闭中维护职工合法权益专项治理情况的自查报告》，上报国务院国资委。8月26日，国务院国资委“国有企业重组改制和关闭中维护职工合法权益专项治理”综合检查组到宝钢抽查，肯定宝钢开展维护职工权益情况。

2005年，建立困难女职工档案，完善保障机制，做好姐妹帮姐妹和单亲特困女职工子女的帮困助学、结对助学工作，并对企业集体合同设置的女职工特殊利益保护章节和条款进行信息跟踪和调研。2006年，集团工会在企业推进主辅分离、辅业改制、子公司清理工作中，贯彻《关于进一步完善和规范改制中职工代表大会民主程序的若干意见》，全过程参与改制，支持改革、改制规范实施。该年度企业所有的改制项目、改制方案、职工安置方案都通过有关职工代表大会审议表决。2007年，职工代表大会劳动保护民主管理委员会每季度开展专项安全巡视检查，通过听取行政安全工作汇报和工会劳动保护工作汇报、检查各项安全制度和安全管理体系的建立和落实情况、召开员工座谈会、进行安全知识测试、随机抽查作业区和检查安全隐患，形成巡视检查报告，直接通报被检查单位安全第一责任人。同时，由集团工会向宝钢集团分管领导作专题汇报，提出加强企业安全管理的建议和措施。2009年，宝钢集团建立群众性安全体系，共建立1 896个工会三级网络；在1万多个班组开展安全“100班组”创建活动，96％的班组达到安全“100班组”创建标准；逾1万名员工发挥安全员、监督员、信息员作用。同时，开展对各级管理者履行安全职责监督评估，促进安全隐患整改。三级网络监督检查及时整改率达97.20％，员工安全代表信息及时处理率达96.70％。

2011年，围绕“群防、监督、基础”工作方针，推进三级网络目标体系管理，开展对管理者履行安全管理职责的监督评估，促进安全隐患整改。其中，实施三级网络监督检查26 787次，提出整改建议69 588条，完成整改68 199条。员工安全代表提出安全信息73 862条，落实71 601条。开展以“查管理、查隐患、查违章、查整改”为主要内容的安全“100”督查行动。督查行动以落实安全生产责任制为重点，查管理者的安全履职行为；以现场作业区域“三不伤害”为重点，查现场区域、作业岗位的安全隐患；以杜绝习惯性违章为重点，查员工严格遵守操作规程和标准化作业；以确保安全为重点，查隐患整改的及时性和有效性。督查行动采取基层工会三级网络自查和集团工会、专业部门督查、职工代表巡视检查相结合的方式进行，共查出问题、隐患、违章7 048条，及时整改6 678条。2013年，在一线班组中加强安全“100班组”建设，强化以“群防、监督、基础”为主要内容的劳动保护监督，自下而上组织开展以“查管理、查隐患、查违章、查整改”为主要内容的安全“100”督查行动。2014年，建立工会劳动安全保护工作体系，强化民主管理和民主监督作用。撰写《关于工会在大安全管理体系中如何进一步发挥民主管理和民主监督作用的调研报告》，编发《关于加强工会劳动安全保护民主管理和民主监督体系建设的实施意见》，查出、整改各类安全问题1 583项。工会设立“为基层班组配备‘爱心箱’”项目，并纳入宝钢集团“三最”重点工作。全年为一线班组配备急救药物“爱心箱”4 371只。2015年，组织员工参加“三晋安全杯”安全生产法律知识竞赛活动。对二级单位进行劳动保护督查，督查管理者的安全履职行为、员工标准化作业行为养成、安全“1000（安全第一、事故为零、违章为零、隐患为零）班组”创建工作落实情况等。宝钢集团应邀在上海市总工会介绍工会加强劳动安全保护、开展民主管理和民主监督的做法。

2016年，开展安全“1000班组”建设活动，评出100个宝钢集团安全“1000”标准化示范班组。宝钢集团12个班组、12名班组长分别被中国安全生产协会评为全国安全管理标准化示范班组和优秀班组长。组织开展劳动安全保护监督检查22 848次，提出整改建议57 382条，及时处理率达

98.80%。开展“我的安全我管理、我的生命我负责”主题员工安全自主管理活动，查出岗位安全风险1 033 288条，职工参与率达98.23%。

第六节　女 工 工 作

1998年11月上海地区钢铁企业联合重组后，宝钢女高级工程师、女高级经济师、女高级会计师、女技师联谊会依据各自章程，团结、带领会员参加劳动竞赛、发明创造、合理化建议、自主管理、增收节支等活动，为促进企业的生产经营、凝聚女性员工发挥了独特作用。

一、女工组织

2004年3月8日，宝钢集团工会成立女高级工程师、女高级经济师、女高级会计师、女技师“四师”联谊会。联谊会通过开展课题研究、开设女职工网上论坛、参观学习、才艺展示、创新成果展示等活动，在提高女职工素质、推进女职工岗位成才方面发挥了独特作用。其中，由女“四师”联谊会和集团工会女职工委员会共同组织完成的“提高宝钢女性人才能力研究”课题报告，在2006年度上海市总工会女职工问题研究论文评比中获唯一的一等奖。2006年，下发《工会女职工委员会工作制度》。2009年2月，集团工会第五届女职工委员会完成换届工作。2014年1月，集团工会第六届女职工委员会完成换届工作。第五届和第六届女职工委员会以企业工作大局为背景，追求女职工发展新空间；以工会工作大局为依托，追求女职工工作个性特色，坚持依法维护女职工合法权益，坚持“服务、凝聚女职工”的工作定位，动员、组织女职工为宝钢新一轮发展建功立业，使女职工在企业进步中得到发展。

二、活动与成果

1998年，宝钢集团各级工会女职工委员会组织开展“迈向新世纪双文明立功竞赛”活动。在25项劳动竞赛中，参赛女职工达8 773人次，获奖349人次；提出合理化建议56 177条，创经济效益691万元；开展“双增双节”（增产节约、增收节支）和自主管理项目1 327个，创经济效益976万元。2001年，女职工参加“双增双节”项目696个，创经济效益3 039.40万元。2002年，各级工会利用职工周末学校（班）对女职工开展培训，开设近20门课程和讲座，鼓励女职工“精一门、会两门、学三门”。通过培训，女职工持1～4张技能证书者分别有8 025人、2 780人、1 661人和1 287人。2003年，各级工会组织共29 802名女职工参加上海市职工保障互助会推出的女职工团体互助医疗特种保障计划。2004年，女高级工程师、女高级经济师、女高级会计师、女技师“四师”联谊会组织会员参加上海市“妇女与发展”论坛、讲座、问卷调研等活动。

2005年，工会女职工委员会与女高级工程师、女高级经济师、女高级会计师、女技师联谊会联合开展“宝钢女职工能力研究”调查，共发放问卷2 000份，回收率达94%。2006年11月，宝钢集团董事长谢企华出席亚洲经济女性人士会议，并发表《顺应时代进步，把握成长规律，在蓬勃发展的中国经济中实现女性自我价值》主题演讲。2008年，集团工会开展以“分享精彩人生”为主题的纪念“三八”国际劳动妇女节联谊活动，以专题讨论和成果展示方式，围绕女职工感兴趣的“职场感悟”“家庭与事业的平衡”“子女教育与亲情关怀”等5个话题进行交流。2009年3月5日，召开纪念“三八”国际劳动妇女节暨“应对危机、降本增效、巾帼不让须眉”女职工“最佳实践者”座谈会。宝钢女高级工程师、女高级经济师、女高级会计师、女技师联谊会代表及先进女职工代表参加座谈，并交流争当“最佳实践者”经验。

2010 年 3 月 5 日，举办以“领时代潮流，品低碳生活，做低碳女性”为主题的宝钢纪念“三八”国际劳动妇女节 100 周年暨女职工论坛。2011 年，以创建“巾帼文明岗”为载体，促进女职工岗位成才，有 10 个基层女职工班组被上海市妇联授予“上海市巾帼文明岗”称号，集团工会命名表彰先进女职工 70 名、先进女职工集体 34 个。2012 年 3 月，组织开展宝钢纪念“三八”国际劳动妇女节女职工谈文说艺“玫瑰坊”活动。该活动获第六届上海市“五一文化奖”十佳职工文化项目。同年，14 名女职工的 15 个项目参加第七届国际发明展览会，获金奖 3 项、银奖 2 项、铜奖 7 项。2013 年，推进女职工岗位创新、建设自主型女职工队伍工作，包括开展以“点亮智美心光　跃动慧颖魅力”为主题的女职工岗位创新成果发布“玫瑰坊”活动；开展创新“结对牵手”活动，孔利明等 5 名宝钢创新专家与 5 名女职工岗位创新带头人分别“结对牵手”，指导女职工开展岗位创新工作；帮助女职工推进女职工创新工作室工作；召开女职工岗位创新工作研讨会。2014 年，结合纪念“三八”国际劳动妇女节，以“艺术启心智、文化慧人生”为主题，举办“女职工才艺展示玫瑰坊”活动。推进“玫瑰绽放行动”，开展服务女职工、关爱女职工、发展女职工系列活动，包括通过岗位创新、最佳实践、素质提升、人才发现，实施“玫瑰培育计划”；通过源头维护、劳动保护、大病救助、特殊保护，实施“玫瑰关爱计划”；通过创新展示、绩效展示、才艺展示、理念展示，实施“玫瑰展示计划”；通过岗位奉献、献计献策、互助互济、爱心公益，实施“玫瑰奉献计划”。2015 年 3 月 7 日，开展纪念“三八”国际劳动妇女节暨“玫瑰快乐行”活动，300 余名女职工参加。

2016 年 3 月 7 日，举行主题为“在历练中成长，在严冬中绽放”的纪念“三八”国际劳动妇女节女职工岗位降本、岗位创效“玫瑰坊”活动，近 100 名女职工代表参加。活动还对上海市“巾帼文明岗”先进集体、上海市“巾帼建功标兵”先进个人、宝钢集团“玫瑰培育奖”和“玫瑰绽放最佳实践奖”等获奖集体和个人进行表彰。

第七节　帮困送温暖

由宝钢集团工会牵头组织的帮困送温暖工作重点在减员分流、实施再就业中发挥帮扶作用，包括：在大规模的职工分流安置中，各级工会不仅从源头参与维护职工的合法权益，还多渠道、多形式创造就业岗位，帮助转岗职工实现再就业；通过建立职业介绍所、再就业带头人促进会、举办“女职工周末学校”和各类技能培训班，设立再就业带头人创业基金，开展群众性互助职业介绍活动等，加强对职工再就业的职业介绍、技能储备、创业激励、政策指导和法律援助。

1998 年，宝钢集团工会 3 次发动和组织职工参加社会捐助活动。2000 年，宝钢集团出资 200 万元设立上海宝钢集团公司再就业带头人创业基金，凡下岗职工在工商局申办各种所有制的经济实体，或经劳动部门批准从事非正规就业的，都可向创业基金申请 1 万～3 万元无息贷款；能带领其他下岗职工就业的，还可增加借款额度。集团工会每年还将从基金中提取一定额度，奖励再就业带头人中的先进典型。2001 年，各级工会建立各种类型职工互助帮困基金 59 个，资金额 2 442.51 万元。上海宝钢集团公司再就业带头人创业基金被纳入宝钢集团放小改制政策系列。2002 年，上海宝钢集团公司再就业带头人创业基金总额由 200 万元扩至 500 万元，基金使用范围由对再就业带头人的无息借款扩至职工互助职介奖励、再就业小项目设计开发借款、再就业先进奖励。2003 年，集团工会筹资建立总额为80万元的特种大病救助资金，专门用于对困难企业患大病、特种重病职工的救助。2004年年初，成立下岗职工职业介绍所，体制上为上海市总工会劳动就业服务中心职业介绍所的分所。职业介绍所建立了基层职介员网络，聘请一批专兼职职介员，除为下岗职工介绍职业外，还为职工家属和社会提供服务。

2005年，制定《帮困送温暖长效机制》，确定帮困送温暖工作四项基本原则：补充保障、雪中送炭；多方筹措、互助互济；坚持制度、动态调整；集散结合、分级管理。2006年，将帮困送温暖工作作为构建“和谐企业”和建设“凝聚力工程”的重要举措，从生活帮困、助学帮困、医疗帮困等各方面构建多层次、全方位帮困送温暖工作长效机制，改变原来分散管理、多方协调、过年集中办理、审批程序复杂等弊端，使帮困送温暖工作职责明确，工作效率提高。

2011年，调研青年职工住房问题，撰写《关于建立宝钢青年过渡惠租房的可行性报告》，并经总经理办公会审议通过，由集团工会牵头推进。2012年，启动青年职工过渡惠租房试点工作。试点工作推进方案遵循国家政策与宝钢实际相结合、实行有期限租赁阶段性保障、宝钢集团统筹与各子公司具体运作、社会资源与企业资源相结合原则，实行公开、公平、公正管理。编发《关于建立宝钢职工互助互济制度的指导意见》，制定《宝钢职工互助互济帮困资金使用管理办法》等管理制度。2013年，全面推进青年职工过渡惠租房工作，宝钢股份等4个单位实行青年职工租房货币补助计划。在试点基础上，对宝钢一钢、宝钢浦钢、宝钢五钢、宝钢梅山（梅钢公司）的6.60万名退休职工实施体检制度。2014年，在开展日常帮困的同时，还开展节日送温暖、金秋助学等困难职工生活帮扶活动。2015年，开展“上海工会会员服务卡”新办和注册工作，全年理赔212人，理赔金额220万元。

2016年，实施帮困47 572人次，帮困总金额3 883.46万元。

第八节　文体活动

宝钢集团职工文体活动由集团工会具体负责，日常活动由宝钢文体中心组织管理。1998—2016年，开展的文体活动主要有职工运动会、艺术节、“团队手拉手系列活动”等。

1998年年底，宝钢集团工会以举办职工摄影展等6个系列文艺活动为主线，纪念宝钢建设20周年。2001年5月18日，宝钢集团第五届职工运动会开幕。宝钢集团获评1996—2000年度全国群众体育先进集体，获1999—2000年度上海市群众文化奖。2002年，组织参加首届中国职工艺术节，获38个奖项，其中金奖2项、银奖6项、铜奖11项；参加上海市第12届运动会；举办第六届职工文化艺术节；承办由中华全国总工会、中国文学艺术界联合会、中央电视台、中国戏剧家协会联合主办的首届中国职工艺术节“宝钢杯”全国职工京剧演唱比赛；举办班组文化大赛。2003年，举办首届班组体能大赛、第二届班组文化大赛；参加由国家安全生产监督管理总局、中华全国总工会联合举办的全国安全生产文艺汇演。2004年5—9月，举办第六届职工运动会暨第五届老年运动会。10月30日—11月7日，组织参加世界著名在华企业健身大赛。

2005年6—12月，举办第七届职工文化艺术节。2008年，举办第八届职工文化艺术节、第二届班组体能大赛。2009年，建立职工健康计划文体资源共享平台系统，实施职工健康计划的单位职工，2010年能凭IC卡在签约健身场馆进行体育健身，实现职工体育健身跨区域一卡通用。

2010年，举办以“活力宝钢、活力员工”为主题的第八届职工运动会。2011年，举办第九届职工艺术节，组织开展“五个一”活动，即“精彩员工”第六届班组才艺文化比赛、纪念建党90周年“歌声献给伟大的党”红歌会、“精彩宝钢”——双感动故事会、《感知宝钢——员工书法、篆刻作品集》征集、《宝钢风采——最佳实践者事迹绘画集》征集。2012 年，举办“精彩员工”宝钢第七届班组活力才艺大赛。2013 年，举办第九届职工运动会暨第八届老年人运动会；开展“文化之旅”、“文化服务进宝钢”和“歌颂祖国、唱响宝钢”职工合唱汇演等系列文化活动，并获“上海市十佳歌队”“上海百佳合唱团”称号和“上海市五一文化奖”；对 2 000 余名宝钢职工进行体质测试，撰写《宝钢职工体质状况分析报告》；举办以“身心健康与员工发展”为主题的员工论坛。2014 年 5 月 28 日—11 月 15 日，举办第十届职工艺术节暨第八届老年人艺术节。2015 年，修订《宝钢职工文体协会章程》，编发《宝钢职工文体协会管理办法》，进一步完善规范职工文体协会工作；开展“团队手拉手”8 公里越野徒步等 10 多项职工体育活动；举办以“复兴之路，强国之梦”为主题的宝钢庆祝中华人民共和国成立 66 周年诗歌朗诵会、宝钢青年和上海市园林青年联谊等活动。

2016 年，举办第十届职工运动会暨第九届老年运动会。

第四章　共青团工作

随着1998年11月上海地区钢铁企业联合重组，1999年3月，上海宝钢集团公司团委组建成立。2005年，为适应宝钢实施“一体化”发展战略需要，减少管理层次，提升效率，宝钢集团团委与宝钢股份团委实行“两块牌子、一套班子”运作。2010年起，宝钢集团团委与宝钢股份团委分开运作。

宝钢集团团委以“服务企业发展，服务青年成长”为工作主线，紧密围绕企业党政中心工作，团结带领青年在企业生产、建设、经营、管理、科研、服务实践中发挥生力军和突击队作用，在实践中培育一流青年人才；强化党建带团建，充分发挥党联系青年的桥梁和纽带作用，反映青年呼声，为青年服务；以满足青年发展需求和提高对企业发展贡献率为目标，推进团建创新，提升宝钢团组织凝聚力和战斗力，引导青年勤于学习、善于创造、甘于奉献，为宝钢建设发展提供智力保证和奠定人才基础，实现企业与青年共同发展。

第一节　团组织和团代会

一、共青团组织建设

宝钢集团团委建立健全团组织建设工作机制，以培养高素质的复合型团干部队伍为目标，完善团干部队伍建设的工作机制；通过创建“一流青年岗位”和团员青年“推优”（推荐优秀团员青年作党的发展对象）等活动，为优秀青年搭建展示平台。

表9-4-1　1998—2016年宝钢集团共青团组织数及团员人数统计表

年　份	团　组　织　数			团员数(人)
	团委数(个)	团总支数(个)	团支部数(个)	
1998	29	77	452	7 053
1999	138	162	1 332	21 881
2000	126	153	1 318	17 513
2001	119	136	1 126	13 213
2002	108	83	440	10 020
2003	105	116	665	10 123
2004	101	127	632	10 171
2005	102	120	714	12 144
2006	100	119	806	12 505
2007	96	92	755	11 732

〔续表〕

年　份	团　组　织　数			团员数(人)
	团委数(个)	团总支数(个)	团支部数(个)	
2008	89	86	683	14 720
2009	95	84	733	13 816
2010	111	114	855	11 040
2011	142	128	1 107	12 341
2012	121	143	1 224	17 300
2013	118	139	1 139	15 479
2014	121	140	1 092	10 544
2015	101	136	994	10 653
2016	109	101	667	9 020

说明：2016 年宝钢集团团组织及团员数据统计至 2016 年 10 月。

1998 年，宝钢集团团委引导青年参与技术创新、管理创新和服务创新，推进青年成为岗位能手、“一流青年岗位”创建、岗位绩效考核、团员青年“推优”、团干部自身素质提升工作。在推进青年成为岗位能手工作上，把培养优秀青年科技人才作为工作重点，研究青年参与科研开发工作机制，给青年压担子、配课题，使青年在实践中锻炼本领。作为配套机制，建立青年人才库，并作为宝钢集团人才库的分库；持续实施“登高计划”，包括明确全年“登高”目标和措施，制订青工培训计划，出台技能培训、鉴定、岗位训练措施，规范“导师带徒”机制。在“一流青年岗位”创建工作上，把创建活动与班组升级、文明单位评审挂钩，通过稳步推进“岗位承诺制”工作，深化“一流青年岗位”创建活动，使“一流青年岗位”创建活动实现线的连接和延伸。在岗位绩效考核上，根据企业生产经营部分重点控制指标，对青年员工重新制定岗位业绩考核指标，全员、全工序开展“岗位业绩排行榜”活动，形成有机制、有评估、有排行、有措施、有帮教的循环。在团员青年“推优”工作上，把着眼点放在教育培养和壮大入党积极分子队伍这两个环节上，从政治上关心、思想上提高、实践中锻炼等三方面入手，帮助青年尽快成熟，形成潜移默化、循序渐进的“育优”机制。在提高团干部自身素质工作上，对任职半年以上的团组织负责人进行述职考核和评价，把考核与选拔、培养和使用相结合。此外，还注重增强基层团组织活力，指导基层团组织开展主题活动，围绕各单位的工作重点和青年需求创造性开展工作。

1999 年，围绕企业党政工作中心，依靠党建带团建，按照“巩固、提高、拓展、创新”思路，以提高青年思想道德和文化素质为目标，以示范群体建设为工作主线，以推进青工技能“登高”和青年科技“登高”为载体，在服务企业发展、服务青年成长成才过程中，发挥共青团组织优势和团员青年先锋模范作用，团结、带领青年为实现公司生产经营任务作贡献。

2000 年，加强团干部队伍建设，开展“让党和人民放心，做青年一代核心”主题教育，颁发《关于进一步加强团干部思想作风建设的实施意见》，召开团干部学习交流会，开展“三讲”教育。加强基层团委班子建设，开展民主生活会、团委负责人述职考核、批评与自我批评，团干部职务资格培训。活跃基层团组织，在基层团组织中开展“争红旗、创特色”活动，开展团支部主题活动，建立健全基层团组织。深化“推优”工作，开展“向党诉说心里话”主题教育，开展“双学”（学理论、学党章）小组活动，执行“分级推荐”工作程序，加强对青年入党积极分子的动态培养、跟踪考察。创建“一流青年岗位”“青年文明生产线”，在宝钢股份一号高炉中央控制室举行“一流青年岗位（共青团号）”暨全国“青年文明号”授牌仪式，为获全国“青年文明号”的宝钢股份一号高炉和先进青年集体授牌；广泛建立青年科技组织，开展科技攻关；组织团员青年开展青年工程立功竞赛。推进“岗位业绩排行榜”工作。在推进过程中，各项业绩指标都以动态的世界一流水平为参照标准，工作覆盖面由生产操作岗位向管理、服务、辅助岗位拓展。

2001 年，对团干部学习中共中央总书记江泽民“七一”讲话精神、贯彻“三个代表”重要思想提出明确要求，在基层团组织负责人中开展撰写“三个代表”重要思想学习心得（论文）活动，加强团干部素质培养。加强基层团组织建设，加强对基层团工作的分类指导，把团支部主题活动作为加强基层团组织建设的抓手。开展“五四红旗团组织”创建活动，抓宣传，营造创建活动氛围；抓试点，培育创建示范单位；抓重点，在推进过程中实现重点突破；抓典型，树立创建业绩显著的团组织。深化“推优”工作，加强“双学”小组建设，开展各类主题教育活动，完善“推优”工作机制。开展“青年文明号”和“青年文明生产线”创建活动，对“一流青年岗位”和“青年文明生产线”创建活动进行规范和调整，按照创建单位申报、初评、综合评审、统一表彰环节开展创建活动；围绕质量、成本、效益、服务、安全完善和规范创建措施。

2002 年，加强团的制度和作风建设，健全民主生活会制度、团委会制度、团干部谈话制度、工作例会制度等 8 项制度；推动各级团干部深入基层调查研究；跟踪、检查团干部作风建设情况。推进“五四红旗团委”创建活动，制定《基层团工作测评办法》，完善、深化宝钢“红旗团组织”评比工作。创建“青年文明号”“青年文明生产线”，推进信用示范建设，深化青年岗位承诺制，推进信用承诺等。深化“推优”工作，执行“两个必须”（35 周岁以下的青年入党必须经过团组织推荐，28 周岁以下的青年入党必须先入团后入党）规定，开展各类主题教育活动，开展优秀“双学”小组、个人、辅导员评选。

2003 年，建立、规范团委岗位业务流程，编写团委岗位说明书，细化、分解团委各岗位职责，修订《上海宝钢集团公司基层团工作测评办法》。通过抓宣传、抓试点、抓典型，发动基层团组织层层开展“五四红旗团委”创建活动。深化“推优”工作，开展各类主题教育、“推优”工作调研，加强对基层“推优”工作指导。通过创建单位申报、公布创建单位、现场检查评比、过程总结推进、授牌表彰等形式，推进信用示范建设，完善和规范“青年文明号”“青年文明生产线”创建活动流程。评选首届“宝钢十大杰出青年”。作为共青团上海市委“上海青年卡”信息采集首批试点单位，开展“上海青年卡”宝钢青年信息采集、登记工作。

2004 年，落实和完善 8 项团内基础制度，修订《上海宝钢集团公司基层团工作测评办法》，推动团组织各项调研工作规范化和制度化，设计、制作《团支部工作完全手册》。推进基层团的工作，注重以基层团支部工作和活动来吸引青年，基层团组织开展“自主设计（DIY）创意设计”大赛。通过抓宣传、抓试点、抓典型，发动基层团组织层层开展“五四红旗团组织”“五四特色团组织”创建活动。通过参加月工作例会、子公司团委例会，开展“电子团务”等形式，加强基层团组织之间的联系，了解基层团组织工作的难点、亮点，推广典型经验，帮助解决基层实际困难。评选第二届“宝钢十大杰出青年”。开展“宝钢凝聚青年工作状况”调研，形成“凝聚青年工作研究”课题报告。

2005 年，宝钢集团团委与宝钢股份团委实行“两块牌子、一套班子”运作。团委加强团组织自身建设，编发《团支部书记工作记录手册》，开展专职团干部担任团支部“辅导员”活动，开展“团支部

DIY创意设计大赛”,对团干部评价试用“团干部素质模型”。该模型以能力分级指标作为团干部核心能力发展的评价依据,并尝试按照不同对象分层次应用,使之成为团干部职业生涯导航的基础模块。探索采用设立课题、组建项目团队、开展网上调研方式推进团的工作专题研究和创新,完成“团干部素质模型”“增强基层团支部活力的研究”课题研究。深化“推优”工作,包括召开“推优”工作会议,总结“推优”工作方法和机制,制定宝钢集团“推优”工作制度。评选第三届“宝钢十大杰出青年”。

2006年,举办首届宝钢团建创新论坛,发动基层团组织层层开展优秀团组织创建活动。落实联系青年工作,通过定期召开公司领导与青年面对面座谈、利用青年网论坛建立“青年与公司发展”专栏、定期开展宝钢青年群体和团组织需求调研、定期收集整理基层青年热点话题、邀请公司领导为基层兼职团干部培训班授课等方式,加强与青年的联系,并向集团党委提出《进一步加强联系、了解青年工作的方案》。在推进青年职业生涯导航基础上,尝试“双推优”工作模式,即推荐优秀团员青年作为共产党员发展对象、推荐优秀青年作为骨干人才后备。以开展课题形式推进团的工作创新,包括参与集团党委“创新国有企业党建工作机制”课题研讨,开展“增强基层团支部活力的研究”和“团员教育长效机制的研究”等课题研究。评选第四届“宝钢十大杰出青年”。

2007年,出台《关于进一步加强和改进宝钢共青团工作的意见》,规范和明确宝钢共青团工作的定位、目标、党建带团建任务、资源保障、团干部队伍、重点项目,并制定分、子公司团委书记岗位设置实施办法;举办第二届宝钢团工作创新论坛;分层次、分步骤应用团干部素质模型,补充和调整不同层级团干部素质模型体系,构建团干部科学评价体系;规范专职团干部岗位学习制度。加强对基层团支部的指导,包括每季度对基层团支部主题活动下发指导意见,试点开展对基层团组织工作定点联系制度,参与定点单位交流和工作走访。建立青年骨干人才后备信息库,按照“双推优”工作运作模式规范“推优后备”工作。

2008年,出台《宝钢集团有限公司团委会议制度(试行)》,并在宝钢直属单位团组织中创建联建式管理方式;下发《关于对沪外子公司团组织的管理意见(试行)》,明确集团团委对沪外子公司团组织的管理方式;落实集团党委常委会精神,形成《宝钢直属单位专职团委负责人任职管理规定(征求意见稿)》;建设宝钢专职团干部信息库;下发《宝钢集团有限公司团干部研修制度(试行)》;开展基层团支部“一团一品”创建活动;组织首届“宝钢五四特色团支部”评选;利用“宝钢青年网”、直属单位分组交流会议等平台,盘活各级团组织的资源和经验,促进典型经验和创新实践成果的复制推广;回顾、总结宝钢共青团30年工作,撰写《把握时代脉搏,聚焦宝钢发展,提升青年工作——宝钢30年青年工作回顾总结》。按照“围绕主线、侧重发现、参与培养”工作定位和指导意见,探索以信息化为着眼点的“推优”工作运作模式,分层分类引领青年发展。

2009年,调研基层团组织工作;推广团干部“公推直选”“竞争上岗”选拔模式;推动基层团支部“一团一品”创建活动。改进团组织工作评价体系,借鉴平衡计分卡理念,完成“基于平衡计分卡理念的企业共青团工作评价体系研究”课题研究,提出导向性更优、普适性更强的企业共青团工作评价体系;将集团内较成熟的共青团工作流程和方法制度化,编制《宝钢共青团工作制度汇编(1996—2009年)》;推进《关于进一步加强和改进宝钢共青团工作的意见》《对沪外子公司团组织的管理意见》的落实。

2010年,宝钢集团团委与宝钢股份团委分开运作。宝钢集团团委着重推进共青团组织全覆盖工作,包括与各直属单位团组织签订组织全覆盖工作目标责任书;开展“快速联系和动员体系”运行测试活动,查找基层团组织联系青年基础工作的薄弱之处。加强制度建设,包括调整集团团委工作管理体制，制定《宝钢直属单位专职团委负责人任职管理规定》。

2011年，针对宝钢集团组织机构调整，修订并下发《宝钢直属单位专职团委负责人任职管理规定》；总结工作成果和经验，编写《宝钢共青团重要工作理念图示材料选编》《2009—2010年度“最佳实践·我行我秀”事迹选编》《2009—2010年度党团联合组织生活经典案例汇编》；首次开展“宝钢基层团组织工作示范点”创建活动，出台《宝钢基层团组织工作示范点管理办法（试行）》。开展党建带团建课题研究，编印《宝钢党建带团建基础教程》。4月7日，宝钢集团副董事长、党委书记刘国胜率队向共青团中央第一书记陆昊、常务书记王晓汇报宝钢党建带团建工作。

2012年，推进工团班子联建、工团联席会等共建机制，下发《关于开展工团联建的指导意见（试行）》，实现工团合力推进品牌工作和文化活动的增倍效应。推进基层团组织工作示范点活动，实施《宝钢基层团组织工作示范点创建管理办法（试行）》，完成首批“宝钢基层团组织工作示范点”创建单位考察、授牌及第二批示范点创建单位评选。

2013年，依托宝钢团校，开展以团干部为重要对象的培训；发放《宝钢青年思想引导手册》，指导基层团干部做好青年思想引导工作；完善《宝钢集团有限公司团干部研修制度（试行）》《宝钢集团有限公司团委会议制度》，强化研修、会议的功能定位。

2014年，推进基层团组织工作示范点创建活动，实施《宝钢基层团组织工作示范点创建管理办法（试行）》；完成第四批“宝钢基层团组织工作示范点”创建单位的考察、授牌及第三批示范点创建单位的复审评选工作。

2015年，承办全国钢铁行业团工作指导和推进委员会一届四次全委会暨第26次全国钢铁行业青年工作年会，编印《2013—2014年度全国钢铁行业团指委工作成果汇编》，协助全国钢铁行业团工作指导和推进委员会评选2014年度行业“青年安全生产示范岗”“青年岗位能手”。完成第五批“宝钢基层团组织工作示范点”创建单位考察、授牌及第四批示范点创建单位的复审评选工作。

2016年，梳理17项规章制度性文件，通过废止、修订、新增，形成10项新规章制度性文件。成立8家“宝钢青年中心”。

表9-4-2　1998—2016年宝钢集团团委获得荣誉情况表

序号	获　得　荣　誉	授　奖　单　位	获奖年份
1	全国冶金系统“青安杯”竞赛大钢赛区“优胜单位”	全国冶金系统“青安杯”竞赛组委会	1998
2	上海市青工系统标杆团组织	共青团上海市委	1998
3	“宝钢杯”上海青年科技成果大赛优秀组织奖	共青团上海市委	1998
4	上海市“岗位能手兴质量”演讲比赛优秀组织奖	共青团上海市委	1998
5	全国五四红旗团委标兵	共青团中央	1999
6	1999年度上海青工工作特别荣誉奖	共青团上海市委	1999
7	1999—2000年度全国企业青年创新创效活动先进单位	共青团中央、国家经济贸易委员会、国家知识产权局、中国科学技术协会	2000
8	全国冶金系统青年创新创效活动优秀组织单位	国家冶金局	2000
9	2000年度上海青工工作先进团组织标兵	共青团上海市委	2001

〔续表〕

序号	获　得　荣　誉	授　奖　单　位	获奖年份
10	2001 年度上海青工工作先进团组织标兵	共青团上海市委	2002
11	全国青年文明号活动优秀组织奖	共青团中央	2003
12	2002 年度上海青工工作先进团组织标兵	共青团上海市委	2003
13	2003 年度上海青工工作先进团组织标兵	共青团上海市委	2004

二、共青团代表大会

1998—2016 年，宝钢集团团委 4 次组队参加共青团上海市代表大会，4 次组队参加共青团全国代表大会。中国共产主义青年团宝钢集团有限公司代表大会共召开 1 次(2009 年 12 月 10 日)。

1998 年，宝钢集团团委先后组队参加共青团上海市第十一次代表大会、共青团第十四次全国代表大会。2003 年，先后组队参加共青团上海市第十二次代表大会、共青团第十五次全国代表大会。2008 年，先后组队参加共青团上海市第十三次代表大会、共青团第十六次全国代表大会。2013 年，先后组队参加共青团上海市第十四次代表大会、共青团第十七次全国代表大会。

2009 年 12 月 10 日，宝钢集团团委召开中国共产主义青年团宝钢集团有限公司第四次代表大会，总结宝钢第三次团代会后的共青团工作，提出新时期做好宝钢共青团工作的思考和 2010—2014 年工作方向，选举产生共青团宝钢第四届委员会。2010—2014 年，团委工作的主要方向是：深化中国特色社会主义理论教育，用先进的思想凝聚青年；焕发激情，用远大的事业凝聚青年；强化沟通与关怀，用真诚的服务凝聚青年；加强和改进团组织的自身建设，用富有活力的组织凝聚青年；依托体系建设，推进团组织的工作机制创新。共青团宝钢集团有限公司第四届委员会委员(以姓氏笔画为序)：马德勇、王语(满族)、计国忠、厉彦永、戎载春、朱未来、朱家春、杜嫣斐、吴海凤、邹远志、宋小军、张骏、陈妍、妙旭嫣、周慧、贾怡芸、高继周、崔晓燕、屠佳胤。贾怡芸当选为共青团宝钢集团有限公司第四届委员会书记，王语当选为共青团宝钢集团有限公司第四届委员会副书记。

第二节　主 题 活 动

1998 年 11 月上海宝钢集团公司成立后，各级共青团组织以“服务企业发展，服务青年成长”为工作主线，开展形式多样、内容丰富的成才成长类活动、创新创业类活动、文化艺术类活动，反映青年呼声，为青年服务，满足青年发展需求，提高青年对企业发展的贡献率。

一、成才成长类活动

1998 年，宝钢集团团委组织开展理论和形势任务教育，制定、下发《关于在宝钢青年中兴起学习邓小平理论活动新高潮的意见》，组织团员青年学习邓小平理论、中共十五大精神及共青团十四大、上海市第十一次团代会精神；发挥宝钢团校作用，加强对团员青年的“三观”(世界观、人生观、价值观)、“三德”(社会公德、职业道德、家庭美德)、“三个主义”(爱国主义、集体主义、社会主义)和“五感”(光荣感、使命感、责任感、危机感、紧迫感)教育。面对东南亚金融危机所带来的严峻市场形势，及宝钢集团生产经营、三期工程建设任务，开展形势任务教育，引导青年正确认识市场与现场、产量与成本、质量与效益、品种与能力、生产与建设的关系，增强责任感、危机感和紧迫感。2000 年，加强青年思想政治教育，以“双学”小组为阵地，学习邓小平理论、江泽民“三个代表”重要思想。加强青年形势任务教育，开展“上海宝钢青年现状和共青团工作”问卷调查、“热爱宝钢、建设宝钢——纪念宝钢投产 15 周年知识竞赛”、“在企业如何实现你的成功”主题讨论等。5 月，在中共中央宣传部、教育部、共青团中央联合召开的全国青年学习邓小平理论经验交流会上，宝钢集团团委作题为《深入学习邓小平理论，引导青年为企业改革发展建功立业》的发言，《人民日报》以《用科学理论培育“四有”青工队伍》为题刊发，后被收入中共中央宣传部、共青团中央、教育部联合出版的《全国青年学习邓小平理论经验交流会文集》。2001 年，举办 18 岁成人仪式，开展“上海宝钢青年素质发展要求”大讨论，召开五四纪念大会，表彰宝钢集团青年岗位能手，编辑《实践曾乐精神的年轻人》一书等，引导青年立足岗位实践人生理想，展示自身价值；开展学习中共中央总书记江泽民“七一”重要讲话活动；下发《宝钢集团团委关于学习贯彻江泽民同志在庆祝中国共产党成立 80 周年大会上讲话的通知》，并组织交流。开展形势任务教育，召开“企业形象与青年形象的塑造”专题座谈会，指导基层团组织利用网络资源开展思想政治工作等。开展“导师带徒”活动，推进青年技能“登高”工作。组织青年参与青年工程立功竞赛，在上海市及企业重大建设工程中发挥作用。2002 年，组织学习“三个代表”重要思想，并把开展情况纳入对基层共青团工作评价的重要内容；利用传统宣传教育手段和信息时代网络工具，加强学习阵地和载体的建设。推进青年职业生涯导航活动，将活动开展与青年项目负责制、“创新创效”、“导师带徒”、技能培训相结合。通过开展“导师带徒”、技术操作比赛、岗位练兵、举办培训，强化青工技能的提升。根据宝钢集团“进一步提高集团整体运营质量和效益，加快钢铁精品基地建设和非钢多元产业的整合发展”要求，开展“为建设精品基地作贡献”立功竞赛活动。2003 年，下发《关于进一步兴起学习“三个代表”重要思想的新高潮的通知》《“三个代表”重要思想学习纲要》，对学习“三个代表”重要思想作安排、提要求。推进青年职业生涯导航活动，包括形成开展活动的整体思路和设想，制订开展活动的初步计划，搭建青年与企业沟通的平台，建设宝钢青年人力资源库等。开展青年工程立功竞赛活动，组建青年突击队 68 个，实施青年工程 5 个，青年突击队员总计 1 360 人。2004 年，开展青年理想信念教育，加强团干部理论学习；通过“双学”小组、团支部主题活动、开展培训等渠道和形式，在团员青年中开展教育活动；举办宝钢青年纪念邓小平诞辰 100 周年座谈会、宝钢援藏干部报告会，引导青年树立正确的世界观、人生观、价值观。开展青年职业生涯导航活动，包括在团干部中开展经验交流活动，设计推进青年职业生涯导航方案，探索建立“导航职业素质模型”等。开展青年技能人才培养工作，包括组织青工参加宝钢集团首届职工技能大赛，对获“青年岗位能手”“新长征突击手”称号的青工给予破格参加职业技能等级鉴定机会，开展“导师带徒”、青工技术比武、岗位练兵活动等。

2005 年，在党组织开展保持共产党员先进性教育活动中，结合青年特点开展各种教育活动，使团员青年在参与先进性教育活动中受教育、有触动。12 月 3 日，共青团中央督察组到宝钢进行现场调研、检查和指导，高度评价宝钢团委开展的主题教育活动。开展青年职业生涯导航活动，包括制定《关于实施宝钢新进大学生职业发展培养计划的指导意见(试行)》《宝钢新进大学生职业生涯规划指导书》；将“职业生涯导航”与“名师育徒”活动结合，形成并推广“青年技能成才导航”模式；调研宝钢集团青工技能状况，建立历届杰出青年岗位能手信息库；结合共青团上海市委“深入推进青工技能振兴计划”要求，开展青年高技能人才推荐和宣传工作。10 月下旬，共青团中央青工部到宝钢调研青年技能人才培养工作,并确定宝钢作为共青团中央首批推进"青工技能培训学分制"试点单位。2006 年,开展团员为团支部发展建言献策活动,在团组织间开展"互观互学"活动,探索实施"沟通联系机制、典型引导机制、学习教育机制、素质提升机制、对标找差机制"等 5 项常态教育机制。在青年理想信念方面,开展"双学"活动设计大赛,要求基层团组织结合"双学"活动要求及企业热点、青年关注点、团支部活动兴奋点自主选择"双学"活动主题和开展形式。开展青年职业生涯导航活动,总结导航活动开展 5 年来的实践;加强青年创新型人才的培养和选拔;在降本增效劳动竞赛中开展青年"自主管理"等活动;组织跨部门、跨厂际"青年创新论坛",促进相关单位、上下工序青年的交流;利用"青工技能培训学分制"试点的政策优势加强技能型青年人才培养;组织青工参加第二届"宝钢职工技能大赛"。2007 年,注重推进青年职业生涯导航活动,在宝钢分公司试点实施"青工技能培训学分制";开展学分制档案建立和学分核算工作;对获局(区、县)级及以上"青年岗位能手"称号和技能竞赛优胜者给予破格参加高等级职业资格鉴定机会;制订新一轮《加强宝钢新进大学毕业生培养的指导意见》,编写新进大学毕业生培养记录手册——《成长日记》;开展青年"五小"(小发明、小改造、小革新、小设计、小建议)科技成果评比、自主管理等活动;开展各层面青工技术比武。2008 年,注重搭建青年比武、成长平台,包括发动基层团组织配合宝钢职工技能大赛,开展青年技能人才比武等活动;组队参加"振兴杯"全国青年职业技能大赛;组队参加 2007 年度国际钢铁协会(IISI)钢铁大学网站炼钢大赛。2009 年,持续开展青年职业生涯导航活动,实施 2009 年新进员工培训工作,总结基层开展青年职业生涯导航活动的典型做法和经验,梳理青年职业生涯导航典型案例。搭建青年成才的平台,依托"桥"论坛开展 32 期"最佳实践·我行我秀"活动。推进"青苹果"计划(该计划关注青年人才成长,面向高潜质人才族群,培养宝钢未来的高级管理者和技术领军人才)。计划的主要内容是通过人才测评技术选拔高潜质人才,纳入宝钢基础人才库进行为期 2 年的重点培养。

2010 年,依托"桥"论坛,开展"最佳实践·我行我秀"活动;评选第七届"宝钢十大杰出青年";完成共青团中央分类引导青年试点工作各个阶段工作任务。2011 年,开展共青团工作"对标找差"学习考察活动。2012 年,配合集团人力资源部推进"青苹果"计划和管理培训生招聘选拔,为 2012 年新入职大学毕业生开展青年职业生涯专题讲座,并提供《成长日记》学习手册,加大新入职员工和青年骨干的跟踪培养工作力度。2013 年,落实"中央企业青年登高计划",在宝钢股份试点开展"宝钢青年成长计划"。召开现场调研会,总结阶段性工作,调整试点对象、方式和方法,完善活动内容和形式等。结合岗位开展系列活动,开展"青春央企"中央企业青春建功实践活动、"岗位技能促振兴·青春建功中国梦"活动、寻找宝钢"最美青工"活动、青年"自主管理"活动、青年"五小"活动、青年技能竞赛、"最佳实践·我行我秀"活动、"青年创新秀"活动等。2014 年,举办宝钢文化经典故事主人公寻访、"社会主义核心价值观"微承诺、"我为社会主义核心价值观代言"、宝钢青年践行社会主义核心价值观之行——"我和国旗在一起"摄影作品征选、宝钢青年践行社会主义核心价值观之辩——第二届宝钢青年辩论大赛等活动。树立优秀青年典型,包括评选第九届"宝钢十大杰出青年"、开展"最佳实践·我行我秀"活动等。2015 年,以节日和文化活动为契机开展活动,以纪念中国人民抗日战争暨世界反法西斯战争胜利 70 周年为契机,组织团员青年慰问参加过抗日战争的老兵;国庆期间,发动团员青年参与"带着国旗去旅行"活动;"学雷锋纪念日"期间,开展"托举夕阳,真情奉献"慰问服务活动。

2016 年,以真人脱口秀的形式,开展"宝青说"系列活动,搭建团员青年风采展示平台;评选宝钢"十大杰出青年"。

表 9-4-3　1998—2016 年宝钢集团团委开展主题教育活动情况表

年份	开　展　主　题
1999	开展“弘扬五四精神、奉献如火青春”主题座谈会、爱国主义教育影片展映、“纪念新中国成立 50 周年”知识竞赛等主题教育活动
2000	开展“向党诉说心里话”主题教育活动
2001	开展“党在我心中”主题教育活动
2002	以“永远跟党走”为主题，开展纪念建团 80 周年系列活动
2005	开展增强共青团员意识主题教育活动，包括制定、下发《以学习实践“三个代表”重要思想为主要内容的增强共青团员意识主题教育活动的实施意见》；围绕“学习实践‘三个代表’重要思想”主线和“永远跟党走”主题，分 3 个阶段推进主题教育活动
2006	开展共青团员意识主题教育，召开增强共青团员意识主题教育活动总结表彰大会
2011	结合纪念中国共产党成立 90 周年、“宝钢青年文化节”系列活动，开展“学党史、知党情、跟党走”主题教育活动
2014	开展“中国梦”主题活动

二、创新创业类活动

宝钢集团团委通过举办青年科技节、青年学术年会、青年创新成果发布会、青年创业计划大赛、青年创新论坛，推荐青年参加创新成果大赛活动，推进科技开发项目青年负责制等，不断完善青年参与科技开发的工作机制和载体，促进青年职业技能的提升。

1998 年，宝钢集团团委举办以“掌握新科技，迈向新世纪”为主题的第四届宝钢青年科技节，开展宝钢青年学术年会、财务知识大赛、英语技能大赛、科技书展等活动。11 月，共青团上海市委在宝钢召开“宝钢青年学习创新行动现场调研会”，共青团中央书记处第一书记周强到会并讲话，肯定宝钢青年科技创新活动。1999 年，举办第二届宝钢青年学术年会。在 1999 年“培菲康杯”上海青年科技成果大赛中，宝钢有 25 项成果获奖，列上海市各单位获奖成果数之首。2000 年，举办第五届宝钢青年科技节、第三届宝钢青年学术年会。集团团委把加强青年人才培养、推进青年学习创新活动作为工作主线，推进青年“科技登高”和“技能登高”工作，推进青年项目负责制和青年项目导师制，给青年压担子、配课题，做到“青年有项目，项目有青年”。各子公司科研项目中，青年负责的比例达 30%。2001 年，推进青年项目负责制。集团团委提出，要以推进青年项目负责制为重点，从规范工作机制入手，促进青年创新创效活动不断深入；各级团组织按照这一部署，不断完善青年参与科技开发的工作机制和载体，形成以青年项目负责制为抓手，以群众性青年创新活动为土壤，党政支持、横向部门配合、团组织推进的工作态势。深化青年创新创效活动，包括参加“党在我心中”全国青少年电脑作品大赛；依托宝钢青年外语中心开展英语学习；利用读书小组、青年知识分子联谊会等组织开展学习；开展午间学习、跟踪世界一流技术讲座、科普夏令营、青年广场文化节、科普文化广场等学习活动。2002 年，推进“青年登高计划”，召开宝钢青年学术年会，举办青年创新成果发布会，评选出优秀青年科技论文 116 篇，优秀青年“五小”科技成果 54 项。经推荐，炼钢厂蒋晓放等 17 名青年分获上海市企业青年创新成果大赛一、二、三等奖。2003 年，组织青年参加上海市“平安保险杯”青年创新成果大赛，申报创新成果 58 项，论文 6 篇。举办青年科技文化节，开展论文发布、学术交流、科技讲座等活动。2004 年，推荐青年参加创新成果大赛等活动。在上海市“平安保险杯”企业青年创新成果大赛中，宝钢有 22 项创新成果分获一、二、三等奖，1 篇论文获一等奖，另有 10 项成果被认定为上海市高新技术成果转化项目。

2005 年，以“青年学习创新小组”、“青年创新讲坛”、“五小”成果创建等为抓手，开展青年科技创新活动。2006 年，组织“青年创新论坛”，联合集团科技部审查并推荐青年技术创新和发明创造成果 50 项参赛，其中 4 项成果获上海市青年技术创新和发明创造奖一等奖。组织申报中国国际工业博览会青年科技创新创业成果奖的 21 项成果全部入围，其中 2 项获“最具技术交易潜力奖”，1 项获国家级“最具技术交易潜力奖”。2007 年，组织参加上海市青年创新成果大赛和“铝业杯”中央企业青年创新成果大赛。有 5 项成果获 2007 年中国国际工业博览会“最具技术交易潜力奖”，13 个项目获首届中央企业青年创新奖，其中 1 项获金奖。2008 年，围绕“宝钢科学发展”开展创新创业活动，包括召开“聚焦宝钢二次创业，共话宝钢科学发展——纪念五四运动 89 周年，焕发青年创业激情”座谈会；下发《“焕发激情、勇做二次创业先锋”倡议书》；开展“我为宝钢科学发展建言献策”，“感动员工、感动用户”故事征集，“保护环境、节约资源行为养成”等活动。2009 年，推进宝钢加入中国青年创业就业基金会，捐资 1 000 万元；按照共青团中央《关于建立共青团“青年就业创业见习基地”的实施方案》要求，在 16 家单位建立宝钢共青团“青年就业创业见习基地”；加强见习基地的规范管理，制定统一的管理办法和补贴政策，指导和协调各单位妥善开展见习人员管理和培训工作，落实见习补贴的发放。以宝钢业务价值链为脉络，联合上海汽车集团股份有限公司团委、中国第二十冶金建设公司团委和多家民营企业青年团队，建立“钢铁流通创新团队”，并举办首届“钢铁流通创新团队”青年创新论坛。2010 年，推进宝钢共青团“青年就业创业见习基地”相关工作，搭建青年展示提高舞台，在“神华杯”第二届中央企业青年创新奖评选中，宝钢集团获优秀组织奖，推荐参赛项目获 2 项铜奖和 5 项优秀奖。2011 年，举办首届宝钢青年创业计划大赛，有 45 支创业团队、近 200 名青年参与。2012 年，深化宝钢青年创新创效活动，下发《关于进一步深化宝钢青年创新创效活动的意见》，举办宝钢青年创新创效活动研讨推进会，评选首届“宝钢十大杰出青年·创新之星”，加大创新创效实绩在青年员工业绩考核中的权重比例。2013 年，结合“宝钢二次创业”主题，推进“宝钢青年文化节”活动品牌建设，围绕“铭刻团印·纵享青春”主题，着力打造“二次创业”青年主题秀。2014 年，在基层团组织开展“青年创新秀活动”等活动，评选“宝钢青年创新之星”，选树优秀青年典型，引导广大青年乐学先进、奋勇争先。2015 年，围绕宝钢二次创业和宝钢广东湛江钢铁基地项目建设等企业中心工作，开展“改革创新　青年先行”“最佳实践·我行我秀”等活动。

2016 年，宝钢各级团组织开展青年创新实践活动、创业大赛，举办数十场青年创新创业培训、讲座，覆盖青年员工 4 000 余人。

三、文化艺术类活动

宝钢集团团委通过完善青年文化活动项目和载体，加强青年文化建设，营造青年文化活动氛围，推进宝钢青年文化艺术类活动的开展，提升宝钢青年的物质文明建设和精神文明建设。

1998 年年底，宝钢集团团委开展“纪念宝钢建设 20 周年、宝钢青年迎新年”活动，推出多个体育比赛项目。1999 年，举办第八届上海宝钢青年文化节，开展“歌唱党、歌唱祖国、歌唱青春”合唱比赛、“益昌杯”上海宝钢青年英语小品大赛、“青年的成长与形象塑造”主题辩论赛、民乐鉴赏专题讲座等活动。举办以“掌握新知识，迈向新世纪”为主题的“’99 上海宝钢青年读书周”，推出“读书所带给我的……”主题演讲比赛、网络知识技能大赛等活动。2000年，举办第九届上海宝钢青年文化节；举办首届上海宝钢青年体育节，推出多个体育比赛项目。2001年，举办以“新世纪·新青年·新形象”为主题的第十届上海宝钢青年文化节，推出“化工杯”上海宝钢青年英语朗诵比赛，“祖国在我心中”抒情歌曲、民歌演唱赛，上海宝钢青年书画作品征集、评比，“上海宝钢青年文化节”会标设计大赛，“话剧鉴赏与电影配音、表演艺术”专题讲座，“国贸杯”上海宝钢青年英语小品大赛等活动。2002年，以“青春万岁”为主题举行宝钢团干部共庆建团80周年活动，开展“宝钢青年道德格言”征集和“青春与宝钢同行”主题征文活动，评选最佳“纪念建团80周年主题团日”创意活动，开通“宝钢青年网”，承办“企业文化与21世纪宝钢人形象”主题辩论赛、青年网页设计大赛、上海青年文艺巡演宝钢专场等活动。2003年，开展“世博会与上海新一轮发展”大讨论活动及“青春与世博同行”金点子、创意和征文活动，收到215项金点子、创意和征文。2004年，举办团干部联谊会。参加“青春拥抱阳光——上海青年纪念建党83周年主题晚会”“市直机关、中央在沪企业青年联谊活动”“感动——全国青少年网络作品大赛”等活动。指导基层团组织开展青年职工单宿文明创建活动，通过“特色寝室”创建、评选，加强青年职工单宿文化宣传和普及。以“宝钢青年科技楼”为主要阵地开展知识文化讲座、英语角、文体比赛等活动。

2005年，围绕宝钢投产20周年开展系列群众性文化活动，各级团组织和团员青年成为参与各项活动的骨干力量。结合纪念陈云诞辰100周年、纪念抗日战争胜利60周年等系列活动开展爱国主义和革命传统教育。2006年，推广“健康之行”文体活动，开展“启航杯”龙舟赛、“江山如画”摄影大赛等系列文体活动。2007年，举办首届“宝钢青年文化月”，开展“青年与文化”系列主题辩论赛、“今天我们怎样成长”专题讲座、月浦单宿书展等系列活动。开展纪念五四运动系列活动，包括“号、手、队、线”(宝钢集团青年文明号、新长征突击手、新长征突击队、青年文明生产线)评选表彰、“用DV(数码摄像机)记录身边精彩，用激情为青春喝彩”为主题的团支部活动DV大赛、以“捐电脑、送希望”为主题的希望工程助学活动等。举办纪念建团85周年团情团史知识竞赛。2008年，举办第八届宝钢职工文化艺术节“我心中的宝钢”主题演讲比赛和征文比赛。利用共青团上海市委“益友圈”资源，组织单身青年联谊活动。2009年，完善“益友圈”网络平台，拓宽青年交友渠道。丰富“桥”论坛的内容，形成“员工热线”“谈天说地”等八大主题版块，并开展“每月主话题”大讨论、热点问题调研问卷等活动。

2010年，举办以“精彩世博　绿色宝钢”为主题的宝钢青年文化节，开展“跃动青春闪亮世博”文艺汇演、辩论大赛、“绿色宝钢低碳生活”征文比赛、英语竞赛、“三国杀”群英挑战赛、我眼中的“绿色宝钢、低碳世博”摄影比赛、多媒体制作比赛、“诚与爱”读书沙龙等系列活动。2011年，举办“活力青春”宝钢青年形象大使评选活动。2012年，举办第三届宝钢青年文化节，开展青年理财大师赛、安全征文比赛、厨艺大赛、桌球挑战赛、“三国杀”大赛、“讲理想、比贡献”主题演讲大赛等活动。2013年，举办第四届宝钢青年文化节，开展青年理财大师赛、“青春正能量　青年好形象”微电影大赛、宝钢创意设计大赛、“青年看宝钢”摄影大赛、第二届青年形象大使评选等活动。2014年，举办第五届宝钢青年文化节暨“梦享青春，志爱宝钢”青年志愿文化主题秀，开展“特钢杯”篮球赛、“不锈杯”羽毛球赛、“宝钢足协杯”足球赛、首届宝钢青年专业英语大赛、第二届宝钢青年辩论赛、“我的班组　我的伙伴”摄影大赛、“宝钢股份杯”麦霸青年歌手大赛、“华宝杯”第三届青年理财大赛等活动。2015年，举办第六届宝钢青年文化节，开展“梦·起航”湛江钢铁青年员工成长主题秀、第四届“华宝杯”宝钢青年理财大师赛、“韶钢杯”青年成长主题征文比赛、“股份杯”第三届宝钢青年环保主题微电影大赛、第二届“发展杯”青年厨艺大赛、第二届“资源杯”青年桌球挑战赛、第二届“宝信杯”青年“三国杀”比赛、宝钢青年公益“跳蚤”集市、第三届宝钢青年形象大使评选等活动。

2016年，举办以“冬日绽放，青春炼歌”为主题的第七届宝钢青年文化节，开展“纪念红军长征胜利80周年”户外健步走、“宝信杯”青年微信新媒体设计大赛、第五届“华宝杯”青年理财大师赛、“青锋”2016青年创新活力营、“创新发展　青年担当”2016宝钢青年创新创业项目发布等活动。

第三节　青年突击队

宝钢集团的青年突击队，是在企业各级团组织领导下，由青年自愿报名参加的青年突击型生产性组织。青年突击队围绕企业的急、难、新、险、重任务开展活动，既为企业创造了经济效益和社会效益，更为企业培育了新人。开展劳动竞赛是青年突击队的主要活动形式。在活动中，各级团组织注重把突击重点放到关键工程、技术难点、时间紧迫的任务上，注重培养、总结、推广先进典型，注重与“青年文明生产线”“青年文明号”创建活动相结合。

1998年，宝钢集团团委围绕“降成本、增效益”主题开展“一流青年岗位”创建活动，并在主作业线试点推行“青年文明生产线”创建活动。1999年，在“一流青年岗位”创建活动基础上，推行“岗位承诺制”，开展“青年文明生产线”创建活动。2000年，围绕“质量、成本、效益”，深化“一流青年岗位”(“共青团号”)创建活动，以“岗位承诺制”为纽带，开展“青年文明生产线”创建活动。2001年，规范、调整原有的“一流青年岗位”“青年文明生产线”创建活动，开展“青年文明号”“青年文明生产线”创建活动。获10个上海市“共青团号”、1个中央企业系统全国“青年文明号”、1个“青年文明号信用建设示范创建单位”称号。2002年，梳理“青年文明号”“青年文明生产线”创建活动流程，围绕质量、成本、效益、服务、安全等内容，完善和规范创建措施，层层开展创建活动。2003年，推进信用示范建设，规范“青年文明号”“青年文明生产线”创建活动流程，表彰“青年文明号”32个、“青年文明生产线”9条。2004年，完善“青年文明号”“青年文明生产线”的创建内容、评选、表彰程序，通过“信用示范建设”等载体，按照“用户满意(CS)服务”理念，把职业道德教育和职业技能教育相融合。宝钢集团团委获“全国青年文明号活动优秀组织奖”。

2005年，动员青年开展岗位创新和立功竞赛活动。规范“青年文明号”“青年文明生产线”创建、检查、评选、表彰程序，深化青年岗位承诺制，把职业道德教育和职业技能教育相融合，发挥优秀青年集体示范效应。2006年，规范和完善“青年文明号”“青年文明生产线”创建、检查及评选表彰的程序。表彰“青年文明号”22个、“青年文明生产线”5条。2007年，丰富“青年文明号”、青年岗位能手、青年突击队、青年创新创效等活动内涵，表彰115名个人和60个集体。2008年，围绕宝钢二次创业主线，分层分类引导青年发展，表彰“新长征突击手”125名、“新长征突击队”28个、“青年文明号”26个、“青年文明生产线”6个。2009年，激励青年立足岗位建功立业，表彰“新长征突击手”118名、“新长征突击队”“青年文明号”“青年文明生产线”共65个。

2010年，表彰“新长征突击手”11名、“新长征突击队”“青年文明号”“青年文明生产线”共55个。2011年，全面开展“创先争优”活动，获2个上海市“青年文明号”、4个中央企业“青年文明号”、1个全国“青年文明号”称号。2012年，引导青年学先进、勇创新，倡导科学职业发展理念，获2个上海市“优秀青年突击队”、4个中央企业“青年文明号”称号。2013年，结合“青年文明号”、青年突击队创建工作，牵动基层开展青年自主管理活动、青年“五小”活动、青年技能竞赛活动，发挥青年群体在创新创效活动中的作用。2014年，以“青年文明号”活动开展20周年为契机，开展“岗位建功创一流，文明点亮中国梦”主题活动。2015年，依托青年突击队载体，引导青年员工投身扭亏增盈、二次创业，组建青年突击队 125 支。

2016 年，以扭亏增盈、青年安全、环境改善、志愿服务为内容，开展“改革创新，青年先行”宝钢青年突击队创建活动，创建青年突击队 153 支。

第四节　青年安全示范岗

创建青年安全示范岗，是宝钢集团加强青年员工安全意识、提高安全技能，促进岗位整体安全工作有效落实的重要举措。集团团委每年与行政、基层团组织签订青年安全工作目标责任书，对青年安全工作实行目标管理，明确奖惩力度，确保青年安全示范岗工作得到有效开展。

1998 年，宝钢集团团委组织开展“落实安全目标责任，减少各类人身事故，确保安全生产”劳动竞赛；推进“青安杯”竞赛；召开青年安全工作研讨会；做好“青年安全结对”和“青年安全巡检记录本”工作；开展“青年安全宣传周”系列活动；为每名青年安全生产示范岗岗员配备《宝钢青年安全工作导读》，提高青年安全技能。1999 年，集团团委与行政、安全环保处签订青年安全目标责任书，对青年安全工作实行目标管理；推进“青安杯”竞赛活动；推进青工安全结对工作，完善青年安全生产示范岗工作制度；举办青年安全、环保宣传周；召开青年安全和环保自主管理成果发布会。获评全国冶金系统“青安杯”竞赛大钢赛区和省厅赛区优胜单位。2000 年，各级团组织通过与行政层层签订青年安全目标责任书，对青年安全工作实行目标管理。推进“青安杯”竞赛，开展青工安全结对和“青年安全记分制”工作，举办“青年安全环保宣传周”、“绿色宝钢”青年环保知识竞赛，征集安全环保合理化建议，召开青年安全环保自主管理成果发布会。2001 年，各级团组织与行政层层签订青年安全目标责任书，对青年安全工作实行目标管理；深化“青安杯”竞赛工作，形成可操作、可推广的工作规范，包括青年安全岗巡检工作规范、青年安全信息上报工作规范、青工安全结对工作规范、青年安全环保教育工作规范等；开展“青年安全宣传周”、安全知识竞赛活动，评选、表彰优秀青年安全岗员典型事例；推进以新职工、转岗职工、安全重点人为主要对象的“青年安全结对”工作；加大对青年的安全培训力度，特别是岗位规程、操作技能的学习。2002 年，集团团委与行政、基层团组织签订青年安全目标责任书，对青年安全工作实行目标管理；召开青年安全工作研讨会；推进“青安杯”竞赛活动；举办“青年安全宣传周”，开展青年安全知识竞赛、安全合理化建议征集、安全自主管理成果征集、青年安全巡检典型事例征集、优秀青年安全示范岗和优秀青年安全示范岗员（长）评选活动。2003 年，集团团委与行政、基层团组织签订青年安全目标责任书，对青年安全工作实行目标管理；举办“青年安全月”活动，评出 24 个第二届青年安全生产示范岗；各级团组织健全青年安全网络，组织安全合理化建议、自主管理成果、青年安全巡检典型事例评比活动。2004 年，集团团委与行政、基层团组织签订青年安全目标责任书，层层下达青年安全责任目标；举办“青年安全月”系列活动，开展《安全生产、警钟长鸣》读后感征文、第三届宝钢青年安全生产示范岗评选活动；承办全国冶金系统“青安杯”竞赛大钢赛区表彰会。

2005 年，举办“青年安全月”系列活动，开展第四届宝钢青年安全生产示范岗评选活动。2006 年，各单位利用安全培训、查隐患等活动宣传安全生产，开展青年安全生产岗巡检，提高青工安全意识和安全技能。组织青年参与“安全生产月”系列活动。评选第五届青年安全生产示范岗。2007 年，针对青年安全工作薄弱环节，加大整改和青年安全岗巡检工作力度；对各单位团组织开展青年安全工作的目标责任进行严格界定并规范奖惩，对青年安全工作实行目标管理；围绕“关爱生命、关注安全”主题，开展“安全生产月”系列活动；评选、表彰第六届宝钢集团青年安全生产示范岗，并将外协青年人员安全管理纳入青年安全岗管理。2008年,集团团委评选第七届青年安全生产示范岗。启动青年安全岗安全事故案例整理、汇编工作,制作多项安全事故案例多媒体教育材料。2009年,评选第八届青年安全生产示范岗;开展"安全生产月"系列活动,包括开展"安全在我心中"演讲比赛、安全文化DV(数码摄像机)影视作品大赛等。宝钢在全国"大钢杯"青年安全竞赛活动中获25项先进个人和集体荣誉。

2010年,评选第九届青年安全生产示范岗;召开宝钢集团青年安全工作研讨会,明确宝钢青年安全工作覆盖全体协力青年的要求;举办首届宝钢青年安全岗长培训班。宝钢在全国钢铁行业"青安杯"竞赛活动中获25项先进集体和个人荣誉。2011年,出台《关于加强宝钢青年安全工作的若干意见》;开展青年安全工作经费调研,梳理各单位、各基层青年安全岗的青年安全工作经费获取和使用情况;组织开展青年安全生产大讨论活动,举办座谈会、事故反思会、主题演讲等活动100余场,收集各类建议1 000余条,实现了对现场安全工作的查遗补漏;举办青年安全特色工作论坛暨2011年青年安全岗长培训,推广多媒体和体感式安全培训模式;评选第十届青年安全生产示范岗。宝钢在全国钢铁行业"青安杯"竞赛活动中获25项先进个人和集体荣誉。2012年,举办宝钢集团优秀青年安全岗长培训;制定并下发《关于建立宝钢青年安全工作信息报告机制的相关规定(试行)》,编制青年安全工作季报;评选第11届青年安全生产示范岗。2013年,编制青年安全工作季报,搭建青年安全工作交流、展示平台;举办宝钢集团优秀青年安全生产示范岗岗长培训、青年安全工作推进会;在总结、梳理宝钢青年安全工作历史经验基础上,完成"企业共青团开展青年安全工作研究"课题研究;利用"桥"论坛开展网上"青年安全大家谈"活动;评选第12届青年安全生产示范岗。2014年,评选第13届青年安全生产示范岗。2015年,评选第14届青年安全生产示范岗,在评选过程中强调创建过程、突出岗位实践。举办宝钢优秀青年安全生产示范岗岗长培训。

2016年,举办青年安全培训860次,覆盖9 921人次;组织青年安全巡检3 724次;制作青年安全多媒体作品533个(组);提出安全合理化建议5 315条。

第五节　志愿者服务

宝钢集团各级团组织把组织团员青年凝集到团组织的周围,发挥团员青年的生力军作用,更好地为企业生产经营和社会服务,并在这一过程中锻炼团员青年,作为开展青年志愿者服务活动的宗旨。在开展活动过程中,各级团组织建立了青年志愿服务站、宝钢青年志愿者协会等阵地,制定了活动管理规章制度,形成了助学、敬老、环保、助残、爱心义卖、会务后勤等多种服务形式,并将服务内容延伸到企业和社会的多个领域。

1998年,宝钢集团团委为推进青年志愿服务活动深入、持久开展,弘扬"奉献、友爱、互助、进步"志愿者精神,着手规范活动运作机制,建立志愿服务活动定点、定时、定人、定项目的"四定"管理办法。组织青年志愿者贯彻"立足企业,面向社会"服务方针,每月定期为本单位职工、单宿职工、离退休老同志、职工子女服务,定期组织人员参加"宝钢老干部活动室青年志愿服务站""宝钢单宿青年志愿服务站"两个志愿服务站的活动,并根据宝钢集团和上海宝山地区群众日常生活需要,开展各类便民服务活动。逐步把志愿服务活动的范围从厂外向厂内拓展,发动青年志愿者在企业设备年修、环境整治等工作中发挥先锋模范作用。1999年,依托"宝钢老干部活动室青年志愿服务站"和"宝钢单宿青年志愿服务站",以离退休职工、单宿职工和生活有困难的青年为服务重点,广泛开展各类志愿服务活动。拓展志愿服务的领域,发动广大青年志愿者在工程建设、年修、环境整治和突发性事件中发挥青年志愿者的先锋模范作用和突击队作用，使青年志愿者队伍拉得出、打得响。2000 年，宝钢青年志愿服务队达 300 余支，志愿者 4 000 余人。2001 年，各级团组织通过召开动员大会、网上宣传、网上倡议、下发宣传资料、张贴海报、编发团讯等方式，动员宝钢青年投身“为了生命的希望工程——上海宝钢青年骨髓捐献志愿者”活动，有 1 085 名志愿者报名参加骨髓捐献。各级团组织以贫困学生、离退休职工、生活有困难青年、单宿职工为服务重点，开展“捐资助学”、“扶贫帮困”、“一助一”结对、社区服务等活动。2002 年，对 10 429 名青年志愿者进行注册管理。自 1993 年年底启动青年志愿者行动至 2002 年年底，近 20 万人次青年志愿者参与各项志愿活动。自开展“希望工程”活动至 2002 年年底，捐建希望小学 38 所。2003 年，组织基层团组织分发 6 947 张青年志愿服务卡。组织青年志愿服务队在单宿、宝钢老干部活动中心、中小学，为贫困学生、离退休职工、生活有困难青年、单宿职工提供志愿服务。开展为支持西藏仲巴县教育事业的援藏爱心助学捐款活动，收到助学捐款 112 357 元。开展捐款帮困助学、“百名团干部走访 1 000 名困难青年”、帮困“送温暖”、新春“送温暖”等活动。2004 年，拓宽志愿者服务范围，将志愿服务活动与志愿者特长结合起来，将阶段性志愿服务项目与长期性青年公益活动相结合；完善青年志愿者管理制度；完成近 7 000 张青年志愿者服务卡、证、牌分发工作；组织两届“宝钢十大杰出青年”、部分优秀团干部赴云南省考察“希望工程”助学活动；与宝钢在长征路上援建的 10 所希望小学特困学生开展“1＋1 助学结对活动”；下发《关于在宝钢团员青年中开展新春帮困送温暖活动的通知》，组织开展“送温暖”活动。

2005 年，组建青年骨髓捐献志愿者队伍、青年献血志愿者队伍，将志愿服务活动与社会、企业需求相结合，通过参与社会公益活动展现宝钢青年精神风貌和道德品质。在 12 月举行的上海市志愿者活动表彰暨上海青年志愿者协会成立 10 周年大会上，宝钢多家单位和多名个人获表彰。2006 年，有近 5 000 人次参加帮困“送温暖”等服务，为社会提供各类志愿服务 100 余次，服务居民近 1 万人次。开展“希望工程网上义拍”“希望工程捐书”活动，帮助希望小学筹建书库、多媒体教室。开展“重走长征路——回访宝钢长征路上希望小学”活动。2007 年，开展以扶助孤老、热心公益、爱心助学为内容的青年志愿者典型人物宣传，落实宝钢援藏选送内地班学生的助学活动，开展“‘共青团号’志愿服务促和谐”活动。2008 年，下发《关于组织动员宝钢团员青年积极参与抗震救灾工作的通知》，组织成立 3 022 人的青年献血志愿者预备队，开展“大手牵小手、坚强向前走——宝钢青年救灾助学爱心寄语”活动。按照中央企业团工委要求，开展“扬起希望基金”捐款活动。启动宝钢教育基金参与希望工程助学工作，并初步完成首批希望学校优秀学生和教师表彰活动。2009 年，在“12・5”国际志愿者日，组织宝钢青年参加“上海青年造血干细胞志愿者采血入库活动”。

2010 年，开展上海世博会系列志愿服务活动。发动 500 多位宝钢青年报名参加上海世博会志愿服务，其中有 57 人入选成为世博园区志愿者、城市站点志愿者；选送 19 名青年参与世博园区“宝钢大舞台”定点服务；在“桥”论坛上开通“宝钢世博园区志愿者博客”，记录、宣传宝钢青年服务上海世博会事迹；组建“七彩之心”志愿者服务队，为遍布上海市区的 207 个上海世博会志愿者服务亭提供维修保养服务。2011 年，在“桥”论坛推出“公益志愿服务”板块。2012 年，以 3 月 5 日“学雷锋纪念日”为契机，号召各级团组织通过主题讨论、“快乐志愿，随手公益”行动、“寻找身边的雷锋”等形式开展学雷锋活动。2013 年，成立宝钢青年志愿者协会，探索解决志愿者成长、服务资源整合、志愿者保障等问题。支持员工在“桥”论坛等非官方平台上开展各类自行组织的公益服务。聚焦新进员工、单宿青年、优秀青年等群体，开展“家信暖人心”“上海一圈”“相约星期六”“一个鸡蛋的暴走”等活动。2014 年，完善宝钢青年志愿者协会工作机制，将集团范围内的各级志愿者协会、志愿服务队纳入统一管理，并统一会徽、会旗、服装，登记青年志愿者信息。参与首届中国青年志愿服务项目大赛、上海市优秀志愿者评选。组织助学、敬老、环保、助残、爱心义卖志愿服务活动。组织团员青年参与“2014 年南京青年奥林匹克运动会”、“宝钢杯”第七届全国钢铁行业职业技能竞赛、“亲子做公益，共筑彩虹梦”亲子公益活动、“一个鸡蛋的暴走”活动等。2015 年，完善宝钢青年志愿者协会工作制度，将节日志愿、随手志愿、科技志愿、专业志愿、服务企业中心工作的志愿服务渗透到志愿者队伍建设和服务工作中。参与第二届中国青年志愿服务项目大赛、上海市“志愿服务先进集体”评选。选派 6 名志愿者前往意大利 2015 年米兰世界博览会中国企业联合馆提供引导、维护、讲解服务，这是宝钢青年志愿者协会首次提供境外志愿服务。开展宝钢青年网络文明志愿行动暨“阳光蒲公英”评选活动，动员团员青年在网上发出“青年好声音”。

2016 年，志愿服务活动涵盖助学、敬老、环保、助残、爱心义卖、会务后勤等。至年底，宝钢集团有志愿服务组织 72 个。同年，有 7 058 名青年参与志愿服务，服务总时数达 95 305 小时。

第五章　其他群众团体工作

宝钢在建厂初期，就先后成立宝钢企业管理协会、宝钢文学艺术团体联合会、宝钢红十字会等群众团体组织。这些群众团体是企业各级各类生产经营部门和管理者联系企业专业技术人员及其他员工的桥梁和纽带，是推动企业各项工作开展的助手。1998—2016 年，这些群众团体在企业各级党组织和行政组织领导下，在各自系统上级有关业务部门指导下，团结、引导、帮助企业专业技术人员及其他员工，在贯彻党的路线、方针、政策，在落实企业生产经营发展战略，在进行企业物质文明和精神文明生产，在加强企业专业技术人员队伍及其他员工队伍建设，在丰富企业职工的业余生活，在拓展宝钢与企业外部的联系方面，作出了独特贡献，发挥了不可替代的作用。

第一节　宝钢企业管理协会

宝钢企业管理协会（简称宝钢企协）围绕企业生产经营目标和中心工作，主要开展管理诊断、管理咨询、管理研讨和培训、管理课题研究、举办学术报告、编辑出版、对外交流交往等工作，发挥桥梁、纽带、参谋、助手作用。

一、概况

宝钢企业管理协会成立于 1983 年 4 月。1998 年 11 月上海宝钢集团公司成立后，宝钢企协挂靠宝钢集团规划发展部管理；2003 年，挂靠宝钢集团管理创新部管理；2006 年 2 月，挂靠宝钢股份系统创新部管理。

宝钢企协是宝钢集团党委领导下的由各层次管理者组成的学术性群众团体组织，是中国企业联合会、中国钢铁工业协会、上海市企业联合会团体会员单位并接受其业务指导。宝钢企协在宝钢集团内横向协同管理中配合行政和党委推进宝钢现代化管理，为宝钢集团领导决策提供基层管理信息，发挥桥梁、纽带、参谋、助手作用。宝钢企协实行理事会、会员制度，理事成员主要由集团、子公司、职能部门有关领导组成，并在理事成员基础上选举产生会长、副会长、常务理事、秘书长。宝钢企协的管理分会包括作业长研修会、分厂厂长联谊会、分公司二级厂部管理分会等，专业学会包括质量学会、设备学会、能源学会、技师协会等。宝钢企协在理事会下设秘书机构，由秘书长领导秘书人员开展日常工作。

二、主要活动

1998 年，宝钢企协围绕宝钢集团生产经营目标和中心工作开展相关工作，开展各层次管理者的质量、成本、适应市场经济能力研讨活动，召开作业长研修会第五次年会，针对宝钢三期工程建设情况召开基层管理研讨会，为加强现场与市场的沟通召开现场与市场交流座谈会，就降成本、设备管理、信息化等问题组织 5 次由作业长和分厂厂长参加的研讨会。召开宝钢企协三届五次理事会。

开展课题研究，组织学术报告，参加学术研讨。其中有：牵头组织“新视野、新观念”现代化管理学术报告会；牵头组织“宝钢集团发展多元化经营”课题研究，形成课题报告；开展“树立宝钢品牌形象”课题调研，形成《宝钢集装箱用钢市场调研报告》。两次召开宝钢企协各分会秘书长工作会议，帮助各分会完善管理制度。12月18日，作为宝钢企协分会的宝钢中青年学者联谊会成立。

1999年，宝钢企协召开三届六次理事会。中青年学者联谊会举行“人才成长的规律与环境、如何发挥人才的创造性”主题座谈会，质量学会召开第四次年会，作业长研修会两次召开“三个重心下移”研讨会围绕宝钢集团生产经营战略开展研究，两次召开“宝钢企业管理与企协工作的回顾与展望”主题研讨会。宝钢企协就“成本管理重心下移”等问题赴宝钢基层单位调研。在庆祝中国企业管理协会成立20周年大会上，宝钢获“中国企业管理杰出贡献奖”。同年，宝钢现代化管理研究所划归宝钢企协。

2000年，宝钢企协召开各分会秘书长工作会议，召开第八次年会。推进各分会工作：子公司经营者促进会召开投资风险、年薪制、激励机制管理研讨会，中青年学者联谊会举行第二届年会，能源学会在“全国节能周”活动中开展宣传、自主管理成果发布等活动，设备分会编写《前事不忘、后事之师，冶金设备典型事故案例》一书。围绕宝钢集团生产经营战略开展研究和咨询，向子公司会员单位提供“五制基础管理”“集中一贯管理”等现代化管理咨询服务，参与宝钢股份物资采购处作业长竞聘上岗改革实践。开展对外交流，中国企业管理协会常务副会长张彦宁一行5人到宝钢调研，上海外贸学院院长王新奎到宝钢作《中国加入世界贸易组织及其影响》报告。

2001年，宝钢企协召开各分会秘书长会议，召开以“夯实基层管理，实现‘安全、稳定、顺行’”为主题的作业长推进工作暨现场管理研讨会、宝钢技师协会年会、宝钢子公司经营者联谊会第三届会员大会、中青年学者恳谈会、“宝钢岗位劳务外协工管理问题”作业长研讨会，探讨相关问题。针对基层管理中的热点、难点问题开展调研，围绕宝钢集团重大发展战略专题开展研究。其中，调研南通宝钢新日制钢有限公司学习和推进宝钢现代化管理情况；结合中国加入世界贸易组织后宝钢所面临的经营形势，撰写《战略联盟是企业发展强大的制胜之道》专题研究报告；撰写《美国遭“9·11”恐怖袭击后对宝钢生产经营影响》《宝钢技术创新现状分析与对策》调查分析报告。与国内知名企业开展经验交流、学习。同年，宝钢获上海市企业管理现代化创新成果一等奖1项、二等奖2项、三等奖3项，获中国钢铁工业协会评选的冶金企业管理现代化创新成果一等奖2项、二等奖3项。

2002年，宝钢企协推进各分会工作、召开秘书长会议，召开分厂厂长联谊会理事会、作业长推进工作暨现场管理研讨会、宝钢技师协会更名和理事改选会议等。与集团办公室、党委办公室合作组织子公司经理、党委书记研讨会。针对基层管理中的热点、难点问题与宝钢经济管理研修院等单位合作开展调研，撰写《国际化经营与企业集团走向跨国公司之路》《宝钢技术创新现状分析与对策》《关于在集团内学习推进宝钢作业长制的情况调查》《关于南通宝日制钢学习推进宝钢现代化管理的情况调查》《关于宁波宝新不锈钢有限公司管理创新的情况》等调研报告。向宝钢相关子公司提供“对标管理：全面提升企业综合竞争力”咨询服务，推广现代化管理。举办“变革管理”“现代薪酬管理”等管理学术报告会。征集、编撰、出版管理论文、书籍。

2003年，宝钢企协召开四届一次理事会和第九次年会，通过新一届理事会领导班子名单；召开秘书长工作会议、所属分会秘书长工作会议；召开管理创新研讨会，筹划、组织集团子公司经理、党委书记研讨会；配合宝钢股份管理创新部举办“一体化运作”研讨会；举办“经济增长、结构调整、深化国有企业改革”学术报告会。针对基层管理中的热点难点问题开展调研，撰写《关于宝钢集团钢铁子公司开展对标管理的情况报告》《宝钢技术创新现状分析与对策》等专题报告。开展管理咨询服务，参与宝钢集团对马钢(集团)控股有限公司的管理咨询与管理培训工作等。推进宝钢管理文化，在《宝钢日报》开设“创新与思考”专栏，向子公司推广宝钢股份基层管理经验等。开展分会建设和交流工作，质量管理学会多次召开质量管理研讨会，中青年学者联谊会每月组织一次中青年专家博士恳谈会。开展对外交往活动，接待上海市企业联合会等单位人员来访，参加中国企业集团促进会“合作、重组、发展”主题年会，参加中国金属学会管理现代化委员会“管理发展创新”优秀论文征集评比活动等。同年，宝钢获国家级企业管理现代化创新成果一等奖 1 项，获上海市企业管理现代化创新成果一等奖 1 项、二等奖 5 项、三等奖 4 项，获冶金企业管理现代化创新成果一等奖 2 项、二等奖 2 项、三等奖 3 项。

2004 年，宝钢企协研究、宣传一体化管理，撰写《一体化与企业竞争力》《一体化下的集中采购》《一体化下资金集中管理》《一体化下的设备管理》等文章。推广宝钢股份现代化管理，参加编写《宝钢股份管理蓝本》，参与宝钢股份对马钢(集团)控股有限公司管理咨询服务工作等。参加国务院国资委“建设先进企业文化，打造中央企业核心竞争力”课题研究工作，撰写《关于中央企业企业文化建设情况》调研报告。开展宝钢企业文化理论研究工作。开展管理调研，撰写《学习宝钢股份先进管理，加快推进一体化运作进程》调研报告。开展对外交流活动，参加上海市工业经济联合会召开的国家宏观经济调控座谈会等。开展分会建设和交流工作，中青年学者联谊会召开第二届理事会会议，质量学会完成 4 万余字的《宝钢股份推行全面质量管理 25 年总结回顾》等。同年，宝钢获上海市企业管理现代化创新成果一等奖 1 项、二等奖 5 项、三等奖 4 项，获冶金企业管理现代化创新成果一等奖 1 项、二等奖 4 项、三等奖 4 项。

2005 年，宝钢企协召开秘书长工作会议，举办以“提高管理者执行力，提升企业核心竞争力”为主题的分厂厂长管理论坛、作业长基层管理研讨会、组织创新成果和论文评优活动；开展绩效管理、创新文化、团队协作等专题研究推进活动；对宝钢研究院管线钢、塑料模具钢、纯净钢、汽车板、短流程工艺等 22 个项目研究人员开展问卷调查和访谈，撰写《宝钢主导性、重大战略专利技术研发的调研报告》；配合行政推进一体化运作和现代化管理，开展“学习创新文化”专题研究，在《宝钢日报》发表《团队冲突处理》等 4 篇连载案例文章；参加管理学术报告会，征集、编撰、出版优秀管理论文书籍；与国内知名企业开展经验交流；开展分会建设和交流工作。同年，宝钢集团“打造世界级钢铁企业的重组整合”获第 12 届国家级企业管理现代化创新成果一等奖、上海市企业管理现代化创新成果一等奖。

2006 年，宝钢企协举办自主创新探索论坛，在《宝钢日报》开辟“对标挖潜、降本增效实践探索”专栏；赴宝钢股份黄石公司等单位调研，撰写有关黄石公司《以用户满意为理念、以作业长制为中心“五制配套”的基层管理》《领导班子顾大局、讲团结、作奉献》等调研报告；开展基层管理研讨活动，召开宝钢分公司基层管理者年会等；开展“发挥企协资源优势，推进管理进步创新”等管理课题研究；参加学术交流活动，参加中国钢铁工业协会等单位举办的“如何通过管理创新提高钢铁企业综合竞争力”经验交流会等；开展分会建设和交流工作，成立宝钢分公司钢管厂管理分会，作业长研修会召开全体理事会议，组织召开第三届分厂厂长管理论坛。同年，宝钢获上海市企业管理现代化创新成果一等奖 2 项、二等奖 6 项、三等奖 4 项，获冶金企业管理现代化创新成果一等奖 2 项、二等奖 4 项、三等奖 4 项。

2007 年，宝钢企协召开以“发挥一体化协同效应，持续改善现场管理”为主题的第三届宝钢分厂厂长管理论坛；通过宝钢作业长研修会推进宝钢股份化工分公司等单位管理基础提升工作；开展“跨部门创新团队效能提高的管理研究”课题研究工作，总结宝钢在消化引进技术、技改工程、信息化管理、自主创新等方面跨部门创新团队运作经验，概括、提炼宝钢建设高效能跨部门创新团队运作标准；参加上海市经济委员会、上海市工业经济联合会组织的汽车、钢铁、化工、船舶、航天等 10

家行业协会和企业集团开展的“上海地区主要行业‘十一五’(2006—2010年)规划第一年执行情况调研”工作;开展《宝钢三十年领导力案例》创业期、发展期、转轨期、整合期、创新期等5个时期组织体制案例编写工作;扩展下属分会组织,组织各分会开展专业活动;与宝钢日报社共同举办“优化管理,提升基层执行力”专题论坛;举办“安全月隐患追踪防范”案例宣传活动;在二级子公司中征集“企业新纪录”15项,向中国企业联合会申报第12批“中国企业新纪录”9项,最终有8项入选;举办“作业长与基层管理”等相关研讨研修活动;参加上海市工业经济联合会第九次主席团扩大会议等对外交流活动。同年,宝钢获上海市企业管理现代化创新成果一等奖1项、二等奖6项、三等奖8项,获冶金企业管理现代化创新成果一等奖1项、二等奖5项。

2008年,宝钢企协进行第五届理事会换届改选,选举产生新一届会长、副会长、理事;开展宝钢作业长研修会活动,并协助子(分)公司作业长研修会围绕完善宝钢现场基础管理、应对市场挑战、“苦练内功”等专题开展基础管理推进活动;与宝钢日报社举办“完善宝钢安全文化建设”“宝钢管理创新”“应对当前市场压力和挑战”专题论坛;参与宝钢安全工作重心下移、三级安全网络建设、班组安全代表建设等安全生产管理工作;撰写《宝钢基层管理者应对金融危机的情况反映》调研报告;与上海市企业联合会、市工业经济联合会、市管理科学学会等开展管理文化交流;组织各下属分会开展专业活动;分厂厂长联谊会改选联谊会会长、秘书长,增补副会长、常务理事。同年,宝钢“大型国有独资钢铁公司董事会建设”管理研究成果获国家级企业管理现代化创新成果一等奖。宝钢获上海市企业管理现代化创新成果一等奖1项、二等奖8项、三等奖7项,获冶金企业管理现代化创新成果一等奖1项、二等奖2项、三等奖6项。

2009年,宝钢企协配合宝钢股份先后策划组织直属厂部、特钢事业部、不锈钢事业部、宝钢国际、宝检公司、宝钢发展等19家宝钢作业长研修会会长单位,开展以强化“宝钢五制基础管理、应对金融风暴苦练内功、作业长基础管理横向协作”等为主题的管理活动;帮助宝钢集团上海梅山有限公司、南通宝钢钢铁有限公司成立作业长研修会并开展首次研修;与宝钢日报社联合举办“学习与理解徐乐江董事长提出建立倒逼机制讲话”专题论坛;宝钢质量学会、宝钢中青年学者联谊会换届,产生新一届理事会领导班子;协助成立宝钢集团安全管理者研修会。同年,宝钢获上海市企业管理现代化创新成果一等奖2项、二等奖6项、三等奖9项,获冶金企业管理现代化创新成果一等奖1项、二等奖3项、三等奖4项。

2010年,宝钢企协策划召开“提升以作业长制为中心的基础管理”基层管理者研讨会、作业长自主管理成果发布会;组织作业长代表团考察日本JFE钢铁株式会社总部与制铁所,新日铁君津、名古屋制铁所的基层管理体系,并撰写《宝钢作业长赴日现场管理考察报告》;组织开展管理创新成果评优;组织举办2010年宝钢分厂厂长联谊会第一期基层管理交流论坛;与宝钢日报社合作举办“解读宝钢集团2010年工作会议精神”“持续成本改善”媒体论坛;搜集、研究国际著名公司以市场为导向的技术创新运行机制的12个关键要素,设计“完善以市场导向的宝钢技术创新运行机制问卷调查”,撰写《完善以市场为导向的技术创新运行机制》调研报告;成立宝钢集团技师协会,并设立宝钢股份冶炼分会、不锈钢分会、八一钢铁分会等15个分会,及机械、电气、仪表检测等6个专业组。同年,宝钢获上海市企业管理现代化创新成果一等奖2项、二等奖6项、三等奖6项,获冶金企业管理现代化创新成果一等奖2项、二等奖3项、三等奖6项。

2011年1月20日,宝钢企协组织召开以“认真面对现场,执着管理改善”为主题的宝钢股份作业长年会。5月下旬,改选分厂厂长研修会领导班子。7月27日,组织召开主题为“提升软实力,直面硬挑战”的分厂厂长管理论坛。9月,联合开展“我与质量提升”质量月征文活动。配合开展“节能我行动，低碳新生活”节能周系列活动，并与上海市工业经济联合会联合编辑出版《节能减排小组活动——钢铁行业篇》一书。同年，宝钢获上海市企业管理现代化创新成果一等奖1项、二等奖6项、三等奖5项，获冶金企业管理现代化创新成果一等奖2项、二等奖4项、三等奖4项。

2012年4月，宝钢企协为推进宝钢股份作业长制职业化进程，组织宝钢股份作业长研修会多次研讨“作业长激励机制”。6月中旬，能源学会配合开展“节能低碳，绿色发展”节能周系列活动。8月8日，举办“以变应变直面市场”专题论坛，宝钢股份6个制造单元的分厂厂长分别围绕面对市场、以变应变、成本倒逼机制、用户产品替代等发布管理实践。9月，组织会员参加全国《质量发展纲要》知识竞赛，配合开展“质量月”宣传。同年，宝钢企协围绕“如何减少协力工流动与完善协力工管理培训”专题，赴宝钢股份直属厂部、相关职能部门及上海市宝山区人力资源和社会保障局、工商行政管理局调研，撰写《减少协力工流动与完善协力工管理与培训》调研报告；组织分厂厂长和作业长研修会理事代表开展以安全管理为主题的共建研修。宝钢获上海市企业管理现代化创新成果一等奖1项、二等奖9项、三等奖4项，获冶金企业管理现代化创新成果一等奖2项、二等奖1项、三等奖3项。

2013年3月29日，宝钢股份分厂长研修会与宝钢特钢分厂长研修会举办“构建分厂安全责任防线工作机制”研修班。3月底，宝钢安全管理者研修会举办“学习神华集团有限责任公司的安全管理经验”专题研讨班。5月，宝钢企协配合宝钢股份运营改善部对宝钢股份作业长研修会会员进行问卷调查，并分析调查问卷，形成调查报告，报宝钢股份领导参考。5月30—31日，宝钢中青年学者联谊会举办“同质化竞争条件下的技术创新”研修班。6月15—21日，宝钢能源管理学会配合宝钢股份开展“践行节能低碳，建设美丽家园”主题宣传周活动。8月，宝钢企协组织宝钢股份分厂厂长研修会、作业长研修会成员与用户代表交流宝钢股份产品使用情况，收集宝钢股份产品在生产、运输、加工等环节中存在不足的信息和用户对宝钢股份产品质量改进的要求。9月，举办“质量月”征文活动，并汇编《2013年宝钢“质量月”活动优秀论文集》。同年，各子公司作业长研修分会结合2013年基层管理重心，开展“如何做名合格的作业长”、“今天我是安全员”、作业区合理化建议、自主管理成果发布、作业区工序协作改善等活动；宝钢企协与宝钢日报社合作举办“提升企业综合竞争力之我们在行动”“宝钢管理变革”媒体论坛。宝钢获上海市企业管理现代化创新成果一等奖2项、二等奖6项、三等奖5项，获冶金企业管理现代化创新成果一等奖2项、二等奖1项、三等奖3项。

2014年第一季度始，宝钢企协推进以作业长制为中心的“五制配套”管理、标准化作业示范区、行为养成等活动，包括帮助指导宝钢化工、宝钢技术、宝钢国际、宝钢工程、宝钢发展等单位的作业长研修会，配合行政开展强化标准化作业管理为主题的研修活动；配合宝钢股份党委组织各厂部作业长研修会分会开展“金牛作业区”创建与评比工作。4月，分厂厂长研修会改选常务理事。5月，宝钢中青年学者联谊会选举产生第五届常务理事会。6月，配合宝钢股份开展“携手节能低碳，共塑碧海蓝天”主题节能宣传周活动。9月，举办以“服务宝钢制造、采购、销售”为宗旨的2014年宝钢“质量月”征文活动，并汇编《2014年宝钢质量月活动优秀论文集》。10月，宝钢企协召开会员代表大会，通过《企协第五届理事会工作报告》，修订《宝钢企协章程》，选举产生第六届理事会成员，制定新一届理事会五年工作目标与任务。同年，宝钢企协参加上海市行业协会举办的“创新驱动，转型发展”主题典型案例征文活动；梳理8个所属分会、学会组织机构，重新描绘其组织机构框架图；对宝钢技师、作业长、首席师（首席工程师、首席管理师、首席研究员）等分会会员重新统计核定；加强智慧平台信息交流，把《企协简讯》《作业长简讯》上传到宝钢智慧平台，把《作业长论文集及现场案例》《宝钢质量月活动优秀论文集》挂入“宝钢云盘”，在宝钢智慧社区建立“宝钢企管协会”“宝钢中青年学者联谊会”信息交流窗口，宝钢中青年学者联谊会在手机微信平台开展“兴趣创意小组”活动。宝钢获上海市企业管理现代化创新成果一等奖1项、二等奖9项、三等奖4项，获冶金企业管理现代化创新成果一等奖2项、二等奖2项、三等奖4项。

2015年1月20日，宝钢股份召开以“携手并进、积极进取、赢在未来”为主题的作业长年会。4月10日，宝钢技师协会获2013—2014年度上海市技师协会活动先进集体奖。6月17日，分厂厂长研修会以“深挖基础管理难点，探寻根本解决途径”为主题，联合开展管理人员主题实战演练。8月19—20日，分厂厂长研修会以“具有正确的思维方式”为主题开展“知与行”专题研修。9月22—23日，分厂厂长研修会围绕“智慧制造”专题开展分厂管理者研修。9月，宝钢企协举办以“服务宝钢制造、采购、销售”为宗旨的2015年宝钢“质量月”征文活动。12月11日，宝钢企协联合举办“宝钢现场制造质量管理”研讨会。同年，宝钢获上海市企业管理现代化创新成果一等奖1项、二等奖8项、三等奖5项，获冶金企业管理现代化创新成果一等奖1项、二等奖3项、三等奖2项。

2016年2月2日，宝钢股份召开以“扎实推进作业区建设——降本增效、安全顺行、稳定队伍”为主题的作业长年会，表彰2015年度优秀作业长分会、优秀横向协作项目、优秀论文、优秀案例。3月9日，宝钢股份首席师研修会常务理事会召开“提高效率、降本增效”座谈会。第一季度，宝钢企协开展“一线员工岗位安全培训”调研，指导作业区落实一线员工岗位安全培训工作，总结、推广作业区开展的降本增效“金点子”等活动。5月25—26日，分厂厂长研修会组织“变革创新”专题研修，分厂管理层人员（包括研修会部分理事、部分党支部书记代表）共24人参加。6月24日，梅钢公司作业长研修会理事、部分创建“金牛级”作业区作业长与宝钢股份作业长研修会及部分作业长开展专题交流。第二季度，宝钢企协召开专题研讨会，探讨由作业长研修会牵头，提出对有一定价值的“芝麻奖”在作业区层面的推广实施方案。8月5日，分厂厂长研修会常务理事与党支部书记研修会就降本增效工作开展专题研修。8月，宝钢企协赴梅钢公司调研其作业长研修会、室（车间）主任研修会活动情况。9月9日，围绕宝钢股份“成为钢铁技术的领先者、成为绿色产业链的驱动者”愿景开展首席师研修会研修活动。9月，宝钢企协质量管理学会围绕“质量月”活动开展以“强化质量工具方法应用，提升质量竞争力”为主题的论文征集活动。同年，宝钢获上海市企业管理现代化创新成果一等奖1项、二等奖6项、三等奖4项，获冶金企业管理现代化创新成果一等奖3项、二等奖2项、三等奖1项。

第二节　宝钢文学艺术团体联合会

宝钢文学艺术团体联合会（简称宝钢文联）履行培养、团结、组织会员创作反映宝钢物质文明和精神文明建设的文艺作品的使命，通过开展文学、摄影、书画、篆刻、雕塑、歌曲作品创作活动，培养了一支精干的文艺创作队伍。

一、概况

1989年12月，宝钢召开文学创作会议，决定筹建宝钢文学艺术团体联合会。1990年4月，宝钢文联筹备委员会成立。1991年5月23日，召开宝钢文联成立大会。会议通过《宝钢文学艺术团体联合会章程》，提名通过宝钢文联第一届委员会人选。1991 年 6 月 1 日，宝钢文联第一届委员会召开第一次全会，明确宝钢文联在党委领导下实行主席负责制，挂靠宝钢总厂党委宣传部。1993 年 12 月，宝钢党委决定宝钢文联从宝钢党委宣传部划归宝钢工会管辖，与宝钢工会宣教部合署办公。1996 年 2 月，宝钢党委决定宝钢文联重新归属宝钢党委宣传部。2003 年 10 月，宝钢文联划归宝钢工会管理。

宝钢文联的职责是：团结和引导会员讲学习、讲政治、讲正气、端正创作思想，增进服务意识，提高文艺素养；鼓励会员扎根宝钢，联系生活，协同各协会开展文艺活动；鼓励会员创作反映宝钢“两个文明”建设的重大题材的文艺作品；开展工业题材和宝钢题材的文艺理论研究及学术讨论，交流文艺活动经验，加强与各文艺团体的联系；发现、培养宝钢文艺人才，建立一支与世界一流企业相适应的宝钢文艺队伍；定期组织评选表彰活动，建立文艺档案。

二、主要活动

1998 年，为纪念宝钢建设 20 周年，宝钢文联开展系列纪念活动，包括：创作《曾乐组歌》，撰写传记小说《曾乐传》，表达宝钢人对“焊神”曾乐的崇敬和怀念；联合举办“世纪钟声”征文活动；参加上海’98 国庆当代诗会、上海十月业余剧展；创作并演出大型歌舞《世纪钢韵》；联合举办纪念宝钢建设 20 周年美术、书法、摄影系列艺术展；在上海美术馆举办周菁画展，展示宝钢炼钢厂职工周菁创作的美术作品；演讲协会举办“油井管专家”陈钰珊事迹、“工人发明家”孔利明事迹专题演讲会；摄影协会开展“宝钢摄影月”活动、“新闻摄影与艺术摄影”研讨、《宝钢风情》电视短片赛等。12 月 31 日，宝钢文联召开第二届“宝钢文化艺术名人”命名大会。

1999 年 2 月 21 日，宝钢文联举办元宵诗会。9 月 23 日，召开第三次会员大会，选举产生新一届领导人员，并确定宝钢文联的主要工作是开展宝钢题材文艺创作。10 月 16 日，举办金秋诗会。

2000 年 1 月 21 日，宝钢文联调整下属协会，确定下辖文学协会、音乐舞蹈协会、演讲协会、美术协会、书法协会、摄影协会、戏剧曲艺协会、影视协会、形象艺术协会、收藏协会。1 月 28 日，举行宝钢文联创作成果展示暨新春联欢会。12 月 7 日，举办马钢、宝钢美术书法摄影联展。这是宝钢历史上首次举办以宝钢题材作品为主要内容的艺术作品展示。12 月 21 日，由宝钢书画社人员参与创作的“大拇指”雕塑落成，这是宝钢厂区内首个完全由宝钢员工自己创作的雕塑。

2001 年，宝钢文联以纪念中国共产党成立 80 周年为契机，组织开展“展现宝钢风貌，讴歌宝钢精神”主题活动，包括：组织宝钢美术协会、宝钢书画社、梅山画院成员深入宝钢三期工程厂区收集创作素材，开展创作，并选送作品参加上海市文化广播影视管理局、上海市美术家协会举办的纪念建党 80 周年上海美术作品展览；选送作品参加中国职工思想政治工作研究会举办的中国职工书画展；参加上海市文化广播影视管理局、上海市文学艺术界联合会等举办的“都灵杯”2001 年上海当代诗会；与宝钢日报社联合举办“21 世纪宝钢人”征稿活动；配合宝钢集团工会开展“阳光 · 大地”歌曲创作征集活动；与上海市宝山区文化广播影视管理局联合举办“新宝钢、新宝山”摄影、书画作品征集活动。

2002 年，宝钢文联与宝山区文化广播电视管理局联合举办“迎新春、新宝钢、新宝山”摄影、书画联展，企业文学创作研讨会；举办首届文艺作品“星海奖”颁奖活动；接待由中国作家协会副主席、陕西省作家协会主席陈忠实率领的“中国西部作家东部行”代表团。5 月 23 日，宝钢文联召开第四次会员大会，产生新一届宝钢文联领导人员。

2003年,宝钢文联与宝钢日报社联合举办"宝信杯"征文活动;组织美术、书法、摄影、戏剧、影视协会分别召开创作座谈会,并组织美术、摄影协会开展采风活动;赴宝钢各生产厂、部开展"CS(用户满意)活动"小故事指导创作活动;赴宝钢合作单位开展用户走访活动;评选第三批"宝钢文化艺术名人",开展2002年度"星海奖"文艺作品评选活动;承担第二次"中国西部作家东部行"宝钢活动组织工作。10月,宝钢文联划归宝钢集团工会管理。

2004年,宝钢文联参加中国产业(企业)文学艺术联合会为庆祝中华人民共和国成立55周年举办的美术、书法、摄影精品展,并获奖;与宝钢日报社联合举办"宝信杯"征文颁奖座谈会和"创新杯"征文活动;举行"星海奖"文艺作品评选活动;参加全国冶金体育文化协会"铁流奖"文学作品评选;选送作品参评上海市纪念邓小平诞辰100周年美术书法展、上海市宝山区"七彩杯"企业文化风采创作大赛,并获奖;联合举办庆祝中华人民共和国成立55周年暨宝钢进入世界500强诗歌朗诵会;开展孔利明先进事迹宣传创作系列活动;开展"素质工程"征文、评选活动。

2005年,宝钢文联配合第七届职工文化艺术节的开展,承办艺术节征文活动,并组织会员创作文艺作品;选送作品参加参评上海市庆祝五一国际劳动节文艺晚会、2005年上海市职工文艺展演、全国安全歌曲大赛、国务院国资委反腐倡廉歌曲评选等,并获奖;承办全国冶金行业文学期刊评奖活动。

2006年,宝钢文联参加由中国文学艺术界联合会、中国产业(企业)文学艺术联合会举办的企业文化艺术联合会工作交流会,获评"全国优秀企业文联";选送作品参加上海市总工会"立足岗位创新、共建创新型城市"比赛、上海市"纪念红军长征胜利70周年"系列画展并获奖;配合宝钢开展降本增效和创建和谐干群关系的要求,创作歌曲、曲艺等作品;举办摄影协会采风活动;成立宝钢星海诗社,并举行该社首次诗歌创作朗诵会;开展"星海奖"文艺作品评选。

2007年,宝钢文联选送作品参评上海市首届"五一文化奖"并获奖;举办文学协会威海笔会,书法协会、美术协会天目山联合笔会;组织摄影协会会员到宝钢股份不锈钢分公司采风。

2008年,为纪念宝钢建设30周年,宝钢文联举办系列文艺活动,包括:创作组歌《辉煌历程》;联合举办"我心中的宝钢"征文活动;选送作品参评上海市总工会"五一文化奖","柳钢杯"2008年全国冶金职工书法、美术摄影比赛等,并获奖;举办纪念宝钢、上钢、梅钢联合重组10周年摄影展,组织文学协会崇明岛笔会等活动。

2009年,为纪念中华人民共和国成立60周年,宝钢文联举办系列文艺活动,包括:与宝钢日报社联合举办"我与祖国"征文活动、"从延安到宝山"主题座谈会、《宝钢日报》"文学艺术专版"联展;牵头成立上海市总工会"职工文学创作基地"宝钢基地;开展宝钢文学艺术作品"星海奖"评选和颁奖活动;组织宝钢文艺工作者赴宝钢沪外企业采风。

2010年,为迎接2010年上海世界博览会的举办和纪念宝钢投产25周年,宝钢文联与宝钢日报社联合举办"我与祖国""我与世博"征文活动;成立宝钢印社;作为上海市总工会职工文学创作基地之一,组织宝钢员工参加上海市总工会举办的文学系列讲座,并承办一期讲座。

2011年,宝钢文联选送作品参加全国冶金书法篆刻作品展,全国冶金美术作品展,上海、大连、阳泉职工画展,第六届上海美术大展等展示活动;在2011年第二期《中国冶金文学》上推介宝钢文艺作品;在第九届宝钢职工艺术节上开展"最佳实践者"绘画创作、"感知宝钢"硬笔书法大赛、书法篆刻展等活动,编辑出版《宝钢风采》《感知宝钢》书画集;完成用宝钢员工文艺作品装点宝钢(常熟)领导力发展中心内部环境工作。

2012年,宝钢文联选送文艺作品参加全国第三届职工艺术节"神华杯"美术书法展、上海职工

“丹青神韵”书画展、“柳钢杯”全国冶金职工“歌颂党”文学征文等比赛、展示活动；成立硬笔书法协会、刻字协会；开展宝钢文学艺术作品“星海奖”评选和颁奖活动，并在保持原有奖项基础上增添宝钢团体精品项目和“星海提名奖”；举办包括摄影、美术、硬笔书法、刻字等专题在内的宝钢职工文艺作品系列展示，并将《宝钢文艺》出版物、《个人文艺作品集》汇总展出；完成用宝钢员工书画作品装点北京宝钢大厦内部环境工作；举办由50多名上海文化人士参加的“龙吟端午——壬辰诗会”；借助“文化之旅”活动平台，举办“近代书画欣赏与收藏”“艺术品古玩收藏”“西方芭蕾艺术欣赏”等系列文艺讲座。10月，宝钢画家杨继德与上海画家黄阿忠以宝钢“十里钢城”为背景合作创作的纪实主题油画作品《上海宝钢》在上海中华艺术宫展览，并被列为长期陈列作品。

2013年，宝钢文联举办上海职工艺术博览会宝钢职工艺术展示月；选送作品参加第七届上海美术大展，上海美术作品进京展，第八届西泠印社全国篆刻品展，国务院国资委中央企业“职工写、职工画、写故事、话发展”优秀书画摄影作品展，“中国梦·劳动美”全国职工诗歌大赛，上海市首届硬笔书法大展，“汇映华章——长三角三省一市十印社篆刻精品联展”等比赛、展示活动；在宝钢(常熟)领导力发展中心开设“尚学堂”人文陈列廊，展示历年来各相关高校赠予宝钢教育基金会的铭牌、礼品；创办宝钢职工文艺沙龙，为宝钢员工提升文艺修养提供交流平台。

2014年，宝钢文联举办宝钢文学艺术作品“星海奖”评选和颁奖活动；组织宝钢员工参加冶金文学艺术协会、中国冶金作家协会举办的“第二届中国冶金文学奖”评选活动；按照冶金文学艺术协会、中国冶金作家协会安排，编辑出版《中国冶金文学》2014年第1期；选送作品参加“钢铁情·中国梦”全国冶金美术作品展。

2015年，宝钢文联配合集团工会和企业文化部门开展系列活动，包括：宝钢刻字学会联合举办“墨舞刀铭——宝钢长宁·现代刻字与篆刻艺术联展”；征集宝钢员工剪纸、紫砂器、十字绣、瓷器等作品在宝钢参加的意大利2015年米兰世界博览会上展示并拍卖，所得善款捐赠当地慈善机构；选送作品参加第二届江苏省篆刻艺术展、海派书法进京展；为纪念宝钢投产30周年暨湛江钢铁一号高炉点火，举办“回眸与畅想”美术书法作品展；先后组织数十名创作骨干分4次举办文化装点高级研修班。

2016年，宝钢文联配合工会和企业文化部门开展系列活动，包括：组织书法协会会员深入劳模班组，听取践行宝钢“生产协同、降本增效”案例，并题写书法作品；将宝钢印社成员近年来创作的篆刻作品汇编成《宝钢篆刻》专集；选送书法、美术作品参加由中国文学艺术界联合会、中国企业文化促进会主办的“创业·创新·时代之歌——全国企业书法美术摄影创作展示系列活动”，以及其他展示活动；举办宝钢文学艺术作品“星海奖”评选和颁奖活动；选送作品参加以“创业、创新、发展”为主题的全国冶金摄影网络大赛，以及其他展示活动；举行“爱心点亮生命希望”书画作品义卖募捐活动；会员创作影视作品，并在中央电视台电影频道、上海教育电视台播出；会员出版诗集。

第三节　宝钢红十字会

宝钢红十字会履行弘扬人道、博爱，为企业安全生产服务的使命，组织开展献血、救灾、敬老助残帮困等社会工作。

一、概况

宝钢红十字会成立于1988年5月，具体业务由宝钢发展有限公司职业健康公司托管。宝钢红十字会属上海市红十字会直属团体会员单位，代表宝钢对口联系中国红十字会总会、上海市红十字会。

宝钢红十字会的主要职责是：弘扬人道、博爱、奉献精神，组织会员开展各项活动，学习、宣传红十字会宗旨、任务，参加社会主义精神文明建设；培训红十字卫生员，建立红十字救护组织和网络，为企业安全生产服务；发扬助人为乐精神，组织献血、救灾、敬老助残等社会工作。

二、主要活动

1998年，宝钢红十字会建立健全红十字组织管理网络，发展会员1 507名。组织驾驶员、电工等特殊工种现场急救培训43期，学员达2 234人次。为支援河北省张家口地震灾区和国内其他地区洪灾共募捐钱款573万元、衣物177 813件、价值71 000元的救灾药品。上门慰问孤寡老人及残疾人、参与社区服务12 719人次。1999年，参加上海市帮困送温暖活动，为36名因病致困职工送慰问金10 300元。在上海市红十字会“千万人帮千家”募捐活动中募集捐款17.30万元。举办16期特殊工种现场初级急救培训班，学员达917人次。2000年，经上海市血液管理办公室同意，宝钢红十字会开展无偿献血试点工作，并建立3支志愿者队伍，志愿者队伍开展便民服务120人次。慰问因病致贫宝钢职工76户，送慰问金35 600元。举办现场急救培训班26期，学员达1 482人次。向相关红十字会捐款114.50万元，其中向中国红十字总会捐款100万元。2001年，宝钢作为上海市首家无偿献血试点企业，探索大型企业无偿献血志愿服务长效机制和工作方式，确立“无指标、无报酬、无长假、有保障”宝钢无偿献血新模式。慰问因病致贫宝钢职工103户，送慰问金74 000元。向上海市红十字会捐款10万元。举办现场急救培训班26期，培训1 135人次。组织上海市红十字会建会90周年宣传版面巡回展，发放宣传资料2 000余份。2002年，宝钢红十字会与宝钢团委联合开展“为了生命的希望工程——宝钢青年骨髓捐献志愿者行动”主题宣传活动，组建一支由426人组成的宝钢青年造血干细胞捐献志愿者队伍。2003年，组织紧急献血，并向中国红十字总会捐款15万元，向上海市和宝山区捐款3 050万元，用于抗击SARS(重症急性呼吸综合征)疫情。2004年3月14日，上海市在宝钢技术中心广场举行“纪念中国红十字会诞辰100周年”暨“庆百年、博爱行”开幕式，宝钢集团、宝钢集团企业开发总公司分别捐赠200万元。宝钢集团向上海市红十字会捐赠2 000万元，设立“上海宝钢助老救助博爱基金”。宝钢红十字会协同宝钢股份团委，共同组建以宝钢团员青年为主的“应急无偿献血志愿者”队伍。宝钢股份制造管理部员工吴畏成为宝钢首例捐献造血干细胞志愿者。

2005年1月6日，在上海市在东方电视台演播剧场举行的“援助印度洋地震海啸灾区大型赈灾慈善义演”活动中，宝钢集团向印度洋地震海啸灾民捐款100万元。宝钢红十字会开展“千万人帮千家”活动，分别在1月和7月帮困560户次，发放帮困救助金35万元。9月27日，宝钢集团在宝钢文化中心举行宝钢分公司青年无偿献血志愿者队伍成立仪式，青年志愿者代表宣读“争当献血志愿者，争做可爱宝钢人”倡议，30名青年当场参加无偿献血活动。2006年6月，宝钢集团向中国红十字总会捐款15万元，用于《生命从这里延伸——中国造血干细胞捐献》纪录片拍摄。7月，在宝钢分公司举行宝钢青年骨髓捐献志愿者招募仪式，400余人参加仪式并当场验血，并再次招募200多名团员青年加入造血干细胞捐献志愿者队伍，宝钢造血干细胞捐献志愿者增至600人。10月，宝钢集团获“上海市造血干细胞捐献优秀组织奖”。12月，宝钢红十字会获评“2005—2006年上海市红十字先进单位”。同年，帮困649人次，帮困金额40多万元，帮困物资计16余万元。宝钢红十字会紧急组织4次(春节前、高温季节、B型血、A型和O型血)职工献血，缓解上海市血库燃眉之急。

2007年1月，宝钢红十字会组织开展“千万人帮万家”2007年迎春帮困活动，帮助322名困难职工，发放帮困金29万多元。8月，上海市红十字会举行救灾物资发放仪式，宝钢集团向上海市红十字会捐赠10万元；为援助国内水灾患区，向上海市红十字会捐款60万元。12月，上海市红十字会举行“千万人帮万家”2008年迎春募捐帮困活动启动仪式，宝钢集团向上海市红十字会捐赠50万元。宝钢红十字会获评上海市人事局、上海市红十字会“2005—2006年度上海市红十字会系统先进集体”。2008年1月，宝钢集团在“蓝天下的至爱”慈善晚会上捐赠50万元。汶川大地震后，宝钢红十字会参加“血脉相连，众志成城”上海市社会各界赈灾文艺晚会，宝钢集团向地震灾区都江堰定向捐赠1 000万元。7月，为保障2008年北京奥林匹克运动会举办期间临床用血，宝钢红十字会组织179名A型血职工应急献血。9月，宝钢集团获“2007—2008年度中国红十字总会报刊宣传优秀奖”。10月，上海市红十字会召开“5·12”汶川地震抗震救灾先进表彰大会，宝钢集团获“抗震救灾杰出贡献金奖单位”称号。为纪念《中华人民共和国献血法》《上海市献血条例》实施10周年，宝钢红十字会组织8名宝钢职工参加“成分献血”活动。11月，宝钢集团获上海市“十大无偿献血杰出单位”称号。12月，宝钢红十字会获“全国最佳企业红十字会”称号，宝钢集团获颁民政部“中华慈善奖”。同年，组织开展“千万人帮万家”活动，募集员工捐款44.27万元，救助因病特困职工383人，发放帮困金额28.23万元。2009年，宝钢红十字会开展“千万人帮万家”迎春帮困活动，帮助320名困难职工，发放救助金23.69万元。宝钢集团获“2008—2009年度中国红十字总会报刊宣传优秀奖”。

2010年，宝钢红十字会开展“千万人帮万家”迎春帮困活动，帮助319户困难职工家庭，发放救助金23.32万元。春节、高温、国庆节期间，先后3次组织应急献血，为2010年上海世界博览会提供血液应急保障性储备。宝钢红十字会获“2009—2010年度中国红十字会总会报刊宣传优秀奖”。2011年，开展以“人道救助、爱心关怀”为主题的“千万人帮万家”迎春帮困慰问活动，帮助350户困难职工家庭，发放救助金26.16万元。春节和国庆节后，先后两次开展“捐血助他人，热血筑和谐，做健康快乐宝钢人”主题应急无偿献血活动。5月，宝钢红十字会召开纪念上海市红十字会诞辰100周年暨2009—2010年度表彰大会。宝钢红十字会获“2010—2011年度中国红十字会总会报刊宣传先进集体”称号。2012年，开展以“人道救助、爱心关怀”为主题的“千万人帮万家”迎春帮困慰问活动，帮助339户困难职工家庭，发放救助金25.96万元。宝钢股份一名员工成功捐献造血干细胞。宝钢集团获“2012年度上海市造血干细胞捐献工作特别支持奖”。宝钢红十字会获“2012年度中国红十字会总会报刊宣传先进集体”三等奖。2013年，开展以“人道救助、爱心关怀”为主题的“千万人帮万家”迎春帮困慰问活动，帮助350户困难职工家庭，发放帮困金26.74万元。宝钢红十字会、宝钢股份团委共同举办“上海市2013年青年造血干细胞捐献志愿者行动”，近100名宝钢股份青年加入中国造血干细胞捐献者资料库上海市分库。宝钢集团获“上海市造血干细胞捐献志愿者征募工作先进集体”、“上海市应急救护大赛”团体综合二等奖和5个单项个人奖。宝钢红十字会获“中国红十字会总会报刊宣传先进集体”三等奖、“上海市志愿者捐献工作优秀奖”。2014年，开展以“人道救助、爱心关怀”为主题的“千人帮万家”迎春帮困活动，春节前帮助困难职工家庭350户，发放帮困金26.74万元。宝钢红十字会获“2011—2013年度红十字运动基本知识传播组织奖”、“中国红十字会总会报刊宣传先进集体”三等奖。2015年，开展红十字迎春帮困活动，出资28万余元，对350户特困员工帮困救助。开展纪念第68个世界红十字日“大爱无疆，生命永续”主题系列活动，发放普法宣传手册600份、人道标志宣传折页500份、造血干细胞宣传折页500份。组织编制《宝钢现场急救手册》，协助宝钢股份基层单位开展员工急救知识与技能普及培训，开展急救“掌上学堂”（手机应用软件）课件宣传推广工作。宝钢集团获“2012—2013年度全国无偿献血促进奖”。宝钢红十字会获“2011—2014 年度上海市红十字工作先进集体”称号。

2016 年,宝钢红十字会出资 27.34 万元,对 352 户特困员工家庭帮困救助。开展红十字宣传工作,发放《中国红十字报》《上海红十字》《博爱》等报刊 4 000 份、普法宣传手册 600 份、人道标志宣传折页 500 份、造血干细胞宣传折页 500 份。

第十篇

企业文化

概　述

1998年11月上海地区钢铁企业联合重组后，宝钢集团对企业文化的融合与创新进行了探索，提出了“忠诚、认真、严格、不断学习”的企业精神，提炼了以“精简、精准、精捷、精进”为内容的文化主线。2004年1月，宝钢新一轮发展战略确定以后，经过进一步梳理，确定将“严格苛求的精神，学习创新的道路，争创一流的目标”作为宝钢文化主线，并提出宝钢的基本价值观为“诚信”。2007年5月，提出宝钢的基本价值观为“诚信、协同”。同年8月，宝钢提出新一轮（2007—2012年）发展战略规划，作为战略的主要内容之一，提出宝钢的核心价值观为“诚信、协同”。

1998—2016年，宝钢集团在企业文化建设、新闻、史志、履行社会责任等方面践行宝钢企业精神、文化主线和基本价值观。

企业文化建设坚持“三个结合”，即把弘扬优秀的民族传统文化与克服传统文化中的缺陷相结合，做到推陈出新、与时俱进；把借鉴国外先进经验与形成企业特色相结合；把企业文化建设与企业管理相结合，防止流于口号、流于形式。在企业文化传播方面，先后重点开展企业文化融合成果报道、用户满意战略普及、观念创新案例收集、宝钢历史经验总结、宝钢精神弘扬、诚信文化推广、“行为养成”促成、“绿色宝钢”展示等工作，按照“建立完善公司企业形象识别系统—公司商标管理—品牌公关策划—品牌形象广告—产品品牌拓展—品牌跟踪—品牌评估”步骤开展视觉识别工作，开展制定品牌传播方针、健全企业标识、发展公共关系、加强品牌宣传、参与品牌评选、实施主题活动、细分品牌、上线品牌管理系统等品牌传播行动。

新闻工作坚持把握正确的舆论导向，围绕着宣传企业的中心任务和重点工作，向社会传递钢铁产业的价值，报道企业在改革发展中的新成果、新经验，引导、激励员工投身企业建设事业，吸引外部力量关注、支持企业发展而开展。其间，在继续开展报纸、电视等传统新闻传播方式的基础上，相继推出包括官方微博、官方微信、宝钢新闻App（手机应用程序）、宝钢网站等新媒体传播方式。

史志工作在企业文化建设中发挥了独特作用。宝钢集团成立史志编纂委员会，编纂出版《宝钢志（1993—1998）》《上海市志·工业分志·钢铁业卷（1978—2010）》《上海宝钢年鉴》《宝钢志通讯》《宝钢史志资料》《宝钢指南》等史志书籍与刊物，多方位、多角度记录企业的发展历程。

宝钢集团把履行社会责任的目标定位为“发展自身，确保企业可持续发展；引领行业，推动中国钢铁工业不断进步；服务社会，实现经济效益和社会效益的协调统一；员工成长，实现员工和企业的共同发展；保护环境，展示宝钢价值取向和高尚道德；追求企业价值最大化，实现企业所有者、员工、用户、社会各方利益的和谐统一”。在这一目标引领下，宝钢集团全方位、成体系地开展履行社会责任工作，包括设立履行社会责任职能机构、落实管理人员、制定规章制度、落实监督检查改进工作、编制发布社会责任报告、实施社会捐赠和社会援助、开展公益活动、设立公益基金等，向社会捐赠7.40亿多元，先后6次获中华慈善奖。

第一章　企业文化建设

1998年11月上海地区钢铁企业联合重组后，新成立的宝钢集团围绕宝钢企业文化的主线和基本价值观，推进与发展相结合、与管理相协调、与人本相呼应、与品牌相促进的企业文化建设，利用党委中心组学习、宣讲会、形势任务教育、班组研讨等契机，借助于智慧工作平台、报纸杂志、电视、微信公众号、手机报、专刊学习材料、历史陈列馆等传播手段，形成有影响力的文化传播系列活动和宣传文化系列产品，弘扬宝钢企业文化，传播正能量。

第一节　文化建设与传播

宝钢集团设有党委宣传部、企业文化部、公共关系部，负责管理宣传、新闻、出版、品牌、企业文化、对外公共关系、社会责任等工作。在企业文化建设方面，制定了《宝钢公司文化体系》《上海宝钢集团公司文化管理制度》等，并通过建设历史陈列馆、撰写课题报告、拍摄专题片、举行年度人物颁奖典礼、开展各类活动等，传播企业文化。

一、机构设置

1998年11月成立的上海宝钢集团公司设党委宣传部，下设宣传教育处、新闻处，精神文明建设活动委员会办公室、思想政治工作研究会、宝钢文学艺术联合会秘书处等挂靠党委宣传部，《宝钢文艺》编辑部、宝钢普法办公室、宝钢高雅艺术奖励基金理事会办公室均设在党委宣传部。党委宣传部主要职责：干部理论教育、党员教育、职工各类政治宣传教育和形势任务教育、普法教育；新闻宣传、报刊订阅管理，以及重要的专项宣传；精神文明建设和企业文化的日常推进工作；编辑出版思想政治工作研究会会刊《学习与创新》和文学刊物《宝钢文艺》；承办宝钢高雅艺术奖励基金的具体事务和宝钢各文学艺术协会的日常工作。

2000年12月1日，宝钢集团设立企业文化部，与党委宣传部合署办公，"两块牌子、一套班子"，并将*BAOSTEELNEWS*(《宝钢新闻》)刊物成建制划归企业文化部。2003年6月13日，宝钢集团对组织机构实施扁平化调整，企业文化建设有关职能及人员划归管理创新部，企业文化部与管理创新部实行"两块牌子、一套班子"运作。2005年3月，企业文化部与党委宣传部合署办公，企业文化部主要承担企业文化管理和品牌管理的职能，重点推进企业文化一体化管理整合。

2007年12月17日，宝钢集团设立公共关系部，同时对企业文化部职能进行调整。企业文化部主要负责理念、行为和视觉形象等方面的管理；将原由企业文化部负责的品牌管理、外部媒体沟通管理职能划转至公共关系部，并强化公共关系部在企业形象、对外公共关系、社会奉献、外部媒体沟通等方面的管理职能。2009年，宝钢集团党委宣传部、企业文化部与公共关系部合署办公。

二、制度建设

2001 年 12 月，企业文化部向宝钢集团领导呈报《上海宝钢集团公司文化概论》《上海宝钢集团公司文化管理制度》《宝钢 VIS(视觉识别系统)诊断报告》。2002 年 5 月起，宝钢集团建立每月一次新闻例会制度。办公室、党委办公室、组织人事部、计划财务部、规划发展部、法务部、宝钢电视台、宝钢日报社等单位的负责人参加新闻例会，研究确定每月新闻报道的重点、口径和计划，对新闻工作进行长效、有序管理。6 月 10 日，党委宣传部发布经宝钢集团书记办公会通过的《上海宝钢集团公司新闻报道管理细则》，要求宝钢日报社、宝钢电视台、宝钢因特网(网址：baosteel.com)、宝钢青年热线要始终把握好“企业报、企业台、企业网”的定位，服务于宝钢的改革、稳定和发展，服务于宝钢的精神文明建设，为实现“两个世界一流”目标营造舆论氛围，保证新闻报道导向的准确性。同年，宝钢集团下发《宝钢公司文化体系》《上海宝钢集团公司文化管理制度》，在实现企业文化一体化方面迈出重要一步。

2007 年，宝钢集团修改完善《宝钢集团有限公司视觉识别管理办法》，下发《宝钢集团有限公司新闻管理办法》《宝钢集团有限公司重大新闻审稿制度》。8 月 20 日，宝钢集团被上海市新闻办对外宣传办公室列为可直接受理境外媒体采访单位，为规范管理，拟定接待中外媒体记者《新闻采访点运行程序》。2009 年，出台《对外新闻宣传管理办法》《突发事件媒体危机应急预案》，建立集团内部媒体宣传和应急体系，明确有关部门、责任人、联络员的责任，实现集团内部媒体资源共享，并按需策划实施媒体传播的分层分类培训，定期走访有关媒体单位和新闻宣传管理部门，建立互动交流机制。9 月 17 日，颁发《宝钢集团有限公司广告管理办法》。9 月 21 日，颁发《宝钢集团有限公司门户网站管理办法》。10 月 14 日，颁发《宝钢集团有限公司展览展示管理办法》。

2010 年，完善新闻宣传工作制度，建立、健全舆情监测与研判工作机制，在企业内部实现信息共享。2012 年，发布《品牌管理办法》，第一次系统性明确了宝钢品牌管理原则、职责分工和管理流程。2013 年 1 月 4 日，发布《宝钢集团视觉识别(VI)管理办法》及附件《视觉识别规范》。这是宝钢集团第一次以管理文件形式发布的视觉识别规范。规范包含 52 个基础部分子项、84 个应用部分子项，为子公司视觉识别体系的建立提供专业化的指导。至年底，宝钢股份、宝钢资源、宝钢工程等 8 家子公司建立二级视觉识别体系。

三、文化传播

【宝钢历史陈列馆】

宝钢历史陈列馆园区为原宝山县丁家桥宝钢工程指挥部旧址。1978 年 2 月 28 日，宝钢工程指挥部由上海市人民广场迁来办公。此前，这里是雷锋中学(上海市航空学校)校址。

2008 年，在宝钢建设 30 周年之际，宝钢集团决定利用原宝钢工程指挥部 3 幢老建筑，修旧如旧，改建为宝钢历史陈列馆。整个园区占地面积 1.50 万平方米，其中 3 幢独立建筑的总建筑面积 3 715 平方米，陈展面积 2 700 平方米。3 幢老建筑分 3 个展区展示宝钢不同时期的历史：第一展区(原指挥部大礼堂)主要展示宝钢工程决策期和创业期；第二展区(原指挥部 4 号楼)主要展示宝钢发展转轨期和整合期；第三展区(原指挥部 3 号楼)主要展示宝钢新一轮发展和二次创业的开始及专题。陈列馆室外通过反映宝钢重大历史事件的浮雕、宝钢进入世界 500 强的雕塑、宝钢发展重大时间节点的地雕，宝钢生产过程中所使用的原料、使用过的已报废的设备部件等，艺术地展现宝钢历史和形象。12 月 22 日，宝钢历史陈列馆开馆。宝钢历史陈列馆成为宝钢开展爱厂、爱国主义教育的基地，并作为上海市工业旅游景点接待社会游客参观。

2013 年，宝钢历史陈列馆进行局部改造，增加宝钢二次创业展示、宝钢之“最”互动展示、钢铁文明发展简史浮雕展示。

表 10-1-1　2008—2016 年宝钢历史陈列馆接待情况统计表

年份	批次（次）	参观人数（人）	年份	批次（次）	参观人数（人）	年份	批次（次）	参观人数（人）
2008	8	328	2011	289	8 522	2014	320	9 506
2009	405	10 347	2012	259	8 997	2015	211	5 833
2010	241	7 213	2013	193	6 993	2016	227	6 691

【活动与成果】

1998 年 11 月上海地区钢铁企业联合重组后，宝钢集团党委分析各单位企业文化的状况，提出在全集团范围内普及用户满意战略（CS 战略）的要求，各单位普遍建立适应提高竞争力要求的用户满意战略实施细则，以及与其他管理制度相配套的用户满意战略考核体系，员工普遍树立起市场观念和用户观念，并开始以用户满意为标准对照检查、做好工作。产品质量以用户满意为标准的理念、行为和规章制度，开始融入各子公司生产组织运行环节，子公司市场份额有所扩大，产品用户满意度逐步提高。1999 年 3 月，新华社《内部参考》刊登宝钢集团推进用户满意战略、促进企业文化融合的成果报道，在对用户满意战略作评价时，认为宝钢集团形成了独特的“用户满意文化”。12 月，企业文化部撰写调研报告，指出：宝钢集团企业文化的融合，以创新为主旋律、以普及用户满意战略为核心、以用户满意文化为基础、以“观念与创新”研讨会为有效途径、以提高竞争力为目的，文化融合取得阶段性成果。2002 年 8 月，宝钢集团编写的《观念与创新》由文汇出版社出版。全书 29 万字，印数 2 500 册。该书是 1999 年 5 月至 2001 年年底“观念与创新”课题阶段性研究成果的汇总，由四部分组成。第一部分：企业文化部“观念与创新”课题组的课题报告《以观念创新推进企业的全面创新》；第二部分：汇总 1999 年 5 月—2001 年 11 月召开的 10 次“观念与创新”研讨会推出的 10 个创新实例的典型材料及领导点评；第三部分：“新千年新思路”研讨会发言材料；第四部分：收入 65 条宝钢人格言。

2005 年，组织拍摄专题片《历史的聚焦》和《历史的跨越》。其中，《历史的聚焦》以宝钢企业文化主线形成过程为脉络，突出邓小平、陈云、江泽民等党和国家领导人对宝钢的关心和支持，反映宝钢工程建设曲折发展的历史；组织宝钢建设历史珍贵老照片回顾展；召开宝钢投产 20 周年纪念大会。2007 年，宝钢集团获中国企业联合会、中国企业家协会颁发的“2006 年度中国最佳诚信企业”称号，宝钢分公司获“优秀诚信企业”称号。12 月 27 日，宝钢集团获“2007 年度中国最佳诚信企业”称号。2008 年，宝钢集团在开展深入学习实践科学发展观活动中，为推进“感动员工、感动用户”活动和“行为养成”活动的常态化运作，下发《关于开展“感动员工、感动用户”故事征集和主题实践活动的意见》《关于开展“保护环境，节约资源行为养成”活动的意见》。各单位结合实际，发动员工查找出行为养成方面问题 7 300 余个，员工参与面达到 95%以上。各单位按照集团要求，完善、挖掘

“感动员工、感动用户”故事2 500余篇，报集团600多篇，在《学习与创新》《宝钢日报》刊登80余篇。各单位普遍开展“保护环境，节约资源行为养成”活动，员工参与面达95%以上。党委宣传部和企业文化部收集、整理各单位“保护环境，节约资源”典型案例和“保护环境，节约资源”行为规范，并启动《保护环境，节约资源行为规范汇编》工作。2月4日，在东方艺术中心举行2007宝钢年度人物颁奖典礼。2009年1月10日，在中国企业联合会、中国企业家协会召开的表彰大会上，宝钢集团获“2008年度中国最佳诚信企业”称号。1月24日，举行2008宝钢年度人物颁奖典礼。3月底，制定下发《关于开展“感动员工、感动用户”故事评选活动的通知》，当年从各单位推荐的229篇故事中，挑选出66个候选故事，30个故事被评为第一批优秀故事。7月，完成二级单位《“保护环境、节约资源”行为公约汇编》(电子版)，供各单位分享和学习，要求各单位将“行为养成”活动从应对市场挑战的阶段性做法转化为长效工作机制。

2010年，党委宣传部、企业文化部牵头，整理出一批弘扬宝钢文化、在宝钢发展史上留下深刻印迹的经典故事和一批反映宝钢人大爱情怀、真善美的感人故事，拟在此基础上编写《宝钢文化经典故事》和《宝钢人的爱》。编印《“感动员工、感动用户”优秀故事汇编(2009年版)》，引导员工在宝钢新一轮规划的实施中创造更多“感动员工、感动用户”的故事。2月3日，在上海东方艺术中心歌剧厅举行2009宝钢年度人物颁奖典礼。2011年1月18日，在上海东方艺术中心举行2010宝钢年度人物颁奖典礼。11月18日，由集团党委宣传部、企业文化部和新闻中心汇编的《宝钢人的爱》一书发行。全书精选宝钢建设发展过程中60多个以“爱”为主旋律的故事，分“温暖的大家庭”“奉献的情怀”“危难见真情”“亲情如港湾”“赤诚的回报”等5个篇章。2012年1月13日，在上海东方艺术中心举行2011宝钢年度人物颁奖典礼。9月，举行包括纪念仪式、“阳光早餐”、纪念封和纪念戳设计大赛在内的宝钢集团首个“公司日”系列活动。在纪念仪式上，《宝钢文化经典故事(第一卷)》和《宝钢二次创业解读》两本书进行首发，阐释“真诚、友爱、创造力”的宝钢品牌核心价值。2013年1月22日，在上海东方艺术中心举行2012宝钢年度人物颁奖典礼。9月15日，“公司日”活动以“永远的‘85·9’”为主题，邀请湛江钢铁、韶关钢铁、金融系统的代表发言，并举行《宝钢文化经典故事(第二卷)》首发式。9月29日，“宝钢梦想起航展示馆”在广东省湛江市开启为期3个月的展览。至年底，3万余人参观展览，增进了湛江各界人士对宝钢的钢铁生产流程、环保节能水平、企业社会责任等方面的了解，消除市民对钢铁生产影响环境的顾虑，提升湛江民众对钢铁与城市和谐发展理念的认同感。同年，《宝钢文化经典故事(第一卷)》和《宝钢文化经典故事(第二卷)》由上海人民出版社出版。《宝钢人的爱》一书经过内容调整，公开出版。2014年1月24日，在宝钢人才开发院举行2013宝钢年度人物颁奖典礼。9月15日，以“‘绿’动宝钢·环保有我”为主题，举办“公司日”纪念活动。活动邀请各界代表共200多位嘉宾出席，举行绿色承诺、与上海市宝山区签订共建协议、开通“绿色宝钢”特色游线路、开启绿丝带行动等活动。活动还征集100多张宝钢员工摄影作品，在宝钢历史陈列馆展示，营造人文氛围。韶关钢铁、八一钢铁、宝钢不锈、宝钢金属等子公司以不同方式举办自己的“公司日”。2015年2月10日，在宝钢人才开发院举行2014宝钢年度人物颁奖典礼。同年，以宝钢投产30周年、湛江钢铁一号高炉点火为契机，围绕“创业·创造·创新”主题开展系列纪念活动，弘扬“85·9”精神，宣传“PDCA(计划、实施、检查、处理)+认真”的文化，引导员工投身宝钢二次创业。开展宝钢“三十而励”照片“晒光阴”活动，宝钢集团官方网站开设“宝钢30年”纪念版，设计制作体现湛江钢铁建设的艺术画册《湛·蓝》。

2016年1月28日，在宝山区委党校举行2015宝钢年度人物颁奖典礼，以“冬日绽放”为主题，围绕“冬练”和“希望”，挖掘并宣传员工在转型升级、扭亏增盈、创业创新等方面的正能量。

第二节　品牌建设与传播

品牌建设与传播是宝钢集团传承企业文化、展示企业形象的重要途径和渠道。视觉识别是宝钢品牌建设的基础性工作之一，宝钢集团按照“建立完善公司企业形象识别系统—公司商标管理—品牌公关策划—品牌形象广告—产品品牌拓展—品牌跟踪—品牌评估”步骤开展视觉识别工作。宝钢品牌传播工作坚持“外化于行”的方针，弘扬宝钢文化，提升宝钢品牌的知名度、美誉度、忠诚度，并先后重点开展制定品牌传播方针、健全企业标识、发展公共关系、加强品牌宣传、参与品牌评选、实施主题活动、细分品牌、上线品牌管理系统等行动，促进宝钢品牌形象融入市场、融入百姓生活。

一、视觉识别

2002 年 9 月，上海宝钢集团公司印发新版《宝钢集团简介》。12 月底，审定通过《上海宝钢集团公司视觉识别手册(2002 年版)》。

2005 年，宝钢集团初步确立以“建立完善公司企业形象识别系统—公司商标管理—品牌公关策划—品牌形象广告—产品品牌拓展—品牌跟踪—品牌评估”为主要步骤的“宝钢”品牌管理流程，初步形成“产品品牌”“企业品牌”“企业人物品牌”管理轮廓。企业文化部与专业机构及有关专家合作，对企业基础识别系统、辅助识别系统、应用识别系统进行视觉识别系统(VI)整合，制定《宝钢集团视觉识别系统(VI)手册》《宝钢股份视觉识别系统(VI)手册》，并以宝钢分公司为试点，在环境识别、环境信息、环境生态、环境艺术等方面提出全面整合、补充、优化、提升意见，正式形成以宝钢分公司厂区环境标识、交通环境标识、办公环境标识、生产环境标识、生活环境标识、参观环境标识等六大专题实施方案，并着手推进。2006 年，经宝钢集团经理书记办公会通过，并以会议纪要形式明确宝钢企业标识以“BG 图形”和“BAOSTEEL”及两条横线作为公司标志整体使用，不得将图形、文字拆分单独使用或与公司名称组合使用。5 月，新版《宝钢集团有限公司视觉识别规范手册》发布，其包含视觉识别的基础系统和应用系统两个部分近 200 项内容，并统一集团、子公司的标志、色彩等视觉识别应用。

图 10-1-1　宝钢 logo(徽标)

2011 年，根据视觉识别传播主体对象，完成宝钢集团介绍 PPT(幻灯片)公众版、政府版、用户版和供应商版设计、制作和传播；区分办公楼、商业用楼和住宅楼不同功能，完成北京宝钢大厦、宝钢营销大厦、宝钢文化中心购物广场和海门宝钢工业园区视觉识别(VI)传播前期策划和设计。2014 年，着力推进各板块子公司建立二级视觉识别管理体系，除八一钢铁管理体系尚在进行外，其余子公司均完成视觉识别管理文件的发布。利用《宝钢日报》连载视觉识别规范应用知识，全年共 14 期，从规范与不规范两个方面向员工传播宝钢的视觉识别基础部分标准。集团总部改造宝钢大厦旗台的公司徽标，规范宝钢大厦内所有入驻单位的视觉识别应用。2015 年 2 月，启动欧冶云商股份有限公司品牌命名及 logo(徽标)设计。3 月，确定“ouyeel”品牌名称及 logo(徽标)设计方案，进行 ouyeel.com/.cn 域名注册，完成急需应用部分的品牌视觉识别规范设计。8 月，完成全套欧冶品牌视觉识别规范设计。

二、品牌传播

2001年，宝钢集团首次对精品进行集中梳理，汇总完成《上海宝钢集团公司精品名录》，在《上海宝钢集团公司成立两周年专辑》上刊登。纳入名录的精品共102项，其中钢铁类精品94项，非钢铁类精品8项。

2005年，通过现代公关管理，密切与社会、投资者、供应商、用户、媒体的沟通关系，构建完善的现代企业公共关系网络。围绕新一轮发展目标，结合生产经营重要节点，加强新闻宣传，使主流媒体始终保持对宝钢的高度关注，提升宝钢品牌的知名度、美誉度、忠诚度。7月，美国世界品牌实验室将“宝钢”列为年度中国钢铁行业品牌排行榜第一位。9月，“宝钢”被国家工商总局授予中国驰名商标。2009年5月，选择《宝钢汽车板的故事》作为案例，参加《21世纪经济报道》与全球最大的综合性品牌咨询公司Interbrand联手举办的第五届“中国最佳品牌建设案例评选”活动。6月23—26日，借助广州中国国际金属工业博览会平台，以“宝钢突围”为主题，邀请《21世纪经济报道》媒体加盟，推广宝钢不锈钢品牌。6—9月，制作统一的中、英文版本《宝钢集团有限公司介绍》PPT(幻灯片)和《宝山钢铁股份有限公司介绍》PPT(幻灯片)；制作中、英、日文版《宝钢集团有限公司》《宝山钢铁股份有限公司》形象片；制作《宝钢品牌传播手册》《宝钢 Living steel(绿色钢结构住宅)品牌传播手册》《宝钢特钢品牌传播手册》。8月18日，在中央电视台央视网主办的《CCTV(中央电视台)60年60品牌》揭晓仪式上，宝钢集团获“新中国60周年60个杰出品牌”称号。

2010年，围绕“打好一张世博(中国2010年上海世界博览会，简称上海世博会)宝钢牌、用好一个宝钢大舞台和过好上海世博会宝钢活动日一个节日”目标展开品牌传播：围绕“更好的钢铁，更好的生活”主题，策划“宝钢品牌世博行”系列活动：网上路演“宝钢品牌世博行”主题活动，在宝钢网站上搭建“宝钢品牌路演”“宝钢品牌家族”“宝钢大舞台”“宝钢‘视’博”和“宝钢合作伙伴”等5个平台；全面展示宝钢品牌世博行“宝钢之路”“宝钢之芯”“宝钢之骨”“宝钢之舞”“宝钢之旅”等主题系列活动，把进入上海世博会的宝钢产品、网络、钢构、餐饮、旅游、环保材料、监理、服务、接待及资源系统联结起来；在宝钢大舞台举行上海世博会宝钢活动日等。按照宝钢在上海世博会期间对外交往中不同用户的不同需求和偏好，对宝钢礼品策划和制作进行等级区分和序列设计，力求精致、价廉而有意义。12月8日，参加“2010 • CCTV(中央电视台)中国年度品牌”揭晓仪式暨发布盛典，入选“中国年度品牌”，CCTV(中央电视台)评价：在全球性消费市场极度低迷的情况下，宝钢凭借其品牌优势和质量优势，使中国的宝钢变成世界的宝钢。宝钢在亚洲品牌价值排名由2009年度第84名提升到2010年度第81名。2011年，明确以“真诚、友爱、创造力”的品牌核心价值为指导，进行生产、营销和传播，把宝钢“高品质、可信赖、负责任”的品牌形象融入市场及老百姓的生活。通过细分市场、细分用户，找到品牌的独特性：为拥有核心技术的领先产品——汽车板创建独立品牌；为拥有领先份额的高端产品——宝钢建筑和宝钢能源创建独立品牌；为宝钢抗菌宝这样的明星产品打造细分市场品牌，同时，明确华宝、宝信软件和东方钢铁为宝钢品牌家族中的区隔品牌，与宝钢母品牌形成高度差异化：华宝为宝钢金融服务业，是统领金融投资业务的独立品牌，与“宝钢”品牌相呼应并共同发展；上海宝信软件股份有限公司(简称宝信软件)作为A股上市公司，从公司治理到实际的企业形象都有很强独立性，在国内软件行业有较高市场地位和知名度，是宝钢高度独立的IT(信息技术)软件品牌；东方钢铁为宝钢集团提供电子商务交易平台，成为第三方电子商务交易支付平台，形成宝钢高度独立的电子服务品牌。区分宝钢广告的不同受众对象，注重广告投入的策划和产出的效率，总体策划宝钢广告传播，系统推进主题传播、展会传播、礼品传播、户外广告传播、广告片传播、平面传播、媒体传播、网站传播、平台传播和标准传播等10个渠道和载体，形成比较完善的宝钢广告传播体系。2012年，拍摄反映宝钢积极活泼形象的企业宣传片*Baostyle*。以废弃的宝钢产汽车零部件组装而成的"宝钢侠"首次亮相第13届中国国际冶金工业展览会。对礼品的设计进行分类功能定义，结合实用性和收藏性，拓展"宝钢味道"等反映环境经营主题的礼品系列。为湛江钢铁项目创造品牌环境，制订以"友爱的宝钢在湛江"为主题的品牌传播工作计划。2013年，宝钢品牌管理系统上线。包括品牌核心价值、品牌架构、品牌素材、品牌实践、礼品管理、供应商管理等功能模块，可为全体员工提供宝钢品牌核心价值的阐述、品牌架构、视觉识别规范、完全版权的品牌故事、图片、视频等素材的浏览和下载，共享礼品库和品牌供应商等信息。2014年4月22—24日，组织中国(上海)高校传媒联盟的21名在校学生，开展主题为"成为梦想的一部分"的品牌传播活动。共发布相关微博102条，视频阅读量3.90万次，相册浏览量2 724次，发布微信82条，微信浏览量1 486次。5月19—22日，组织参加第14届中国国际冶金工业展览会。以"构筑共享价值"为主题，以"成为您成功的一部分"为口号，强化年度传播的主题。通过最具代表性的技术、产品和服务案例，利用多媒体等手段，展示宝钢在技术进步、节能环保、综合利用、用户服务等方面取得的成绩及为利益相关者所带来的价值，展现"真诚、友爱、创造力"的品牌形象及未来发展前景。宝钢展台获得主办方颁发的"最佳创新奖"。2015年，策划实施主题为"我的欧冶我的梦"的欧冶云商"元年秀"活动，推进欧冶云商品牌基础工作，包括欧冶云商吉祥物、纪念品设计、视频制作、视觉识别体系规范建立。第十届中国钢铁年会、第六届宝钢学术年会、第18届上海国际冶金工业展览会"三会合一"举办，宝钢集团通过在主会场、学术分会场、各住宿酒店等场所策划利用会标、导视系统、展板、宣传册、会议用品和资料等载体，传播宝钢学术年会形象，宣传欧冶云商的业务内容和品牌，展现"真诚、友爱、创造力"的品牌形象及欧冶云商的经营理念。宝钢展台的设计主题为"一体两翼"，即钢铁智慧制造和现代钢铁服务。首次亮相展会的欧冶云商，营造"互联网+"时代的视觉冲击，更多互动形式让展区充满人气。

2016年，设计中国宝武钢铁集团有限公司logo(徽标)，策划推进集团总部新大楼的景观雕塑工程及文化装点工作等。

第三节　期　　刊

1998年11月上海地区钢铁企业联合重组后，宝钢集团范围内编辑出版的期刊有《世界钢铁》、《宝钢技术》、《宝钢技术研究》(英)、《宝钢经济与管理》、《宝钢文艺》、《宝钢培训》、《学习与创新》等。

一、《世界钢铁》

《世界钢铁》原名《宝钢情报》，是宝钢集团主管、宝钢研究院主办的技术刊物，大16开本，季刊，每期72页，创刊于1979年。1989年1月，经上海市新闻出版局批准，持有上海市内部期刊准印证沪期字第154号，1993年第1期起更名为"《世界钢铁》"，2001年取得国内统一刊号CN 31—1836/TF，改为双月刊，逢单月出版，每年出刊6期，每期印数2 000册。《世界钢铁》以"跟踪报道国内外钢铁冶金方面的先进工艺、先进装备、新技术、新产品及综合信息"为宗旨，是宝钢员工及钢铁冶炼专业人员了解世界的窗口。1998年11月—2015年年底，先后出版94期。2015年年底停刊。

二、《宝钢技术》

《宝钢技术》是宝钢集团主管和主办的技术刊物，大16开本，季刊，每期64页，创刊于1983年12月。持有上海市新闻出版局批准的期刊登记证沪刊第394号，1985年1月25日改为沪内刊第68号，1988年经国家科学技术委员会批准定为国内发行的正式期刊，持有国内统一刊号CN 31—1499/TF，1992年由季刊改为双月刊，逢双月出版，印数3 500册，1998年取得国际刊号ISSN 1008—0716，为国内外公开发行的专业期刊。《宝钢技术》以“开发创新、消化吸收、交流传播，使《宝钢技术》为推进宝钢技术进步，展示宝钢技术创新成果服务”为宗旨，刊登宝钢集团范围内有关钢铁冶炼、轧钢工艺、钢铁材料、机电技术、耐材、能源、自动化、仪表、化产、理化检验、综合利用、环保等专业的科学研究和生产技术方面的论文及国内外新技术述评。主要栏目有：“综述”“生产实践”“新技术开发与应用”“试验研究”“问题讨论”“专利信息”等。1998年11月—2016年年底，共出版103期。

三、《宝钢技术研究》(英)

2002年10月创刊，原为《宝钢技报》(英)网络版，2007年12月更名为“《宝钢技术研究》”，是宝钢集团主管并主办的英文版技术刊物，季刊，大16开本，64页，国内外公开发行，全年出刊4期，并上宝钢集团主干网。持有国内统一刊号CN 31—2001/TF、国际刊号ISSN 1674—3458。2011年，对栏目设置进行调整，设“专栏”“冶金工艺研究”和“冶金产品研究”等栏目。1998年11月—2016年年底，共出版53期。

四、《宝钢经济与管理》

1990年创刊，经济类刊物，由宝钢企业管理协会主办。上海市内部期刊准印证第268号。双月刊(逢双出版)，大16开本，48页，全年出版6期。2011年，根据宝钢集团重大发展战略、经营管理、职能管理和基层基础管理等专题，陆续筹备、策划、推出系列相关重点文章，并增设“学海无涯”“管理论坛”栏目。1998年11月—2016年年底，共出版103期。

五、《宝钢文艺》

1988年创刊，文艺类刊物，1992年将创刊于1984年的《宝钢人》并入《宝钢文艺》，由宝钢集团党委主管，2012年6月，由宝钢集团文化艺术联合会主办划转至宝钢新闻中心主办。上海市连续性内部资料准印证(K)第0132号。季刊，大16开本。2013年起，在宝钢集团网站上推出电子版阅读。《宝钢文艺》以“愉悦心情、滋养心灵、提升心智”为办刊理念，展示宝钢人的“才、情、识”和“真、善、美”，内容包括“文学作品”“书画欣赏”“影视杂谈”“新书介绍”等。2015年5月停刊。1998年11月上海宝钢集团公司成立后至停刊，共出版61期。

六、《宝钢培训》

1992年创刊，宝钢教育培训工作的专业性杂志，由宝钢集团主管、宝钢人才开发院主办。上海市连续性内部资料准印证(K)第0349号。季刊,16开本,48页。《宝钢培训》设"特稿""培训探微""特色培训""风采录""管理行知""管理研究""创新论坛""他山之石""首席师论坛"和"信息窗"等栏目。1998年11月—2016年年底,共出版68期。

七、《学习与创新》

1984年6月创刊,由宝钢党委宣传部主办,系宝钢职工思想政治工作研究会会刊。上海市连续性内部资料准印证(K)第0248号。大16开本,约80页,创刊后至2008年年底为月刊,2009年改为双月刊,2012年改为季刊,2014年起改为每年出版1期。1998年11月—2016年年底,共出版137期。

第二章　新 闻 工 作

1998 年 11 月上海宝钢集团公司成立后，新闻宣传工作始终把握适时、适度的原则，着重围绕宝钢集团中心任务和重点工作。一方面，加强与外部媒体的合作与联系，向社会传递钢铁产业的价值，传播好声音、正能量，在国家和省市级报刊、电台、电视台、网络媒体刊发各类新闻稿件，得到社会各界广泛关注；另一方面，加强内部纸质媒体、电视媒体以及对外网络媒体建设，始终坚持把握正确的舆论导向，围绕企业的中心工作，弘扬主旋律，及时报道宝钢集团在改革发展中的新成果、新经验。

第一节　对 外 宣 传

宝钢集团由党委宣传部(企业文化部)负责外部媒体的沟通管理，在国家及省市级媒体刊登、播发宝钢集团各类新闻稿件，向社会传递钢铁产业的价值，传播好声音和正能量。其中 1998 年 11 月—2000 年年末，刊登、播发 1 302 篇次；2002 年，刊登、播发 971 篇次；2004 年，刊登、播发 1 328 篇次；2005 年，刊登、播发 840 篇次；2006 年，刊登、播发 1 050 篇次；2008 年，刊登、播发 7 150 篇次；2013 年，刊登、播发的原创新闻报道 95 篇；2014 年，刊登、播发的原创新闻报道 111 篇。

表 10-2-1　1998—2016 年宝钢集团对外宣传情况表

年 份	在国家及省市级媒体刊登、播发的重点宣传报道
1998—2000	上海宝钢集团公司成立及宝钢建厂 20 周年，纪念宝钢投产 14 周年，宝钢梅山、宝钢一钢、宝钢浦钢、宝钢五钢等公司债转股情况，发行 20 亿元宝钢企业债券，新华社、人民日报社等新闻媒体采写的《一个国有大企业的成功之路》《跨世纪的宝钢》《创新是宝钢发展的不竭动力》《观念创新比资金更重要》《重组一年看宝钢》《驶向新世纪的"钢铁航母"》等，中央电视台等国家级媒体和上海市新闻媒体分别对宝钢集团改革、创新、管理、发展等经验作报道，宝钢三期工程全面建成，宝钢益昌薄板生产线、宝钢梅山热轧等重大技改项目完成，东方钢铁在线开通，宝钢集团首届技术创新大会、宝钢教育奖、宝钢艺术奖活动
2001	《人民日报》《解放日报》分别发表宝钢集团主要领导学习"三个代表"重要思想的文章，中央电视台"东方之子"栏目组采访徐大铨董事长专题节目，上海克虏伯不锈钢有限公司投产，宝钢在海外招聘人才，宝钢教育奖颁奖
2002	华宝信托投资有限责任公司与法国兴业资产管理公司签署组建华宝兴业基金管理有限公司，上海宝钢国际经济贸易有限公司与日本三井物产株式会社合资组建现代钢铁物流企业——上海宝井钢材加工配送有限公司，马迹山港竣工验收暨开港仪式，宝钢股份"十五"规划重大建设项目开工
2003	马迹山港开港投产典礼，宝钢与金川合作仪式，宝钢浦钢员工赴崇明再就业，宝钢与法国阿赛洛合资激光拼焊项目及不锈钢技术转让意向书签字仪式
2004	孔利明事迹宣传报道，"宝钢进入世界 500 强"报道，宝钢股份收购增发报道，"宝钢加速推进一体化运作，加快实现新一轮发展目标"
2005	宝钢取得良好经营业绩，宝钢集团外部董事制度试点，宝钢蝉联世界 500 强，宝钢股份"十五"规划重大建设项目投产

〔续表〕

年 份	在国家及省市级媒体刊登、播发的重点宣传报道
2006	宝钢“节能环保”主题报道，宝钢“自主创新”主题报道，宝钢蝉联世界500强
2007	宝钢创建“四好”领导班子，对韩明明、孔利明、王军、曹身亮、杜斌等宝钢科技创新人物进行宣传报道，宝钢集团新疆八一钢铁有限公司揭牌，宝钢向中华环保基金会捐赠5 000万元，马迹山港二期工程投产，宝钢与日本新日本制铁株式会社合作30周年庆贺活动，宝钢浦钢罗泾工程建成投产
2008	宝钢抗震救灾援建工作报道，宝钢学术年会，宝钢30年专题报道等
2009	中华人民共和国成立60周年系列报道之《宝钢建成世界级钢铁集团》，宝钢集团与杭州钢铁集团公司在宁波举行签约仪式，宝钢收购澳大利亚阿奎拉资源有限公司股权，宝钢应对国际金融危机和国内产能过剩的双重挑战，宝钢取向硅钢系列宣传报道，宝信软件一体化监控指挥平台产品发布会，宝钢援建都江堰幸福家园·逸苑钢结构住宅小区
2010	宝钢获3项国家科学技术奖项，宝钢参加中央电视台高端访谈节目《对话》：“科技创新引领未来，感知上海——世博会全球合作伙伴宝钢的环保实践”，第四届宝钢学术年会
2011	宝钢钢厂尾气制乙醇示范工程，宝钢首次发布绿色宣言，纪念建党90周年宝钢党建成果发布，宝钢发布2010年社会责任报告，宝钢举办首届职工经济技术创新论坛，宝钢：像造汽车一样造房子
2012	宝钢独创两片钢罐成套技术获国家科学技术进步奖，宝钢36亿元人民币债券在港成功上市，宝钢低温高磁感取向硅钢制造技术通过专家鉴定，宝钢“金苹果”团队建设，宝钢湛江钢铁基地项目开工建设，宝钢和上海市共同推进宝山地区钢铁产业结构调整，宝钢中央研究院成立，宝钢通过钢厂尾气制燃料
2013	第五届宝钢学术年会，上海钢铁交易中心成立
2014	取向硅钢获国家科学技术进步奖一等奖，第三代先进高强钢，宝钢供应商先期介入的实践与探索，钢铁电子商务平台建设，宝钢湛江钢铁基地项目建设，宝钢发行可交换债券，宝钢成为上海首批人民币跨境使用试点企业，南极与宝钢的不解之缘
2015	欧冶云商股份有限公司成立，湛江钢铁一号高炉点火，第十届中国钢铁年会暨第六届宝钢学术年会，薄带连铸技术实现突破，600℃超超临界火电机组钢管项目获国家科学技术进步奖一等奖，宝钢供应商先期介入实践与探索(《哈佛商业评论》案例)，宝钢白车身面市，意大利米兰世博会上宝钢工人艺术家作品慈善义卖
2016	欧冶国际电商有限公司成立，欧冶云商股份有限公司与普洛斯投资管理(中国)有限公司战略合作，上海宝钢心越人力资源服务有限公司揭牌

第二节 企 业 媒 体

宝钢集团的主要传统媒体有《宝钢日报》、宝钢电视台，主要网络媒体有官方微博、官方微信、宝钢新闻App、宝钢网站等。

一、《宝钢日报》

1978年4月6日，宝钢工地上第一份报纸——宝钢工程指挥部党委领导主编的《战地快报》创刊。《战地快报》为不定期8开油印小报，由宝钢工程指挥部宣传处负责采编发行。1978年8月1日，《宝钢战报》创刊，为4开4版周一刊。1983年9月2日第263期起，《宝钢战报》更名为“《宝钢报》”，报名由冶金工业部部长李东冶书写。1987年9月12日，《宝钢报》取得国内统一刊号：CN

31—0058。1988年年底,《宝钢报》与宝钢总厂主办的《宝钢报(生产版)》合并。1989年1月10日,成立宝钢报社,报社独立建制,实行总编辑负责制,合并后首期《宝钢报》于1989年2月4日出版。1992年元旦起,《宝钢报》更名为“《宝钢日报》”,报名由中共中央总书记江泽民题写。

1998年11月上海宝钢集团公司成立后,《宝钢日报》由宝钢集团主办,以“立足宝钢、服务宝钢、面向读者、服务读者”为办报宗旨,报社实行总编辑负责制。发行对象是宝钢集团所属单位和全体员工,以及中央有关部委、上海市有关部门和相关兄弟企业。1999年7月29日,扩版报告经上海市新闻出版局批准。1999年11—12月,试扩版4期。免费订阅,以一户一报的原则发行到原宝山钢铁(集团)公司及其子公司的每名员工。全年出版312期,每期发行量4.50万份。2000年1月1日,彩色8版《宝钢日报》出版。6月,每周一、三、五出8版,每周二、四、六出4版,周末版为彩色。全年出版312期,每期发行量6万份。2001年11月19日,上海市新闻出版局下文,批准《宝钢日报》改版为对开4版。12月1日起,《宝钢日报》改版。2001年开始,由原来的免费送阅,改为收费订阅。全年出版305期,每期发行量4.91万份。2002年11月,对版面设置、机构、人员等进行适当调整,以更好地服务大局、服务子公司、服务读者。11月18日,改版为对开4版周五刊彩色报纸,每天的新闻版由原来的2个增加至3个;原周六出版的“七彩周末”与改版前各专刊整合后,成为新的专副刊。全年出版300期,每期发行量4.90万份。2003年5月,宝钢日报社行政隶属关系由党委宣传部托管。全年出版249期,每期发行量4.95万份。

2004年8月,宝钢集团决定宝钢日报社和宝钢电视台合并,成立宝钢新闻中心,隶属集团党委宣传部,主要负责《宝钢日报》的编辑、出版发行,宝钢视频新闻节目,内外网新闻管理等工作,宝钢新闻中心和对外新闻宣传报道由集团党委宣传部归口管理。全年出版《宝钢日报》250期,发行量5.50万份。2005年2月4日,《宝钢日报》在因特网开通电子版,电子版设“一版要闻”“经济新闻”“综合新闻”“行业动态”“时事评论”“报纸版面”“图片新闻”“视频新闻”等8个栏目。3月,宝钢集团决定宝钢新闻中心隶属于集团党委宣传部。宝钢新闻中心包括宝钢日报社、宝钢电视台,并管理宝钢因特网(网址:www.baosteel.com)。同月,报纸改版,由6栏改为7栏,每版增加1 500字,版面更加紧凑。全年出版251期,发行量5.55万份。2006年3月,再次改版,推出新的报头、版式,调整版面栏目,增加时尚元素。全年出版251期,发行5.56万份。2007年4月,恢复《宝钢日报(周末版)》,推出新报头、新版式、新内容、新栏目,增加时尚元素。全年出版303期,发行量增加至6.30万份。2008年,出版303期,发行量6.50万份。2009年,出版303期,发行量近7万份。

2010年,《宝钢日报(周末版)》改为对开8版。《宝钢日报》全年出版303期,发行量为7.15万份。2011年,出版303期,发行量7.15万份。2012年,出版296期,发行量为7.13万份。2013年,出版295期,发行量7.13万份。2014年,出版295期,发行量7.10万份。2015年1月起,从周六刊改为周三刊,每周一、三、五出版,对开4版。全年出版148期,发行量7.11万份。2016年,出版152期,发行量4.80万份。

表10-2-2　1998—2016年《宝钢日报》获得荣誉情况表

年份	获　得　荣　誉
1998	获全国“20佳企业报”奖
1999	在全国性和省市级企业报好新闻评比中,获一等奖6个、二等奖5个、三等奖4个,好版面奖2个,无差错奖1个。其中,在上海市记者协会好新闻评比中获三等奖1个,是全市企业中唯一获奖的单位

〔续表〕

年份	获　得　荣　誉
2000	在全国性和省市级企业报好新闻评比中，获一等奖5个、二等奖5个、三等奖3个，好版面奖1个
2001	在全国性和省市级企业报好新闻评比中，获一等奖8个、二等奖9个、三等奖3个，好版面奖3个，优秀征文奖3个；获第三届全国企业报“先进报纸”称号
2002	在全国性和省市级企业报好新闻评比中，获上海新闻奖三等奖1个；全国企业报好新闻一等奖1个、二等奖3个；权国冶金记者协会二等奖4个、三等奖2个，上海市企业报好新闻一等奖1个、二等奖1个、三等奖2个；被评为“2001—2002年度上海市优秀企业报”
2003	在全国性和省市级企业报好新闻评比中，获全国企业报好新闻一等奖1个、二等奖3个；全国冶金记者协会一等奖2个、二等奖3个、三等奖2个，上海市企业报好新闻一等奖2个、二等奖1个、三等奖1个；中国产业报协会三等奖1个；中国冶金报好新闻2个
2004	在全国性和省市级企业报好新闻评比中，获中国企业报好新闻一等奖3个、二等奖2个；全国冶金记者协会一等奖2个、二等奖3个、三等奖2个；全国企业报业务论文一等奖；中国冶金报好新闻奖；中国产业报协会好新闻三等奖；第13届上海新闻奖论文三等奖
2005	获中国集团公司促进会授予的“企业集团精品报”称号。在全国和省市级企业报好新闻评比中，获第14届上海新闻奖三等奖1个，中国企业报好新闻、好版面一等奖3个、二等奖4个；全国冶金记者协会一等奖2个、二等奖2个、三等奖2个；上海市企业报好新闻一等奖2个、二等奖3个
2006	在第五届全国公开发行企业报评选中，被评为“全国先进企业报”，获“2005—2006年度上海市优秀企业报”称号；被中国冶金报评为“先进记者站”；在第15届上海新闻奖评比中，消息《钢渣加工后成为新型肥料》获三等奖；在上海市企业报新闻奖评选中，获一等奖1个、二等奖4个、三等奖1个；在中国企业报第15届新闻奖评选中，获新闻及编辑一等奖4个，新闻二等奖2个、三等奖2个；在全国冶金记者协会第20届新闻奖评比中，获一等奖1个、二等奖3个、三等奖1个
2007	被评为“2007年度上海市最佳企业报”；在第16届上海新闻奖评比中，消息《真新鲜：管线钢厚板“坐飞机”出国》获三等奖；在上海市企业报新闻奖评选中，获一等奖2个、二等奖2个、三等奖3个；在全国冶金记者协会年度新闻奖评选中，获新闻及编辑一等奖1个，新闻二等奖3个、三等奖4个；获“神州杯”第20届全国专业报新闻摄影年赛铜奖
2008	被评为“上海市最佳企业报”。23件新闻作品获上海市企业报及冶金行业新闻奖
2009	被评为“上海市最佳企业报”。26件新闻作品获上海市及冶金行业新闻奖，其中通讯《转岗工人成焊王》获上海新闻奖二等奖
2010	被上海市新闻工作者协会评为“上海市最佳企业报”。22件新闻作品获上海市及冶金行业新闻奖，其中通讯《昆仑、昆仑》、消息《废硫酸变上等原料》获上海新闻奖三等奖
2011	被上海市新闻工作者协会评为“上海市最佳企业报”；获中国报业协会2011年“纪念建党90周年党报党刊事业发展成就展”优秀组织奖；被中国企业传媒调研活动组委会评为“2011年中国十佳企业传媒”；在全国冶金记者协会和上海市新闻工作者协会企业分会好新闻评比中，获一等奖6个、二等奖4个
2012	被上海市新闻工作者协会评为“上海市最佳企业报”；在全国冶金记者协会和上海市新闻工作者协会企业分会好新闻评比中，获一等奖6个、二等奖4个
2013	被上海市新闻工作者协会评为“上海市最佳企业报”
2014	在全国冶金新闻工作者协会和上海市新闻工作者协会企业分会好新闻评比中，获一等奖6个、二等奖5个、三等奖1个

（续表）

年份	获　得　荣　誉
2015	《宝钢自主集成土壤修复术》获第24届上海新闻奖三等奖；"践行社会主义核心价值观，传承和弘扬诚信文化"系列报道获国务院国资委新闻中心国企好新闻系列报道三等奖；《第一个公开发行可交换债券》《改革要有担当意识》《为改革者点赞》《站在活力曲线的高端》，《大红灯笼高"挂"极地冰壶》《为中国第一高楼披上漂亮"外衣"》《全国首个银行业动产质押信息平台上线》分获全国冶金新闻工作者协会好新闻一、二、三等奖；2014年6月20日《宝钢日报》第一版获全国冶金新闻工作者协会版面优秀奖；《宝钢国际天津宝钢员工站在照射禁区外操作场景》获全国冶金新闻工作者协会新闻摄影优秀奖；《再为宝钢燃烧一次激情》《紧扣"微笑曲线"的两端》《宝钢自主集成土壤修复术》，《从西班牙队出局谈起》，《钢结构安装》分获上海市新闻工作者协会好新闻一、二、三等奖
2016	《千万别做"堂上木偶"》获第25届上海新闻奖三等奖；在上海市企业报新闻奖评比中，《千万别做"堂上木偶"》获言论一等奖，《追梦路上志千里》获通讯一等奖，《宝钢一发明让稻农"多收三五斗"》获消息一等奖，《"苹果LOGO(徽标)"用材宝钢也能供了》获消息二等奖，《仲巴高原格桑盛开》获特稿二等奖；在全国冶金新闻工作者协会好新闻评比中，《轻盈"羽衣"绽放绿色梦想》获消息一等奖，《"触不可及"和"一步之遥"》获言论一等奖，《韶钢干部员工"冬练"系列报道》获通讯一等奖，《宝钢造车了，有图有真相》获微信作品一等奖

二、宝钢电视台

宝钢电视台围绕企业中心工作，服务大局，服务职工，坚持团结、稳定、鼓劲、正面宣传为主，唱响主旋律，牢牢把握正确的舆论导向，及时把生产、经营、建设、科技和精神文明建设等方面大量信息传播给宝钢职工和宝山地区居民，广为传播宝钢的生产经营成就和先进人物。宝钢电视台实行台长负责制，除视频新闻外，还开设网络和手机应用程序客户端传播渠道，录播的节目进入宝山电视有线网络和开路频道，播放范围延伸至宝钢集团沪外企业。

1983年10月13日，上海市广播电视局同意宝钢总厂建立共同天线系统(CATV)。1987年7月29日，上海市广播电视局发放有线电视播放证(证号：534号)。1988年除夕晚7时半，首次试播成功，转播中央台和上海台等4个频道节目，并在自办的6频道中播出文艺节目。1988年3月21日，宝钢成立宝钢有线电视台(简称宝钢电视台)。

1998年11月上海宝钢集团公司成立后，宝钢电视台在报道面增加而定员不变的情况下，完成新闻报道任务。同年，被上海有线电视台评为达标单位。1999年1月28日，宝钢电视台主办单位由宝山钢铁(集团)公司变更为上海宝钢集团公司，实行台长负责制。2000年4月，在宝山电视台、梅山电视台陆续开播《宝钢传真》，扩大收视覆盖范围。2001年，网络用户4.50万户。2002年，网络用户5.60万户。2003年，网络用户为6万户。

2004年宝钢新闻中心成立后，宝钢电视台对外仍保留名称，对内为宝钢新闻中心专题部。网络用户6万户。2月，《宝钢视频新闻》在宝钢股份主干网、宝钢集团主干网上线，全年累计点击6万余人次。4月起，《宝钢新闻》进入宝山电视有线网络和开路频道，增加30多万户观众并覆盖整个宝山地区。《宝钢一周要闻》分别送南京梅山的梅钢公司、梅山公司以及浙江嵊泗的宝钢股份马迹山港区播放。2005年1月，宝钢电视新闻进行改革，延续多年的每周3次新闻(隔天重播)改为天天新闻。4月，每天15分钟的新闻或专题节目转由宝山电视二套播出。宝钢电视新闻受众面40万户。全年宝钢股份主干网、宝钢集团主干网上《宝钢视频新闻》点击率超过6.50万人次。2008年，宝钢电视新闻受众面 30 万户。

2010 年，宝钢电视新闻受众面 30 万户，可在宝钢 INFO 内网或因特网上收看。2011 年，宝钢电视新闻覆盖宝山地区，还通过快递将录像带集锦送达江苏、浙江、新疆、广东等地的子公司播放，受众面 40 多万户。2014 年 6 月，宝钢电视新闻停止在宝山电视台播出，改为在宝钢新闻 App(手机应用程序)播出，还可在宝钢新闻中心网站或宝钢内网上收看。

表 10－2－3　1998—2013 年宝钢电视台获得荣誉情况表

年 份	获　得　荣　誉
1998—2000	被中国广播电视学会企业电视台研究委员会、中国电视艺术家协会企业电视分会评为“中国企业‘双十佳’电视台”；获中国冶金文联影视工作先进单位；获上海电视台优秀通联集体、东方电视台《东视新闻》最佳合作单位及“独家新闻奖”单位；摄制的新闻及专题片先后获上海市有线电视协会、东方电视台、中国冶金文联、中国企业电视协会颁发的一、二、三等奖 19 次
2001	获中国冶金文联“先进电视台”、上海电视台“优秀通联集体”称号。在第五届中国行业电视节目展评中，《宝钢成为外国专家培训基地》获好新闻一等奖，科教专题片获三等奖；另获上海电视系统“好专题、好新闻”二等奖 2 个、三等奖 1 个
2002	《连接梦想》和《上海宝钢》等 2 部专题片获中国冶金文联 2002 年度电视节目展评金奖
2003	在国内行业“好新闻、好专题”作品评比中，13 篇新闻稿获 19 个奖项，7 部专题片获 8 个奖项
2004	获“全国冶金企业先进电视台”称号；获中国电视艺术家协会企业电视分会颁发的年度“最佳企业电视台”证书。12 篇新闻稿分获全国电视行业、全国冶金行业、中国冶金文联电视节目展及上海电视台、上海东方电视台等单位颁发的 18 个奖项；《为了明天》《钢城砥柱》《思念你，转岗的兄弟》等 3 部专题片分获全国冶金企业电视节目展评金奖 1 个、银奖 2 个
2005	获中国电视艺术家协会企业电视分会专题类一等奖 1 个、二等奖 3 个、三等奖 1 个；获全国冶金企业电视节目展评金奖 1 个、银奖 2 个；获上海市有线电视协会一等奖 1 个、二等奖 2 个
2006	获上海广播电视“电视社教”奖；在上海有线电视协会年度各类新闻作品评选中，专题片《李沛泉：没有休止符的人生乐章》获一等奖，另有 2 篇新闻稿获二等奖，3 篇新闻稿获三等奖；在中国电视艺术家协会企业电视分会电视评比中，专题片《怀念曾乐》获一等奖，2 篇新闻稿获二等奖，1 篇新闻稿获三等奖；在上海市科学技术新闻奖评比中，1 篇新闻稿获鼓励奖
2007	被中国电视艺术家协会企业电视分会授予“最佳企业电视台”称号；《宝钢钢渣变生态肥料》《宝钢在欧洲》《我们的“藏缘”故事》分别被中国电视艺术家协会企业电视分会和上海有线电视协会授予电视新闻和专题片一等奖，另有 5 条电视新闻(专题片)被授予二等奖、三等奖
2008	被中国电视艺术家协会企业电视分会授予“最佳企业电视台”称号；《宝钢鼎力支持上海世博场馆建设，百年浦钢全面停产》《宝钢在美洲》《百年浦钢浴火重生》《弹指一挥间》《宝钢工人韩明明荣获国家科技进步二等奖》《今天凌晨外协工坐专车回河南过年》等多部电视新闻或专题片，分别被中国电视艺术家协会企业分会和上海有线电视协会授予电视新闻和专题片一等奖，另有 7 条电视新闻(专题片)被授予二等奖、三等奖
2009	被中国电视艺术家协会企业电视分会授予“最佳企业电视台”称号；《宝钢突击队》《牵手世博，回报社会》等多部电视新闻或专题片，分别被中国电视艺术家协会企业电视分会和上海有线电视协会授予电视新闻和专题片一等奖，另有 9 条电视新闻(专题片)被授予二等奖、三等奖
2010	被中国电视艺术家协会企业电视分会授予“最佳企业电视台”称号；《乡愿(上、下)》《化危为机》等 10 条电视新闻(专题片)分别被中国电视艺术家协会企业电视分会和上海有线电视协会授予电视新闻和专题片一、二、三等奖

〔续表〕

年份	获得荣誉
2011	被中国电视艺术家协会企业电视分会授予“最佳企业电视台”称号；《体感培训引入宝钢安全生产教育中》《经霜枫叶老更红》《有你的爱，我不孤单》《彩云深处》《宝钢钢结构住宅产业的推进器》等5条电视新闻(专题片)分别被中国电视艺术家协会企业电视分会和上海有线电视协会授予一、二、三等奖
2012	被中国电视艺术家协会企业电视分会授予“最佳企业电视台”称号；《珍爱水资源，宝钢工业废水处理行业领先》《和谐钢城“鹿”丁兴旺》《宝钢员工杨磊捐献造血干细胞配型成功》等3条电视新闻分别被中国电视艺术家协会企业电视分会授予一、二、三等奖
2013	被中国电视艺术家协会企业电视分会授予“‘双十佳’企业台”称号；《人才公寓是我们的幸福家园》《自制桌游，寓安全教育于娱乐中》《“创新达人”陈涛》等3条电视新闻被中国电视艺术家协会企业电视分会分别授予电视新闻类一、二、三等奖

三、官方微博

2012年4月，宝钢集团建立官方微博“友爱的宝钢”，从宝钢新闻、环境保护、慈善公益、宝钢人文等多角度向外界展示宝钢。2013年，官方微博“友爱的宝钢”在上海市国有企业和委办局的微博排名中，进入前20名。截至2016年年底，官方微博“友爱的宝钢”共发布微博2 060条。

四、官方微信

宝钢官方微信紧扣宝钢集团中心工作，主要反映宝钢集团新闻事件、品牌形象的原创内容。

2014年2月，宝钢集团开通“宝钢总部畅想空间”微信公众号。截至年底，该公众号网民量超过6 000人。全年发布微信165条，总阅读量42万人次。

2014年4月，宝钢新闻中心开通“新新宝”微信公众号。2015年11月停止发布。

2015年5月20日，“宝钢总部畅想空间”微信公众号升级为宝钢集团官方微信“友爱的宝钢”。11月，官方微信“友爱的宝钢”由宝钢新闻中心编辑发布。同年，1篇微信作品被国务院国资委评为第二届“国企好新闻”双微类三等奖，《宝钢造车了，有图有真相》《关于大灰(飞)机，宝钢有一个真相告诉你》获全国冶金记者协会微信作品一等奖。全年发布微信430篇，总阅读量205万人次。2016年，官方微信“友爱的宝钢”发布微信417篇，总阅读数129.30万人次。其中，《二钢地块项目正式启动，带你看未来TA长什么样》《二号高炉点火成功，湛江钢铁一期全面建成》获全国冶金记者协会微信作品一等奖。

五、宝钢新闻App

2014年10月，宝钢新闻App(手机应用程序)投入试运行，为中国钢铁行业首个新闻App，栏目包括新闻、聊吧、故事、业界、周末、图片、视频等。宝钢新闻App改变传统的“自上而下”灌输式的传播方式，增强受众的评论参与性，利用新媒体的互动性提升传播效果。全年，用户数9 988个。2015年10月，宝钢新闻App进行第一次升级，全年用户数2.60万多户。2016年，宝钢新闻App

用户数 2.20 万户，下载量 2.38 万户，访问量 392.80 万次，访问人数 115 万人，平均每天 2 000 多人次。

六、官方网站

宝钢网站(网址：www.baosteel.com)是宝钢集团唯一对外形象网站，于 1996 年 7 月开设，设有中英文两种版本。下设“要闻”“概况”“领导层”“组织机构”“经营状况”“成员单位”“企业文化”“宝钢贸易”“宝钢金融”“宝钢青年”“宝钢教育”“宝钢技术”“视频介绍”等 13 个栏目。宝钢网站服务于宝钢改革、稳定和发展，服务于宝钢物质文明和精神文明建设，起到了树立企业品牌形象、提升企业信誉、推广企业品牌、展示企业产品、传播企业文化、扩展销售渠道、发布企业资讯等的作用。

2002 年 1—3 月，宝钢网站网页版面局部更新，中英文要闻做到图文并茂。4 月 1 日，宝钢网站改版，推出全新的动态页面设计，新增“企业文化”等专栏，下设的“观念与创新”“宝钢风貌”“宝钢展览”“企业文化论坛”等子栏目，全方位展示与时俱进、在创新中不断发展的宝钢企业文化。4 月底，“宝钢青年”栏目开通。10 月，推出《宝钢技术》中英文电子网络版《宝钢技报》、*BAOSTEEL TECHNICAL REPORT*。11 月，“宝钢金融”栏目上网；“宝钢国际”连接上网，并推出“宝钢贸易”栏目。12 月，推出“视频”栏目，播放宝钢介绍片。全年，宝钢网站点击率突破 80 万人次。2004 年，宝钢网站由宝钢新闻中心管理。6 月，根据宝钢一体化战略要求，对宝钢网站栏目作调整，将宝钢因特网“成员单位”“宝钢金融”栏目调整为“钢铁主业”“其他产业”；将《2003 年上海宝钢集团公司年报》《宝钢经济与管理》《宝钢技术》等归并为“公司出版物”栏目；根据具体情况，增加钢铁产业、主要产品、钢铁产业子公司中英文文字介绍；增加贸易服务、金融、工程技术、信息技术、煤化工、钢铁深加工、综合利用等产业中英文文字介绍，及相关子公司概况中英文文字介绍。8 月，推出中英文电子网络版《宝钢技术》、*BAOSTEEL TECHNOLOGY* 栏目，并将 2001—2004 年《宝钢技术》所有期刊中英文电子网络版同步上网，即时更新每期《宝钢经济与管理》《宝钢技术》。全年由宝钢电视台提供“一周要闻”，增加“宝钢视频”栏目新闻条目，增加宝钢电视台“新闻”栏目覆盖面。全年，宝钢网站点击率超过 200 万人次。

2005 年，宝钢网站设“宝钢集团”“宝钢股份”两大板块，均有中文版和英文版。宝钢集团网站包括“要闻”“概况”“公司领导”“企业文化”“钢铁主业”“其他产业”“公司出版物”“宝钢青年”“科技之家”等栏目；宝钢股份网站包括“公司概貌”“公司新闻”“产品与服务”“投资者关系”“可持续发展”“企业文化”“公司出版物”“人力资源”“宝钢展示厅”等栏目。同年，网站改版，将原“宝钢新闻”“公告”“出版物”“科技之家”等栏目移植到新的系统中；“产品介绍”将宝钢股份产品与宝钢一钢、宝钢五钢产品介绍进行整合；将《宝钢日报》《宝钢经济与管理》等整合移植到新的平台；新增和完善“传媒摘要”“宝钢历史”“宝钢人”“公益事业”“健康与安全”“展示厅”“网上贺卡”等栏目。宝钢新闻中心建立网站联络员制度和网站信息更新体系，加强日常维护工作，增强门户网站信息的实时性和有效性。宝钢网站还与宝钢股份销售中心合作，利用三维建模等新技术建立网上虚拟展示厅。2006 年，宝钢网站风格力求明快、简洁、大气，体现宝钢特色和文化，日均访问数千人次，在国内企业名列前茅。2007 年，宝钢网站按“以人为本”要求进行改版，新增网站检索等功能，方便读者浏览。2008 年，宝钢网站由宝钢集团公共关系部负责建设。改版后的宝钢集团和宝钢股份网站面向投资者、用户、供应商、员工及社会，为读者提供高效、便捷的信息服务，并充分展示宝钢的企业形象。2009 年，宝钢网站设“宝钢集团”“宝钢股份”两大板块，宝钢集团网站包括“要闻”“概况”“可持续发展”

“企业文化”“产品与服务”“人力资源”“公司出版物”等7个栏目;宝钢股份网站包括“公司概貌”“公司新闻”“产品与服务”“投资者关系”“可持续发展”“企业文化”等6个栏目。

2010年,对照韩国浦项制铁公司网站,系统策划宝钢网站。完成中央企业网站绩效测评,获国务院国资委“2009—2010年度网站内容保障先进单位”称号。2012年,为配合宝钢品牌新形象的推出,对宝钢网站的呈现风格作了较大调整,包括首页主视觉画面、导航菜单、色彩等方面的设计。除保持每日新闻内容及时更新外,还针对其他涉及品牌的活动进行及时的发布和传播。同年,宝钢集团官方网站在国务院国资委中央企业网站绩效评估中列A级企业第15名,较2011年度提升47名。2015年,宝钢集团官方网站开设“宝钢30年”纪念版。2016年,宝钢集团对宝钢网站进行改版。

第三章　史 志 工 作

宝钢史志办公室(简称史志办)的前身是成立于1986年1月的宝钢志办公室,1995年8月更名为"宝钢史志办公室",是宝钢史志鉴资料收集、整理、研究、历史记述和对外史志鉴工作联络的归口管理部门。

1998年11月上海地区钢铁企业联合重组后,宝钢集团成立《上海宝钢年鉴》编纂委员会,宝钢集团董事长徐大铨任主任委员,党委书记关壮民任主编,日常工作由史志办负责。2003年6月,宝钢集团撤销史志办机构,业务工作归并至集团办公室。同年8月,成立上海宝钢史志编纂委员会,宝钢集团董事长谢企华任主任委员,党委书记刘国胜任《上海宝钢年鉴》主编,《上海宝钢年鉴》编辑部设在集团办公室。2006年,《上海宝钢年鉴》更名为"《宝钢年鉴》"。2008年3月25日,恢复设置宝钢史志办公室,挂靠企业文化部,主要职能是:承担编辑出版《宝钢年鉴》,编辑并提供有关的史料性书刊,宝钢集团内部史志鉴工作和对外史志鉴工作联络的归口管理等工作。宝钢史志编纂委员会成员由总经理助理以上领导、各职能部门负责人、史志办主任组成,成员根据领导变更情况每年调整一次。宝钢史志编纂委员会日常工作由史志办负责,主任委员由董事长兼任,副主任委员由党委书记和总经理兼任。《宝钢年鉴》主编由党委书记兼任,副主编由总经理和党委副书记兼任,执行主编由史志办主任担任。

1998—2016年,史志办编纂志书2部(《宝钢志》《上海市志・工业分志・钢铁业卷》),《宝钢年鉴》16卷,《宝钢史志资料》14本,《宝钢指南》中文版7本、英文版6本,《老领导口述宝钢历史》4本,收集、整理、撰写数千万字的史料。所编志书、年鉴在中国地方志指导小组、中国地方志协会、中国出版工作者协会(中国出版协会)、中国出版工作者协会年鉴研究会(中国出版协会年鉴工作委员会)、上海市地方志编纂委员会举办的各类评比中,获特等奖8项、一等奖15项、二等奖3项、三等奖2项。2005年、2010年,史志办先后2次被评为"全国方志系统先进集体";2001年、2006年、2012年,先后3次被评为"上海市地方志系统先进集体"。

第一节　志 书 编 纂

1998年11月上海宝钢集团公司成立后,编纂的志书主要有《宝钢志(1993—1998)》《上海市志・工业分志・钢铁业卷(1978—2010)》。

一、《宝钢志(1993—1998)》

《宝钢志》记述宝钢的历史发展。第一部《宝钢志》于1995年9月出版,记述1977年筹建宝钢到1992年宝钢二期工程建成投产,宝钢工程建设、生产和社会主义精神文明建设的基本情况和基本过程。

《宝钢志(1993—1998)》是第一部《宝钢志》的续编本,2000年8月由上海古籍出版社出版。全志设经营、生产技术、企业管理、三期建设、后勤服务、职工队伍、党群工作、多元产业、人物等9篇,共53章、233节,以及附录、刊载题词和图照130余幅,计432页,70.70万字,详细记述宝钢1993—1998年的历史发展轨迹。

2009 年 3 月,《宝钢志(1993—1998)》获上海市第二届地方志优秀成果(地方志书类)二等奖。

二、《上海市志·工业分志·钢铁业卷(1978—2010)》

《上海市志(1978—2010)》列入国家第二轮修志规划,按照《上海市第二轮新编地方志书编纂规划》要求和上海市地方志办公室的部署,《上海市志·工业分志·钢铁业卷(1978—2010)》(简称《钢铁业卷》)由宝钢集团承编。

2011 年 11 月,宝钢集团下发《宝钢新一轮修志工作编纂规划》和《〈上海市志(1978—2010)钢铁业卷〉编纂方案》两个文件,专门成立《钢铁业卷》编纂委员会,领导《钢铁业卷》的编纂工作,并在集团史志办公室设立《钢铁业卷》编纂室,负责《钢铁业卷》的组织、编纂。同时,明确了坚持党委领导、行政主持、史志办公室具体组织实施、各单位分工的领导体制和工作机制。

2011—2016 年,《钢铁业卷》编纂室坚持辩证唯物主义和历史唯物主义的史志观,反复研究编纂方案,精心修改编目结构,拟订编修计划和篇目纲要,并报上海市地方志办公室审议通过;编纂人员拜访上海克虏伯不锈钢有限公司、上海钢联电子商务股份有限公司等宝钢集团外相关企业;发动宝钢集团下属各企业、各部门,配合编纂室收集历史资料,整理制作资料卡片 7 000 余张,计 400 余万字。2014 年 4 月完成志书初稿(第一稿)后,送相关企业、单位、部门和人员征求意见,进行内部审议和保密审查,并根据内部审议意见,多次进行修改和调整。2014 年 11 月,形成审议稿(第二稿),送《钢铁业卷》编纂委员会审议。2015 年 5 月通过编纂委员会审议后,形成评议稿(第三稿),提交上海市地方志办公室评议。2015 年 6 月,《钢铁业卷》通过上海市地方志办公室评议。针对评议意见,编纂人员多次深入宝钢股份、一钢公司、宝钢不锈、浦钢公司、五钢公司、宝钢特钢、梅钢公司等相关企业,听取意见,做好修改、补充和完善,做好总纂工作。2016 年 3 月,形成第四稿,请《钢铁业卷》编纂委员会委员、顾问审阅。2016 年 9 月,通过上海市地方志办公室组织的专家审定。(2017 年 2 月通过上海市地方志办公室验收,12 月由上海辞书出版社出版发行)。

《钢铁业卷》采用述、记、志、传、图、表、录等体裁,卷首设图照、凡例、概述、大事记,卷末设专记、附录、编后记。全志设机构与企业、工程建设、物资供应、钢铁生产、钢铁贸易、经营管理、科技研发、节能环保、改革调整、人力资源、人物,共 11 篇,翔实记载了 1978—2010 年上海钢铁工业改革、发展的历史,计 114.70 万字。

第二节　年 鉴 编 纂

《上海宝钢年鉴》2001 年创办,2006 年更名为"《宝钢年鉴》",由宝钢集团史志编纂委员会主办,编辑部设在宝钢史志办公室,是系统记述宝钢集团各方面情况的年度资料性文献,内容涉及宝钢集团总部各部门、各子公司改革发展的基本情况和重大事项,并配有照片、图表,图文并茂,直观反映各单位的新变化、新特点、新成就,为各级领导的科学决策和管理实践提供借鉴与依据,为精神文明建设和物质文明建设服务,为社会各界了解、认识、研究宝钢提供真实、可鉴、可用的翔实史料。2001—2016 年,共出版 16 卷。其中,《上海宝钢年鉴(2001)》为第一卷,记载的时间跨度为 1998 年 11 月上海宝钢集团公司成立至 2002 年年底,其余均记载上年度情况。(2017 年编纂的《宝钢年鉴(2017)》为第 17 卷,是最后一卷《宝钢年鉴》,记载 2016 年 1—11 月宝钢集团各方面情况,12 月 1 日中国宝武钢铁集团有限公司成立至年底的情况设"特载"作专门记述)。

表 10-3-1　2001—2017 年《上海宝钢年鉴》《宝钢年鉴》出版情况表

序号	书　名	出版社	印数(册)	概　　况
1	《上海宝钢年鉴(2001)》	上海社会科学院出版社	2 000	372 页,大 16 开本(889 毫米×1 194 毫米),全彩印,62 万字,图表、照片 238 幅,设篇目 26 个
2	《上海宝钢年鉴(2002)》	上海社会科学院出版社	2 000	340 页,大 16 开本,全彩印,56.60 万字,图表、照片 210 幅,设篇目 21 个
3	《上海宝钢年鉴(2003)》	上海社会科学院出版社	750	384 页,大 16 开本,全彩印,68 万字,图表、照片 190 幅,设篇目 22 个
4	《上海宝钢年鉴(2004)》	上海社会科学院出版社	800	390 页,大 16 开本,全彩印,68 万字,图表、照片 170 余幅,设篇目 23 个
5	《上海宝钢年鉴(2005)》	上海社会科学院出版社	1 500	430 页,大 16 开本,全彩印,75 万字,图表、照片 300 余幅,设篇目 22 个
6	《宝钢年鉴(2006)》	上海社会科学院出版社	1 600	从 2006 卷起,开本由 889 毫米×1 194 毫米改为 890 毫米×1 240 毫米,国际通用标准大 16 开本。357 页,全彩印,78 万字,图表、照片 329 幅,设篇目 21 个
7	《宝钢年鉴(2007)》	上海社会科学院出版社	1 600	357 页,标准大 16 开本,全彩印,78 万字,图表、照片 200 余幅,设篇目 21 个
8	《宝钢年鉴(2008)》	上海社会科学院出版社	1 100	从 2008 卷起,开本由 890 毫米×1 240 毫米改为 889 毫米×1 194 毫米,取消原全彩印,仅在正文前设彩页。476 页,标准大 16 开本,78 万字,图表、照片 368 幅,设篇目 21 个
9	《宝钢年鉴(2009)》	上海社会科学院出版社	1 100	476 页,标准大 16 开本,91 万字,图表、照片 323 幅,设篇目 23 个
10	《宝钢年鉴(2010)》	上海社会科学院出版社	1 100	410 页,标准大 16 开本,86 万字,图表、照片 287 幅,设篇目 23 个
11	《宝钢年鉴(2011)》	上海社会科学院出版社	1 100	383 页,标准大 16 开本,85 万字,图表、照片 341 幅,设篇目 23 个
12	《宝钢年鉴(2012)》	上海社会科学院出版社	1 200	350 页,标准大 16 开本,75 万字,图表、照片 249 幅,设篇目 23 个
13	《宝钢年鉴(2013)》	世纪出版集团上海人民出版社	1 100	337 页,标准大 16 开本,65.50 万字,图表、照片 233 幅,设篇目 23 个
14	《宝钢年鉴(2014)》	世纪出版集团上海人民出版社	1 000	343 页,标准大 16 开本,60.70 万字,图表、照片 223 幅,设篇目 23 个
15	《宝钢年鉴(2015)》	世纪出版集团上海人民出版社	1 000	343 页,标准大 16 开本,60.80 万字,图表、照片 230 幅,设篇目 23 个
16	《宝钢年鉴(2016)》	世纪出版集团上海人民出版社	800	378 页,标准大 16 开本,67.10 万字,图表、照片 268 幅,设篇目 23 个
17	《宝钢年鉴(2017)》	世纪出版集团上海人民出版社	800	364 页,标准大 16 开本,67.70 万字,图表、照片 213 幅,设篇目 23 个

表 10－3－2　1998—2016 年《上海宝钢年鉴》《宝钢年鉴》获得荣誉情况表

序号	获奖年鉴名称	奖项名称及等级	授奖单位	获奖时间
1	《上海宝钢年鉴(2002)》	上海市第一届年鉴优秀成果奖二等奖	上海市地方志编纂委员会	2003 年 9 月
2	《上海宝钢年鉴(2003)》	首届中国地方志年鉴奖一等奖	中国地方志指导小组办公室、中国地方志协会	2004 年 12 月
3	《上海宝钢年鉴(2004)》	第三届全国年鉴编纂出版质量评比“中国年鉴奖”	中国出版工作者协会	2004 年 12 月
4	《上海宝钢年鉴(2004)》	第三届全国年鉴编纂出版质量评比综合奖一等奖,框架设计一等奖,条目编写一等奖,装帧设计一等奖	中国出版工作者协会年鉴研究会	2004 年 12 月
5	《上海宝钢年鉴(2005)》	第二届全国年鉴编校质量检查评比特等奖	中国出版协会年鉴研究会	2006 年 6 月
6	《宝钢年鉴(2006)》	第三届全国年鉴编校质量检查评比特等奖	中国出版协会年鉴工作委员会	2007 年 6 月
7	《宝钢年鉴(2007)》	第四届全国年鉴编校质量检查评比特等奖	中国出版协会年鉴工作委员会	2008 年 7 月
8	《宝钢年鉴(2007)》	上海市第二届地方志优秀成果(年鉴类)三等奖	上海市地方志编纂委员会	2009 年 3 月
9	《宝钢年鉴(2008)》	第四届全国年鉴编纂出版质量评比综合奖特等奖,框架设计、条目编写、装帧设计优秀奖	中国出版工作者协会	2010 年 1 月
10	《宝钢年鉴(2009)》	全国地方志系统第二届年鉴奖二等奖	中国地方志指导小组办公室、中国地方志协会	2010 年 11 月
11	《宝钢年鉴(2010)》	第五届全国年鉴编校质量检查评比特等奖	中国出版协会年鉴工作委员会	2011 年 9 月
12	《宝钢年鉴(2010)》	上海市第三届地方志优秀成果(年鉴类)一等奖	上海市地方志编纂委员会	2012 年 10 月
13	《宝钢年鉴(2011)》	第六届全国年鉴编校质量检查评比特等奖	中国出版协会年鉴工作委员会	2012 年 8 月
14	《宝钢年鉴(2012)》	第七届全国年鉴编校质量检查评比特等奖	中国出版协会年鉴工作委员会	2013 年 8 月
15	《宝钢年鉴(2013)》	第五届全国年鉴编纂出版质量评比综合奖一等奖	中国出版协会	2015 年 4 月
16	《宝钢年鉴(2013)》	第五届全国年鉴编纂出版质量评比框架设计一等奖,条目编写特等奖,装帧设计一等奖	中国出版协会年鉴工作委员会	2015 年 4 月
17	《宝钢年鉴(2013)》	全国地方志优秀成果(年鉴类)二等奖	中国地方志指导小组	2016 年 7 月
18	《宝钢年鉴(2015)》	2015—2016 年全国年鉴编校质量检查评比一等奖	中国出版协会年鉴工作委员会	(2017 年 3 月)

〔续表〕

序号	获奖年鉴名称	奖项名称及等级	授 奖 单 位	获奖时间
19	《宝钢年鉴(2015)》	第六届全国年鉴编纂出版质量综合评比综合奖一等奖	中国出版协会	(2019年1月)
20	《宝钢年鉴(2015)》	第六届全国年鉴编纂出版质量评比框架结构一等奖,条目编写一等奖,装帧设计一等奖,检索、编校质量、出版时效一等奖	中国出版协会年鉴工作委员会	(2019年1月)
21	《宝钢年鉴(2016)》	第四届全国地方志优秀成果(年鉴类)三等奖	中国地方志指导小组、全国地方志学会	(2017年8月)

第三节　其他史志书刊编纂

1998年11月上海宝钢集团公司成立后,宝钢史志办公室广泛收集史料,续纂《宝钢志通讯》《宝钢史志资料》,并编纂《宝钢指南》等有关史志书刊。

一、《宝钢志通讯》

1986年创刊,上海市内部期刊准印证第162号,是一个史料性、知识性刊物,内容包括中央领导关于宝钢的讲话和指示批示,老领导、老顾问回忆录,施工和生产资料,先进人物榜,大事记,专业志以及参加宝钢建设的勘察、设计、施工、生产、科研、配套、协作制造等单位介绍,先后开设"题词""言论集""回忆录""资料类""大事记""英雄谱""外包工程介绍""配套工程简介""专业志"等28个栏目。1998年11月—2004年2月,出版《宝钢志通讯》第49期～第70期,此后停刊。

表10-3-3　1998—2004年《宝钢志通讯》出版情况表

年份	期 数	出　　版　　情　　况
1998	1	1998年12月出版第49期
1999	4	1999年3月出版第50期;1999年6月出版第51期;1999年9月出版第52期;1999年12月出版第53期
2000	4	2000年3月出版第54期;2000年6月出版第55期;2000年9月出版第56期;2000年12月出版第57期
2001	4	2001年3月出版第58期;2001年6月出版第59期;2001年9月出版第60期;2001年12月出版第61期
2002	4	2002年3月出版第62期;2002年6月出版第63期;2002年11月出版第64、65期
2003	3	2003年3月出版第66期;2003年9月出版第67、68期
2004	2	2004年2月出版第69、70期

二、《宝钢史志资料》

1993 年创刊，以条目为主要信息载体，宝钢各单位（部门）每年以条目为基本撰稿形式，记载年度大事、要事、新事、特事。有关史实、数据等内容均经过各单位（部门）领导审核。在编印前，由特约编纂分别对有关栏目史料进行全面甄选、审改和编纂，最后由史志领导小组把关审定、付印出版。1998 年 11 月—2007 年年底，出版《宝钢史志资料》10 期，此后停刊。

表 10-3-4　1998—2007 年《宝钢史志资料》编印情况表

序号	书　　名	字　数	编　　目
1	《宝钢史志资料(1998)》	50 万字	16 个栏目，140 个分目，796 个条目
2	《宝钢史志资料(1999)》	45 万字	12 个栏目，96 个分目，663 个条目
3	《宝钢史志资料(2000)》	37 万字	11 个栏目，61 个分目，527 个条目
4	《宝钢史志资料(2001)》	40 万字	18 个栏目，72 个分目，485 个条目
5	《宝钢史志资料(2002)》	30 万字	16 个栏目、49 个分目、522 个条目
6	《宝钢史志资料(2003)》	32 万字	20 个栏目，69 个分目，610 个条目
7	《宝钢史志资料(2004)》	46 万字	23 个栏目，69 个分目，768 个条目
8	《宝钢史志资料(2005)》	42 万字	24 个栏目，188 个分目，649 个条目
9	《宝钢史志资料(2006)》	35 万字	19 个栏目，86 个分目，757 个条目
10	《宝钢史志资料(2007)》	43 万字	20 个栏目，90 个分目，884 个条目

三、《宝钢指南》

2010 年创刊，是宝钢集团基本情况的资料汇编，全部数据资料均由宝钢集团各有关部门提供，并经部门领导审定。年刊，长 32 开本，以中、英两种文字出版，设公司经营篇（含“企业简介”“经营业绩”“公司治理结构”“宝钢集团领导人员”“组织机构”“财务决算”“科技研发”“经济管理研究”“投资与建设”“环境经营”“人力资源”“人力资源开发”等栏目）、钢铁主业篇、多元产业篇等。《宝钢指南》免费向社会提供，旨在让关注宝钢的各界人士包括社会有关部门、宝钢合作伙伴、有关用户及宝钢企业内部人员及时、全面、准确地了解宝钢的基本情况。2010—2016 年，共出版《宝钢指南》（中文版）7 册、《宝钢指南》（英文版）6 册。

表 10-3-5　2010—2016 年《宝钢指南》发行量统计表

序号	书　名	中文版（本）	英文版（本）	序号	书　名	中文版（本）	英文版（本）
1	《2010 宝钢指南》	6 000		5	《2014 宝钢指南》	6 000	4 000
2	《2011 宝钢指南》	6 000	1 200	6	《2015 宝钢指南》	5 000	2 000
3	《2012 宝钢指南》	4 000	1 200	7	《2016 宝钢指南》	4 000	1 000
4	《2013 宝钢指南》	6 000	2 000				

第四章 社会责任

宝钢集团作为中国现代化程度最高、品种规格最齐全、工艺技术最先进的钢铁企业，在发展过程中，不仅将实现投资者利益最大化作为企业追求的目标，全力履行国有资产保值增值和股东利益最大化的经济责任，同时将社会责任纳入企业生产经营过程和公司发展战略，作为一项重大政治任务来抓，作为“一把手工程”来推进，不管企业面临着的是顺境还是逆境，都做到了履行社会责任的决心和力度不减。宝钢集团设有履行社会责任的职能机构，制定了履行社会责任的规章制度，从2009年起每年编制社会责任报告，捐建希望小学，开展援藏(西藏)、援滇(云南)、援青(青海)工作，设立公益基金，支援慈善事业，2008—2016年向社会捐赠7.40亿多元，先后6次获中华慈善奖。

第一节 社会责任管理

宝钢集团建有社会责任管理机构。2009年起，每年编制并发布社会责任报告，从公司治理、价值创造、环境经营、员工、社区、供应链等方面，以“价值创造、诚信经营、环境改善”和“员工、社区、供应链”为线索，展示宝钢集团的社会责任实践和成绩，披露宝钢集团新一轮规划内容以及环境经营的目标、内容和绩效等。

一、管理机构

2008年11月25日，宝钢集团发文，成立社会责任委员会，主要职责为：研究提出宝钢集团履行社会责任的方针和推进策略；审议宝钢集团履行社会责任年度工作计划；审定宝钢集团社会责任指标体系；协调解决宝钢集团推进社会责任体系建设过程中的重大问题；审议宝钢集团履行社会责任年度报告；推进履行社会责任评价机制的建设完善，考核社会责任推进工作。委员会主任由宝钢集团主要领导担任，分管领导担任常务副主任。

2009年3月，宝钢集团召开社会责任委员会第一次会议。会议通过决议，从战略高度在宝钢集团内部建立社会责任指标体系和管理体系。11月，对《宝钢集团对外捐赠、赞助管理办法》进行修订：将集团对外捐赠、赞助年度支出纳入预算管理，形成专项报告，并随年度财务预算报送国务院国资委并抄送监事会；救助灾害等超出预算范围的突发捐赠、赞助事项，须经董事会审议决定后，及时向国务院国资委备案并抄送监事会；单笔超过1 000万元的现金或实物捐赠、赞助，需报国务院国资委批准并抄送监事会；调整有关部门管理职能，经营财务部负责预算安排、预算资金；企业文化部(公共关系部)负责年度预算报备专项报告编报；经营财务部负责将报告随年度预算一同上报国务院国资委。

表10-4-1 1998—2016年宝钢集团社会责任获奖情况表

序　号	奖　项　内　容	授奖单位	获奖年份
1	中华慈善奖(2008年度)	民政部	2008
2	第五届(2009年度)中华慈善奖·最具爱心内资企业	民政部	2010

〔续表〕

序号	奖项内容	授奖单位	获奖年份
3	第六届(2010年度)中华慈善奖・最具爱心企业	民政部	2011
4	第七届(2011年度)中华慈善奖・最具爱心捐赠企业	民政部	2012
5	第八届(2012年度)中华慈善奖・最具爱心捐赠企业	民政部	2013
6	第九届中华慈善奖・最具爱心捐赠企业	民政部	2015

二、社会责任报告

2009年6月9日，宝钢集团发布第一份社会责任报告——《2008年宝钢集团社会责任报告》。报告全面披露在宝钢集团履行社会责任方面的理念、体系和实践，突出与利益相关方保持持续互动，从员工、社区、经济、环境、供应链等5个方面客观地反映宝钢集团2008年社会责任工作。

2010年7月6日，在上海世博园区主题馆举行宝钢社会责任报告发布活动，发布《2009年宝钢集团社会责任报告》。报告以“这是我们的责任”为主题，以“价值创造、诚信经营、环境改善”和“员工、社区、供应链”为线索，描述宝钢集团的社会责任实践，首次披露下属七大业务板块的社会责任工作。发布活动邀请中国石油天然气集团公司的用户代表、上海市宝山区友谊路社区代表、青海玉树地震灾区代表、宝钢希望小学代表等利益相关方，并参观2010年上海世博会。

2011年7月18日，发布《2010年宝钢集团社会责任报告》。报告以“钢铁新时代”为主题，阐述宝钢眼中的企业社会责任，并完整地披露宝钢集团新一轮规划内容。该报告获“金蜜蜂”社会责任报告领袖企业大奖、全球契约典范报告优秀创新奖等奖项。

2012年6月26日，发布《2011年宝钢集团社会责任报告》，表明宝钢集团将自己定位于“共享价值的构建者”的态度。报告首次对外完整披露宝钢集团环境经营的目标、内容和绩效等。

2013年7月30日，发布《2012年宝钢集团社会责任报告》。报告以宝钢品牌核心价值观之一的“友爱”为主旨，阐述宝钢集团的社会责任。报告首次尝试向综合报告转变，在信息披露上更注重社会责任与企业战略、经营治理、业绩与前景等因素的内在联系，帮助利益相关方更完整地了解并评价宝钢。

2014年6月27日，在广东省湛江市发布主题为“构筑共享价值”的《2013年宝钢集团社会责任报告》。报告表达了宝钢集团诚信经营、回报股东、保护环境，努力成为员工成长的平台、成为美好社区的一部分、成为合作伙伴成功的因素。首次披露供应商先期介入、“宝之云”信息技术、宝钢股份厂区空气质量指数、廉洁从业八条禁令、新一轮规划完成情况等内容。

2015年8月3日，《2014年宝钢集团社会责任报告》通过官方微信“友爱的宝钢”对外发布。报告从公司治理、价值创造、环境经营、员工、社区、供应链等方面向利益相关方展示履责实践和成绩，以“我们都是宝钢侠”为策划亮点，选取6名“宝钢侠”作为形象代言人，展示宝钢集团在履行社会责任方面的态度和行动。该报告获《WTO(世界贸易组织)经济导刊》与北京大学社会责任与可持续发展国际研究中心联合颁发的“金蜜蜂领袖型企业社会责任报告”奖。

2016年7月29日，举行社会责任报告发布会，发布《2015年宝钢集团社会责任报告》，用户和供应商代表、社区代表、员工代表、媒体代表等200多人参加。会上，以“三十而立”为主题，从公司治理、价值创造、环境经营、员工、社区、供应链等方面对“立”字展开演绎，选择6位有代表性的员工，通过讲述他们的故事、体会，生动展示宝钢集团履行社会责任的情况。环境经营短片《宝钢，与城市相辉映》向人们展示宝钢投产30年来，如何用实际行动履行社会责任，打造一个绿色、自然、诗意的宝钢。短片《友爱的宝钢》展示宝钢人播撒的爱与责任。会上还发布了10个“宝钢绿色发展与环境经营优秀案例”。

第二节　捐赠与援助

宝钢集团开展的捐赠与援助工作主要包括向社会相关方面捐款捐物，捐建希望小学，开展援藏、援滇、援青工作等。

一、社会捐赠

宝钢集团把社会捐赠工作看作国有企业履行社会责任的重要使命。1998年11月上海地区钢铁企业联合重组后，宝钢集团主要通过捐建希望小学、向灾区捐款捐物、对口扶贫、支持慈善事业等方式进行社会捐赠。2008—2016年，共向社会捐赠7.40亿多元。

表10-4-2　1998—2008年宝钢捐建的希望学校情况表

序号	校　　名	援建年份
1	安徽省无为县宝钢希望小学	2000
2	江西省安福县宝钢希望小学	1999
3	江西省井冈山市二钢汉头希望小学	—
4	江西省井冈山市二钢罗浮希望小学	—
5	山东省平邑县临涧希望小学	—
6	上海浦钢发宜古村希望小学	—
7	四川省南江县宝钢希望小学	2000
8	四川省金堂县竹篙镇康家村宝钢希望小学	—
9	云南省福贡县赤恒底梅山希望小学	1999
10	云南省福贡县石月亮乡资古朵村资马朵小学	1999
11	云南省福贡县匹河梅山希望小学	1999
12	云南省福贡县子里甲乡努梅山希望小学	1999
13	云南省华坪县温泉乡大坪子希望小学	—
14	云南省江城县县城县职业中学	2005—2006
15	云南省澜沧县安康乡上寨宝钢希望小学	1997—1998
16	云南省澜沧县安康乡翁撒宝钢希望小学	1997—1998
17	云南省澜沧县安康乡永广宝钢希望小学	1997—1998
18	云南省澜沧县富东乡柏木箐宝钢希望小学	1997—1998
19	云南省澜沧县富东乡邦崴宝钢希望小学	1997—1998
20	云南省澜沧县富东乡栗咪箐宝钢希望小学	1997—1998
21	云南省澜沧县富东乡桃子树宝钢希望小学	1997—1998

〔续表〕

序号	校　　名	援建年份	序号	校　　名	援建年份
22	云南省澜沧县富东乡小云盘宝钢希望小学	1997—1998	36	云南省墨江县坝溜乡哈布孔村小学	2007
23	云南省澜沧县文东乡宝钢希望中学	1997—1998	37	云南省墨江县龙坝乡杩木小学	2007
			38	云南省墨江县联珠镇菜园小学	2008
24	云南省澜沧县文东乡大和边宝钢希望小学	1997—1998	39	云南省宁洱县同心乡富强小学	2004
			40	云南省宁洱县宁洱镇西萨宝钢希望小学	2005
25	云南省澜沧县文东乡瓦厂宝钢希望小学	1997—1998	41	云南省宁洱县宁洱镇温泉村小学	2007
26	云南省澜沧县富东乡黄藤村小学	1998—1999	42	云南省宁洱县德化乡于田村小学	2007
27	云南省澜沧县安康乡糯波村小学	1999—2000	43	云南省西畴县宝钢希望小学	1996
28	云南省澜沧县富东乡小坝村完小	2000	44	云南省镇沅县振太乡梅山希望小学	2003
29	云南省墨江县联珠癸能宝钢希望小学	2004			
30	云南省墨江县通关镇初级中学教学楼	2004	45	云南省镇沅县恩乐镇玻烈希望小学	2005
31	云南省墨江县雅邑南谷宝钢希望小学	2005	46	云南省镇沅县勐大镇桂花甲村小学	2005
32	云南省墨江县雅邑乡中心小学	2005	47	云南省镇沅县者东镇新村希望小学	2005
33	云南省墨江县景星乡路思村小学	2006	48	云南省镇沅县按板镇登高小学	2006
34	云南省墨江县雅邑山星街宝钢希望小学	2006	49	云南省镇沅县者东镇玉河小学	2006
			50	云南省镇沅县振太乡长安小学	2007
35	云南省墨江县雅邑乡芦山村街心小学	2006	51	云南省镇沅县九甲乡九甲中心小学	2008

说明：2009 年起，宝钢集团以钱物“打包”方式援助贫困地区，不再由企业出面具体捐建希望学校。

2002 年 1 月 18 日，宝钢集团向西藏日喀则地区捐赠 700 万元。5 月 10 日，宝钢集团捐赠中欧国际工商学院 100 万美元，资助该学院加强教授队伍建设和开展有关经济学领域的课题研究。10 月 26 日，宝钢集团捐建的计算机培训中心、水兵网吧在海军上海基地某军港落成，这是中国海军部队首家水兵网吧。2003 年，宝钢集团向上海市“非典”专项援助资金捐赠 3 000 万元。

2006 年 11 月 28 日，宝钢集团向奥林匹克博物馆递交捐赠申请文件，承诺捐赠 100 万美元，用于奥林匹克博物馆的持续发展以及奥林匹克精神的传播。2007 年 2 月 2 日，宝钢集团与奥林匹克博物馆签署捐赠协议。2008 年 2 月，江西发生冰雪灾害，宝钢集团捐赠 200 万元用于灾后重建。汶川大地震发生后，宝钢集团连夜采购价值 200 万元的救灾物品送往灾区；通过舆情监测、连线红十字会、前线报道等方法，密切跟踪灾区情况、了解灾区需求；宝钢集团捐款 1 000 万元后，启动向灾区捐建价值 5 000 万元彩板房的工作，6 月 30 日全部交付灾区使用；承建四川省重建首批安居房的重点项目——都江堰幸福家园·逸苑钢结构住宅小区；向中国东方电气集团有限公司、攀枝花钢铁(集团)公司等兄弟单位提供包括彩板房在内的大量援助。共计为汶川地震灾区捐赠 1.17 亿元。9 月，向黑龙江省军区边防黑瞎子岛捐赠价值 350 万元的彩板房。10 月，向中国第一个南极内陆站昆仑站捐赠价值 450 万元的建材，并派出由 13 名员工组成的建设队伍，随“雪龙”号出征南极，完成内陆站彩板房建设。支持教育事业，向江西理工大学、安徽工业大学、辽宁科技大学捐赠 160 万元。全年，宝钢集团对外捐赠 17 158 万元。2009 年，宝钢集团对外捐赠 8 730.50 万元，包括捐赠中国青年创业就业基金、乌鲁木齐民族团结基金、援藏、云南扶贫、与上海市宝山区共建环境自动检测项目。

2010 年，宝钢集团对外捐赠 4 254.30 万元，包括扶贫帮困、援建 2 914.30 万元，救灾 1 031 万元，文化艺术 251 万元，其他 58 万元。2011 年，宝钢集团对外捐赠 6 087.70 万元，包括支持上海市老年基金会适老性住房改造，支持上海市首届公益慈善伙伴日活动，并主办“企业与非政府组织的合作”公益沙龙，资助中国绿色碳汇基金会等。2012 年，宝钢集团对外捐赠 6 439.80 万元，包括与上海老年基金会合作的向社区特困老人赠送新春大礼包项目，支持广东省扶贫济困日活动，援藏援滇，扶持上海宝山、新疆等地新农村建设项目等。2013 年，宝钢集团对外捐赠 6 858.60 万元，包括支持云南定点扶贫项目，资助浙江省宁波市北仑区慈善总会未成年人重大病救助基金，资助上海市宝山区教育局奖励和表彰区中、小、幼优秀教师活动等。2014 年，宝钢集团对外捐赠 9 492.50 万元，包括援建西藏仲巴县藏医院药剂室和县新区卫生服务、援建青海省海南藏族自治州同德县图书馆和影剧院等。2015 年，宝钢集团对外捐赠 5 773.12 万元。2015 年，制订《关于宝钢在云南定点扶贫县调整的方案》，并对对口援助的云南省普洱市下辖 4 县实施各类扶贫项目 20 项，投入资金 950 万元。投入费用 100 万元，实施西藏仲巴县职工文化中心改造项目。9 月 27 日，举行向广东省湛江市东简小学捐赠文教体育用品活动，捐赠课桌椅 1 146 套、文具盒 1 500 套、书籍 1 600 本、篮球架 1 副。

2016 年，宝钢集团对外捐赠 9 386 万元，包括支持西藏、青海、云南、新疆定点扶贫项目，向上海市宝山区困难老人捐赠慰问品等。其中，在云南省普洱市的 3 个县和文山州广南县实施各类扶贫协作项目 14 项，投入资金 982 万元。对口支援西藏仲巴县 50 万元、八宿县 40 万元。

表 10-4-3　2008—2016 年宝钢集团对外捐赠情况统计表

年　份	捐赠额(万元)	年　份	捐赠额(万元)	年　份	捐赠额(万元)
2008	17 158.00	2011	6 087.70	2014	9 492.50
2009	8 730.50	2012	6 439.80	2015	5 773.12
2010	4 254.30	2013	6 858.60	2016	9 386.00

二、社会援助

【援藏工作】

2001 年中共中央第四次西藏工作座谈会召开后，宝钢集团被中央确定为首批 15 家援藏企业之一，从 2002 年 7 月起对口支援西藏自治区日喀则地区仲巴县。宝钢集团贯彻中央有关精神，深入推进各项对口援建工作，截至 2016 年 11 月，先后选派 6 批援藏干部，深入藏区开展工作，共投入资金 2.68 亿元，实施援藏项目 119 个。援藏项目主要定位于巩固和加强牧区政权建设，改善群众生活条件，促使牧区市场流通，稳固牧业基础地位，调整优化牧区经济结构，探索牧区产业化发展，为促进日喀则地区特别是仲巴县的城市建设、经济发展、民族团结、扶贫开发和政权建设作贡献。

【援滇工作】

2004 年，宝钢集团启动云南扶贫帮困工作。根据中央统一部署，宝钢集团负责对口帮扶云南省普洱市宁洱、江城、墨江、镇沅等 4 县。宝钢集团专门成立对云南扶贫工作领导小组，制订工作规划，建立在云南扶贫所在地联络员工作制度，并依靠云南省扶贫办公室，使扶贫项目落到实处，坚持把扶贫项目重点放在解决群众最需要、最迫切、最关心的问题上，把项目选在最贫穷、最落后和最困难的地方实施。截至 2016 年 11 月，共投入资金 1.30 亿元，完成 477 个项目。

【援青工作】

自 2013 年起，按照中央要求，宝钢集团和江苏省盐城市共同对口支援青海省海南藏族自治州同德县。截至 2016 年 11 月，宝钢集团共投入资金 2 177 万元，实施援助项目 11 个，不仅实实在在地为牧民群众带来实惠，也促进了同德县的脱贫攻坚、民生改善及社会发展。

表 10-4-4 1998—2016 年宝钢集团扶贫挂职干部情况表

序号	挂职干部姓名	挂职地及职务	任职时间
1	王金旋	国家冶金局扶贫组驻云南省澜沧县副县长	1998 年 2 月—1999 年 3 月
2	蔡正青	西藏日喀则地委副秘书长、仲巴县委副书记	2002 年 7 月—2004 年 8 月
3	卢锡江	西藏日喀则行署副秘书长，仲巴县委常委、副县长	2002 年 7 月—2004 年 8 月
4	施国优	西藏日喀则地委副秘书长、仲巴县委副书记	2004 年 8 月—2007 年 7 月
5	朱　超	西藏日喀则行署副秘书长，仲巴县委常委、副县长	2004 年 8 月—2007 年 7 月
6	方奇飞	云南普洱市扶贫办副主任	2006 年 4 月—2008 年 6 月
7	刘华平	西藏日喀则地委副秘书长、仲巴县委副书记	2007 年 7 月—2010 年 7 月
8	谈爱国	西藏日喀则行署副秘书长，仲巴县委常委、副县长	2007 年 7 月—2010 年 7 月
9	刘生才	云南普洱市扶贫办副主任	2008 年 6 月—2010 年 6 月
10	张世勇	云南普洱市扶贫办副主任	2010 年 6 月—2012 年 8 月
11	李景春	西藏日喀则地委副秘书长、仲巴县委副书记	2010 年 7 月—2013 年 8 月
12	曲　军	西藏日喀则行署副秘书长，仲巴县委常委、副县长	2010 年 7 月—2013 年 8 月
13	陈　伟	云南普洱市扶贫办副主任	2012 年 8 月—2014 年 8 月
14	黄道锋	青海海南州同德县委常委、副县长	2013 年 7 月—2016 年 8 月
15	杨千威	西藏日喀则市委副秘书长，仲巴县委副书记、常务副县长	2013 年 8 月—2016 年 8 月
16	廖生行	西藏日喀则市政府副秘书长、仲巴县副县长	2013 年 8 月—2016 年 8 月

〔续表〕

序号	挂职干部姓　名	挂　职　地　及　职　务	任　职　时　间
17	张茂峰	云南普洱市扶贫办副主任	2014 年 8 月—2016 年 8 月
18	王玉春	云南普洱市宁洱县宁洱镇昆汤村驻村第一书记	2015 年 8 月起(至 2017 年 7 月)
19	鲁　巍	云南普洱市扶贫办副主任	2016 年 8 月起(至 2018 年 10 月)
20	范光杰	西藏日喀则市委副秘书长,仲巴县委副书记、常务副县长	2016 年 8 月起(至 2019 年 8 月)
21	邬善福	西藏日喀则市政府副秘书长、仲巴县副县长、日喀则工业园区副主任	2016 年 8 月起(至 2019 年 8 月)
22	李杰峰	青海海南州同德县委常委、副县长	2016 年 8 月起(至 2019 年 8 月)
23	李国宗	云南文山州广南县副县长	2016 年 10 月起(至 2018 年 11 月)
24	王法治	云南普洱市江城县副县长	2016 年 10 月起(至 2018 年 11 月)
25	王荣军	云南普洱市宁洱县副县长	2016 年 10 月起(至 2018 年 11 月)
26	董晋斌	云南普洱市镇沅县副县长	2016 年 10 月起(至 2018 年 11 月)

第三节　公 益 事 业

宝钢集团开展的公益事业包括开展设立公益基金、对口扶贫助学助医、支援慈善事业等公益活动,以及设立宝钢教育基金、宝钢高雅艺术奖励基金、钢铁联合研究基金、中华宝钢环境奖等公益基金。

一、公益活动

2004 年,宝钢集团与澳大利亚哈默斯利铁矿共同设立宝瑞[illegible]社区基金,资助帕拉布杜偏远地区的年轻人(包含土著青年),为其提供发展机遇,以此作为宝瑞[illegible]合资公司回馈帕拉布杜社区的标志。2007 年起,宝钢集团下属宝钢股份、宝钢发展和宝钢金属等[illegible]家子公司分别与上海市崇明县庙镇 4 个经济薄弱村、宝山区 3 个经济薄弱村和金山区山阳镇九龙[illegible]开展多轮结对帮扶工作,制订助学帮困、设施助建、项目投资、合作经营等帮扶规划,促进当地经济[illegible]展,改善村民的生活;截至 2011 年,累计捐助超过 900 万元。2007—2011 年,宝钢集团参与上海市[illegible]善基金会等 8 家单位联合组织发起的“共享阳光——来沪农民工子女教育就业援助行动计划”,提[illegible]修、钳工、维修电工等 50 多个派遣岗位,投入培训费用 10 多万元。2008—2011 年,宝钢集团连[illegible]年和上海市老年基金会合作,先后支持“申城万名老人看世博”“申城困难老人适老性住房改造[illegible]项目。

2010—2011 年,宝钢集团开展社区关爱项目,为上海市宝山社[illegible]自闭症儿童提供免费治疗一年的机会;截至 2011 年年底,资助 3 名自闭症儿童治疗。2011 年[illegible]展贯穿全年的主题公益活动——世博种子关爱系列活动,通过义卖 2010 年上海世博会英国馆种子,筹集善款开展公益活动。共分 3 期展开:第一期活动名为“唤醒沉睡的种子”,在宝钢员工中展开,善款捐赠给上海青聪泉儿童智能训练中心;第二期活动名为“延续生命的种子”,宝钢员工援助宝钢股份一位家有白血病患儿的员工；第三期活动名为“呵护希望的种子”，面向社会公众开放，通过宝钢的影响力传播公益文化。

2012 年 2 月 23 日，宝钢发展启动第二轮宝山区新农村建设结对帮扶活动，对宝山区罗泾镇花红村、海星村和罗店镇联合村开展 3 年结对帮扶，重点项目包括村办企业厂房改扩建公共服务中心建设、村域封闭式管理设施建设等。3 月 24 日，宝钢集团参与决策人研修的管理者认购 70 颗世博(上海世博会)种子，筹得善款 7 万元，用于资助宝钢集团周边社区的自闭症儿童治疗。4 月 21 日，宝钢集团支持并参与上海公益基金会组织的“一个鸡蛋的暴走”公益活动，共有 140 名宝钢员工组成 14 支队伍参加活动，募得善款 16.30 万元，可为 2 272 名贫困地区学生提供一个学期的鸡蛋。12 月，宝钢集团参加第二届公益伙伴日活动，获得“公益伙伴纪念奖”，并与上海市老年基金会签约，连续第五年开展合作。

2013 年，宝钢集团支持并参与“一个鸡蛋的暴走”活动，募得善款 14.90 万元，可为 1 500 名贫困地区学生提供一个学期的鸡蛋。针对宝山区老年人开展社区公益项目，选择友谊路街道和月浦镇作为第一期试点，包含老年活动室设施添置和敬老院志愿服务等。华宝信托爱心信托计划成立，初始资金由宝钢金融板块各公司、工会和员工自愿捐赠等构成，并向认可公益目的和项目的社会机构及满足一定条件的个人等长期开放，募集资金全部用于公益项目，主要包括用于救济贫困、突发灾害等的救助、发展教育和文卫事业等公益用途。宝钢发展帮助宝山区罗泾镇海星村改造河塘路、江陈路；帮助罗泾镇花红村完成封闭式管理改造工程；援建的宝山区罗店镇联合村育才教具厂厂房投入使用。宝钢金属做好与金山区山阳镇九龙村的结对帮扶工作，慰问山阳镇 15 位学业优秀、家庭经济困难的在读大学生，资助助学金 1.50 万元；慰问九龙村困难家庭 20 户，慰问金 1 万元。4 月，宝瑞吉合资企业与澳大利亚西澳州教育部签署协议，支持帕拉伯杜小学的中文教学。9 月 15 日，宝钢青年志愿者协会在宝钢体育中心举行公益跳蚤集市活动。

2014 年 4 月 19 日，宝钢集团支持并参与“一个鸡蛋的暴走”活动，筹得善款 22 万元，可为 3 063 名贫困地区学生提供一个学期的鸡蛋，善款也用于少年儿童营养健康、教育发展、安全保护、社会融合等方面的改善项目。6 月 28 日，与广东省湛江市人民政府联合举办首届“湛江·宝钢绿色公益走”活动，每名完成 5 000 米健走的人可换取 2 棵小树苗，由宝钢集团出资，在湛江市三岭山森林公园建设“宝钢林”园区，初期占地约 1.67 公顷。同年，推进以关爱老年人为主题的社区公益项目，以宝山区友谊路街道为试点，与上海市社会工作者协会合作，探索开展政企社三方共治、合作创建友谊路街道宜居社区，同时，借助于上海名牌电视栏目《新老娘舅》的嘉宾主持柏万青在老年人中的知名度和影响力，与柏万青志愿者工作室合作，冠名“友爱的宝钢”敬老演出，到宝山区 38 家敬老院和上海市其他区县敬老院开展 100 场敬老慰问演出，并通过与宝山区老年基金会合作，重点向友谊路街道及月浦、吴淞、杨行地区困难老人捐赠 1 000 份新年大礼包。通过与中国残疾人联合会、中国残疾人福利基金会合作“集善工程·启明行动”，为宁夏回族自治区固原市、新疆建设兵团 1 000 名贫困白内障患者实施免费复明手术。同年，宝钢青年志愿者协会开展志愿服务活动 624 项，10 135 人次参加。宝钢集团以宝钢青年志愿者协会名义，向云南、湖南、江西等 3 个省的 12 所希望学校的 204 位学生、20 位教师发放宝钢奖学奖教金 8.12 万元。

2015 年 4 月，宝钢集团与立邦涂料(中国)有限公司、上海联劝公益基金会合作，启动年度公益项目策划、推进工作，并在宝钢大厦召开“为爱暴走，爱让我们在‘益’起”立邦宝钢公益合作媒体分享会。5 月，96 名宝钢员工组成的 16 支队伍以及 40 名宝钢志愿者参与“一个鸡蛋的暴走”活动，为贫困地区儿童募集捐款近 57 万元，可购买 71.20 万个鸡蛋。6 月，30 多名宝钢艺术家创作的 97 件瓷器、扇面、紫砂壶、剪纸、葫芦等工艺品送往意大利 2015 年米兰世界博览会进行公益拍卖，拍卖所得 7 100 欧元通过意大利宋庆龄基金会，全部捐赠给米兰、罗马等地的孤儿院和老年福利院。7 月，宝钢集团与中华环保联合会开展“环保知识进校园”活动，支持环保宣教公益活动，捐赠 5 000 册《青少年环保知识手册》。9 月，宝钢集团与上海社工协会在宝山区友谊路社区举行“宜居社区创建分享会”、社区居民看宝钢活动；集团总部开展援青“爱就一起来”温暖微公益活动，向青海省同德县卡力岗小学捐物捐款，一个星期内，募集书包、文具等 715 个(套)，书籍 1 241 本(套)，棉被 80 条，服装 103 件，现金 8 470 元。

2016 年 4 月 23 日，宝钢集团支持并参与“一个鸡蛋的暴走”活动，16 支宝钢队伍、96 名宝钢员工参与活动，并推广“友爱的宝钢”公益品牌。5 月起，与柏万青艺术团合作，开展走进宝山社区防范诈骗宣传公益巡演活动，并对敬老院进行慰问演出。12 月，举办“友爱的宝钢”新年敬老活动。

二、公益基金

【宝钢教育基金】

1990 年，宝钢出资设立宝钢奖学金(原始基金为 200 万元)，1994 年增资至 3 500 万元，更名为“宝钢教育基金”。宝钢教育基金的宗旨是：奖掖优秀人才，力行尊师重教，推动产学合作，支持教育发展。业务范围包括：在全国部分高校设立宝钢教育奖；开展“全国十杰中小学中青年教师”的评选和奖励；设立其他有关教育的专项奖励和资助。

1999 年，教育部向宝钢集团颁送“支教奖学榜样”匾额。2005 年，经民政部批准，注册定名为“宝钢教育基金”，成为由教育部主管、宝钢独家出资设立的非公募基金会，原始基金 5 000 万元。同年 9 月增资 5 000 万元，基金总额 1 亿元。2015 年，宝钢集团第四届董事会第二次会议审议通过，自当年起分 3 年向宝钢教育基金再补充资金 5 400 万元。

截至 2016 年 11 月，全国 100 余所高等院校 22 280 名师生获宝钢教育奖，宝钢教育基金用于教育奖励和资助金额累计 2.10 亿元。

表 10－4－5　1998—2016 年宝钢教育基金奖励情况统计表

年份	优秀教师特别奖(人)	优秀教师特等奖(人)	优秀教师特等奖提名奖(人)	优秀教师奖(人)	优秀学生特等奖(人)	优秀学生奖(人)
1998		15	0	223	0	754
1999		16	0	225	0	761
2000		15	0	235	0	797
2001		10	0	182	0	603
2002		10	0	182	0	603
2003		10	0	182	0	605
2004		10	0	186	0	618
2005		10	0	186	0	618

〔续表〕

年份	优秀教师特别奖(人)	优秀教师特等奖(人)	优秀教师特等奖提名奖(人)	优秀教师奖(人)	优秀学生特等奖(人)	优秀学生奖(人)
2006	1	10	0	188	30	513
2007		10	0	194	30	539
2008		9	8	239	50	679
2009		10	6	241	50	690
2010		10	4	246	50	884
2011		9	10	247	51	895
2012		9	8	249	50	898
2013		8	10	247	50	898
2014		8	10	247	25	480
2015		6	12	249	25	454
2016		7	11	248	25	464

【宝钢高雅艺术奖励基金】

1993年12月29日，宝钢高雅艺术奖励基金理事会在宝山宾馆宣告成立，宝钢出资1 000万元，作为高雅艺术奖励基金的本金，以每年的100万元利息颁发“宝钢杯”艺术奖，包括作品奖、表演奖、编导奖、园丁奖等奖项，奖励和支持高雅艺术的优秀成果、优秀人才。2001年2月15日，宝钢高雅艺术奖更名为“宝钢艺术奖”(2018年4月，宝钢艺术奖终止。先后投入资金842.80万元，奖励或扶持61部优秀作品、249名优秀文艺工作者、19个优秀文艺团体及10个有关单位)。

表10-4-6　1994—2001年宝钢高雅艺术奖励基金使用情况表

序号	年份	奖励或资助内容	金额
1	1994	首次颁发宝钢高雅艺术奖，147位艺术家、23部作品获奖	184万元
2	1995	颁发宝钢高雅艺术奖，5部作品获作品奖，10人获表演奖，6人获编导奖，3人获园丁奖，4个团体以及上海乐团的司徒汉、中国福利会的许国屏等5人获普及工作奖，上海京剧院获团体奖	120万元
3	1995	资助上海京剧院、上海交响乐团、上海昆剧团、上海越剧院等单位和苏联歌曲翻译家薛范等	100万元
4	1996	向“京剧走向青年”活动颁奖	20万元
5	1996	捐赠中国福利会上海儿童艺术剧院	100万元
6	1997	颁发1995—1996年度宝钢高雅艺术奖，47个团体、个人和作品获奖	140万元
7	1998	奖励获1998上海国际艺术节“优秀新剧目奖”“新剧目奖”的单位和获“艺术之星”称号的艺术家	74万元

（续表）

序号	年份	奖 励 或 资 助 内 容	金 额
8	1999	颁发1997—1999年度宝钢高雅艺术奖，11部作品、7位编导、4个团体、18位表演艺术家获奖	120万元
9	2001	颁发宝钢艺术奖——迎接建党80周年创作奖，22部电影、电视、舞台剧、广播剧、歌曲作品获奖	—

【钢铁联合研究基金】

2000年8月，宝钢集团和国家自然科学基金委员会共同发起成立“钢铁联合研究基金”，面向全国，重点资助钢铁工业发展迫切需要的冶金新技术及有关工艺、材料、能源、环境、装备、信息等方面具有重要科学意义和应用价值的基础研究项目，鼓励创新、学科交叉和产学研结合，优先支持青年科技人才。

至2016年年底，累计资助299个研究项目，资助经费1.94亿元，其中宝钢集团出资9 700万元。“钢铁联合研究基金”通过资助研究项目，吸引一批高水平专家参与，形成一批具有自主知识产权的基础和应用基础领域的重要研究成果。

【中华宝钢环境奖】

2007年5月14日，宝钢股份向中华环境保护基金会捐赠5 000万元，专门用于开展“中华环境奖”相关环保公益事业，以表彰为中国环保事业作出重大贡献或取得优异成绩的集体和个人。同时，为表彰宝钢在环境保护中作出的优异成绩和对公益事业的支持，“中华环境奖”组委会决定，从第四届“中华环境奖”开始，在奖项名称中冠以“宝钢”企业名，即“中华宝钢环境奖”。该奖定位为中国环境保护领域最高的社会性奖励。

截至2016年年底，“中华宝钢环境奖”共颁发6次，分别为2007年7月2日第四届、2008年12月6日第五届、2010年2月2日第六届、2012年4月23日第七届、2014年5月13日第八届、2016年11月15日第九届。

第十一篇

人物与荣誉

概　述

本篇主要收录并记载1998—2016年为宝钢集团作出突出贡献的知名人物和先进人物。

其中，“人物传略”收录1998年11月—2016年11月已故的在全国有重大影响和较高知名度、为宝钢作出突出贡献的人物，以及上海宝山钢铁总厂工程指挥部（简称宝钢工程指挥部）、上海宝山钢铁总厂（简称宝钢总厂）、宝山钢铁（集团）公司、上海宝钢集团公司、宝钢集团有限公司党政主要负责人。1996年病逝的曾乐，2008年12月被追授“宝钢建设30年功勋人物”称号，也列入“人物传略”。“人物传略”中的人物以卒年先后为序。

“人物简介”收录在世的在全国有重大影响和较高知名度、为宝钢作出突出贡献的人物，以及宝钢工程指挥部、上海宝山钢铁总厂、宝山钢铁（集团）公司、上海宝钢集团公司、宝钢集团有限公司党政主要负责人。“人物简介”中的人物以生年先后为序。

“人物表”收录宝钢功勋人物，上海宝钢集团公司、宝钢集团有限公司主要负责人，获全国、省部级荣誉的先进人物，以及出席中国共产党全国代表大会代表、全国人民代表大会代表、各民主党派全国代表大会代表、中华全国总工会代表大会代表、共青团全国代表大会代表，中共中央候补委员、中国人民政治协商会议全国委员会委员、共青团中央委员等。“人物表”中的人物分别以任职或获奖时间先后为序。

“先进集体”收录1998—2016年上海宝钢集团公司、宝钢集团有限公司及下属单位获得国家及省部级荣誉奖项的优秀集体。“先进集体”以获奖时间先后为序。

第一章　人物传略

1998年11月—2016年11月，曾在宝钢筹备建设初期，从全国各地转战宝钢，为宝钢建设、发展作出重要贡献的10名老领导、老专家相继离世；1996年病逝的曾乐，2008年12月被追授“宝钢建设30年功勋人物”称号。他们为中国冶金工业奋斗数十年，参与宝钢一项项重大决策，从宝钢立项、建设到发展，每一个重大事件都留下了他们辛勤付出的印记。

曾　乐(1932年9月—1996年2月)

广东中山人。教授级高级工程师，国际著名焊接专家。1952年7月上海同济大学毕业。先后任鞍山钢铁公司（简称鞍钢）技术员、工程师，北京冶金建筑研究总院工程师、室主任、副总工程师、高级工程师。1978年起，在宝钢建设中任宝钢工程指挥部、宝钢总厂、宝山钢铁（集团）公司副总工程师。1979年加入中国共产党。

在焊接技术的理论研究和应用实践中取得突出成果，为国家填补多项空白。尤其是在20世纪70年代末调任宝钢工程指挥部副总工程师后，白手起家，创建中国第一个精密焊接试验室，不仅为宝钢自行修复电脑集成块创造条件，也使中国的精密焊接技术达到世界水平。主持的宝钢一期工程长达450公里主焊缝的焊接工程，获国家科学技术委员会的工程金质奖。先后出任上海南浦大桥、杨浦大桥、徐浦大桥、东方明珠电视塔、北京京城大厦、深圳发展中心大厦、秦山核电站、武钢新高炉、衡阳冶金机械厂等重点工程的技术指导，解决全国几十个重点工程的结构和焊接方面的重大技术难题。著有《现代焊接技术手册》《精密焊接》《焊接工程学》等专著，其中《焊接工程学》被国内外焊接界誉为“焊接构造方面经典著作”。先后获国家科学技术委员会发明奖、国家科学技术委员会重大科技成果奖、全国科学技术大会奖、国家科学技术进步奖等几十项奖励。1990年起，享受国务院政府特殊津贴，相继被聘为国际焊接协会专家委员、微连接特设委员会的国家代表及西班牙皇家冶金研究中心委员、美国林肯焊接基金会国际委员等。

1991年1月，中共上海市委书记、市长朱镕基题词：“曾乐同志是知识分子与工人结合的典范。上海人民在振兴上海、开发浦东的伟大事业中要学习曾乐精神。”1996年2月13日，宝钢党委发出向曾乐同志学习的号召，指出“曾乐精神”是宝钢的宝贵财富。“曾乐精神”，即无私奉献、从零开始、艰苦创业，在技术上能文能武、精益求精、不断进取、勇于负责的精神；“不唯上，不唯书，只唯实”的科学态度；为社会主义事业自强不息、不计名利的高尚品德。

1979年，获“冶金部劳动模范”称号，1989年获“上海市劳动模范”“首届上海市科技精英”称号，1990年获全国五一劳动奖章，1995年获“全国劳动模范”称号，2008年12月被追授“宝钢建设30年功勋人物”称号。

许　言(1917年2月—1998年11月)

原名许炎，曾用名许彦，吉林长春人。曾就读于吉林省立一师。民国24年（1935年）参加

“一二·九”学生运动。民国25年(1936年)考入东北大学,参加中华民族解放先锋队。民国26年(1937年)“七七事变”后参加八路军。民国27年(1938年)加入中国共产党。抗日战争和解放战争期间,先后在吉林、山东、东北地区任吉北专署松江办事处主任、吉北地委民运部长、兵站政委、山河县县委书记、吉林化学厂厂长等职。

1949年后,历任本溪煤铁公司经理、中共本溪市委第二书记(代书记)、本溪钢铁公司代经理。1953年,任重工业部钢铁工业管理局副局长、冶金工业部(简称冶金部)钢铁司司长。1958年3月,任上海市冶金工业局局长兼党委书记。在主持上海市冶金工业局工作期间,先后建立起上海第五钢铁厂(简称上钢五厂)、上海矽钢片厂等6家钢铁厂和铁合金、碳素制品等2个辅助材料厂,扩建上海第一钢铁厂(简称上钢一厂)、上海第三钢铁厂(简称上钢三厂)等10家钢铁厂和2家耐火材料厂。为解决上海钢铁生产“无米之炊”的问题,积极规划并争取有关部门支持,在江苏、安徽、山东、浙江等地建立3个辅助材料矿和1个炼铁基地,使上海冶金行业成为板、管、丝、带等中小型钢材品种较全,具有215万吨钢和180多万吨钢材生产能力的钢铁工业生产基地。1960年7月,调任上海市科学技术委员会副主任、中共华东局科委副主任、中国科学院华东分院副院长。1977年12月—1978年10月,担任宝钢工程指挥部第一任指挥。1978年2—10月,任宝钢工程指挥部党委书记。1978年10月—1979年1月,任宝钢工程指挥部副指挥、党委副书记。身居现场,不辞辛劳,精心筹划,为宝钢建设作出重要贡献。1983年当选上海市人大常委会委员、科教文卫委员会常务副主任,被聘任为市政府市政工程咨询小组成员、市科技领导小组组长、计算机领导小组顾问。曾任中国企业未来研究会理事长。1988年离休。是中共上海市委第一届候补委员,上海市第七、第八、第九届人大代表。

马成德(1919年9月—2003年4月)

原名马骋德,曾用名马承德,辽宁营口人。民国25年(1936年)8月考入北平大学法商学院商学系。民国26年(1937年)初参加中华民族解放先锋队。同年11月任鲁北陵县中华民族解放先锋队队长,并加入中国共产党。民国27年(1938年)4月起,历任河南省固始县委书记、组织部部长,中共中央长江局(后改为南方局)机关总务科长、机关党支部书记,陕北公学党总支组教干事、党支部书记。民国34年(1945年)日本投降后,奉命从延安前往东北,历任中共营口市委宣传部部长、营口县民主政府县长、营口市代理市长。

1949年5月后,历任鞍钢轧钢部党委书记,第一、第二炼钢厂厂长,鞍钢总炼钢师。1959年1月起,历任冶金部钢铁司副司长、生产技术司司长,冶金部副部长、党组成员。1979年11月—1982年5月,兼任宝钢工程指挥部副指挥、党委副书记(后代总指挥主持工作)等职。1982年离休。之后任冶金部咨询委员会副主任。

在鞍钢工作及调入冶金部期间,一面向书本要知识,一面向实践要学问,很快从一个对钢铁一窍不通的门外汉,成为冶金战线上的行家里手。1977年,被任命为冶金部副部长后,经常奔走于各大钢厂,了解冶金行业的基本情况,从理论到实践都提出了系统、成熟的见解和措施。1979年,兼任宝钢工程指挥部常务副指挥。从此,把大半生的追求,把实现中国钢铁工业现代化发展的愿望,寄希望于宝钢，并全身心地投入宝钢建设中。上任不久，中央就下达了宝钢“下马”的决定。在宝钢处于停缓建期间，坚持实事求是的原则，以国家利益为重，冒着极大的风险，先后上书中共中央和国务院，并在国务院领导面前直言宝钢“下马”将给国家造成重大损失。统一宝钢工程指挥部、宝钢总厂以及各基建公司的干部思想，努力使宝钢“下马”的损失减少到最低，并积极创造条件，争取国务院尽快批准续建。同时，发挥宝钢各级组织的积极性，确保人心不散、队伍不乱、设备不损、维护不断，为后来宝钢工程重新“上马”，并加快建设步伐创造了极为有利的条件。为保障宝钢生产用水的可靠性，保护生态环境，有利于保障上海人民的生活用水，带领专家和科技人员，摒弃原设计的宝钢用水方案，完全引用长江水，并获成功。

李非平(1913年2月—2003年9月)

原名赵桂岭，字湘源，河南南乐人。民国20年(1931年)后就读于河北保定第二职业学校和天津河北工学院。民国24年(1935年)投身“一二·九”运动。民国25年(1936年)夏加入中华民族解放先锋队。民国27年(1938年)在河南组织一支抗日武装。民国28年(1939年)加入八路军，并改名为“李非平”。同年进入延安抗日军政大学二大队军事连学习。民国29年(1940年)10月加入中国共产党。民国30年(1941年)5月，任太行工业学校教务主任兼教员。日本投降后，任兵工七厂厂长和华北硝磺总局副局长。

民国37年(1948年)起，历任唐山市工业接管组副组长、唐山钢厂军代表兼工委书记，西北钢铁公司(后改称太原钢铁厂，简称太钢)经理，钢铁工业局基建处处长，冶金部建筑局局长、基建司司长，攀枝花市常务副书记兼国家重点建设项目——攀枝花建设工程总指挥，驻攀枝花钢铁公司(简称攀钢)工作组副组长，武汉钢铁公司(简称武钢)一米七轧机工程建设总指挥，冶金部副部长兼基建工程兵冶金指挥部政委，冶金部党组副书记、副部长。1981年10月，以冶金部副部长的身份兼任宝钢工程指挥部总指挥、党委第一书记。1986年离休。

1977年，以冶金部副部长的身份参加宝钢建设的前期准备工作。1978年5月1日，率宝钢工程考察团赴日考察，重点了解地基工程、吊装和混凝土工程施工。回国后，在冶金部建筑研究院组建钢模板及混凝土添加剂两个攻关小组，研究成功新型钢模板技术，彻底改变中国混凝土施工的落后面貌。担任宝钢工程指挥部总指挥后，组织调集全国十几个冶金建设公司6万余人参加宝钢建设，使之迅速成为宝钢工程建设的主力军。在工程建设中，组织专家，反复试验，攻克在软土地基上建设特大型钢铁企业的难题；为了不与上海市民争水吃，亲赴淀山湖调研，多次组织专家召开研讨会，同时与上海市领导和有关部门汇报、洽谈，最后宝钢工程指挥部确定将原淀山湖取水改由长江取水方案。

是“中国钢铁工业基本建设的奠基人”之一。早年参加革命，在中华人民共和国成立前夕加入钢铁工业的建设中，特别是在中国冶金史上著名的“三大战役”——攀枝花钢铁工业基地、武钢一米七轧机工程、宝钢工程建设中发挥了重要作用，为中国钢铁工业发展战略布局贡献了毕生的精力。

王佩洲(1933年11月—2004年12月)

安徽颍上人。1951年6月参加工作，1953年6月加入中国共产党。历任上海第二钢铁厂轧钢

车间主任、试验室主任、副厂长。1968—1978年，参加中国援助阿尔巴尼亚项目谈判，后担任中国援阿冶金联合专家组副组长。1978年8月参加宝钢建设，先后担任宝钢总厂生产技术处处长、宝钢总厂副厂长、宝钢总厂党委常委、宝钢工程指挥部副指挥(兼)、宝钢总厂常务副厂长、宝钢集团副董事长等职。1998年退休。是第七、第八届全国人民代表大会代表。1991年被评为享受国务院政府特殊津贴的专家。

长期从事冶金行业的生产、技术、管理、经营等方面的工作，具有丰富的钢铁工业生产经营实践经验。1960年，在上海第二钢铁厂采用"移孔型、放长轴"措施，提高轧机使用寿命。1965年，自己动手设计传动减速牙箱，既减轻工人劳动强度，又提高产品质量。1955—1963年，连续4次被评为上海市劳动模范、上海市先进生产者和全国先进生产者。在任中国驻阿尔巴尼亚爱尔巴桑钢铁厂专家组副组长期间，主持阿尔巴尼亚最大钢铁企业建设和投产的组织工作，解决一系列重大生产技术难题，促进项目顺利建成投产。1978年8月参加宝钢建设，负责并主持对外技术和商务谈判。运用丰富的外事谈判技巧和智慧，出色完成许多重大谈判和合同，维护中方的合法权益。在生产准备和组织投产等工作方面，在极为复杂的工作环境和各种困难面前，作为负责人，领导组织中外设计、施工、生产、技术指导等人员，发扬艰苦奋斗的精神，带领广大干部和职工，不辞辛劳，呕心沥血，忘我工作，竭尽全力，为一期工程顺利投产作出杰出贡献。组织员工努力学习、消化引进技术，并通过不断改进提高，使宝钢的高炉长寿技术、喷煤技术、负能炼钢技术、板坯热送热装技术等达到世界先进水平；率先战略性地提出"充分利用两种资源、两个市场"的观念，勇于探索实践，较早地开拓国外市场，使宝钢的对外贸易得到迅速发展，宝钢的产品较快地经受国内和国际市场的考验；为全面推进宝钢现代化管理进行了卓有成效的工作，为逐步形成具有中国特色的现代化管理模式，为宝钢未来建成世界一流企业打下坚实的基础。

叶志强(1923年6月—2006年7月)

河南淮阳人。民国27年(1938年)2月参加中国共产党领导组织的淮阳抗日学生军，同年8月加入中国共产党。民国27年(1938年)10月—民国34年(1945年)，先后在河南省西华县干训班学习，历任西华县三区民运指导员、西华县二支队指导员、宣传队队长、新四军四师民运科科员、延安中央军委一局科员、延安中央党校二部学员。民国34年(1945年)年底，任黑龙江省军区秘书，参与组建黑龙江省第一支武装部队。民国35年(1946年)起，先后任龙南税务局局长、龙南金库主任、黑龙江省林业总公司经理、省企业局局长、省财政厅副厅长兼省企业管理局局长。

1950年后，历任东北工业部副处长、处长，国家重工业部基本建设司司长、建筑总局局长，冶金部建筑局局长，河北省冶金工业局局长、冶金厅厅长、党组书记，中共华北局经济委员会副主任兼燃料局局长，冶金部基建办公室主任、办公厅主任、部党委委员，冶金部副部长、党组成员，四川省渡口市委书记、市革命委员会副主任、西南局三线委员会委员、四川省革命委员会委员，冶金部革命委员会副主任兼武钢一米七轧机工程指挥部首任指挥长，冶金部副部长、常务副部长、党组副书记兼基建工程兵冶金指挥部政委等职。1978年10月，任宝钢工程指挥部指挥、党委书记(第一书记)。1980年后，历任国家经济委员会工业组组长、中国有色金属工业总公司副董事长。1986 年离休。是第五届全国人民代表大会代表。

从第一个国民经济五年计划起的近半个世纪里，对冶金勘察、设计、施工、科研以及学校建设都倾注了大量心血，为鞍钢、包钢、太钢等国家重点项目的建设作出重要贡献。1977 年 9 月，率中国金属学会代表团考察日本诸多钢铁企业，为中央决策建设宝钢提供十分有价值的考察报告。在宝钢筹建之初，提出解决宝钢建设的领导体制和成立由各方专家组成的宝钢顾问委员会的重大建议，得到各方肯定并付诸实施。精心组建宝钢领导班子，加强制度建设，组织多个方案进行论证筛选。在厂址选择、技术考察、引进谈判、基建队伍选调和集结、各类物资供应保障、工程预算、生产人员培训等方面，积累了大型钢铁联合企业基本建设的新经验。

陈大同(1921 年 11 月—2012 年 4 月)

浙江宁波人。民国 28 年(1939 年)9 月参加上海学生界救亡协会(中国共产党的外围组织)。民国 29 年(1940 年)3 月加入中国共产党。民国 30 年(1941 年)2 月起，历任苏中兴化县四区区委宣传科长、区委书记，兴化县委副书记等职。1949 年 1 月，调任华中工作队队长、苏北区党委工作队队长、苏北区党委农委工作团团长，苏北行署土地改革委员会委员。

1952 年 1 月后，历任上钢三厂党委书记、党委书记兼厂长。1968 年 1 月后，任上海市冶金工业局革命委员会常委、副书记、书记等职。1978 年 3 月，任上海市冶金工业局党委书记兼局长。1978 年 7 月后，任上海市工业交通办公室党组成员、副主任，上海市经济委员会党组成员、副主任等职，并于 1977 年 12 月—1983 年 4 月兼任宝钢工程指挥部副指挥，1978 年 2 月—1983 年 9 月兼任宝钢工程指挥部党委副书记，1983 年 4 月任宝钢工程指挥部兼职副指挥，1983 年 6 月兼任国家计划委员会、国家经济委员会宝钢工程联合办公室副主任，上海市人民政府咨询小组成员。1993 年离休。是中国共产党第八次全国代表大会代表。

在宝钢建设初期，提出多个厂址选择、生产人员思想动员等方面的建议。在宝钢集团上海浦东钢铁有限公司搬迁罗泾工程的谋划中，主张引进熔融还原炼铁(COREX)工艺，以求罗泾新厂的立项批准。2009 年，将当年关于上海新建钢铁厂的厂址选择、建设规模和有关问题的请示报告等珍贵资料带到宝钢，赠送给宝钢历史陈列馆。

刘学新(1918 年 11 月—2013 年 5 月)

江苏丰县人。民国 26 年(1937 年)毕业于丰县中学，同年参加丰县救国青年团，从事抗日救亡工作。民国 27 年(1938 年)6 月进入陕北公学学习，同年 7 月加入中国共产党。民国 28 年(1939 年)2 月后，任中共中央政治局秘书处机要科机要员、中共中央财政经济部财政金融科科员。民国 30 年(1941 年)，奉命调往陕甘宁边区陇东专员公署，任财政科科长。民国 34 年(1945 年)，调往东北辽宁省，先后任辽宁省财政厅、建设厅科长。民国 36 年(1947 年)，调任吉林省东丰县副县长，后任辽东财经办事处财政科科长。民国 37 年(1948 年)，任安东(今丹东市)冶炼厂厂长兼东北工业部有色金属局安东办事处主任，负责恢复炼铜生产。

1949 年后，历任东北有色金属局经理处处长、基建处处长兼设计处处长和材料处处长，东北有色金属局副局长，重工业部中央有色金属局有色金属设计公司经理兼设计处处长，重工业部计划司副司长，冶金部计划司副司长兼冶金部西北三线建设领导小组副组长。1977年11月，任冶金部副部长、党组成员。1981年2月，兼任宝钢工程指挥部副指挥、党委副书记。同年10月，任国家有色金属工业管理总局副局长，不再兼任宝钢工程指挥部副指挥、党委副书记。1983年体制改革后，任中国有色金属工业总公司副董事长、党组成员。1989年离休。

1959—1964年，组织并参加军工材料的研究、试制和生产工作，获金质奖章。1964—1967年负责西北地区的三线建设，先后组建10多个工厂和矿山。1977年9月，任中国金属学会代表团秘书长赴日本考察钢铁工业，回国后参与了向中共中央提出关于引进先进技术筹建现代化大型钢铁企业的建议，引起中央的高度重视。后任宝钢工程指挥部基建副总指挥，参加了宝钢的规划和建设，是宝钢建设前期准备工作负责人之一。

黄锦发(1926年3月—2013年8月)

江苏启东人，教授级高级工程师，享受国务院政府特殊津贴。民国38年(1949年)年毕业于上海交通大学机械系，同年7月参加工作。1950年7月加入中国共产党。1951年9月—1953年9月，在苏联第聂伯尔斯大林冶金学院轧钢系进修。历任本溪煤铁公司技术员，鞍钢无缝钢管厂代理值班主任、中心实验室轧钢室负责人，鞍山黑色冶金设计院总设计师，重庆钢铁设计研究院副院长兼工程师。1977年11月参加宝钢建设，担任宝钢工程指挥部副指挥、党委常委、总设计师。曾任中国金属学会第三、四届常务理事，上海市科学技术协会第四届委员会副主席，上海市科学技术协会宝钢顾问委员会秘书长。是中国共产党第十二次全国代表大会代表。1991年离休。

为宝钢一期、二期及三期工程建设立下汗马功劳，并在宝钢工程缓建、重新上马过程中发挥了重要作用。在与日方谈判中，富有远见地将宝钢总图由原设计的C字形环状布局改为直线流水型布局，在初轧机选型、自备电厂、采用高环保标准等方面，为宝钢后续的建设及发展打下了坚实基础。在宝钢二期工程建设中，总结一期工程建设的教训，采用合作设计、合作制造以及“点菜式”的引进方式，促进了二期工程的设备国产化，有效控制了投资成本。离休后，仍关心着宝钢的改革和发展，为宝钢广东湛江钢铁基地项目、四号高炉系统、五米宽厚板轧机、1880热轧等工程建设担任顾问，出谋划策。

陈锦华(1929年7月—2016年7月)

安徽青阳人。民国38年(1949年)2月加入中国共产党，同年参加工作，历任纺织工业部政策研究室副主任、轻工业部计划组负责人。1976年，任中央赴上海工作组成员。1977—1983年，任中共上海市委常委、市革命委员会副主任、市委副书记、副市长兼市计委主任。1978年8月，任宝钢工程指挥部党委副书记、党委书记兼政委、副指挥。1983年9月调离宝钢。历任中国石油化工总公司总经理、党组副书记，国家经济体制改革委员会主任、党组书记，国家计划委员会主任、党组书记，第九届全国政协副主席，2003年离休。是中国共产党第十三次全国代表大会代表、第十四届中央委员会委员、第十五次全国代表大会代表，第七届全国人民代表大会

代表。

是宝钢工程建设早期领导人之一。20世纪70年代末，宝钢工程因全套引进日本钢铁工艺技术和生产设备，受到质疑。1980年冬宝钢工程停建后，以个人名义给国务院领导写信，在信中说明宝钢的现状，并建议“在国家给宝钢安排‘下马’必不可少的开支金额内增加几千万元，让工程在缓中求活。”党中央、国务院组织专家几经论证，使宝钢工程得以续建。调离宝钢后，仍关心着宝钢的建设和发展，尤其是担任全国政协副主席后，多次到宝钢视察和调研，看望、慰问生产一线员工。

寒　力(1925年11月—2016年11月)

山西蒲县人。民国27年(1938年)12月参加革命工作，先后在晋绥陇东庆阳385旅政治部、延安联防司令部120师战斗剧社任宣传员、组长，在延长县物资局会计科任科长。民国34年(1945年)9月加入中国共产党。同年12月，在松江省宾县人民工作委员会任处长、县长。

1950年1月起，先后在鞍钢业务处、无缝钢管厂任副处长、副厂长、厂长，其间赴苏联学习2年。1964年3月起，先后在马鞍山钢铁公司(简称马钢)轮毂厂、一轧厂、生产指挥组任厂长、主任、组长。1975年2月，历任马钢革命委员会副主任、党委副书记、副经理。1979年1月，借调冶金部钢铁司任负责人。1980年1月起，历任宝钢总厂党委副书记、宝钢总厂生产领导小组副组长，宝钢总厂厂长兼宝钢工程指挥部副指挥，宝钢工程指挥部副指挥。1985年离休。

第二章　人物简介

1998年11月—2016年11月，是宝钢集团成立、发展、壮大的时期，也是宝钢发展史上的重要阶段。其间，涌现出28名对企业发展作出突出贡献的知名人物。他们中，既有曾经见证、推进企业发展的老领导，也有享誉行业内外的技能专家，还有深耕一线岗位数十年的基层员工。

马　宾(1914年1月—　)

原名张源，安徽滁州人。民国21年(1932年)加入中国共产党。次年参加上海文化界救国会。后从事地下工作，更名为“马宾”。曾先后担任新四军政治部编译组组长，新四军军部军法处科长，中共射阳县委书记，松江省军区民运部部长，中共哈东地委书记，中共辽宁省委秘书长、民运部部长。中华人民共和国成立后，任鞍钢总经理、总工程师。1956年，苏联西伯利亚钢铁学院毕业。后任冶金部副部长，1978年8月兼任宝钢工程指挥部副指挥、党委副书记。1979年11月，任国家进出口委员会副主任。是第五届全国人民代表大会代表。

黎　明(1927年11月—　)

天津宁河人，教授级高级工程师。民国35年(1946年)9月入北平市(今北京市)高级工业学校学习。民国37年(1948年)12月加入中国共产党。1949年7月毕业，8月参加工作，历任鞍钢机械处技术员、工程队副队长，机修总厂人事科副科长，大型厂生产科副科长、工程师、值班主任，生产处调度科科长，鞍钢经理室秘书，生产处副处长，鞍钢生产办公室副主任兼生产处处长。1968年6月调攀钢工作，历任攀钢炼钢厂筹备组负责人，攀钢生产组组长、副总工程师，总工程师、革命委员会副主任，党组副书记、经理。1982年4月，任冶金部副部长、党组副书记(至1993年3月)。1983年9月，兼任宝钢工程指挥部党委书记(至1985年11月)、宝钢工程指挥部总指挥(至1995年8月)、宝钢总厂厂长(至1994年7月)。1994年7月，任宝钢集团董事长。1998年11月离休。2008年12月，被授予“宝钢建设30年功勋人物”称号。是中国共产党第十二届中央委员会候补委员、委员，第十三、第十四届中央委员会候补委员。

张浩波(1928年4月—　)

上海人。民国31年(1942年)进厂做工。民国33年(1944年)加入中国共产党，从事党的地下工作和工人运动，先后任中共法电区委委员兼工会党团副书记、中共上海工人运动委员会干事、中共浦东区委委员。1949年后长期从事青年工作，历任上海市总工会青工部副部长，共青团上海市委青工部副部长、部长，共青团上海市委副书记、书记。1978年后，历任宝钢工程指挥部后勤处处长、办公室主任、副指挥、党委副书记、党委书记。1988年离休。是上海市第四、第五届人民委员会委员，中共上海市第三届委员会候补委员。

王铁梦(1931年1月—　)

辽宁铁岭人，教授级高级工程师，博士生导师。是中国著名的裂缝控制专家、国家结构工程大师、超长大体积混凝土无缝跳仓法创始人，因在工程裂缝控制领域的杰出成就，被人们称为“裂缝大王”。1955年哈尔滨工业大学土木工程系毕业，留校任教。1958年，调入中国科学技术情报研究所二部工作。1961年，调入冶金部建筑研究总院，从事冶金建筑地下工程变形缝控制研究工作，为鞍钢、包钢、武钢、太钢、攀钢等提供技术服务。1978年9月加入中国共产党。同年起，任宝钢工程指挥部和宝钢总厂副总工程师，参与解决宝钢工程中遇到的桩基位移、钢管桩承受力、高炉煤气柜位移等一系列重大施工技术难题，为宝钢工程大面积混凝土裂缝控制作出了贡献。特别是在宝钢建设初期，为解决300吨坦克吊车通过吴淞大桥的燃眉之急，不顾个人安危，把自己悬在桥底仔细观察裂缝的变化，确保重型吊车安全通过。突破传统理论，创造性地建立工程裂缝理论，并处理了国内外大量技术难题。著有《工程结构裂缝控制》《建筑物的裂缝控制》《抗与放的理论及跳仓法施工工艺》等著作，培养了一大批人才，1988年获国家科学技术进步奖特等奖。退休后，仍然奔走全国各地，为国防、核电、上海世博会等一系列重大工程解决技术难题。2008年12月，被授予“宝钢建设30年功勋人物”称号。

朱尔沛(1931年8月—　)

浙江绍兴人。1950年参加工作，任上海市劳动局保卫科副科长。1954年1月加入中国共产党。1957年任合成钢索中心公方代表兼联合党支部书记。1958年起，在上海第二钢铁厂历任科长、主任、党总支书记、党委副书记、代理书记。1977年起，任上钢三厂党委书记。1979年后，历任宝钢工程指挥部政治部主任，宝钢总厂生产领导小组副组长、党委副书记兼宝钢工程指挥部纪委书记，宝钢总厂党委书记。1981年起，先后兼任宝钢工程指挥部党委副书记、副指挥、党委书记。1994年起，任宝钢集团副董事长。1999年退休。是中国共产党第十三、第十四次全国代表大会代表，第五、第六届全国人民代表大会代表，中共上海市第五、第六届委员会委员。

陈钰珊(1932年6月—　)

浙江萧山(今杭州萧山区)人，教授级高级工程师，享受国务院政府特殊津贴，中国管线钢奠基人，被誉为中国“管线钢之父”。1955年9月参加工作。1979年9月进入宝钢，先后在宝钢总厂技术部检验科、宝山钢铁(集团)公司钢研所钢板室工作。1986年8月加入中国共产党。1995年6月退休。20世纪90年代初，在中国管线钢技术落后世界30年的情况下，主动请缨开发国家“八五”重点科技项目“高韧性高强度输送管线用热轧板卷钢的研制和工艺性生产”项目。通过无数次试验，在材料机理研究、生产技术和过程控制等方面取得重大突破，成功开发出高强度高韧性的X系列管线钢，使中国的石油天然气输送管线用钢达到世界先进水平，广泛用于国内外油气输送管道工程，其中X70管线钢在西气东输工程的国际竞争中打破进口产品的垄断。其“执着追求，奋发进取；勇于探索，大胆实践；深入现场，重视实践；无私奉献，甘当人梯；主动满足用户，真诚服务用户”的精神成为宝钢员工的榜样。在其带教指导下，一批年轻科技人员迅速成长，X系列管线钢的研发在宝钢薪火相传，实现从X70到X80、X100、X120的跨越。2008年12月，被授予“宝钢建设30年功勋人物”称号。

佘永桂(1933年10月—　)

江苏南京人，教授级高级工程师。1955年9月参加工作。1979年4月进入宝钢，历任宝钢总厂初轧厂工程师、副厂长、代厂长、厂长，钢研所所长。1982年12月加入中国共产党。1993年10月退休。2008年12月，被授予“宝钢建设30年功勋人物”称号。作为宝钢基层管理者的杰出代表，扎实推进基础管理，全面提高队伍素质。强调干部要以身作则，并制定12条干部工作标准化条例。为激发科研人员的积极性,提议推行系列激励举措,使对宝钢有特殊贡献的科技人才享受到高等级待遇。为引导职工学技术,曾连续3个月挑灯夜战,撰写《初轧计算机储存控制功能说明》。在钢研所,对新进大学毕业生开展“一帮一、一对红”活动,开办“周末科技讲座”。退休后,仍然关心着宝钢发展事业,参加宝钢发展战略的起草和制定。

徐大铨(1935年7月—)

辽宁辽阳人。1959年,苏联第聂伯罗彼得罗夫斯克矿业学院矿山机械系毕业。1960年加入中国共产党。历任冶金部北京有色金属研究院技术员,冶金部有色金属研究院广东分院工程师、科研办公室副主任,冶金部科技司处长、副司长,冶金部副部长。1998年7月,任上海地区钢铁企业联合筹备组组长,负责筹备上海地区钢铁企业的联合重组。同年11月,任上海宝钢集团公司董事长、党委委员;2001年3月起,任上海宝钢集团公司董事长、党委常委。2003年2月退休。是中国共产党第十三次全国代表大会代表,第七、第八届全国政协委员。

沈成孝(1936年1月—)

辽宁鞍山人,教授级高级工程师。1952年参加工作,任鞍钢机总团委书记。1958年3月—1962年10月,就读鞍山钢铁学院冶金机械专业,毕业后在鞍钢机动处任科长。1968年6月起,先后任攀钢生产组、机动组组长,设备处副处长、处长,初轧厂厂长,机动处处长,攀钢副经理。1984年11月起,先后任宝钢总厂副厂长,兼宝钢工程指挥部副指挥,宝山钢铁(集团)公司副总经理、宝钢集团副董事长。1998年12月退休。任职宝钢期间,1985—1995年,以第一答辩人的身份参加由国家科学技术委员会组织的答辩获国家科学技术进步奖特等奖;1990—1991年,两次被评为上海市推进新技术开发先进工作者;1992年,参与宝钢工程系统管理的理论和方法课题,获冶金部科技进步奖一等奖;1993年,参与宝钢工程建设项目系统管理技术研究与应用课题,获国家科学技术进步奖一等奖;主持参与宝钢二号高炉系统工程项目,获冶金部科技进步奖特等奖;1994年,参与宝钢生产和技术项目获冶金部科技进步奖特等奖;参与宝钢一号高炉热风炉水煤余热回收装置项目,获冶金部科技进步奖三等奖;主持大型高炉长寿内衬维修技术项目,获冶金部科技进步奖三等奖;1995年,主持参与宝钢钢管系统完善与优化项目。

李其世(1936年2月—)

山西寿阳人,教授级高级工程师。1955年11月进入上钢三厂,历任上钢三厂平炉车间技术组组长、中心实验室第二研究室主任、厂技术科副科长、工程师,上钢三厂副厂长、副总工程师。1973年7月加入中国共产党。1982年11月,任上海市冶金工业局副局长。1983年8月,任上海市冶金工业局局长、党委副书记。1988年11月,任上海市经济委员会副主任。1990年11月,任上海市冶金工业局局长兼党委副书记。1995年7月,任上海冶金控股(集团)公司董事长兼党委书记。1998年11月—2001年3月,任上海宝钢集团公司副董事长、党委委员。2003年6月退休。是中国共产党第十四次全国代表大会代表,中共上海市第五届委员会委员、第六届委员会候补委员,上海市第十一届人大常委会委员。

张思明(1939年9月—)

河北辛集人,高级经济师。1960年11月加入中国共产党。1964年8月上海师范学院物理系毕业，同年进入上海第二钢铁厂，历任上海第二钢铁厂党委秘书科秘书，宣传、组织组负责人，党委副书记。1975年，任梅山工程指挥部核心组成员、副指挥，1983年任指挥、党委副书记。1985年起，历任上海梅山冶金公司经理、党委副书记，经理、党委书记。1994年，任上海梅山(集团)有限公司董事长、党委书记。1998年11月，任上海宝钢集团有限公司副董事长、党委委员(至2001年3月)，兼宝钢集团上海梅山有限公司董事长(至2003年5月)、党委书记(至2002年3月)。2003年5月退休。是上海市第九、第十、第十一届人大代表，上海市第九、第十、第十一届人大常委会委员。

关壮民(1942年10月—)

辽宁岫岩人，满族，高级工程师。1966年东北工学院精密合金专业毕业。1968年9月起，历任上海铱粒厂技术员、厂科研负责人。1971年9月加入中国共产党。1978年7月起，历任宝钢工程指挥部翻译、副科长。1980年3月起，历任宝钢工程指挥部资料处科长、副处长、处长。1985年10月，任宝钢工程指挥部政治部副主任。1989年2月，任宝钢总厂党委组织部部长。1990年7月，任宝钢工程指挥部党委副书记。1992年8月，任宝钢总厂、宝钢工程指挥部党委副书记。1994年7月，任宝山钢铁(集团)公司党委书记、宝钢工程指挥部党委(1995年8月—1998年11月改称宝钢三期工程指挥部党工委)书记。1998年11月，任上海宝钢集团公司副董事长、党委书记。2003年3月—2008年3月，任上海市人大城建环保委员会主任委员。2008年9月退休。是中国共产党第十五次全国代表大会代表、代表资格审查委员会成员，中共上海市第七届委员会委员，上海市第十二届人大常委会委员。

谢企华(1943年6月—)

女，浙江鄞县(今宁波鄞州区)人，教授级高级工程师，东北大学、上海交通大学博士生导师、客座教授。1966年9月清华大学土木建筑系毕业。1968年7月，任陕西钢厂工程设计组副组长。1978年10月进入宝钢，1980年3月加入中国共产党。1983年起，先后任宝钢工程指挥部基建计划处副处长、处长、指挥助理，1990年7月任宝钢工程指挥部副指挥。1994年7月，任宝钢集团副董事长、宝山钢铁(集团)公司总经理。1998年11月，任上海宝钢集团公司副董事长、总经理、党委委员。2000年2月，兼任宝钢股份董事长(至2006年5月)。2001年3月，任上海宝钢集团公司副董事长、总经理、党委常委。2003年2月，任上海宝钢集团公司董事长、总经理(至2004年12月)、党委常委。2005年10月，任宝钢集团有限公司董事长、党委常委。2006年8月，兼任宝钢股份党委常委。2007年1月，不再担任宝钢集团有限公司董事长、党委常委，宝钢股份党委常委。2010年12月，任中国国新控股有限责任公司董事长(至2014年10月)。是中国共产党第十五、第十六届中央委员会候补委员，第十一届全国政协委员，中共上海市第八届委员会委员。曾任中国钢铁工业协会会长。

刘国胜(1951年2月—)

浙江定海(今舟山定海区)人，高级政工师。1968年11月进入上海铁合金厂工作，1971年9月加入中国共产党，历任上海铁合金厂团委干事、团委书记、党委副书记、党委书记、副厂长。1990年8月，任上钢五厂党委书记。1992年10月起，历任中共上海市宝山区委书记、中共上海市金山区委书记兼区人大常委会主任、上海市委组织部副部长、上海市委副秘书长等职。2003年2月，任上海宝钢集团公司副董事长、党委书记；2005年10月，任宝钢集团有限公司副董事长、党委书记，2006

年8月兼任宝钢股份党委书记(至2010年4月)。2014年1月退休。是中国共产党第十六次全国代表大会代表,上海市第七、第八、第九、第十次党代会代表,中共上海市第七、第八届委员会委员,上海市第十、第十一、第十二届人大代表,上海市第十三届人大常委会委员。

韩明明(1951年9月—)

浙江慈溪人。1983年从马钢调至宝钢工作。宝钢股份炼铁厂电气点检技能专家,2011年9月退休。曾获上海市五一劳动奖章、上海市科技创新突出贡献奖、上海市科学技术发明奖二等奖、上海市技术进步奖三等奖、国家科学技术进步奖二等奖、全国五一劳动奖章,获宝钢工人发明家、上海市劳动模范、上海市十佳知识型员工、上海市工人发明家、全国技术能手等荣誉称号。长期工作在冶金铁前设备系统第一线,曾参加宝钢一期、二期、三期工程建设,具有丰富的现场设备实践经验。坚持走国产化自主集成技术创新的道路,对生产设备进行技术创新,主持完成解决现场生产难题的科研项目20多项,产生一批具有自主知识产权、国际领先的技术创新成果,获国家专利70余项,其中主要是发明专利。发明成果曾获法国巴黎、德国纽伦堡、波兰华沙等国际发明展览会金奖和银奖;"冶金系统金属检测及自动除铁"项目在2007年获国家科学技术进步奖二等奖,成为中华人民共和国成立后首次获该奖项的两位工人之一。作为技能专家,热心带徒,倾心相授,指导厂内各岗位人员进行技术创新活动。2012年7月,"宝钢股份炼铁厂韩明明创新工作室"挂牌。创新工作室成立3年中,共完成科研及创新项目28项,项目获发明专利16项、实用新型专利5项。

孔利明(1951年10月—)

浙江宁波人。1968年12月,在上海前哨农场参加工作。1974年1月调入上海市运输公司电工。1984年6月进入宝钢总厂,从工人、班长、作业长成长为技师、高级技师、技能专家,并兼任上海市技师协会副会长、宝钢集团技师协会会长,是宝钢智能型员工的杰出代表,享受国务院政府特殊津贴。曾获上海市十大工人发明家、上海市优秀技师、上海市劳动模范、上海工匠、冶金部技术能手、全国机械冶金建材系统首席金牌工人、全国十大杰出职工、全国十大科技新闻人物、全国职工自学成才标兵、中央企业劳动模范、全国劳动模范、中国当代发明家等荣誉称号,并获国家技能人才培育突出贡献奖、上海市五一劳动奖章、全国五一劳动奖章。2008年12月,被授予"宝钢建设30年功勋人物"称号。在宝钢基层工作20多年,累计解决各类设备的疑难杂症481项,改进生产工艺147项,开展科研项目45项,被国家授权专利486项。不仅自己搞创造发明,而且带动大批员工开展群众性技术创新活动。宝钢以孔利明名字命名的"孔利明创新小组"有近400个,一大批智能型员工在其带教下脱颖而出,共获专利700多项、技术秘密1 250多项。带领马迹山港区的创新团队,针对宝山钢铁股份有限公司(简称宝钢股份)马迹山铁矿石中转港的3条输送线,设计实施"铁矿石带式运输金属物去除过滤系统"。该技术由38项独创技术专利和30多项技术秘密组合而成,为国内同行最优,达到世界先进水平。

杨和平(1955年4月—)

山西临汾人。1972年11月进入酒泉钢铁公司工作。1981年12月,西安冶金建筑学院炼钢专业毕业。1998年10月,调入上海梅山(集团)有限公司(后为宝钢集团上海梅山有限公司、上海梅山钢铁股份有限公司)工作,先后担任炼钢厂生产计划科总调度长、生产技术室主管、炼钢工艺主任工程师等职,2015年退休。曾获上海市劳动模范、全国劳动模范等荣誉称号。1999年炼钢厂建成投产之际，作为总调度长负责全厂生产组织指挥工作，抓住生产链上的主要矛盾——两炉与一机的不匹配和外部铁水、氧气局部时间供应不足，采用分散检修法、减少设备热停工、压缩浇次间隔时间及结晶器更换时间等有效手段，来提高铸机的作业率，使设计能力 100 万吨的单点矫直连铸机年产量达到 173.80 万吨，创国内同档次炉机设备领先水平，为宝钢梅山炼铁、炼钢、轧钢生产链全线贯通和产能平衡作出了突出贡献。铸机台时产量从每小时 162.34 吨逐步提高到 236.99 吨，单中包浇次炉数也从 8 炉提高到 20 炉，浇次间隔时间从最初的 120 分钟逐步压缩到 45 分钟。2010 年二炼钢开始建设，负责公辅系统建设工作，使滚筒渣处理做到料不落地，降低了物流成本，减少环境污染。石灰窑年产能提高 35 万吨，系统热耗每年降低 1 060.70 吨标准煤。

何文波(1955 年 6 月—　)

辽宁盖县(今盖州市)人，高级工程师。1981 年 12 月加入中国共产党。1982 年东北工学院毕业后进入宝钢工作，历任宝钢总厂初轧厂副厂长、厂长，热轧厂厂长，技术部部长，宝山钢铁(集团)公司总经理助理、副总经理，宝钢集团国际经济贸易总公司副总经理，上海宝钢国际经济贸易有限公司董事长、总裁。1996 年 4 月，任宝山钢铁(集团)公司副总经理。1998 年 11 月，任上海宝钢集团公司董事、副总经理、党委委员，2000 年 2 月兼任宝钢股份董事。2001 年 3 月，任上海宝钢集团公司董事、副总经理、党委常委，兼宝钢股份董事。2005 年 10 月，任宝钢集团有限公司副总经理、党委常委，兼宝钢股份董事。2006 年 8 月，任宝钢集团有限公司副总经理、党委常委，兼宝钢股份董事、党委常委。2008 年 5 月，任宝钢集团有限公司董事、总经理、党委常委，兼宝钢股份董事、党委常委，2009 年 4 月兼任宝钢股份副董事长、党委常委，2010 年 3 月兼任宝钢股份副董事长、党委书记，2010 年 4 月兼任宝钢股份董事长、党委书记。2014 年 8 月，任中国五矿集团有限公司总经理、董事、党组成员。

王康健(1956 年 4 月—　)

江苏常州人。1975 年 9 月上海冶金专科学校毕业后进入上海第十钢铁厂工作。1979 年 3 月调入宝钢，成为宝钢第一代主操作工，从工人成长为冷轧厂轧钢二分厂副厂长、技师、高级技师、技能专家，兼任宝钢人才开发院客座教授、宝钢集团技师协会副会长、上海市技师协会副会长，享受国务院政府特殊津贴。曾获上海市十大工人发明家、上海市十大杰出技术能手、中央企业劳动模范、中央企业知识型先进标兵、国家技术能手、中国当代发明家等荣誉称号，获中华技能大奖、全国五一劳动奖章。扎根冷轧生产一线 30 余年，刻苦学习，钻研创新，是宝钢自主型、创新型员工的杰出代表。解决现场生产设备疑难杂症、改进操作工艺技术、主导宝钢科研、重大技改项目，并获国家科学技术进步奖二等奖，冶金行业科技进步奖特等奖、一等奖和二等奖，上海市科技进步奖二等奖，上海市质量技术奖一等奖，中国国际发明博览会大奖和金、银、铜奖，上海市发明奖金、银、铜奖等。主导完成的极薄两片罐轧制技术填补国内空白，让中国人首次用上国产钢制易拉罐；带钢视觉成像在线检测技术打破国外技术垄断，实现产品质量自动检测和预警；轧制润滑系统集成技术，实现节能减排、绿色环保生产。作为工艺专家，负责上海梅山钢铁股份有限公司冷轧自主集成项目的核心：工艺集成，最终开发出具有完全自主知识产权的冷连轧机，获冶金科学技术奖特等奖。其中，8 项技术填补国内空白，5 项技术达到国际领先水平。

徐乐江(1959 年 2 月—　)

山东新泰人，教授级高级工程师，东北大学博士生导师。1976 年 6 月加入中国共产党。1982

年1月，江西冶金学院机械系冶金机械专业毕业后进入宝钢工作。1982年2月起，历任宝钢总厂初轧厂机动科副科长、厂长助理，冷轧厂副厂长、厂长。1993年7月，任宝钢总厂厂长助理兼冷轧厂厂长。1994年1月，任宝钢总厂副厂长。1994年7月，任宝山钢铁（集团）公司副总经理、常务副总经理。1998年11月，任上海宝钢集团公司董事、副总经理、党委委员。2001年3月，任上海宝钢集团公司董事、副总经理、党委常委。2004年12月，任上海宝钢集团公司董事、总经理、党委常委。2005年10月，任宝钢集团有限公司董事、总经理、党委常委，2006年5月兼任宝钢股份董事长，2006年8月兼任宝钢股份董事长、党委常委。2007年1月，任宝钢集团有限公司董事长、党委常委，兼任宝钢股份董事长（至2007年3月，2007年11月—2010年4月）、党委常委（至2010年3月）。2014年1月—2016年10月，任宝钢集团有限公司党委书记、董事长，其间于2010年12月—2011年3月兼湛江钢铁有限公司（筹）董事长，2011年3月—2012年7月兼宝钢湛江钢铁有限公司董事长，2013年7月—2016年10月兼华宝投资有限公司董事长，2015年2月—2016年10月兼欧冶云商股份有限公司董事长。曾当选中国金属学会常务理事、上海市科学技术协会副主席、上海市金属学会理事长、第七届中国科学技术协会常委、中国钢铁工业协会副会长。2016年12月，调任工业和信息化部副部长、党组成员。是中国共产党第十七届、十八届中央委员会候补委员，中共上海市第九届、第十届委员会委员。

陈德荣（1961年3月—　）

浙江永嘉人，高级工程师。1982年2月参加工作，1992年3月加入中国共产党。武汉钢铁学院冶金系钢铁冶金专业硕士研究生毕业。曾任杭州钢铁厂技术开发处处长助理、副处长，杭州钢铁厂（杭州钢铁集团公司）转炉炼钢分厂副厂长、厂长，杭州钢铁集团公司（浙江冶金集团）副总经理，浙江省嘉兴市政府副市长，浙江省嘉兴市委常委、市政府常务副市长，浙江省嘉兴市委副书记、市政府代市长，浙江省嘉兴市委副书记、市政府市长，浙江省嘉兴市委书记、市政府市长，浙江省嘉兴市委书记，浙江省人民政府副省长、温州市委书记，浙江省省委常委、温州市委书记，浙江省省委常委、浙江生态省建设工作领导小组副组长、省新农村建设领导小组副组长。2014年7月，任宝钢集团有限公司董事、总经理、党委常委；2016年5月起，任宝钢集团有限公司董事、总经理、党委副书记（2014年9月起兼宝钢股份党委常委，2014年10月起兼宝钢股份董事长，2015年2月—2016年10月兼欧冶云商股份有限公司董事、总经理，2016年10月起兼欧冶云商股份有限公司董事、总裁）。

周　辉（1961年5月—　）

浙江宁波人。1980年进入宝钢工作，一直在运输部铁路站从事机车司机操作。曾获上海市职工职业道德建设先进个人、中央企业劳动模范、全国劳动模范等荣誉。30多年来，用累计400多万次“指唱确认”标准化作业，创造了“零违章、无事故”的骄人业绩，避免了无数次意外事故的发生，诠释了平凡中的不平凡。机车司机露天作业，饱受酷暑严寒、刮风下雨等天气影响，生产负荷大、节奏快，每班要进行标准化作业“指唱确认”超过500多次，一年要10多万次。面对艰苦的作业环境和繁重的作业任务，兢兢业业，无论白天与黑夜，无论晴天与雨天，始终如一坚持标准化作业，每天把一件件重复的事用心做好，坚持标准化作业不走样。在实践中，探索总结一套独特的“指唱确认”要领，一是关键部位重点确认；二是“不顺眼”的地方认真确认，细心观察每一个事物，宁愿多走几步、多看几眼，确认到位，而不盲目作业，保障了铁路行车安全。言传身教，培养和带动青年坚持标准化作业。为了让徒弟们快速成长，主动了解青年爱好的话题，加强与他们沟通交流，使徒弟们个个都能独当一面，成为铁路线上的主力军。

杨加美(1964年7月—　)

江苏海安人。1982年12月进入上钢一厂(后为宝钢集团上海第一钢铁有限公司、宝钢不锈钢有限公司)二炼钢厂,先后担任连铸Z15中间包浇钢主操、连铸分厂甲班三号机机长,曾获上海市劳动模范、全国五一劳动奖章、全国劳动模范等荣誉称号。1993—1995年,创造"满东平西弹当中"工作法,大大提高铸钢生产效率,为二炼钢厂钢产量创历史新纪录作出重要贡献。1995—2000年,担任二炼钢厂连铸车间乙班三号机浇钢组组长。克服人员新、设备新、技术新的困难,带领班组成员开展技术练兵活动,制定"三步一起走"的管理制度,使班组整体操作水平迅速提高。2004年2月不锈钢生产线投产后,在提高连铸不锈钢钢水收得率方面狠下苦功,最大限度地将钢包中的不锈钢钢水浇铸干净,使大包余钢大大降低,同时努力减少不锈钢中间包余钢,有效提升甲班三号机钢水收得率,每年节约成本近300万元。2016年,在企业面临转型发展的严峻形势下,细化完善操作工艺,凭借多年连铸浇注作业经验,与技术人员一起对超纯铁素体不锈钢开展增氮攻关,避免了钢水被二次氧化,效果显著。在其带领下,不锈钢三号机组月产量和各项质量指标名列前茅。

厉新礼(1965年6月—　)

江苏徐州人。1980年毕业于徐州市厉湾中学,1989年12月进入上海梅山冶金公司(后为宝钢集团上海梅山有限公司)矿业公司采矿场工作。分别在采准车间,从事掘进凿岩工作,担任班长、安全协管等职务。曾获上海市劳动模范、全国五一劳动奖章、全国劳动模范等称号。大胆创新,主动改进工艺,优化台车爆破参数,把掏槽孔由原来的两孔改为四孔,为掏槽提供更大的自由面,台车掘进量当月突破100米大关。1997年,全年掘进量达到1 250米,1999年达1 575米。从打眼到爆破作业,每道工序、每个环节查问题,找对策,出思路,进行课题研究和技术攻关,使台车炸药单耗由每立方米的3.20公斤,降低为2.78公斤。1999年,班组总成本为每立方米38.30元,比计划指标下降5.70%。技术创新不仅确保安全,还多回收了矿石资源。在井下－213水平裂隙地带,带领职工进行巷道清理,消除障碍。在确认没有浮石冒落的情况下,开动机器掘进作业,闯过裂隙地带,多回收矿石1 000多吨。

王　军(1966年3月—　)

江苏南通人。1987年从宝钢技工学校毕业,成为宝钢热轧厂精整分厂一名剪刃组装工,后任宝钢股份热轧厂技能专家、技能大师。曾获中华技能大奖、上海市五一劳动奖章、全国五一劳动奖章,获上海市突出贡献技师、首届上海工匠、中央企业道德模范、中国当代发明家、全国技术能手、全国劳动模范等荣誉称号。申请国家专利218项、PCT(Patent Cooperation Treaty,即专利合作协定)国际专利12项;获上海市优秀发明选拔赛和全国发明展览会等国家发明金奖15项、国际发明金奖6项和法国巴黎国际发明展览会列宾发明荣誉大奖1项;2007年和2016年两次获国家科学技术进步奖二等奖。致力于探索岗位创新促进成果应用,所辖区域设备热轧2 050毫米产线相关指标处于行业领先水平。先后攻克热轧层流冷却柱塞式系统研制及应用等热轧领域三大世界级行业难题,实现由空白到国际领先水平的跨越式提升。2008年成立"王军创新工作室",至2016年培养出3名工人发明家。担任王军创新工作室负责人、宝钢员工创新活动基地创新指导志愿者和8家员工创新工作室导师;负责编写近15万字的创新培训教材,每年承担技师和创新骨干培训任务近40次,并在其周围形成一支能力突出的蓝领创新团队。"王军创新工作室"旗下的职工发明创造协会和青年发明创造协会,获国家专利申请超900项,创新团队获国内外各类发明展览会创新成果90项。

郑　勇(1966年6月—　)

浙江鄞县人。1987年7月,进入上钢三厂(后为宝钢集团上海浦东钢铁有限公司)工作。十年如一日,扎根一线艰苦岗位,敬业爱岗、无私奉献,勤奋好学、刻苦钻研,是大学毕业生扎根一线成才、奉献的典型,成为上海市首位获得高级技师和工程师双重资格的知识型、技能型复合型人才。长期从事设备管理工作,攻坚克难,解决疑难杂症,完成10余项技术革新,为企业作出了突出贡献,成长为厚板厂副厂长。在做好本职工作的同时,还曾担任上海市政协委员、上海市技师协会会长,积极参加社会活动,为上海社会事业的发展建言献策。先后获得全国青年岗位能手、上海市"学知识、学科学、学技术"十佳状元、上海市十大杰出青年、上海市优秀共产党员、上海市劳动模范、全国五一劳动奖章、全国劳动模范等荣誉。

杨　磊(1967年12月—　)

上海宝山人。1987年9月,从上钢五厂技校毕业进上钢五厂(后为宝钢集团上海五钢集团有限公司、宝钢特钢有限公司)锻造厂工作,担任快锻车间压机操作工。从一名普通工人逐步成长为锻造厂快锻车间班组组长、工艺员、副主任、主任、副厂长(主持工作)、高级技师、压机首席操作、技能专家、享受国务院政府特殊津贴。曾被授予中央企业劳动模范、上海市劳动模范、全国劳动模范等称号,获上海市五一劳动奖章。从事自由锻造工作30年,创造"杨磊先进操作法"41项,形成专利33项,其中授权23项,受理10项。1项获国家发明专利银奖,1项获巴黎国际发明展览会银奖,1项获第八届(昆山)国际发明展览会银奖。承担国家军工、核电、航空航天产品重任,探索总结形成超大直径涡轮盘件、异型件、高合金锻件保温锻造等创新性锻造生产工艺技术,先后运用于飞机起落架自动拉钩件、潜艇用某锻件、高密级特殊锻件、核电蒸发器水室隔板、长征五号运载火箭高温合金系列涡轮转子锻件、C919大飞机300M起落架锻件用钢等产品的研发生产,填补国内空白,产品质量接近或超过同类型的进口产品。牵头编制的《锻造生产工艺技术规程》,改变国外只卖设备不卖工艺的被动局面,形成锻造生产工艺系列技术。从一名"打铁匠"成为"自由锻造"技能专家,并结合传承与创新,带教徒弟9人,其中6人成为技师、2人成为高级技师。

张永洁(1975年6月—　)

江苏常州人。1995年1月,从常州冶金机械厂技工学校毕业后进入常州冶金机械厂(后为宝钢工程技术集团有限公司下属常州宝菱重工机械有限公司,简称宝菱重工)工作。1996年9月赴日本三菱广岛制作所进修数控加工技术,回国后成为大型数控龙门铣操作主手,逐渐成长为技师、高级技师、工程师、技能专家,并担任宝菱重工机加工中心副主任、党支部书记,兼任常州市新北区、常州市产业工会工会副主席,享受国务院政府特殊津贴。曾获全国技术能手、全国机械工业劳动模范、全国劳动模范等荣誉称号,获江苏制造突出贡献奖、江苏省五一劳动奖章。扎根生产一线20余年,刻苦学习,钻研创新,是宝菱重工自主型、创新型员工的杰出代表。解决现场生产加工中的疑难杂症、改进操作工艺技术、主导宝菱重工科研、重大技改项目,并获江苏省科学技术奖三等奖、海峡两岸职工创新成果展金奖、中国冶金行业工程设计优秀质量管理(QC)活动二等奖。作为牌坊加工专家,主持开发的"大型轧机牌坊高效自动化加工技术开发"项目,获授权发明专利5项、实用新型专利3项、软件著作权1项,获江苏省科学技术奖三等奖,牌坊加工效率达到国际领先水平。

第三章　人 物 表

1998年11月—2016年11月，宝钢集团对标世界一流，推动企业快速发展，不断刷新历史纪录，涌现出一大批在各自岗位上辛勤付出、作出突出贡献的优秀员工。他们中有对宝钢发展卓有贡献的功勋人物；上海宝钢集团公司、宝钢集团有限公司主要负责人；获全国、省部级荣誉的先进人物，出席中国共产党全国代表大会代表、全国人民代表大会代表、各民主党派全国代表大会代表、中华全国总工会代表大会代表、共青团全国代表大会代表，中共中央候补委员、中国人民政治协商会议全国委员会委员、共青团中央委员等。

表11-3-1　2008年12月宝钢集团授予“宝钢功勋人物”一览表

姓　名	性别	职　　务	备　　注
黎　明	男	原宝钢集团(1992年3月成立的宝钢集团)董事长	
曾　乐	男	全国劳动模范、宝山钢铁(集团)公司副总工程师	1996年2月病逝
王铁梦	男	全国劳动模范，冶金部建筑研究总院副院长、副总工程师兼宝钢工程指挥部副总工程师	
陈钰珊	男	上海市劳动模范、宝钢管线钢技术专家	
佘永桂	男	宝钢钢研所所长	
孔利明	男	全国劳动模范、宝钢技能专家	

表11-3-2　1998年11月—2005年10月上海宝钢集团公司主要负责人一览表

姓　名	性别	职　　务	任 职 年 月
徐大铨	男	董事长	1998年11月—2003年2月
谢企华	女	副董事长	1998年11月—2003年2月
		总经理	1998年11月—2004年12月
		董事长	2003年2月—2005年10月
丁贵明	男	监事会主席	2000年8月—2003年1月
陈全训	男	监事会主席	2003年1月—2005年10月
关壮民	男	副董事长、党委书记	1998年11月—2003年2月
刘国胜	男	副董事长、党委书记	2003年2月—2005年10月
李其世	男	副董事长	1998年1月—2001年3月
张思明	男	副董事长	1998年11月—2001年3月

〔续表〕

姓　名	性别	职　　务	任　职　年　月
徐乐江	男	副总经理	1998 年 11 月—2004 年 12 月
		总经理	2004 年 12 月—2005 年 10 月
尹　灏	男	党委副书记	1998 年 11 月—2003 年 2 月
郭廉高	男	副总经理	1998 年 11 月—2001 年 7 月
何文波	男	副总经理	1998 年 11 月—2005 年 10 月
艾宝俊	男	副总经理	1998 年 11 月—2001 年 3 月
葛红林	男	副总经理	1998 年 11 月—2003 年 6 月
许志斌	男	副总经理	1998 年 11 月—2001 年 7 月
欧阳英鹏	男	党委副书记	1998 年 11 月—2005 年 10 月
戴元永	男	副总经理	1998 年 11 月—2004 年 12 月
李海平	男	副总经理	1998 年 11 月—2000 年 7 月
赵如月	男	纪委书记	1998 年 11 月—2004 年 12 月
卞恩君	男	工会主席	1999 年 10 月—2005 年 2 月
赵　昆	男	副总经理	2001 年 3 月—2005 年 10 月
马国强	男	副总经理	2001 年 3 月—2005 年 10 月
陈德林	男	总法律顾问	2003 年 1 月—2005 年 10 月
汪金德	男	工会主席	2005 年 3 月—2005 年 10 月

表 11-3-3　2005 年 10 月—2016 年 10 月宝钢集团有限公司主要负责人一览表

姓　名	性别	职　　务	任　职　年　月
谢企华	女	董事长	2005 年 10 月—2007 年 1 月
徐乐江	男	总经理	2005 年 10 月—2006 年 12 月
		董事长	2007 年 1 月—2013 年 12 月
		董事长、党委书记	2014 年 1 月—2016 年 10 月
陈德荣	男	总经理	2014 年 7 月—2016 年 4 月
		总经理、党委副书记	2016 年 5 月—2016 年 10 月
陈全训	男	监事会主席	2005 年 10 月—2006 年 11 月
吴天林	男	监事会主席	2006 年 12 月—2009 年 8 月
罗　汉	男	监事会主席	2009 年 9 月—2013 年 5 月
马力强	男	监事会主席	2013 年 6 月—2016 年 6 月
赵华林	男	监事会主席	2016 年 7 月—2016 年 10 月
刘国胜	男	副董事长、党委书记	2005 年 10 月—2014 年 1 月

〔续表〕

姓　名	性别	职　　务	任 职 年 月
艾宝俊	男	总经理	2007 年 1 月—2007 年 12 月
何文波	男	副总经理	2005 年 10 月—2008 年 4 月
		总经理	2008 年 5 月—2014 年 8 月
欧阳英鹏	男	党委副书记	2005 年 10 月—2011 年 3 月
赵　昆	男	副总经理	2005 年 10 月—2015 年 6 月
马国强	男	副总经理	2005 年 10 月—2009 年 3 月
刘占英	女	纪委书记	2005 年 10 月—2016 年 4 月
汪金德	男	工会主席	2005 年 10 月—2011 年 8 月
朱义明	男	工会主席	2011 年 8 月—2016 年 10 月
陈德林	男	总法律顾问	2005 年 10 月—2014 年 3 月
戴志浩	男	副总经理	2007 年 11 月—2013 年 8 月
赵　峡	男	副总经理	2007 年 11 月—2015 年 12 月
周竹平	男	副总经理	2009 年 1 月—2016 年 10 月
伏中哲	男	副总经理	2009 年 4 月—2011 年 2 月
		党委副书记	2011 年 3 月—2016 年 10 月
赵周礼	男	副总经理	2010 年 7 月—2016 年 8 月
陈　缨	女	副总经理	2013 年 10 月—2015 年 12 月
崔　健	男	副总经理	2014 年 4 月—2015 年 3 月
郭　斌	男	副总经理	2015 年 11 月—2016 年 10 月
张锦刚	男	副总经理	2015 年 11 月—2016 年 10 月
章克勤	男	纪委书记	2016 年 5 月—2016 年 10 月

表 11－3－4　1998—2016 年全国劳动模范一览表

姓　名	性别	职　　务	获 得 荣 誉
孔利明	男	宝钢股份运输部高级技师	2000 年全国劳动模范
杨加美	男	宝钢一钢炼钢厂浇钢组组长	2000 年全国劳动模范
郑　勇	男	宝钢浦钢厚板厂厂长助理	2000 年全国劳动模范
叶　敏	男	宝钢五钢职工董事、初轧厂工会主席	2000 年全国劳动模范
厉新礼	男	宝钢梅山矿业公司采矿掘进班班长	2000 年全国劳动模范
戴玉歧	男	上海冶金建设有限公司副总工程师	2000 年全国劳动模范
李海平	男	宝钢股份副总经理	2005 年全国劳动模范
陆　波	男	宝钢一钢设备管理处作业长	2005 年全国劳动模范

〔续表〕

姓　名	性别	职　　　务	获　得　荣　誉
杨　磊	男	宝钢五钢特冶厂径快锻分厂厂长助理	2005年全国劳动模范
蒋伟华	男	宝钢浦钢中板厂热轧车间主任	2005年全国劳动模范
杨和平	男	宝钢梅山炼钢厂总调度长	2005年全国劳动模范
王　军	男	宝钢股份宝钢分公司热轧厂首席点检员	2010年全国劳动模范
张汉谦	男	宝钢集团中央研究院(宝钢股份研究院)结构钢研究所首席研究员	2010年全国劳动模范
张金友	男	宝钢工程技术集团有限公司副总工程师	2010年全国劳动模范
汪金德	男	宝钢集团有限公司工会主席	2010年全国劳动模范
张永洁	男	宝钢工程常州宝菱重工机械有限公司冷加工技术推进室主任	2010年全国劳动模范
周　辉	男	宝钢股份运输部机车高级操作工	2015年全国劳动模范
郁祖达	男	宝钢股份湛江钢铁副总经理	2015年全国劳动模范
买买提明·阿不力孜	男	八一钢铁炼铁分公司第一高炉分厂原料作业区党支部书记	2015年全国劳动模范
薛自力	男	韶关钢铁广东韶钢工程技术有限公司检修事业部焦化维修车间主任	2015年全国劳动模范
储　滨	男	宝钢不锈炼铁厂技能专家	2015年全国劳动模范
康　明	男	宝钢发展有限公司宝钢技术专家	2015年全国劳动模范

表11-3-5　1998—2016年全国五一劳动奖章获得者一览表

姓　名	性别	职　　　务	获　得　荣　誉
董风山	男	宝钢梅山炼铁厂三号高炉支部书记兼副炉长	1998年全国五一劳动奖章
孔利明	男	宝山钢铁(集团)公司运输部高级技师	1998年全国五一劳动奖章
刘林福	男	宝钢一钢浇钢高级工	1999年全国五一劳动奖章
厉新礼	男	宝钢梅山矿业公司采矿掘进班班长	1999年全国五一劳动奖章
单旭沂	男	宝钢股份热轧厂专家	2000年全国五一劳动奖章
樊林泉	男	宝钢五钢转炉炼钢厂厂长	2000年全国五一劳动奖章
郁　竑	男	上海钢铁工艺技术研究所所长	2002年全国五一劳动奖章
劳兆利	男	宝钢股份设备部轧钢一室副主任	2002年全国五一劳动奖章
陆根宝	男	宝钢一钢热轧厂轧钢车间主任	2003年全国五一劳动奖章
胡恒法	男	宝钢梅山技术中心金属材料研究室主任	2003年全国五一劳动奖章

〔续表〕

姓　名	性别	职　　　务	获 得 荣 誉
葛宪平	男	宝钢五钢轧钢厂厂长、党委书记	2004 年全国五一劳动奖章
李　俊	男	宝钢股份冷轧部质监站技术主管	2004 年全国五一劳动奖章
徐汉明	男	上海宝钢工程技术有限公司技术专家、碳钢事业部副部长	2004 年全国五一劳动奖章
曹身亮	男	宝钢梅山矿业公司选矿厂过滤车间大班长	2005 年全国五一劳动奖章
林成城	男	宝钢股份宝钢分公司炼铁厂首席工程师	2006 年全国五一劳动奖章
韩明明	男	宝钢股份宝钢分公司炼铁厂技能专家	2008 年全国五一劳动奖章
王　军	男	宝钢股份宝钢分公司热轧厂首席点检员	2008 年全国五一劳动奖章
倪富荣	男	宝钢股份宝钢分公司冷轧厂首席工程师	2008 年全国五一劳动奖章
陈祖东	男	宝钢股份销售中心首席管理师	2009 年全国五一劳动奖章
王康健	男	宝钢股份宝钢分公司冷轧厂技能专家	2009 年全国五一劳动奖章
陈海涛	男	八一钢铁新疆八一钢铁股份有限公司总会计师、董事会秘书	2010 年全国五一劳动奖章
白松涛	男	宝钢股份炼钢厂转炉技能专家	2011 年全国五一劳动奖章
陈逸君	男	宝钢股份黄石涂镀板有限公司党委书记、纪委书记、工会主席	2011 年全国五一劳动奖章
杜国华	男	宝钢工程上海宝钢工业技术服务公司技能专家	2012 年全国五一劳动奖章
李玉超	男	八一钢铁焦煤集团阜康气煤公司安全生产部部长	2012 年全国五一劳动奖章
李国保	男	宝钢集团中央研究院(宝钢股份研究院)首席研究员	2014 年全国五一劳动奖章
许友云	男	宝钢国际杭州宝井钢材加工配送有限公司 1800 剪切线班长	2014 年全国五一劳动奖章
王瑞贤	男	八一钢铁富蕴蒙库铁矿有限责任公司工艺主任工程师	2014 年全国五一劳动奖章
黄健美	男	韶关钢铁信息部部长	2014 年全国五一劳动奖章
朱怀宇	男	宝钢股份炼铁厂高级工程师	2015 年全国五一劳动奖章
周洪海	男	宝钢股份钢管条钢事业部高级技师	2015 年全国五一劳动奖章
鲍　平	男	宝钢新日铁汽车板有限公司首席工程师	2016 年全国五一劳动奖章
胡　平	男	宝钢股份热轧厂轧钢首席操作工	2016 年全国五一劳动奖章

表 11-3-6　1998—2016 年国家级(工人)发明家一览表

姓　名	性别	职　　　务	获 得 荣 誉
孔利明	男	宝钢股份运输部技能专家	2009 年中国当代发明家
王康健	男	宝钢股份冷轧厂技能专家	2010 年中国当代发明家

表 11－3－7　1998—2016 年全国三八红旗手、全国五一巾帼标兵一览表

姓　名	性别	职　　务	获 得 荣 誉
白　凌	女	上海宝钢工业检测公司环境检测站站长	2006 年全国三八红旗手
任玉苓	女	宝钢股份宝钢分公司冷轧厂首席工程师	2006 年全国三八红旗手
王笑波	女	宝钢集团中央研究院(宝钢股份研究院)首席研究员	2008 年全国三八红旗手
王　奕	女	宝信软件解决方案本部 ERP(企业资源计划)事业部软件事业部副总经理	2009 年全国三八红旗手
戴　菊	女	宝钢发展有限公司工厂维护部空调维护技师	2010 年全国三八红旗手
李慧珍	女	宝钢化工宝山分公司化验室组长	2012 年全国五一巾帼标兵
张义凤	女	宝钢工程上海宝钢工业技术服务有限公司金艺检测研发工程师	2014 年全国五一巾帼标兵

表 11－3－8　1998—2016 年共青团系统全国先进个人一览表

姓　名	性别	职　　务	获 得 荣 誉
张龙来	男	宝山钢铁(集团)公司炼铁厂原料分厂副厂长	1998 年度全国杰出青年岗位能手
徐乐江	男	宝山钢铁(集团)公司常务副总经理	1998 年第三届中国优秀青年科技创业奖
张继贵	男	上海宝钢冶金建设公司筑炉公司员工	1998 年中国优秀外来务工青年
穆　铮	男	宝钢股份炼钢部连铸一分厂火焰清理工	1999 年第二次全国各族青年团结进步模范个人
周　盛	男	宝钢化工苯加氢作业区丙班员工	1999 年中国青年志愿服务奖
江来珠	男	宝钢股份技术中心结构钢所专家	1999—2000 年度全国企业青年创新“技术创新奖”
刘长威	男	宝钢股份团委书记	2000 年全国优秀共青团干部
王　军	男	宝钢股份热轧部员工	2000 年度全国杰出青年岗位能手
汪家伟	男	宝钢一钢运输公司员工	2002 年度全国优秀志愿者
蒋晓放	男	宝钢股份炼钢厂首席工程师	首届全国青年创新创效奖(2002 年)
王小干	男	宝钢股份团委书记	2004 年度全国优秀团干部
幸利军	男	宝钢股份热轧厂高级技师	2004 年度全国青年岗位能手
赵春阳	男	宝钢股份能源部技术协理	2004 年度全国技术能手
奚昌明	男	宝钢股份宝钢分公司热轧厂轧钢工	2006 年全国技术能手
时俊普	男	宝信软件研发部高级工程师	2006 年全国技术能手
翁志华	男	宝钢集团有限公司团委书记	2006 年度全国青工技能振兴计划先进个人
董如春	男	宝钢股份不锈钢分公司炼钢厂设备管理室除尘作业区作业长	2006 年度全国优秀共青团员

〔续表〕

姓名	性别	职务	获得荣誉
陈卓雷	男	宝钢股份宝钢分公司冷轧厂主任工程师	2006年度全国青年岗位能手
熊文敏	女	宝钢发展有限公司企业文化部业务高级经理	中国青年志愿者优秀个人
胡晓东	男	宝钢发展有限公司人力发展中心组织管理员	2012年全国青年岗位能手
钱良丰	男	宝钢股份炼铁厂工程师	2012年全国青年岗位能手
金　国	男	宝钢股份硅钢部轧钢工艺主任工程师	2014年全国青年岗位能手
陈新豫	男	八一钢铁焦煤集团矿山救护大队科员	2014年全国青年岗位能手
王　语	男	宝钢集团有限公司团委书记	2014年度全国优秀共青团干部
蒋少林	男	宝钢工程上海宝钢节能环保技术有限公司营销总监	2014—2015年度全国青年岗位能手标兵
万　翔	男	韶关钢铁炼钢厂工程师	2014—2015年度全国青年岗位能手
阿不都维力·艾拜都拉	男	八一钢铁炼钢厂第一炼钢分厂机械设备专业工程师	2014—2015年度全国青年岗位能手
程　畅	男	上海宝信软件股份有限公司总监	2014—2015年度全国青年岗位能手
陈开泉	男	韶关钢铁区域工程师	2014—2015年度全国青年岗位能手
钟文剑	男	韶关钢铁炼轧厂设备工程师	2014—2015年度全国青年岗位能手
李国军	男	宝钢股份梅钢公司炼铁厂设备室电气点检员	2014—2015年度全国青年岗位能手
王毅民	男	宝钢工程技术集团有限公司团委书记	2015年度全国优秀共青团干部

表11-3-9　1998—2016年中央企业劳动模范、道德模范一览表

姓名	性别	职务	获得荣誉
李海平	男	宝钢股份副总经理	2004年中央企业劳动模范
孔利明	男	宝钢股份运输部高级技师	2004年中央企业劳动模范
陈　震	男	宝钢股份梅钢公司炼钢厂一号连铸机机长	2004年中央企业劳动模范
饶记珠	男	宝钢一钢不锈钢工程指挥部总指挥	2004年中央企业劳动模范
谭唯一	男	宝钢浦钢中板厂热工高级工程师	2004年中央企业劳动模范
杨　磊	男	宝钢五钢特冶厂径快锻分厂厂长助理	2004年中央企业劳动模范
蒋立诚	男	宝钢股份副总经理	2009年中央企业劳动模范
王康健	男	宝钢股份冷轧厂技能专家	2009年中央企业劳动模范
王国清	男	宝钢股份制造管理部首席工程师	2009年中央企业劳动模范
奚健生	男	宝钢股份不锈钢分公司炼钢厂设备管理室高级点检员	2009年中央企业劳动模范
倪建平	男	宝钢股份特殊钢分公司钢管厂作业长	2009年中央企业劳动模范
吴志荣	男	宝钢股份中厚板分公司炼铁厂主任工程师	2009年中央企业劳动模范

〔续表〕

姓　名	性别	职　　务	获 得 荣 誉
于建霞	男	宝钢股份梅钢公司能环部能调中心供电作业区作业长、主任工程师	2009年中央企业劳动模范
潘智军	男	上海宝钢国际经济贸易有限公司北方分公司党委书记兼副总经理	2009年中央企业劳动模范
张汉谦	男	宝钢集团中央研究院(宝钢股份研究院)结构钢所首席研究员	2009年中央企业劳动模范
张金友	男	宝钢工程技术集团有限公司副总工程师	2009年中央企业劳动模范
刘百臣	男	宝钢发展上海宝钢新型建材科技有限公司副总经理	2009年中央企业劳动模范
张文学	男	宝钢股份热轧厂厂长	2013年中央企业劳动模范
周　辉	男	宝钢股份运输部机车高级操作工	2013年中央企业劳动模范
王　利	男	宝钢集团中央研究院(宝钢股份研究院)重点实验室副主任	2013年中央企业劳动模范
杨宝权	男	宝钢股份钢管条钢事业部首席工程师	2013年中央企业劳动模范
张立红	女	宝钢特钢制造管理部钢管室首席研究员	2013年中央企业劳动模范
庄华明	男	宝钢发展上海宝钢物流有限公司作业长	2013年中央企业劳动模范
王江涛	男	宝钢不锈炼钢厂炉长	2013年中央企业劳动模范
赵刚山	男	宝钢工程上海宝锋工程技术有限公司总设计师	2013年中央企业劳动模范
王　军	男	宝钢股份热轧厂技能专家	2015年中央企业道德模范
卢伟栋	男	宝钢集团上海浦东钢铁有限公司退休员工	2015年中央企业道德模范

表11-3-10　1998—2016年省部级劳动模范一览表

姓　名	性别	职　　务	获 得 荣 誉
单旭沂	男	宝钢股份热轧部计算机及应用技术专家	1998—2000年度上海市劳动模范
郭可中	男	宝钢股份总经理助理	1998—2000年度上海市劳动模范
林成城	男	宝钢股份高炉炉长	1998—2000年度上海市劳动模范
白松涛	男	宝钢股份技能专家	1998—2000年度上海市劳动模范
李　俊	男	宝钢股份冷轧部质检站技术主管	1998—2000年度上海市劳动模范
劳兆利	男	宝钢股份设备部轧钢一室副主任	1998—2000年度上海市劳动模范
吴福祥	男	宝钢股份钢管分公司设备管理室电气作业区点检员	1998—2000年度上海市劳动模范
龚祖铭	男	上海宝钢设备检修有限公司机修大队技术组组长	1998—2000年度上海市劳动模范
樊林泉	男	宝钢五钢转炉炼钢厂厂长	1998—2000年度上海市劳动模范
浦树民	男	宝钢集团上海十钢有限公司总经理	1998—2000年度上海市劳动模范
周奠华	男	宝钢五钢研究二所材料一室主任	1998—2000年度上海市劳动模范

〔续表〕

姓　名	性别	职　　　　务	获　得　荣　誉
殷　匠	男	宝钢五钢研究一所结构钢室科员	1998—2000 年度上海市劳动模范
杨奇华	男	宝钢五钢炼钢厂炼钢车间副主任	1998—2000 年度上海市劳动模范
戴玉岐	男	上海冶金建设有限公司副总工程师	1998—2000 年度上海市劳动模范
周金发	男	上海宝钢建设有限公司安装工程分公司冷焊一组组长	1998—2000 年度上海市劳动模范
陆根宝	男	宝钢一钢热轧厂轧钢车间主任	1998—2000 年度上海市劳动模范
樊继平	男	宝钢梅山矿业公司采矿场场长	1998—2000 年度上海市劳动模范
刘代德	男	宝钢梅山炼铁厂厂长、党委书记	1998—2000 年度上海市劳动模范
胡恒发	男	宝钢梅山钢研所金属材料研究室主任	1998—2000 年度上海市劳动模范
刘　华	男	宝钢梅山热轧板厂电气车间主任	1998—2000 年度上海市劳动模范
孙渭民	男	宝钢梅山动能部供水车间技术员	1998—2000 年度上海市劳动模范
王旭午	男	烟台鲁宝钢管有限责任公司总经理	1998—2000 年度山东省劳动模范
王海泳	男	宝钢股份炼钢厂 1450 板坯连铸作业长	2001—2003 年度上海市劳动模范
杜国华	男	宝钢股份热轧部技能专家	2001—2003 年度上海市劳动模范
朱进兴	男	宝钢股份高级工程师	2001—2003 年度上海市劳动模范
丁为国	男	宝钢股份马迹山港党支部书记	2001—2003 年度上海市劳动模范
王伟民	男	宝钢股份钢管分公司技术研究室主任工程师	2001—2003 年度上海市劳动模范
郑　磊	男	宝钢股份工艺材料类技术专家	2001—2003 年度上海市劳动模范
许健勇	男	宝钢股份轧钢技术专家	2001—2003 年度上海市劳动模范
丁石勇	男	宝钢梅山技改工程常务副总指挥	2001—2003 年度上海市劳动模范
杨和平	男	宝钢梅山炼钢厂生产计划科总调度长	2001—2003 年度上海市劳动模范
曹身亮	男	宝钢梅山矿业公司选矿厂过滤车间大班长	2001—2003 年度上海市劳动模范
冯春荣	男	宝钢梅山热轧厂机械车间副主任	2001—2003 年度上海市劳动模范
沈建国	男	宝钢梅山能源公司经理、党委书记	2001—2003 年度上海市劳动模范
伏中哲	男	宝钢集团上海第一钢铁有限公司董事长、总经理	2001—2003 年度上海市劳动模范
谢荣凯	男	宝钢一钢炼钢厂连铸点检作业长	2001—2003 年度上海市劳动模范
唐惠强	男	宝钢一钢 1 780 毫米热轧日班作业长	2001—2003 年度上海市劳动模范
王明华	男	宝钢一钢炼铁厂高炉车间主任	2001—2003 年度上海市劳动模范
邵国平	男	宝钢浦钢生产制造部品种科主管	2001—2003 年度上海市劳动模范
胡建国	男	宝钢浦钢厚板厂厂长	2001—2003 年度上海市劳动模范
陈必武	男	宝钢浦钢中板厂厂长	2001—2003 年度上海市劳动模范
张海滨	男	宝钢集团上海五钢有限公司总经理助理	2001—2003 年度上海市劳动模范
王立荣	男	宝钢集团上海五钢有限公司副总工程师	2001—2003 年度上海市劳动模范

〔续表〕

姓　名	性别	职　　　务	获得荣誉
陆江帆	男	宝钢五钢炼钢厂厂长	2001—2003年度上海市劳动模范
卢锅定	男	宝钢五钢劳服总公司党委书记、总经理	2001—2003年度上海市劳动模范
沈利坤	男	宝钢五钢钢研所冷带分厂电工段工段长	2001—2003年度上海市劳动模范
张　健	男	宝钢集团上海二钢有限公司副总经理	2001—2003年度上海市劳动模范
徐　楠	男	宝钢集团企业开发总公司总经理	2001—2003年度上海市劳动模范
秦　荣	男	宝钢集团企业开发总公司工业公司党委书记	2001—2003年度上海市劳动模范
沈瑞娣	女	宝钢集团企业开发总公司厂容绿化公司班长	2001—2003年度上海市劳动模范
顾雪全	男	上海宝钢建设有限公司炉窑机电分公司经理	2001—2003年度上海市劳动模范
朱孔林	男	宝钢工程上海冶金设计研究院副院长	2001—2003年度上海市劳动模范
严江生	男	上海宝钢工程技术有限公司主任工程师	2001—2003年度上海市劳动模范
宋健海	男	宝信软件ERP(企业资源计划)事业部总经理	2001—2003年度上海市劳动模范
魏国瑞	男	上海宝钢化工有限公司总经理	2001—2003年度上海市劳动模范
刘　安	男	宁波宝新不锈钢有限公司总经理	2001—2003年度上海市劳动模范
王　军	男	宝钢股份宝钢分公司热轧厂高级点检员	2004—2006年度上海市劳动模范
王骏飞	男	宝钢股份宝钢分公司冷轧厂首席工程师	2004—2006年度上海市劳动模范
石　磊	男	宝钢股份宝钢分公司运输部班长	2004—2006年度上海市劳动模范
马志刚	男	宝钢股份宝钢分公司炼钢厂首席工程师	2004—2006年度上海市劳动模范
余良栋	男	宝钢股份宝钢分公司条钢厂首席工程师	2004—2006年度上海市劳动模范
刘　波	男	宝钢股份宝钢分公司炼铁厂项目组经理	2004—2006年度上海市劳动模范
沈中芳	男	宝钢股份不锈钢分公司工程管理部部长	2004—2006年度上海市劳动模范
陆庆忠	男	宝钢股份不锈钢分公司炼铁厂副厂长	2004—2006年度上海市劳动模范
傅震来	男	宝钢股份不锈钢分公司炼钢厂炉长	2004—2006年度上海市劳动模范
杨　磊	男	宝钢股份特殊钢分公司特种冶金厂锻造副厂长	2004—2006年度上海市劳动模范
徐松乾	男	宝钢股份特殊钢分公司制造管理部首席工程师	2004—2006年度上海市劳动模范
冯春荣	男	宝钢股份梅钢公司热轧板厂室主任	2004—2006年度上海市劳动模范
沈建国	男	宝钢股份梅钢公司能源公司经理	2004—2006年度上海市劳动模范
唐建荣	男	宝钢股份化工分公司苯加氢作业区作业长	2004—2006年度上海市劳动模范
滕　亮	男	宝信软件高级技术总监	2004—2006年度上海市劳动模范
陈燕莹	女	宝钢国际上海宝钢浦东国际贸易有限公司不锈钢部经理	2004—2006年度上海市劳动模范
陈祖东	男	宝钢股份销售中心高级主任营销师	2004—2006年度上海市劳动模范
杜　斌	男	宝钢集团中央研究院(宝钢股份研究院)自动化所所长	2004—2006年度上海市劳动模范
徐维伍	男	宝和通商株式会社钢铁部部长	2004—2006年度上海市劳动模范

〔续表〕

姓　名	性别	职　　务	获 得 荣 誉
施　平	男	宝钢股份资材备件采购部员工	2004—2006 年度上海市劳动模范
卓祥龙	男	宝钢梅山设备公司综合检修站站长	2004—2006 年度上海市劳动模范
吴永伟	男	宝钢一钢机电公司总经理助理	2004—2006 年度上海市劳动模范
李　华	男	宝钢浦钢中厚板厂热轧车间党支部书记	2004—2006 年度上海市劳动模范
王建荣	男	宝钢浦钢炼钢厂项目组室主任	2004—2006 年度上海市劳动模范
陆海虎	男	宝钢二钢 PC(高强度低松弛预应力钢丝)厂长助理	2004—2006 年度上海市劳动模范
朱文军	男	宝钢集团上海钢管有限公司高端钢管“产、销、研”一体化工作小组技术主管	2004—2006 年度上海市劳动模范
孙林峰	男	宝钢集团企业开发总公司交运公司汽修分公司经理助理	2004—2006 年度上海市劳动模范
康　明	男	宝钢集团企业开发总公司生产协力公司技术室主任	2004—2006 年度上海市劳动模范
庄国伟	男	上海宝钢工程技术有限公司副总工程师	2004—2006 年度上海市劳动模范
潘擎方	男	上海宝钢产业发展有限公司上海宝翼制罐有限公司售后服务工程师	2004—2006 年度上海市劳动模范
白　凌	女	上海宝钢工业检测公司环境监测站站长	2004—2006 年度上海市劳动模范
赵周礼	男	宝钢股份副总经理	2004—2006 年度上海市劳动模范
张　淼	男	上海宝钢工程技术有限公司总经理	2004—2006 年度上海市劳动模范
韩明明	男	宝钢股份宝钢分公司炼铁厂技能专家	2004—2006 年度上海市劳动模范
杨建华	男	宝钢股份宝钢分公司炼钢厂连铸一分厂主要操作工	2007—2009 年度上海市劳动模范
查震鸿	男	宝钢股份宝钢分公司热轧厂设备管理室综合点检员	2007—2009 年度上海市劳动模范
严古国	男	宝钢股份宝钢分公司电厂首席运行操作工	2007—2009 年度上海市劳动模范
李国保	男	宝钢股份宝钢分公司硅钢部技术室首席工程师	2007—2009 年度上海市劳动模范
余相文	男	宝钢股份宝钢分公司设备部设管室工程师	2007—2009 年度上海市劳动模范
班必俊	男	宝钢股份宝钢分公司制造管理部员工	2007—2009 年度上海市劳动模范
严金铭	男	宝钢股份资材备件采购部员工	2007—2009 年度上海市劳动模范
朱仁良	男	宝钢股份宝钢分公司炼铁厂厂长	2007—2009 年度上海市劳动模范
吉明鹏	男	宝钢股份梅钢公司炼铁厂员工	2007—2009 年度上海市劳动模范
陈　超	男	宝钢股份中厚板分公司制造部员工	2007—2009 年度上海市劳动模范
楼定波	男	宝钢股份副总经理、不锈钢事业部总经理	2007—2009 年度上海市劳动模范
储　滨	男	宝钢股份不锈钢事业部技能专家	2007—2009 年度上海市劳动模范
唐　俭	男	宝钢股份不锈钢事业部热轧厂员工	2007—2009 年度上海市劳动模范
杨　桦	女	宝钢股份特钢事业部冶炼工艺技术主任	2007—2009 年度上海市劳动模范
唐志军	男	宝钢股份特殊钢分公司锻造厂径锻分厂员工	2007—2009 年度上海市劳动模范
王洪兵	男	宝钢股份钢管事业部总经理助理	2007—2009 年度上海市劳动模范

〔续表〕

姓　名	性别	职　　　　务	获　得　荣　誉
茅静忠	男	宝钢股份特钢事业部员工	2007—2009 年度上海市劳动模范
孙勤奋	男	宝钢国际上海宝钢钢材贸易有限公司营销一部经理	2007—2009 年度上海市劳动模范
杨　斌	男	宝钢国际上海宝井钢材加工配送有限公司员工	2007—2009 年度上海市劳动模范
高　勇	男	宝和通商株式会社钢铁部部长	2007—2009 年度上海市劳动模范
孙大乐	男	宝钢集团中央研究院(宝钢股份研究院)首席研究员	2007—2009 年度上海市劳动模范
夏　军	男	宝钢股份宝钢分公司薄板销售部员工	2007—2009 年度上海市劳动模范
李永春	男	宝钢股份宝钢分公司产品发展部主任业务代表	2007—2009 年度上海市劳动模范
顾　君	男	宝钢化工宝山分公司化产品一厂焦油萘作业区甲班班长	2007—2009 年度上海市劳动模范
吕继民	男	宝钢资源规划发展部煤炭开发单元总经理	2007—2009 年度上海市劳动模范
楼祖良	男	宝钢金属宝钢钢构有限公司副总工程师	2007—2009 年度上海市劳动模范
杨孝永	男	宝钢工程炼钢事业部员工	2007—2009 年度上海市劳动模范
谭兴海	男	宝钢工程上海宝钢设备检修有限公司表面技术所首席工程师	2007—2009 年度上海市劳动模范
王东红	女	宝信软件宝立自动化公司技术部技术主管	2007—2009 年度上海市劳动模范
倪华兴	男	宝钢发展有限公司工厂维护部空调技术员	2007—2009 年度上海市劳动模范
冯　敏	女	宝钢发展有限公司体检中心化验组组长	2007—2009 年度上海市劳动模范
严建忠	男	宝钢发展有限公司工业环保部劳防厂作业长	2007—2009 年度上海市劳动模范
李克隆	男	五钢公司上海五钢物流有限责任公司经理	2007—2009 年度上海市劳动模范
尤勇明	男	一钢公司生产协力部工程师	2007—2009 年度上海市劳动模范
任国友	男	宝钢梅山冷轧产成品运输大队司机	2007—2009 年度上海市劳动模范
俞樟勇	男	宝钢股份炼铁厂主任工程师	2010—2014 年度上海市劳动模范
徐国栋	男	宝钢股份炼钢厂首席工程师	2010—2014 年度上海市劳动模范
顾华忠	男	宝钢股份硅钢部首席工程师	2010—2014 年度上海市劳动模范
陈　杰	男	宝钢股份冷轧厂高级点检员	2010—2014 年度上海市劳动模范
张典波	男	宝钢股份总经理助理，原料采购中心总经理、党委书记	2010—2014 年度上海市劳动模范
张忠铧	男	宝钢集团中央研究院(宝钢股份研究院)钢管条钢技术中心主任	2010—2014 年度上海市劳动模范
夏正军	男	宝钢股份梅钢公司采矿场支护车间喷浆二班班长	2010—2014 年度上海市劳动模范
韩前路	男	宝钢股份梅钢公司热轧板厂高级操作工	2010—2014 年度上海市劳动模范
穆海玲	女	宝钢股份梅钢公司技术中心首席工程师	2010—2014 年度上海市劳动模范
贾方俊	男	宝钢梅山新事业分公司点检员	2010—2014 年度上海市劳动模范
徐友禄	男	宝钢股份梅钢公司炼钢厂炉长	2010—2014 年度上海市劳动模范

〔续表〕

姓　名	性别	职　　　务	获　得　荣　誉
金国平	男	宝钢股份钢管条钢事业部技能专家	2010—2014 年度上海市劳动模范
陶　红	女	宝钢国际上海宝钢商贸有限公司总经理助理	2010—2014 年度上海市劳动模范
鲍　平	男	宝钢新日铁汽车板有限公司销售部首席工程师	2010—2014 年度上海市劳动模范
朱海华	男	宝钢不锈热轧厂主任工程师	2010—2014 年度上海市劳动模范
张　全	男	宝钢不锈炼钢厂连铸分厂乙班浇注作业区四号机组长	2010—2014 年度上海市劳动模范
胡俊辉	男	宝钢特钢长材事业部总工程师	2010—2014 年度上海市劳动模范
龚张耀	男	宝钢特钢钢管厂首席工程师	2010—2014 年度上海市劳动模范
曹传根	男	宝钢资源铁矿资源开发总经理	2010—2014 年度上海市劳动模范
贾砚林	男	宝钢金属有限公司董事长	2010—2014 年度上海市劳动模范
郁　杨	男	宝钢金属上海宝钢包装股份有限公司销售总监	2010—2014 年度上海市劳动模范
范舒平	男	宝钢工程宝钢轧辊科技有限责任公司副总经理	2010—2014 年度上海市劳动模范
吉志勇	男	宝钢工程上海宝钢工业技术服务有限公司资深作业师	2010—2014 年度上海市劳动模范
周金水	男	宝钢化工宝山分公司首席工程师	2010—2014 年度上海市劳动模范
刘加海	男	华宝证券有限责任公司总经理	2010—2014 年度上海市劳动模范
何国强	男	宝钢发展上海宝钢工业有限公司包装技术首席师	2010—2014 年度上海市劳动模范
程寅夏	男	宝钢发展上海宝钢新型建材科技有限公司首席操作工	2010—2014 年度上海市劳动模范
沈春锋	男	宝信软件技术总监	2010—2014 年度上海市劳动模范
陈　平	男	宝钢股份湛江钢铁炼钢项目组副组长	2010—2014 年度广东省劳动模范
姜　敏	男	宝钢股份钢管条钢事业部南通宝钢钢铁有限公司总经理	2011 年江苏省劳动模范

表 11－3－11　1998—2016 年中国共产党全国代表大会代表、中央候补委员一览表

姓　名	性别	代表、候补委员名称
李其世	男	中国共产党第十四次全国代表大会代表
关壮民	男	中国共产党第十五次全国代表大会代表
谢企华	女	中国共产党第十五届中央委员会候补委员
		中国共产党第十六届中央委员会候补委员
刘国胜	男	中国共产党第十六次全国代表大会代表
徐乐江	男	中国共产党第十七届中央委员会候补委员
		中国共产党第十八届中央委员会候补委员

表 11－3－12　1998—2016 年全国人民代表大会代表一览表

姓　名	性别	代　表　名　称
田定宇	男	第九届全国人民代表大会代表
杜　斌	男	第十一届全国人民代表大会代表

表 11－3－13　1998—2016 年中国人民政治协商会议全国委员会委员一览表

<table>
<tr><th>姓　名</th><th>性别</th><th>委　员　名　称</th></tr>
<tr><td rowspan="2">王　静</td><td rowspan="2">女</td><td>政协第十届全国委员会委员</td></tr>
<tr><td>政协第十一届全国委员会委员</td></tr>
<tr><td>谢企华</td><td>女</td><td>政协第十一届全国委员会委员</td></tr>
</table>

表 11－3－14　1998—2016 年各民主党派全国代表大会代表一览表

姓　名	性别	代　表　名　称
李丽英	女	九三学社第八次全国代表大会代表
张立仁	男	中国民主建国会第八次全国代表大会代表
郑安国	男	中国民主建国会第九次全国代表大会代表

表 11－3－15　1998—2016 年中华全国总工会代表大会代表和执委会委员一览表

<table>
<tr><th>姓　名</th><th>性别</th><th>代表、委员名称</th></tr>
<tr><td>彭培炎</td><td>男</td><td>中华全国总工会第十三次代表大会资格审查委员会委员</td></tr>
<tr><td rowspan="2">卞恩君</td><td rowspan="2">男</td><td>中华全国总工会第十三届执行委员会委员</td></tr>
<tr><td>中华全国总工会第十四届执行委员会委员、中华全国总工会第十四次代表大会代表</td></tr>
<tr><td>郭朝晖</td><td>男</td><td>中华全国总工会第十四次代表大会代表</td></tr>
</table>

表 11－3－16　1998—2016 年共青团全国代表大会代表和中央委员、候补委员一览表

姓　名	性别	代表、委员名称
刘长威	男	共青团第十四届中央委员会委员、共青团第十四次全国代表大会代表
翁志华	男	共青团第十五届中央委员会委员、共青团第十五次全国代表大会代表
贾怡云	女	共青团第十六届中央委员会委员、共青团第十六次全国代表大会代表
妙旭嫣	女	共青团第十六届中央委员会候补委员、共青团第十六次全国代表大会代表
王　语	男	共青团第十七届中央委员会委员、共青团第十七次全国代表大会代表

第四章　先进集体

1998年11月—2016年11月，是宝钢集团横向并购、优化重组，提高产业集中度，做强做大优势企业，打造世界级钢铁集团的重要时期。这期间，一大批来自上海宝钢集团公司、宝钢集团有限公司及下属单位的优秀集体，团结奋进，在不同的领域、不同岗位辛勤耕耘、成果丰硕，推动宝钢在快速发展的进程中实现质的飞跃。

表11-4-1　1998—2016年宝钢集团获国家级以上荣誉奖项一览表

年份	获奖单位	获奖项目	颁奖单位	获奖名称或等级
1998	宝山钢铁(集团)公司		国家建设部	全国工程建设管理先进单位
	宝山钢铁(集团)公司		中国质量管理协会	全国质量效益型先进企业、全国质量效益型先进特别企业
	宝山钢铁(集团)公司		国家环保局	全国环境保护先进企业
	宝山钢铁(集团)公司		中华全国总工会、共青团中央、中国质量管理协会、中国科学技术协会	全国质量管理小组活动优秀企业
	宝山钢铁(集团)公司		中国设备管理协会	全国设备管理先进单位
	宝钢集团企业开发总公司厂容绿化公司四中队一班		中华全国总工会	全国模范职工之家
	宝山钢铁(集团)公司、上海宝钢冶金建设公司、中国第十九冶金建设公司等	宝钢1 580毫米热轧工程	住房城乡建设部、中国建筑业协会	1998年度中国建设工程鲁班奖(国家优质工程)
	宝钢科学技术协会		中国科学技术协会等	第七届全国“讲理想、比贡献”活动先进集体
1999	上海宝钢集团公司		国务院	全国民族团结进步模范集体
	上海宝钢集团公司		中国企业管理协会	中国企业管理杰出贡献奖
	上海宝钢集团公司		中央精神文明委员会	全国精神文明创建工作先进单位
	上海宝钢集团公司		卫生部、红十字总会	全国无偿献血促进奖
	上海宝钢集团公司		全国实施用户满意工程联合推进办公室	全国实施用户满意工程先进单位
	上海宝钢集团公司		国家投资统计司	全国固定资产投资统计工作先进单位
	上海宝钢集团公司		国家冶金局	全国冶金思想政治工作优秀企业
	上海宝钢集团公司		国家冶金局	全国冶金系统密码保密先进单位
	上海宝钢集团公司		中国设备管理协会	1999年度全国设备管理先进单位

〔续表〕

年份	获 奖 单 位	获奖项目	颁 奖 单 位	获奖名称或等级
1999	上海宝钢集团公司		中国冶金职工思想政治工作研究会	1997—1999年全国冶金优秀思想政治工作研究会
	上海宝钢集团公司、中国第五冶金建设公司上海宝钢五冶分指挥部等	宝钢三期炼焦工程	住房城乡建设部、中国建筑业协会	1999年度中国建设工程鲁班奖(国家优质工程)
	上海宝钢集团公司技术部知识产权室		国家人事部、国家知识产权局	全国专利系统先进集体
	上海宝钢集团公司热轧部2050热轧生产线		共青团中央	全国青年文明号生产线
	宝钢集团上海浦东钢铁集团有限公司厚板厂宽厚板生产线		共青团中央	全国青年文明号生产线
	上海宝钢集团公司团委		共青团中央	全国五四红旗团委标兵
2000	宝山钢铁股份有限公司、中国第二十冶金建设公司等	宝钢1 420毫米冷轧带钢工程	住房城乡建设部、中国建筑业协会	2000年度中国建设工程鲁班奖(国家优质工程)
	宝钢集团上海梅山有限公司设计院		国家工程建设质量奖审定委员会	国家建设工程银质奖
	宝山钢铁股份有限公司		中国质量协会	全国质量效益型先进企业
	宝山钢铁股份有限公司		福布斯	中国上市公司100强第一名
	宝钢股份炼铁部一号高炉		共青团中央	全国青年文明号
	上海宝钢集团公司团委		共青团中央、国家经贸委、国家知识产权局、中国科学技术协会	1999—2000年度全国企业青年创新创效活动先进单位
	上海宝钢集团公司团委		国家冶金局	全国冶金系统青年创新创效活动优秀组织单位
	宝钢股份炼铁部一号高炉		中央企业团工委	2000年度中央企业系统青年文明号
	宝钢股份炼钢部铸钢分厂青年浇钢台		中央企业团工委	2000年度中央企业系统青年文明号
2001	上海宝钢集团公司		中华全国总工会	全国五一劳动奖状(全国先进集体)
	宝钢集团上海梅山有限公司		全国绿化委员会、国家林业局等	全国绿化先进集体
	宝山钢铁股份有限公司		中国质量协会	2001年全国质量管理奖
	宝山钢铁股份有限公司		中国质量协会	全国质量效益型先进企业
	宝山钢铁股份有限公司	宝钢股份1 550毫米冷轧工程	住房城乡建设部、中国建筑业协会	2001年度中国建设工程鲁班奖(国家优质工程)

〔续表〕

年份	获奖单位	获奖项目	颁奖单位	获奖名称或等级
2001	宝山钢铁股份有限公司党委		中共中央组织部	全国先进基层党组织
	宝钢股份炼钢部铸钢分厂青年浇钢台		共青团中央	全国青年文明号信用建设示范创建单位
2002	上海宝钢集团公司		中国企业联合会、中国企业家协会、全国企业管理现代化创新成果审定委员会	全国企业管理创新特别成就奖
	上海宝钢集团公司		国家工商总局	首批全国"守合同、重信用"企业
	上海宝钢集团公司		国家统计局	2002年全国投入产出调查先进集体
	上海宝钢集团公司		教育部	全国职业教育先进单位
	上海宝钢集团公司		中国职工教育和职业培训协会	全国职工培训先进单位
	上海宝钢集团公司		中国机冶建材工会全国委员会、中国钢铁工业协会	全国重点钢铁联合企业"节能增效"竞赛优秀组织单位
	宝山钢铁股份有限公司		国家统计局	2002年全国投入产出调查先进集体
	宝山钢铁股份有限公司		国家知识产权局	全国专利工作先进单位
	宝山钢铁股份有限公司		国家质检总局	2002年国家质量管理卓越企业
	宝山钢铁股份有限公司		中国质量协会	全国质量效益型先进企业
	宝山钢铁股份有限公司		美国世界钢动态公司	全球最具竞争力钢铁企业第五名
	宝山钢铁股份有限公司		亚太质量组织	亚太质量组织"世界级组织奖"
	宝山钢铁股份有限公司、上海宝钢冶金建设公司等	宝钢2 030毫米冷轧增设热轧酸洗板工程	国家工程建设质量奖审定委员会	2002年度国家优质工程银质奖
	宝山钢铁股份有限公司		中国机冶建材工会全国委员会、中国钢铁工业协会	全国重点钢铁联合企业"节能增效"竞赛优秀组织单位
	宝钢集团上海冶金建设有限公司	逸仙路高架道路工程2·1标	中国质量协会	全国用户满意工程
	宁波宝新不锈钢有限公司		中国外商投资企业协会	2002年度全国外商投资"双优"企业
	宝钢集团上海梅山有限公司上海梅山矿业有限公司		中国钢铁工业协会、中国冶金矿山企业协会、中国冶金报社	全国首届冶金矿山"十佳厂矿"

〔续表〕

年份	获 奖 单 位	获奖项目	颁 奖 单 位	获奖名称或等级
2002	宝钢股份设备部		中国钢铁工业协会	中国钢铁工业协会2002年度设备管理先进单位
	宝钢集团上海第一钢铁有限公司热轧厂		中国钢铁工业协会	中国钢铁工业协会2002年度设备管理先进单位
	宝钢集团上海浦东钢铁有限公司厚板厂		中国钢铁工业协会	中国钢铁工业协会2002年度设备管理先进单位
	宝钢集团上海五钢有限公司轧钢厂		中国钢铁工业协会	中国钢铁工业协会2002年度设备管理先进单位
	宝钢集团上海梅山有限公司		中央企业工委	中央企业实行厂务公开表扬单位
	宝钢集团企业开发总公司工会		中华全国总工会	全国模范职工之家、全国工会干部教育培训先进集体
	梅山第二小学		国家教委	全国家庭教育先进单位
2003	上海宝钢集团公司		中国企业联合会、中国企业家协会	中国企业新纪录优秀创造单位
	上海宝钢集团公司		中国企业联合会、中国企业家协会、全国企业管理现代化创新成果审定委员会	全国企业管理创新特别成就奖
	上海宝钢集团公司		国家西气东输工程建设领导小组、中国石油天然气集团公司	国家西气东输管道工程先进集体
	上海宝钢集团公司		中共中央纪律检查委员会、中共中央组织部、国务院国资委、监察部、中华全国总工会	2003年全国厂务公开先进单位
	宝山钢铁股份有限公司		中华全国总工会	全国五一劳动奖状(全国先进集体)
	上海宝钢益昌薄板有限公司		中华全国总工会	全国五一劳动奖状(全国先进集体)
	上海梅山钢铁股份有限公司		国家质检总局、国家标准化管理委员会	全国标准化先进单位
	宝山钢铁股份有限公司、上海五冶冶金建设有限公司、上海宝冶建设有限公司、上海十三冶金建设有限公司、中国第二十冶金建设公司等	宝钢股份1550毫米冷轧项目	国家环境保护总局	国家环境保护百佳工程
	宝山钢铁股份有限公司		世界钢动态公司	全球世界级钢铁企业综合竞争力排名第二

〔续表〕

年份	获 奖 单 位	获奖项目	颁 奖 单 位	获奖名称或等级
2003	宝山钢铁股份有限公司		中国质量协会	全国质量效益型先进企业、全国质量效益型先进企业特别奖
	宝山钢铁股份有限公司		中央电视台	CCTV(中央电视台)2003十家中国最具价值上市公司年度评选第一
	宝山钢铁股份有限公司		中华全国总工会、共青团中央、中国质量管理协会、中国科学技术协会	全国质量管理小组活动优秀企业
	宝山钢铁股份有限公司		中央企业工委	2003年中央企业厂务公开先进单位
	宝山钢铁股份有限公司		福布斯	2003年度“中国上市公司100强”排行榜第二名
	宝山钢铁股份有限公司党委		国务院国资委党委、国务院国资委	中央企业先进基层党组织
	上海宝钢建设有限公司		建设部	全国建筑工程装饰奖
	宝钢股份科技发展部		劳动和社会保障部、国家知识产权局	全国专利系统先进集体
	上海宝钢集团公司办公室		国家档案局、中央档案馆	全国档案工作优秀集体
	上海宝钢集团公司保密委员会办公室		劳动和社会保障部、国家保密局	1999—2003年全国先进保密工作集体
	宝钢集团上海浦东钢铁有限公司厚板厂成品车间酸洗乙班		中国质量协会	全国质量信得过班组
	宝钢集团上海第一钢铁有限公司人民武装部		中国人民解放军总参谋部、总政治部	中国基层民兵预备役先进单位
	宝钢集团上海五钢有限公司	高质量特种金属新材料	中国航天科技集团公司	中国首次载人航天飞行纪念奖章
	上海宝钢国际经济贸易有限公司		商务部	中国外贸企业守信用体系指定示范单位
	宝山钢铁股份有限公司		中国钢铁工业协会	第二届全国钢铁行业技能竞赛团体奖、第二届全国钢铁行业技能竞赛优秀组织奖
	上海宝钢集团公司		中国钢铁工业协会	中国钢铁工业协会2003年出口工作先进集体
	宝钢工程质量监督站		国家冶金工业局	2003年度冶金行业先进工程质量监督站
	梅山工程质量监督站		国家冶金工业局	2003年度冶金行业先进工程质量监督站

〔续表〕

年份	获奖单位	获奖项目	颁奖单位	获奖名称或等级
2003	宝钢集团上海梅山有限公司职业技能鉴定站		冶金工业职业技能鉴定指导中心	2003—2004年度冶金行业职业技能鉴定先进单位
	宁波宝新不锈钢有限公司		中国质量协会	2003年度全国质量效益型企业
	上海宝钢益昌薄板有限公司		中国设备管理协会	第六届全国设备管理优秀单位
	宝钢集团上海梅山有限公司		中国设备管理协会	第六届全国设备管理优秀单位
	宝钢股份技术中心信息技术及亚欧信息研究组		共青团中央	全国青年文明号十年成就奖
	宝钢特钢技术中心结构工模具钢研究室		共青团中央	中央企业2003年度全国青年文明号
	宝钢股份技术中心信息技术及亚欧信息研究组		共青团中央	中央企业2003年度全国青年文明号
	宝钢股份炼铁厂高炉分厂一号高炉		共青团中央	中央企业2003年度全国青年文明号
	上海宝钢集团公司团委		共青团中央	全国青年文明号活动优秀组织奖
	宝钢股份团委		共青团中央	全国五四红旗团委标兵
	宝钢股份条钢厂线材团总支		共青团中央	全国五四红旗团支部
	宝钢股份团委		共青团中央	全国青年创新创效活动先进单位
	宝钢股份团委		共青团中央	全国青年创新创效活动优秀组织奖
	宝钢集团上海五钢有限公司技术中心第一研究所结构工模具钢室		共青团中央	青年科技创新先进集体
2004	上海宝钢集团公司		国家安全生产监督管理总局	2004年《安全生产法》普法活动优秀组织奖
	上海宝钢集团公司		国家旅游局	全国工业旅游示范点
	宝山钢铁股份有限公司		中华全国总工会	全国五一劳动奖状
	上海宝钢国际经济贸易有限公司		中华全国总工会	全国五一劳动奖状
	宝钢集团上海第一钢铁有限公司		中国设备管理协会	全国设备管理优秀单位
	宝钢集团上海第一钢铁有限公司炼钢厂连铸车间管理组		中国质量协会	全国质量信得过班组
	宝钢集团上海浦东钢铁有限公司中板厂		中国设备管理协会	全国设备管理先进集体

〔续表〕

年份	获 奖 单 位	获奖项目	颁 奖 单 位	获奖名称或等级
2004	宝山钢铁股份有限公司		国家信息化测评中心	中国企业信息化标杆企业
	宝山钢铁股份有限公司		国务院国资委	全国六西格玛推广先进企业
	宝山钢铁股份有限公司		中国企业竞争力年会	2004年中国上市公司企业竞争力20强
	宝山钢铁股份有限公司		国家发展和改革委员会、国家西气东输工程建设领导小组、中国石油天然气集团公司	西气东输工程建设先进集体
	宝山钢铁股份有限公司		中国企业竞争力年会	2004年“最具竞争力的上市公司20强”排行榜第二名
	宝山钢铁股份有限公司		中国投资者关系(IR)年会	2004年度A股公司投资者关系最佳大型公司奖最佳危机处理奖
	宝钢股份技术中心		国家发展和改革委员会	国家认定技术中心成就奖
	上海宝钢设备检修有限公司宝钢机械厂		国家信息化测评中心	中国企业信息化标杆企业
	上海宝钢设备检修有限公司运输设备修理厂铁路信号组		国务院国资委	2004年中央企业先进集体
	宝钢集团企业开发总公司工业公司冷轧包装分公司2030站甲班板包一组		国务院国资委	2004年中央企业先进集体
	宝钢股份热轧厂磨辊车间技师班组		中华全国总工会	全国创新示范岗
	宝钢集团上海第一钢铁有限公司		中国计划生育协会	全国计划生育协会先进集体
	宁波宝新不锈钢有限公司	二期技改光亮退火机组工程	中国冶金建设协会	2004年度冶金工业优质工程
	宁波宝新不锈钢有限公司		国家统计局	全国工业联网直报先进单位
	上海宝钢二手机动车经营有限公司		工业和信息化部	2004年度国家优秀系统集成企业
	上海宝信软件股份有限公司		信息产业部	2004年度中国软件产业最大规模前100家企业第21位、2004年度中国独立软件开发企业最大规模前30家企业第7位

〔续表〕

年份	获 奖 单 位	获奖项目	颁 奖 单 位	获奖名称或等级
2004	上海宝钢化工有限公司		中国石油和化学工业协会	中国化工行业技术创新示范企业
	上海宝钢化工有限公司		国家统计局工业交通统计司、信息报社、行业企业信息发布中心	中国基础化学原料制造行业效益十佳企业前三强
	上海宝钢国际经济贸易有限公司团委		中央企业团工委	2004 年度中央企业五四红旗团委
	宝钢股份设备部冶炼分析计算机组		中央企业团工委	2004 年度中央企业青年文明号
2005	上海宝钢集团公司		国家旅游局	全国"工业旅游示范点"
	上海宝钢集团公司		中共中央宣传部、司法部	2001—2005 年全国法制宣传教育先进单位
	上海宝钢集团公司		劳动和社会保障部、中国职工教育和职业培训协会	全国企业培训先进单位
	宝钢集团有限公司		世界钢铁动态公司(WSD)	2005 年世界级钢铁公司综合竞争力排名第三
	宝钢集团有限公司		中国企业家联合会、中国企业家协会	中国企业新纪录创新成就奖
	宝钢集团上海第一钢铁有限公司、中国第一冶金建设公司、上海五冶冶金建设有限公司、上海十三冶建设有限公司、中国第十七冶金建设公司、中国第十九冶金建设公司、中国第二十冶金建设公司、上海冶金建设公司等	宝钢集团一钢不锈钢及碳钢热轧板卷工程	住房城乡建设部、中国建筑业协会	2005 年度中国建设工程鲁班奖(国家优质工程)
	宝山钢铁股份有限公司		国家信息化测评中心、《互联网周刊》	第二届中国企业信息化 500 强榜首
	宝山钢铁股份有限公司			重大企业信息化建设成就奖
	宝山钢铁股份有限公司		中央电视台	2005·CCTV(中央电视台)我最喜欢的中国品牌榜特别贡献奖
	宝山钢铁股份有限公司		《世界企业家》杂志等	中国最受尊敬上市公司
	宝山钢铁股份有限公司		中央电视台	中国十佳上市公司
	宝山钢铁股份有限公司		国家环保总局	国家环境友好企业

〔续表〕

年份	获奖单位	获奖项目	颁奖单位	获奖名称或等级
2005	宝山钢铁股份有限公司	六西格玛精益运营在宝钢的实践应用	中国质量协会	首届中国质量协会质量技术奖一等奖
	宝山钢铁股份有限公司	“宝钢”商标	国家工商总局商标评审委员会	中国驰名商标
	宝山钢铁股份有限公司			2005年度最优秀工业奖
	宝山钢铁股份有限公司		中央精神文明建设指导委员会办公室	全国文明单位
	宝山钢铁股份有限公司		《世界经理人周刊》等	中国上市公司最佳治理100强
	宝山钢铁股份有限公司		《投资者关系》杂志	投资者关系最佳进步奖、“投资者关系进步最快公司”第二名
	宝钢股份宝钢分公司		中华全国总工会	全国学习型组织标兵单位
	宝钢股份宝钢分公司设备部轧钢二室		共青团中央	2005年度全国青年文明号
	宝钢股份宝钢分公司炼铁厂高炉分厂一号高炉		共青团中央	2005年度全国青年文明号
	宝钢股份不锈钢分公司炼钢厂连铸车间浇钢作业区乙班三号机组		共青团中央	2005年度全国青年文明号
	宝钢股份特殊钢分公司制造管理部结构钢工模具钢室		共青团中央	2005年度全国青年文明号
	宝钢股份宝钢分公司冷轧厂1320生产线		中央企业团工委	2005年度中央企业青年文明号
	宝钢股份宝钢分公司设备部冶炼分析计算机组		中央企业团工委	2005年度中央企业青年文明号
	宝钢股份特殊钢分公司特种冶金厂重熔分厂		中央企业团工委	2005年度中央企业青年文明号
	宝钢股份不锈钢分公司炼铁厂2500高炉中央控制班组		中央企业团工委	2005年度中央企业青年文明号
	宝钢集团上海梅山有限公司上海梅山矿业有限公司选矿厂过滤车间操作丙班		中央企业团工委	2005年度中央企业青年文明号
	宝钢股份化工分公司团委		中央企业团工委	2005年度中央企业五四红旗团委
	宝钢股份贸易分公司实业公司废钢供应中心团支部		中央企业团工委	2005年度中央企业五四红旗团支部

〔续表〕

年份	获奖单位	获奖项目	颁奖单位	获奖名称或等级
2005	上海宝钢集团公司教育培训中心		中国职工教育和职业培训协会	中国职工教育和职业培训协会“2000—2005年度科研成果突出贡献单位”、中国钢铁工业协会“钢铁行业职工教育培训工作先进单位”
	上海宝钢集团公司史志编辑部		中国地方志指导小组	全国方志先进集体
2006	宝钢集团有限公司		国家统计局	中国制造业500强第一名
	宝钢集团有限公司	“宝钢”品牌	世界生产力科学联盟、中国生产力学会、第十四届世界生产力大会中国组委会	2006中国十大世界影响力品牌
	宝钢集团有限公司	“宝钢”品牌	世界生产力科学联盟、中国生产力学会、第十四届世界生产力大会中国组织委员会	2006世界市场中国(钢铁)十大年度品牌榜首
	宝钢集团有限公司		中国企业联合会、中国企业家协会	2006年度中国最佳诚信企业(首届)
	宝钢股份宝钢分公司		中华全国总工会	全国五一劳动奖状
	宝钢欧洲贸易有限公司		中华全国总工会	全国五一劳动奖状
	宝钢股份宝钢分公司		中国企业联合会、中国企业家协会	2006年度优秀诚信企业(首届)
	宝钢股份宝钢分公司		中华环境保护基金会	第三届中华环境奖——绿色东方奖
	宝钢股份宝钢分公司		共青团中央、劳动和社会保障部、国务院国资委、国家知识产权局、中国科学技术协会	全国青工技能振兴计划示范单位
	宝钢股份宝钢分公司		国务院国资委党委、中央统战部六局	2006年度“爱企业、献良策、作贡献”优秀成果先进集体
	宝钢股份梅钢公司		国务院国资委党委、中央统战部六局	2006年度“爱企业、献良策、作贡献”优秀成果先进集体
	宝钢股份化工分公司		国务院国资委党委、中央统战部六局	2006年度“爱企业、献良策、作贡献”优秀成果先进集体

〔续表〕

年份	获 奖 单 位	获奖项目	颁 奖 单 位	获奖名称或等级
2006	宝钢股份宝钢分公司冷轧厂		国务院国资委党委、中央统战部六局	2006年度“爱企业、献良策、作贡献”优秀成果先进集体
	宝钢股份不锈钢分公司炼钢厂		国务院国资委党委、中央统战部六局	2006年度“爱企业、献良策、作贡献”优秀成果先进集体
	宝钢集团有限公司党委统战部		国务院国资委党委、中央统战部六局	2006年度“爱企业、献良策、作贡献”优秀成果组织奖
	宝钢股份化工分公司化产二厂苯加氢作业区		中央企业团工委	中央企业2006年度全国青年文明号
	宝钢集团新疆八一钢铁有限公司团委		共青团中央	2006年度全国五四红旗团委
	宝钢股份梅钢公司团委		中央企业团工委	第六批中央企业五四红旗团委创建单位、2006年度中央企业五四红旗团委
	宝钢股份化工分公司煤气精制厂团总支		中央企业团工委	2006年度中央企业五四红旗团支部
	上海宝钢国际经济贸易有限公司成都宝钢西部贸易有限公司团支部		中央企业团工委	2006年度中央企业五四红旗团支部
	宝钢股份宝钢分公司冷轧薄板厂涂镀分厂镀锡机组甲班		中央企业团工委	2006年度中央企业青年文明号
	宝山钢铁股份有限公司		国家环保总局	国家环境友好企业
	宝钢股份宝钢分公司、上海宝冶建设有限公司、上海十三冶建设有限公司等	宝钢宽厚板轧机工程	住房城乡建设部、中国建筑业协会	2006年度中国建设工程鲁班奖(国家优质工程)
	宝钢股份宝钢分公司、上海宝冶建设有限公司、上海十三冶建设有限公司等	宝钢宽厚板轧机工程	国家工程建设质量奖审定委员会	2006年度国家优质工程银质奖
	宁波宝新不锈钢有限公司	冷轧不锈钢四期技术改造工程	国家工程建设质量奖审定委员会	2006年度国家优质工程银质奖
	宝山钢铁股份有限公司		劳动和社会保障部	国家技能人才培育“突出贡献奖”
	宝钢集团有限公司老干部一处		中共中央组织部、人事部	全国老干部工作先进集体
	宝钢集团上海五钢有限公司纪委、监察部		国务院国资委党委、国务院国资委	中央企业纪检监察系统先进集体

〔续表〕

年份	获 奖 单 位	获奖项目	颁 奖 单 位	获奖名称或等级
2007	宝钢集团有限公司		美国《财富》杂志	全球最受赞赏的公司
	宝钢集团有限公司		国务院国资委	2007 年度信息化水平 A 级
	宝钢集团有限公司		中国企业联合会、中国企业家协会	2007 年度中国最佳诚信企业
	宝山钢铁股份有限公司、上海宝冶建设有限公司等	宝钢二号高炉易地大修（宝钢四号高炉）工程	国家工程建设质量奖审定委员会	2007 年度国家优质工程金质奖
	宝钢股份不锈钢分公司等	一钢不锈钢及碳钢热轧板卷技术改造项目	国家工程建设质量奖审定委员会	2007 年度国家优质工程金质奖
	宝山钢铁股份有限公司、上海五冶冶金建设有限公司、中国二十冶建设有限公司等	宝钢 1 800 毫米冷轧带钢工程	住房城乡建设部、中国建筑业协会	2007 年度中国建设工程鲁班奖（国家优质工程）
	宝山钢铁股份有限公司		中国钢铁工业协会	2007 年度中国钢铁工业清洁生产环境友好企业
	宝山钢铁股份有限公司	高等级乘用车钢板	中国钢铁工业协会	中国钢铁工业产品开发市场开拓奖
	宝钢股份宝钢分公司		国务院国资委党委、中央统战部六局	2007 年度“爱企业、献良策、作贡献”主题活动优秀成果先进集体
	宝钢集团有限公司团委	“团干部素质模型的研究”课题	共青团中央	全国基层团建创新理论成果奖
	宝钢股份宝钢分公司冷轧厂 1420 生产线		共青团中央、国务院国资委	中央企业 2007 年度全国青年文明号
	宝钢股份宝钢分公司设备部轧钢二室		共青团中央、国务院国资委	中央企业 2007 年度全国青年文明号
	宝钢股份宝钢分公司炼铁厂高炉分厂一号高炉		共青团中央、国务院国资委	中央企业 2007 年度全国青年文明号
	宝钢股份特殊钢分公司制造管理部结构钢工模具钢室		共青团中央、国务院国资委	中央企业 2007 年度全国青年文明号

〔续表〕

年份	获 奖 单 位	获奖项目	颁 奖 单 位	获奖名称或等级
2007	宝钢股份技术中心竞争情报研究小组		共青团中央、国务院国资委	中央企业2007年度全国青年文明号
	上海宝钢化工有限公司化产二厂苯加氢作业区		共青团中央、国务院国资委	中央企业2007年度全国青年文明号
	宝钢股份不锈钢分公司炼钢厂连铸车间浇铸作业区乙班三号机组		共青团中央、国务院国资委	中央企业2007年度全国青年文明号
2008	宝钢集团有限公司		中国企业联合会、中国企业家协会	中国企业新纪录优秀创造单位
	宝钢集团有限公司		科学技术部、国务院国资委、中华全国总工会	首批国家创新型企业
	宝钢集团有限公司		民政部	2008年度中华慈善奖
	宝钢集团有限公司		上海世博会事务协调局	2010年上海世博会明星赞助企业评选——2008年服务明星奖
	宝钢集团有限公司		中国生产力学会、中国国防科技工业企业管理协会	2008建设和谐社会与企业社会责任(上海浦东)论坛“企业社会责任贡献奖”
	宝钢集团有限公司		《第一财经日报》	2008第一财经·中国企业社会责任榜——杰出企业奖
	宝山钢铁股份有限公司		国家信息化测评中心	2008年度信息化企业大奖
	宝山钢铁股份有限公司		国家信息化测评中心	重大企业信息化建设成就奖
	上海宝钢化工有限公司技术中心精细化工研究室		中央企业团工委	2008年度中央企业青年文明号
	宝山钢铁股份有限公司、上海宝冶建设有限公司、中国二十冶建设有限公司等	宝钢1 880毫米热轧带钢工程	住房城乡建设部、中国建筑业协会	2008年度中国建设工程鲁班奖(国家优质工程)
	宝钢股份梅钢公司炼钢厂浇钢作业区丙班		中央企业团工委	2008年度中央企业青年文明号
	上海宝钢工业检测公司土炉工程部中厚板分公司工作团队		中央企业团工委	2008年度中央企业青年文明号
	宝钢股份特殊钢分公司能源部电力分厂220千伏总降站		中央企业团工委	2008年度中央企业青年文明号
	宝钢股份宝钢分公司条钢厂线材轧机生产线		中央企业团工委	2008年度中央企业青年文明号
	宝钢股份研究院团委		中央企业团工委	2008年度中央企业五四红旗团委

〔续表〕

年份	获 奖 单 位	获奖项目	颁 奖 单 位	获奖名称或等级
2008	宝钢股份不锈钢分公司热轧厂轧钢分厂团支部		中央企业团工委	2008 年度中央企业五四红旗团支部
	宝钢股份梅钢公司运输部原料码头团支部		中央企业团工委	2008 年度中央企业五四红旗团支部
	宝钢股份中厚板分公司厚板厂设备管理室团支部		中央企业团工委	2008 年度中央企业五四红旗团支部
	宝钢集团有限公司抗震救灾前线指挥部临时党总支		国务院国资委、国资委党委	中央企业 2008 年抗震救灾先进基层党组织
	宝钢金属有限公司		国务院国资委、国务院国资委党委	中央企业 2008 年抗震救灾先进集体
	宝钢股份销售中心		住房和城乡建设部	住房和城乡建设部抗震救灾先进集体
2009	宝钢集团有限公司		世界钢铁动态公司(WSD)	世界级钢铁公司综合竞争力位列第三
	宝钢集团有限公司		民政部	第五届(2009 年度)中华慈善奖·中华慈善奖
	宝钢集团有限公司		由中国企业 CSR 研究中心等机构	2009 中国企业社会责任特别大奖
	宝钢集团有限公司		美国《财富》杂志	2009 年度全球最受尊敬企业名列行业第二
	宝钢集团有限公司		人民日报社、人民网、《中国新闻周刊》	中国经济百强榜共和国 60 年最具影响力品牌 60 强
	宝钢集团有限公司		中央电视台	新中国成立 60 周年——推动经济·影响民众生活的 60 个杰出品牌
	宝钢集团有限公司	宝钢工程	中国建筑业协会联合水利、电力、铁道、公路、冶金、化工、市政、煤炭、石油、有色金属、解放军等 11 家行业建设协会	新中国成立 60 周年百项经典暨精品工程
	宝钢集团上海浦东钢铁有限公司、上海宝冶建设有限公司等	宝钢浦钢搬迁罗泾工程 COREX 炼铁主体单元工程	住房城乡建设部、中国建筑业协会	2009 年度中国建设工程鲁班奖(国家优质工程)
	宝山钢铁股份有限公司		中国质量协会	全国推行全面质量管理 30 周年优秀企业
	宝钢股份上海梅山钢铁股份有限公司		中国质量协会	全国实施卓越绩效模式先进企业

〔续表〕

年份	获 奖 单 位	获奖项目	颁 奖 单 位	获奖名称或等级
2009	宝钢浦钢搬迁罗泾工程指挥部炼钢项目组		人力资源和社会保障部、国务院国资委	2009 年中央企业先进集体
	宝钢股份宝钢分公司炼钢厂转炉一分厂炉前作业区丁班一号炉班组		人力资源和社会保障部、国务院国资委	2009 年中央企业先进集体
	宝钢股份宝钢分公司王军科技创新小组		人力资源和社会保障部、国务院国资委	2009 年中央企业先进集体
	宝钢股份销售中心营销管理部合同计划室		人力资源和社会保障部、国务院国资委	2009 年中央企业先进集体
	宝钢股份原料采购中心煤焦原料室		人力资源和社会保障部、国务院国资委	2009 年中央企业先进集体
	宝钢新加坡贸易有限公司		人力资源和社会保障部、国务院国资委	2009 年中央企业先进集体
	上海宝印金属彩涂有限公司印铁防伪技术小组		人力资源和社会保障部、国务院国资委	2009 年中央企业先进集体
	宝钢集团上海浦东钢铁有限公司团委		中央企业团工委	第七批（2007—2009 年度）中央企业五四红旗团委创建单位
	宝钢股份不锈钢分公司团委		中央企业团工委	第七批（2007—2009 年度）中央企业五四红旗团委创建单位
	上海宝钢国际经济贸易有限公司上海宝钢钢材贸易有限公司营销团支部		中央企业团工委	2009 年度中央企业五四红旗团支部
	宝钢股份能源环保部制氧分厂团支部		中央企业团工委	2009 年度中央企业五四红旗团支部
2010	宝钢集团有限公司		中国企业评价协会	中国企业自主创新 TOP 100 第三名
	宝钢集团有限公司		民政部	第六届（2010 年度）中华慈善奖·最具爱心企业
	宝钢集团有限公司		中央电视台	2010·CCTV（中央电视台）中国年度品牌
	宝钢集团有限公司史志办公室		中国地方志指导小组	全国方志系统先进集体
	宝山钢铁股份有限公司		中国节能协会、科博会中国能源战略高层论坛组委会	首届节能中国贡献奖
	宝山钢铁股份有限公司		中国节能协会、科博会中国能源战略高层论坛组委会	2010 节能中国十大贡献企业
	宝钢集团上海梅山有限公司		全国绿化委员会办公室	全国绿化模范单位

〔续表〕

年份	获 奖 单 位	获奖项目	颁 奖 单 位	获奖名称或等级
2010	宝钢集团上海梅山有限公司新事业分公司炼钢水作业处理区连铸水处理班		全国妇联	全国巾帼建功文明岗位
	宝钢股份梅钢公司炼钢厂连铸车间浇钢丙班作业区		共青团中央	2009—2010年度全国青年文明号
2011	宝钢集团有限公司		中华全国总工会	全国五一劳动奖状
	宝钢集团有限公司		民政部	第七届(2011年度)中华慈善奖·最具爱心捐赠企业
	宝钢集团有限公司		中华全国总工会、中共中央宣传部、中央精神文明建设指导委员会办公室、工业和信息化部、商务部、国务院国资委	第12届全国职工职业道德建设标兵单位
	宝钢集团有限公司		中华全国总工会	“十一五”(2006—2010年)时期社会主义劳动竞赛先进集体
	宝山钢铁股份有限公司工会		中华全国总工会	全国模范职工之家
	宝山钢铁股份有限公司工会		中华全国总工会	全国企业工会工作红旗单位
	宝钢集团有限公司老干部一处		中共中央组织部、人力资源和社会保障部	全国老干部工作先进集体
	宝钢资源有限公司团委		中央企业团工委	第九批(2009—2011年度)中央企业五四红旗团委创建单位
	上海宝钢设备检修有限公司团委		中央企业团工委	第九批(2009—2011年度)中央企业五四红旗团委创建单位
2012	宝钢集团有限公司		民政部	第八届(2012年度)中华慈善奖·最具爱心捐赠企业
	宝钢集团新疆八一钢铁有限公司八钢股份轧钢厂热轧分厂		中华全国总工会	全国工人先锋号
	宝钢股份工会女职工周末学校		中华全国总工会	全国总工会女职工培训示范学校
	宝钢股份设备部设备管理室策划评价组		全国妇联	全国三八红旗集体
	宝钢集团财务服务与数据共享中心运营管理室		全国妇联	全国巾帼文明岗
	上海宝钢工业技术服务有限公司检化验事业部硅钢检验队		共青团中央、国务院国资委	2011—2012年度全国青年文明号

〔续表〕

年份	获奖单位	获奖项目	颁奖单位	获奖名称或等级
2012	宝钢集团新疆八一钢铁有限公司检修中心炼钢维护部电气二区青年文明号		中央企业团工委	2012年度中央企业青年文明号
	宁波钢铁有限公司能源环保部能源中心水电巡检股		中央企业团工委	2012年度中央企业青年文明号
	宝钢集团中央研究院特钢技术中心实验室团队		中央企业团工委	2012年度中央企业青年文明号
	宝钢集团广东韶关钢铁有限公司华欣分公司钢渣一厂青年文明号		中央企业团工委	2012年度中央企业青年文明号
	上海宝信软件股份有限公司团委		中央企业团工委	2012年度中央企业五四红旗团委
	上海宝钢国际经济贸易有限公司团委		中央企业团工委	2012年度中央企业五四红旗团委
	宝钢不锈钢有限公司炼铁厂高炉分厂团支部		中央企业团工委	2012年度中央企业五四红旗团支部
2013	上海宝钢化工有限公司		中华全国总工会	全国五一劳动奖状
	宝钢集团新疆八一钢铁有限公司物业管理分公司生活管理站		中华全国总工会	全国工人先锋号
	宝钢集团有限公司工会委员会		中华全国总工会	全国模范职工之家
	宝钢金属有限公司上海宝钢包装股份有限公司		人力资源和社会保障部、国务院国资委	中央企业先进集体
	宝钢股份冷轧厂C102轧机乙班		人力资源和社会保障部、国务院国资委	中央企业先进集体
	宝钢资源有限公司青岛宝邯运输贸易有限公司		人力资源和社会保障部、国务院国资委	中央企业先进集体
	上海宝钢化工有限公司梅山分公司煤精厂铵苯作业区丙班		人力资源和社会保障部、国务院国资委	中央企业先进集体
	宝钢股份梅钢公司炼钢厂连铸分厂一连铸丁班作业区二号机		人力资源和社会保障部、国务院国资委	中央企业先进集体
	宝钢集团新疆八一钢铁有限公司八钢股份炼钢厂团委		全国钢铁行业共青团工作指导和推进委员会	2013年度全国钢铁行业五四红旗团委标兵

〔续表〕

年份	获 奖 单 位	获奖项目	颁 奖 单 位	获奖名称或等级
2013	宝钢集团广东韶关钢铁有限公司韶钢松山炼铁厂团委		全国钢铁行业共青团工作指导和推进委员会	2013 年度全国钢铁行业五四红旗团委
	宁波钢铁有限公司炼铁厂团总支部		全国钢铁行业共青团工作指导和推进委员会	2013 年度全国钢铁行业五四红旗团支部标兵
	广州薄板有限公司广州 JFE 钢板有限公司团总支部		中央企业团工委	2013 年度全国钢铁行业五四红旗团支部
	宝钢股份热轧厂团委		中央企业团工委	2013 年度中央企业五四红旗团委
	宝钢工程技术集团有限公司宝钢工业技术服务有限公司团委		中央企业团工委	2013 年度中央企业五四红旗团委
	宝钢集团新疆八一钢铁有限公司团委		中央企业团工委	2013 年度中央企业五四红旗团委
	宁波钢铁有限公司焦化厂团总支		中央企业团工委	2013 年度中央企业五四红旗团支部
	宝钢股份硅钢部		中央企业团工委	2013 年度中央企业青年文明号
	宝钢股份运输部马迹山港青年集体		中央企业团工委	2013 年度中央企业青年文明号
	宝钢集团新疆八一钢铁有限公司检修中心炼钢维护部机械一区		中央企业团工委	2013 年度中央企业青年文明号
	宝钢工程技术集团有限公司宝钢轧辊科技有限责任公司轧辊制造中心机加厂工艺科		中央企业团工委	2013 年度中央企业青年文明号
	宝钢发展有限公司上海宝钢新型建材科技有限公司上海宝田新型建材有限公司三号线生产维护团队		中央企业团工委	2013 年度中央企业青年文明号
2014	宝钢集团新疆八一钢铁有限公司检修中心炼铁维护部能源机械一区热电钳工组		中华全国总工会	全国工人先锋号
	宝钢集团广东韶关钢铁有限公司炼钢厂运行车间二运行水处理班		全国妇联	全国巾帼文明岗
	宝钢特钢有限公司质保部检测中心力学作业区常数组		全国妇联	全国巾帼文明岗

〔续表〕

年份	获奖单位	获奖项目	颁奖单位	获奖名称或等级
2014	宝山钢铁股份有限公司团委		中央企业团工委	2014年度中央企业五四红旗团委
	宝钢特钢有限公司团委		中央企业团工委	2014年度中央企业五四红旗团委
	宝钢工程技术集团有限公司上海宝钢工业技术服务有限公司空间精度检验部团支部		中央企业团工委	2014年度中央企业五四红旗团支部
	上海宝钢化工有限公司宝山分公司化产品一厂团支部		中央企业团工委	2014年度中央企业五四红旗团支部
	宝钢股份炼铁厂原料分厂原料技改青年团队		中央企业团工委	2014年度中央企业青年文明号
	宝钢集团广东韶关钢铁有限公司工程技术有限公司设备制造事业部三金工车间		中央企业团工委	2014年度中央企业青年文明号
	宝钢不锈钢有限公司能源环保部能源技术室技术组		中央企业团工委	2014年度中央企业青年文明号
	上海宝钢化工有限公司梅山分公司化产厂苯加氢作业区		中央企业团工委	2014年度中央企业青年文明号
	宝钢股份硅钢部		共青团中央、国务院国资委	2013—2014年度全国青年文明号
	上海宝钢化工有限公司梅山分公司煤精厂铵苯丙班		共青团中央、国务院国资委	2013—2014年度全国青年文明号
	宝钢集团广东韶关钢铁有限公司物流部铁运公司0066机调组		共青团中央、国务院国资委	2013—2014年度全国青年文明号
	宝钢股份硅钢部硅钢一分厂技术组		全国钢铁行业共青团工作指导和推进委员会	2013—2014年度全国钢铁行业青年文明号
	宝钢集团新疆八一钢铁有限公司检修中心炼钢维护部电气一区		全国钢铁行业共青团工作指导和推进委员会	2013—2014年度全国钢铁行业青年文明号
	宁波钢铁有限公司焦化厂煤气净化作业区		全国钢铁行业共青团工作指导和推进委员会	2013—2014年度全国钢铁行业青年文明号
	宝钢不锈钢有限公司团委		全国钢铁行业共青团工作指导和推进委员会	2014年度全国钢铁行业五四红旗团委标兵
	宝钢集团广东韶关钢铁有限公司板材厂团委		全国钢铁行业共青团工作指导和推进委员会	2014年度全国钢铁行业五四红旗团委

〔续表〕

年份	获 奖 单 位	获奖项目	颁 奖 单 位	获奖名称或等级
2014	宝钢发展有限公司宝体物业部团支部		全国钢铁行业共青团工作指导和推进委员会	2014年度全国钢铁行业五四红旗团支部
	上海宝钢国际经济贸易有限公司广州花都宝井汽车钢材部件有限公司团支部		全国钢铁行业共青团工作指导和推进委员会	2014年度全国钢铁行业五四红旗团支部
2015	宝钢集团有限公司		民政部	第九届中华慈善奖·最具爱心捐赠企业
	上海宝钢化工有限公司工会		中华全国总工会	全国模范职工之家
	宝钢股份炼铁厂高炉分厂工会		中华全国总工会	全国模范职工小家
	宝钢发展有限公司团委		全国钢铁行业共青团工作指导和推进委员会	2015年度全国钢铁行业五四红旗团委
	上海宝钢化工有限公司宝山分公司煤气精制厂团支部		全国钢铁行业共青团工作指导和推进委员会	2015年度全国钢铁行业五四红旗团支部
	宝钢工程技术集团有限公司工程技术事业本部建筑事业部团支部		全国钢铁行业共青团工作指导和推进委员会	2015年度全国钢铁行业五四红旗团支部
2016	宝钢集团新疆八一钢铁有限公司炼钢厂第一炼钢分厂		中华全国总工会	全国工人先锋号
	宝钢集团金融系统党委		国务院国资委党委	中央企业先进基层党组织
	宝钢特钢有限公司特材事业部自耗分厂党支部		国务院国资委党委	中央企业先进基层党组织
	宝钢工程技术集团有限公司上海宝钢工业技术服务有限公司检化验事业部硅钢检验队		共青团中央	2015—2016年度全国青年文明号
	宝钢股份冷轧厂轧二分厂1730酸洗机组青年集体		共青团中央	2015—2016年度全国青年文明号

说明：企业管理和科技方面获奖情况见本志“表4-2-1”和“表6-2-1”。

表11-4-2 1998—2016年宝钢集团获省市级荣誉奖项一览表

序号	获 奖 单 位	获奖时间	荣誉称号
1	宝钢股份炼铁厂原烧设备车间烧结电气作业区一烧结组	2001—2003年度	上海市劳动模范集体
2	宝钢股份条钢厂轧钢分厂甲班初轧机组	2001—2003年度	上海市劳动模范集体

〔续表〕

序号	获　奖　单　位	获奖时间	荣誉称号
3	宝钢股份制造管理部检测中心一板材2030化学丙班	2001—2003年度	上海市劳动模范集体
4	宝钢股份能源部制氧分厂运行作业二区日班	2001—2003年度	上海市劳动模范集体
5	宝钢股份设备部冶炼室连铸计算机一组	2001—2003年度	上海市劳动模范集体
6	宝钢集团上海梅山有限公司炼铁厂三号高炉值班室	2001—2003年度	上海市劳动模范集体
7	宝钢集团上海梅山有限公司热轧板厂工艺质量室	2001—2003年度	上海市劳动模范集体
8	宝钢集团上海梅山有限公司矿业公司采矿场支护车间喷浆二班	2001—2003年度	上海市劳动模范集体
9	宝钢集团上海第一钢铁有限公司不锈钢工程指挥部	2001—2003年度	上海市劳动模范集体
10	宝钢集团上海第一钢铁有限公司炼铁厂高炉车间750中央控制室	2001—2003年度	上海市劳动模范集体
11	宝钢集团上海第一钢铁有限公司炼钢厂连铸车间综合组	2001—2003年度	上海市劳动模范集体
12	宝钢集团上海浦东钢铁有限公司中板厂热轧车间轧钢丙班	2001—2003年度	上海市劳动模范集体
13	宝钢集团上海浦东钢铁有限公司厚板厂轧钢车间热轧甲班	2001—2003年度	上海市劳动模范集体
14	宝钢集团上海浦东钢铁有限公司炼钢厂装备科	2001—2003年度	上海市劳动模范集体
15	宝钢集团上海五钢有限公司特冶分公司材料一室	2001—2003年度	上海市劳动模范集体
16	宝钢集团上海五钢有限公司炼钢厂浇钢车间甲班连铸组	2001—2003年度	上海市劳动模范集体
17	宝钢集团上海五钢有限公司上海钢铁研究所技术中心产品工艺研究室	2001—2003年度	上海市劳动模范集体
18	宝钢集团上海二钢有限公司高速线材厂甲班作业区	2001—2003年度	上海市劳动模范集体
19	宝钢集团企业开发总公司综合开发公司宝钢印务公司电脑排版组	2001—2003年度	上海市劳动模范集体
20	宝钢集团企业开发总公司建筑维修公司消防分公司设备点检二区一班	2001—2003年度	上海市劳动模范集体
21	上海宝钢国际经济贸易有限公司上海宝钢钢材贸易有限公司营销三部	2001—2003年度	上海市劳动模范集体
22	宝钢集团上海冶金建设有限公司第五工程管理部	2001—2003年度	上海市劳动模范集体
23	上海宝钢工业检测公司检测工程二部测量一组	2001—2003年度	上海市劳动模范集体
24	宝钢股份特殊钢分公司技术中心高温合金研究室	2005年	上海市五一劳动奖状
25	宝钢股份宝钢分公司炼钢厂转炉一分厂炉前丁班一号炉班组	2004—2006年度	上海市劳动模范集体
26	宝钢股份宝钢分公司钢管厂质检站技术应用组	2004—2006年度	上海市劳动模范集体
27	宝钢股份宝钢分公司能源部能源中心调度室丙班	2004—2006年度	上海市劳动模范集体
28	宝钢股份宝钢分公司设备部电气试验室自动化组	2004—2006年度	上海市劳动模范集体
29	宝钢股份不锈钢分公司炼钢厂转炉分厂转炉作业区乙班转炉组	2004—2006年度	上海市劳动模范集体
30	宝钢股份不锈钢分公司热轧厂轧钢分厂主轧线甲班	2004—2006年度	上海市劳动模范集体
31	宝钢股份特殊钢分公司钢管厂设备管理室点检组	2004—2006年度	上海市劳动模范集体

〔续表〕

序号	获　奖　单　位	获奖时间	荣誉称号
32	宝钢股份特殊钢分公司炼钢厂甲班连铸组	2004—2006 年度	上海市劳动模范集体
33	宝钢股份梅钢公司炼钢厂转炉车间转炉甲班	2004—2006 年度	上海市劳动模范集体
34	宝钢股份梅钢公司炼铁厂高炉分厂二号高炉值班室	2004—2006 年度	上海市劳动模范集体
35	宝钢股份化工分公司煤气精制厂一二期酚水甲班	2004—2006 年度	上海市劳动模范集体
36	宝钢股份贸易分公司实业公司质量检验中心码头一组	2004—2006 年度	上海市劳动模范集体
37	宝钢集团上海梅山有限公司上海梅山矿业有限公司采矿场回采车间出矿六班	2004—2006 年度	上海市劳动模范集体
38	宝钢集团上海第一钢铁有限公司企业开发公司工程技术分公司“陈桂春班组”	2004—2006 年度	上海市劳动模范集体
39	宝钢集团上海浦东钢铁有限公司制造部质量监察科	2004—2006 年度	上海市劳动模范集体
40	宝钢集团上海浦东钢铁有限公司中厚板厂设备车间电气作业区	2004—2006 年度	上海市劳动模范集体
41	宝钢集团上海二钢有限公司特殊钢丝厂油回火甲班作业区	2004—2006 年度	上海市劳动模范集体
42	宝钢集团企业开发总公司工业公司热轧包装分公司钢管站甲班商品组	2004—2006 年度	上海市劳动模范集体
43	宝钢集团企业开发总公司建筑维修公司 2030 消防点检组	2004—2006 年度	上海市劳动模范集体
44	上海宝钢工程技术有限公司电气自动化事业部仪表通讯设计室	2004—2006 年度	上海市劳动模范集体
45	上海宝钢产业发展有限公司上海冠达尔钢结构公司 ERP(企业资源计划)项目小组	2004—2006 年度	上海市劳动模范集体
46	上海宝钢设备检修有限公司测绘设计室设计冶炼组	2004—2006 年度	上海市劳动模范集体
47	宝钢股份厚板厂设备管理室轧线机械点检作业区精轧点检组	2007—2009 年度	上海市劳动模范集体
48	宝钢股份冷轧厂精整一分厂成品业务班	2007—2009 年度	上海市劳动模范集体
49	宝钢股份能源环保部热力分厂高炉鼓风作业区丙班	2007—2009 年度	上海市劳动模范集体
50	宝钢股份梅钢公司炼钢厂连铸车间浇钢丙班二号机	2007—2009 年度	上海市劳动模范集体
51	宝钢股份梅钢公司热轧板厂轧钢车间精轧甲班	2007—2009 年度	上海市劳动模范集体
52	宝钢股份中厚板分公司炼铁厂制造管理室 COREX 操业团队	2007—2009 年度	上海市劳动模范集体
53	宝钢股份不锈钢事业部炼钢厂连铸分厂丁班浇注作业区二号机组	2007—2009 年度	上海市劳动模范集体
54	宝钢股份特钢事业部条钢厂棒材一分厂装辊组	2007—2009 年度	上海市劳动模范集体
55	宝钢股份钢管条钢事业部初轧厂板管丙班精整组	2007—2009 年度	上海市劳动模范集体
56	上海宝钢国际经济贸易有限公司东方钢铁电子商务有限公司在线服务部	2007—2009 年度	上海市劳动模范集体
57	上海宝钢化工有限公司苯加氢技术输出贸易专家组	2007—2009 年度	上海市劳动模范集体
58	宝钢金属有限公司上海宝钢车轮有限公司车轮生产班组	2007—2009 年度	上海市劳动模范集体

〔续表〕

序号	获　奖　单　位	获奖时间	荣誉称号
59	华宝信托有限责任公司信托营销部	2007—2009 年度	上海市劳动模范集体
60	宝钢工程技术集团有限公司 COREX 渣立磨设备国产化研发小组	2007—2009 年度	上海市劳动模范集体
61	宝钢工程技术集团有限公司工程设备部中厚板项目室	2007—2009 年度	上海市劳动模范集体
62	上海宝钢工业检测公司冷轧连退线全流程集中监控项目组	2007—2009 年度	上海市劳动模范集体
63	宝钢发展有限公司餐饮管理分公司厂内餐饮业务热一食堂综合一班	2007—2009 年度	上海市劳动模范集体
64	宝钢发展有限公司新型材料分公司宝田球磨班组	2007—2009 年度	上海市劳动模范集体
65	宝钢集团上海梅山有限公司矿业分公司选矿厂浮选车间操作丁班	2007—2009 年度	上海市劳动模范集体
66	广东钢铁集团有限公司湛江钢铁工程指挥部工程管理部	2007—2009 年度	上海市劳动模范集体
67	上海宝钢国际经济贸易有限公司	2009 年	上海市五一劳动奖状
68	宝钢集团有限公司	2012 年	上海市五一劳动奖状
69	宝钢工程技术集团有限公司常州宝菱重工机械有限公司	2012 年	江苏省五一劳动奖状
70	宝钢新日铁汽车板有限公司设备管理室镀锌机械点检二班	2014 年	上海市五一劳动奖状
71	宝钢股份热轧厂设备管理室 2050 精轧机械点检班	2010—2014 年度	上海市劳动模范集体
72	宝钢股份设备部轧钢室 1550 作业区	2010—2014 年度	上海市劳动模范集体
73	宝钢股份梅钢公司设备分公司炼钢热轧机械检修保障部钳工二班	2010—2014 年度	上海市劳动模范集体
74	宝钢股份梅钢公司能源环保部供水车间一炼钢中心泵房	2010—2014 年度	上海市劳动模范集体
75	宝钢不锈钢有限公司炼铁厂高炉分厂二号高炉中控班	2010—2014 年度	上海市劳动模范集体
76	宝钢特钢有限公司特材事业部超塑分厂	2010—2014 年度	上海市劳动模范集体
77	宝钢工程技术集团有限公司工程技术事业本部连铸装备技术研发团队	2010—2014 年度	上海市劳动模范集体
78	上海宝钢化工有限公司梅山分公司煤精厂铵苯作业区丙班	2010—2014 年度	上海市劳动模范集体
79	宝钢发展有限公司上海宝钢物流有限公司铁路运输部包修车辆组	2010—2014 年度	上海市劳动模范集体
80	宝钢集团上海十钢有限公司租赁经营管理部	2010—2014 年度	上海市劳动模范集体
81	宝钢集团韶关钢铁有限公司韶钢松山板材厂	2015 年	广东省劳动模范集体
82	宝钢股份炼钢厂二炼钢分厂连铸生产准备作业区	2016 年	上海市五一劳动奖状
83	宝钢工程技术集团有限公司工程技术事业本部炼钢事业部	2016 年	上海市五一劳动奖状
84	欧冶云商股份有限公司上海钢铁交易中心有限公司交易运营二部	2016 年	上海市五一劳动奖状

专 记

一、上海宝钢集团公司成立

1997年9月，在中共十五大会议召开期间，参加会议的冶金工业部(简称冶金部)、上海市和有关企业的代表在学习讨论中共中央总书记江泽民所作的报告时，联系实际，提出上海地区钢铁企业联合组建具有国际竞争力的大型钢铁集团的愿望和要求。国务院十分重视代表们的意见，中共中央政治局委员、国务院副总理吴邦国专门听取了汇报，并决定由国家经济贸易委员会(简称国家经贸委)主任王忠禹任组长，冶金部部长刘淇任副组长，由国家经贸委、中共中央财经工作领导小组办公室、国家计划委员会、国家经济体制改革委员会、财政部、中国人民银行、国有资产管理局等部门共同组成联合调查组。

1998年1月12日，调查组专程来沪就上海地区钢铁企业的联合进行调查研究，听取宝山钢铁(集团)公司，上海冶金控股(集团)公司(简称上海冶金)及其所属的上海第一钢铁(集团)有限公司、上海二钢有限公司、上海浦东钢铁(集团)有限公司、上海五钢(集团)有限公司、上海益昌薄板有限公司，以及上海梅山(集团)有限公司(简称梅山)等企业和上海市人民政府、冶金部的意见，经过多次协商、反复研究，4月底向国务院报送调研报告，提出关于如何联合的10点建议。6月初，国务院召开会议进行研究，原则同意调研组意见，明确了联合的指导思想、原则等有关重要问题。

8月6日，国家经贸委在宝山宾馆友谊会堂召开上海地区钢铁企业联合筹备组成立大会。国家经贸委党组书记、主任盛华仁宣布原冶金部副部长徐大铨为组长，由11名成员组成的筹备组成立。这标志着宝山钢铁(集团)公司、上海冶金控股(集团)公司、上海梅山(集团)有限公司的联合重组进入实质性启动阶段。

历时一个多月，联合筹备组起草完成《上海宝钢集团公司组建方案和公司章程》。9月底，国家经贸委向国务院报送组建方案和章程。

11月12日，国务院决定，任命徐大铨为上海宝钢集团公司董事长，谢企华为上海宝钢集团公司总经理(法定代表人)。同日，中共中央大型企业工作委员会研究决定，关壮民任中共上海宝钢集团公司党委书记。

11月13日，国务院下发《关于组建上海宝钢集团公司有关问题的批复》，指出："上海宝钢集团公司是国家以宝山钢铁(集团)公司为主体，吸收上海冶金控股(集团)公司和上海梅山(集团)有限公司参加组建的钢铁企业。联合重组后的上海宝钢集团公司的企事业单位包括：原宝山钢铁(集团)公司及其全资、控股企业；原上海冶金控股(集团)公司及其所属的13个企事业单位；原上海梅山(集团)有限公司及其全资、控股企事业单位。"

11月16日，中共中央大型企业工作委员会研究决定，尹灏、欧阳英鹏任中共上海宝钢集团公司党委副书记。

11月17日，经国务院批准，以宝山钢铁(集团)公司为主，吸收上海冶金控股(集团)公司、上海梅山(集团)有限公司联合组建的上海宝钢集团公司成立，举行揭牌仪式。中共中央政治局委员、国务院副总理吴邦国，中共中央政治局委员、上海市委书记黄菊为上海宝钢集团公司揭牌。吴邦国、盛华仁、上海市市长徐匡迪、国家冶金工业局局长王万宾、徐大铨分别在会上讲话，出席揭牌仪式的还有中共中央、国务院、国家经贸委、上海市等有关方面的领导和代表，宝钢顾问委员会成员，宝钢老领导，上海地区钢铁企业的职工代表及新闻记者共800余人。

吴邦国在讲话时说，上海宝钢集团公司的成立，是中国钢铁行业的一大盛事，也是贯彻落实党的十五大精神，加快国有企业改革与发展，实现国有企业战略性改组的一件大事。上海宝钢集团公司的成立，对于加快上海地区钢铁工业发展，促进中国钢铁工业结构调整，推动国有企业战略性改组，具有十分重要的意义。他希望新组建的上海宝钢集团公司，第一要优化产品结构，发展钢铁精品基地。第二，要大力推进技术进步，狠抓技术创新工程。第三，要深化企业改革，建立现代企业制度。第四，要提高管理水平，向管理要效益。第五，国务院各有关部门和上海市委、市政府要积极为上海宝钢集团公司的发展提供支持和服务。上海宝钢集团公司成立后，包括其全资、控股企业在内，各企业就是一个整体了，希望上海宝钢集团公司领导班子的每一个成员都要顾全这个整体，从这个整体出发，团结一致，互相配合，振奋精神，积极工作，带领广大职工深化企业改革，加快技术改造，加强经营管理，提高国际、国内市场竞争力，为建设世界一流企业，创世界一流水平而努力奋斗。(吴邦国讲话内容详见本志《附录》)。

盛华仁在讲话时说，组建上海宝钢集团公司，是在长期实践中反复酝酿、慎重研究作出的重大决策，是大势所趋、人心所向。有关企业和有关方面过去一直有过这个意向，曾经进行过多次接触，但由于种种原因，联合没有能够实现。党的十五大期间，参加会议的原冶金部、上海市和有关企业的代表在学习讨论江泽民总书记报告时，联系实际，提出上海地区钢铁企业联合组建具有国际竞争力的大型钢铁集团的愿望和要求。国务院十分重视代表们的意见，吴邦国专门听取了汇报，决定由当时的国家经贸委主任王忠禹任组长，原冶金部部长刘淇任副组长，国家经贸委、中央财经工作领导小组办公室、国家计委、原国家体改委、财政部、中国人民银行、原国有资产管理局等部门共同组成联合调查组赴上海进行调查研究。调研组认真听取了宝钢、上海冶金及其所属的一钢、二钢、浦钢、五钢、益昌薄板以及梅山等企业和上海市政府、原冶金部的意见，大家一致赞成联合。调研结束后，各有关方面就联合的问题又多次协商、反复研究，吴邦国就联合的有关问题作了具体指示。4月底，调研组向国务院报送了调研报告，提出了关于如何联合的10点建议。6月初，国务院召开会议进行研究，原则同意调研组的意见，形成了会议纪要，明确了联合的指导思想、原则等有关重要问题，并决定成立联合筹备组，由徐大铨任组长。8月初，联合筹备组在上海成立以后，立即投入紧张工作，很快就起草了《上海宝钢集团公司组建方案》和《公司章程》。9月底，国家经贸委向国务院报送了组建方案和章程。11月13日，国务院下发了《关于组建上海宝钢集团公司有关问题的批复》。盛华仁希望，上海宝钢集团公司新的领导班子和全体职工不辜负党中央和国务院的期望和重托，切实做好各项工作，为把上海宝钢集团公司建设成为世界一流企业，为加快中国钢铁企业改革与发展作出更大的贡献。

徐匡迪在讲话时说，对上海地区的钢铁企业进行国有资产战略性重组，是落实党中央、国务院抓大扶强，壮大优势国有企业，优化产业布局的重大举措。宝钢、上海冶金和梅山实行联合之后，必将有助于现有的产品优势、技术优势、人才优势和管理优势得到进一步发挥，有助于在新的起点上，实施统一规划，科学分工，形成强大的发展合力。衷心期待上海宝钢集团公司成为中国钢铁行业新工艺、新技术及新材料开发的重要基地，成为一个具有较强竞争力的跨地区、跨行业、跨所有制和跨国经营的特大型国有企业，在带动中国钢铁工业水平的提高上发挥重要作用。他表示，上海宝钢集团公司成立以后，上海市委、市政府将一如既往地给予支持，宝钢在上海享有的现有政策，以及上海冶金控股(集团)公司、上海梅山(集团)有限公司享受的各项政策继续延续，保持国有资产、税收问题、职工再就业、社会保障等各方面的政策不变，确保新成立的上海宝钢集团公司各项工作顺利衔接、平稳过渡，保障生产经营、结构调整有序进行。

王万宾在讲话时说，上海宝钢集团公司的成立是上海地区钢铁工业发展的新的里程碑，是中国冶金工业发展史上具有重大历史意义的大事。上海地区的钢铁工业在中国冶金工业和国民经济中都具有十分重要的战略地位。宝钢已经成为中国规模最大的现代化钢铁联合企业，上海地区的其他冶金企业和梅山是中国钢铁工业的重要基地。联合重组后的上海宝钢集团公司的钢、生铁、钢材的产量在全国的比例都将超过10%，总资产将占全国钢铁工业资产总额的近20%。上海地区钢铁工业的联合重组对于推动长江三角洲地区乃至全国冶金工业的战略重组和结构调整都具有十分重大的意义。上海宝钢集团公司的成立，是党中央、国务院关于冶金工业改革和发展的重大战略部署，是国家对冶金工业实施战略性调整的重大举措，也是冶金工业战线贯彻党的十五大精神的重大成果，必将对中国冶金工业的发展思路、战略布局和区域结构、企业结构、工艺结构、产品结构的调整产生重大而深远的影响；上海宝钢集团公司的成立，有利于上海地区钢铁工业的统一规划，合理分工，优势互补，既可解决长期以来困扰我们的条块分割、重复建设问题，又可充分发挥集团的人才优势、技术优势和资源优势，增强技术开发的实力，尽快形成中国钢铁工业最大的汽车板、造船板、硅钢、石油管、不锈钢、新型建筑用材等品种的精品生产基地，必将极大地提高中国钢铁产品的国内市场占有率和国际市场竞争力；上海宝钢集团公司的成立，有利于上海地区钢铁企业深入贯彻“三改一加强”（即改革、改造、改组和加强管理）的方针，加强企业管理，实现资本的优化组合和集约化经营，提高资本运营效率，提高劳动生产率，提高经济效益，必将为全国冶金企业实现两个根本性转变提供新的经验。他希望，上海宝钢集团公司在国家发展规划的指导下，进一步解放思想，转变观念，抓住机遇，深化改革，实施统一规划和专业化分工，坚决制止重复建设，抓紧组织结构、工艺结构、产品结构的调整，坚决淘汰落后工艺和落后产品，加快精品生产线的技术改造；加快市场急需新品种的开发，搞好以产顶进，扩大高附加值产品的市场占有率，积极扩大出口，拓展国际市场，树立中国钢铁名牌产品的全新形象；搞好“三改一加强”，深入学习邯钢经验，建立适应社会主义市场经济体制的运营机制，千方百计提高经济效益，为冶金行业确保国民经济持续、快速、健康发展作出新的贡献。

徐大铨在揭牌仪式上表示，上海宝钢集团公司将以邓小平理论为指南，认真贯彻党的十五大精神，经营管理好国务院授权范围内的国有资产，积极探索国家授权投资的机构和国家控股公司两个试点，建立国有资本经营责任制和运行机制，确保国有资产的保值增值。集团公司将认真制订好统一的发展战略和规划，合理配置资源，避免重复建设，加快战略性结构调整，实现战略重组，增强国内外市场的竞争力。大力推进技术进步，加快淘汰落后工艺和设备，在专业分工的基础上，形成有鲜明特色的专业化、精品化生产流程，形成有自主创新特色的关键技术，形成一大批在品种、质量、价格上有市场竞争力的关键产品，增强企业的发展动力。努力深化企业改革，以资本为主要纽带，理顺集团公司内部关系，积极探索国有特大型企业建立现代企业制度的新途径、新办法。认真学习邯钢经验，促进成员企业转换经营机制，加强管理，发展生产，大力降低成本，提高公司整体的规模经济效益。大力加强精神文明建设，在创新发展中注重企业文化的整合和创新，形成统一意志和合力，树立起团结一致、锐意进取、奋发向上的良好企业形象。

上海宝钢集团公司设立办公室，下设秘书处、调研处、外事办公室、接待处、驻京联络处；人事部，下设干部管理处、工资管理处、人才开发处、人力资源处；规划发展部，下设战略研究处、规划处、科技处、综合处、企业管理处；计划财务部（资产经营部），下设资金管理处、投资管理处、资产经营处、预算处、财会处、成本管理处、建设计财处；市场部，下设市场处、生产协调处、营销管理处、销售处、物资采购处、设备采购处;审计监察部,下设审计处、监察处;法律事务部,下设诉讼处、合同处。原宝山钢铁(集团)公司三期工程指挥部、技术改造管理处、安全环保处、生产部、技术部、设备部、能源部、钢管分公司、技术中心、教育培训中心分别变更为上海宝钢集团公司三期工程指挥部、技术改造管理处、安全环保处、生产部、技术部、设备部、能源部、钢管分公司、技术中心、教育培训中心。原宝山钢铁(集团)公司炼铁厂、炼钢厂、初轧厂、热轧厂、冷轧厂、自备电厂分别变更为上海宝钢集团公司炼铁部、炼钢部、条钢部、热轧部、冷轧部、电厂。保留原上海冶金再就业服务中心建制,继续作为上海市再就业中心的分中心。

中共上海宝钢集团公司委员会设立党委办公室,下设秘书处、信访办;党委组织部(与人事部合署办公),下设组织处、干部处;党委宣传部,下设宣教处、新闻处;党委统战部;党委老干部一处、老干部二处;党校;人民武装部(不设科室机构)。

12月1日,上海市工业党委、市经委根据国务院文件精神,依照《公司法》有关规定,同意注销上海冶金控股(集团)公司,同时撤销中共上海冶金控股(集团)公司委员会。

12月6日,国务院决定,任命谢企华、关壮民、李其世、张思明为上海宝钢集团公司副董事长,尹灏为上海宝钢集团公司董事,徐乐江、郭廉高、何文波、艾宝俊、葛红林为上海宝钢集团公司董事、副总经理,许志斌、戴元永、李海平为上海宝钢集团公司副总经理。

至此,上海地区钢铁企业联合重组、上海宝钢集团公司机构设置全部完成,公司党政领导班子明确、就位。

二、宝钢广东湛江钢铁基地项目建设

广东湛江拥有全年不冻的深水良港和码头岸线，有着离澳大利亚等铁矿石产地最近的海上航程，地平海阔适合发展大型工业，海陆空立体交通网络较为发达，且有着广阔的大西南经济腹地。

1991年，冶金部副部长、上海宝山钢铁总厂(简称宝钢)工程指挥部总指挥、厂长黎明带领钢铁专家团队到广东省湛江市湛江开发区考察。1992年，宝钢党委书记朱尔沛、常务副厂长王佩洲到湛江调查研究。11月，宝钢和广东省人民政府正式报告国务院申请立项。1993年2月23—27日，宝钢和广东省人民政府在湛江市联合召开湛江钢铁公司预可行性研究审查会。会后，宝钢和广东省人民政府将审查情况上报国务院。

2004年11月8日，宝钢集团、广东省发展和改革委员会(简称广东省发改委)、湛江市人民政府、广东省韶关钢铁集团有限公司(简称韶钢集团)签订《共同推进湛江钢铁基地项目建议意向书》。12月31日，广东省人民政府和宝钢集团联合，第一次向国务院和国家发展和改革委员会(简称国家发改委)上报关于建设2 000万吨级湛江钢铁基地项目核准报告。

2006年3月，宝钢集团与韶钢集团签署资产重组的框架协议和合资组建湛江钢铁项目合资公司的框架协议，湛江钢铁基地筹建办公室挂牌。

2007年，湛江龙腾物流有限公司注册成立，钢铁基地配套项目500万吨球团生产线在湛江市东海岛打桩，开工建设。

为实现中国钢铁工业结构调整，加快淘汰落后产能，优化产业布局，促进跨地区钢铁企业联合重组，实施城市钢厂环保搬迁，提升中国钢铁企业的竞争力，经报请国务院同意，国家发改委于2008年3月17日发《国家发展改革委办公厅关于同意广东湛江钢铁基地项目开展前期工作的函》，同意广东省发改委和宝钢开展湛江钢铁基地项目前期工作。湛江钢铁基地项目建设与广东省钢铁企业整合重组相结合，原则上不新增钢铁产能，主要方案为：由宝钢集团兼并重组韶钢集团和广州钢铁企业集团有限公司(简称广钢集团)，宝钢集团以现金注资，控股成立一家新公司，总部设在广州，韶钢集团和广钢集团以净资产参股。广钢集团下属广钢股份有限公司全部淘汰炼铁、炼钢和轧钢生产能力，迁出广州市；韶钢集团进行技术改造，淘汰落后高炉和小转炉，实施结构调整和产业优化升级。广东省结合湛江钢铁基地项目建设，淘汰省内落后炼钢能力1 000万吨。湛江钢铁基地项目拟建于广东省湛江市东海岛，初步规划建设规模为年产铁920万吨、钢1 000万吨、钢材938万吨，产品定位于广东市场所需的汽车、家电、机械和建筑等行业用板以及船用板、管线钢、优质碳素结构钢等高端碳钢精品板材。

2008年5月26日，宝钢集团湛江钢铁工程指挥部(筹)成立，启动湛江钢铁基地项目前期工作。6月28日，由宝钢集团、广东省国资委和广州市国资委在广州市注册成立宝钢集团广东钢铁集团有限公司(简称广东钢铁)，宝钢集团启动对广东省钢铁产业的重组。广东钢铁由宝钢集团以现金出资持股80%，广东省国资委和广州市国资委合并持股20%，广东省国资委和广州市国资委分别以韶钢集团、广钢集团的国有净资产出资。11月28日，由原全国政协副主席、中国工程院院长徐匡迪担任主任委员的广东钢铁专家委员会在广州成立。专家委员会由国内的20位钢铁相关行业老领导、知名院士和专家组成。广东省委常委、常务副省长黄龙云，宝钢集团董事长徐乐江共同为专家颁发聘书。

2009年2月9日，广东省发改委下发《关于湛江钢铁基地项目有关问题的复函》，同意湛江市政府、广东钢铁开展项目“三通一平”等先期工程。

2011年4月18日，宝钢湛江钢铁有限公司(简称湛江钢铁)在广东省湛江市注册成立，注册资本80亿元。5月22日上午，宝钢湛江钢铁有限公司揭牌仪式在湛江市金海酒店举行，广东省常务副省长朱小丹、宝钢集团董事长徐乐江、湛江市委书记刘小华、湛江市市长阮日生共同为宝钢湛江钢铁有限公司揭牌。

2012年5月24日，国家发改委下发《国家发展改革委关于宝钢广东湛江钢铁基地项目核准的批复》，核准宝钢广东湛江钢铁基地项目。

5月31日，湛江钢铁基地项目在湛江东海岛举行开工仪式。16时许，6架打桩机在一号高炉工地同时打桩，拉开项目全面建设的序幕。中共中央政治局委员、广东省委书记汪洋，广东省委副书记、省长朱小丹，广东省政协主席黄龙云，全国人大华侨委员会副主任委员、广东省委原副书记、原省长黄华华，全国政协常委、国家发改委原副主任、国家能源局原局长张国宝，宝钢集团董事长徐乐江，广东省委常委、秘书长、办公厅主任林木声，广东省副省长刘志庚，广西壮族自治区人民政府副主席林念修，中国钢铁工业协会党委书记刘振江，宝钢集团前董事长谢企华，宝钢集团总经理何文波等出席开工仪式。

湛江钢铁基地项目主体工程占地面积12.98平方公里，钢铁工序采用焦炉、烧结、高炉、转炉、连铸生产流程，轧钢工序采用热连轧、冷连轧和厚板生产设施。项目以华南地区为目标市场并辐射东南亚，满足目标市场中高端碳钢板材产品需求，项目建设规模年产铁水823万吨、钢水892.80万吨、钢材689万吨，主要品种包括热轧板、冷轧薄板、热镀锌板及宽厚板等，同时具备热轧超高强钢生产能力。

2013年5月17日，一号高炉工程开工建设，高炉、炼钢、连铸、热轧、冷轧、原料、烧结等六大主体工程的公辅设施同时开工。下半年，炼钢、连铸、热轧、冷轧、原料、烧结主体工程陆续开工。2014年3月，4 200毫米厚板工程和炼钢渣处理工程相继开工。

2015年9月25日，湛江钢铁一号高炉举行点火仪式。中共中央政治局委员、广东省委书记胡春华出席点火仪式。广东省委副书记、省长朱小丹，宝钢集团党委书记、董事长徐乐江，湛江市委书记、市人大常委会主任刘小华，中冶科工集团董事长、党委书记国文清，宝钢集团副总经理、湛江钢铁董事长、湛江钢铁工程指挥部总指挥赵周礼在点火仪式上讲话。国家部委有关领导和老领导，广东省直有关单位和中央、省驻湛单位负责人，湛江市委、市政府有关领导，宝钢集团及宝山钢铁股份有限公司(简称宝钢股份)老领导和负责人，有关协会、银行等单位负责人，湛江钢铁设计、施工、生产、监理、配套服务等单位的代表，劳动模范及员工代表，东海岛村民代表等出席点火仪式。点火仪式由宝钢集团总经理陈德荣主持。

朱小丹在点火仪式上致辞。他说，湛江钢铁一号高炉点火，是广东省钢铁产业全面重组、转型升级的重要标志，是经济结构战略性调整和经济发展方式转变过程中的一件大事。宝钢湛江钢铁基地的建成投产，优化了全国钢铁产业布局，改变了中国北重南轻的钢铁发展格局，对广东省主动适应经济发展“新常态”，加快产业转型升级，促进粤西地区，特别是湛江市发展具有特殊、重要的意义。广东省将一如既往全力支持宝钢湛江钢铁基地建设发展，希望宝钢充分发挥人才技术管理优势，继续履行钢铁行业龙头企业社会责任，加快环保技术革新，贡献循环经济新模式，将湛江钢铁建设成为世界一流水平的环保绿色碳钢板材精品基地。

徐乐江在讲话时说，宝钢是改革开放的产物。30 年前，1985 年 9 月 15 日，宝钢一号高炉点火成功，标志着宝钢一期工程建成投产，中国钢铁工业现代化翻开了崭新的一页。30 年来，在党中央、国务院、中央各部委、各省市的亲切关怀下，在全国人民的大力支持下，宝钢人肩负起发展壮大中国钢铁工业的历史使命，从无到有，实现了跨越式发展——宝钢经营业绩始终保持国内行业领先，处于全球钢铁企业前列。当前，钢铁行业正面临前所未有的严峻形势。应对“严冬”，宝钢坚定不移地推进二次创业，既要在产业结构调整、技术进步、环境经营等领域，肩负起引领中国钢铁工业做优做强的重任，又要在继续保持业内最优的基础上，从优秀走向卓越。此刻，我们脚下的这块热土——湛江钢铁，就是宝钢二次创业的主战场，体现着宝钢全新的发展思路，承载着几代宝钢人的希望和梦想。

徐乐江说，建设湛江钢铁精品基地是贯彻落实国家产业发展政策，促进钢铁行业淘汰落后、结构调整的重要举措。在国家颁布的《钢铁工业“十二五”发展规划》《钢铁产业调整和振兴规划》和《2008—2020 年珠江三角洲地区改革发展规划纲要》中都明确提出，以宝钢重组广钢集团、韶钢集团为契机，建设湛江钢铁精品基地，压缩区域钢铁产能，优化钢铁工业产业布局，促进产业结构调整。广东省积极推进关停和淘汰落后钢铁产能工作，“十一五”(2006—2010)期间已淘汰落后钢铁产能 1 164.70 万吨；同时，宝钢也完成了对韶钢的实质性重组。建设湛江钢铁精品基地，是遵循国家“一带一路”倡议，加快珠江三角洲一体化进程，实施广东省“五年崛起看湛江”战略的重要支点，将有力推进粤西地区成为广东经济新的增长点。湛江钢铁定位于生产高级碳钢精品板材，将带动机械、建筑、钢结构、建材等行业和配套产业链的发展，是广东省促进产业转型升级、区域协调发展和现代产业体系建设的重大工程。湛江钢铁是宝钢人酝酿了 30 年的梦工厂，是宝钢不懈努力，不断优化、调整、完善，集聚全力打造的世界最高效率的绿色碳钢生产基地；是实施宝钢战略发展规划，形成钢铁主业长江三角洲、珠江三角洲、西北边疆“两角一边”战略格局的重大部署；是宝钢应对未来相当一段时期钢铁产业的严峻形势、积极推进产业结构调整作出的审慎决策；是充分发挥“珠三角”地域市场、资源优势及宝钢多年积累的生产技术优势，站稳国内市场乃至全球市场、不断提升竞争力的战略需要。2013 年 5 月 17 日湛江钢铁全面开工建设以来，各项工程按节点稳步推进。宝钢创新管理机制，与上海宝冶集团有限公司、中冶赛迪工程技术股份有限公司等设计、施工、建设单位团结协作，2 万多名建设者们满怀创业豪情，严格苛求、奋力拼搏，用激情和汗水创造出令人惊叹的“湛钢速度”，使 12.58 平方公里的建设工地日新月异。今天，湛江钢铁一号高炉按期点火，钢铁“梦工厂”正式启航。

徐乐江说，宝钢有信心、有能力把湛江钢铁建设成为现代化、生态化、高效益，体现循环经济和节约型社会理念，简单、高效、低成本，具有国际竞争力的绿色碳钢板材精品基地；成为生产清洁、资源节约、环境良好的生态工业园，成为发展循环经济的示范区。30 多年前，宝钢梦从上海宝山起步，今天，从宝钢股份炼铁厂高炉取来的火种将在祖国南海之滨，在二次创业的梦工厂——湛江钢铁的一号高炉点燃，预示着宝钢事业薪火相传、基业长青。

刘小华代表湛江市委、市政府和 800 万湛江人民，对湛江钢铁一号高炉点火投产表示祝贺。他说：“我们兴奋：今天的项目点火投产，标志着湛江人民孜孜以求 37 年的钢铁梦历经风雨，终于梦想成真！标志着湛江在推动五年崛起、开创大工业时代、加快全面建成小康社会进程中，迈出了历史性的关键步伐！我们敬佩：敬佩宝钢集团独具慧眼，选择湛江！敬佩宝钢集团振兴民族工业的责任、推动二次创业的理想、建设世界一流钢厂的魄力！敬佩宝钢集团艰苦创业的精神、求真务实的作风、言出必行的诚信！我们感恩：没有国家和省委、省政府的战略布局与鼎力支持，宝钢项目就不可能获得核准、落户湛江；没有湛江历届班子承前启后、锲而不舍，宝钢项目就不可能经受住挫折、一朝圆梦；没有胡春华书记主政广东后果断决策、强势推动，宝钢项目就不可能在杂音四起、彷徨不定中抓住机遇、实质开工；没有朱小丹省长等省领导排忧解难，省直部门有力协调，中央和省驻湛单位、驻湛部队大力支持，东海岛村民奉献宝贵家园，开发区和市直各部门齐心服务，宝钢项目就不可能克难推进、顺利建设。所有关心支持宝钢项目建设的单位和个人，都将永远载入湛江发展史册，永远铭记在湛江人民心中！我们珍惜：改革开放30多年来，湛江的发展历程让我们深深懂得：不怕没有机遇，就怕错失机遇。湛江市委、市政府和全市人民，一定会倍加珍惜省委、省政府的信任与支持，倍加珍惜来之不易的大项目，倍加珍惜来之不易的发展机遇，一定会继续为宝钢在湛江的发展提供最优质服务，继续营造一流的发展环境，以加快湛江振兴崛起、加快建设环北部湾中心城市的更加优异成绩，报答各位领导、各位朋友对湛江的厚爱！”

国文清代表中冶科工集团向湛江钢铁一号高炉顺利点火表示祝贺。他说，中冶科工集团是中国钢铁建设的开拓者和主力军，自20世纪70年代打下建设宝钢第一桩开始，30多年来，中冶科工集团与宝钢携手共进、荣辱与共、相伴成长。作为湛江钢铁项目最主要的设计者和建设者，中冶科工集团按照宝钢集团建设的要求，先后有13家子企业、2万多建设大军从大江南北奔赴湛江。我们60多年积淀形成的独占鳌头的核心技术、无可替代的冶金全产业链整合优势、持续不断的革新创新能力，在湛江钢铁项目中得到了充分展示；我们朴实厚重的“一天也不耽误、一天也不懈怠”的中冶精神，在重重挑战中得到大力弘扬和升华；我们崇尚科学、追求卓越、“中冶人用心铸造世界”的品质又一次在建设国际一流、国内顶尖的绿色精品湛江工程中得到彰显。在实现“中国梦”的伟大进程中，中冶科工集团正按照“聚焦中冶主业，建设美好中冶”的目标，全力打造“四梁八柱”业务升级版，奋力向全球最大、最强、最优冶金建设运营“国家队”迈进，我们将以国际一流的专业化实力，为钢铁企业提供绿色、环保、智能的全流程、全生命周期服务，共同肩负起引领中国冶金向更高水平发展的国家责任；我们将以更加积极主动的姿态，长期扎根广东这片福地，为广东省、湛江市的经济社会发展作出更大贡献。

赵周礼代表湛江钢铁讲话。他说，今天，宝钢人为之努力、广东人民尤其是湛江人民企盼已久的国家钢铁产业布局调整重大项目——宝钢湛江钢铁项目终于迎来一号高炉点火投产的重要节点！在这激动难忘的时刻，回顾我们几年来共同走过的风雨历程，憧憬湛江钢铁未来的发展愿景，我们无不感慨万千！自从2013年5月17日一号高炉打桩正式建设以来，经过2万多名建设者860多个日日夜夜的拼搏奋斗，如今12.58平方公里的厂区，已经呈现出一座现代化的大型钢铁联合生产企业的雏形。湛江钢铁项目的建设过程，是贯彻国家钢铁产业发展政策、淘汰落后钢铁产能、实施布局调整要求的具体践行；是落实科学发展观、响应最严格环保法、追求绿色制造的工程探索。项目自从2008年3月17日获得国家发改委颁发的开展前期工作的“路条”以来，国家和省级相关主管部、委、局、办都给予了我们积极的指导、协调和大力支持，为项目建设的合规、合法性，提供了政策保障和法律依据。同时，广东省积极关停、淘汰省内1 164.70万吨落后钢铁产能，宝钢集团适时完成了对广钢和韶钢的重组，奠定了湛江钢铁项目建设“减量置换”的基础。另外，2014年国家颁布了新《环保法》，广东省出台了实施特别排放的地方标准，工程指挥部积极响应，及时组织了“设计回头看、环保回头看”的工作，按照新标准、新要求调整完善建设方案，加大资金投入，进而确保了湛江钢铁从建成初始就具备了一流的绿色制造技术和功能。湛江钢铁项目的建设过程，也是提升区域经济协调发展,促进广东省产业转型升级的具体行动。为加快“五年崛起看湛江,湛江崛起看钢铁”战略的推进落实,促进粤西地区现代产业体系的形成,广东省和湛江市两级政府,积极为项目建设创造条件,配套实施了鉴江引水工程、电网工程、土地征用和村民搬迁、市政道路建设等配套工程,目前还在积极抓紧实施铁路建设工程。宝钢则视加快建成湛江钢铁,助力地方经济腾飞为企业的社会责任,强化过程管理,确保工期“后墙不倒”。湛江钢铁项目的建设过程,更是我国综合国力和改革开放成果的靓丽展示。回想30多年前,上海宝山钢铁总厂一期工程的建设,我们是举全国之力,依赖新日本制铁株式会社专家的指导和支撑,工艺和装备全部采用进口。30多年后,湛江钢铁的建设,完全依靠宝钢集团开放式自主集成而实现。中冶赛迪工程技术股份有限公司和宝钢工程技术集团有限公司作为主体设计院,合作负责完成了工厂设计和钢铁主工艺生产线的配置,中冶科工集团下属有14个二级单位倾情投入,承担了从勘察、设计、施工、安装到配合调试的全过程建设任务,展示了冶金建设“国家队”的实力和风采。自备电厂由中国能源建设集团广东省电力设计研究院以EPC(设计、采购、施工一揽子总承包合同)总包方式建成,码头工程由中国交通建设集团第三航务工程勘察设计院、中国交通建设集团第四航务工程勘察设计院及中国交通建设集团第四航务工程局承建。因此,中央企业的功能和能力再一次得到了充分施展和验证。设备采购业务则通过国际、国内同一平台招标竞争选择,其中,国内制造厂商承制设备占总重量的97.70%,占设备总投资的85.20%,而德国西马克公司、日本东芝三菱电机产业系统株式会社、法孚集团、法国阿尔斯通公司、美国罗克韦尔自动化公司、豪顿集团、德国SEW传动设备有限公司等国际著名设备供应商,也积极参与竞争,依然赢得了各自特长和专业的设备合同。所有这一切,也充分展示了中国市场开放、公平的竞争属性和吸引力。湛江钢铁项目的建设过程,还是宝钢集团组织管理能力、体系运行能力、技术创新能力、生产制造能力的一次全面检阅。为了确保建设期与生产期的责任一贯,我们建立了建设与生产一套人马的组织体系;针对异地建设的困难,实施了“一厂管一厂,一部管一部”的技术支撑管理模式;针对投资控制的压力,大力开展了技术创新降成本,其中原燃料储存运输封闭管理、焦炉脱硫脱硝、烧结脱硫脱硝、5 000立方米级大型高炉鼓风装置及高炉炉顶装置、铁水预处理中心、大型集中冷却装置、海水淡化装置、生产制造、设备、物流、能源、环保、安全、消防七大业务运营过程集中监控、厚板控冷控轧新技术等,都是国内首台或首次采用,既满足了投资需要,又引领了生产工艺和环保的技术进步。针对工程建设过程各类技术难题和施工困难,指挥部充分发挥项目组、施工单位、监理单位的主观能动性,以施工为主线,加大设计和职能部门的协调、协同、服务功能,营造众志成城、拼搏实干的建设热潮。直到今天,我们可以欣慰地报告:两年零四个多月的施工过程,我们实现了投资受控、质量受控、安全受控、进度提前的目标。

赵周礼表示,湛江钢铁一号高炉投产后,我们将继续继承和发扬宝钢“85·9”艰苦创业精神,再接再厉,攻坚克难,一手抓后续项目建设,一手抓生产稳定提升,力争在2016年上半年实现湛江钢铁项目全面建成投产,并以最短时间实现项目的达产、达标、达耗、达效。我们将充分发挥湛江具备深水良港、又靠近“珠三角”钢材消费市场的优势,实现资源和市场的最佳结合,努力将湛江钢铁建设成为世界效率最高的绿色碳钢板材生产基地,成为生产清洁、资源节约、环境友好的生态工业园区,成为钢铁业发展循环经济、环境经营的示范区。展望未来,我们豪情满怀!让我们以使命必达的创业信念、认真苛求的敬业态度、简单务实的思维方式、精简高效的创新追求,努力实现永争第一的卓越目标!用宝钢人的实际行动回答和再次证明:建设湛江钢铁是正确的!

2015 年 9 月 26 日上午 11 时 20 分，一号高炉出铁。9 月 28 日，炼钢厂成功冶炼第一炉钢、浇铸第一块板坯，湛江钢铁进入热负荷生产阶段。12 月 15 日，2 250 毫米热轧工程热负荷试车。

2016 年 3 月 30 日，2 030 毫米冷轧二号热镀锌机组热负荷试车。5 月 5 日，三号转炉热负荷试车。5 月 6 日，二号 RH 精炼热负荷试车。5 月 15 日，2 300 毫米连铸机热负荷试车。5 月 27 日，4 200 毫米厚板轧机热负荷试车。5 月 31 日，2 030 毫米冷轧一号热镀锌机组热负荷试车。7 月 15 日，二号高炉点火。

三、宝钢集团与武钢集团实施联合重组

2015 年 3 月，工业和信息化部就《钢铁产业调整政策》公开征求意见，提出进一步组织钢铁行业结构优化调整，加快兼并重组，到 2025 年，前 10 家钢铁企业粗钢产量全国占比不低于 60%，形成 3 到 5 家在全球有较强竞争力的超大型钢铁集团。2015 年年底，中央经济工作会议提出，要着力推进供给侧结构性改革，将“去产能”作为 2016 年全国经济工作的五大任务之一，要求自 2016 年起，用 5 年时间压减全国粗钢产能 1 亿～1.50 亿吨。

2016 年 9 月 14 日，国务院国资委颁发《关于宝钢集团有限公司与武汉钢铁(集团)公司重组的通知》。明确：经国务院批准，宝钢集团有限公司与武汉钢铁(集团)公司(简称武钢集团)实施联合重组。宝钢集团有限公司更名为“中国宝武钢铁集团有限公司”(简称中国宝武)，作为重组后的母公司。武汉钢铁(集团)公司整体无偿划入，成为其全资子公司。

宝钢集团与武钢集团联合重组后，中国宝武资产总额为 7 300 亿元，营业收入将达 3 300 亿元，拥有员工 22.80 万人。拥有普碳钢、不锈钢、特钢等三大系列产品，年产粗钢规模将位居中国第一、全球第二，成为中国乃至全球钢铁行业最具影响力的企业之一。

宝钢集团与武钢集团联合重组后，将按照高端化、智能化、绿色化、服务化的发展原则，实施“钢铁主业一业特强、相关产业协同”的业务组合，聚焦钢铁主业做精、做强、做优，引领示范行业转型升级，全面提升全球影响力，强化相关产业对钢铁主业发展的全面支撑，打造最具竞争力的绿色智慧钢铁产业生态圈。宝钢股份和武汉钢铁股份有限公司(简称武钢股份)两家上市公司将通过换股进行吸收合并，合并后的上市公司将战略目标确定为“成为全球最具竞争力的钢铁企业，成为最具投资价值的上市公司”。宝钢集团与武钢集团重组后，将在重点产品、技术研发、销售网络、业务布局、采购管理、剪切配送、物流体系等多个领域深度挖掘协同效应，有利于优化资源配置、减少重复投资、降低运营成本，推动企业提质增效。两家企业联合重组，符合钢铁行业“去产能”、产业转型升级的要求，有利于优化产业结构、提高产业集中度，有利于平衡内部产能，对不同生产基地和不同生产线协同整合，加快淘汰和关停一批低效和无效产能。两家企业联合重组，也是深化国有企业改革、建立健全市场化体制机制的重要举措，符合建设国有资本投资公司的方向，有利于推动资源向优势企业集中，强化商业模式创新和管理创新，提升企业竞争力，有利于集中资源开发应用前沿技术，进一步提升战略产品的技术研发能力，逐步形成以技术研发优势为基础的大型钢铁集团，为提升中国钢铁工业的国际竞争力和影响力作出贡献。

9 月 22 日，宝钢股份、武钢股份同时发布《吸收合并报告书》，宝钢股份向武钢股份全体换股股东发行 A 股股票，换股吸收合并武钢股份。宝钢股份为本次合并的合并方暨存续方，武钢股份为本次合并的被合并方暨非存续方。宝钢股份和武钢股份的换股价格为：宝钢股份 4.60 元/股、武钢股份 2.58 元/股，武钢股份与宝钢股份的换股比例为 1∶0.56，即每 1 股武钢股份的股票换 0.56 股宝钢股份的股票。宝钢股份和武钢股份两家企业合并后，将对其同质化生产线进行优化，调整产能结构，减少产能重复投资，盘活存量产能资产，并不断扩大独有和独特优势产品市场份额；每个基地对应具有竞争力的周边市场，以市场化机制实践钢铁去产能和供给侧改革。合并后，新的上市公司

(宝钢股份)将全面统筹宝山、梅山、湛江、武汉等四大钢铁生产基地布局,全面整合国内沿海沿江战略区位,多角度、体系化整合钢铁主业区位优势,合理分工布局周边市场,有序对接中国和全球客户,辐射21世纪海上丝绸之路经济区域;将通过生产基地的布局优化,在原料、成品运输仓储等方面采用集约化调配,实现降本增效。通过整合,逐步建立统一研发、统一销售和统一采购的新型管理体系,充分挖掘协同效应,全面优化资源配置。合并后的上市公司在全球上市钢铁企业中粗钢产量排名第三、全球汽车板市场产量排名第三、全球取向硅钢市场产量排名第一。

10月31日,中国宝武在中国(上海)自由贸易试验区浦电路370号宝钢大厦召开中层以上管理人员大会。受中共中央组织部领导委托,中共中央组织部有关干部局负责人宣布党中央、国务院关于中国宝武主要领导配备的决定:马国强任中国宝武钢铁集团有限公司董事长、党委书记,其武汉钢铁(集团)公司董事长、党委书记职务自然免除;陈德荣任中国宝武钢铁集团有限公司总经理,其宝钢集团有限公司总经理职务自然免除。徐乐江的宝钢集团有限公司董事长、党委书记职务自然免除。同时,国务院国资委党委决定:陈德荣任中国宝武钢铁集团有限公司董事、党委副书记。

同日,中国宝武外部董事宣布会在宝钢大厦举行。国务院国资委企干一局局长宋亚晨、国务院国资委企干一局二处处长延彦东,中国宝武董事会成员,中国宝武全体班子成员,宝钢集团、武钢集团总部各职能部门正职以上领导人员出席会议。宋亚晨宣读国务院国资委党委关于中国宝武外部董事的聘任决定。决定聘任贝克伟、李国安、沈肖芜、林建清为中国宝武外部董事,聘期3年,自2016年10月至2019年9月。原宝钢集团、武钢集团外部董事自然解聘。

12月1日上午,中国宝武钢铁集团有限公司成立大会在宝钢大厦举行。中共中央政治局委员、上海市委书记韩正,国务院国资委主任、党委副书记肖亚庆,湖北省副省长许克振,中国宝武党委书记、董事长马国强为中国宝武钢铁集团有限公司铭牌揭幕。上海市委副书记、市长杨雄,中共中央组织部副部长高选民,国务院国资委副主任、党委副书记张喜武,上海市副市长周波,国务院派驻武钢集团原监事会主席国一民,国务院驻中国宝武监事会主席赵华林,原宝钢集团党委书记、董事长徐乐江,中国钢铁工业协会党委书记刘振江等出席成立大会。中国宝武总经理、党委副书记陈德荣主持会议。中共中央组织部、国务院国资委等中央、国家有关部委,上海市委、市政府,湖北省委、省政府及有关部门领导,国务院国有重点大型企业监事会办事处负责人,湖北省武汉市、上海市浦东新区、上海市宝山区、湖北省武汉市青山区领导,部分中央企业负责人,原宝钢集团、武钢集团老领导,中国宝武战略合作伙伴代表,行业协会领导,劳动模范、员工代表,部分媒体记者也应邀出席成立大会。

许克振代表湖北省委、省政府对中国宝武钢铁集团有限公司的成立表示祝贺。他说,在举国上下奋力推进全国全面小康社会建设,奋力实现中国梦的关键时期,宝钢、武钢携手共进,实现强强联合,成为中国乃至全球最具影响力的钢铁企业之一,有利于推进钢铁行业供给侧结构性改革,促进钢铁行业健康发展;有利于推进企业完善治理、提质增效;有利于培育世界一流钢铁企业,积极参与国际竞争,对推动中国经济提档升级,建设制造强国,意义重大,影响深远。我们真诚希望中国宝武认真贯彻党中央国务院的重大决策,努力在钢铁行业化解过剩产能、结构调整和转型升级,走绿色化道路,发挥示范带头作用。中国宝武与湖北有着深厚的历史渊源和不可分割的血脉联系,双方的合作在过去的基础上,更增添了新的动力和助力。湖北与中国宝武水乳交融的合作关系没有变,与中国宝武历史传承的深厚感情不会变,我们全力支持中国宝武在湖北的经营发展不会变。湖北省始终与中国宝武是一家人,我们致力于打造最优营商环境,全力支持中国宝武在湖北更好更快发展。衷心祝愿中国宝武的明天更加美好,更加辉煌。

杨雄代表上海市委、市政府，对中国宝武钢铁集团有限公司的成立表示祝贺，对国务院国资委和湖北省长期以来给予上海的关心支持表示感谢。他说，经国务院批准，宝钢集团有限公司与武汉钢铁(集团)公司重组成立中国宝武钢铁集团有限公司，这是贯彻落实党中央、国务院关于深化国有企业改革的重大决策部署、推进供给侧结构性改革的一项重要举措，有利于优化资源配置、发挥协同效应，做强做优做大国有企业，提升中国钢铁工业的国际竞争力和影响力，促进中国从钢铁大国迈向钢铁强国，更好地服务“一带一路”倡议和国际产能合作。当前，上海正按照中央要求，贯彻落实五大发展理念，积极适应经济发展新常态，着力加强供给侧结构性改革，推进创新驱动发展、经济转型升级。国资国企在上海经济社会发展中具有举足轻重的作用，宝钢集团作为在沪中央企业代表，长期以来为上海经济发展作出了积极贡献。中国宝武钢铁集团有限公司的成立，将有助于发挥重点工业行业对地区经济的支撑作用，加快推动上海产业结构优化升级，也为上海深化国资国企改革提供了经验。上海市委、市政府将一如既往营造法治化、国际化、便利化的营商环境，支持中国宝武发展壮大。

肖亚庆代表国务院国资委对宝钢集团、武钢集团成功重组和新集团成立表示祝贺。他说，党中央、国务院高度重视国有企业改革发展。实施宝钢集团、武钢集团两家钢铁巨头重组，是国资委坚决贯彻落实党中央、国务院决策部署，扎实推进供给侧结构性改革，大力调整优化国有资本布局结构的重要举措，对于深入推动中国钢铁产业结构优化、转型升级，有效推动中国钢铁行业更好地服务国民经济发展，加速提升中国钢铁企业的国际竞争力，都具有十分重要的意义。宝钢集团和武钢集团成功重组，标志着企业从此跨入了新的发展阶段。中国宝武要坚决贯彻落实党中央、国务院决策部署，以更加强烈的责任感使命感、更加坚定的信心、更加扎实的作风，坚定不移地深化改革、创新发展，不断做强做优做大。一要始终坚持战略引领，争创世界一流企业。二要做强做优做精主业，加速提升核心竞争能力。三要深入推进整合融合，努力实现资源配置更优、运行效率更高、盈利能力更强。四要持续深化改革，充分激发内生动力和发展活力。五要加强党的建设，充分发挥党组织领导核心和政治核心作用。

马国强在成立大会上致辞。他说，在党中央、国务院的正确领导下，在国务院国资委以及中央各有关部委、上海市委市政府、湖北省委省政府的精心指导与大力帮助下，在社会各界的积极支持下，经过前期的充分筹划和准备，中国宝武钢铁集团有限公司成立了。今天，对于我们全体干部职工而言，是具有历史意义的一天；对于中国和全球钢铁行业而言，也将是十分重要的一天。中国宝武的诞生，是国务院国资委深入贯彻落实党的十八大和十八届三中、四中、五中、六中全会精神的重大成果，是促进中国钢铁行业兼并重组、健康发展，推进供给侧结构性改革的重要举措，也是积极应对全球竞争、实现企业提质增效的必然选择。中国宝武将承担起行业发展和技术创新引领者的责任，在化解过剩产能、结构调整、转型升级、节能环保、绿色发展中发挥示范带头作用，力争成为“全球钢铁业引领者”。同时，中国宝武将致力于提升中国钢铁行业的国际竞争力，进一步提高中国钢铁行业技术水平和生产装备水平的影响力和辐射力，为中国钢铁企业参与“一带一路”建设和国际产能合作作出积极努力。宝钢与武钢都是中国钢铁行业的骨干企业，武钢是中华人民共和国成立后建设的第一个特大型钢铁企业，宝钢是改革开放初期建设的第一个特大型钢铁企业，我们都是中国工业现代化进程的重要见证者，也是重要的贡献者。中国宝武的诞生，意味着我们完成了承前启后的历史交接，开始了继往开来的崭新征程，我们的使命更加光荣，责任更加重大，任务更加艰巨。宝钢集团与武钢集团的联合重组，是国资国企改革发展的一件大事，也是中国钢铁行业结构调整、转型升级的一件大事。作为业内集团重组与上市公司合并同步推进的首个中央企业联合重组，境内外监管机构、资本市场、投资者、媒体等各界人士给予了高度关注，也得到了社会各界和资本市场的广泛支持。10月28日，宝钢股份与武钢股份分别召开股东大会审议两家上市公司吸收合并议案，在两集团回避表决的情况下，均以99.50%以上的赞成比例高票通过，充分表明了上市公司股东对本次以市场化方式实现吸收合并的高度认同，反映了资本市场对中国宝武发展前景的足够信心。同时，宝钢集团与武钢集团的联合重组也受到全球钢铁同行的高度关注和欢迎。中国宝武将充分体现集约化战略、规模化经营的优势，在规模、品种、成本、技术、服务等方面持续优化，进一步提升国际竞争力。按照党中央、国务院关于深化国有企业改革的重大决策，中国宝武将依据国有资本投资公司的功能定位，逐渐向管资本转型，在体制机制创新、专业化公司发展、职业经理人制度、“瘦身健体”、提质增效等方面深化改革，打造钢铁领域世界级的技术创新、产业投资和资本运营平台。中国宝武将以高端化、智能化、绿色化、服务化为发展原则，按照“中国制造2025”制造强国战略、国资国企改革以及“化解过剩产能”工作的总体要求，服务国家战略，实施“钢铁主业一业特强、相关产业协同发展”的业务组合，聚焦钢铁主业做精做强做优，引领示范行业转型升级，全面提升全球影响力。中国宝武将顺应制造业服务转型和产业链竞争的发展趋势，业务领域向钢铁产业链上下游适度延伸，加快实施以钢铁业为主体、以绿色精品智慧制造和钢铁生态圈平台化服务为两翼的“一体两翼”战略。

11月17日，上海市工商行政管理局核发“中国宝武钢铁集团有限公司”营业执照。中国宝武钢铁集团有限公司注册地为中国(上海)自由贸易试验区浦电路370号，注册资本5 279 110.10万元。

11月18日，“中国宝武钢铁集团有限公司”印章启用，原“宝钢集团有限公司”印章同时废止。

附 录

一、1998—2016 年党和国家领导人视察宝钢集团一览表

表附-1-1　1998—2016 年党和国家领导人视察宝钢集团一览表

时　间	姓　名	职　　务	视　察　企　业
1998 年 11 月 17 日	吴邦国	中共中央政治局委员、国务院副总理	上海宝钢集团公司
1998 年 11 月 17 日	黄　菊	中共中央政治局委员、上海市委书记	上海宝钢集团公司
1998 年 12 月 23 日	陈锦华	全国政协副主席	上海宝钢集团公司
1999 年 3 月 25 日	贾庆林	中共中央政治局委员、北京市委书记	上海宝钢集团公司
1999 年 11 月 11 日	邹家华	全国人大常委会副委员长	上海宝钢集团公司
1999 年 11 月 26 日	吴邦国	中共中央政治局委员、国务院副总理	上海宝钢益昌薄板有限公司
2000 年 12 月 3 日	陈锦华	全国政协副主席	宝山钢铁股份有限公司
2000 年 12 月 20 日	黄　菊	中共中央政治局委员、上海市委书记	上海宝钢集团公司
2000 年 12 月 20 日	陈锦华	全国政协副主席	上海宝钢集团公司
2001 年 1 月 18 日	黄　菊	中共中央政治局委员、上海市委书记	上海宝钢集团公司
2001 年 1 月 19 日	吴邦国	中共中央政治局委员、国务院副总理	上海宝钢集团公司
2001 年 4 月 22 日	陈锦华	全国政协副主席	上海宝钢集团公司
2001 年 4 月 22 日	毛致用	全国政协副主席	上海宝钢集团公司
2001 年 5 月 15—16 日	吴邦国	中共中央政治局委员、国务院副总理	上海宝钢集团公司
2001 年 5 月 15 日	黄　菊	中共中央政治局委员、上海市委书记	上海宝钢集团公司
2001 年 6 月 13 日	江泽民	中共中央总书记、国家主席、中央军委主席	上海宝钢集团公司
2001 年 6 月 13 日	钱其琛	中共中央政治局委员、国务院副总理	上海宝钢集团公司
2001 年 6 月 13 日	黄　菊	中共中央政治局委员、上海市委书记	上海宝钢集团公司
2001 年 6 月 13 日	曾庆红	中共中央政治局候补委员、中央书记处书记	上海宝钢集团公司
2002 年 10 月 1 日	黄　菊	中共中央政治局委员、上海市委书记	上海宝钢集团公司
2002 年 12 月 23 日	陈锦华	全国政协副主席	上海宝钢集团公司
2003 年 1 月 10 日	经叔平	全国政协副主席	上海宝钢集团公司
2003 年 1 月 14 日	曾庆红	中共中央政治局常委、中央书记处书记	上海宝钢集团公司
2003 年 5 月 30 日	王兆国	中共中央政治局委员、全国人大常委会副委员长	上海宝钢集团公司
2003 年 6 月 11 日	王忠禹	全国政协副主席	上海宝钢集团公司

〔续表〕

时　间	姓　名	职　　务	视　察　企　业
2003 年 8 月 30 日	温家宝	中共中央政治局常委、国务院总理	上海宝钢集团公司
2004 年 1 月 27 日	黄　菊	中共中央政治局常委、国务院副总理	宝钢集团上海第一钢铁有限公司、宝山钢铁股份有限公司
2004 年 6 月 6 日	徐匡迪	全国政协副主席	宝钢集团上海第一钢铁有限公司
2004 年 10 月 21 日	李贵鲜	全国政协副主席	上海宝钢集团公司
2004 年 11 月 4 日	徐匡迪	全国政协副主席	上海宝钢集团公司
2005 年 4 月 25 日	徐匡迪	全国政协副主席	上海宝钢集团公司
2005 年 5 月 14 日	张思卿	全国政协副主席	宝钢股份黄石涂镀板有限公司
2005 年 5 月 21 日	王乐泉	中共中央政治局委员、新疆维吾尔自治区党委书记	上海宝钢集团公司
2005 年 9 月 14 日	贾庆林	中共中央政治局常委、全国政协主席	上海宝钢集团公司
2005 年 9 月 28 日	徐匡迪	全国政协副主席	上海宝钢集团公司
2005 年 11 月 5 日	李铁映	全国人大常委会副委员长	宝钢集团有限公司
2006 年 5 月 7 日	徐匡迪	全国政协副主席	宝钢股份不锈钢分公司、宝钢股份特殊钢分公司
2006 年 8 月 12 日	董建华	全国政协副主席	宝钢集团有限公司
2007 年 4 月 27 日	徐匡迪	全国政协副主席	宝钢集团有限公司
2007 年 11 月 13 日	俞正声	中共中央政治局委员、上海市委书记	宝钢股份特殊钢分公司
2007 年 11 月 24 日	俞正声	中共中央政治局委员、上海市委书记	宝钢集团有限公司
2007 年 11 月 24 日	徐匡迪	全国政协副主席	宝钢集团有限公司
2008 年 1 月 9 日	张德江	中共中央政治局委员	宝钢集团有限公司
2008 年 1 月 9 日	俞正声	中共中央政治局委员、上海市委书记	宝钢集团有限公司
2008 年 2 月 7 日	王乐泉	中共中央政治局委员、新疆维吾尔自治区党委书记	宝钢集团新疆八一钢铁有限公司
2008 年 5 月 30 日	王乐泉	中共中央政治局委员、新疆维吾尔自治区党委书记	宝钢集团新疆八一钢铁有限公司
2008 年 5 月 28 日	俞正声	中共中央政治局委员、上海市委书记	宝钢集团有限公司
2008 年 6 月 21 日	陈至立	全国人大常委会副委员长	宝钢集团有限公司
2008 年 7 月 13 日	李源潮	中共中央政治局委员、中央书记处书记	宝钢集团有限公司
2008 年 10 月 31 日	华建敏	全国人大常委会副委员长	宝钢集团有限公司
2008 年 11 月 13 日	俞正声	中共中央政治局委员、上海市委书记	宝钢集团有限公司
2008 年 11 月 22 日	温家宝	中共中央政治局常委、国务院总理	宝钢集团有限公司
2008 年 11 月 22 日	俞正声	中共中央政治局委员、上海市委书记	宝钢集团有限公司
2008 年 12 月 13 日	李克强	中共中央政治局常委、国务院副总理	宝钢集团有限公司

〔续表〕

时 间	姓 名	职 务	视察企业
2008年12月13日	俞正声	中共中央政治局委员、上海市委书记	宝钢集团有限公司
2008年12月22日	俞正声	中共中央政治局委员、上海市委书记	宝钢集团有限公司
2009年1月1日	王乐泉	中共中央政治局委员、新疆维吾尔自治区党委书记	宝钢集团新疆八一钢铁有限公司
2009年6月19日	汪 洋	中共中央政治局委员、广东省委书记	由中船集团、宝钢集团和中海运集团共同出资组建的龙穴造船有限公司
2009年8月7日	王乐泉	中共中央政治局委员、新疆维吾尔自治区党委书记	宝钢集团新疆八一钢铁有限公司
2009年8月23日	胡锦涛	中共中央总书记、国家主席、中央军委主席	宝钢集团新疆八一钢铁有限公司
2009年8月23日	王乐泉	中共中央政治局委员、新疆维吾尔自治区党委书记	宝钢集团新疆八一钢铁有限公司
2010年2月14日	王乐泉	中共中央政治局委员、新疆维吾尔自治区党委书记	宝钢集团新疆八一钢铁有限公司
2011年3月23日	俞正声	中共中央政治局委员、上海市委书记	宝钢集团有限公司
2012年1月7日	张梅颖	全国政协副主席、民盟中央第一副主席	宝钢集团有限公司
2013年1月5日	胡春华	中共中央政治局委员、广东省委书记	宝钢集团韶关钢铁有限公司
2013年1月15日	胡春华	中共中央政治局委员、广东省委书记	宝钢广东湛江钢铁基地
2013年5月3日	张春贤	中共中央政治局委员、新疆维吾尔自治区党委书记	八一钢铁南疆拜城钢铁基地
2014年3月26日	俞正声	中共中央政治局常委、全国政协主席	八一钢铁新疆八钢金属制品有限公司喀什金属制品厂
2014年7月7日	胡春华	中共中央政治局委员、广东省委书记	宝钢广东湛江钢铁基地
2015年9月25日	胡春华	中共中央政治局委员、广东省委书记	宝钢广东湛江钢铁基地

二、1998—2016年外国政要访问宝钢集团一览表

表附-2-1　1998—2016年外国政要访问宝钢集团一览表

时　间	姓　名	国家与职务	访问企业
1999年9月1日	哈米尔·马瓦德	厄瓜多尔共和国总统	上海宝钢集团公司
2000年5月9日	波尔·尼鲁普·拉斯穆森	丹麦王国首相	上海宝钢集团公司
2000年5月11日	卡洛斯·萨乌尔·梅内姆	阿根廷正义党主席	上海宝钢集团公司
2001年1月18日	金正日	朝鲜劳动党总书记	上海宝钢集团公司
2001年11月2日	格哈德·施罗德	德意志联邦共和国总理	上海克虏伯不锈钢有限公司
2004年11月9日	让·克洛德·容克	卢森堡大公国首相	上海宝钢阿赛洛激光拼焊有限公司
2004年11月12日	比尼西奥·塞雷索	危地马拉基督教民主党主席	上海宝钢集团公司
2006年4月25日	雅莱卡·帕帕莉卡	希腊共产党总书记	宝钢集团有限公司
2006年11月1日	费尔南多·多斯桑托斯	安哥拉共和国总理	宝钢集团有限公司
2008年6月14日	雅各布·祖马	南非非洲人国民大会主席	宝钢集团有限公司
2009年5月29日	欧内斯特·巴伊·科罗马	塞拉利昂共和国总统	宝钢集团有限公司
2011年9月18日	阿尔法·孔戴	几内亚共和国总统	宝钢集团有限公司
2011年9月28日	崔永林	朝鲜劳动党中央政治局常委、朝鲜民主主义人民共和国内阁总理	宝钢集团有限公司

三、1998—2016 年宝钢集团粗钢产量占全国粗钢产量比例表

表附-3-1　1998—2016 年宝钢集团粗钢产量占全国粗钢产量比例表

年份	宝钢集团粗钢产量（万吨）	中国粗钢产量（万吨）	宝钢集团所占比例（%）	年份	宝钢集团粗钢产量（万吨）	中国粗钢产量（万吨）	宝钢集团所占比例（%）
1998	1 612	11 559	13.95	2008	3 544.30	50 091.50	7.08
1999	1 699	12 426	13.67	2009	3 886.50	56 803.30	6.84
2000	1 813	12 850	14.11	2010	4 449.51	62 695.90	7.10
2001	1 914	15 266	12.54	2011	4 427.13	68 388.30	6.47
2002	1 948	18 155	10.73	2012	4 383.25	71 716	6.11
2003	1 987	22 233.60	8.94	2013	4 503.58	77 904.10	5.78
2004	2 141	27 279.79	7.85	2014	4 450	82 269.80	5.41
2005	2 272.58	35 239	6.45	2015	3 611	80 382.50	4.49
2006	2 253	42 266	5.33	2016	3 976	80 837	4.92
2007	2 858	48 966	5.84				

四、1998—2016 年宝钢集团主要经济指标统计表

表附-4-1　1998—2016 年宝钢集团主要经济指标统计表

年份	生铁产量(万吨)	粗钢产量(万吨)	钢材产量(万吨)	销售收入(亿元)	利润总额(亿元)
1998	1 207.00	1 612.00	1 339.00	287.97	10.24
1999	1 338.00	1 699.00	1 576.00	684.28	10.31
2000	1 473.00	1 813.00	1 661.00	681.14	34.98
2001	1 469.00	1 914.00	1 759.00	710.70	42.43
2002	1 475.00	1 948.00	1 808.00	777.28	70.08
2003	1 508.00	1 987.00	1 942.00	1 204.15	131.72
2004	1 638.00	2 141.00	2 126.00	1 617.57	219.43
2005	1 936.00	2 272.58	2 190.00	1 761.70	220.80
2006	1 999.00	2 253.00	2 343.00	1 806.81	225.77
2007	2 431.00	2 858.00	2 780.00	2 277.16	356.47
2008	2 924.97	3 544.30	3 506.65	2 468.39	238.13
2009	3 485.40	3 886.50	3 715.60	1 953.07	149.13
2010	3 896.00	4 449.51	4 408.00	2 729.84	242.30
2011	4 009.27	4 427.13	4 360.63	3 162.45	181.51
2012	4 134.87	4 383.25	4 413.66	2 882.26	104.15
2013	4 280.94	4 503.58	4 448.76	3 031.00	101.00
2014	4 263.00	4 450.00	4 401.00	2 977.43	94.16
2015	3 491.00	3 611.00	3 646.00	2 300.59	10.34
2016	3 816.00	3 976.00	3 989.00	2 327.00	70.00

五、2003—2016 年宝钢集团在美国《财富》杂志世界 500 强企业排名表

表附-5-1　2003—2016 年宝钢集团在美国《财富》杂志世界 500 强企业排名表

年　度	营业收入(亿美元)	世界排名(名次)	公布年份
2003	145.480	372	2004
2004	195.433	309	2005
2005	215.014	296	2006
2006	226.634	307	2007
2007	299.390	259	2008
2008	355.166	220	2009
2009	285.910	276	2010
2010	403.270	212	2011
2011	489.163	197	2012
2012	456.827	222	2013
2013	492.973	211	2014
2014	483.234	218	2015
2015	366.079	275	2016
2016	466.060	204	2017

六、重要文献辑录(1998—2016年)

(一) 国务院关于组建上海宝钢集团公司有关问题的批复(节录)

国家经贸委:

你委《关于报送〈上海宝钢集团公司组建方案〉和〈上海宝钢集团公司章程〉的请示》(国贸企改〔1998〕604号)收悉,现就组建上海宝钢集团公司有关问题批复如下:

一、原则同意《上海宝钢集团公司组建方案》和《上海宝钢集团公司章程》。

二、上海宝钢集团公司是国家以宝山钢铁(集团)公司为主体,吸收上海冶金控股(集团)公司和上海梅山(集团)有限公司参加组建的钢铁企业。联合重组后的上海宝钢集团公司的企事业单位包括:原宝山钢铁(集团)公司(以下简称宝钢)及其全资、控股企业;原上海冶金控股(集团)公司(以下简称上海冶金)及其所属的13个企事业单位;原上海梅山(集团)有限公司(以下简称梅山)及其全资、控股企事业单位(以上企事业单位详见附件)。

三、同意上海宝钢集团公司进行国家授权投资的机构和国家控股公司的试点。上海宝钢集团公司对其全资企业、控股企业、参股企业(以下简称有关企业)的有关国有资产行使出资人权利,对有关企业中国家投资形成的国有资产依法进行经营、管理和监督,并相应承担保值增值责任。在国家宏观调控和监督管理下,上海宝钢集团公司依法自主进行各项经营活动。

四、上海宝钢集团公司设立董事会,董事会为公司的决策机构。组建时总经理是法定代表人。上海宝钢集团公司领导成员的管理,按国务院、中共中央大型企业工作委员会的规定执行。组建时董事长、总经理、总会计师由国务院任命。国务院向上海宝钢集团公司派出稽察特派员,对资产运营和盈亏状况实施监督。上海宝钢集团公司组建后,要依照《中华人民共和国公司法》(以下简称《公司法》)逐步进行规范。

五、上海宝钢集团公司对有关企业享有资产受益权。在国家未对国有企业统一征收国有资产收益以前,对上海宝钢集团公司暂不征收国有资产收益,这部分资产收益由上海宝钢集团公司用于国有资本的再投入和进行结构调整。

六、上海宝钢集团作为一个整体列入国务院确定的试点企业集团名单,享受《国务院批转国家计委、国家经贸委、国家体改委关于深化大型企业集团试点工作意见的通知》(国发〔1997〕15号)规定的各项政策;同时,享受国务院确定的国有大中型重点企业的有关政策。上海宝钢集团公司要抓紧制订上海宝钢集团章程,并在1999年6月底前完成制定企业集团试点方案工作。

七、上海宝钢集团公司的财务关系在国家财政中单列。上海宝钢集团公司为实现结构调整和加快发展所需股票和债券指标、外债额度、工资总额、劳动用工等资源、物资和生产经营条件,凡属国家计划统一配置范围内的,均在国家相应计划中实行单列。

八、国务院及有关部门对原宝钢、上海冶金、梅山各企业实行的原有优惠政策继续保持不变,上海市人民政府已实行或已承诺的优惠政策,在规范的基础上继续执行。上海冶金、梅山企业所得税,按各企业1997年实际上缴所得税为基数划转中央,中央财政全额返还给上海市,由上海市按划转基数返还给联合后的企业,用于应税企业技术改造。上海冶金和梅山应缴的所得税按规定上缴中央财政。其他税收缴纳关系继续按照现行规定执行。

〔……〕

十一、需上海市人民政府支持和明确的有关政策等问题,由上海市人民政府行文加以明确。

〔……〕

中华人民共和国国务院
一九九八年十一月十三日

附件:上海宝钢集团公司主要成员企事业名单

一、原宝山钢铁(集团)公司全资、控股企业(46个)

1. 上海宝钢产业发展有限公司
2. 上海宝钢设备技术工程有限公司
3. 宝钢集团国际经济贸易总公司
4. 宝钢集团企业开发总公司
5. 上海宝钢工程建设总公司
6. 上海宝钢海洋运输有限公司
7. 上海宝钢化工有限公司
8. 上海宝钢软件有限公司
9. 上海宝钢计算机系统工程有限公司
10. 上海宝钢房地产经营开发公司
11. 宝山钢铁(集团)公司设计研究院
12. 宝钢集团宝山宾馆
13. 上海宝钢资讯有限公司
14. 上海宝钢设备检修有限公司
15. 上海宝钢设备检测公司
16. 上海宝钢运输有限公司
17. 宝钢集团江西人民机械厂
18. 上海宝钢斯创林技术服务部
19. 宝钢南非贸易有限公司
20. 宝和通商株式会社
21. 宝钢欧洲贸易有限公司
22. 宝钢俄罗斯贸易公司
23. 中国宝钢巴西贸易有限公司
24. 宝岛贸易有限公司
25. 中国宝钢新加坡贸易有限公司
26. 中国宝钢美洲贸易有限公司
27. 中国宝钢法国贸易有限公司
28. 宝运企业有限公司
29. 宝钢集团财务有限责任公司
30. 华宝信托投资有限责任公司

31. 宝钢东软信息产业集团有限公司
32. 宁波宝新不锈钢有限公司
33. 北仑钢铁发展有限公司
34. 上海新华钢铁有限公司
35. 南通宝钢新日制钢有限公司
36. 南通宝钢实业有限公司
37. 宝钢集团常州钢铁厂
38. 宝钢集团南京轧钢总厂
39. 宝钢集团鲁宝钢管厂
40. 宝钢集团上海联合公司
41. 宝金企业有限公司
42. 宝德技术贸易有限公司
43. 宝矿国际有限公司
44. 宝力有限公司
45. 上海宝钢益昌薄板有限公司
46. 上海宝钢益昌镀锡板有限公司

二、原上海冶金控股(集团)公司有关所属企事业单位(13 个)

1. 上海第一钢铁(集团)有限公司
2. 上海二钢有限公司
3. 上海浦东钢铁(集团)有限公司
4. 上海五钢(集团)有限公司
5. 上海钢管股份有限公司
6. 上海第三冷轧带钢厂
7. 上海碳素厂
8. 上海钢铁研究所
9. 上海冶金设计研究院
10. 上海钢铁工艺技术研究所
11. 上海冶金科学技术情报研究所
12. 上海冶金建设有限公司
13. 上海冶金老干部活动中心

三、原上海梅山(集团)有限公司全资、控股企业和事业单位(28 个)

1. 上海梅山钢铁有限公司
2. 上海梅山集团(南京)矿业有限公司
3. 上海梅山集团进出口公司
4. 上海梅山贸易开发公司
5. 上海梅山集团设备建筑安装有限公司
6. 上海梅山新产业开发总公司
7. 上海梅山房地产开发经营公司
8. 上海梅山公房资产经营公司

9. 上海梅山金苑市政园林工程公司
10. 上海梅山冶金公司浦东储运分公司
11. 上海梅山实业开发有限责任公司
12. 上海梅山集团计算机技术开发有限公司
13. 上海梅山集团梅星实业有限公司
14. 上海梅山高乐士经贸开发有限责任公司
15. 上海梅山集团劳动经济开发有限公司
16. 香港海波有限公司
17. 上海史梯尔工贸公司
18. 上海梅发实业有限公司
19. 上海梅达综合服务公司
20. 南京工贸实业有限公司
21. 上海梅山工程建设监理有限公司
22. 上海梅山思大特园艺有限公司
23. 上海梅山生物技术有限责任公司
24. 上海梅盛运贸有限公司
25. 无锡梅锡冶金化工经销公司
26. 上海梅建机电设备有限公司
27. 上海梅山杰事杰塑料化工有限公司
28. 梅山社区管理委员会

（二）领导在上海宝钢集团公司成立暨揭牌仪式上的讲话

（1998 年 11 月 17 日）

中共中央政治局委员、国务院副总理吴邦国讲话

同志们：

今天，上海宝钢集团公司正式成立，这是我国钢铁行业的一大盛事，也是贯彻落实党的十五大精神，加快国有企业改革与发展，实现国有企业战略性改组的一件大事，在此，我代表国务院对上海宝钢的成立表示热烈祝贺！向上海宝钢的广大干部职工表示亲切慰问！刚才，华仁同志介绍了上海宝钢筹备和组建的有关情况；秀诗同志宣读了国务院关于组建上海宝钢有关问题的批复；德福同志宣布了国务院、中央大型企业工委关于上海宝钢董事长、总经理、党委书记、总会计师的任命。大铨同志、万宾同志和匡迪同志分别代表上海宝钢、冶金工业局和上海市表了态。相信在党中央、国务院的领导下和各部门、上海市的支持下，经过上海宝钢领导班子和全体职工的共同努力，一定能够开创上海地区钢铁工业改革与发展的新局面。

关于上海宝钢领导班子其他成员的任命问题，我简单作点说明。因党中央、国务院正在部署中央党政机关与所办经济实体和管理的直属企业脱钩工作，中央大型企业工委对企业干部管理范围和办法正在研究，上海宝钢领导班子其他成员的任命，需待新办法明确后才可办理手续。但考虑到上海宝钢领导班子其他成员的人选已经讨论明确，为了保证组建工作的顺利进行，我先把领导班子

的其他成员予以明确：副董事长谢企华、关壮民、李其世、张思明；副总经理徐乐江、郭廉高、何文波、艾宝俊、葛红林、许志斌、戴元永、李海平；党委副书记尹灏、欧阳英鹏。这些同志的任职手续，请德福同志回去后抓紧办理。关于上海宝钢企业领导职务今后的管理问题，待企业干部管理办法明确后，按新办法执行。

上海地区钢铁企业联合，是贯彻党的十五大精神的具体体现，是上海地区钢铁企业以及有关方面多年的愿望，是人心所向，大势所趋。国务院对上海地区钢铁企业联合十分重视，多次召开会议进行研究，并派调研组实地了解情况，充分听取企业和有关方面的意见，反复酝酿讨论。上海宝钢的成立，对于加快上海地区钢铁工业发展，促进我国钢铁工业结构调整，推动国有企业战略性改组，具有十分重要的意义。

第一，这是加快上海地区钢铁企业发展，实现资源优化配置的重要途径。这可以从以下几个方面看：一是联合有利于实现上海地区钢铁工业的统一规划、合理分工、防止重复建设，促进资源的合理配置。上海地区是我国重要的钢铁基地，1997 年，宝钢、上海冶金、梅山三家企业生铁产量 1 047 万吨、钢 1 515 万吨、钢材 1 260 万吨，销售总额 677 亿元，总资产 1 344 亿元。上海地区钢铁企业为我国钢铁工业的发展作出了重大贡献。但由于历史的原因，各企业自成体系，产品结构不尽合理，已建成和规划建设的项目中，部分产品已有重复。要防止重复建设，最有效的办法就是实现联合。联合后，不仅可以防止重复建设所造成的浪费，而且可以通过宝钢优良资产上市筹集资金，加快企业的技术改造，最大限度地盘活现有资产存量。二是联合有利于产品优势互补，各展所长。宝钢产品以高档次的薄板、无缝管为主，高效率、大批量；上海冶金可以生产全国 70%以上、共 1 100 多个品种的钢材，以多品种、多规格的普钢、特钢见长。联合后，可以发挥各自的产品优势，在优化工艺结构基础上，提高质量、增加品种，形成我国规模最大、产品档次较高的汽车用钢、石油管、造船板、不锈钢、民用建筑和电磁钢等六大类产品的生产基地。三是联合有利于发挥三家企业的科研、技术和人才优势。三家企业在科技开发方面都是很有实力的，拥有先进的设备、技术，人数众多的科技队伍，科技开发的费用也不少，但各搞各的，力量分散。联合后三家企业的优势可形成拳头，集中力量办大事，更好地发挥和挖掘科研、技术和人才的优势和潜力，把上海建成我国钢铁工业新工艺、新技术及新材料开发的主要基地，从而带动我国钢铁工业科技水平的提高，进一步增强我国钢铁工业的国际竞争力。

第二，这是我国钢铁工业调整结构、提高竞争力的一项重大措施。改革开放以来，我国钢铁工业迅猛发展，整体实力有了很大提高，钢产量由 1978 年的 3 178 多万吨增长到 1997 年的 10 891 万吨，为国民经济发展作出了巨大贡献。从产量上看，我国已成为世界上最大的钢铁生产国。但我们不是钢铁强国，钢铁工业的发展面临不少矛盾和问题。一是生产集中度低，1 亿多吨钢由 1 000 多家企业生产，年产钢 500 万吨以上的只有 4 家，而国际上产量在 1 500 万吨以上的大企业就有 6 家。规模效益差是影响我国大企业国际竞争力的一个重要因素。二是整体技术水平和产品水平不高。比如连铸比，我们经过多年的努力，去年达到了 60.4%，而日本、韩国等国家早在七十年代末、八十年代初就已超过 95%；一些高档次的、高附加值的产品，有相当部分我们不能生产，有的我们虽能生产，但质量与国外先进水平相比存在着一定差距，仍要大量进口，去年就进口了 1 322 万吨钢。三是“大而全”、“小而全”，低水平重复建设。要解决这些矛盾和问题，除了加强产业政策的引导和行业管理外，很重要的一条就是对大型钢铁企业进行联合重组，在更大范围内、更高层次上调整存量资产，优化增量资产的配置，从而提高国际竞争力。回顾国际钢铁业的发展历史也基本上走的是联合重组的道路。如日本的新日铁，是 1970 年由八幡和高士两家钢铁公司合并的。组建上海宝钢，是我国钢铁工业规模最大的一次联合。“九五”末期上海宝钢的生产能力接近 2 000 万吨钢，会大大改善我国钢铁工业的状况，对于实现我国钢铁工业结构调整，提高国际竞争力将会产生深远的影响。

第三，这是落实中央“抓大放小”方针、对国有企业进行战略性改组的积极探索，组建上海宝钢是继今年组建石油、石化两大集团之后，党中央、国务院采取的又一重大措施，是贯彻落实十五大精神的具体体现，对于国有企业实施战略性改组，尤其是打破条块分割实现大企业联合方面有益的实践。一是联合要从国有资产优化配置的大局出发。大家知道，原宝钢是中央企业，而上海冶金、梅山是地方企业，是地方投资发展起来的。上海冶金和梅山两家企业年产 250 多万吨生铁、600 多万吨钢，净资产 130 亿，是一个不小的摊子，总体上看也颇具实力。由于联合有利于上海地区钢铁企业国有资产优化配置，所以大家都从这个大局出发，一致提出实行国有资产整体划拨，组建上海宝钢。地方企业的国有资产进入中央企业，到目前为止这次是规模最大的了。二是联合要确保企业的有效运作。这次联合，在新的集团公司如何组建等具体问题上，各方面曾反复酝酿、讨论。最后，大家达成共识，就是要确保新的集团公司有效运作，以宝钢为主组建上海宝钢，并对三家企业进行了相应的改组、调整。如将原宝钢变更登记为上海宝钢并成立董事会；上海冶金控股(集团)公司依法注销，其下属的企业和梅山以及今后的上市公司作为上海宝钢的全资企业，领导班子由上海宝钢任免、管理等。由于认识统一、目标一致，大家都能正确对待并积极落实这些改组、调整措施。这对于强强联合是十分重要的，如果各方面都争大小、比高低，是搞不成强强联合的。应该说，组建上海宝钢在这方面带了个好头。三是联合要促进企业深化改革。国务院会议纪要和批复中明确，上海宝钢作为国家大型企业集团试点，同时进行国家授权投资的机构和国家控股公司试点。对大企业来讲，这是实现政企分开的一种探索，目的是要切实转变政府职能，政府不再直接管理企业，让企业依法自主经营，加快发展。另外，国务院纪要和批复中还要求上海宝钢继续加大主辅分离、减人增效的力度，增强在国内外市场上的竞争力等。这将会对上海宝钢的改革与发展产生积极的促进作用，同时，也为面上的大企业、大企业集团的改革、改组提供实践经验。

当前，我国经济发展总的形势是好的。今年以来，面对亚洲金融危机的冲击，党中央、国务院审时度势，采取了一系列重大措施，相继下发了 3 号和 12 号文件，实施积极的财政政策，增加基础设施投入，扩大国内需求，提高出口产品退税率，打击走私，深化国有企业改革，实施再就业工程，对国有重点企业派出稽察特派员等。在全国上下的共同努力下，党中央、国务院这些重大政策措施的效应正在逐步显现出来。1—9 月国内生产总值比去年同期增长 7.2%，商品零售价格总水平下降 2.5%，人民币汇率保持稳定。这与受亚洲金融危机冲击的其他一些国家货币贬值、经济负增长形成了鲜明对照。工业经济运行也出现了积极的变化。一个特点是增长速度加快，尤其是 9、10 月份出现了比较强劲的回升势头。另一个特点是企业经济效益开始好转。三季度以来，大多数省市企业盈利状况比上半年明显改善。国有及国有控股企业 7 月份以来实现利润逐月增加，其中 512 户国有重点企业三季度共实现利润 178 亿元，占 512 户企业 1—9 月实现利润的 45%。随着国家加大基础设施投入效应的进一步显现和灾后重建的拉动，预计第四季度工业增加值增长速度将继续加快，企业经济效益将会进一步好转。我们在肯定成绩的同时，更要看到我们面临的严峻形势和困难，从当前的情况和发展趋势看，近期消费品市场平淡的状况不会有大的变化，销售增幅和价格可能继续走低；随着亚洲金融危机影响的加深，出口形势仍不容乐观。要克服面临的困难，实现党中央、国务院确定的经济增长目标以及国有企业改革和脱困的三年目标，国有大企业肩负着重任。上海宝钢是钢铁行业的排头兵企业，党中央、国务院对上海宝钢寄予厚望。江总书记 1995 年曾勉励宝钢要“办世界一流企业，创世界一流水平”。这要成为上海宝钢的奋斗目标。要实现这个奋斗目标，需要上海宝钢的广大干部和职工付出长期的、艰苦的努力，扎扎实实地做好各项工作。这里，我提几点要求和希望。

第一，优化产品结构，发展钢铁精品基地。从装备、技术、产品、规模等方面看，上海宝钢在我国钢铁工业中处于十分重要的地位，应该瞄准世界一流水平，发展钢铁精品，为我国钢铁工业调整结构、产品升级作出更大贡献。这是这次联合的主要目的，也是上海宝钢今后的主要任务和发展方向。上海宝钢及其全资、控股企业要成为一个有机整体，按照优化产品结构、发展钢铁精品的要求，通过资本纽带，统一制定发展规划，统一安排技术改造，集中使用资金。在这个问题上，不能各自为政，不能迁就、照顾，更不能搞重复建设。近期，要集中力量把宝钢三期工程及一批效益好的改造项目搞好，尽快淘汰落后的工艺设备，淘汰效益差的产品，挖掘效益好的产品生产的潜力，提高经济效益。

第二，大力推进技术进步，狠抓技术创新工程。对于一个大企业来讲，衡量他的实力、发展潜力，很重要的是看他的技术实力，如果没有先进的技术，没有技术创新的能力，企业规模再大、销售收入再多，都不能代表企业的实力，相反，还会加速企业的衰退，最终会在市场竞争中被淘汰。上海宝钢成立后，要把技术进步这件大事抓紧抓好，并把技术创新作为企业发展的基本方针长期坚持下去。上海宝钢的科研、技术、人才优势，是今后提高经济效益、提高国际竞争力的一个源泉，是上海宝钢未来发展的潜力所在。因此，技术创新要立足于发挥这个优势，科技开发和产品开发的人、财、物要统筹安排，合理使用，围绕优化产品结构、发展钢铁精品基地的目标，集中力量打攻坚战，争取在3到5年时间里，通过技术创新使上海宝钢拥有一批世界一流的技术，为我国钢铁工业技术进步作出更大贡献。

第三，深化企业改革，建立现代企业制度。上海宝钢集团公司组建后，在改革方面面临着十分艰巨的任务，下决心完成这些任务，上海宝钢才能前进、才能发展。一是要抓好原宝钢钢铁生产主体的改制上市工作。进行改制上市的部分，要切实转换内部机制，规范运作，加强管理，不断提高经济效益。二是加大主辅分离、减员增效的力度。各企业都要从自己的实际出发，围绕提高劳动生产率的目标，确定减人增效的计划，办好职工再就业中心，充分利用土地资源等条件，切实安置好分流人员。三是要继续调整企业组织结构，对符合兼并条件的少数困难企业，要走兼并重组的道路。四是建立适应市场的决策机制。上海宝钢作为国家授权投资的机构和国家控股公司试点，具有了相应的权利。要用好这些权利，就必须建立适应市场的决策机制，包括健全的决策机构、科学民主的决策程序和严格的、可追溯的决策责任制度。

第四，提高管理水平，向管理要效益。原宝钢管理比较先进，上海冶金、梅山管理上也有自己的特点。联合后，要下大力气抓管理，创世界一流的管理水平。这几年全国深入持久地开展学邯钢活动，一大批企业通过学邯钢、抓管理，提高了经济效益，冶金行业学邯钢收到了非常显著的成效。实践证明，邯钢经验对国有企业有指导意义，邯钢面向市场抓管理的许多措施、办法对钢铁企业很适用。因此，上海宝钢要认真学习邯钢经验，充分发动广大干部职工，进一步开拓国际、国内市场，提高产品质量，降低成本，减少费用支出，提高经济效益。原宝钢、上海冶金、梅山去年实现利润近30亿元，上海宝钢效益的高低，对全国冶金行业有很大的影响，对全国也有一定影响。因此，在实现利润方面，上海宝钢要有奋斗目标，通过这个目标，进一步改善经营管理，提高管理水平。

第五，要积极为上海宝钢的发展提供支持和服务。上海宝钢是在国务院各有关部门和上海市委、市政府的大力支持下组建的。今后，在改制上市、资产重组、主辅分离、下岗分流和职工再就业等方面，国务院各有关部门、单位和地方政府要继续大力支持上海宝钢。国家经贸委、冶金工业局要加强对上海宝钢改革与发展工作的指导、帮助和服务，为企业发展创造良好的外部环境。当然，上海宝钢经营管理的好坏，关键在于企业自身，在于企业的领导班子。国务院对上海宝钢的领导班子十分信任，也寄予很大希望。前一阶段，以徐大铨同志为组长的筹备组很好地完成了各项筹备工作。上海宝钢成立后，包括其全资、控股企业在内，各企业就是一个整体了，希望上海宝钢领导班子的每一个成员都要顾全这个整体，从这个整体出发，团结一致，互相配合，振奋精神，积极工作，带领广大职工深化企业改革，加快技术改造，加强经营管理，提高国际、国内市场竞争力，为建设世界一流企业，创世界一流水平而努力奋斗。

（三）关于印发《上海宝钢集团公司组建方案》和《上海宝钢集团公司章程》的通知

上海宝钢集团公司，各省、自治区、直辖市、计划单列市人民政府，国务院各部委、各直属机构：

根据《国务院关于组建上海宝钢集团公司有关问题的批复》（国函〔1998〕96 号）精神，现将上海宝钢集团公司组建方案和公司章程印发你们，请遵照执行。

上海宝钢集团公司组建方案

一、公司的名称、性质和目标

（一）名称

公司的中文全称为上海宝钢集团公司。公司英文名称为 Shanghai BaoSteel Group Corp，简称 SBS。

以宝钢集团公司为母公司组建企业集团，企业集团名称为上海宝钢集团。依照上海宝钢集团章程，经母公司批准，集团成员企业的名称可冠以“上海宝钢集团”字样。

（二）性质

上海宝钢集团公司是经国务院同意进行国家授权投资的机构和国家控股公司的试点。上海宝钢集团公司经营管理宝山钢铁（集团）公司以及划转后的上海冶金控股（集团）公司、上海梅山（集团）有限公司（以下分别简称“宝钢”“上海冶金”“梅山”）中国家投资形成的国有资产（以下称“有关国有资产”），并相应承担国有资产保值增值责任。上海宝钢集团公司是自主经营、自负盈亏、自我发展、自我约束的法人实体。上海宝钢集团公司组建后，要依照《中华人民共和国公司法》（以下简称《公司法》）逐步规范。

（三）目标

通过对上海地区钢铁工业国有资产战略性重组，统一规划，实现规模化和集约化经营，加强经营管理，提高劳动生产率，增强市场竞争能力，使上海宝钢集团公司成为我国钢铁行业新工艺、新技术及新材料开发的重要基地，带动我国钢铁工业水平的提高，努力把上海宝钢集团公司建设成为一个具有较强竞争力的特大型企业。

二、公司的组建原则和组建方式

（一）组建原则

1. 以宝钢为主，吸收上海冶金、梅山的原则以宝钢为主体，充分利用宝钢及上海冶金、梅山的产品优势、技术优势、人才优势和宝钢的管理优势以及宝钢在国内外的资信实力，吸收上海冶金、梅山参加，组成上海宝钢集团公司。

2. 区别情况，一步到位的原则

联合的范围和步骤实行“区别情况，一步到位”。原则上确定宝钢、上海冶金、梅山以及所属钢铁企业、事业单位一步到位进行联合；与钢铁行业关联度不大的铁合金、耐火材料企业和学校、医院等事业单位以及其他企业可予以区别对待，原则上不进入上海宝钢集团公司。确定在联合范围内的企业，一步划入上海宝钢集团公司。

3. 母子公司原则

上海宝钢集团公司实行母子公司体制，对宝钢现有主要子公司及上海冶金进入上海宝钢集团公司的企业和梅山，根据资产关系、企业规模、经济效益和业务范围等情况改组成为上海宝钢集团公司的全资子公司(含直属事业单位，下同)、控股子公司和参股企业(以下简称“有关企业”)，并依照“公司法”逐步规范。

4. 优化资源配置原则

联合围绕上海宝钢集团公司的目标，统一规划，合理分工，优化资本和人才配置，防止重复建设，淘汰落后工艺技术，加快技术进步。宝钢股份制改制和上市工作要与重组工作同步考虑，筹集资金用于联合后企业的改组、改造。

5. 减员增效原则

上海宝钢集团公司及其全资子公司、控股子公司(以下简称“子公司”)要不断提高劳动生产率和经济效益，继续加大主辅分离、主副分离、减员增效工作的力度，使上海宝钢集团公司钢铁主业的劳动生产率，继续保持国内领先地位，并努力进入世界先进行列。

(二) 组建方式

1. 根据上海冶金、梅山各企业的具体情况，由上海地区钢铁企业联合筹备组提出进入上海宝钢集团公司的企业及国有资产划转范围，经国务院批准后执行。

2. 以宝钢为主体，吸收上海冶金、梅山，对划转范围内的上海冶金、梅山的有关国有资产实行一次性划转，在联合重组的基础上，将原宝钢变更登记为上海宝钢集团公司，上海冶金控股(集团)公司依法注销，对划转范围内原上海冶金的企业和上海梅山(集团)有限公司按上海宝钢集团公司的子公司进行改制(上海宝钢集团公司主要企事业单位详见附件)。

3. 将宝钢钢铁生产主体单元设立为上海宝钢集团公司，并抓紧进行股份制改制工作，改制上市后的公司作为上海宝钢集团公司的控股子公司。

三、公司的主要职责和主要权限

(一) 主要职责

1. 经营管理国务院授权范围内的国有资产，对有关企业的有关国有资产依法行使出资人权利，并相应承担国有资产保值增值的责任。

2. 执行国家的法律、法规和产业政策，服从国家宏观调控，依法经营。

3. 根据市场需求、国民经济中长期发展规划和国家产业政策，调整和优化产品结构，对提高产品技术水平和项目投入产出效益负责。

4. 建立适应市场经济要求的决策机制，包括科学民主的决策程序、健全的决策机构和严格的、可追溯的决策责任制度。

5. 深化企业改革，转换经营机制，实行科学管理，加强市场营销，分流富余人员，向改革和管理要效益。

6. 搞好精神文明建设，建设一支高素质的员工队伍。

7. 支持地方经济发展，承担国务院及有关部门委托的其他工作。

（二）主要权限

1. 在国家未对国有企业统一征收国有资产收益前，上海宝钢集团公司及有关企业的有关国有资产收益、国有资产转让和变现收入，由上海宝钢集团公司集中用于国有资本的再投入和进行结构调整。

2. 按照国家有关法律、法规和有关规定，自主决定有关企业的投资融资决策和有关国有资产的重组、产权变动、与外商合资合作等。

3. 统一制定上海宝钢集团公司及其子公司的发展战略、中长期发展规划，经国家批准后自行审批项目及组织施工建设。

4. 统一制定技术创新和产品开发规划，对重大开发项目统一决策、集中使用资金、统筹安排科研人员。

5. 自主决定上海宝钢集团公司经营管理体制、机构设置和内部分配制度。

6. 依据国家有关政策和宏观调控的要求，自主经营原燃材料和产品的进出口业务，在国务院授权范围内行使外事审批权。

7. 任免上海宝钢集团公司总部各部门和全资子公司的领导成员，并对其培训、考核、奖惩。对控股子公司和参股企业，按出资比例委派股东代表，推荐董事会、监事会成员。

8. 国务院及有关部门授予的其他权限。

四、公司的主要经营范围

（一）经营国务院授权范围内的国有资产。

（二）主营钢铁、冶金矿产。

（三）兼营煤炭、化工、电力、码头、仓储、运输等与钢铁相关的业务，以及技术开发、技术转让、技术服务和技术管理咨询业务。

五、公司的资本与注册资金的确定

上海宝钢集团公司的资本以宝钢的国有资产净值，加上上海冶金、梅山确定划入上海宝钢集团公司的企业的有关国有资产净值划转形成。合计净资产总额为 704.66 亿元，其中：宝钢 574.79 亿元，上海冶金 104.36 亿元，梅山 25.51 亿元。各企业按实收资本划转，作为上海宝钢集团公司的实收资本，由财政部办理相应的资产划转手续。

上海宝钢集团公司的注册资金以各企业的资本金相加，为 458.00 亿元。其余作为上海宝钢集团公司资本公积金和盈余公积金。

以上资产均以 1998 年 7 月 31 日财务报表数字为准。

六、公司的领导体制、组织机构及党群组织

（一）国务院向上海宝钢集团公司派出稽察特派员，对其资产运营和盈亏状况实施监督。

（二）上海宝钢集团公司设立董事会，董事会为上海宝钢集团公司的决策机构，董事会由若干名董事组成，其中有公司职工代表 1 名。董事会设董事长 1 人，副董事长若干人。

（三）董事会下设科技规划委员会和投融资委员会等作为董事会的非常设专家咨询机构。委员会委员由上海宝钢集团公司有关专家和有关职能部门人员组成，可根据需要，聘请部分社会专家、学者担任顾问或委员。

董事会设秘书室。

（四）上海宝钢集团公司设总经理1人、总会计师1人、副总经理若干人。公司组建时总经理是法定代表人。

总经理主持上海宝钢集团公司经营管理工作，组织实施董事会确定的各项决议、工作计划并对董事会负责。副总经理协助总经理工作，在总经理领导下，分工负责上海宝钢集团公司有关方面的工作。

（五）董事会、总经理的职责，由上海宝钢集团公司章程规定。

（六）上海宝钢集团公司领导成员的管理，按国务院、中共中央大型企业工作委员会的规定执行。组建时，董事长、总经理、总会计师由国务院任命。

（七）党的组织和纪检、监察机构的设置按照党章和有关规定办理。

（八）上海宝钢集团公司职工依法组织工会，开展工会活动，维护职工合法权益。

七、公司的内部关系

（一）上海宝钢集团公司是投资中心和资本运营中心；子公司、分公司是上海宝钢集团公司的利润中心，主要职责是执行上海宝钢集团公司的投融资决策和资本运营决策，负责日常生产经营活动。子公司投融资行为，必须由上海宝钢集团公司审批或授权。

（二）上海宝钢集团公司是技术创新和产品开发中心，子公司的主要职责是完成上海宝钢集团公司确定的开发任务和子公司的日常科技开发、产品开发项目。

（三）上海宝钢集团公司实行统一的国际、国内营销战略，对子公司进出口业务和海外经营进行统一协调，并负责对子公司在产品生产、原料互供、市场营销等方面的协调。

（四）上海宝钢集团公司依照国家规定对子公司国有资产进行清查，界定产权，核实资本金，组织产权登记，确保子公司规范运作，向子公司下达国有资产保值增值指标，并对其经营情况、执行法律法规和财务状况进行管理、监督和服务。

（五）上海宝钢集团公司的子公司为独立法人，依法享有法人财产权，享有民事权利，并承担民事责任，依法独立经营、自负盈亏，提高经济效益，实现国有资产保值增值。

（六）上海宝钢集团公司的子公司依法享有计划、采购、销售、定价、劳动、人事、分配和内部机构设置等生产经营自主权，并按上海宝钢集团公司统一要求，深化内部劳动、人事、分配制度改革，分流富余人员，组织实施再就业工程和职工生活保障工作，逐步分离企业的社会职能。

（七）上海宝钢集团公司的子公司之间经营关系按市场原则处理，通过签订经济合同规范各自的行为。

八、公司与外部的关系

（一）上海宝钢集团作为一个整体列入国务院确定的试点企业集团名单，享受《国务院批转国家计委、国家经贸委、国家体改委关于深化大型企业集团试点工作意见的通知》（国发〔1997〕15号）规定的各项政策；同时享受国务院确定的国有大中型重点企业的有关政策。上海宝钢集团公司要抓紧制定上海宝钢集团章程，并在1999年6月底前完成制定企业集团试点方案工作。

（二）上海宝钢集团公司的财务关系在国家财政中单列。上海宝钢集团公司合并各子公司会计报表，财务会计报表依法报送财政部审批。上海宝钢集团公司为实现结构调整和加快发展所需股票和债券发行指标、外债额度、工资总额、劳动用工等资源、物资和生产经营条件，凡属国家计划统一配置范围内的，均在国家相应计划中实行单列。

（三）原上海冶金、梅山企业所得税按各企业1997年实际上缴所得税为基数划转中央，中央财政全额返还给上海市，由上海市按划转基数返还给联合后的企业，用于应税企业技术改造。上海冶金和梅山应缴的所得税按规定上缴中央财政。其他税收征纳关系继续按照现行规定执行。

（四）上海宝钢集团公司组建后，国务院及有关部门对原宝钢、上海冶金、梅山各企业实行的原有优惠政策继续保持不变；地方政府已实行或已承诺的优惠政策，在规范的基础上继续执行。

（五）对于联合重组中需上海市人民政府支持和明确的有关政策等问题，请上海市人民政府行文加以明确。

上海宝钢集团公司章程

第一章 总 则

第一条 为确定公司的法律地位和行为准则，保障公司的合法权益，根据中华人民共和国有关法律、法规，制定本章程。

第二条 公司名称：上海宝钢集团公司（以下简称“公司”）。英文名称 Shanghai BaoSteel Group Corp，简称 SBS。

第三条 公司住所：上海市浦东新区浦电路 370 号。

第四条 经国务院同意，公司是进行国家授权投资的机构和国家控股公司的试点。公司对授权范围内的原宝山钢铁（集团）公司以及划转后的上海冶金控股（集团）公司、上海梅山（集团）有限公司（以下分别简称：“宝钢”、“上海冶金”、“梅山”）中国家投资形成的国有资产（以下称“有关国有资产”）行使出资人的权利。

第五条 公司是独立法人，享有所有资产的法人财产权，依法享有民事权利，承担民事责任，以其全部资产对公司的债务承担责任。

第六条 公司依法从事经营活动，遵守国家法律、法规，维护社会经济秩序，加强社会主义精神文明建设，自觉接受政府和社会公众的监督。

公司的合法权益受法律保护，不受侵犯。

第七条 公司中中国共产党基层组织的活动，依照《中国共产党章程》和有关规定办理。

公司坚持党组织的政治核心作用，保障党和国家方针政策的贯彻落实。

第八条 公司职工依法组织工会，开展工会活动，维护职工的合法权益。公司应当为工会活动提供必要的条件。

第二章 公司宗旨和经营范围

第九条 公司宗旨：在优化结构的基础上，推动技术进步，提高质量，增加品种，增强在国内外市场的竞争力，加强经营管理，提高经济效益和劳动生产率，实现国有资产保值增值，使公司成为我国钢铁行业新工艺、新技术及新材料开发的重要基地，带动我国钢铁工业水平的提高，为把我国建设成为钢铁的强国作出突出贡献。

第十条 公司经营范围是：

1. 经营国务院授权范围内的国有资产，并开展有关的投资业务；

2. 主营钢铁、冶金矿产；

3. 兼营煤炭、化工、电力、码头、仓储、运输等与钢铁相关的业务，以及技术开发、技术转让、技术服务和技术、管理咨询业务。

第三章 公司设立与注册资金

第十一条 公司经国务院批准，以宝钢为主体，吸收上海冶金、梅山，对划转范围内的上海冶金、梅山的有关国有资产实行一次性划转，在联合重组的基础上，将原宝钢变更登记为上海宝钢集团公司。

公司根据业务发展需要，可设立全资子公司、控股子公司和分公司、代表处等分支机构。建立以资本为纽带的母子公司体制。

第十二条 公司注册资金为458.00亿元。

第十三条 公司净资产以1998年7月31日财务报表数字为准，共计704.66亿元。由以下资产组成：

宝钢净资产574.79亿元，其中资本金383.00亿元；

上海冶金净资产104.36亿元，其中资本金60.00亿元；

梅山净资产25.51亿元，其中资本金15.00亿元。

原宝钢的一切资产包括债权债务由公司继承；原上海冶金控股（集团）公司依法注销后，其债权、债务根据法律规定由公司继续；吸收进入的独立企业保留原法人资格，债权债务依原法人主体延续。

第四章 国有资产管理和公司体制

第十四条 公司的主要职责：

1. 经营管理国务院授权范围内的国有资产，对有关企业的有关国有资产依法行使出资人权利，并相应承担国有资产保值增值的责任；

2. 执行国家的法律、法规和产业政策，服从国家宏观调控，依法经营；

3. 根据市场需求、国民经济中长期发展规划和国家产业政策，调整和优化产品结构，对提高产品技术水平和项目投入产出效益负责；

4. 建立适应市场经济要求的决策机制，包括科学民主的决策程序、健全的决策机构和严格的、可追溯的决策责任制度；

5. 深化企业改革，转换经营机制，实行科学管理，加强市场营销，分流富余人员，向改革和管理要效益；

6. 搞好精神文明建设，建设一支高素质的员工队伍；

7. 支持地方经济发展。承担国务院及有关部门委托的其他工作。

第十五条 公司的主要权限：

1. 在国家未对国有企业统一征收国有资产收益前，公司及有关企业的国有资产收益、国有资产转让和变现收入，由公司集中用于国有资本的再投入和进行结构调整；

2. 按照国家有关法律、法规和有关规定，自主决定有关企业的投融资决策和有关国有资产的重组、产权变动、与外商合资合作等；

3. 统一制定公司及其子公司的发展战略、中长期发展规划，经国家批准后自行审批项目及组织施工建设；

4. 统一制定技术创新和产品开发规划，对重大开发项目统一决策、集中使用资金、统筹安排科研人员；

5. 自主决定公司经营管理体制、机构设置和内部分配制度；

6. 依据国家有关政策和宏观调控的要求，自主经营原燃材料和产品的进出口业务，自主审批外事活动；

7. 任免公司总部各部门和全资子公司的领导成员，并对其培训、考核、奖惩。对控股子公司和参股企业，按出资比例委派股东代表，推荐董事会、监事会成员。

8. 国务院及有关部门授予的其他权限。

第十六条　公司体制和管理关系

1. 公司是投资中心和资本运营中心；子公司、分公司是公司的利润中心，主要职责是执行公司的投融资决策和资本运营决策，负责日常生产经营活动。子公司投融资行为，必须由公司审批或授权。

2. 公司是技术创新和产品开发中心，子公司的主要职责是完成公司确定的开发任务和子公司的日常科技开发、产品开发项目。

3. 公司实行统一的国际、国内营销战略，对子公司进出口业务和海外经营进行统一协调，并负责对子公司在产品生产、原料互供、市场营销等方面的协调。

4. 公司依照国家规定对子公司国有资产进行清查，界定产权，核实资本金，组织产权登记，确保子公司规范运作，向子公司下达国有资产保值增值指标，并对其经营情况、执行法律法规和财务状况进行管理、监督和服务。

5. 公司的子公司为独立法人，依法享有法人财产权，享有民事权利，并承担民事责任，依法独立经营、自负盈亏，提高经济效益，实现国有资产保值增值。

6. 公司的子公司依法享有计划、采购、销售、定价、劳动、人事、分配和内部机构设置等生产经营自主权，并按上海宝钢集团公司统一要求，深化内部劳动、人事、分配制度改革，分流富余人员，组织实施再就业工程和职工生活保障工作，逐步分离企业的社会职能。

7. 公司的子公司之间经营关系按市场原则处理，通过签订经济合同规范各自的行为。

第十七条　上海宝钢集团是指以公司及其子公司、参股公司和其他成员企业而组成的企业法人联合体。

第五章　董 事 会

第十八条　公司设立董事会，董事会是公司的决策机构。

第十九条　董事会由若干名董事组成，其中有公司职工代表1名。董事会设董事长1人，副董事长若干人。董事会成员的管理按国务院的规定执行。

董事会下设科技规划委员会和投融资委员会等作为董事会的非常设专家咨询机构。委员会委员由公司有关专家和职能部门人员组成，可根据需要，聘请部分社会专家、学者担任顾问或委员。

第二十条　董事任期为3年。董事任期期满，可连委连任。

第二十一条　公司设立之日，为公司董事会成立之日。

第二十二条　董事会作为公司的决策机构，行使下列职权：

1. 决定公司的经营计划、投资计划；

2. 制定公司的年度财务预算方案、决算方案；

3. 制定公司的利润分配方案、弥补亏损方案；

4. 制定公司增加或者减少注册资金的方案；

5. 拟订公司合并、分立、变更公司形式、解散的方案；

6. 决策公司内部管理机构和专门委员会的设置；

7. 制定公司的基本管理制度；

8. 拟订公司发行股票、债券的方案；

9. 对转让出资作出决议；

10. 按有关规定，聘任或者解聘公司副总经理，并决定其报酬事项；

11. 在国家核定的工资总额内决策公司工资分配方案；

12. 拟订公司章程的修改方案；

13. 董事会认为的其他重要事项。

第二十三条　董事会决议应经全体董事半数以上通过，方可作出决定。但董事会对公司增减注册资金、合并、分立、解散或者变更公司形式和修改公司章程作出决议，必须经全体董事三分之二以上通过并报国务院批准同意。

重要人事任免需经全体董事三分之二以上通过。

第二十四条　董事会会议每年至少召开 2 次，由董事长召集并主持；董事长因特殊原因不能履行职务时，由董事长指定副董事长或者其他董事召集和主持。三分之一以上董事可以提议召开董事会会议。董事会应当对所议事项的决定作出会议记录，出席会议的董事应在会议记录上签名。

会议记录应于会后 7 日内送达各董事并归档保存。

第二十五条　董事会会议必须有三分之二以上的董事出席方能举行。

第六章　经　　理

第二十六条　公司设总经理 1 人，副总经理若干人。公司组建时总经理为公司法定代表人。

第二十七条　总经理对董事会负责，依照职权代表公司对外处理有关业务，其主要职权如下：

1. 主持公司的生产经营管理工作，组织实施董事会决议；

2. 组织实施公司年度生产经营计划和投资方案；

3. 拟订公司财务预算、决算方案；

4. 拟订公司利润分配和亏损弥补方案；

5. 拟订公司工资总额及分配方案；

6. 拟订公司内部管理机构和专门委员会的设置方案；

7. 拟订公司的基本管理制度；

8. 制定公司的具体规章；

9. 聘任或者解聘除应由董事会聘任或者解聘以外的其他人员；

10. 公司章程的董事会授予的其他职权。

副总经理协助总经理工作，并分工负责有关方面的工作。

第二十八条　公司董事、总经理、副总经理不得兼任其他经济组织的高级管理人员，不得参与其他经济组织对本公司的商业竞争。

本条所称其他经济组织指与本公司无资产关系的经济组织。

第七章　监 督 机 构

第二十九条　国务院向公司派出稽察特派员，对公司资产运营和资产状况实施监督。稽察特派员的职权按《国务院稽察特派员条例》规定执行。

第八章 民主管理

第三十条 公司依照宪法和有关法律的规定，通过职工代表大会和其他形式实施民主管理。

第三十一条 公司研究有关职工工资、福利、安全生产、劳动保护以及劳动保险等涉及职工切身利益的问题，应当事先听取工会和职工的意见，并邀请工会或职工代表列席有关会议。

第九章 税务、财务及审计

第三十二条 公司应按照国家有关法律法规的规定建立财务、会计制度并依法纳税。

第三十三条 公司有财务关系隶属财政部，财务计划在国家财政中单列。公司合并各子公司会计报表，依法报送财政部审批。

第三十四条 公司的会计年度自公历1月1日起至12月31日止。

第三十五条 公司应当在每一会计年度终了后45天内制作财务会计报告。财务会计报告应包括下列财务会计的报表及附属明细表：

1. 资产负债表；
2. 损益表；
3. 现金流量表；
4. 利润分配表；
5. 财务情况说明书。

经董事会审议通过的财务会计报告应经注册会计师审核鉴证并报财政部审批。

第三十六条 公司在当年税后利润中提取百分之十列入公司法定公积金，并提取利润的百分之十列入公司法定公益金。

第三十七条 公司应以法定公积金弥补上年亏损。如法定公积金不足以弥补上年亏损的，在依照前款规定提取法定公积金和法定公益金之前，应当先用当年利润弥补亏损。

第三十八条 公司在从税后利润中提取法定公积金后，经董事会决议，可以提取任意公积金。

第三十九条 公司公积金用于弥补公司亏损，扩大公司生产经营或转为增加公司注册资金。

第四十条 公司在弥补亏损、提取公积金、法定公益金后所余利润转作公司任意盈余公积金。

第四十一条 公司建立内部审计机构，实行内部审计制度，对公司及其全资企业、控股企业、分公司、代表处等分支机构的经营管理活动进行审计监督。

第十章 劳动管理

第四十二条 公司实行劳动合同制。公司及各子公司，按照《中华人民共和国劳动法》和其他有关法律法规及董事会有关决定，根据各自实际情况对劳动用工、工资分配、劳动保险、生活福利、社会保障等有关劳动管理事项，制定实施方案，报公司董事会审批。职工与其所在企业订立劳动合同。

劳动合同订立后，应报当地劳动管理部门备案。

第四十三条 公司及各子公司工会代表职工同所在公司签订集体合同。

第十一章 公司的经营期限、终止和清算

第四十四条 除非因经营不善或其他原因导致公司无法继续经营，经国务院批准解散外，公司的经营期限将是永久性的。

第四十五条　公司终止，应依法组成清算组，制定清算原则程序并进行清算。

第十二章　附　　则

第四十六条　本章程由公司董事会制定，经国务院原则同意，由国家经贸委印发后生效。修改时同。

第四十七条　本章程由公司董事会负责解释。

国家经济贸易委员会
一九九八年十一月十八日

（四）关于做好组建上海宝钢集团公司各项政策配套工作的意见（节录）

〔……〕

一、关于国有资产

上海冶金控股（集团）公司、梅山（集团）有限公司与上海宝钢集团公司实行整体联合。以合并会计报表1998年7月31日的时点数为准进行国有资产核定，对上海冶金控股（集团）公司经审计确认的不实资产、财产损失和坏账损失，在上海宝钢集团公司成立时予以一次核销。

〔……〕

二、关于税收

（一）原上海冶金控股（集团）公司、梅山（集团）有限公司的企业的税收收入，按联合前预算入库级次入库，各类税收的征收仍按联合前税收管理办法执行。在税收收入按联合前预算入库级次不变的前提下，原上海冶金控股（集团）公司列入市重点扶持的企业集团和梅山（集团）有限公司所享有的所得税金额返回政策保持不变，专项用于补充流动资金和老企业的技术改造[如果今后上海所属企业整体上停止这项政策，上海冶金控股（集团）公司的企业集团和梅山（集团）有限公司原则上也停止执行]。

（二）原上海冶金控股（集团）公司、梅山（集团）有限公司享受的其他各项税收政策（如“三废”治理、市政动迁、“九四”专项项目以税还贷、鼓励发展高科技产业、技改项目贴息贷款、转制基金、符合本市投资方向的技改项目减免税等各项已出台的优惠政策），均保持不变（见附件一）。

〔……〕

三、关于职工再就业

进入上海宝钢集团公司再就业服务中心的上海冶金控股（集团）公司职工，继续享受上海市企业职工再就业服务中心的政策。

四、原上海冶金控股（集团）公司职工有关养老保险、医疗保险和失业保险的政策，公积金收缴及使用的办法，均保持不变。

五、关于学校医院

原上海冶金控股（集团）公司所属上海冶金高等专科学校、东沪高等职校、冶金中等专科学校划转市教委。上海一钢、三钢、五钢职工医院随企业一起进入上海宝钢集团公司。

六、关于原梅山（集团）有限公司特殊政策

原梅山（集团）有限公司原来享受的关于社区管理、社会保障、人事和劳动调配、职工住房、教育培训、医疗卫生、公安户籍、民政福利等政策，均保持不变(见附件二略)。

七、关于未进入划转范围的4家企业的安排

在这次联合中，上海冶金控股(集团)公司有4家企业未进入划转范围。经研究，其中申鑫公司进入上海工业投资公司，上海申佳铁合金公司、上海泰山耐火材料公司挂靠上海有色金属总公司，亚新公司划入上海电气(集团)总公司。

八、关于继续维持上海企业对宝钢的配套供应

对原来由上海企业为钢铁企业配套供应的铁合金材料、焦炭、耐火材料、氧气等工业产品，均按原渠道供应，保持相对稳定；上海宝钢集团公司要做到同等条件下优先予以采购使用。

上海市人民政府

附件一：

原上海冶金控股(集团)公司和梅山(集团)有限公司继续享受的市有关政策

一、市财政局《关于企业置换土地使用权税收处理问题的规定》(沪地税地〔1995〕52号)

二、市府专题会议纪要(90－7)

三、市财政局《关于实行分税制财政体制和税制改革后94项专项项目财税政策的通知》(沪综财〔1994〕43号)

四、市政府办公厅《转发市现代企业制度试点工作领导小组办公室〈关于本市重点扶持一批大型企业集团的若干政策意见〉等的通知》(沪府办发〔1997〕1号)

五、市现代企业制度试点领导小组办公室《关于本市重点扶持一批大型企业集团的若干政策意见的实施细则》(沪府办发〔1997〕1号)以及上海市人民政府办公厅《转发市现代企业制度试点领导小组办公室〈关于做好重点扶持大型企业集团工作意见〉的通知》(沪府办发〔1997〕39号)

六、上海市人民政府《关于发布〈上海市促进高新技术成果转化的若干规定〉》(沪府发〔1998〕23号)

七、市财政局《技术改造专项贷款项目贴息资金管理暂行办法》(财工字〔1997〕365号)

八、市财政局、市经委《关于印发工业企业转制资金管理办法和工业企业转制基金使用办法的通知》(沪财企一〔1995〕27号、沪经计〔1995〕145号)

九、工商银行市分行《关于支持国有亏损工业企业有销路、有效益产品生产的通知》(银发〔1997〕385号)

十、市财政局《关于固定资产投资方向调节税若干政策问题的通知》(沪地税一〔1997〕82号)

十一、市财政局继续享受所得税全额返回的政策(沪财企一〔1997〕167号)

十二、享受再就业的有关政策

(五) 关于同意设立宝山钢铁股份有限公司的批复(节录)

上海宝钢集团公司：

〔……〕

一、同意上海宝钢集团公司作为独家发起人，以发起方式设立宝山钢铁股份有限公司(以下简称股份公司)。

二、股份公司总资产为3 785 844.49万元，负债为2 149 688.83万元，净资产折为股本，计为

1 063 500 万股(每股面值 1 元),由上海宝钢集团公司持有。

三、原则同意《宝山钢铁股份有限公司章程》,股份公司董事会成员按公司章程规定的名额由股东大会确定。

四、请据此及时召开股份公司创立会议,办理工商登记手续,并将董事会名单及创立会议决议报我委备案。

五、待有关公开发行股票的准备工作完成后,股份公司即可修改章程,并报我委审批,转为境外募集公司。

国家经济贸易委员会
一九九九年十二月二十八日

(六)关于审批上海宝钢集团一钢公司不锈钢及碳钢热轧板卷技术改造项目可行性研究报告的请示(节录)

国务院:

〔……〕

二、改造的主要内容

充分发挥 2 500 立方米高炉系统的炼铁生产优势,对一钢公司现有落后的炼钢、轧钢生产线进行系统的技术改造,分期逐步淘汰平炉炼钢和小转炉及横列式轧机、落后的钢管、钢板生产线,保留新沪 30 万吨棒材新线,建设可生产不锈钢和碳钢的炼钢厂及 1 700 毫米级的半连轧机组。主要设备包括:铁水预处理、120 吨转炉 3 座、120 吨精炼设施 3 座;板坯连铸机 3 台;1 700 毫米半连轧车间及辅助配套设施。

项目改造期 4 年。

改造后,一钢公司钢铁生产能力没有增加,年产铁水 232 万吨、钢(连铸坯)257 万吨(其中不锈钢坯 72 万吨)、热轧板卷 240 万吨(其中不锈钢板卷 60 万吨、碳钢板卷 180 万吨)、不锈钢商品坯 11.50 万吨,解决目前国内不锈钢冷轧厂所需的原料——不锈钢热轧板卷。

项目需引进铁水预处理、炉外精炼、板坯连铸机、半连轧机的局部关键技术和设备,其余立足国内解决。全部设备采购采用国内外招标的方式进行,国家机械工业局已对引进设备方案进行了审查。该项目属于《当前国家重点鼓励发展的产业、产品和技术目录》(十四)钢铁中"不锈钢冶炼、热冷轧不锈钢板、冶金综合自动化、板型控制"类的国内投资项目,可按国家有关规定申请办理进口设备免税手续。

三、外部条件

改造后,项目所需铬铁水 12.40 万吨,由上海申佳铁合金厂供给;项目所需氧气、氮气由宝钢、五钢、吴淞化工厂联合供给,氩气由宝钢供给;项目所需铁水等其他原料、供电、供水等配套条件,企业均可利用现有设施自行平衡解决。项目环境影响报告书已经国家环保总局批准。

四、项目总投资、资金来源及效益

项目总投资 110 亿元,其中固定资产投资 106 亿元(含外汇 3.34 亿美元,建设期利息 6.63 亿元),铺底流动资金 4 亿元。资金来源:项目资本金 55 亿元,占总投资的 50%,由宝钢集团自有资金注入;资本金以外的资金 55 亿元,分别由中国工商银行贷款 22 亿元(其中外汇 1.67 亿美元)、中国银行贷款 16.50 亿元(其中外汇 1.67 亿美元)、中国建设银行贷款 16.50 亿元解决,以上 3 家银行已分别出具贷款承诺函。经对上海宝钢集团公司改造自有资金进行审核，2000年至2004年企业技改工程共需自有资金353亿元，同期企业可落实自有资金387亿元，其中税后利润81亿元，折旧304亿元，三期退税2亿元。以上情况分别由中国银行上海市分行、中国工商银行上海市分行、中国建设银行上海市分行审查确认。因此，企业改造资金是落实的。

经测算，改造后新增销售收入114亿元，利润10.30亿元，内部收益率为10.5%，投资回收期11年3个月(含改造期4年)。

〔……〕

国家经济贸易委员会
二〇〇〇年九月七日

(七) 印发《关于审批上海宝钢集团一钢公司不锈钢及碳钢热轧板卷技术改造项目可行性研究报告的请示》的通知

上海宝钢集团公司：

我委《关于审批上海宝钢集团一钢公司不锈钢及碳钢热轧板卷技术改造项目可行性研究报告的请示》(国经贸投资〔2000〕869号)业经国务院批准。现印发你们，请遵照执行。

国家经济贸易委员会
二〇〇〇年十月二十三日

(八) 关于核准宝山钢铁股份有限公司公开发行股票的通知(节录)

宝山钢铁股份有限公司：

〔……〕

同意你公司利用上海证券交易所交易系统，采用向法人投资者配售和对一般投资者上网定价相结合的发行方式，向社会公开发行人民币普通股股票18.77亿股。你公司的国家股暂不上市流通。

中国证券监督管理委员会
二〇〇〇年十月二十七日

(九) 关于上海宝钢集团公司五钢有限公司不锈钢长型材工程可行性研究报告的批复(节录)

上海宝钢集团公司：

〔……〕

一、为淘汰上海宝钢集团公司(以下简称宝钢)上海五钢有限公司(以下简称五钢)化铁炼钢、小转炉、小电炉和多火成材等落后工艺技术装备，同意五钢建设不锈钢长型材工程项目。

二、项目建设规模为年产钢25万吨、钢材30万吨，其中不锈钢14.20万吨，轴承钢2.90万吨，易切削钢2.87万吨，冷墩钢2.43万吨，合金结构钢2.20万吨等。项目主要建设内容为：60万吨不锈钢电炉冶炼和精炼生产线1条，3流不锈钢连铸机1台，连续式轧机生产线1条，相应的打捆机、称重机、在线探伤等装置，以及废钢车间、酸洗及酸处理站、变电站、锅炉房等公用辅助设施。

三、项目在五钢现有厂区内建设,不需要新征土地。项目建成投产后,其所需的燃料煤气、电力和能源介质以及维修、运输等条件均由你公司和地方自行解决。

四、项目总投资 169 156 万元(含外汇 5 489 万美元),其中,固定资产投资 158 295 万元(含建设期利息 5 461 万元),铺底流动资金 5 400 万元。

资金来源为:资本金 79 100 万元,由你公司用自有资金解决;资本金以外的 90 056 万元分别由中国建设银行和交通银行各贷款 45 028 万元解决。

〔……〕

国家发展计划委员会

二〇〇二年九月三十日

(十)关于上海宝钢集团公司第一钢铁有限公司不锈钢扩建工程项目建议书的批复(节录)

上海宝钢集团公司:

〔……〕

一、为调整产品结构,满足国内市场对不锈钢的需求,同意你公司第一钢铁有限公司建设不锈钢扩建工程。

二、项目建设规模为年产不锈钢连铸坯 72 万吨,热轧板卷 59 万吨,项目建成后,加上一期工程能力,宝钢一钢公司可形成 144 万吨不锈钢坯和 129 万吨不锈钢热轧板卷能力。

三、项目主要建设内容为:1 座铁水脱磷站,1 座 100 吨电炉,120 吨 AOD 和 LF 精炼炉各 1 座,板坯连铸机 1 台,加热炉 1 座,以及相应的公辅设施。

四、项目总投资 356 422 万元(含外汇 8 533 万美元),其中固定资产投资 332 841 万元(含建设期利息 9 448 万元),铺底流动资金 23 581 万元。资金来源为:资本金 185 278 万元,由宝钢集团自有资金出资;资本金以外 171 144 万元资金,申请银行贷款解决。

五、项目在宝钢一钢现有厂区内建设,不需新征土地。

项目建成投产后所需铁水原料由一钢现有高炉系统供应;其他不锈废钢、铁合金等辅助原料由市场采购解决。项目所需供电、供水、燃气等条件均由你公司和地方自行解决。

〔……〕

国家发展和改革委员会

二〇〇四年二月二十日

(十一)关于宝钢集团上海浦东钢铁有限公司搬迁工程项目核准的批复(节录)

上海宝钢集团公司:

〔……〕

一、为满足上海城市发展要求和 2010 年召开世博会需要,同意你公司上海浦东钢铁有限公司搬迁工程项目建设。

二、项目建设规模。年产铁水150万吨、钢坯200万吨、钢材160万吨。产品方案为中厚板160万吨(其中特殊专用板72.50万吨、结构板30万吨、锅炉容器板7.50万吨、造船板50万吨),钢坯42万吨。

三、项目主要建设内容。建设成品码头,综合原料场;建设1座C3000型COREX装置,铁水预处理装置;建设1座150吨转炉和LF、RH精炼设施,搬迁1座100吨电炉和LF、VD精炼设施,建设2台单流板坯连铸机(1台最大厚度为250毫米,1台最大厚度为400毫米);搬迁改造和新建相结合,建设1套4 200毫米双机架宽厚板轧机;建设2套125兆瓦燃气—蒸汽联合循环发电机组(CCPP);相应的制氧等公辅配套设施。

四、项目新增总投资136.78亿元(含外汇3.40亿美元),其中建设投资129.83亿元,铺底流动资金6.94亿元。另外,利用现有资产18.45亿元。新增总投资的资金来源:资本金69.71亿元,由你公司自有资金解决;资本金以外67.06亿元资金申请银行贷款解决。

五、项目外部条件。项目建成后所需的铁矿、水以及煤、焦炭、电力、天然气等外部条件由你公司和地方自行平衡解决。

六、请你公司按循环经济理念,充分利用COREX技术先进的优势,搞好余热、余能和各种废弃物的回收利用,实现回收能源发电和钢厂用电平衡并能向电网外供电,把项目建成环境污染少、资源和能源消耗低、产品一流的现代化钢铁生产企业。

〔……〕

国家发展和改革委员会
二〇〇五年六月十三日

(十二)关于上海宝钢集团公司变更工商登记有关事项的批复(节录)

上海宝钢集团公司:

〔……〕

一、同意上海宝钢集团公司变更工商登记为国有独资公司。

二、同意你公司名称变更为宝钢集团有限公司。

三、批准你公司董事会拟订的《宝钢集团有限公司章程》。

四、同意你公司注册资本保持不变,即为上海宝钢集团公司2004年度经审计的财务报表为准,不再进行资产评估和验资。

〔……〕

国务院国有资产监督管理委员会
二〇〇五年十月九日

(十三)关于特殊钢分公司浦钢特钢厂搬迁工程(炼钢连铸单元)可行性研究报告(代初步设计)的批复(节录)

〔……〕

一、原则同意上海宝钢工程技术有限公司编制的可行性研究报告(代初步设计)。

二、主要建设内容:

（一）新建炼钢、连铸、模铸车间主厂房、电炉渣堆放车间、综合楼改造、新建新二中央35千伏变电所、220千伏变电所改造、北污雨排水泵房移地改造、西空压站改造、道路、铁路运输、综合动力管廊和区域绿化、总图“三通一平”等。新增建筑面积70 414平方米。

（二）主要工艺设备：搬迁改造浦钢特钢30吨电炉2座、30吨LF炉2座、30吨AOD炉1座，利旧桥式起重机、平车、渣包等主体生产设备及辅助设备。搬迁改造特殊钢分公司30吨电炉2座、30吨LF炉1座、预热炉2台、扒渣机1台、平车及各类检化验设备等主体生产设备及辅助设备。新增1 300毫米立式连铸机1台，新增30吨双工位VOD炉1座、30吨双工位VD炉1座和桥式起重机等主体生产设备及辅助设备，根据工艺要求在主厂房内预留30吨LF炉、30吨AOD炉位置各1座。新增上述设备和设施的除尘系统、水处理系统、给排水系统、燃气供应系统、热力设施、通风、仪表、空调、消防设施以及相关的公辅配套设施等。

（三）新增L2系统和电信系统，包括电炉冶炼区域（料场和EAF炉）、精炼区域（LF炉、VD炉AOD炉和VOD炉）、连铸区域三个过程计算机子系统。功能包括：用户管理、冶炼计划处理、技术标准数据接收、生产过程跟踪、物料跟踪、实绩数据收集、部分数学模型、事件日志、人机界面、报表生成和打印，并与其他系统（基础自动化、MES系统）实现数据通信。改造和扩容你公司现有管理计算机系统（ERP），覆盖从合同管理、生产管理、作业计划、质量管理、生产实绩收集、物料跟踪、检化验管理、仓库管理、发货管理等全过程的业务信息处理。

（四）总图绿化采用分散和集中分隔布置形式，选用能适应不同的生产区域生长、能防尘、吸噪的树木和花卉。沿同济路厂区围墙西侧，新建60～12米宽景观绿化带。同济路水产路交叉口布置集中绿化。绿化用地面积约48 000平方米，绿化用地率约20%。

〔……〕

宝山钢铁股份有限公司
二〇〇六年四月二十日

（十四）关于宝钢集团浦钢搬迁工程（特殊钢分公司部分）炉卷热轧机可行性研究报告的批复（节录）

〔……〕

一、原则同意中冶京诚工程技术有限公司编制的可行性研究报告。

二、主要建设内容：

（一）新建炉卷轧机车间，由板坯库、主轧跨、剪切跨、热处理跨、钢板库、钢卷库、主电室、磨辊间等组成；新建空压站一座和炉卷热轧水处理设施。将炼钢三分厂现有主车间功能改建为修磨酸洗车间；将现三中央变电所功能改建为新三中央35千伏变电所功能。新建建筑面积约为8.90万平方米。

（二）主要工艺设备：

1. 板坯库及加热炉区域：新增步进梁式加热炉1座（预留1座，其设备基础和烟道施工在本项目中完成）；室式加热炉2座（预留1座平面位置）；电加热炉1座；板坯称重装置1座、自开坯等离子切割机各2套等。

2. 主轧区：新增粗轧机、立辊轧机、炉卷轧机各1架；粗轧高压水除鳞装置1套；预留层流池和泵站位置（基础和水沟在本项目中完成）；飞剪1台；中间坯在线补热炉1座。

3. 卷取区：新增卷取机、钢卷打捆机各 1 台；钢卷称重、运输线、取样检查装置、喷印装置各 1 套。

4. 冷床区：新增热矫直机 1 台；冷床 1 座；特厚板及缓冷板收集装置、钢板表面检查装置各 1 套。

5. 剪切精整区：新增钢板等离子切割机、钢板火焰切割机、钢板堆垛收集装置、钢板标记装置各 1 套；钢板翻板机 1 台；横移检查修磨台架 1 套；切边剪、定尺剪各 1 台。

6. 热处理区：新增辊底式固溶热处理线、车底式电加热退火处理线各 1 套；室式高温固溶热处理炉 1 座；淬火机、热处理矫直机各 1 台；钢板堆垛收集装置 2 套；预留辊底式正火、回火热处理线、外部机械化式低温回火处理线、钢板超声波探伤装置各 1 套。

7. 磨辊间：新增工作辊磨床、支持辊磨床(带车削功能)、剪刃磨床各 1 台；轧辊轴承座拆卸/安装设备、轧辊轴承清洗装置各 1 套等。

8. 修磨区：新增等离子切割机、火焰切割机、翻板机各 1 台；修磨机组 1 套、坯料超声波探伤装置(人工)等；带锯机 1 台(预留 1 台平面位置)。

9. 酸洗区：新增抛丸机、钢板酸洗装置、钢板称重、标记、包装装置、超声波探伤装置各 1 套；翻板机、试样剪、砂带修磨机各 1 台。

上述主要工艺设备中，轧制模型软件和部分设备的关键部件(由国外)引进；粗轧机、立辊轧机、钢板抛丸酸洗线、剪切线等系统由国内自主集成。

项目建成后，形成年产板卷 28.22 万吨，其中钛及钛合金、高温合金、镍基耐蚀合金、精密合金 2.62 万吨，特殊不锈钢、工模具钢等其他品种 25.60 万吨。

10. 新增与上述主要工艺设备配套的各类生产辅助设备和设施及除尘系统、给排水系统、燃气供应系统、热力设施、信息化系统、自动化控制系统、通风、仪表、空调、环保、消防设施以及其他相关的公辅配套设施等。

(三) 总图绿化用地面积约 3.72 万平方米，绿化用地率约 25%。

宝山钢铁股份有限公司

二〇〇六年十一月月十四日

(十五) 关于新疆八一钢铁集团有限责任公司部分国有股权无偿划转有关问题的批复(节录)

宝钢集团有限公司：

〔……〕

一、同意你公司无偿接收新疆八一钢铁集团有限责任公司 48.46%的国有股权。

二、经中介机构审计，2006 年 8 月 31 日，新疆八一钢铁集团有限责任公司资产总额 96.44 亿元，负债总额 55.91 亿元，净资产 40.53 亿元，48.46%的国有股权相对应的净资产为 19.64 亿元，请据此调增你公司所有者权益。

〔……〕

国务院国有资产监督管理委员会

二〇〇七年二月二十八日

（十六）关于宝山钢铁股份有限公司特殊钢分公司钛镍特种金属板带技术改造工程可行性研究报告的批复(节录)

〔……〕

一、原则同意上海宝钢工程技术有限公司编制的可行性研究报告。

二、主要建设内容：

（一）新建钛、镍特种金属板带车间与炉卷轧机车间毗邻布置，并新建循环水处理站，脱盐水站、生产废水处理站、供氢站，天然气调压站、电气室等公辅配套设施。新建建筑面积约 9.20 万平方米。

（二）主要新增设备：新增拼卷机组、引带矫直机组、热带冷带的退火和酸洗机组(分线布置)、修磨机组、一号冷轧机组(六辊可逆轧机)、二号冷轧机组(20 辊)、立式光亮退火机组、清洗机组、平整机组、横切纵切机组各 1 条；真空退火炉 3 座(其中 2 座缓建)；磅秤 2 台；翻卷机、轴承座翻转机各 1 台以及各类检化验设备；起重机设备；拉矫机组 1 条预留平面位置。

上述设备中热带冷带退火和酸洗机组、修磨机组、冷轧机组(20 辊)、立式光亮退火机组、平整机组、纵切和横切机组(横切纵切机组)、真空退火炉拟由国外总成；拼卷机组、清洗机组、引带矫直机组、六辊可逆轧机、翻转机拟由国内总成。以上机组中的关键部件、耐腐蚀提升泵、部分检化验设备拟从国外引进。轧辊磨削原则上由宝钢内部统筹解决，具体尚待协调落实。

（三）新增上述设备和设施的供电系统、给排水系统、水处理系统、燃气供应系统、热力设施、消防设施、环保设施以及相关的公辅配套设施等。

三、本项目投资按内部额度指标控制。

四、项目要求于 2009 年 10 月建成投产。项目建成后，年产特种金属冷轧板卷 7.50 万吨，热轧酸洗卷 2.35 万吨。

五、项目涉及的规划、环保、消防、劳动安全、卫生防疫等报建手续以及设备采购和施工招投标等，请按照国家和上海市以宝钢的有关规定执行。

宝山钢铁股份有限公司
二〇〇七年三月二十日

（十七）宝钢集团有限公司章程

（本章程经国务院国有资产监督管理委员会于二〇〇九年六月二日批准）

第一章　总　　则

第一条　为确定宝钢集团有限公司的法律地位和行为准则，完善公司法人治理结构，保障出资人、公司的合法权益，根据《中华人民共和国公司法》(以下简称《公司法》)、《中华人民共和国企业国有资产法》(以下简称《企业国有资产法》)、《企业国有资产监督管理暂行条例》(以下简称《监管条例》)、《国务院国有资产监督管理委员会关于中央企业建立和完善国有独资公司董事会试点工作的通知》(以下简称《试点通知》)等法律、行政法规、规章和规范性文件，制定本章程。

第二条　公司名称：宝钢集团有限公司。英文名称：BAOSTEEL GROUP CORPORATION。

第三条　公司住所：上海市浦东新区浦电路370号。

第四条　公司资产属于国家所有。国务院国有资产监督管理委员会(以下称国资委)代表国务院履行出资人职责。

第五条　公司为国有独资公司,公司依法享有全部法人财产权。公司依法享有民事权利,承担民事责任,并以其全部资产对公司债务承担责任。

第六条　公司依法自主从事经营活动,遵守国家法律、法规,维护社会经济秩序,加强社会主义精神文明建设,自觉接受政府部门和社会公众的监督。公司的合法权益受法律保护,不受侵犯。

第七条　在公司中,根据中国共产党章程的规定,设立中国共产党的组织,开展党的活动。公司应当为党组织的活动提供必要条件。

第八条　本章程对出资人、公司、董事、监事、总经理、副总经理及其他高级管理人员均有约束力。

第二章　经营宗旨和经营范围

第九条　公司经营宗旨为：实施钢铁精品加规模战略、适度相关多元化战略、资本经营战略、国际化经营战略,立足世界500强,坚持科学发展观,成为世界一流的钢铁产品、技术和服务供应商,成为拥有自主知识产权和强大综合竞争力、备受社会尊重的、“一业特强、适度相关多元化发展”的世界一流跨国公司,实现出资人和公司价值最大化。

第十条　公司经营范围为：经营国务院授权范围内的国有资产,开展有关投资业务；钢铁、冶金矿产、煤炭、化工(除危险品)、电力、码头、仓储、运输与钢铁相关的业务以及技术开发、技术转让、技术服务和技术管理咨询业务,商品及技术进出口贸易。

第三章　公司与出资人关系

第十一条　经国资委批准,原上海宝钢集团公司按照《公司法》的规定进行组织形式和治理结构的规范,变更为宝钢集团有限公司,承继原上海宝钢集团公司的权利义务,是国家授权投资的机构和国家控股公司,对授权经营范围内的国有资产向国资委承担保值增值责任。

第十二条　公司注册资本为人民币5 108 262.10万元。

第十三条　国资委依照《公司法》、《企业国有资产法》、《监管条例》等法律、行政法规、规章对公司行使以下职权：

(一)决定公司的经营方针,批准公司的主业及调整方案,并主要从中央企业布局和结构调整方面审核公司的发展战略和规划；

(二)委派和更换非由职工代表担任的董事,决定董事的报酬,对董事会、董事履职进行评价；

(三)依照有关规定代表国务院派出监事会；

(四)批准董事会的报告；

(五)批准监事会的报告；

(六)批准公司的年度财务决算方案,并对年度财务预算方案进行备案管理；

(七)批准公司的利润分配方案和弥补亏损方案；

(八)对公司增加或者减少注册资本作出决定；

(九)对发行公司债券作出决定；

(十)按照《企业国有资产法》、《监管条例》、《企业国有产权转让管理暂行办法》(国资委、财政部令第3号)、《国有股东转让所持上市公司股份管理暂行办法》(国资委证监会令第19号)等规定批准有关国有产权转让、国有产权无偿划转、所持上市公司国有股份转让及公司重大资产处置等事项；

（十一）批准公司重大会计政策和会计估计变更；

（十二）按照《公司法》、《中华人民共和国审计法》、《中央企业财务决算报告管理办法》(国资委令第5号)和《中央企业经济责任审计管理暂行办法》(国资委令第7号)等的规定，对企业年度财务决算、重大事项进行抽查审计，组织开展经济责任审计工作；

（十三）按照国务院和国务院有关部门关于国有资产基础管理、股份制改革、主辅分离、辅业改制和企业重大收入分配等行政法规和部门规章的规定，办理需由国资委批准或者出具审核意见的事项；

（十四）对公司合并、分立、变更公司形式、解散和清算等事项作出决定；

（十五）批准公司章程和章程修改方案；

（十六）法律、行政法规规定的其他职权。

第十四条　国资委确保公司依法享有经营自主权，并依照有关规定授权公司董事会行使出资人的部分职权，决定公司的重大事项。

第四章　董事会

第一节　董事会组成

第十五条　公司设董事会。董事会由11名董事组成，其中外部董事7名，非外部董事4名(其中包括1名由公司职工代表大会民主选举产生的职工代表)。

外部董事指由非公司员工的外部人员担任的董事。外部董事不在公司担任除董事和董事会专门委员会有关职务外的其他职务，不负责执行层的事务。

第十六条　公司董事每届任期不超过3年，由国资委委派或更换。董事任期届满，经国资委委派可以连任。

第十七条　公司董事会设董事长1名，副董事长若干名。

第十八条　董事长为公司法定代表人，对外代表公司，行使以下职权：

（一）确定全年董事会定期会议计划；

（二）确定董事会议题；

（三）召集和主持董事会会议；

（四）负责组织拟订公司的利润分配方案和弥补亏损方案，公司增加或者减少注册资本的方案，公司合并、分立、解散或者变更公司形式的方案，以及董事会授权其拟订的其他方案，并提交董事会表决；

（五）负责组织制定、修订公司董事会职责和议事规则、董事会各专门委员会职责和议事规则等董事会运作的规章制度，并提交董事会讨论通过；

（六）提名董事会秘书、提出其薪酬建议；提出各专门委员会的设置方案及人选建议；

（七）负责组织起草董事会年度工作报告，召集并主持董事会讨论通过董事会年度工作报告，代表董事会向国资委报告年度工作；

（八）按照国资委有关要求，负责组织董事会向国资委、监事会及时提供信息，并组织董事会定期评估该信息管控系统的有效性，检查信息的真实性、准确性、完整性，对发现的问题及时要求整改，保证信息内容真实、准确、完整；

（九）检查董事会决议的实施情况；

（十）组织制定董事会运作的各项制度，协调董事会的运作；

（十一）签署董事会重要文件，代表公司对外签署有法律约束力的重要文件；

（十二）听取公司高级管理人员定期或不定期工作报告，对董事会决议的执行提出指导性意见；

（十三）在发生不可抗力或重大危急情形，无法及时召开董事会的紧急状况下，对公司重大事务作出特别决定，并在事后向董事会报告；

（十四）法律、行政法规、公司章程和董事会授予的其他职权。

第二节　董事会职权

第十九条　董事会对国资委和公司负责，行使下列职权：

（一）根据国资委的审核意见，决定公司的发展战略和中长期发展规划；

（二）决定公司的经营计划、投融资计划和方案，批准公司的交易性金融资产投资和非主业投资项目；

（三）决定公司的年度经营目标；

（四）批准公司的年度财务预算方案，并报国资委备案；

（五）制订公司的年度财务决算方案，并报国资委批准；

（六）制订公司的利润分配方案和弥补亏损方案；

（七）制订公司增加或者减少注册资本的方案；

（八）拟订公司合并、分立、变更公司形式、解散的方案；

（九）决定公司内部管理机构的设置，决定公司分支机构的设立和撤销；

（十）聘任或解聘公司总经理；听取公司总经理的工作汇报，负责对总经理的考核，决定其报酬；根据总经理的提名，聘任或解聘公司副总经理、财务负责人，并根据总经理的建议决定副总经理、财务负责人的报酬；

（十一）决定公司的基本管理制度；

（十二）决定公司整体薪酬分配策略及制度；

（十三）批准公司重大资产抵押、质押或对外担保；

（十四）批准单项金额超过500万元的对外捐赠或赞助；

（十五）履行对全资、控股企业和参股企业（以下称所出资企业）的资产受益、重大决策和选择董事、监事等股东职权；

（十六）决定公司内部业务重组和改革事项；

（十七）决定公司风险管理体系，包括：审议并向股东提交全面风险管理年度工作报告，批准风险管理策略和重大风险管理解决方案，批准风险管理体系监督评价报告，制订公司重大会计政策和会计估计变更方案。听取审计委员会关于内部审计机构负责人任免的建议，由公司总经理决定聘解。决定聘用或者解聘负责公司财务会计报告审计业务的会计师事务所及其报酬，决定公司的资产负债率上限，对公司风险管理的实施进行总体监控等；

（十八）制订公司章程修改方案；

（十九）建立与监事会联系的工作机制，督导落实监事会要求纠正和改进的问题；

（二十）国资委授予董事会行使的出资人的部分职权；

（二十一）法律、行政法规规定的其他职权。

第二十条　董事会应建立科学、民主、高效的重大事项决策机制，并制定董事会议事规则。

第三节　董事会义务

第二十一条　董事会履行下列义务：

（一）执行国资委的有关规定，代表出资人和公司的利益，对出资人和公司利益负责；

（二）向国资委报告年度工作；

（三）向国资委提供董事会的重大投、融资决策信息；

（四）向国资委提供真实、准确、全面的财务和运营信息；

（五）向国资委提供董事和经理人员的实际薪酬以及经理人员的提名、聘任或解聘的程序和方法等信息；

（六）维护公司职工、债权人和用户的合法权益，维护公司形象及商誉；

（七）确保国家法律、行政法规在公司的执行。

第四节　董事会专门委员会

第二十二条　董事会下设常务委员会、提名委员会、薪酬与考核委员会、审计委员会、风险管理委员会。董事会也可根据需要设立其他专门委员会。董事会专门委员会是董事会下设专门工作机构，为董事会重大决策提供咨询、建议。专门委员会不得以董事会名义作出任何决议。根据董事会特别授权，常务委员会可就授权事项行使决策权。董事会可根据需要聘请公司有关专家或社会专家、学者组成非常设专家咨询机构，为公司制定中长期战略发展规划、重大投资或融资方案提供专业咨询意见。

第二十三条　董事会各专门委员会由公司董事组成，成员由董事会选举产生，对董事会负责。常务委员会由7名董事组成，由董事长担任主任，成员中外部董事应占多数。常务委员会负责指导和监督董事会决议的执行；根据董事会的特别授权，对公司有关事项作出决策。提名委员会由5名董事组成，主任由董事长提名，并经董事会审议通过，成员中外部董事应占多数。提名委员会负责研究公司高级管理人员的选择标准、程序及方法，向董事会提出建议；对董事长提出的董事会秘书人选、总经理提出的副总经理、财务负责人等人选进行考察，向董事会提出考察意见；对试用期满的高级管理人员进行考察，向董事会提出考察意见；对派出至占公司资产总额50%以上的钢铁主业重要子公司的董事、监事人选进行考察，向董事会提出考察意见。薪酬与考核委员会由5名外部董事组成，主任由董事长提名，并经董事会审议通过。薪酬与考核委员会负责拟订公司高级管理人员绩效管理制度和薪酬管理制度、公司总经理任期绩效目标和年度绩效目标，以及公司总经理的薪酬方案、考核与奖惩建议，听取并评审总经理拟订的副总经理、财务负责人的薪酬方案、考核与奖惩建议。研究公司薪酬分配制度并提出建议。

审计委员会由5名外部董事组成，主任由董事长提名，并经董事会审议通过。审计委员会负责指导和监督公司内部审计部门工作，向董事会提出公司内部审计机构负责人任免的建议；向董事会提出聘请或者更换会计师事务所等有关中介机构及其报酬的建议；审核公司的财务报告、审议公司的会计政策及其变动并向董事会提出意见；督导公司内部审计制度的制定及实施；指导公司内部审计机构开展公司同级审计工作；对企业审计体系的完整性和运行的有效性进行评估和督导；与监事会和公司内部、外部审计机构保持良好沟通。风险管理委员会由7名董事组成，主任由董事长提名，并经董事会审议通过。风险管理委员会负责检查指导公司全面风险管理体系的有效运行，指导公司内部控制机制建设，对风险管理制度进行定期检查和评估，并向董事会报告结果。

第二十四条　董事会专门委员会应建立定期会议制度，就董事会议案提出专项意见，增强董事会议决程序的科学性和民主性。董事会专门委员会履行职权时各董事应充分表达意见。意见不一致时，应向董事会提交各项不同意见并作说明。

第二十五条　董事会办公室负责对董事会各专门委员会提供专业服务及与有关部门的联络。

第二十六条　董事会专门委员会应制定议事规则，具体规定各专门委员会的组成、职责、工作方式、议事程序等内容，经董事会批准后生效。

第五节　董事会会议

第二十七条　董事会会议分为定期董事会会议和临时董事会会议，由董事长召集和主持。董事长因特殊原因不能履行职务时，由董事长指定副董事长或者其他董事召集和主持。定期董事会会议每年举行 4 次，每季度召开一次。有以下情况之一时，董事长应在 7 个工作日内签发召开临时董事会会议的通知：

（一）三分之一以上董事提议时；

（二）监事会提议时；

（三）董事长认为有必要时；

（四）国资委认为有必要时。

第二十八条　召开董事会会议应在会议召开 10 日以前通知全体董事。会议通知的内容应包括时间、地点、会期、议程、议题、通知发出的日期等。

第二十九条　凡须经董事会决策的重大事项，应按本章程规定的时间通知所有董事，并提供相应资料。当 3 名以上董事或 2 名以上外部董事认为资料不充分或论证不明确时，可联名提出缓开董事会会议或缓议董事会会议所议议题，董事会应予采纳。

第三十条　董事会会议应由二分之一以上的董事出席方可举行。出席会议的每名董事有一票表决权。

附录

董事会决议分为普通决议和特别决议。董事会通过普通决议时，应经全体董事过半数同意；通过特别决议时，应经全体董事三分之二以上同意。

董事会审议本章程第十九条第（六）（七）（十七）项所列事项时，应以特别决议通过。董事对董事会拟决议事项有重大利害关系的，应当回避，不得对该决议行使表决权。

第三十一条　董事会一般应以现场会议的形式召开。遇特殊情况，经董事长同意，可采用电话会议或签署书面决议等方式对议案作出决议。

第三十二条　董事应亲自出席董事会。遇特殊情况，董事不能亲自出席董事会时，可提交由该董事签名的授权委托书委托其他董事代为出席并行使表决权。授权委托书应载明授权范围和授权权限。董事连续 3 次未能亲自出席董事会会议的，视为不能履行董事职责，董事会可提请国资委予以解聘。

第三十三条　董事会会议应对所议事项做成会议记录。会议记录应包括会议召开的日期、地点、主持人姓名、出席董事姓名、会议议程、议题、董事发言要点、决议的表决方式和结果（同意、反对或弃权的票数及投票人姓名）等内容。出席会议的董事和列席会议的董事会秘书应在会议记录上签名。会议记录应妥善保存于公司。

第六节　董事会办公室

第三十四条　董事会设立董事会办公室作为董事会常设工作机构，负责筹备董事会会议，组织董事会议案材料，反馈董事会决议的执行情况，与董事沟通信息，为董事工作提供服务。

第三十五条　董事会设董事会秘书一名，负责领导董事会办公室的工作，列席董事会，负责董事会会议记录。董事会秘书是公司高级管理人员，由董事长提名，董事会决定聘任或解聘。董事会秘书应当具备企业管理、法律等方面专业知识和经验。董事会应当制定董事会秘书工作制度，具体规定董事会秘书的职权、义务、责任和有关工作流程等。

第七节　董事的权利和义务

第三十六条　在任职期间，董事享有以下权利：

（一）要求了解行使董事权利所需的公司有关信息；

（二）出席董事会会议，在董事会会议上充分发表意见，对表决事项行使表决权；

（三）对提交董事会会议的文件、材料提出补充要求；

（四）根据本章程的规定提出召开临时董事会会议的建议；

（五）可以提出缓开董事会会议和暂缓对所议事项进行表决的建议；

（六）根据履行职责的需要，可以到公司调研、考察，向公司有关人员了解情况；

（七）根据有关规定领取报酬、津贴；

（八）根据有关规定在履行职务时享有出差、办公等方面的待遇；

（九）董事认为有必要，可以书面或者口头向国资委、监事会反映和征询有关情况和意见；

（十）法律、行政法规规定的其他权利。

第三十七条　董事应承担以下义务：

（一）关注公司发展，投入足够的时间和精力，谨慎、勤勉地履行董事职责；

（二）亲自出席董事会会议和其他董事会活动，及时了解和掌握足够的信息，独立审慎地表决；

（三）遵守法律、行政法规和公司章程，忠实履行职责，维护出资人和公司利益；

（四）遵循诚信原则，不得利用在公司的地位和职权，为本人或他人谋取私利；

（五）不得挪用公司资金或者擅自将公司资金借贷给他人；不得将公司资产以其个人名义或者其他个人名义开立账户存储；不得擅自以公司资产为任何个人债务提供担保；

（六）不得自营或者为他人经营与公司同类的业务或者从事损害公司利益的活动；

（七）不得利用职务便利为自己或者他人谋取属于公司的商业机会，不得接受与公司交易的佣金；

（八）保守公司商业秘密；

（九）外部董事与公司不应存在任何可能影响其公正履行外部董事职务的关系。外部董事本人及其直系亲属近两年内未曾在公司和公司的全资、控股子企业任职，未曾从事与公司有关的商业活动，不持有公司所投资企业的股权，不在与公司主营业务有直接竞争或潜在竞争关系的单位兼职；

（十）遵守国资委有关报酬、津贴和福利待遇方面的规定；

（十一）不让公司或者与公司有业务往来的企业承担应由个人负担的费用，不接受与公司有业务往来的企业的馈赠；外部董事不接受公司的馈赠。

第五章　董事责任的追究

第三十八条　董事责任指董事在以董事身份履行职务过程中或履行董事义务时，因单独或共同作为或消极不作为而导致公司或第三方遭受损失，按照法律、行政法规或本章程的规定而应承担的法律后果。

第三十九条　有下述行为之一的，董事应当承担董事责任：

（一）董事违反法律、行政法规、本章程规定的董事义务，给公司造成损失的；

（二）董事会决议违反法律、行政法规或者本章程规定，致使公司遭受损失，而参与表决未投反对票的。

第四十条　有下述情形之一的，公司应追究董事的董事责任：

（一）导致董事责任的行为构成犯罪的。指该等行为触犯中华人民共和国刑事法律而受到刑事处罚；

（二）导致董事责任的行为构成欺诈的。指董事履行职务或义务时，故意隐瞒真实情况或提供虚假材料，为本人或他人谋取不当利益；

（三）导致董事责任的行为属董事主观故意所致的。指董事履行职务或义务的行为虽未构成犯罪或欺诈，但董事明知该行为会损害公司或第三方利益，仍希望或放任该行为结果的发生；

（四）公司因对董事承担连带责任而向第三方赔偿的。

第四十一条　董事主要以下述方式承担董事责任：

（一）经济赔偿。该赔偿系因董事责任导致的公司直接经济损失，或公司因承担连带责任而向第三方支付的赔偿金额；

（二）解聘董事职务。依据公司章程规定的程序予以解聘；

（三）消除影响等其他方式。给公司造成名誉损失的，通过新闻媒体等公开方式及时消除负面影响。

第六章　总 经 理

第四十二条　公司设总经理1名，由董事会聘任或者解聘；设副总经理若干名，协助总经理工作，经总经理提名由董事会聘任或者解聘。总经理、副总经理、财务负责人是公司高级管理人员。

第四十三条　总经理对董事会负责，行使下列职权：

（一）主持公司的经营管理工作，组织实施董事会决议；

（二）组织实施公司年度经营计划和投资方案；

（三）拟订公司财务预算、决算方案；

（四）拟订公司利润分配和弥补亏损方案；

（五）拟订公司职工收入分配方案；

（六）拟定公司内部管理机构设置方案；

（七）拟定公司的基本管理制度；

（八）拟订公司的改革、重组方案；

（九）拟订公司融资计划；

（十）拟订需董事会及常务委员会批准的公司资产处置方案；

（十一）制定公司的具体规章；

（十二）提请聘任或者解聘公司副总经理、财务负责人；

（十三）聘任或解聘除应由董事会聘任或解聘以外的负责人员；

（十四）统筹并协调子公司的经营管理活动；

（十五）提出关于公司对所出资企业行使资产受益、重大决策和选择管理者等股东权利相关的工作意见；

（十六）董事会授予的其他职权。

第四十四条　总经理、副总经理在行使职权时，不得变更董事会决议或超越其职权范围。总经理、副总经理在行使职权时，应当根据法律、行政法规和本章程的规定，履行诚信和勤勉的义务。

第七章　监 事 会

第四十五条　公司设监事会。

监事会由国资委向公司派出的监事和职工代表组成。监事会主席由国资委指定。监事会中的职工代表由公司职工民主选举产生。

第四十六条　监事会依照《公司法》、《企业国有资产法》、《国有企业监事会暂行条例》等有关规定履行监督职责。

第八章　民 主 管 理

第四十七条　公司依照宪法和有关法律、行政法规的规定，通过职工代表大会和其他形式实行民主管理，职工通过职工代表大会行使民主管理权利。

第四十八条　公司研究有关职工工资、福利、安全生产、劳动保护以及劳动保险等涉及职工切身利益的问题，或公司生产经营的重大问题时，应当听取公司工会和职工的意见和建议。

第九章　财务会计制度和审计

第四十九条　公司依照法律、行政法规和国务院财政主管部门制定的中国会计准则的规定，制定公司的财务会计制度和内部审计制度，并依法纳税。

第五十条　公司会计年度采用公历日历年制，即每年公历 1 月 1 日起至 12 月 31 日止为一个会计年度。公司采取人民币为记账本位币，账目用中文书写。

第五十一条　公司应当在每一会计年度终了后 120 天内制作财务报告。公司财务报告包括下列财务会计报表及附属明细表：

（一）资产负债表；

（二）利润表；

（三）现金流量表；

（四）所有者权益变动表；

（五）附注。公司年度财务报告应经注册会计师审查验证，并经公司董事会审议通过。

第五十二条　公司应在当年税后利润中提取 10％列入公司法定公积金，提取当年税后利润的 10％列入公司法定公益金。当法定公积金累计额达到公司注册资本的 50％时，公司可不再提取法定公积金。

第五十三条　公司在弥补亏损、提取法定公积金、法定公益金后，经国资委批准，可以提取任意公积金。

第五十四条　公司的公积金的用途限于下列各项：

（一）弥补亏损；

（二）扩大公司生产经营；

（三）转增公司注册资本。

公司的法定公益金用于公司职工的集体福利。

第五十五条　公司内部审计部门根据国资委《中央企业内部审计管理暂行办法》的规定，对董事会负责，开展内部审计工作，对公司及所投资企业、分公司、代表处等分支机构的经营管理活动进行审计监督。公司内部审计部门接受董事会审计委员会的指导和监督。

第十章　劳动管理和工会组织

第五十六条　公司根据《中华人民共和国劳动法》、《中华人民共和国劳动合同法》和国家其他有关法律、行政法规的规定，制定适合公司具体情况的劳动用工、工资分配、劳动保险、生活福利、社会保障等劳动人事制度。

第五十七条　公司实行劳动合同制度，与职工签订劳动合同。

第五十八条　根据《中华人民共和国工会法》，公司设立工会，开展工会活动，维护职工的合法权益。公司根据《中华人民共和国工会法》的规定，向工会拨交经费，由公司工会根据中华全国总工会制定的《工会基金使用办法》使用。

第十一章　公司的合并与分立、经营期限、终止和清算

第五十九条　公司合并或者分立，应当由公司董事会提出方案，按本章程规定的程序通过后，报国资委批准。

公司的合并或者分立方案经批准后，应当依法履行有关程序。

第六十条　除非因经营不善或其他原因导致公司无法继续经营，经国资委批准解散，或公司破产外，公司将永久存续。

第六十一条　公司终止，应依法组成清算组，制定清算原则、程序并进行清算。

第十二章　附　　则

第六十二条　本章程由公司董事会制定，经国资委批准后生效。修改时同。本章程生效之日起，原《上海宝钢集团公司章程》废止。

第六十三条　本章程所称“以上”、“以下”，均包括本数。

经国资委授权，本章程由公司董事会负责解释。

（二〇〇九年四月修订）

（十八）关于宝钢集团上海浦东钢铁有限公司搬迁工程（罗泾地块）第二步实施项目有关情况的报告（节录）

国家发展和改革委员会：

宝钢集团上海浦东钢铁有限公司搬迁工程（罗泾地块）第二步实施项目由贵委于2005年以发改工业〔2007〕2911号文核准，项目总投资92.57亿元。建设内容主要包括：在搬迁工程第一步实施内容的基础上，新建1套C3000型COREX熔融还原装置、1座150吨转炉及1座150吨LF精炼炉、1套3 500 mm/3 500 mm炉卷轧机、1套169.45 MW燃气-蒸汽联合循环发电机组（CCPP装置）、2套60 000 Nm^3/h制氧机及相应公辅配套设施等。项目建成后，年产铁150万吨，钢坯182.50万吨，钢材140万吨。

目前，本项目COREX装置、转炉、精炼炉、CCPP发电机组以及制氧机等各单项工程已进入设备安装、调试阶段，并计划于2010年底投入运行。至2010年6月底，本项目累计完成投资48亿元。

根据核准内容，本项目原计划新建 1 套 3 500 mm/3 500 mm 炉卷轧机，因宝钢引进的 COREX 工艺属行业内首次采用的非高炉冶炼技术，从实际生产情况看(第 1 套 COREX 装置于 2008 年投产)，该技术的引进、吸收、消化及改进还需有一个过程。由于目前搬迁工程第一步实施内容尚未达产，成本还未处于受控状态，导致罗泾地块冶炼能力存在较大缺口，故炉卷轧机的建设需根据 COREX 工艺的攻关情况择机启动。

浦钢搬迁工程是国内首次采用 COREX 工艺的冶金示范工程，宝钢在实际建设过程中，根据具体情况，对炉卷轧机的建设进度做了适应性调整，以整体控制项目风险，希望贵委予以支持！

〔……〕

宝钢集团有限公司

二〇一〇年七月十二日

(十九) 关于请求核准宝钢南疆钢铁基地项目的请示(节录)

国家发展和改革委员会：

为贯彻落实中央新疆工作会议精神，按照国家《钢铁产业发展政策》以及宝钢集团有限公司(以下简称宝钢)与新疆维吾尔自治区签署的《关于加快新疆钢铁产业发展战略合作框架协议》的要求，宝钢提出在新疆阿克苏拜城地区建设南疆钢铁基地项目方案。有关项目情况如下：

一、建设南疆钢铁基地项目的必要性

(一) 是全面贯彻中央新疆工作会议精神、支撑新疆跨越式发展和长治久安的形势需要

实现新疆跨越式发展和长治久安，是新形势下新疆发展面临的重大而紧迫的任务。中央新疆工作会议明确指出"到 2015 年新疆人均地区生产总值达到全国平均水平，城乡居民收入和人均基本公共服务能力达到西部地区平均水平"，"到 2020 年促进新疆区域协调发展、人民富裕、生态良好、民族团结、社会稳定、边疆巩固、文明进步，确保实现全面建设小康社会的奋斗目标"。为全面贯彻落实中央新疆工作会议精神，按照中央统一部署，内地 19 省区已全面启动新一轮援疆战略，新疆正处于大开放、大建设、大发展的历史机遇期，一大批基础设施项目陆续开工建设，对钢铁等基础材料的需求将不断扩大。

服务新疆经济建设和社会发展，造福新疆各族人民，是宝钢一贯的努力和追求。宝钢 2007 年成功增资重组八一钢铁以来，全方位支持八一钢铁进一步做大做强，产能规模由重组前的 300 万吨增长到 700 多万吨，营业收入水平由 100 亿增长到 200 多亿元，为当地年上缴税金由 10 亿元增长到 20 多亿元，同时积极履行社会责任，服务地方经济，促进就业、改善民生，参与新疆社会公益事业，为新疆的经济发展和社会稳定作出了重要贡献。

在新的形势下，加快新疆发展已成为全国各族人民的共同意志和共同责任，宝钢作为中央企业，将坚定不移地贯彻落实中央部署，积极投入到新疆发展大战略中。为满足新疆大发展对钢材的巨大需求，宝钢将在加快八一钢铁乌鲁木齐本部产品结构调整和技术改造基础上，通过布局建设南疆钢铁基地，满足南疆区域经济发展和中央援疆工作的切实需要，为支撑新疆跨越式发展和长治久安做出新的更大的贡献。

(二) 是进一步优化新疆钢铁工业布局、促进区域资源优势转化、造福南疆人民的形势需要

目前新疆 90%以上的钢铁冶炼能力集中在北疆，南疆区域尚无大型钢厂布局。南疆位于我国西部边陲，资源条件好，拥有得天独厚的铁矿石、煤炭等资源储备，但区域经济尚处于欠发达状态，

工业基础比较薄弱，造成资源的综合利用水平低，目前主要通过长距离运输至区域外消化。

同时，南疆区域市场钢材消费量每年呈现50%以上的快速增长，中央新疆工作会议后将进一步扩大。而区域内的钢材又主要依靠区域外企业长距离运输供应，造成资源和运力的大量浪费，不符合国家节能减排和循环经济的要求。因此，建设南疆钢铁基地，将改变南疆区域无大型钢厂的局面，并将有效促进区域资源优势的转化，满足区域快速增长的钢材需求。

（三）是落实国家钢铁产业政策和发展规划、培育具有国际竞争力的钢铁企业集团的需要

我国钢铁工业集中度低，大产业、小企业特征明显。低集中度不仅不利于行业技术创新与扩散，而且导致产业无序竞争，组织效率低下。近年来，中国钢铁价格上涨所带来的利润，已被国外的铁矿石三巨头攫取走大半。为应对上下游的挑战，规模大型化已经成为全球钢铁工业发展的趋势。因此国家《钢铁产业调整和振兴规划》明确提出：国内排名前5位钢铁企业的产能占全国总产能的比例要达到45%以上。

宝钢是我国目前规模最大、现代化水平最高、综合竞争力最强的大型钢铁企业集团。2009年，宝钢产钢3 887万吨，位列全球钢铁企业第三位，营业总收入1 953亿元，世界500强列第220位，标准普尔信用评级为“A－”（全球钢铁企业最高信用等级）。但与国际大企业规模相比，宝钢还存在一定差距。因此，在我国钢铁行业正处于“调结构、促转变”的关键时期，进一步发挥宝钢优势，以新疆八一钢铁为平台，引领新疆钢铁工业发展和结构调整，建设南疆钢铁基地，有利于做大做强宝钢，培育强势产业；有利于提高我国钢铁业集中度、节约社会成本、优化资源配置；有利于增强我国钢铁产业在国际铁矿石供给及钢铁产品市场的话语权，提升我国钢铁工业国际竞争力。

二、项目建设的有利条件

（一）业主技术创新能力强，具有丰实的钢铁生产经营能力，同时建设资金有保证。宝钢是我国目前规模最大、现代化程度最高、综合竞争力最强的钢铁企业。在我国关键钢材品种生产和替代进口钢材等方面名列前茅，产品畅销国内外市场，赢利水平居世界领先地位。宝钢具有三十多年建设和管理大型钢铁企业的成功经验；拥有目前国际上先进的生产技术和管理经验。技术、人才和信息化的优势明显，有可以直接移植的宝钢拥有自主知识产权的生产技术作为依托，能够消化和掌握当代最前沿的技术。宝钢知信度高，有雄厚的资金优势，融资能力强。因此，宝钢完全有能力、有条件组织好、建设好、管理好南疆钢铁基地项目。

（二）具备区域市场优势。根据原新疆“十二五”规划预测，新疆钢铁年消费量预计可达824万吨。随着“中央新疆工作会议”的召开，给新疆的发展带来了巨大的发展空间，钢铁消费量会有一个较大的提升空间，保守预计钢材消费量达到1 500万吨，其中南疆区域消费量可达450万吨，消费缺口将进一步拉大。同时，在工序成本相同的情况下，本项目可以节约大量成品运费和原料运费，成本竞争力明显。此外，南疆地处我国的西部边陲，是我国进入南亚、中亚五国的门户，已被确定为重要的对外开放口岸，本项目也将成为拓展中亚、南亚市场的“桥头堡”。

（三）具有区域资源优势。新疆拥有得天独厚的铁矿资源优势，预测储量可达70亿吨以上，经探明可开采资源储量为7.73亿吨。八一钢铁在南疆及周边地区拥有5座百万吨以上的矿山，而且在南疆还掌控了6座社会矿山，完全可以支撑南疆钢铁基地的精矿粉供给。阿克苏地区煤炭资源丰富，品种齐全，主要分布在库车县、拜城县、温宿县境内。估算及预测总资源量358.30亿吨，其中探明资源量22.80亿吨（焦煤7.20亿吨）。南疆地区矿石资源和丰富的煤炭等资源可保障钢铁基地原燃料供应。另一个最重要的资源是水资源。新疆是我国严重缺水的地区之一，但钢铁基地拟选厂址所在地拜城县水资源却比较丰富。拜城县地处渭干河流域的源头区，境内共有发源于天山南

坡、相对独立的5条河流，多年平均径流量为27.45×108 m³，可为南疆钢铁基地的建设提供充足的水资源。

（四）有较好的城市依托和配套条件。厂址距阿克苏市拜城县约7公里。拜城县拥有完善的市政基础设施，包括医院、学校、商业、银行等综合服务设施；建设厂址选在拜城重化工园区，地质条件好，不占用耕地、无拆迁量，建设场地可以保证。外部配套条件已基本形成，供电有一定基础，水源充足，连接周边消费地区的公路系统比较发达，交通运输十分便捷。同时项目还得到地方政府和当地居民的大力支持，阿克苏市已经对拜城县的重大项目进行统筹规划和协调，钢铁基地建设外部必要的配套设施与支持条件有充分的保障。

三、南疆钢铁基地建设地点、建设目标和建设规模

建设地点：新疆阿克苏地区拜城重化工园区。

建设目标：把南疆钢铁基地建设成为低成本、高效益、资源节约、环境友好、体现循环经济、具有强大区域竞争力的国内一流建筑用材生产基地。

建设规模和产品定位：年产300万吨级钢铁厂，项目达产后年产铁水298.60万吨、钢水307万吨、线材60万吨、棒材170万吨：薄带60万吨，预留长远发展空间。以南疆和周边中亚地区为主要目标市场，产品定位于建筑用线、棒材及普通热轧薄带钢。

四、项目建设内容

（一）铁前系统

1. 铁前原料：配置2台240 m²烧结机，年产量480万吨；充分利用拜城重化工园区既有焦化厂的焦炭和焦炉煤气。

2. 炼铁设备：配置2座1 800 m³高炉(2 000 m³级)，每座高炉年产铁水150万吨，高炉铁水年产量按298.60万吨考虑。

（二）炼钢系统

炼钢：配置2座120吨转炉，后续配置1座LF钢包精炼炉和2套吹氩喂丝站等装置，并配置1台8机8流方坯连铸机和1台4机4流方坯连铸机和1台薄带连铸连轧生产线。

（三）轧钢系统

配置2套85万吨/年的连续式棒材轧机、1套60万吨/年的高速线材轧机和1套宝钢自主研发的60万吨/年的薄带连铸连轧生产线。

上述系统均可自主集成，基本采用国内设备。

五、项目投资及来源和经济效益

项目总投资81.79亿元，其中固定资产投资74.33亿元，建设期利息2.59亿元，铺底流动资金4.87亿元。资金来源：项目总投资的40%为企业自有资金，作为资本金；60%申请银行贷款。

项目建成后，税后全部投资财务内部收益率为13.20%，税后全部投资回收期9.88年。

六、项目原、燃材料和能源平衡

项目所需铁矿石、焦煤主要由疆内铁矿、煤矿供应；废钢、铁合金基本立足疆内解决，少量从中亚进口；石灰石等辅助材料在疆内采购；吨钢综合能耗为0.553吨标煤，符合国家产业技术政策要求，达到国内先进水平。

七、项目建设期

项目按整体规划、分步实施、滚动发展进行建设。初步考虑第一期包括场地平整建设期为2年，2011年建设2012年建成投产；第二期在第一期达产并有较强盈利能力后的2014年开始建设，

建设期考虑1.50年，2015年建成投产。

八、环境保护及循环经济

项目贯彻产业政策和循环经济理念，克服新疆原燃料条件限制，通过创新采用大型、高效、连续化、自动化的先进工艺技术和设备，积极推行清洁生产技术，提高资源、能源利用率，降低物耗能耗，将污染物发生量降到最小。在优先考虑减少资源能源消耗和污染物产生的基础上，以各生产单元内部和各生产单元之间的废物回收循环利用为主，兼顾社会产业链之间的资源再生循环利用，实现“高效率、低消耗和低排放”，从而使本工程的建设达到符合可持续发展理念的3R（Reduce、Recycle、Resorce）模式，如充分利用目前处于放散状态的外部焦炉煤气，高炉、转炉煤气全部回收利用，高炉余压采用TRT发电等。采用烧结烟气脱硫、余热回收等一系列先进的污染控制手段，全厂吨钢SO_2排放量0.99 kg；烟尘、粉尘治理采用高效除尘设备、原料场采用封闭加盖技术，烟（粉）尘吨钢有组织排放0.72 kg；对于废水采取清浊分流、循环使用、串级使用，吨钢耗新水3.60吨以下，全部达到国内先进水平。在设计中采用低噪声设备，并对主要噪声源采取消声、隔声、减震等措施，厂区周围建设绿化隔离带等，以控制噪声对环境的影响；对于氧化铁皮、钢渣、粉尘、污泥等固体废物采取回收综合利用的方式处理，固体废物利用率100%。

综上所述，我们认为，建设南疆钢铁基地项目是全面贯彻落实中央新疆工作会议精神、支撑新疆跨越式发展和长治久安的重要举措；同时具有进一步优化新疆钢铁工业布局、有效促进区域资源优势的转化、从而造福新疆人民的重要意义；项目建设方案符合国家钢铁产业发展政策要求和发展导向，也得到当地政府和人民群众的广泛支持，目前建厂条件已基本成熟，恳请国家核准建设。

〔……〕

宝钢集团有限公司

二〇一〇年八月二十四日

（二十）关于成立宝钢湛江钢铁有限公司的通知

各单位：

为更好地实施宝钢钢铁产业发展规划，推进湛江钢铁项目建设，经研究决定，在前期筹建基础上正式成立宝钢湛江钢铁有限公司，注册资本为人民币80亿元。

湛江钢铁正式成立后，原湛江钢铁有限公司（筹）撤销。

特此通知。

宝钢集团有限公司

二〇一一年三月二十日

（二十一）关于重组广东省韶关钢铁集团有限公司有关事宜的请示（节录）

国务院国有资产监督管理委员会：

2008年3月，国家发展改革委下达《国家发改委办公厅关于同意广东湛江钢铁基地项目开展前期工作的函》（发改办工业〔2008〕658号），原则同意在宝钢重组广东省韶关钢铁集团有限公司（以下简称韶钢集团、韶钢)和广州钢铁企业集团有限公司(以下简称广钢集团、广钢)的基础上,开展广东湛江钢铁基地项目前期工作,并要求该项目建设与广东省钢铁企业的联合重组结合起来,原则上不增加钢铁产能,广东省要切实完成淘汰关闭省内小钢铁能力的任务,淘汰落后炼钢能力 1 000 万吨。根据上述要求,广东省已着手实施淘汰关闭小钢铁能力等相关工作,据了解广东省内目前已经淘汰钢铁产能 1 500 万吨。同时,为实现对韶钢集团的重组,宝钢集团与广东省人民政府、广东省国资委进行了协商,就重组事项和方案达成一致,并于 2011 年 8 月 22 日签署了相关重组协议,包括:《关于重组广东省韶关钢铁集团有限公司之框架协议》《关于广东省韶关钢铁集团有限公司股权无偿划转之协议》,并由宝钢集团、广东省国资委、韶关市人民政府和韶钢集团四方签署了《关于广东省韶关钢铁集团有限公司企业办社会移交及主辅分离之框架协议》。

上述相关重组协议的签署,标志着历经多年的宝钢集团重组韶钢集团的工作取得了重大进展,重组工作由协议沟通步入了方案实施和批准阶段,目前宝钢集团已经开始推进对韶钢集团各项管理、覆盖和整合等实质性重组工作。为顺利完成对韶钢集团的重组,现将本次重组涉及的国有资产无偿划转事项请示如下。

一、基本情况

(一) 划出方:广东省人民政府国有资产监督管理委员会

广东省人民政府国有资产监督管理委员会(以下简称广东省国资委)于 2004 年 6 月 26 日正式挂牌成立。作为广东省人民政府的直属特设机构,受省政府委托履行省国有资产出资人职责,对监管企业实行"权利、义务和责任相统一,管资产和管人、管事相结合"。

2010 年末,省属企业资产总额 5 965 亿元,归属于母公司的所有者权益总额 1 543 亿元。省属企业全年累计实现营业收入 3 155 亿元,营业收入超过 100 亿元的企业有 10 户,其中营业收入突破 400 亿元的有 3 户。省国资委监管省属企业 24 户,覆盖了电力、物流、贸易、交通运输、建筑工程、对外经贸合作、旅游酒店等多个行业。2010 年末,24 户省属企业累计实现利润总额 188 亿元,归属于母公司所有者的净利润 69 亿元,归属于母公司所有者的净利润超亿元的企业有 9 户。

(二) 划入方:宝钢集团有限公司

宝钢集团有限公司(以下简称宝钢),系依法成立的国有独资公司,由国务院国有资产监督管理委员会代表国务院履行出资人职责。其依法享有民事权利,承担民事责任,并以其全部资产对公司债务承担责任。

宝钢是中国最具竞争力的钢铁联合企业。1978 年 12 月 23 日,宝钢在上海动工兴建。1998 年 11 月,宝钢与上钢、梅山联合重组,成为国家授权投资机构和国家控股公司试点企业。宝钢立足钢铁主业,生产高技术含量、高附加值钢铁精品,已形成普碳钢、不锈钢、特钢三大产品系列,广泛应用于汽车、家电、石油化工、机械制造、能源交通、建筑装潢、金属制品、航天航空、核电、电子仪表等行业。宝钢产品通过遍布全球的销售网络,畅销国内外市场,不仅保持国内板材市场的主导地位,而且将钢铁精品出口至日本、韩国、欧美等四十多个国家和地区。

2010 年末,宝钢资产总额 4 321 亿元,所有者权益 2 602 亿元。2010 年,实现营业总收入 2 730 亿元,利润总额 242 亿元。截至 2010 年末,职工总人数为 118 500 人。

近年来,宝钢重点围绕钢铁供应链、技术链、资源利用链加大内外部资源整合力度,提高竞争力,提高行业地位,已形成了包括钢铁主业和资源开发及物流、钢材延伸加工、工程技术服务、煤化工、金融投资、生产服务等六大相关产业协同发展的业务结构。2010 年,宝钢产钢 4 450 万吨,位列全球钢铁企业第三位。2011 年宝钢连续八年进入美国《财富》杂志评选的世界 500 强企业,列第 212 位。

宝钢的战略目标是：成为拥有自主知识产权和强大综合竞争力，备受社会尊重的，“一业特强、相关多元产业协同发展”的世界一流的国际公众化公司，成为世界500强中的优秀企业。

（三）被划转企业：韶钢集团

韶钢集团是以钢铁制造及销售为核心业务，以钢制品加工、物流、资源综合利用、工程建设为辅助业务的大型国有企业集团，是广东省重要的钢铁生产基地之一。韶钢集团成立于1966年，1993年12月更名为“广东省韶关钢铁集团公司”。韶钢集团是广东省国资委全资所有的国有独资有限责任公司，注册资本889 295 239.38元，注册地址为广州市荔湾区西村西增路内协和路10号，实际经营地为广东省韶关市曲江区马坝，占地面积10.70平方公里，法定代表人余子权。

韶钢集团是中国500家最大工业企业、广东企业50强和国家512家重点企业之一，国家一级计量企业、中国工商银行特级信用企业；是广东重要的钢铁生产基地、国家级高新技术企业和中国重要的船板钢生产基地。韶钢集团主要产品有中厚板、螺纹钢、高线以及钢铁相关副产品（热电、焦副产品、废渣等）等，粗钢生产能力545万吨，钢材生产能力490万吨。2010年，累计产铁502万吨、钢504万吨、钢材482万吨。2010年末，韶钢集团所属全资、控股子公司共16户，合并总资产263亿元，净资产77亿元；2010年实现营业收202亿元，利润总额1.20亿元。2010年末，韶钢集团共有在岗职工14 527人，离岗职工400人，退休人员10 117人。

二、重组范围

本次重组的范围为韶钢集团钢铁主业及相关产业的生产性资产。宝钢集团已于2011年8月22日，与广东省国资委、韶关市人民政府和韶钢集团四方签署了《关于广东省韶关钢铁集团有限公司企业办社会移交及主辅分离之框架协议》，约定了未纳入重组范围的移交剥离的期限，并预留了相关费用。

2011年12月31日前，广东省国资委牵头协助韶钢按照省政府的相关政策完成政策性移交单位（包括公安分局、普通中小学、街道办事处）移交工作，政策性移交单位按照韶钢2010年12月31日财务决算账面资产净值4 442万元，其中固定资产账面净值3 366万元，土地账面价值1 076万元。2012年6月30日前完成韶钢医院、广东松山职业技术学院协议性移交工作，协议性移交单位按照韶钢2010年12月31日财务决算账面资产净值8 309万元，其中：固定资产账面净值3 544万元，土地账面价值1 342万元，在建工程账面净值115万元，长期股权投资成本账面价值3 046万元，存货账面价值262万元。

上述政策性移交和协议性移交预留4亿元移交费用，并在2011年12月31日前将预留费用上缴广东省财政厅，预留费用之外后续韶钢不再承担政策性或协议性移交任何费用。

2015年12月31日前，完成房产管理中心、厂政管理中心、园林绿化公司、韶钢招待所、广州招待所、快餐中心、电信科、电视台、幼儿园及八家关停并转企业等非经营性单位移交工作，非经营性移交单位按照韶钢2010年12月31日财务决算账面资产净值14 637万元，其中：固定资产账面净值11 832万元，土地账面价值2 698万元，在建工程账面净值108万元，预留非经营性单位分离费用42 544万元。非经营性移交单位预留费用由韶钢作为负债专项管理，其开支应按照规定用途使用，超出使用范围和额度的开支须报广东省国资委和宝钢审批同意，若有结余，转为韶钢权益。

三、重组方式和划转数额

本次重组韶钢集团，以宝钢集团持有韶钢集团51%的控股权作为重组目标，是宝钢集团和广东省根据国家发展改革委要求推进实施的对广东省内钢铁企业的重组，在调整钢铁产业结构，促进钢铁产业转型升级，完善产业配套等方面具有重要意义，且相关重点事项均由广东省人民政府及相关部门与宝钢协商确定，重组韶钢的相关方案和安排，并非完全意义上的商业行为，故拟采用国有资产无偿划转的重组方式。

2010年12月31日，韶钢集团母公司经审计的账面所有者权益4 329 872 584.22元，扣减上述政策性移交、协议性移交和非经营性单位移交同期财务决算报表账面资产净值273 879 695.61元，并扣减预留费用825 435 238.30元，调整2011年1至7月期间韶钢集团母公司净利润－30 737 645.26元，调整后2011年7月末韶钢集团母公司所有者权益为3 199 820 005.05元。中瑞岳华会计师事务所出具了专项审计报告，截至2011年7月31日，韶钢集团净资产为3 199 820 005.05元。

〔……〕

本次重组拟无偿划转的韶钢集团51%股权对应的母公司注册资本为453 540 572.08元、所有者权益1 631 908 202.58元。韶钢集团划转后的股权结构如上。

四、重组后的韶钢集团

（一）发展规划

在宝钢集团总体发展规划和产品布局指导下，韶钢以钢铁业为核心产业，以培育和发展核心竞争力为中心，充分利用区域优势，坚持走低成本发展之路，通过产品结构调整、节能减排、提升技术装备水平等措施，满足区域钢材消费市场的需求，打造华南地区最具竞争力的钢铁企业，成为华南地区高级别建筑用棒线材、高等级宽中板材、优质棒材生产基地。

钢铁主业规划期为2011—2015年，规划分二期实施，一期(2011年—2012年)形成650万吨钢的生产能力，二期(2013年—2015年)形成850万吨钢的生产能力，二期项目和投资未来将根据市场形势后续调整确定。

1. 第一期估算投资为56.40亿元(已完成约18亿元)，主要建设项目包括：铁前系统建设1×55孔7 m焦炉及配套的备煤系统、煤气净化系统、废水处理系统，年产焦炭75万吨，一套150万吨/年的链篦机回转窑氧化球团生产线；炼钢系统建设2套脱硫装置、2座130吨转炉、2座LF炉、1台8机8流方坯连铸机、1台5机5流大方坯连铸机，年产方坯257万吨；轧钢系统建设1条高等级热轧钢筋生产线，年产Φ12～Φ50 mm热轧钢筋80万吨，1条年产67万吨优特大棒生产线、1条年产46万吨优特中棒生产线等。

2. 第二期估算投资为47.40亿元，主要建设项目包括：铁前系统建设200 m^2烧结机及配套设施，含脱硫，建设1×55孔7 m焦炉及配套的备煤系统、煤气净化系统、干熄焦、废水处理系统等，年产焦炭75万吨，建设2座2 200 m^3高炉及配套系统、鼓风机站、高炉煤气干式布袋除尘及TRT发电系统；炼钢系统建设1套脱硫装置、2套脱磷装置、2座130吨转炉、2座LF炉、1套RH、1套小方坯连铸机、1套大圆坯连铸机；轧钢系统建设5座辊底式热处理、2座台车时退火炉等精整设备，1条年产80万吨小型棒材连续生产线，1条年产80万吨大型优质棒材生产线等。

（二）产品结构

预计规划期末2015年韶钢集团钢材产能将达到863万吨，规划期各年份产能和产量以及产品结构预测见下表。

年份	产能(万吨)	产量(万吨)	热轧(万吨)	线材(万吨)	螺纹钢(万吨)	特殊钢(万吨)
2011	580	530	210	118	202	
2012	630	598	220	118	260	

〔续表〕

年份	产能(万吨)	产量(万吨)	热轧(万吨)	线材(万吨)	螺纹钢(万吨)	特殊钢(万吨)
2013	743	680	230	120	260	70
2014	743	723	230	120	260	113
2015	863	848	230	125	380	113

（三）效益预测

根据上述产品结构结合对规划期钢铁市场的判断，预计本轮规划期末2015年韶钢集团营业收入将达到439亿元，利润总额达到15亿元。

〔……〕

五、风险(负担)情况

（一）人员情况

2010年末，韶钢集团共有在岗职工14 527人，离岗职工400人，退休人员10 117人。

目前，韶钢离退休人员由韶钢厂政管理中心履行日常管理职责，重组相关协议约定2011年12月31日前将日常管理职责移交街道办事处管理。韶钢离退休人员已纳入广东省养老保险统筹，退休工资由社会保险部门通过邮政储蓄银行发放，直接转入个人账户；韶钢离退休人员已纳入韶关市医疗保险统筹，享受韶关市有关医保待遇。

2010年，韶钢离退休人员的统筹外费用277万元，主要是根据离退休人员退休时的工龄，按年工龄0.80元的标准，每月向离退休人员发放的医疗备用金，每年人均发放274元。

（二）或有负债

1. 未决诉讼

2010年末，韶钢有两项未决诉讼，涉及或有负债金额383万元，截至目前两项未决诉讼尚未判决。

〔……〕

2. 担保情况

韶钢集团无对集团外单位的担保，2010年12月末，韶钢集团母公司对所属控股、全资子公司借款及贸易融资担保余额105亿元，截至2011年8月末该等担保余额为92亿元。

3. 企业办社会职能情况

2010年末，韶钢从事社会职能工作的各类机构从业人员共2 044人(其中在岗人员1 454人、外协人员590人)，离岗人员29人；各类机构已入账的固定资产原值为4.90亿元，净值2.80亿元；2010年韶钢支付各类机构经费总额为7 565万元。

按宝钢集团、广东省国资委、韶关市政府、韶钢集团四方所签署的《企业办社会移交及主辅分离之框架协议》，韶钢企业办社会移交及主辅分离划分政策性移交单位、协议性移交单位、非经营性单位三类，共计剥离净资产11亿元，剥离政策性移交单位和协议性移交单位承担的一次性移交费用4亿元，预留非经营性单位分离费用4.30亿元。具体移交或剥离时点见重组范围。

六、其他相关事宜

2011年8月22日，宝钢集团、广东省国资委、韶关市人民政府和韶钢集团重组相关协议签订以来，宝钢集团即开始了对韶钢集团的管理整合和覆盖的调研和方案设计，未来韶钢集团将作为宝钢集团的控股子公司纳入宝钢集团的管理体系。其间，广东省人民政府也已经出具了同意重组的批复决定，韶钢集团职工代表大会也已经审议同意了相关重组方案。

为尽快完成对韶钢集团的重组，对于本次广东省政府将广东省国资委对韶钢集团全部注册资本 889 295 239.38 元中的 453 540 572.08 元出资额及对应的所有者权益 1 631 908 202.58 元划转给宝钢集团的事宜，以及因该等无偿划转而使得宝钢集团增加注册资本和实收资本并相应变更公司章程的事宜，特恳请贵委出具相关批复。

〔……〕

宝钢集团有限公司

二〇一一年十月三十一日

（二十二）上海市人民政府与宝钢集团有限公司关于上海宝山地区钢铁产业结构调整的合作协议

宝钢集团有限公司（以下简称宝钢）是我国现代化程度最高的钢铁企业，也是目前中国最具竞争力的钢铁联合企业。宝钢经过近 30 年的发展，2011 年粗钢产量为 4 427 万吨，位列全球钢铁企业第四位，长期以来，宝钢立足钢铁主业，生产高技术含量、高附加值钢铁精品，并广泛应用于汽车、家电、石油化工、机械制造、能源交通、航天航空、核电、电子仪表等行业，已日趋成为钢铁技术的领先者，绿色产业的驱动者，为上海产业发展作出了贡献。

根据国家“十二五”期间加快制造业改造提升的总体战略以及上海市第十次党代会明确的坚持“创新驱动、转型发展”总方针，为进一步优化调整上海钢铁行业的产品结构，拓展宝钢提升发展的空间，提高行业竞争力，结合城市总体规划的调整与实施，改善城市区域环境面貌，促进产业与城市融合发展，支持宝钢长期稳定发展，上海市人民政府和宝钢本着共赢的原则，经友好协商，就上海宝山地区钢铁产业结构调整实施政策性搬迁达成如下合作协议：

一、总体原则

（一）减量、增效、调整、发展

按照在调整中发展提升的思路，在实施上海宝山地区钢铁产业结构调整后，确保上海地区钢铁产能、用能总量，污染物排放总量都明显减少，提高能源利用效率，实现业务增长、资产效率改善、市场地位提升，推动宝钢产品结构升级，培育发展战略性新兴产业，优化提升先进制造业，推进产业与城市的和谐发展。

（二）立足长远、总体规划、稳步实施

根据国家钢铁产业发展战略、上海产业布局和宝钢自身发展需要，宝钢钢铁产业结构调整要与企业中远期调整发展规划同步系统考虑，优化布局，提升企业竞争力，确保宝钢本轮调整后有一个较为长期稳定的运行环境。同时确保安全生产和职工队伍稳定，保持调整的有序平稳。

（三）企业为主、政府支持、市区联动

宝钢根据双方达成的协议和调整方案，按照时间节点，主动推进上海宝山地区钢铁产业结构调整，上海市政府各有关部门、宝山区政府配合做好相关工作，并在政策措施上给予支持，稳步推进调整。

二、调整计划安排

本轮调整（范围包括不锈钢、冷轧薄板、特钢部分和罗泾地区）是一个系统工程，牵涉面广，双方将努力创造条件，保障调整工作的顺利进行，并根据实施过程中的情况变化，及时调整计划安排。现初步安排如下：

1. 2012年，宝钢股份转让涉及调整的不锈钢事业部和特钢事业部资产至宝钢集团或其指定子公司，以便于后续推进和实施产业结构调整。

2. 2012年特钢100吨电炉关停，同时罗泾地区1号COREX关停并启动迁建。

3. 2013年启动宝钢不锈钢调整(2012年启动所属烧结工序的调整)。

4. 预计2015年不锈钢750立方米高炉停产，罗泾地区2号COREX停产迁出上海。

5. 预计2016年冷轧薄板厂搬迁至宝钢股份本部大院。

6. 预计2017年不锈钢现址上所有生产设施停止生产，产线装备迁出上海。

调整后上海地区实现年减少铁产能约580万吨，钢产能约660万吨，减少能耗量300万吨标煤，减少二氧化硫排放量1 200吨，减少化学需氧量153吨。

7. 特钢将聚焦于战略性的新材料开发，减少和调整一般性竞争产品的生产。

三、政策措施

(一) 上海市政府的政策措施

1. 上海市政府通过土地开发利用和财政支持，推进上海宝山地区钢铁产业结构调整。

2. 上海市政府支持上述钢铁产业结构调整中所涉及宝钢企业的土地，按照国土资源部“存量补地价”方式，通过双评估后调整土地使用性质，由宝钢或其全资子公司组织实施土地开发，规划部门在规划调整和环境质量评估的基础上，根据城市总体规划地区功能、周边条件及需求等综合确定土地使用性质，原则上规划为六类经营性用地，并配套公建，将充分考虑宝钢的调整成本和需求，尽量使土地收益最大化。

3. 本轮结构调整涉及的企业土地转性过程中缴纳的土地出让收入，扣除国家及本市规定计提的各类专项基(资)金后的余额，全部用于支持本轮结构调整、职工安置和建设发展(具体办法另行制定)。

4. 对于无法按照国家规定享受减免优惠的各项税费(包括本轮调整涉及的不锈钢事业部、特钢事业部资产和业务转让所产生的有关税收等)所涉及地方财政收入部分，由地方财政通过专项扶持的方式给予支持(具体办法另行制定)；上海市政府将配合宝钢争取中央财政支持。

5. 宝山区政府根据国家有关法律法规落实做好宝钢股份大院的规划控制，厂区周边严格按照环保要求不新建住宅及商住楼，使宝钢本次调整后有一个长期稳定的生产经营环境。

6. 考虑宝钢钢铁结构调整对罗泾码头经营的影响，上海市政府支持宝钢与上海港务集团重新修订双方合作协议，妥善解决遗留问题。

7. 市人力资源社会保障部门、宝山区政府和宝钢按照各自职责，相互协同配合，积极做好调整所涉及人员的就业调整和职业转型发展工作，切实做好社会稳定工作。市与相关区人力资源社会保障部门对所涉及人员的职业转型发展和就业调整工作给予政策支持。

8. 上海市和宝山区两级政府积极支持宝钢在上海的调整发展。鼓励宝钢发展精品钢铁产品；罗泾区域保持工业用地性质，鼓励和支持宝钢罗泾区域发展新材料、节能环保等战略性新兴产业；鼓励和支持宝钢按照吴淞工业区新的修编规划，参与吴淞工业区的转型发展，发展生产性服务业，推进区域经济社会的可持续发展。

9. 上海市政府支持宝钢实施滩涂圈围用于本次结构调整所需部分建设用地，具体滩涂圈围规模经科学论证后确定。

10. 上海市政府支持宝钢发电机组“上大压小”、节能减排。

11. 上海市政府支持或配合有关项目的审批工作，积极推进调整工作。

（二）宝钢的措施

1. 制订和细化调整总体方案以及分步实施方案。

2. 认真做好项目报批工作，按照核准的方案内容和时间节点，积极推进调整工作。

3. 做好过渡期内的安全生产和环境保护等。

4. 积极利用业务拓展等机会，实现职工的职业转型发展，保持职工队伍的稳定。

5. 做好宝钢罗泾等区域新产业发展的规划和项目实施工作。

6. 积极支持上海磁浮公司资产重组和上海有关市政基础设施建设。

四、推进机制

1. 建立联席会议制度

双方成立以上海市委常委、副市长艾宝俊和宝钢总经理何文波为组长，由宝钢集团、上海市经济信息化委等市有关部门、宝山区人民政府组成的工作推进组，并邀请国家发展改革委、国务院国资委有关领导参加，建立联席会议制度，共同协商项目调整、争取国家支持等相关事宜，并就相关未尽事宜进行磋商和落实推进。

2. 双方共同责任

双方同意共同推进体制创新，保持职工队伍稳定。本协议签订后，尽快启动相关工作。

五、其他事项

本协议未尽事宜(包括宝钢宝山地区以外的有关土地的开发利用等)，由双方另行商定。

本协议一式六份，双方各执三份，由双方代表签字并加盖公章后生效。

上海市人民政府

宝钢集团有限公司

二○一二年七月四日

（二十三）关于宝钢广东湛江钢铁基地项目初步设计的批复

宝钢湛江钢铁有限公司：

由你公司组织编制的《宝钢广东湛江钢铁基地项目初步设计》收悉，经研究，原则同意初步设计内容，具体批复如下：

一、建设一座年产1 000万吨规模的钢铁基地，从而实施广钢环保搬迁，并替代广东省关停和淘汰省内现有约1 000万吨的钢铁生产能力。项目达产后，年产铁920万吨，粗钢1 000万吨，钢材938万吨，其中生产热轧商品板卷448万吨，冷轧商品板卷490万吨。

二、建设总体目标：以广东及附近地区为目标市场，将湛江钢铁基地建设成为现代化、生态化、高技术、高效益、体现循环经济和建设节约型社会理念、具有国际竞争力的世界一流钢铁生产基地；成为生产清洁、资源节约、循环利用、环境良好的生态工业园，成为发展循环经济的示范区。

三、产品定位及产品方案：以广东为主要目标市场，满足高端碳钢板材产品市场需求。主要品种有：热轧薄板、普冷板、热镀锌、电镀锌、电工钢。主要目标行业为汽车、家电、石化、机械和建筑等行业用高级碳钢板材。

四、项目选址：为实现资源和市场的最佳结合，同意湛江钢铁基地选址于广东省湛江市东海岛，在靠近产品消费市场的同时，实现了港厂结合方式。请在下阶段设计中，充分考虑厂界与周边区域规划的总体协调，保留必要的防护间距及永久性绿化隔离带，减少厂区对周边地区的影响，为企业可持续发展留有必要的发展空间和环境空间。

五、工艺流程及基本配置：主生产工艺选用先进、成熟可靠的高炉—转炉—热连轧—冷连轧生产工艺流程。主要工艺设施包括原料场、烧结、球团、焦炉、高炉、转炉、精炼、连铸、热连轧机组、冷连轧机组、连续退火以及涂镀机组等。主要公辅配套设施：配套建设 5 000 吨级至 30 万吨级泊位 17 个；建设 3 台 350 兆瓦煤—气混烧发电机组，2 台 30 兆瓦的 TRT 和 1 台 24 兆瓦的 CDQ 余能发电机组；配套建设海水淡化工程、大型石灰回转窑、制氧机组，以及总图运输、综合管网、信息自动化、能源中心和机加中心等。

六、技术装备水平及要求：主要产线工艺技术先进，装备水平国际一流，并应充分依托宝钢集团产品研发、原料采购、先进制造、市场运销的系统优势，使钢铁基地具有明显的竞争优势。

七、自主集成与创新：以自主集成创新为切入点，充分移植宝钢三十年建设发展经验，把握决定企业发展命脉的核心工艺及产品技术；以设备制造国产化为主要立足点，进一步依靠设备制造厂优势，将工艺技术和装备设计、自动控制系统相结合，有效推进国内冶金制造技术水平的提升；以已有的生产技术和经验为基础，通过开放式的自主集成创新平台，进行自主集成创新，形成可持续发展的竞争能力。

八、环境保护及循环经济：工程在采用先进的生产工艺、技术设备的同时，应对生产过程中的污染源和污染物采取先进有效的污染控制措施，同时在有效控制污染物排放的基础上，采取、落实进一步资源综合利用的措施，提高水的重复利用率，固体废物最大限度地资源化利用等，降低能耗，减少污染，各项环保控制指标须满足环评要求以及相关规范要求，污染物排放指标及综合能耗指标应达到国际先进水平。

九、工程建设在确保产品质量的前提下，尽量降低工程投资，以利于企业的持续发展。本工程投资按内部额度指标控制。

十、结合工程进度安排，请组织各设计单位即刻开展相应单元的设计工作。

特此批复。

宝钢集团有限公司

二〇一二年八月二十一日

（二十四）关于组建欧冶云商股份有限公司的通知

各单位：

为推动钢铁服务转型，打造集电子商务、物流、数据服务、金融服务、技术服务等功能为一体的钢铁服务平台，经研究，决定组建欧冶云商股份有限公司（简称欧冶云商）。

特此通知。

宝钢集团有限公司

二〇一五年二月二日

七、部分单位全称、简称对照表

表附-7-1 部分单位全称、简称对照表

全　　称	简　称
上海宝山钢铁总厂(1977年12月—1993年7月)	宝钢、宝钢总厂
宝山钢铁(集团)公司(1993年7月—1998年11月)	宝钢
上海宝钢集团公司(1998年11月—2005年10月)	宝钢、宝钢集团
宝钢集团有限公司(2005年10月—2016年11月)	宝钢、宝钢集团
宝山钢铁股份有限公司	宝钢股份
宝山钢铁股份有限公司宝钢分公司	宝钢分公司
宝钢集团上海第一钢铁有限公司(1998年11月—2005年5月)	宝钢一钢
宝钢集团上海第一钢铁有限公司(2005年5月起)	一钢公司
宝钢不锈钢有限公司	宝钢不锈
宝钢集团上海二钢有限公司	宝钢二钢
宝钢集团上海浦东钢铁有限公司(1998年11月—2008年4月)	宝钢浦钢
宝钢集团上海浦东钢铁有限公司(2008年4月起)	浦钢公司
宝钢股份中厚板分公司	中厚板分公司
宝钢集团上海五钢有限公司(1998年11月—2005年5月)	宝钢五钢
宝钢集团上海五钢有限公司(2005年5月起)	五钢公司
宝钢特钢有限公司	宝钢特钢
宝钢集团上海梅山有限公司(1998年11月—2005年5月)	宝钢梅山
宝钢集团上海梅山有限公司(2005年5月起)	梅山公司
梅山钢铁有限公司(1996年6月—2001年6月)	梅钢公司
上海梅山钢铁股份有限公司(2001年6月起)	梅钢公司
上海宝钢益昌薄板有限公司	宝钢益昌
上海钢管股份有限公司(1994年1月—2001年5月)	上海钢管
宝钢集团上海钢管有限公司(2001年5月起)	上海钢管
上海钢铁研究所	上海钢研所
上海钢铁工艺技术研究所	上海工艺所
南通宝钢新日制钢有限公司(1995年1月—2006年4月)	宝通钢铁
宝钢集团南通宝钢钢铁有限公司(2006年4月—2007年10月)	宝通钢铁

〔续表〕

全　　称	简　称
烟台鲁宝钢管有限责任公司	鲁宝钢管
烟台宝钢钢管有限责任公司	烟宝钢管
南京宝日钢丝制品有限公司	南京宝日
宝钢股份黄石涂镀板有限公司	黄石公司
宁波宝新不锈钢有限公司	宁波宝新
宝钢德盛不锈钢有限公司	宝钢德盛
宝钢集团新疆八一钢铁有限公司	八一钢铁
新疆八一钢铁股份有限公司	八钢股份
新疆八钢南疆钢铁拜城有限公司	南疆钢铁
宁波钢铁有限公司	宁波钢铁
广东钢铁集团有限公司	广东钢铁
宝钢集团广东韶关钢铁有限公司	韶关钢铁
广东韶钢松山股份有限公司	韶钢松山
宝钢湛江钢铁有限公司	湛江钢铁
宝钢集团国际经济贸易总公司	宝钢国贸
上海宝钢国际经济贸易有限公司	宝钢国际
宝钢美洲贸易有限公司(1996 年 4 月—2013 年 11 月)	宝美公司
宝钢美洲有限公司(2013 年 11 月起)	宝美公司
宝钢欧洲有限公司	宝欧公司
宝和通商株式会社	宝和通商
宝钢新加坡贸易有限公司(1997 年 2 月—2013 年 3 月)	宝新公司
宝钢新加坡有限公司(2013 年 3 月起)	宝新公司
宝金企业有限公司	宝金公司
宝运企业有限公司	宝运公司
东方钢铁电子商务有限公司	东方钢铁
上海宝钢工程技术有限公司(1999 年 7 月—2010 年 4 月)	宝钢工程
宝钢工程技术集团有限公司(2010 年 4 月起)	宝钢工程
上海宝华国际招标有限公司	宝华招标
上海宝钢产业发展有限公司	产业公司
宝钢集团上海联合公司	联合公司
上海宝钢运输有限公司	运输公司
宝钢集团企业开发总公司	开发总公司

〔续表〕

全　　称	简　称
宝钢发展有限公司	宝钢发展
上海宝信软件股份有限公司	宝信软件
上海宝钢化工有限公司	宝钢化工
上海宝钢设备检测公司(1994年7月—2004年7月)	检测公司
上海宝钢工业检测公司(2004年7月—2011年4月)	检测公司
上海宝钢设备检修有限公司	宝检公司
上海宝钢建设有限公司	宝钢建设
宝钢资源有限公司	宝钢资源
宝钢资源(国际)有限公司	宝钢资源
宝钢金属有限公司	宝钢金属
欧冶云商股份有限公司	欧冶云商
华宝投资有限公司	华宝投资
华宝信托投资有限责任公司(1998年10月—2007年4月)	华宝信托
华宝信托有限责任公司(2007年4月起)	华宝信托
华宝兴业基金管理有限公司	华宝兴业
华宝证券有限责任公司	华宝证券
宝钢集团财务有限责任公司	宝钢财务公司
上海宝地置业有限公司	宝地置业
宝钢集团宝山宾馆	宝山宾馆
北京汇利房地产开发有限公司	北京汇利
上海吴淞口创业园有限公司	吴淞口创业园
宝钢集团科学技术协会	宝钢科协
宝钢企业管理协会	宝钢企协
宝钢文学艺术团体联合会	宝钢文联

索　　引

表格索引

图片索引

编后记

秋天是收获的季节。经过两年多精心编纂的《上海市级专志·宝钢集团志》(简称《宝钢集团志》)终于付梓了！与改革开放同行的宝钢，是中国钢铁工业史上的重要里程碑。这本100多万字的志书，翔实记录了自1998年上海地区钢铁企业联合重组至2016年宝钢集团与武汉钢铁(集团)公司联合重组前18年间，宝钢集团风雨兼程、砥砺奋进的足迹。既是记录确凿的史实，也是书写宝钢人钢铁报国的初心使命，传承求真务实、奋发图强、勇为天下先的精神意志。

盛世修志，志传盛世。2010年，根据上海市地方志编纂委员会的部署，原宝钢集团承编《上海市志·工业分志·钢铁业卷》和《宝钢集团志》两部志书。2011年11月，宝钢集团下发《宝钢新一轮修志工作编纂规划》，明确在完成《上海市志·工业分志·钢铁业卷》编纂任务后，启动《宝钢集团志》的编纂工作。2018年9月，中国宝武钢铁集团有限公司(简称中国宝武)在集团史志办公室设立《宝钢集团志》编纂室，负责统筹规划、组织协调、督促指导、检查落实，正式启动志稿的编纂工作。

在中国宝武的领导下，在上海市地方志办公室的指导下，《宝钢集团志》编纂室使命在心、责任在肩，始终坚持依法修志，严格按照修志程序进行编修，力求做到资料翔实、系统、准确和有效，记录真实、权威，完整地反映这18年间宝钢改革、发展的历史与现状。编纂工作启动之初，中国宝武计划用5年多时间完成《宝钢集团志》编纂工作，2022年完成初稿，2023年出版。2019年年初，市地方志办公室提出所有《上海市级专志》须于规划时间完成初稿、提前出版后，中国宝武领导指示《宝钢集团志》编纂室调整时间节点，按市地方志办公室要求，确保“后墙不倒”。

足迹彰显火热情怀，历史凝聚磅礴力量。1998年上海地区钢铁企业联合重组后，宝钢集团步入快速发展期，一路凯歌，破浪前行，做强做大、实现规模效益，打造成为一家世界级钢铁企业集团。对编纂者来说，修志过程严格、繁琐，用无数个卡片、表格、目录……构成一本志书的基本骨架，但它并不是干枯冰凉的，而是传递18个春秋的炽热记忆、传承一种永恒的精神。时间紧、任务重，编纂室的同志们孜孜不倦、全力以赴。首先要细化目录。编纂室精心策划、起草《宝钢集团志》编纂大纲、框架结构、三级目录等，报请编纂委员会审定后，上报市地方志办公室。同时，在总结以往修志工作经验的基础上，进一步细化目录，确立了五级目录，并请各涉编单位审定。为确保志稿按时出版，编纂室突破传统的一年收集整理资料卡片、一年编写资料长编、一年撰写试写稿的老办法，按章节整理资料卡片、编写资料长编、试写初稿，然后由编纂室主任进行编纂、总纂。在不到两年的时间里，整理、制作卡片4 100余张、300余万字，整理、编纂资料长编计350万字，撰写志稿100多万字。

以十指敲击键盘，在飞逝的时间中奔跑。2019年年底，《宝钢集团志》初稿完成；2020年1月，交各涉编单位进行内部评审(包括审稿和保密审查)；3月，编纂室根据各单位评审意见对初稿进行修改，在完成严格的内部评审后提交市级评议。5月29日，市地方志办公室组织专家对《宝钢集团志》进行评议，形成专家组评议意见。会后，编纂室对专家的评审意见进行了认真梳理，根据评审意见，从志书的篇章结构、体例、志体表述，内容的完整性、全面性，行文规范，标题，解决交叉重复，数据、史实的核实，以及卷首照、大事记、人物篇的具体问题等方面作了精心的补充、修改和完善。9月，形成送审稿，提交市地方志办公室审定。11月20日，市地方志办公室召开《宝钢集团志》审定会，志稿以较高质量通过专家审定。2021年1月29日，通过市地方志编纂委员会的验收。

《宝钢集团志》卷帙浩繁，架构谨严，言简意赅，文约事丰。在此，谨对编纂人员的辛勤耕耘，表示衷心感谢！《宝钢集团志》得以顺利出版，得到了中国宝武、原宝钢集团各企业现任领导、老领导及专家学者的关心、支持和帮助。在编纂工作启动之后，编纂室多次听取市地方志办公室专家意见，得到了市地方志办公室专志处处长过文瀚、肖春燕等的大力指导和帮助，使志稿得到了完善与修改。在此，向所有帮助过我们修志工作的人员和单位表示诚挚的谢意！

从1998年上海地区钢铁企业联合重组到2016年宝武联合重组，宝钢集团走过了整整18年的历程。因时间跨度大，许多原有企业或关停或经多次整合，给史料收集带来难度。因编纂人员水平所限，本志书难免有疏漏和不足，敬请读者不吝赐教。

《上海市级专志·宝钢集团志》编纂委员会

2021年10月

图书在版编目(CIP)数据

上海市级专志. 宝钢集团志 / 上海市地方志编纂委员会编 .— 上海 ：上海社会科学院出版社，2021
ISBN 978 - 7 - 5520 - 3664 - 0

Ⅰ.①上… Ⅱ.①上… Ⅲ.①上海—地方志②上海宝钢集团公司—工厂史 Ⅳ.①K295.1②F426.31

中国版本图书馆 CIP 数据核字(2021)第 172719 号

上海市级专志·宝钢集团志

编　　者：上海市地方志编纂委员会
责任编辑：杨　国
封面设计：严克勤
美术设计：黄婧昉
出版发行：上海社会科学院出版社
上海顺昌路 622 号　邮编 200025
电话总机 021 - 63315947　销售热线 021 - 53063735
http://www.sassp.cn　E-mail:sassp@sassp.cn
排　　版：南京展望文化发展有限公司
印　　刷：上海雅昌艺术印刷有限公司
开　　本：889 毫米×1194 毫米　1/16
印　　张：54.25
插　　页：39
字　　数：1597 千
版　　次：2021 年 12 月第 1 版　　2021 年 12 月第 1 次印刷

ISBN 978 - 7 - 5520 - 3664 - 0/K · 631　　定价：700.00 元